大同年鉴

DATONG YEARBOOK

中共大同市委党史研究室
大同市地方志研究室 编

2020

方志出版社
Publishing House of Local Records

图书在版编目（CIP）数据

大同年鉴．2020 / 中共大同市委党史研究室、大同市地方志研究室编．-- 北京：方志出版社，2020.8

ISBN 978-7-5144-4289-2

Ⅰ．①大… Ⅱ．①中… ②大… Ⅲ．①大同－2020－年鉴 Ⅳ．①Z522.53

中国版本图书馆 CIP 数据核字（2020）第 163923 号

大同年鉴（2020）

编　　者：中共大同市委党史研究室、大同市地方志研究室

责任编辑：冯　松

出 版 者：方志出版社

地址　北京市朝阳区潘家园东里 9 号（国家方志馆 4 层）

邮编　100021

网址　http://www.fzph.org

发　　行：方志出版社图书经销中心

电话（010）67110500

经　　销：各地新华书店

印　　刷：山西海德印务有限公司

开　　本：889×1194　1/16

印　　张：37.75

字　　数：1200 千字

版　　次：2020 年 8 月第 1 版　　2020 年 8 月第 1 次印刷

印　　数：0001~1500 册

ISBN 978-7-5144-4289-2　　定价：298.00 元

《大同年鉴》编纂委员会

《大同年鉴》编纂人员

山西省地图集编纂委员会办公室编制　审图号：同S（2019）002号　2019年11月

大同市交通旅游图
图例
市政府
县政府
乡镇政府
省界
市界
县区界
河流、水库
国家级高速公路编号及名称
G18 荣乌高速
省级高速公路编号及名称
S36 广浑高速
高速铁路
在建
铁路
高速公路
出入口 未成
汤头
国道
省道
县道
文物古迹
自然风光
革命纪念地
长城
比例尺 1:105万
内蒙古自治区
河北省
朔州市
忻州市
兴和县
察哈尔右翼前旗
土贵乌拉镇
怀安县
柴沟堡镇
丰镇市
新荣区
大同市
平城区
云冈区
云州区
左云县
阳高县
天镇县
阳原县
广灵县
浑源县
灵丘县
怀仁市
应县
山阴县
蔚县
阜平县
G55 二广高速
G18 荣乌高速
S45 天黎高速
S30 孙右高速
S36
S40 灵河高速
S5501
G18 沧榆高速
G7
云冈石窟
悬空寺
恒山风景区
华严寺
善化寺
觉山寺
平型关大捷纪念馆
大同煤矿万人坑遗址纪念馆
汉白玉石林
桃花山
禅房寺砖塔
圆觉寺
释迦寺
镇边堡
方山永固陵
太玄观
采凉山
云门山温泉
盘山石窟
慈云寺
古城堡汉墓群
许家窑遗址
大同火山群
乌龙峡
吕家大院
吉家庄遗址
大同睡佛
永安寺
律吕神祠
大云寺
界庄遗址
天峰岭
汤头温泉
龙泉寺
灵丘空中草原
曲回寺石像冢
禅庵寺
山西灵丘黑鹳省级自然保护区
北泉生态村
水神堂
圣泉寺
枫乐寺
古城墓群
摩天岭
得胜堡
边墙五堡
云冈森林公园
云冈石窟
平城遗址
沙梁坡汉墓群
惠庆塔

数字大同 2019

综合

全市地区生产总值1318.8亿元
人均地区生产总值38122元
居民消费价格比上年上涨2.50%
城镇新增就业人员5.50万人
城镇登记失业率2.70%

农业

农作物种植面积33.01万公顷
粮食总产量123.20万吨

工业建筑业

规模以上工业企业
　工业增加值比上年增长6%
建筑业增加值73.80亿元
房屋建筑施工面积901万平方米
房屋竣工面积318.40万平方米

能源

一次能源生产折标准煤0.70亿吨
二次能源生产折标准煤0.50亿吨
外输电力305.30亿千瓦时
全社会用电量164.60亿千瓦时

固定资产投资

全社会固定资产投资606.90亿元
房地产开发投资147.50亿元
房地产开发施工面积1667.30万平方米
房屋新开工面积419.30万平方米
房屋竣工面积388.80万平方米
商品房屋销售面积225.40万平方米
固定资产投资施工项目957个

国内贸易

社会消费品零售总额755亿元
城镇消费品零售额581.10亿元
乡村消费品零售额173.90亿元
批发业零售额75.80亿元
零售业零售额586.60亿元
住宿零售额14.20亿元
餐饮业零售额78.40亿元
限额以上单位消费品零售额157亿元

对外经济

海关进出口总额51.70亿元
新设立外商投资企业6家
利用外资7003万美元

交通

公路通车里程12751千米
公路密度90.40千米/百平方千米
民用航空航线23条
民用车辆保有量78.50万辆

邮电旅游

邮电业务总量223.10亿元
邮政业务总量4亿元
移动电话用户425万户
邮政局（所）147个
邮路总长度4400千米
旅游总收入762.10亿元

人口

常住人口346.30万人
出生人口2.88万人
人口出生率8.31‰
死亡人口2.17万人
死亡率6.28‰
人口自然增长率2.03‰

财政

一般公共财政预算收入130.10亿元
税收收入103.30亿元
一般公共财政预算支出364.20亿元

金融保险

金融机构各项存款余额3180.60亿元
金融机构各项贷款余额1560.20亿元
注册保险机构43家
保费收入79.60亿元
支付各类保险赔款及给付19.50亿元

文化

文化艺术馆11个
公共图书馆12个
博物馆16个 档案馆11个
广播电视台11个
中波发射台1座 微波站8座
有线电视网10个
有线电视用户31.30万户

教育

普通高等学校2所
中等职业教育学校33所
普通高中46所
普通初中155所
普通小学校348所
特殊教育学校5所
学前教育551所

卫生体育

卫生机构（含诊所、村卫生室）3183个
床位22850张
卫生技术人员23689人
组织举办20项全国、省级品牌体育赛事
第二届全国青年运动会比赛项目取得37块金牌，在全国同类城市中排名第二

环境保护

耕地保有量37.61万公顷
水库蓄水量1.10亿立方米
二级以上良好天数318天，全省排名第一
空气质量综合指数4.97
城市集中供热率99.80%
天然气气化率98.70%
城市供水普及率95%
市本级污水处理率95%
中水回用率25%
城市生活垃圾无害化处理率100%
建成区新增绿化面积108.90万平方米
造林面积2.91万公顷

科学技术

申请国家专利2245件
获国家授权专利1189件
省级以上重点实验室3家
工程技术研究中心8家
高新技术企业58家
气象台（站）9个
降水量427毫米
年平均气温7.80摄氏度

人民生活

居民人均可支配收入23533元
城镇居民人均可支配收入32252元
农村居民人均可支配收入10725元
基本养老保险参保人数191.10万人
基本医疗保险参保人数285.10万人
纳入城市最低生活保障的居民4.80万人
纳入农村最低生活保障的居民16.80万人
提供住宿的社会服务机构72个
社区服务设施791个
销售社会福利彩票3.20亿元
筹集社会福利资金9473万元

城市荣誉

CHENGSHI RONGYU

大同市体育中心

- 中国十佳运动休闲城市
- 影响世界的中国文化旅游名城
- 国家新能源示范城市
- 国家园林城市
- 最具旅游文化发展潜力城市
- 最具生态竞争力城市
- 全国性交通枢纽城市
- 中国特色魅力城市200强
- 中国大古都
- 中国雕塑之都
- 中国优秀旅游城市
- 国家历史文化名城

（王　明摄）

- 中国康养城市
- 中国美丽城市
- 全国十佳生态文明城市
- 最佳全域旅游目的地
- 中国十佳冰雪旅游城市
- 中国最具潜力避暑旅游城市
- 最具投资潜力旅游目的地城市
- 美丽山水城市
- 最美中国榜上榜城市
- 国家级旅游改革创新先行区
- 丝绸之路十佳特色旅游城市
- 全国双拥模范城市
- 中国避暑旅游城市

2019年1月14日，在第二届全国青年运动会单板滑雪平行大回转体校组女子比赛中，大同市运动员于洋夺得冠军，大同市运动员孔彬彬获得亚军，吉林市曹露丹获得季军。图为女子组颁奖仪式

（戎禹仁　摄）

2019年1月13日，第二届全国青年运动会冬季项目启动仪式在大同白登山万龙滑雪场举行

图为第二届全国青年运动会单板滑雪平行项目比赛结束后，裁判员们在赛场上抛洒雪花庆祝
（张燕伟 摄）

（李冬宾 摄）

图为比赛运动员在进行体校组男子单板滑雪平行回转项目比赛
（于宏 摄）

2019年6月2日，第五届成龙国际动作电影周新闻发布会在北京举行

（张燕伟 摄）

2019年7月21日，以“心随影动见大同”为主题的第五届成龙国际动作电影周在大同市体育中心体育馆启幕

（张燕伟 摄）

2019年7月27日，第五届成龙国际动作电影周闭幕式在大同市体育中心体育场举行

（李冬宾 摄）

2019年7月22日，省委常委、市委书记张吉福，国际电影艺术家成龙在市云州区与黄花种植户一起采摘黄花
（张燕伟 摄）

2019年7月22日，星光行动——黄花订货会现场，成龙为订购的客商们一一授牌
（张燕伟 摄）

2019年7月20日，脱贫攻坚战星光行动·古长城保护计划活动中成龙与市新荣区得胜堡村民交流 （张燕伟 摄）

2019 年 9 月 7 日，首届中国·大同航空应急救援高峰论坛举行。图为与会嘉宾对话讨论 （李冬宾 摄）

图为大同航空应急救援展中动力滑翔伞在飞行表演 （李冬宾 摄）

图为应急救援飞机参展现场　　（李冬宾　摄）

图为嘉宾参观应急救援飞机　　（李冬宾　摄）

2019 年 9 月 15 日，“美丽中国”2019 大同国际马拉松赛在市文瀛湖广场开赛　（张湛滨　摄）

图为官方配速员开跑前合影　（张湛滨　摄）

图为男子全程马拉松颁奖仪式　（张湛滨　摄）

图为女子全程马拉松颁奖仪式　（张湛滨　摄）

2019 年 12 月 30 日，大张（大同—张家口）客运专线开通，大西（大同—西安）全线贯通　（张燕伟 摄）

2019 年 12 月 30 日，首列 G2506 次列车在大同南站整装待发　（张燕伟 摄）

图为大同南站工作人员在查看列车信息　　（张燕伟 摄）

2019 年 12 月 30 日，大张（大同—张家口）客运专线首发列车乘客在展示自己的车票　　（张燕伟 摄）

国家地理标志产品“广灵小米”。图为农民察看小米长势 （张湛滨 摄）

国家地理标志产品“大同黄花”，它成为云州区农民脱贫增收的“致富花”

国家地理标志产品“正北芪”。图为浑源县黄芪加工厂工人在捆扎黄芪　（张湛滨 摄）

（张湛滨 摄）

图为新荣区西村乡和胜庄村西梅种植园（张湛滨 摄）

图为灵丘县大青背山羊养殖基地

图为天镇县逯家湾镇李二口易地搬迁村

（张湛滨　摄）

图为左云县“边塞牧羊”包装车间

（张湛滨　摄）

（张湛滨　摄）

图为广灵县一斗泉乡 13.8 兆瓦、15.41 兆瓦光伏扶贫联村电站

（张湛滨　摄）

2019年1月31日，2019中国（大同）古都灯会亮灯并开航“新时代、新航程，空中看大同”低空旅游项目

（李冬宾 摄）

图为2019中国（大同）古都灯会鸟瞰图

（张湛滨 摄）

编辑说明

一、《大同年鉴》由中共大同市委、大同市人民政府主办，中共大同市委党史研究室（市地方志研究室）组织编纂出版，是全面了解大同的一部地方综合性资料文献。《大同年鉴》逐年记载大同市自然、政治、经济、文化、社会等方面情况的现状及新成就、新进展和新经验，为全市科学发展提供决策依据和借鉴，为广大读者了解和研究大同提供信息和资料。《大同年鉴》创办于1987年，《大同年鉴（2020）》是第25卷。

二、《大同年鉴（2020）》坚持以马克思列宁主义、毛泽东思想、邓小平理论、“三个代表”重要思想、科学发展观、习近平新时代中国特色社会主义思想为指导，坚持辩证唯物主义和历史唯物主义的立场、观点、方法，求真求实，为大同的改革开放和社会主义现代化建设服务。

三、《大同年鉴（2020）》记述时限为2019年1月1日至2019年12月31日。

四、2019年，大同市机构进行了改革，为了适应机构的调整，《大同年鉴（2020）》框架在保持历年相对稳定的基础上作了适当增加和调整。“中国共产党大同市委员会”类目中分目“党史研究”改为“史志研究”，“信访工作”“对台事务”归入“大同市人民政府”类目；“大同市人民政府”类目中“外事 侨务”分目改为“外事 台港澳事务”，增设“应急管理”分目，该分目下设“消防救援”次分目；“法治”类目中“法治政府建设”分目归入“司法行政”分目；“经济管理”类目中“工商行政管理”“食品商品监督管理”“质量技术监督管理”分目整合为“市场监督管理”分目；“工业”类目中“机械电子工业”分目改为“装备制造业”分目，取消“冶金工业”分目；“经贸合作”类目中“开发园区”分目增设“通用航空产业园”“‘氢都’大同新能源产业城”“云冈经济技术开发区”“新荣经济技术开发区”“左云经济技术开发区”次分目。

五、《大同年鉴（2020）》采用分类编辑法记述，全书分三个层次编排，即类目、分目、条目，个别分目设次分目。全书共设特载、大事记、市情概览、中国共产党大同市委员会、大同市人民代表大会、大同市人民政府、中国人民政治协商会议大同市委员会、纪检监察、民主党派 工商联、群众团体、法治、军事、经济管理、农业、工业 建筑业、商贸服务业、旅游业、经贸合作、交通运输、金融、城乡建设、生态保护、科学技术、教育、文化、新闻出版 广电影视、医疗卫生、体育、脱贫攻坚、社会生活、人物、县区概览、附录33个类目，总字数1200千字。

六、《大同年鉴（2020）》全书条目标题统一用黑体字加【 】表示，书前有中文目录，后有索引，特意增设书口要目，便于读者查找。索引采用主题词索引法编纂，主题词按首字汉语拼音音序排列。

七、《大同年鉴（2020）》所载信息由市辖各部门、机关企事业单位提供，经《大同年鉴》编辑部编辑，出版社出版。所用“统计资料”由大同市统计局提供，正文中数据由各部门提供，因统计口径不同等原因，故统计表中同类项的数据互有差异，有关部门所用个别数据与“统计资料”中的数据不尽一致，引用时以大同市统计局数据为准。除个别计量单位遵从习俗外，其余所涉计量单位均使用法定计量单位。

目 录

特 载

大事记

市情概览

中国共产党大同市委员会

目录

大同市人民代表大会

大同市人民政府

中国人民政治协商会议大同市委员会

纪检监察

民主党派　工商联

群众团体

法 治

军　事

经济管理

目录

农　业

工业　建筑业

商贸服务业

旅游业

经贸合作

交通运输

金融

目录

城乡建设

生态保护

科学技术

教　育

文　化

新闻出版　广电影视

医疗卫生

体 育

脱贫攻坚

社会生活

人　物

县区概览

附　录

索　引

目录

一村一品一主体　脱贫路上产业兴
大同市夯实产业基础精准助力拔穷根

产业是脱贫之基、富民之本。2020 年 5 月 11 日至 12 日，习近平总书记在视察山西时，对我市开展产业扶贫、就业扶贫，巩固脱贫攻坚成果的做法给予肯定。总书记强调，要加强易地搬迁后续扶持，因地制宜发展乡村产业，精心选择产业项目，确保成功率和可持续发展。

近年来，我市下足绣花功夫，发扬钉钉子精神，以推进“一村一品一主体”产业扶贫为主要抓手，建立贫困村“五有”产业扶贫机制，着力推动农业转型升级和一、二、三产业融合发展，产业发展与贫困户增收利益联结机制更趋紧密，产业扶贫已经成为覆盖面最广、带动人口最多、减贫效果最好、可持续性最强的脱贫举措。

市委、市政府高度重视产业规划的引领作用，科学谋划产业结构和产业布局，结合各县区产业基础和资源禀赋，按照“一县一业、一村一品”原则，制定出台了《大同市特色产业扶贫规划（2016—2020）》和《特色产业扶贫行动计划》，重点发展杂粮、蔬菜、畜牧、特色中药材、黄花、食用菌六大主导产业。县、乡、村三级都制定了产业发展规划，扎实做好脱贫产业和后续发展扶持规划工作，提升产业扶贫成效，巩固脱贫攻坚成果。

随着资金投入的逐年增加，扶贫产业日益壮大，带动贫困户增收的效果日趋明显。2019 年，全市共投资 8.36 亿元用于发展产业，带动 5.5 万户 12.5 万贫困人口增收。广灵县累计投入产业发展资金 3.38 亿元，大力实施“双十双百”产业扶贫示范工程，培育壮大扶贫龙头企业 13 家，重点实施扶贫“引擎”项目 17 个、资产收益项目 3 个，带动 1.6 万名贫困人口增收。2019 年，浑源县统筹整合财政资金 3.38 亿元，重点倾斜到扶贫产业上。特色产业不仅让贫困户摆脱贫困，还让他们的致富梦想越来越真切。

2020 年 5 月 11 日至 12 日，习总书记在山西视察时，对我市黄花产业发展给予充分肯定，称赞“小黄花大产业，很有发展前途”。总书记希望把黄花产业保护好、发展好，做成大产业，做成全国知名品牌，让黄花成为乡亲们的“致富花”。按照“发展生产脱贫一批”的目标，我市近年来大力培育黄花特色主导产业，助力脱贫攻坚。目前，全市黄花种植面积已达 26 万亩，涉及全市 61 个乡（镇）176 个村 3.62 万农户，其中贫困户 3.25 万户，占比达 90%。云州区有条件的贫困户基本实现了人均一亩黄花，黄花专业合作社总数达到 154 个，涌现出宜民、云萱、三利、大连冰山、火山粮源等一批龙头加工企业，基本形成了黄花品牌化营销、产业化运作、区域化布局、标准化生产的发展格局。大同黄花成为我省唯一入选国家农业部第二批产业扶贫典型范例。

像黄花一样，黄芪、杂粮、畜牧等特色种植养殖产业在各县区不断发展壮大，遍地开花。全市形成了云州黄花、浑源黄芪、广灵小米、阳高蔬菜、天镇芸豆、灵丘有机农业 6 个脱贫摘帽县区“一县一业”产业格局，有力奠定了脱贫摘帽县区巩固脱贫、防止返贫的基础。天镇县南高崖乡充分发挥天蓝、水清、土净、无污染的独特自然资源优势，努力培育中药材特色产业，形成了万亩中药材种植基地，产业扶贫带动全乡 1300 多贫困户实现脱贫增收。

在产业发展过程中，我市积极探索建立“新型经营主体＋基地＋贫困户”“村两委＋合作社＋贫困户”等发展机制，通过完善利益联结机制，充分发挥主体带动作用，增加产业收入。目前，我市 745 个贫困村都已确立了脱贫主导产业，所有贫困村均有合作经济组织，2.17 万名有劳动能力的贫困户都有增收产业项目，4.67 万名贫困人口都有技能。

我市以“品牌化、电商化、数字化”为支撑，携手京东集团，实施“线下实体＋线上平台＋产业培育机制＋节事品牌”“四个一工程”，先后举办了“大同好粮”·京东三晋好物节，启动了“大同好粮”扶贫馆，全方位打造“大同好粮”品牌。去年，“大同好粮”成为全省首个市级全品类区域公用品牌。以“大同好粮”为引领，我市还集中力量打造“大同黄花”“恒山黄芪”“大同羊肉”“牧同好奶”等具有地方特色的区域强势品牌，带动更多农户依托特色产业增收致富。

坚持“一个战场”打赢“两场战役”理念，生态林业扶贫成为产业扶贫中的又一支重要力量。我市近年来突出抓好以仁用杏、林下经济种植为主的林业产业示范基地建设，发展林业特色支柱产业，实现扶持一个产业、发展一片经济、脱贫一方百姓的目标。2019 年，全市 18.6 万亩人工造林任务由扶贫攻坚造林专业合作社组织实施，吸纳贫困户 3000 人以上，人均年增收 4000 余元。

把阳光资源变成贫困户的“阳光存折”。近年来，我市紧抓国家实施光伏扶贫的政策契机，先行先试建设光伏扶贫产业，先后探索出地面集中、地面一村一站、地面多村一站、农光互补一村一站、农光互补多村一站、林光互补百村一站、户用电站 7 种光伏产业发展模式，全市 6 个脱贫摘帽县实现光伏全覆盖。截至 2019 年底，全市光伏扶贫装机容量达到 34.48 万千瓦，累计发电 2.5 亿千瓦时，收益 2.2 亿元，实现贫困村全覆盖，3.5 万贫困人口成为光伏扶贫受益者。

风光旖旎的灵丘县车河村、上下北泉村，古朴典雅的广灵县涧西村，景色秀丽的浑源神溪湿地……这些不断涌现出的美丽乡村典型，成为近年来大同乡村旅游的一个个热门“打卡地”，旅游产业扶贫焕发生机，为脱贫攻坚注入了新动能。数据资料显示，2014—2018 年，全市乡村旅游收入由 16.47 亿元递增至 62.90 亿元。乡村旅游在提升产业、致富农民、繁荣乡村上的作用日益凸显。

（摘自《大同日报》2020 年 5 月 21 日 第 1 版）

小黄花铺出产业扶贫“金光大道”

盛夏七月，大同黄花进入采摘季。漫步全市各大黄花种植基地，一片片翻腾着滚滚金波的黄花随风摇曳，将广袤的田野装扮得生机盎然；忙碌的农民双手娴熟地上下翻飞，采摘着一根根金光闪闪的黄花；干净整洁的村庄、院落、晒场，晾晒着一笼笼刚刚蒸馏出来的黄花菜，仿佛黄金镶出来一样；工厂车间开足马力，清洗、筛选、烘干、加工、包装，及时将一车车精品黄花运送到全国各地……小黄花正在释放出大能量，铺出一条产业扶贫“金光大道”。

大同黄花种植已有 600 多年历史，因其拥有色泽金黄、角长肉厚、一花七蕊等独特上佳的品质，成为市场“抢手货”。为了将黄花做成富民“大产业”，近年来，市委市政府深入贯彻落实习近平总书记关于脱贫攻坚和乡村振兴的重要指示精神，围绕市委、市政府“136”发展战略，把黄花作为“一县一业”主导产业和脱贫攻坚支柱产业来打造，逐步走出一条区域化布局、规模化扩张、产业化运作、标准化生产、品牌化营销的发展之路。

2018 年底，全市召开黄花产业发展大会，省委常委、市委书记张吉福在会上发出了总动员令：采取超常举措，全力以赴把黄花产业做大做强做优。市里专门成立了黄花产业发展工作领导组，各县区也相应加强领导，层层压实责任，一把手亲自上手，做到一个产业、一个规划、一个班子、一套措施、一抓到底，构建起发展合力。

一切围绕黄花产业发展，一切服务黄花产业发展。几年间，市委市政府出台了《大同市黄花产业发展实施意见》和《扶持黄花产业发展十条政策》，安排 1 亿元专项资金扶持黄花产业发展；拿出 20 亿元设立黄花产业发展投资基金；建立风险保障机制，对种植户给予自然灾害、价格指数保险费补贴；培育新型经营主体，对新引进的产业化龙头企业给予重奖，对新认定的国家级、省级经营主体给予资金奖励……这些政策的出台，体现了市委市政府推动黄花产业加快发展的坚定决心，广泛调动了各方面积极性，形成产业发展的强大合力。

由小到大，由自发到自觉，由零星分散到规模化、连片化，由单纯种植、人工晾晒到标准化种植、工厂化烘干加工、市场化销售，大同黄花已经步入高质量发展快车道。目前，全市黄花种植面积已达 26 万亩，进入盛产期约 10 万亩，亩均增收 5000 元，产值达 9 亿元，涉及全市 61 个乡（镇）176 个村 3.62 万农户，其中贫困户 3.25 万户，占比达 90%。云州区有条件的贫困户基本实现了人均 1 亩黄花。在扩大种植面积的同时，全市狠抓龙头培育，延伸产业链条，开发品牌产品，培植大市场，挖掘大效益，倾力打造具有竞争优势的黄花产业，全市涌现出宜民、云萱、三利、大连冰山、火山粮源等一批黄花龙头加工企业，开发出速冻保鲜黄花、方便食品、黄花饮料、黄花素、黄花酱、黄花宴等系列黄花产品，提升了产品附加值，扩大了黄花影响力。

“小黄花大产业。”2020 年 5 月 11 日，习近平总书记来到云州区考察有机黄花标准化种植基地，叮嘱当地干部群众把黄花产业保护好、发展好，做成大产业，做成全国知名品牌，让黄花成为乡亲们的“致富花”。总书记的肯定鼓励和殷切嘱托，为全市黄花产业发展指明了方向，市委市政府确定了更加长远的发展目标：围绕打造全国优质黄花种植基地、集散中心和标准化示范区“一个定位”，突出总体布局、重点区域、园区辐射“三个重点”，持续加大政策扶持力度，扩大黄花种植面积，力争把大同建成全国黄花产业大市。

按照《黄花产业 2019—2023 年发展规划》，我市规划以云州、阳高、天镇、浑源、灵丘、广灵“六大片区”为重点，大力发展黄花产业，到 2023 年全市黄花总面积力争达到 30 多万亩。

（摘自《大同日报》2020 年 7 月 14 日 第 1 版）

黄花变成致富花

山西大同市云州区，是全国黄花主要生产基地。全区种植17万亩黄花，9万亩进入盛产期，年产值达7亿元，农民人均增收5000元。今年5月，习近平总书记来到云州区考察有机黄花标准化种植基地。为啥云州黄花让总书记都惦念着？

云州区黄花种植户杨旗对记者娓娓道来：

都说"种黄花就像种黄金"，为啥？种1亩黄花等于种10亩玉米。你说这满地黄花可不就是满地金针？

俺们云州光照足、温差大，火山岩土壤富锌富硒，适合种黄花。可多少年来种黄花的并不多，大部分农户还是种点玉米、打打零工，一年到头也就刨闹个吃穿，住的还是土窑洞。

土里有"黄金"，俺们为啥不敢挖？五怕呀：一怕天旱，二怕虫害，三怕头三年没收成，四怕雨涝晒不干，五怕缺劳力采摘难。

黄花是一年种、二年管、三年见效，第四年开始盛产，可头两年一点收成都没有，一家人的生计等不及呀。8年前村里有人试着种黄花，一亩300元流转了村民的地，第三年头上实在出不起流转费了，村民们就把地要回了。眼看再有两个月就到收获季了，黄花都被拔光种了玉米。结果那年，一斤黄花卖到二十九块五。

不是俺们胆子小，实在是输不起。光是摘黄花，就能愁死人。黄花得趁还没开时就赶紧摘，就靠夜里那几个钟头，太阳出来花一开，就卖不上好价钱了，所以特别耗人工，家里一两口人的根本不敢种。再一个，俺们这儿一进7月常是连阴雨，摘下的黄花全烂，就算有大晴天，也没那么多场地去晾晒。

从2016年开始，大同市开始动员有基础和条件的村发展黄花产业，村村都依托支部建合作社，村干部带头领着大伙儿种黄花。

市里还出台10项扶持政策，每项都是对症去病的"金针"。怕天旱，打机井、搞喷灌；怕虫灾，帮俺们上保险；周期长见效慢，一亩地补贴500元，贫困户还多补500元；采摘期缺劳力，帮着联系采摘工，动员全市机关干部帮忙；怕没地方晾晒，扩建硬化场地、建冷库、田间地头安装烘干设备，到了集中晾晒期，还把学校操场、机关单位的停车场都给腾了出来。还帮拓市场、建产业链。俺们现在是"不愁种、不愁摘、不愁晒、不愁卖，天灾来了也不怕"。

这几年，种黄花的农户越来越多。俺带着108户村民流转了500多亩土地，统一技术、统一管理、统一收购，平均每户一年能收入两三万块。以前是蹬着三轮走村串户收黄花，现在三轮换成了面包车，光俺们村就有30多台呢。

最让人激动的是5月11日那天，习近平总书记走进黄花地里，嘱咐大家把黄花产业保护好、发展好，做成大产业，做成全国知名品牌，让黄花成为乡亲们的"致富花"。现在，乡亲们致富奔小康的信心更足啦！

（2020年7月3日，《人民日报》头版刊登文章 人民日报记者 胡健）

▲云州区黄花种植基地 （李雪琴 摄）

古都大同迈入“高铁时代”

2019年12月30日9时23分，随着省委书记楼阳生在太原郑重宣布：“大张客专开通、大西高铁全线贯通！”G2506次列车从大同南站平稳驶出，迎着灿烂朝阳一路向东，奔向首都北京，大同迎来“高铁时代”！山西省委、省政府通过视频连线，同步在太原、大同、运城举行“大张客专开通、大西全线贯通”活动。省委副书记、代省长林武在开通仪式上讲话。

省委常委、市委书记张吉福，市委副书记、市长武宏文，市委副书记刘振国，市人大常委会主任赵向东，市政协主席部向华等市四套班子领导出席在大同南站举行的开通活动并体验首发列车。

大张客专（张大高铁）是国家“十二五”铁路规划项目之一，也是山西省内地方参投第二条、大同境内建设的第一条高速铁路，于2015年11月开工建设，线路全长136千米，设计时速250千米，共设大同南、阳高南、天镇3个车站。大张客专东接京张城际铁路、呼张高速铁路，西联大西客运专线，是北京—张家口—大同—太原—西安高铁的重要组成部分，是贯通京、津、冀、晋、陕的客运咽喉工程，也是晋北地区对外交流的“生命线”。大西高铁是国家《中长期铁路网规划》的一条客运专线，也是中国“八纵八横”客运专线网京昆通道的重要组成部分，东起大同市，经朔州、忻州、太原、晋中、临汾、运城、渭南等，到达陕西省西安市，全程859千米，设计时速350千米，形成晋陕两省新客运通道。大张客专开通、大西高铁全线贯通后，大同到北京间列车运行时间由原先的6小时左右最快压缩至102分钟，大同到太原间也由原先普遍四五个小时压缩至2小时左右。

张吉福代表市委、市政府向大张客专开通、大西高铁全线贯通表示热烈祝贺。他激动地说，此时此刻，我们不能忘记党中央、国务院和省委、省政府对大同的亲切关怀，不能忘记有关部委、部门的鼎力支持，不能忘记沿线兄弟地市的联动合作，更不能忘记广大建设者的奋力拼搏。“‘两线’贯通结束了大同不通高铁的历史，为我们打造省域副中心城市插上了腾飞的翅膀，它承载的不仅是南来北往的旅客，更是古都大同的美好未来。”张吉福指出，这是一条推动大同高质量发展的金色之路，推动大同集聚更多的人流、物流、信息流、资金流，开创新时代转型发展新局面；这是一条加快大同高水平崛起的开放之路，为我市深度融入京津冀协同发展、“一带一路”建设、中部崛起等国家战略，放大区位优势、承接产业转移、共享旅游资源，打造内陆开放“新高地”创造更快的节奏、更高的效率；这是一条开启高品质生活的幸福之路，激励全市上下更加意气风发地为全面建成小康社会勠力前行，以更高视野谋划发展，最大限度释放“高铁红利”，践行初心、担当使命，不断满足人民群众对美好生活的向往，奋力谱写“高铁时代”大同高质量转型发展的新篇章。

在新启用的大同南站，市领导依次参观了商务候车区、环岛服务台、全域旅游服务厅等，查看进站口安检及电子票务等情况，并走进整装待发的G2506次列车驾驶室，看望慰问司乘人员，详细询问行车计划。张吉福、武宏文、刘振国、赵向东、部向华等还与旅客一起，作为大同步入高铁时代的首批见证者，乘坐“复兴号”共同体验高铁之旅，和大家畅谈体验感受，分享高铁开通的喜悦。“这张车票太珍贵了，一定要留下来作纪念。”“高铁通到了家门口，去北京出差方便多了！”成为大张客专首发列车的乘客，很多人都十分兴奋，又倍感自豪。“您去哪儿啊？”“对各方面服务还满意吗？”张吉福、武宏文等从8号车厢走到1号车厢，一路询问乘客乘车感受，认真倾听群众意见与建议，希望司乘人员周到、细致、热情服务，为广大乘客提供更加安全舒适的乘车体验。27分钟后，列车停靠在天镇站，150名将要奔赴北京开展家政服务补缺行动的“天镇保姆”已在站台候车，市领导与她们一一握手欢送，列车满载希望与祝福再次出发。

是日上午10时30分，从太原南站发出的D5364次列车准时驶入大同南站，成为大西高铁全线贯通后抵达大同的首列高铁。11时整，从北京北发出的G2505次列车准时驶入大同南站，成为大张客专开通后抵达大同的首列高铁。“欢迎回家！”“欢迎来到大同！”张吉福等早早等候在站台，为首批抵达大同南站的旅客送上鲜花和问候。D2581次“和谐号”列车于10时50分驶离大同南站，这是大同开往西安方向的首班高铁列车。

各县区和市直部门负责人，中铁太原局大同站和大西客专公司负责人，以及参建单位、铁路客运、铁路公安和社会各界的代表参加了庆祝活动。

（摘自《大同日报》2019年12月31日第1版）

特载

大事记

1月

1日

●大同市第四次全国经济普查开始现场登记。第四次全国经济普查是中国特色社会主义进入新时代、“两个一百年”奋斗目标的历史交会期开展的首次重大国情国力调查，1月至4月为入户登记阶段。

●大同市调整在岗村医和退养村医补助标准，在岗村医补助标准在各县（区）原补助基础上再增加1000元，符合条件的退养村医在每人每月补助200元的基础上再增加600元。

●全市城乡居民最低生活保障标准每人每月提高30元，农村特困人员救助集中供养标准全市统一调整为每人每年7460元，分散供养特困人员救助标准原则上按照不低于当地低保标准1.3倍执行。此次提高标准后，城市低保标准分别为：平城区、云冈区、开发区、新荣区、云州区每人每月539元，左云县、灵丘县每人每月477元，浑源县每人每月449元，广灵县每人每月446元，天镇县每人每月445元，阳高县每人每月428元。农村低保标准分别为：天镇县、浑源县、广灵县每人每年4350元，云州区、阳高县、灵丘县每人每年4494元，平城区、云冈区、新荣区、左云县每人每年4614元。

2日

●副省长张复明一行到大同白登山万龙国际滑雪场，调研第二届全国青年运动会单板滑雪项目启动仪式及雪上项目赛事筹备情况。

4日

●大同高铁站内铺轨工作启动。

●市委副书记、市长武宏文与德国金尼斯公司董事长维克托·费多罗维奇·罗斯科夫、北京君辉新能源技术有限公司董事长杨红辉座谈，双方洽谈推进新能源新材料与高端制造产业融合发展等事宜，并形成初步合作意向。

●武宏文与珠海银隆新能源股份有限公司常务副总裁王红霞一行座谈，双方对接沟通合作开展储能项目等具体事宜，并达成项目在大同落地、成型、见效共识。

6日

●大同市古城复兴现场推进会召开。

7日至8日

●中国工程院院士戴琼海一行到大同调研考察。武宏文与考察团一行座谈，双方对接洽谈加强绿色能源、高端制造等领域合作事宜，并形成前沿高科技项目落地大同共识。

8日

●全国“最美退役军人”先进事迹报告团在大同举行报告会。

●由中央美术学院、中国雕塑学会、中国美术家协会雕塑艺委会、大同市人民政府主办的“十年一见·曾竹韶雕塑艺术奖学金”获奖作品全国巡展（北京站）在中央美术学院美术馆开幕。北京站是此次巡展的最后一站，长达1年的巡展就此结束。

●云州区1路、2路两条公交线路开通。两条公交线路运营里程22.5千米，覆盖云州区各大中小学校、商场、公园等人流量大的公共场所。

9日

●2018年下半年“山西好人”评选揭晓，广灵县心连心公益协会会长、广灵县宜兴乡张家湾村党支部书记崔保杰和大同永安出租汽车公司雷锋车队队长刘建国被评选上榜。崔保杰被评选为助人为乐好人，刘建国被评选为敬业奉献好人。

10日

●大同市“能源革命尖兵”2019·重大突破工程行动动员会举行。会议出台《“能源革命尖兵”2019·重大突破工程行动方案》，并表彰上年能源革命工作中涌现出的先进单位和优秀个人。

●大同市中小学生生态环境教育社会实践基地在云冈石窟研究院挂牌。

12日

●由大同市歌舞剧院创作排练的话剧《太阳照在南洋河上》应邀参加“戏剧东城·第二届全国话剧展演季”，于12日、13日晚在北京国家话剧院演出2场。《太阳照在南洋河上》系市歌舞剧院根据大同市天镇县“金牌保姆”的真实素材创编，立足天镇保姆脱贫原型，反映精准脱贫的现实问题，是国家艺术基金上年度大型舞台剧和作品资助项目。

●国家体育总局反兴奋剂中心在大同召开反兴奋剂教育准入大会，来自15个参赛单位的120名运动员和辅助人员参会，并举行反兴奋剂知识考试。

13 日

●第二届全国青年运动会冬季项目启动仪式在大同白登山万龙国际滑雪场启动。14 日至 17 日，第二届全国青年运动会单板滑雪平行项目在白登山万龙滑雪场举行。来自全国 37 支代表队的运动员参赛，比赛设单板滑雪平行回转、单板滑雪平行大回转两大项，组别设置体校组、社会俱乐部组的男子、女子组别，决出金、银、铜牌各 8 枚。大同市获金牌 2 枚、银牌 1 枚、铜牌 1 枚。其中，首个比赛日举行男子和女子组别单板滑雪平行大回转体校组比赛，大同市运动员于洋以总成绩 50 秒 92 获女子组金牌，也是第二届全国青年运动会的首金。

●由市委宣传部和市委市政府新闻中心协助拍摄的 3 集大同专题片在中央电视台英语新闻频道《旅游指南》节目播出第一集《你所不知道的大同》，第二集《长城骑行日记》、第三集《大自然的恩赐》分别于 1 月 20 日和 27 日在该频道播出。

●由中国互联网新闻中心主办的“新时代·文旅融合国际峰会暨 2018 锦绣中国榜单发布盛典”在北京举行，北岳恒山风景名胜区入列“2018 锦绣中国榜新时代·中国最佳旅游名景”榜单。

15 日

●省委常委、市委书记张吉福与到大同考察的新松机器人投资有限公司总裁郝占岗一行座谈，双方交流促进合作等事宜。

●华为公司政企云副总裁王彤一行到大同考察，张吉福、武宏文分别与王彤一行座谈，相互交流大数据、云计算等新兴产业合作事宜。

● 2019“乌大张”草根春晚在大同大学举行。该活动由大同市、乌兰察布市、张家口市三地文化局主办。

●首届古都大同冰雪文化节在儿童公园人工湖冰面上举行，来自全市各行业 11 支职工代表队 160 余人参加趣味性冰上竞技团体比赛。

16 日

●中共大同市委十五届六次全体会议暨市委经济工作会议在市御东行政中心召开。会议由市委常委会主持。张吉福出席会议并讲话。武宏文安排部署 2019 年经济工作。会议表决通过《中共大同市委常委会 2018 年工作报告》《中共大同市委关于开展“改革创新、奋发有为”大讨论的实施方案》等事项。

18 日

●大同市机构改革动员大会召开。改革后，大同市党政机构设 50 个。其中，纪检监察机关 1 个、党委工作机关 12 个、政府工作部门 37 个。

●纪录片《浑源》首映式暨《浑源画册》新书发布会在浑源县北岳文化传媒演播厅举行。

●大同市书法教育研究会成立。

19 日

●大张高铁重点控制性工程——天镇大梁山隧道山西段贯通。天镇大梁山隧道工程总长度 13.4 千米，由山西省和河北省共同承担建设任务，其中山西段隧道长 7.68 千米，由中铁十七局集团四公司承建。

●大同市新能源产业战略咨询委员会 2019 第一次全体会议在北京召开，大同全科盟新能源产业技术研究院北京分院正式开园。

21 日至 2 月 20 日

●大同市开展“文明大同随手拍”网络文明传播活动。

22 日

●武宏文与联想控股佳沃集团总经理周学帆一行座谈，双方交流合作事宜，并签署京晋（大同）协作新区智慧创新新城暨生物技术与现代农业科技创新产研中心项目合作框架协议。

23 日

●大同市 2019 工业大振兴动员会在市御东行政中心召开。

●中共大同市第十五届纪律检查委员会第四次全体会议在市御东行政中心召开。

●中国铁路总公司发改部副主任王彦华一行到大同市调研“集宁至大同至原平高铁”预选线路和设站选址。

● “京东云（大同）云计算大数据运营中心”落地大同移动 IDC 机房。

25 日

●第五届“乌大张”春节电视文艺晚会在大同大学举行。

●大同首场尖兵前沿技术力 UP 活动在北京举行。

●大同市第二中学校“学雷锋志愿者服务站、实践教育基地”揭牌仪式在市博物馆举行。这是继大同大学、天津师范大学历史文化学院实践教学基地在市博物馆落户后的又一实训基地。

28 日

●大同首列“云冈号”中欧（亚）班列开行仪式在大同市平旺火车站举行。2 月 3 日，班列通过新疆霍尔果斯口岸出境。2 月 5 日，抵达终点站——乌兹别克斯坦首都塔什干，成为立春后全国首趟到达欧亚国家班列。该行程全长 4588 千米，其中中国境内里程 3286 千米、境外里程 1302 千米，国内最高时速每小时 120 千米。商品运输时间比海运节省四分之三，运输费用比空运节省 70%。

● “依依怀念”殷宪诗文书法展揭幕，展出大同市书法家、历史学家、诗人殷宪生前创作的诗文书法作品 200 余幅，展出截至 2 月 22 日。

30 日

● 2019 大同市春节电视文艺晚会在大同大学举行。

31 日

● “世家小镇”2019 中国（大同）古都灯会启幕，灯会持续至 2 月 20 日。在大同古城南城墙瓮城、月城、关城、耳城上下，东城墙南段，南城墙全段，西城墙南段，古城东南隅、华严寺广场，古城四大街、御河以西主要街道等场地，设置传统彩灯、当地工艺花灯、大型裸眼 3D 光影秀、城市地标光柱等灯组 113 组，分“能源革命”“改革开放 40 周年”“大同故事”“灯的发展史”“中华优秀文化”“传统民俗”“儿童世界”7 大主题。灯会主场地观灯人数 76 万余人次。央视《新闻联播》《新闻直播间》《共同关注》等栏目全景展现古都灯会景象，央视 CGTN 英文频道客户端全方位报道。

● “新时代、新航程，空中看大同”低空旅游航线开航。古城低空旅游航线有 4 条精品空中游览路线供乘客选择，分别为古城灯展、古城—文瀛湖、古城—火山口、古城—

云冈石窟，其中古城灯展夜航是主题亮点线路。

●大同—浑源公交线路开通，新能源车上线运营。

是月

●在北京举行的2018中国绿色农业发展年会暨《中国绿色农业发展报告（2018）》蓝皮书首发仪式上，大同市华建油脂有限责任公司获“2018全国绿色农业十佳示范企业”称号。

●省人社厅公布10个省级劳务品牌名单，大同市“天镇保姆”位列其中，这是大同市首个获此奖项的劳务品牌。

●省改善农村人居环境工作领导小组办公室授予天镇县“新农村电气化县”称号。

2月

2日

●大同市行政审批服务管理局挂牌成立。

5日

●大同日报传媒集团的全媒体集群首批新媒体产品集中上线，标志大同日报社适应媒体变革形势，加快传统媒体与新兴媒体融合发展。上线新媒体产品分3类，分别是“大同新闻网网站”“掌中大同”APP，“大同新闻网”“掌中大同”“大同传媒”“大同日报传媒”微信矩阵及“大同新闻网”官方微博。5月，大同日报社全媒体升级改版，有“大同日报传媒官方微信”“大同晚报官方微信”“大同晚报官方微博”“大同新闻网官方微信”“大同新闻网官方微博”“大同新闻网头条号”“大同新闻网抖音官方号”“大同文传官方微信”“大同日报社小记者官方微信”“大同日报第一房产官方微信”10大平台。

7日

●同商同才新春茶话会暨古城商会成立揭牌仪式举行。

7日至13日

●大型民俗歌舞组画《想亲亲》在市工人文化活动中心展演。全剧以“钱贵贵与二妹妹”的爱情故事为主线，把恋爱、娶亲、忙婚、出门儿等爱情标志和民俗特征事件贯穿起来，融合晋北民歌、二人台、晋北吹打、耍孩儿、大同数来宝、广灵剪纸、民间社火等艺术元素，以浓郁的地方特色、独特的表现形式展现晋北风俗组画。

11日

●张吉福到天镇县、阳高县、云州区，开展2019“新春走基层、开年大调研”活动。

17日

●2019中国大同古都灯会民俗文化展演在市和阳门外广场启幕。

●“经典永流传”百幅中堂精品展大同巡回展在市和阳美术馆揭幕。

19日

●大同市“改革创新、奋发有为”大讨论动员部署会在市御东行政中心召开。

20日

●武宏文与到大同考察的王府井集团总裁杜宝祥一行座谈，双方交流合作、打造现代高品质商圈等事宜，并达成共识，见证战略合作框架协议签订。

22日

●大同市委农村工作暨全市决战决胜脱贫攻坚誓师会召开。会议通报《全市脱贫攻坚领域干部提拔使用情况》，并表彰上年度全市脱贫攻坚先进集体和模范个人。

23日

●2019山西省医师协会血液医师分会ASH传达会在大同举行，来自北京的血液界专家教授围绕第60届美国血液学年会（ASH）会议内容，交流血液学在国际的新进展、新技术、新成果。

23日至26日

●政协大同市委员会第十四届第三次会议在市工人文化活动中心举行。会议选举政协第十四届大同市委员会副主席、常务委员，补选任建刚为政协第十四届大同市委员会副主席、李有清为政协第十四届大同市委员会常委。通过政协第十四届大同市委员会第三次会议关于常务委员会工作报告决议；通过政协第十四届大同市委员会提案委员会关于第十四届三次会议提案审查情况的报告；通过政协第十四届大同市委员会第三次会议政治决议。

24日

●宣传贯彻中央一号文件精神暨2019中国“三农”发展会在北京召开，“大同好粮”展位现场展示来自大同市的黄小米、苦荞茶、黄花菜、西红柿等农产品。

24日至27日

●大同市第十五届人民代表大会第四次会议在市工人文化活动中心举行。会议选举王丽萍等4人为市十五届人大常委会委员，会议票决10项民生实事入选2019年市政府民生实事项目。会议表决通过关于大同市政府工作报告的决议；表决通过关于大同市2018年国民经济和社会发展计划执行情况与2019年国民经济和社会发展计划的决议；表决通过关于大同市2018年全市和市本级预算执行情况及2019年全市和市本级预算的决议；表决通过关于大同市人大常委会工作报告的决议；表决通过关于大同市中级人民法院工作报告的决议；表决通过关于大同市人民检察院工作报告的决议。

25日

●市政府与中国煤炭地质总局召开生态环境综合治理促进会，专题研究浑源生态文明建设。

●由外交部和山西省人民政府共同举办的外交部第17场省区市全球推介活动在外交部举行，云冈石窟第20窟复制窟等大同元素亮相外交部山西全球推介会。大同熊猫光伏发电站以图片形式亮相另一板块。在推介活动冷餐会上，浑源凉粉、大同如意枣糕、雁门清高苦荞茶、阳高杏仁等大同美味亮相。

27日

●在市十五届人大四次会议第三次全体会议上，首次由市人大代表以投票形式从12项候选项目中票决出2019年市政府10项民生实事项目，即在市区内整治改造30条街巷，打造200个乡村环境提升示范村，巩固提升200个村、15.21万农村人口饮水安全，治理无物业管理的老旧小区80个，新建停车场、停车楼或垂直升降机械式停车库10个，在御河公园、文瀛湖公园新建10千米智能健身步道和笼式足球场、篮球场、网球场等体育设施，优化城市道路照明和交通主干道信号灯控制系统，提升培训全民技能5万人，大同电视节目有效覆盖全市农村，为符合条件的铁路沿线小区安装隔音护栏。

28日

●武宏文与上海市漕河泾新兴技术开发区发展总公司副总经理由杨率领的考察团一行座谈，并见证产业转移促进中心商务部上海基地（大同分基地）成立。

●市人才开发交流服务中心（大同人才市场）举办的3场新春专场招聘会结束，有223家次用人单位参会，累计提供5247个岗位，825人初步达成用工意向。

3月

1日

●古城复兴重点工程、大同能源革命示范小区、“氢都”大同新能源产业城暨工业大振兴等2019“深化转型项目建设年”58个项目集中开工，总投资355亿元。

2日

●“GoFun出行”共享汽车进驻大同。“GoFun出行”是首汽集团针对移动出行推出的一款新能源共享汽车产品，在大同市场首批投放10台车，在火车站站前广场对面停车场和大同武定汽车服务中心两地设有固定停车位。

●市青年志愿者协会启动以“寻雷锋足迹，扬志愿精神”为主题的学雷锋月系列活动。

4日

●副省长贺天才一行到大同市部分乡（镇）、污水处理厂和流域国考断面等调研督导水污染治理工作、煤改电工程建设等。

8日

●由省护理学会主办、市护理学会和市第五人民医院承办的全省2019护理管理人员岗位培训提高班在大同开班，来自全省各级医疗机构护理管理人员及骨干500余人参加培训。

9日

●大同市作家协会儒学研究会成立。

12日

●天镇县首个村史馆——李家庄村村史展览馆落成揭牌。该馆占地面积180平方米，分村史溯源、村容村貌、领导关怀、村庄建设、村民风采、农具展示、未来蓝图、建言献策8个板块，展示李家庄村的沧桑变迁。

●大同市2019“春风行动”系列招聘活动结束，市就业指导中心（市人力资源市场）召开各类专场招聘洽谈会11场、提供空缺岗位13215个、涉及用人单位942家次、入场人数13144人、达成就业意向3311人。

15日

●由大同大学与市委宣传部联合成立的“现代社区文化研究中心”在大同大学揭牌。这是全省首个市校合作成立的现代社区文化研究中心。

●大同市忘忧农场“侨胞之家”揭牌成立。

16日

●由湖北省孝感市博物馆和市博物馆共同举办的“湖北民窑——马口窑特展”在市博物馆临时展厅开幕，展出马口窑陶器74件，展出截至5月12日。

18日

●大同市自行车运动协会成立。

19日

●全市浑源生态破坏警示教育暨矿山生态修复誓师会举行。

●总投资98亿元的重大转型项目——同煤集团年产60万吨烯烃项目开工，这是中国科学院洁净能源创新研究院大同转化基地落户大同的第一个高科技煤化工产业项目。项目建成后，每年可就地转化煤炭500余万吨，实现年平均销售收入80.76亿元、年均利润12.03亿元。

●大同市与中国煤炭地质总局签订战略合作协议，双方在生态环境与地质灾害治理、地质勘查及资源开发、数字国土建设等领域开展合作。

21日

●灵丘县新时代文明实践中心揭牌暨文明实践活动启动仪式在县政府广场举行，标志全市新时代文明实践中心建设试点工作启动。试点工作包括学习实践科学理论、宣传宣讲党的政策、培育践行主流价值、丰富活跃文化生活、持续深入移风易俗5项内容。灵丘县被确定为全省新时代文明实践中心试点县。

22日

●山西省第十三届人民代表大会常务委员会第九次会议通过《大同市燃煤污染防治条例》，该条例自6月1日起实施。

23日

●大同—张家口崇礼旅游直通车开通，把旅游目的地延伸至“乌大张”长城金三角合作区。

24日至26日

●庆祝中法建交55周年“光影流年”中法友好故事会在位于法国巴黎市中心的罗斯查尔德公馆举行。该活动展示云冈石窟、华严古刹、北岳恒山、大同古城照片及雁北耍孩儿、大同结艺、广灵剪纸、大同内画等大同非物质文化遗产项目。

26日

●武宏文率团到中国科学院大连化学物理研究所学习考察，相互交流甲醇制烯烃、合成气制乙醇等技术，市政府、大化所、同煤集团三方现场签署备忘录，共同构建大同煤基洁净能源综合发展战略联盟。

30日

●大同市发送的第二列中欧班列——大同至明斯克首列班列驶往白俄罗斯首都明斯克市。这是大同市首列直通欧洲班列，共41车，货品全部为钢材料，用于中国政府最大的海外援建项目——中白工业园。

31日

●大同云冈机场开通由昆明航空公司承运的“大同—太原—长沙”航线。

是月

●北岳恒山风景名胜区景区入列“2018锦绣中国榜新时代·中国最佳旅游名景”榜单。

●市能源革命专项创新券在市国

际能源革命科技创新园启动。

●中车大同电力机车有限公司的宽轨电力机车关键技术及系统集成项目被列入山西省科技重大专项，获专项奖励725万元。

●灵丘县红十字会副会长葛才贵入选由中央宣传部、中央文明办、民政部等16个部门联合举办的2018宣传推选学雷锋志愿服务“四个100”（100个最美志愿者、100个最佳志愿服务组织、100个最佳志愿服务项目、100个最美志愿服务社区）先进典型。

●由大同市文联主办的《小品文选刊》位列“2018海外数字阅读影响力期刊TOP100排行”榜单，排名第37名。

4月

1日

●大同市房屋交易实现网上预约预审，成为省内首个实现该项服务网上预约预审城市。

●大同市市场监督管理局推行企业登记注册“审核合一、一人通办”制度，压缩企业开办时间，优化市场主体准入服务，企业注册登记更加方便快捷。

3日

●由市博物馆和武汉市博物馆共同举办的“西京印迹——大同辽金元文物展”在武汉市博物馆开展。展览精选市博物馆馆藏辽金元文物精品131件（套），以民俗风情、窑火神韵、魂兮所归、壁彩丹青4个篇章，展示辽金元时期春夏耕作、秋冬射猎，茶酒饮宴、家居逸乐的生活百态。该展览至6月23日结束。

4日

●大同市“新时代 新担当 新作为”先进典型报告会举行。报告会播放被中组部授予“新时代担当作为典型”称号的武宏文先进事迹短片，全省“敢于担当、奋发有为”先进典型冯晓雷、王崇虎、李文杰、魏官元、曹振宇作“新时代 新担当 新作为”先进典型报告。

●来自同煤集团团委、驻大同某部队、云冈区西韩岭学校、云冈区民胜第一小学校、云冈区新泉小学、平城区第43小学校、云冈区和瑞街道等单位700余人，到大同煤矿“万人坑”遗址纪念馆举行“牢记历史、砥砺前行”清明节祭扫活动。

●大同市环境监察支队重新整合组建为大同市生态环境保护综合行政执法队，整合环境保护和国土、农业、水利、林业等部门相关污染防治和生态保护执法职责，依法统一行使污染防治、生态保护、核与辐射安全的行政处罚权及与行政处罚相关的行政检查、行政强制权等执法职能。

8日至10日

●省委常委、省委副书记、省长楼阳生到浑源县、广灵县、灵丘县调研生态修复治理、乡村振兴、脱贫攻坚、新兴产业培育等工作。

9日

●以“智造未来 创赢天下”为主题的2019上海漕河泾大同创新驱动国际发展论坛在大同举行，200余名专家、学者、企业家围绕专利技术的转化与打造新兴产业、大服务战略是科创园区高质量发展的根本、企业发展助力区域经济转型发展、山西转型与科技创新作主旨发言，开展高端对话，探讨区域转型的困境和破局，推动科技项目和成果落地转化。

10日至11日

●法国加莱市代表团到大同市访问，双方签署发展友好城市关系意向书。

12日

●大同市为烈（军）属和退役军人家庭悬挂光荣牌启动仪式暨平城区悬挂光荣牌仪式在市和阳门广场举行。

13日

●市第二人民医院（市肿瘤医院）获批成为国家消化道早癌防治中心联盟单位。

15日

●大同市首批氢能源公交车在62路和201路上线试运行。

16日

●“榜样山西”第七届山西道德模范颁奖典礼在省广播电视台演播厅举行，大同市已故广灵县宜兴乡三间房村村民宋金被评为助人为乐道德模范，浑源县蔡村镇碾槽沟村村民王春芳被评为孝老爱亲道德模范，新荣区破鲁堡乡八墩村村民、同煤集团精通兴旺煤业公司临时工葛向栋和云州区法院职工吴德斌分别获诚实守信、见义勇为道德模范提名奖。

●省人力资源和社会保障厅、省扶贫开发办公室表彰在脱贫攻坚中涌现出的先进典型，灵丘县石家田乡东张庄村村委会主任王会军、广灵县梁庄乡刘家沟村村民姜宏获奉献奖，市政府办公室派驻阳高县大白登镇潘寺村第一书记刘忠利，大同大学派驻阳高县罗文皂镇谢家庄村、十九墩村工作队长高鹏获贡献奖，广灵县巧娘宫手工编织专业合作社总经理刘金萍获奉献奖，广灵县委宣传部获组织创新奖。

17日至18日

●副省长王成到大同市灵丘县、广灵县、云州区，调研指导脱贫攻坚、乡村振兴、易地扶贫搬迁、人居环境整治和产业扶贫等工作。

18日

●由中国古迹遗址保护协会、清华大学建筑学院和清华大学建筑设计研究院主办的“‘4·18’国际古迹遗址日主题活动”在清华大学召开，灵丘县觉山寺塔修缮工程被公布为2019年度“全国优秀古迹遗址保护项目”之一。

18日至20日

●由国家煤矿安监局副局长张恩玺带队的国务院安委会安全生产和消防工作第16考核巡查组到大同，考核巡查大同市安全生产和消防工作。

19日至25日

●2019阳高杏花文化旅游系列活动在阳高县举行，推出以“幸福守望 杏韵花开”为主题的阳高杏花文化旅游系列活动，包括国家非物质文化遗产展演、“中国好声音”大同赛区选拔、《十月》阳高杏花诗会、露营地音乐篝火晚会、杏花季“发展阳高摄影展”以及户外游乐、特色小吃、特产专卖、文艺表演等独具地域文化特色的活动。杏花节期间，全县游客总量13万余人次，带动消费总额1286万元，其中主会场守口堡村直接收益68.6万元，户均增收4000余元。

23日

●京乌高速山西段开通运营。北京—乌鲁木齐国家高速公路山西段是国家高速公路网“G7”京乌高速公路的重要组成部分，起于大同市天镇县平远堡村（冀晋界），接京乌高速公路河北段的胶泥湾—西洋河高速公路，终于内蒙古自治区兴和县韩家营村南（晋蒙界），接京乌高速公路内蒙古段建成韩家营村—呼和浩特高速公路。路线全长8885米，采用双向六车道高速公路标准建设，设计速度100千米/小时，路基宽度33.5米。

●“联合利华饮食策划杯”全国第八届烹饪技能竞赛（山西赛区）、“汾酒杯”山西省第七届烹饪服务技能竞赛在汾阳开赛，大同市15家企业、84名选手参加中餐热菜、创意凉菜、中式面点、裱花蛋糕、中餐宴会服务、团餐、山西花馍等17个项目比赛，奖牌总数名列第二。在山西烹饪餐饮饭店行业30年飞跃发展峰会上，刘海明被评为改革开放40年山西省非公有制餐饮领军人。

●国典书画院大同分院在华严寺广场举行挂牌仪式。

24日

●大同富力希尔顿酒店战略合作协议签署，世界500强企业希尔顿进驻大同。

25日

●主题为“创新驱动 深度融合”的2019中国企业与信息化融合发展座谈会在大同召开。

25日至28日

●2019（首届）全国农业科技成果转化大会暨第七届成都国际都市现代农业博览会在成都举行，大同市组织灵丘县国春苦荞食品有限责任公司、山西东方物华农业科技有限责任公司、大同宜民产业发展有限公司、山西云中紫塞食品有限责任公司等7家企业100余个产品参会，大同市企业签订贸易合同金额671万元。

28日

●大同市雷森通用航空有限公司1架“运-5”飞机和2架直升机在北岳机场首航起飞，举行飞行表演。

29日

●大同市庆祝“五一”国际劳动节暨首届“大同工匠”命名会在市工人文化宫举行，刘奇、杨俊平、刘锦林、余良等16人被命名为首届“大同工匠”。

●省政府召开第32次常务会议，决定大同市列为全省通用航空业发展示范市。

●由省农科院食用菌所举办的山西省羊肚菌栽培技术交流暨现场观摩会在广灵县召开，全省30余名食用菌种植技术人员实地观摩广灵县青山农牧公司羊肚菌栽培大棚。

30日

●第14届中国义乌文化产品交易博览会、第11届中国国际旅游商品博览会在义乌举办，大同结艺作为山西馆特色工艺品参加博览会。

●大同市庆祝“五一”国际劳动节慰问演出暨中国（大同）第二届海棠花会活动月在大同市平城区西城墙展览馆广场开幕，有群众文化艺术会演、文化旅游推介、精品文艺剧目惠民、摄影大赛等活动。活动截至5月4日。

是月

●省文化和旅游厅发布公告，根据《山西省旅游扶贫示范村工作方案（2018—2020）》，经市县乡村逐级推荐，省文化和旅游厅、省农业农村厅、省扶贫部门会同专家联合审核，确定200个村为省第二批旅游扶贫示范村，大同市20个村名列其中。

5月

1日

●永泰门广场建成开放。永泰门广场及地下空间工程项目总用地面积21.66万平方米，总建筑面积5.77万平方米。其中，地上建筑面积0.39万平方米、地下建筑面积5.38万平方米。永泰广场占地17万平方米，是集城市庆典、展示演出、旅游休闲、便民服务、生态调节、交通集散等功能于一体的复合型城市广场，是适应市民多元化多层次公共活动需求的“都市客厅”。广场设计保留古城古风古物，融入都市时尚与喧嚣，同时满足现代人审美及需求。包括庆典广场、音乐喷泉、水景御道、林荫庭院、下沉花园、城墙遗址公园等。其中，占地5294平方米的音乐喷泉位于广场北侧，是大同市最大的声光电一体化大型景观喷泉，可结合音乐、灯光、焰火等元素开展大型喷泉表演。

1日至4日

●五一假期期间，全市接待游客539.17万人次，旅游收入21.61亿元，其中云冈石窟假期接待游客11.55万人。

1日至4日

●第125届中国进出口商品交易会（广州交易会）举办，云州区三利农产品有限责任公司把“大同黄花”作为主要对外宣传推介产品参加广交会，并参加贫困地区特色产品推介会。

3日

●在浙江温岭赛区举行的“二青会”室内五人制足球体校男子12～13岁组比赛结束，代表山西参赛的大同市体育运动学校男子足球队夺冠，这是山西省在全国综合性运动会中获得的首枚足球项目金牌。

5日

●大同银行忻州分行开业，开业当日各项存款突破亿元。忻州分行是大同银行继朔州、太原分行后，在全省范围内开设的第3家分行。

6日

●大同万城众创新能源科技基地开工建设。

7日至8日

●省委副书记林武到大同市广灵县、天镇县调研脱贫攻坚工作。

8日

●大同新研氢能产业化基地开工建设。该基地是氢都大同产业城规划布局的重点项目，以开发氢燃料电池电堆和系统自动化生产工艺为核心，占地11.04公顷，分两期建成，其产品应用于公交车、物流车、乘用车等交通工具，同时可应用于军事、国防等行业领域。

●由中国绿色食品发展中心、省农业农村厅和大同市政府联合主办的“春风万里，绿食有你”——全国绿色食品山西（大同）宣传月活动在大同启动。活动的主题是绿色生产、绿色消费、绿色发展。全省有60余家知名绿色食品企业代表参加，活动现场设置宣传区、咨询台、体验互动和产品展示区。截至4月底，全市认证绿色食品、有机食品等“三品一标”产品293个，认证总面积5.38万公顷，占全市耕地总面积14.3%，其中无公害农产品186个、绿色食品64个、有机产品30个、地理标志农产品13个。

8日至9日

●武宏文与北京首航艾启威节能技术股份有限公司董事长黄文佳一行座谈，双方交流共同推动大同氢能产业发展、建设一流标准的制氢厂等事宜，并见证双方氢能产业项目合作框架协议签署。

8日至10日

●全国三北工程退化林修复现场会在大同召开。

8日至11日

●全国农民体育工作会议暨“兴兰杯”第三届全国农民体育健身大赛在河南省兰考县举行，大同市忘忧农场8位农民代表山西省参赛，其中花毽接力获第5名，健身路径大比拼获第6名，精准扶贫奔小康获第8名。忘忧农场获大赛优秀组织奖。

10日

●大同市首座跨御河观光步行桥——“七星桥”通行。该桥跨越御河东西两岸，工程总造价564万元，全长243米，桥梁段平均宽6米，桥梁净高3米。桥面呈折线形，主要由木地板铺就，配玻璃灯带。有景观平台7座，采用框架梁结构，按传统的北斗七星与睡莲结合形式构思。

13日至15日

●以全国政协委员、江苏省政协主席、住江苏全国政协委员活动召集人黄莉新为团长的全国政协委员考察团到大同，考察大同市文化遗产传承保护工作。

16日

●阳高县重残疾人米斌作为山西省选出代表，在人民大会堂参加第六次全国自强模范暨助残先进表彰会，被表彰为“全国自强模范”。5月28日，米斌在市文瀛湖办公楼作专场报告会，讲述自己自强不息、艰苦创业，带领贫困残疾人一起致富增收的经历。

16日至20日

●第十五届中国（深圳）国际文化产业博览交易会在深圳会展中心举行，大同市巧工坊民间工艺文化有限公司14件纯手工制作的微型木雕仿真古建与原煤雕刻的工艺品参会。

17日

●云冈石窟研究院和青岛出版集团双方代表在北京雅昌艺术中心签字付印《云冈石窟全集》。该图集收录彩色与黑白照片7000余幅，线描图、拓片400余幅，文章23篇；前19卷全景式展现石窟群所有雕刻内容，第20卷总结历次考古发掘的成果，是中国学者编著出版的第一部云冈石窟学术著作。

18日

●是国际博物馆日，主题为“作为文化中枢的博物馆：传统的未来”。大同古城内辽金元民族融合博物馆对外开放，举办“放歌‘5·18’——优秀志愿者颁奖及会演展示活动”。市博物馆临时展厅“‘白银时代’——中国外销银器特展”开展；魁星文化博物馆有“国学之光——传统汉服美学体验”主题活动；明堂遗址博物馆有古乐主题演奏；中国雕塑博物馆邀请市“五老”宣讲团，开展“关爱下一代”国际博物馆日主题活动。

●“2019中国最美县域榜单”在第十五届中国（深圳）国际文化产业博览交易会主题活动之第九届全国生态旅游文化产业发展高峰论坛上发布，全国219个县市区榜上有名，山西省有7个县以独特的旅游资源和生态环境入列其中，大同市浑源县入列。

18日至19日

●中国远程医疗与智能装备发展技术峰会在北京举行，大同市第三人民医院获“远程医疗创新模式”奖。

19日至20日

●2019中国能源发展年会暨循环经济促进高质量发展论坛在大同举办，两院院士、专家学者、能源企业代表等200余人商讨能源科学发展之策，开展能源革命、能源转型、中国经济高质量发展等高层次对话。

20日

●全市“改革创新、奋发有为”大讨论交流总结会议召开。会议通报全市上年度目标责任考核及结合优秀等次评定推荐担当作为表现突出干部的情况，阳高县、市住房和城乡建设局、大同市第二中学校、中国重汽集团大同齿轮有限公司、平城区水泊寺乡主要负责人作交流发言。

●海关总署、财政部、国家税务总局和国家外汇管理局四部委联合批复，同意设立大同国际陆港保税物流中心（B型）。

21日

●主题为“科技强国科普惠民”的2019大同科技活动周在新荣区举办启动仪式及系列宣传活动。科技周的活动有科技下乡、科技展览、科技咨询、科普讲座、科普电影、科普乐园等形式，内容为展示科技创新重大成就、重大专项成果，特别是人工智能、信息技术、生物技术等方面的新成果、新技术、新装备、新产品。

23日

●由市歌舞剧院排演的大型民族歌剧《江姐》在市工人文化活动中心举行首场演出。

●全省乡村建筑风貌提升暨共同缔造工作现场推进会在灵丘县召开。会上，灵丘县、岢岚县分别作乡村风貌提升和共同缔造、乡村建筑风貌整治提升工作经验介绍。台湾谢英俊设计团队介绍灵丘县上、下沿河村共同缔造实践经验；北京建筑大学教授作县、镇政府组织开展共同缔造的方法与实践的专题讲座。

与会人员参观学习灵丘县乡村建筑风貌整治提升村、共同缔造示范点东福田村、车河村、边台村、上下沿河村和城头会有机社区。

24 日

●武宏文与清华大学深圳研究生院能源与环境学部主任、深圳石墨烯创新中心有限公司董事长李宝华等新能源新材料领域专家、企业家座谈，共商大同石墨烯发展方略，双方签署战略合作框架协议，并见证石墨烯 + 新材料产业园开工。

●同煤集团阳高 2×35 万千瓦热电项目 2 号机组通过 168 小时满负荷试运行，正式转为商业运营。该项目每年可消耗大同市低热值煤 300 余万吨，发电 35 亿千瓦时，并为阳高县城、阳高龙泉工业园区、御东新区集中供热，供热面积 1600 万平方米。

26 日至 6 月 1 日

●全市第 2 期乡村振兴战略专题研修班在浙江大学举办，县（区）部分乡（镇）党政正职 70 余人参加培训。全国知名专家教授围绕贯彻落实中共十九大关于实施乡村振兴战略部署和大同市乡村振兴工作实际，为学员作实施乡村振兴战略的创新路径与改革举措、互联网 + 智慧农业、依法行政新理论与干部法律风险防范、千村示范万村整治的浙江经验等专题辅导。其间，学员们到诸暨枫桥镇、德清县美丽乡村现场观摩教学。

27 日

● 2019 环太原国际公路自行车赛长城段赛事在大同举行，12 个国家的 20 支运动队 120 余人参赛。该赛段以左云县为主赛区，起点设在左云县东山森林公园，终点设在世界文化遗产云冈石窟，全程 126.4 千米。这一赛段美国光影男子洲际队马丁获冠军，中国恒翔洲际队的张政获亚军，黄色领骑衫由美国车手卡梅隆保持。

●总投资 2.4 亿元的山西上捷电梯有限公司年产 6000 台电梯项目投产。该项目占地 4 万平方米，生产车间配置有电梯精密钣金加工生产线、电梯标准件生产设备，投产后可实现年产 6000 台电梯和 3000 台智能立体车库，年可实现营业收入 7.89 亿元、利润 1.9 亿元、上缴税金 4754 万元。

29 日

●南京邮电大学“优质生源基地”授牌仪式在大同第一中学校举行。授牌仪式上，南京邮电大学负责人介绍专业特色、人才培养、招生等方面情况，肯定大同第一中学校输送学子的综合能力。

●由大同富乔垃圾焚烧发电有限公司投资建设的城镇污水处理厂污泥干化二期扩容项目建成投产，实现年处理市政污泥量 15 万吨预期目标。大同市城镇污水处理厂污泥干化项目，主要处理市政污水处理厂生产过程中产生的污泥。

29 日至 30 日

●副省长，省公安厅厅长，唐河、沙河省级河长刘新云到大同市灵丘县、浑源县调研唐河、沙河流域治理工作。

31 日

● “2019 山西（大同）电商大会暨大同好粮・京东三晋好物节”开幕。大会为期 3 天，首批 20 家企业入驻京东云（大同）电商生态产业园，集中展示新时代的科技创新应用、品质生活与智慧零售、农村电子商务、电商与先进制造融合等，展现未来电商发展新趋势。

● 2019 山西（大同）电商发展高峰论坛在大同举行。来自中国云计算应用联盟、对外经贸大学、3W 咖啡集团、京东云、山西老字号协会、山西名优特新产品协会等行业知名专家和品牌企业代表，围绕“融合创新——探索山西大同电商发展新模式”和“晋商之道——共筑山西大同电商发展新精神”两个单元，作主旨演讲和案例分享，探索大同电商发展新模式，寻求大同发展新路径。

●企业家游大同开飞机商务推介交流会召开。交流会上，与会嘉宾观看《大同城市宣传片》和《大同能源革命专题片》。大同市打造通用航空产业发展示范市，把通用航空作为转型发展的重要产业之一，组建通航产业投资公司，规划建设以制造、维修、训练和低空旅游为主的通航产业园，初步形成支线运输、通用航空、航空产业“三位一体”的发展格局。

是月

●截至 5 月底，陕汽大同专用汽车有限公司累计生产各类重卡底盘 2400 辆，其中天然气车型单月产量 1850 辆，实现产值 6.83 亿元，创造该公司单月产量、产值新纪录。

● “2019 中国最美县域榜单”公布，山西省有 7 个县以独特的旅游资源和生态环境入列其中，大同市浑源县上榜。

●受第二届全国青年运动会（简称“二青会”）组委会委托，广灵县多堂剪纸文化产业园区有限公司完成承担设计制作的二青会一套 14 幅专题剪纸。

●由广灵县多堂剪纸文化产业园区有限公司设计制作的大型广灵多层剪纸《天下大同》，在广灵剪纸艺术博物馆展出。该剪纸长 3 米、高 1 米，把云冈石窟、悬空寺、文庙、华严寺、古城墙等大同市具有代表性旅游景区的核心景观巧妙融合。

6 月

2 日

●第五届成龙国际动作电影周新闻发布会在北京举行，宣布第五届成龙国际动作电影周 7 月 21 日至 27 日在大同举行。电影周活动除开闭幕式外，还举办“钢铁人”荣誉评选、国际动作电影展映、世界特技人联盟峰会国际论坛、成龙大同世界影迷日及“脱贫攻坚战・星光行动”公益活动等系列主题活动。

4 日

●省人大常委会副主任卫小春率省人大常委会调研组到大同，调研加强和改进新时代人大工作。

5 日

●由省政协副主席、九三学社山西省委会主委李青山带队的专题调研组到大同，以召开座谈会、实地考察的方式专题调研全省大健康产业高质量发展课题。

6 日

●山西省实行省以下生态环境机构监测监察执法垂直管理制度改革，大同市环境监测站更名为山西省大同生态环境监测中心。该中心承担属于省级考核事权的生态环境质量监测工作，负责辖区内重点污染源监督性监测、生态环境应急监测及预警预报等工作，为实施环境管理和决策提供技术支持和服务等。

8 日

●是全国“文化和自然遗产日”，为与公众共享考古成果，山西大学与大同市考古研究所组成的联合考古队在吉家庄遗址发掘现场举办公众开放日活动。吉家庄遗址分布面积大、遗迹遗物丰富，是大同桑干河流域重要的文化遗存。

●位于大同市平城区西城墙南段的大同城墙遗址陈列馆试开馆。该馆是一座城墙专题陈列馆，展陈总面积1920平方米。上层展厅展出36幅城墙老照片，再现大同城墙及城墙建筑物历史风貌；下层展厅以北魏、辽金、明代城墙夯土遗迹为主线，城墙出土遗物为辅线，采用实物展览、模型和图文展板方式，展示大同城墙历史演变、修复历程、建筑结构及文化内涵等内容。

10 日至 11 日

●由省人大常委会原副主任、省人大工作与理论研究会会长田喜荣率领的省人大工作与理论研究会调研组到大同，调研健康产业发展情况。

11 日至 14 日

● 2019 全国职业院校技能大赛矿井灾害应急救援技术（高职组）在大同煤炭职业技术学院举行，来自全国 29 所院校代表队参赛。大赛涵盖灾害分析、灾害应急处理、应急救援、自救互救等大量煤矿安全生产工作内容，竞赛项目设计总用时 150 分钟。

12 日

●国道 108 线下北泉至神堂堡段改建工程通过交工验收。该工程属于《交通运输部集中连片特困地区交通建设扶贫规划纲要》中“燕山—太行山片区”集中连片交通扶贫规划的重要公路建设项目，路线全长59.27 千米，全线采用二级公路和一级公路技术标准，起点位于灵丘县与河北省涞源县接壤处，终点位于忻州市繁峙县东部。

12 日至 14 日

●全国工商联党组成员、副主席鲁勇率全国工商联第六联系调研组到大同，实地调研贯彻落实习近平总书记重要讲话精神，抓好工商联建设、商会改革和民营企业发展等情况，听取检察机关服务保障民营经济发展、工商联法律服务情况和如何更好营造法治化营商环境等各方意见建议，助推民营企业发展。

13 日

●第二届中蒙俄（大同）经济合作发展论坛及中蒙俄国际仓储物流合作论坛、中蒙俄国际商品供应链发展论坛在大同举办，蒙古国、俄罗斯与中国大同市三方相关人员现场作主旨演讲。与会者共同交流分享工业发展、技术动态、产业方向等，以务实的态度推进三方国际合作落地见效。

●俄罗斯伏尔加斯基市代表团到大同访问，双方签署友好合作备忘录。

13 日至 16 日

●第二届中蒙俄（大同）国际商品博览会在大同举办。该届商品博览会交易额 130 余万元，其中蒙古国参展商实现交易额 50 余万元。中银纺织科技有限公司与蒙古国奥德羊毛公司签订 1000 吨、总额 1300 万元羊毛交易意向合同，展会成交总额 1400 余万元。

● 2019 中国公路自行车联赛（左云站）在左云县举行，来自全国 63 支专业自行车队的近 600 名专业运动员参加比赛。该届赛事以“共享骑行快乐，尽赏边塞风光”为主题，13 日比赛分男子 100 千米团体计时赛和女子 50 千米团体计时赛 2 个项目。在男子团体计时赛中，天津队夺得冠军，黑龙江队、甘肃队分列亚季军；女子团体计时赛中，黑龙江队、云南队、辽宁队分别获前三名。14 日比赛分男子 80 千米城市绕圈赛和女子 60 千米城市绕圈赛 2 个项目。男子项目前三名分别是山东队的王隽永、张政，北京队的薛超华；女子项目前三名分别是河北队的赵茜沙、辽宁队的李九斤、山西队的朱静。16 日举行女子 118 千米大组个人赛，来自云南队的普译娴、黑龙江队的冯琳、甘肃队的周喜娥分获前三名。

14 日

●“万里茶道”申遗与中蒙俄经济走廊建设研讨会在大同举办，来自蒙古国、俄罗斯和中国的专家学者围绕“万里茶道”申遗工作探讨交流，为“万里茶道”沿线地区经济、文化、贸易发展献计献策。

17 日至 18 日

●第二届全国青年运动会公路自行车预赛在左云县举行。此次比赛有来自全国 41 支专业自行车队 381 名专业运动员参赛，设有女子甲组 15 千米个人计时赛、男子甲组 30 千米个人计时赛、女子乙组 10 千米个人计时赛、男子乙组 20 千米个人计时赛、俱乐部组男子 15 千米个人计时赛、俱乐部组女子 10 千米个人计时赛、体校男子甲组 48 千米团体计时赛、俱乐部组男子 48 千米团体计时赛、体校女子甲组 26 千米团体计时赛、俱乐部组女子 26 千米团体计时赛等竞赛项目。在俱乐部组男子 15 千米个人计时赛中，大同工人体育场青少年体育俱乐部队的王博超夺冠；俱乐部组女子 10 千米个人计时赛中，大同工人体育场青少年体育俱乐部队的安一帆、朱天凤分别获第一名和第二名；大同工人体育场青少年体育俱乐部队分别在俱乐部组男子 48 千米团体计时赛、俱乐部组女子 26 千米团体计时赛中获得冠军。

18 日至 19 日

●以国务院扶贫办督察专员海波为组长的国务院扶贫办调研组到大同，调研大同市光伏扶贫工作。

19 日

●大同高铁站北广场落客平台主体封顶。

●由中国博物馆协会安全专业委员会主办，大同市博物馆、河南省博物院承办的 2019 全国博物馆安全技术及管理培训班在大同开班。此次培训为期一周，全国 86 个博物馆

130余名学员参加。

●2019山西省科技工作者双创大赛、2019“创响山西”十大创新创业人物、2019“创响山西”十大创新创业团队、2019“创响山西”最具市场竞争力企业、2019“创响山西”最具投资价值产品（项目）、“三晋新农人”创业创新竞赛评选结果揭晓，大同大学石墨烯协同创新团队获2019“创响山西”十大创新创业团队，大同煤矿集团机电装备科工安全仪器有限责任公司的“煤矿用制氮机房无人值守系统”获2019“创响山西”最具市场投资价值产品。

22日至23日

●“一带一路”与山西对外开放学术研讨会、中国明史学会明史国际学术研讨会在大同举行。来自国内外的150余位专家学者和企业家代表参会，围绕山西历史上的“一带一路”、明代中外关系、山西融入“一带一路”3个主题研讨。专家学者探讨山西在古代丝绸之路上的重要地位和大同在丝路茶道中的重要作用，明确大同作为历史名城、丝路东源、文化古都的认识，并发表《大同宣言》。

24日

●大同市举行餐桌消费扶贫产品“冰鲜黄花”发布会，标志大同黄花产业升级品种——冰鲜黄花“火山鲜”问世。活动首次在全市范围内提出“餐桌消费扶贫”概念，并以市委、市政府名义向全市发出倡议，号召广大干部支持“餐桌消费扶贫 冰鲜黄花先行”，提倡“消费即是扶贫，购买就是公益”。

●山西省首批100家AAA级乡村旅游示范村拟入选名单公示，大同市有9个村庄入选，即云冈区杨家窑村、高山村，新荣区得胜堡村，灵丘县上北泉村、下车河、花塔村，广灵县涧西村，浑源县神溪村、北紫峰村。

24日至27日

●第二届全国青年运动会散打比赛决赛在山西省综改区体育馆举行，大同市获3金2铜，其中李骏白获男子乙组42公斤级冠军，徐婷婷获女子甲级52公斤级冠军，乔元启获男子甲组75公斤级冠军，王均莹获女子乙组39公斤级第三名，张志恒获男子甲组65公斤级第三名。

24日至30日

●全市第3期乡村振兴战略专题研修班在西南财经大学举办，全国知名专家教授围绕贯彻落实党的十九大关于实施乡村振兴的战略部署和大同市乡村振兴工作实际，为学员作美丽乡村建设经验与案例、党建引领脱贫攻坚、卓越领导力与执行力提升等专题辅导，并组织学员到郫都区战旗村、道明竹艺村，都江堰市柳街镇鹤鸣村等地现场教学。

25日

●“德耀中华”第七届全国道德模范候选人名单公示，大同市新荣区破鲁乡八墩村村民葛向栋入选诚实守信道德模范候选人名单。

25日至28日

●省政协主席李佳到大同市、朔州市，调研转型发展、能源革命、脱贫攻坚等工作。

26日至27日

●副省长王成到大同市天镇县、云州区、浑源县，调研指导脱贫攻坚、乡村振兴、农村人居环境整治、光伏扶贫、易地扶贫搬迁等工作。

27日

●“一带一路”沿线国家创新创业大会·大同峰会启幕，格鲁吉亚、白俄罗斯、乌兹别克斯坦、乌克兰等“一带一路”沿线国家的院士、专家、学者出席峰会并作主旨演讲。

●中车大同电力机车有限公司自主研制的CR240E电传动矿用自卸车下线。该车是山西装备制造行业首款大载重电传动矿用自卸车，主要用于露天矿场、水利水电工程等，是往返采掘点和卸矿点的专属运输车型，最大载重量240吨，最高速度57千米/小时。

●省人力资源和社会保障厅公布第五批34个山西省院士工作站名单，其中大同市有大同大学石墨烯技术应用院士工作站、大同市第三人民医院内分泌学院士工作站。

28日

●总投资27亿元的雄韬氢雄大同氢能产业园开工建设，大同氢燃料公交车上线运营。雄韬氢雄大同氢能产业园项目位于氢都大同新能源产业城，占地15.33公顷，由大同氢雄云鼎氢能科技有限公司投资建设。项目一期租用1万平方米过渡厂房建设的氢燃料电池发动机自动化生产线投产，二期、三期新增发动机、电堆等主要产品生产线。

28日至30日

●第二届全国青年运动实体火炬在大同市3个县（区）传递。路线依次为云冈区云冈石窟景区—浑源县—灵丘县。150名火炬手参与火炬传递，总里程13.5千米。

29日至30日

●2019慢病康养与健康管理国际高峰论坛在大同举行。此次高峰论坛以全新的大健康理念为切入点，围绕全民健康、医养结合、重在预防、科技支撑4大主题，为国内外健康行业、康养业界的专家学者提供一个学术交流大平台，助推康养产业融合升级发展。Gauden Galea、Cherian Varghese、韩铁如3位专家学者作专题讲座，和与会人员分享国际前沿的科研成果及相关实践经验。中国老年保健医学研究会医养康复分会与凯德世家集团签署战略合作协议。

30日

●来自河南、山东、北京、天津等地及山西省各市1.2万名健身爱好者在大同市平城区南城墙关城内参加庆“七一”万人大型快闪暨中国·大同第3届全国万人排舞广场舞大赛，该活动由市排舞广场舞协会举办。

是月

●住建部公示第五批中国传统村落名录，大同市云冈区高山镇高山村、天镇县谷前堡镇白羊口村、天镇县马家皂乡安家皂村、广灵县壶泉镇涧西村、灵丘县独峪乡花塔村、云州区峰峪乡徐疃村入列其中。

●位于大同市平城区古城内的吉家窑古陶瓷博物馆开馆。

●6月，大秦线货物运输量3582万吨，日均运量119.4万吨。日均开行重载列车82.9列，其中日均开行2万吨列车58列。1月至6月，大秦线累计货物运输量2.18亿吨。

7月

1日

●大同云冈机场新增由山东航空公司承运的“济南—大同—西宁”航线。至此，云冈机场开通的航线可到达直辖市4个、省会城市17个。

●大同贫困地区产业（能源）发展基金成立。该基金由中央企业贫困地区产业投资基金、太行产业投资基金、大同市引导基金及大同市的国有企业等共同出资发起设立，是中央企业贫困地区产业投资基金在山西省联合发起设立的第一支专注于贫困地区产业（能源）发展的专业化、市场化基金。现场签署基金合伙协议和意向项目协议。基金首期规模3.2亿元，主要投资于大同市贫困县（区）扶贫、新能源、农业和新兴产业等领域优质项目。

●纪念中国共产党成立98周年红色经典戏曲晚会“数风流人物还看今朝”在市工人文化活动中心开幕。戏曲晚会有晋剧名家孙岚岚和李玉成联袂演唱的《沁园春·雪》，《红色娘子军》选段《清华成长》，《沙家浜》对唱《军民鱼水情》，《白毛女》选段《扎红头绳》等。

1日至7日

●大同市开展2019健康扶贫村村行义诊夏季行动，在浑源县、广灵县、天镇县及云州区525个村开展扶贫巡诊。此次巡诊活动中，市卫健委组织全市39家医疗机构近400名医技专家，免费义诊3.2万人次，赠送价值约19.4万元的常用药品30余种，发放宣传资料15.3万余份。

1日至12日

●灵丘县第十三届平型关文化旅游节举行。其间，举办物资交流、文化娱乐、戏曲演出、马戏杂技、书画摄影、篝火晚会、农特产品展销、骑行比赛、武术展演、旅游推介观光等活动。

2日

●由市委宣传部、市图书馆共同创意策划建设的“学习书屋”在市图书馆向读者开放。“学习书屋”以学习宣传习近平新时代中国特色社会主义思想为主题，集交流研讨、教学演讲、展览展示、数字阅读、主题活动等功能于同一空间，设在市图书馆四楼，有各类书籍2万余册。

●由工信部、省工信厅和市政府联合举办的工业设计扶贫走进大同活动启动。在工业设计扶贫业务培训会上，来自全国各地的扶贫设计专家政策解读区域品牌创建、科技成果植入、人才培训赋能、美丽乡村风貌等设计扶贫的10大模式；发布工业设计扶贫线上对接平台；围绕《设计赋能的第N种范式》《设计未来》等主题作案例分享。

3日

●大同经济技术开发区招商引资20个转型项目集中签约，项目总投资243.46亿元，全部达产后实现年销售收入150亿元，上缴税金10亿元，可解决上万个就业岗位。

3日至6日

●由市总工会主办的“中国梦·劳动美”全市首届职工全健排舞大赛在大同大学举行。该次大赛以“中国梦·劳动美”为主题，来自全市各区（县）、市直机关各单位、国省属企业、民营企业、社区等73支代表队近2000人参赛，比赛以舞蹈、体育、艺术3大类竞技展示为主。

5日至10日

●2019全国热气球锦标赛在大同举行。来自北京、广东、甘肃等15个省、22个市的100余名热气球飞行员同台竞技，这是该赛事第四次落户大同。此次锦标赛由中国航空运动协会、国家体育总局航空无线电模型运动管理中心主办，山西省体育局、大同市人民政府承办。竞赛科目包括指定目标、自选目标、游荡华尔兹、猎狗追兔、蜻蜓点水、飞往主会场等项目。

6日

●国家级生殖健康诊疗服务能力大同地区指导中心揭牌仪式暨2019生殖健康诊疗服务能力提升专项面授培训班会议在市第一人民医院举行。全国生殖健康诊疗服务能力提升专项工作是以生殖健康和母胎医学为着力点，在全国范围内遴选首批地区指导中心和示范单位，大同市第一人民医院入选。

7日

●在上海新国际博览中心举办的亚洲跑酷冠军赛中国区竞速赛中，大同籍国际跑酷选手、动作演员张云鹏以17.82秒成绩夺冠。

8日

●大同煤矿集团物流有限公司成立。同煤集团物流公司是同煤集团的直属子公司，是同煤集团确定的6大产业体系中做实物流产业的重要平台。该物流公司整合同煤集团内部7家物流和贸易公司。

●第35届全国碳素经济技术信息交流会在大同召开。会议由大同新成新材料股份有限公司、大同大学、大同宇林德石墨设备股份有限公司联合中国碳素行业协会共同主办。来自全国碳素制造企业、碳素材料科研院所及原料设备供应商等123家单位216位专家学者、企业家代表出席会议，研究探讨碳素企业高质量转型升级发展及节能环保绿色循环经济创新之路，并开展“产供需”“产学研”经济技术信息交流互鉴活动，为碳素行业发展把脉献策。

9日至12日

●第二届全国青年运动会武术套路（体校组）比赛在山西转型综改示范区体育中心举行，大同市体育运动学校王宁和张春森分别获男子甲组棍术和女子甲组棍术金牌。

10日

●财富中文网发布2019《财富》中国500强企业排行榜，大秦铁路股份有限公司以783.447亿元营收排名第120位。

●历时3个月的2019中国大同创业创新大赛经过初赛、复赛、决赛环节评选，大赛组委会举行颁奖典礼。大赛收到372组企业、创客和高校创业个人和团体报名，收集参赛项目企业组64个、创客组51个、高校组257个，涉及新能源、文化传媒、新材料、农业、消费品等领域。大赛最终评选出企业组、创客组、高校组一二三等奖、优胜奖、特等奖等90个奖项，这些获奖项目分别获 5000 元至 8 万元不等项目资助。

●大同市第二座跨御河观光步行桥——“九曲桥”通行。“九曲桥”位于迎宾桥以南、南环桥以北，全长 220 米，平均宽度 12 米。桥梁下部构造采用钻孔灌注桩基础，桥墩为柱式墩。上部为现浇混凝土连续箱梁，桥墩跨径 17 ~ 21 米、净高 4.5 米。

11 日

●全国构建和谐劳动关系先进表彰大会在北京召开，中车大同电力机车有限公司被授予全国模范劳动关系和谐企业称号。

11 日至 13 日

● 2019 全国老年人柔力球（套路）教练员、裁判员培训在市体育运动学校开课，来自全国 31 个省的 278 名柔力球爱好者参加培训。

12 日

●第二届“山西小米”品牌标识使用授权仪式在太原举行，山西东方物华农业科技有限公司被山西省粮食行业协会授予“山西小米”品牌标识使用资格。

13 日

●在云州区西坪镇唐家堡黄花主题公园文化广场，2019 第二届大同黄花文化旅游月开幕。该届黄花文化旅游月以“忘忧花海、美在大同、产业富民”为主题，由市政府、国家工信部中小企业发展中心共同举办，云州区政府承办。该旅游月举行“忘忧仙子”评选大赛、大同黄花开摘仪式和黄花产业发展研讨会、“忘忧花海”主题摄影书画大赛、忘忧大道消夏晚会等系列活动。

●市第五人民医院邱贵兴脊柱关节外科院士专家工作站揭牌成立。邱贵兴院士是全国脊柱外科及关节外科专家，在脊柱侧凸方面开展 20 余年临床基础研究。揭牌仪式后，邱贵兴作题为《学科带头人核心能力构建与培养》讲座。

15 日

●为期 3 个月的 2019 山西 · 大同云冈文化旅游系列活动在大同古城南城墙关城内启幕。2019 文化活动的重头戏是第五届成龙国际动作电影周，其他文化体育活动有：7 月举行 2019 全国热气球锦标赛，8 月举行 2019 大同国际骑游大会，9 月举行大同国际马拉松比赛、第六届环古城健步走活动等。其间，举办 2019“影像的力量”中国（大同）国际摄影文化展，2019“曾竹韶雕塑艺术奖学金”优秀作品展，第二届中国青少年雕塑大展，2019 首届辽五京历史文化学术研讨会，“天下大同·魏碑故里”书法名家作品展，“唱响黄河、歌颂中华”19 省区民歌展演，《触摸北魏》公益系列讲座等。大同市全域旅游品牌全球征集启动，召开中国旅游协会会员大会、2019 第三届中国户外广告论坛、2019 中国世界遗产旅游推广联盟（大同）大会等文旅盛会。举办 2019“新时代奋斗者 · 行业先锋”征集评选活动暨“致敬新时代奋斗者”云冈文化旅游季主题晚会，开展“我奋斗 · 我幸福”走基层活动、全省“我和我的祖国——山西省红色故事讲解大赛”获奖作品巡讲活动等。各县（区）开展文化活动，有 2019 大同忘忧（黄花）文化旅游月、新荣区得胜堡 · 饮马河长城旅游文化节等。

16 日

●由省政协副主席席小军带队的省委政协工作调研组一行到大同，调研政协重大问题工作。席小军一行到平城区政协机关和市政协机关调研指导政协工作，了解机关建设和履职情况，看望机关干部。

17 日

●京晋（大同）协作新区智慧创新新城开工建设。项目建成后，年可实现产值 70 亿元。

19 日

●北魏田园 · 一“鹿”有你大同农业嘉年华向市民开放。该园区包括农业嘉年华主题场馆、育苗温室、游客中心、生态温室、农产品展销馆等，并以“农业 + 文旅 + 科技 + 产城融合”模式，配套大同独有的北魏风情商业步行街、北魏鹿苑家庭农场、“北魏王朝 · 天下大同”实景体验剧等休闲农业文旅项目，创建大同市城乡互动缩影，带动乡村旅游，助力乡村振兴。

20 日

●“脱贫攻坚战星光行动——古长城保护计划”在大同启动。“脱贫攻坚战星光行动”发起人——国际电影艺术家成龙再次到大同，考察古长城遗址，走访长城脚下人家，发起古长城保护计划。

20 日至 28 日

●作为 2019 山西 · 大同云冈文化旅游系列活动的内容之一，新荣区第二届长城古堡露营大会在新荣区得胜堡、饮马河湿地举行。大会以长城文化为主题，以成龙国际动作电影周为载体，依托塞北古镇、古堡之乡美誉，延伸长城文化、古堡文化，举办帐篷、房车露营，啤酒大赛，星空影院等活动。

21 日

●石墨烯农业应用推广中心在大同大学揭牌成立，石墨烯农业应用研讨会同时举行。

21 日至 27 日

●以“心随影动见大同”为主题的第五届成龙国际动作电影周在大同举行。该届成龙国际动作电影周是继上年之后第二次在大同举行。举办脱贫攻坚战星光行动——古长城保护计划、星光行动 · 黄花订货大会、国际影迷嘉年华、云冈国际论坛、动作电影展映、“钢铁人”荣誉评选、红毯仪式、颁奖典礼等主题活动。其中，脱贫攻坚战星光行动——古长城保护计划活动启动“空中看长城、游古城”项目；“星光行动 · 黄花订货大会”活动，现场黄花总订购量 9840 万元；国际影迷嘉年华活动，有来自 44 个国家 700 余名“成龙影迷”参与交流互动；云冈国际论坛活动，来自世界各地的知名电影人、特技人精英、影视机构领军人物和代表 300 余人，共同探讨交流“世界动作电影的融合与突破”的议题；动作电影展映活动，采用“线上 + 线下”形式，展映“龙虎武师”“动作大师”“亚洲新派江湖”“巾帼豪杰”4 个单元动作电影 30 余部；“钢铁人”荣誉评选，是成龙动作电影周设立的奖项，有来自 36 个国家 152 部影片参赛，最终中国大陆影片《“大”人物》《武者》，中国香港影片《无双》，印度电影《印度暴徒》《卡拉里》，俄罗斯影片《T-34 坦克》等获 11 项“钢铁人”奖项。

21 日至 30 日

●“忘忧花海”摄影书画展在市和阳美术馆开展，展出 300 余幅反映云州区风貌的书画作品。

22 日

●“脱贫攻坚战星光行动”发起人——国际电影艺术家成龙携团队到云州区、浑源县参加黄花订货会，考察文旅扶贫，意在汇聚电影人力量，为推动精准扶贫再发力。黄花订货会现场订货总金额 9840 万元，单笔订货金额高达 3600 万元。

●美国《财富》（Fortune）杂志全球同步发布 2019 世界 500 强企业排行榜，同煤集团居第 464 位。

23 日

●全国首个城市内湖水上飞机项目在大同市文瀛湖首次试飞，开创全国首个在高海拔内湖水域起降记录。该次试飞是大同市与北京华彬天星通用航空股份有限公司合作的全国首个城市内湖水上飞机项目，涵盖水上飞机空中游览和大同至北京密云区短途旅游专线。该次参与试飞的水上飞机为塞斯纳 208B 水陆两栖型，主要用于低空通勤与旅游、水上巡逻、应急救援、消防和体育运动等。

24 日

●农业农村部办公厅、财政部办公厅联合印发《关于批准开展 2019 年农业产业强镇建设的通知》，云冈区口泉乡位列其中。入选开展农业产业强镇建设的镇（乡），中央财政通过以奖代补等方式予以适当支持。

26 日至 27 日

●在全国退役军人工作会议上，大同市的高养利、惠建武获“全国模范退役军人”，大同市光荣院被授予“全国退役军人工作模范单位”称号。

27 日

●“契丹王朝——大辽五京精品文物展”在市博物馆开展。展览由市博物馆主办，展览通过“熠熠佛都”“煌煌北国”“曜曜异彩”3 大单元，包括精美的金银器、珍稀的佛教器具、玉器、瓷器等 143 件（套）文物，呈现辽代社会发展风貌。

28 日

●第二届全国青年运动会国际式摔跤比赛在山西财经大学坞城校区体育馆落幕，大同市体校运动员为山西代表队摘得 5 金 1 铜，其中牛丽摘得社会俱乐部组男子自由式摔跤 74 公斤级桂冠，李强获社会俱乐部组男子自由式摔跤 97 公斤级冠军，荣振华获体校乙组男子自由式摔跤 71 公斤级冠军，李瑞祥获体校乙组男子自由式摔跤 80 公斤级冠军，王川获社会俱乐部组女子自由式摔跤 76 公斤级桂冠，高任鹏获体校乙组男子自由式摔跤 65 公斤级铜牌。

29 日

●“低空旅游·空中看大同”活动开航。这是大同市继“新时代·新航程·空中看大同”夜游古城之后再一次开通低空旅游航线。

30 日

●“灵秀灵丘”县域公共品牌新闻发布会在北京召开。发布会以“产销对接、精准扶贫、乡村振兴、品牌发布”为主要内容，诠释“灵秀灵丘”品牌，并为灵丘县 6 家企业授牌，灵丘县 6 家企业与天津 6 家企业签订产销协议。

30 日至 31 日

●省十三届人大常委会第十二次会议举行第二次、第三次全体会议和联组会议。第三次全体会议表决通过关于批准《大同市人大常委会关于修改〈大同市体育市场管理办法〉等 27 件法规的决定》的决定、《大同市人大常委会关于修改〈大同市乡镇人民代表大会工作条例〉等 2 件法规的决定》的决定。

●“助力二青，一起健康”2019 中国·大同第八届“友谊杯”全国体育舞蹈公开赛在云州区体育馆举行，来自北京、天津、山东、山西各地的 60 余支代表队 2283 名青少年体育舞蹈爱好者参加 200 余个小项比赛。来自北京舞蹈学院代表队的张子久、曹若男获专业 A 组冠军。

是月

●在中国科学院大学（雁栖湖校区）国际会议中心召开的中国发展战略学研究会第五届理事会第一次会员代表大会暨高质量发展战略研讨会上，大同新能源研究院被中国发展战略学研究会吸收为团体会员，当选为中国发展战略学研究会团体理事单位，并命名“中国发展战略学研究会战略实践基地”。

8月

3 日

●第二届全国青年运动会体校男子 U16 组足球与田径全能项目决赛在太原市中北大学足球场举行，大同市体育运动学校获总排名冠军。

4 日

●“云冈杯”国际民族器乐展演决赛在大同市文化艺术学校举行。比赛分弹拨组、竹笛组、古筝组、二胡组、重奏组等组别，来自全国各地 1200 名选手参赛。

●中国（大同）首届民族器乐音乐会在大同大学举行，有音乐周开幕式暨中国民族器乐名家名曲音乐会，古筝、琵琶、竹笛、二胡等名家讲座，竹笛专场音乐会、弹拨乐专场音乐会等内容，分别在市图书馆及大同大学举行。

6 日

●第二届全国青年运动会空手道决赛在临汾市落幕，来自全国 26 个省区市 93 支代表队 578 名运动员角逐 52 个项目金牌。大同市运动员为山西代表团获 3 金 3 银 3 铜，于紫婷获社会俱乐部女子甲组 66 公斤桂冠，安桧获社会俱乐部女子乙组 47 公斤冠军，李孟泽获社会俱乐部男子甲组 76 公斤冠军。

7 日至 10 日

●第二届全国青年运动会场地自行车项目在山西体育中心自行车馆举行，有 23 支代表队、369 名运动员参赛。大同自行车运动员为山西代表队获 3 金 1 银 2 铜。罗静、翟菲获体校乙组女子团体竞速赛金牌，罗静获体校乙组女子 500 米计时赛金牌、体校乙组女子 250 米原地起动计时赛金牌。

●“首钢京唐杯”第十二届全国

大学生节能减排社会实践与科技竞赛全国总决赛举行，大同大学参赛作品“风力发电球”获一等奖。

11 日

●第二届全国青年运动会跆拳道社会俱乐部比赛结束，大同市运动员获 2 金 2 银 2 铜。林思彤获女子品势个人赛金牌，林思彤、管馨雅、承家琪获女子品势团体金牌。

●第二届全国青年运动会现代五项比赛在晋城开赛。现代五项比赛包括击剑、游泳、马术、跑步和射击，由于是青年比赛，取消马术比拼环节。在首日比赛中，大同市运动员获 1 金 2 银 2 铜，郭晓倩获社会俱乐部甲组女子游泳激光射击跑步三项赛金牌。12 日至 13 日，在第二届全国青年运动会现代五项比赛中，大同市运动员获 1 金 3 银 1 铜，孙宝涵、孙思清、宋甲其在社会俱乐部女子甲组激光射击跑步 2 项赛中，包揽前三甲。

●第二届中国青少年雕塑大展在中国雕塑博物馆开幕。雕塑大展由中央美术学院、中国美术家协会雕塑艺委会、大同市政府主办。作品分 U12 少儿组、U15 初中组和 U18 高中组 3 个年龄组，收到来自国内外 100 余个城市 3378 位作者的 7269 件（组）报名作品，经过初评遴选出 454 位作者 516（组）作品入围参展。

12 日

●大同大剧院运营启动。大同大剧院由日本建筑设计大师矶崎新与上海现代设计集团合作设计，总建筑面积 4.74 万平方米、建筑高度 37.05 米，大屋面采用钢筋混凝土薄壳结构，内部采用钢筋混凝土框架结构。建筑层数为地上 4 层、地下 2 层，建筑主体有大小 2 个剧场，设计容纳 1508 人和 902 人同时观看演出。

●大同市庆祝中华人民共和国成立 70 周年文化惠民演出月活动在大同大剧院开幕，首场演出是市歌舞剧院打造的大型民族歌剧《江姐》。8 月 12 日至 9 月 12 日，演出月安排民族歌剧《江姐》、大型歌舞晚会《盛世欢歌》、诗乐舞《川江花雨》、舞蹈专场《燃之夜》、话剧《立秋》、交响音乐会《世界大同》、话剧《谍杀》、耍孩儿《云冈魂》8 个剧目 12 场演出。

12 日至 13 日

●山西省残疾人托养服务工作推进会在大同召开。会议期间，与会人员实地参观云州区厚德医院精神病患者托养机构、唐家堡黄花种植基地残疾人就业示范区，观摩平城区托养服务中心、社区健康中心。

13 日

●全省第七次全国人口普查区域划分试点（大同市平城区）工作现场培训会在大同举行。参会人员实地观摩平城区向阳西街社区普查小区划分情况，并入户摸底。

●河北、山西、内蒙古、辽宁 4 省（自治区）人民检察院保护祖国北部绿水青山蓝天护航联合行动第二次联席会议在灵丘县召开。河北省、内蒙古自治区、辽宁省人民检察院检察长作检察公益诉讼工作开展情况交流发言。最高人民检察院第八检察厅负责人宣读高检院指定管辖决定书，内蒙古自治区人民检察院与山西省人民检察院相互移交案件材料，这是全国行政公益诉讼跨省指定管辖的第一批案件。

●大同未来能源馆获 LEED v4 BD+C（建筑设计与施工）：New Construction and Major Renovations（新建及重大改造建筑）金级认证，成为大同市首座通过 LEED 认证的建筑。

13 日至 15 日

●中国旅游协会 2019 会员代表大会在大同召开。中国旅游协会六届四次理事会听取中国旅游协会《2018 年度工作报告》和《2018 年度财务报告》，会员大会审议通过《中国旅游协会章程》修改方案及中国旅游协会理事增补方案。

14 日

●第二届全国青年运动会田径项目比赛在山西体育中心开赛，大同市体校运动员戴仪茹获女子体校甲组 100 米栏金牌，为山西队摘取田径赛场首枚金牌。在现代五项比赛中，大同市运动员丁文萱获社会俱乐部乙组女子激光射击跑步个人赛金牌。

●中国民间中医医药研究开发协会脐疗分会全国中医脐疗专科共建工程应用教学基地在大同市中西医结合医院揭牌。

15 日

●在第二届全国青年运动会田径比赛中，大同市运动员谢智宇获男子体校甲组 400 米金牌；在现代五项比赛中，大同市运动员丁文萱和贾文博在社会俱乐部乙组跑射游混合接力赛中获金牌。

16 日

●在第二届全国青年运动会网球体校乙组混合双打比赛中，大同市运动员施晗、段皓获金牌；在公路自行车比赛社会俱乐部组男子 52 千米团体计时赛中，大同自行车队白慧隆、平曹云、王博超、王培晨获金牌。

●同煤集团云冈矿北大巷废弃巷道压缩空气储能电站项目开工。这是全球首个基于煤矿巷道压缩空气储能电站项目，是大同市与同煤集团企地携手共同打造能源革命转型发展项目。

●由市政协举办的“翰墨丹青颂祖国——庆祝新中国成立 70 周年和人民政协成立 70 周年书画摄影展”在大同潘家园开展。此次《翰墨丹青颂祖国》书画摄影展，由市政协主办，市政协书画院、市摄影家协会承办。展览分书法作品、美术作品、摄影作品 3 个部分，展出作品 170 余件。

●在第二届全国青年运动会比赛中，大同市健儿在击剑、网球、田径比赛中为山西代表队获 3 枚金牌。

●在第二届全国青年运动会击剑比赛中，大同市运动员洪雪焓在社会俱乐部女子甲组个人重剑比赛中夺冠。

17 日

●在第二届全国青年运动会网球比赛中，大同市运动员任可、施晗获乙组女子双打冠军。在体校甲组男子 400 米栏比赛中，大同市体校运动员谢智宇夺冠。

16 日至 18 日

●由中国仪器仪表学会分析仪器分会化学传感器专家组主办、大同大学承办的第十四届全国化学传感器学术会议在大同大学举行，来自全国部分科研院所和高等学校的专家学者以及大同大学化学与环境工程学院的师生参加会议。会议以创新化学生物传感技术，促进化学生物传感领域新理论和新技术的交流为宗旨。大会邀请到国内外院士、专家学者近600人，设立4个分会场和1个青年论坛。会议上，为湖南大学院士俞汝勤和南京大学院士陈洪渊颁发“中国化学传感器首届雷磁终身成就奖”，为湖南大学教授王柯敏、南京大学教授鞠熀先和西南大学教授袁若颁发“中国化学传感器首届雷磁杰出成就奖”。

18日

●第二届全国青年运动会最后一个比赛日，在公路自行车社会俱乐部组男子78千米个人赛开赛，大同自行车健儿王博超以1小时48分01秒成绩夺冠。

●第二届全国青年运动会结束，大同市有400余名运动员参加单板滑雪平行项目、武术、自行车、击剑、现代五项、中国式摔跤、国际式摔跤、跆拳道、空手道、举重、拳击、游泳、体操、足球、篮球、马术、网球、田径等20个项目比赛，在跆拳道、网球、武术、摔跤、自行车、击剑、空手道、现代五项、田径等13个项目中获37枚金牌。

●北魏地域政协挖掘弘扬北魏文化座谈会在大同举行，大同市政协与呼和浩特市、乌兰察布市、洛阳市、朔州市、呼伦贝尔市、张家口市政协，探讨传承和弘扬北魏历史文化、强化鲜卑地域间的文化旅游品牌，共同发出《关于成立鲜卑北魏地域旅游联盟倡议书》。

18日至19日

●2019中国大同·北魏文化高峰论坛在云冈石窟美术馆举办，来自全国各地北魏文化研究领域专家学者120余人参加论坛。论坛主题为“北魏文化的深远影响及其现实意义”，研究北魏文化的挖掘和开发。论坛收到论文70余篇。专家们分多个会场，围绕北魏平城的历史遗存、北魏文化与丝绸之路、云冈石窟与考古研究、北魏法制研究、北魏服饰与装饰纹样研究等不同议题研讨交流学术。

19日

●中国医师节当天，市第三人民医院向非洲喀麦隆姆巴尔马约医院捐赠远程会诊设备仪式在姆巴尔马约医院和市第三人民医院远程医疗中心举行。

20日

●云冈石窟研究院院史馆开馆。该馆建筑面积540平方米，展陈面积约290平方米。馆内分发现云冈、认识云冈、保护云冈、创新云冈、名人翰墨5大展区，展出近200幅云冈历史图片、220余件实物。

●由省人力资源社会保障厅主办、省海外人才服务中心承办的2019海外赤子服务山西扶贫攻坚暨项目对接活动在大同大学启动。来自美国、澳大利亚、日本、英国、德国等海外嘉宾到太原、大同、晋中、长治、晋城等市，与山西省14家企事业单位、大专院校和科研院所开展洽谈对接、讲座研讨、技术指导等活动。应邀的山西省医疗、农林、畜牧和技能提升方面专家到天镇县开展扶贫对接活动。

21日

●2019大同国际时尚旅游周系列活动在大同启动。活动特邀100余名国内模特、100余位全国摄影家，以云冈石窟、悬空寺、大同古城等为背景，通过宣传大片拍摄、模特大赛、时尚秀场等活动，展示大同古城美、历史美、景色美。

●大型实景演出《神溪记忆》在浑源县神溪村上演。

22日

●大同市召开新闻发布会，宣布大同市获批山西省通用航空业发展示范市，成立大同市通用航空业发展战略咨询委员会。发布会上，宣布大同市通用航空业发展战略咨询委员会组成名单，宣读中国民航局《关于同意换发中航货运航空有限公司公共航空运输企业经营许可证的批复》，向山西省航空运动管理中心授予“航空模型训练活动基地”称号，中航西飞民用飞机有限责任公司向中航货运航空有限公司交付全球首架新舟600F飞机钥匙。市政府分别与广东太昊航空维修股份有限公司、北京华彬天星通航股份有限公司、北京航空航天大学签署合作协议。

22日至27日

●广灵第三届湿地文化节暨第四届“聚焦域美广灵”脱贫攻坚摄影微视频大赛举行。第三届湿地文化节主题是“湿地颐养”，主要内容有第二届中国广灵湿地颐养论坛暨“壶流文旅”招商推介会、山地景区自行车挑战赛、湿地迷你马拉松比赛、非物质文化遗产展示、优质文旅产品展、“百味”民食展等活动，集中展示广灵优质旅游资源、非物质文化遗产文化。第四届“聚焦域美广灵”脱贫攻坚摄影微视频大赛暨媒体记者采风推介活动，以“庆华诞、助脱贫、促振兴”为主题，主要包括脱贫攻坚摄影及微视频大赛、摄影记者“聚焦域美广灵”采风拍摄活动、摄影家四季采风行活动、大美广灵“抖”起来、华北地区新媒体论坛、微视频拍摄制作等活动。

23日

●“体育彩票杯”2019中国（大同）轮滑节在市和阳门外广场启幕，来自全国各地100余支队伍的1000余名教练员、运动员参加。轮滑节在市体育中心举行短道速度轮滑、轮滑球、自由式轮滑、亲子竞赛4个项目比赛。

24日

●2019龙腾精英时装模特大赛全国总决赛在大同古城南城墙关城举行。大赛分活力展示、个人展示以及礼服展示3个环节。冠军选手双胞胎姐妹张祎、张祉被聘为大同市旅游形象大使。

●氢都驰拓新能源产业基地项目投产。

24日至25日

●2019省区市友好城市乒乓球邀请赛在市体育中心体育馆举行。由大同市人民政府、山西省乒乓球协会、山西赛欧国际体育交流投资集团主办，大同市体育局、大同市体育总会承办，有来自广东、广西、四川、重庆、云南、陕西、新疆、山西、河南、贵州、内蒙古等省区市的12支代表队237名领队、教练及运动员参赛。比赛设省级领导混合团体、地厅级组男子团体、地厅级组女子团体3个项目。经过比赛，最终在省级领导组混合团体比赛中，陕西省乒乓球协会摘得第一名，重庆市乒乓球协会（泽九国际）代表队取得第二名，新疆乒乓球协会和广东广州广汽传祺乒乓球队获并列第三名。在地厅级组男子团体比赛中，四川省乒乓球协会红队夺得第一名，广东广州广汽传祺乒乓球一队获第二名，山西赛欧国际体育交流投资集团有限公司一队和新疆乒乓球协会一队获并列第三名。在地厅级组女子团体比赛中，山西赛欧国际体育交流投资集团有限公司一队摘得第一名，重庆市乒乓球协会（泽九国际）代表队获第二名，广西代表团一队和内蒙古乒乓球运动协会取得并列第三名。广东广州广汽传祺乒乓球队、广西代表团队、四川省乒乓球协会代表队、重庆市乒乓球协会（泽九国际）代表队、云南省乒乓球运动协会代表队等12支代表队获该次比赛体育道德风尚奖。

26日至28日

●副省长贺天才到大同市浑源县、天镇县、广灵县、灵丘县，调研指导生态修复、乡村振兴、清洁取暖改造、农村污水处理和易地扶贫搬迁等工作。

27日

●“氢都”大同新能源产业城2大重点项目竣工，大同石墨烯+新材料储能产业园开园、尚镁科技有限公司一期投产暨“国家特聘专家”工作站成立。

27日至29日

●由全国工商联新能源商会、全域科研院所科技成果转化联盟联合主办的2019中国（大同）新能源国际高峰论坛暨招商引资项目洽谈会在大同举行，来自国内外500余名新能源专家、企业家，围绕“能源革命 造福人类”主题，分“主题论坛”“氢能专业论坛”“光伏领袖对话”3场，发布《2018—2019年中国新能源产业年度报告》，并发起组建全国工商联新能源商会法律工作委员会倡议。部分参会代表到中国（大同）新能源博览中心、“氢都”大同新能源产业城参观考察，并共同见证氢都驰拓新能源产业基地、中科院工程热物理研究所大同分所、城市动力储能电池包等重点项目集中投产。

28日

●大同招商引资项目洽谈会举行。会上签订55个项目合作框架协议，总签约金额210.17亿元。

●大同市首家道路交通事故损害赔偿纠纷“网上数据一体化处理”办公室揭牌仪式在云州区交通管理大队举行。

28日至9月3日

●“翰墨丹青金三角——乌兰察布·大同·张家口第三届书画联展”在中国雕塑博物馆举行。展览展出3地近100位书画家150幅作品，内容以三地历史文化、自然风光、民俗风情及发展成果为主。

30日

●全市志愿服务工作座谈会暨市志愿服务联合会筹备会召开。参加中国志愿服务联合会第二届会员代表大会的大同市代表葛才贵介绍会议相关情况；来自平城区、云冈区、云州区、新荣区、灵丘县和团市委6位代表，结合创建文明城市和新时代文明实践中心建设情况作经验交流发言；征求各县（区）、市文明委成员单位和志愿服务团体对《大同市志愿服务联合会章程》的意见建议；大家围绕创建文明城市和新时代文明实践中心建设开展座谈讨论。

31日

●大同市提前一个月完成2019年宫颈癌和乳腺癌免费检查任务，该项惠民工程让大同市云州区、阳高县、天镇县、浑源县、灵丘县、广灵县6个贫困县（区）67344名农村妇女受益。

9月

1日

●大同市生育保险和职工基本医疗保险合并实施。合并后，生育保险待遇不变，不增加单位和职工缴费负担，并缩短生育保险待遇等待期，规范生育津贴计发办法，以保障职工社会保险待遇，增强基金共济能力，减轻用人单位和参保职工事务性负担。

3日

●中共大同市委十五届七次全体会议在市御东行政中心召开。全会由市委常委会主持。张吉福代表市委常委会讲话。会议审议通过《中共大同市委贯彻落实〈中共山西省委关于深化“三基建设”进一步加强基层工作的若干意见〉的实施方案》《中共大同市委十五届七次全体会议决议》等。

5日

●第七届全国道德模范名单公布，新荣区破鲁堡乡八墩村村民葛向栋获全国道德模范提名奖。

6日

●2019大同市“时代新人说——我和祖国共成长”颁奖晚会在大同大剧院举行。为刘琨、赵彬等颁发“时代新人奖”“新时代奋斗者荣誉奖”，为王雅丽、王来生、郭占君等颁发“新时代奋斗者”各个单项奖“劳动筑梦”“能源尖兵”“绿水青山”“薪火相传”“巾帼榜样”“建党初心”“大家小官”“改革前沿”“脱贫攻坚”“青春力量”等。

●武宏文与无锡宝腾特种装备工程有限公司董事长陈少良一行座谈，双方达成优势互补、共赢发展共识，并签署招商引资合作暨半导体芯片材料项目协议。

7日

●2019大同航空应急救援展举行。展会期间，来自全国20家单位的应急救援设备及各类航空器在大同北岳机场参展。在展会现场，北京华彬天星通用航空有限公司、上海金汇通用航空股份有限公司山西分公司、大同雷森航空俱乐部有限公司等分别举行直升机绞车救援、医疗救援、吊装灭火及模拟驴友山林景点受伤救援等动态航空应急救援飞行演练，向与会嘉宾展示航空应急救援实施全过程；并举行歼十航模特技飞行、高空跳伞表演、热气球升空等。

●2019首届中国（大同）航空

应急救援高峰论坛在市御东行政中心举行，这是国内首次以航空应急救援为主题的全国性论坛，旨在通过研讨，为大同市依托区位优势，开展医疗救助、抢险救灾、森林消防、城市消防等航空应急救援活动，建立航空应急救援区域联动中心，推动特色通航产业的示范发展建言献策、把脉问诊。论坛上，签约《乌大张朔航空应急救援互助发展框架协议》，大同市举行通航产业招商推介，现场签订4个合作项目。

7日至8日

●第六届中国大同车河国际有机农业论坛在大同举行。该届论坛的主题是有机农业与高质量发展。来自国内外专家学者围绕有机旱作农业发展、乡村振兴和脱贫攻坚等开展研讨与交流。

10日

●全市“不忘初心、牢记使命”主题教育部署会议召开，张吉福出席会议并讲话，动员部署大同市开展主题教育。

●2019“影像的力量”中国（大同）国际摄影文化展在市文瀛湖畔启幕。该摄影文化展以“新能源、新赋能、兴大同”为主题。该届摄影文化展移师户外，与环境交融，展出摄影作品700幅。展出内容包括芬兰、立陶宛主宾国主题展，“镜美华夏”主题展，能源革命主题展，大同市庆祝新中国70华诞主题展，大同古长城主题展和三影堂主题特展等，其间举办摄影家采风、摄影文化交流等活动。整个活动持续到10月7日。

11日

●武宏文与中国光大银行副行长孙强一行座谈，达成中小微企业发展等共识，并见证市政府与中国光大银行太原分行签订战略合作协议。

12日

●总投资19.43亿元的大同经济技术开发区8个重点项目集中开工，分别为麦柯耐斯矿山机械制造、京国能源充电桩、宣臣电气智能电力设备制造、环境保护综合处置中心、精酿啤酒研发生产基地、英莱壳润滑油、危化品贮存、重组人白细胞介素1受体拮抗剂产业化，涵盖高端装备制造、化工、节能环保和食品加工等领域。

13日

●一列高速综合检测动车组列车驶入大张高铁，标志大张高铁联调联试工作展开。

15日

●“美丽中国”2019大同国际马拉松赛在文瀛湖广场开赛，来自世界各地13065名选手参加比赛。比赛项目分全程马拉松（42.195千米）、半程马拉松（21.0975千米）、迷你马拉松（7千米），由中国田径协会、山西省体育局、大同市人民政府主办，以“放飞梦想、激情超越、乐跑大同”为口号。来自肯尼亚的选手Alfonce Kibiwott Kigen以2小时18分22秒获全程男子第一名；来自肯尼亚的选手Chepkurui Nancy以2小时54分32秒获全程女子第一名。半程男子第一名由来自肯尼亚的选手Lsaac Kipkorir以1小时08分49秒获得；女子第一名由来自肯尼亚的选手Flavious Teresa Kwamboka以1小时18分35秒摘得。

●以“礼赞共和国、智慧新生活”为主题的2019全国科普日中国水产学会主会场活动启动仪式在大同市永泰门广场拉开帷幕。举行绿色渔业科普展、水产品与健康生活科普展、水资源与节水渔业宣传展等科普展，并由科普传播专家团队现场答疑解惑；中国科协观赏鱼养殖科学传播专家团队结合金鱼展，向现场群众普及中国传统渔文化；中国水产学会发布与全国水产科普基地联合制作的首部中英文科普动画视频；宣布成立中国水产学会大同服务工作站。中国水产学会各分支机构、志愿服务团队、科普专家团队、科普教育基地、服务工作站、学生工作站，有关省市渔业行政主管部门、水产学会、水产技术推广站等1000余人参加启动仪式，并到市博润苑生态养殖有限责任公司观摩。

17日

●“我爱你中国”——庆祝新中国成立70周年群众歌咏活动在大同大剧院举行，全市各行各业、各界人士组成的9支合唱队参加活动。歌咏活动分“礼赞新中国”“奋进新时代”“建设新大同”3个篇章。

19日

●市政府与同煤集团退休人员社会化管理工作推进会召开。会议宣读《大同市退休人员社会化管理试点工作实施方案》，介绍同煤集团退休人员社会化管理进展情况及需要解决的问题。

21日

●“法兰西的雄鹰——拿破仑文物（中国）巡回展”大同站在市博物馆开展，展出拿破仑时期“单纯的高贵与静穆的伟大”的法兰西新古典艺术文物150余件（套）。展览持续至11月25日。

22日

●副省长、省公安厅党委书记、厅长刘新云到大同市公安机关，调研督导庆祝中华人民共和国成立70周年安保维稳等工作。

23日

●大同市举行庆祝农民丰收节活动。活动以“庆祝丰收、弘扬文化、振兴乡村”为宗旨，重点围绕“乡村振兴”“大同好粮”“农耕文化”“乡村旅游”“农产品＋美食”5大主题，开展大同特色主题活动。

●中国科学院工程热物理研究所2019战略研讨会在大同举行。该次会议旨在总结中科院工程热物理研究所“十三五”期间在先进轻型动力技术、煤炭清洁高效利用、分布式供能与储能等方面的重点突破，以及在太阳能供热利用、风能利用、工业燃气轮机、超强换热、无人机设计及应用5个方向的前沿研究工作情况，并战略规划“十四五”期间的工作，推进煤炭清洁高效利用及成果转化。

25日

●中国红十字会总会事业发展中心“曜阳快助”大同示范项目暨大同市居家和社区养老服务改革专项行动启动。大同市从信息化、智能化、产业化3个维度加强为老服务的综合能力，通过开展“曜阳快助”、发卡助购、红十字助医、独居巡访、适老化改造、博爱康养、老年高血压管理、供给赋能8大服务，推动大同康养和文旅产业发展。

●大同高铁站北广场落客平台主体合龙。

●大同市马六孩、李培斌被授予全国“最美奋斗者”称号。

●市政府与同煤集团签订《同煤集团大同地区退休人员社会化管理移交协议书》。市委老干部局、市人社局、市医疗保障局、市国资委及 10 个县（区）负责人分别与同煤集团相关部门负责人签订同煤集团退休党员组织关系交接、社会保障管理服务移交、资产移交 4 个专项协议和 10 个综合移交协议。

26 日

●“祖国颂·大同情”大同市庆祝中华人民共和国成立 70 周年文艺晚会在大同大剧院举行。

27 日

●大同氢都文化主题公园开园。氢都文化主题公园按照“智慧氢都”理念，建设有人工湖、道路、广场、停车场、运动场地、健身步道，以及海绵城市特色的下陷绿地、太阳能智能路灯、充电桩等。

●山西省气象学会 2019 年会在大同召开。年会主题是“科技创新气象万千”。中国科学院院士秦大河作题为《气候变化科学与可持续发展》主题报告。会议围绕天气预报预警、大气物理与应用气象、生态与农业气象、气象科普、网络与大气综合探测技术等内容开展分组研讨。

●位于阳高县龙泉工业园区的山西巴瑞新材料有限公司年产 8000 吨合金铸件项目投产。

28 日至 10 月 2 日

●第六届中国（山西）民族民间工艺美术暨第二届大同文化产业博览会举行。该次艺博会以“弘扬中华文化，打造文化高地”为主题。来自国内外近 300 家大师工作室及企业参展，参展的民族民间工艺美术种类有 100 余个品种，参展参赛作品近 2 万件。艺博会期间，举办系列交流和大赛及评奖活动。

29 日

●山西省农业品牌发布暨农业招商引资项目签约活动在省农产品国际交易中心（太谷县新型产业园区）举行。大同市签约 3 个项目，总额 5.6 亿元。签约仪式上，大同市展团获得组委会颁发的省级农产品区域公用品牌 1 个，为“山西荞麦”；市级农产品区域公用品牌 1 个，为浑源县黄芪协会的“浑源正北芪”；功能农产品品牌 2 个，分别是大同市华建油脂有限责任公司的“华建诚鑫”压榨一级亚麻籽油和大同市雁同府黄酒有限责任公司的“雁同府”黍米黄酒。招商引资签约项目方面，左云县政府与山西九龙生物科技有限公司签订 2.5 亿元的沙棘原料基地及产品加工建设项目；灵丘县政府与山西好山好水农业科技有限公司签订 1.5 亿元的“生态循环农业”项目；云州区政府与山西毅成酒店管理有限公司签订 1.6 亿元的中央厨房建设项目。

30 日

●中车大同电力机车有限公司制造的首台 FXD1J8001 号动力车完成组装和试验工作，成功下线。时速 160 千米“复兴号”动车组是中国“复兴号”家族的新成员。

是月

●第二届农业嘉年华创新发展论坛在大同举行，来自全国相关领域的专家学者、政府农口机构领导、涉农企业代表参加论坛。论坛上，王有年、张天柱、刘军萍等作《新时代都市农业发展趋势与新动能》《文旅融合赋能乡村休闲旅游产业路径》《农村一二三产融合，助力乡村振兴》《“农业嘉年华”模式演变与创新》主题演讲；来自广西、河北、江苏、山东农业嘉年华的负责人作经验交流。参会人员到大同农业嘉年华观摩考察。

10月

1 日

●大同古代铜造艺术博物馆开馆。大同古代铜造艺术博物馆是一座明清风格四合院建筑，占地面积 998.5 平方米，设有 7 间展厅。馆内陈列“铜耀大同——明清大同铜造艺术陈列”分“古韵新风”“炉火纯青”“燕闲清赏”“奢华铜享”4 个单元，展示大同地区明清两代 600 余年的铜造技艺。

9 日

●大同市总投资约 3.6 亿元的汽车产业服务城项目开工建设。

9 日至 11 日

●共青团中央书记处第一书记贺军科到灵丘县调研脱贫攻坚工作。

10 日至 11 日

●中国残联党组成员、副理事长程凯一行到大同市平城区、云州区、广灵县等地，调研残疾人脱贫攻坚工作，并看望慰问贫困残疾群众。

11 日

●大同市康复中心在市中医医院挂牌成立。

●大同轻型飞机制造有限公司获民航华北地区管理局颁发的 C42E 轻型运动飞机生产许可证（PC）。

11 日至 19 日

●2019 全国“体校杯”足球赛（山东赛区）在山东鲁能泰山足球学校开赛。大同市体育运动学校男子足球 2 支梯队分别夺得男子 U14 组和男子 U16 组冠军。

15 日

●大同红色记忆博物馆开馆。馆内陈列“红色记忆——大同现代革命历史文物展”，通过“曙光初照”“共赴国难”“革命到底”“缅怀先烈”4 个展示单元，回顾 1921—1949 年大同地区党团组织的发展和中国共产党领导下大同地区学、工、群运动的历史。

●大同市金融纠纷人民调解委员会成立。

15 日至 16 日

●2019 中国世界遗产旅游推广联盟（大同）大会在大同举行。大会主题为“文旅融合背景下的世界遗产推广”。来自文化和旅游部及各省市文化和旅游部门负责人、中外旅游学者专家、中国世界遗产旅游推广联盟代表等 200 余人参加会议，探讨中国世界文化遗产与旅游整合发展理念、经验及有益尝试等。

16 日

●“金秋丹青美，盛世翰墨香”庆祝中华人民共和国成立 70 周年大同市优秀美术作品展在大同潘家园开展，展出国画、油画、版画、水彩水粉等类型作品近 80 幅，展期一周。

●第八批全国重点文物保护单位公布，大同市沙岭墓群（北魏）、大同鼓楼（明）、平城兴国寺（明）入选。至此，大同市有全国重点文物保护单位30个。

●大同市被授予新一届山西省双拥模范城称号，新荣区、灵丘县、浑源县、阳高县被授予新一届山西省双拥模范县（区）称号。

17日

●夜游经济发展论坛暨大美大同首届全国3D投影大赛在大同举行。

17日至21日

●2019中国国际通用航空大会在陕西西安举办。中德大同轻型飞机制造有限公司携主力机型C42和猛士豹代表山西省参展。

18日

●在全省推进工业高质量发展会上，大同市中车大同电力机车有限公司、中国重汽集团大同齿轮有限公司、大同新成新材料股份有限公司、大同中科唯实矿山科技有限公司、大同宇林德石墨新材料股份有限公司、大同墨西科技有限责任公司、山西晋投玄武岩开发有限公司、广灵金隅水泥有限公司、同药集团有限公司9家企业被授予“山西省优秀企业”称号。

21日

●位于市国际能源革命科技创新园A区的上海漕河泾大同国际创新创业园落成开园。

21日至22日

●“2019年外国院士大同行”活动举行。来自俄罗斯、乌克兰的11位院士齐聚古都大同，共话科技创新、共谋产业转型、共推高质量发展。

22日

●陕汽大同专用汽车有限公司第1万辆重型专用汽车下线。

22日至23日

●2019太原能源低碳发展论坛上，大同市签约项目5个，涉及高端装备制造、新一代信息技术、新能源等领域。

23日

●市政府与北京市热力集团有限责任公司签订市热力有限责任公司部分股权转让合同。

24日

●大同大学与华为技术有限责任公司共建的华为信息与网络技术学院挂牌成立。

24日至25日

●以“绿色发展，合作共赢”为主题的蒙晋冀（乌大张）长城金三角合作区第六届联席会议在张家口召开，来自乌兰察布、大同和张家口3市的各界代表共商区域发展大计，共谋合作共赢之策，共绘未来美好蓝图。

28日

●副省长王一新到大同调研工业经济运行、国资国企改革、开发区建设等工作，并召开座谈会。

30日

●北京新能源汽车股份有限公司大同EU300换电站启动，同时交付该公司的EU5出租车。

31日

●副省长吴伟率省有关部门负责人到大同，调研养老服务和社区治理工作。

●武宏文会见俄罗斯伊尔库茨克州州长顾问、俄罗斯联邦驻华外交使团商贸处代表安德烈·尤里耶维奇·科罗别尼科夫一行，双方交流拓展能源、交通等领域合作事宜。

是月

●省政府第46次常务会议研究决定设立云冈经济技术开发区。至此，大同市有4家经济技术开发区。其中，1个国家级开发区即大同经济技术开发区，3个省级开发区即左云、新荣和云冈经济技术开发区。

●大同市推荐的“大同黄花”产业扶贫经验入选全国第二批产业扶贫典型范例。

●省文化和旅游厅开展的第五批国家级非物质文化遗产代表性项目推荐申报和评审名单公示，大同市鳌石赛戏、广灵八角地木偶戏入围30项推荐申报名单，浑源铸钟制作技艺进入10个备选名单。

11月

1日至2日

●民进中央副主席、省人大常委会副主任、民进山西省委会主委卫小春到大同，走访调研指导“不忘合作初心，继续携手前进”主题教育活动，并召开主题教育活动调研指导座谈会。

2日

●省委副书记林武到大同市浑源县调研脱贫攻坚工作。

3日

●“大同好品”上行京东签约仪式暨“互联网+先进制造业”培训会在大同举行。活动中，山西正宇电气设备有限公司、大同同安电线电缆有限责任公司、大同大源药业有限责任公司、大同市光华活性炭有限责任公司、山西云冈纸业有限公司、山西悦凌空调责任有限公司、大同市巨强活性炭有限责任公司、大同菲利普斯采矿机械制造有限公司、大同市英莱壳润滑油有限责任公司等企业与京东集团集中签约。与会企业家参加“互联网+先进制造业”培训。

8日

●大型舞蹈史诗《黄河》在大同大剧院上演，全剧分“九曲黄河万里沙”“黄河之水天上来”“黄河入海流”3个乐章。

8日至9日

●法国文化名人、法国前总统乔治·让·蓬皮杜之子阿兰·蓬皮杜及其夫人再次访问大同，他们游览云冈石窟、举行研讨会、欣赏音乐舞蹈史诗，以文化之行的方式感受大同的变化与发展，参加在代王府举行的蓬皮杜国际艺术交流网络平台建设启动仪式。

9日至12日

●中国人民解放军某部队及“大同舰”官兵代表团访问大同，开展双拥共建活动。

13日

●大同市2019—2020年秋冬季大气污染综合治理攻坚行动动员会召开。会议宣读《大同市人民政府关于开展大同市2019—2020年秋冬季大气污染综合治理攻坚行动的通知》，明确此次攻坚行动的主要目标、重点工作任务和保障措施等，并成立市级指挥部。

14日至15日

●由中国国家铁路集团工管中心、中国铁路太原局集团、中国铁路北京局集团、大西铁路客专公司组成的静态验收专家组实地检查大同南站室内外装饰装修、机电设备安装、幕墙屋面等。在静态验收评审会上，专家组一致同意大同南站站房及生产生活用房工程通过静态验收。

15日至18日

●第17届中国国际农产品交易会在江西省南昌市举行。大同市“大同好粮”区域公共品牌11家代表企业60余个产品参展。其间，“大同好粮”特色农产品现场销售23万元，达成合作意向11份，涉及金额1200余万元。

16日至19日

●2019中国国际轻型飞机公开赛暨全国轻型飞机锦标赛在大同北岳机场举行，这是中国首次举办的国际性轻型飞机比赛。赛事涵盖领航飞行、精确着陆2个科目，来自中国、葡萄牙、立陶宛、波兰、塞浦路斯5国的14支代表队28名飞行员和领航员参与这场赛事。最终波兰代表队获中国国际轻型飞机公开赛冠军，湖南山河科技股份有限公司代表队夺得全国轻型飞机锦标赛桂冠。

●一趟动车组列车从大张高铁大同南站驶出，开始大张高铁按图试运行。

17日

●全国乳腺疾病诊疗规范化培训与协作基地在市第一人民医院挂牌成立。

19日

●大同锐翔通用航空有限公司2架RX1E-A电动飞机首航在大同北岳机场开飞。

20日

●省委常委、副省长胡玉亭一行到大同，调研大张高铁开通运营准备、高铁沿线安全环境隐患排查整治、集大原项目前期准备及能源革命综合改革试点和航空产业发展等工作。

●副省长王成一行到大同，调研指导城郊观光农业、农业科技、肉类出口平台建设及屠宰业发展等工作。

21日

●大同市深化“放管服效”改革优化营商环境推进“一枚印章管审批”会议召开。

24日

●大同市城市管理综合行政执法队挂牌成立。大同市城市管理综合行政执法队把市住房和城乡建设局所属的市房管监察大队、市城市管理局所属的市市政管理综合执法支队、市园林绿化中心所属的市园林绿化执法监察大队整合，并受大同市城市管理综合行政执法局委托，负责城市管理相对集中行政处罚权的具体执法。

25日

●大同市“最美退役军人”发布仪式举行。为王龙江、王浩亮、白锦文、刘忠利、李永强、杨广春、杨财元、武毅强、郭世贤、崔保杰10名“最美退役军人”颁发证书和奖杯。

●中车大同电力机车有限公司自主研制的矿山“巨无霸”CR240E矿用自卸车交付鞍钢集团矿业公司齐大山铁矿，正式投入工业性试验。CR240E矿用自卸车半载试验运输总重量282吨，重载试验运输总重量约400吨。

26日

●武宏文与瑞典Impact Coatings副总裁威尔·莱特一行座谈。

28日

●中央文明办在四川省宜宾市举办全国道德模范与身边好人现场交流活动，并发布11月“中国好人榜”，全国103位身边好人入选，其中大同市新荣区魏官元上榜。

是月

●“生态山西‘音’为有你”环保公益歌词歌曲征集活动揭晓，由大同市词作家子锋和曲作家孙一鸣联袂创作、由大同籍歌唱家高保利和冯丽媛演唱的《大同蓝》获一等奖。

●大同市入选国家大宗固体废弃物综合利用基地。

●农业农村部在徐州举办第二届国家农产品质量安全县与农产品经销企业产销对接活动，大同市云州区获第二批“国家农产品质量安全县”称号。

●国家统计局、国家信息中心和有关部委发布数据，中国城市报社、人民日报文化传媒等单位按照《品牌评价城市》国家标准，标准化处理全国地级市，计算出城市品牌综合影响力指数，并发布“中国百强品牌城市榜单”。大同市位列全国第90位。

12月

1日

●新修改的《大同市城市节约用水条例》正式实施。此次修改后的《大同市城市节约用水条例》主要作出城镇公共供水管网内非居民实行用水超定额累进加价制度、转供用水、节水评估等相应规定。作出工业间接冷却水、洗浴、滑雪场、现场制售饮用水、建筑施工、生态景观等用水户，未经循环利用或者回收利用直接排放的相应处罚额度。

2日

●全市“法治邮路”活动暨“12·4”国家宪法日宪法宣传周启动仪式在平城区玄辰广场举行。启动仪式上，主办方向由邮政投递人员组成的“法治宣传志愿者”授旗。

5日

●第四届山西文博会重点项目签约仪式在中国（太原）煤炭交易中心举行。大同市有招商项目29个，天下大同影视小镇和浑源县农副产品电商物流园暨农博城市场2个项目签约，签约总金额35亿元。

6日

●市委常委班子召开“不忘初心、牢记使命”专题民主生活会。

6日至7日

●第九届中国县域现代农业发展会议在大同召开。该届会议主题为科技创新、绿色发展、产业兴旺、乡村振兴。会上，大同市作主题推介，与会者观看大同农业发展宣传片，并实地参观考察大同农业嘉年华项目。会议评选出6个农业产业化创新发展企业、5个县域农村合作组织杰出人物、5个县域农村合作最佳示范带动组织、6个最具农业投资价值县、8个品牌农业示范县。其中，大同市云州区、阳高县分别获品牌农业示范县和最具农业投资价值县，山西东方物华农业科技有限责任公司被评为县域农村合作最佳示范带动组织，大同三利农产品有限责任公司董事长庞乃东被评为县域农村合作组织杰出人物，大同市牧同乳业有限公司和天镇县通航粮贸有限公司被评为农业产业化创新发展企业。

10 日

●中车大同电力机车有限公司生产的时速 160 千米动力集中复兴号动车组在重庆北站首次上线运营。

●第四届山西文化产业博览交易会在太原落幕。其间，举办“山西文化产业博览交易会‘神工杯’工艺美术精品奖”评选活动，由大同市“吉家窑”陶瓷工艺团队设计制作的黑陶艺术品《团花绵绵》获“神工杯”金奖。

17 日

●武宏文与中科量子研究院执行院长郎铚伟一行座谈，达成合作培育新动能产业项目共识。市政府与太赫兹产业联盟签订战略合作框架协议。

18 日

●由江西景德镇中国陶瓷博物馆与大同市博物馆共同主办的“西京印迹——大同辽金元文物展”在景德镇中国陶瓷博物馆举行。该次展览展出大同市博物馆辽金元文物精品 110 余件(套)，分“民俗风情”“窑火神韵”“魂兮所归”“壁彩丹青”4 个单元展示。

20 日

●大同市“一枚印章管审批”启动运行，各单位原审批用章被现场封存，“大同市行政审批服务管理局行政审批专用章”启用，首批 27 个部门的 320 项行政审批及关联事项划转市行政审批服务管理局集中行使。

●大同航空动力迪默透航空发动机试生产，大同清洁碳经济产业研究院超临界二氧化碳发泡轻量化新材料生产线启动。并举行“大同清洁碳经济产业研究院”揭牌。大同市与大同清洁碳经济产业研究院有限公司签署《共建大同碳技术经济产业研究院战略框架协议》。

21 日

●市委组织部“大同市党员干部党性教育现场教学点”、国家文物局“弘扬优秀传统文化、培育社会主义核心价值观”主题展览揭牌仪式暨大同红色记忆馆、古代铜造艺术博物馆开馆仪式在平城区古城内县楼南街举行。

23 日

●2019 山西特色优质农产品(深圳)产销对接暨宣传推介活动在深圳市举行。大同市部分特色农产品参加推介，并与深圳相关企业达成初步合作意向 460 万元。

27 日

●在省政府第 53 次常务会议上，大同市获批设立平城现代农业产业示范区，这是大同市首个省级现代农业产业示范区。平城现代农业产业示范区位于大同市平城区马军营乡和水泊寺乡，总规划面积 62 平方千米，涉及水泊寺乡和马军营乡 2 个乡 26 个行政村。采用“一心两园”模式发展，分核心建设区和农业发展区 2 种布局类型，其中“一心”即核心建设区(规划总面积 0.24 平方千米)，“两园”即农业发展区包含城郊农业科技示范园(规划总面积 33.30 平方千米)和生态畜牧产业示范园(规划总面积 28.46 平方千米)。

28 日

●“世家小镇康养大同”喜迎高铁开通新年音乐会在大同大剧院举行。

30 日

●大张高铁开通运营，大西高铁全线贯通。大张(大同—张家口)客运专线是大同境内建设的第一条高速铁路，2015 年 11 月开工建设，线路全长 136 千米，设计时速 250 千米，设大同南、阳高南、天镇 3 个车站。大西高铁东起大同市，经朔州、忻州、太原、晋中、临汾、运城、渭南等，到达陕西省西安市，全程 859 千米，设计时速 350 千米。大张客专开通、大西(大同—西安)高铁全线贯通后，大同到北京间列车运行时间由原先 6 小时左右最快压缩至 102 分钟，大同到太原间由原先普遍四五个小时压缩至 2 小时左右。

●2020 大同市新年音乐会在大同大剧院上演。

31 日

●云冈机场全年保障运输起降 12299 架次，同比增长 29.2%；旅客吞吐量 130.71 万人次，同比增长 28.6%；货邮吞吐量 1923.83 吨，同比增长 19.1%。

●中央农办、农业农村部、中央宣传部、民政部、司法部共同研究认定全国 99 个乡(镇)为全国乡村治理示范乡(镇)、998 个村为全国乡村治理示范村，大同市广灵县壶泉镇涧西村和浑源县西留村乡宝峰寨村被认定为全国乡村治理示范村。

是月

●大同市志编纂委员会编纂的《大同市志(1993—2013)》由中华书局出版。该志书分 6 册，570 万字，插图 800 幅。首设概述、大事记、特记，尾设专记、附录、索引、编纂始末，中设 42 编分志，共 262 章 1050 节，有表格 369 个，“人物”编收录大同古今人物 464 人。

●大同市通过省住建厅、省发改委、省工业和信息化厅验收，被命名为“山西省节水型城市”。

●由中国环境报社、中国环境网共同主办的首届“发现‘美丽城市’‘美丽乡镇’‘美丽景区’”大型推选活动落下帷幕，大同获“美丽城市”，云冈石窟大景区、晋华宫国家矿山公园获“美丽景区”。

●在北京举行的首届中国康养大会及高峰论坛上，标准排名城市研究院联合中国康养大会组委会发布“2019 中国康养城市排行榜 50 强”名单，其中大同位列 44 名，是山西省唯一上榜的城市。（编辑部）

市情概览

自然理理

【位置】 大同市地处山西省北部，位于北纬39°54′～40°44′，东经112°06′～114°33′。北以外长城为界，与内蒙古自治区乌兰察布市兴和县、丰镇市、凉城县毗邻，西、南与山西省朔州市右玉县、怀仁市、应县及忻州市繁峙县相连，东与河北省张家口市怀安县、阳原县、蔚县及保定市涞源县、阜平县连接。 （编辑部）

【面积】 大同市东西宽136.9千米，南北长189千米，总面积1.41万平方千米。大同市区面积3578平方千米。 （编辑部）

【地质】 大同市处于华北台地的山西台背斜与阴山隆起交接部位。北为北口隆地，西南为大同—静乐凹陷，东南为桑干河新断陷。该区域在多期地壳构造变动中形成一系列构造形迹，新生代喜马拉雅期，以断陷、堆积、火山活动较为活跃阶段。东部为世界地质奇观大同火山群，与云南腾冲构成南北两大火山群。 （编辑部）

【地貌】 大同市山地面积5285.9平方千米，占总面积37.4%；丘陵面积3318平方千米，占总面积23.5%；台地面积1700.9平方千米，占总面积12.1%；平川面积3136平方千米，占总面积22.2%；盆地面积238.9平方千米，占总面积1.7%；河沟面积432.9平方千米，占总面积3.1%。

大同西北部山脉属阴山山脉和吕梁山脉，主要有白登山、双山、二郎山、云门山、采凉山等；东南部山脉属太行山脉，主要有恒山、太白山、六棱山等。全市一般海拔在1000～1500米，最高处为阳高县境内六棱山黄羊尖（海拔2420米），最低处为灵丘县境内花塔村冉河出口处（海拔558米）。桑干河自西南向东北横贯全市，形成周围高、中间低、两山夹一川的槽型盆地。除桑干河外，境内主要河流有御河、十里河、淤泥河、口泉河、南洋河、壶流河、唐河、大沙河等。 （编辑部）

【气候】 2019年，大同市主要气候特点：降水偏多但时空分布不均，气温略偏高，日照偏多，无霜期偏长，大风沙尘天气偏少。农业气象条件满足作物生长需求。

降水 全年全市年平均降水量426.7毫米，较常年同期偏多10%，比上年偏少3%；降水时空分布不均，各县（区）年降水量介于373.9（浑源县）～498.8毫米（天镇县），浑源县偏少8%，其余各地偏多1%～32%。春、夏季偏多，秋、冬季偏少；1月、3月、5月、8月、9月和10月偏少，其余月份偏多。

气温 全年全市年平均气温7.8℃，较常年同期偏高0.8℃，比上年偏高0.2℃；各县（区）年平均气温介于6.8℃（左云县）～9.0℃（灵丘县），平城区偏低0.2℃，其余各地偏高0.3℃～1.3℃。春、夏、秋季气温偏高，冬季气温偏低；2月、7月、8月气温偏低，其余月份偏高。年极端最高气温35.3℃（7月26日出现在天镇县），年极端最低气温-27.2℃（12月31日出现在平城区）。

日照 大风 沙尘 全年全市年平均日照时数2782小时，较常年同期偏多71小时，比上年偏多188小时；各县（区）年日照时数介于2645（灵丘县）～2921（平城区）小时，其中云州区和左云偏少，其余地区偏多。年内大风、沙尘天气偏少。各县（区）年大风日数介于5～20天，灵丘县最少，浑源县最多，平均大风日数13.5天，较常年同期偏少3.4天，比上年偏多0.9天。全市7站次以上大范围大风天气出现过5次，分别是：4月5日、5月12日、5月19日、10月28日、11月17日。其中，5月19日风力最强，左云县是8级大风，其余各地的极大风速均在9级以上，极大风速23.1米/秒。全市无沙尘暴，各地扬沙日数2～5天。

霜冻 无霜期 全年全市终霜冻和初霜冻均较常年偏晚，无霜期偏长。全市终霜冻日平均出现在5月14日，较常年同期偏晚1天；阳高县出现在5月6日，平城区、左云出现在5月20日，其余各地出现在5月13日。全市初霜冻日平均出现在10月7日，较常年同期偏晚12天；其中平城区、阳高县、天镇县、左云县出现在10月5日，云州区、浑源县、广灵县出现在10月8日，灵丘县出现在10月14日。 （赵晓光）

【土地资源】 大同市地处黄土高原东部边缘和太行山脉交接地带，地势高亢，境内受燕山运动影响，地貌类型复杂多样，山地、丘陵、盆地、平川兼备，自西北向东南呈“T”字形。全市土地总面积1405639.67公顷，其中建设用地94384.61公顷，占总面积6.72%；农用地767099.57公顷，占总面积54.57%；未利用地544155.49公顷，占总面积38.71%。全市耕地面积376066.98公顷、基本农田面积310226.67公顷。（陈学飞）

【水资源】 大同地处温带大陆性季风气候区，降雨少，风沙大，是典型的“十年九旱”区域，年平均降雨量400毫米左右，降水多集中分布于7月至9月间。全市地跨海河、黄河两大流域，以海河流域为主。市内主要河流有桑干河、御河、十里河、唐河等，流域面积50平方千米以上的河流有106条，分属海河流域永定河、大清河水系。除东南部唐河、壶流河等少数河流具有少量基流外，大部分属于季节性河流，汛期洪水暴涨暴落，枯水期河水锐减直至断流。大同市是典型的资源型、工程型、水质型、管理型缺水城市，全市水资源总量12.18亿立方米，其中可利用量8.16亿立方米。当地水资源量9.51亿立方米（不含入境水量），其中可利用量6.3亿立方米，人均297立方米，比全省平均值低54立方米，占全国平均值14%；市区人均占有水资源量81立方米，是全国110个严重缺水城市之一。（符官喜）

【矿产资源】 大同市是一个典型的内陆资源型城市，矿产资源丰富，以煤炭为主。查明储量并录入山西省矿产资源储量数据库及《山西省矿产资源储量简表》的主要矿产有25种，分别是煤、金、银、铁、锰、铜、铅、锌、镁、钼、冶金用白云岩、磷、普通萤石、耐火黏土、石墨、沸石、长石、水泥用灰岩、水泥配料用黏土、水泥配料用砂岩、陶瓷土、膨润土、饰面用花岗岩、珍珠岩、饰面用大理岩。

煤炭资源 全市煤炭资源矿区有52处，截至2019年底，累计查明资源储量约277亿吨，其中侏罗纪约80亿吨（全部被煤矿企业占用），主要分布在左云县、云冈区、新荣区、广灵县；石炭纪约197亿吨（矿山占用约96亿吨），主要分布在左云县、云冈区、浑源县。

金属矿产 全市主要有黑色金属矿产、有色金属矿产和贵金属矿产。黑色金属矿产主要包括铁矿、锰矿。铁矿区有23处，主要分布在浑源县、灵丘县、广灵县，天镇县、阳高县、新荣区有零星分布；锰矿主要分布在灵丘县太白巍山。铁矿石累计查明储量15473.3万吨；锰矿石累计查明储量113.26万吨。有色金属矿产主要有铜矿、铅矿、锌矿、镁矿和钼矿。铜矿集中分布在灵丘县，累计查明矿石储量982.4万吨。铅、锌矿主要分布在灵丘县、天镇县一带，铅矿石累计查明储量3338万吨，锌矿石累计查明储量3430万吨。镁矿（炼镁白云岩）主产地在广灵县，累计查明矿石储量7723万吨，钼矿主产地在灵丘县，累计查明矿石储量369.6万吨。贵金属矿产主要有金、银。金矿主要分布在灵丘县、阳高县，累计查明岩金金属量18545.7千克，矿石量968.17万吨。银矿主要分布在灵丘县，累计查明银金属量4411.8吨，矿石量3320.65万吨。

非金属矿产 全市非金属矿产主要有化工原料非金属矿产、冶金辅助原料非金属矿产、建材，以及其他非金属矿产。有些非金属矿产在全省乃至全国都属于优势矿产，如分布在浑源县、灵丘县一带的沸石，累计查明储量16637万吨，是全省唯一产地，居全国首位，由于开发利用程度有限，仅用做水泥生产添加剂；全省珍珠岩唯一产地的灵丘塔地珍珠岩矿区，累计查明储量5893万吨，居全国第二位。（陈学飞）

历史溯源

【人文大同】 大同这座承载两千余年人类历史的古城，境内桑干河支流、御河纵贯南北。古称平城、云州、云中，辽代改称大同，曾是北魏京都，辽金陪都，明清重镇，处在内外长城之间，是北方的边陲重地，是胡汉文化交融的地方，具有多民族交融形成的独特文化。早在春秋战国时期，赵武灵王就是在这里摈弃汉人笨重的战车长袍，推广轻便的胡服骑射，从而成就一代霸业。汉朝时，刘邦率军抗击匈奴，在平城白登山被困七天七夜，后来用陈平的计策，贿赂匈奴单于的妻子阏氏，才得以突围。此次战争失利使西汉政府改变对匈奴的策略，与匈奴结下和亲之约，也就有后来传为佳话的昭君出塞。登国元年（386），鲜卑族首领拓跋珪在内蒙古盛乐（今和林格尔）建立北魏，成为中国历史上第一个与南方汉族政权抗衡的少数民族王朝。天兴元年（398）七月，迁都于平城（今大同市内）。在此经历六帝七世，直到太和十八年（494）魏孝文帝迁都洛阳为止，平城作为北魏的都城近百年之久。在平城“营宫室、建宗庙、立社稷、造宫城”，经过近百年的苦心经营，平城成为当时北方的政治、军事、经济和文化中心。重熙十三年（1044），辽兴宗把云州升为西京府。云州又被列入五京，成为辽国京师的陪都。清宁八年（1062），辽人仿照鲜卑族人立五帝丈六金像的做法，“奉安诸帝石像，铜像”，在云州建筑规模宏大、祖佛一体的华严寺。辽金时西京大同再度兴盛于北方，成为中原与北方少数民族交往的中转站，联系各民族的纽带，大同再度辉煌。明朝时大同改变都城文化风貌。当年朱元璋率明军攻克元大都，结束元朝在全国的统治，元军残部退回蒙古高原，元气大伤，但仍对中原念念不忘，对明朝北部边境构成严重威胁。明王朝因此格外重视北部边境的防御，在北方设立9个防务重镇，称为九边，大同成为九大军事重镇之一，其中大同镇的战略位置尤为重要，当时全国十二分之一的军队驻守在这里，明成祖和明英宗都曾到此御驾亲征，有“大同士马甲天下”的美誉。洪武五年（1372）朱元璋派大将徐达督率军民，在辽、金、元土城的基础上，把大同扩建成新的砖城。顺治二年（1645）五月，清廷派恭顺侯吴惟华攻大同，姜瓖把驻大同农民军将领张天琳等杀死，投降清军。光绪二十六年（1900），大同义和团和全国一样风起云涌，有四五百人，设4个团，杀洋鬼子，烧教堂。七月下旬被官府暴力扑灭，马正太等8名首领被杀。八国联军侵入北京后，慈禧偕光绪西逃，1900年8月30日到大同，驻跸4日，沿途狂奔乱逃，军令不行，所过州、县“十室九空”，给大同人民带来奇祸。辛亥革命武昌起义后，大同人民于1911年11月30日午夜举义，攻下总兵府，成立军政府，后清军围城，太原革命军派续桐溪率忻代宁民团北上增援，与清军对峙。直到12月11日达成协议，革命军南撤。1937年9月25日凌晨，震惊中外的平型关战役发生在大同灵丘县白崖台乡的乔沟，八路军一一五师将士在林彪和聂荣臻率领下，全歼侵华日军板垣师团辎重部队1000余人，缴获大批武器和军用物资。杨成武率领独立团在灵丘驿马岭阻击歼灭日军增援部队300余人。此战既是八路军挺进华北抗日前线的首战告捷，也是抗战以来中国军队出击日军的第一个辉煌胜利。

大同境内名胜古迹遗存众多：五岳中的北岳恒山，是塞外高原通向冀中平原之咽喉要冲，是佛教、道教、儒教三教同修的圣地，主峰天峰岭海拔2016.1米，被称为“人天北柱”“绝塞名山”。境内有全国“文物之最”6处：（1）北魏风韵的世界文化遗产“云冈石窟”，位于大同市西16千米的武周山麓，依山开凿，东西绵延1000米，现存洞窟53个，石雕造像5万余尊。其中，尤为珍贵的是第十六至二十窟，世称“昙曜五窟”，是北魏名僧昙曜奉文成帝旨意开凿的，距今有1500余年的历史。令人惊奇的是昙曜五窟中的五尊大佛，竟然是北魏几代帝王的真实写照，连脸上、脚上的黑痣也相吻合。《魏书》记载，“是年诏有司为石像，令如帝身。既成，颜上足下各有黑石，冥同帝体上下黑子”。（2）华严寺大雄宝殿，建筑面积之宏伟，殿顶鸱吻之高大，均为全国佛寺之最；华严寺天宫楼雕塑艺术，堪称辽金时期的“海内孤品”。（3）善化寺是国内现存最完整的辽金寺院。（4）九龙壁建于明朝洪武年间（1368—1398），是明初代王朱桂府的照壁，是国内建筑最早、规模最大、保存最好的龙壁。（5）悬空寺是中国唯一的高空绝壁建筑，也是中国罕见的佛、道、儒三教合一的寺庙。（6）雁塔为国内建筑位置罕见的城墙上八角七级空心砖质瞭望塔。

大同市有非物质文化遗产保护项目79项。其中，国家级保护项目有雁北耍孩儿、灵丘罗罗腔、恒山道乐、晋北鼓吹、广灵剪纸、左云楞严寺庙音乐、北路梆子、大同铜器制作技艺8项。

大同是中国首批历史文化名城，中国首批13个较大的市之一、中国优秀旅游城市、中国雕塑之都、中国大古都之一、中国特色魅力城市200强、全国性交通枢纽城市、最具生态竞争力城市、最具旅游文化发展潜力城市、国家园林城市、国家新能源示范城市、影响世界的中国文化旅游名城、中国十佳运动休闲城市、中国避暑旅游城市、全国双拥模范城市、丝绸之路十佳特色旅游城市、国家级旅游改革创新先行区、最美中国榜上榜城市、美丽山水城市、最具投资潜力旅游目的地城市、中国最具投资潜力避暑旅游城市、全国十佳冰雪旅游城市。

（编辑部）

【建置沿革】 夏　大同区域的部落称熏鬻，商时称鬼方，西周称北戎。

春秋　大同地区为北狄所居。北狄系指以狩猎为生的游牧部落林胡、楼烦。据《战国策·释地》载：“今山西岢岚州以北，故楼烦胡地也；大同、朔州以北。故林胡地。”大同至内蒙古河套一带，春秋时为林胡活动之地。（唐）尧帝封羲和氏子为北岳长老，其二子和叔来宅。《山海经》中古大同为古平国。商汤封同姓于此地，代子立国。

战国　大同地区为代国，后并入赵地。据《史记·赵世家》载：“子晰告赵简子曰，主君之子将克二国于北，皆子姓也。及简子卒，毋立，是为襄子。北登夏屋，使宰人操铜击杀代王，遂兴兵平代地。”又载：“（武灵王）二十六年（前300），复攻中山，攘地北至燕代，西至云中、九原。”《史记·匈奴传》载：“赵武灵王亦变俗胡服，习骑射，北破林胡、楼烦，筑长城。自代并阴山下，至高阙为塞，而置云中、雁门、代郡。”雁门郡（治所在今朔州市右玉县南），因雁门山而得名。代郡（治所在今河北省蔚县东北），因代国而得名。其地为雁门郡，东属代郡。当时城邑有：平邑（今许堡村）、新城（又名小平城，在今朔州西南）、延陵（今天镇新平）、平舒（今广灵平城）、武州塞（今左云古城）、平城（今大同城北御河西岸，以祈福思安而得名）。大同其地由赵武灵王开辟，远在公元前300年，成为赵国边陲要地。

秦　秦始皇十八年（前229），秦攻赵，次年破赵，公子嘉率其宗族数百人逃到代郡，自立为代王。公元前222年，秦派王贲攻代，虏代王嘉，赵亡。秦始皇二十六年（前221），秦始皇统一中国，废分封制，立郡县，全国设36郡，今大同境内为雁门郡、代郡之地。其时见于记载的城邑有：平城、代、善无、延陵、平舒、武周塞、新城、班氏、马邑等。

西汉　沿袭秦郡县制，其地仍为雁门郡、代郡之地。雁门郡属并州刺史部，治所善无，辖14县：善无、沃阳、繁峙、中陵、阴馆、楼烦、武州、汪陶、剧阳、崞、埒、马邑、疆阴、平城，平城为东部都尉治。代郡属幽州刺史部，治所桑干，辖18县，在今大同境内者10县：道人、高柳、班氏、示氏、平舒、延陵、灵丘、且如、平邑、参合。

东汉　各州置州牧，后改州牧为刺史。大同地区为雁门、代郡之地。雁门郡属并州刺史部，治阴馆，属县十四，今大同市境内有4县：繁峙、武州、崞、平城。代郡属幽州刺史部，治高柳，属县十一，在今大同市境内有6县：高柳、道人、班氏、示氏、北平邑、平舒。建武中，卢芳之乱，沿边八部并废，徙雁门、代郡之民于常山关、居庸关东。东汉建武二十七年（51），复置郡，自善无移雁门郡治阴馆，县仍属。代郡治高柳。“建安中省云中、定襄五郡，立新兴郡于太原界，郡为一县隶之，而别置平城县于勾注陉南，往属焉。”汉末天下大乱，陉北之地弃为荒徼。建安二十年（215），曹操讨伐乌桓，平定代地。安集北边郡县之民，在今代县东五里置平城县，属冀州新兴郡。魏黄初元年（220），复置并州，平城属并州雁门郡。无论属冀州新兴郡平城，还是并州雁门郡平城，均为同名异地，非今大同。

三国　大同地区为乌桓、鲜卑所据。

晋　大同北部为鲜卑族领地，南部为雁门郡地，其时郡迁至广武，属县有：广武、崞、汪陶、平城、俊人、繁峙、原平、马邑。晋永嘉四年（310），晋并州牧刘琨，以拓跋猗卢有救援之功，上书晋怀帝，请封鲜卑拓跋猗卢为代公。西晋建兴元年（313），拓跋猗卢定盛乐为北都，修秦汉故平城为南都，平城复还故治，属代国。

北魏　天兴元年（398）拓跋珪自盛乐迁都平城，改号皇帝，并置司州、代尹，治代都平城。徙六州二十二郡守宰、豪杰、吏民三千家于代郡。“营宫室，建宗庙，立社稷”，进行一系列大规模的首都建设。次月“诏有司正封畿，制郊甸”，划定京畿范围：“东至代郡，西至善无，南及阴馆，北尽参合。郊甸范围：东至上谷军都关，西至河（黄河），南至中山隘门塞，北至五原，地方千里。”又设四方四维，置八部帅统兵镇守。平城由宫城、京城（都城）和郭城组成。北魏延和元年（432），改司州为万年尹。皇兴三年（469），在城西立平齐郡，旋废。北魏曾在平城南郊置鼓城县，属代郡，不久废。神䴥二年（429）太武帝时，于平城以北，阴山以南，自西而东设置沃野（内蒙古五原县北）、怀朔（内蒙古固阳县西南）、抚冥（内蒙古四子王旗东南土城子）、武川、柔玄（内蒙古兴和县台基庙东北）、怀荒（河北张北县）六个军事重镇，用以拱卫京都，组成北部又一道军事防线。太平真君七年（446）六月，发司、幽、定、冀四州十万人，筑畿上塞围（北魏长城），东起上谷，西至河，广袤皆千里。北魏在平城建都97年，历经六帝七世，平城一直是中国北方政治、经济、文化中心。北魏平城时代又是“丝绸之路”东方起点。北魏太和十八年（494），迁都洛阳后，置恒州，治平城，管辖6郡14县：代郡治平城，领平城、太平（大同西15千米）、武周（旧高山村）、永固（大同北镇川堡）。孝昌二年（526），六镇之变，平城陷废。北魏末分东魏、西魏。

北齐　天保元年（550），东魏被北齐所代，大同为北恒州、北朔州地，属县未有大的变化。天保七年（556），改北恒州为恒安镇（今大同），又名东州城，隶属恒州太平县，徙豪杰三千家以实之。翌年废镇，仍为北恒州。周齐之间，突厥渐强，为防御突厥、柔然、契丹，于天保三年（552），自西河总秦戍筑长城，东至渤海200余千米。天保六年（555），发夫180万人筑长城，自幽州夏口，西至恒州450余千米。天保七年（556），先自西河总秦戍筑长城东至海。

北周　天保八年（557），西魏为北周所代替。北周建德六年（577），灭齐后，州县并废，复置恒安镇，改朔州置北朔州总管府。改太平县为云中县（这是大同称云中之始）。灵丘属蔚州，为灵丘郡治。

隋　开皇元年（581），重新统一中国后，改诸州为郡，其地为马邑郡、雁门郡之地。马邑郡治善阳，辖善阳、神武、云内、开阳。雁门郡治雁门，辖雁门、繁峙、崞县、五台、灵丘。恒安镇隶属马邑郡云内县。开皇五年（585），置代州总管府。

唐　初依隋实行州县制。唐武德四年（621），平刘武周，复于故恒安镇置北恒州。武德六年（623），于雁门郡之灵丘别置蔚州。武德七年（624），北恒州废。贞观元年（627），分天下13道，云、蔚、朔等州属河东道。云州治云中，辖县云中。蔚州治兴唐，辖兴唐、飞狐、灵丘。朔州治善无，辖善阳、马邑。唐末，以浑源川为名，置浑源州；以雁门山、龙首山南北呼应为名，置应州。贞观十四年（640），于故云内县置定襄县，兼云州治。龙朔三年（663），置云中都护府。永淳元年（682），为东突厥默啜所破，州县俱废，移百姓于朔州。开元十八年（730），复置县，改定襄为云中县。废北恒州为东州城，复置云州。天宝元年（742），改云州为云中郡。乾元元年（758），改云中郡为云州。会昌三年（843），以云、蔚诸州为大同道，罢属河东，置都团练使，治云州。咸通十年（869），置大同军节度。中和二年（882），改大同节度为雁门节度。四年（884），云州复隶河东道。唐至德以后，中原运兵刺史皆管军戎，大同防御使由云州刺史领管，辖云、蔚、朔三州。

五代　其地为后唐所占，区划未有大的变动。云中县，为云州治，隶属河东道。李克用与契丹耶律阿保机相会于云州东城，易袍马为兄弟，因取“怀想仁人”之义，改名怀仁县；后唐同光二年（924），析蔚州兴唐县设置广陵县（今广灵县）。同光三年（925），复以云州为大同军节度。

辽　后晋天福二年（937），辽进占云州。初为大同军节度，辽重熙十三年（1044），改云州为西京，设西京道大同府，重熙十七年（1048），析云中，置大同县，为辽之陪都。辽西京道所辖：大同府，治所大同。统2州7县：弘州、德州、大同县、云中、天成、长青、奉义、怀仁、怀安县。蔚州，治蔚州，统灵仙、定安、飞狐、灵丘、广陵。应州，治金城，统金城、浑源、河阳。朔州，治善阳，统善阳、武州、宁远、马邑、神武。

宋　大同地区为路、州、县三级制，全国设15路。宋宣和五年（1123），预置云中府路，治云中府，统云中及武、应、朔、蔚、奉圣、归化、儒、妫8州，与云州合称“山后九州”。为宋金联盟攻辽的预置版图。后金失约，除武、应、朔、蔚诸州于宣和五年（1123），一度归宋，旋为金人所取外，西京仅在雍熙三年（986），云州观察使杨业攻占云州3个月外，再未进入宋之版图。

金　辽保大二年（1122），金宗翰攻占大同府，仍以大同为西京，改西京道为西京路，府治、县治未变。西京路辖2府、7节镇、8刺郡、39县，9镇。皇统元年（1141），以西京路隶属元帅府，旧置兵马都部署司。金天德二年（1150），改置西京路总管府，后更置留守司。置转运使及中都西京路提刑司。大同府辖大同、云中、宣宁、怀安、天成、白登、怀仁7县。省奉义县为镇，入大同。

元　初大同仍称西京。元太祖七年（1212），置警巡院。至元二年（1265），省云中县入大同。元划为省、路、府（州）县四级制，至元二十五年（1288），改西京道大同府为大同路，隶属中书省河东山西道宣慰使司，管辖一领事八州。一领事是录事司，设在大同。属县有大同、白登、宣宁、平地、怀仁五县；八州为弘、浑源、应、朔、武、丰、东胜、云内。上都路管辖今大同和河北部分地区。顺宁府治所蔚州，领灵仙、飞狐、定安、灵丘、广灵。元改天城为天城县，隶属宣德府。后隶属兴和路。大德四年（1300），在西京黄花岭立屯田。大德六年（1302），立万户府。

明　洪武二年（1369），左副将军常遇春攻取大同。明行政区划为省、府、州、县四级制，洪武七年（1374），改大同路为大同府，隶属山西行中书省。洪武九年（1376），改为承宣布政使司。大同府治大同县，辖浑源、应、朔、蔚四州，大同、怀仁、马邑、山阴、广灵、灵丘、广昌7县。宣宁县并入大同县。明军事上实行卫所制，洪武四年（1371），置大同都卫治白羊城。洪武八年（1375），改为山西行都指挥使司。洪武二十五年（1392），徙治大同。初领卫二十六，管辖范围：东至北京居庸关；西起黄河转弯处偏关，北临丰州滩，南抵雁门关，东西延绵千余千米，南北亦有数百千米。其范围之大，实属九边之首。后领卫十四，有大同前卫、后卫、左卫、阳和、天成、威远、平鲁、云川、玉林、镇鲁、高山、宣德、东胜。洪武二十九年（1396），置分守冀北道，驻大同，嘉靖中移驻朔州。永乐六年（1408），置巡抚都御史。永乐七年（1409），置大同镇，设镇守总兵官，为镇之最高指挥官。成化七年（1471），设巡抚。正德八年（1513），设总制，辖13卫所，823堡寨，307座墩台。大同分4道，辖9路，驻军最多135778员，战马51654匹。时有“大同士马甲天下”之称。明王朝为防御蒙古、女真无休止侵扰，采用“高筑墙、广积粮”政策，各府、州、县城修筑得十分坚固，全部砖砌。尤以大同城“为肩背之地，镇守攸重”。明洪武五年（1372），大将军徐达“因旧土城南之半增筑”，东西长1.8千米，南北长1.82千米，周长7.24千米，面积3.28平方千米。城设四门，东曰和阳，南曰永泰，西曰清远，北曰武定。

清　清大同府治大同县，初因明治，领州四县七，隶属山西布政司，后改为山西省。顺治十三年（1656），裁宣大总督，置山西总督，驻大同。康熙四年（1665），裁总督，并入雁门道。雍正四年（1726），于右玉林卫置朔平府，并废除明代卫所，改天镇卫为天镇县，阳高卫为阳高县，左云川卫为左云县，右玉林卫为右玉县，平虏卫为平鲁县。大同府治所大同县，辖浑源、应州，大同、怀仁、山阴、阳高、天镇、广灵、灵丘二州七县和丰镇厅。清末，大同县辖580村，城东194村，城南177村，城西91村，城北118村。朔平府治所右玉县，辖右玉、左云、平鲁、朔州、马邑。

民国　民国元年（1912），大同废府留县，大同县属北路观察使。民国2年（1913）五月，置雁门道，治大同，辖雁北13县、忻县地区13县，共26县。后晋北镇守使在大同驻扎。民国16年（1927），废道后，大同为县，直属山西省，县辖5个行政区，9街585村。

抗日战争时期，大同地区行政区划为三种。日伪行政区划：1937年9月13日，日本关东军侵占大同城，10月15日成立伪“晋北自治政府”，隶属伪“蒙疆联合委员会”，统辖雁北13县；1939年9月改为伪“晋北政厅”，隶属伪“蒙古联合自治政府”；1943年又改为伪“大同省公署”，隶属伪“蒙古自治邦政府”。大同县划为2街、22个联合村。国民党行政区划：1937年9月至1939年12月为山西省第一行政区和第二行政区。第一行政区治所五台，属县十七，在大同地区有灵丘、广灵、浑源、应县、山阴、怀仁、大同、阳高、天镇9县。第二行政区治所岢岚，属县十三，在大同地区有朔县、平鲁、左云、右玉4县。1945年8月，大同被国民党阎锡山政府所统治，恢复事变前原县建制，仍属山西省，辖5个区，86个治村。成立卫戍司令部和城防司令部，建立雁北“第二战区长官司令部大同领导组”，管辖雁北各县，分第十、十一两个专署。第十区辖大同、怀仁、阳高、天镇、浑源、广灵、灵丘7县；第十一区辖右玉、山阴、应县、左云、平鲁、偏关6县。行政督察员兼保安司令。1947年军政分家，改为“山西省政府大同行政公署”，大同县辖4区、30街、70治村。“雁北专员公署”“雁北城防司令部”驻在大同城内。到1948年雁北13县政府流亡大同，大同城内集中国民党行政组织机关22个、党务机关7个、特务机关11个。共产党领导下的行政区划：东雁北为1937年年底属晋东北十八县政治主任公署，1938年6月改为晋东北行政督察专员公署，1940年2月成立第二专员公署，属县有灵丘、繁峙、广灵、浑源、应山县。归晋察冀北岳区管辖。西雁北（大同以西）为1937年冬属晋西北根据地，1940年建立晋西北民主政权。1941年8月属晋西北行政公署，1943年11月，改为晋绥边区行政公署，归晋绥边区管辖。

中国共产党领导下的根据地，改东雁北二专署为第五专署，属县有灵丘、繁峙、浑源、应县、代县、山阴、大同、阳高、怀仁。1946年5月，第五专署改为冀晋区第一专署，1949年2月，撤销晋绥边区，西雁北划为晋西北区，设置晋西北行政公署雁北分署。

（编辑部）

行政区划

【概况】 1949年5月1日，大同和平解放，成立大同市，隶属察哈尔省直辖，大同市分5个区。1949年10月，东、西雁北合并，划归察哈尔省，设雁北专署，属县有：灵丘、广灵、浑源、应县、山阴、大同、怀仁、朔县、平鲁、右玉、左云。1952年，察哈尔省撤销，大同市与雁北13县重归山西省，1952年12月，大同市辖一、二、三区和口泉矿区。1954年7月，大同县与怀仁县合并为大仁县。1958年6月，大同市隶属雁北专区。1959年1月23日，雁北与忻县合并为晋北专区，大同市隶属晋北专区。雁北合并为6个县：阳高、浑源、灵丘、左云、山阴、朔县。1961年7月24日，晋北专区撤销，大同市复归雁北专区领导，辖城区、口泉区、古城区、怀仁区。同年11月复归山西省直辖。1962年，雁北恢复13个县设置，1964年11月撤销古城区、怀仁区，恢复大同县、怀仁县，市辖两区、两县。1965年7月把大同、怀仁二县划归雁北专区。1966年2月把城区、口泉区所辖农业区划出，成立郊区，大同市辖三个区。1970年4月，大同市划归雁北领导，9月建立矿区，10月成立南郊区、北郊区和口泉镇。1971年，北郊区改为新荣区。1972年3月复归省辖市，辖城区、矿区、南郊区、新荣区4个区，17个街道办事处，287个居民委员会，22个乡，5个镇，252个生产大队，1125个生产队，351个自然村。1989年1月，朔州市成立，雁北管辖的平鲁、朔县、山阴划归朔州市。1993年7月10日，雁北地区撤销，地市合并，怀仁、应县、右玉3县划归朔州市，把天镇、阳高、广灵、灵丘、浑源、左云、大同7县划归大同市，实行市管县。大同市辖城区、矿区、南郊区、新荣区4区7县。下辖182个乡（镇），2645个村民委员会，40个街道办事处，638个居民委员会，全市总面积14155平方千米，总户数726171户，总人口276.74万人。2001年，市县（区）乡（镇）、村（居委会）撤并，全市4区7县，有66个乡，33个镇，38个街道办事处。1950个村民委员会，305个社区居民委员会。2017年，大同市辖4区7县，分别是城区、矿区、南郊区、新荣区、天镇县、阳高县、广灵县、灵丘县、浑源县、左云县、大同县。另设大同经济技术开发区（国家级）。全市辖66个乡，33个镇，40个街道办事处，334个社区居民委员会，1955个村民委员会。2018年，大同市区划调整后，全市辖4区6县，分别是平城区、云冈区、新荣区、云州区、左云县、阳高县、天镇县、浑源县、广灵县、灵丘县。别设大同经济技术开发区（国家级）。全市辖66个乡，33个镇，40个街道办事处，347个社区居民委员会，1911个村民委员会。（编辑部）

【区划调整】 2019年，大同市下辖4区6县，分别是平城区、云冈区、新荣区、云州区、左云县、阳高县、天镇县、浑源县、广灵县、灵丘县。另设大同经济技术开发区（国家级），全市辖66个乡，33个镇，40个街道办事处，358个社区居民委员会，1823个村民委员会。（编辑部）

2019年大同市行政区划表

县　区	乡、镇、街道名称	村、社区
平城区	3乡12个街道办事处：新旺乡、水泊寺乡、马军营乡、东街街道、西街街道、南街街道、北街街道、南关街道、北关街道、新建南路街道、新建北路街道、振华南街街道、新华街街道、向阳里街道、大庆路街道	139个社区 60个村
云冈区	2镇4乡28个街道办事处：高山镇、云冈镇、平旺乡、西韩岭乡、鸦儿崖乡、口泉乡、煤峪口街道、永定庄街道、同家梁街道、四老沟街道、忻州窑街道、白洞街道、雁崖街道、挖金湾街道、大斗沟街道、马脊梁街道、马口街道、王村街道、青磁窑街道、四台街道、杏儿沟街道、姜家湾街道、燕子山街道、晋华宫街道、新平旺街道、平泉街道、新泉街道、民胜街道、新胜街道、口泉街道、和瑞街道、和顺街道、西花园街道、老平旺街道	138个社区 120个村
新荣区	2镇6乡：新荣镇、古店镇、堡子湾乡、花园屯乡、郭家窑乡、西村乡、破鲁乡、上深涧乡	5个社区 123个村
云州区	3镇7乡：西坪镇、倍加造镇、周士庄镇、党留庄乡、杜庄乡、吉家庄乡、峰峪乡、瓜园乡、许堡乡、聚乐乡	12个社区 169个村
阳高县	7镇5乡：龙泉镇、罗文皂镇、大白登镇、王官屯镇、古城镇、东小村镇、友宰镇、狮子屯乡、长城乡、北徐屯乡、下深井乡、鳌石乡	15个社区 197个村
天镇县	5镇7乡：玉泉镇、谷前堡镇、米薪关镇、逯家湾镇、新平堡镇、三十里铺乡、南河堡乡、贾家屯乡、赵家沟乡、南高崖乡、张西河乡、马家皂乡	12个社区 227个村
广灵县	2镇7乡：壶泉镇、南村镇、一斗泉乡、蕉山乡、加斗乡、宜兴乡、作疃乡、梁庄乡、望狐乡	6个社区 149个村
灵丘县	3镇9乡：武灵镇、东河南镇、上寨镇、独峪乡、柳科乡、白崖台乡、落水河乡、史庄乡、赵北乡、石家田乡、红石塄乡、下关乡	13个社区 249个村
浑源县	6镇12乡：永安镇、大磁窑镇、王庄堡镇、蔡村镇、西坊城镇、沙圪坨镇、下韩村乡、吴城乡、南榆林乡、大仁庄乡、官儿乡、西留乡、驼峰乡、青磁窑乡、东坊城乡、裴村乡、千佛岭乡、黄花滩乡	11个社区 301个村
左云县	3镇6乡：云兴镇、店湾镇、鹊儿山镇、水窑乡、张家场乡、马道头乡、小京庄乡、三屯乡、管家堡乡	7个社区 226个村

说明：大同经济技术开发区管辖2个村

人口 方言

【人口】 2019年，大同市常住人口346.3万人，比上年末增加0.7万人。其中，城镇常住人口227.23万人，占常住人口比重65.62%，比上年末提高1.62个百分点。全年全市出生人口2.88万人，人口出生率8.31‰；死亡人口2.17万人，死亡率6.28‰；自然增长率2.03‰。（市统计局）

2019年大同市人口主要情况表

指 标	年末数（万人）	比重（%）
全市常住人口	346.30	100.00
其中：城镇	227.23	65.62
乡村	119.07	34.38
其中：男性	175.13	50.57
女性	171.17	49.43

【方言】 大同市及天镇县、阳高县、左云县方言属晋语大包片，浑源县、广灵县方言属晋语五台片，大包片、五台片方言均有入声。东北部的灵丘县属北方官话，无入声。

大同市方言语音特点为平翘舌音不分，如“四与十”“资与支”同音。无鼻音韵尾，前后鼻音不分，韵尾为喉擦音，比如“根与更”“音与英”同音。部分古入声字舒化，舒入两读字增加，如“活动”的“活”为入声，“大活人”的“活”为舒声。有丰富的儿化韵，如“您”说“您儿”，“他”说“他儿”。

大同市方言词汇特点为有大量的特色词缀，如“圪置蛋”（普通话意思是块），“忽眨”（普通话意思是眨），“日脏”（普通话意思是脏），“蹦跶”（普通话意思是蹦）等。叠音词丰富，如“绿莹莹、粉呐呐、红外外”（下划浪线表示为同音字代替）等。有丰富的四字格俗成语，如“白皮泛脸、灰眉处眼”等。有分音词，比如：“摆”说成“不来”，“圈”说成“圐圙”等。

大同市方言非常经济简洁，表现在语法上以简便为特点，如“他去了没？”（普通话意思是“他去了还是没去呢？”），“吃顿儿饭叫我”（普通话意思是“吃饭的时候叫我”），“你拿去哇”（普通话意思是“你去拿回来吧”），等等。（蒋文华）

民族 宗教

【民族】 2019年，大同市有少数民族37个，16210人。其中，回族8720人，满族4237人，蒙古族1522人，其他少数民族1731人。有4个回族聚居村：平城区田村、云州区三条涧村、云州区马家会村、天镇县袁家皂村，有回族群众1145人，占聚居村总人口35%。全市有清真食品经营单位21家，无民族社会组织。（薛守亮）

【宗教】 2019年，大同市有佛教协会、道教协会、伊斯兰教协会、天主教爱国会、基督教三自爱国运动委员会五大市级宗教团体。全市信教群众19.61万人，有正式登记、依法开放的宗教活动场所348处，其中佛教场所163处、道教场所28处、伊斯兰教场所3处、天主教场所11处、基督教场所143处。全市有宗教教职人员605人，其中佛教445人、道教52人、伊斯兰教8人、天主教24人、基督教76人。（张立权）

国民经济和社会发展

【概况】 2019年，大同市地区生产总值1318.8亿元，按不变价格计算，比上年增长6.7%。其中，第一产业增加值71.0亿元，增长3.1%，占地区生产总值比重5.4%；第二产业增加值490.7亿元，增长6.9%，占地区生产总值比重37.2%；第三产业增加值757.1亿元，增长6.9%，占地区生产总值比重57.4%。全市人均地区生产总值38122元，比上年增长6.4%，按2019年平均汇率计算为5526美元。

全年全市一般公共预算收入130.1亿元，比上年增长8.7%。其中，税收收入103.3亿元，增长16.5%。在税收收入中，国内增值税增长17.6%；企业所得税增长32.9%；个人所得税下降45.4%；资源税增长39.6%。

全年全市一般公共预算支出364.2亿元，比上年增长8.8%。其中，用于民生支出298.3亿元，比上年增长9.3%，占一般预算支出的比重81.9%。在民生支出中，教育支出增长4.4%；文化旅游体育与传媒支出增长10.2%；社会保障与就业支出增长14.0%；住房保障支出增长4.1%；城乡社区事务支出增长28.2%；交通运输支出增长19.6%；节能环保支出增长99.9%。

全年全市居民人均可支配收入23533元，比上年增长9.0%。按常住地分，城镇居民人均可支配收入32252元，增长7.8%，城镇居民人均消费支出15062元，增长8.1%；农村居民人均可支配收入10725元，增长10.5%，农村居民人均消费支出8381元，增长9.9%。

全年全市居民消费价格比上年上涨2.5%。其中，食品烟酒类价格上涨6.6%；衣着类下降1.0%；居住类上涨1.6%；教育文化及娱乐类上涨2.1%；医疗保健类上涨3.0%；生活用品及服务类下降2.3%；交通通信类下降1.1%；其他用品及服务类上涨2.6%。全年全市商品零售价格比上年上涨1.4%。

全年全市城镇新增就业5.5万人。转移农村劳动力4.0万人。年末城镇登记失业率2.7%。（市统计局）

【农业】 2019年，大同市农作物种植面积33.01万公顷，比上年增加1700公顷。其中，粮食种植面积28.35万公顷。在粮食种植面积中，秋粮种植面积28.35万公顷，增加1.03万公顷。全市油料作物种植面积1.62万公顷，比上年增加1400公顷；蔬菜面积1.96万公顷，比上年增加100公顷；饲草作物种植面积6400公顷，比上年增加300公顷。

全年全市粮食总产量123.2万吨，比上年增加16.6万吨。

全年全市造林面积2.91万公顷，其中人工造林2.35万公顷。

全年全市肉类总产量15.10万吨，比上年增长3.2%，其中猪羊肉产量12.8万吨，增长1.6%。牛奶产量28.9

万吨，增长4.1%。禽蛋产量7.8万吨，增长5.7%。

全年全市机械耕地面积25.03万公顷，比上年增长7.3%；机械播种面积18.85万公顷，机械收获面积10.49万公顷，分别增长0.3%和9.5%。全年全市农业机械总动力（不包括农用运输车动力）101.30万千瓦。

（市统计局）

【工业 建筑业】 2019年，大同市规模以上工业增加值比上年增长6.0%，其中煤炭工业增加值增长10.8%。

全年全市建筑业增加值73.8亿元，比上年增长10.4%。全市资质以上建筑业企业总产值210.8亿元，比上年增长14.3%。房屋建筑施工面积901.0万平方米，增长15.8%；房屋竣工面积318.4万平方米，下降0.1%。

（市统计局）

【能源】 2019年，大同市一次能源生产折标准煤0.7亿吨，比上年增长9.8%；二次能源生产折标准煤0.5亿吨，增长11.8%。

全年外输电力305.3亿千瓦时，比上年下降0.5%，外输电量占发电量比重65%。全社会用电量164.6亿千瓦时，比上年增长6.4%。其中，第一产业用电量1.3亿千瓦时，增长8.8%；第二产业用电量121.8亿千瓦时，增长5.6%；第三产业用电量23.3亿千瓦时，增长8.5%；居民生活用电量18.2亿千瓦时，增长8.9%。

（市统计局）

【固定资产投资】 2019年，大同市固定资产投资606.9亿元，比上年增长10.5%。其中，民间投资304.8亿元，增长5.1%。分产业看，第一产业投资30.2亿元，增长63.3%；第二产业投资211.3亿元，增长3.7%；第三产业投资365.4亿元，增长11.8%。在第二产业中，工业投资增长4.2%。

全年全市房地产开发投资147.5亿元，比上年下降5.1%。其中，住宅投资115.4亿元，下降4.1%；商业营业用房投资11.6亿元，下降35.0%。

全年全市固定资产投资施工项目957个。其中，全部建成投产项目666个（不含房地产）。新增固定资产328.2亿元。

（市统计局）

2019年大同市规模以上工业增加值增长速度表

指 标	比上年增长（%）
规模以上工业	6.0
其中：国有控股	4.2
其中：轻工业	11.2
重工业	5.5
其中：中央企业	–12.9
地方企业	9.3
其中：能源工业	4.1
材料与化学工业	–4.0
消费品工业	6.8
装备制造业	4.3
其他工业	94.4
其中：非煤工业	1.5
其中：高技术产业	3.4
其中：战略性新兴产业	8.4

2019年大同市规模以上工业主要产品产量及其增长速度表

产品名称	单 位	产 量	比上年增长（%）
原煤	万吨	12250.0	9.8
洗煤	万吨	6217.0	11.0
发电量	亿千瓦时	440.9	–4.0
其中：风力发电	亿千瓦时	33.4	–10.6
太阳能发电	亿千瓦时	29.8	12.9
合成橡胶	万吨	1.9	–33.1
水泥	万吨	535.6	6.7
粗钢	万吨	111.0	60.8
化学原料药	万吨	2.3	–12.3
精甲醇	万吨	43.3	–15.4
活性炭	万吨	11.3	49.5
石墨及碳素制品品	万吨	10.5	–28.4
机车	台	90.0	–19.6
矿山专用设备	万吨	11.0	31.1

2019年大同市房地产开发和销售情况表

指 标	单位	绝对数	比上年增长（%）
投资完成额	亿元	147.5	–5.1
其中：住宅	亿元	115.4	–4.1
房屋施工面积	万平方米	1667.3	19.8
其中：住宅	万平方米	1099.7	26.5
房屋新开工面积	万平方米	419.3	27.2
其中：住宅	万平方米	330.0	31.9
房屋竣工面积	万平方米	388.8	395.3
其中：住宅	万平方米	205.3	297.7
商品房销售面积	万平方米	225.4	–9.2
其中：住宅	万平方米	203.4	–15.0

2019 年大同市分行业固定资产投资及其增长速度表

行　业	投资额（万元）	比上年增长（%）
总　计	606.9	10.5
农林牧渔业	32.2	66.7
采矿业	54.0	43.7
制造业	96.0	5.3
电力、燃气及水的生产和供应业	62.3	-17.0
建筑业	0.4	—
交通运输、仓储和邮政业	16.6	-17.7
批发和零售业	3.5	14.4
住宿和餐饮业	0.3	-45.8
房地产业	170.3	-18.1
租赁和商务服务业	3.2	-25.6
水利、环境和公共设施管理业	103.6	41.3
居民服务和其他服务业	0.2	0.3
教　育	7.0	19.3
卫生、社会保障和社会福利业	3.3	89.3
文化、体育和娱乐业	9.7	213.8
公共管理和社会组织	0.6	-68.6

【国内贸易】 2019 年，大同市社会消费品零售总额 755 亿元，比上年增长 7.9%。按经营地统计，城镇消费品零售额 581.1 亿元，增长 7.8%；乡村消费品零售额 173.9 亿元，增长 8.0%。按消费形态统计，商品零售额 662.8 亿元，增长 7.8%；餐饮收入额 92.2 亿元，增长 8.4%。

全年全市限额以上单位消费品零售额 157 亿元，比上年下降 0.9%。在限额以上批发零售业中，石油及制品类下降 4.3%；中西药品类增长 16.9%；烟酒类增长 4.8%；服装、鞋帽、针纺织品类下降 2.2%；汽车类下降 4.1%。

（市统计局）

2019 年大同市限额以上批发零售业零售额及其增长速度表

指 标	绝对数（亿元）	比上年增长（%）
汽车类	47.7	-4.1
石油及制品类	37.2	-4.3
文化办公用品类	1.4	24.6
家用电器和音像器材类	8.0	-1.8
中西药品类	12.2	16.9
日用品类	1.4	7.2
粮油、食品类	7.0	16.7
饮料类	0.9	9.2
烟酒类	3.0	4.8
服装、鞋帽、针纺织品类	12.8	-2.2
化妆品类	1.6	-5.8
金银珠宝类	7.7	-4.0

2019 年大同市社会消费品零售总额及其增长速度表

指 标	绝对数（亿元）	比上年增长（%）
社会消费品零售总额	755.0	7.9
分地域：城镇	581.1	7.8
乡村	173.9	8.0
分行业：批发业	75.8	7.6
零售业	586.6	7.8
住宿业	14.2	7.3
餐饮业	78.4	8.5

【对外经济】 2019 年，大同市海关进出口总额 51.7 亿元，比上年增长 37.5%。其中，出口额 34.7 亿元，增长 58.5%；进口额 17.0 亿元，增长 8.3%。

全年全市新设立外商投资企业 6 家。实际利用外资 7003 万美元，比上年下降 61.5%。（市统计局）

2019 年大同市进出口总额及其增长速度表

指 标	绝对数（亿元）	比上年增长（%）
进出口总额	51.7	37.5
出口额	34.7	58.5
其中：一般贸易	24.0	9.5
加工贸易	—	—
其中：机电产品	13.0	485.1
高新技术产品	11.1	255.3
其中：国有企业	17.8	7.6
外商投资企业	0.6	13.8
进口额	17.0	8.3
其中：一般贸易	7.5	-51.8
加工贸易	—	—
其中：机电产品	14.8	21.0
高新技术产品	7.8	65.2
其中：国有企业	4.7	-36.4
外商投资企业	0.9	37.0

【交通 邮电 旅游】 2019 年，大同市公路通车里程 12751 千米，其中高速公路 562 千米。全市公路密度 90.4 千米 / 百平方千米。全市民航客运量 130.7 万人，比上年增长 28.6%；货邮量 1923.8 吨，增长 19.1%。民用航空航线 23 条，通航城市 30 个。年末，大张高铁全线开通运营，同步实现与京张、张呼、大西全线贯通。

全年全市民用车辆保有量 78.5 万辆，比上年增长 14.0%。其中，新注册汽车 5.6 万辆，增长 3.2%；个人汽车 65.3 万辆，增长 8.5%。载客汽车保有量 60.5 万辆，比上年增长 8.7%。其中，个人载客汽车 57.7 万辆，增长 8.5%。轿车保有量 40.7 万辆，比上年增长 8.5%。其中，个人轿车 39.4 万辆，增长 8.2%。

全年全市邮电业务总量 223.1 亿元，比上年增长 47.7%。其中，电信业务总量 219.1 亿元，增长 78.3%；邮政业务总量 4 亿元，增长 10.9%。移动电话用户 425.0 万户。其中，4G 电话用户 279.2 万户，比上年增长 9.6%。全市计算机互联网络用户 85.9 万户，比上年增长 9.7%。全市邮政局所 147 个，邮路总长度 4400 千米。订销报纸 4533 万份，增长 15.3%；订销杂志 153.5 万份，增长 7.8%；国内函件 54.9 万件，增长 14.8%。国内包裹 185.6 万件，增长 8.5%。

全年全市旅游总收入 762.1 亿元，比上年增长 22.7%。其中，国内旅游收入 758.8 亿元，增长 22.9%。旅游外汇收入 5496.8 万美元，比上年增长 12.4%。全年全市接待国内游客 8386.3 万人次，比上年增长 21.3%；接待入境旅游者 9.1 万人次，比上年增长 11.1%。（市统计局）

【金融】 2019 年，大同市金融机构本外币各项存款余额 3180.6 亿元，比年初增加 290.9 亿元，比年初增长 10.1%。年末，全市金融机构本外币各项贷款余额 1560.2 亿元，比年初增加 173.0 亿元，比年初增长 12.5%。

年末，全市有注册保险机构 43 家。全年全市保费收入 79.6 亿元，比上年增长 7.5%。其中，寿险业务保费收入 56.8 亿元，增长 4.3%；财产险业务保费收入 22.8 亿元，增长 16.1%。全年全市累计支付各类保险赔款及给付 19.5 亿元，下降 3.9%。其中，寿险业务给付 6.6 亿元，下降 34.0%；财产险业务赔款 11.4 亿元，增长 10.7%。（市统计局）

2019 年大同市金融机构本外币各项存贷款及其增长速度表

指标	单位	年末数	比年初增长（%）
各项存款余额	亿元	3180.6	10.1
其中：住户存款	亿元	2233.1	10.2
各项贷款余额	亿元	1560.2	12.5
其中：住户贷款	亿元	329.4	13.4

【科学技术　教育】　2019 年，大同市申请国家专利 2245 件，其中发明专利 427 件。全市获国家授权专利 1189 件，其中发明专利 123 件。省级以上重点实验室 3 家，工程技术研究中心 8 家。年末高新技术企业总数达 58 家。

全市有气象台（站）9 个。开展“121”电话天气自动答询台站 1 个。开展人工影响天气业务单位 7 个。人工增雨累计收益面积 1.4 万平方千米，增雨量 0.6 亿立方米。全市有卫星云图接收站 9 个。全年全市降水量 427 毫米，年平均气温 7.8 摄氏度，无霜期 145 天。

全市普通高等学校 2 所，中等职业教育学校 33 所，普通高中 46 所，普通初中 155 所，普通小学 348 所，特殊教育 5 所，学前教育 551 所。

（市统计局）

2019 年大同市各类教育事业发展情况表

指标	学校数（所）	招生数（人）	在校生（人）	毕业生（人）
普通高校	2	9515	32053	8125
中等职业教育	33	6475	18258	7004
普通高中	46	17259	57011	20857
普通初中	155	31015	91038	29306
普通小学校	348	31300	190706	33857
特殊教育学校	5	100	489	46
学前教育	551	19427	69456	27868

【文化　卫生　体育】　2019 年，大同市有文化艺术馆 11 个，公共图书馆 12 个，博物馆 16 个，案馆 11 个。全市有广播电视台 11 个，中波发射台 1 座，微波站 8 座，有线电视网 10 个。广播人口覆盖率 98.99%，电视人口覆盖率 99.50%，有线电视用户 31.3 万户。

全年全市有卫生机构（含诊所、村卫生室）3183 个，床位 22850 张。其中，医院 132 个；卫生院 145 个；社区卫生服务中心（站）124 个；疾病预防控制中心 12 个；妇幼保健院 12 个。年末，全市卫生机构有卫生技术人员 23689 人。其中，执业医师和执业助理医师 10150 人；注册护士 9674 人；疾病预防控制中心卫生技术人员 304 人；妇幼保健卫生技术人员 283 人；农村乡镇卫生院卫生技术人员 1322 人。

全年全市组织承办 20 项全国、省级品牌体育赛事。第二届全国青年运动会中全市承担冬季单板滑雪和夏季 U16 男女篮球、U18 男子篮球、U17–18 男子足球比赛项目。全市运动员在参加第二届全国青年运动会比赛项目中获得 37 块金牌，在全国同类城市中排名第二。女子单板滑雪运动员于洋摘得第二届全国青年运动会首枚金牌，室内 5 人制男子足球比赛夺全国冠军。承办 2019 环太原国际公路自行车赛长城赛段比赛，举办 2019 大同国际马拉松赛、环古城全民健步走等活动。

（市统计局）

【环境保护】　2019 年，大同市耕地保有量 37.61 万公顷。水库蓄水量 1.1 亿立方米。全年全市二级以上良好天数 318 天，全省排名第一。空气质量综合指数 4.97。

全年全市集中供热率 99.8%；天然气气化率 98.7%；城市供水普及率 95%，水质合格率 100%；市本级污水处理率 95%；中水回用率 25%；市区城市生活垃圾无害化处理率 100%。

全年全市建成区新增绿化面积 108.9 万平方米。城市建成区绿化覆盖率、绿地率、人均公园绿地分别为 43.7%、39.6% 和 16.3 平方米 / 人。

（市统计局）

【社会生活】　2019 年，大同市基本养老保险参保人数 191.1 万人。其中，职工基本养老保险参保人数 77.3 万人；城乡居民基本养老保险参保人数 113.8 万人。基本医疗保险参保人数 285.1 万人。其中，职工基本医疗保险参保人数 82.9 万人；城乡居民基本医疗保险参保人数 202.2 万人。失业保险参保人数 44.4 万人；工伤保险参保人数 62.4 万人；生育保险参保人数 44.3 万人。全年全市纳入城市最低生活保障的居民 4.8 万人，发放城市低保资金 2.5 亿元；纳入农村最低生活保障的居民 16.8 万人，发放农村低保资金 5.8 亿元。

年末提供住宿的社会服务机构 72 个，床位 9546 张，收养救助 5055 人。全市建立各种社区服务设施 791 个，其中综合性社区服务中心 160 个。全年销售社会福利彩票 3.2 亿元，筹集社会福利资金 9473 万元。（市统计局）

中国共产党大同市委员会

综　述

【概况】 2019年，中共大同市委制定加强党的政治建设工作措施，建立习近平总书记重要指示批示落实办理和“回头看”工作机制、重大决策部署落实10项机制，组织“回头看”习近平总书记对大同3件重要批示，重温习近平总书记“三篇光辉文献”，抓中央巡视和中央环保、宗教督查反馈意见整改落实工作，开展人防系统腐败问题专项治理，确保中央重大决策部署贯彻落实。十九届四中全会后，组织宣讲团到各县（区）开展“七进”活动，掀起学习宣传贯彻热潮。建立市委中心组专题学习研讨制度，组织15次学习研讨，中共大同市委中心组被命名为全省首批理论学习中心组联系示范点。建成全省首个习近平新时代中国特色社会主义思想主题书屋，召开第三次学用习近平新时代中国特色社会主义思想交流会，举办新思想读书班、青年干部培训班、专题研修班和干部大学堂，培训各级党员干部4万余人次，组织全市副科以上领导干部参加庆祝新中国成立70周年理论考试，常态化督导检查党员干部学习贯彻情况。发挥总揽全局、协调各方的领导核心作用，抓涉及全局重大活动，组织庆祝新中国成立70周年系列活动，完成“二青会”大同赛事各项活动，开展“改革创新、奋发有为”大讨论，推进“不忘初心、牢记使命”主题教育，教育引导全市干部群众坚持中国共产党的领导。坚持把党的领导贯彻到工作全领域全过程，每季度专题听取全市经济运行情况汇报，掌握发展态势，协调解决问题。围绕重点工作和重大项目，四套班子齐上手、同发力，画好“同心圆”，形成市委一锤定音、政府抓执行、人大、政协共同参与的局面，构建起市委统一领导下的“大合唱”机制。　（董智慧）

【改革发力】 2019年，中共大同市委深化改革，释放发展活力动力。树立“改革不能落后、改革必须先行”理念，深化重点领域和关键环节改革，加快推动质量变革、效率变革、动力变革。

党政机构改革。贯彻落实中央和省委各项要求，完成涉改部门领导班子确定、转隶组建、“三定方案”制定、集中办公和上报审批等重点改革任务，市直党政机构个数由53个减少至50个，划转职能78项，指导完成县（区）机构改革。

通航产业示范市建设。成立通航产业发展领导组，组建大同市航空产业发展战略咨询委员会，出台《大同通航示范市建设行动方案》《大同市发展通航业实施意见》及《大同市大力支持通航业发展的若干政策》等配套政策。推进通航产业园建设，广州轻飞、北航蜜蜂、轻型发动机等项目年内全部投产，中德轻飞C42E飞机取得全省首张由中国民航局颁发的生产许可证。培育航空运营服务市场，重组大同航空产业集团，完成中航货运收购工作并取得运行许可证，实现山西货运航空零的突破。推进山西通用航空职业技术学院与大同大学通航学院建设。

放管服效改革。以打造“六最”营商环境为目标，推进“5545”专项改革，实现新开办企业在5个工作日内完成营业执照办理，不动产登记在5个工作日内办结，一般性工业项目从立项到竣工验收审批时限压缩至45个工作日内。推进相对集中行政许可权改革，启动“一枚印章管审批”过渡试运行工作，实现群众“只进一扇门、可办结所有事”。

开发区改革。明确开发区赋权清单，市级层面累计向大同经济技术开发区集中赋权310项。推进“三化三制”改革，大同、左云经济技术开发区“三制”改革到位，新荣经开区管委会成立，云冈省级开发区获批。大同经济技术开发区获批省级双创示范基地，上海漕河泾大同国际创新创业园获批2019省级众创空间，大同经济技术开发区医药基地获批国家外贸转型升级基地，为全省唯一一家入选单位。健全投资强度、产出强度、税收强度考核机制，全市经济开发区投资强度为440.63万元/亩，占全年目标112.98%；产出强度、税收强度均超额完成年度目标任务，园区承载集聚功能增强。

国资国企改革。坚持“补考”“赶考”相贯通，推动国资国企改革向发展。加快市属国企混改步伐，市热力公司与北京热力集团整合重组签约，大同宜民产业公司与民营企业合作成立大同云萱农业发展公司，市国顺贸易公司对中控物总有限公司实施混改。解决国有企业历史遗留问题，完成同煤集团恒安新区“三供一业”维修改造工作，完成同煤集团退休人员社会化管理试点工作，新出清僵尸企业2户，职工全部享受现行安置政策。

财税体制改革。落实减税降费政策，推进工程建设项目审批制度改革，解决房地产市场历史遗留问题，累计为 100 个项目 12 万户业主办理房屋产权登记。

加快对外开放步伐。抓住京津冀协同发展和雄安新区建设战略机遇，启动京晋（大同）协作发展新区建设，与北京海淀、上海松江等签订战略合作协议，举办 2019 山西（大同）电商大会和第二届中蒙俄（大同）经济合作发展论坛暨中蒙俄国际商品博览会。大同航空口岸对外开放，开行中亚、中欧班列 3 趟，保税物流中心（B 型）获批，大张高铁开通，大西高铁全线贯通，集大原高铁可行性研究报告获国家发改委批复，推进“乌大张”长城金三角合作区建设。全年签约招商引资项目 353 个，总投资 1455.29 亿元，开工项目 245 个，开工率 69.12%。（董智慧）

【经济发展】 2019 年，中共大同市委贯彻落实新发展理念，推动经济转型高质量发展。按照中央和省委经济工作会议部署要求，坚持把供改和综改相结合作为经济工作主线，以示范区、排头兵、新高地“三大目标”牵引转型发展，实施经济运行、项目建设、企业培育和减税降费等工程，提升全市经济增长点。全年全市主要经济指标增速均高于全省平均水平，除公共财政预算收入外（全省第 6 名），7 项指标增速保持在全省前 5 名。

能源革命综合试点建设。推进煤炭产业走“减、优、绿”之路，化解过剩产能，全年关闭退出煤矿 3 座，完成去产能任务 135 万吨，先进产能占比 71.48%。抓能源革命综合改革试点机遇，推进 7 大目标、8 大行动和 70 项重大改革、重大攻关、重大工程，“一园一城、一院一所”等“18+2”项目首期集中投产，中海油煤制气、同煤 120 万吨煤制甲醇、西安隆基等重大牵引项目取得实质性进展。获批国家级大宗固废综合利用基地。全省首条氢燃料电池发动机系统自动化生产线落地大同，全国首座制氢加氢一体站投入试运营。

农业、制造业、服务业高质量发展。抓转型项目这个“牛鼻子”，深化转型项目建设年活动，推进工业、乡村、文旅“三大振兴”。把工业尤其是制造业高质量发展作为硬支撑，制定工业高质量发展“337 战略”，与同煤集团构建起联动转型机制，实施“8+1”重点转型项目；立足绿色能源、先进制造、数字经济 3 大板块，推动新研氢能、大同轻飞、秦淮大数据等一批项目投产达效，中车大同公司 CR240E 电传动矿用自卸车下线，获批全省通航产业发展示范市，非煤工业占比 49.8%。推进“五环联动”，以“黄河、长城、太行”3 大板块为引领，实施百项文旅项目，加快长城一号旅游公路建设，举办第五届成龙国际动作电影周、大同黄花文化旅游节等系列活动，云州区、灵丘县通过国家全域旅游示范区创建省级验收，全年接待旅游总人数 8397.36 万人次，同比增长 21.36%，旅游总收入 762.11 亿元，同比增长 22.74%。加快农业转型升级，打好有机旱作、优势杂粮、功能食品等特色牌，布局农产品精深加工集群，推进灵丘省级有机旱作农业示范县和 5 个省级有机旱作农业封闭示范片建设，农产品加工企业销售收入 107.44 亿元，“大同好粮”上升为国家品牌，农业供给质量有效提升。

创新生态培育壮大。坚持把转型基点放在创新上，聚焦煤炭高效利用、智能电网、储能、节能等重点领域，开展高新技术科研攻关。建成中科院工程热物理研究所大同分所，开启山西省科技创新引领能源革命转型先河。中关村智造大街大同公共服务平台、大同企业离岸创新孵化基地（北京站）、大同市能源革命专项创新券三位一体创新平台建成运行，组建新能源产业战略咨询委员会能源革命高端智库，专家团队为大同对接废弃巷道压缩空气储能、低温核能供暖、零碳煤化工等能源科技成果转化项目。全年全市有高新技术企业 58 家，省级众创空间 11 家（2 家国家级），省级科技企业孵化器 3 家，申报“小升规”企业 58 户，培育“专精特新”小微企业 20 户。（董智慧）

【三大攻坚战】 2019 年，中共大同市委贯彻习近平总书记关于打好“三大攻坚战”的重要指示精神，聚焦重点任务、突出问题和薄弱环节，实施精准攻坚，推进“三大攻坚战”开展。

聚焦深度贫困，决战决胜脱贫攻坚。落实省委“五个着力、六个强化”要求，构建四级脱贫攻坚作战体系，加强各方协作，凝聚脱贫攻坚合力。统筹推进 8 大工程 20 项行动，市级投入扶贫资金 8 亿元，县际对口支持 1.5 亿元，实施扶贫项目 600 余个，扶贫主导产业黄花种植深加工扩规增效，全市种植面积 1.53 万公顷。推动脱贫攻坚和乡村振兴有效结合，全省攻坚深度贫困推进乡村振兴现场会在大同市召开。实施农村饮水安全巩固提升工程，解决 356 个村、26.92 万人饮水安全问题。落实“四不摘”要求，巩固脱贫 3 个县（区）脱贫成果。全年全市 224 个易地搬迁安置点全部竣工，2.77 万户危房改造完工，7.7 万人搬入新居。

聚焦隐患防控，守住风险底线。落实总体国家安全观，坚守“三个坚决防止”和“三个不发生”底线，当好“首都护城河”，开展防范打击“颜色革命”、暴恐活动、邪教活动、非法宗教渗透 4 个专项行动，消除一切影响政治安全隐患。推进“双降行动”，严控债务风险，运用减债、换债、延债、抵债、控债等方式，化解政府隐性债务 76.3 亿元。围绕“深挖根治”总目标，推进扫黑除恶“三打三治”，打掉涉黑涉恶团伙 52 个，查处涉黑涉恶腐败和“保护伞”问题 148 人，查处涉案资金 5.37 亿元。开展四季严打整治专项行动，刑事案件持续下降，日均刑事警情控制 30 起以内。

聚焦污染防治，打造三晋绿色北大门。贯彻习近平生态文明思想，抓环保督察问题整改，打响蓝天、碧水、净土“三大保卫战”。全年二级及以上优良天数 318 天，比上年同期增加 5 天，空气质量优良率、空气质量综合指数、$PM_{2.5}$（细颗粒物、可吸入颗粒物、二氧化硫）三项指标排名全省第一。推进两河综合治理，Ⅲ类及以上优良水体断面比例 16.67%，桑干河固定桥和御河利仁皂 2 个国考断面水质均由上年同期的劣Ⅴ类改善为Ⅳ类，在全国地级及以上城市国家地表水考核断面水质排名前 14 名。

开展矿山生态环境专项整治行动，其中浑源完成矿山生态修复0.27万公顷。开展植树造林，全市森林覆盖率23.5%，被授予“中国美丽城市”和“全国十佳生态文明城市”称号。（董智慧）

【民生事务】 2019年，中共大同市委加大民生领域倾斜力度，民生支出占比超过80%。强化就业保障，出台引导和鼓励高校毕业生回乡就业8项措施，全民技能培训覆盖5.6万人，城镇新增就业5.08万人，登记失业率2.02%。推进教育、医疗、社保、体育等各项事业，全市公办非寄宿制小学课后托管服务、全市农村寄宿制学校“留守儿童之家”、义务教育学生营养改善计划实现全覆盖，全民健康信息平台建成，被确定为全国城市医联体建设试点城市。推行民生实事项目人大代表票决制，年初承诺的10件民生实事全部办结，国家居家和社区养老服务试点工作成果验收完成，入围2019中国康养城市排行榜50强。围绕“五区联动”，实施城建工程80项，建设道路97.33千米，新建和改造城市供水、供热、供气管网103千米。永泰门广场、体育中心、大剧院等重点工程完工并投入使用，高铁站前广场、公交枢纽和城市快线稳步推进。推进污水处理厂提标改造工程，实施恒安新区生活污水处理厂项目，提升污水处理能力。推进平安大同建设，完成新中国成立70周年大庆和国庆期间各项安保维稳任务。开展全省市域社会治理现代化试点，建立“基层党建＋社会治理”工作模式，成立194个网格党支部和518个网格党小组，提高社会治理现代化水平。开展恒安新区专项治理，持续攻坚9大类24项重点任务，电瓶车成功取缔，公共设施持续完善。（董智慧）

【民主法治】 2019年，中共大同市委推进民主法治建设，凝聚各方力量。支持市人大及其常委会依法履行职责。健全完善党委领导、人大主导、政府先行、社会参与的立法工作机制，制定修订法规5件，集中打包修改29件。丰富代表履职形式，举办人大议政论坛，推进人大代表联络站规范化建设，建成代表联络站150个、联络点384个，实现县乡全覆盖。建立代表建议意见直通车制度，市十五届人大四次会议确定的85件建议全部答复办理。支持政协依法依章程履行职能。聚焦重点热点问题征集提案316件、立案297件，提案回复率100%。建立政协信息重点选题发布机制和“约稿”机制，大同市政协信息工作在全国政协办公厅24个信息联系点政协中排名第三，在全国政协办公厅2019年反映社情民意信息工作座谈会上作典型发言。举办政协议政论坛，强化使命担当、凝聚发展共识。巩固发展爱国统一战线。把握大团结大联合主题，做好民族、侨务、对台、工商联工作，全市10个县（区）成立新的社会阶层人士新联会，完成市级宗教团体换届任务，出台《大同市关于加强基层宗教工作三级网络和两级责任制建设的实施方案》。完善市县领导干部联系服务民营企业工作制度，帮扶联系民营企业433家，协调解决热点难点问题560余件。加强和改进党的群团工作，发挥工会、共青团、妇联等群团组织作用。推进依法治市进程。完善党委领导法治建设的体制机制，落实党政主要负责人推进法治建设第一责任人职责，制定出台《关于深入学习贯彻习近平总书记全面依法治国新理念新思想新战略加快推进全面依法治市的意见》，推动行政执法公示制度、执法全过程记录制度、重大执法决定法制审核制度“三项制度”落地落实。建立市委常委会学法制度，推动党内法规学习常态化、制度化。推进法治政府示范创建活动，确定平城区、灵丘县作为法治政府示范创建县（区）。推进“七五普法”工作，开展宪法宣传周系列活动，加强法治文化阵地建设，增强全社会法治观念。落实党管武装重大要求。召开市委议军会和全市党管武装工作述职会，深化民兵力量调整改革，大同军分区党委被军委国防动员部表彰为先进党委。推进“智慧国防动员”建设，打通国防动员智能化指挥链路，推动国防动员能力整体提升。出台《关于进一步加强国防后备力量建设的意见》，明确专武干部、民兵任免、考核机制及优待政策，破解长期制约国防后备力量瓶颈问题。推动军民融合发展，推进北方军民融合产业园创建工作，与中国兵器工业集团签约。落实军人依法优先政策，解决军转干部、专业士官安置、部队子女入学、退役士兵培训就业等方面工作，维护退役士兵合法权益。完成军队停止有偿服务工作，被评为新一届山西省双拥模范城称号。（董智慧）

【意识形态】 2019年，中共大同市委落实意识形态工作汇报、研判和通报、监督检查、专项督查等制度，市委常委会4次专题研究意识形态有关内容，制定出台意识形态风险防范系列制度。坚持把互联网作为意识形态工作的重中之重，加大网络生态治理力度，处置违法违规网站、公众号、新媒体11家，营造风清气正网络空间。强化阵地管理，出台《大同市论坛、讲坛、讲座、年会、报告会、研讨会等阵地管理办法》，开展“剑网”“护苗”“秋风”“净网”等专项行动和“扫黄打非”专项整治。坚持党管媒体原则和正面宣传不动摇，把庆祝新中国成立70周年宣传同“二青会”、能源革命、成龙国际动作电影周等活动宣传结合起来，讲好大同故事，传递时代正能量。推动媒体融合发展，市级“中央厨房”建成运行，阳高、广灵县级融媒体中心效应初显，推进天镇、浑源、左云、灵丘县级融媒体中心建设，扩大基层宣传舆论阵地。开展创建省级文明城市，制定《大同市文明单位创建管理办法》《大同市民文明公约》和行业公约，开展“文明之春·靓丽大同”文明形象展示主题活动等活动110余项，宣传英雄事迹、弘扬奋斗精神、培育时代新人，大同市马六孩和李培斌2人被授予全国“最美奋斗者”称号，李月花、魏官元入选“中国好人榜”，葛才贵入选学雷锋志愿服务“四个100”先进典型。推动文化繁荣发展。制定出台《大同市重点文艺作品扶持办法（试行）》，扶持文艺作品创作生产，要孩儿现代戏《云冈魂》首演，话剧《太阳照在南洋河上》参加省第二届艺术节“杏花奖”评比评委专场演出获“杏花奖”提名剧目奖。加强基层文化阵地建设，全市99个乡（镇）综合文化站全部达标，建成村（社区）综合文化服务中心2226个，市县乡村四级公共文化服务网络形成。开展“我们的中国梦”——文化进万家系列活动112项，免费送戏下乡1600场，农村公益电影放映23703场。（董智慧）

【从严治党】 2019年，中共大同市委带头扛起管党治党主体责任，市委常委会43次研究从严治党工作，其中审议给予撤职以上重处分16人。不断健全横向到边、纵向到底的责任体系，推行“两级三责法”，中共大同市委主要领导作出管党治党工作批示316次，批准初核、立案审查、作出处分决定95人，推动形成环环相扣的主体责任“闭环效应”。全市因主体责任落实不力问责85人。执行新时期好干部标准，坚持一线掌握、一线识别、一线考验，提拔重用234名实绩突出的优秀干部。开展“改革创新、奋发有为”大讨论，评选表彰259名市级担当作为先进典型。推进“两大行动”“三年计划”，选派52名优秀干部到沿海地区、大型企业实践锻炼。大力招才聚才，落实“三个十条”招才引智政策，实施“人才+项目”引进19名中科院、首都医科大学等院校专家，开展“走进校园”“春风行动”系列招聘活动，完善落户政策，吸引3076名大专及以上学历人才落户大同。以“党建+群建”为主抓手，推进党群服务中心和基层支部标准化建设，安排2.3亿元党建基金，实施基层党组织提档升级、农村带头人整体优化、党组织书记履职践诺“三大行动”，整顿转化332个软弱涣散党组织，“两新”组织党组织覆盖率分别达95%、92%，农村集体经济全部突破5万元，10万元以上村占74.4%，增强基层党组织“三大功能”。按照“全国城市党建示范市”要求，搭建“1+6”制度推进体系，43个街道全部成立“大工委”，196个社区成立“大党委”。坚持以零容忍的态度惩治腐败，一体推进不敢腐、不能腐、不想腐。落实中央八项规定精神，纠治“四风”，整治不作为、慢作为、乱作为、假作为，全市查处违反中央八项规定精神问题280人，查处形式主义、官僚主义问题923人。把握运用“四种形态”，处理5858人次，其中第一、第二种形态占比96.4%，党纪政务处分1707人，处分县处级干部82人，移送司法机关46人。聚焦群众痛点难点焦点，整治群众身边腐败和作风问题，全市查处1484人。深化纪检监察体制改革，完善市县巡察统筹工作机制，推进十五届市委巡察全覆盖。（董智慧）

市委重要会议

【市委常委会会议】 2019年，市委常委会组织召开常委会会议33次，其中节选24次。

1月4日，省委常委、市委书记张吉福主持会议，会议传达学习中央政治局民主生活会精神，传达学习中央农村工作会议精神，传达学习习近平总书记2019年新年贺词和习近平总书记在《告台湾同胞书》发表40周年纪念会上的重要讲话精神，并安排部署大同市学习贯彻落实工作。

1月13日，张吉福主持会议，会议传达学习习近平总书记在中共中央政治局第十一次集体学习时的重要讲话精神，传达学习十九届中央纪委三次全会精神，传达学习习近平总书记关于扫黑除恶专项斗争工作重要讲话精神和中央、省委扫黑除恶部署要求，传达学习省委书记骆惠宁关于浑源县矿山治理生态修复批示精神等，听取市人大常委会、市政府、市政协、市中级人民法院、市人民检察院党组工作汇报，研究部署下一步工作。听取并审议中共大同市委十五届六次全会暨经济工作会议筹备相关事宜，审议并通过《中共大同市委常委会2018年工作报告（送审稿）》《关于开展“改革创新、奋发有为”大讨论的实施方案（送审稿）》等。

1月22日，张吉福主持会议，会议传达学习省委书记骆惠宁在省军区党委十一届三次全体（扩大）会议上的讲话精神，传达学习省纪委十一届四次全会精神，传达学习全省宣传部部长会议、省委农村工作会议、全省脱贫攻坚工作会议、全省学习浙江“千万工程”经验推进农村人居环境整治会议和全省“大棚房”问题专项清理整治推进会议精神，研究部署全市贯彻落实意见。审议并通过《大同市工业大振兴2019年行动方案（送审稿）》《关于兑现奖励工业振兴2018年下半年贡献突出企业的决定（送审稿）》《大同市2019年决战决胜脱贫攻坚誓师大会工作方案（送审稿）》。

1月31日，张吉福主持会议，会议传达省委第103次常委会会议精神，研究全市贯彻落实意见，并安排部署全市开展矿山生态环境综合治理工作；研究部署全市春节期间有关工作；审议通过《关于县级机构改革方案的情况说明（送审稿）》。

2月14日，张吉福主持会议，会议安排部署巡视整改工作；传达省委《关于2018年度省委常委班子民主生活会情况的通报》，安排部署市委常委班子民主生活会有关事宜；传达学习全省统战部部长会议精神，研究全市贯彻落实意见；听取2019年开发区产业发展和重点项目布局工作汇报、全市生态环保重点工作和重大项目筹划工作汇报、全市黄花产业和有机旱作农业发展计划，安排部署下一步工作；审议通过《关于表彰2018年度脱贫攻坚先进集体和模范个人的决定（送审稿）》。

2月20日，张吉福主持会议，会议传达学习中央、省委政法工作会议精神，传达省委省管主要领导干部坚持底线思维着力防范化解重大风险专题研讨班精神，传达省查处整治浑源县露天矿山开采破坏生态环境专项工作领导小组第一次会议精神，研究部署全市相关贯彻落实意见。听取市委农村工作暨全市决战决胜脱贫攻坚誓师大会筹备情况汇报，审议并原则通过《关于坚持农业农村优先发展做好“三农”工作的实施意见（送审稿）》《2019年农业农村工作要点（送审稿）》。听取市十五届人大四次会议、市政协十四届三次会议筹备情况汇报，讨论拟提请审议的各项报告（送审稿）。

3月28日，张吉福主持会议，会议传达学习习近平总书记对江苏响水“3·21”爆炸事故作出的重要指示精神和李克强总理批示要求，传达学习3月21日省委常委扩大会议精神，安排部署全市安全生产工作；传达《中共山西省委深化中央巡视整改工作第二轮整改任务清单》通知精神，审议通过《中共大同市委深化中央巡视整改工作第二轮整改任务清单》；传达全省组织部部长会议、干部教育培训工作会议、老干部工作会议精神，审议通过《大同市干部教育培训规划（2018—2022）》；研究《中共大同市委常委会2019年工作要点》《2018年度市委常委班子民主生活会整改方案》；审议通过《大同市坚决打好防范化解重大风险攻坚战2019年行动计划》；听取全市城市基层党建工作、2019年第一季度全市经济运行、通航产业项目进展、党政机构改革及其相关配套改革推进情况汇报，研究部署相关工作。

5月13日，张吉福主持会议，会议传达学习习近平总书记在全国公安工作会议上的重要讲话精神，研究全市贯彻落实意见；听取“二青会”大同赛区筹备工作进展情况汇报，第一季度党风廉政建设和反腐败工作汇报，全市扫黑除恶专项斗争进展情况汇报；审议并通过《中共大同市委大同市人民政府关于印发2019年重点工作（项目）责任分解的通知》《大同市庆祝中华人民共和国成立70周年活动方案》《大力发现培养选拔优秀年轻干部三年行动计划》和市委《“改革创新、奋发有为”大讨论查摆问题、整改举措及责任清单》和《对标一流下一步打算清单》。

5月23日，张吉福主持会议，会议传达学习中央全面依法治国委员会第二次会议精神、全省高校党的建设工作会议精神，研究全市贯彻落实意见；听取市委国家安全委员会办公室工作情况汇报、关于大同市中央生态环境保护督察“回头看”及大气污染防治专项督察整改措施清单有关情况汇报和2019年污染防治主要目标及1—4月污染防治工作情况汇报、上年度目标责任考核得分情况及2019年一季度市域经济转型升级指标进展情况汇报；研究市委全面依法治市委员会2019年工作要点、市委国家安全委员会2019年工作要点、全国光伏扶贫（山西大同）现场观摩培训会和全省攻坚深度贫困推进乡村振兴现场会筹备情况；审议通过《中共大同市委全面深化改革委员会工作规则》《中共大同市委全面深化改革委员会办公室工作细则》《中共大同市委全面深化改革委员会2019年重大改革安排及责任分工》《中共大同市委国家安全委员会工作规则》《中共大同市委国家安全委员会办公室工作细则》等。

6月5日，张吉福主持会议，会议传达全国市县巡察工作推进会精神，省委书记骆惠宁在全省农村改革座谈会上的讲话精神，中央有关部门、省委外事委及全省外事工作会议精神，中央财经委员会第四次会议及省委财经委员会第一次会议主要精神，研究全市贯彻落实意见。听取2019年1—5月脱贫攻坚工作进展情况汇报、上年外事工作情况汇报，研究市委外事工作委员会2019年工作要点、市委财经委员会2019年工作要点。审议通过《中共大同市委外事工作委员会工作规则》《中共大同市委外事工作委员会办公室工作细则》《中共大同市委财经委员会工作规则》《中共大同市委财经委员会办公室工作细则》《大同市坚持“五个”强化，采取“十项”措施集中攻坚深度贫困的意见》《大同市脱贫攻坚问题整改工作方案》《大同市推行公务员职务和职级并行制度工作方案》。

6月25日，张吉福主持会议，会议传达学习习近平总书记在“不忘初心、牢记使命”主题教育工作会议上的重要讲话精神，学习贯彻全省“不忘初心、牢记使命”主题教育工作会议精神和省委书记骆惠宁在会上的讲话精神；听取市恒安新区专项治理进展情况和工作打算汇报；传达省生态环境厅联合省监委、省委组织部约谈7市生态环境质量恶化问题情况的通报，听取大同市2019年1—5月空气质量约束性指标及分析下一步工作情况的汇报；审议并原则通过《大同市解决形式主义突出问题为基层减负十条具体措施和五项工作机制》《大同市扎实推进县级融媒体中心建设实施方案》《大同市2019年政党协商计划》等。

7月24日，张吉福主持会议，会议传达学习7月5日习近平总书记在深化党和国家机构改革总结会议上的重要讲话精神和习近平总书记在中央机构编制委员会第一次会议上的重要讲话精神，传达学习省委网络安全和信息化委员会第一次会议精神和省委教育工作领导小组第一次全体会议精神，研究全市工作要点。听取2019年上半年党风廉政建设和反腐败工作情况汇报、全市上半年经济运行情况和下半年工作安排汇报、上半年全市安全生产工作情况汇报，安排部署下一阶段工作。审议并原则通过《中共大同市委机构编制委员会工作规则》《大同市新荣区古店经济发达镇行政管理体制改革工作方案》《大同市大力发展通用航空产业实施意见》《大同市关于支持通用航空产业发展的若干政策（试行）》《大同市人大常委会关于加强大同古城历史文化街区保护的决定》等，审议成立市委“不忘初心、牢记使命”主题教育领导小组和领导小组办公室、中国共产党大同市教育工作委员会。

7月29日，张吉福主持会议，会议传达学习习近平总书记在中央政治局第十五次集体学习时的重要讲话精神，传达学习全省纪检监察工作会议精神，研究全市贯彻落实意见。

7月31日，张吉福主持会议，会议传达学习7月23日省委书记骆惠宁和省长楼阳生在《人民日报》发表的署名文章《忠诚守初心奋斗担使命》、骆惠宁在全省“不忘初心、牢记使命”主题教育推进会上的讲话精神，听取全市“不忘初心、牢记使命”主题教育工作安排汇报。传达全省上年脱贫摘帽县问题整改暨国家抽查情况通报会精神，安排部署全市相关工作。

8月29日，张吉福主持会议，会议传达学习习近平总书记8月19日至22日在甘肃考察时的重要讲话精神，传达全省社会主义学院工作会议精神，研究全市贯彻落实意见。听取全市1—7月省考核市域经济转型升级指标进展情况汇报，安排部署下一阶段工作。审议并原则通过《大同市深化供给侧结构性改革实施方案》《关于推动大同市2019—2020年农村改革的实施方案》《关于加强新时代人民政协党的建设工作的实施意见》等。

9月9日，张吉福主持会议，会议传达学习习近平总书记在中央党校

（国家行政学院）中青年干部培训班开班式上的重要讲话精神，省委、省政府《关于贯彻习近平总书记在推动中部地区崛起座谈会上的重要讲话精神 实现高质量发展的意见》，研究全市贯彻落实意见。听取市委常委会主题教育工作安排汇报、市委第五轮巡察情况和第六轮巡察安排建议汇报，审议并原则通过《关于在全市开展“不忘初心、牢记使命”主题教育的实施方案》《关于在“不忘初心、牢记使命”主题教育中上下联动抓整治整改的工作方案》及中央部署的8项专项整治工作方案、脱贫攻坚专项巡视汇报材料等。

9月20日，张吉福主持会议，会议传达学习习近平总书记视察北京香山革命纪念地时的重要讲话精神和在河南考察时的重要讲话精神，传达学习中共中央政治局常委王沪宁在“不忘初心、牢记使命”主题教育第一批总结暨第二批部署会议上的讲话精神、国务委员王勇在山西调研安全生产和应急管理工作时的讲话精神、全国新的社会阶层人士统战工作深圳会议和哈尔滨会议精神，传达学习省委书记骆惠宁在全省能源革命综合改革试点动员部署大会上的讲话精神和《山西能源革命综合改革试点行动方案》，研究全市贯彻落实意见。会议听取大同市贯彻落实全省攻坚深度贫困推进乡村振兴大同现场会议精神阶段性工作情况汇报，审议并原则通过《大同市安全生产巡查工作制度》。

10月11日，张吉福主持会议，会议传达学习习近平总书记在庆祝中华人民共和国成立70周年大会上的重要讲话精神、在中央政协工作会议暨庆祝中国人民政治协商会议成立70周年大会上的重要讲话精神、在中央政治局第十七次集体学习时的重要讲话精神，传达学习省委常委扩大会议研究山西省关于贯彻落实习近平总书记在黄河流域生态保护和高质量发展座谈会上重要讲话的会议精神、省委书记骆惠宁在山西中部盆地城市群一体化发展推进会上的讲话精神，学习全省深化党政机构改革总结会议精神、省财政厅《财政部门开展政府隐性债务问责工作实施办法》，研究全市贯彻落实意见。会议听取大同市2019年度目标考核指标设置情况汇报、市委国家安全委员会办公室工作情况汇报，审议并原则通过《中共大同市委关于贯彻落实〈党委（党组）国家安全责任制规定〉的实施意见》《大同市大气污染防治条例（草案）》。

10月24日，张吉福主持会议，会议传达学习10月17日国家扶贫日习近平总书记对脱贫攻坚工作作出的重要指示精神和李克强总理作出的批示精神，传达学习习近平总书记向2019年太原能源低碳发展论坛所致贺信，传达学习副总理韩正在2019年太原能源低碳发展论坛开幕式上的讲话精神，传达学习省委书记骆惠宁在全省推进工业高质量发展大会上的讲话精神，学习省社科院关于推动夜间经济发展的建议和山西能源革命综改试点专家座谈会（北京）的主要精神，研究全市贯彻落实意见。会议听取大同市“不忘初心、牢记使命”主题教育进展情况汇报、大同市第三季度经济运行情况分析汇报、大同市第三季度安全生产工作情况汇报及第四季度工作安排、市纪委监委履行监督责任情况的专题报告。

11月2日，张吉福主持会议，会议传达学习习近平总书记对大同工作的重要批示精神，听取大同市整改落实现状汇报，安排部署下一步整改工作。会议审议并原则通过《大同市能源革命综合改革试点工作方案》《大同市文明单位创建管理办法》等。

11月18日，张吉福主持会议，会议传达学习习近平总书记在中央政治局第十八次集体学习时的重要讲话精神、全国扫黑除恶专项斗争第二次推进会议精神和省扫黑除恶领导小组第十五次扩大会议精神、全省深化“三基建设”加强基层工作推进会暨合并行政村现场会精神，研究全市贯彻落实意见。会议研究讨论市委常委班子检视剖析材料，听取脱贫攻坚工作、全市清理拖欠民营企业中小企业账款工作情况汇报。审议并原则通过《中共大同市委、大同市人民政府关于优化“12345”政府服务热线推行“接诉即办”十项工作措施（试行）》《关于大同市加强行政村合并工作的指导意见》《关于成立大同市合并行政村工作领导组的通知》《学习贯彻党的十九届四中全会精神市委宣讲团宣讲工作方案》等。

12月9日，张吉福主持会议，会议传达学习中共中央政治局12月6日会议精神，习近平总书记在中央全面深化改革委员会第十一次会议上的重要讲话精神，习近平总书记关于治理人防系统腐败问题和违建别墅问题的重要批示精神及《山西省人防系统腐败问题专项治理调查整顿方案》，传达学习陈希在学习贯彻党的十九届四中全会精神推进第二批主题教育工作座谈会上的讲话，省委书记楼阳生听取各市主题教育进展情况汇报、在山西综改示范区调研和在省公安厅调研时的讲话精神，研究全市贯彻落实意见。会议学习楼阳生在《人民日报》发表的署名文章——《健全充分发挥中央和地方两个积极性体制机制》，听取省考核市6项改革任务进展情况和党政机构改革完成情况及事业单位改革推进情况汇报、全市人防系统腐败问题专题治理工作情况和违建别墅问题清查整治专项行动情况汇报、全市“不忘初心、牢记使命”主题教育进展情况和专项整治整改情况汇报、整治“景观亮化工程”过度化等“政绩工程”“面子工程”问题专项整治工作进展情况汇报、2018—2019年未成年人思想道德建设工作情况汇报，审议并原则通过《大同市贯彻落实省生态环境保护专项督查反馈意见的整改方案》《大同市营商环境优化提升工作方案》《大同市相对集中许可权改革实施方案》和县区工作方案（一枚印章管审批）等。

12月19日，张吉福主持会议，会议传达学习习近平总书记在全国公安工作会议上的重要讲话精神、习近平总书记关于乡村振兴战略的重要论述，听取2019年全市社会治安形势分析报告、浑源矿山治理生态修复情况和恒安新区专项治理工作情况的汇报，审议并原则通过《中共大同市委关于加强新时代全市公安工作的实施方案》《大同市乡村振兴战略规划（2018—2022）》《“5+1”专项规划（2018—2022）》《关于深化大同市纪委监委派驻机构改革的意见》等。

12月25日，张吉福主持会议，会议传达学习习近平总书记对做好

“三农”工作的重要指示和中央农村工作会议精神，听取市委各议事协调机构工作情况、“12345”政府服务热线“接诉即办”机制运行情况、全市2019年信访工作情况等汇报。审议并原则通过《大同市委2019年落实意识形态工作责任制情况报告》《大同市党委（党组）意识形态工作责任制实施细则（修订）》《关于优化热线信息平台、整合民生诉求渠道推行“‘12345’一快三直”快速响应接诉即办实施方案》《大同市实施乡村振兴战略实绩考核暂行办法》《2019年度大同市实施乡村振兴战略实绩考核工作方案》《大同古城保护条例（草案）》《全市“不忘初心、牢记使命”主题教育总结报告》《习近平总书记重要指示批示落实办理和“回头看”工作机制》《重大决策部署落实办理十项工作措施》等。（董智慧）

【市委常委会（扩大）会议】 2019年，市委常委会组织召开常委会（扩大）会议12次，其中节选9次。1月31日，省委常委、市委书记张吉福主持召开市委常委（扩大）会议，传达学习习近平总书记在省部级主要领导干部坚持底线思维着力防范化解重大风险专题研讨班开班式上的重要讲话精神，传达学习习近平总书记在中央全面深化改革委员会第六次会议上和中共中央政治局第十二次集体学习时的重要讲话精神，传达学习省“两会”精神，研究部署大同市贯彻落实意见。

3月20日，张吉福主持召开市委常委（扩大）会议，会议传达学习贯彻习近平总书记在全国两会期间重要讲话精神、全国两会精神，以及省委常委扩大会议精神和省委书记骆惠宁关于贯彻落实的部署要求，安排全市贯彻落实工作。

7月16日，张吉福主持召开市委常委（扩大）会议，会议传达学习全省攻坚深度贫困推进乡村振兴现场会精神，安排全市贯彻落实工作。

8月22日，张吉福主持召开市委常委（扩大）会议，会议专题传达学习省委十一届八次全体会议精神，研究全市贯彻落实意见。

11月2日，张吉福主持召开市委常委（扩大）会议，会议传达学习中国共产党十九届中央委员会第四次全体会议精神及省委常委扩大会议精神，安排全市贯彻落实工作。

12月3日，张吉福主持召开市委常委（扩大）会议，会议专题传达贯彻全省领导干部会议精神，省委书记楼阳生讲话精神，安排全市贯彻落实工作。

12月13日，张吉福主持召开市委常委（扩大）会议，会议传达学习贯彻中央经济工作会议精神和省委常委扩大会议有关部署要求，安排全市贯彻落实工作。

12月19日，张吉福主持召开市委常委（扩大）会议，会议重温习近平总书记视察山西重要讲话、在推动中部地区崛起工作座谈会上的重要讲话、在黄河流域生态保护和高质量发展座谈会上的重要讲话“三篇光辉文献”，安排全市贯彻落实工作。

12月25日，张吉福主持召开市委常委（扩大）会议，会议专题传达贯彻省委经济工作会议精神，安排全市贯彻落实工作。（董智慧）

【市委十五届六次全体会议暨市委经济工作会议】 2019年1月16日，市委十五届六次全体会议暨市委经济工作会议在市御东行政中心召开。会议由市委常委会主持。省委常委、市委书记张吉福出席会议并讲话。市委副书记、市长武宏文安排部署2019年经济工作。出席会议的市委委员45人，候补委员7人。

2019年经济工作重点任务是抓好6个方面工作：（1）深化重点领域改革，释放发展活力动力；（2）加快构建现代产业体系，推动经济高质量发展；（3）坚持农业农村优先发展，迈出乡村振兴坚实步伐；（4）坚决打好“三大攻坚战”，牢牢守住发展底线；（5）践行为民服务根本宗旨，持续增强人民群众的幸福感获得感安全感；（6）加强和完善党的全面领导，为高质量发展提供坚强保障。抓好12大工程：（1）实施能源革命重大突破工程，推动“煤都”向“氢都”和“新能源产业之都”转变；（2）实施工业大振兴工程，加快构建多元产业体系；（3）实施对外开放提升工程，当好全省对外开放“尖兵”；（4）实施古城修复工程，精心呵护古城文脉；（5）实施乡村振兴工程，稳步实现农村发展、农业增效、农民增收；（6）实施脱贫攻坚摘帽工程，实现扶贫脱贫决战决胜；（7）实施文化旅游振兴工程，培育战略性支柱产业；（8）实施“五区”联动工程，拓展区域发展新空间；（9）实施生态文明建设工程，确保生态惠民、生态利民、生态为民；（10）实施财政增收工程，增强本级财政保障能力；（11）实施重点领域改革工程，汇聚破冰前行动力；（12）实施工作大提标工程，确保各项任务高标准落实高

▲2019年1月16日，中共大同市委十五届六次全体会议暨市委经济工作会议召开（李冬宾 摄）

质量完成。

会议表决通过《中共大同市委常委会 2018 年工作报告》《中共大同市委关于开展“改革创新、奋发有为”大讨论的实施方案》并听取讨论市委常委会工作报告。（董智慧）

【大同市机构改革动员会】 2019 年 1 月 18 日，大同市机构改革动员会召开。山西省委常委、大同市委书记张吉福出席会议并讲话。市委副书记、市长武宏文主持会议并宣读《中共山西省委办公厅、省人民政府办公厅关于印发〈大同市机构改革方案〉的通知》。市委常委、组织部部长宋涛作《大同市机构改革方案》说明。市纪委相关负责人宣读《关于大同市深化机构改革工作的若干纪律规定》。市委副书记刘振国、市人大常委会主任赵向东、市政协主席部向华等市四套班子领导，市中级人民法院院长、市检察院检察长，市委深化党政机构改革领导小组及办公室负责人，各县（区）、各单位、各部门主要负责人等参加会议。

此次大同市党政机构改革，坚持市县乡统筹、党政群统筹，根据各级党委和政府的主要职责，合理调整和设置机构，改革后，党政机构设 50 个。其中，纪检监察机关 1 个，党委工作机关 12 个，政府工作部门 37 个。

（董智慧）

【市委党外人士座谈会】 2019 年 1 月 17 日，中共大同市委召开党外人士座谈会。省委常委、市委书记张吉福主持会议并讲话。市委常委、宣传部部长、统战部部长黄岑丽出席会议。市委常委、常务副市长薛明耀传达省委经济工作会议精神，通报上年全市经济运行情况和 2019 年全市经济工作的总体思路。

各民主党派市委会、市工商联负责人、无党派人士代表围绕经济形势和经济工作建言献策。大家赞成市委关于经济形势分析判断和经济工作的总体要求、主要目标、重大举措，并提出科技创新成果转化、发展新能源产业、发展有机旱作农业、打造特色农产品品牌、推进乡村振兴、加快古城保护和开发、推动全域旅游发展、扶持服务民营企业、注重人才培养选拔等方面意见和建议。（董智慧）

▲ 2019 年 1 月 18 日，大同市机构改革动员大会召开　（张湛滨 摄）

【全市工业大振兴动员会】 2019 年 1 月 23 日，全市工业大振兴动员大会在市御东行政中心召开。省委常委、市委书记张吉福，市委副书记、市长武宏文出席会议并讲话，市委副书记刘振国主持，市人大常委会主任赵向东等出席会议。会上，市委常委、宣传部部长、统战部部长黄岑丽宣读《中共大同市委大同市人民政府关于兑现奖励工业振兴 2018 年下半年贡献突出企业的决定》，副市长荆虎宣读《大同市工业大振兴 2019 年行动方案》。会议表彰 123 家优秀企业。

大同经济技术开发区、市发改委、市工信局、市规划与自然资源局、中车大同电力机车有限公司、国药威奇达药业有限公司、陕汽大同专用汽车有限公司代表分别作表态发言。

（董智慧）

【市委与同煤集团党委第一次联席会议】 2019 年 1 月 31 日，中共大同市委与同煤集团党委召开第一次联席会议。省委常委、市委书记张吉福主持会议，市委副书记、市长武宏文，市委副书记刘振国，市人大常委会主任赵向东，市政协主席部向华等市四套班子领导及同煤集团党委书记、董事长郭金刚，总经理崔建军等出席会议。大同经济技术开发区及市发改委、市科技局、市工信局、市规划和自然资源局等相关县（区）、部门负责人，同煤集团相关部门负责人等参加会议。

会上，双方沟通交流研究企地在煤炭资源开发利用、文旅产业合作建设、开发区管理运营、扶贫康养产业培育、晋北煤化工基地建设、晋北物流陆港建设、光伏基地建设、大同通用航空发展 8 大项目和同煤大同总部基地建设等方面合作，并达成一致协议。（董智慧）

【市委农村工作暨全市决战决胜脱贫攻坚誓师大会】 2019 年 2 月 22 日，市委农村工作暨全市决战决胜脱贫攻坚誓师大会召开。省委常委、市委书记张吉福出席会议并讲话，市委副书记、市长武宏文安排部署全市农业农村及脱贫攻坚工作，市委副书记刘振国主持会议，市人大常委会主任赵向东，市政协主席部向华等市四套班子领导出席会议。

会议指出，上年，云州区、阳高县、灵丘县退出贫困县摘帽验收，全市有 264 个贫困村退出，10.4 万人实现脱贫，贫困发生率降至 1.78%。2019 年，全市脱贫攻坚任务仍很艰巨，确保 2.2 万贫困人口脱贫，101 个村退出贫困村，实现天镇县、广灵县、浑源县退出贫困县摘帽，新荣区贫困村全部退出。抓易地扶贫搬迁和危房改造，确保搬迁入住和拆除复垦“双签约”；抓产业和就业，发展黄花、蔬果等特色优

▲2019年2月22日，市委农村工作暨全市决战决胜脱贫攻坚誓师大会召开。会上，省委常委、市委书记张吉福带领与会人员宣誓（张燕伟 摄）

势产业和有机旱作农业；打造“天镇保姆”“广灵巧娘”等就业品牌；拓展农民第三就业空间，让农民不离土不离乡，就地就近就业创业；抓生态和生活，培育经济增长新动能；抓教育和医疗这“两基”，落实义务教育“两免一补”政策、医保帮扶政策等，健全完善教育、健康扶贫兜底体系；抓“两提”，即乡村环境和内生动力，扩大乡村提升工程战果；发挥各级各类宣传载体作用，摆脱等靠要思想，提振贫困群众内生动力，提升大家精气神。

会议通报《全市脱贫攻坚领域干部提拔使用情况》，并表彰上年度全市脱贫攻坚先进集体和模范个人。天镇县、广灵县、浑源县、云州区、市农业农村局负责人在会上分别作表态发言。各县（区）党政“一把手”及相关领导，市直相关部门主要负责人，受省、市表彰的脱贫攻坚先进集体和模范个人代表，市脱贫攻坚指挥部有关人员等参加会议。（董智慧）

【市委全面深化改革委员会第二次会议】 2019年6月4日，市委全面深化改革委员会第二次会议召开，省委常委、市委书记、市委全面深化改革委员会主任张吉福主持会议，市委副书记、市长、市委全面深化改革委员会副主任武宏文，市委副书记刘振国等市委全面深化改革委员会委员出席会议，市直有关部门负责人列席会议。会议听取省考核市的6项改革任务工作情况汇报，审议通过《大同市开展能源革命综合改革试点实施方案》《大同市建设通航产业示范市实施方案》《关于进一步支持大同经济技术开发区改革创新发展的实施意见》《大同市加快开发区改革创新发展实施方案》《大同市推进国资国企改革实施方案》《大同市推进财政体制改革实施方案》《大同市全面落实减税降费政策改革实施方案》《大同市深化“放管服效”改革实施方案》《大同市工程建设项目审批制度改革实施方案》。（董智慧）

▲2019年9月3日，中共大同市委十五届七次全体会议召开（张燕伟 摄）

【县（区）委书记及市直部门负责人座谈会】 2019年8月16日，省委常委、市委书记张吉福召集各县（区）委书记和市直部门相关负责人召开座谈会，了解全面从严治党和“三基建设”工作情况，围绕准备召开中共大同市委十五届七次全体会议听取意见和建议。与各县（区）委书记交谈，“回头看”上半年各项工作，安排部署今后工作。

市委常委、组织部部长宋涛，市委常委、市纪委书记、市监委主任梁晓旭参加会议，并点评汇报发言。

会上，10位县（区）委书记和6个市直部门负责人分别以现场发言、书面汇报形式，围绕上半年工作情况，特别是全面从严治党情况作发言，总结成绩，检点不足，提出意见建议与工作打算。张吉福边听边记，肯定取得的成绩，实事求是指出存在的问题，并提出明确的整改要求和努力方向。（董智慧）

【市委十五届七次全体会议】 2019年9月3日，市委十五届七次全体会议在市御东行政中心召开。会议由市委常委会主持。省委常委、市委书记张吉福代表市委常委会讲话。出席会议的市委委员39人，候补委员8人。全会贯彻省委十一届八次全会精神，部署坚持和加强党的全面领导，强化党要管党、全面从严治党，以党的政治建设为统领，提高党建工作质量等。会议审议通过《中共大同市委贯彻落实〈中共山西省委关于深化

“三基建设”进一步加强基层工作的若干意见〉的实施方案》《中共大同市委十五届七次全体会议决议》等。全会根据《中国共产党地方委员会工作条例》，批准张有喜、逯禾红辞去市委委员职务。根据《中国共产党章程》，决定递补市委候补委员于雅丽、白雪峰为市委委员。根据《中国共产党全国代表大会和地方各级代表大会代表任期制暂行条例》和山西省《实施办法》，确认停止张韬、逯禾红执行中共大同市第十五次代表大会代表职务。根据《中国共产党纪律处分条例》和《中国共产党全国代表大会和地方各级代表大会代表任期制暂行条例》，确认终止杨人毅、张渊启、张清河中共大同市第十五次代表大会代表资格。（董智慧）

【能源革命综合改革试点暨工业高质量发展大会】 2019年11月27日，大同市推进能源革命综合改革试点暨工业高质量发展大会召开。省委常委、市委书记张吉福出席会议并讲话。市委副书记、市长武宏文主持会议。市委副书记刘振国、市政协主席部向华等市四套班子领导及同煤集团总经理崔建军、大同大学校长冯锋等参加会议。

会议指出，全市要落实全省能源革命综合改革试点动员部署大会和推进工业高质量发展大会的部署要求，提振信心，坚定步伐，攻坚克难，激发动力与活力，加快构建大同现代能源体系和现代化工业体系，推动全市经济发展再上新台阶。要扛起能源革命尖兵重任，把培育产业作为推动能源革命的重中之重，按照省、市能源革命综合改革试点行动方案，以“七大目标”（力争创建煤炭绿色开发利用基地、现代煤化工示范基地、优质绿电外送基地、绿色能源装备制造基地、能源科技成果中试转化基地、能源领域对外开放高地、绿色低碳示范区）、“八大行动”（实施煤炭产业“减、优、绿”行动、电力供给跃升行动、全产业链聚集行动、科技创新能力提升行动、“新能源＋储能”拓展行动、全面节能提效行动、改革创新攻坚行动、全方位对外合作行动）为牵引，明确任务清单，加快构建起具有大同特点的现代能源体系。要做好煤的文章，推进煤炭清洁供给、煤炭深加工、固废综合利用等方面取得新突破。要运用产业链条思维、科技创新驱动、数字智能牵引，打造新能源全产业链条，推动光伏、氢能、储能、节能环保等新能源产业聚群发展。要依托“一园一城一院一所”科研载体，加快科技转化，打造能源科技成果中试转化基地，建设能源革命高端智库，建立成果转化投融资机制，抢占能源领域科技制高点。

会议以电视电话会议的形式召开。党群机关、政府组成部门、市直事业单位、市属企业、驻同企事业单位、市委改革办主要负责人等在主会场参加会议，各县区设分会场。（董智慧）

【全市营商环境整治推进会】 2019年12月10日，全市营商环境整治推进会召开。省委常委、市委书记张吉福出席会议并讲话。市委副书记、市长武宏文主持会议。市委副书记刘振国、市人大常委会主任赵向东、市政协主席部向华等市四套班子领导参加会议。会议贯彻落实党的十九大和十九届四中全会精神，贯彻落实习近平总书记关于优化营商环境的重要论述及国务院、省委、省政府一系列优化营商环境会议精神，检视大同市营商环境存在的问题，动员全市上下聚焦群众最反感、市场主体最困扰、制约发展最突出的问题，深化“放管服效”改革。会议通报影响损害营商环境典型问题，有关市领导作全市营商环境整治表态发言，市发改委、市规划和自然资源局、市市场监督管理局、市行政审批服务管理局、市税务局、浑源县、广灵县主要负责人作检查。会议以电视电话会议形式召开，各县（区）设分会场。党群机关、市人大财政经济委员会、市政协经济和人口资源环境委员会、政府组成部门、市直事业单位、市属企业、驻大同行政企事业单位主要负责人及部分窗口单位班子成员在主会场参加会议。（董智慧）

【全市党风廉政建设和反腐败工作情况通报会】 2019年12月19日，市委召开全市党风廉政建设和反腐败工作情况通报会，向各民主党派、工商联和无党派人士通报党风廉政建设和反腐败工作情况，听取大家意见和建议。市委统战部负责人主持会议，市纪委监委负责人通报有关工作情况。市政协副主席、民盟市委主委许进娥，市政协副主席、九三学社市委主委杨硕平等参加会议。会上，各位党外人士围绕通报内容，本着开诚布公、坦诚相见的态度，各抒己见、建言献策，提出意见建议。

会议指出，推进党风廉政建设和反腐败工作是全社会共同任务，需党外人士民主监督、关注参与。发挥党外人士联系优势，围绕社会热点难点，开展调查研究和民主监督，掌握了解社情舆论，建言献策、敢于批评监督。把党委、政府声音及了解掌握真实情况向组织成员和社会群众正面宣传引导，有效回应社会关切，营造风清气正发展环境。（董智慧）

“改革创新、奋发有为”大讨论活动

【“改革创新、奋发有为”大讨论部署会】 2019年2月19日，大同市“改革创新、奋发有为”大讨论动员部署会在市御东行政中心召开。省委常委、市委书记张吉福出席会议并讲话，市委副书记、市长武宏文主持会议。市委副书记刘振国传达学习省委书记骆惠宁在全省“改革创新、奋发有为”大讨论动员部署会上的讲话精神和全省“改革创新、奋发有为”大讨论活动方案。市人大常委会主任赵向东、市政协主席部向华出席。

会议指出，要破解“六大问题”，即破解僵化保守问题、破解因循守旧问题、破解封闭狭隘问题、破解资源依赖问题、破解随遇而安问题、破除慵懒散漫问题。要防止“三种倾向”，即防止“以正常工作代替大讨论、方案上下一般粗”，防止“做表面文章、空泛议论”，防止“流于形式、走过场”。要校实靶心，各级党组织要结合各自特点，采取有效方式方法，把大讨论当作推动整体工作、解决具体问题的“金钥匙”，有针对性地开展讨论，把大讨论主题和要求贯穿到市县“两

▲ 2019 年 2 月 19 日，全市“改革创新、奋发有为”大讨论动员部署会议召开

（张燕伟 摄）

会”全过程。要做实动作，聚焦省委确定的 10 个规定动作和大同市确定的 2 个自选动作开展大讨论，各基层党组织要重点抓好动员安排、学习讨论、支部组织生活会、听先进典型报告（参观先进典型）、立足岗位做贡献、支部范围小结 6 个环节。要找实问题，“一把手”要主持查摆自己部门单位的问题，并剖析原因，查找问题要见人见事见思路；广大党员干部要通过大讨论思考自身存在的问题，找到解决办法，提升自己理念、本领和作风。要定实举措，对照“六个新突破”要求、工作思路和目标，完善改进重点任务和发展举措等，把大讨论成果体现在扩大经济总量、加快发展速度、提升发展质量、激发干事创业活力实践上。要落实行动，把深入实践和解决问题贯穿始终，开展“万名干部入企进村服务”活动，解决一批影响实体经济发展的难点问题，征集并确定一批民生实事作为年度惠民工程，用解决实际问题和推动工作效果检验大讨论成效。

会上，市委宣传部、平城区、开发区、浑源县、市国资委、大同一中、中车大同电力机车有限公司负责人分别作表态发言。会议以视频方式召开。市四套班子领导，市党群机关、政府组成部门、市直事业单位、市属企业、驻大同单位主要负责人，市大讨论活动组、联络督导小组全体成员等在主会场参加会议。各县（区）设分会场。（董智慧）

【对标一流述职评议会】 2019 年 3 月 20 日，市委召开县（区）、市直部门对标一流述职评议会。省委常委、市委书记张吉福主持会议并讲话。市委副书记、市长武宏文，市委副书记刘振国等点评。市人大常委会主任赵向东、市政协主席郜向华出席会议。省委“改革创新、奋发有为”大讨论第二联络督导组组长任平龙及督导组成员出席会议。会议以视频会议的形式召开，各县（区）设分会场。市委常委、副市长，市“法检”两长，各县（区）、市直部门主要负责人，参加年度目标责任考核的驻大同行政事业单位主要负责人，市年度目标责任考核领导组成员及其办公室负责人，部分市人大代表、党代表、政协委员及企业家、基层群众代表等在主会场参加会议。

会上，10 名县（区）委书记及大同经济技术开发区党工委书记、21 个市直部门主要负责人按照“改革创新、奋发有为”大讨论要求，围绕对标一流作述职发言，56 个市直部门书面述职。有关市领导开门见山点评。会上还测评述职县（区）、市直部门负责人。（董智慧）

【万名干部入企进村服务动员培训会】 2019 年 3 月 24 日，大同市开展万名干部入企进村服务动员培训会。省委常委、市委书记张吉福出席会议并作动员讲话。省委大讨论第二督导组组长任平龙及督导组成员出席会议。市委副书记刘振国主持会议，解读万名干部入企进村服务工作方案。会上，市工信局、市农业农村局培训干部入企进村服务具体环节。这次“改革创新、奋发有为”大讨论万名干部入企进村服务，省市县乡四级抽调近 6000 名干部，到全市 348 户各类企业和 1939 个行政村开展服务。

会议以视频会议形式召开。市委大讨论领导小组成员，市委万名干部入企进村服务工作领导小组成员，市委大讨论各督导组组长及联络员，市工信局、市农业农村局、市税务局等职能单位相关工作人员在主会场参会。县（区）大讨论领导小组成员、市县选派入企进村服务干部在各县（区）分会场参会。（董智慧）

【“新时代 新担当 新作为”先进典型报告会】 2019 年 4 月 4 日，大同市“新时代 新担当 新作为”先进典型报告会在市御东行政中心举行，这是大同市“改革创新、奋发有为”大讨论内容之一，旨在对标先进典型，感受榜样力量，激发全市广大党员干部担当作为、创一流业绩。省委常委、市委书记张吉福出席报告会并讲话。市委副书记、市长武宏文，市人大常委会主任赵向东、市政协主席郜向华等市四套班子领导出席。报告会播放被中组部授予“新时代担当作为典型”称号的武宏文先进事迹短片，他以身作则、靠前站位、一线指挥，用实际行动诠释“新时代、新担当、新作为”精神内涵。全省“敢于担当、奋发有为”先进典型、阳高县委书记冯晓雷讲述他当好“施工队长”，带领全县干部群众富民强县心路历程；全省“敢于担当、奋发有为”先进典型、广灵县副县长王崇虎分享他坚守信念、担当使命，奋战在脱贫攻坚路上的感悟与体会；“山西省最美基层干部”、平城区向阳里街道党工委书记李文杰以扎根基层、立足本职淬炼自我为主题，讲述架起党和群众之间连心桥的奋斗历程；“全国模范人民调解员”、新荣区司法局西村司法所所长、人民调解委员会主任魏官元讲述自创新型

▲ 2019年4月4日，大同市“新时代 新担当 新作为”先进典型报告会在市御东行政中心举行 （张燕伟 摄）

民心调解模式，调解纠纷1410余件，用无悔奉献书写人民调解员正义担当和为民情怀；全省农村模范第一书记、云州区吉家庄乡下西河村第一书记曹振宇诠释在带领群众脱贫攻坚征途上实事实做的共产党员情怀。

报告会以视频会议形式召开，各县（区）设分会场。市“法检”两长，大同大学、市党群机关、政府组成部门、市直事业单位、市属企业、驻大同单位主要负责人，市“改革创新、奋发有为”大讨论领导组办公室成员、督导组组长等在主会场听取报告。

（董智慧）

【“改革创新、奋发有为”大讨论总结会】 2019年5月20日，全市“改革创新、奋发有为”大讨论交流总结会议召开。省委常委、市委书记张吉福出席会议并讲话，省委大讨论联络督导第二小组组长任平龙到会指导。市委副书记刘振国主持会议，市人大常委会主任赵向东、市政协主席郜向华等市四套班子领导参加会议。

会议指出，通过开展“改革创新、奋发有为”大讨论。市级领导班子率先垂范，以上率下，各级党员领导干部发挥“关键少数”作用，传导压力，推动落实，形成领导干部带头、基层响应、群众参与的局面。坚持标杆引领，以对标一流述职、“新时代新担当新作为”先进典型报告会、全市生态环境警示教育大会为重点，引申开展一系列主题活动，找差补短、对标立标、比学赶超、形成合力。坚持把问题导向贯穿始终，结合民主生活会、组织生活会、干部入企进村服务等，查摆问题，整改落实，问题整改完成1386条，整改率81.7%。坚持深入实践，创新载体，通过学习在一线深化、问题在一线解决、项目在一线攻坚、作风在一线锤炼，使大讨论过程成为深化改革、转型发展、创新驱动、改善民生的过程。坚持真督实导，细化具体任务，突出从严要求，确保责任不悬空、动作不落虚、标准不打折。坚持发动群众，突出氛围营造，吸引鼓励社会各界和人民群众参与、建言献策，让大讨论保持参与“广度”、宣传“力度”、舆论“热度”。

会议通报全市上年度目标责任考核及结合优秀等次评定推荐担当作为表现突出干部的情况，阳高县、市住房和城乡建设局、大同二中、中国重汽集团大同齿轮有限公司、平城区水泊寺乡主要负责人作交流发言。会议以电视电话会形式召开。市党群机关、市政府机关、市直事业单位、市属企业、驻大同行政事业单位、驻大同国省属企业主要负责人，市委大讨论领导组办公室及各督导组成员在主会场参加会议。各县（区）设分会场。（董智慧）

“不忘初心、牢记使命”主题教育

【概况】 2019年，中共大同市委开展“不忘初心、牢记使命”主题教育，推动全市各项工作迈上新台阶。贯彻中央和省委“四个注重”“四个到位”和“四个贯穿始终”要求，打通“四项重点措施”内在联系，召开8次市委常委会议专题研究，带动引领全市229个县处级领导班子、8736个基层党组织、15.9万名党员学习主题教育内容，推动全市改革发展稳定和党的建设各项工作。

坚持学深悟透，坚定理想信念。把学习贯彻习近平新时代中国特色社会主义思想这条“主线”鲜明地立起来，市委常委班子带头，列专题领学、摆进去研学、挤时间补学、灵活随机考学，采取“领学领讲+认识体会+检视问题”模式研讨交流，确保学习效果；对没有按规定时间参加集中学习人员，专门安排2次集中“回炉”补学；市四套班子成员引领处级以上领导干部在全市讲专题党课1242场，有推动全市学用工作从“关键少数”向全体党员拓展。

注重深挖细查，强化责任担当。市委常委班子成员带头领题调研，查找短板弱项，搞清楚问题是什么、症结在哪里，明确思路举措，拿出解决问题的实招、硬招，全市形成专题调研报告1273份，召开调研成果交流会推动成果转化，年内建立出台“12345”政府服务热线“接诉即办”快速响应机制、支持和鼓励当地高校毕业生回乡就业政策、营商环境优化整治等系列政策机制。对学习教育校出的偏差、调查研究发现的短板、征求意见分析的不足、对照党章党规找出的差距等全部列入问题清单，检视剖析根源，加强对标对表、补齐短板的紧迫感责任感。

聚焦为民服务，树牢宗旨意识。坚持开门搞教育，邀请“两代表一委员”和基层群众代表参加市委常委班子主题教育所有规定动作，设立主题教育征求意见热线电话，在电视台开播《民生·回声》栏目现场回答解决民生问题，在《大同日报》公布30个单位80项主题教育整改事项，提高群众参与度、知晓度和认可度。开展“三服务”活动，为群众办实事好事2716件，基层党组织承诺践诺16.7万件、开展志愿服务10.7万次。

狠抓整改落实，净化政治生态。坚持边学边改、边查边改、边议边改、即知即改，县处级以上领导班子查找问题 2912 个，整改 1858 个；班子成员查找问题 10579 个，整改 7279 个。围绕中央部署的“8+2”专项整治和省委省政府部署的 5 项整改任务及 5 个专项整治，建立专班专责专人“项目化”推进机制，召开 5 次专项整治推进会、调度会，集体约谈推动不力的 2 个县（区）、8 家市直单位“一把手”，推动牵头单位、参与单位履行工作职责，构建形成专项整治上下联动、部门互动的工作格局，全年全市各单位专项整治清单 7045 个问题整改落实 4455 个，按序整改落实 2590 个。（董智慧）

【“不忘初心、牢记使命”主题教育部署会议】 2019 年 9 月 10 日，全市“不忘初心、牢记使命”主题教育部署会议召开，省委常委、市委书记张吉福出席会议并讲话，部署大同市开展主题教育工作。市委副书记、市长武宏文，市委副书记刘振国，市人大常委会主任赵向东，市政协主席郜向华等市四套班子领导出席会议。

会议指出，在全党开展“不忘初心、牢记使命”主题教育是党的十九大作出的重大决策。习近平总书记在主题教育工作会议上发表重要讲话，深刻阐述开展主题教育的重大意义、总要求、目标任务和重点措施，为开展主题教育提供根本遵循。省委书记骆惠宁总结全省第一批主题教育 6 个方面阶段性成果和六条经验做法，并从“四个迫切需要”、四个重点问题，阐述开展第二批主题教育意义，并提出具体要求。全市各级党组织要把学习贯彻习近平新时代中国特色社会主义思想作为根本任务，把握“守初心、担使命、找差距、抓落实”总要求，学习借鉴第一批主题教育经验启示，以彻底的自我革命精神解决违背初心和使命的各种问题，实现理论学习有收获、思想政治受洗礼、干事创业敢担当、为民服务解难题、清正廉洁作表率。

市“法检”两长，开发区党工委书记，市级退休代表，市纪委副书记，各县（区）主要负责人，新荣开发区党工委书记，市党群机关、政府部门、市直事业单位、市属企业、驻大同行政事业单位、驻大同国省属企业党委或党组书记，市委主题教育巡回指导组组长，市委主题教育领导小组办公室负责人，党的十九大代表和部分基层党代表等参加会议。（董智慧）

【市委常委班子对照党章党规找差距专题会】 2019 年 9 月 25 日，市委常委班子召开“不忘初心、牢记使命”主题教育对照党章党规找差距专题会议。省委常委、市委书记张吉福主持会议。省委“不忘初心、牢记使命”主题教育第二巡回指导组副组长张震海到会指导。会议首先传达学习了省委书记骆惠宁在晋中调研指导主题教育时的讲话精神，并对下一阶段高质量开展主题教育作出安排部署。

会上，张吉福带头作对照检查，常委先后发言。大家对照《中国共产党章程》《关于新形势下党内政治生活的若干准则》《中国共产党纪律处分条例》，紧扣“18 个是否”，逐条逐项对照检视，把自己摆进去、把职责摆进去、把工作摆进去，看党中央决定的自己是不是坚决执行，党中央禁止的自己是不是坚决不做，回答有没有问题，逐条列出存在问题，剖析原因，明确整改方向，做到见人见事见思想，达到预期效果。指导组指出，大同市委常委班子找差距专题会为高质量高标准开展好专题民主生活会奠定基础。要突出问题导向，带着问题开展调研，确保调研导向性针对性和实效性。要加大主题教育宣传力度，让群众和社会力量更多地参与到主题教育中来，营造出开门搞教育氛围。要确保组织领导到位，层层传导压力，做实各级各部门各单位、特别是基层党组织主题教育工作，推动主题教育不断引向深入。（董智慧）

【“不忘初心、牢记使命”主题教育推进会】 2019 年 10 月 8 日，全省第二批“不忘初心、牢记使命”主题教育推进会召开之后，10 月 10 日，全市“不忘初心、牢记使命”主题教育推进会召开。省委常委、市委书记、市委“不忘初心、牢记使命”主题教育领导小组组长张吉福出席会议并讲话，安排部署主题教育工作。市领导刘振国、黄岑丽、宋涛、姚鸿波、尉连生、梁晓旭、张强、马安全、任建刚、任希杰等出席会议。

会议指出，要把牢“不忘初心、牢记使命”主题教育的主题主线，把学习教育贯穿始终，校正思想偏差，坚持不懈用习近平新时代中国特色社会主义思想武装头脑、指导实践、推动工作。要落实省委书记骆惠宁“三个学”要求，坚持静下心来集中学习、交流研讨互动学习、完善中心组学习等制度常态化，坚持领导干部领着学、带着问题触动学、丰富形式深入学，

▲ 2019 年 9 月 10 日，全市“不忘初心、牢记使命”主题教育部署会议召开

（张燕伟 摄）

引导广大党员干部感悟初心使命、增强理论自觉，带动学以致用，在解决问题上下功夫。要聚焦解决实际问题，检点清单立行立改，靶向发力抓“8+5”（指中央部署的8个专项整治：整治对贯彻落实习近平新时代中国特色社会主义思想和党中央决策部署置若罔闻、应付了事、弄虚作假、阳奉阴违的问题；整治干事创业精气神不够，患得患失，不担当不作为的问题；整治违反中央八项规定精神的突出问题；整治形式主义、官僚主义，层层加重基层负担，文山会海突出，督查检查考核过多过频的问题；整治领导干部配偶、子女及其配偶违规经商办企业，甚至利用职权或者职务影响为其经商办企业谋取非法利益的问题。市、县两级要重点整治：对群众关心的利益问题漠然处之，空头承诺，推诿扯皮，以及办事不公、侵害群众利益的问题；整治基层党组织软弱涣散，党员教育管理宽松软，基层党建主体责任缺失的问题；整治对黄赌毒和黑恶势力听之任之、失职失责，甚至包庇纵容、充当保护伞的问题。省委部署的5项整改任务：脱贫攻坚；生态环境保护；宗教工作；扫黑除恶专项斗争；大讨论“对标一流整改提升清单”）专项整治，加快整治整改进度。要开展好“三服务”整改，注重实效开门整改，主动邀请群众参与，自觉接受群众监督，公布整改落实和专项整治情况，主动请群众评判，对群众不满意的“返工”，让群众有更多获得感，真正把党的好传统、干部好形象树在百姓心坎上。要力戒形式主义，杜绝纸上整改、虚假整改，对发现搞形式、走过场、不积极、不落实的，要严肃批评，通报曝光；对发现的违纪违法问题，要依纪依法严肃查处。会上，黄岑丽、宋涛、姚鸿波、尉连生、梁晓旭、马安全分别安排上下联动抓整治整改专题工作。

市委“不忘初心、牢记使命”主题教育领导小组成员，市委主题教育指导组、市委主题教育领导小组办公室负责人，各县（区）委主题教育领导小组、大同经济技术开发区主题教育领导小组负责人，专项整治整改牵头部门（单位）、“三服务”牵头部门（单位）主要负责人等参加会议。（董智慧）

【市委主题教育领导小组办公室主任（扩大）会议】2019年10月23日，市委“不忘初心、牢记使命”主题教育领导小组办公室主任（扩大）会议召开。省委主题教育第二巡回指导组组长张华到会指导。市委常委、组织部部长，市委主题教育领导小组副组长、办公室主任宋涛主持会议，并传达省委主题教育领导小组办公室主任（扩大）会议精神。会议贯彻省委主题教育领导小组办公室主任（扩大）会议精神，落实省委第二巡回指导组反馈意见，强化督导指导工作，推动全市主题教育有序开展。（董智慧）

【“不忘初心、牢记使命”主题教育调研成果交流会】2019年10月23日，市委常委班子召开“不忘初心、牢记使命”主题教育调研成果交流会。省委常委、市委书记张吉福主持并讲话，省委主题教育第二巡回指导组组长张华到会指导。常委班子邀请部分“两代表一委员”、基层党组织书记、普通党员和群众代表列席交流会。主题教育开展以来，市委常委班子围绕主题教育主题、主线，坚持问题导向，联系工作实际，结合事关全市改革发展稳定的重大问题、各自分管联系领域的重点问题，率先垂范、沉下身子，到一线摸实情、找差距、挖症结，形成调研成果。会上，各位常委围绕加强党的建设、经济高质量发展、打赢脱贫攻坚战、加快县级融媒体中心建设、培养选拔优秀年轻干部、创新特殊人群服务管理、推动煤矿企业落实安全生产主体责任、优化“12345”政务热线处理办结机制、一体推进不敢腐不能腐不想腐、提升民兵基地化轮训和常态化备勤等，相互交流调研成果，查找存在问题，提出有针对性的对策建议。（董智慧）

【“不忘初心、牢记使命”主题教育集中学习】2019年11月14日，市四套班子举行“不忘初心、牢记使命”主题教育集中学习研讨。省委常委、市委书记张吉福参加学习研讨并讲话，省委主题教育第二巡回指导组组长张华等到会指导。市委副书记、市长武宏文，市委副书记刘振国，市人大常委会主任赵向东，市政协主席部向华等参加。省委主题教育第二巡回指导组成员列席会议。

大家集中学习党的十九届四中全会精神和习近平总书记视察山西、在黄河流域生态保护和高质量发展座谈会、庆祝中华人民共和国成立70周年大会、中央党校中青年干部培训班开班式、推动中部地区崛起工作座谈会重要讲话精神。市四套班子领导围绕专题和思想工作实际，领学领讲、研讨交流，谈认识、摆问题、剖原因、讲打算，加深习近平总书记重要讲话的认识和理解，凝聚共识和力量。

张华点评研讨交流，并提出要体现运用习近平新时代中国特色社会主义思想这一强大思想武器，不断自我净化、自我完善、自我革新、自我提高的过程，展现理论武装头脑、理论联系实际、理论指导实践不断深入过程，展现相互学习、相互交流、相互启发、相互促进过程，彰显一以贯之、学以致用、学用相长的马克思主义学风。要加强对规定动作的督促指导，做好班子和个人问题清单审阅把关工作，确保检视问题不走空、整改落实不走虚、学用查摆不脱节。推进整治整改工作，加强“8+5”专项整治整改及“三服务”工作督促指导，抓住群众最急最忧最盼的紧迫问题，统筹协调，高位推进，打通“最后一公里”，通过抓落实赢得人民群众加分点赞，确保主题教育实现预期目标，取得人民群众满意效果。（董智慧）

【“不忘初心、牢记使命”主题教育领导小组（扩大）会议】2019年12月3日，市委“不忘初心、牢记使命”主题教育领导小组（扩大）会议召开。会议听取全市“不忘初心、牢记使命”主题教育开展和督导整治情况汇报，安排部署下一步工作。省委常委、市委书记、市委主题教育领导小组组长张吉福主持会议并讲话。市委副书记、市长武宏文，市委副书记刘振国，市人大常委会主任赵向东，市政协主席部向华等市四套班子领导参加会议。

“不忘初心、牢记使命”主题教育开展以来，市委贯彻落实中央和省委要求，坚决扛起主体责任，聚焦主题主线，边学边查边改，强化统筹措施，突出分类指导，抓责任落实。市级领导干部坚持问题导向，到联系县（区）和单位开展督促指导工作，严把关口环节，发现应知应会掌握不清、检视问题虚而不实、整改措施没有贴近群众关切等问题，提出具体整改要求，推动全市主题教育开展。

会议指出，要坚持问题导向，增强检视整改责任感和紧迫感，聚焦“8+5”专项整治，以正视问题自觉和刀刃向内勇气，抓好整治整改，落实领导班子整改、班子成员整改、专项整治、为民服务、上下联动5个清单，确保检视整改走深走实，取得实效。要下大气力抓“回头看”，效果不理想、群众不满意的要“回炉”“返工”“补课”，确保各项规定动作做全、做实、做到位。要结合“三服务”，通过“12345”政府服务热线“接诉即办”机制、打造“六最”营商环境、建设数字政府、“一枚公章管审批”等举措，解决社会关注、群众急盼问题，让大家感受到主题教育带来的变化，以人民群众的获得感、满意度来检验主题教育成效。

会上，武宏文、赵向东、郜向华、宋涛、尉连生及平城区、云冈区、市教育局、市国资委负责人就主题教育开展和督导情况发言。（董智慧）

【“不忘初心、牢记使命”专题民主生活会】 2019年12月6日，市委常委班子召开“不忘初心、牢记使命”专题民主生活会。会议紧扣学习贯彻习近平新时代中国特色社会主义思想这一主线，聚焦“不忘初心、牢记使命”这一主题，围绕“理论学习有收获、思想政治受洗礼、干事创业敢担当、为民服务解难题、清正廉洁作表率”目标，按照习近平总书记关于“四个对照”“四个找一找”要求，盘点收获、检视问题、深刻剖析、整改落实，巩固深化主题教育成果。省委常委、市委书记张吉福主持并作总结讲话。省委主题教育第二巡回指导组组长张华到会指导并点评，省纪委常委高金喜出席会议并讲话。省委第二巡回指导组其他成员、省纪委监委相关部门负责人到会指导。市人大常委会主任、市政协主席，市纪委、市委办公室、市委组织部、市委主题教育领导小组办公室有关负责人列席会议。

会上，张吉福代表市委常委班子作检视剖析。在盘点主题教育取得阶段性成果基础上，查摆5个方面19个主要问题，从思想、政治、作风、能力和纪律等方面剖析产生问题根源，明确努力方向和下一步整改措施。市委常委逐一检视剖析，相互开展批评与自我批评。（董智慧）

组织工作

【概况】 截至2019年底，全市有党的地方委员会11个。其中，市委1个，县（区）党委10个。有基层党组织11201个，比上年减少167个，下降1.47%。其中，基层党委445个，党总支574个，支部10182个。（1）城市街道、乡镇、社区居委会、建制村法人单位党组织：全市43个城市街道、99个乡（镇）法人单位全部建立了党组织；348个社区居委会法人单位中，342个建立党组织，占98.28%；1826个建制村法人单位，全部建立党组织。（2）机关、事业法人单位党组织：全市700个机关法人单位全部建立党组织，占100%，比上年度增加1.57个百分点；1710个事业法人单位中，1484个建立党组织，占86.78%，比上年度减少0.53个百分点。（3）企业法人单位党组织：全市978个公有制企业法人单位中，973个建立党组织，占99.49%；2923个非公有制企业单位法人中，具备建立党组织条件的2766个法人单位全部建立党组织，占94.63%。（4）社会组织法人单位党组织：全市1176个社会组织法人单位中，具备建立党组织条件的1054个法人单位全部建立党组织，占89.63%。

全年全市党员总数214322名，比上年增加2251名，增长1.06%。其中，女党员45342名，占21.16%，比上年度增加0.09个百分点；少数民族党员988名，占0.46%，比上年度减少0.01个百分点；具有大专及以上学历党员103221名，占48.16%，比上年度增加0.28个百分点。截至2019年底，全市申请入党20190人，入党积极分子10436人，发展对象3339人。全年全市发展党员2298名，较上年增加371名，增长19.25%。

全年全市各级党组织表彰先进基层党组织965个（次），表彰优秀共产党员4794名（次），表彰优秀党务工作者728名（次）。（市委组织部）

【“不忘初心、牢记使命”主题教育】 2019年，中共大同市委组织部（简称“市委组织部”）聚焦主题主线，立足职责定位，发挥牵头组织作用，推进“不忘初心、牢记使命”主题教育，引导全市党员干部增强初心意识、强化使命担当。坚持做到机构组建、学习调研、教育培训、方案制定、舆论引导“五个先行”，提前做好准备工作；坚持系统谋划、整体推进，建立主题教育全过程评估、规定动作打分排队、协调调度、约谈督促等工作机制，持续压实各单位党委（党组）、“一把手”、指导组“三个层面”责任，推动主题教育有力有序有效开展；坚持从严从实督促指导，答疑解惑、提示预警、查漏补缺，采取单位自查、指导组互查、主题办抽查“三查结合”方法开展“回头看”，推动主题教育高标准高质量推进。落实专项整治任务。聚焦组织部门牵头3项整治任务，成立3个专项整治工作小组，在市广播电视台开设《民生·回声》问政访谈栏目征求意见，在新闻媒体集中曝光不担当不作为问题典型案例，出台《大同市副厅级以上领导干部配偶子女及其配偶经商办企业禁业范围》《关于在职务职级晋升中优先考虑担当作为干部的指导意见》等一批长效机制，巩固整治成果。（市委组织部）

【干部教育培训】 2019年，市委组织部把提素质、强能力作为干部队伍建设的基础性、先导性工作，制定实施《大同市干部教育培训规划（2018—2022）》，提升干部素质能力。强化政治素质培养。举办第3期市管干部学习贯彻习近平新时代中国特色社会主义思想读书班、第2期全市领导干部政治建设专题培训班等培训班次，结合全市中青年干部培训班，举办第1期青年干部培训班，提升干部政治素质。强化专业能力培训。实施“五大培训工程”，举办“干部大学堂”，采取“请进来＋走出去”方法举办防范化解重大风险、脱贫攻坚、乡村振兴、金融知识、能源革命等专题培训班次180余期，培训各级各类党员干部4万余人次。（市委组织部）

【干部队伍建设】 2019年，市委组织部坚持正确用人导向激励干部，多措并举激励广大干部立足岗位担当作为。聚力知事识人。开展县（区）领导班子届中考察，掌握各县（区）领导班子运行情况和班子成员表现。建立担当作为干部信息库，掌握各个领域、各条战线上实绩突出的优秀干部。聚力激励担当。坚持事业为上选人用人，重实绩、重担当、重基层，加大从转型升级、能源革命、脱贫攻坚主战场选用干部力度，激发广大干部干事创业激情活力。完成市直机关机构改革人员转隶和班子配备工作，实现队伍平稳过渡、职能平稳交接、工作平稳推进。聚力以考促干。建立《领导干部年度履职尽责工作目标清单》，试点推行《大同市党政领导干部实绩考核办法》，统一清理“一票否决”考核事项，把党建考核、机关效能评估、干部政治素质评价三项单项考核纳入年度考核一并开展，强化考核“指挥棒”作用。聚力优秀年轻干部。制定实施《大力发现培养选拔优秀年轻干部三年行动计划》，开展优秀年轻干部专题调研，择优掌握一批优秀年轻干部；在科级干部职数审批中建立年轻干部选配专项预审机制，从源头上把控，市直单位科级年轻干部占比大幅提升；选派优秀干部到北京、上海等地实践锻炼，与同煤集团、启迪公司双向互派干部交流锻炼，抽调优秀年轻干部参与全市重点工作，并把新录用的非定向选调生全部分配到乡镇墩苗历练。聚力公务员管理。召开全市公务员工作会议，组织开展新公务员法轮训，完成年度公务员招录、遴选和选调生招录工作；推进公务员职务与职级并行工作。（市委组织部）

【干部管理监督】 2019年，市委组织部坚持制度创新和从严监督双向发力，强化干部全方位管理监督。加强制度创新。综合运用考察考核、巡视、选人用人检查、个人有关事项报告抽查核实、经济责任审计、信访举报查核等工作成果，创新建立“一库三机制”（即干部监督信息数据库，联审会诊、监测预警、跟踪整改三项机制），为选人用人提供准确依据。加强管理监督。坚持抓早抓小，强化日常监督，从严开展选拔任用“一报告两评议”、核查个人有关事项报告等工作。（市委组织部）

【基层组织建设】 2019年，市委组织部树立抓基层鲜明导向，加强基层党组织建设，增强基层党组织政治功能和组织力。推进“三基建设”。出台《贯彻落实〈省委关于深化“三基建设”进一步加强基层工作的若干意见〉的实施方案》，引深“五大工作体系”（即联动式责任、滚动式推进、引领式创新、全方位督导、精细化考核），推动年度13类50项重点任务全部按要求铺开或完成。实施农村党组织书记学历提升、优秀本土人才回归、后备干部培育“三大工程”，联合大同大学实施后备干部定向培养计划，推动农村带头人队伍整体优化提升。加强标准化建设。在农村、社区、“两新”组织分类开展“争旗提档”“创星升级”“双强六好”创建活动，转化升级332个各领域软弱涣散党组织，建设大同市党群服务中心，初步构建起以市级党群服务中心为龙头的“1+10+X”[即1个市、10个县(区)、X个乡镇（街道）]。三级党群服务中心网络。提升基层党组织组织力。坚持抓党建与抓发展、抓治理深度融合，发挥党建引领作用助推脱贫攻坚、扫黑除恶专项斗争。农村集体经济全部达5万元，10万元以上村1359个，占比74.4%。年内，驻村帮扶工作综合考核，大同排名全省第一。补齐工作短板。针对农村党组织书记责任落不实问题，推行“四诺四评”压实责任倒逼落实机制，全市1826个行政村党组织书记全年兑现承诺2.8万余项。针对城市基层党建政治功能不强问题，制定《关于加强新时代城市基层党建的实施意见》，配套出台6个相关意见，形成“1+6”制度体系，在全省率先推行社区工作者“三岗十八级”薪酬待遇保障机制的做法被省委组织部在全省推广。针对基层党组织建设不平衡问题，实施国企、机关基层党组织培训全覆盖工程和“两新”组织“两个覆盖清零行动”，培训国企、机关基层党组织书记1217人次，全市34所民办中小学党组织实现全覆盖，“两新”组织党组织覆盖率分别为95.9%、92.7%。做好党员教育管理，举办全市发展党员示范培训班，编印《发展党员手册》，参加中组部评选的3部党员电教片获二等奖1个、优秀奖2个，获奖等级和数量均居全省第一；1部人物事迹片获第28届山西新闻奖一等奖。（市委组织部）

【人才管理】 2019年，市委组织部坚持党管人才原则，推进人才强市战略，实施“三晋英才”支持计划，出台乡土人才、户籍制度改革两个《实施意见》，在太原理工等高校举办10余场大型招聘会，举办首届“双创大赛”。引进由中科院19名专家组成的医学团队，首次推荐1名“山西省青年拔尖人才支持计划”人选，连续七年选树市级学术技术带头人300余人，依托10个院士工作站引进院士27人、高端领军人才70余人。

（市委组织部）

【全市组织部部长暨老干部工作会】 2019年4月8日，全市组织部部长暨老干部工作会议召开。市委常委、组织部部长宋涛出席会议并讲话。会议传达全省组织部长会议、干部教育培训工作会议、老干部工作会议精神；宣读《关于表彰2018年度部机关“改革创新、奋发有为”科室、“对标一流、履职尽责”科长和“践行使命、担当作为”干部的通报》；通报上年度信息和新闻宣传、党建课题研究和大同市“山西智慧党建”手机客户端推广应用工作情况；签订党风廉政建设“一岗双责”责任书。会议安排年轻干部培养选拔、干部教育培训、老干部工作、组织部门党风廉政建设等工作。（市委组织部）

【首届“招凤兴同·市校共建”招聘会系列活动】 2019年4月15日至20日，由市委、市政府、大同大学主办，市委组织部、市人社局、大同大学招生就业处、市就业和人才服务中心共同承办的大同市首届“招凤兴同·市校共建”招聘会系列活动举行，该次活动以“招才引智留大同·就业创新展才华”为主题，旨在借助市校共建这一平台，吸纳优秀人才，为大同市从“传统能源之都”向“新能源产业之都”转型提供智力支持。该次活动主要内容为：15日至20日，在大同大学通过播放“改革开放40年大同纪事”和“大同能源革命专题片”等方式，开展“招凤兴同·市校共建”主题宣传活动。15日，围绕大同市人才引进和就业创业政策，在大同大学开展宣讲解读活动。17日，组织学生参观大同能源革命展。18日，组织学生代表到开发区装备制造园区、医药产业园区等企业参观。19日，在大同大学，组织政府相关部门、企业代表、毕业生代表围绕该次招聘会系列活动主题，召开大学生就业创业座谈会。20日，在大同大学举行大同市首届“招凤兴同·市校共建”招聘会，该次招聘会组织新能源、新材料、装备制造、煤化工、生物制药、商贸物流、电子信息、节能环保、现代农业9个招聘区，269家用工单位提供就业岗位5670个，

为毕业生建立涵盖大同大学69个本科专业的就业空间，并开展线上线下招聘活动，达成用工意向2834人次。（市委组织部）

【全市基层党组织提档升级推进会】 2019年4月下旬，全市基层党组织提档升级推进会召开。省委常委、市委书记张吉福出席会议并讲话。市委副书记刘振国、市人大常委会主任赵向东、市政协主席郜向华等市四套班子领导参加会议。市委常委、组织部长宋涛主持会议。

会议以电视电话会议形式召开，各县（区）设分会场。市法检两长及全市各有关单位、部门负责人等在主会场参加会议。

会议宣读表彰决定，给“争旗提档”活动中表现突出的优秀农村基层党组织授旗，给“创星升级”活动中表现突出的优秀社区基层党组织授星，给“双强六好”活动中表现突出的优秀非公、社会基层党组织授牌。（市委组织部）

【全市公务员工作会议暨推行公务员职务与职级并行制度业务培训会】 2019年6月12日，全市公务员工作会议暨推行公务员职务与职级并行制度业务培训会议召开。市委常委、组织部部长宋涛参加会议并讲话。会议总结党的十九大以来全市公务员工作，安排部署贯彻落实新修订的公务员法及公务员工作。会后，开展新修订的公务员法专题讲座和推行公务员职务与职级并行制度业务培训。全市各县（区）委组织部长、分管副部长和负责公务员工作人员，市直机关分管领导、组织人事科科长220人参加会议。（市委组织部）

【组工干部党内法规专题研修班】 2019年8月10日至17日，市委组织部在中国人民大学举办大同市组工干部党内法规专题研修班。旨在提升全市组织人事干部基本素养和业务水平、增强组织人事工作相关政策法规运用能力。研修班采取“课堂教学+实地考察+互动交流”形式，来自中央党校、中组部全国组干学院、中国人事科学研究院、中国人民大学等部门和高校的专家学者围绕培训主题，解读《中国共产党和国家机关基层组织工作条例》《中国共产党支部工作条例（试行）》《干部人事档案工作条例》《党政领导干部选拔任用工作条例》等内容。现场教学环节组织学员到河北雄安新区实地考察，学习雄安新区市民服务中心的服务功能和理念，了解以创新驱动为发展新引擎的雄安新区未来发展蓝图，让学员开阔视野、明确方向。学习中，学员结合组织人事工作重点、难点问题同授课教师互动交流，释疑解惑，推动知识入脑入心。

市委组织部机关及各县（区）委组织部干部、市直有关单位组织人事科长90余人参加培训。（市委组织部）

【全市学习贯彻新修订公务员法专题培训示范班】 2019年8月21日至22日，市委组织部举办学习贯彻新修订的公务员法专题培训示范班，市直机关单位、参公单位理论骨干约420人参加培训。

该次专题培训示范班示范培训系统梳理公务员制度的发展历程，介绍公务员法修订的背景、意义和原则，解读公务员法修订的主要内容和精神实质。专题培训采取示范培训与分级培训相结合、骨干培训与全员培训相结合、个人自学与集中培训相结合等形式。（市委组织部）

【“全国党建工作样板党支部”在大同挂牌】 2019年9月下旬，“全国党建工作样板党支部”——大同大学化学系学生第二党支部在市图书馆“学习书屋”挂牌。他们利用“学习书屋”资源优势，利用思想教育基地这一平台，把支部建设成为新时期学习宣传习近平新时代中国特色社会主义思想和贯彻落实党的十九大精神的坚强堡垒，拓展基层党建工作和大学生思想政治教育工作方式、内容和途径，并运用“学习书屋”交流研讨、教学演讲、展览展示、数字阅读、主题活动等功能，丰富党员、入党积极分子教育形式，提高党员、入党积极分子思想政治素质。（市委组织部）

【市第七批援疆干部到奇台农场工作】 2019年10月下旬，由市委组织部选派的15名援疆干部到新疆奇台农场工作。该次到新疆的15名援疆干部分别来自市纪委监委、市委政法委、市住建局、市人社局、市统计局、大同日报社、市产权交易中心，以及全市各大医院。他们是由市委组织部应新疆生产建设兵团第六师奇台农场委员会援疆干部人才需求，按照《大同市对口支援和人才管理暂行办法》要求，在全市各县（区）、各部门、各单位选出的符合选派条件、志愿参加援疆工作的专业技术人才。他们到第六师奇台医院和奇台农场医院及机关各个部门工作，结合自己专业技术与边疆人民一起建设新疆。（市委组织部）

宣传工作

【概况】 2019年，大同市机构改革后，中共大同市委宣传部（简称“市委宣传部”）外加挂大同市精神文明建设指导委员会办公室、大同市人民政府新闻办公室、大同市新闻出版局牌子。年内，市委宣传部印发《关于进一步深入学习贯彻习近平新时代中国特色社会主义思想的通知》，制定《市委中心组年度学习计划》，编印《市委中心组学习资料汇编》20期、市委中心组学习简报15期，市委中心组集中学习12次，确立5个“党委（党组）理论学习中心组联系示范点”。举办全市“新时代、新担当、新作为”先进典型报告会、演讲比赛、“我为改革创新做什么”大家谈等活动，组织大同市庆祝新中国成立70周年理论考试，组织召开全市学用习近平新时代中国特色社会主义思想经验交流会，建成全省首个习近平新时代中国特色社会主义思想主题书屋——“学习书屋”。用好“学习强国”平台，实现党员干部全覆盖，人均积分、日活跃人数位居全省前列。开展《习近平新时代中国特色社会主义思想学习纲要》（简称《纲要》）、庆祝新中国成立70周年、“不忘初心、牢记使命”主题教育、十九届四中全会等主题宣讲活动，全市累计开展《纲要》宣讲2700余场，十九届四中全会主题宣讲2000余场。开展党的创新理论宣讲700余场次，建设“农民夜校”“学习讲堂”等一批宣讲品牌。以大同大学马克思主义学院、习近平新时代中国特色社会主义思想研究中心为依托，在山西日报理论专栏推出《注重学用结合，推动成果转化》等研习成果。承办以“中国古都 天下大同·致敬七十年 飞扬大同情”为主题的2019山西（大同）云冈文化旅游系列活动。策划参加纪念中法建交55周年系列文化交流活动，举办以“从大同出发，向全世界讲好中国故事”为主题的抖音（大同）城市峰会，借助成龙国际动作电影周等文化交流活动，展示大同形象。加强新闻发言人队伍建设和新闻发布平台建设，召开16次新闻发布会。 （市委宣传部）

【意识形态工作】 2019年，市委宣传部印发《关于加强意识形态领域形势分析研判工作的通知》，市委常委会2次专题研究意识形态有关内容、12次传达学习意识形态有关内容，组织召开全市意识形态领域形势分析研判暨落实意识形态工作责任制推进会，向省委上报意识形态工作情况报告和季度意识形态工作及研判情况汇报，确保各级党委责任落实。监测收集舆情线索650条，制作《网上舆情专报》68期、《网络舆情告知卡》215期。出台《大同市论坛、讲坛、讲座、年会、报告会、研讨会等阵地管理办法》，开展“剑网”“护苗”“秋风”“净网”等专项行动和“扫黄打非”专项整治。举办版权宣传周和“绿书签行动”启动仪式。（市委宣传部）

【舆论引导】 2019年，市委宣传部建立新闻舆论宣传机制，每月制定新闻舆论宣传报道要点，每月通报市直媒体发稿情况。策划组织省委十一届七次全会、市委十五届六次全会暨市委经济工作会议、能源革命、脱贫攻坚、文明城市创建、庆祝新中国成立70周年相关活动、“改革创新 奋发有为”大讨论、扫黑除恶、第二届青年运动会、生态环境治理、云冈文化旅游系列活动、成龙国际动作电影周等全市重点工作、重要会议和活动的宣传报道，围绕春节、“三八”“五一”“五四”“六一”等节点，挖掘经验，选树典型。在省以上主要媒体发稿3330篇，国家级主要媒体发稿1264篇，新闻联播播出6条。建成阳高县、广灵县融媒体中心，推开县级融媒体中心建设。

（市委宣传部）

【文明城市创建】 2019年，市委宣传部把推进文明城市创建作为一项重点工作。印制《创城工作实地任务分解手册》，一周一督查、一月一推进，开通“文明大同”微信公众号，拍摄3部创城宣传片，在电视、新媒体、市区12块大屏幕、700辆公交车载电视上持续推送。制定《大同市民文明公约》《大同市民行业公约》，面向群众发放“明白纸”“答题卡”“宣传页”和创文产品12万份。组织开展“学雷锋志愿服务月”“二青会”赛事保障、创建文明城市文明劝导、新时代文明实践、助力扶贫攻坚等志愿服务活动，经验做法被《中国志愿》杂志、《精神文明报》、中国志愿服务网、《山西日报》等家媒体报道，发放学雷锋志愿服务牌匾276块。开展以“文明大同·最美瞬间”为主题的“文明大同随手拍”网络文明传播活动、“文明之春·靓丽大同”文明形象展示主题活动等文明创建活动110余项。选树各类先进典型，评选各级新时代好少年1989名，推荐全国文明校园2所。 （市委宣传部）

【文艺工作】 2019年，市委宣传部制订《大同市重点文艺作品扶持办法（试行）》，扶持文艺作品创作生产，要孩儿现代戏《云冈魂》首演，民族歌剧《江姐》参加全省庆祝新中国成立70周年优秀舞台作品展演2场，话剧《太阳照在南洋河上》参加省第二届艺术节“杏花奖”评比评委专场演出并获“杏花奖”提名剧目奖，央视3套《文化十分》栏目播发市文化艺术学校打造戏曲人才摇篮专题片。在基层文化阵地建设上，全市99个乡（镇）综合文化站全部达标，建成村（社区）综合文化服务中心2226个，市、县、乡、村四级公共文化服务网络形成。在文艺人才队伍建设上，涌现出一批获“梅花奖”“牡丹奖”“赵树理文学奖”“鲁迅文学奖”的优秀人才。在文化惠民上，组织举办庆祝新中国成立70周年文化惠民演出月活动、“祖国颂·大同情”——庆祝新中国成立70周年国庆文艺晚会、“我爱你中国”——庆祝新中国成立70周年群众歌咏活动和“我和我的祖国”——庆祝新中国成立70周年优秀合唱团评选活动展演。举办第五届乌大张春节电视文艺晚会和2019大同市春节电视文艺晚会、古都灯会民俗文化展演、孙伯翔书画艺术展、殷宪诗文书法展、“全民阅读 书香校园”等文化活动。组建“文艺轻骑兵”，开展“我们的中

国梦”——文化进万家系列活动 112 项，免费送戏下乡 1600 场，农村公益电影放映 23703 场。（市委宣传部）

【文化产业】 2019 年，市委宣传部以古都灯会、云冈文化旅游系列活动等大型节庆文化活动为载体，推动文旅融合、产城融合，打响文化品牌，拉动文旅产业，助力转型发展。策划举办第五届成龙国际动作电影周、国际美食嘉年华、“影像的力量”国际摄影文化展等 40 项文化活动。组织市县两级参加第 15 届中国（深圳）国际文化产业博览交易会。加强非物质文化遗产项目保护与开发，扶持中小文化企业，广灵剪纸发展出一条融研发、生产、展示、销售、人才培养于一体的文化产业链条，大同结艺开发文创产品 300 个，吸引来自北京、上海、深圳的战略投资，广灵县巧娘宫手工编织产品远销缅甸、美国、日本等国家。（市委宣传部）

【讲师团】 2019 年，中共大同市委讲师团（简称“市委讲师团”）开展“改革创新、奋发有为”大讨论，推进“不忘初心、牢记使命”主题教育，宣讲党的十九届四中全会精神，组织开展基层理论宣讲。

“改革创新、奋发有为”先进典型巡回报告会　年内，由市委宣传部主办，市委讲师团承办，组织实施全市“改革创新、奋发有为”先进典型巡回报告会，报告团成员 20 人，由 10 位全省“最美基层干部”先进典型和 10 位省市“脱贫攻坚”先进典型组成。通过在全市巡回演讲，宣传先进典型，弘扬改革创新精神，激发基层党员干部解放思想、勇于担当；激发基层党员干部见贤思齐、学习提高，用身边人身边事强化正面引导，传递正能量，推动思想再解放、改革再深入、创新再发力、开放再提质、工作再抓实。

庆祝新中国成立 70 周年主题宣讲活动　年内，市委讲师团承办这次主题宣讲活动，组织力量编写庆祝新中国成立 70 周年主题宣讲资料，印发给各县（区）、各单位宣讲人员参考。9 月初至 11 月底，由理论专家、道德模范、优秀基层干部、脱贫攻坚典型和时代新人 30 人组成宣讲团，分别到各县（区）、各单位开展巡回宣讲。以真人真事、履职尽责、爱岗敬业、奋斗圆梦的故事，激发全市广大干部群众干事创业的热情，以党史、国史、大同发展史的教育，展现大同 70 年来的辉煌成就。

《习近平新时代中国特色社会主义思想学习纲要》进基层宣讲活动　年内，大同市组成由大同市委党校、大同大学、大同市委讲师团 3 个单位 10 名教师组成宣讲团，分别到各县（区）及市直系统、教育系统、国资委系统、卫健委系统、公安系统开展集中宣讲。各县（区）、各单位组成由单位领导及素质强、理论水平高的党员干部、党校讲师参加宣讲团，按照统一部署开展宣讲活动。年内，全市各县（区）、各单位开展宣讲 610 余场，直接受益群众 5.5 万余人次。

党的十九届四中全会精神宣讲活动　年内，市委组成由 14 名有宣讲经验的县处级领导组成市委宣讲团，分别到县（区）、市直机关、教育系统、国资系统开展宣讲。讲师团 10 名党员干部担任市委宣讲团联络员。至 12 月初，大同市组建各级各类宣讲团 150 余个，有 580 人参加宣讲，宣讲场次 1000 余场，直接听众 8.5 万余人次。发放宣讲资料、学习辅导书籍 3 万余册。

理论考试　年内，为庆祝中华人民共和国成立 70 周年，检验全市各级领导干部学用习近平新时代中国特色社会主义思想取得的成效，推动习近平新时代中国特色社会主义思想入心入脑、落地生根，9 月 29 日在全市开展以学用习近平新时代中国特色社会主义思想、党史、国史、大同发展史为主要内容的理论考试。市委讲师团组织教师参与监考、试卷回收及阅卷等工作。

学习资料编印宣传　年内，市委讲师团编印 18 期《大同市委中心组学习资料汇编》、25 期反映市委中心组及县级单位中心组学习动态的《中心组学习简报》，提供给市委中心组成员和各县（区）及部分市直单位。编印《“改革创新、奋发有为”大讨论学习资料》《庆祝中华人民共和国成立 70 周年主题宣讲资料》《“不忘初心、牢记使命”主题教育宣讲资料》，发放给各县（区）、各单位，作为理论宣讲人员参考资料。把互联网作为理论宣讲的重要阵地，讲师团网站转发中央和省市委重大决策部署及权威部门、专家学者理论文章 150 余篇。（柴常娥）

【“学习强国”学习平台推广应用】 2019 年，市委宣传部印发《推广应用“学习强国”学习平台通知》，召开部署会、调度会，明确提出“学习强国”学习平台推广应用工作要求及安排。以各级党支部为基本单元，建立管理员、通讯员、评论员队伍，健全推广应用组织体制。开展推广技能专题培训，开通微信、电话等指导方式，确保全市党员下载使用全覆盖。建立日排名、周通报制度，督促各县（区）推广应用。多次召开推进会，动员部署推广应用工作，确保全市党员干部全覆盖。（市委宣传部）

【《学习纲要》集中宣讲】 2019 年，市委宣传部印发《全市学习〈习近平新时代中国特色社会主义思想学习纲要〉进基层宣讲活动工作方案》，组织市委党校、市委讲师团、大同大学组成宣讲团，到全市基层开展《习近平新时代中国特色社会主义思想学习纲要》（简称《纲要》）集中宣讲。各县（区）利用新时代讲习所、农民夜校、新时代文明实践中心等平台同步开展宣讲。组织学习宣讲《纲要》专题培训班，中宣部全国宣传干部学院教研部副主任秦强以《不忘初心、牢记使命，深入学习习近平新时代中国特色社会主义思想》为题开展专题辅导，全市基层理论骨干和宣讲人员 200 余人参加培训。（市委宣传部）

【庆祝新中国成立 70 周年文化惠民演出月活动】 2019 年，市委宣传部为热烈庆祝新中国成立 70 周年，会同市文旅局等单位共同举办“大同市庆祝新中国成立 70 周年惠民演出月活动”。8 月 12 日起，歌剧《江姐》、话剧《立秋》等 14 场演出陆续在市大剧院上演。（市委宣传部）

【"不忘初心、牢记使命"主题教育暨庆祝新中国成立70周年宣讲活动】 2019年，市委宣传部组织召开全市庆祝新中国成立70周年主题宣讲活动部署会，组织各县（区）、各单位在全市城乡张贴刊播标语、标识、宣传挂图、悬挂国旗，营造社会氛围；组织宣讲团，同《习近平新时代中国特色社会主义思想学习纲要》宣讲结合起来，到各县（区）、各单位开展为期两个月的巡回宣讲。组织开展大同市"时代新人说——我和祖国共成长"主题竞演活动，评选出大同市"时代新人""新时代奋斗者"，并举行颁奖晚会。通过选树宣传一批先进典型，在全市形成学先进、赶先进、当先进的良好风尚，把主题教育各项任务落到实处。（市委宣传部）

【新时代文明实践中心试点建设】 2019年，市委宣传部起草印发《关于开展建设新时代文明实践中心试点工作的实施方案》，拓展中央试点灵丘县新时代文明实践中心建设工作成果，培育市级试点云冈区新时代文明实践中心和云州区新时代文明实践中心建设，全年全市挂牌新时代文明实践中心1个，新时代文明实践所24个，新时代文明实践站365个。

（市委宣传部）

【戏曲进校园活动】 2019年，市委宣传部组织大同市近两年来创作排演的优秀剧目8部，到部分大中专院校、市直中学演出25场，编排戏曲知识宣讲课，走进20所小学向小学生普及戏曲知识，发放3000余册（盘）戏曲知识教材和光盘。（市委宣传部）

【参与文化系列活动】 2019年，市委宣传部参与组织庆祝新中国成立70周年、山西舞蹈协会"深入生活、扎根人民"名家讲座活动——云冈系列舞蹈暨李莉舞蹈作品专场演出，省内知名书法家、书法兰亭奖艺术奖获得者王画柱"狮古大同"书法展。组织北路梆子现代戏《净土》、传统戏《王宝钏》和耍孩剧《云冈魂》、传统戏《狮子洞》在大同大剧院各演出2场。大同市词作家子锋、曲作家孙一鸣创作的《大同蓝》在"生态山西"环保公益歌曲征集评选中获一等奖。

（市委宣传部）

【新闻发言人培训】 2019年5月31日，大同市举行新闻发言人培训会。市委常委、宣传部部长黄岑丽，大同大学党委书记弓永华参加培训会，平城区四套班子领导，全市各县（区）、各部门新闻发言人、发言人助理参加培训。

这次培训是由市委宣传部主办，平城区委、大同大学文学院和新闻学院承办，培训通过专家授课+现场模拟演练方式举行。原国防部新闻局局长、新闻发言人，中国传媒大学媒介与公共事务研究院院长杨宇军应邀作题为《全媒体时代的话语权：宏观理论与经典案例》专题讲座，现场模拟演练通过3个案例、设置突发情况，考验受训者临场反应能力，开展专业训练和实战演练。杨宇军和新华社高级记者、新华社经济参考研究院院长、全国领导干部媒介素养培训基地高级研究员李新民在演练现场点评。该次培训旨在提升全市各级各部门对新闻发布会的组织策划、运作流程的能力，掌握新闻发布技巧，提高媒体应对能力，建立和完善全市新闻发布机制，解决在遇到突发事件时如何主动发布信息、冷静应对，在舆论引导中把握主动权、话语权。（市委宣传部）

【全市网络意识形态领域形势研判工作第一次联席会议】 2019年6月26日，全市网络意识形态领域形势研判工作第一次联席会议召开。市委常委、宣传部部长黄岑丽参加会议并安排部署相关工作。

会议审议《关于建立大同市网络意识形态领域形势研判机制的通知》和《大同市网络意识形态领域形势研判工作规则》。会议指出，牢固树立抓网络意识形态工作是本职、不抓是失职、抓不好是渎职的观念，勇于担当，主动作为，维护好全市网络意识形态安全。提高党员干部对网络意识形态工作重要性认识，推动网络意识形态工作责任制落实，建立健全网络意识形态领域形势研判机制，推动全市网络意识形态工作发展。（市委宣传部）

【全市创建省级文明城市推进会】 2019年7月9日，全市创建省级文明城市推进会召开，省委常委、市委书记张吉福出席会议并讲话。

市委副书记、市长武宏文主持会议，市委副书记刘振国等市四套班子领导参加会议。会上，市委常委、宣传部部长黄岑丽通报市创建省级文明城市进展情况，安排部署下一步工作。平城区、云冈区、云州区、新荣区负责人，市直部门、市直有关事业单位、部分驻大同国省属企事业单位主要负责人等参加会议。市文明办、平城区、市城市管理局、市园林局、市公安局交警支队主要负责人分别作表态发言。

会议指出，创建文明城市是市委、市政府的庄严承诺，是大同人民的殷切期盼。全市各级各部门要统一思想，提高认识，增强创建文明城市紧迫感和责任感，通过协调推进城市"硬件"与"软件""面子"与"里子"同步发展，为市民提供更加优质高效公共服务、更加丰富的精神文化生活、更加文明舒适的工作学习生活环境，提升老百姓的幸福感、认同感、获得感。

（市委宣传部）

【全市干部理论考试】 2019年9月29日，全市11140名党政机关、事业单位副科级以上干部走进考场，参加大同市庆祝新中国成立70周年理论考试。市委常委、宣传部部长黄岑丽巡视御东会议中心考点，实地检查考务工作。

为庆祝新中国成立70周年，推进"不忘初心、牢记使命"主题教育开展，检验全市各级领导干部学用习近平新时代中国特色社会主义思想成果，按照市委、市政府《关于印发〈大同市庆祝中华人民共和国成立70周年活动方案的通知〉》安排，市委宣传部组织该次理论考试。该次考试采取闭卷形式，内容涵盖习近平新时代中国特色社会主义思想、党史、国史、大同发展史等，旨在通过考试，检验各级领导干部的学用效果，达到以考促学、学以致用的目的。

（市委宣传部）

【全市创建文明城市志愿者服务活动启动仪式】 2019年8月16日，大同市在华严寺广场举行创建文明城市志愿者服务活动启动仪式，市委常委、宣传部部长、市创建文明城市指挥部副总指挥黄岑丽为"大同市创建文明城市志愿者服务队"授旗，副市长马安全、市政协副主席杨硕平出席启动仪式。志愿者300余名参加启动仪式。启动仪式上，志愿者服务队集体宣誓，志愿者服务队劳模代表宣读《创建文明城市倡议书》，市领导还与志愿者们一起走上街头，为志愿者车队代表张贴《志愿服务承诺书》。启动仪式后，志愿者们开展“创建文明城市入户调查”“随手拍助力老旧小区改造”“共享单车，文明骑行”“烟头捡拾活动”“文明养犬，从你我开始”“交通文明劝导宣传”等系列活动。

（市委宣传部）

【全市十九届四中全会精神主题宣讲活动】 2019年11月20日至27日，市委宣传部组织全市宣讲十九届四中全会精神主题活动，到各县（区）、各工委开展集中宣讲，到基层一线开展分众化、互动式宣讲，围绕全会主题开展宣讲解读，推动四中全会精神进企业、进学校、进机关、进农村、进社区、进军营、进网络，利用多种媒体开展主题宣传活动。

（市委宣传部）

统战工作

【概况】 2019年，大同市有12个党委统战部，即市委统战部和10个县（区）委统战部，以及大同市经济技术开发区党工委统战部。全市统一战线组织有市政协和11个县（区）政协组织；民革、民盟、民建、民进、农工党、九三学社6个民主党派市委会；市工商联、市侨联2个群众团体；市佛教协会、市道教协会、市伊斯兰教协会、市天主教爱国会、市基督教“三自”爱国会5个宗教团体。民主党派成员2561名。其中，民革254名，民盟606名，民建548名，民进431名，农工党454名，九三学社268名。市工商联有会员8995个。其中，企业会员2823个，团体会员175个，个人会员5997名。全市有归侨290人，侨眷1万余人（其中平城区189人，云冈区22人，天镇县40人，阳高县34人，左云县4人，云州区1人），全市纳入当地最低生活保障的归侨有31人。其中，平城区7人，阳高县10人，天镇县14人。大同市归侨主要由20世纪80年代前后回国的蒙古归侨组成。全市有少数民族37个，约1.6万人，全市5种宗教有信教群众15.28万人，认定宗教教职人员605人，登记、依法开放宗教活动场所348处。全市有党外干部461人（其中副厅级5人，县处级56人）。大同市新的社会阶层人士总体规模约12.9万人。其中，私营企业和外资企业中管理技术人员约8.2万人，中介组织从业人员约1.8万人，新媒体从业人员约0.2万人，自由职业人员约2.7万人。大同市新的社会阶层人士联谊会会员196人，平城区新的社会阶层人士联谊会会员176人。（张国成）

【党外人士通报会】 2019年1月4日，中共大同市委统战部召开党外人士通报会，组织全市党外人士学习中共山西省委十一届七次全体会议精神。市委常委、宣传部部长、统战部部长黄岑丽参加会议。市政协副主席、民盟市委会主委许进娥，市政协副主席、农工党市委会主委郭俊岗，市政协副主席、九三学社市委会主委杨硕平等民主党派负责人和无党派人士代表参加学习。

会议要求，把学习贯彻省委全会精神与学习贯彻习近平总书记在庆祝改革开放40周年大会上重要讲话精神结合起来，增强“四个意识”、坚定“四个自信”、践行“两个维护”，用讲话精神武装头脑、统筹贯彻。全市各民主党派和无党派人士要解放思想、凝聚共识、强化成果意识，激发全市统一战线担当活力。围绕全市建设示范区、排头兵、新高地三大目标，在参政议政上见真章，在民主监督上花心思，在服务社会上见实效，承担起“好参谋、好帮手、好同事”的责任。

（张国成）

【党外人士座谈会】 2019年1月17日，中共大同市委召开党外人士座谈会，听取各民主党派市委会、市工商联负责人、无党派人士代表对经济形势和经济工作所提意见和建议。省委常委、市委书记张吉福主持会议并讲话。市委常委、宣传部部长、统战部部长黄岑丽出席会议。市委常委、常务副市长薛明耀在会上传达省委经济工作会议精神，通报上年全市经济运行情况和2019年全市经济工作总体思路。

民革市委会主委杨素卿、民盟市委会主委许进娥、民建市委会主委侯文、民进市委会主委周谋、农工党市委会主委郭俊岗、九三学社市委会主委杨硕平、市工商联主席刘若亮、无党派人士代表周玉礼等围绕贯彻落实省委经济工作会议精神和全市经济运行情况建言献策。参会人员提出科技创新成果转化、发展新能源产业、发展有机旱作农业、打造特色农产品品牌、推进乡村振兴、加快古城保护和开发、推动全域旅游发展、更好扶持服务民营企业、注重人才培养选拔等方面意见建议。（张国成）

【党外人士民主协商会】 2019年2月21日，中共大同市委召开党外人士民主协商会，市委向市各民主党派、工商联、无党派代表人士通报情况市十五届人大四次会议和市政协十四届三次会议推荐的各类候选人并征求意见。市委常委、宣传部部长、统战部部长黄岑丽主持会议，市委常委、组织部部长宋涛通报情况。与会人员听取各候选人情况说明，市各民主党派、工商联、无党派代表人士发言，大家一致认为，此次人事安排符合中央、省委有关规定要求，符合大同市实际，是经统筹考虑酝酿、慎重研究决定的，大家表示完全拥护和赞成。黄岑丽在会上感谢与会人员参与这次民主协商，表示市委继续与大家真诚相待、共商大计，相互信赖、相互监督，同心协力把大同各项事业办得更好。

（张国成）

【全市宗教工作整改落实专项会议】 2019年4月9日，中共大同市委统战部组织召开全市宗教工作整改落实专项会议。市委常委、宣传部部长、统战部部长黄岑丽出席会议并讲话。市委统战部机关全体干部、市宗教工作领导组成员单位、各县（区）委统战部部长、宗教局局长参加会议。会议传达学习省委统战部宗教工作整改落实会议精神，宣读各县（区）委统战部宗教工作任务清单，并解读说明中央宗教工作督察整改落实情况。

（张国成）

【非公经济·新的社会阶层人士培训班】 2019年4月10日至15日，中共大同市委统战部在南开大学举办全市非公经济·新的社会阶层人士培训班，大同市非公经济代表人士、新的社会阶层人士、欧美同学会成员80余人参加培训。

这次培训邀请南开大学相关领域专家，围绕宏观经济形势、相关政策解读及解放思想、对标一流等专题，采取课堂教学、现场观摩、研讨交流相结合方式集中培训。培训期间，市委统战部组织召开全市非公经济·新的社会阶层人士“改革创新、奋发有为”研讨交流会，参训全体学员交流收获体会、汇报发展打算。（张国成）

【全市统一战线庆祝新中国成立70周年歌咏会】 2019年9月6日，全市统一战线庆祝新中国成立70周年歌咏会举行。市委常委、统战部部长黄岑丽，市人大常委会副主任刘美，市政协副主席许进娥、杨硕平参加。歌咏会上，来自市委统战部机关合唱队、民革大同市委会、民盟大同市委会、民建大同市委会等15支代表队登台献歌。（张国成）

巡察工作

【概况】 2019年，中共大同市委巡察工作办公室（简称“市委巡察办”）组织开展市委第五、第六轮巡察，发挥巡察利剑作用，推动全面从严治党向纵深发展。市委第五轮巡察派出2个专项巡察组对口省委第五轮巡视，开展4个市直单位党组织及2个县以上所属单位党组织脱贫攻坚专项巡察；派出6个常规巡察组，开展25个市直单位党组织及5个县以上所属单位党组织常规巡察；派出1个提级巡察组开展8个村居提级巡察。发现脱贫攻坚领域学习领会习近平总书记关于脱贫攻坚重要论述不够深入、发挥部门职能推动脱贫攻坚工作不够有力等问题73个；发现贯彻落实中央、省委和市委重大决策部署不到位、重业务轻党建、干部选任不规范、贯彻落实中央八项规定精神不彻底和落实全面从严治党政治责任不到位等各类问题614个，移交问题线索85件。市委第六轮巡察派出6个专项（提级）巡察组，开展6个国定贫困县扶贫任务重的10个乡（镇）、22个行政村提级脱贫攻坚专项巡察；派出5个常规巡察组开展教育系统12个正处级单位党组织巡察，巡察了解13个副处级单位党组织，推进实现教育系统巡察全覆盖，发现共性问题655个，问题线索50件。（王晓龙）

【联动监督网建立】 2019年，市委第五轮巡察落实省委巡视巡察上下联动工作部署，对口省委巡视开展脱贫攻坚专项巡察，发现共性问题73个，问题线索16件；各县（区）对口省委巡视和市委巡察对象同步开展专项巡察。市委第六轮巡察支持配合省委第三巡视组，下乘上势、主动作为，成立6个专项（提级）巡察组同步部署开展脱贫攻坚专项巡察，市委巡察组定期向省委巡视组汇报工作情况，省委巡视组予以指导，实现信息互通、成果共享。6个贫困县同步安排脱贫攻坚专项巡察，4个非贫困县（区）部署巡察贫困村全覆盖，形成省市县三级联动、上下“一盘棋”的工作格局。（王晓龙）

【巡察向村（社）延伸】 2019年，市委巡察办推进巡察向村（社）延伸基础性工作。按照党组织类型、人口规模、经济体量、信访反映、资源项目、贫困程度、涉农资金和扶贫资金及基本村情等情况，把全市村（社）分为：普通情况类1916个、风险隐患类268个、重点关注类56个，为巡察向村（社）延伸分类施策夯实基础。开展提级巡察示范引导。市委第五、第六轮巡察聚焦村居党组织和党员作用发挥情况、惠民政策落实情况、群众身边腐败和“四风”问题，开展30个村居提级巡察。各县（区）同步跟进，采取巡乡带村、直接对村等方式，延伸村（社）党组织巡察。截至2019年底，全市2261个村（社）巡察1559个，覆盖率68.95%。（王晓龙）

【巡察反馈意见整改落实】 2019年，市委巡察办坚持把整改落实和成果运用摆在突出位置，加强跟踪督促和统筹协调，推动巡察反馈意见整改到位、落实落地。（1）突出边巡边改。把推动解决问题作为巡察工作落脚点，巡察期间发现的群众反映强烈、明显违反规定且被巡察党组织能够解决的突出问题，督促被巡察党组织立行立改。市委第五轮巡察期间，推动解决灵丘县黑龙河村等4个村村务不公开问题、阳高县陈家堡村近20年吃水难、浇地贵等一批关系群众切身利益问题7个。市委第六轮巡察期间，移交财务报销不规范、学校食品安全和食堂管理不严格等问题和线索12个。（2）督查到位。实行“三方台账”制度，被巡察党组织、市纪委监委、市委巡察办根据工作职责，分别建立巡察整改管理台账，作为巡察整改、问题线索办理和督查督办依据。市纪委监委把督促巡察整改落实作为日常监督的重要内容，联系被巡察单位的监督检查室派人参加巡察反馈会和巡察整改专题民主生活会，指导督导被巡察单位的问题整改，审核把关整改完成情况，全程参与，全程监督。市委巡察办加强巡察整改情况的统筹协调、跟踪督促，市委书记专题会议点到的具体人具体事、市委巡察工作领导小组研究决定的问题和事项向有关单位发函督办，要求限期办理并报告结果。（3）衔接到位。制定出台《市委巡察机构与市纪委监委有关部门协作工作机制》，建立边巡边改协同配合机制、问题线索移交处置机制、整改监督衔接机制等10项协作工作机制，明确反馈、移交、问责等各个环节整改监督衔接机制，推动纪检监察机关有关内设机构在整改落实情况汇总分析、巡察整改日常监督、巡察移交问题线索处置等环节形成无缝衔接的“接力棒”，实现巡察整改闭环管理。（王晓龙）

【巡察培训】 2019年，市委巡察办加强巡前培训。市委第五、第六轮巡察动部署员会后，集中播放课程影像、邀请市纪委监委、市委扶贫办、市教育局等单位业务骨干讲授专业领域问题，培训巡察干部300人次，提升巡察干部业务能力。把巡察岗位作为发现、培养、锻炼干部的平台。抽选优秀年轻（后备）干部19人、各类专业干部89人，参加市委第五、第六轮巡察工作。巡察结束后，评价鉴定参加巡察工作人员表现，并存入个人干部档案，作为年度考核、评先评优和推荐干部提拔使用的依据，通报表扬表现优秀的市委巡察组和县（区）委巡察组干部54名。（王晓龙）

网信工作

【机构设立】 中共大同市委网络安全和信息化委员会办公室（以下简称“市委网信办”）是2019年1月在全市机构改革中新组建的机构，是市委网信委办事机构，属市委工作机关，加挂市互联网信息办公室牌子，具有政府行政管理职能。主要负责市委网络安全和信息化委员会日常事务工作、互联网内容建设与管理、统筹推进全市网络安全保障、统筹推进信息化发展等工作。年内，市委网信办科学应对网络舆情，提升网上舆论引导水平。按照“围绕大局、把握大势、关注大事”要求，紧跟形势发展变化，提高网络舆情发现力、研判力和处置力量。制定舆情工作例会制度，加强舆情监测分析研判报送工作，抓早、抓微、抓苗头，加强重大网情引导和网评工作。（臧博）

【市委网络安全和信息化委员会第一次全体会议】 2019年7月24日，市委网络安全和信息化委员会第一次全体会议在御东办公楼会议中心1号会议室召开。省委常委、市委书记、市委网络安全和信息化委员会主任张吉福主持会议，会议传达学习省委网络安全和信息化委员会第一次会议精神，审议通过《中共大同市委网络安全和信息化委员会工作规则》《中共大同市委网络安全和信息化委员会办公室工作细则》《大同市网信工作重点任务及分工方案》。会议听取市委网信办工作汇报，研究安排网信有关工作。（臧博）

【抖音（大同）城市峰会】 2019年3月21日，抖音（大同）城市峰会在市图书馆举行。峰会由北京字节跳动科技有限公司主办，市委网信办支持。活动以“从大同出发，向全世界讲好中国故事”为主题，抖音各地代表、企业界和行业代表约300人参加峰会，通过文化城市助推、抖音达人体验、抖音版城市短片等推广大同。通过重点推介非物质文化遗产，让大同非物质文化遗产通过矩阵话题传播走出大同，走向世界；通过线下“抖音美食挑战赛”，邀请网红达人等到大同品尝美食，借助“打卡城市味道”做到商家流量线下转化；在线下举办“抖音嘉年华”，邀请全国抖友到大同打卡，在线下设置城市主题印象馆，展示大同各种有趣味有意义内容，打造网红城市，提升大同知名度、美誉度。（臧博）

▲2019年9月16日，市委网信办举行“网络安全为人民，网络安全靠人民”的第六届国家网络安全宣传周活动（臧博摄）

【关键信息基础设施网络安全检查】 2019年8月，市委网信办组织实施全市关键信息基础设施网络安全检查工作，召开动员会，并举行业务培训。11月初完成全市关键信息基础设施摸底、调查、登记相关工作。11月底，聘请技术支撑单位现场检查全市65家单位、80套关键信息基础设施网络安全。并形成针对各关键信息基础设施检查报告，印发至相关单位，要求其限期整改。（臧博）

【网络安全普查】 2019年9月至10月，市委网信办组织相关部门分6个组，摸底普查市直机关网络安全情况。通过开展网络安全普查，以查促建、以查促管、以查促改、以查促防，督促市级机关落实《中华人民共和国网络安全法》《党委（党组）网络安全工作责任制实施方法》，增强安全意识，落实安全责任，分析安全风险，系统评估安全状况，排查安全隐患，清查网络资产，完善安全防护措施，预防和减少网络安全事件发生，保障市级机关重要网络与信息系统运行安全和数据安全。（臧博）

【国家网络安全宣传周活动】 2019年9月16日至22日，由市委网信办、市教育局、市工信局、市公安局、市总工会、团市委联合主办主题为“网络安全为人民，网络安全靠人民”的第六届国家网络安全宣传周活动，各县（区）委网信办等部门同步开展活动。宣传周期间，安排综合日、校园日、电信日、法治日、金融日、青少年日、个人信息保护日等主题日活动。通过制作宣传展板、发放宣传资料、现场接受咨询等形式，向广大市民宣传网络安全知识，掌握鉴别网络犯罪、防范网络诈骗等内容，提升广大人民群众网络安全意识和防护技能。（臧博）

政策研究

【概况】 2019年，市委政策研究室（改革办、综改办）挂市国家资源型经济转型综合配套改革试验区工作委员会办公室牌子。起草《中共大同市委全面深化改革领导小组2019年工作要点》，提出《省委全面深化改革领导小组2019年工作要点及责任分工（征求意见稿）》反馈意见；梳理汇总2014—2018年以来推出的改革事项及承接国家、省级先行先试改革事项推进落实情况；撰写《推动产业升级 加快转型发展——为资源型城市转型开辟“大同路径”》《改革风帆扬 潮起云天阔——大同市全面深化改革工作综述》。组织召开市委深化改革领导小组会议1次、市委深化改革委员会会议4次，审议通过2019年重大改革安排及责任分工、市委深化改革委员会工作规则及市委深化改革委员会办公室工作细则等文件；审议《大同市开展能源革命综合改革试点行动方案》《大同市推进通用航空业发展改革行动方案》《大同市加快开发区改革创新发展实施方案》《大同市推进国资国企改革实施方案》等改革方案。召开市委深化改革委员会办公室主任会议5次、业务工作会12次、周调度会6次、研究议题6项，涉及单位30余家，研究推进省考核市改革事项、先行先试项目申报、县（区）改革工作推进及支持大同经济技术开发区改革创新发展等项工作。编印6期《大同政研》，与全国200余家城市党刊交流。（市委政研室）

【改革“折子工程”】 2019年，市委政策研究室对全市推出33项232条具体改革事项及各县（区）改革任务，明确改革目标、完成时限和牵头配合部门，建立深化改革“折子工程”，并把各项改革任务录入“大同市全面深化改革平台的台账管理系统”，实施287项改革任务清单管理、按月推进和挂图作战。全年改革工作涉及11个县（区）、40个牵头责任单位、20余个配合部门。参加省委改革办组织的全省改革系统到广州、深圳考察学习，复制推广一批好的改革经验做法，提高改革工作水平。（市委政研室）

【改革信息化】 2019年，市委政策研究室编印并向省委改革办上报大同改革信息48期。其中，被省委改革办采用8期，《山西信息》采用1期，《山西日报》采用3期，《大同日报》采用1期，《大同信息》采用10期，累计采用率47.5%。维护和完善“大同市全面深化改革管理平台”，让市委、市政府主要领导能够通过信息平台随时查询了解各项改革项目的相关信息、进展情况，并作出批示。

（市委政研室）

【调查研究】 2019年，市委政策研究室坚持把调查研究贯穿始终，围绕贯彻落实党中央决策部署和习近平总书记视察山西重要讲话精神，围绕群众反映强烈的热点难点问题，围绕推进能源革命综合改革试点等重大改革，围绕经济转型发展等发展任务，结合“不忘初心，牢记使命”主题教育要求，在班子成员集体讨论研究基础上，制定全年调研工作计划，完成《大同市乡村旅游发展现状及思考建议》《产业升级转型问题研究》《关于大同市扫黑除恶专项斗争的调研报告》《加快推进我市有机旱作农业发展的调查与思考》《发展特色产业是促进农业增效、农民增收、农村发展的有效途径——大同市云州区黄花产业发展的启示》《关于加快工业振兴的思考和建议》《棚户区治理的问题调研》《聚焦“136”医疗扶贫 规范兜底保障机制》《争当对外开放尖兵的实践路径》《关于大同市浑源县黄芪产业可持续发展的研究报告》《改革创新助推开发区高质量发展——山西转型综合改革示范区调研报告》《恒安新区治理情况调研报告》等十余篇研究报告，梳理出10个方面41个问题。（市委政研室）

史志研究

【概况】 2019年2月，中共大同市委党史研究室与大同市地方志办公室合并为中共大同市委党史研究室（大同市地方志办公室），成为市委直属事业参公单位。年内，完成《中共山西年鉴（2019）》10余万字、《山西年鉴（2019）》5000余字供稿任务。报送省史志院《“三反”“五反”运动》7000余字专题稿件。根据省史志院印发的《关于征集山西革命烈士家书的通知》，收集报送李林的《致琴秋、庆树同志的一封信》《赵仲池同志笔记摘抄》《王子峰日记一、二》及阎秀峰的《致刘选伍同志的一封信》等大同革命烈士家书4篇。启动《山西抗日战争口述史料大同卷》编纂工作，形成初稿约50万字。协助浑源县举办年鉴工作培训会，并为参会人员讲授《如何撰写年鉴稿件》；审读《大同市南郊区年鉴（2018）》《阳高年鉴（2018）》《灵丘年鉴（2019）》《左云年鉴（2019）》，180余万字。协助市委组织部大同市党群教育基地筹备大同党史展览馆，为其提供展出图片。全年向《史志山西》供稿15篇，刊用9篇，刊发率60%。大同方志馆开馆有4250余人登记在册，接待读者人数超万人，制定方志馆岗位制度、图书管理制度和阅览室规则，工作人员整理现存各类书籍上架8741册，供市民查阅。（李红霞）

【志书编纂】 截至2019年底，大同市及县（区）规划出版12部志书。其中，市级1部，县（区）级11部；出版市级1部，出版县（区）级8部，未出版县（区）级3部，分别是《大同市矿区志（1998—2017）》《浑源县志（1996—2016）》《灵丘县志（1991—2010）》。

7月，《阳高县志（1991—2015）》由中国文史出版社出版，130万字。《大同市矿区志（1998—2017）》由于行政区划调整，修志任务由中共云冈区委党史研究室（区地方志研究室）承办，并通过省、市两级终审。浑源县、灵丘县根据省、市两级初审意见修改、补充、完善志稿，总纂终审稿。（杨燕燕）

【《大同年鉴（2019）》入选“中国精品年鉴”】 2019年6月底，由山西省年鉴专家结合全省年鉴实际情况，推选《大同年鉴（2019）》作为山西省唯一一家地市级综合年鉴申报“中国精品年鉴”，历时9个月的中国精品年鉴专家多次指导并调整类目、完善内容，于2020年3月30日，由中国地方志指导小组办公室组织实施，经过中国年鉴精品工程学术委员会评选，由中共大同市委党史研究室（大同市地方志研究室）组织编纂，方志出版社出版的《大同年鉴（2019）》入选“中国精品年鉴”，这是山西省11部地市级综合年鉴首次获该项荣誉，也是《大同年鉴》自创办以来获得的最高荣誉。《大同年鉴（2019）》记载的是2018年大同市自然、政治、经济、文化、社会等方面情况的一部地方综合性资料文献。该年鉴紧跟新时代社会发展步伐并结合全市发展现状及新成就、新进展和新经验，其框架在保持历年相对稳定的基础上作适当增加和调整，“农林水利”类目调整为“农业”类目，“水利”改为“水资源保护”归入“生态保护”类目，“商贸 会展”“无线电通信邮政”类目整合为“商贸服务业”“经贸合作”两个类目，“住房和城乡建设 环境保护”类目分设为“城乡建设”“生态保护”两个类目，“财政 税务”类目归入“经济管理”类目；为突显大同旅游文化名城地位，把“文物 旅游业”类目调整为“旅游业”类目，“文物”归入“文化”类目；为突出全面建设小康社会的历史使命，特设“脱贫攻坚”类目，最终调整为33个类目，150余万字。

（李红霞）

【《大同市志（1993—2013）》出版】 2019年12月，大同市志编纂委员会编纂的《大同市志（1993—2013）》由中华书局出版发行。该志书是首轮《大同市志》的续志，是雁北地区与大同市合并后大同市第一部全彩印断代体综合性志书。编纂工作始于2013年12月，涉及全市188家供稿单位，489名撰稿人员，86名摄影人员和照片提供者，全市600余人参与市志编修工作。2019年10月定稿付梓，历时5年10个月。

《大同市志（1993—2013）》上限1993年，下限断至2013年。为保持事物的连续性和完整性，部分内容适当上溯。部分专记下延至搁笔，大事记记述至2019年8月。志首前插图片突破断限。全书分6册，570万字，彩页和内文图片800幅。采用中编章节体结构，横排门类，纵述史实，述、记、志、传、图、表、录并用。首设概述、大事记、特记，尾设专记、附录、索引、编纂始末，中设42编分志，262章1050节，“人物”编收录古今人物464人。该书记述1993年雁北地区与大同市合并后大同市21年政治、经济、社会、文化、自然等方面的历史和现状，是服务当代、惠及后世的百科全书、地情文献。（杨燕燕）

【《中国共产党大同历史大事记（1949.5—2018.12）》出版】 2019年12月，中共大同市委党史研究室（大同市地方志办公室）组织编写《中国共产党大同历史大事记（1949.5—2018.12）》，由中共党史出版社出版，全书46万字，记录新中国成立70年来中共大同市委领导全市人民艰苦奋斗、顽强拼搏，曲折探索社会主义发展道路，解放思想、改革开放，奋发有为建设小康社会，转型升级、创新驱动，呈现大同在政治、经济、社会、民生、生态等方面取得的历史性成就。（李红霞）

【《中共大同执政实录》编纂】 截至2019年底，中共大同市委党史研究室（大同市地方志办公室）征集到《中共大同执政实录（2018）》297家单位报送的340万字资料。通过汇总、修改、编写、校对，200万字的样书交中共党史出版社审稿。《中共大同执政实录（2018）》收录2017年中共大同市委召开的重要会议、发布的重要文件、开展的重要工作，系统反映市委各部委、市直各部门党组织、各企事业单位党组织、各县（区）党委、各乡镇党委的工作概况。

（李红霞）

【参与庆祝新中国成立70周年活动】 2019年，中共大同市委党史研究室（大同市地方志办公室）经收集整理党史图片，从中选出200余幅照片，分6个展板制作“‘不忘初心 砥砺前行’——大同党史图片展”，经过7稿修改后审核通过。展板反映70年来大同市委、市政府带领大同人民取得的成就。参与“大同市庆祝新中国成立70周年大型图片展”工作，向市委宣传部报送照片40余张，提供成就线索1000余字。参与策划由市委宣传部牵头举办的“我和我的祖国——大同市庆祝新中国成立70周年红色故事讲解大赛”，帮助精选红色故事并参与大赛评选工作。

（李红霞）

【《大同今古》期刊改版提质】 2019年，《大同今古》期刊从稿源、栏目设置到版面设计进行改进，《大同今古》第2期起全部彩色印刷。向大同市知名学者约稿，提升稿件质量。全年编印6期，共60万字，该杂志连续出版182期。为庆祝新中国成立70周年，《大同今古》特设专栏，陆续刊登4篇介绍70年发展成就及先进人物的文章，字数约1.4万字。

（李红霞）

机构编制

【概况】 2019年，中共大同市委机构编制委员会办公室（简称“市委编办”）抓住理清职能、转隶组建、制定“三定”规定和上报审批等关键环节，规范性安排21项具体任务，统一改革进度和工作标准。印发系列文件，督促指导改革工作。3月底前，市县党政机构各项改革任务按要求、按计划完成。改革后，搭建组织机构框架，对应省委组建和调整10个市委议事协调机构。市直党政机构由改革前的53个减少至50个。市人大常委会机关优化设置2个专门委员会，市政协机关优化设置3个专门委员会。市本级行政编制总数由改革前3789名减少至3356名。优化部门职责体系，制定印发41个部门“三定”规定和11个部门调整职责通知，党政机构职责优化实现“全覆盖”，调整理顺78项部门职责交叉事项。县乡两级机构编制力量得到加强。县（区）党政机构数由改革前330个增加至356个，行政编制数由改革前4233名增加至4743名。这次机构改革取得“四个加强”成效：（1）党的全面领导得到加强。加强市委职能部门统一归口协调管理职能，优化组织、宣传、统战、政法等部门职责配置。（2）职能配置优化协同高效得到加强。推进简政放权，在完善市场监管方面，整合工商、质监、食药监等部门相关职能，组建市市场监督管理局，实行统一市场监管和综合执法；在自然资源管理方面，整合国土、规划、林业等部门相关职能，组建市规划和自然资源局，对自然资源合理开发利用，实施统一规划保护。（3）重点民生领域工作得到加强。加强重点领域民生工作，在卫生健康、医疗保障、退役军人服务、应急管理等人民群众普遍关心的领域，集中进行机构职能调整优化，组建市卫生健康委员会、市退役军人事务局、市应急管理局、市医疗保障局等一批新机构，强化社会管理和公共服务职能。（4）地方发展特色得到加强。因地制宜设置一些具有特色的新机构。为当好能源革命“尖兵”，整合能源管理职责，组建市能源局。为当好对外开放“尖兵”，设立市促进外来投资局。为打赢脱贫攻坚战，把市扶贫开发办公室由部门管理机构调整为市政府直属机构。机构编制信息化建设。做好中文域名服务管理工作，确保市直机关事业单位中文域名年度“全覆盖”。完成党政机关事业单位新开办网站资格审核和开办网站资格复核工作。服务保障省市视频系统正常运行，累计收看省委编办机构编制大讲堂8次。

（李万民）

【市场监管执法改革】 2019年，市委编办完成全市综合行政执法体制改革。围绕省委市场监管等5个领域综合行政执法改革要求，市委编办与5个领域主管部门配合、通力协作，3月底前，实现机构整合组建、挂牌、配备领导班子、人员（特别是骨干）到位要求。5月，5个领域综合行政执法改革实施方案印发。11月，市委编办印发《关于组建市场监管、农业、文化市场、生态环境保护、交通运输5个领域综合行政执法队的通知》，明确执法队伍机构事项。5个领域综合行政执法队组建完毕，执法工作步入正轨。县（区）方面，除平城区由市级执法队管执法外，其余9个县（区）实行“局队合一”体制，完成队伍组建工作。

（李万民）

【事业单位职能划转】 2019年，市委编办完成党政机构改革涉改事业单位改革。印发《关于做好承担行政职能事业单位行政职能划转工作的通知》，清理事业单位承担的行政职能，把事业单位承担的行政职能全部回归机关。这次清理事业单位承担行政职能工作中，把市直68个事业单位的156项行政职能回归其主管部门，有些调整名称。批复各县（区）涉及行政职能划转、规范机构名称、调整隶属关系等事业单位调整核准备案意见。10个县（区）按照批复机构改革方案，乡镇（街道）均综合设置4个办公室和2个事业单位。把县（区）级部门派驻在乡镇（街道）的农业技术推广中心站、农业机械服务中心站、畜牧兽医中心站、水利水保中心站、劳动保障所等下放乡镇（街道），实行属地管理，让涉农服务机构更贴近农村、农民，更好地服务“三农”。

（李万民）

【重要领域体制机制改革】 2019年，市委编办完成环保机构监测监察执法垂直管理体制改革。按照省安排部署，市委编办参与制定《大同市生态环境机构监测监察执法垂直管理制度改革工作方案》，并提出相关机构编制方面修改建议。把市生态环境局所属的大同市环境监测站、大同市室内环境监测中心上划至省生态环境厅管理，调整为省生态环境厅驻市生态环境监测机构。配合退役军人服务保障体系建设。按照省委编办部署，成立大同市退役军人服务中心，为市退役军人事务局管理的副处级制公益一类事业单位，为其调整16名财政拨款事业编制。各县（区）成立退役军人服务中心，为退役军人保障服务工作提供组织保障。加快推进新荣区古店镇经济发达镇改革步伐，组织制定《大同市新荣区古店经济发达镇行政管理体制改革工作》报市委常委会研究同意并印发，明确大同市新荣区赋予古店经济发达镇111项区级经济社会管理权限。按照上级关于深化群团组织改革的相关要求，摸底统计市直群团组织机构编制事项，为群团组织改革夯实基础。针对市红十字会关于设立监事会的请示，市委编办就相关事宜请示省委编办，并调研论证，待上级出台明确指导意见后予以推进落实。根据市委市政府安排部署，在全市开展相对集中行政许可权改革，按照自身职责推进工作。分析梳理29个涉改部门审批职责，按照“应划尽划”的原则划转。按“编随事走、人随编走”原则，提出编制调整意见，确保市行政审批服务管理局人员编制多于晋城市。形成“三定”框架意见，模拟调整各部门职责调整后“三定”规定。为构建运行顺畅的“一枚公章管审批”体制机制提供保障。（李万民）

【事业单位改革】 2019年，市委编办完成从事生产经营活动事业单位改革。根据《大同市关于从事生产经营活动事业单位改革的实施意见》，开展市直14家从事生产经营类事业单位调研，与涉改部门共同研究改革方案。为加快改革进度印发《关于加快推进市直从事生产经营活动事业单位改革的通知》。年内，提出市直14家从事生产经营活动事业单位改革方案和路径，并经市委常委会研究通过。推进县（区）8家从事生产经营活动事业单位改革。（李万民）

【事业单位登记管理】 2019年，市委编办事业单位登记管理水平提升。完成新组建部门与调整设置部门赋码工作。结合机构改革进程，第一时间完成涉改31个党政机构赋码工作，为91个涉改事业单位法人证书完成变更登记。深化“三减一加”改革。压缩办理时限，简化优化办理流程，合法简化申办手续，依托“大同事业单位在线”推进互联网+服务。年内即时办结事项率89%。应参加上年度报告公示事业单位453家，449家单位报送年度报告，年度报告报送率99.1%。办理变更登记91家。公示449家单位年度报告，公示率100%。

（李万民）

【机构编制管理】 2019年，市委编办加强构编制实名制管理，做到机构编制底数清、情况明、数据准。根据党政机构改革，为市直105家单位，在职3189人、退休1977人，在机构编制管理实名制系统中作调整。结合实际，制定市直机关、事业单位编制使用计划，核准市直各单位行政（含参公）用编133名，市直各单位事业用编733名，保障用编需求。按机关事业单位养老保险制度改革有关规定要求，为上报的63家单位，2016名在职人员，1569名退休人员审核并加注意见。根据机构改革实施方案及新

"三定"规定，调整更新实名制系统内52家机关、200余家事业单位机构变更信息。开展机构编制督查、举报受理等工作。协助完成4起涉编信访工作。通过实名制系统集中梳理全市超编、超职数单位和空壳机构，分类处理每个问题。加强机构编制问题监督受理手段，全年"12310"举报事项为零。通过大同市市直事业单位编制周转池制度，为引进的9名博士生人才办理编制手续并实名登记。为市县（区）两级设立新能源产业发展中心，落实能源革命专员编制169名，成立大同市煤炭清洁高效利用研究所（中科院工程热物理研究所大同分所），落实财政补助事业编制30名。（李万民）

【机构编制法治建设】 2019年，市委编办加快机构编制工作的各项制度建设，修订完善《中共大同市委机构编制委员会工作规则》和《中共大同市委机构编制委员会办公室工作细则》等制度，把机构编制工作纳入规范化轨道。加强组织学习，增强法律意识。重新制定中心组学习制度。制定学法普法执法责任清单，明确责任，加强领导。把领导干部带头学法作为组织学习重点，完善领导干部学法用法制度和机制。加强法治教育宣传，强化法治队伍建设。组织学习《机构编制工作条例》、宪法等党内法规和法律法规，制作宣传展板，组织参加培训，参加"宪法宣传日"活动。通过多形式、多角度、多层次的学习，增强党员干部法治思维，加强法治干部队伍建设。（李万民）

【权责清单标准化建设】 2019年，市委编办与市行政审批服务管理局沟通，组织协调市行政审批服务管理局推进和完善政府部门权责清单制度，了解市政府部门权责清单调整和运行情况。8月，市委编办与市司法局、市行政审批服务管理局联合印发《关于转发省委编办、省司法厅、省行政审批服务管理局〈关于集中梳理调整各级政府部门权责清单的通知〉的通知》，梳理汇总权责清单由市司法局组织合法性审查，如合法性审查后，市委编办开展审核确认，按程序报有关会议审定。（李万民）

市直机关党建

【政治思想建设】 2019年，中共大同市直属机关工作委员会（简称"市直机关工委"）把贯彻习近平新时代中国特色社会主义思想和党的十九大、十九届二中、三中、四中全会精神作为工作重要内容。年内，以习近平新时代中国特色社会主义思想为主要内容，分2期集中轮训市直机关997名基层党支部书记。组织召开《习近平新时代中国特色社会主义思想学习纲要》宣讲报告会、党的十九届四中全会精神互动座谈会等，全市600余名市直机关党员干部参加。（郭鹏飞）

【"不忘初心、牢记使命"主题教育】 2019年，市直机关工委开展"不忘初心、牢记使命"主题教育以来，按照"守初心、担使命、找差距、抓落实"总要求，把"学习教育、调查研究、检视问题、整改落实"贯穿始终。（1）学习教育方面。利用共产党员网、学习强国APP、好干部在线等学习平台，加强学习交流。市直机关工委组织"不忘初心、牢记使命"主题教育市直机关报告会、宣讲党的十九届四中全会精神市直机关报告会，市直机关各党组织共计490余人次参加。开展革命传统教育和形势教育、先进典型教育和警示教育。举办"不忘初心、牢记使命"主题教育市直机关报告会，市直机关系统150余人接受先进典型教育。（2）调查研究方面。市直机关工委形成调研报告6篇，梳理问题17条，制定措施21条，通过调研成果交流会把7条转化为决策措施。（3）检视问题方面。坚持开门搞教育，把请进来、走下去、敞开门结合起来，采取召开座谈会、入户走访、专题调研、发放问卷和征求意见表、设置意见箱、公布办公电话等方式，结合主题教育"8+5"专项整治，查找出问题57个，问题清单列出问题57个。（4）整改落实方面。完成整改问题53条，按序整改问题4条。开展"三服务"方面，收集事项5个，解决事项4个，按序推动事项1个。（郭鹏飞）

【"改革创新、奋发有为"大讨论活动培训】 2019年，市直机关工委制定《市直机关党支部书记"改革创新、奋发有为"大讨论示范培训班工作方案》，分2期集中培训所属党支部书记906人。面向市直机关开展"'改革创新、奋发有为'市直机关庆'三八'"专题讲座、市直机关党组织书记履行党建工作责任述职会、市直机关"改革创新、奋发有为"先进典型报告会、全市"改革创新、奋发有为"先进典型巡回报告市直机关专场报告会等，共计600余人次参加。（郭鹏飞）

【"三基建设"】 2019年，市直机关工委健全"三基建设"联系点制度。开展机关效能建设，拟定《市直机关效能建设综合评估工作方案（试行）》。以提升组织力为重点，突出政治功能，整顿10个软弱涣散基层党组织。推进党支部工作标准化、规范化建设，印制《党建资料汇编》。完善市直机关党员信息管理系统，推进党员组织关系网上接转，提升党员信息化管理水平。年内，市直机关工委督促指导48个市直基层党组织按照组织程序完成换届和增补委员等工作，为17个基层党组织下拨党费73万元。在机构改革期间，为确保市直机关党建工作不断档、不掉线，市直机关工委印发《2019市直机关党建工作要点》《关于加强机构改革涉改部门机关党建工作的通知》，推动涉改部门党组织按时调整到位，对涉改单位《全国党员信息系统》进行信息完善和数据维护。举办市直机关发展党员工作专项培训会。与所辖市直党组织签订《2019年度市直机关党建工作目标责任书》，规范直属党组织党费收缴工作。推进所辖党组织召开县以上领导干部年度民主生活会。明确要求市直各党组织县处级以上领导干部以普通党员身份参加所在支部组织生活会，并把此项内容列入机关党建责任目标。为贯彻落实市委关于加强机关智慧党建平台建设工作的安排部署，市直机关工委多次召开工委会议研究推进智慧党建平台建设相关工作并组织召开市直机关智慧党建推进会。摸底调研市直机关工委直属党组织智慧党建活动室建设。完成机关智慧党建平台建设软、硬招投标工作，分期分批开展硬件安装和软件测试工作。年底全面完成直属机关党组织智慧党建平台设备安装、调试并投入使用。加强和改进意识形态领域各项工作，注重把握机关党员干部思想动态。组织市直机关近2000名党员干部观看市直机关庆祝建党98周年歌剧《江姐》专场演出。为市直机关基层党支部书记发放《发展党员工作指导手册》1000余册、为直属党组织发放《党章电视辅导教材》150册、为市直机关党员干部发放《习近平关于“不忘初心、牢记使命”重要论述选编》《习近平新时代中国特色社会主义纲要》《习近平关于“不忘初心、牢记使命”论述摘编》等资料5.38余万册。

（郭鹏飞）

【机关精神文明建设】 2019年，市直机关工委统筹推进机关精神文明建设和群团工作，营造凝心聚力良好氛围。以党建带群建，以群建促党建，党建群建并举，提升精神文明建设。为落实全市创建文明城市专题会议精神，推进创建文明城市各项工作。开展“文明之春、靓丽大同”文明形象展示主题活动。按照市创建文明城市任务分解表，落实创城工作目标任务。集中开展“学雷锋志愿服务月”活动及党员志愿服务活动。组织市直机关完成庆祝新中国成立70周年系列任务。主办有市直机关系统80个单位400余名干部职工参加的市直机关第八届职工羽毛球比赛，第八届“银星杯”乒乓球比赛和第六届职工棋类比赛。为提升机关工会干部的政治理论水平和工作业务能力，举办2019市直机关工会干部培训班。在市直机关开展“不忘初心 牢记使命”主题征文活动，市直机关34个直属党组织200余人参赛。在元旦、春节、国庆期间慰问市直机关新中国成立前入党老党员、生活困难党员和党务工作者等792人，发放慰问金27.19万元。

（郭鹏飞）

【理想信念教育】 2019年7月初，大同市创建文明城市工作开展以来，市直机关工委在引领号召市直机关各级党组织和广大党员干部参与、人人关注创城工作，加强机关党员干部理论武装，加强党性教育，推动机关党员干部增强“四个意识”，坚定“四个自信”，坚决做到“两个维护”，拧紧理想信念“总开关”。市直机关工委发挥领学促学作用，在制定《2019年市直机关党的工作要点》中明确学习贯彻习近平新时代中国特色社会主义思想等内容，推动市直机关广大党员干部自觉加强理论学习，分六期集中轮训市直系统3489名科级党员干部。市直机关工委弘扬以爱国主义为核心的民族精神和以改革创新为核心的时代精神，开展市直机关党支部书记“改革创新、奋发有为”大讨论示范培训，举办市直机关“改革创新、奋发有为”大讨论先进典型报告会，组织市直各机关党员干部参观“大同市庆祝改革开放40周年摄影展”等，引领带动广大党员干部学先进、做先进，形成学做结合、知行合一氛围。（郭鹏飞）

老干部工作

【概况】 2019年，中共大同市委老干部局（简称“市委老干部局”）加强离退休干部政治建设、思想建设和党组织建设，发挥老年大学、老干部活动中心主阵地作用，创新学习形式，采取共学、领学、送学、网学、研学等方式，组织引导离退休干部学习习近平新时代中国特色社会主义思想。举办3期离退休干部学习贯彻十九届四中全会精神轮训班，轮训人员800人。组织全市离退休干部参加全省离退休干部“不忘初心葆本色，砥砺前行立新功”主题知识竞赛，获优秀组织奖。按照“利于活动、便于管理、应建尽建”原则，在市老年大学新建1个临时党总支，21个临时党支部。举办市直离退休干部党支部书记培训班，提升党组织凝聚力，加强离退休干部基层党组织建设。（申　辉）

【离退休干部庆祝新中国成立70周年系列活动】 2019年，市委老干部局围绕新中国成立70周年主题，在离退休干部中开展“庆祝新中国成立70周年”系列活动，组织离退休干部讲好中国故事、展现新中国成立70年来伟大成就。采取“学、讲、展、演、赛、宣”等形式，开展庆祝活动。在全市离退休干部中开展“我看新中国成立70周年”专题调研、“我与共和国一起成长”征文活动、“庆祖国华诞，展夕阳风采”书画展、全市离退休干部广场文化活动展演、“不忘初心·放歌祖国”大同市离退休干部庆祝新中国成立70周年红歌大合唱、“快乐健康伴我行”离退休干部乒乓球比赛、“我和我的祖国”主题宣讲等活动。活动期间，举办文体活动87场，收集征文102篇，组织宣讲27场。云州区、阳高县、天镇县、灵丘县、广灵县以文艺会演、演唱会、联欢会

▲2019年国庆期间，市委老干部局组织开展“庆祖国华诞、展夕阳风采”大同市离退休干部书画展

（申　辉　摄）

等形式，组织离退休干部庆祝新中国成立70周年。各县（区）根据当地老干部特点，开展独具特色庆祝活动。云冈区举办第一届老年趣味运动会暨广场舞展演，阳高县举办“迎国庆，庆重阳”系列文体竞赛活动、“我和共和国一起成长”老干部金婚庆典和“庆祖国华诞，展夕阳风采”书画摄影艺术作品展，灵丘县、广灵县组织离退休干部开展登山活动，以“看新貌话发展”形式庆祝新中国成立70周年。

（申　辉）

【“增添正能量·共筑中国梦”活动】 2019年，市委老干部局组织离退休干部到基层，唱响时代主旋律，助力家乡建设。新荣区与社区居委会联合举办“庆祝新中国成立70周年”老干部社区大讲堂，邀请离退休干部代表为社区居民讲述自己与祖国一起成长的初心故事。阳高县成立老干部巡回宣讲团到乡（镇）、企业、非公组织等，开展“祖国在我心中”巡回宣讲活动。平城区老年大学青松艺术团、阳高县老年大学文艺班到社区、敬老院开展文化宣传、文艺表演活动。云州区、广灵县组织离退休干部到扶贫村慰问演出，与村民一起为新中国成立70周年祝福，助力决战决胜脱贫摘帽、打造建设幸福乡村加油鼓劲。新荣区、云州区选聘退休党员担任农村“特聘党建指导员”，协助村委会在基层党建工作中发挥自己优势和特长，在指导农村党建、引领经济发展、服务村民等方面发挥其作用。云州区搭建有效平台，鼓励有能力有责任心的退休干部担任“社区综治监督员”，参与社会治理工作，以创建“零犯罪社区和学校”活动，协助社区抓好综治工作。注重选树离退休干部发挥作用的先进典型，广灵县离休干部任昌熙被授予“全国离退休干部先进个人”称号，温庭儒等10人被授予全市离退休干部“银发先锋”称号。

（申　辉）

【离退休干部服务水平提升】 2019年1月起，市直离休干部医药费统筹标准从每人每年1.4万元提高至每人每年3万元，离休干部定点医疗外购药标准从每年1500元提高至2000元；为63名离休干部提高护理费标准；联合市卫健委，印发《关于进一步做好离休干部医疗服务工作的通知》，推动离休干部家庭医生签约，构建定点医院+社区医疗机构“1+1”立体化医疗服务模式；定点医院为离休干部开辟专门绿色通道，构建“四专三优”（即设立专门的全科诊室、配备专门的治疗医师、划分专门的住院病房，提供专门的医导服务，离休干部享受优先就诊、优先检查、优先取药等待遇）离休干部看病就医服务模式；该局机关工作人员与市直532名离休干部结对，动态了解掌握离休干部身体状况、思想状况、生活状况、家庭情况等，收集反馈离休干部合理诉求，为老干部做好事解难事；元旦春节和国庆重阳期间，组织开展2次大规模集中慰问，全市慰问离退休干部17669人次，发放慰问品及慰问金336.6万元；全年市直帮扶143名离退休干部，发放帮扶资金21.05万元，各县（区）帮扶277人，发放帮扶资金31.5万元。

（申　辉）

保密工作

【概况】 2019年，机构改革后，大同市国家保密局牌子挂于中共大同市委办公室，为正处级。市国家保密局办公室属市委办公室内设科室，负责市委保密委员会日常工作。依法开展保密行政管理，发展应用保密技术、保密防范技术工作。负责市委办公室保密检查和保密教育工作。市保密技术检查中心和市涉密载体销毁中心是市委办公室正科级事业单位，受市国家保密局业务指导。年内，为加强县（区）涉密单位和保密重点单位互联网信息监管，全市10个县（区）都安装互联网出口检查平台。开展市级保密监管“一体化”平台建设。11月20日，大同市涉密载体销毁中心建成运营。

（姜　森）

【保密宣传教育】 2019年，大同市运用新媒体新渠道，建立“大同保密”微信公众号，关注人数500余人，年内发布保密工作动态、保密法规、保密“两识”等信息13期。推进保密教育“三进工程”，保密办工作人员走上街头，为市民发放保密宣传手册、传单和各类宣传资料1100余份，现场答疑解惑，普及网络保密安全知识。开展全市涉密人员、保密专兼职干部能力提升教育培训，其中广灵县、市委办、市统计局、市委统战部、人行、市教育局等17家单位参训人数910余人。征订《保密工作》杂志868份。

（姜　森）

【保密依法行政】 2019年，大同市加强驻大同机关、单位保密管理，印发《关于对驻同机关、单位进行保密检查的通知》，重点检查20余家驻大同机关、企事业单位及涉密资质单位保密工作，提高市整体保密工作水平。联合市直单位开展保密检查。5月，联合市公安局、市教育局、市招办年检全市16个国家统一考试试卷保密室，针对存在的问题现场指出要求限期整改，16家保密室硬件设施和管理制度均符合国家要求，予以颁发“保密室合格证”；全年保障省公务员考试、高考、中考、事业单位招聘等国家统一考试22场，主要监管考试期间无线信号实施测向定位，考试环境，考试全流等。6月，联合市工信局等单位检查全市涉及军民融合企业保密工作；7月，联合市邮政管理局开展机要通信保密安全监督检查；9月，联合市网信办，检查市委宣传部、市委统战部等9家单位网络安全保密工作；10月，联合市规划和自然资源局开展涉密地理成果保密检查。开展重点涉密机关单位例行保密安全“体检”，检查市委办、市巡察办等单位保密工作，共检查电脑179台，U盘30个，处理违规电脑10台，U盘4个。

（姜　森）

【法律职业资格保密监管】 2019年8月31日至9月1日，2019年国家统一法律职业资格考试大同考区在市高级技工职业学校和市会计服务中心2个考点举行。市委保密委专职副主任宋玉宝现场督察考务保密工作，并提出工作建议。国家统一法律职业资格考试试题在开考前属于国家秘密，全国首次采用主、客观题均使用计算机答题模式，改变传统试卷答题形式，从试题流转渠道上完全消除试题泄露造成的泄密隐患。针对网络技术发展出现的计算机答题考试崭新模式，考务保密工作要坚持“人防”为主，注重考务人员保密意识宣传教育，加强网络运维技术人员监管工作，明确刑法对考试作弊追究刑事责任的严肃性，防止人员“监守自盗”；要突出“技防”作用，加强技术防护，严格试题远程传输、当地下载、测试运转、边界防护、身份鉴别等各个环节技术要求，确保试题“固若金汤”；要发挥“联防”功效，加强与公安网监支队、网信舆情部门、无线电委员会、电信等部门通联工作，组织研判预警，做到“防患未然”。（姜 森）

党校教育

【概况】 2019年，中共大同市委党校突出党的理论教育和党性教育的主业主课地位。教学安排中，确保党的理论教育和党性教育课程的比重不低于总课时70%，党性教育课程的比重不低于总课时20%。在理论教育上突出习近平新时代中国特色社会主义思想，强化马克思主义中国化最新理论成果。坚持把习近平新时代中国特色社会主义思想作为理论教育的重中之重，在主体班次单设习近平新时代中国特色社会主义思想教学单元，重点抓培训教育，引导和促使学员学习领会习近平新时代中国特色社会主义思想的历史地位、精神实质和丰富内涵，把握习近平新时代中国特色社会主义思想科学体系，夯实理论基础。强化马克思主义中国化理论教学，引导和促使学员读原著、学原文、悟原理，系统掌握马克思主义基本原理和立场观点方法。使学员学习并领会中国改革开放40年来马克思主义中国化的最新理论成果。开设一系列体现马克思主义中国化最新成果理论课。在党性教育上强化党章党规党纪教育。坚持把党性教育作为贯穿党校教育的一条红线，开展理想信念教育、宗旨使命教育、党史国史教育、纪律道德教育、党内法规教育、反腐倡廉教育，形成党性教育课程体系。把党章党规党纪教育作为重中之重，从内容分量、时间安排等方面加大力度，紧贴形势任务、适应干部需求、体现党校特色。除专题讲授外，年内专门组织学员到雨花台干部学院、太行干部学院开展延伸培训，突出学员理想信念、政治纪律、党性党风和反腐倡廉教育。创新“六个一”教学模式（即发放一本反腐倡廉教育读本、讲授一堂反腐倡廉形势任务课、组织一次反腐倡廉现场教学、观看一组反腐倡廉警示教育片、开展一次反腐倡廉主题班会、组建一支廉政教育研究教师队伍），安排学习中央、省市委关于廉洁从政各项规定教学内容，观看警示教育片，组织学员参观平型关大捷纪念馆、市党纪教育基地，到省内党性教育基地汾阳贾家庄开展现场教学。

全年举办各类培训班次30期，培训各级各类干部3022人次。其中，举办主体班4期（包括第3期市管干部读书班，第29期、第30期中青年干部培训班，第1期青年干部培训班），培训学员273人次；承办第2期全市领导干部政治能力建设专题培训班，培训学员201人。承办市委组织部、市委统战部、市政法委、市老干局、市总工会、市科协等各类培训班次25期，培训轮训干部2548人次。（赵廷俊）

【教学改革】 2019年，中共大同市委党校聚焦主业主课，加强教学改革、教学管理，提升培训质量。（1）优化教学内容。坚持以学习习近平新时代中国特色社会主义思想为中心内容和首要任务，提高党的领导干部政治觉悟、政治能力和执政本领，以掌握理论创新最新成果为重点夯实学员理论基础，以坚定理想信念、增强宗旨观念和改进作风为重点加强学员党性修养，以把握时代特征和国际经济政治形势为重点拓展学员世界眼光，以强化全局观念和应对复杂局面为重点培养学员战略思维。突出中央、省委重大决策部署，重点安排习近平总书记视察山西重要讲话精神、“不忘初心、牢记使命”主题教育专题辅导。每期主体班邀请市委领导、市有关部门负责人就大同市经济社会发展问题作不同专题报告。（2）创新教学方式。坚持问题导向、实践导向，在加强和改进讲授式、互动式、案例式、研讨式、现场体验式教学基础上，推进教学方式创新，重点围绕师生论坛、学员论坛探索，改进和创新，开展开放、互动、富有实效的教学方式，激发学员学习的内动力和参与教学的积极性。（3）提高教学实效性。结合大同转型发展实际，在主体班次开展市情与经济社会发展、新时代与大同发展专题教学，通过开展各类主题活动、实践调研活动等，加强全市经济社会发展理论和现实问题学习研讨，提高学员立足大同实际分析研究问题、推动转型发展的素质和能力。（4）强化教学管理。在实行教师授课内容审核、教师登台前试讲、教师集体评价等制度基础上，完善教学评估制度、学员评价制度，创新优化课堂教学考核评估与激励机制，确保教学质量。（5）严格学员管理。通过加强学员学习考核，规范培训相关纪律，制定加强学员管理若干规定，签订《学员培训承诺书》，加强在训期间管理；通过学员毕业鉴定，建立全市县处级干部培训档案，完善干部教育培训考核和激励机制。（赵廷俊）

【科研咨政】 2019年，中共大同市委党校坚持把教学科研咨政相融合，构建教学、科研、咨政一体化格局。（1）加强理论研究，提升科研影响力。年内有2项山西省哲学社会科学规划课题，5项2018—2019年度山西省党校行政学院系统课题获准立项；在全省党校（行政学院）第十届科研基金优秀成果评奖活动中，有1篇论文获一等奖，1篇论文和1部专著获二等奖；在全省党校（行政学院）系统纪念改革开放40周年理论研讨会上有4篇论文获二等奖，3篇获优秀奖；在全省党校（行政学院）系统庆祝新中国成立70周年理论研讨会上有2篇论文获一等奖，3篇获二等奖，4篇获优秀奖；在全市党校系统庆祝改革开放40周年理论研讨会上，有2篇论文获一等奖，2篇获二等奖，2篇获三等奖；在全市党校系统庆祝新中国成立70周年理论研讨会上，有3篇论文获一等奖，4篇获二等奖。全年有10余篇学术论文在国家级、省市级刊物上发表。（2）建设新型“智库”，提升决策咨询能力。年初成立经济与社会发展、党的建设与政治生态、农业农村与民生保障、文化与旅游、生态文明与环境保护5个决策咨询课题小组，围绕市委、市政府中心工作、重大决策部署，聚焦全市政治经济社会发展的重点、难点、焦点、热点问题，到厂矿、乡村、社区、学校等开展调查研究。截至2019年底，中共大同市委党校向市委、市政府及有关部门报送《决策参考》3期。向上级部门报送各类信息20余篇，有2篇在《大同信息》上刊登。对《2018—2022年全省干部教育培训规划（征求意见稿）》提出意见建议；参与市委、市政府关于加快县域经济发展指导意见文件评审工作。（赵廷俊）

▲2019年9月25日，第二期大同市领导干部政治建设专题培训班在市委党校举行（赵廷俊 摄）

【意识形态教研】 2019年，中共大同市委党校开展意识形态学习和分析研判。该校（院）领导多次参加全市意识形态领域工作会议。该校（院）委中心组坚持把中央和省市委关于意识形态工作的决策部署及指示精神列为重要学习内容，该校（院）机关党委把意识形态的有关内容列入支部学习计划中，并组织党员开展学习。在主体班开设提升党员干部意识形态能力专题。召开4次意识形态工作总结和分析研判会议，注重研究重大舆情，研究社情民意中的倾向性、苗头性问题，特别对参训学员在学习期间的思想动态开展分析研判。落实意识形态工作责任制。调整该校（院）意识形态工作领导组和分析研判组，补齐补强组成人员。坚持把意识形态工作同该校（院）各项主要工作同部署、同落实、同检查、同考核。明确该校（院）委主体责任，常务副校（院）长第一责任人职责。要求分管领导和各处室负责人履行好意识形态工作职责，加强各行政处室、教师、班主任、参训学员思想政治教育。聚焦主业主课，守好“三个阵地”。严把课堂教学内容关，突出教师政治纪律要求，要求教学人员严守政治规矩，严肃教学纪律，坚持用学术讲政治，坚决守好培训阵地。发挥党校在主流思想舆论宣传中的主力军作用，宣讲好党的理论政策。发挥意识形态工作的重要阵地作用，加强意识形态领域和现实问题研究，加强各种社会思潮和干部思想动态剖析研究。（赵廷俊）

【第二期市领导干部政治建设专题培训班】 2019年9月25日至26日，第二期大同市领导干部政治建设专题培训班在市委党校举行。市委组织部常务副部长周灏出席开班仪式并作动员讲话，市委常委、组织部部长、市委党校校长宋涛出席结业仪式并讲话。各县区委副书记，市直单位、正处级事业单位和市管企业分管党建工作的班子成员200余人参加培训。

培训课上，市委党校的教师讲授“坚持党的领导、维护党中央权威”“坚定政治信仰，提高政治能力”“扛起政治责任，永葆斗争精神”等课程。教育引导全体学员带头讲政治，在政治立场、政治方向、政治原则、政治道路上同党中央保持高度一致；提高政治站位，坚决做到“两个维护”，用习近平新时代中国特色社会主义思想武装头脑、指导实践、推动工作。（赵廷俊）

【庆祝新中国成立70周年理论研讨会】 2019年9月29日，大同市党校系统在中共大同市委党校举行庆祝新中国成立70周年理论研讨会。常务副校长雷忠厚出席并讲话。中共大同市委党校班子成员、教师、各县（区）委党校分管科研的副校长、入选论文作者40余人参加。

研讨会指出，党校要以习近平新时代中国特色社会主义为指导，聚焦党的理论教育和党性教育主业主课，以培养造就忠诚干净担当的高素质专业化干部队伍为主要目标，发挥干部培训、思想引领、理论建设、决策咨询作用。坚持党校姓党根本原则，严守党的政治纪律和政治规矩，始终坚持用学术讲政治。坚持围绕中心，服务大局，提升科研水平，发挥新型智库作用。研讨会共收到论文23篇，16篇入选，评选出一等奖3篇，二等奖5篇，优秀奖8篇。（赵廷俊）

大同市人民代表大会

综　述

【概况】 2019年，大同市人大常委会召开市人民代表大会1次，市人大常委会8次，主任会议18次，制定、修改地方性法规4件，听取审议市人民政府、市中级人民法院、市人民检察院专项工作报告24项，开展执法检查和视察调研66次，决定重大事项10项，任免国家机关工作人员129人次。 （贾鸿铸　陈　力）

【人大组织构成】 2019年，大同市第十五届人民代表大会有代表346名。其中，平城区76名、云冈区82名、新荣区16名、云州区21名、阳高县32名、天镇县21名、浑源县37名、灵丘县24名、广灵县20名、左云县17名。市人大常委会工作机构有：法制委员会、监察与司法委员会、财政经济委员会、社会建设委员会、教科文卫工作委员会、农村工作委员会、人事代表工作委员会、城乡建设环境保护工作委员会、民族宗教外事工作委员会、法制工作委员会、办公室、研究室。 （贾鸿铸　陈　力）

【人大机构改革】 2019年，市人大常委会机关优化设置2个专门委员会，市第十五届人民代表大会第四次会议决定大同市第十五届人民代表大会内务司法委员会更名为大同市第十五届人民代表大会监察和司法委员会，设立大同市第十五届人民代表大会社会建设委员会；表决通过市十五届人大监察和司法委员会、社会建设委员会组成人员名单。（贾鸿铸　陈　力）

人大重要会议

【市第十五届人民代表大会第四次会议】 2019年2月24日至27日，市第十五届人民代表大会第四次会议在市工人文化活动中心举行，出席会议代表应到346人，实到312人，符合法定人数。十三届全国人大代表冯冰、在大同的省十三届人大代表，出席政协市十四届三次会议的委员，市直各部门负责人，国省属驻大同单位负责人列席会议。大会设有旁听席，14名社会各界人士旁听会议。

会议听取、审议市长武宏文作的《政府工作报告》和市人大常委会主任赵向东、市中级人民法院院长白永旺、市人民检察院检察长段运生分别作的大同市人大常委会、大同市中级人民法院、大同市人民检察院工作报告，会议审查关于大同市2018年国民经济和社会发展计划执行情况与2019年国民经济和社会发展计划（草案）的报告，关于大同市2018年全市和市本级预算执行情况与2019年全市和市本级预算草案的报告。

大会收到代表提出的议事原案4件。经议案审查委员会审查后报大会主席团决定，把其中3件立为议案，会后交由市人大常委会和市人大有关专门委员会审议办理，其余1件转作代表建议、批评和意见处理。收到代表提出的各个方面工作建议、批评和意见178件，加上转为建议的1件议事原案共计179件。依照规定分别交由有关机关和组织办理，并在法定时间内答复代表。选出12件列为重点建议，由市政府及其有关部门重点办理，会后，市人大常委会开展重点督办，并向社会公开。

▲ 2019年2月24日，大同市第十五届人民代表大会第四次会议开幕（张湛滨 摄）

大同市第十五届人民代表大会第四次会议代表提出的议案和重点建议情况表

案 由	领衔代表及人数	议案编号	承办单位
关于修改《大同市水土保持管理办法》的议案	刘志忠（12）	001	市人大法制委
关于尽快出台《恒山风景名胜区生态保护条例》的议案	岳利芳 杨素卿（26）	002	市人大法制委
关于修订《大同市城市市容和环境卫生管理办法》的议案	郝志连（12）	003	市人大法制委
关于出台《营造法治环境促进民营经济发展的决定》的议案	于翠红（11）	004	市人大财经委
关于启动万泉河水生态环境综合整治的建议	徐恩军	036	市生态环境局 新荣区政府
关于加大对新荣得胜堡群保护与开发支持力度的建议	邓志蓉	045	市文物局 市文化和旅游局
关于黄花产业可持续发展的建议	白雪峰	050	市农业农村局
关于尽快修建大同火山群国家地质公园西侧对外交通南北路的建议	杨近源	065	市规划和自然资源局 云州区政府
关于无人村落合理开发利用的建议	张月英	093	市文化和旅游局 市农业农村局 阳高县政府
关于做实装配式建筑的建议	张广忠	098	市住房和城乡建设局
关于加快大同市城市副中心基础设施建设的建议	张满兴	106	市规划和自然资源局 市商务局 云冈区政府
关于解决开发商代收维修基金挪用问题的建议	赵海燕	115	市住房和城乡建设局
关于加强我市公办普惠性幼儿园建设的建议	赵海燕	118	市教育局
关于打通南环西路与规划一路交汇处T字路口的建议	苏志远	133	市公安局 市规划和自然资源局
关于在大同市区车站和路口设立中英文对照景区路标的建议	王瑞霞	154	市规划和自然资源局 市文化和旅游局
关于启用荣乌高速大磁窑镇恒山出口的建议	曹仙峰	177	大同南高速公路公司

会议选举王丽萍、杜福、周灏、赵军4人为市十五届人大常委会委员、票决10项民生实事入选2019年市政府民生实事项目。会议表决通过关于大同市政府工作报告的决议；表决通过关于大同市2018年国民经济和社会发展计划执行情况与2019年国民经济和社会发展计划的决议；表决通过关于大同市2018年全市和市本级预算执行情况及2019年全市和市本级预算的决议；表决通过关于大同市人大常委会工作报告的决议；表决通过关于大同市中级人民法院工作报告的决议；表决通过关于大同市人民检察院工作报告的决议。

（贯鸿铸　陈　力）

【首次票决民生实事】 2019年，大同市为更好地问需于民、问计于民、问政于民，落实以人民为中心发展思想，首次尝试市政府民生实事项目人大代表票决制。2月18日，大同市政府邀请部分市人大、市政协领导、代表、委员，梳理30件备选民生实事并征求意见，形成20件备选民生实事。2月19日，市政府常务会议讨论研究20件备选民生实事，筛选调整成15件备选民生实事，提请市委常委会审议。2月20日，经市委常委会讨论研究，形成涵盖住房、交通、环境、文化、体育、卫生、社保等领域12件备选民生实事，决定提请市十五届人大四次会议第三次全体会议票决。

2月27日，在大同市十五届人大四次会议第三次全体会议上，与会代表根据《大同市第十五届人民代表大会第四次会议市政府民生实事项目票决办法》有关规定，采取无记名投票方式差额投票表决，按照得票选出10项目市政府民生实事项目：整治改造市区内30条街巷；建设200个乡村环境提升示范村；巩固提升200个村、15.21万农村人口饮水安全；治理无物业管理老旧小区80个；新建停车场、停车楼或垂直升降机械式停车库10个；在御河公园、文瀛湖公园新建10千米智能健身步道和笼式足球场、篮球场、网球场等体育设施；优化城市道路照明和交通主干道信号灯控制系统；完成5万人全民技能提升培训；大同电视节目有效覆盖全市农村；为符合条件的铁路沿线小区安装隔音护栏。

（贯鸿铸　陈　力）

【市第十五届人大常委会会议】 2019年，大同市人大常委会举行8次常委会会议。

第20次会议。1月15日在市人大常委会会议厅举行。市人大常委会主任赵向东，副主任、秘书长和委员31人出席会议。市委常委、市政府常务副市长薛明耀，市监察委员会、市中级人民法院、市人民检察院负责人列席会议。会议听取关于提请补选山西省第十三届人民代表大会代表的议案说明，听取市人民政府关于提请审议人事任职议案说明，市政府拟任职人员与常委会组成人员见面，并作供职发言。会议表决通过关于接受个别代表辞去山西省第十三届人民代表大会代表职务决议，大同市第十五届人民代表大会常务委员会第二十次会议选举办法，补选山西省第十三届人民代表大会代表，并报省人大常委会备案、公告。表决通过人事任职事项，会议决定任命郝献民为大同市人民政府副市长。

第21次会议。1月22日在市人大常委会会议厅举行。赵向东、副主任、秘书长和委员32人出席会议。薛明耀，市监察委员会、市中级人民法院、市人民检察院负责人，市人大及其常委会各机构负责人，市政府有关部门负责人，各县（区）人大常委会负责人列席会议。会议听取市人民政府关于提请审议人事任免职议案说明，市政府拟任职人员与常委会组成人员见面，并作供职发言。会议表决通过大同市人大常委会关于做好民生实事项目人大代表票决制工作的决定；表决通过大同市人大常委会关于召开大同市第十五届人民代表大会第四次会议的决定，决定大同市第十五届人民代表大会第四次会议于2月22日在大同市召开；表决通过人事任免职事项；表决通过大同市人大常委会关于接受高淑霞辞职请求决定。赵向东向新任职人员颁发任命书，新任职人员集体向宪法宣誓。

第22次会议。2月21日在市人大常委会会议厅举行。赵向东、副主任、秘书长和委员35人出席会议。市政府副市长马安全，市监委、市中级人民法院、市人民检察院的负责人列席会议。会议听取市人民政府关于2018年国民经济和社会发展计划执行情况与2019年国民经济和社会发展计划安排情况的汇报；听取市人民政府关于大同市2018年全市和市本级预算执行情况及2019年全市和市本级预算安排情况的汇报；听取市十五届人大四次会议筹备组关于大同市第十五届人民代表大会第四次会议筹备工作情况的报告；听取市人大常委会代表资格审查委员会关于个别代表的代表资格的报告（草案）；听取市人大常委会人事代表工委关于大同市第十五届人民代表大会第三次会议主席团交付代表议案办理情况的报告；听取市人民政府关于大同市第十五届人民代表大会第三次会议代表所提建议、批评和意见办理情况的报告；听取市中级人民法院关于大同市第十五届人民代表大会第三次会议代表所提建议、批评和意见办理情况的报告；市人大常委会主任会议提请审议的拟任职人员与常委会组成人员见面；听取市人民政府提请审议关于人事任职议案的说明；市人民政府拟任职人员与常委会组成人员见面，并作供职发言；听取市中级人民法院提请审议关于人事任免职议案的说明和拟任职人员情况的介绍；市中级人民法院拟任职人员与常委会组成人员见面，拟任副院长人员作供职发言。会议表决通过大同市人大常委会工作报告（稿）；表决通过大同市人大常委会2019年工作要点；表决通过大同市人大常委会关于大同市第十五届人民代表大会第三次会议主席团交付代表议案办理情况的报告；表决通过大同市人大常委会代表资格审查委员会关于个别代表的代表资格的报告；表决通过大同市人大常委会关于变更大同市第十五届人民代表大会第四次会议召开时间的决定；表决通过大同市第十五届人民代表大会第四次会议建议议程（草案）；表决通过大同市第十五届人民代表大会第四次会议主席团和秘书长建议名单（草案）；表决通过大同市第十五届人民代表大会第四次会议议案审查委员会组成人员建议名单（草案）；表决通过大同市第十五届人民代表大会第四次会议列席人员名单；表决通过大同市第十五届人民代表大会第四次会议旁听人员名单；表决通过人事任免职事项；表决通过大同市人大常委会关于接受丁振雄辞职请求决定；向任职人员颁发任命书，并举行宪法宣誓仪式。

第23次会议。4月25日在市人大常委会会议厅举行。赵向东、副主任、秘书长和委员33人出席会议。马安全，市中级人民法院院长白永旺，市监察委员会和市人民检察院负责人，市人大及其常委会各机构负责人，市政府有关部门负责人，各县（区）人大常委会负责人和部分市人大代表列席会议。会议听取市人大常委会代表资格审查委员会关于个别代表的代表资格报告；听取市人民政府关于2018年度全市环境状况和环境保护目标完成情况报告；听取市中级人民法院关于开展扫黑除恶专项斗争工作情况报告；听取市人大常委会主任会议、市人民政府、市监察委员会、市中级人民法院提请审议关于人事任免职议案说明和拟任职人员情况介绍；拟任职人员与常委会组成人员见面，部分拟任职人员作供职发言。会议表决通过大同市人大常委会关于修改《大同市体育市场管理办法》等27件法规的决定、大同市人大常委会关于修改《大同市乡镇人民代表大会工作条例》等2件法规的决定。表决通过大同市人大常委会代表资格审查委员会关于个别代表的代表资格报告。会议表决大同市人民政府关于2018年度全市环境状况和环境保护目标完成情况报告、大同市中级人民法院关于开展扫黑除恶专项斗争工作情况报告满意度，表决结果均为满意。会议表决通过人事任免职事项，向新任命的国家机关工作人员颁发任命书，并举行宪法宣誓。

第24次会议。7月10日在市人大常委会会议厅举行。赵向东、副主任、秘书长和委员37人出席会议。副市长郝献民、市人民检察院检察长段运生及市监委、市中级人民法院负责人列席会议。会议听取市人民政府关于提请审议《大同市水土保持条例（草案）》说明；听取市人大常委会农工委关于《大同市水土保持条例（草案）》研究意见报告；听取市人民政府关于提请审议《大同市城市节约用水管理条例修正案（草案）》说明；听取市人大法制委员会关于《大同市人大常委会关于修改〈大同市城市节约用水管理条例〉的决定（草案）》审议结果报告；听取市人民政府关于提请审议《大同市旅游条例（修订草案）》说明；听取市人大常委会民宗侨外工委关于《大同市旅游条例（修订草案）》研究意见报告；听取市人民政府关于提请审议《大同市大气污染防治条例（草案）》说明；听取市人大常委会建设环保工委关于《大同市大气污染防治条例（草案）》研究意见报告；听取市人大常委会代表资格审查委员会关于个别代表的代表资格报告；听取市人民政府关于全市贯彻落实《中华人民共和国药品管理法》、关于《大同市城市绿化条例》贯彻实施情况、关于大同市贯彻实施《中华人民共和国老年人权益保障法》《山西省实施〈中华人民共和国老年人权益保障法〉办法》情况、关于全市旅游工作情况报告；听取市人民检察院关于公益诉讼工作情况报告；听取市人大常委会主任会议提请审议关于人事任职议案说明和拟任职人员情况介绍，市人大常委会拟任职人员与常委会组成人员见面；听取市中级人民法院关于提请审议人事任免职议案说明和拟任职人员情况介绍，市中级人民法院拟任职人员与常委会组成人员见面。会议表决通过市人大常委会关于修改《大同市城市节约用水管理条例》的决定和关于修改《大同市人民代表大会常务委员会关于对“一府两院”专题报告实行满意度表决的决定》的决定；表决通过市人大常委会代表资格审查委员会关于个别代表的代表资格的报告；表决市人民政府关于全市贯彻落实《中华人民共和国药品管理法》的报告、关于《大同市城市绿化条例》贯彻实施情况的报告、关于贯彻实施《中华人民共和国老年人权益保障法》及《山西省实施〈中华人民共和国老年人权益保障法〉办法》情况的报告、关于全市旅游工作情况的报告、对大同市人民检察院关于公益诉讼工作情况的报告满意度，通过上述报告；表决通过人事任免职事项；颁发任命书；举行宪法宣誓仪式。

第25次会议。8月29日至30日在市人大常委会会议厅举行。赵向东、副主任、秘书长和委员32人出席会议。薛明耀，副市长尚建军，市监察委员会、市中级人民法院、市人民检察院负责人，市纪委监委驻市人大机关纪检监察组组长，市人大及其常委会各机构负责人，市政府有关部门负责人，各县（区）人大常委会负责人列席会议。会议听取和审议市人民政府关于大同市2018年市本级财政决算（草案）的报告、关于大同市2018年市本级预算执行和其他财政收支情况的审计工作报告、关于大同市2019年上半年国民经济和社会发展计划执行情况的报告、关于2019年上半年全市财政收支预算执行情况的报告、关于2019年市政府民生实事项目进展情况的报告；听取和审议关于《大同古城保护条例（草案）》的说明；听取和审议市人大财政经济委员会关于对2018年市本级财政决算（草案）的审查报告；听取和审议并表决通过大同市人大常委会关于修改《恒山风景名胜区保护条例》的决定、《大同市水土保持条例》；审议并表决通过大同市人大常委会关于加强大同古城历史文化街区保护的决定、关于促进黄花产业发展的决定、关于批准大同市2018年市本级财政决算的决议；听取和审议并表决市人民政府关于大同市2018年度市本级预算执行和其他财政收支的审计工作报告、关于全市禁毒工作情况报告、关于大同经济技术开发区改革情况的报告、关于全市文物保护和利用情况的报告、关于2019年城建工程建设情况的报告、关于全市黄花产业发展情况的报告满意度，表决结果为满意。会议还听取和审议并表决通过有关人事任免职事项，给新任命的人员颁发任命书，新任命的市人民政府工作人员向宪法宣誓。

第26次会议。11月1日在市人大常委会会议厅举行。赵向东、副主任、秘书长和委员33人出席会议。副市长郭蕾、郝献民，市监察委员会、市中级人民法院、市人民检察院的负责人列席会议。市人大常委会副秘书长，市纪委监委驻市人大机关纪检监察组组长，市人大及其常委会各机构负责人，市政府有关部门负责人，各县（区）人大常委会负责人列席会议。会议听取和审议市人大法制委员会关于《大同市大气污染防治条例（草案）》审议结果的报告、市人大法制委员会关于《大同市旅游条例（修订草案）》审议结果的报告、市人大法制委员会关于《大同古城保护条例（草案）》修改情况的报告、市人大常委会代表资格审查委员会关于个别代表的代表资格的报告、市政府关于提请审议2019年市本级财政预算调整方案（草案）议案的说明、市人大财政经济委员会关于2019年市本级财政预算调整方案（草案）的审查结果报告、市政府关于2018年度金融企业国有资产管理情况的专项报告、市政府关于贯彻落实《中华人民共和国动物防疫法》《山西省动物防疫条例》情况的报告、市政府关于全市能源革命推进情况的报告，听取和审议市人大常委会主任会议、市监察委员会、市人民检察院提请的人事任免职议案的说明；审议市政府关于2018年度国有资产管理情况的综合报告、市人大财政经济委员会关于《大同市人民政府关于2018年度国有资产管理情况的综合报告》和《大同市人民政府关于2018年度金融企业国有资产管理情况的专项报告》的初步审议意见、市人大常委会执法检查组关于检查《中华人民共和国动物防疫法》和《山西省动物防疫条例》实施情况的报告、市人大常委会调研组关于全市能源革命推进情况的调研报告、关于全市社区矫正工作情况的调研报告、关于全市基本公共卫生服务工作情况的调研报告、关于全市房屋产权交易工作情况的调研报告、关于全市农村人居环境整治情况的调研报告。会议表决通过《大同市大气污染防治条例》《大同市旅游条例（修订）》、市人大常委会代表资格审查委员会关于个别代表的代表资格的报告；表决通过市人大常委会关于批准2019年市本级财政预算调整方案的决议；表决市政府关于全市能源革命推进情况的报告、关于贯彻落实《中华人民共和国动物防疫法》《山西省动物防疫条例》情况的报告满意度，表决结果均为满意；表决通过有关人事任免职事项，给新任命人员颁发任命书，并向宪法宣誓。

第27次会议。12月24日在市人大常委会会议厅举行。赵向东、副主任、秘书长和委员31人出席会议。薛明耀、段运生，市监委、市中级人民法院负责人，市政府有关部门负责人，各县（区）人大常委会负责人等列席会议。会议听取市人大常委会主任会议提请审议关于《大同市文明行为促进条例（草案）》的说明，听取市政府关于全市脱贫攻坚情况的报告，听取市政府关于全市优化营商环境情况的报告，听取市政府关于2018

年市本级预算执行和其他财政收支情况审计查出问题的整改工作报告，听取市政府关于2019年民生实事项目完成情况的报告，听取市人大常委会主任会议提请审议关于人事任职议案的说明和拟任职人员情况的介绍，听取市监察委员会提请审议关于人事任职议案的说明和拟任职人员情况的介绍，听取市人民检察院提请审议关于人事任免职议案的说明和拟任职人员情况的介绍，相关拟任职人员与常委会组成人员见面，并作供职发言。会议表决市政府关于全市优化营商环境情况的报告、关于全市脱贫攻坚情况的报告、关于2018年市本级预算执行和其他财政收支情况审计查出问题的整改工作报告、关于2019年民生实事项目完成情况的报告满意度，表决结果均为满意。会议表决通过人事任免职等事项，向新任职的国家机关人员颁发任命书，并向宪法宣誓。

（贾鸿铸　陈　力）

【市人大常委会组成人员暨县（区）人大常委会主任履职能力提升班】 2019年5月6日，市人大常委会组成人员暨县（区）人大常委会主任履职能力提升班在深圳人大干部培训中心举行。市人大常委会主任赵向东，副主任张翠萍、刘美、雷雪峰、冯境城、王淑琴参加开班仪式。市人大常委会组成人员、各县（区）人大常委会主任及市人大常委会机关部分干部70余人参加培训。开班仪式结束后，江西省人大常委会选举任免联络工作委员会原主任吴会清作地方各级人大及其常委会的组织制度和职权讲座。在为期一周的培训里，专家教授围绕依法履行职责做好地方人大常委会工作、全球视角下“一带一路”与粤港澳大湾区规划运营的创新解读、坚定信心提高能力防范化解重大风险、新时代如何开展预算监督及国有资产监管工作等内容作专题讲座，并到深圳人大代表联络站、广东改革开放40周年展览馆实地参观。

（贾鸿铸　陈　力）

【“向申纪兰学习，做人民好代表”活动部署会议】 2019年11月5日，市人大常委会召开“向申纪兰学习，做人民好代表”部署会议，传达贯彻省人大常委会“向申纪兰学习，做人民好代表”座谈会精神，安排部署全市“向申纪兰学习，做人民好代表”活动。市人大常委会副主任张翠萍出席会议并讲话，市人大常委会秘书长郭普跃主持会议，各县（区）人大常委会分管人事代表工作的副主任、人事代表工委主任参加会议。

会上传达省人大常委会《关于在全省各级人大代表中开展“向申纪兰学习，做人民好代表”活动意见》和座谈会精神，宣读市人大常委会党组《关于在全市各级人大代表中开展“向申纪兰学习，做人民好代表”活动的实施方案》，安排部署大同市开展好“向申纪兰学习，做人民好代表”活动，在人大代表联络站点开辟“向申纪兰学习，做人民好代表”学习宣传专栏并举办相关学习活动。

（贾鸿铸　陈　力）

▲ 2019年12月27日，大同市人大常委会举行“凝思聚识　助力发展”大同市人大议政论坛

（贾鸿铸　摄）

【市人大议政论坛】 2019年12月27日，由中共大同市委主办，大同市人大常委会承办的“凝思聚识助力发展”大同市人大议政论坛在市御东行政中心举行。省委常委、市委书记张吉福，市人大常委会主任赵向东，市政协主席部向华等出席论坛。

论坛会上，付拥军、王雅丽、马占元、杨旗、段亚萍、王琢臻、曹仙峰、白明芳、张彩平、陈丽琼10位人大代表发言交流，分别围绕“发展高端装备制造业，助推经济高质量发展”“深化医疗卫生行业改革助力区域性医疗中心建设”“推动煤炭产业高质量发展，积极助力打造能源革命尖兵”“高标准市场化运作，做大做强黄花产业”“关于推进共建共治共享基层社会治理的建议”“加快教育振兴步伐，打造区域教育中心”“持续巩固脱贫成果，精准助力乡村振兴”“关于对民生实事人大代表票决制的建议”“弘扬优秀传统文化深化文旅融合发展”“抢抓发展新机遇打造中国良药港”等主题谈问题、提建议，建言献策。市人大常委会副主任张翠萍、刘美、冯境城、张忠义、王淑琴，秘书长郭普跃，部分市十五届人大常委会委员，市人大常委会机关干部参加论坛。市直有关部门和市政府工作部门的负责人，各县（区）人大常委会负责人，部分全国、省、市、县区人大代表等参加论坛。（贾鸿铸　陈　力）

人事任免

【市人大常委会工作机构人员任免】 2019年，大同市第十五届人大常委会第22次会议根据主任会议提名，任命：郭普跃为大同市人大常委会办公室主任，边丽娟为大同市第十五届人民代表大会财政经济委员会委员。第23次会议根据主任会议的提名，任命：刘志财为大同市人大常委会法制工作委员会副主任（挂职）。免去：张秋珍的大同市人大常委会副秘书长职务，贾鸿铸的大同市人大常委会研究室副主任职务，付莉的大同市人大常委会城乡建设环保工委副主任职务，李莹山的大同市人大常委会教科文卫工委副主任职务。第23次会议根据主任会议的提名，任命：马淑玲为大同市人大常委会副秘书长，陈力为大同市人大常委会研究室副主任（试用期一年），李强为大同市人大常委会教科文卫工委副主任（试用期一年）。第25次会议根据主任会议的提名，免去：常志宏的大同市人大常委会城乡建设环保工委副主任职务。第26次会议根据主任会议的提名，免去：刘欣的大同市人大常委会法制工作委员会主任职务。第27次会议根据主任会议的提名，任命：任雪峰为大同市人大常委会副秘书长，任国鹰为大同市人大常委会法工委副主任，支荣金为大同市人大常委会城乡建设环保工委副主任。

（贾鸿铸　陈力）

【市政府部门机构人员任免】 2019年，大同市第十五届人大常委会第二十次会议根据市长武宏文提名，决定任命郝献民为大同市人民政府副市长。第21次会议根据武宏文提名，决定任命董宪军为大同市工业和信息化局（市大数据应用局、市民营经济发展促进局）局长，王东升为大同市民政局局长，张炜为大同市人力资源和社会保障局局长，杨立新为大同市住房和城乡建设局局长，田培山为大同市城市管理局（市城市管理综合行政执法局）局长，张颖龙为大同市农业农村局局长，高淑霞为大同市商务局局长，高莹为大同市文化和旅游局局长，张宏东为大同市卫生健康委员会主任，张海风为大同市退役军人事务局局长，刘锋为大同市政府外事办公室（市政府台港澳事务办公室）主任，曹旭为大同市市场监督管理局局长，郝军生为大同市医疗保障局局长，唐胜为大同市信访局局长，苏春枝为大同市能源局局长，白雪峰为大同市扶贫开发办公室主任，邹嘉荟为大同市促进外来投资局局长。决定免去王东升的大同市人力资源和社会保障局局长职务，张海风的大同市民政局局长职务，曹旭的大同市商务局局长职务。第22次会议根据武宏文提名，决定任命赫瑞为大同市生态环境局局长。第23次会议根据武宏文提名，决定任命耿建举为大同市应急管理局（市地方煤矿安全监督管理局）局长，魏智为大同市行政审批服务管理局（市政务信息管理局）局长，王一明为大同市政府金融工作办公室主任。决定免去高莹的大同市文化和旅游局局长职务。第25次会议根据武宏文提名，决定任命田培山为大同市住房和城乡建设局局长，王玺为大同市城市管理局（市城市管理综合行政执法局）局长，戴陶为大同市文化和旅游局局长，宋世义为大同市信访局局长，刘义深为大同市财政局局长，靳文军为大同市统计局局长。决定免去魏继平的大同市财政局局长职务，刘义深的大同市统计局局长职务，杨立新的大同市住房和城乡建设局局长职务，田培山的大同市城市管理局（市城市管理综合行政执法局）局长职务，唐胜的大同市信访局局长职务。

（贾鸿铸　陈力）

【市中级人民法院人员任免】 2019年，大同市第十五届人大常委会第22次会议根据市中级人民法院院长白永旺提名，任命韩毅为大同市中级人民法院副院长，刘润玺为大同市中级人民法院副院长、审判委员会委员、审判员，张怡红为大同市中级人民法院审判委员会委员、审判员。免去张俊的大同市中级人民法院审判员职务，彭贵林的大同市中级人民法院审判员职务，陈智的大同市中级人民法院审判员职务，胡安的大同市中级人民法院审判监督庭副庭长、审判员职务，赵永基的大同市中级人民法院审判员职务，李钧的大同市中级人民法院民事审判第一庭副庭长职务，马剑峰的大同市中级人民法院民事审判第一庭副庭长职务，贺义军的大同市中级人民法院刑事审判第二庭副庭长职务，谷立军的大同市中级人民法院立案庭副庭长职务。第23次会议根据白永旺提名，任命史保国为大同市中级人民法院审判委员会委员，陈景玉为大同市中级人民法院审判委员会委员。免去尹雁军的大同市中级人民法院审判员职务。第24次会议根据白永旺提名，任命李昌新为大同市中级人民法院立案二庭（信访处）庭长，郑翔为大同市中级人民法院刑事审判第一庭副庭长，臧海霞为大同市中级人民法院刑事审判第二庭副庭长，王艳宏为大同市中级人民法院民事审判第一庭副庭长，王文娟为大同市中级人民法院审判监督庭副庭长，石富为大同市中级人民法院审判员，张剑为大同市中级人民法院审判员，张文为大同市中级人民法院审判员，刘蓉为大同市中级人民法院审判员，孙燕燕为大同市中级人民法院审判员，赵学姑为大同市中级人民法院审判员，赵成为大同市中级人民法院审判员，王之学为大同市中级人民法院审判员。免去李昌新的大同市中级人民法院立案二庭（信访处）副庭长职务。第25次会议根据白永旺提名，免去王志的大同市中级人民法院审判委员会委员、刑事审判第二庭副庭长、审判员职务，窦永武的大同市中级人民法院审判员职务，魏守鸣的大同市中级人民法院审判员职务。（贾鸿铸　陈力）

【市人民检察院人员任免】 2019年，大同市第十五届人大常委会第25次会议根据市人民检察院检察长段运生提名，任命李凌波为大同市人民检察院检察员，张金楠为大同市人民检察院检察员，马乙兵为大同市人民检察院检察员。免去李逸民的大同市人民检察院检察员职务，李宇虹的大同市人民检察院检察员职务。第26次会议根据段运生提名，免去杨波的大同市人民检察院副检察长、检察委员会委员职务，任建勇的大同市人民检察院检察员职务。第27次会议根据段运生提名，任命王文萍为大同市人民检察院副检察长，陈景杰为大同市人民检察院副检察长，高秀珍为大同市人民检察院检察委员会委员，杨尚荣为大同市人民检察院检察委员会委员，齐鸿雁为大同市人民检察院检察委员会委员。免去姚锦的大同市人民检察院副检察长、检察委员会委员、检察员职务，张丽珍的大同市人民检察院检察委员会委员、检察员职务，杨宝元的大同市人民检察院检察委员会委员、检察员职务，孔凡明的大同市人民检察院检察员职务，马青山的大同市人民检察院检察员职务，王玉平的大同市人民检察院检察员职务，王子祥的大同市人民检察院检察员职务，王雄的大同市人民检察院检察员职务，田小东的大同市人民检察院检察员职务，史继东的大同市人民检察院检察员职务，刘毅的大同市人民检察院检察员职务，李宏的大同市人民检察院检察员职务，李碧春的大同市人民检察院检察员职务，李建国的大同市人民检察院检察员职务，刘跃虎的大同市人民检察院检察员职务，宋志军的大同市人民检察院检察员职务，张学东的大同市人民检察院检察员职务，张建军的大同市人民检察院检察员职务，张建新的大同市人民检察院检察员职务，武保中的大同市人民检察院检察员职务，庞玲的大同市人民检察院检察员职务，郭秀贵的大同市人民检察院检察员职务，郭文钊的大同市人民检察院检察员职务，段卫东的大同市人民检察院检察员职务，段云旺的大同市人民检察院检察员职务，高峰虎的大同市人民检察院检察员职务，秦文军的大同市人民检察院检察员职务，薄成宇的大同市人民检察院检察员职务，谭立的大同市人民检察院检察员职务。

（贾鸿铸　陈力）

【市监察委员会人员任免】　2019年，大同市第十五届人大常委会第23次会议根据市监察委员会主任梁晓旭的提名，任命刘生斌为大同市监察委员会委员。第26次会议根据梁晓旭提名，任命姚锦为大同市监察委员会副主任，免去张丽珍为大同市监察委员会委员职务。第27次会议根据梁晓旭提名，任命曹辉为大同市监察委员会委员。（贾鸿铸　陈力）

执法监督

【市人大常委会开展“一法一办法”执法检查】　2019年3月12日至15日，市人大常委会执法检查全市贯彻实施《中华人民共和国科学技术普及法》和《山西省实施〈中华人民共和国科学技术普及法〉办法》（简称“一法一办法”）情况。市人大常委会副主任冯境城带领部分常委会组成人员、市人大代表和教科文卫工委工作人员执法检查组到云州区、平城区、云冈区、阳高县实地检查云州区青少年活动中心、大同火山群国家地质公园博物馆、山西大同大学（微结构电磁功能材料省市共建山西省重点实验室）、晋华宫矿井下探秘煤炭博物馆、西韩岭乡金农农业专业合作社、阳高县大泉山等场馆的科普工作开展情况。听取相关县（区）政府贯彻实施“一法一办法”情况汇报。并召集市科技局、市科协、市农业农村局、市发改委、市财政局、市人社局、市教育局、市卫健局、市文旅局、市地震局、市总工会、团市委、市妇联、市电视台、市报社等部门负责人座谈。执法中指出，市、县两级政府要抓好全民科普知识普及，扩大覆盖面和影响力，提高青少年、农民、城镇劳动者等人群素质，通过科学普及破除封建迷信思想，提高公民科学文化素质；加快科技场馆建设，把市科技馆建设早日提上工作日程；加大投入力度，为科普活动开展提供资金保障；加强组织领导，政府相关部门要强化协作，形成合力，营造社会各界组织参加各类科普活动。（贾鸿铸　陈力）

【市人大常委会开展《中华人民共和国义务教育法》执法检查】　2019年3月26日至29日，市人大常委会执法检查全市贯彻实施《中华人民共和国义务教育法》（简称《义务教育法》）情况。市人大常委会副主任冯境城带领教科文卫工委邀请部分常委会委员和市人大代表到平城区十四小学校、新荣区青泽学校、灵丘县石家田学校及市一中等12所义务制学校，实地检查适龄儿童、少年入学情况、学校办学条件、规范办学情况、教师队伍建设情况和周边环境治理及安全情况。听取相关县（区）政府贯彻实施《义务教育法》情况汇报。实地检查后，召集市教育局和市一中、实验小学、双语学校等15所义务制学校负责人座谈，了解《义务教育法》贯彻实施情况，并针对义务教育均衡发展中存在的困难和问题提出意见、建议。

（贾鸿铸　陈力）

【市人大常委会巡视监督中考体育测试】　2019年4月23日，市人大常委会教科文卫工委全体人员到大同市职业教育中心，巡视监督全市中考体育测试。全市报名参加中考体测的初中毕业生10432人，考生凭智能IC卡（准考证）入场检录，在专人引导下有序参加各项目考试，考试场地实行封闭管理，所有考试项目均采用智能仪器测试，考试过程全程监控录像，考试项目结束后，现场显示考生成绩，实现体育考试全程智能化管理。市教育局改进考试方法，采取“1+2（选一）+3（选一）”体测模式，即（男生）1000米跑、（女生）800米跑；一分钟跳绳、立定跳远（二选一）；握力体重、掷实心球、坐位体前屈（三选一）。考生结合自身实际，自由选择考试项目，体测免考率控制在3%以内。

巡视组一行到跳绳、立定跳远、掷实心球等项目现场，了解智能化考试仪器使用及全程监控情况。电子智能化产品的使用为确保中考体育考试公开、公正、公平，提供有力支撑。

（贾鸿铸　陈力）

【市人大常委会开展《中华人民共和国老年人权益保障法》执法检查】　2019年5月21日至23日，市人大常委会执法检查全市贯彻实施《中华人民共和国老年人权益保障法》和《山西省实施〈中华人民共和国老年人权益保障法〉办法》（简称“一法一办法”）情况。市人大常委会副主任刘美带领部分常委会组成人员和省、市人大代表组成检查组到云冈区和广灵县执法检查。实地查看云冈区西韩岭乡东韩岭村日间照料中心、云冈区口泉社区卫生服务中心、广灵县老年公寓、广灵县民政局社会福利服务中心等地，并分别召开座谈会，听取当地政府关于老年人权益保障工作汇报，征求当地民政、财政、人社、老龄等相关部门的意见。23日，召开总结座谈会，听取市卫健委关于全市贯彻实施“一法一办法”情况汇报，并梳理汇总检查情况。提出执法检查中发现的法律宣传力度不够、养老服务设施不足、医保制度不尽合理等意见建议。

（贾鸿铸　陈力）

【市人大常委会开展《中华人民共和国药品管理法》执法检查】　2019年5月21日至24日，市人大常委会执法检查全市贯彻实施《中华人民共和国药品管理法》情况。由市人大常委会副主任冯境城带队，教科文卫工委邀请部分常委会委员和省、市人大代表组成执法检查组到国药威奇达药业有限公司、大同同星抗生素有限责任公司、山西福源药业有限责任公司、云州区倍加造镇卫生院、左云县云兴镇西门村卫生室、平城区北关社区服务中心、同仁药店（三医院店）等处，实地查看药品生产、经营企业和医疗机构的药品管理情况。并分别召开座谈会，听取平城区、云州区、左云县政府贯彻实施药品管理法情况汇报；听取市市场监督管理局关于全市贯彻实施《中华人民共和国药品管理法》情况汇报，分析探讨检查中发现的问题，并提出意见建议。

（贾鸿铸 陈 力）

【市人大常委会开展《中华人民共和国禁毒法》执法检查】 2019年7月15日至31日，市人大常委会检查全市贯彻实施《中华人民共和国禁毒法》情况。市人大常委会副主任张忠义带领部分市人大常委会组成人员、市人大代表、监察和司法委员会及市公安局相关人员组成执法检查组到云冈区、云州区、浑源县、灵丘县和左云县，实地查看毓园戒毒康复工作站、民康美沙酮维持治疗门诊、孙启庄公安检查站灵丘县毒品预防教育基地和落阵营戒毒所等，与基层禁毒工作者和禁毒民警交谈。通过实地查看、现场询问、查阅资料、听取汇报等方式，了解全市贯彻实施《中华人民共和国禁毒法》工作情况。执法检查组指出：要加强组织领导，落实禁毒工作责任。要深化禁毒预防教育，提高全民禁毒意识。要严厉打击毒品犯罪活动，加大吸毒人员管控力度。要加强禁毒工作保障，提升禁毒实战能力。（贾鸿铸 陈 力）

【市人大常委会开展《中华人民共和国动物防疫法》《山西省动物防疫条例》执法检查】 2019年9月16日至24日，市人大常委会执法检查《中华人民共和国动物防疫法》和《山西省动物防疫条例》（简称“一法一条例”）贯彻执行情况。市人大常委会副主任雷雪峰带领由部分市人大常委会委员、市县人大代表组成的执法检查组到云冈区、左云县和灵丘县，通过查阅资料与听取汇报、定点安排与突击检查、直接检查与委托检查“三结合”方式，重点检查全市建立健全动物防疫体系、非洲猪瘟防控、基层动物防疫队伍建设等情况。在各检查点，听取相关县（区）和动物防疫部门工作汇报，了解全市动物防疫工作面临的困难和问题。

执法检查组指出：要创新宣传方式，采取多种宣传途径，加大“一法一条例”宣传力度，让“一法一条例”家喻户晓、深入人心。要加强基础设施建设，加大财政投入力度，逐步改善动物防疫基础设施条件。要抓动物生产、加工、销售、运输各个环节防疫工作，做好强制免疫、散养防疫、检疫准入准出、查处违法犯罪等工作。要理顺职能职责，加强防疫队伍建设，开展培训，提升防疫水平，推进全市动物防疫工作健康发展。（贾鸿铸 陈 力）

代表工作

【全市人事代表工作会议】 2019年5月24日，市人大常委会组织召开全市人事代表工作会议，市人大常委会副主任张翠萍出席会议并讲话。

会议传达全省人大代表工作会议精神，并安排部署下一步人事代表工作。各县（区）人大常委会分管人事代表工作的副主任、人事代表工委主任，“一府两院”联系人大工作负责人参加会议。会议征求《大同市人大常委会关于建立“市人大代表建议直通车”的意见》《大同市人大代表联络站考核办法（试行）》意见。

（贾鸿铸 陈 力）

【代表联络站接待日活动】 2019年8月2日，市人大常委会主任赵向东以人大代表的身份参加云冈区口泉乡第二代表联络站接待日活动，面对面倾听群众呼声和诉求，履行人大代表职责。

赵向东听取云冈区人大代表联络站建设情况汇报，实地查看口泉乡第二代表联络站建设情况，查阅联络站的档案资料，询问了解代表参与活动情况。赵向东走进代表联络站接待室，以人大代表的身份与其他5名人大代表共同参与接待日活动，接待11位到访群众，逐一听取和回应群众反映的采煤沉陷区搬迁、交通安全隐患、引黄水库渗透影响、运煤车辆粉尘污染、文物安全隐患治理等问题，与代表交流，督促相关部门研究解决。

（贾鸿铸 陈 力）

【全市人大代表联络站规范化建设推进会】 2019年9月17日，全市人大代表联络站规范化建设推进会召开。市人大常委会主任赵向东出席会议并讲话，市人大常委会副主任张翠萍、刘美、冯境城、张忠义、王淑琴参加会议。会议学习习近平总书记关于坚持和完善人民代表大会制度的重要思想、关于人大工作的重要指示精神，部署做好新时代人大代表工作，推进人大代表联络站建设。

会上，平城区、云冈区、云州区人大常委会负责人作交流发言。会前，与会人员到平城区水泊寺乡华北星人大代表联络站、云州区黄花产业界人大代表联络站、平城区马军营乡人大代表联络站、云冈区高山镇人大代表联络站、云冈区口泉乡第二人大代表联络站实地观摩。（贾鸿铸 陈 力）

【市人大常委会视察人大代表联络站建设运行情况】 2019年12月5日，市人大常委会副主任雷雪峰到新荣区西村乡及上深涧乡人大代表联络站，视察联络站建设运行情况。在联络站，雷雪峰与部分市县乡三级人大代表、群众代表座谈，了解人大代表联络站规范化建设情况，就如何更好发挥人大代表作用、完善人大代表联系群众制度听取意见，对建好用好人大代表联络站、推动人大代表履职为民提出建议要求。（贾鸿铸 陈 力）

【驻大同省人大代表开展集中视察】 2019年12月20日，受省人大常委会委托，市人大常委会组织驻大同市的省人大代表开展会前集中视察。市人大常委会主任赵向东，市人大常委会副主任张翠萍、刘美参加视察。

集中视察前，市人大常委会召开省人大代表集中视察报告会，听取副市长马安全作的关于2019年全市经济社会发展情况的汇报，为代表们了解全市经济社会发展提供参考，也对做好代表视察、提出建议意见提供依据。代表们到中车大同电力机车有限公司、大同新研氢能和燃料电池产业项目、同煤快线项目、大同高铁站等企业及重点项目集中视察，进车间、下工地，实地了解相关企业及具体项目情况，掌握第一手材料。（贾鸿铸 陈 力）

大同市人民政府

综　述

【经济发展】　2019年，大同市地区生产总值1271.8亿元，同比增长6.8%，增速排全省第六；规模以上工业增加值334.9亿元，增长5.7%，增速排全省第六；固定资产投资549.2亿元，增长12.3%，增速排全省第三；第三产业增加值742.8亿元，增长8.2%，增速排全省第七；公共财政预算收入119.7亿元，增长10.5%，增速排全省末位；社会消费品零售总额700亿元，增长8.1%，增速排全省第六；城乡常住居民人均可支配收入分别为29911元和9710元，增长6.9%和9.6%，增速均排全省第二；外贸进出口总额37.56亿元，增长52.5%，增速排全省第二。　（张志坚）

【能源革命】　2019年，大同市坚持把能源革命作为大同高质量发展的最大王牌和经济转型发展的最亮品牌，下气力实现平台搭建、人才聚集、项目建设、机制保障、科技成果落地和宣传发动，形成全面发力、多点突破的工作格局。能源革命科技创新园高位起步，“氢都”新能源产业城开工建设。引进全科盟、中科院10个研究所，成立新能源产业局、新能源产业战略咨询委员会、全科盟新能源产业技术研究院，国内外高端能源研发智库汇聚大同。21名“两院”院士、71名能源领域领军人才竞相集聚大同，零排放煤化工、燃气热泵产业化等7项重大科技成果转化落地。推进北京汉能、西安隆基、深圳雄韬等能源革命10大突破工程建设。（张志坚）

【改革开放】　2019年，大同市实施“走出去、引进来”战略，设立京津冀、长三角、珠三角、雄安新区、一带一路、以色列特拉维夫6大高科技产业项目处，与商务部投促局、上海漕河泾开发区、中关村智造大街建立常态化对接合作机制，建立中关村智造大街大同服务平台和大同企业离岸创新孵化基地北京站，与北京海淀区、丰台区、上海松江区、华东理工大学环境工程学院、南方科技大学创新创业学院、复旦大学生命工程学院等区校签订战略合作协议，搭建产业合作新平台。启动谋划京晋（大同）协作新区和魏都新区，建设对外开放新窗口。在北京、深圳、西安、苏州举办大同“氢都”新能源产业城招商推介会，新引进项目139个，总投资1200亿元。（张志坚）

【产业结构调整】　2019年，大同市实抓工业振兴，全市规模以上工业总产值突破1000亿元大关；非煤工业增加值增长14.5%，占规模以上工业增加值比重56.1%；制造业增加值占规模以上工业增加值比重上升3.5个百分点；战略性新兴产业、高技术产业增速分别为28.1%和28.5%，占到规模以上工业增加值比重为17.5%和8.5%。开展转型项目建设年活动，全年开工建设176个工业转型大项目建成99个，墨西科技年产10吨石墨烯粉体、雄韬年产1万套氢燃料电池发动机总成、中银纺织2条洗毛生产线、西安隆基单晶硅电池组件、晋投玄武岩等一批高端项目投产。出台鼓励和支持民营企业发展的“二十条”政策措施，抽调5亿元工业振兴奖励专项资金，奖励扶持大同煤矿集团有限责任公司、中国北车集团大同电力机车有限责任公司、大同宇林德石墨新材料股份有限公司、大同新成新材料股份有限公司等贡献突出企业。坚持把文旅产业作为资源型经济转型主攻方向，加快全域旅游示范区创建，组织开展古都灯会和成龙国际动作电影周，落成运营潘家园古玩市场，推进“火山天路”、古长城旅游线路等项目。全市旅游总收入620.9亿元，同比增长28.5%。三次产业结构调整为5.1：36.5：58.4。　（张志坚）

【农业农村发展】　2019年，大同市粮食总产量12.3亿公斤，实现“九连丰”。推进“一带三区”建设，粮改饲、设施农业、标准化养殖、有机旱作农业加快发展。抽调10亿元专项资金，实施乡村环境提升工程，安家皂、涧西等102个示范村实现村容村貌、户容户貌整治全覆盖。与首都农业集团有限公司、广东广垦畜牧集团股份有限公司、中国农业大学、山西农业大学、京东集团等开展战略合作，“大同好粮”走上特色化、品牌化、市场化发展之路。聚焦深度贫困，压实责任，对标“六个精准”，落实“五个一批”“一县一策”。云州黄花特色产业扶贫、灵丘资产收益扶贫、阳高集中式搬迁扶贫等工作走在全省前列，3个贫困县（区）、264个贫困村、10.4万贫困群众脱贫摘帽，全市贫困发生率降至1.78%。　（张志坚）

【生态环境建设】　2019年，大同市综合施策提升“大同蓝”，严格划定城市禁煤区，依法淘汰燃煤锅炉和柴油机车，新增及更换新能源或清洁能源公交车比重75%，扩大城市集中供热覆盖面，取缔“散乱污”企业209家，全市二级以上优良天数比例83.7%，全省排名第一，从“煤都黑”到“大同蓝”的典型经验和做法受到国务院通报表扬；强力保障“大同清”，实施桑干河流域5大污水处理厂提标改造工程，集中开展河道清淤清障，加大黄河生态补水增量，加快御河生态湿地修复，改善水生态环境；厚植“大同绿”，打造环首都生态安全屏障，营造林1.3万公顷，全市建成区新增绿化面积165.7万平方米、绿化覆盖率42.87%、绿地率38.75%、人均公园绿地面积15.88平方米。

（张志坚）

【民生事务】 2019年，大同市财政民生支出占比81.5%。教育事业加快发展，普惠性幼儿园覆盖率86.7%，县域义务教育均衡发展，全部通过国家复评。全面改薄累计投入资金8.39亿元。省教育厅与大同市共建大学模式取得重大进展。加强传统文化村落和非物质文化遗产保护工作，开展春节文化庙会和民俗大展演等文化普惠群众活动。免费开放大同图书馆、市少儿图书馆、市群众艺术馆。举办全国第二届青年运动会冬季项目。公立医院改革持续深化，市五医院等3大医疗集团挂牌成立；在全省首家实行药品二次议价，年可节约医保资金和患者个人费用2亿元；推进分级诊疗、医养结合等便民医疗改革。落实社会救助资金10.8亿元，发放各类低保金6.7亿元，农村低保标准高于全省平均水平。在9个农业县（区）建立“孝养基金”试点，被列入全国第三批社区和居家养老服务试点城市。全市棚改项目开工8806套，建成22772套，公租房建成2810套，投资27.29亿元。解决国有土地上房屋权属登记历史遗留问题，分8批办理102个小区房屋权属登记工作。开展扫黑除恶专项斗争，打掉涉黑涉恶犯罪团伙106个、全省排名第二。市政府年初确定的10件惠民实事全部兑现。

（张志坚）

【县（区）政府及市直部门办理“12345”热线事务】 2019年，县（区）政府及市直部门“一把手”接听“12345”热线活动35期，10个县（区）及大同经济技术开发区和24个市直部门负责人会同500余位相关部门负责人接听电话458个，现场办结316个，转办处理142个，全部得到解决。

为直接倾听群众意见建议，为群众排忧解难，提高社会治理水平，5月7日起，市热线办每周二上午安排县（区）政府“一把手”接听热线，每周四上午安排市直部门“一把手”接听热线，每次时长2小时，零距离服务市民。活动中，市民反映的诉求问题涉及社会劳动保障、房屋土地管理、市容管理等方面社会民生。县（区）及市直部门负责人直接面对群众，倾听意见建议，与诉求人交流沟通，为诉求人排忧解难。为确保热线接听收到良好效果，他们分别在大同市政府网站、“12345”网站、“12345”微信、“12345”微博、《大同日报》《大同晚报》、大同新闻网、大同广播电视台等媒体上刊发“一把手”接听活动预告和活动开展情况；与大同广播电视台新闻综合广播合办《“12345”嘉宾访谈》《直通“12345”》栏目，围绕群众关注的热点、难点问题，以及各县（区）各部门工作重点，采取现场连线直播和跟踪报道形式，解决民生诉求，发挥群众监督、舆论监督作用。

（张志坚）

政府重要会议

【市政府常务会议】 2019年，大同市人民政府召开常务会议16次。

第27次常务会议。1月15日，市委副书记、市长武宏文主持会议。会议汇报上年全市经济社会发展情况，专题研究2019年经济工作总体思路、预期目标、重点项目及工作任务。

第28次常务会议。1月22日，武宏文主持会议。会议传达学习省纪委十一届四次全会、省委农村工作会议和全省脱贫攻坚工作会议精神，安排部署2019年抓好经济工作、推进能源革命、实施工业大振兴及做好“两节”期间的安全生产、民生保障、反腐倡廉等工作。会议听取大同市经济指标、能源革命重大突破工程责任分解情况汇报，审议《大同市工业大振兴2019年行动方案（送审稿）》《关于兑现奖励工业振兴2018年下半年贡献突出企业的决定（送审稿）》。会议审议《深化户籍制度改革提升窗口服务质量助力大同市产业转型“招才引智行动”的实施意见》《全市粮食安全责任制考核相关事项》。

第29次常务会议。2月1日，武宏文主持会议。会议传达贯彻落实省两会精神，部署全市安全生产、民生保障、生态文明建设等工作。

第30次常务会议。2月19日，武宏文主持会议。会议传达学习贯彻省委书记骆惠宁在省管主要领导干部坚持底线思维着力防范化解重大风险专题研讨班上的讲话精神，讨论《政府工作报告（征求意见稿）》，研究部署农业农村工作、发展通航产业等事宜。会议听取《关于增资重组大同航空产业集团有限公司及收购中航货运航空有限公司情况汇报》。会议还研究讨论《关于大同市2018年财政预算执行情况及2019年财政预算初步安排情况的汇报》《关于大同市2018年国民经济和社会发展计划执行情况与2019年国民经济和社会发展计划（草案）》及《2019年大同市为群众拟办民生实事意见建议征集情况》，听取关于市委农村工作暨全市决战决胜脱贫攻坚誓师大会筹备工作汇报，审议并原则通过《关于依法规范华严寺等宗教活动场所管理的实施意见》《关于成立大同市通用航空产业发展领导组的报告》等。

第31次常务会议。4月4日，武宏文主持会议。会议专题研究“三个专项行动”、经济运行、保障性安居工程建设和历史文化名城保护等事宜。会议听取市政府办公室关于《审计署太原特派办对大同市2018年保障性安居工程资金投入和使用绩效的审计结果》汇报及市规划和自然资源局关于《住建部和国家文物局通报大同名城保护不力工作情况的报告》。

第32次常务会议。5月10日，武宏文主持会议。会议传达全省目标管理工作会议精神，研究经济运行、生态文明建设等事宜。会议听取市生态环境局关于大同市贯彻落实全省河

（湖）长制工作暨汾河流域治理攻坚推进工作及2019年第一季度生态环境重点保护工作情况汇报；听取平城区、市医疗保障局关于国务院办公厅督查室通报大同市医保事件的整改情况；听取市工信局关于清理拖欠民营企业、中小型企业账款相关事宜汇报、市农业农村局关于筹备全省脱贫攻坚暨农村人居环境整治现场推进会工作汇报及市体育局关于全国第二届青年运动会火炬大同地区传递准备情况汇报。

第33次常务会议。7月9日，武宏文主持会议。会议传达学习省委书记骆惠宁长治调研讲话精神，研究部署经济运行、能源革命、同煤集团"8+1"重点项目推进、恒安新区专项治理、通航产业发展等重点工作。会议审议《关于大力发展通用航空业实施意见》《关于支持通用航空产业发展的若干政策（试行）》。会议听取同煤集团"8+1"重点项目、恒安新区"百日民心工程"进展情况汇报。会议听取大同市能源革命综合改革试点谋划重大项目及2019年第一批公开招聘能源革命专员工作情况汇报。会议还审议《关于对市人大代表建议和政协委员提案办理情况的说明》《大同市水土保持条例（草案）》《大同市城市节约用水条例修正案（草案）》《大同市旅游条例（修订草案）》《大同市大气污染防治条例（草案）》，听取关于大同市乡村振兴战略规划和"5+1"专项规划汇报等。

第34次常务会议。7月16日，武宏文主持会议。会议传达学习全省脱贫攻坚深度贫困、推进乡村振兴大同现场会会议精神。

第35次常务会议。7月26日，武宏文主持会议。会议专题盘点研究全市上半年经济运行情况，谈成绩看优势、找差距讲问题、补短板说打算，安排部署下半年经济发展重点工作。会议听取市直有关部门、大同经济技术开发区、各县（区）主要经济发展亮点及下半年经济重点工作部署情况汇报。

第36次常务会议。9月11日，武宏文主持会议。会议传达学习省委十一届八次全体会议精神和市委十五届七次全体会议精神，研究部署经济、民生等工作。会议听取全市主要经济指标和区域经济转型升级指标运行及2019年工业振兴、乡村振兴、文旅振兴、能源革命工作推进情况汇报。会议审议《采取非公开协议转让市热力公司股权有关事宜的请示》《关于进一步规范涉企行政执法检查的实施意见》《大同市应急救援指挥体系（审议稿）》《大同市安全巡查工作制度（试行）》等，听取政府债务管理、教育发展等情况汇报。

第37次常务会议。10月8日，武宏文主持会议。会议专题研究部署大同市能源革命综合改革试点工作。会议审议《大同能源革命综合改革试点工作方案（初稿）》。

第38次常务会议。11月1日，武宏文主持会议。会议传达学习习近平总书记向2019年太原能源低碳发展论坛所致贺信和副总理韩正在开幕式上的讲话精神，传达落实全省相对集中行政许可权改革现场推进会及全省深化"三基建设"加强基层工作推进会暨合并行政村工作现场会精神，研究大同市贯彻落实意见，部署能源革命综合改革试点、经济运行、生态环保等工作。会议审议《大同市能源革命综合改革试点工作方案》《大同市建立更加有效的区域协调发展新机制实施方案（送审稿）》，听取全市1—3季度主要经济指标和区域经济转型升级指标运行及四季度预测、全市生态环境保护工作形势分析及措施、山西通用航空职业技术学院筹建工作进展及办学准备、全市重点工程项目建设进展等情况汇报。会议还研究其他事项。

第39次常务会议。11月21日，武宏文主持会议。会议传达学习《中共中央关于坚持和完善中国特色社会主义制度推进国家治理体系和治理能力现代化若干重大问题的决定》《法治政府建设与责任落实督察工作规定》《重大行政决策程序暂行条例》，研究部署大同市工业高质量发展、优化营商环境等工作。会议审议《大同市推进工业高质量发展行动方案》；会议审议《关于营商环境第三方评估报告有关情况的汇报》《大同市开展相对集中行政许可权改革实施方案》，听取全市清理拖欠民营企业中小企业账款工作情况汇报；会议审议《违建别墅专项整治情况报告》，听取高铁沿线周边安全隐患综合整治的工作汇报。

第40次常务会议。12月4日，武宏文主持会议。会议专题传达学习贯彻全省领导干部会议、省委书记楼阳生调研山西转型综改示范区讲话和市委常委（扩大）会议精神，研究部署脱贫攻坚和招才引智等工作。会议原则通过《关于人才周转房使用管理试行办法》。

第41次常务会议。12月9日，武宏文主持会议。会议学习贯彻习近平总书记关于治理人防系统腐败问题的重要批示精神，研究部署主题教育问题整改、重点改革、民生实事等工作。

会议通报市政府党组"不忘初心、牢记使命"主题教育专题民主生活会情况，听取市政府党组主题教育问题整改制度情况汇报。会议研究全市政府系统重点改革工作有关事宜，听取市政府重大改革清单、大同经济技术开发区"三化三制"改革、全市国资国企改革和金融领域改革创新等工作进展情况汇报。会议学习《山西省人防系统腐败问题专项治理调查整顿方案》，听取全市人防系统腐败问题专题治理工作汇报。会议审议《大同市营商环境优化提升工作方案》《关于首批划转市行政审批局行政审批及关联事项的汇报》《大同市县（区）相对集中行政许可权改革工作方案》。会议通报2019年市政府十件民生实事进展情况。

第42次常务会议。12月31日，武宏文主持会议。会议传达学习了中共中央政治局"不忘初心、牢记使命"专题民主生活会精神和省委经济工作会议精神。会议传达学习《山西省行政执法条例》。会议听取各县（区）及大同经济技术开发区关于重点项目建设汇报和关于"长城一号"旅游公路进展、全面建成小康社会公共交通指数达标进展、氢能源公交车示范工程实施等情况的汇报。会议听取《关于将大同能源革命科技创新产业投资有限公司明确为科创园运营管理主体的建议》《关于明确大同铁路建设投资有限公司为我市高铁建设平台公司的建议》《大同煤炭清洁高效利用研究所（中国科学院工程热物理研究所大同分所）管理运行改革方案》的汇报。会议审议《关于进一步完善安全生产责任体系的实施意见（审议稿）》《大同市打好防范化解重大金融风险攻坚战实施方案（送审稿）》《大同市引导和鼓励高校毕业生回乡就业八项措施（征求意见稿）》《大同市养殖水域滩涂规划》《关于进一步加强全市网络安全和信息化工作的实施意见》和《大同市委托招商实施办法》。

（张志坚）

【全市社会信用体系建设工作会议】 2019年6月12日，全市社会信用体系建设工作会议召开。市委常委、常务副市长薛明耀参加会议。会议回顾总结近年来大同市社会信用体系建设工作情况，研究部署下一阶段工作任务。2019年，大同市实施部门联动，把3个有关信用体系建设《实施方案》落实到位；加大数据归集力度，完善信用档案；创新信用场景应用，让群众获得信用优惠服务；加强联合奖惩力度。

会议指出，要认识社会信用体系建设重要意义，按照《大同市社会信用体系建设规划（2015—2020）》的部署，到2020年底建成政务诚信、商务诚信、社会诚信和司法公信4大重点领域的诚信体系和覆盖全社会的征信体系，完善市信用信息共享系统功能，落实城市信用监测中各自的职责，推进全市社会信用体系建设任务落实。

（张志坚）

【蒙晋冀（乌大张）长城金三角合作区第六届联席会议】 2019年10月24日至25日，以“绿色发展，合作共赢”为主题的蒙晋冀（乌大张）长城金三角合作区第六届联席会议在张家口召开。国家发改委及内蒙古自治区、山西省、河北省、北京市、天津市有关部门负责人出席会议。省委常委、市委书记张吉福，张家口市委书记回建，市委副书记、市长武宏文，张家口市委副书记韩占山，市人大常委会主任赵向东，张家口市人大常委会主任李青春，乌兰察布市人大常委会主任徐志明，市政协主席部向华，张家口市政协主席刘宝岐，乌兰察布市政协主席云准，乌兰察布市委副书记、政法委书记韩军等“乌大张”三市领导出席会议。来自乌兰察布、大同和张家口三市的各界代表共商区域发展大计，共谋合作共赢之策，共绘未来美好蓝图。会上，“乌大张”三市水务、林业、体育部门分别签署水利合作备忘录、森林草原防火和有害生物联防联治合作备忘录、冰雪运动合作备忘录。会议期间，“乌大张”三市有关部门和企业围绕重点产业对接交流，并参加文化旅游产业、冰雪运动产业、可再生能源及氢能产业、大数据产业交流座谈会。参会代表到张家口市怀安经开区南山园区、桥东区空港经济开发区等处考察。（张志坚）

▲2019年10月24日，以“绿色发展，合作共赢”为主题的蒙晋冀（乌大张）长城金三角合作区第六届联席会议召开

（张燕伟 摄）

【全市深化“放管服效”改革优化营商环境推进“一枚印章管审批”会议】 2019年11月21日，全市深化“放管服效”改革优化营商环境推进“一枚印章管审批”会议召开。会议落实全国、全省相关电视电话会精神，对标“守初心、担使命、找差距、抓落实”，再动员、再部署、再推进、再落实全市“放管服效”改革和“一枚印章管审批”工作。市委副书记、市长武宏文出席会议并讲话。市委常委、常务副市长薛明耀通报全市“放管服效”改革和“一枚印章管审批”工作推进情况，安排部署重点工作。副市长郭雷、荆虎、郝献民等参加会议。

会上，市规划和自然资源局、住建局、市场监管局、行政审批局负责人作表态发言。（张志坚）

政府协议

【市政府与京晋（大同）签署项目合作框架协议】 2019年1月22日，市委副书记、市长武宏文与联想控股佳沃集团总经理周学帆一行座谈，双方相互交流合作事宜，并签署京晋（大同）协作新区智慧创新新城暨生物技术与现代农业科技创新产研中心项目合作框架协议。市委常委、常务副市长薛明耀，副市长马安全，Genus集团全球首席运营官Bill christianson，诚志股份战略规划与投资发展部副总经理贾渊洁，Globalism澳洲国际集团董事、CEO苏伟，上海茅犀生物科技有限公司董事长、天津弘羊生物工程技术有限公司董事长鲁洋均等参加座谈和签约。按照协议要求，大同智能创新新城作为新区签约的第一个项目，打造“一品牌、一配套、三大中心”，三大中心包括智慧创新中心、人力资源中心、商务服务中心。项目建成后，引进国内国际高科技企业、人才和技术，建设顶尖科技人才就业、教育、宜居新城。（张志坚）

【市政府与王府井集团签署战略合作框架协议】 2019年2月20日，市委副书记、市长武宏文与到大同考察的王府井集团总裁杜宝祥一行座谈，双方交流合作商圈等事宜，并达成共识，并见证战略合作框架协议签署。座谈会上，王府井集团相关负责人与市平城区、相关部门负责人及同悦城公司、凯德世家集团负责人交流，具体对接项目合作等事宜。座谈会后，同悦城公司与王府井购物中心共同为大同扶贫捐款100万元。（张志坚）

【市政府与北京碧水源科技股份有限公司签署战略合作协议】 2019年2月底，省委常委、市委书记张吉福，市委副书记、市长武宏文与到大同考察的北京碧水源科技股份有限公司董事长文剑平一行座谈，相互交流环保事业、高科技产业等事宜，并见证双方战略合作协议签署。按照签订的合作协议要求，北京碧水源公司参与大同市的水环境治理项目、污水处理、中水回用、生态修复和湿地建设、海绵城市、黑臭水体治理、光环境营造等项目的设计、投资、建设和运营维护。（张志坚）

【市政府与中国煤炭地质总局签署战略合作协议】 2019年3月19日，大同市与中国煤炭地质总局签署战略合作协议，双方建立战略合作伙伴关系，在生态环境与地质灾害治理、地质勘查及资源开发、数字国土建设等领域开展合作。市委副书记、市长武宏文与中国煤炭地质总局副局长徐小连等见证签署。按照协议，大同市支持中国煤炭地质总局为大同市的环境建设、经济发展提供专业技术服务。中国煤炭地质总局发挥自身在产业、品牌、资金、人才、技术和管理等方面优势，采取多种合作模式为大同服务，把更多新技术、新项目、新业态布局大同，参与大同经济社会建设。中国煤炭地质总局参与大同市生态文明建设，开展生态修复工作，为矿山建设提供服务，推进浑源县矿山治理生态修复等工作；在地质灾害多发区，开展生态环境、地质灾害调查评估及综合治理等投资建设与运营服务；在美丽乡村、特色小镇、旅游开发、田园综合体及矿山固废、电厂粉煤灰处理等领域开展绿色勘查、绿色矿山建设等服务；参与大同市数字化地理信息服务平台建设，为大同经济社会发展提供数字化、信息化、智能化服务。（张志坚）

【市政府与中科院大化所同煤集团签署联盟备忘录】 2019年3月26日，市委副书记、市长武宏文率团到中国科学院大连化学物理研究所（简称“大化所”）学习考察，相互交流甲醇制烯烃、合成气制乙醇等技术事宜，市政府、大化所、同煤集团三方现场签署备忘录，共同构建大同煤基洁净能源综合发展战略联盟，以“政府＋企业＋科研院所”的机制，推动能源革命发展。

中国工程院院士、中国科学院大连化学物理研究所所长刘中民，全域科研院所科技成果转化联盟理事长霍国庆，同煤集团总经理崔建军等参加交流会。武宏文、刘中民、崔建军签署大同煤基洁净能源综合发展战略联盟备忘录。根据备忘录，联盟致力于大同煤基能源清洁利用相关技术研发、试验、应用、推广等各阶段、全领域，发挥优势、共享资源、协调互补，为大同推进能源革命提供科学技术支撑和项目落地实践。（张志坚）

【市政府与首航节能签署氢能产业项目合作框架协议】 2019年5月8日至9日，市委副书记、市长武宏文和北京首航艾启威节能技术股份有限公司董事长黄文佳一行座谈，相互交流大同氢能产业发展、建设一流标准的制氢厂等事宜，并见证双方氢能产业项目合作框架协议的签署。副市长荆虎，大同经济技术开发区党工委书记、管委会主任任希杰，三六五汽车会展公司副董事长洪美生，首航节能副总经理侯建峰，大同新研氢能源科技有限公司董事长洪鑫等参加座谈会。（张志坚）

【市政府与启迪控股公司签署项目合作框架协议】 2019年6月23日，大同市与启迪控股公司在北京召开能源革命工作推进和项目落地对接会，双方交流项目合作落地、能源转型发展等事宜。市委副书记、市长武宏文，副市长马安全，国家气候变化专家委员会副主任、清华大学原常务副校长何建坤，中科院院士卢强，启迪控股公司董事长王济武，启迪军民融合研究院院长彭顷砡，启迪控股公司副总裁文辉等参加对接会。对接会上，启迪控股相关项目负责人介绍压缩空气储能、核供热、生物质资源能源化利用等项目的用途定位、技术优势、市场分析、风险防范等情况。马安全与启迪控股项目负责人分别签订大同市低温池式供热堆项目、大同市供排水集团有限责任公司混合所有制改革、大同市煤矿巷道压缩空气储能、凤凰（大同）国际高教园、大同市生物质资源能源化利用5个项目的合作框架协议。（张志坚）

【市政府与无锡宝腾特种装备工程公司签署项目协议】 2019年9月6日，市委副书记、市长武宏文与无锡宝腾特种装备工程有限公司董事长陈少良一行座谈，双方达成优势互补、共赢发展共识，并签署招商引资合作暨半导体芯片材料项目协议。副市长荆虎与陈少良代表双方签订协议。大同经济技术开发区党工委书记、管委会主任任希杰主持签约。无锡宝腾特种装备工程有限公司在高端装备、新兴材料制造等方面有自主研发设备和技术。（张志坚）

【市政府与北京市热力集团签约】 2019年10月23日，市政府与北京市热力集团有限责任公司签订市热力有限责任公司部分股权转让合同。

签约现场，北京热力集团负责人表示履行承诺，推进长输供热管线建设，把大同城市供热打造成为全国绿色清洁供热、数字智慧供热的示范性工程，为大同市高质量发展提供供热保证。（张志坚）

【市政府与太赫兹产业联盟签署战略合作框架协议】 2019年12月17日，市政府与太赫兹产业联盟签署战略合作框架协议。市委副书记、市长武宏文与中科量子研究院执行院长郎铚伟一行座谈，双方在合作培育新动能产业项目达成共识。

副市长荆虎和太赫兹产业联盟副理事长、北京理工大学毫米波与太赫兹技术北京市重点实验室博士生导师胡伟东签订合作框架协议。大同经济技术开发区党工委书记、管委会主任任希杰，中国农科院农产品加工研究所副所长王锋等参加座谈并见证签约。按照战略合作框架协议，在大同市建立太赫兹（产业）国家研究院和院士工作站，设立生产基地开展太赫兹安检系列产品转化生产等。（张志坚）

政务服务

【政务服务事项录入】 2019年，大同市行政审批局按照省工作部署要求，对照国家及省最新事项标准规范，统一规范国家、省、市、县四级依申请6类权力事项名称、类型、依据、编码。组织召开全市政务服务事项实施清单梳理及事项动态管理系统数据汇集录入培训会，并到各县（区）、市直各部门开展专项培训、现场指导。年内，市县两级录入省政务服务事项动态管理系统“四级四同”（“四级”为国家、省、市、县，“四同”指事项名称、事项编码、事项类型、设定依据相同）事项4225项，完成率77.24%。（市行政审批局）

【“两清单”梳理汇总】 2019年，大同市行政审批局按照省“一个平台管监管”工作部署要求，组织召开全市“两清单”（即监管事项目录清单和检查实施清单）梳理工作推进会，并培训“两清单”业务梳理工作；组织召开全市“互联网+监管”系统建设推进会，并培训解读监管业务数据汇聚和监管系统对接有关标准要求。到各县（区）调研指导、督促推进“互联网+监管”系统数据报送工作，并业务指导数据报送工作。梳理汇总后，大同市监管事项目录清单920项，检查实施清单8013项。（市行政审批局）

【取消下放事项】 2019年，大同市行政审批局按照省政府取消下放一批行政许可事项的通知，取消3项行政许可事项，承接2项。公布取消4项证明和申报材料。（市行政审批局）

【政务系统升级】 2019年，大同市行政审批局为解决市政务服务一体化在线平台系统机房设备老化，确保安全运行。按照市政府与京东集团签订的《“互联网+”新经济发展合作项目》协议意向，由山西京东云乾云计算有限公司升级改造“互联网+政务服务”平台，把政务大厅政务服务系统迁到京东云平台运行，满足一体化在线平台平稳运行和承接省审批系统对接需要。（市行政审批局）

【市行政审批服务管理局挂牌成立】 2019年2月2日，按照市委、市政府机构改革的总体部署和安排，市行政审批服务管理局挂牌成立。市行政审批服务管理局成立，是市委、市政府深化行政审批服务体制机制改革、建设人民满意的服务型政府需要。该局成立后推行“一枚印章管审批”改革，深化市县相对集中许可权改革，推行实施“前台综合受理、后台分类审批、综合窗口出件”审批模式，推进审批服务“马上办、网上办、就近办、一次办”；对标对表全国营商环境先进地市，从审批时间、审批环节、审批材料3个方面入手，提升审批服务效率，推动大同市营商环境重要指标进入全省前列；围绕市场需求研究推进行政审批改革、政务服务改革、公共资源交易（政府采购）等改革，强化宏观调控、市场监管、规划制定、政策创设、环境营造和政务服务等职能；按照新时代新担当新作为要求，树立好新时代政务服务干部新形象，人人代表政府形象，事事体现营商环境。

（市行政审批局）

【“一枚印章管审批”启动运行】 2019年12月20日，大同市“一枚印章管审批”启动运行，各单位原审批用章被现场封存，“大同市行政审批服务管理局行政审批专用章”启用，首批27个部门的320项行政审批及关联事项划转市行政审批服务管理局集中行使。

省委常委、市委书记张吉福，市委副书记、市长武宏文，省行政审批服务管理局副局长连建林，市委常委、常务副市长薛明耀，市委常委、市委秘书长尉连生，大同经济技术开发区党工委书记、管委会主任任希杰及各县（区）、市直各有关部门主要负责人共同现场见证。

大同市经过前期研究梳理、设计组织架构等工作，出台《大同市相对集中行政许可权改革工作方案》，结合《山西省政务服务事项“四级四同”清单目录》，首批把27个部门的320项行政审批及关联事项划转市行政审批服务管理局集中行使，划转比例81%，实现市县两级同步推进。启动仪式上，市住房和城乡建设局代表27个部门与市行政审批服务管理局交换划转事项审管衔接备忘录。中国邮政储蓄银行股份有限公司大同市美好新里程营业所领到首份加盖行政审批专用章的营业执照。（市行政审批局）

应急管理

【概况】 2019年1月，大同市应急管理局组建，是市人民政府工作部门，为正处级，加挂市地方煤矿安全监督管理局牌子。市应急管理局承担6个协调议事机构日常工作。其中，委员会2个（市安委会、市减灾委员会）、指挥部4个（市森林草原防灭火指挥部、市防汛抗旱指挥部、市抗震救灾指挥部、市应对重大灾害指挥部）。全年全市发生生产安全事故23起，死亡26人，同比事故起数减少12起，下降34.29%；死亡人数减少13人，下降33.33%。具体情况：（1）煤矿发生事故1起，死亡2人；同比事故起数减少1起，下降50%；死亡人数减少1人，下降33.33%。（2）建筑业（包括市政工程和其他建筑业）发生事故5起，死亡6人；同比事故起数增加2起；死亡人数增加3人。其中，市政工程事故1起，死亡2人，同比事故起数持平，死亡人数增加1人；其他建筑业发生事故4起，死亡4人，同比事故起数增加3起，死亡人数增加3人。（3）道路交通生产经营性事故17起，死亡18人，同比事故起数减少5起，下降22.73%；死亡人数减少7人，下降28%。安全主要特点：（1）全市金属非金属矿山、危险化学品、烟花爆竹、农林牧渔业等其他行业领域均未发生生产安全事故，安全生产形势持续稳定。（2）全市生产安全事故起数和死亡人数同比双下降。全年全市生产安全事故起数和死亡人数同比分别下降34.29%和33.33%。（3）煤矿发生事故起数和死亡人数同比双下降。全年煤矿发生事故起数和死亡人数同比分别下降50%和33.33%。（4）道路交通生产经营性事故起数和死亡人数同比双下降。全年道路交通生产经营性事故起数和死亡人数同比分别下降22.73%和28%。（5）全年全市未发生较大以上生产安全事故。全年全市未发生较大以上生产安全事故，亿元地区生产总值生产安全事故死亡率0.019。（王晓飞）

【安全生产责任制】 2019年，大同市应急管理局依据《大同市党政领导干部安全生产责任制实施办法》，明确各级党政领导干部安全生产“职责清单”和市政府领导安全生产重点工作“责任清单”。修订《大同市安全生产分级属地监督管理实施办法》，出台《关于进一步推进安全风险分级管控和隐患排查治理双重机制的通知》，签订《大同市安全生产和消防工作目标责任书》。市、县（区）政府全部明确1名常委分管安全生产工作。市委常委会两度听取安全生产工作汇报，4月11日，市应急管理局向市委理论学习中心组作安全生产工作专题汇报。市政府每季度召开1次安委会全体会议，每月召开1次安全生产工作例会，研究安全生产工作重大议题。市政府与10个县（区）政府及大同经济技术开发区和31个市直部门签订《大同市安全生产和消防工作目标责任书》，层层压实安全监管责任。（王晓飞）

【企业挂牌责任制】 2019年，大同市应急管理局督促各县（区）特别是涉及区划调整的县（区），重新明确挂牌责任。全市应挂牌企业单位76447家，实际挂牌76447家。其中，企业14014家，个体户55132家，农民专业合作社5506家，其他单位1403家。（王晓飞）

【安全生产大检查】 2019年，“两节”“两会”、汛期和国庆前后，大同市应急管理局按照省、市政府统一安排，组织开展3个阶段安全生产大检查。全年检查企业1198家次，发现生产安全事故隐患6551项，整改5738项。（王晓飞）

【安全专项整治】 2019年，大同市应急管理局围绕防范化解重大安全风险，推进“三个专项行动”。全市排查高陡边坡388个，巡查48个重点林区，排查整改隐患24158条。围绕突出问题，开展大型商业综合体、防建筑物外围附着物坠落、防高空作业人员不系安全带、防餐馆火锅未使用电磁炉加热4个专项整治。消防部门集中约谈单位消防安全责任人、管理人60余人，与社会单位签订消防安全承诺书50余份，消防检查全市商业综合体，发现隐患102处，整改89处，按序整改13处；住建部门制定专项整治工作方案，组织开展专项检查，抽查在建工程32项，排查整改隐患163条。（王晓飞）

【重点时段安全督查】 2019年，大同市应急管理局突出春节、“清明”、“中秋”等节日，突出“两会”“二青会”“云冈国际旅游节”“成龙电影周”“建国70周年大庆”等活动，制定举措，化解风险。市直部门抽调人员33个，组成安全生产专项督查组11个，每组确定副处级1名领导带队，在9至11月期间到各县（区）、各行业领域开展3轮安全督查，确保重点时段安全稳定。（王晓飞）

【安全生产活动】 2019年，大同市应急管理局围绕“防风险、除隐患、遏事故”主题，开展安全生产月活动，全市累计发放各种宣传资料40余万份、举办展览42场、现场咨询互动2.5万余人次，参加系列活动群众近20万人次。强化新媒体运用，利用“大同安监”微信公众号和门户网站，发布应急工作动态476条。加强对外宣传报道，宣传报道安全生产、地震演练等方面《对标对表一把尺子量到底》《山西大同，多措并举抓落实》文章及《“今天演得实，是为明天打得赢”》被《中国应急管理报》刊载。（王晓飞）

【安全监管执法】 2019年，大同市应急管理局按照年度执法计划针对煤矿、非煤矿山、危险化学品、汛期安全、森林草原防灭火、道路交通、建筑施工、消防及人员密集场所等重点行业领域组织开展“安全体检”。全年排查整改一般隐患6810条，行政处罚立案24起，下达20家企业、16名违法行为责任人行政处罚决定书，累计处罚2700余万元。（王晓飞）

【安全事故处理】 2019年，大同市应急管理局应对处置“7·7”永定庄矿事故，“6·26”城市内涝事件，“8·20”“10·12”交通事故，“8·23”灵丘3.2级地震，“9·10”新荣糠醛罐车侧翻事故，“10·2”阳高甲醇车侧翻事故，“11·23”云冈区碾子沟采空区塌陷引起1.8级非天然地震等突发事件。（王晓飞）

【防灾减灾】 2019年，大同市应急管理局加强防灾减灾工作的组织领导。有序划转并调整森林防灭火、防汛抗旱、抗震救灾指挥部和减灾委员会；建立“大同市自然灾害防治工作局际联席会议制度”；与地震、规划和自然资源、气象、水务、农业、民政等部门，建立合作共享预警体系。加强灾情信息管理，核查主汛期气象灾情24次；构建“市—县—乡—村”4级2274人灾情管理队伍，组织县（区）应急管理局、乡镇（街道）灾情管理员培训。加强受灾群众救助工作，向天镇县、阳高县、广灵县、云州区等灾情较重的县（区）发放应急救灾款410万元，并监督救灾款使用情况，确保专款专用。市救灾物资储备中心配套“仓储物资管理软件”，建立起快速反应机制。组织签订“乌大张”三市救灾物资互助协议框架，实现物资储备的跨区域协同。夯实防灾减灾基础工作，核实确定2个社区为创建全国综合减灾示范社区，并通过省减灾委现场审核。完成综合减灾示范县试点工作，确定阳高县为全国综合减灾示范县试点县。现场核查并建立信息档案Ⅰ类市级应急避难场所2个、Ⅱ类应急避难场所8个；检查10个县（区）及大同经济技术开发区Ⅲ类应急避难场所有关设施、标识情况。协调消防部门消除火灾隐患，结合机构改革和职能调整，加强消防监督和火灾预防指导，协调消防救援机构，完成大同古都灯会、全国两会、第二届“一带一路”国际合作高峰论坛及“二青会”等活动消防安保工作，并在全市组织开展消防领域专项检查、消防安全“体检”、夏季火灾防控等综合治理、出租屋和校园周边经营场所专项整治行动及新中国成立70周年大庆期间消防安保工作。全年全市未发生生产经营性火灾事故，消防安全形势总体稳定。（王晓飞）

【应急管理指挥体系建立】 2019年，大同市应急管理局建立“1+19”应急管理指挥体系。成立1个市应急救援总指挥部和19个专项应急指挥部，明确各指挥部的组成人员、指挥部主要职责及其办公室主要职责，加强事故灾难预防处置的高效领导和专业指挥。（王晓飞）

【应急演练】 2019年，大同市应急管理局组织“无脚本”演练检验应急战斗力。5月22日，在左云县兴云镇组织开展地震应急和森林灭火综合实装实战拉动演练，出动参演人员393人，动用车辆80台套，持续时间约10个小时，完成15个演练科目。市县两级政府部门、企事业单位按要求组织应急演练，提升全市应急战斗力。（王晓飞）

【应急救援力量建设】 2019年，大同市有应急救援队伍30支。其中，国家级1支、市区2支、各县（区）27支。市政府拨付500万元为武警、消防等应急救援队伍购置专业救援装备。（王晓飞）

【应急保障对外交流】 2019年，大同市应急管理局创新应急保障手段，起草市政府与华彬天星公司通航飞机“应急保障飞行协议”，并代表政府履行协议，大同市应急救援手段新增加通航救援模式。参与筹办首届“中国·大同航空应急救援高峰论坛”，组织航空应急救援设备静态展示，组织“乌大张朔”四市签订《航空应急救援互助发展框架协议》。（王晓飞）

【全市地震应急和森林灭火综合实战拉动演练在左云举行】 2019年5月22日，全市地震应急和森林灭火综合实战拉动演练在左云县云兴镇举行。此次演练由市政府和左云县政府联合主办，旨在提升大同市专业应急救援队伍应对地震灾害和火灾突发事件的应变处置综合能力。这次演练模拟的是左云县发生5.8级地震，地点设在左云县云兴镇中海油物流园区。演练现场，市武警支队、市消防救援支队等5支地震专业救援队伍和大同军分区等6支森林灭火救援队伍演练应急响应、组织机动、营地搭建、救援基础能力检验、高空救援能力检验、森林灭火等内容。（王晓飞）

【防汛总体方案出台】 2019年6月底，市政府办公室印发《大同市2019年防汛工作总体方案》（简称《方案》）。《方案》列出防汛重点：水库、河道、城镇、边山峪口村庄、学校、尾矿库、地质灾害、矿山企业等。《方案》要求，各级应急管理部门负责统筹协调完善《防汛抗旱应急预案》，各级行业主管部门负责完善防汛抗旱专项预案，气象水文部门要完善预报方案、改进监测方法、提高预报精度、延长预见期，为防汛正确决策、合理部署、科学调度提供可靠依据。各县（区）发挥建山洪灾害县级预警平台监测预警作用，为辖区准确提供水情、雨情信息；根据汛前、汛中排查出的防汛隐患，区分轻重缓急，有计划有步骤加紧治理；落实物资保障，达到定额要求；发挥群测群防体系作用，乡镇、村加强山洪灾害非工程措施设施设备巡查检查，确保设施设备完好，数据传输正常，确保“九个一”落实到位；要早发现、早预警、早决策、早部署，做到防有先进方法、撤有正确路线、避有安全地点、抢有可靠保障；要强化信息报告，杜绝信息迟报、漏报、瞒报、误报、谎报、倒流，避免因报汛不及时而造成人员伤亡和财产损失。各级各部门要宣传相关法律法规，使防汛抗旱科普宣教进学校、进机关、进企事业单位、进社区、进农村、进家庭、进公共场所，筑好防洪第一道防线，增强全社会依法防洪意识，提高人民群众自救能力，推进防汛工作法制化、社会化、制度化。《方案》强调，要强化责任追究，逐级建立防汛抗旱问责机制，从汛前准备、汛期应对、灾害救助等各个环节，明确各级政府、部门及责任主体、责任人的职责，凡未按要求落实、影响度汛安全、造成人民群众生命财产损失的，要严肃追究相关人员的责任。（王晓飞）

【2019大同航空应急救援展】 2019年9月7日，2019大同航空应急救援展在大同举行。2019大同航空应急救援展由大同市人民政府、山西省应急管理厅主办，大同市发改委（市通航办）、大同市应急管理局、山西省航空运动管理中心、大同市通航产业园区管委会和雷森通用航空有限公司承办。来自全国20家单位的应急救援设备及各类航空器在大同北岳机场参展。

▲2019年9月7日，大同市举行航空应急救援展。图为航空救援飞行演练现场

（李冬宾 摄）

展会现场，北京华彬天星通用航空有限公司、上海金汇通用航空股份有限公司山西分公司、大同雷森航空俱乐部有限公司等分别举行直升机绞车救援、医疗救援、吊装灭火以及模拟驴友山林景点受伤救援等动态航空应急救援飞行演练，向与会嘉宾展示航空应急救援实施的全过程。（王晓飞）

【首届中国·大同航空应急救援高峰论坛】 2019年9月7日，由大同市人民政府、山西省应急管理厅、中国航空运输协会通航分会和中国信息协会通航分会联合主办，雷森通用航空有限公司承办的2019首届中国·大同航空应急救援高峰论坛在大同市御东行政中心举行，这是国内首次以航空应急救援为主题的全国性论坛，旨在通过研讨，为大同市依托区位优势，开展医疗救助、抢险救灾、森林消防、城市消防等航空应急救援活动，建立航空应急救援区域联动中心，推动特色通航产业的示范发展建言献策、把脉问诊。

高峰论坛上，各行业领导和专家学者介绍中国通用航空发展及航空应急救援宏观政策和发展态势，并结合自身研究方向，从森林消防、医疗救援、无人机救援、应急管理平台等领域，围绕航空应急救援的应用需求、能力建设、服务保障等议题发表演讲、交流意见。李家祥解读航空应急救援的现状问题和痛点、难点，展望未来发展趋势；闪淳昌作题为《新时期应急管理的发展态势与思考》主旨演讲，就如何站在全局立场综合运用应急救援力量提出合理化建议；闫鹏结合森林消防的特殊性，分析通用航空在森林消防领域的应用需求和发展方向。高远洋、孙卫国、马莉、黄涛、刘岚、刘世江等专家先后分享各自真知灼见。

此次论坛上，签约《乌大张朔航空应急救援互助发展框架协议》，大同市进行通航产业招商推介，现场签订4个合作项目。（王晓飞）

消防救援

【概况】 2019年，大同市消防救援支队消防力量主要由消防指战员和地方政府专职消防队、企业专职消防队组成。政府专职消防队6个（县级政府专职队5个，乡镇政府专职队1个），企业建立单位专职消防队5个。全市有城市消防站19个（特勤消防站2个、一级普通消防站11个、二级普通消防站6个）。其中，编制消防站12个，政府专职队消防站7个。全市配备各类消防车136辆（水罐泡沫消防车69辆，干粉消防车1辆，专勤消防车21辆，战勤保障消防车7辆，登高平台消防车16辆，举高喷射消防车9辆，消防摩托13辆）。其中，灭火类消防车70辆、举高类消防车25辆、专勤类消防车21辆、战勤保障类消防车7辆，其他类消防车13辆。全市消防队伍配备基本个人防护装备14562件（套），特种防护装备11090件（套），抢险救援器材3131件（套），灭火器材5788件（套），各类消防船艇16个，消防飞行器1台。全市有市政消火栓1341个，市政消防水鹤79个，天然水源5处。全市有网格组织5547个，网格员5547人。有公安派出所165个，专（兼）职消防民警数量371名，监管社会单位13315个，居民住宅区的物业服务企业283个，居民（村）委员会2224个。

全市建成重点单位、街道、社区微型消防站分别为876个、47个、241个。全市有消防安全重点单位876家。其中，主要包括公众聚集场所325家，医院、养老院和寄宿制学校、托儿所、幼儿园76家，文物保护单位149家，易燃易爆化学物品的生产、充装、储存、供应、销售单位263家。全市有危化品生产企业5个，生产企业存储量22138吨；危化品经营企业236个，油库6座、存储量38130吨；石油天然气管道输送企业3家，输送管道2条，总长83.4千米。

全年全市发生火灾831起，直接经济损失720.53万元。全市消防指战员接警出动1721起，出动警力14355人次，出动车辆2873辆次，抢救被困人员218人，疏散被困人员1640人，抢救财产价值1326万元。（吴伟）

【消防安全治理】 2019年，市政府4次召开消防工作会议，推动全市各级把火灾防控作为防范化解重大风险的重要工作，市县两级主要领导带队开展消防安全检查130余次。大同市消防救援支队代表全省参加国务院消防工作考核，首次被评为“优秀”档次。“二青会”、国庆70周年安保期间，开展电气火灾防控、电动自行车、大型城市综合体、商业综合体等10余类专项整治工作，开展消防安全约谈培训党政领导、行业部门、重点单位消防安全责任人、管理人1740余名。检查单位21656家，发现隐患33739处，督促整改隐患33254处，临时查封117家，责令“三停”146家，罚款339.49万元，拘留10人。全市发生火灾745起，死亡7人，受伤0人，直接经济损失667.7万元。

（吴伟）

【消防宣传】 2019年，大同市消防支队树立“大应急”宣传理念，建成全省首个全媒体中心，统一“大同消防”微博、微信、抖音、头条等新媒体宣传推广，每天推送消防安全常识，发布消防信息5000余条，发展粉丝10余万人。《岗台上的饺子，真香！》《墙缝男孩》等一批作品在央视等主流媒体播发，点赞和评论数均破亿次。推进宣传教育体验场所建设，利用全市18个消防站点、10个消防科普教育基地和241个社区宣传点，构建覆盖城乡的消防宣传教育培训场所体系，开展防灾减灾日、中小学安全教育日、“119”消防宣传月等主题活动20余场次，提高全民消防安全意识。（吴伟）

【消防应急通信保障演练】 2019年4月底，为抓重大灾害事故应对处置准备工作，提升应急通信保障能力，大同市消防支队应急通信保障分队与警勤中队、永泰中队应急通信保障组开展偏远山区应急通信保障拉动演练。

该次演练按照贴近实战要求，模拟在交通不便的偏远山区出现地质灾害、现场公网通信中断情况下，实施应急通信保障工作。演练出动1辆静中通卫星通信指挥车、1辆通信先导车，使用静中通、车载4G、公网对讲机、卫星电话、4G单兵、布控球及无人机等应急通信保障设备。演练

大同市人民政府

分接警出动、力量集结、途中行驶、到场展开4个阶段。在整个演练中，通信保障队伍准确完成现场图像采集传输、应急通信现场组网等科目演练，全体通信保障人员克服山地环境不利因素，保持信息通信畅通，取得预期效果。（吴 伟）

【救援“墙缝男孩”】 2019年5月27日，大同市消防支队阳高大队接到报警，阳高县金光小学有一名7岁的二年级学生因贪玩被卡在2根水泥柱子中间无法脱身。该大队接警后出动1辆消防车和6名指战员赶到现场。救援人员根据现场情况利用千斤顶扩张夹缝，用锤子和螺丝刀凿柱子，成功把被夹学生救出。大同市消防支队报送的“墙缝男孩”救援视频在中央电视台新闻频道新闻直播间、共同关注等栏目播发，《人民日报》、新华社、腾讯新闻等中国主流媒体发表和转发，警示青少年消防安全，传递消防正能量。（吴 伟）

【大同市消防救援支队挂牌】 2019年12月31日，大同市消防救援支队举行挂牌仪式。省消防救援总队党委常委、后勤部部长胡海生，大同市委常委、常务副市长薛明耀共同为大同市消防救援支队揭牌。该支队党委常委、机关指战员、文职雇员及基层指战员代表100余人参加仪式。仪式由大同市消防救援支队党委书记、政治委员戴岩峰主持。薛明耀讲话，大同市消防救援支队队长王鹏支致辞。当日，大同市消防救援支队各基层大队按照要求举行挂牌仪式。（吴 伟）

外事　台港澳事务

外　事

【外事交往】 2019年，大同市接待到访团组36批729人次。省委常委、市委书记张吉福，市委副书记、市长武宏文等市领导外事活动15场。张吉福、武宏文等接待到大同出席成龙国际动作电影周的波黑、加纳、印度尼西亚、摩洛哥、格鲁吉亚、吉尔吉斯斯坦驻华大使等35名驻华使节。武宏文会见到大同访问的法国加莱市代表团一行和俄罗斯伊尔库茨克州州长顾问、俄罗斯联邦驻华外交使团商贸处代表安德烈·尤里耶维奇·科罗别尼科夫一行、亚洲基础设施投资银行副行长兼秘书长艾德明爵士一行。市委常委、宣传部部长黄岑丽参加外交部山西全球推介活动，推介云冈石窟复制窟、悬空寺等大同元素，浑源凉粉、大同如意枣糕、雁门清高苦荞茶、阳高杏仁等大同品牌。市委常委、常务副市长薛明耀会见丹麦驻华大使馆商务参赞高尔敦一行。（张 玮）

【友好城市建设】 2019年，大同市加强同世界各国相关省州合作，推进友城建设。中国大同市与法国加莱市、俄罗斯伏尔加斯基市新建友好关系。在法国、柬埔寨分别设立海外联系人。加深与日本大牟田市友好关系。8月25日至28日，日本大牟田环保专家访问团到大同开展环保专题交流活动。10月21日至23日，大同市友好合作伙伴柬埔寨暹粒市副市长应邀到太原参加“2019年太原能源低碳发展论坛”。12月2日，中国云冈旅游区管委会（云冈石窟研究院）与柬埔寨吴哥窟管理总局签署谅解备忘录。（张 玮）

【涉外环境安全维护】 2019年，大同市政府外事办公室提高领事保护工作能力，开展领保宣传活动。7月11日至8月11日，组织市文明办、市教育局、市出入境管理局、市文旅局及新闻媒体、机场等12家涉外单位，在全市开展“安全文明出境游宣传月”活动，累计发放领保宣传资料2万余册。妥善处理2起领事保护事件，2起涉外突发事件。（张 玮）

【外事活动】 2019年1月30日，市委常委、副市长冯苏京拜会阿联酋驻华大使阿里·扎希里，相互友好交流中国大同与阿联酋合作事宜。

2月25日，以“新时代的中国：山西新转型 共享新未来”为主题的外交部山西全球推介活动在外交部举行。大同市委常委、宣传部部长黄岑丽参加活动。云冈石窟20窟复制窟、悬空寺、世界首座熊猫外形的光伏电站等大同元素，浑源凉粉、大同如意枣糕、雁门清高苦荞茶、阳高杏仁等大同品牌亮相推介会。

3月15日，省发改委国外贷款项目中心主任吕竹园陪同世界银行能源与采掘业全球发展实践局副局长Christopher Sheldon（克利斯朵夫）一行考察调研市能源革命科技创新园及市采煤沉陷区领跑者光伏基地项目。

3月22日至23日，俄罗斯萨彦斯克市代表团到大同访问，与大同市对接拟于6月在大同举办第二届中蒙俄（大同）企业高峰合作论坛、第二届中蒙俄（大同）商品博览会及推动城市间经贸往来合作等事宜。

3月23日至26日，大同市文化交流代表团到法国巴黎罗斯查尔德公馆参加庆祝中法建交55周年“光影流年”中法友好故事会，云冈石窟、华严寺、北岳恒山、古城及雁北耍孩儿、大同结艺、广灵剪纸、大同内画等大同元素参展。在上法兰西大区加莱市会见法国加莱市市长娜塔莎·贝查尔，向娜塔莎市长表达大同市与加莱结好愿望。

4月10日至11日，以法国上法兰西大区副主席、加莱地区主席、加莱市市长娜塔莎·贝查尔为团长的法国加莱市代表团到大同访问。11日，市委副书记、市长武宏文会见代表团一行，双方签署大同市与加莱市发展友好城市关系意向书。

4月19日，冯苏京拜会秘鲁驻华大使路易斯·克萨达，相互交流大同与秘鲁地方城市交往等事宜。

5月15日，市外事办副主任张文涛拜会智利驻华大使施密特，友好交流大同市与智利奥希金斯大区合作事宜。

5月15日，张文涛拜会墨西哥驻华大使馆三等秘书卢卡多，友好交流在“一带一路”框架之下大同与墨西哥合作事宜。

6月4日，大同市外事办主任刘锋与柬埔寨山西商会会长文波签署《大同市外事办在柬埔寨联系人委托协议》。

6月5日，英国基准矿物公司石

▲ 2019 年 4 月 11 日，大同市委副书记、市长武宏文与加莱市市长娜塔莎·贝查尔签署发展友好城市关系意向书　　（张　玮　摄）

墨考察团到大同市新成新材料有限公司考察调研。

6 月 13 日，大同市政府代表团带领大同市 2 家企业，以“走丝绸之路 促合作共赢”为主题，参加山西品牌丝路行（西欧站）法国、德国的活动。活动有招商引资、文化交流、友城合作、民间交往等。

6 月 13 日，第二届中蒙俄（大同）国际商品博览会暨经济合作发展论坛在大同开幕。大同市副市长荆虎与俄罗斯伏尔加斯基市工商会主席、Vega 集团造船公司董事会主席弗拉基米尔·尼古拉耶维奇·格鲁霍夫签署两市友好合作备忘录。

6 月 13 日至 16 日，第二届中蒙俄（大同）国际商品博览会暨经济合作发展论坛在大同举办。论坛期间，召开中蒙俄国际仓储物流合作、中蒙俄国际商品供应链发展、中蒙俄“万里茶道”申遗促进会 3 个平行论坛。148 家企业参展，交易额 130 余万元，蒙古国参展商交易额 50 余万元，中银纺织科技有限公司与蒙古国奥德羊毛公司签订 1000 吨、总额 1300 万元的羊毛交易意向合同，展会成交总额 1400 余万元。

6 月 22 日至 23 日，“一带一路”与山西对外开放学术研讨会、中国明史学会明史国际学术研讨会在大同举行，来自国内外 150 余位专家学者和企业家代表参会研讨，为山西对外开放献计献策，为明史研究探本溯源，为大同转型发展助力加油。

6 月 27 日，来自俄罗斯、乌克兰、亚美尼亚等 6 个国家的专家学者齐聚大同，参加“一带一路”沿线国家创新创业大会·大同峰会，探讨创新创业的国际化合作与发展新途径，促进大同与“一带一路”参与国家在影视文化、汽车行业、电子商务等各方面合作。

6 月 29 日，2019 慢病康养与健康管理国际高峰论坛开幕式在大同举行。这次高峰论坛围绕全民健康、医养结合、重在预防、科技支撑 4 大主题，为国内外健康行业、康养业界的专家学者提供学术交流平台，助推康养产业融合升级发展。

7 月 17 日，德国 CargoBeamer 公司董事长汉斯·尤尔根·魏德曼一行到大同考察交通、物流市场，与山西晋鼎铁投物流有限公司座谈交流。

7 月 21 日至 27 日，由中央宣传部电影卫星频道节目制作中心、大同市人民政府、成龙国际集团联合举办的第五届成龙国际动作电影周在大同举行。电影周期间，部分国家驻华使节、国内外演员、评委、成龙影迷参加电影周有关活动。

8 月 18 日，2019 中国（大同）北魏文化高峰论坛在云冈石窟美术馆开坛。韩国传统文化大学教授崔珍烈等专家学者出席该次论坛。

8 月 20 日至 23 日，蒙古国作家团到大同访问，与市作协召开座谈会，探讨交流文学方面内容。

8 月 25 日至 28 日，日本大牟田环保专家一行 2 人到大同开展环保专题交流活动。

8 月 27 日，由全国工商联新能源商会、全域科研院所科技成果转化联盟联合主办的 2019 中国（大同）新能源国际高峰论坛暨招商引资项目洽谈会在大同举行，来自国内外 500 余名新能源专家、企业家齐聚古都，围绕“能源革命 造福人类”主题，共商能源革命大计，共谋绿色发展未来。

8 月 27 日至 30 日，日本“黄土高原绿化协力团”一行到大同植树。

8 月 28 日至 29 日，日本驻华大使馆一等秘书花垣贵司一行到大同考察访问，考察日本在大同利民工程项目。

9 月 1 日至 3 日，国际禁止化学武器组织（OPCW）视察组一行到山西国药威奇达药业有限公司，问询调查该公司履行《禁止化学武器公约》相关问题，实地视察企业原料仓库、化学实验室、质检室等，并核对企业营业执照、生产数据等相关文件资料，确认企业宣布的信息与现场一致，生产经营活动符合《禁止化学武器公约》要求。

9 月 4 日，世界银行专家团队到大同访问，与市发改委、市人社局、市财政局、市能源局等部门及有关煤炭企业等座谈，并到同家梁煤矿实地调研。

9 月 4 日，新西兰怀纳公司 CEO 珍妮特·尼尔森夫妇到广灵县考察巧娘宫和养宝公司妇女手工制品。

9 月 10 日，由中国公共关系协会和大同市人民政府共同主办的 2019“影像的力量”中国（大同）国际摄影文化展在大同市文瀛湖畔举行。立陶宛共和国驻华大使伊娜·玛丘利奥尼婕、芬兰共和国驻华大使肃海岚等外宾出席有关活动。

9 月 13 日至 15 日，老挝法官研修班到大同考察研修。

9 月 15 日，“美丽中国”2019 大同国际马拉松赛在大同市文瀛湖广场开赛，来自肯尼亚、意大利、西班牙、日本、澳大利亚等近 50 名选手参加比赛。

9月16日，由国家文物局、国际文物保护与修复研究中心联合主办，中国文化遗产研究院承办，云冈石窟博物馆协办的“2019博物馆库房重整培训班（RE-ORG）”开班仪式在大同市云冈石窟研究院举行。来自国际文物保护与修复研究中心、西班牙、贝宁、埃及、意大利的外籍专家及培训班全体学员和工作人员参加开班仪式。

9月25日至26日，德国驻华大使馆环境和气候事务官顾敏（Miriam Gutzke）一行到大同访问。在大同期间，顾敏一行访问交流山西结构转型、能源革命进展的事宜，实地考察大同太阳能光伏发电项目“领跑者”和大同能源革命科创园。

10月12日，日本驻华使馆经济部一秘田中麻美子一行到大同考察日本绿色地球网络组织在大同地区开展合作绿化活动，《新华社》《人民网》《凤凰周刊》《财新网》《看天下》杂志等新闻媒体记者应邀参加考察。

10月14日，丹麦驻华大使馆商务参赞高尔敦一行到大同访问。旨在推介丹麦最大的工业企业丹佛斯公司，并落实和推进该公司与大同市云冈能源集中供热合作项目，探讨与大同市在更多领域、更多行业的合作。大同市委常委、常务副市长薛明耀会见高尔敦一行。

10月31日，武宏文会见俄罗斯伊尔库茨克州州长顾问、俄罗斯联邦驻华外交使团商贸处代表安德烈·尤里耶维奇·科罗别尼科夫一行，双方会谈拓展能源、交通等领域合作事宜，并表达合作意愿。

11月8日至9日，法国文化名人、法国前总统乔治·让·蓬皮杜之子阿兰·蓬皮杜及其夫人到大同访问。

11月26日，武宏文与瑞典Impact Coatings副总裁威尔·莱特一行座谈。

12月2日，大同市云冈旅游区管委会（云冈石窟研究院）与柬埔寨吴哥窟管理总局签署谅解备忘录。这是山西省首家景区与国外景区开展合作交流。

12月13日，武宏文会见亚洲基础设施投资银行副行长兼秘书长艾德明爵士一行，双方会谈交流加强合作、共谋发展等事宜。 （张　玮）

【全市外事工作会议】 2019年6月11日，全市外事工作会议召开，市委常委、副市长冯苏京参加作会议。会议传达学习中央部委、省、市有关会议精神，安排部署大同市2019年外事工作。年内，市外事办围绕加强党的集中统一领导、服务国家总体外交、融入共建“一带一路”、推进全市扩大对外开放、提升因公出国和涉外管理水平5个方面，提高外事工作水平。会议指出，2019年是新中国成立70周年，是全面建成小康社会关键之年，是大同市外事工作的发展机遇期。要学习贯彻习近平外交思想，把牢新时代大同外事的正确方向；统筹全市外事资源，服务国家重大对外战略和大同转型发展；深化大同市外事工作领导体制改革，加强党对外事工作的集中统一领导。 （张　玮）

【因公临时出国管理】 2019年7月9日，山西省人民政府外事办公室在大同市御东行政中心多功能会议厅举行“关于授予大同市一定的出访到访外事审批权启动仪式”。市委常委、副市长冯苏京出席启动仪式并致辞。省外事办副主任梁淑娟宣布大同市人民政府外事审批权启动，可自行审批县处级及以下经贸、科技人员因公临时出国事项。全年，依程序依规范审批全市因公临时出国人员48批148人次。服务企业走出去。完善经贸类团组出国“绿色通道”，疏通出国签证渠道，提供政策指导和信息服务，鼓励企业、高校、科研院所扩大对外交流，促进合作发展。加大APEC商务旅行卡宣传推介力度，为投资贸易人员提供便捷服务，全市办理APEC商务旅行卡3份。 （张　玮）

【“2019外国院士大同行”活动】 2019年10月21日至22日，“2019外国院士大同行”活动在大同举办。来自俄罗斯、乌克兰的11位院士齐聚大同，共话科技创新、共谋产业转型、共推高质量发展。市委副书记、市长武宏文等参加活动。

该次会议由市政府主办，由市科技局、中国国际技术转移中心、北京环球英才促进会承办。活动期间，院士们实地考察市新能源产业和文旅产业发展情况。22日举办大同全球院士科技创新与国际合作会议和“2019外国院士大同行”院士论坛，相互交流新材料、装备制造、智能制造、生物医药、能源环保等主题事宜，寻找合作空间，共同搭建面向全球的理念创新和战略创新的交流平台、新科技新产业的引领平台、国外新技术新产品的交易发布平台。活动期间签署全球院士大同创新中心筹建协议，吸引更多海外高端人才到大同从事创新创业、科技攻关等工作。 （张　玮）

▲2019年7月9日，省外事办在市御东行政中心举行授予大同市一定的出访到访外事审批权启动仪式。图为启动仪式现场 （张玮摄）

台港澳事务

【概况】 2019年，大同市接待台湾团组13批357人次，审批到台团组1批6人次。3家台资企业到大同投资项目签约。处置1起台资企业纠纷事件。（张 玮）

【羊肚菌产业发布会暨台湾小番茄蔬菜系列产品推广会】 2019年4月18日，由省台湾同胞联谊会、太原市台湾同胞投资企业协会牵线，市台港澳办与灵丘县政府共同举办的“羊肚菌产业发布会暨台湾小番茄蔬菜系列产品推广会”签约仪式在灵丘举行。山西滕萌海峡两岸农业科技有限公司、台湾小番茄专家联合会与灵丘县白崖台乡东长城村分别签订合作意向书。该项目年内建设大棚130栋，实现羊肚菌种植面积6.67余公顷。（张 玮）

【大同产业考察团到台湾考察】 2019年5月21日至28日，为推动大同与台湾经贸合作，对标台湾产业一流，学习借鉴台湾优势和特色产业先进经验、做法。应台北市经贸协会邀请，大同市政府台港澳事务办公室主任刘锋率领大同市产业考察团一行到台湾考察、参访。活动期间，考察团一行参访台北市日胜生交通集团、松山文创园区、新竹县济生医药集团、新竹科技园区、南投清境农场、高雄大树休闲农业园区、驳二艺术特区、花莲民宿协会。并到光隆集团就其子公司——大同市台资企业马山矿业诉求处理及进展情况作介绍，回应台商关切，消解台商疑虑。（张 玮）

【台湾社区交流团到大同交流参访】 2019年6月11日至18日，来自台南市归仁社区的“台湾社区交流团”一行31人到大同参访交流。先后到市平城区华北星社区、云冈区杨家窑村、广灵县巧娘宫手工编织合作社等地参访交流，并在华北星社区举办“同台两地社区交流座谈会”。（张 玮）

【合资企业昭德儿童康复中心成立】 2019年7月3日，由台湾杏泰医疗集团与市民营企业合作的昭德儿童康复中心成立。台湾杏泰医疗集团向昭德儿童康复中心捐赠30万元，用于支持该中心开展康复项目，推动大同市儿童康疗产业和特殊儿童保障事业发展。（张 玮）

【台湾南投县“两岸婚姻参访团”一行到大同参访交流】 2019年7月6日至8日，由国台办立项，省台办组织的台湾南投县“两岸婚姻参访团”一行22人到大同参访交流。参访团成员来自台湾外籍配偶福利发展协会。参访期间，参访团一行与市妇联举行“同台妇女工作交流座谈会”，会上，市妇联相关负责人介绍妇联职能、妇女创业就业、家庭文明建设、妇女权益保障等工作进展与成效。台湾南投县两岸婚姻参访团代表介绍成立相关协会的目的及协会的工作对象、内容等。与会人员互动交流并达成共识。在大同期间，参访团到广灵县巧娘宫手工编织专业合作社、剪纸博物馆、云冈石窟等地参访考察。（张 玮）

【台湾大学生山西行参访团到大同参访交流】 2019年7月20日至21日，“第十二届华夏文明看山西——台湾大学生山西行”参访团一行37人到大同参访交流。参访期间，参访团一行参访云州区忘忧农场，并与农场青农举行交流座谈。（张 玮）

【第九届“海峡两岸中小学校长教书育人研讨会”在大同举行】 2019年8月13日至20日，第九届“海峡两岸中小学校长教书育人研讨会”在大同举行。交流团一行40余人参访北师大大同附属中学、市教育基地等学校，与市教育局负责人、15名市中小学校长一起举行第九届“海峡两岸中小学校长教书育人研讨会”。到扶贫示范村——广灵县壶泉镇涧西村参访，并捐助该村图书室建设。（张 玮）

【“第十七届中华文化小天使交流体验营”交流团到大同参访交流】 2019年8月26日至29日，由国台办九州文化传播中心组织，山西省台办承办的“‘走进山西——感受祖国大陆70周年成就’第十七届中华文化小天使交流体验营”交流团一行47人到大同参访交流。交流团一行参访市图书馆、市博物馆和云州区忘忧农场，并与市第三中学举行“同台两地足球友谊赛”活动。（张 玮）

【台湾企业在大同投资项目】 2019年10月，经大同市政府台港澳事务办公室协调，台湾润泰集团在大同市新荣区投资的工业固废处置及资源化示范基地项目开工建设。该项目投资4.5亿元，建址在新荣区得胜转型示范工业园区内。主要建设危化废品、医疗垃圾等固体垃圾处理加工线、填埋及绿化工程。（张 玮）

【台湾新北市商圈联合发展协会考察团到大同考察交流】 2019年10月18日至20日，台湾新北市商圈联合发展协会考察团一行23人到大同参访交流。该次交流旨在了解大同市惠台政策，考察投资环境和商圈景点运行情况。参访期间，考察团一行与市促进外来投资局举行交流座谈会，交流招商引资政策、营商环境等方面事宜。（张 玮）

【台湾中华泛蓝协会参访团到大同参访交流】 2019年11月4日至6日，台湾中华泛蓝协会参访团一行43人到大同参访交流。参访团一行参访示范社区——华北星社区，双方并座谈交流。（张 玮）

【台湾高雄基层社区干部山西参访团到大同参访交流】 2019年11月4日至6日，台湾高雄市基层社区干部山西参访团一行34人到大同参访交流。参访期间，参访团参访示范社区华北星社区，相互交流社区管理、社区文化、义工队伍建设等事宜。（张 玮）

【台湾中小学生研学之旅交流团到大同参访交流】 2019年11月29日至12月3日，“中国古都 天下大同——台湾中小学生研学之旅”交流团一行32人到大同研学交流。交流团一行参访示范性综合实践基地，并交流座谈。到大同市云海曲艺社、大同市博物馆、吉家窑、魏碑书院参访交流，了解大同市传统文化和历史人文。（张 玮）

【香港特区政府驻武汉办事处到大同调研】 2019年4月8日至9日，香港特别行政区政府驻武汉经济贸易办事处副主任程和木及入境事务主任刘继权一行2人到大同调研，与市出入境管理局和市台港澳办相互交流有关工作。 （张 玮）

人事人才

【人才招聘】 2019年，大同市经过申报、资格审查、笔试、面试及体检等环节，办理504人录用手续。市教育系统公开招聘教师188名，市卫生系统公开招聘医护人员102名，市发改委公开招聘能源革命专员77名。 （郭 凯）

【招才引智奖励政策】 2019年，市人社局按照市政府安排部署，该局专业技术人员管理科审核确定首次拟奖励60人。其中，院士5人、国家级项目人才2人、博士11人、世界知名院校硕士1人、“双一流”硕士33人、“双一流”本科7人，乡村振兴退休创业1人。同时按照草拟的《首次人才奖励兑现住房情况分配方案》，拟启用“云州嘉园”小区85～137平方米精装户型作为其中申请住房的55名人才奖励用房。 （王晓剑）

【“三晋英才”推荐奖励】 2019年，市人社局按照“三晋英才”支持计划遴选推荐工作部署会安排及任务分工，开展其他领域人才遴选工作，通过各县（区）人社局及市农业开发办等21家市直单位所在单位党组推荐，市人社局党组会议研究，推荐高端领军人才3人、拔尖骨干人才22人、青年优秀人才20人。经报省批准，确定拔尖骨干人才24人、青年优秀人才20人。 （王晓剑）

【职业资格证书考试】 2019年，市人社局会同市财政局组织全市全国助理会计师任职资格考试，参加考试人数7000余人；会同市卫健委完成全市全国卫生专业技术中初级资格考试，参加考试人数5000余人。 （王晓剑）

【市直事业单位公开招聘宣传】 2019年9月19日，大同市举行规模最大的市直事业单位公开招聘会。这次市直事业单位公开招聘涉及卫生、体育、农业、环保、水利、住房建设等110家单位398个岗位及会计与审计类、汉语言与文秘类、计算机与技术类、医学类、工商管理与市场营销类等270余个专业。大同市出台《大同市实施“凤凰人才”三年发展规划（2017—2019）》和《大同市产业转型招才引智十条奖励政策》《大同市创新发展引才聚才十条奖励政策》《大同市乡村振兴人才激励十条奖励政策》等招才引智“三十条”政策，“在校大中专学生，不论是当地的还是外地的，只要有学生证和身份证，就可以在大同落户”。大同市组织公共就业和人才服务机构到高校校园，开展就业政策宣传解读活动，引导学生树立正确择业观，并为高校毕业生提供求职登记、就业见习、创业指导等服务。 （王晓剑）

信访工作

【概况】 2019年3月26日，大同市信访局挂牌成立，归口市政府工作部门，为正处级建制，其前身为中共大同市委大同市人民政府信访局，归市委办公厅管理。全年，到北京重点地区信访72人次，同比下降35.1%；到省集体信访46批次493人次，同比批次下降4.7%；到市上访8863人次，同比上升195.2%。 （市信访局）

【矛盾排查化解】 2019年，大同市信访局组织全市各级各部门针对城乡建设、劳动社保、国土资源、农业农村等重点领域，涉众涉军等重点群体开展“横向到边，纵向到底”矛盾纠纷隐患“大排查、大起底”，摸排各类信访问题2288件，建立台账，逐案交办，落实责任，把矛盾化解在萌芽状态。开展“进京重复访百日攻坚”活动，降存量，减增量，最大限度减少进京越级上访。全年开展“四个重点”（即重点领域、重点问题、重点群体、重点人员）攻坚，上级交办和自行梳理案件形成任务清单，交办各责任主体单位办理。国家、省信访局交办115件，全部办结，化解104件，化解率90.43%。市、县两级梳理127件，全部办结，化解108件，化解率85%。稳控重点人员，梳理全市重点群体102个和重点人员959人，交办有关部门落实各项责任，确保不发生进京到省越级上访。梳理重点案件304件，点对点分配各县（区）督办。加强信息预警，全年处理各类信访预警信息28条，收集网络舆情信息61条。敏感节点坚持信访信息“零报告”，报送简报99期，报送信访动态专报235期。 （市信访局）

【信访改革】 2019年，大同市信访局开展网上信访主渠道试点，创新实践“六抓六促”工作模式（即抓应用，促提升；抓机制，促体制；抓培训，促规范；抓通报，促均衡；抓督查，促追责；抓宣传，促普及），提高网上信访办理质量，提升移动端信访普及率。全市群众网上信访投诉量占到信访总量51%，同比增长42.8%，网上投诉量占比和增速均位列全省第一。全年信访机构受理率97.87%，责任单位受理率96.78%，信访事项按期答复率97.79%，信访机构群众满意率98.55%，责任单位群众满意率98.32%。规范信访秩序，制定《市县两级信访部门建立法律顾问制度参与化解重点信访案件的意见》《大同驻京信访常态化工作实施方案》《御东行政中心信访处置工作细则》《市直部门及驻同企事业信访工作考核评价办法》等规章制度，推动信访法制化建设发展。印发《依法分类处理信访诉求工作的实施意见（试行）》《推进法定途径分类处理信访投诉请求试点工作方案》，全市依法分类处理信访诉求210件。 （市信访局）

【信访责任建设】 2019年，大同市信访局完善联合接访机制，制定试点实施工作方案，在功能使用、履行责任、事要解决和访调访法访心上，探索创新联合接访新机制。根据机构改革后相关部门权利职责，服务窗口和驻信访大厅单位调整为20个，窗口人数调整为40人，设置到访群众公示公告栏，公示大厅职能及业务流程、服务监督等，让群众知道该怎么办、找谁办，办理结果该怎么看，做到“最多访一次”。加强领导干部接访下访，把常态化接访、重要节点接访、重要时段接访有机结合，落实领导干部接访、下访和约访化解信访问题制度。全年，市级领导接待到访群众36批次183人次。9月重新启用市政府信访接待大厅，完善各项接待设施，派驻专人驻地接待，年内，该大厅接待到访群众198批次4798人次。加强信访形势分析研判，制定日动态、周通报、月分析、季研判工作制度。编发各类通报近200期，分析信访形势。加强人民群众建议征集工作，与市委办公室联合成立“社情民意调查工作专班”，了解民情，解读民意。防范大同市水泥厂职工、市内出租车群体等21批次进京集体访和中巴车群体、市政综合执法大队等46批次到省集体上访。收集、梳理、移交市扫黑办涉黑涉恶线索6件，整理相关线索14条。为“10·6”案469名信访当事人，讨回其他部门和单位多年拖欠的工资、养老、医保等各类资金5200余万元。全年使用市财政列支的疑难信访救助资金99万元，化解重点信访案件11件。（市信访局）

【信访理论建设】 2019年，大同市信访局开展“走基层”信访宣传活动。全年到各县（区）宣传信访工作10余次，总结并向省信访局报送12篇基层先进经验做法材料，平城区、云冈区、云州区、灵丘县等典型经验做法在《山西信访》刊登并在全省推广。开展重点信访问题课题研究活动，《房地产领域引发信访问题的调查与思考》在《全国信访理论研究合订本》刊登，申报省级信访理论研究课题《解决“三供一业”及老旧小区改造引发的信访问题》《坚持以人民为中心化解信访疑难案件的研究》，全部结题。开展对标一流学习交流活动，组织信访量大的重点县（区）、市直单位相关人员，到浙江先进地市通过实地考察、参观听课、座谈交流等方式学习交流信访工作先进做法。开展与高校对接办信访活动，与大同大学合作，对重点信访案件邀请相关专业教授探讨解决方案，创新工作方法；邀请法学院教授作信访工作专题辅导，提高信访干部理论水平；创新社会实践岗位，联合各县（区）信访局为2批次30人次大同学子提供学习锻炼岗位。（市信访局）

【《信访条例》宣传活动】 2019年5月14日，大同市市在市信访局门前广场举行《信访条例》宣传活动。该次活动围绕“循法信访、依法办访”主题，普法宣传国务院《信访条例》和山西省《信访条例》。活动现场，市信访局通过悬挂宣传条幅，设立宣传展板，印发宣传资料等形式，向过往群众进行政策宣传、法律咨询、答疑解惑、普及信访常识，提高广大群众信访知识知晓率和参与度，增强干部群众依法行政、依法维权、依法合理表达诉求的法治意识，营造“人人学法、人人懂法、人人守法”氛围。是日活动现场发放宣传资料200余份，展示宣传展板8块。全市公交车、出租车都通过电子滚屏宣传《信访条例》。（市信访局）

机关事务管理服务

【基建维修管理】 2019年，大同市直属机关事务管理局根据下基层实地调研情况，维修改造迎宾街原商业学校综合办公楼、迎宾园配套服务楼8层楼顶、市委原办公区厨房东墙地基下沉、市政府原办公区楼顶及后楼会议室楼顶漏雨和车库电力设施老旧问题、市农业局原迎宾桥西口政府大厅办公楼漏雨及地下管道维修、迎宾街老药工办公楼5层、市苹果园干休所办公楼楼体、御河西路头条33号的市招商服务中心楼顶发光字工程、市原科技局室内外线路改造工程、市原国资委办公楼综合修缮工程10处办公用房。（康凯蒂）

【政务接待规定及会议制度】 2019年，大同市直属机关事务管理局探索新时代政务接待新模式，会议保障新常态，按照节俭、务实、创新原则，该局制定一系列既体现地方特色、又不违反中央八项规定的接待服务标准，提升政务接待水平。按照文件要求，落实公务接待标准、陪餐人数等，严禁超标准、超范围接待。坚持接待账务一笔一单，一季一清。全年接待宾客1026批次8318人。提升会议服务水平。做到日常会议高质量保障，重大活动多预案准备。保障各类会议3132场。其中，大型会议53场，保障市委、市政府及驻楼机关召开的中小型会议3079场。（康凯蒂）

【物业管理】 2019年，市直属机关事务服务中心制定《大同市直属机关事务服务中心物业、保安公司服务质量考核办法》。开展后勤服务征求意见活动，以填写调查问卷、发放纪念品形式向各驻楼单位征求后勤服务工作意见和建议63条。4月18日，召开后勤服务保障征求意见汇总讨论会，列出具体处理办法50条。8月，按照市政府要求，作为业主单位招标跟进科创园未来能源馆展陈项目，保障“二青会”“成龙国际电影周”期间安保、用电工作，完成各市直机关办公区国庆70周年布置、灭火器检修、化粪池清掏、有害生物防治、冬季除雪等工作，文瀛湖办公区食堂包间保温、会议室空调风量改造、加压水泵维修、高压电检测、钢化玻璃更换、电梯配件更换工作，完成科创园纱窗安装工作及文瀛湖办公区、科创园二次生活水箱清洗消毒工作，更换市政府办公区主楼楼门和侧门。9月10日，召开服务单位安全大会，讨论提高各办公区安全服务质量，谋划工作开展方向。12月27日至28日，开展各集中办公区以“排查现场、治理隐患、防范事故”为主题的安全大检查工作。联合市绿网再生资源回收利用有限公司在文瀛湖办公区开展垃圾分类宣传活动，发放垃圾分类宣传资料1900余份，投放垃圾智能回收箱34组，张贴宣传海报若干份，并现场组织垃圾分类游戏和“垃圾分类从我做起”签名活动，设置有奖答题环节，发放环保小礼品，提高驻楼工作人员的垃圾分类意识和绿色环保意识。年内，6大办公区和1个住宅区的安保服务均严格执行安保规定，确保昼夜保安在职在岗，定期巡逻监控楼内楼外、人员登记。年内，登记到访人员22万余人次，处理上访事件2328起16515人次，登记无通行证车辆26850辆次，每日巡逻楼内及大院不少于8次。6大办公区保洁服务各楼层、各大院保洁工作，做到卫生不留死角、清洁干净。督促物业公司工程部加强工程维修人员业务培训和素质提升，确保驻楼单位报修事项能按时处理。督促消防服务公司按时更换、增补、检修喷头，检修防火卷帘、防火阀等基础设施；按时处理线路、主机等故障；巡检报警阀室、消防水泵房。督促绿化养护公司和绿植租摆公司做好绿化养护和绿植租摆工作。绿化养护 15780 平方米，养护行道树 866 株，维修维护土木基础设施 182188 平方米，维修维护水电基础设施 339997 平方米。督促绿植租摆公司定期做好花木浇水、施肥、除虫工作，并更换生长不良的花木。做好文瀛湖办公区及市政府、市委原址办公区安防监控机房运维服务的硬件设备管理和维护工作，包括日常问题处理、定期维护、运行监控、故障检修、设备更换等，按照合同及运维要求做好服务工作，确保安防监控系统正常运行。（康凯蒂）

【网络管理】 2019 年，市直属机关事务服务中心制定《信息化管理制度汇编》《信息化系统运维外包服务管理办法》《网络应急预案》等项安全管理制度，明确运维人员工作职责。专门开展网络安全检查工作，开展关键基础信息系统等保备案、测评工作，包括测评互联网机房网络系统（三级）、一卡通消费系统（三级）、视频监控系统（二级）、公务用车综合管理平台（二级）等 5 大类别 10 大方面内容，发现问题通知有关公司限期整改。11 月中旬，按照网络安全法及 2019 “护网行动”精神，开展网络安全攻防演练，按照公安部真攻真防实战演习机制，实战攻防演练一卡通系统真实生产环境，发现 14 处安全隐患，并逐一解决，提高运维人员网络安全意识，检验网络安全风险监测预警及应急处置能力，积累有效应对网络安全攻击和威胁经验，提升网络安全保障水平。组织运维公司技术人员编制计算机病毒、网络攻击入侵等行为的安全防护方案，并给驻楼单位印发《关于加强文瀛湖办公楼互联网安全防护水平的通知》文件，封堵勒索病毒及变种常用端口、TeamViewer 远程通信端口，防范病毒传播。开展综合机房内各单位（市国土局、市场监督管理局、市审计局等）所属信息系统设备及相关基础设施安全检查和宣传教育工作，督促各单位整改自查中发现的问题，坚持隐患排查治理常态化，提高网络与基础环境安全水平。安排运维公司巡检 351 次，排除各类故障 8 次，更换备机备件 6 次，提供技术服务 300 余次，确保该局机关及中心局域网 100 余个信息点终端设备运行正常。定期和运维公司交流沟通，解决信息网运行中存在的各类问题，建立全新的运维考核机制，掌握运维外包商服务内容、服务流程和工作量，跟踪服务效果，建立可量化的运维技术规范和服务标准。启用北塔运维管理系统，实施网络集中管理和控制，自动检测网络状态和设备性能，昼夜不间断监控所有网络、服务器、数据库、安全设备等。截至 2019 年底，接入监控设备 210 台，监测项 462 个，累计提供短信告警信息 100 余条。针对互联网专线网络延迟问题，通过召开技术论证会，在不新购设备的前提下制定科学技术方案，新增联通互联网专线 1 条 1G/ 字节每秒，移动专线由原来的 2 条 1G/ 字节每秒变更为 1 条 2G/ 字节每秒。（康凯蒂）

【膳食服务】 2019 年，市直属机关事务服务中心重新确定用餐时间，并在中午 12:30 后增加一轮餐品供应，增加菜品种类，定期更换菜品，提高饭菜品质。每月月初 5 个工作日内校对发放文瀛湖办公楼 106 家驻楼单位餐补数据，发现异常人员立即调整数据，核实情况。定期安全检查各办公区食堂餐饮工作，包括核实公司各项资质、人员健康信息、食材进货渠道、餐具使用消毒、废物处理管理等 9 大项目，发现问题按时整改，力求餐饮安全规范，符合国家标准。（康凯蒂）

【会议服务】 2019 年，市直属机关事务服务中心结合会议服务工作实际制定会服工作流程和工作计划，严格会服礼仪，岗前培训新进员工、合格上岗，不定期集中培训、季度考核会服人员行，抓桌椅板凳等各类固定资产登记入账制度。在物业公司会服人员和安保人员支持与配合下，全年组织参与保障各类会议 1706 场，参会人数 149159 人。其中，大型会议接待与服务工作 654 次，重要会议接待与服务工作 129 次，包括中共大同市委十五届六次全体会议暨市委经济工作会议、大同市“改革创新、奋发有为”大讨论活动工作会、观看庆祝中华人民共和国成立 70 周年大会等。清查摸底会议中心和科创园会议室的全部设施设备，归置整理、建立台账，坏损设备维修更新，短缺设备补充完善。（康凯蒂）

【大同市直属机关事务服务中心成立】 2019 年 1 月，大同市直属机关事务服务中心成立，按照《大同市机构改革方案》，把市接待办公室、市机关事务管理服务中心承担的行政职能划归市直属机关事务管理局，合并组建市直属机关事务服务中心，作为市直属机关事务管理局管理的事业单位，副处级，公益一类全额事业单位。依据中共大同市委机构编制委员会《大同市直属机关事务服务中心职能配置、内设机构和人员编制规定》，设 8 个科室，设主任 1 名（副处级）、副主任 2 名（正科级），核定财政拨款事业编制 37 名。（康凯蒂）

【公车管理】 2019 年 4 月 19 日，市直属机关事务服务中心配合市直属机关事务管理局召开大同市公务用车信息化平台建设现场会，向各县（区）传达省机关事务管理局文件精神及县（区）信息化平台建成标准和时限。6 月中旬，大同市各县（区）信息化平台均建成，9 月，并入市级平台系统。为市级各单位保留车辆安装北斗定位系统，并入市级平台监管，为全省“公务用车一张网”建设提供信息支持。全年累计接收任务 4836 件，有效派车 4637 件。其中，接待中央、国家级考察、调研 463 件，省级领导调研、检查 675 件，接待台胞及外宾 178 件，保障市级领导、各单位下乡调研及紧急任务 3321 件，有效派车率 95% 以上。调查核实“12345”热线投诉及市纪委监委转发的公务用车违规使用事件，并第一时间向相关部门报告情况，全年未出现违规使用公车情况。协助该局机关跟进公务用车标识化检查及补领工作，配合该局机关成立市直属机关公务用车服务中心。（康凯蒂）

中国人民政治协商会议大同市委员会

综 述

【概况】 2019年，中国人民政治协商会议山西省大同市委员会（简称“市政协”）委员339名。其中，中国共产党16名，中国国民党革命委员会大同市委员会9名，中国民主同盟大同市委员会9名，中国民主建国会大同市委员会9名，中国民主促进会大同市委员会8名，中国农工民主党大同市委员会8名，九三学社大同市委员会7名，无党派人士12名，共青团大同市委员会3名，大同市总工会6名，大同市妇女联合会12名，大同市青年联合会6名，大同市工商联合会29名，大同市科学技术协会5名，大同市归国华侨联合会2名，文化艺术界13名，科学技术界14名，社会科学界8名，经济企业界34名，农业界18名，教育界19名，体育界3名，新闻出版界9名，医药卫生界14名，对外友好界5名，社会福利和社会保障界6名，少数民族界4名，宗教界5名，特别邀请人士46名。

大同市所辖县（区）政协委员：平城区政协委员279名，云冈区政协委员252名，新荣区政协委员120名，云州区政协委员151名，左云县政协委员141名，浑源县政协委员151名，广灵县政协委员168名，灵丘县政协委员157名，阳高县政协委员170名，天镇县政协委员157名。 （边文斌）

【协商民主建设】 2019年，市政协研究制定政协年度协商计划和常委会工作计划，出台《市政协系统助力“三大目标”“三大攻坚战”“三大振兴”实施意见》，多次召开常委会专题会议，开展协商议政、民主监督和视察调研，推动新时代人民政协事业创新发展。组织召开政协第十四届山西省大同市委员会第三次会议，全体委员围绕“一府两院”工作报告，通过大会发言、联组讨论、小组讨论等形式建言献策，41位政协委员围绕“改革创新、奋发有为”主题在大会发言和联组讨论发言，提出政府工作报告13条具体修改意见；探索创新把全会开幕式和委员大会发言合并举行，增加委员与市领导面对面交流机会，《充分发挥比较优势，加快建设区域性中心城市》《“第三只眼睛”看大同》《既要温暖过冬也要蓝天白云》等大会发言，得到市委、市政府主要领导重视和肯定。组织政协委员分别围绕“大气污染防治”“高质量可持续脱贫”“加强社区治理体系建设”议题开展3次常委会协商，围绕“招商引资项目落地”“激发民营经济活力”“互联网＋医疗健康”“建立农村人居环境改善长效机制”“发挥新社会阶层人士作用”“文物景点与文化旅游机制改革”议题开展6次月度协商，形成建议案得到市委、市政府领导批示，部分意见建议被相关部门吸收采纳。开展“以能源革命为突破推动我市经济转型”“文化和旅游融合发展”“农村人居环境改善”等课题调查研究和协商议政，形成调研报告，部分意见建议被相关部门吸收采纳。 （边文斌）

【政协民主监督】 2019年，市政协研究制定民主监督工作计划并组织实施，寓监督于协商之中，由市政协领导班子成员带头，组织市政协委员分别调研考察大同通航产业园、大同中银科技、大同国际陆港、大张高铁项目等，听取项目进展情况汇报，与相关企业负责人协商座谈，了解困难问题，向市委、市政府报送《关于我市招商引资项目落地工作的建议》和《关于重点项目建设专项民主监督调研报告》，促进项目落地、建设。组织政协委员围绕市政府十件民生实事落实情况开展民主监督性调研和协商活动，形成多项民主监督协商成果，其中《关于大同电视节目有效覆盖全市农村的调研报告》《关于对无物业管理的老旧小区治理情况的调研报告》等得到市委领导批示，多项协商成果列入市委、市政府决策程序，助推热点、难点问题解决。 （边文斌）

【政协参政议政】 2019年，市政协征集提案316件，立案297件，提案回复率100%。市领导领办、督办的关于加强古城旅游区道路交通管理、冬季清洁供暖、规范运营二次供水等10件重点提案均引起有关部门重视和有效落实；完善正向激励机制，表彰近年来60件优秀提案，激发政协委员履职担当积极性，促进委员提案数量和质量提升；加强提案宣传工作，与大同电视台合办《提案追踪》栏目，宣传政协委员运用提案参政议政典型事例，扩大政协提案工作影响。发挥市政协作为全国政协办公厅信息联系点优势，畅通信息收集渠道，建立信息重点选题发布机制和“约稿”机制，全年收集社情民意信息905篇，编辑、上报信息316篇，关于脱贫攻坚、

2019 年大同市政协重点提案选题表

案号	提案者	案 由	督办领导	承办单位
7	李泽光	关于营造良好社会氛围，给予新生代民营企业家更多社会关注的建议	许进娥	共青团市委 市工商联
50	马国权	加强大同市古城旅游区道路交通管理	王德成	市交通局 市公安局
56	民革大同市委	关于提升我市科技创新能力的建议	任建刚	市科技局
76	肖晋辉	切实完善管理办法 规范运营二次供水	许进娥	市城市管理局
94	民盟大同市委	关于推进我市青年创业创新的建议	王剑辉	市人社局
125	朱壮彦	关于进一步提高我市农村教育水平的建议	许进娥	市教育局
167	农工党大同市委	关于我市新能源汽车产业发展的建议	许进娥	市工业和信息化局
218	高中元	加快机场建设步伐 促进大同经济发展	杨硕平	大同机场
282	刘 畅	既要温暖过冬，也要蓝天白云	任建刚	市城市管理局
313	陈玉田	关于尽快出台“规范政商交往具体细则”的提案	许进娥	市工业和信息化局

减税降费、森林防火、汽车三包服务等43篇信息被全国政协、省政协采用。“城市非主干道划定闲时停车位”“取消或降低停热用户采暖损费”“国有企业三供一业改造”等信息得到市领导批示，促进有关问题解决。年内，市政协蝉联省政协反映社情民意信息工作先进单位，信息工作在全国政协24 个信息联系点中位居前列。

（边文斌）

【凝聚共识】 2019 年，市政协在全市政协系统开展“改革创新、奋发有为”大讨论，引导广大政协委员、各民主党派和工商联成员联系大同市改革开放实践、结合新时代政协协商民主建设开展学习讨论。市政协十四届三次全会期间，41 位政协委员围绕“改革创新、奋发有为”主题在大会发言和联组讨论发言，为全市经济社会发展出实招、献良策；组织召开县（区）政协主席和各民主党派、工商联负责人座谈会，互通情况、加强联系、听取对政协工作的意见建议，成立大同市政协书画院和政协文史馆，联合政协各参加单位一起举办“翰墨丹青颂祖国”书画摄影展和文史资料征集活动，编辑出版《大同回族百年历史》；与大同大学、云冈石窟研究院承办“中国大同·北魏文化高峰论坛”，70 余名来自全国各地的专家学者齐聚大同，共同研究探讨北魏文化的传承弘扬工作。

（边文斌）

【助力脱贫攻坚】 2019 年，市政协开展市委提出的“扶贫超市”活动，动员社会力量参与扶贫工作，推动贫困村基础设施改善、公共服务提升和扶贫济困等工作。全年，有 272 个扶贫项目被认领，涉及资金 2248.31 万元，有 9 个县（区）108 个村的贫困群众受益；参与全国政协委员成龙的“星光帮扶行动”，为成龙帮扶团队与大同市贫困县牵线搭桥；班子成员多次带领机关干部走村入户指导精准扶贫一线工作，在帮扶村阳高许家园村建立扶贫爱心超市，帮助贫困村制定扶贫计划，了解贫困群众生产生活困难，发展光伏产业、种植养殖产业，并把帮扶范围向周边乡村辐射，发挥以点带面的示范效应。

（边文斌）

政协重要会议

【政协第十四届大同市委员会第三次会议】 2019 年 2 月 23 日至 26 日，政协第十四届大同市委员会第三次会议在大同举行。省委常委、市委书记张吉福，市委副书记、市长

▲ 2019 年 2 月 23 日，政协第十四届大同市委员会第三次会议召开 （边文斌 摄）

武宏文等市领导出席会议、听取委员大会发言、参加委员联组讨论，与委员们共商改革发展大计。市政协主席部向华代表政协第十四届大同市委员会常务委员会向大会作工作报告，市政协副主席许进娥代表政协第十四届大同市委员会常务委员会向大会作提案工作情况报告，会议补选任建刚为政协第十四届山西省大同市委员会副主席。会议期间，委员们列席大同市第十五届人民代表大会第四次会议，听取并讨论武宏文所作的政府工作报告，听取并讨论其他报告和文件，并提出意见建议。委员们参加“改革创新、奋发有为”大讨论，结合各自界别、行业特点，开展学习交流，把奋发有为、勇于担当落实到履职全过程。全体委员通过大会发言、小组讨论、提案、反映社情民意信息等形式，参与建言献策。 （边文斌）

【政协第十四届大同市委员会常委会议】 2019年，政协第十四届大同市委员会常务委员会召开6次常委会议。

第10次常委会议。2月15日举行，市政协主席部向华出席会议并讲话，副主席武保洲、许进娥、郭俊岗、杨硕平、王德成，秘书长李安云参加会议。会议协商讨论《政府工作报告（征求意见稿）》《市中级人民法院工作报告（征求意见稿）》《市人民检察院工作报告（征求意见稿）》《发展计划报告（征求意见稿）》《财政预算报告（征求意见稿）》，听取市委、市政府办公室有关负责人关于市政协十四届二次会议以来提案办理情况的通报，审议《政协第十四届大同市委员会常务委员会工作报告（征求意见稿）》和《政协十四届大同市委员会常务委员会关于十四届二次会议以来提案工作情况的报告(征求意见稿)》，听取政协第十四届大同市委员会第三次全体会议筹备情况汇报，听取市政协办公厅及各委室2018年工作总结情况汇报，审议通过《关于召开政协第十四届大同市委员会第三次会议的决定》及有关文件，审议通过《政协大同市委员会关于表彰优秀市政协委员的决定》和《政协大同市委员会关于办公厅和部分专门委员会更名的决定》，审议人事事项。

第11次常委会议。2月25日举行，部向华出席会议并讲话，市政协副主席、市政协秘书长与常委61人参加会议。市委组织部负责人作人事事项说明，听取各小组召集人综合汇报讨论情况，审议通过候选人建议名单、政协第十四届大同市委员会第三次会议选举办法（草案）、政协第十四届大同市委员会第三次会议总监票人和监票人名单（草案）、政协第十四届大同市委员会第三次会议关于政协常务委员会工作报告的决议（草案）、政协第十四届大同市委员会提案委员会关于提案审查情况的报告（草案）、政协第十四届大同市委员会第三次会议政治决议（草案）。

第12次常委会议。3月29日举行，部向华出席会议并讲话，副主席、秘书长参加会议。会议听取《关于全市政协系统助力“三大目标”“三大攻坚战”“三大振兴”的实施意见(草案)》《政协大同市委员会2019年度协商计划（草案）》《政协大同市委员会常务委员会2019年工作要点(草案)》的起草说明，审议通过《关于全市政协系统助力“三大目标”“三大攻坚战”“三大振兴”的实施意见》和《政协大同市委员会常务委员会2019年工作要点》，审议《政协大同市委员会2019年度协商计划》；宣读“优秀提案表彰决定”和“反映社情民意信息工作先进表彰决定”；表彰市政协十四届一次、二次会议优秀提案及2018年度反映社情民意先进单位、先进工作者和优秀社情民意信息。

第13次常委会议。6月21日举行，部向华出席会议并讲话，市政府副市长郝献民列席会议并作报告，市政协副主席、秘书长参加会议。会议传达学习全国地方政协工作经验交流会精神和省政协十二届八次常委会精神；听取郝献民代表市政府作的关于社区治理工作情况报告；审议通过《关于加强社区治理体系建设提升社区管理服务水平的建议案》；审议通过《政协大同市委员会全体会议工作规则》《政协大同市委员会委员履职工作规则》；审议通过人事事项。

第14次常委会议。9月29日举行，部向华出席会议并讲话，市政协副主席、秘书长参加会议。会议传达学习习近平总书记在中央政协工作会议暨庆祝中国人民政治协商会议成立70周年大会上的重要讲话精神、全国政协主席汪洋在中央政协工作会议上的总结讲话精神、省政协庆祝人民政协成立70周年座谈会精神，传达学习省委十一届八次全会精神和市委十五届七次全会精神；听取市政府关于大气污染防治工作情况报告；李怀东、王肖倧、闫亚梅、贺守印、张汉英5位常委、委员作大会发言；审议并通过市政协《关于全面加强大气污染防治坚决打赢蓝天保卫战的建议案》。

第15次常委会议。11月28日，

▲2019年2月15日，政协第十四届大同市委员会常务委员会第十次会议召开

（边文斌 摄）

政协第十四届大同市委员会常务委员会第十五次会议举行。郜向华出席会议并讲话，郝献民列席会议，市政协副主席、秘书长参加会议。会议传达学习党的十九届四中全会和省委十一届九次全会精神，传达学习《中共中央关于新时代加强和改进人民政协工作的意见》精神，审议通过市政协《关于加大产业扶贫力度，确保高质量可持续脱贫的建议案》、市政协《关于学习贯彻中国共产党第十九届中央委员会第四次全体会议精神和中央政协工作会议精神的决议》及人事事项。

（边文斌）

【政协第十四届大同市委员会月度协商会议】 2019年，政协第十四届大同市委员会常务委员会召开6次月度协商会议。

第1次月度协商会议。6月6日召开，主题为“互联网＋医疗健康”。市政协副主席郭俊岗出席会议，教科卫体委主任王海玲主持会议。会上，市卫建委、市医保局、市工信局、市财政局、市人社局的负责人介绍“互联网＋医疗健康”开展情况及困难问题；市政协委员任志强、曹德、王莉、宋利及市县医院代表发言，互动交流“互联网＋医疗健康”，形成《关于推进我市“互联网＋医疗健康”工作的建议》报送市委、市政府。

第2次月度协商会议。8月6日召开，主题为“激发民营经济活力，促进高质量发展”。市政协副主席任建刚出席会议并讲话，市政协副秘书长、研究室主任陈玉田，经济人口资源环境委员会主任姚建平参加会议。协商会上，相关部门负责人、部分民营企业界的市政协常委和委员分别结合各自工作实际，就如何激发民营经济活力、促进高质量发展建言献策，大家谈体会、说问题、提建议，互相交流，共同探讨民营经济发展未来。会议形成《关于激发民营经济活力，促进高质量发展的调研报告》报送市委、市政府。

第3次月度协商会议。8月30日召开，主题为“招商引资项目落地过程中存在的问题和困难”。市政协副主席许进娥，市政协二级巡视员、提案委主任何永毅出席会议。会上，市政协委员、企业家代表针对新形势下招商引资项目落地工作中的土地征用、人才引进、招商引资风险防控等问题发言，市发改委、市工信局、市开发区管委会、市市场监督管理局、市规划和自然资源局等部门的负责人介绍相关情况，并与委员和企业家代表们互动交流。会议形成《关于我市招商引资项目落地工作的建议》报送市委、市政府。

第4次月度协商会议。10月29日召开，主题是市“关于发挥我市新的社会阶层人士作用”，市政协副主席王德成、社会法制委主任丁永胜参加。会议旨在借助政协平台，把新的社会阶层人士团结在党的周围，调动新的社会阶层人士的积极性、主动性和创造性，为大同市各项事业发展贡献力量。会议听取市委统战部关于全市新的社会阶层相关情况通报。部分市政协委员及新的社会阶层人士围绕主题交流发言，市政协梳理这次会议成果，形成《关于大同市发挥新的社会阶层人士作用的协商报告》，向市委、市政府专送。

第5次月度协商会议。11月13日召开，主题是“改善农村人居环境建立长效机制”。市政协副主席王剑辉、副秘书长高彦东、农业和农村委主任李润新参加会议。会上，市农业和农村局、市水务局等部门通报大同市农村人居环境改善情况。部分市政协常委、委员与市政府相关部门负责人交流讨论，提出针对性和建设性意见和建议。会后，市政协梳理发言，形成《改善我市农村人居环境，建立健全长效机制》协商报告，向市委、市政府专送。

第6次月度协商会议。11月27日召开，主题为“文物景点与文化旅游机制改革”。市政协副主席杨硕平，市政协文化文史和学习委员会主任李有清参加会议。会上，市文旅局、市文物局负责人介绍大同市相关工作开展情况。部分市政协委员、民主党派成员及大同大学云冈文化研究中心专家学者围绕议题建言献策，提出协调推动大同市文旅和文物体制机制改革，调动全社会参与公共文化建设的积极性，加强基层文物保护管理、促进旅游发展等建议。会后，市政协梳理这次会议成果，形成《关于文物景点与文化旅游机制改革的建议》月度协商报告，向市委、市政府专送。

（边文斌）

【政协第十四届大同市委员会季度报告会议】 2019年，政协第十四届大同市委员会常务委员会举办2次季度报告会议。

第1次季度报告会。5月28日，市政协党组（扩大）学习会暨市政协委员季度报告会在大同大学举行，国防大学少将李建昌受邀作《新形势下意识形态领域斗争面临的挑战及对策》专题报告。市政协主席郜向华，副主席许进娥、郭俊岗、杨硕平、王德成，秘书长李安云参加报告会。报告会上，李建昌运用事例，系统阐述网络时代意识形态领域面临的新情况、新问题、新挑战，分析意识形态领域斗争的复杂性、紧迫性、重要性，并提出新形势下如何应对意识形态领域斗争的思考和对策。

第2次季度报告会。9月24日，市政协召开学习贯彻习近平总书记重要讲话精神暨主题教育专题季度报告会（主题党课）。郜向华以《守牢初心 勇担使命 干出新时代人民政协新样子》为题为市政协委员讲党课。市政协副主席任建刚、许进娥、王剑辉、王德成，秘书长李安云参加。该次季度报告会结合“不忘初心、牢记使命”主题教育，结合习近平总书记“9·20”重要讲话精神，立足政协工作实际，讲述“共产党人的‘初心’和‘使命’”“人民政协的‘初心’和‘使命’”“我们下一步如何做到‘不忘初心、牢记使命’”。（边文斌）

【同商同才新春茶话会】 2019年2月7日，同商同才新春茶话会在大同潘家园会议厅举行。十三届全国政协常委、提案委员会副主任、原国家质量监督检验检疫总局局长支树平，教育部原副部长、国家语言文字工作委员会原主任李卫红，中国科学院院士、国家自然基金委员会副主任、国家疾控中心主任高福，原文化部非物质文化遗产司正局级巡视员、国家文物鉴定委员会秘书长屈盛瑞，华润集团原总经理助理、北京首席代表李小芬等应邀出席。省委常委、市委书记张吉福，市委副书记、市长武宏文，市政协主席郜向华主持会议，市政协副主席武保洲出席会议。支树平、李卫红、高福等在茶话会上与大家分享看到大同新发展新变化的喜悦与感受。他们同时寄语大同，在新的征程中同心同力、凝聚共识、奋发有为，2019 取得新的成就。（边文斌）

【政协组织座谈会】 2019 年 6 月 19 日，大同市各民主党派、工商联负责人、各县（区）政协主席及秘书长座谈会召开，市政协主席部向华主持会议并讲话，市政协副主席许进娥、杨硕平、王德成，秘书长李安云参加会议。会议传达学习全国地方政协工作经验交流会精神，并部署加强市、县（区）两级政协之间，市政协和各民主党派、工商联之间工作上的联系和互动。各民主党派、工商联、县（区）政协负责人会上交流发言，畅谈开展的一些创新型工作，并提出加强和改进政协工作建设性意见和建议。（边文斌）

政协重要活动

【扶贫济困活动】 2019 年 1 月 15 日，市政协携手顶新公益基金会在广灵县壶泉镇涧西村举行扶贫济困捐赠仪式，为广灵县、阳高县、天镇县、灵丘县部分建档立卡贫困户送去扶贫捐赠。该次顶新公益基金会捐赠价值 30 万元食品，惠及大同市 1000 余户建档立卡贫困户。市政协党组成员、副主席王剑辉，顶新公益基金会理事长滕鸿年参加活动，市政协农村委员会主任李润新主持捐赠仪式。8 月 27 日，市政协携手顶新公益基金会在阳高县举行“顶新明日朝阳奖学金”发放仪式，现场为来自阳高、天镇、浑源、广灵 4 县的 20 名被大学录取的贫困家庭子女每人发放助学金 4000 元。（边文斌）

【政协机构改革更名】 2019 年 2 月 15 日，按照大同市机构改革方案要求，在市政协十四届十次常委会上，审议通过《政协大同市委员会关于办公厅和部分专门委员会更名的决定》，市政协办公厅更名为市政协办公室，市政协农村委员会更名为市政协农业和农村委员会，市政协教科文卫体委员会更名为市政协教科卫体委员会，市政协学习文史委员会更名为市政协文化文史和学习委员会。经政协第十四届大同市委员会常务委员会第十次会议协商决定：李安云任市政协办公室主任，李润新任市政协农业和农村委员会主任，王海玲任市政协教科卫体委员会主任，李有清任市政协文化文史和学习委员会主任，弓静义任市政协农业和农村委员会副主任，康存锦任市政协教科卫体委员会副主任，杜平任市政协文化文史和学习委员会副主任。以上人员原任职务随机构改革自然免除。（边文斌）

【政协履职能力提升培训班】 2019 年 5 月 20 日至 24 日，市政协在浙江大学举办市政协常委会组成人员履职能力提升及政协工作培训班，市政协常委会组成人员、市政协机关干部和各县（区）政协主席、秘书长 79 人参加培训。市政协副主席许进娥、郭俊岗、王德成和秘书长李安云参加培训。该次培训设置国际安全局势与中国外交策略、政府公关与危机管理、“一带一路”国家战略解读、文化建设的浙江创新实践、历史（古）建筑保护之杭州案例、“特色小镇建设”的浙江经验等课程，学员们到嘉兴南湖革命教育基地回顾建党历史，重温入党誓词，感悟红船精神，实地开展理想信念与党性修养教育；到浙江桐庐环溪村、荻浦村，参观美丽乡村建设，了解传统村落保护与农村生态环境整治。（边文斌）

▲ 2019 年 6 月 24 日，市政协第十四届第三期政协委员培训班开班（边文斌 摄）

【第三期政协委员培训班】 2019 年 6 月 24 日至 25 日，市政协举办第十四届政协第三期委员培训班，市政协主席部向华，副主席任建刚、王剑辉、王德成，秘书长李安云参加培训。该期培训邀请复旦大学美国研究中心、“一带一路”战略与国际安全研究所所长张家栋和中国科学院电工研究所原所长、国家 863 超导技术专项专家组成员、国家杰出青年科学基金获得者、大同全科盟新能源产业技术研究院院长肖立业作专题讲座。培训中，张家栋作《当前国际形势与中美关系》专题讲座，肖立业作《能源革命与能源科技》专题讲座。两位老师用大量数据、案例客观讲述国际局势、中美关系形势分析、能源革命的历史沿革、大同能源革命方向、大同实施能源革命的建议等。（边文斌）

【政协书画院和文史馆挂牌成立】 2019 年 7 月 1 日和 3 日，大同市政协书画院和政协文史馆先后挂牌成立。市政协书画院团结和联合广大书画艺术从业者和爱好者，开展以学习为主的书画艺术创作和交流的非营利性机构。通过开展以“书画会友、翰墨传情”为特色的政协工作，组织会员笔会交流，采风创作，举办书画展览及开展联谊活动等，交流书画艺术，增进友谊，树立人民政协书画品牌。政协文史馆利用大同市图书馆三楼地方文献部馆舍，陈列市政协历年来编辑出版的文史资料、政协委员作品及其他相关资料，分政协组织、社会各界、异地交流、政协委员 4 个板块，藏书 2000 余册。政协书画院和政协文史馆面向全社会开放，成为展示政协形象的窗口。（边文斌）

【《翰墨丹青颂祖国》书画摄影展】 2019 年 8 月 16 日，翰墨丹青颂祖国——庆祝新中国成立 70 周年和人民政协成立 70 周年书画摄影展在大同潘家园开展，市政协主席郜向华，市委常委、宣传部部长、统战部部长黄岑丽，副市长郝献民，市政协副主席杨硕平、王德成和秘书长李安云观看展览。此次《翰墨丹青颂祖国》书画摄影展，由市政协主办，市政协书画院、市摄影家协会承办。活动主题是：展现共和国和人民政协 70 年光辉足迹、奋斗历程和新时代美好愿望，体现人民政协的履职担当，表达书画艺术的时代性和人民性。展览分书法作品、美术作品、摄影作品 3 个部分，展出作品 170 余件。通过展览，可领略到 70 年来伟大祖国的沧桑巨变和丰功伟绩，感受大同的历史性变化。（边文斌）

【2019 中国（大同）北魏文化高峰论坛】 2019 年 8 月 18 日至 19 日，2019 中国（大同）北魏文化高峰论坛在大同举行，来自全国各地的北魏文化研究领域的专家学者 120 余人参加论坛，相互交流研讨北魏文化。中国社科院研究员、中国魏晋南北朝史学会会长楼劲，市政协主席郜向华，市委常委、常务副市长薛明耀，大同大学校长冯锋，市政协副主席任建刚、杨硕平、王剑辉、王德成和秘书长李安云出席相关活动。论坛期间，北魏文化研究领域的专家、学者和北魏地域相关市县政协代表齐聚大同，围绕“北魏文化的深远影响及其现实意义”这一论坛主题，从“北魏平城的历史遗存”“北魏文化与丝绸之路”“云冈石窟与考古研究”“北魏法制研究”“北魏服饰与装饰纹样研究”等角度相互研讨，交流学术观点，发表有见地的学术观点；论坛收到论文 70 余篇。北魏地域相关市县政协代表围绕“北魏区域文旅合作新突破”主题相互交流探讨，发出成立鲜卑北魏地域旅游联盟的倡议，达成共识。（边文斌）

【2019 大同市“政协论坛”】 2019 年 12 月 27 日，由市委主办、市政协承办的主题为“守初心、担使命、凝共识、谋发展”的 2019 大同市“政协论坛”在市御东行政中心报告厅举行。省委常委、市委书记张吉福，市人大常委会主任赵向东，市政协主席郜向华等四套班子领导出席论坛。市政协副主席任建刚、杨硕平、王德成和秘书长李安云，市直党政部门负责人、驻大同省政协委员、市政协委员、县（区）政协主席、各民主党派和工商联代表等参加论坛。论坛上，8 位政协委员代表各自界别登台发言、建言献策，立足调研成果，结合工作实际，说出“优化营商环境”“提升社区治理能力”“民主党派建设”等 8 个议题各自界别的心声与思考。（边文斌）

▲ 2019 年 8 月 18 日，2019 中国（大同）北魏文化高峰论坛在大同召开（边文斌 摄）

专委会工作

【提案委员会】 2019 年，大同市政协提案委员会落实“反映情况要准确、分析问题要深入、提出建议要具体”的要求，推进提案由“数量型”向“质量型”转变。全年征集提案 316 件。其中，党派团体集体提案 19 件，委员提案 297 件。经审查，立案 249 件，转为来信处理 67 件。经承办单位办理，所立提案回复率 100%。市政协第十四届三次会议前，市政协提案委员会编写《提案选题导向》，向政协委员、政协各参加单位印发，并利用市政协网上提案工作管理系统推送知情明政信息，帮助提案者选题。通过组织各类视察调研活动及开展委员培训，引导委员深入实践、知情明政，提出有操作性、前瞻性建议；市委、市政府领导坚持阅批政协提案，审核把关办理复文，保证提案办理和答复质量。分管副市长，市政协主席、副主席领办、督办重点提案，就民革大同市委、刘畅等党派团体和委员提出的关于加强古城旅游区道路交通管理、提升科技创新能力、冬季清洁供暖、规范运营二次供水、推进大同市青年创业创新、提高大同市农村教育水平、新能源汽车产业发展等提案组织领办、督办，推动相关问题的解决；加强重点提案跟踪督办，会同市政府办公室召开重点提案办理协商推进会，听取市工信局、市人社局、市教育局、市公安局、市城市管理局、市科技局等单位汇报办理情况及办理进度，邀请提案者与承办单位面对面沟通协商，促进提案办理质量；围绕委员关注的大景区建设、种苗基地温室工程、高铁车站建设、医疗系统智慧分级诊疗、康养产业及养老服务信息平台建设等提案开展集中现场督办，推动提案办理落实。（边文斌）

【经济和人口资源环境委员会】 2019 年，市政协经济和人口资源环境委员会以“大气污染防治”为议题，组织召开市政协第十四届第 14 次常委会，形成《关于全面加强大气污染防治坚决打赢蓝天保卫战的建议案》，上报市委、市政府后，受到市领导重视；为推动大同市民营经济发展，市政协组织部分市政协常委、委员到山东青岛、烟台、泰安考察学习，到大同北方煤机设备有限公司、同药集团有限公司、市伟业制衣有限公司等企业实地调研，7月25日召开市政协“激发民营经济活力，促进高质量发展”月度协商会议，起草上报《关于激发民营经济活力促进高质量发展的调研报告》，供市委、市政府决策参考；11月，市政协经济和人口资源环境委员会组织部分市政协委员到政府岗、消防岗监督性调研大同市“2019年十大民生工程”之交通主干道信号灯控制系统优化工程，并形成专题调研报告。

（边文斌）

【农业农村委员会】 2019年，市政协农业农村委员会承办以“加大产业扶贫力度，确保高质量可持续脱贫”为议题的市政协第十四届第15次常委会议，组织部分政协委员到市农业和农村局、市扶贫办、市旅发委、云州区、阳高县、浑源县、广灵县等地实地调研，了解大同市产业扶贫实际情况，组织委员到江西省专题调研和学习考察，并召开多次研讨会，形成《关于加大产业扶贫力度确保高质量可持续脱贫的建议》的建议案和6个大会发言，上报市委、市政府供决策参考；11月13日，市政协农业农村委员会以“改善农村人居环境建立健全长效机制”为议题召开月度协商会议，委员们与相关部门开展协商讨论。会后，整理委员意见形成《改善我市农村人居环境建立健全长效机制的调研报告》，报送市委、市政府；11月，市政协农业农村委员会组织部分常委和委员，围绕市政府制定的十件民生实事，民主监督调研全市开展的农村人口饮水安全巩固提升工程，形成《关于我市农村饮用水安全巩固提升工程民主监督的调研报告》；组织部分在大同的省政协委员和市政协委员，分别民主监督调研大同市高铁站站前北广场枢纽工程项目、山西上捷电梯年产6000台电梯项目、普云大数据项目、大同国际陆港坚果生产线等重点项目和省级文明城市创建工作，形成民主监督调研报告，报送市委、市政府供决策参考。

（边文斌）

【社会法制委员会】 2019年，市政协社会法制委员会组织部分委员围绕“加强社区治理体系建设，提升社区管理服务水平”议题，到厦门、漳州、潮州、汕头、深圳和江门6个城市学习考察，到大同市平城区、云冈区、灵丘县开展实地调研。6月21日，由市政协社会法制委员会承办的市政协第十四届第13次常委会议围绕议题开展专题协商讨论，形成《关于加强社区治理体系建设，提升社区管理服务水平的建议案》，得到市长批示，相关建议得到落实；10月29日，市政协社会法制委员会组织召开月度协商会议，围绕“大同市发挥新的社会阶层人士作用”议题开展协商讨论，形成《关于大同市发挥新的社会阶层人士作用的建议》，得到市委市政府重视；6月12日至20日，市政协社会法制委员会组织委员民主监督调研重点工程项目同煤快线建设进展情况。10月15日，市政协社会法制委员会组织委员到市平城区锅炉厂家属院、医药家属院、云中苑小区等地，监督调研大同2019年“十件民生实事”之一的“治理无物业管理的老旧小区无物业管理的老旧小区治理情况”，形成《关于对无物业管理的老旧小区治理情况的调研报告》，报送市委、市政府供决策参考。

（边文斌）

【教科卫体委员会】 2019年6月6日，市政协教科文卫委员会组织部分委员到浙江省湖州市，江苏省无锡市、南通市、张家港市，考察学习“互联网+医疗健康”工作开展情况，并到市部分医院调研了解“互联网+医疗健康”开展情况，在此基础上召开“互联网+医疗健康”月度协商会议。参会委员与相关单位代表互动探讨交流“互联网+医疗健康”，提出建设性意见建议，向市委、市政府提交《关于推进我市“互联网+医疗健康”工作的建议》供决策参考；10月，市政协教科文卫委员会组织部分政协委员围绕市政府十件民生实事开展专项监督调研，调研组到大同市体育中心、大同市体育运动学校、御河生态园实地调研，并现场听取相关部门汇报，了解工作进展情况，提出市公共体育设施建设和使用中面临的诸如公共体育场地面积不足、全民健身事业经费不达标、新建体育设施利用率不高、大型体育场馆运营困难及赛后资源闲置等问题建议，并形成《关于公共体育设施建设的调研报告》，上报市委、市政府供决策参考。

（边文斌）

【文化文史和学习委员会】 2019年6月，由市政协文化文史和学习委员会编撰的《大同回族百年》出版，印制发行970余册，该书反映大同回族近百年来政治、经济、文化、礼俗、生产、生活、人物等方面情况，发挥政协文史工作“存史、资政、团结、育人”的作用；做好文史资料数据库工作，录入文史资料30辑，实现文史资料数字化；6月24日至25日，承办第十四届市政协第三期委员培训班，邀请专家张家栋、肖立业作中美关系形势分析和能源革命与能源技术专题讲座，300余人委员和机关干部参加培训；7月3日，与市政协社会法制委员会组织委员到同煤快线和高铁北广场就重点项目开展民主监督性调研；11月5日，围绕市政府承诺的十件民生实事中的“大同电视节目有效覆盖全市农村”议题，组织部分政协委员到市广播电视台实地调研，听取市广播电视台、云州区广播电视台、阳高县广播电视台负责人情况汇报，了解项目总体情况、取得的成效、存在问题和下一步工作重点，委员和项目负责人相互交流，形成《关于大同电视节目有效覆盖全市农村的调研报告》，向市委、市政府报送；11月27日，组织召开主题为“文物景点与文化旅游机制改革”月度协商会，市政协委员、民主党派成员及大同大学云冈文化研究中心专家学者围绕议题建言献策，提出科学规划市文旅和文物体制机制改革，调动全社会参与公共文化建设的积极性，加强基层文物保护管理、促进旅游发展等建议，形成《关于我市文物景点与文化旅游机制改革的建议》，报送市委、市政府供决策参考。

（边文斌）

纪检监察

综　述

【概况】 2019年，市纪委监委常委会把学习贯彻习近平新时代中国特色社会主义思想作为主线贯穿全年工作，跟进学习党的十九届四中全会精神、习近平总书记最新重要讲话和全面从严治党重要论述，市纪委监委中心组13次集体学习研讨，带动全系统学懂弄通做实。开展"不忘初心、牢记使命"主题教育，举行全市纪检监察系统专题党课，针对性开展调查研究，开好专题民主生活会，检视问题、整改落实。市纪委监委每季度向市委汇报党风廉政建设和反腐败工作情况，请示报告线索处置、立案、留置等重大事项，报请市委常委会审议给予撤职以上重处分16人，报请市委主要负责人批准初核、立案审查、作出处分决定95人。把严明政治纪律和政治规矩摆在首位，全市查处违反政治纪律行为25人。加强政治生态建设，检查民主集中制各项制度、组织生活制度、党内监督制度执行情况，全程参加指导各县（区）常委班子民主生活会，对3名县处级干部民主生活会对照检查材料照抄照搬问题严肃处理、通报曝光。强化管党治党政治责任，全市因"两个责任"落实不力问责党组织54个、问责党员领导干部87人。（市纪委监委）

【纪检监察体制改革】 2019年，市纪委监委自觉对标对表，在实践中促进各项改革相互配套、有机融合，推动制度优势转化为治理效能。深化领导体制，调整纪委监委领导班子成员分工，一体分管监督检查和审查调查，实现"前台"和"后台"贯通。深化运行制度，2次修订监督执纪执法工作办法，纪法贯通更加规范、法法衔接更加顺畅。深化监审衔接，把"四风"问题和第二种形态执纪审查职责调整至监督检查室，确保监督"长牙"、纪律"带电"。深化派驻改革，分类推进市管企业、金融企业、学校纪检监察体制改革，探索推进市管医院纪检监察体制改革，明确内设纪检机构接受市纪委监委领导。深化审理机制，制定派驻纪检监察组移送审理案件工作流程和文书规范，为压实党组责任、有效监督制约、保证案件质量提供工作遵循。深化基层监督，建立乡镇（街道）纪检监察连片联组工作机制，142个乡镇（街道）纪（工）委全部加挂县（区）监委派出监察室牌子，依据授权开展监察工作，全年处置问题线索1816件、立案724件、处分714人，同比分别增长43.2%、42.8%、39.7%。（市纪委监委）

【作风建设】 2019年，市纪委监委落实党中央为基层减负要求和省委、市委工作措施，突出重点、精准施治，推动解决督查检查过多过频和过度留痕等问题，督促职能部门整治不敬畏、不在乎等行为，对形式主义、官僚主义问题线索单列台账、优先处置、限时办结，全市处理923人，其中处分725人。坚持日常监督和专项监督相结合，严守重要节点，注意"四风"问题新动向，紧盯错峰违纪、隐形变异问题，加强与公安、财政、税务、审计等部门沟通协调，联查一体、数据共享，严防沉疴痼疾纠而复发，全市查处违反中央八项规定精神问题280人，同比增长70%，其中处分228人，同比增长83.9%。（市纪委监委）

纪委监委重要会议

【市纪委十五届四次全会】 2019年1月23日，中共大同市第十五届纪律检查委员会第四次全体会议在市御东行政中心召开。省委常委、市委书记张吉福出席会议并讲话。市委副书记刘振国，市人大常委会主任赵向东，市委常委黄岑丽、张韬、姚鸿波、薛明耀、尉连生、冯苏京出席会议。市委常委、市纪委书记、市监委主任梁晓旭主持会议，并代表市纪委常委会作题为《坚持稳中求进总基调高质量推进新时代纪检监察工作》工作报告。省纪委监委有关负责人到会指导。市人大、市政府、市政协领导班子成员，市法院院长，市纪委委员、市监委委员，各县（区）委书记、县（区）长，阳高县纪委书记，市直有关单位主要负责人、纪委书记（纪检组长），部分驻大同行政、企事业单位主要负责人、纪委书记（纪检组长），市委巡察机构副处级以上干部，市纪委各派出机构主要负责人，市纪委监委机关各厅部室、直属事业单位主要负责人和正、副处级纪检监察员等参加会议。

全会提出2019年9方面重点任务。（1）坚持以政治建设为统领，牢牢把握"两个维护"重大政治任务。（2）坚决整治形式主义、官僚主义，以钉钉子精神抓出作风建设新成效。（3）深化纪检监察体制改革，把制度优势更好地转化为治理效能。（4）做实做细监督这个首要和基本职责。（5）推进十五届市委巡察全覆盖，发挥巡察利剑作用。（6）巩固发展反腐败斗争压倒性胜利，一体推进不敢腐不能腐不想腐。（7）整治群众身边腐败和作风问题，让人民群众有更多更直接更实在的获得感。（8）压紧压实管党治党政治责任，牢牢牵住"牛鼻子"。（9）坚持打铁必须自身硬，把严之又严的要求贯穿纪检监察工作始终。（市纪委监委）

【市纪委监委对标一流述职评议会】2019年4月11日至12日，市纪委监委召开全市纪检监察系统对标一流述职评议会，市委常委、市纪委书记、市监委主任梁晓旭参加会议并作总结讲话。会上，各县（区）纪委书记、市纪委监委各派驻纪检监察组组长按照"改革创新、奋发有为"大讨论要求，围绕对标一流作述职发言，市纪委监委领导班子成员按照联系分工一一进行点评。梁晓旭指出，全市各级纪检监察机关和纪检监察干部要对标一流、查找问题，以实际行动推动大讨论取得实效。要正确处理好历史与现实、整体和部分、主动与被动、数量和质量、问题与目标等关系，找准坐标、拓宽视野、对标一流；要主动出击，学会"跳起来摘桃子"，发挥"革命加拼命"作风，运用"一线工作法"，推动各项工作任务落实。（市纪委监委）

【全市巡察工作会议暨十五届市委第五轮巡察工作动员部署会】2019年5月7日，全市巡察工作会议暨十五届市委第五轮巡察工作动员部署会召开。会议传达全国巡视工作会议、全省巡视巡察工作会精神，宣布《十五届市委第五轮巡察组长授权及任务分工的决定》。市委常委、市委巡察工作领导小组副组长宋涛主持会议，市委常委、市委巡察工作领导小组组长梁晓旭作动员讲话。市委巡察工作领导小组成员，市委巡察办、巡察组全体干部，市纪委监委相关室和派驻纪检监察组主要负责人，市委组织部相关科室负责人，市审计局、市信访局相关负责人，被巡察单位党组织主要负责人，县（区）委巡察工作领导小组组长、巡察办主任参加会议。

根据市委统一部署，5月上旬至7月上旬，市委派出8个巡察组，开展4个市直单位及2个县以上所属单位脱贫攻坚专项巡察，开展25个市直单位及5个县以上所属单位常规巡察，开展8个村居提级巡察；市委组织部派出专项检查组，开展被巡察单位党组织选人用人专项检查；县（区）委按照省委脱贫攻坚专项巡视对象和市委巡察对象开展对口确定县区巡察对象交叉巡察，并根据实际情况，延伸巡察村居（社区）。（市纪委监委）

【第一届特约监察员聘请会】2019年6月5日，市监察委员会第一届特约监察员聘请会召开，市委常委、市纪委书记、市监委主任梁晓旭出席并讲话。会议宣读《大同市监察委员会关于聘请第一届特约监察员的决定》，印发《大同市监察委员会特约监察员工作办法》，决定聘请王兴武、王宝林、王雅丽（女）、尤智荣、冯冰、李文杰（女）、李喜、李瑾（女）、李霞（女）、吕春梅（女）、刘尚平、刘琨、杨林、张之莉（女）、张明元、张国君、张晋洁（女）、张海兵、郝军、段云、郭宁为第一届特约监察员，聘期至2022年3月。市纪委监委班子成员向21位特约监察员颁发聘书，全体特约监察员签订《履职承诺书》。（市纪委监委）

【全市纪检监察工作会议】2019年8月26日，全市纪检监察工作会议召开，会议传达省委十一届八次全会和省纪委十一届五次全会精神。市委常委、市纪委书记、市监委主任梁晓旭出席并讲话。市纪委监委班子成员、市委巡察机构、市纪委监委各派驻纪检监察组和机关内设机构全体人员在主会场参会，各县（区）纪委监委在分会场参会。

会议指出：贯彻落实两个全会精神，做好"三个强化、三个下功夫"。（1）加强政治担当，牢记初心使命，在增强思想自觉和行动自觉上下功夫；（2）加强问题导向，聚焦重点难点，在推动目标引领和任务落实上下功夫；（3）加强履职尽责，把握职能定位，在履行协助职责和监督责任上下功夫。（市纪委监委）

【十五届市委第六轮巡察工作动员部署会】2019年9月17日，十五届市委第六轮巡察工作动员部署会召开，会议传达十九届中央第四轮巡视工作动员部署会和十一届省委第六轮巡视工作动员部署会精神，宣布十五届市委第六轮巡察工作方案、巡察组长授权及任务分工决定，安排部署该轮巡察工作。市委常委、市委巡察工作领导小组副组长宋涛主持会议，市委常委、市委巡察工作领导小组组长梁晓旭作动员讲话。

按照市委统一部署，9月中旬起，市委派出11个巡察组采取"常专结合"方式，开展教育系统25个单位党组织常规巡察，开展10个乡（镇）、16个行政村提级脱贫攻坚专项巡察。（市纪委监委）

纪律检查和巡察监督

【概况】2019年，市纪委监委巩固发展反腐败斗争压倒性胜利，查办案件实现数量质量再提升。全市纪检监察机关受理信访举报3863件次，同比下降25.6%；立案1715件，同比增长14.6%；处分1707人，同比增长18.2%；组织处理2563人次，同比增长50.5%；移送司法机关46人；收缴、移送、追缴各类违纪违法和应缴未缴款2.03亿元。市纪委监委严肃查处张某某、牛某某、高某某、王某、尚某某、刘某某等一批严重违纪违法案件，处分县处级干部82人，是上年处分县处级干部的1.5倍。全市涉纪信访初次举报量同比下降32.9%，其中反映县处级干部信访举报同比下降52.4%。在纪法威慑和政策感召下，2名外逃人员主动归案投案，77名干部主动交代问题，政治效果、纪法效果、社会效果凸显。把办案安全上升到政治高度，探索建立监督审查调查安全卷，建立"五制五化"（即实行安全清单制度，推动安全工作责任化；实行《监督审查调查案卷（安全卷）》制度，推动安全工作规范化；实行留置场所日汇报、周例会、周报告制度，推动安全工作常态化；实行联合检查制度，推动安全工作专业化；实行培训总结制度，推动安全工作高效化）监管机制，办案安全形势总体平稳。做好查办案件“后半篇文章”。监督检查十八大以来6316人次处分决定执行情况，发现问题的952人次全部整改到位，追回违规发放的工资奖金219.45万元。督促接受组织谈话函询的24名省管干部和349名市管干部，在民主（组织）生活会上作出说明或检查，接受组织监督。把市党纪教育基地警示教育展区内容，全部换成近年来查处的发生在当地的典型案例，118家单位5916人接受教育。加大点名道姓通报曝光力度，全市发布审查调查案件信息35人，通报曝光各类典型案件191起273人。加强以案促改，全市发出纪检监察建议书366份，督促落实整改事项同时，推动完善相关制度144项。落实“三个区分开来”要求，全市纪检监察机关谈话函询后予以采信了结960件次、运用组织措施适当处理2297件次，对244名受到处分或诫勉谈话的干部在影响期满后，根据现实表现出具可进一步使用的意见，树立激励担当作为、容错纠错导向。宣传市党风廉政建设和反腐败工作成效，各级媒体发布宣传报道948篇次，其中中央纪委国家监委和省纪委监委采用296篇次。

（市纪委监委）

【政治监督】 2019年，市纪委监委制定加强政治监督实施意见，建立政治监督档案，探索“四学四看”（即聚焦生态环境问题开展政治监督大同实践，学站位，看习近平生态文明思想的精髓是什么？学文件，看党中央的决策部署是什么？学法规，看国家法律条文的规定是什么？学职责，看生态文明建设中涉及各级政府、职能部门相关职责是什么？），“五察分析”（即察问题线索、察网络舆情、察群众反响、察党委意见、察日常监督）做法，围绕贯彻落实习近平总书记重要指示批示精神和中央重大决策部署抓监督，以严明的纪律确保党中央权威。紧盯浑源矿山开采破坏生态环境问题持续发力，处理92人，其中移送司法机关10人，推动浑源生态修复治理任务完成近70%。紧盯清理违建“大棚房”问题持续发力，处理166人，督促整改问题大棚2256个。紧盯人防系统腐败和作风问题开展专项治理，处理43人，追缴异地建设费11820万元。紧盯空气、水污染治理中不落实国家环保政策问题发力，处理87人，推动中央和省环保督察反馈问题整改落实。紧盯“放管服效”工作中不作为、慢作为、乱作为、假作为问题开展专项整治，问责党组织21个、处理84人，推动全市营商环境优化。

（市纪委监委）

【日常监督】 2019年，市纪委监委严格纪律监督，党纪处分1459人，同比增长21.7%；监察监督，政务处分310人，同比增长6.5%；派驻监督，处分399人，同比增长57.1%；巡察监督，立案审查调查案件中，132件问题线索来源于巡视巡察，同比增长45.1%。“关键少数”监督，全市因管党治党不力追究主体责任85人，其中一把手占77.6%；全市约谈提醒县处级干部186人次进，其中一把手占33.3%。运用“四种形态”，批评教育帮助和处理5858人次，第一、二、三、四种形态分别占70.4%、26%、1.9%、1.7%。建立日常监督“三重一大”事项台账，定期统计，研判风险点，特别是把协助市委把好选人用人关作为重点，明确四类11种情形规范党风廉政意见回复工作，全市回复3352人次，稳妥审慎提出否定性意见58人。

（市纪委监委）

【巡察监督】 2019年，市纪委监委协助市委坚决扛起巡视整改政治责任、落实巡察主体责任，中央巡视组和中央纪委国家监委反馈问题全部整改到位。推进巡察全覆盖，开展党组织常规巡察55个，开展党组织脱贫攻坚专项巡察38个，开展党组织提级巡察40个，十五届市委巡察覆盖率77.45%。坚持党组织建到哪里，巡察就跟进到哪里，健全巡察上下联动、协作联动机制，市县两级延伸巡察村级党组织931个，覆盖率69%。把“两个维护”作为根本政治任务，聚焦被巡察党组织职责使命和核心职能，突出关键少数，开展政治体检，发现问题1342个，问题线索128件，巡察发现问题能力稳步提升。坚持发现问题与整改落实并重，市委巡察领导小组组长、副组长，市纪委监委和市委组织部班子成员参加巡察进驻和反馈，建立巡察机构与纪检、监察、派驻机构协调配合机制，把巡察反馈意见作为日常监督重要依据，推动整改问题914个，制定完善相关制度622项。

（市纪委监委）

【群众身边腐败和作风问题整治】 2019年，市纪委监委牢固树立以人民为中心的工作导向，聚焦群众痛点难点焦点部署专项整治和监督检查，牵头会同23家责任单位，分级分类纠治漠视侵害群众利益问题。全市查处群众身边腐败和作风问题1052案1484人，同比分别增长61.6%、52%，其中查处漠视侵害群众利益问题434人，推动解决电动车上牌难、服务窗口办证难等现实问题。查处市县两级医保机构不作为、慢作为，原市房管局副局长刘某、副调研员张某某有禁不止、乱作为，市市场监督管理局登记注册科原科长李某借审批之机搭车谋私，平城区开源街市场监督管理所原所长周某某借办证之机“吃拿卡要”等一批损害营商环境案件。聚焦扶贫资金流向和扶贫项目管理，全市查处扶贫领域腐败和作风问题409人。其中，处分310人、组织处理99人。在扫黑除恶专项斗争中，加强与政法机关联动协作，全市纪检监察机关立案查处涉黑涉恶腐败及“保护伞”问题115件225人。其中，处分112人、组织处理113人，移送司法机关6人。查处省地方金融监督管理局金融稳定处处长闫某某、政策法规处处长关某某，市公安局巡特警支队四级警长孙某某、云冈区分局网络技术保障大队三级主管赵某某，吕梁市柳林县公安局经侦大队大队长王某某利用职权为黑社会性质组织充当“保护伞”的典型案件。市纪委监委被评为全省“扫黑除恶先进单位”。

（市纪委监委）

【监督指导县（区）纪监民主生活会】 2019年，市纪委监委探索纪检监察干部日常监督新思路、新方法，把全程参加指导各县（区）纪委监委领导班子民主生活会作为近距离、可视化监督的有力抓手，变被动为主动、变坐等为走近，做实“面对面”监督。

把住首要问题，强化政治监督。立足政治机关定位，抓住政治建设任务，提出“4聚焦、4检点”督导要求，贯穿民主生活会始终。突出关键少数，强化精准监督。明确“3对照、3必看”。（1）对照上年度民主生活会对照检查材料，重点看问题整改是否“留尾巴”；（2）对照干部廉洁档案活页夹，重点看日常监督是否“有漏洞”；（3）对照组织谈话函询的问题，重点看对照检查是否“有回应”。会前，把关准备工作和对照检查材料，对程序不规范、剖析不深入、措施不到位的叫停，督促再学习再查摆再落实。会中，对不深不细特别是泛泛而谈、避重就轻的提醒，要求严细深实，真正“红脸出汗”。会后，跟进整改情况，适时开展“回头看”，强化“面对面”监督的后续工作效果，为做实做细日常监督提供依据。（市纪委监委）

【纪检监察诬告陷害办法出台】 2019年，市纪委监委制定《大同市纪检监察机关查处诬告陷害行为、为党员干部澄清正名实施办法（试行）》（简称《办法》）。该《办法》共5章17条，从遵循依据、秉持原则、认定处置、责任追究、保障机制方面作出具体规定，保障党员干部正当权利，严肃查处诬告陷害行为，澄清正名清除不良影响，引导党员干部干事创业，担当从业，建功立业，营造巩固风清气正的政治生态和社会环境。

（市纪委监委）

【《群众关切监督建议》出台】 2019年7月24日，大同市委常委会、市委反腐败领导小组会议审议通过市纪委监委《关于聚焦群众痛点难点焦点开展专项监督的建议》，确定3方面8个专项监督。

1. 扶贫领域惠民政策落实专项监督，监督内容：（1）扶贫惠民政策落实，包括农村党务、村务、财务公开，低保办理，教育救助，扶贫贷款；（2）农村危房改造和乡村提升项目。

2. “放管服效”政策落实专项监督，监督内容：（1）“放管服效”政策落实；（2）减税降费政策落实；（3）项目审批办理，抽样确定20个建设项目，跟踪监督审批服务环节。

3. 为民服务窗口办事效率专项监督，监督内容：（1）医保和养老保险办理；（2）产权交易办理；（3）车辆管理、户籍和出入境业务办理。

（市纪委监委）

侵害群众利益专项整治

【第一批专项整治漠视侵害群众利益问题】 2019年11月中旬，市纪委监委会同市教育局、市民政局、市住房和城乡建设局、市水务局、市卫生健康委员会、市医保局等单位公布第一批专项整治漠视侵害群众利益问题工作成果。按照省委和市委关于在“不忘初心、牢记使命”主题教育中开展专项整治的部署要求，大同市纪委监委机关牵头，会同24个市直单位，集中整治确定的4类30项漠视侵害群众利益问题。主题教育开展以来，围绕扶贫领域腐败和作风突出问题，聚焦“两不愁三保障”，解决漠视侵害群众利益问题。在健全控辍保学机制方面，经排查全市应劝返辍学学生9人，全部劝返复学；解决84个行政村没有卫生室的问题，为3个脱贫摘帽县590个村卫生室配备符合条件的村医945名；建档立卡贫困户等4类重点对象危房改造任务开工的3553户全部竣工；全市危房改造开工28109户，竣工27714户；排查危房改造鉴定不精准不规范问题3856户，全部整改完毕；排查发现质量不达标的改造房44户，全部整改到位。贫困地区新增符合政策参加医保贫困人口789人，农村建档立卡贫困人口210669人次享受城乡居民医疗保险慢性病待遇，报销比例91.69%；排查并纠正农村饮水运行管理问题20个，排查并纠正农村饮水工程维修养护方面问题24个，6.02万贫困人口的饮水安全得到巩固提升。实现扶贫资金项目使用全部公示公告。

针对特殊群体“脱保”“漏保”问题，专项整治开展以来，把未脱贫建档立卡贫困户中的重病、重残对象和贫困老年人、残疾人、儿童等特殊困难群体新纳入低保119人；全市新纳入低保11762人，退出不再符合条件低保对象7873人。

针对解决群众看病就医经济负担较重问题，解决10种发病率高的儿童血液病和儿童恶性肿瘤救治等问题。成立大同市卫生健康委员会儿童血液病、恶性肿瘤（实体肿瘤）专家组，确定大同市第一人民医院、大同市第二人民医院、大同市第三人民医院、大同市第五人民医院和同煤总医院作为定点摸排医院，接待患者咨询登记；与省级医院建立联系机制，接转病人救治。全市定点摸排医院救治儿童血液病106人、实体肿瘤3人。

（市纪委监委）

【第二批专项整治漠视侵害群众利益问题】 2019年11月下旬，市纪委监委机关牵头，会同市公安局、市生态环境局、市交通运输局、市水务局、市市场监管局、市工信局等单位公布第二批专项整治漠视侵害群众利益问题工作成果。

开展打击危害食品药品安全、侵权假冒、破坏生态环境犯罪行动，解决上述领域突出犯罪问题。专项整治以来，在打击危害食品药品安全犯罪方面，全市侦破案件21起，抓获犯罪嫌疑人34人，涉案金额400万元；在打击侵犯知识产权和假冒伪劣产品犯罪方面，侦破案件6起，抓获犯罪嫌疑人9名，涉案金额104万元；在打击危害生态环境安全犯罪方面，侦破案件4起，抓获犯罪嫌疑人8人，查处行政案件1起，行政拘留3人。

实施食品药品安全专项整治，全市立案调查350件。其中，立案调查“黑工厂”“黑作坊”“黑窝点”问题33件；立案调查农村销售过期食品问题100件；立案调查保健食品问题8件；立案调查食盐问题27件；立案调查酒类流通市场问题73件；立案调查学校及幼儿园食品问题28件；立案调查中药饮片问题81件，抽检288批次，认定不合格36批次。罚没款781560元。

解决群众反映强烈的生态破坏和环境污染问题不闻不问、敷衍整改问题，纠正生态环境保护平时不作为、急时“一刀切”问题，纠正河湖乱占、乱采、乱堆、乱建突出问题。专项整治以来，全市累计检查污染源341个，抽查中央、省环保督查及回头看反馈问题整改情况25个，全部整改到位。处罚案件22起，罚款金额281万元；

受理群众反映强烈的生态破坏和环境污染问题357件，办结310件；取缔15家河道无证采砂作业场地，行政治安拘留1人；累计排查发现河湖乱占、乱采、乱堆、乱建突出问题120个，全部完成整改。

解决水电气网路等农村公共基础设施正常使用和日常维修养护中存在的问题。专项整治以来，落实农村饮水安全巩固提升工程各级资金1.58亿元，建设完工360处，30.06万农村人口受益，排查农村饮水安全问题28个，整改完成27个；修复农村基站2435次，解决220个行政村4G网络覆盖问题；建设“四好农村路”，新增1个建制村通硬化路4.2千米，整治农村公路“畅返不畅”里程162.17千米，解决54个村庄出行不便问题，全市有1891个建制村全部通客车。

（市纪委监委）

【第三批专项整治漠视侵害群众利益问题】 2019年12月初，市纪委监委机关牵头，会同市教育局、市住建局、市医保局、市能源局、市人社局等单位公布第三批专项整治漠视侵害群众利益问题工作成果。

解决学校及幼儿园食品安全主体责任不落实问题。全市407所中小学校和幼儿园全部落实学校负责人陪餐制和师生同餐制，建立家长委员会参与食堂安全监督机制；331所中小学校和幼儿园实现“明厨亮灶”。

整治住房租赁中介机构乱象，纠正和查处发布虚假房源信息、违规收费、恶意克扣押金租金、威胁恐吓承租人等问题，取缔一批“黑中介”。检查全市98家住房租赁中介机构，因经营不规范问题约谈78家，责令整改1家；通报曝光违法违规中介机构4家；取缔无营业执照、超范围经营“黑中介”5家。

查处定点医疗机构和零售药店骗取医疗保障基金问题。全市检查定点医疗机构2617家，检查定点零售药店1082家，覆盖率100%；查处违规医疗机构270家次，查处违规零售药店139家，拒付和追回医保基金不合规支出1913万元。印发《大同市欺诈骗取医疗保障基金行为举报奖励实施细则》《关于打击欺诈骗保行为维护医保基金安全的实施意见》。

解决农村群众反映突出的频繁停电和低电压等问题。治理线路通道隐患1850处，加强线路巡视5520次，开展带电检测9880次，综合治理低电压台区68个，全市配电线路停运率同比下降23%，电力企业出动抢修人员2300人次、抢修车辆650辆次；应对因雨雪大风等极端天气影响造成的3800余户停电问题。

维护劳动者合法权益，规范执法。在源头预防、案件查处、违法惩戒3方面下功夫。督促用人单位补签劳动合同8489份，为8671人缴纳各类社会保险费379.08万元；立案查处劳动者欠薪案件14件，为307人追发劳动报酬319.67万元；公开曝光劳动保障严重违法行为和拖欠劳动报酬案件8件，列入“黑名单”3件。

（市纪委监委）

【第四批专项整治漠视侵害群众利益问题】 2019年12月底，市纪委监委机关牵头，会同市公安局、市教育局、市人社局、市医保局、市统计局等单位公布第四批专项整治漠视侵害群众利益问题工作成果。

杜绝截留克扣义务教育阶段学生营养膳食补助、家庭困难学生生活补助问题。全市投入健康营养膳食补助资金1.5亿元，27万义务教育学生全部享受补助，率先在全省实现城乡全覆盖。2019年秋季学期以来，全市为7.5万名家庭困难学生通过银行卡直接发放生活补助1.1亿元，其中通过简化认定流程，51197名家庭困难学生免予提交证明。

开展农民工培训，提高参训人员就业率。截至11月底，全市组织培训56283人，其中培训农村劳动力40045人；推行校企合作，通过培训实现就业19767人。

提高业务单位窗口服务质量和效率。市人社局精简丧葬费和抚恤金申领证明材料，实行承诺制办理。市医保局简化跨省异地就医登记手续，取消手工填单和复印资料环节，办理时间平均缩短一半以上。市公安局交警支队车辆管理所率先在全省推行“警邮合作”模式，全市80个邮政网点受理交管业务，邮政人员全程代办，证件资料寄递到家，解决群众“多头跑、反复跑”问题。

规范统计行为和方法，加强统计造假源头防控，提高数据质量。向全市1290家企业发放统计法律法规宣传手册和企业统计工作制度等资料，培训联网直报单位统计人员1571人次；查处统计违法行为，检查企业67家，警告9家，罚款5家，责令改正5家，公示统计失信企业4家。

（市纪委监委）

民主党派　工商联

民革大同市委员会

【概况】 2019年，中国国民党革命委员会大同市委员会（简称“民革大同市委”）党员人数254人，平均年龄51岁。其中，本科以上学历168人，硕士研究生37人，博士研究生7人；中级以上职称133人；厅级1人，县处级12人，科级33人。党员中省、市、县三级人大代表、政协委员33人。其中，省级2人、市级19人、区县级12人。民革大同市委下设10个基层支部、6个专门工作委员会（参政议政委员会、经济工作委员会、妇女委员会、法制工作委员会、祖统工作委员会、老龄工作委员会）。全年发展新党员14人。

年内，民革大同市委组织印制《庆祝新中国成立70周年先进事迹报告会汇编》《民革大同市委2018年优秀社情民意信息选编》、“四比四促”简报13期、“不忘合作初心，继续携手前进”主题教育活动简报8期、《2019年大同民革简报》。各项工作动态、各类活动稿件被民革中央网站采纳13篇，被民革省委公众号采纳14篇，被《大同日报》、大同电视台新闻宣传报道10余次。民革大同市委主委杨素卿撰写的《凝聚中国智慧的中国方案》获民革中央“庆祝改革开放40周年”征文三等奖，刘美、杨素卿撰写的《多管齐下，建立稳定脱贫长效机制》被《团结》杂志2019年第3期采纳，《浅谈民主党派基层组织思想政治工作》被民革中央理论委采用。

副主委高中元提任大同机场有限公司总经理，并被推荐为山西航空产业集团有限公司上年度担当作为先进典型，被推荐为全省民主党派先进典型候选人；党员王宝林当选民革山西省委会法律与社会工作委员会主任；朱壮彦、张忠堂、王鹏龙、李佳4位党员被山西大同大学聘为相关专业方向的硕士研究生导师；副主委朱壮彦2019年获批山西省科技厅重点研发（社发领域）项目1项，1项教学实践获山西省高等教育教学成果二等奖；孙永胜取得2项关于服务老年人的计算机软件著作权；张忠堂带领大同大学中国语言文学团队成功申报一级学科硕士研究生授权点，年内招收第一届硕士研究生；王鹏龙撰写的学术论文《晋北沿边堡寨的宗教信仰及神庙戏台》获山西省社科联“百部篇”工程三等奖。 （民革大同市委）

【参政议政】 2019年大同“两会”期间，民革大同市委上交议案1篇、提案和建议21篇，大会发言1篇。民革大同市委集体提案《关于提升我市科技创新合力的建议》，高中元撰写的《加快机场建设步伐，促进大同经济发展》，朱壮彦撰写的《关于进一步提高我市农村教育水平的建议》，肖晋辉撰写的《切实完善管理办法规范运营二次供水》的提案，被选为市政协第十四届三次会议重点提案。杨素卿撰写的《关于修改〈恒山风景名胜区保护条例〉》经市第十五届人大常委会第四次会议审议作为该次会议议案。 （民革大同市委）

【课题调研】 2019年，民革大同市委与其参政议政工作委员会承接“乡村提质工程中我市乡村垃圾分类处理”调研课题，民革大同市委组织调研组到浑源县神溪村，灵丘县下沿河村、车河村，广灵县涧西村，山西省长治市屯留区和浙江省江山市廿八都镇，丽水市莲都区、大港头镇等地开展调研并召开座谈会了解情况，形成《改善人居环境 建设美丽乡村》调研报告，为美丽乡村建设提供可资借鉴的做法和经验。 （民革大同市委）

【社情民意】 2019年，民革大同市委收到党员上报社情民意信息100余篇，被全国政协采纳1篇，被民革中央采纳1篇，被省政协采纳1篇，被市领导批示3篇，被市政协采纳8篇，经市委统战部报送省委统战部10篇。刘美撰写的《关于取消青霉素G钾出口许可证的建议》被中央民革采纳。任红锋撰写的《关于以法治层面构筑公共交通“安全网”的建议》被全国政协采纳。孙永胜撰写的《关于加强生物医学研究伦理审查信息平台建设的建议》经省政协直报全国政协。杨素卿、田蓝云撰写的《关于完善城市居民基本医疗保险中农民保费收缴办法的建议》，朱壮彦、马建栋撰写的《关于加强中医药保健养生市场监管力度的建议》，孙中撰写的《突出重点、合理配置，加强农产品质检体系建议》，李坚撰写的《关于将家庭式幼儿园纳入民办幼儿园监管体系的建议》，孙永胜撰写的《关于提供线上线下药学服务全面构建医患信任体系的建议》，刘奇撰写的《关于改革医疗卫生系统继续教育学分制度的建议》，李佩佩撰写的《关于将车辆年检与处理违章解绑的建议》经市政协直报全国政协。高中元撰写的《关于行政事业单位人员公务出差可以选择航班的建议》、王莉撰写的《关于加强对外培训机构管理的建议》、王辉辉撰写的《关于在城市非主干道划定闲事停车位的建议》被市领导批示。杜慧娥撰写的《关于赵承绥故居对外开放的建议》、李坚撰写的《关于将家庭式幼儿园纳入民办幼儿园监管体系的建议》被市政协采纳。

（民革大同市委）

【社会服务】 2019年，民革大同市委参与中共山西省委统战部开展的统一战线助力攻坚深度贫困“百千百”工程，帮扶国家级贫困县天镇县3名贫困学子，由四支部、六支部、七支部3个支部向每位贫困学子资助助学金3000元。6月，由民革大同市委、山西宝翰律师事务所等部门主办的“京师刑事业务技能公益巡讲”在大同开讲，来自全国230名律师、检察官、法官、法学教授学者和企业家聆听讲座。12月4日，在国家宪法宣传日，民革大同市委法工委与大同大学签订《大同大学法学院实践教学基地协议》。（民革大同市委）

【新支部成立换届】 2019年，民革大同市委成立法律支部。依据《民革章程》和基层组织换届方案，经主委会研究并与中共大同市委统战部沟通协商，在中共大同市委统战部、同煤集团统战部、平城区委统战部、云冈区委统战部的支持下，按照年初工作计划完成支部换届工作。新支部成立和换届共选举产生基层班子成员33人，平均年龄43岁，其中博士学历3人，硕士学历4人。（民革大同市委）

【基层组织建设】 2019年，民革大同市委开展达标、示范支部创建和“民革党员之家”建设，年内申请“民革党员之家”活动场所1处。为建好、用好“民革党员之家”，民革大同市委成立调研组到长治市沁县民革党员之家和浙江衢州市江山县、丽水市青田县民革党员之家学习创建“民革党员之家”的先进做法和经验。7月29日，民革山西省委副主委王静、秘书长李润等到大同，督导调研示范支部创建及党员之家建设。督导组听取汇报、查阅资料及座谈交流后肯定民革大同市委工作。在民革中央“民革示范支部”评选活动中，民革大同市委二支部作为综合示范支部，八支部作为特色示范支部参与评选。其他支部按照创建达标、示范支部标准学先进、找差距、补短板，提高基层组织建设。

（民革大同市委）

【民革专委会工作】 2019年，民革大同市委妇女工作委员会组织女党员到南村魔法森林植物园调研。民革大同市委老龄委组织老党员到辽、金、元融合博物馆开化寺参观、座谈。民革大同市委经济工作委员会和参政议政工作委员会关注能源革命创新转型，3月21日到平遥煤化集团旗下山西宇皓龙盟环保纸业有限公司开展煤矸石造纸项目实地调研。11月17日，民革大同市委经济委员会调研组到内蒙古自治区丰镇凯蒂斯电梯公司调研，为大同市经济转型发展献计出力。民革大同市委法制工作委员会在“12·4”宪法日开展普法宣传，作为法学院教育实践基地接受大同大学法学院实习生20余名。中山画院举办“迎新春、写春联”慰问老党员活动，为老党员送去节前温暖。12月12日，民革中央在民革中央机关召开题为“律师视角下的社会法治建设”中山议政会，民革大同市委法制工作委员会主任王宝林发言。民革大同市委监委会发挥监督作用，履行职责，全程参与民革大同市委重大事项和重要会议。（民革大同市委）

▲2019年7月14日，民革大同市委举办庆祝中华人民共和国成立70周年先进事迹报告会（民革大同市委 供图）

【支教助学】 2019年5月29日，民革大同市委组织党员到浑源县沙圪坨学校支教助学，与孩子们共迎“六一”儿童节。在沙圪坨学校，民革党员们把演出服和实心球、跳绳、足球等体育用品分发给孩子们。沙圪坨学校举行欢迎仪式，孩子们表演诗歌朗诵、民族舞等文艺节目。

（民革大同市委）

【纪念中华人民共和国成立70周年专题活动】 2019年，民革大同市委开展一系列纪念中华人民共和国成立70周年活动，举办庆祝中华人民共和国成立70周年先进事迹报告会。7月14日，来自9个基层支部的13位党员代表作先进事迹汇报。组织全市民革党员到桑干河湿地公园开展生态环境保护调研。组织党员参加中共大同市委统战部举办的庆祝中华人民共和国成立70周年系列活动。在趣味运动会上，民革大同市委组建的“同心逐梦”队团结一心、众志成城，获一等奖；快闪活动中，民革大同市委30余位党员参加活动；在书画展中，党员李茂林、邱雨、宋志强、纪长生作品参加展出。组织党员参加民革山西省委举办的庆祝中华人民共和国成立70周年“我和我的祖国”手机摄影比赛，王辉辉、寇文华获三等奖，郝雅楠、乌建堂、田蓝云获优秀奖。

（民革大同市委）

民盟大同市委员会

【概况】 2019年，中国民主同盟大同市委员会（简称“民盟大同市委”）有盟员606人，24个基层支部、2个小组。其中，教育界294人，占49%；文化艺术界37人，占6.11%；科学技术界33人，占5.45%；新的社会阶层25人，占4.13%；市人大常委1人，市人大代表3人；省政协委员1人，市政协常委7人，市政协委员11人。大学学历380人，占62.71%；硕士研究生42人，占6.93%；博士研究生6人，占0.99%；中级职称254人，占41.91%；副高职称185人，占30.53%；正高职称10人，占1.65%。民盟大同市委主委班子1正6副，市委委员24名。民盟大同市委机关有5人。年内吸纳25名中青年入盟，平均年龄36岁，其中硕士5名。调整和改选云冈区一支部、二支部，成立老龄基层委员会。（张理华）

【参政议政】 2019年，民盟大同市委主要领导多次参加中共大同市委、市政府和市政协组织召开的专题协商会、季度座谈会和征求意见会，发表大同市经济社会发展和老百姓关注关心的民生问题意见和建议。民盟大同市委承担中共大同市委确定的“如何推进实施智慧停车、建设智慧文明城市”调研课题，组织盟员到省内外专题调研，并形成《我市推进实施智慧停车、建设智慧文明城市的对策》调研报告。按照民盟山西省委“六个一”跟踪调研部署，民盟大同市委选取大同市各县（区）的1个社区、1个学校、1个乡村、1个城镇、1个医院、1个景点开展长期跟踪调研，并完成调研报告。民盟大同市委重点在云冈石窟多元文化、脱贫攻坚、文旅建设等方面开展调研，一些建议得到政府采纳。

年初43名盟员人大代表、政协委员参加市、县（区）级“两会”，提交提案39件，其中集体提案4件，内容涉及全市交通、扶贫、教育、养老、能源革命等市委中心问题和民生问题，其中集体提案《关于推进我市青年创新创业的建议》获市政协2019年重点提案。收集社情民意40余篇，其中《规范直销商品的建议对策》《防范深层纯净水源（奥陶纪灰岩水）污染的建议》被全国政协采用，2篇信息获得相关领导批示。（张理华）

【社会服务】 2019年，民盟大同市委发挥“两团一组”作用，民盟专家教育团调整人员结构，充实力量，到云州区、新荣区开展送教下乡活动。民盟大同市委艺术服务团到浑源县、驻大同部队等地举办各类义演活动5次，为群众送去文化关怀。医疗服务小组动员支部联合医疗专家到周边县（区）开展健康扶贫活动。民盟大同市委连续三年向天镇县贫困大学生每人每年捐助3000元。为天镇县扶贫超市捐助2万元。年内，民盟大同市委在云州区秦城村，集中开展村容村貌建设、农业基础建设和种养殖扶持，为浑源县官儿乡石窑村，筹措资金60万元，用于乡村旅游建设。（张理华）

【长城文化论坛】 2019年10月22日，民盟大同市委在大同大学召开“不忘合作初心 继续携手前进”文化论坛。市政协副主席、民盟大同市委主委许进娥参加论坛并致辞。大同大学副教授张月琴在此次论坛上作《珍爱长城遗存 守护国家精神》主题演讲。演进用图片展示长城的魅力和长城文化蕴涵的国家精神，号召更多的盟员加入到长城文化的宣传和保护行列中，珍视长城文化遗产，守护国家精神。论坛上盟员代表张玉春、白云芳、薛剑飞分别就非物质文化遗产大同张氏折纸、北魏文化的传播、长城文化的保护发表自己看法。（张理华）

【“不忘合作初心 继续携手前进”主题教育宣讲暨新盟员培训会】 2019年12月22日，民盟大同市委举行“不忘合作初心 继续携手前进”主题教育宣讲暨新盟员培训会，特邀民盟山西省委副主委刘本旺作专题宣讲。市政协副主席、民盟大同市委主委许进娥主持宣讲和培训。宣讲培训中，刘本旺以《不忘合作初心，继续携手前进，加强民盟政治建设》为主题作宣讲。从初心的含义、早期建党的初心、中共的初心、民盟的初心、中共与民盟的合作初心、中共的使命担当、完成使命的指导思想、民盟人的情怀、主题教育的目的等10个方面回顾中国共产党在新民主主义革命、社会主义革命、社会主义建设、中国特色社会主义建设、新时代中国特色社会主义建设时期，领导中国人民在革命、建设、改革的伟大史诗；讲述民盟的诞生，与中国共产党合作的光辉历程。（张理华）

民建大同市委员会

【概况】 2019年，中国民主建国会大同市委会（简称“民建大同市委”）有会员548名，下辖17个支部委员会（其中老龄支部3个），专委会4个。年内，所有支部完成换届。民建大同市委以庆祝新中国成立70周年、多党合作制度确立、人民政协成立70周年为契机，在全体会员中开展“不忘合作初心、继续携手前进”主题教育活动，组织开展“改革创新、奋发有为”大讨论。组织各支部参加民建中央、民建山西省委关于开展各项庆祝活动，上报各类征文9篇。参加民建山西省委举办的庆祝新中国成立70周年艺术作品展，收集上报作品8幅，其中民建大同市委会员何鑫华的油画代表山西民建参展民建中央画展。参加市委统战部“同心同行七十载 携手奋进新时代”主题系列活动，民建大同市委参加队伍2支，分获二、三等奖，书画摄影展参展作品14幅，参加民主党派大讲堂活动，19人到云州区义务采摘黄花，参加市统一战线迎国庆歌咏会。民建大同市委推选优秀会员参加省民建、市政协、市委统战部举办的各类培训班、学习班9次。（任沁妮）

【参政议政】 2019年，民建大同市委结合市委统战部大调研活动，组建课题调研组，根据所调研课题实际情况，发掘会内专业人才，创新方式方法开展调研活动，撰写调研报告《文旅深度融合视阈下大同古城复兴研究报告》。赵华负责的《山西文旅深度融合的策略研究》课题在2019年度山西统一战线智库立项。段翠萍和刘洪山撰写的《忆往昔 峥嵘岁月》被民建中央于1月23日评为纪念改革开放40周年主题征文优秀作品。会员赵剑撰写的《浅谈个人手工皮具工作室的运营基础和原则以及合理营销策略》，张之莉撰写的《切实加强职业道德基础建设、培植打造新时代的工匠精神》2篇调研报告上报民建中央。大同"两会"期间，民建大同市委代表委员提交近20件提案、议案和书面意见。民建大同市委提交大会发言6篇，发言1篇。立案的提案全部收到承办单位答复。上报各类社情民意59篇，其中报民建山西省委31篇。会员田国峰撰写的《建议进一步完善相关法规，促进跨境电子商务发展》被全国政协采用；段建文撰写的《关于利用无人机完善大同市大数据地形测绘的建议》被市《社情民意刊judge》采用；张瑞林撰写的《关于完善城乡居民医保参保缴费办法的建议》《建议摇号中签的方式解决纪念币（钞）发行过程中违规违纪问题》被市政协直报全国政协。民建大同市委组织20余名会员参加市委统战部举办的全市统一战线信息能力提升培训班。（任沁妮）

【组织建设】　2019年，民建大同市委吸收经济界和相关社会阶层代表人士入会，全年发展会员27名。其中，男性14名，女性13名；平均年龄39.5岁，本科21名，高级职称1名。组织新会员参加2019年新会员培训班并召开新会员座谈会。推荐19名基层组织负责人分别参加民建山西省委组织的基层组织负责人第二、三期培训班；推荐3人参全市统战干部信息和理论研究工作培训班；推荐5人参加"全市党外领导干部培训班"；推荐4人参加民建山西省委组织的"不忘合作初心 继续携手前进"主题教育活动培训班；组织骨干会员参加民建山西省委社会服务培训班和全省民主党派中青年骨干培训班。年内，民建大同市委成立民建大同市委平城区二支部，完成所有支部换届工作。

（任沁妮）

【社会服务】　2019年，民建大同市委开展"春节送温暖"和"重阳节慰问"活动，分别走访慰问会员60人次。开展全省统一战线助力攻坚深度贫困"百千百"工程，提升帮扶实效，跟踪结对帮扶4位贫困家庭大学生。开展扶贫、教育、文化、卫生和健康养老等社会服务工作，提高民主监督水平和社会服务能力。扶贫"爱心超市"是社会各界参与的扶贫济困新模式，是注重贫困群众精神上"志智双扶"，建立农村困难群众帮扶的新平台、新机制。年内，根据市委、市政府《大同市关于进一步加强社会扶贫工作的意见》要求，结合"援手助贫·爱心行动"为主题的扶贫爱心行动，民建大同市委响应市委统战部号召，搭建爱心平台，汇聚爱心资源，向天镇县扶贫"爱心超市"捐款2万元，解决部分特困贫困户缺少劳力、因病因残，生产生活条件得不到有效保障的问题。民建大同市委各支部联合到山阴慈爱福利院、云冈区温馨养老院开展慰问帮扶活动累计捐赠各类物资近2万元。各支部多次组织会员到贫困县参与义诊，送医送药，温暖人心，各区属支部在区域内参加各类扶贫、义诊、慰问活动10余次。民建中央发布《民建中央关于民建脱贫攻坚奖的表彰决定》，民建大同市委会获民建脱贫攻坚先进集体，刘洪山获民建脱贫攻坚先进个人。（任沁妮）

▲2019年6月1日，民建大同市委云冈区支部举行"关爱孤儿 爱心助力"活动

（任沁妮 摄）

民进大同市委员会

【概况】　2019年，中国民主促进会大同市委员会（简称"民进大同市委"）有会员430人，其中女会员207人，占会员总数48.1%；离退休会员102人，占会员总数23.7%；大学本科学历以上会员314人，占会员总数73%；中级职称以上300人，占会员总数69.8%。平均年龄49.5岁。以教育文化界会员为主，其余为法律、医药卫生、政府机关、新的社会阶层、科学技术、民营经济等界别。各级人大代表、政协委员有60余人。民进大同市委会引导和鼓励会员，注重发挥自身专长和优势，做好本职工作。王来生被评为山西特级劳动模范，熊瑛被评为全国场地普查山西省先进个人，李捷夫获由中共中央、国务院、中央军委颁发的"庆祝新中国成立70周年"纪念章。大同大学支部获全国先进基层组织奖，副主委王海平被评为全国组织建设先进个人。大同师范支部、云冈区口泉支部被省委会评为全省先进基层组织，樊侠、李泽光被评为全省先进基层组织负责人。（来小英）

▲ 2019 年国庆期间，民进大同市委举行庆祝新中国成立 70 周年暨民进山西开明画院书画作品（大同站）巡展活动　（来小英　摄）

【参政议政】　2019 年，民进大同市委围绕市委、市政府中心工作和全市经济社会发展大局，开展调查研究，建言献策，提出可行建议。会员们从工作实际出发，借助人大、政协平台，提出提案、建议 50 余件，大会发言 5 件。结合大讨论活动，围绕“我为改革创新做什么”撰写文章 4 篇，提出社情民意 4 篇。王肖倞撰写的《建议加快推广草地贪夜蛾防治办法》经省政协报送全国政协，吴巧云撰写的《关于禁止酒店宾馆使用双柄双控冷热水分流水龙头的建议》、王鹏撰写的《关于地区发展和文物保护相协调的建议》经市政协直报全国政协，李玉静撰写的《建议我市实施城乡小学结对帮扶》得到市领导批示。（来小英）

【社会服务】　2019 年，民进大同市委开展“迎新春、送春联——书画家进社区活动”，联合平城区委统战部，在万城社区现场写对联 300 余副，赠与社区居民。参与军民共建，在新春佳节前夕和建军节前夕，民进大同市委、民进大同艺术团到武警大同支队，共同举办文化活动。开展慰问优抚活动，民进大同市委和大同大学支部到市光荣院慰问优抚老人。平城区总支、同煤总支、云冈区口泉支部相继开展尊老敬老慰问活动。（来小英）

【参加庆祝新中国成立 70 周年系列活动】　2019 年，民进大同市委组织会员参加“同心同行七十载，携手奋进新时代”全市统一战线迎国庆趣味运动会、书画展、快闪、歌咏会等系列活动，联合大同大学美术学院，承办“奋进新时代 共圆中国梦”庆祝新中国成立 70 周年暨民进山西开明画院书画作品（大同站）巡展工作。会员景志刚创作歌曲《祖国，我永远的追随》，表达对祖国的爱戴和尊敬。在省委会举办的征文活动中，王少雅获二等奖，王建华、段晓芳、李玉静等获三等奖。（来小英）

农工党大同市委员会

【概况】　2019 年，农工党大同市委员会（简称“农工党市委会”）加强基层支部建设，其中市第五人民医院支部委员会和平城区支部委员会成立。市第一人民医院支部，平城区北城、南城支部和农工党市委会机关支部 4 个基层支部完成换届。农工党市委会有党员 475 人，其中女党员 228 人，医疗卫生界别党员占总数 72.6%，党员中具有高级职称的占 36.1%，中级职称的占 51.7%。下设 13 个基层支部。农工党市委会被市政协评为反映社情民意信息先进单位。11 个基层支部被授予“星级基层组织”称号、2 个基层支部被授予“五星级基层支部”称号。（张国梅）

【参政议政】　2019 年，农工党大同市委结合自身优势选好调研课题，开展调研活动，反映社情民意，形成成果与提案。鼓励各党派成员向中央统战部《零讯》《统战工作》和省委统战部《直言简讯》投稿。汲取浑源矿山破坏生态环境问题教训，组织参加浑源矿山破坏生态环境案件警示教育活动，引领广大党员参与环境整治提质工程和乡村文明建设。参加市政协组织的“提高我市社区管理体系建设”“我市发展互联网加医疗产业发展”等调研活动 3 次，调研报告上报市政协。组织党员到张家口市、浙江省等地开展新能源产业调研，形成《推进我市新能源汽车产业发展》调研报告。在大同“两会”期间，有 2 篇提案列为市政协重点提案，有 1 名市政协委员在大会发言，向大会提交提案 30 余篇，社情民意信息 25 篇。全年撰写 50 余篇社情民意，其中 1 篇被全国政协采用，5 篇被省政协采纳，1 篇被市领导批示。（张国梅）

【社会服务】　2019 年，农工党大同市委开展下乡义诊服务等活动。3 月 13 日，联合市五医院支部到市救助站临时救助人员安置中心开展捐款、捐衣及义诊活动。3 月 27 日，联合市三医院支部到市革命老区灵丘县红石楞乡开展健康下乡慰问实践活动。同煤、云冈支部组织党员到杨家窑村开展义诊调研活动，为 200 余名村民开展义诊咨询活动等。3 月 30 日，平城区北城支部到市新荣区赵家窑村开展健康义诊，为 50 余名群众义诊，发放宣传资料 100 余册，免费发放药品 1000 余元。4 月 25 日，到大同厚德医院开展健康义诊。6 月 26 日，在市国际能源革命科技创新园项目建设工地慰问城市建设者、开展健康义诊活动。6 月 20 日，在大同一中免费为考生、家长送水，举行爱心助力活动。6 月 27 日，平城区南城支部到大同光荣院为住院老人开展健康义诊活动。7 月 25 日至 26 日，到灵丘县麻嘴村、浑源县上祝安村开展送健康下乡、扶贫跟踪调研联合系列活动。8 月 7 日，联合市中西医结合医院到市新荣区杨窑村开展健康义诊活动。（张国梅）

九三学社大同市委员会

【概况】　2019年，九三学社大同市委员会（简称"九三学社市委会"）发展新社员15人。其中，男性14人，女性1人，40岁以下11人，40～50岁3人，50～60岁1人，大学专科2人，大学本科7人，硕士研究生4人，博士研究生2人，高级职称1人，中级职称11人，高等教育界别2人，科学技术界别6人，医药卫生界别2人，其他界别5人。九三学社大同市委组织领导班子和骨干成员30余人参加各类专题培训班10余次。刘志忠、段贵宏的作品在九三学社中央组织的"我与改革开放40年——九三学社的故事"征文活动中获"入围奖"和"参与奖"。九三学社大同市委获九三学社山西省委"2018年度信息工作先进集体三等奖"。刘志忠被九三学社中央评为"组织工作先进个人"，段贵宏在省委统战部举办的学习《社会主义学院工作条例》主题征文活动中获三等奖。（张天举）

【参政议政】　2019年，九三学社大同市委围绕"发挥比例优势，促进健康产业高质量发展"主题，8月21日和10月14日至18日组成调研组分别开展市内、市外相关情况调研。调研组围绕产业规划、政策支持、资源禀赋、产业发展、存在问题、经验教训等内容，采取汇报交流、实地走访、网络致信等方式开展调研，初步了解到市内外健康养老产业发展的一些情况，收集到杭州、宁波两市未来健康产业的发展规划和行动计划等资料，初步认识到大同市健康养老产业发展方向、发展重点、保障措施等情况。大同"两会"期间，九三学社大同市委社员中的人大代表、政协委员提交议案、提案和建议21件，其中集体提案2个。全年报送社情民意61篇，其中被采用6篇：崔俊撰写的《关于加强基层民主党派人才队伍建设的建议》由全国政协转送采用、省政协报送全国政协。刘志忠撰写的《关于规范投资咨询公司投机炒作股票的建议》由市政协直报全国政协。任广慧撰写的《关于为共享单车增加安全设施的建议》由市政协直报全国政协。杨硕平撰写的《关于规范管理中药注射液的建议》经省政协报送全国政协。王立荣撰写的《关于统一全市医院就诊卡的建议》由市《社情民意期刊》采用。段爱旭、王晓霞撰写的《广泛关注孕产妇产后抑郁问题》由市政协报送全国政协。（张天举）

【庆祝平城区支社成立三周年】　2019年5月15日，平城区支社主委贾雯棋与支社成员齐聚樊登书店开展读书沙龙，回顾三年成长历程。市政协副主席、九三学社大同市委主委杨硕平，平城区区委常委、统战部部长徐文俊到现场祝贺。平城区支社成立以来，在参政议政、政治协商、民主监督方面起到关键作用。九三学社大同市委平城区支社成立于2016年5月，有社员18人，其中平城区政协委员3人。（张天举）

▲2019年7月8日，九三学社大同市委参加由市委统战部主办的"迎国庆系列活动·书画摄影展"。图为书画摄影展现场（张天举　摄）

【建言献策】　2019年2月23日，市政协十四届三次会议第一次全体会议召开。刘畅委员作关于《凝心聚力，打赢蓝天保卫战》的大会发言。她建议全市应加大风能、太阳能、地热能等非传统能源供热的力度，扩大城市集中供暖面积，减少冬季燃煤对大气造成的污染，守护"大同蓝"。在联组讨论会上，副主委段爱旭提出如何提高农村工程建设质量建议，梁旭升、王立荣委员分别做题为《抓住机遇释放产能，把大同市煤基活性炭做大做强，助力我市工业振兴》和《加强高层次专业技术人才队伍建设，为争当能源革命尖兵提供智力支撑》的发言。在人代会上，九三学社大同市委专职副主委刘志忠，提交关于修改《大同市水土保持管理办法》的议案，在审议政府工作报告时，提出跟踪市轻轨项目、加大处理后污水用于园林绿化的力度等方面建议。（张天举）

【参加书画摄影展】　2019年7月8日，九三学社大同市委参加由市委统战部主办的"迎国庆系列活动·书画摄影展"。九三学社大同市选送的市新文化艺术学校校长张谟、九三学社大同市委副主委郭彪、市小画家学校校长郭庆平、市山源绿化有限责任公司董事长张恒武等10余幅书画摄影作品参展。市政协副主席、九三学社大同市委主委杨硕平及专职副主委刘志忠、秘书长门雁秋等10余名社员参加开幕活动并参观展览。（张天举）

【参加快闪活动】　2019年8月24日至25日，九三学社大同市委组织广大社员参加市委统战部组织的"庆祝新中国成立70周年"快闪活动。九三学社大同市委专职副主委刘志忠参加活动。20余名社员到南城墙永泰广场，和统一战线工作人员共同歌唱《我和我的祖国》。统战系

统所有成员渐渐汇聚成数字“70”，向祖国表达祝福，祝愿祖国生日快乐，祝愿祖国繁荣富强。（张天举）

大同市工商业联合会

【概况】 2019年，大同市工商业联合会与市农信社等金融服务机构开展对接合作，推动金融服务民企工作，组织召开全市助力大同民营经济发展银企对接会，现场为民营企业讲解金融产品，市农信社8家县（区）机构与8家民营企业签订金额达4亿元的贷款意向书，解决银企信息不对称问题，帮助民营企业破解融资难、融资贵、融资手段少等问题。协助市人社局组织高校毕业生就业工作，引导民营企业创造就业岗位。举办2019年民营企业招聘周活动，有374家当地外地用人单位参与招聘洽谈会，提供空岗信息7857个，并与2993名求职者达成就业意向。与市就业和人才服务中心举办“合理促就业，携手共发展”招聘用人专场座谈会，搭建企业与求职者对接平台，保障企业用工，提供就业岗位300余个。（姚万栋）

【大同古城商会成立】 2019年2月7日，大同市工商业联合会组建的大同古城商会成立，市政协主席郜向华、副主席武保洲等出席成立大会。大会宣读批复文件；审议通过《大同古城商会章程（草案）》；选举产生商会领导班子和名誉会长等。华林公司董事长李光忠当选首任会长。大同古城商会秉承商会宗旨、智力古城保护修复与发展，推动古城“活”起来、“火”起来。商会加强与政府、企业之间沟通协调，在服务会员企业、履行社会责任等方面发挥作用。（姚万栋）

【开发区总商会暨新的社会阶层人士联谊会成立】 2019年4月11日，大同市经济技术开发区总商会、新的社会阶层人士联谊会成立。市经济技术开发区党工委书记、管委会主任任希杰，市工商联主席刘若亮出席会议并讲话，部分省市商会代表和市经济技术开发区企业家参加会议。会议通过《大同经济技术开发区总商会章程》《大同经济技术开发区新的社会阶层人士联谊会章程》，选举产生第一届总商会和新的社会阶层人士联谊会会长、副会长、秘书长、监事长、理事。（张国成）

【市工商业联合会（总商会）十四届三次执委会议】 2019年6月5日，大同市工商业联合会（总商会）十四届三次执委会议召开。市委常委、统战部部长黄岑丽出席会议并讲话。市委统战部副部长、市工商业联合会党组书记张团主持会议，市工商业联合会主席刘若亮代表常委会作工作报告。会议审议通过《大同市工商联关于资助建档立卡贫困户大学生的实施方案（草案）》，发起“爱心助学扶贫 托举寒门希望”倡议，并通过有关人事任免事项。（张国成）

【营商环境法律服务对接会】 2019年7月12日，大同市工商业联合会与市司法局联合开展送法进商会、进民企活动，组织市律师事务所与商（协）会法律服务对接签约，现场开展“法治体检”答疑。市司法局党组书记、局长魏兴平，市工商业联合会主席刘若亮出席会议并讲话。市工商业联合会副主席贾雪花主持会议。商（协）会会长、律师事务所负责人和市工商业联合会政策法规宣传科、市司法局普法与依法治理科、律师工作科等科室负责人60余人参加活动。大同市五金机电商会会长王连树作商会法律服务经验介绍发言，大同市律师协会会长、山西华瑞律师事务所主任臧文作表态发言。（姚万栋）

【民营企业庭审观摩座谈活动】 2019年9月25日，大同市工商业联合会、大同市中级人民法院联合开展“法院开放日”民营企业庭审观摩座谈活动。市工商业联合会副主席贾雪花，市中院党组副书记、常务副院长王发、市中院党组成员、副院长苑春光出席活动。

活动中，企业家们现场庭审观摩一起租赁合同纠纷案件审理，接受体验式法治教育。座谈会上，与会企业家对近年来全市两级法院服务保障民营企业所作出的工作给予肯定，并就法院如何进一步改进工作提出意见建议。（姚万栋）

【大同古城小微企业座谈会】 2019年10月22日，大同古城小微企业座谈会在大同潘家园召开。市古城管理委员会主任武保洲、市工商业联合会主席刘若亮参加会议。座谈会上，古城内20余家小微企业的负责人结合“不忘初心、牢记使命”主题教育活动，围绕古城文化旅游及商业发展发表建议，从各自经营管理实际出发，在完善基础设施、优化营商环境、加大宣传力度、聚集古城人气、开发新兴业态、带动“夜经济”等方面建言献策，提出具体建议和意见。刘若亮传达省委、省政府印发的《山西省促进工商联所属商会改革和发展的实施方案》文件精神，鼓励符合条件的非公企业和行业单位发起成立行业商会，并对古城商会的发展提出要求和建议。（姚万栋）

【大同市温州商会庆祝成立20周年暨商会新生代联合会成立】 2019年12月18日，大同市温州商会举行成立20周年暨商会新生代联合会成立大会。大同市温州商会成立于1999年，发展会员400余人，会员企业涉及房地产开发、商贸物流等30余个行业领域，为2万余人提供就业岗位，每年创税1亿余元。2003年，商会出资30万元建设党留庄温州商会希望小学，并多次捐款为学校购买学生桌椅、办公用品及教学器材等。20年来，该商会累计捐款、捐物400余万元。（姚万栋）

群众团体

大同市总工会

【概况】 截至2019年底，大同市总工会所属基层工会涵盖单位12694个，职工841411人（女性303053人），农民工156913人（女性36936人）。入会会员823529名（其中女性296780名，农民工155653名，女性农民工36816名）。基层工会5575个。其中，独立工会5314个，联合基层工会261个。市直属工会组织105个。12月25日，省“五小六化”竞赛优秀成果展在省展览馆举行。市总工会、开发区总工会和新荣区总工会获“优秀组织奖”，同煤集团、大齿公司等8个单位被评为“五小”优胜单位。（常学良）

【“五小六化”竞赛推进会】 2019年1月10日，市“五小六化”（即小发明、小创造、小革新、小设计、小建议和竞赛群众化、管理智能化、内涵科技化、人才高端化、成果产业化，服务多元化）竞赛推进会召开。市人大常委会副主任、市总工会主席雷雪峰出席会议并讲话。市总工会党组书记、常务副主席姚夏冬主持会议。党组成员、副主席王俊仁宣读表彰决定。会上，同煤集团燕子山矿等6家单位的有关负责人分别介绍各自单位推进“五小六化”竞赛活动经验做法。8家单位提交经验交流书面材料。（常学良）

【第二届女职工委员会第一次会议】 2019年3月1日，市总工会第二届女职工委员会第一次全体会议召开。会议选举产生市总工会第二届女职工委员会主任、副主任。市人大常委会副主任、市总工会主席雷雪峰出席会议并讲话。省总工会女职工委员会向会议发来贺信。市妇联党组书记张丽珍致辞。市总工会党组书记、常务副主席姚夏冬主持会议。市总工会党组成员、副主席张燕琴当选为新一届市总工会女职工委员会主任。市总工会女工部部长岳立明当选为新一届市总工会女职工委员会副主任。市总机关全体班子成员出席会议，全市各县（区）国省属企业、市直各工会女职工组织负责人、女劳模和一线职工代表及市总机关委员、各基层工会女职工组织不是委员的负责人等110人参加会议。（常学良）

【全市劳模代表座谈会】 2019年4月27日，全市劳模代表座谈会在市总工会召开。省委常委、市委书记张吉福出席会议并讲话。市委副书记刘振国主持会议，市委常委、市委秘书长尉连生，市人大常委会副主任、市总工会主席雷雪峰出席会议。参加座谈会的有40名劳模代表，以及生产一线工人、岗位能手、科技专家和辛勤园丁、人民卫士、企业家。会上，8名劳模结合自己谈工作认识和感受，并提出意见和建议。（常学良）

【庆祝五一国际劳动节暨首届“大同工匠”命名大会】 2019年4月29日，大同市庆祝五一国际劳动节暨首届“大同工匠”命名大会在市工人文化宫举行，省委常委、市委书记张吉福，市委副书记刘振国，市人大常委会副主任、市总工会主席雷雪峰，副市长荆虎等与来自市各行各业的劳

▲2019年4月29日，大同市庆祝五一国际劳动节暨首届“大同工匠”命名大会在市工人文化活动中心举行（常学良 摄）

动者代表出席会议。经过推荐与选拔，大同市授予16名业绩突出、创业领军、社会认可的优秀人才为“大同工匠”称号。他们当中既有恪尽职守、敬业奉献的一线工人，技艺超凡、誉满三晋的工艺大师，也有医术精湛、妙手回春的医生，刻苦钻研、奋发有为的科技工作者。他们把对人生价值的追求同经济社会的发展相联系，用实际行动诠释一丝不苟、心无旁骛，锲而不舍、百折不挠，精益求精、追求卓越，敢为人先、勇于创新的“工匠精神”。

会议宣读首届“大同工匠”命名决定，张吉福、刘振国、雷雪峰、荆虎等为刘奇、杨俊平、刘锦林、余良等16名“大同工匠”颁发证书和奖杯。

（常学良）

【“劳动者之歌”庆“五一”职工书画展】 2019年5月29日，由市总工会主办，市书法家协会、市美术家协会、中国（大同）潘家园承办的“劳动者之歌”庆“五一”全市职工书画展开展。书画展展出作品301件。其中，书法作品168幅，美术作品133幅。作者来自全市各行各业及外地工作的大同籍人士。作者年龄最大85岁，最小20岁。（常学良）

【“智能工会建设”讲座】 2019年7月12日，市总工会举办“智能工会建设”讲座，来自市总机关、各县（区）总工会70余位干部参加讲座。市总工会党组书记、常务副主席姚夏冬出席讲座，市总工会党组成员、副调研员王彪主持开班仪式。讲座邀请普罗迪克科技有限公司董事兼工会顾问李正常讲解关于工会建设相关内容。

（常学良）

【市劳模技术服务队服务新疆】 2019年8月31日至9月5日，大同市人大常委会副主任、市总工会主席雷雪峰率领市总工会援疆工作队5名成员，到新疆开展集中对接援助相关工作。市总工会劳模（职工）技术服务队6名成员随队开展跨区域送技术服务活动。8月31日至9月1日，市总工会援疆工作队成员到新疆阜康市城关镇开展对接援助工作。9月2日至9月4日，市总工会援疆工作队成员到新疆农六师奇台农场开展对接援助工作。

（常学良）

共青团大同市委

【概况】 2019年，大同市有青年1082419名（其中14～28周岁青年811814名），团员89154名，团员与青年比例为10.98%。基层团委306个，团工委3个，团指委2个，团总支24个，团支部3059个。专职团干部108名。

（张　媛）

【团市委主题活动】 2019年，共青团大同市委（简称“团市委”）举办“游子归巢、振兴家乡——2019青春兴同行动”系列活动。春节期间，在万达广场开展主题快闪活动，向群众免费发放手工制作的新年日历和环保布袋。设置共青团青春志愿驿站，为优秀返乡青年及群众发放“青春兴晋·振兴大同”倡议书、市人才政策手册等资料，同时在微信公众号“青春大同”上推出“谁不说俺家乡好”留言点赞活动；学雷锋日，各级团组织组织共青团员到社区、街道、敬老院等场所，以爱心帮扶、敬老助老、植绿护绿、清洁环境、文明交通劝导等内容，开展学雷锋志愿服务实践活动；各中小学以主题团队日为载体，围绕学习雷锋精神、分享雷锋故事、诵读雷锋日记等开展主题班队会活动，并在六一儿童节组织入队仪式，开展“走进新时代”红领巾寻访活动；团市委联合灵丘团县委在灵丘烈士陵园举行“传承·2019清明祭英烈”主题活动，团员青年、学生团员、少先队员1000余人参加活动；举办为期两天的“改革创新、奋发有为”主题学习班，团市委第十六届委员、团市委机关专挂兼职干部、各县（区）团委班子成员和市直团委负责人、市少先队工作者、市青联部分委员、市学联秘书处委员、部分中学中职学校团委书记等180余人参加集中学习；召开共青团大同市第十六届委员会第三次全体（扩大）会议，会议表彰全市先进基层团委10个、全市先进基层团支部10个、全省五四红旗团委提名6个、全省五四红旗团支部提名10个；大同市多所中职和中、小学校开展“信仰的力量——重现革命英雄峥嵘岁月”主题舞台剧；发起共青团脱贫攻坚“六个一”行动，助推扶贫产业吴城乡大洼村小杂粮加工厂启动运营；援建天镇安家皂学校“青云书屋”；开展“三服务”秋冬“爱心煤”入户活动；到浑源县、灵丘县、阳高县、云州区面向返乡大学生、农业种养专业户（合作社）、待业青年及建档立卡贫困户举办青年电商培训班；加强团的基层组织建设，制定基层团组织工作条例，提升学校、国有企业等领域团组织活力，扩大非公有制经济组织团建覆盖，推进区域化团建，在城乡社区建立“青年之家”，初步构建起纵横交织的基层组织网络；国庆期间，中职中学开展“与国旗合影、为祖国庆生”的爱国教育活动；联合市委宣传部、市文明办、市少工委举办“正青春，齐创城”创建文明城市活动，通过发放倡议书、小合唱、快板书、诗歌朗诵等形式为市民面对面讲解文明城市创建知识。启动“创新创业成就梦想 转型发展贡献力量”为主题的2019中国（大同）创新创业大赛，报名参赛优秀创业项目400个，评选出企业组、创客组、高校组一、二、三等奖，优胜奖，特等奖90个奖项，获奖项目分别获得0.5万元至8万元项目资助。举办“青年大学习——能源革命 青春助燃”主题宣讲，500余名青联委员、团干部、市青年企业协会代表聆听讲座。大同市快递、餐饮饭店行业团组织11月8日成立，实现大同市行业建团“零”突破。

（张　媛）

【纪念五四运动活动】 2019年“五四”期间，团市委分别在市御东行政楼会议中心和机关办公区举办“青春心向党·建功新时代”大同共青团纪念五四运动100周年图片展活动，图片展通过近210平方米、3大展区的200余幅照片，分百年五四、共青团团史、大同共青团3个篇章，展示各个历史时期爱国青年为社会主义革命和建设事业所作的贡献及市各级团组织近年来主要工作。组织召

▲ 2019 年 5 月 5 日，共青团大同市委举行纪念五四运动 100 周年图片展（张 媛 摄）

开庆祝五四青年节暨落实习近平总书记纪念五四运动 100 周年讲话精神动员会，号召全市广大青年传承和弘扬五四精神。（张 媛）

【庆祝新中国成立 70 周年活动】 2019 年，团市委开展庆祝新中国成立 70 周年活动，在全市青年、青少年、少先队员中开展“我爱祖国·同唱国歌”合唱比赛、“我与国旗合影，我为祖国祝福”照片征集活动。来自县（区）、机关、企业、中职中学、小学少先队等 9 支合唱队表达大同青年对祖国的祝福。组织团市委机关干部、各行业团员青年、青年志愿者录制主题宣传片。该片历时 1 个余月，6 个主题场景拍摄，出镜人数 100 人，祝福伟大祖国繁荣富强，人民幸福安康。在平城区、天镇县、广灵县举办庆祝新中国成立 70 周年“我和我的祖国”百米画卷活动。（张 媛）

【青年志愿者服务】 2019 年，市青年志愿者协会有会员 186 人，团体会员 6 家，志愿汇 APP 登记注册 75095 人。市青年志愿者协会组织在社区建设、环境保护、帮助孤残、扶贫济困、应急救援、大型赛会、普法宣传、文明城市创建等领域开展志愿服务。5 月 4 日，开展“文明交通·青年先行”志愿服务暨陪一线青年交警过“五四”活动。活动中，志愿者到政府岗、迎宾岗、三医院岗，配合一线交警维持交通秩序、劝导行人车辆遵守交规、分发倡议宣传单，向市民传播文明出行理念。7 月，260 名青年志愿者参与“第五届成龙工作电影周”志愿服务保障工作。其间，志愿者为电影周提供随行专职服务，配合相关部门开展现场秩序维护、现场翻译、礼仪接待、讲解引导、应急救援。开展宣传大同城市形象、历史文化、人文景观等活动。8 月，180 名大同籍在校大学生组成大同赛区志愿服务队，为“二青会”提供赛事保障、竞赛礼仪、接待服务、后备机动等方面服务。年内被省组委会评为“第二届全国青年运动会组织筹办工作先进集体”。（张 媛）

【未成年人权益综治】 2019 年，团市委召开市青少年工作联席会议第一次全体（扩大）会议，推动形成党委领导、政府主责、共青团协调、各方齐抓共管的青少年工作格局，落实部署中央和省委《中长期青年发展规划（2016—2025）》工作。举办“激发潜能，遇见更美自己”青少年寒假自护教育专题讲座和青少年应急自救知识讲座。在中小学开展安全自护教育课和团体心理辅导课，做到“计划、教材、课时、师资、考核、记录”六到位，全市 52 个中小学 823 个班级完成相关课程教育。开展“轻松备考·‘12355’与你同行”考前减压进校园活动，邀请国家级心理咨询师为参加高考、中考的学生作考前心理减压辅导。举办“美丽大同·美丽社区——法律进社区”预防青少年违法犯罪专项宣传活动，让社区青少年了解预防青少年犯罪的重要性。举办大同市青少年“聆听宪法的声音”朗诵比赛，开展《预防未成年人犯罪法》《未成年人保护法》《突发事件应对法》等专项安全法制教育宣传活动。多次参与涉案未成年人社会调查和帮扶教育工作，对涉案未成年人开展心理疏导和帮扶，维护未成年人合法权益。（张 媛）

【“游子归巢·振兴家乡——2019 青春兴同行动”座谈会】 2019 年 2 月 2 日，由市委组织部、团市委共同主办的“游子归巢·振兴家乡——2019 青春兴同行动”座谈会在市和阳美术馆举行。市委副书记刘振国及市委组织部、市人才办的负责人参加座谈，并与大同籍在外创业就业青年、大同籍在外就读大学生及优秀返乡创业青年代表座谈交流。会上，黄正世、白晓婷、李泽宇等 12 名优秀青年代表结合个人所学、工作和创业情况，围绕如何贯彻落实“136”发展战略、推进“三大振兴”，为大同振兴崛起发言。会前，“游子归巢·振兴家乡——2019 青春兴同行动”启动仪式在市和阳美术馆广场举行。仪式上，青年代表宣读倡议书，团市委负责人向共青团青春志愿驿站授旗，志愿者在活动现场向过往群众发放宣传资料。优秀返乡青年代表还参观五大场馆、市能源国际博览中心，观看改革开放四十周年摄影展。（张 媛）

【庆祝五四青年节暨落实习近平总书记重要讲话精神动员大会】 2019 年 5 月 6 日，大同市举行庆祝五四青年节暨落实习近平总书记在纪念五四运动 100 周年大会上的重要讲话精神动员会。市委副书记刘振国出席会议并讲话。副市长郝献民、市政协副主席王德成出席会议。刘振国在会上代表市委、市政府向全市广大青年致以节日的问候，并提出三点希望：（1）弘扬五四精神，坚定理想信念，不忘初心跟党走；（2）弘扬五四精神，展现青春风采，牢记使命作贡献；（3）弘扬五四精神，扛起责任重担，增强本领再出发。大会表彰大同市奋战在“两个尖兵”最前沿、创新创业第一线、脱贫攻坚主战场、社会服务各领域、新兴业态大舞台的100名优秀青年代表；为大同市获“全国优秀共青团员”“全国五四红旗团支部”“山西青年五四奖章”“全省优秀共青团员”“全省优秀共青团干部”“全省五四红旗团支部”的青年代表颁发荣誉证书。会上，大同市青年代表作表态发言，少先队员代表向五四运动100周年致敬。（张 媛）

【庆祝中国少年先锋队建队70周年“红领巾心向党 争做新时代好队员”主题队日活动】 2019年10月13日是中国少年先锋队建队70周年纪念日。10月12日，由团市委、市少工委主办，平城区团委、平城区教育局承办的大同市庆祝中国少年先锋队建队70周年“红领巾心向党 争做新时代好队员”主题队日活动在平城区第47小学校举行。活动由师生情景剧《我和红领巾的故事》、舞蹈《追梦少年》、一张张“习爷爷教导记心中”我向祖国送祝福的卡片、大合唱《小梦想 大梦想》等节目组成。（张 媛）

【大同市青少年工作联席会议第一次全体（扩大）会议】 2019年12月10日，大同市青少年工作联席会议第一次全体（扩大）会议召开。市委副书记刘振国出席会议，副市长郭蕾主持。会议传达学习贯彻习近平总书记关于青年工作的重要思想，传达学习《中长期青年发展规划（2016—2025）》（简称《规划》）实施工作部际联席会议第一次全体会议精神和省级联席会议第一次全体会议精神，研究部署大同市落实中央和省委两级《规划》实施工作。会议审议并原则通过《大同市青少年工作联席会议工作规则》《大同市青少年工作联席会议办公室工作细则》《大同市青少年发展规划实施重点工作》。市教育局、市民政局、市司法局相关负责人作交流发言。（张 媛）

大同市妇女联合会

【概况】 2019年，大同市妇女联合会（简称“市妇联”）组织和动员各界妇女投身社会实践，加强组织建设，全市县（区）妇联数10个，乡（镇）妇联数99个，街道妇联数44个。基层召开妇女代表会1次。（陈淑娟）

【宣传榜样】 2019年，市妇联微信公众号连续多月在全省市级妇联微信公众号传播指数排行榜排名前三位，各大网站、新媒体增强大型活动转载和宣传力度，阅读量超过1000万人次。一些有创新性、代表性的专题报道在《中国妇女报》《山西妇女报》《大同日报》《今日大同》等刊登。选树典型，发挥榜样引领作用。2019年“三八”妇女节纪念会上，市妇联为获全国、省三八红旗手（集体）和城乡妇女岗位建功的先进集体（个人）颁发奖牌证书，6位优秀代表宣讲先进事迹。在与市委宣传部等多部门联合主办的大同市“新时代奋斗者·行业先锋”征集评选活动中，市妇联推荐2名代表获“新时代奋斗者”荣誉称号。在市餐饮行业开展大同市“岗位女能手”选树工作，选树30名爱岗敬业的从业人员。向全国妇联“女性之声”新闻媒体平台，推荐宣传马淑芳、麻莉娜标兵事迹，利用公众号开展“三晋最美家庭”、大同市十类“最美家庭”展示活动，拓展公众参与度和关注度，向全社会展现巾帼风采，发挥典型示范效应。（陈淑娟）

【妇女就业创业】 2019年，在“春风行动”期间，全市各级妇联组织女性就业专场招聘会23场，介绍就业女性910名，提供岗位2927个。做大做强“天镇保姆”“广灵巧娘宫”和“飞天结艺”等有区域代表性的妇女创业品牌。组织推荐相关企业参加中国妇女手工创业创新大赛，其中“千年结艺 创新发展”项目进入全国半决赛，“非物质文化遗产传统手工柳编”项目获优秀奖。陪同新西兰怀纳公司到广灵县“妇”字号企业——巧娘宫和养宝公司参观考察，帮助巧娘宫扩大为新西兰公司编织红酒包装业务。实施“乡村振兴巾帼行动”。实施农村妇女素质提升计划，培育更多有文化、懂技术、会经营的乡村振兴巾帼带头人。全市各级妇联举办21期冬季培训班，培训新型农业经营主体、服务主体和农村实用技术带头人1239人。推荐组织相关人员参加全国妇联“乡村振兴巾帼行动”创业创新女带头人专题培训班、“三晋巧姐”创业创新专题培训班等培训。在第五届“晋嫂”家政服务技能大赛中，大同市2人包揽母婴护理组金奖、银奖，市妇联获优秀组织奖。参与“爱心超市”建设和运行工作，引导农村妇女参与“美丽家园”建设，建立健康文明的生活方式，打造安居乐业的幸福家园。开展巾帼脱贫行动。申报5个“三晋巾帼脱贫示范基地”和13个“山西省巾帼农业双创示范基地”，举办全市农产品展示展销会，拓展农产品销路，增加农民收入。（陈淑娟）

【关爱妇女儿童】 2019年，市妇联为50名贫困“两癌”妇女申报“贫困母亲‘两癌’救助”基金50万元，为17名妇科癌症患者申请到“紫气东来·幸福启航——为三晋妇女儿童送健康”公益活动资金3.4万元，为7名深度贫困县“两癌”患病妇女申请到“关爱女性生殖健康保险保障计划”项目资金3.5万元，为465名贫困妇女申请“女性健康保”保险产品。在县（区）举办7场女性健康知识讲座，利用微信公众平台宣传“两癌”防治相关知识。落实“两癌”免费检查工作，免费检查67344例。开展关爱困境儿童活动。开展“幸福启航·关爱困境儿童”现场捐赠活动，组织家庭志愿者到云州区邢庄村小学，为孩子们免费检测视力，赠送保温杯，并为学校整体配备窗帘。“六一”期间，到云州区宇新学校送去爱心企业捐助的5.1万元现金和价值3万余元的慰问品。搭建爱心平台，组织28位心灵导师与大同艺校励志班学生结成对子，与孩子们互动，建立长期联系，实现“心灵呵护、相伴成长”。开展“书香校园”启动仪式暨图书捐赠活动，为6所学校捐赠价值近20万元书籍。联合市救助站、市人民检察院、市民政局、市卫健委等部门开展一系列关爱困境儿童和爱护女童活动。（陈淑娟）

【家风家教弘扬】 2019年，市妇联举办大同市首届家庭教育发展论坛，传播科学的家庭教育理念。开展家庭教育宣讲38场，举办大同市家庭教育公益行系列活动，吸引众多市民参与。与北京师范大学“新家庭教育”课题研究团队对接，促成“家长新人文学院大同分院”落地，使其成为市家庭教育的支撑点。大同市家庭教育协会成立，吸纳会员148人，研究家庭教育工作、普及家庭教育科学理念、探索家庭教育客观规律，提升全市家教水平。推动文明家庭创建行动，在大同市实验小学启动“家校平安”公益项目。开展“蓝天保卫战我是行动者”——纪念“6·5”世界环境日宣传活动和“绿色家庭”创建评选活动，举办“创建文明城市 你我一直在行动”暨倡导垃圾分类主题活动，连续15天开展垃圾分类亲子游戏互动体验，增强市民环保理念。与市一医院联合举办家庭教育公益讲座。和省妇联、省妇女儿童发展基金会共同启动2019“幸福启航·口腔健康行”活动，开展口腔宣传和义诊。开展家庭助廉主题活动，联合市纪委监委组织市直部分单位新提任科级以上干部家属代表，在市党风廉政教育基地开展“不忘初心、廉洁同行、家庭助廉”主题“六个一”活动，引领全市党员干部家庭树清廉家风。

（陈淑娟）

【妇女儿童维权】 2019年，市妇联为到访群众提供专业服务，接待到访来电99件，处置完结率100%。关注涉及妇女儿童权益热点舆情，做到提前研判应对。开展法律专家维权服务进社区（村）、进家庭、到身边活动，通过在市广播电台“法律伴你行”栏目中为听众解读《中华人民共和国反家庭暴力法》，推出普法微课堂《法律小屋》11期等，使普法宣传常态化。开展婚姻家庭矛盾纠纷排查化解工作，全市排查出婚姻家庭矛盾纠纷180件，化解172件，化解率95.6%。（陈淑娟）

【妇联改革】 2019年，市妇联制定改革计划，开展调研、推进“四新”组织中建立妇女组织，全市“四新”领域建立妇联组织70个，建立“妇女之家”（或“妇女微家”）53个，组织开展“亮、晒、述、评”活动。出台兼职副主席、执委工作职责和管理办法，增补执委16名。按照组织程序，选举产生优秀妇女48名，参加山西省第十二次妇女代表大会，完成大会任务。坚持党建带妇建，加强网上妇联建设，加大线上互动与线下服务相结合力度，做强团体会员工作，成立大同市家庭教育协会和大同市木兰文化研究会，依托这些社会团体壮大妇联工作力量，提升“妇女之家”规范化建设水平，推动资源、项目、经费和力量下沉，提升“妇女之家”服务妇女群众实效。（陈淑娟）

▲2019年8月28日，大同能源革命与女性创业高峰论坛暨“幸福启航·木兰双创”公益项目启动（陈淑娟 摄）

【首届家庭教育发展论坛】 2019年4月16日，由市政府妇儿工委和市妇联联合举办的大同市首届家庭教育发展论坛在大同大学举行。市人大常委会副主任王淑琴、市政协副主席许进娥出席论坛。论坛的主题是“教子之道——新时代中华传统文化下的家庭教育”。论坛吸引来自全市各行各业的妇女、家庭教育工作者、学生家长和市民近1000人。论坛邀请金徽、唐鼎豐、马玲等教育专家参加。通过专题分享和交流，与现场家庭教育工作者共同探讨新时代家庭教育工作创新与发展路径，共同分享家庭教育研究最新成果。（陈淑娟）

【“木兰”文化建设】 2019年8月，在大同能源革命与女性创业高峰论坛上，市妇联举行“幸福启航·木兰双创”公益项目启动仪式，通过动员社会各界募集资金，帮扶以妇女创业为主的小微企业和非物质文化遗产的传承、传统手工业。成立木兰文化研究会，邀请业内相关历史专家组建1支研究队伍，通过木兰文化的研究开发，塑造女性文化特色符号，打造城市文化新名片。12月，召开木兰文化系列活动推进会。联合市文联、团市委、市文旅局等7家单位举办木兰文化主题系列大赛，在春节前后向社会征集文学、美术、雕塑、文创等产品，在“三八”妇女节期间评比，宣传推广木兰文化。设立木兰双创基金，培育木兰双创企业。注册“云中木兰”“云歌木兰”2个具有地方特色的商标，创建“大同木兰农产品创业基地”，建立“木兰双创”（创业创新）基金，帮扶更多妇女创业。（陈淑娟）

【家庭教育公益行活动】 2019年8月23日至25日，为推进家庭文明建设，引导、带动全市每个家庭建设好家庭、涵养好家教、弘扬好家风，市妇联家庭教育公益行首站活动在市明堂公园举行。首站活动由大同市家庭教育协会承办，每晚7～9时举行，以专题讲座、互动分享、现场咨询等形式举行，内容涉及家庭教育的不同层面，旨在呼吁全社会关心、关注家庭教育，以形成家庭教育的社会全员参与、互动体系，唤醒年轻的父母担当新生命首任老师意识，重构每个核心家庭以爱为宗旨的家庭教育理念。

（陈淑娟）

大同市文学艺术界联合会

【概况】 大同市文学艺术界联合会（简称“市文联”）拥有大同市作家协会、大同市戏剧家协会、大同市美术家协会、大同市音乐家协会、大同市曲艺家协会、大同市书法家协会、大同市摄影家协会、大同市舞蹈家协会、大同市电视艺术家协会、大同市民间文艺家协会10个协会。2019年春节期间，市文联筹办“平城春晓·盛世华章2019大同市迎新春书画摄影展”；2月，协同云冈区文化局、市图书馆共同举办“迎新春，赏年画”展览，在市和阳美术馆举办“经典永流传”百幅中堂精品展大同巡回展；4月，组织市曲作家、词作家报送“礼赞新时代共圆中国梦”庆祝新中国成立70周年原创歌曲作品；5月，市书法家协会举办庆祝五一国际劳动节“劳动者之歌”全市职工书画展；“七一”期间，市书法家协会举办“法治之光”群众书法展，反映展现大同市法治建设成果；第二届大同黄花文化旅游月期间，为助力云州区脱贫攻坚，联合云州区委区政府举办“忘忧花海”摄影书画展；9月下旬至10月初，围绕庆祝新中国成立70周年这一主题，市文联带领市美协、市书协艺术家分别举办优秀美术作品新中国70年成果展、“情满长袖舞东风”云冈系列舞蹈专场演出。（李佳恬）

【征文活动】 2019年，市文联在全市作家中征集“舌尖上的故事”散文作品，收到作品近200篇，参加作者167名。其中把优秀作品汇集成册，出版散文集《老味儿大同》。9月，市文联与市教育局携手合作，在全市范围内开展“献礼国庆70周年，寻找小作家”活动。市文联组织、发动各基层文联，在各中小学校开展海选和推荐，11月23日，大同市“百名小作家”和20名“金牌小作家”颁奖仪式在市工人文化活动中心举行，市文联、市教育局、市作协的有关负责人与各区（县）文联及文艺界代表、300余名中小学生、学生家长、老师和社会各界人士参加颁奖仪式。

（李佳恬）

▲2019年10月16日，大同市举行“金秋丹青美，盛世翰墨香”庆祝新中国成立70周年全市优秀美术作品展

（戎禹仁 摄）

【文艺惠民】 2019年1月，市文联协同云冈区委宣传部举办“我们的中国梦、文化进万家、欢乐基层行——2019书香云冈梦飞扬·迎新春文艺晚会及年画展巡展”活动；春节前，组织市文联文化进万家摄影家协会小分队，到天镇县许家窑村开展“我们的中国梦、文化进万家、欢乐基层行·市摄协重返许家窑” 活动，20余名会员组成小分队为许家窑村的老百姓挨门逐户拍摄“全村福”“全家福”，赠送照片100余幅；5月19日，配合省书法家协会开展“深入生活、扎根人民——山西书法三晋行公益”活动，分别在广灵县举行捐赠书法作品活动，在市潘家园美术馆开办“书法公益培训班”活动；6月，开展优秀童谣推广、传唱活动，云州区一中语文教师宋晓芳带着小听众朗读“孝”和“小巧手”等首优秀童谣，让孩子们感受到童谣魅力；12月21日，组织市摄影家30余人到浑源县南榆林乡二岭村，举行“二岭村摄影展”暨大同市摄影家协会二岭村创作基地揭牌仪式，活动展出摄影作品110幅，用视觉语言叙说二岭村村民的生产生活、衣食住行及村容村貌，展示他们脱贫之后的幸福生活。年内，市作家协会为弘扬国学，探究历史作出有益尝试，在大同樊登书店2号店，举办一系列讲座及文学沙龙10余期。

（李佳恬）

【《小品文选刊》登上“海外数字阅读影响力期刊”榜单】 2019年1月7日，“2018数字阅读影响力期刊TOP100”及分析报告白皮书在人民日报新媒体大厦发布，大同市委宣传部主管的《小品文选刊》登上“2018海外数字阅读影响力期刊TOP100排行”榜单，并冲进前50强，位列第37名。

“数字阅读影响力期刊TOP100”榜单由龙源数字传媒集团与中国新闻出版研究院国民阅读研究与促进中心发布，持续14年，成为中国期刊数字化发展的风向标。《小品文选刊》杂志是由大同市委宣传部主管，面向国内外发行的综合文化期刊，杂志创办于2004年，出版有《小品文选刊》和《印象大同》杂志，其中《印象大同》杂志是宣传大同、服务大同经济文化的重要媒介平台和窗口。 （蕙　兰）

【采风活动】 2019年5月10日，大同市摄影家协会启动《大美大同》摄影采风系列活动，首次拍摄大型音乐喷泉广场，50余名会员参加拍摄。9月8日，市文联、市文旅局和市扶贫办联合组织专家学者采风组一行30余人到浑源采风，采风组一行调研神溪国家湿地公园、浑州署、永安寺、圆觉寺之后，与浑源县领导及《神溪记忆》主创团队召开座谈会，晚上观看实景演出《神溪记忆》。9月12日，在市图书馆召开浑源《神溪记忆》实景演出研讨会。10月下旬，市文联组织文学艺术家采风团走进浑源龙蓬峪、大磁窑镇、吴城杏林、南榆林乡二岭村，登名山，观盛景，赞发展。组织艺术家到浑源收集素材创作文艺作品，《云冈》编辑部出专刊登载浑源采风活动相关文章。12月28日，市文联组织市作家协会、摄影家协会40余名艺术家到云州区吉家庄开展“我们的中国梦”——文化进万家·桑干河冰雪小镇采风创作活动，为当地群众营造欢乐祥和、喜庆热烈的节日氛围。 （李佳恬）

【文艺创作】 2019年，大同数来宝表演艺术家柴京云、柴京海带领柴家班多次参加天津台《相声大会》节目，并随中国文联、中国曲协、省文联多次到新疆、浙江、河南、河北等省市慰问演出并参加学术研讨。10月25日，由市音协副主席于有荣、市音协会员苗茂林共同编曲，市舞协会员张一杰编导的《云冈伎乐天舞》入选中国（青岛）艺术博览会，并参与“芳华杯”优秀艺术成果展演，取得优异成绩。作协主席任勇主讲《触摸北魏》系列讲座，向大同人讲述北魏历史。 （李佳恬）

【文艺培训】 2019年12月9日至13日，市文联组织开展文艺培训。培训班聘请大同市在政治、文化、文学、音乐、戏曲、电视、摄影、民间文艺等方面的专家教授、学者登台讲课。特别邀请中国摄影家协会副主席、新华社领衔编辑、摄影理论家陈小波到大同大学，为参训学员和大同大学学生1200余人，作《影像中的文化和历史》专题讲座。 （李佳恬）

大同市科学技术协会

【概况】 2019年，大同市科学技术协会（简称“市科协”）有县级科协10个，乡（镇）科协27个。市科协所属市级学会25个。其中，理科学会1个，工科学会1个，农科学会3个，医科学会17个，综合交叉学科学会3个。企事业科协、高校科协、乡（镇）科协等科协基层组织壮大，新成立2个企事业科协。截至2019年底，有企事业科协18个。 （薛瑞强）

【科普进校园】 2019年1月31日，市科协举办第34届青少年科技创新大赛，收集少年儿童科学幻想绘画作品601件；小学生科技创新成果作品80件；青少年科技实践活动作品10件；辅导员科技创新成果6件，总计696件参赛作品。3月底，由市科协、市教育局主办，大同大学物理电子学院和市机器人协会承办的市第二届青少年机器人竞赛在大同大学举行，来自全市300余名中小学生参赛。竞赛评选出一等奖46项、二等奖57项，三等奖162项，推荐8支优秀获奖队伍参加第十九届山西省青少年机器人竞赛，分别获相应赛事的二、三等奖。5月10日，市科协联合北师大大同附中，举行第三届科技节开幕式，邀请中国科学院院士滕吉文作《动荡的地球》科学报告会，向全体师生讲解大陆漂移、海底扩张、地幔对流、板块构造的全过程，同时开展科普大篷车巡展、青少年科技创新大赛优秀获奖作品展。9月21日，在大同市忘忧农场举办“青少年校外科技实践”专题活动，让学生体验生活的乐趣，了解社会、增强创新精神和实践能力。 （薛瑞强）

【科普进农村】 2019年1月21日至23日，市科协举办百万农民冬季培训班，来自各县（区）农村科技带头人、科普示范基地和农技协负责人、县乡科协干部等50余人参加培训，培训党的十九大精神——绿水青山就是金山银山、中药材种植、设施蔬菜种植、谷子产业发展及栽培技术、马铃薯高产栽培管理等内容。为推动科普工作社会化、常态化、群众化，开展2019年“大同市农村科普示范基地”认定工作示范基地，认定广灵县巨元农业有限公司庄子沟村中药材种植加工科普示范基地等13家基地；开展大同市科普教育基地（2019—2020）认定工作，认定大同农业嘉年华科普教育基地等6家基地。印发《关于在全市进一步推进“3+1”建设提升基层组织力的通知》，并发至各县（区），推进“三长”（指医院院长、学校校长、农机站站长）进入科协领导机构兼挂职，发挥作用。截至2019年底，有50%的县级科协、乡（镇）科协吸收“三长”。（薛瑞强）

【科普进企业】 2019年，市科协举办大同市科技人才创新方法培训班，特邀中科协专家到大同授课，市事业单位、国企、民企的一线科研人员、管理人员、企业决策者30余人参加培训，现场为学员解决工作中遇到的难题困惑16个。10月初，市科协联系全市各企业单位报名参加全省创新方法大赛，大同市有2家企业获省科协颁发的3个奖项。其中，国网大同市口泉供电公司项目获山西赛区三等奖，中国重汽集团大同齿轮有限公司的2个项目获山西赛区优秀奖，大同市科协获大赛优秀组织奖。为实现人才资源共享，在2019高层次人才引进工作中，市科协推动并促成2个院士专家工作站成立，分别是：大同市第五人民医院脊柱关节外科专家工作站和大同宏鑫岩棉科技有限公司院士专家工作站。为推进大同大学与当地融合程度，发挥大同大学科教优势，为大同培养一批具有自主知识产权的企业，让科技成为大同经济发展的支撑引领，使产学研合作能够成为大同市快速发展的动力源，11月15日，由大同大学、市科技局和市科协联合举办大同大学第一届产学

研交流洽谈会，近50家驻大同企业代表参会，15家企业与大同大学达成合作意向。（薛瑞强）

【科普进县（区）】 2019年，市科协在左云县、阳高县、天镇县、灵丘县、广灵县5个县开展流动科技馆巡展，受益1万人左右。9月4日，中国流动科技馆巡展活动在浑源县开展，活动以“体验科学、激发兴趣、启迪智慧、放飞梦想”为主题，展出展品34件。全国科普日期间，在浑源育栋学校举行启动仪式，并集中安排浑源县中小学学生体验，活动期间参观人数1.1万人次。在广灵县壶泉小学、灵丘县第二中学、平城区第33小学校和第35小学校开展以“走近科学 关爱儿童”为主题的科普大篷车进校园展示活动。按照省科协《山西省科协关于下达2019年基层科普行动计划转移支付项目资金的通知》把资金按要求分配到各县并完成项目建设，建设e站8个。（薛瑞强）

【“全国科技工作者日”活动】 2019年5月30日，市科协会举行“全国科技工作者日”活动，并开展科技志愿服务队宣誓及授旗活动，组建科技志愿服务支队8个，在“全国科技工作者日”期间，到企业、农村、学校、社区等集中开展科技志愿服务主题活动，开展品牌服务活动，建立完善科技志愿服务长效工作机制和工作保障机制。（薛瑞强）

【科学大讲堂系列活动】 2019年9月15日至16日，市科协委托大同市科技进修学校与大同市精神卫生学会联合主办“大同科学大讲堂第四讲——情感障碍诊疗康复学术论坛”活动。9月20日，为提高市绿化从业人员专业水平，加强绿化单位技术骨干理论基础，市科协与市园林学会联合主办秋季病虫害防治及苗木造型修剪培训班。9月24日，由市科协主办，大同市心理学会承办的大同科学大讲堂第五讲开讲。10月24日至25日，由市科协主办、市高血压防控协会承办、市第四人民医院协办的市科学大讲堂第六讲暨大同市高血压及相关疾病论坛举行。（薛瑞强）

【2019全国科普日中国水产学会主会场活动】 2019年9月15日，以“礼赞共和国、智慧新生活”为主题的2019全国科普日中国水产学会主会场活动启动仪式在大同永泰门广场举行。活动由中国科协科普部、农业农村部渔业渔政管理局指导，中国水产学会、全国水产技术推广总站、省科协、省农业农村厅主办，省水产学会、省水产技术推广站、市科协、市农业农村局协办，中国水产学会科普教育基地大同市博润苑生态养殖有限责任公司、市水产技术推广站承办。全国水产技术推广总站、中国水产学会党委书记张锋，山西省农业农村厅巡视员薛志省出席启动仪式。启动仪式上，举行绿色渔业科普展、水产品与健康生活科普展、水资源与节水渔业宣传展等科普展，并由科普传播专家团队现场答疑解惑；中国科协观赏鱼养殖科学传播专家团队结合金鱼展，向现场群众普及中国传统渔文化；中国水产学会发布与全国水产科普基地联合制作的首部中英文科普动画视频；宣布成立中国水产学会大同服务工作站。中国水产学会各分支机构、志愿服务团队、科普专家团队、科普教育基地、服务工作站、学生工作站，有关省市渔业行政主管部门、水产学会、水产技术推广站等1000余人参加启动仪式，并到市博润苑生态养殖有限责任公司考察。（薛瑞强）

大同市归国华侨联合会

【概况】 2019年，大同市有归侨、侨眷约1万余人，其中归侨主要由新中国成立前后回国的东南亚归侨和20世纪80年代前后回国的蒙古归侨组成。大同市归国华侨联合会（简称“市侨联”）组织市侨界群众参加市委统战部“同心同行七十载，携手奋进新时代”快闪拍摄并以“侨之声”艺术团为代表，参加全市统一战线庆祝新中国成立70周年歌咏会。市侨联长城文化艺术院在大同潘家园举办纪念新中国成立70周年书画展。书画展向全市书画爱好者、归侨侨眷征集作品120余幅，累计参观人数2000余人次。年内，市侨联推荐2家创新型企业申报“山西省侨联新侨创新创业示范基地”并获批，截至2019年底，大同市有8家企业获批“山西省侨联新侨创新创业示范基地”。（市侨联）

【爱心系列活动】 2019年“两节”期间，市侨联联合各县（区）侨联推进“送温暖·献爱心”活动，为全市52户归侨侨眷发放慰问金2.5万元。2月26日，市侨联牵线搭桥，大同新侨妇产医院联合市平城区环卫处举办“关爱环卫工人健康行”公益活动，为周边环卫工人免费健康体检600余人。6月29日至30日，省侨联“侨爱心·送温暖”医疗队在市第五人民医院开展义诊活动，15位专家教授为市归侨侨眷及社会群众免费诊治并开展科普讲座，义诊活动接诊患者近1000人，免费给市归侨侨眷送价值近5000元药品。12月31日，市侨联联合市蒙古归侨联谊会到天镇县慰问困难归侨侨眷。（市侨联）

【忘忧农场“侨胞之家”揭牌】 2019年3月15日，忘忧农场“侨胞之家”揭牌成立。省侨联党组书记、主席王维卿，市委常委、宣传部部长、统战部部长黄岑丽出席揭牌仪式。

大同市在侨企、侨属医院、大同大学等企事业单位共发展“侨胞之家”70余家，以“侨胞之家”为依托，把归侨侨眷组织起来，使侨联组织成为凝侨心、汇侨智、聚侨力的友谊之家、学习之家、团结之家、服务之家、温馨之家。忘忧农场是大同市云州区以黄花产业为核心的乡村旅游项目，该农场打造集合“产、扶、研、游、创、育”为一体的创意文化产业链，并遵循“五生五育”共生共存的自然准则，即生产改善生态、生态促益生命、生命转变生活、生活推动生计，开展以科普教育、食农教育、自然教育、生活美育、德体共育为基础的五项教育，成为大同市重要的青少年研学实践基地及成人拓展训练基地。忘忧农场“侨胞之家”成为海外华人华侨子女研学实践基地，归国留学人员创新创业示

▲ 2019年12月20日，大同市平城区归国华侨联合会成立大会召开（市侨联 供图）

范基地，成为他们了解中华传统文化，领略大同风土人情的重要“窗口”。

（市侨联）

【侨商引资】 2019年3月8日，市侨联召开大同市侨商会成立大会，组织部分侨资侨企负责人参会，通过侨商会章程、选举办法，商讨领导班子候选人等，选举市侨联主席张兰萍为侨商会会长。依据市侨情及侨商会工作推进情况，12月增补侨商会会员，完善内部相关组织机构。为市企业与首农集团、联盛集团、北京控股集团牵线搭桥，申报《国家级2019特色小镇——能源牧场，美丽乡村文旅小镇》，在左云县利用荒山林地开发建设太阳能光伏发电站。12月5日，由市侨联牵线的浑源县农副产品电商物流园暨农博城市场项目在第四届山西文博会重点项目签约仪式上签约，签约金额5亿元。市侨联与澳大利亚中医医疗机构和当地西医运动医学康复医疗机构建立起联系机制，对接“中医针灸、推拿与西医运动医学有机结合创新项目”工作；依托海外工作人员分别在2月和4月与澳大利亚前总理托尼阿伯特作2场推荐大同的专题介绍会，并与澳大利亚前工业协会主席菲利普组建投资平台。

（市侨联）

【2019中国寻根之旅夏令营】 2019年7月24日至8月2日，2019中国寻根之旅夏令营（大同营）在大同举行，来自德国和加拿大的40位华裔青少年及领队老师参加活动。夏令营把自然景观与人文景观相融合，把传统文化与现代科技相融合，把中华文明与西方文化相融合，把课堂教学、文化考察和参观访问相融合。活动期间，华裔青少年及领队老师亲身感受书法、音乐、舞蹈、武术等中国传统艺术，并动手体验剪纸工艺，观赏面食制作表演，品尝大同特色美食，参观云冈石窟等名胜古迹，体会大同厚重的历史文化、丰富的人文景观、纯朴的民俗风情。（市侨联）

【“侨胞之家”大讲堂】 2019年9月、10月，市侨联与大同古城民俗馆“侨胞之家”联合举办2期“侨胞之家”大讲堂，围绕大同市方言演变、文物古迹遗址，从历史、地理、文化、政治角度，介绍大同发展情况，活动累计听众90余人。（市侨联）

【全市侨联系统干部培训班】 2019年12月25日至27日，市侨联举办全市侨联系统干部培训班，为全市及各县（区）侨联、“侨胞之家”、侨企等50余位侨务工作者开展侨规侨法培训，解读习近平新时代中国特色社会主义思想、党的十九届四中全会精神。培训会邀请朔州市华侨抗战女英雄李林研究会会长王宝国授课，为归侨侨眷讲述李林英雄事迹，加强侨界群众的爱国主义教育。（市侨联）

【平城区侨联成立】 2019年12月20日，大同市平城区召开第一次归侨侨眷代表大会，会上宣读《中华全国归国华侨联合会章程》，并审议通过《大同市平城区第一次归侨侨眷代表大会选举办法》，大会选举产生大同市平城区侨联第一届主席、副主席、秘书长，侯泽当选为大同市平城区侨联第一届委员会主席，王文、李洋、沈建华、高志超当选为大同市平城区侨联第一届委员会副主席，康明丽任秘书长。（市侨联）

大同市残疾人联合会

【概况】 2019年，大同市残疾人联合会（简称“市残联”）利用“全国助残日”“爱耳日”等主题节日，宣传残疾人政策法规，开展残疾人政策咨询等。全年开展各项主题宣传活动15场次，服务残疾人2000余人次，发放慰问金9500元、辅助器具300余件。第六次全国自强模范暨助残先进表彰大会上，阳高县米斌获全国自强模范。举行3场米斌先进事迹报告会，教育引导广大残疾人，树立自尊、自信、自强、自立的理念。继续与《大同日报》、大同电视台合办专栏，宣传残疾人事业。利用中国残联、省残联官网，市残联微信公众号发布宣传残疾人事业，市残联微信公众号发布信息277条，省残联官网发布103条。发挥协会职能，参加全省残疾人作品展览会，市书法、绘画、手工艺作品39件参选。主办市残疾人文化月活动，开展残疾人读书周、朗读周、电影周、征文周等系列活动，丰富残疾人文化生活。承办“美丽中国”2019大同国际马拉松公开赛，残疾人代表组队参加比赛。实施山西省彩票公益金残疾人体育健身示范点项目，建立48个体育健身示范点，促进残疾人体育健身需求。

（金 星）

【残疾人就业】 2019年，市残联开展实用技术培训，中央资金培训第一批、第二批573人，省级资金培训376人。开设专业培训班，2100余名残疾人掌握职业技能和实用技术，提高其就业创业能力。联合15部门印发《大同市扶持残疾人自主就业创业实施细则》，扶持就业年龄段内（男18～59岁，女18～54岁）1260名残疾人就业创业。全市110余个残疾人产业扶贫点带动940余名残疾人就业，其中广灵县巧娘宫、广灵县鸿棉制衣、云州区黄花种植基地等产业扶贫成绩突出，为当地残疾人拓宽就业渠道，带动实现残疾人脱贫。（金　星）

【残疾人康复服务】 2019年，市残联实施0～6岁残疾儿童抢救性康复项目，提供残疾预防重点干预和残疾儿童抢救性康复服务5722人，完成率124.72%，提供残疾人基本康复服务11906名，服务率83.04%。其中，辅助器具适配服务残疾人7535名，适配率92.3%，建档立卡残疾人基本辅助器具适配实现全覆盖目标。普遍筛查，筛查确诊246名残疾儿童，完成率136.67%。评定疑似残疾人5826名，评定出各类残疾人4749名，完成率123.35%。（金　星）

【残疾人合法权益保障】 2019年，市残联制定《大同市残疾人证管理办法实施细则》，发放办理残疾人证。处办省残联转办函12件，“12385”残疾人服务热线工单38个，市本级接待来信到访13次40余人。信访事项按期办结率100%，化解率95%。为303名下肢残疾人发放机动轮椅车燃油补贴78920元。落实残疾人家庭无障碍改造中央、省、市级资金231.45万元，为419户贫困重度残疾人家庭实施无障碍改造。采用“互联网+”形式，为1282名残疾人提供基本康复、残疾预防、基本照料、社会适应能力辅导及就业等社会服务。为全市4.3万余名符合条件的持证残疾人购买团体人身意外伤害保险，完善持证残疾人社会保障体系，提高残疾人抵御风险能力。加大宣传力度，明确资助范围，执行资助标准，救助贫困残疾人家庭子女大学生22名、贫困残疾大学生28名和3～8岁学前残疾儿童79名，投入24.5万元扫盲残疾青壮年文盲245名。服务设施建设，左云县残疾人康复设施投入使用，推进灵丘县残疾人托养服务设施建设，除平城区、云冈区、云州区外建成8个8104平方米的康复托养服务设施。建立属地康复托养机制，推进设施良性运营。落实市级福利彩票公益金项目资金704万元用于残疾人基础设施建设等6个项目，市级体育彩票公益金340.5万元用于残疾人体育健身示范点等项目，改善市残疾人事业发展状况。（金　星）

【就业援助月专项活动】 2019年1月，市残联围绕“就业帮扶，真情相助，不让一个困难群众掉队”主题，开展就业援助月专项活动。

就业援助月主要内容是“四送”，即送政策、送培训、送岗位、送温暖。1月23日，市残联在大同公园东门广场举办就业援助月宣传活动，向过往群众散发宣传材料，解答残疾预防知识，现场发放宣传材料3000余份，发放手杖、腋杖、轮椅等辅助器具100件。在送培训活动中，市残联委托市成利煤质化验职业培训学校，利用冬闲时间，开展2期农业实用技术培训，培训广灵县农村残疾人116名；委托市新火职业培训学校，组织开展2期电商培训班，免费培训100名残疾人。在送岗位活动中，1月25日举办残疾人就业专场招聘会，20余家用人单位为残障人士设置办公文秘、平面设计、保安、清洁工、电梯工、保健按摩、养老护理等岗位，150名残障人士参加招聘会，现场有25名残障人士和企业签订就业意向书。为天镇县40余名参加电商培训的残疾人送去电商产品及货物展柜，帮助他们从事电商创业就业，借助互联网实现居家就业。在春节到来之际，市、县残联工作人员到企业、贫困残疾人家庭，走访慰问。辅助器具服务中心假肢装配师上门为行动不便的残疾人提供服务，为需要辅助器具的残疾人提供适配服务，为残疾儿童送去定位仪、语言沟通板等。

活动中，市县（区）残联结合实际情况，把就业援助月活动作为“两节”期间为困难群众送温暖的举措，走访残疾失业人员家庭户372户，登记残疾人失业37人，组织开展招聘会6场，纳入培训计划224人，帮助失业人员实现就业31人，帮助残疾人享受专项扶持政策40人。（金　星）

【全国助残日活动】 2019年5月19日是第二十九次全国助残日，主题是“自强脱贫，助残共享”。市残联组织开展大同市全国助残日活动。全市有300名贫困白内障患者在市爱尔眼科医院接受免费白内障复明手术，完成128例手术。市创新骨科医院肢残儿童康复训练中心为27名患儿康复训练，市残联筹资为孩子们缴纳保险。（金　星）

【残疾人就业专场招聘会】 2019年5月28日，2019大同市残疾人就业专场招聘会在市人才服务中心举行。大同市举办残疾人专场招聘会，旨在激发残疾人自强自立，发扬身残志坚精神，勇于融入社会，鼓励引导用人单位接纳残疾人就业，营造全社会关心支持残疾人事业。以“就业助残，扶贫济困”为主题的残疾人就业专场招聘会有20余家企业参加现场招聘，招聘岗位有办公文秘、摄影、保安、清洁工、电梯工、车场管理、工程维修等，150余名残疾人报名参加。（金　星）

【大同市康复中心挂牌成立】 2019年8月11日，大同市康复中心在市中医医院挂牌成立。中国残联党组成员、副理事长程凯，省残联党组书记、理事长卫国，中国残联教育就业部副主任解宏德出席挂牌仪式，副市长郭蕾宣布大同市康复中心正式启动。

康复中心设有康复门诊、康复病区、康复（PT、OT）训练大厅、言语训练室、小儿脑瘫训练室、骨科康复训练室、康复评定室、物理因子治疗室、中医特色治疗室等。康复中心有医护人员、康复师及技师65人，有减重步态训练、四肢联动器械等80余种康复设备。（金　星）

【残疾人文化月系列活动】 2019年8月27日，由市残联、市文化和旅游局主办，市图书馆承办的残疾人文化月系列活动在市图书馆举行开幕仪式。活动依托公共文化设施，就近就便组织基层残疾人展开健康向上的群众性文化活动，展示残疾人文化艺术成果，提升残疾人享有公共文化服务的水平。为让视障残疾人享有“听”书的自由和便利，融入读书的大家庭中，享受阅读快乐，市残联与市图书馆共同参与全国盲人数字阅读推广工程“智能听书机”项目，市图书馆购置500台“阳光听书郎”盲人智能听书机，在开幕仪式上，免费配发给10个县（区）残联代表。残疾人文化月开展朗诵专场、征文比赛、无障碍电影放映等活动。（金　星）

【自强模范暨助残先进获省表彰】2019年9月18日，山西省第六次自强模范暨助残先进表彰会在太原召开。大同市受到省表彰的自强模范有吴燕军、曾军伟、南建英；助残先进集体有大同市成利煤质化验职业培训学校、大同市矿区德安柏雨文化传播有限公司代表；助残先进个人曹晖，张云华；残疾人之家有大同市残疾人就业服务中心、大同市特殊儿童康复教育中心代表；残联系统先进工作者有武雁红、芦明山。（金　星）

【残疾人文化周朗诵活动】2019年9月16日，市残疾人文化周朗诵活动举行。活动由市残疾人联合会、市文化和旅游局主办，市图书馆承办，主题是“朗读中华经典弘扬民族文化”。来自市特殊教育学校、市特殊儿童教育中心和社会上的残疾学生、儿童100余人参加朗诵会。市特殊儿童教育中心的10名女教师表演诗朗诵《祖国啊，我亲爱的祖国》，特教学校和市特殊儿童教育中心孩子们表演《我骄傲，我是中国人》《青春中国》《少年中国说》《沁园春·雪》《热爱生命》等朗诵节目，艺术团集体朗诵《感谢共产党给残疾人带来好日子》，11组残疾儿童家庭表演互动节目《猪猪宝贝》。（金　星）

大同市红十字会

【概况】2019年，大同市红十字会依法开展“三救”（应急救援、应急救护、人道救助）、“三献”（捐献造血干细胞、捐献遗体器官、推动无偿献血）、志愿服务、红十字青少年和人道传播工作，拥有由市政府投资按国库标准建设1028平方米的备灾救灾储备库1个，市级红十字会有团体会员单位30家，成人会员2000人，冠名医疗单位5家，行业红十字会2家，注册志愿者787人，红十字志愿服务队7支。（市红十字会）

【应急救援】2019年，大同市红十字会重新修订完善《大同市红十字会突发自然灾害应急救助预案》；把省红十字会价值1200万元的应急救援物资和1000万元的应急救护训练器械办理入库、堆码及整理工作。按照省红十字会要求为全省30个县下拨防火救护物资、11个地市下发应急救护训练器材、5个遭灾县（区）下拨1000床救助棉被，所辖10县（区）建立红十字森林防火工作站；市红十字会与市直机关工委、市精神文明办联合开展“博爱一日捐”募捐工作，市本级捐款942055.5元。（市红十字会）

【应急救护】2019年，大同市红十字会创建“红十字救在身边”品牌，发挥红十字会在开展群众性应急救护工作中的主体作用，全年培训救护员4364人，开展应急救护知识普及教育受益3万余人次。“5·8”世界红十字日在御东行政中心举办应急救护“救”在身边进机关现场主题讲座。举办应急救护知识大赛，选拔大同大学7位同学参加全省首届应急救护大赛。邀请中国红十字会总会高级培训师李玉珠给大同大学800名师生开展应急救护员培训。应急救护知识普及教育100名服务“二青会”志愿者，市红十字博爱、博仁医院在社区举办“心肺复苏进万家普及教育工程”讲座60余场。“12·1”艾滋病日与大同大学红十字会联合举办“博爱红十字，情暖红丝带”防艾滋病晚会。落实中国红十字会总会46.65万元在市实验小学建设“生命体验教室”项目，为天镇县、广灵县申报“博爱家园”项目，为AAAAA景区云冈石窟申报“红十字救护站”项目。（市红十字会）

【人道救助】2019年，大同市红十字会在应急助困方面，春节元旦期间开展“红十字博爱送万家”活动，为2770户特困家庭发放价值54万余元的救助款物，启动仪式在新荣区举行，现场发放价值23.35万元助困款物，特困家庭受益731户。“七一”党的生日、“八一”建军节及主题教育开展的“三服务”，到云州区、平城区、阳高县、天镇县、广灵县、云冈区和浑源县走访慰问3位老党员

▲2019年5月8日，市红十字会在市御东行政中心举行纪念“5·8”世界红十字日应急救护进机关活动（市红十字会　供图）

和3位退役军人和50户困难家庭，给他们送去4万余元慰问款和物资。救助日常求助符合救助的35户贫困家庭，发放救助款31850元。在应急助学方面，开展“红十字春霖助学”活动，为100位贫困家庭大学生发放助学款20万元。在应急助医方面，审核新增10例白血病、10例先心病患儿资料并上报省红十字会，有4例先心病、7例白血病患儿、1例脊柱侧弯患儿获中国红十字基金会助医款21.8万元。（市红十字会）

【“三献”工作】 2019年，大同市红十字会采集318例血样，并电话回访所采集的志愿者。依法开展器官遗体捐献工作，全年捐献11例，挽救32位脏器衰竭患者，登记注册人数1789人，角膜移植2例，4位失明患者重见光明。推动全市输血献血工作，全年有2.44万人参加无偿献血，献血总量854.8万毫升，宣传普及无偿献血人数5万余人，实现临床医疗用血完全来源于无偿献血，年内获全国无偿献血先进城市。（市红十字会）

【红十字青少年与志愿服务】 2019年，大同市红十字会组织全市中小学校红十字青少年参加由中国红十字会总会举办的“全国红十字防灾避险知识竞赛活动”，3300名红十字青少年参加活动。利用市红十字会微信平台、开展的“3·5”学雷锋日、“5·8”世界红十字日、“5·12”国际护士节、“6·14”世界献血日、世界急救日、“12·1”艾滋病日、“12·4”宪法日、“美丽大同、美丽社区”等举办的各项活动及各类会议，各采血点累计接待咨询捐遗、造干捐献人6000余人次，发放《中华人民共和国红十字会法》2万余册，应急救护宣传折页3万余册。“12·1”艾滋病日与大同大学红十字会联合举办“博爱红十字，情暖红丝带”防艾滋病晚会。完成“爱心相伴70年，人道迈进新时代——山西省红十字会事业成就展大同区巡展”工作。全年组织红十字志愿者参与人道传播、“三救、三献”工作499人次，服务时间4800小时。（市红十字会）

【“曜阳快助”项目】 2019年，大同市红十字会申报12家山西省红十字福寿安康基地，公园398国际博爱养老服务中心推出的智慧居家养老模式得到中国红十字会事业发展中心及省红十字会认可，被命名为“曜阳快助”项目，市委办公室和市政府办公室联合转发市民政局、市卫健委、市红十字会《关于实施“曜阳快助”大同示范项目的通知》，该项目在“第四届中国养老服务业发展高层论坛”上启动，大同市被确定为试点市，获批成立大同市智慧居家和社区养老服务中心、曜阳快助社区助老服务站机构，市政府为80岁以上每位高龄老人，70岁以上空巢、独居、生活困难老人每人出资180元，配备398贴心保，省民政厅、省发改委、省财政厅等6厅委把398博爱康养中心确定为山西省重点康养社区项目。9月25日，曜阳快助大同示范项目暨大同市居家和社区养老服务改革专项行动启动。大同市从信息化、智能化、产业化三个维度加强为老服务的综合能力，通过开展“曜阳快助”、发卡助购、红十字助医、独居巡访、适老化改造、博爱康养、老年高血压管理、供给赋能8大服务，推动大同康养和文旅产业发展。（市红十字会）

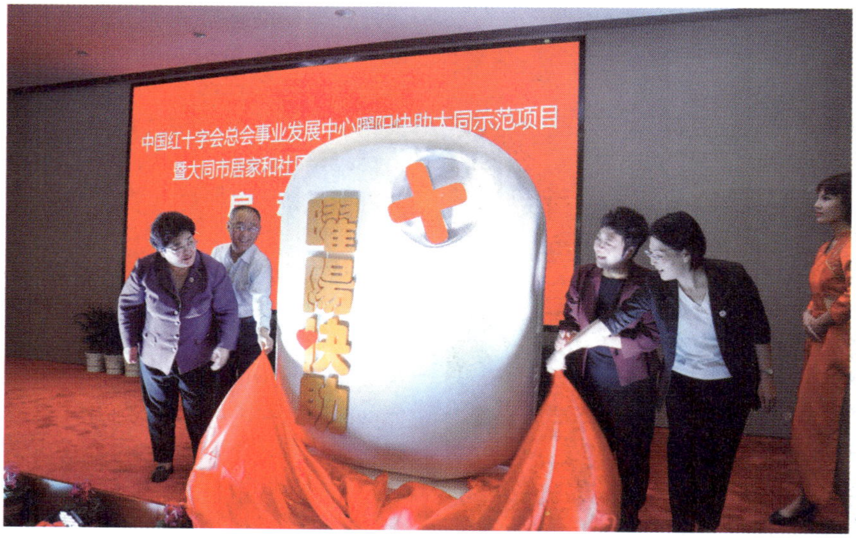

▲2019年9月25日，中国红十字会总会事业发展中心曜阳快助大同示范项目暨大同市居家和社区养老服务改革专项行动启动（市红十字会 供图）

【红十字森林防火服务站建立】 2019年4月中旬，大同市红十字会按照中国红十字总会、山西省红十字会统一部署，为加强红十字会应急救援森林火灾能力，为森林防火救援工作提供专业的应急救护服务、红十字志愿服务和救援力量补充，协助有关部门开展防火宣传。大同市10个县（区）红十字会分别建立红十字森林防火救护站并投入使用，市红十字会把省红十字会配发的5顶帐篷、10个折叠床、10床棉被、10件棉衣等调运物资发送到各县（区），供服务站搭建及相关值守人员使用。（市红十字会）

【纪念“世界红十字日”活动】 2019年5月8日，大同市红十字会与大同大学红十字会在御东行政中心南广场前举行主题为“爱心相伴‘救’在身边”的红十字应急救护普及教育进机关活动，向行政事业单位工作人员和办事群众宣传普及遇到突发意外伤害时的自救互救知识与技能。来自于御东行政中心的工作人员及大同大学学生聆听讲座，红十字志愿者在现场举行创伤救护技能、心肺复苏操作等基本应急救护技能演练，指导现场人员了解和掌握应急自救互救技能。（市红十字会）

法 治

人大立法

【概况】 2019年，市人大常委会开展《大同市城市节约用水条例修正案（草案）》《大同市旅游条例》《大同市水土保持条例（修订草案）》立法调研，形成相关修正意见；召开《大同市大气污染防治条例（草案）》《大同古城保护条例（草案）》立法论证会，听取专家意见，形成立法建议。开展《山西省宗教事务条例（修订草案）》《山西省志愿服务条例（修订草案）》《山西省社会文明行为促进条例》立法调研，形成相关修正意见，报送省人大常委会参考。6月1日，《大同市燃煤污染防治条例》施行。

（贾鸿铸　陈　力）

【《大同市城市节约用水条例修正案（草案）》立法程序调研】 2019年4月1日，市人大常委会法工委、建设环保工委相关负责人带领市城市管理局相关人员，到同煤集团下属企业塔山循环经济园区开展《大同市城市节约用水条例修正案（草案）》立法调研。

调研组一行参观塔山循环经济园区的园区建设动态演示沙盘、智慧管理调度室、矿井水处理站等。塔山循环经济园区规划面积56平方千米，建成煤炭、电力、化工、建材等产业，实现多产业链协同运营。在水循环利用方面，该园区筹办工业废水预处理系统，采用一级闭路循环，把生活污水处理厂输水管线与洗煤厂洗选煤供水系统连通，把处理后的生活污水用于洗选煤供水系统，洗选煤的废水处理后再循环利用。扩能改造园区矿井水处理站，日处理能力7500立方米。矿井水的复用大大减少新水用量，由原来日均5000立方米降至3600立方米，水源问题得到缓解。调研组在园区办公楼召开《大同市城市节约用水条例修正案（草案）》立法座谈会。园区总工程师、后勤部长、同煤集团供水分公司副总工程师、液化空气大同有限公司工程师等参加会议。

会上，法工委负责人介绍这次修订工作的阶段性成果和现实意义。同煤集团供水分公司副总工程师结合自身节水管理方面经验，提出“政府应加大中水回用工程建设投入”等立法建议。参会人员讨论《大同市城市节约用水条例修正案（草案）》转供水方面立法规定。调研组询问同煤集团和相关企业整改转供水情形的举措并提出指导意见，分析评估《大同市城市节约用水条例修正案（草案）》实行转供水管控后产生的影响。同时表示，采纳大家意见，补充完善《大同市城市节约用水条例修正案（草案）》。

（贾鸿铸　陈　力）

【市人大常委会民宗侨外工委立法座谈会】 2019年4月3日，市人大常委会民宗侨外工委召开《山西省宗教事务条例（修订草案）》立法座谈会，征求意见。市委统战部常务副部长杜福，大同市及部分县（区）宗教事务部门负责人和市宗教团体等20余人参加会议。

与会人员讨论《山西省宗教事务条例（修订草案）》。总体认为该条例贯彻习近平总书记关于宗教工作的指示精神，贯穿国务院新修订《宗教事务条例》核心要义，与上位法相统一，突出地方特色，有许多新增的条款，有较强的指导性、可操作性，符合山西省实际。大家围绕部分条款的合法性、合理性、可操作性、文字表述规范性，提出执法主体责任和宗教人员社会保障等方面内容修改意见和建议。会后，市人大常委会民宗侨外工委归纳整理与会人员所提意见和建议，并反馈至省人大常委会。

（贾鸿铸　陈　力）

【市人大常委会到外省市立法调研】 2019年4月7日至13日，为促进市旅游业健康稳定发展，推动《大同市旅游条例》修订工作取得实质性进展，市人大常委会副主任刘美带领由法工委、民宗侨外工委和市文旅局相关负责人组成的立法调研组，到成都、阆中、恩施和武汉等地开展立法调研。

调研组通过实地考察、专题座谈、经验交流等形式，了解当地政府在发展全域旅游方面的举措，相互交流景区生态、旅游市场如何进行有效监管，游购娱吃住行如何协调运行及如何发挥旅行社主导作用等方面情况，为修订《大同市旅游条例》获得经验。

（贾鸿铸　陈　力）

【市人大常委会社会建设委员会立法座谈会】 2019年4月15日，根据省人大常委会关于修订《山西省志愿服务条例（修订草案）》通知要求，市人大社会建设委员会召开立法座谈会，征求意见。市文明办、团市委、市民政局相关负责人参加会议。

与会人员讨论《山西省志愿服务条例（修订草案）》情况。总体认为《山西省志愿服务条例（修订草案）》贯穿《志愿服务条例》的核心要义，与上位法相统一，突出地方特色，有较强的指导性、可操作性，符合山西省实际。大家围绕部分条款的合法性、合理性、可操作性、文字表述规范性，提出部门职责细化和志愿服务活动经费保障等内容修改意见和建议。会后，该社会建设委员会归纳整理参会人员所提意见和建议，并反馈至省人大常委会。（贾鸿铸 陈 力）

【《大同市燃煤污染防治条例》施行】 2019年3月22日，山西省第十三届人民代表大会常务委员会第九次会议审议通过《大同市燃煤污染防治条例》（简称《条例》）。该条例于6月1日起施行。

该《条例》共22条，主要内容有：规定实施燃煤总量控制计划。《条例》规定市、县（区）人民政府应当根据燃煤总量控制目标制定燃煤削减和总量控制计划，保障燃煤在全市一次能源消费中的比重逐步降低。规定特定行业及环境敏感区的准入限制。《条例》根据市工业建设情况，明确控制燃煤火电、钢铁、水泥等高能耗重污染项目，明确禁止在中心城区、风景名胜区等环境敏感区新建燃煤项目。规定重污染天气预警制度。明确遇重污染天气政府应当发布预警信息，并根据应急需要采取责令燃煤企业停止生产或者限制生产措施。规定在禁燃区、禁煤区未按照规定停止燃用高污染燃料的，由生态环境主管部门责令改正，处罚单位2万元以上20万元以下罚款，处罚个人200元以下罚款。

（贾鸿铸 陈 力）

【《大同市旅游条例》立法座谈会】 2019年7月2日，市人大常委会民宗侨外工委召开《大同市旅游条例》立法座谈会，征求意见。大同大学历史与旅游文化学院、大同大学法学院、市交通局、市文物局、市文旅集团及部分宾馆、旅行社和汽车服务公司等涉旅单位企业负责人参加会议。

与会人员讨论《大同市旅游条例（修订草案）》情况。总体认为《大同市旅游条例（修订草案）》突出公共利益，克服部门利益，最大限度保护旅游经营者和旅游者的合法权益，内容合法，程序完备，具有较强的针对性和可操作性。其中，没有与法律相抵触、与政策相违背的情形，符合大同市旅游业发展实际。大家围绕部分条款的合法性、合理性、可操作性、文字表述规范性等方面内容提出修改意见和建议。（贾鸿铸 陈 力）

【市人大常委会法工委到浑源县立法调研】 2019年7月19日，市人大常委会法工委、市水务局、市水土保持研究所相关人员到浑源县开展《大同市水土保持条例（修订草案）》涉及的坡耕地水土保持问题立法调研。

调研组实地走访深涧村，并与陪同专家及浑源县水务局相关人员交流。浑源县坡地广布北坡区，治理前，整个北坡区黄土掩覆、剥蚀强烈，呈现出沟谷纵横、地形起伏、地表破碎的独特地貌。2017年以来，浑源县实施坡耕地水土流失综合治理项目，投资1804.54万元。通过两年施治，北坡区的山形地貌得以恢复，原来的沟壑、丘陵被修筑整齐的水平梯田所取代，这片因水土流失形成的薄瘠之地，成为一片充满现代化农业气息的希望田野。

调研组认为，水土保持是国土整治、江河治理的根本，是一项基本国策。坡耕地是水土流失的主要策源地，坡耕地治理符合大同市实际水土流失治理关键举措之一，通过地方立法来引领坡耕地治理，为大同市减轻水土流失、增加基本农田、改善耕作条件、促进粮食增收、促进农业农村发展提供法制保障。（贾鸿铸 陈 力）

【市人大常委会立法专题讲座】 2019年8月29日，市人大常委会举行立法专题讲座，特邀省人大常委会委员、法制委副主任委员、法工委主任蔡汾湘作主题为《地方立法的不抵触、有特色、可操作》专题讲座。蔡汾湘围绕“地方立法的不抵触、有特色、可操作”这一主题，结合具体立法案例和立法实务操作，从立法不抵触、有特色、可操作含义、原则及建议讲述。市人大常委会主任赵向东，市人大常委会副主任张翠萍、刘美、雷雪峰、冯境城、张忠义，秘书长郭普跃听取讲座。刘美主持讲座。市十五届人大常委会委员及市人大机关全体干部聆听讲座。（贾鸿铸 陈 力）

【《山西省社会文明行为促进条例》立项调研】 2019年10月18日，市人大常委会教科文卫工委组织部分常委会委员和市人大代表到云冈区，开展《山西省社会文明行为促进条例》立项调研。

在云冈区，调研组发放调查问卷200份，问卷调查各行各业群众和市民，了解社会较为突出的不文明行为。并召集部分省、市、县（区）、乡四级人大代表和政府职能部门工作人员、街道、社区、乡镇人员召开座谈会，探讨交流制定法规必要性、可行性及具体建议。与会人员认为，通过立法形式促进全市文明行为，有效提高文明城市创建的法治化水平，并建议政府部门主动承担主体责任，常抓不懈。注重发挥基层乡镇、街道、社区作用，培育和践行社会主义核心价值观，弘扬传统美德，引导和规范公民文明行为。针对网络中充斥的诸多不文明言行，建议纳入条例加以规范，净化网络生态，推动网络文明建设。

（贾鸿铸 陈 力）

【《大同市大气污染防治条例》立法专家论证会】 2019年10月22日，市人大常委会法工委组织召开《大同市大气污染防治条例（草案）》（简称《大气条例》）立法论证会。大同大学政法学院教授苏佩生、原政府法制办主任刘友和、山西华渊律师事务所主任孟有忠等立法咨询专家应邀参加会议。

市人大常委会法工委主任刘欣介绍《大气条例》的立法背景和立法进程并阐述关键条款内容。与会专家们探讨《大气条例》的立法目的、体例编排、责任部门、重点防治措施和法律责任设定等方面情况，从“不抵触”“有特色”和“可操作”等角度提出意见和建议。与会专家们认为，经市人大常委会第一次审议和多次论证、调研、修改，《大气条例》内容充实、体系完备，能够遵循上位法有关规定和立法技术要求，体现出较强的可操作性和时代气息，对加强大同市露天烧烤食品、焚烧祭品、燃放烟花爆竹的监管和工业废气治理等具有

重要作用。（贾鸿铸　陈　力）

【市人大常委会开展古城保护立法调研】　2019年11月6日，市人大常委会副主任刘美带领部分常委会委员及法工委工作人员到古城管理委员会、部分历史街区开展立法调研，并召开《大同古城保护条例（草案）》立法座谈会。

座谈会上，大同市古城管理委员会主任武保洲介绍古城保护的现状，以及在管理过程中遇到的困难和问题，提出《大同古城保护条例（草案）》一些建设性意见。与会人员围绕《大同古城保护条例（草案）》的结构、体例及条例内容研究推敲，相互交流。与会人员认为，要认知古城保护的意义，广泛征求意见，坚持问题导向，注重务实管用，突出大同特色，确保条例的操作性、可行性，为保护好大同古城提供有力法治保障。

（贾鸿铸　陈　力）

政法委及综治工作

【概况】　2019年，大同市委政法委出台《大同市政法机关维护国家政治安全工作协调机制》，规范市政法系统维护国家政治安全工作。制定全市特赦工作方案，在规定时间内完成特赦实施工作。出台《关于进一步加强全市反邪教工作的实施意见》等文件，开展“四送上门”（即接茬巩固、宣传教育、教育转化、关怀温暖）活动，打击各种渗透颠覆破坏活动。加强反恐关注人员摸排核查工作，核查全市反恐关注人员，人员核查率100%，在全省反恐重点工作考核排名第一；开展反恐实战拉动演练和反恐宣传活动，防控和降低暴恐袭击风险。开展系列净网行动，集中清理整治网上政治谣言和有害信息，通过“互联网巡查处置系统”查处有害信息5万余条，发布宣传引导文章986篇。加强网上违法犯罪打击力度，办理涉政案件74起，刑事拘留3人，行政拘留9人，教育训诫62人。在2019年度全省平安建设（综治工作）考核中，大同市位列全省第二，被评委为全省平安建设先进市。（市政法委）

【安全防范化解】　2019年，大同市成立市委国家安全委员会，市主要领导批示防范化解重大风险相关问题29次。全年19次市委常委会审议防范化解重大风险相关工作问题，审议通过《中共大同市委国家安全委员会工作规则》《中共大同市委国家安全委员会办公室细则》《中共大同市委关于贯彻落实〈党委（党组）国家安全责任制度规定〉的实施意见》等制度文件，出台《大同市坚决打好防范化解重大风险攻坚战2019年行动计划》，部署开展40项专项行动，把非法矿山开采整治及浑源矿山生态修复、恒安新区综合治理、招商引资、项目建设等领域，纳入重大风险范围，重点防范化解。市委国家安全委员会办公室在全市范围内组织2次自查自评和1次实地督导。全年各类风险隐患有效防控，全市社会大局持续稳定。

（市政法委）

【扫黑除恶专项斗争】　2019年，市委常委会4次专题研究扫黑除恶工作，召开3次扫黑除恶专项斗争推进会、3次案件协调会和整治“楼霸”专题研讨会，强化组织领导、压实工作责任。3次组织法院、检察院、公安召开“大三长”（指公安局局长、检察院检察长、法院院长），“小三长”（指刑侦队队长、公诉科科长、刑事庭庭长）工作会议，加强案件会商，提升办案质效。印制《进一步强化“三书两办”工作机制推动行业领域综合治理的通知》，发放全市14个行业领域28家相关单位，形成共同参与、齐抓共管、同步推进的局面。结合“不忘初心、牢记使命”主题教育，专项整治“对黄赌毒和黑恶势力听之任之、失职失责甚至包庇纵容、充当保护伞问题”，组织开展6轮大清查打击行动，推动扫黑除恶专项斗争向纵深发展。全年全市打掉涉黑涉恶团伙52个，抓获犯罪嫌疑人289人，查处涉案金额5.37亿元。创建行业治理“1+ N”平台，全市23家行业单位开展专项整治行动98项，解决各类问题隐患1056件。（市政法委）

【公共安全管理】　2019年，大同市委政法委组织开展“春季攻势”“夏季风暴”“秋风行动”“冬季严打”等严打整治专项行动，打击各类违法犯罪。全年破获刑事案件2173起，抓获刑事作案成员1818人，刑事拘留1552人。破获现行命案15起，破案率100%。破获命案积案9起，排名全省第二。破获电信网络诈骗案件309起，查处违法犯罪嫌疑人150人，劝阻拦截3684起2645万元。破获毒品刑事案件129起，打击涉毒犯罪团伙13个，抓获毒品犯罪嫌疑人174名。开展治安乱点整治行动，检查涉枪涉爆单位、易制爆危险化学品从业单位135家次，排查整改安全隐患25处。开展物流寄递行业安全管理专项整治行动，处罚违规违法寄递企业98家次、物流企业53家次。抓交通安全管理，开展重点车辆、交通乱点、酒驾等违法行为专项整治“百日行动”，查处各类交通违法行为1532890起；综合整治恒安新区旅游观光车，收缴处理电瓶车968辆。完成全国和省市“两会”“两节”、2019古都灯会、“二青会”、成龙国际动作电影周、新中国成立70周年大庆等109项、706场次安保任务。（市政法委）

【“枫桥经验”推广】　2019年，大同市委政法委在选树广灵县姜大姐调解室、平城区老温调解室等10个全省司法厅肯定的“个人品牌调解室”做法基础上，重点培育“李培斌工作室”、“新荣区西村调解室”、知心姐姐法律志愿服务队等金牌调解团队，推动矛盾就地化解。市委政法委与市司法局、市中级人民法院、市财政局等6个部门联合印发《关于进一步加强人民调解工作的意见》，规范化建设市级土地矿产、劳动人事、环境保护、建筑施工、物业管理、婚姻家庭、医疗、道路交通、保险、金融10个行业性、专业性人民调解组织，并开展矛盾纠纷排查化解，落实源头预防责任，筑牢维护稳定的第一道防线。全年调解各类矛盾纠纷4320余件，成功率近90%。（市政法委）

【市域社会治理】　2019年，大同市委政法委出台《关于推进市域社会治理现代化的实施意见》，制定重点任务清单，明确10个重点项目、38项具体任务。6月，省委常委、政法委书记商黎光一行到大同市调研，肯定大同市市域社会治理、综治中心标准化建设和网格化服务管理等工作。8月，在全省市域社会治理试点工作推进会上，大同市作《六联六同、和美大同》典型发言。年内，把恒安新区作为试点，推进组织建设、基础设施、公共管理、就业保障、社会治安“五个全覆盖”，取得初步成效。国家发改委和经信委到大同调研，肯定恒安新区的治理模式和经验。中央电视台《平安中国2019》摄制组，在云冈区恒安新区拍摄大同市推进市域社会治理现代化专题宣传片。（市政法委）

【综治中心标准化建设】 2019年，大同市委政法委投资200万元升级改造市综治中心，部署推进全市各级综治中心标准化建设。其中，6个县（区）新建综治中心，64个乡镇（街道）的综治中心达到国家标准，27个乡镇（街道）的综治中心新建或在原基础上升级改造，2215个村（社区）完成综治中心标准化建设。印发《关于推行综治中心“六进驻”的通知》，在全市推进综治中心进驻机关、园区、企业、校园、景区、商圈，加强平安基础建设。按程序重新录用县（区）网格员，调整不称职网格员243人，全员培训全市三级综治中心工作人员和网格员，提升综治人员能力水平。（市政法委）

【法治建设】 2019年，大同市委政法委推进执法司法规范化建设，在全市政法系统部署开展执法司法规范化大检查活动，并落实领导干部不得非法干预司法活动的各项规定，排除执法司法活动的非法干预，营造公平公正的执法司法环境。推进法治保障机制建设，市县两级均成立法治建设领导机构和办公室，制定工作规则和工作要点。印发《关于深入学习贯彻习近平总书记全面依法治国新理念新思想新战略加快推进全面依法治市工作的意见》，召开第一次市委全面依法治市委员会会议，审议通过《大同市委全面依法治市委员会工作规则》《大同市委全面依法治市委员会协调小组工作规则》等制度文件，出台《关于加强我市行政机关负责人出庭应诉工作试行意见》，形成以制度促规范的局面。制定《大同市党政主要负责人履行推进法治建设第一责任人职责2019年度工作清单》，明确法治建设工作目标，压实工作责任，传导工作压力。（市政法委）

【营商环境优化】 2019年，大同市委政法委健全保障民营经济发展的制度机制，牵头成立保护民营企业合法权益专项工作组，出台《全市政法机关支持服务保障民营企业发展的实施意见》，制定《大同市政法机关服务保障民营企业发展工作联席会议制度》，明确政法各部门服务保障民营企业发展的工作职责。维护企业合法权益，牵头召开政法机关支持服务保障民营企业发展工作调研座谈会，为提升政法机关服务水平和质量，搭建沟通交流平台。市委政法委牵头组织市政法各部门与生态环境保护部门，常态化开展打击破坏生态环境违法犯罪活动，打击处理环境污染刑事案件12起，采取强制措施46人，移送起诉34人，行政立案7起，行政拘留6人。优化便民服务措施，推进便民服务“最多跑一次”改革，推动“一网通一次办”“精准服务企业”平台的宣传推广和应用，为人民群众提供方便快捷服务。（市政法委）

【政法智能化建设】 2019年，大同市委政法委加快智能化建设，提升政法工作现代化水平。加快推进“206”系统试点建设。6月，在全市各级政法机关展开刑事案件智能辅助办案系统（简称“206系统”）的推广应用。市委政法委召开10次工作协调会，研究解决推广应用过程中出现的问题，协调推进“206系统”刑事案件网上办理。推进“雪亮工程”建设。全市按照“购买服务、租赁运管”的方式，在主城区和建成区建设前端点位7472处，安装监控设备23848台，实现170余平方千米建成区公共安全视频监控全覆盖。全市10个县（区）中，有9个县（区）完成综治交换共享平台建设。市委政法委出台《关于加快推进综治视联网建设的通知》，推进乡镇（街道）和村（社区）综治中心综治视联网建设。（市政法委）

【政法新媒体建设】 2019年，大同政法新媒体推进正面宣传、阵地建设、舆情管控、网络安全“四大任务”，全年累计发文3.1万篇，阅读量9.56亿次、转发量0.16亿次、评论量1.2亿次，大同政法新媒体拥有粉丝119.5万。全年在《长安》杂志、《法制日报》《山西法制报》《大同日报》等网站媒体刊登各类文章300余篇，发表《盛会与盛怒》《扫除漫天“大同蓝”》等评论2200余篇，拍摄的微视频《枪口下》获中央政法委优秀作品奖，并被省委宣传部评为社会主义核心价值观主题微电影二等奖。大同政法微信公众号被中央政法委授予“全国优秀政务新媒体”称号；大同政法头条号被中央政法委评为“四个一百”新媒体；一点号被中央政法委评为“全国百佳头条号”“全国优秀一点号”称号；大同长安网群在山西长安网群考核中一直位列全省第一方阵。（市政法委）

【市委政法工作暨全市信访工作会议】 2019年2月27日，市委政法工作暨全市信访工作会议召开。省委常委、市委书记张吉福出席会议并讲话。市委副书记、市长武宏文出席会议。市委常委、政法委书记姚鸿波主持第一阶段会议，并在第二阶段会议上作工作报告，安排部署2019年全市政法工作。会议以电视电话会议形式开到县一级。市委常委出席第一阶段会议，市人大常委会、市政府、市政协有关负责人，市“法检”两长等出席会议。市委政法委委员、市政法系统各部门及市信访局班子成员、市信访联席会议成员单位主要负责人、各县（区）有关单位主要负责人在主会场参加会议。（市政法委）

【市法律心理学专业委员会成立】 2019年8月2日，大同市心理学会法律心理学专业委员会成立。法律心理学专业委员会隶属于大同市心理学会，是大同市政法系统心理咨询服务人员开展法律相关心理学研究的学术性组织。大同市政法系统有1支心理咨询专业队伍，取得心理咨询师证书的有124人，他们利用工作之余，完成个体心理咨询200余人次、开展团

体心理辅导100余场，举办专题讲座、学术交流等130余场。（市政法委）

【普法主题文艺宣传活动】 2019年9月29日，大同市在万达广场举行以“服务大同普法行”为主题的普法文艺宣传活动。活动由市委政法委、市司法局、市委全面依法治市委员会办公室、平城区委政法委、大同市山威安置帮教基地、市普法艺术团6家单位组织，通过歌曲、舞蹈、小品、快板、二人转等表演形式，呈现给市民一场展示新中国70年辉煌成就及内容的法治文艺表演。普法宣传活动中，大同市相关部门出动宣传车5台，发放《中华人民共和国宪法》读本1500余本，现场解答群众咨询近100次。（市政法委）

【公益法律服务平台成立】 2019年10中旬，随着大同法制网的微信小程序应用服务上线，大同市首个网络公益法律服务平台成立。

大同法制网（www.dtfz.net）以法制宣传、法律服务、法治维权为目标，弘扬新时代法治精神，搭建公共服务窗口和公益信息平台。大同法制网推出的网络公益法律服务平台主要以群众需求为导向，以“互联网+服务”为理念，统筹整合法律服务资源，利用网站、微信、小程序、APP等新媒体，实现线上与线下法律资源对接。具备法律咨询、线上预约及信息查询等功能，提供在线法律服务，开创用户与律师专家线上沟通、线上预约和线下服务相结合的法律服务模式。市民遇到法律问题可通过小程序享受咨询服务，直接与线上入驻律师实现网络沟通，方便群众咨询法律问题，让信息多跑路、群众少跑腿，解决老百姓法律难题。（市政法委）

【平安建设宣传月活动】 2019年11月1日，市委政法委在市明堂公园举行以“平安大同你我共创，大同平安你我共享”为主题的平安建设宣传月活动启动仪式。宣传月活动期间，市委政法委组织相关单位在社区、学校、商场、机场等场所，通过发放宣传手册、悬挂条幅、摆放展板等方式，宣传扫黑除恶专项斗争、新时代“枫桥经验”、社会治安防控体系建设等内容，发动群众投身建设平安大同，做平安建设的参与者、宣传者、支持者，营造平安建设人人参与、平安成果人人共享氛围。（市政法委）

▲ 2019年11月1日，市委政法委在市明堂公园举行“平安大同你我共创，大同平安你我共享”为主题的平安建设宣传月活动启动仪式（市政法委　供图）

【能源资源领域扫黑除恶专项行动推进会】 2019年11月13日，市委政法委召开能源资源领域扫黑除恶及核查“保护伞”专项行动推进会议。会议贯彻落实习近平总书记重要指示精神和中央、省委的决策部署，推进能源资源领域扫黑除恶及核查“保护伞”专项行动，净化行业土壤，优化发展环境，确保市能源革命综合改革试点任务开展。会议强调，全市各级各部门要提高政治站位，主动担当履职，把专项行动摆到全局突出位置，强力推动，抓落实。各成员单位发挥监管职能，健全完善行业治理“1+N”平台，加强沟通，协同发力，综合运用各种手段预防和打击能源资源领域黑恶势力，为能源资源领域企业发展营造良好法治环境。（市政法委）

公　安

综　述

【概况】 2019年，大同市公安局辖平城区、云冈区、新荣区、云州区4个城市分局，天镇、阳高、浑源、灵丘、广灵、左云6个县公安局，以及直属、直属第二、开发区、御东、云泉和恒安6个直属分局。全市在编警力4537人（其中事业人员399人），授衔人员4097人。辅警3065人。市公安局机关（含直属分局，不含4个区）有警力2159人，占总警力47.1%。（市公安局）

【扫黑除恶专项斗争】 2019年，大同市打掉黑恶势力团伙52个。其中，黑社会性质组织10个，恶势力集团19个，恶势力团伙23个。抓获犯罪嫌疑人290人，破获各类案件349起，查缴涉案资产5.37亿元，制发风险提示函247件，移交纪委监委保护伞线索182条。打掉套路贷涉黑集团5个、恶势力集团1个，破获相关案件265起，逮捕82人，冻结扣押资产41525万元。（市公安局）

【大同公安大数据中心建设】 2019年，市公安局投入专项建设资金5073万元，完成大同公安大数据中心建设。市公安大数据平台、云平台、大数据网络安全平台均搭建完成。年内制定《大同市公安局政务类、社会类数据集中采集方案》，推进数据采集与汇聚，大数据平台汇聚各类数据7202亿条。开展大数据平台推广和实战应用培训，培训民警、辅警4586人次，培养大数据初级应

用人才 108 人。（市公安局）

【放管服效改革】 2019 年，市公安局以政府办名义印发《深化户籍制度改革、提升窗口服务质量、助力大同市产业转型“招才引智行动”的实施意见》，实现全市转移人口进城落户“零门槛受理”、举家迁移“一窗口办结”。完成各类引进人才落户 3042 人。其中，专科学历迁入 880 人、本科学历迁入 1629 人、硕士以上学历迁入 429 人、其他随迁 104 人。加大户籍业务“放管服效”改革，所有户口迁入全部取消审批，实施户籍窗口一站式办结。其中省内迁入全部实现网迁，省外迁入的派出所户籍窗口现场打印准迁证，流动人口居住信息卡“一卡先行”，为群众提供便利。推出交管业务延时服务、引导服务、自助服务、警邮合作服务等，市交警支队车管所被市纪委监委作为“整改漠视群众利益”先进典型推广经验，省公安厅在大同市组织召开全省公安交警深化“放管服”改革现场推进会。（市公安局）

【公安便民利企平台服务】 2019 年，市公安局推进“一网通一次办”“精准服务企业”平台服务，服务群众平台累计实名注册 1809091 人，占全市总人口 56.8%，全省排名第三；总业务量 3251681 件，使用率 102.1%。服务企业平台累计注册 74305 家，总注册率 87.6%，全省排名第六，总业务量 1416035 件，使用率 1669.5%。交警部门完善“互联网＋交管服务”工作机制，简化工作流程，推进“减证放权”“一网通一次办”平台交警业务累计办结 945922 件，位居全省第一。（市公安局）

【营商环境提升】 2019 年，市公安局出台《大同市公安局优化提升营商环境工作方案》，提升涉企案件办理质效，规范涉企执法行为，保护企业经营者人身财产安全，简化企业办事流程，为企业开设办理居住登记和居住证“绿色通道”。开展打击经济犯罪特别是涉企违法犯罪专项行动，主动配合行政主管部门，加强行刑衔接，打击侵犯知识产权、商业秘密、假冒伪劣等违法犯罪行为。全年全市受理各类经济犯罪案件 415 起，立案 341 起，破案 116 起，抓获犯罪嫌疑人 111 人，为国家挽回经济损失 10960 万元。破获“9·24”特大虚开增值税发票案，涉案金额约 8.5 亿元，捣毁开票窝点 2 处。（市公安局）

【“春季攻势”严打整治专项行动】 2019 年，大同市公安机关开展“春季攻势”严打整治专项行动。行动期间，全市公安机关破获刑事案件 506 起，刑拘 405 人，批捕 142 人，取保候审和监视居住 63 人，移送起诉 215 人，强戒 366 人，社区戒毒 54 人，治安处罚 358 人。（1）扫黑除恶专项斗争。打掉黑恶团伙 25 个。其中，恶势力犯罪集团 10 个，恶势力团伙 15 个。打击处理各类违法犯罪人员 105 人，破获刑事案件 81 起，依法查扣、冻结各类涉案资产 2.53 亿元。部转线索 35 条办结 8 条，厅转线索 9 条办结 3 条，摸排涉黑涉恶线索 110 条，抓获涉黑涉恶逃犯 5 名。（2）大案要案。现发 5 起命案全部侦破，保持“发一破一、命案全破”记录。县区（分）局侦破命案积案 3 起。八类案件方面，立案 5 起，破案 8 起，打击处理 2 人，绑架、挟持人质、涉枪涉爆等严重暴力犯罪继续保持零发案。“春季攻势”期间，“两抢”案件刑事警情立案 27 起，主城区长期保持零发案。（3）打击电信网络新型犯罪。市公安局党委抽调警力，组建打击电信网络诈骗等新型犯罪专班，开展集中研判、精准打击，破获案件 5 起，刑拘 9 人，冻结资金 3 笔，返还涉案资金 3.82 万元。（4）“盗抢骗”“食药环”突出违法犯罪、涉众型经济犯罪和追逃等专项打击。全市各级公安机关把矛头对准危害群众利益的突出违法犯罪和影响社会稳定的涉众型经济犯罪，立盗抢骗案 757 起，破案 319 起，刑事打处 92 人，打掉 8 个团伙，追赃、挽回损失 7.46 万元。侦破陈某民涉嫌非法经营药品案，查获 90 余种中西药成品，涉案价值 50 万余元。破获“开元盛世”特大网络传销案，大同市涉案金额 1000 万元。行动期间，全市抓获逃犯 156 人。其中，涉黑涉恶逃犯 3 人（含劝投 3 人），命案逃犯 10 人，历年逃犯 47 人，当年逃犯 109 人。（5）以云冈区为重点，辐射全市的“毒、赌”治安乱点整治。云冈、云泉、恒安公安分局按照市公安局统一部署开展严打整治，破获刑事案件 175 起，刑事打处 87 人，打掉 6 个恶势力团伙涉案 35 人，破获涉毒案件 25 起，查处吸毒人员 294 人，强戒 198 人，摸排管控人员 653 人，组织集中治安清查统一行动 6 次，设卡盘查 6 次，各派出所、治安大队自行组织治安清查 18 次，累计出动警力 1062 人次，检查公共复杂场所 574 家次，盘查车辆 3255 台，盘查人员 4700 人。（市公安局）

治安管理

【概况】 2019 年，市公安局加强四个平台应用，依托立体化、信息化社会治安防控平台、晋治安“APP”、派出所智慧大脑平台和掌上派出所四大平台，延伸治安管控触角，采集基础信息，强化分析研判，提升社会治安综合管控能力，并全部在立体化信息化防控平台中呈现展示，实现全项采集，实时上传。加快党政机关、中小学幼儿园以及国计民生水电油气等单位智慧内保建设步伐，全市重点国计民生要害区位视频监控覆盖率 100%。加强大型活动安保和群众活动安全监管，完成安保任务 145 项 768 场次。强化治安复杂场所和乱点治理，贯彻落实习近平总书记“5·29”重要批示精神，强化市、县、派出所三级黄赌研判分析，采取明察暗访、异地用警、定点清除，打击整治黄赌违法犯罪行为，全市“百家乐”赌博彻底杜绝，黄赌违法犯罪得到有效遏制。全年破获黄赌刑事案件 49 起，刑事拘留 84 人。侦办黄赌治安案件 150 起，行政拘留 420 人。开展治安大清查集中行动 6 次，累计清查宾馆、酒店、夜总会等重点场所及“九小场所”和治安乱点 21698 处（次），责令整改 683 家，停业整顿 121 家，依法取缔 105 家。以云冈区特别是恒安新区为中心辐射全市，集中云冈、云泉、恒安 3 个分局警力，实施“三分局联动”“企地联动”“诸警种联动”，开展治安乱点整治，推进社会治安专项治理。组织治安清查 108 次，累计出动警力 15060 人次，检查公共复杂场所 5125 家次，破获刑事案件 85 起，打掉黑恶势力团伙3个，刑事拘留73人。管控危爆等重点物品，加强对枪支弹药、易燃易爆、危化品等重点物品的日常管理和动态管控，把全市2339名涉爆从业人员、56台危化品运输车辆纳入平台管控，全程监管2家起爆器销售单位的购销信息。开展涉危爆企业隐患排查整治工作，落实涉枪涉爆重点人员每天见面制度，逐级签订责任状，强化易制爆化学品、放射性元素管理，加大危爆物品收缴，全市未发生危爆物品引发致人死亡事故。全年检查危化企业1279家次，现场发现隐患并整改28处。收缴各类枪支227支、子弹5521发、炸药27.6吨、雷管24139枚、刀具646件、易制爆危险化学品90千克。开展物流寄递行业安全管理专项整治行动，处罚违规违法寄递企业98家次、物流企业53家次。强化治安查控和社会面巡控，推进公安检查站融合卡口、多维融合应用平台等智能感知系统建设，实现重点车辆、重点人员前端感知、智能防控，全市"环京护城河"9个省级检查站、7个治安卡口、12个电子卡口治安查控能力提升。结合重大安保、重要节点，适时启动全市出省进京公安检查站等级查控勤务，最大限度过滤不安全因素，严防重点人员和危险物品登车登机、过河进京。全年累计启动查控勤务190余天，出动警力1.5万余人次，检查出省进京车辆295201台次、人员799208人次，查获各类非访人员367人、网上逃犯6人、吸毒人员17人，查缴管制刀具57件、散装汽油40升。落实重点部位武装定点执勤、公安特警屯警街面动中备勤、早晚高峰勤务、公安武警编队武装巡逻和"1、3、5分钟"快反机制，强化社会面巡逻管控，震慑和打击各类现行违法犯罪。年内，出动巡逻警力13679人次、警车2724台次，抓获各类违法犯罪嫌疑人167人，现场处置打架滋事案件373起。（市公安局）

【社会维稳】 2019年，全市公安机关完成新中国成立70周年大庆安保。把握规范公正文明执法工作目标，全市公安机关坚持平台支撑、立体监督、常态整治、实战培训，提高执法公信力。围绕革命化正规化专业化职业化要求，全市公安机关坚持政治建警、改革强警、科技兴警、从严治警，树立队伍"四个铁一般"（即铁一般的理想信念、铁一般的责任担当、铁一般的过硬本领、铁一般的纪律作风）形象。围绕"控增量、减存量、提质量、防风险"目标要求，压实责任，治理源头，攻坚化解，办理群众来信到访2243件，办结2165件，办结率96.5%。健全快速反应、梯次加强应急处突工作机制，处置各类群体性涉访事件。坚持情报先导，推进"一长三班两平台"（一长即指挥长，三班由指挥调度专班、情报支撑专班、执行督办专班组成，两平台为大数据协同指挥作战平台和钉钉指令核查处置平台）情指一体工作机制运行。（市公安局）

公安活动

【"110"宣传日系列活动】 2019年1月10日是全国第33个"110"宣传日，市公安局围绕"警民牵手'110'，共创平安迎大庆"主题，开展系列宣传活动。市公安局多个警种约200余名民警在华严广场开展集中宣传活动。通过设立展板、播放视频、发放宣传资料等方式向过往市民重点介绍"110"职能和报警求助范围、便民利民服务举措及非警务类求助分流机制。恒安公安分局在辖区宣传中新增扫黑除恶专项斗争和"一网通一次办"等便民服务宣传；市安监局培训中心、市教委联合举办应急及救援安全技术专项培训班。全市设立宣传点30余个，印发宣传单近10万份，参加宣传警力1500余人，参与群众2万余人。（市公安局）

【公安局建局70周年庆祝活动】 2019年5月2日，大同市公安局举行"忠诚铸警魂，奋斗写辉煌"建局70周年庆祝活动，副市长、市公安局党委书记、局长尚建军出席庆祝活动。大同市公安局党委班子成员，各分县局局长，局属各单位正职及民警代表500余人参加庆祝活动。活动中，全体人员观看大同市公安局建局70周年专题片，回顾总结大同市公安局建局70年来取得的成就，集中展现公安民警不怕艰辛、努力拼搏、敢于担当的公安精神，并观看文艺演出。（市公安局）

【"一网通一次办"宣传活动】 2019年6月13日，大同市公安局在市政务大厅审批中心广场开展"一网通一次办"上线一周年主题宣传活动。大同市公安局党委委员、政治部主任庞忠杰出席活动，局属交警、户政、危管、出入境、禁毒、网安、法制、直属一分局、直属二分局等警种部门参加宣传活动。现场发放各种宣传资料2万余份，接受群众咨询1300余次。各分县局同步开展主题宣传活动。（市公安局）

▲2019年1月10日，市公安局举行"警民牵手'110'，共创平安迎大庆"主题宣传活动　（市公安局 供图）

▲ 2019 年 12 月 26 日，公安部测评组一行测评大同市社会治安防控体系建设工作

（市公安局 供图）

【大同反电诈宣传活动】 2019 年 8 月 25 日，大同市公安局联合美团点评集团在平城区明城墙遗址广场举行“百万骑手千城亿户”大同反电诈宣传活动。大同市公安局党委委员、副局长昝斌及美团安全事务部负责人出席启动仪式。大同市公安局网安、巡特警支队民警和美团骑手、百盛商场参加启动仪式。活动中，印制宣传海报 6000 余份、餐箱贴 3000 余份、垫餐纸 20 万份、防诈反诈宣传单 1.2 万份，由美团骑手派送到千家万户。

（市公安局）

【首笔交通事故社会救助基金启用】 2019 年 10 月 8 日，新修订的《山西省道路交通事故社会救助基金管理办法》实施以来，大同市首次启用交通事故社会救助基金。10 月 22 日，市交警一大队事故中队民警接到 110 指令，称在平城区北都街大同十三中对面发生 1 起自行车与电动车碰撞事故，有 1 名中学生在事故中受伤，二轮电动车驾驶人事发后驶离现场。该事故中队民警立即到现场救助伤者，勘查现场，调查取证，并向大队上报。大队领导组织警力查找肇事车辆，在附近学校找到肇事嫌疑人及肇事车辆，案件告破。因当事双方均无力承担医疗费用，民警联系交通事故社会救助基金管理机构人寿财险大同分公司，认定受害方符合新修订的《山西省道路交通事故社会救助基金管理办法》垫付标准，让伤者在第一时间得到救治。

（市公安局）

【“平城反诈”公益志愿者联盟成立】 2019 年 11 月初，大同市平城区公安分局借鉴“枫桥经验”，依靠基层群众力量，成立山西省首个反诈公益组织——“平城反诈”公益志愿者联盟。“平城反诈”公益志愿者联盟成立形成一个相互关联、相互融通、优势互补的线上、线下 2 张“群众宣传网”。线上包括：发动全市 30 余家新媒体单位组成“平城反诈”公益志愿者联盟子联盟，依靠各家网络资源优势宣传；发动平城区公安分局所辖 16 个派出所的社区民警进入社区群众微信群，通过社区民警发布诈骗案件，形成点发布群转发之势，起到广而告之效果，同时依据发案大数据图，针对不同社区开展宣传。线下主要包括 18 个宣讲团，即由网络电信诈骗案件侦办民警组成的专业宣讲团、由市党政机关工作人员组成的机关宣讲团及 16 个派出所民警组成的 16 个宣讲团，每个宣讲团成员包括派出所民警、辅警、街道工作人员、招募志愿者、银行工作人员。18 个宣讲团开展进网络、进社区、进家庭、进学校、进企业、进机关“六进”宣传活动，形成线下宣传。利用公益联盟成员单位的快递小哥等特殊人群的职业优势发放线下防诈骗宣传单。

（市公安局）

【社会治安防控体系建设工作测评】 2019 年 12 月 26 日至 27 日，公安部测评组一行测评大同市社会治安防控体系建设工作。26 日，测评组一行在副市长、市公安局局长尚建军陪同下，到大同市公安局指挥中心、大数据中心、图侦支队等部门调研指导，在大同市公安局听取市社会治安防控体系建设情况汇报并测评资料台账和系统应用。27 日，测评组到市北街派出所、太阳城社区警务室、和阳门街面警务室、大同市一中实地测评。

（市公安局）

犯罪侦破

【刑事犯罪侦破】 2019 年，大同市公安机关接报刑事类警情 10336 起，日均约 28 起，同比下降 13.5%。立刑事案件 6497 起，同比下降 22.8%。破获刑事案件 2617 起，破案率 40.3%，抓获刑事作案成员 2074 人，刑事拘留 1757 人，批准逮捕 1216 人。抓获各类网上在逃人员 678 人。其中，抓获历年逃犯 248 人、当年逃犯 430 人，库存逃犯较年初下降 63.9%。破获网络贩枪案件 1 起，刑事拘留 1 人。办理传销案件 26 起，清缴传销窝点 31 个，刑事拘留 33 人，教育遣散 206 人。抓获文物犯罪嫌疑人 7 人，追缴各类文物 26 件。全年全市立八类案件 233 起，同比下降 40.7%；破获八类案件 179 起，破案率 76.8%，同比提升 1.8 个百分点。全市现发命案 22 起，同比下降 38.1%，破获命案现案 22 起，始终保持发一破一。侦破命案积案 21 起，其中沉积 10 年以上命案 20 起，占全省命案积案总量 20%。

（市公安局）

【经济犯罪侦破】 2019 年，大同市公安机关立侵财案件 5535 起，同比下降 24.9%。其中，立盗窃案件 3622 起，同比下降 29.3%，破案 1211 起，破案率 33.4%；立抢夺案件 43 起，同比下降 67.7%，破案 13 起，破案率 30.2%；立抢劫案件 68 起，同比下降 62.2%，破案 37 起，破案率 54.4%。打击整治电信网络诈骗，成立打击整治电信网络新型违法犯罪工作领导小组，组建反电诈合成作战工作专班。全年全市破网络电信诈骗案件 1338

法治

起，抓获违法犯罪嫌疑人 249 人，同比增长 758.6%；劝阻拦截 6443 起、涉及金额 7000 余万元；止付 2437 笔 4819 万元；冻结涉案账户 612、资金 4212 万元。侦破公安部督办“浑源县白某诈骗案”、云冈区“2・20”网络投资理财诈骗案、“4・23”境外网络贷款诈骗案等大案要案。（市公安局）

【“食药环”犯罪侦破】 2019 年，大同市公安机关打击“食药环”（指食品药品安全和环境保护）犯罪，开展“昆仑”专项打击行动，全市破获“食药环”类刑事案件 70 起，同比增长 163%。采取强制措施 125 人，同比增长 192%。移送起诉 83 人，同比增长 156%。查处行政案件 11 起，行政拘留 10 人。捣毁制假售假窝点 36 处，涉案价值 1.5 亿元。侦办公安部挂牌督办案件 2 起，发起全国协查案件 3 起。打掉 1 个制售假酒犯罪团伙，破获案件 8 起，抓获犯罪嫌疑人 8 人，扣押制售假汾酒、国窖、五粮液等名酒 1500 余箱，涉案价值 1060 万元。

（市公安局）

【网络犯罪侦破】 2019 年 1 月 4 日，市公安局食药侦支队联动灵丘县公安局破获一起公安部督办网络非法经营电子烟弹案件，该案涉及新疆、福建、甘肃、山西等 10 个省市，涉案金额 1000 余万元。经查，犯罪嫌疑人王某宇 2017 年 9 月起，从新疆、安徽等地通过网络向上线手中大量购买走私电子烟弹，在没有取得烟草专卖零售许可证的前提下非法销售。

（市公安局）

【故意伤人案侦破】 2019 年 1 月 21 日，市公安局巡特警支队侦破一起持刀故意伤人案。1 月 18 日，受害人赵某彪在迎泽街一串店门前因琐事与多名男子发生持刀打架斗殴事件，赵某彪头部、背部被其中一名男子连捅 8 刀，犯罪嫌疑人随后驾车逃逸。21 日，民警抓获嫌疑人张某。（市公安局）

【虚开增值税专用发票案侦破】 2019 年 2 月 1 日，市公安局经侦支队破获一起虚开增值税专用发票案，抓获犯罪嫌疑人成某强，为国家挽回经济损失 540 余万元。经查，犯罪嫌疑人成某强在 2013 年 6 月至 2014 年 7 月期间，为山西省某药业有限公司大同分公司多次虚开增值税专用发票 319 份，涉案金额 3700 余万元，税额 540 余万元。

11 月 1 日，经侦支队破获一起系列虚开增值税专用发票案，抓获大同县某煤炭运销有限公司涉嫌虚开增值税专用发票案主要犯罪嫌疑人马某。经查，2018 年由马某实际经营的大同县某煤炭运销有限公司在无真实业务的情况下，多次接受浙江、新疆、西安、甘肃、四川等地 24 家企业虚开增值税发票 600 余份，涉及虚开金额约 1.04 亿元。

（市公安局）

【网络传销案侦破】 2019 年 3 月 20 日，市公安局经侦支队根据公安部“云端”指令线索，联动平城分局，天镇、浑源、灵丘县局破获“开元盛世”特大网络传销案，嫌疑人康某、杨某、戴某被一举抓获。经查，“开元盛世”传销组织通过网络在全国大肆发展会员，大同市康某、杨某、戴某加入该传销组织后，通过微信朋友圈，以高额回报为诱饵，发展下线 190 层，人数 41699 人，严重扰乱社会秩序，给受害人造成极大损失。（市公安局）

【“5・1”杀人案侦破】 2019 年 5 月 1 日，新荣区破鲁乡高向台村发生一起重大杀人案件，造成 3 人死亡。案件发生后，省公安厅科技处专家第一时间赶到现场指导案件侦破工作，市公安局启动命案侦破机制，成立由副市长、市公安局局长尚建军任组长，市公安局刑侦、技侦、网安等部门精干力量会同新荣分局民警组成专案组，开展案件侦破。经查，犯罪嫌疑人赵某红因怀疑妻子刘某娥与邻居有不正当男女关系，遂产生报复杀人念头。犯罪嫌疑人赵某红用长刀把到家中玩耍的邻居家 2 个小孩杀害，在自杀未果的情况下，跳入自家院中水井身亡。（市公安局）

【非法吸收公众存款案侦破】 2019 年 7 月 1 日，市公安机关经过侦查，破获山西纠偏古膳要道食品开发有限公司非法吸收公众存款一案，抓获犯罪嫌疑人 12 人，涉案金额 9500 万余元。（市公安局）

【命案积案侦破】 1996 年 3 月 19 日晚，新荣区西村乡李花庄村发生一起杀人焚尸案。犯罪嫌疑人冀某军酒后因琐事与村民郭某（女）发生纠纷，遂持刀把郭某砍死并纵火焚尸后潜逃。2019 年 8 月 11 日，市公安局新荣分局侦破一起长达 23 年的命案积案，抓获公安部督办逃犯冀某军。2000 年 10 月 9 日，原南郊区高山镇枯树村发生一起命案，犯罪嫌疑人“陶六”（外号）因工资问题与受害人秦某贵发生纠纷，后“陶六”用铁棒把受害人秦某贵打死后逃逸。8 月 28 日，市公安局云冈分局侦破一起长达 19 年的命案积案，办案民警在广东省佛山市把外号为“陶六”的犯罪嫌疑人陶某抓获。1997 年 3 月 1 日，犯罪嫌疑人王某在市小南头村因债务纠纷用石块把受害人陈某兰砸死后潜逃。12 月 17 日，市公安局御东分局民警在内蒙古自治区呼和浩特市抓获命案逃犯王某，侦破一起长达 22 年命案积案。

（市公安局）

【恶势力犯罪集团被打掉】 2019 年 11 月 2 日，市公安局新荣分局打掉以高某、高某亮为首的恶势力犯罪集团，抓获犯罪嫌疑人 5 人，破获刑事案件 8 起。经查，1995 年高某、高某亮弟兄经营天镇至大同客运业务以来，多次纠集社会闲散、老残人员实施强迫交易、寻衅滋事等违法犯罪行为。（市公安局）

缉 毒

【概况】 2019 年，大同市公安机关推进缉毒专项行动，全市破获毒品刑事案件 138 起，抓获毒品犯罪嫌疑人 190 人，确立部级毒品目标案件 1 起、省级目标案件 5 起，打掉涉毒犯罪团伙 19 个，缴获各类毒品 208.32 公斤。查处吸毒人员 1776 人次，同比增长 16.2%。其中，强制隔离戒毒吸毒人员 1034 人，同比增长 9.3%；社区戒毒吸毒人员 468 人，同比增长 36.8%；收治收戒病残吸毒人员 36 人，累计收治收戒 185 人。（市公安局）

【全市公安机关禁毒专项行动部署会】 2019 年 1 月 18 日，大同市公安局召开全市公安机关“大会战、大收戒、大管控”禁毒专项行动部署会。市公安局党委委员、副局长咎斌主持会议并讲话。各分县公安局分管禁毒工作的副局长、禁毒大队长，局属禁毒、刑侦、治安、技侦、网安、监管、法制、交警、政治部宣传处等警种部门主要领导参加会议。会议印发《全市开展大会战、大收戒、大管控禁毒专项行动方案》。（市公安局）

【非法买卖制毒物品案】 2019年5月10日，大同市公安局禁毒支队破获一起非法买卖制毒物品案，缴获易制毒化学品近1.6吨。经查，嫌疑人阮某私自购买销售易制毒化学品，储存在平城区旧建材里一小区外围商铺仓库用来制作毒品。（市公安局）

【拒绝“毒驾”宣传活动】 2019年9月18日，市禁毒办联合市交通局、市公安局直属二分局到大同公交公司、九龙出租公司开展“珍爱生命远离毒品严禁毒驾”禁毒宣传活动。活动是按照市禁毒委整治“毒驾”集中统一行动要求开展的。大同公交四公司，市禁毒办、市交通局、市公安局直属二分局工作人员组织开展以“严禁酒驾、拒绝毒驾，争做文明驶者”的主题宣传，向公交车司机发放禁毒宣传资料和《致驾驶员朋友的一封信》，解答司机们相关咨询，当天，市公安局禁毒支队尿检筛查大同公交四公司驾驶员245名。在九龙出租公司，市禁毒办和九龙公司的工作人员联合召开“尊重生命、拒绝毒品、文明出行”动员大会，号召公司960辆出租车司机珍爱生命，拒绝毒品，拒绝毒驾。禁毒民警们尿检筛查公司司机。

（市公安局）

【打掉贩毒团伙】 2019年9月29日，市公安局云州分局在市公安局技侦、禁毒、图侦、网安等部门协助下，经过4个余月侦查，打掉1个长期盘踞于大同市的贩毒团伙。抓获涉毒嫌疑人4人，缴获土制海洛因、冰毒等各类毒品572.39克，收缴毒资26858元。（市公安局）

交通安全管理

【概况】 2019年，市公安局加强交通秩序整治和安全隐患治理，开展道路交通事故预防“五大行动”和交通秩序集中整治“百日行动”，打击酒驾醉驾、涉牌涉证等交通违法行为，整治各类交通乱象。开展恒安新区旅游观光车集中取缔行动，拆解回收非法运营电瓶车481台，消除重大道路安全隐患。推进全市大货车、客运车、危化品等重点车辆源头隐患治理行动，重点车辆检验率、报废率、违法处理率均达100%。全年全市查处各类交通违法行为1696993起。其中，涉牌涉证28427起、酒驾5809起、毒驾48起、超速243415起、超员2296起、超载1050起、逆向行驶63427起、不按规定车道行驶151232起。全年发生交通事故1972起，死亡232人、受伤2223人、经济损失9334443元，与上年同期相比，事故起数下降1.6%，较大事故起数下降50%，死亡人数下降17.4%。

（市公安局）

【全市公安交管工作会议】 2019年4月16日，市公安局交警支队组织召开2019全市公安交管工作会议，支队及各区（县）交警部门200余名民警参加会议。市公安局党委委员、交警支队李宏出席会议，并提出2019年全市交通安全管理工作具体要求。

（市公安局）

【交通秩序“百日行动”部署会】 2019年6月28日，市公安局召开全市公安交警系统道路交通秩序专项整治“百日行动”动员部署会。副市长、市公安局局长尚建军，局党委委员、交警支队支队长李宏及相关单位负责人参加会议。尚建军提出开展专项行动要求。（市公安局）

【首家道路交通事故纠纷“网上数据一体化处理”办公室揭牌】 2019年8月28日，大同市首家道路交通纠纷“网上数据一体化处理”办公室在云州区交通管理大队举行揭牌仪式。

为贯彻落实公安部交管局20项“放管服”措施，推进与法院、保险机构的数据信息共享，实现交通事故网上处理，最大限度地方便人民群众，大同市确定云州区为道路交通纠纷“网上数据一体化处理”试点县（区）。按照最高人民法院、公安部、司法部、中国银行保险监督管理委员会4部委联合印发的《道路交通事故损害赔偿纠纷网上数据一体化处理工作规范》要求，云州区公安分局交通管理大队与云州区人民法院配合，在云州区交通管理大队事故中队建成大同市首家交通事故损害赔偿一体化办公室。办公室整合交警、法院、司法、保险等优势资源，建立道路交通事故处理和理赔全覆盖、调解手段多元化、协作联动多渠道的事故处理新模式，以方便群众，化解矛盾纠纷、保护当事人合法权益。（市公安局）

检　察

【概况】 2019年，大同市人民检察院制定《员额检察官办案数量动态量化办法》，细化检察官办案量评比标准，上线运行“员额检察官办案量动态考评系统”。全年批准逮捕1024件1393人，提起公诉1515件2302人。年内，市检察机关批捕涉黑涉恶案件39件93人，起诉52件316人；改变公安机关定性27件；两级院检察长直接办理涉黑涉恶案件28件，出庭支持公诉13件。市检察机关起诉破坏社会主义市场经济秩序类案件102件168人。依法监督侦查机关撤销某房地产开发有限公司法人，涉嫌非法转让、倒卖土地使用权，涉案金额3.31亿元一案。（马乙兵）

【刑事执行检察】 2019年，大同市检察机关办理刑事执行违法（违规）案件336件，监外执行（社区矫正）违法（违规）案件667件，纠正财产刑执行违法（违规）案件139件，羁押必要性审查案件90件，减假暂呈报不当案件85人。依法开展省内两地监狱交叉巡回检察。改造升级派驻市第一看守所检察室监控系统。

（马乙兵）

【检察监督】 2019年，大同市检察机关监督公安机关立案38件41人，监督撤案22件25人；追诉漏罪112条，追诉漏犯44人；提出抗诉24件。推进落实认罪认罚制度，从推进国家治理体系和治理能力现代化出发，

法治

▲ 2019 年 5 月 9 日，市检察院到市汇林中学开展法治进校园活动　（马乙兵　摄）

持续抓认罪认罚从宽制度落实，适用 416 件 531 人。（马乙兵）

【未成年人成长检察】 2019 年，大同市检察机关受理审查起诉侵害未成年人犯罪案件 60 件 128 人，提起公诉 58 件 131 人；推进“1 号检察建议”落实，检察长、副检察长等 17 名检察官被学校聘任为法制副校长；开展法治进校园活动 116 次，覆盖学校 137 所。年内，市人民检察院未检部门被全国妇联评为“全国维护妇女儿童权益先进集体”。（马乙兵）

【司法救助】 2019 年，大同市检察机关加大司法救助办理力度，针对一些受助人员居住在偏远的乡村出行不便等的情况，干警直接到其所在村，实地核实被害方的经济状况、获得赔偿情况，办理国家司法救助案件 108 件 125 人，支付救助金 28.7 万元。

（马乙兵）

【民事行政检察】 2019 年，大同市检察机关办理审判程序违法监督案件 124 件，办理执行监督案件 154 件，支持起诉 73 件，办理虚假诉讼案件 4 件。协助解决农民工讨薪难问题，云冈区检察院办理的杨某等 30 人与中州某建设有限公司高山光伏项目部纠纷支持起诉案，经过检察机关协调、调解，履行工资欠款 28.5 万元。

（马乙兵）

【公益诉讼】 2019 年，大同市检察机关发现公益诉讼案件线索 282 件，立案 221 件，发出诉前检察建议 200 份。推进浑源矿山露天开采生态环境污染案办理，提起刑事附带民事公益诉讼矿企 3 家；开展 11 家矿企民事公益诉讼案件立案调查取证、损害鉴定工作。举办冀晋蒙辽四省（区）检察机关保护祖国北部绿水青山蓝天护航联合行动第二次联席会议，加强相邻地区合作。在“携手清四乱，保护河湖生态”百日会战活动中针对“魏都水世界”单位在西墙外侧通过私设暗管排放污水等情况，向市生态环境局平城分局发出诉前检察建议，市生态环境局依法处罚该单位 40 万元。在汾渭平原大气污染综合治理公益诉讼专项监督活动，以及英雄烈士纪念设施保护专项行动中摸排 40 余个建筑工地及辖区内 35 处烈士陵园纪念设施的基本情况、保护情况、存在问题，全部在诉前解决。（马乙兵）

【智慧检务建设】 2019 年，大同市检察机关升级改造“12309”检察服务中心，建设智能化实体大厅。建成互联网云计算中心（本地云）和微模块一体化机房。研发综合检务管理平台 APP，实现流程审批、访客管理、车辆管理、通知通告、文件盘等移动办公功能。配合省检察院数据中心、太原市检察院数据辅中心和市检察院灾备中心，建成“两地三中心”体系。

（马乙兵）

【职务犯罪案件侦查工作专题培训会】 2019 年 8 月 22 日至 23 日，大同市刑事执行检察和司法工作人员相关职务犯罪案件侦查工作专题培训会举行。培训以适应新时期刑事执行检察工作新需要为目标，围绕羁押必要性审查、财产刑执行检察、统一业务系统执检子系统和自侦系统规范化操作、司法人员相关职务犯罪案件侦查工作等重点工作，开展专题交流和实务培训。培训会总结分析全市刑事执行检察 1 月至 7 月工作，指出制约工作发展的问题及薄弱环节，安排部署下一步工作。会议要求，全市刑事执行检察和司法工作人员相关职务犯罪案件侦查工作要发挥好检察机关派驻检察的作用，履行好检察机关检察监督职能；要加强“智慧执检”系统建设，提升检察机关监督信息化、智能化水平；要把握好新中国成立 70 周年这个关键节点，做好社区矫正检察监督工作，重点纠正预防脱管、漏管、虚管等；要开展司法工作人员相关职务犯罪案件侦查工作，提高线索发现能力，提高检察监督刚性。

（马乙兵）

【检察开放日活动】 2019 年 8 月 26 日，市检察院邀请市工商联、驻大同各商会负责人和 30 余名民营企业家代表走进检察机关，开展主题为“检察护航民企发展”的检察开放日活动，听取他们对检察工作的意见和建议，增进其认识和了解检察工作。受邀人员参观市检察院“12309”检察服务大厅、办案工作区、党建活动室、未成年人心理疏导室等工作场所，实地了解各项检察业务，亲身感受智慧检务带来的便捷和高效。在座谈会上，市检察院介绍近年来检察机关服务保障民营经济发展所作的工作，向企业家代表征求对检察工作的意见建议，与会企业代表肯定检察机关主动服务企业的做法，并围绕企业经营发展中遇到的实际问题与检察机关相互交流。（马乙兵）

法　院

【概况】 2019 年，大同市、县（区）两级法院受理各类案件 31573 件，审执结 30453 件，同比分别上升 10.52% 和 10.92%，结案率 96.45%。其中，市中级人民法院受理4730件，审执结4517件，结案率95.5%。全市法院法官人均结案103.23件，其中平城区法院法官人均结案258.41件。制定出台《关于充分发挥审判职能作用依法保障和服务民营企业健康发展的实施意见》，与市工商联共同搭建促进非公有制经济健康发展服务保障平台，提升营商环境。审理涉及民营企业及企业家买卖合同、建设工程施工、加工承揽等各类纠纷，审慎适用强制措施，最大限度减少司法活动对涉案民营企业正常生产经营活动的不利影响。加大民营企业服务力度，走访调研、送法上门，构建"亲""清"新型政商关系。落实"谁执法谁普法"要求，全年开展送法进农村、进社区、进学校活动30余次，促进犯罪源头预防、矛盾苗头化解工作，推进平安大同建设；防范化解重大风险攻坚战，重点围绕政治、意识形态、经济和科技、社会、安全、党的建设6个领域，制定15项专项行动计划；印发《关于建立沟通交流机制提升案件办理质量打赢污染防治攻坚战的实施意见》，为建设美丽大同保驾护航。（段力平）

【刑事案件审判】2019年，大同市、县（区）两级法院受理刑事案件2449件，审结2293件，结案率93.63%。健全完善工作机制，组建扫黑除恶案件专业化审判团队，加强重点案件办案指引和督导督办，探索实行涉黑涉恶案件相对集中管辖，提高专项斗争法治化、规范化、专业化水平。市、县（区）两级法院受理涉黑案件8件150人，开庭审理7件；受理涉恶案件一审44件165人，开庭审理42件，宣判38件133人，二审受理16件53人，宣判13件43人。市、县（区）两级法院打击其他严重刑事犯罪，依法审结故意杀人、故意伤害、绑架、强奸等暴力犯罪案件382件，审结盗窃、抢劫抢夺、诈骗等多发性侵财犯罪案件847件。审结合同诈骗、贷款诈骗、票据诈骗、信用卡诈骗等破坏市场经济秩序犯罪案件136件；审结各类破坏环境资源犯罪案件16件。适应监察体制改革，加强司法审判与国家监察有机衔接，审结贪污贿赂、渎职等职务犯罪案件79件，审结基层干部职务犯罪案件16件。参与社会治安综合治理，规范办理减刑、假释案件335人，完成新中国成立70周年特赦工作政治任务。（段力平）

【民事案件审判】2019年，大同市、县（区）两级法院受理民事案件18433件，审结17774件，结案率96.42%，涉案标的额1328亿元。依法审结涉及各类市场经济主体买卖合同、股权转让、侵权纠纷等案件9228件、破产案件7件。依法审结民间借贷纠纷案件2362件、借款合同案件3106件。制定出台《涉农纠纷化解机制对接方案》，审结农村土地"三权分置"、涉农民工劳动争议纠纷等各类涉农纠纷案件563余件，为农民工讨回劳动报酬20余万元。关注涉民生领域纠纷，审结相邻关系、所有权等物权纠纷案件514件，生命权、健康权、身体权等人格权纠纷案件200件。加强城乡贫困户司法救助，发放司法救助款180.9万元。加强知识产权司法保护，审结知识产权案件77件；打击侵犯知识产权违法行为，审结天津普莱化工技术有限公司、李某春等侵犯商业秘密案。（段力平）

【行政案件审判】2019年，大同市、县（区）两级法院延伸司法审判职能，主动服务政府职能转变和"放管服效"改革，加强行政行为合法性审查，受理各类行政案件351件，审结342件，结案率97.44%。其中，市中级人民法院审结112件，结案率100%。坚持依法裁判和协调化解并重，推进行政争议实质化解，制定《行政纠纷诉调对接工作暂行办法》，行政案件撤诉率17.47%。依法审结因重点项目建设涉及的土地、房屋征收拆迁安置等案件67件。推进行政负责人出庭应诉监督机制，制定《关于加强我市行政机关负责人出庭应诉推进依法治市工作若干试行意见》，行政机关负责人出庭应诉率92.6%。（段力平）

【执行案件办理】2019年，大同市、县（区）两级法院巩固"基本解决执行难"攻坚战成果，推进执行指挥中心实体化运行，制定《执行案件办理规范》等9个规范性文件，实现精细化管理、规范化运行、集约化服务的新型执行行为运行模式。全年受理执行案件9888件，结案9594件，执结率97.03%，执行到位标的额14.78亿元，位列全省第三。开展"执行攻坚大行动""正在执行、晋法出击"等专项行动，公布失信被执行人名单1136人、限制高消费4275人次、罚款56.7万元、司法拘留112人、判决拒执罪7案7人。（段力平）

【司法为民】2019年，大同市、县（区）两级法院加大司法便民利民惠民工作力度，加快"一站式"诉讼服务中心、"一站式"多元解纷机制"两个一站式"建设，为民提供便捷的司法服务。制定《关于开展便民服务"最多跑一次"改革实施细则》等13个实施细则和办法，畅通诉讼服务大厅、诉讼服务网、移动终端、"12368"诉讼服务热线、巡回办理等渠道，形成"三区分设（指立案、信访、调解）、五位一体（即诉讼引导、立案办理、查询咨询、诉调对接、信访接待）"的诉讼服务格局，为当事人提供一站通办、一网通办、一号通办、一次通办的诉讼服务，当场立案率96.5%，全市11家法院实现跨域立案。开通短信、微信、手机APP等诉讼服务平台，把实体诉讼服务向移动终端拓展，实现网上诉讼咨询、网上预约立案、网上查询案件信息、网上阅读裁判文书、网上观看庭审直播、网上浏览失信被执行人信息等新功能。成立法官工作室，开展送法进农村、进社区、进学校活动。完善诉前多元解纷联动衔接机制和诉调一体对接机制，与市住建局等相关部门建立18个协调机制和对接平台，建设类型化专业化调解平台，构建党委领导、政府支持、各方参与、优势互补、调解优先、司法终局的"一站式"多元解纷机制和诉讼服务新模式。推进"分调裁审"机制改革，提高简易程序和小额诉讼程序适用率，一审适用简易程序结案11948件，简易程序适用率70.87%。（段力平）

【智慧法院建设】2019年，大同市、县（区）两级法院推进"智慧法院"建设，探索"互联网＋审判服务"新模式，形成集“一个中心”（审判信息综合管理控制中心）、“一个平台”（执行案件管理指挥平台）、“三套网络”（法院专网、法院内网和互联网）和“37项应用系统”为一体的“智慧法院”大同运管模式。推进审判领域人工智能研发，“法信”“数字图书馆”等智能辅助办案平台上线应用，为法官提供类案参照、文书纠错等服务。建成网络执行查控系统和联合惩戒体系，推进执行指挥中心实体化运作，运行执行“一案一人一账号”信息管理系统，提升执行信息化、规范化水平。全年网络查询13184件次、网络司法拍卖863件、成交金额2.53亿元，全省排名第二。上线运行交通事故损害赔偿纠纷“网上数据一体化处理”平台，审结相关案件1563件，实现多部门一网办案，纠纷解决更加便捷。借助科技之力，创建透明化司法公开“四大平台”，建成并运行审判流程公开、裁判文书公开、执行信息公开、庭审直播公开“四大平台”，实现庭审同步录音录像、电子卷宗随案同步生成、网络司法拍卖全覆盖。推进庭审公开，增加庭审网络直播的案件数量，拓展庭审网络点播覆盖面，通过信息化技术推广实现“可视化正义”。市、县（区）两级法院庭审录音录像11051件，录音录像率100%；电子卷宗随案同步生成21098件，电子卷宗覆盖率100%；审判流程信息公开19702件，公开率98.77%；庭审直播6330件，直播率30.35%。（段力平）

【审判管理】 2019年，大同市、县（区）两级法院构建审判管理新机制，重新修订《案件流程管理实施细则》，细化规范定案权限，加强审判监督管理，严格规范司法权力运行。实施同类型案件集中管辖、专业化审判，统一司法理念，规范裁判标准。加强审判委员会宏观指导职能，召开审委会会议18次，讨论决定重大疑难复杂案件62件。健全完善重大敏感案件督办指导机制，细化涉及群体性纠纷、疑难复杂且在社会上有重大影响等案件监督管理，加强重点案件舆情风险评估，确保案件取得好的法律效果和社会效果。回应群众对办案质效的关注，加强审级监督、积案清理等工作，促进公正司法。加强案件流程动态监控，严格审判团队、法官绩效考评，法定审限内结案率98.56%，一审服判息诉率84.16%。

（段力平）

【司法改革】 2019年，大同市推进司法体制改革，修订《关于完善司法责任制的实施细则》等文件，明确审判人员和院庭长权力清单、责任清单，构建规范审判权运行的“数据铁笼”，实现有序放权与依法监督的统一，市中级人民法院院庭长办结各类诉讼案件2620件，占全部审结案数的76.59%。推进以审判为中心的刑事诉讼制度改革，落实证据裁判原则和非法证据排除规则，完善相关人员出庭作证机制，贯彻罪刑法定、疑罪从无，确保庭审实质化。推进家事审判方式改革，探索建立健全家事案件心理辅导干预、家事调查、诉前调解、判后回访等制度，审结婚姻、继承等家事案件3769件。其中，调解1371件、撤诉687件，调撤率54.6%。完成第二批36名法官入额遴选工作。

（段力平）

【司法监督】 2019年，大同市、县（区）两级法院提高监督意识，接受人大监督，向人大及其常委会报告扫黑除恶专项斗争、基本解决执行难等重大工作部署和开展情况。办理代表意见、建议和来信，办理人大交转办案件7件，反馈率、满意率均100%。完善定向联络、走访座谈等机制，走访联络各级人大代表30余次，邀请人大代表参加会议、视察法院工作、旁听庭审、参与调解、见证执行。依法接受检察机关法律监督，检察长列席审判委员会7件次。接受社会监督，落实人民陪审员“倍增计划”，人民陪审员参与审理案件4562件。落实新闻发布会、法院开放日等举措，运用微信、微博、手机APP等融媒体加强司法宣传，让社会各界了解、参与和监督法院工作。（段力平）

【法治宣传进校园】 2019年1月11日，市中级人民法院未成年人综合审判庭法官到大同三中北校区为该校师生开展法律知识讲座。讲座中，法官向师生们讲解如何加强学生自我防范意识、增强法律素养、培养良好的法律意识，扣好人生第一道扣子等问题。12月12日，在平城区第十八小学校举办题为“让爱成长——未成年人保护与教育”法律讲座。市中级人民法院法官以案释法、以法论事，在自我保护、校园欺凌和教育责任3个方面讲授，引导教师们认识提高法治意识的重要性。（段力平）

【“执行开放日”活动】 2019年1月15日，市中级人民法院举办“执行开放日”活动，邀请部分三级人大代表、政协委员、新闻记者、社会群众等20余人走进法院，了解法院执行工作，征求大家对法院执行工作的意见和建议。活动中，受邀到访代表听取全市法院在基本解决执行难工作中采取的工作举措和取得的阶段性成效介绍，参观市中级人民法院执行指挥中心，现场观摩执行信息化建设应用及办案流程，观看执行工作专题片，并与市中级人民法院相关工作负责人座谈。座谈会上，与会人员结合全市实际，提出加强执行工作机制建设、提高执行队伍整体素质、加大司法救助力度、加强执行法制宣传等方面意见和建议。（段力平）

【司法改革论坛】 2019年1月18日，由市中级人民法院与山西大同大学联合举办的“司法改革的理念与进程”——纪念改革开放40周年司法改革论坛在市中级人民法院举行。市中级人民法院院长白永旺、山西大同大学校长冯锋出席论坛并分别致辞。会上，市中级人民法院民一庭庭长梁明柱、大同大学法学院副教授李凤玲等8位参会人员围绕改革开放40年来中国司法改革和人民法院发展变迁历程、司法理念、审判制度、审判技能、队伍建设、智慧法院建设等方面分别发言，为提升法学研究水平，加强法院各项工作、推进司法改革提供理论支持。与会人员分别讨论司法改革理论及实践问题。（段力平）

【“全民国家安全教育日”普法宣传活动】 2019年4月15日，市中级人民法院干警参加在平城区明堂公园集中组织的大同市“2019年全民国家安全教育日”普法宣传活动。市中级人民法院党组成员、副院长王永生带领3名干警参加宣传活动。向过往群众发放《中华人民共和国国家安全法》《中华人民共和国反间谍法》《中华人民共和国境外非政府组织境内活动管理法》《中华人民共和国反恐怖主义法》《中华人民共和国网络安全法》宣传手册800余册。　（段力平）

【司法救助】　2019年5月6日，市中级人民法院开展集中实施司法救助活动，向25名生活困难的案件执行申请人和家属发放司法救助金599614.4元。这些案件执行申请人和家属大部分没有固定工作和稳定生活来源，部分是丧失劳动能力或者是疾病缠身，由于案件被执行人没有履行能力因而造成其经济窘迫、生活困顿。市中级人民法院为破解执行难题，最大程度化解社会矛盾，依法依规根据其困难程度向他们分别发放数额不等的司法救助金。　（段力平）

【律师调查令推行】　2019年5月下旬，市中级人民法院印发《关于在执行程序中使用律师调查令的若干规定（试行）》（简称《规定》），律师调查令的制定与出台，旨在通过委托律师调查方式，解决申请执行人调查取证难、速度慢、时间长的问题，发挥当事人的诉讼积极性和律师在执行案件证据收集等方面作用，有利于缓解执行难，提升办案质效。

《规定》全文16条，明确规定执行程序中律师调查令的适用范围、申请程序、审核签发及使用管理等方面内容。《规定》指出，执行程序中的律师调查令是指在执行阶段，因申请执行人无法获取相关证据、履行相应的举证责任，经其向执行法院提出书面申请，由执行法院批准签发的供指定律师向有关单位、组织调取财产线索等特定证据的法律文书。《规定》明确，使用律师调查令调查收集的证据形式仅限于银行账户、档案材料、权利凭证等书证、电子证据及视听资料，不包括证人证言。《规定》要求，涉及国家秘密、个人隐私、商业秘密的，与执行案件无关的，其他不宜由律师持调查令调查的，不得使用律师调查令收集相关证据。　（段力平）

【防范非法集资宣传活动】　2019年5月29日，市中级人民法院组织8名青年法官到平城区南关兴国寺社区开展防范非法集资专项普法宣传活动。活动通过设立咨询点、发放资料和讲解互动形式向过往群众介绍非法集资的主要特征、表现形式和常见手段，发放各类宣传资料500余份，接受群众咨询100余人次。　（段力平）

【法院举行“关爱儿童、情暖六一”活动】　2019年5月31日，市中级人民法院组织开展“关爱儿童、情暖六一”主题系列活动，播撒“法治”种子，护航少年儿童健康成长。市中级人民法院联合市教育局、市妇联、市团委等单位以“诚信友善、法治在心”为主题，举办法院开放日活动。市实验小学600余名学生受邀走进市中级人民法院，零距离接触法院工作，感受法律威严与神圣。市妇联、市教育局等单位负责人、市中级人民法院20余名法律志愿者参加此次活动。

（段力平）

▲2019年5月31日，市中级人民法院组织开展“关爱儿童、情暖六一”主题系列活动

（段力平　摄）

【诉讼服务热线开通】　2019年6月20日，市中级人民法院“12368”诉讼服务热线开通。“12368”诉讼服务热线提供案件查询、诉讼咨询、联系法官等服务，受理意见建议。当事人凭“12368”短信平台推送的案件查询密码，可查询案件流程公开信息。向当事人或者社会公众提供程序性法律咨询。当事人、代理人、辩护人拨打热线要求联系法官或者书记员的，帮助联系。交转相关部门处理当事人或者社会公众提出的意见建议。

（段力平）

【全市人民法庭建设专题会议】　2019年7月12日，市中级人民法院组织召开全市人民法庭建设会议，专题研究部署新时代人民法庭建设工作。市中级人民法院党组书记、院长白永旺出席会议并提出新形势下人民法庭建设工作要求。市中级人民法院党组副书记、常务副院长王发主持会议，并简要说明人民法庭建设工作的重要性和紧迫性。会上，各县（区）人民法院院长分别围绕人民法庭辖区人口、基础设施、人员配置、办案数量、存在的困难不足和下一步打算等情况汇报工作。与会人员结合人民法庭建设的形势任务、功能定位相互探讨交流。

（段力平）

【巨额案件执行】　2019年9月，北京某照明科技有限公司及其关联公司作为申请人，申请执行大同市某发展有限公司两案1742.49万元。立案执行后，市中级人民法院执行团队强制冻结扣划被执行人名下银行存款600余万元。未到位标的多次网络查控和传统调查，未发现被执行人名下有其他可供执行财产，案件陷入“执行不能”窘境。本着最大限度地维护胜诉当事人合法权益的态度，市中级人民法院执行人员研究案情，讲究策略，与双方当事人解释沟通。最终，申请人与被执行人达成执行和解，被执行人主动履行1100余万元，两案总标的1742.49万元全部到位。

广灵县某银行与广灵县某石材公司、李某某借款合同纠纷一案，申请执行标的3200余万元。执行程序后第一周，市中级人民法院案件执行团队到被执行人财产所在地，查封被执行人李某某名下的土地和房产。经多次协商，完成涉案标的物土地和房产评估工作，申请人同意以资产评估值接收标的物。（段力平）

【司法警察誓师大会暨安防演练】 2019年9月24日，市中级人民法院在综合审判大楼南广场举行“不忘初心担使命、忠诚誓师保大庆”司法警察誓师大会暨安防演练。省高级人民法院党组成员、副院长方剑峰，大同市中级人民法院党组书记、院长白永旺，省高级人民法院法警总队总队长刘力等在现场观摩演练。150余名参演法警展示队列动作、擒敌拳、应急棍术、警棍盾牌操、防爆队形表演等警务技能。（段力平）

【市金融纠纷人民调解委员会揭牌】 2019年10月15日，市金融纠纷人民调解委员会揭牌仪式在中国人民银行大同市中心支行举行。市中级人民法院党组书记、院长白永旺出席揭牌仪式，并代表市中级人民法院与中国人民银行大同市中心支行、大同仲裁委员会联合签署《关于开展金融消费纠纷诉调、诉裁、调诉、调裁对接工作合作备忘录》，这在全省法院系统尚属首家。（段力平）

【“正在执行 晋法出击”集中执行专项行动】 2019年11月27日，全省三级法院同步开展“正在执行 晋法出击”集中执行专项行动。

市法院系统集中执行统一行动出动警力125人，警车32辆，34案采取执行措施，拘留21人，扣押车辆3辆，强制腾房8处，集中发放案款17案1200余万元，执结案件30件，集中执行行动中，部分县（区）法院邀请当地人大、政协、检察、公证及新闻媒体等有关部门现场见证。（段力平）

▲2019年9月24日，市中级人民法院举行“不忘初心担使命、忠诚誓师保大庆”司法警察誓师大会暨安防演练（段力平 摄）

司法行政

【概况】 2019年，大同市司法局按照《大同市机构改革方案》要求，重新组建市司法局，原市政府法制办人员全部并入市司法局实现统一办公，其职责全部划转。年内，组织召开3次市委全面依法治市委员会会议，创新开展“双百家”法治创建活动，统筹推进全市法治建设工作。大同市推进人民调解参与信访矛盾化解和推进司法执行、优化营商环境2项课题成果入选《山西法治蓝皮书》。推进地方立法，协同有关单位制定地方法规草案4部：《大同市水土保持条例（修改草案）》《大同市城市节约用水条例（修改草案）》和《大同市旅游条例（修订草案）》《大同市大气污染防治条例（草案）》。推进依法行政，把《山西省行政执法条例》纳入市政府常务会议学法计划并组织集体学习。推行行政执法“三项制度”（即推行行政执法公示制度、执法全过程记录制度、重大执法决定法制审核制度），出台大同市推行“三项制度”实施方案和任务分解推进表。组织“12·4”宪法宣传周活动。司法局直属2个戒毒所连续十八年实现“六无”（即无戒毒人员逃脱、无非正常死亡、无所内案件、无毒品流入和所内吸毒、无生产安全事故、无重大疫情）目标。社区矫正等特殊人群管控无脱管漏管情况发生。全市10个县（区）调解机构全部进驻信访大厅，访调对接实现全覆盖。推进扫黑除恶专项斗争向纵深发展。实施免费法律咨询便民工程。组织律师为能源革命开展“一对一”顾问式服务，组建法律服务团服务浑源矿山治理生态修复工作。开展服务民营企业专项行动。完成2019年法律职业资格考试任务。加强司法所标准化建设，在灵丘县现场举办全市深化司法所建设培训班；推动机关干部下沉司法所工作；按期完成市县两级指挥中心建设任务。

年内，大同市司法局作为“七五”普法中期先进集体受到全国普法办通报表扬，被省司法厅评为国家统一法律职业资格考试工作表现突出集体，被市委组织部评为大同市“山西智慧党建”推广应用工作先进集体，被市安委会评为全市安全生产工作先进集体。（牛海军）

【依法治市】 2019年，市委依法治市办指导全市各县（区）成立县（区）法治建设领导机构和工作机构，建立完善工作制度，配备工作人员。5月23日，召开第一次中共大同市委全面依法治市委员会会议，审议通过《大同市委全面依法治市委员会工作规则》《大同市委全面依法治市委员会协调小组工作规则》《大同市委全面依法治市委员会办公室工作细则》

《市委全面依法治市委员会2019年工作要点》等文件，确定中共大同市委全面依法治市委员会办公室及协调小组名单。印发《大同市党政主要负责人履行推进法治建设第一责任人职责2019年度工作清单》，明确市委书记、市长年度法治建设重点工作任务；印发《关于深入学习贯彻习近平总书记全面依法治国新理念新思想新战略加快推进全面依法治市工作的意见》。开展法治政府建设示范创建活动，8月1日启动基层市县自愿申报工作，对标对表《法治政府建设实施纲要（2015—2020）》部署各项工作任务，推进法治政府建设。9月6日，召开第一次中共大同市委全面依法治市委员会办公室会议，审议通过《中共大同市委全面依法治市委员会办公室协调联络工作办法》等6项制度和《关于加快推进社会治理法治化的实施意见》。9月23日，召开第一次中共大同市委全面依法治市委员会立法协调小组会议，审议通过《中共大同市委全面依法治市委员会立法协调小组工作规则》。在全市开展“双百家”法治创建活动（在全市建设100家法治创建示范乡村、社区和100家法治创建示范单位），工作得到市委书记批示。

（牛海军）

【行政立法】 2019年，大同市司法局会同市水务局、市城市管理局和市文旅局草拟《大同市水土保持条例（修改草案）》《大同市城市节约用水条例（修改草案）》和《大同市旅游条例（修订草案）》，会同市生态环境局草拟《大同市大气污染防治条例（草案）》，上述4部地方性法规草案在7月9日报请市政府常务会议审议通过后，依法报送市人大常委会审议。推进政府规章清理工作，向全市各市直部门印发《大同市司法局关于市政府机构改革涉及市政府规章相关问题的通知》和《大同市司法局关于开展政府规章清理工作的通知》，安排部署全市现行有效的10部政府规章修改、废止工作，部分单位报送涉改规章的修改或废止意见和建议。加强规范性文件审查，提升规范性文件质量。合法性审查送审的《大同市安全生产巡查工作制度》《大同市关于落实城乡居民基本养老保险待遇确定和基础养老金正常调整机制具体问题的处理意见》《关于进一步深化河长制改革的实施意见》等18件市政府规范性文件。推进政府合同审查和涉法事务处置工作。协调处理“涉台企业马山矿业生产问题”“煤炭企业转型发展基金提取问题”等5件有关市委、市政府涉法事项，审查《市政府与碧水源科技股份有限公司战略合作协议》《永定河综合治理与生态修复合作框架协议》《大同市光荣院三期PPP项目合同》等市政府合同45件，提出各类修改意见400余条。（牛海军）

【法治政府建设】 2019年，大同市司法局把《山西省行政执法条例》纳入市政府常务会议学法计划并组织集体学习。推进“三项制度”落地落实，制定《大同市全面推行行政执法公示制度执法全过程记录制度重大执法决定法制审核制度实施方案》（简称《方案》），该《方案》明确部署4方面42项具体工作任务，规范行政执法行为。开展专项督查，书面督查大同市食品药品监管执法司法情况，营造安全食品药品环境。推进法治政府示范创建活动，确定平城区、灵丘县作为法治政府示范创建县（区）。开展清理行政执法主体工作，印发《关于加强行政执法资格管理工作的通知》，通过政府办公系统印发各县（区）、市直各部门，公布第一批行政执法主体312个，审核市级执法人员2600余名。印发《关于开展证明事项告知承诺试点工作的通知》，扩大证明事项告知承诺范围，新增1个区和4个市直单位为试点，推动承诺试点证明事项清单报送工作。加强行政复议工作，全年办理行政复议案件51件，办结45件，按序推进6件，法定期限结案率100%，案件差错率0。发挥行政复议化解行政矛盾争议的主渠道作用，协调行政复议当事人，有13件案件达成协议行政复议申请人主动撤回行政复议申请终止结案，占结案数39%。依法办理涉及市政府的行政诉讼案件101件。其中，一审案件67件，二审案件34件。完成所有案件庭前协调和举证等相关工作，其中审结57件，其他案件法院按序开庭通知。5月初，在全省率先录入2019年和上年办理结案的所有行政复议案件。完成《关于加强我市行政机关负责人出庭应诉推进依法治市工作若干试行意见》起草论证修改工作。

（牛海军）

【安置帮教】 2019年，大同市司法局坚持每季度通报全市刑满释放人员信息核查工作，分析存在的问题和短板，责令落后的县（区）司法局限期整改。组织开展全市刑满释放人员安置帮教重点自查工作，摸清重点帮教对象必接必送工作和双列管对象管控工作情况，做到“底子清、情况明”。加强刑满释放人员分类管理，建立重点人员台账，并加强与公安派出所的对接。截至2019年底，全市衔接1174人。其中，重点帮教对象69人，重点帮教对象接送率100%，安置总人数1172人，安置率99.8%，帮教总人数1174人，帮教率100%。（牛海军）

【公共法律服务平台建设】 2019年，全市建成公共法律服务中心11个，公共法律服务工作站145个，公共法律服务工作室1280个，实现市县乡全覆盖。在全市公共法律服务中心建立服务企业窗口，受理全市各大、中、小企业法律服务申请，按需为企业提供法律服务。在全市律师及律师所中开展服务农民工维权公益法律服务行动，确定山西鸿安律师事务所为试点所，办理涉及农民工追索劳动报酬（欠薪）案件。采取多项措施开展法律援助宣传，通过移动公司网络平台发送短信6万条，在微信公众号平台发布援助信息，提高法律援助工作在群众中的知晓度。推进法律援助站点建设，分别与大同市人民检察院、大同铁路运输检察院联合制定《关于在大同市人民检察院设立法律援助工作站的实施意见》《关于在大同铁路运输检察院设立法律援助工作站的实施意见》。全年全市各法律援助机构接待来电、到访咨询16446件，受理法律援助案件2240件，法律援助参与办理刑事辩护全覆盖案件1413件。（牛海军）

【法律咨询便民服务】 2019年，大同市司法局开展免费法律咨询便民工程，组织宣传活动10次，印制张贴公告6500余份，发放宣传资料11万余份，宣传手册、书籍5万余本。截至2019年底，全市提前完成省司法厅分配的免费法律咨询任务，

为群众提供免费法律咨询2.98万件，主要涉及婚姻家庭、损害赔偿、劳动纠纷等。（牛海军）

【律师事务服务】 2019年，全市律师担任法律顾问384家，办案件数6746件。大同市司法局以服务保障“能源革命”为主题，组织律师为大同能源革命相关项目提供法律服务，与开工的36个项目对接，由43个律师事务所开展“一对一”服务。挑选8名律师组建法律服务团队与浑源县委、政府对接，为矿山治理生态修复工作提供法律服务。4月16日至19日，市司法局组织部分律师到重庆渝北区学习刑事辩护全覆盖、律师事务所管理模式等先进经验，先后考察渝北区司法局、重庆百事得律师事务所、重庆智豪律师事务所。组织全市律师开展民营企业“法治体检”专项活动，7月12日，市司法局与市工商联召开“市律师事务所与商（协）会法律服务对接签约协议暨民营企业法治体检活动”；9月5日，市司法局与市工商联在市行政中心多功能会议室举办“法律进民企”系列活动，维护民营企业合法权益，帮助民营企业防范法律风险，化解矛盾纠纷。推进律师涉法涉诉信访值班工作，重新修订值班实施方案。推进律师调解、刑事案件律师辩护全覆盖试点工作，市司法局与市中级人民法院对接，制定《大同市中级人民法院大同市司法局关于开展律师调解工作的实施方案》，确定开展刑事案件律师辩护全覆盖试点工作范围，建立刑事辩护律师库和调解律师库。9月5日，大同市司法局组织召开全市律师行业党员大会，会议选举产生中共大同市律师行业委员会和纪律委员会。9月5日，大同市司法局召开律师行业警示教育动员会，在全市律师队伍中开展警示教育活动，要求各律师事务所加强内部管理教育、加强律师职业道德和执业纪律教育。

（牛海军）

【公证事务】 2019年，大同市司法局在公证行业推行公证书电子登记簿管理，实现办证过程全程留痕、全程可控、全程监管；推动信息互联共享，为办理公证业务提供有效信息核实手段，实现让“数据多跑路，群众少跑腿”。以“12348”山西法网平台建设为依托，推动公证事项由线下向线上转移，实现网上咨询、网上申请、网上受理、网上审核、网上缴费等在线公证流程。落实“最多跑一次”便民服务，法律关系简单、事实清楚、无争议的公证事项，在申请材料齐全、真实，符合法定受理条件下，实现让当事人“最多跑一次”。与大同市中级人民法院联合制定《关于建立“诉讼与公证”协同工作机制的实施意见》，推动公证法律服务化解矛盾纠纷工作。开展公证专项检查，梳理“套路贷”线索活动，梳理排查近五年办理的民间借贷合同、凭证、房屋买卖合同等公证，经过排查，全市9家公证机构均未发现有虚构事实、证据骗取公证书等与“套路贷”相关的违法犯罪线索。市御诚公证处与大同银行建立合作备忘，并定期到基层分行向客户、向银行宣讲公证法律知识；市平城公证处为晋商银行、民生银行、兴业银行、农村银行等金融机构办理抵押贷款合同公证48件，执行证书8件。截至2019年底，全市9家公证机构办理各类公证44418件，收费2309.9万元，其中合作制公证机构山西省大同市平城公证处办理公证20745件，收费1100.3万元。（牛海军）

【扫黑除恶专项斗争】 2019年，大同市司法局重点教育引导全市律师准确把握相关涉黑涉恶犯罪构成的规定，加强指导监督律师辩护代理黑恶势力犯罪案件，全年组织开展3次培训，专题学习上级有关文件、会议精神，建立律师代理涉黑涉恶案件报告制度，全市有272人次律师参与203起涉黑涉恶案件辩护代理工作，开庭时市司法局和市律师协会通过现场教育提醒、派员旁听等方式指导监督相关案件，确保律师正确的工作方向和案件质量。建立工作台账，排摸近五年刑释人员和在管的社矫人员，利用法律援助平台、公共法律服务平台开展征求线索和排查。全年全市上报各类线索70条，社区服刑人员签订保证书816份，排查出涉恶人员8人。刑满释放人员签订保证书2265份，排查出涉黑人员6人、排查出涉恶人员51人。市戒毒所组织全体民警职工、戒毒人员700余人参加扫黑除恶应知应会知识理论考试，制定工作例会、定期通报、信息报送、案件会商、报表台账5项工作制度。市落阵营戒毒所开展扫黑除恶专项斗争宣传动员会，鼓励戒毒人员检举揭发涉黑涉恶违法犯罪和坦白自首，甄别重要线索，配合公安机关侦办涉黑涉恶案件。大同市2个戒毒所收到线索175条，经初步甄别后，向大同市委政法委、大同市司法局、省戒毒管理局呈报违法犯罪线索3条。开展扫黑除恶专项斗争法治宣传活动11295次，举办现场法治文化活动37场，组织主题宣讲137场；利用新媒体开展宣传，开展电视宣传13次，广播宣传65次，播放公益广告15条，传统纸媒宣传23次，发送手机短信7485条，标语横幅（含电子屏标语）1715条。（牛海军）

【司法信息化建设】 2019年，大同市司法局实施“互联网＋司法行政”融合工程，提升智能化水平。学习先进经验，3月18日，选派2名计算机专业人员参加省司法厅组织的政法网推进会；3月25日，组织各县（区）司法行政系统信息化相关人员开展专题培训；4月29日，选派人员分批次到呼和浩特市指挥中心开展培训，学习经验做法，开阔视野，提升工作前瞻性。多次邀请项目建设方技术工程师为市司法局信息化相关工作人员介绍、讲解信息化建设相关工作，并提出实质性建议意见。6月13日，市司法局网络安全和信息化工作小组下沉各县（区）司法局，督导检查信息化工作并根据各县（区）司法局反馈问题，开展现场培训答疑工作。市司法局指挥中心（配套建设工作有社矫中心和视频会议室升级改造工程）建成，9月中旬通过验收；10个县（区）司法局均完成指挥中心基础设施建设。市司法局视频会议系统建成，并投入使用；县（区）司法局10家视频会议系统均联通。市司法局视频巡查系统联通，并把部分县（区）、基层司法所监控视频调至市司法局指挥中心；县（区）司法局视频巡查系统均建成。

（牛海军）

【普法宣传】 2019年，大同市司法局利用“3·8”“3·15”等时间节点发放宣传资料，悬挂宣传横幅，张贴宣传挂图等形式，开展专题法治宣传教育活动。4月15日，组织参加在明堂公园举办的“坚持总体国家安全观、防范化解重大风险，庆祝新中国成立70周年”为主题的大型法治宣传活动，发放宣传资料5万余份。开展“送法入企”活动。3月5日，举办“改革创新、奋发有为”大讨论政策法规宣讲会，各县（区）工商联主席、市直各商（协）会会长及民营企业家代表120余人参加宣讲。推进“法律进社区”系列活动，联合大同日报社举办6期以“美丽大同 美丽社区”2019大型社区法治宣传公益活动，法治宣传主题涉及家庭、劳动、宪法、扫黑除恶、脱贫攻坚等内容。出台《市级部门普法责任清单》和《“谁执法谁普法”履职报告评议活动实施方案》，落实国家机关“谁执法谁普法”普法责任制。组织第一期市直执法单位主要负责人旁听庭审活动，举办全市法治政府建设和普法依法治理骨干培训班。参加第三届“我与宪法”微视频征集活动，选送3个作品参与活动，获优秀组织奖。大同市司法局制作的《宪法之声》作品获省级一等奖。（牛海军）

【司法所建设】 2019年4月24日，大同市司法局召开全市基层司法行政工作推进会议，重点推进基层司法所建设。市司法局制定《关于进一步推动司法所建设的意见》。8月，组织召开司法所标准化建设观摩学习现场会，推进标准化司法所建设。聚焦司法所空编问题，协调市、县（区）有关部门，计划招录司法所公务员70名。在全市创建司法所标准化建设典型样板30个，组织各县（区）司法局观摩学习。截至2019年底，全市建成标准化司法所87个，完成率63%。（牛海军）

【社区矫正】 2019年4月26日，大同市司法局召开各县（区）司法局与选派参加社区矫正工作民警对接会，推进全市刑罚执行一体化建设工作，全市11名派驻民警到社区开展矫正工作。全市各社区矫正工作机构坚持昼夜值班制度和每日零报告制度，组织专人专项督查全市司法所开展全国“两会”期间社区矫正和安置帮教安全稳定工作，开展社区矫正安全稳定百日大会战行动。开展社区矫正安全隐患风险大排查活动，逐一登记造册各类矛盾纠纷和安全隐患，建立“社区矫正安全隐患台账”，排查安全隐患27项，整改27项。完善社区矫分析研判机制，建立市、县、乡（镇）三级分析研判制度，并多次召开社区矫正分析研判会议，分析研判全市社区矫正工作情况及社区矫正服刑人员学习教育情况，明确分析研判出的问题工作措施。开展“一县一品”教育矫治工作，创建全市社区矫正教育矫治工作新格局。截至2019年底，全市在册社区矫正人员756人，累计接收社区矫正人员4594人，累计解除3838人。全市社区服刑人员累计撤销缓刑30人，累计暂予监外执行罪犯收监执行28人，累计警告229人次，无脱管漏管情况发生。（牛海军）

【司法鉴定】 2019年4月26日，大同市司法局召开全市司法鉴定协会第三次会员代表大会，完成协会换届工作。推进落实7家司法鉴定机构整改工作，督促鉴定机构按司法部《司法鉴定机构仪器设备配置标准》配置仪器设备；完成《国家司法鉴定人和司法鉴定机构名册山西分册（2019年度）》中大同市司法鉴定机构和鉴定人信息的采集工作。组织机构参加能力验证和学习培训，提升鉴定机构和鉴定人的专业水平和能力；完善信息系统建设，实现省厅、市局、鉴定机构之间沟通和管理的网络化。截至2019年底，全市7家司法鉴定机构办理司法鉴定案件1707件、收费290.5万元。（牛海军）

【人民调解】 2019年4月至10月，大同市司法局组织全市人民调解机构开展“大调研、早调解、保稳定、迎国庆”专项活动，规范矛盾纠纷排查化解和分析研判制度，建立定期报送分析研判报告制度，推动从“被动等待”转变为“主动上门”排查化解矛盾纠纷的工作方式。按照每个县（区）至少设立1个个人调解工作室要求，新建5家个人调解工作室，全市共打造10家个人调解工作室，运行情况良好。推进访调、诉调、公调对接，在全市范围内开展人民调解参与信访矛盾化解工作，梳理汇总经验做法，完善制度机制；配合市人民法院开展道路交通事故损害赔偿纠纷“网上数据一体化处理”，公开招募专业机构开展委托鉴定，拓展诉调对接范围。在建立9个行业性、专业性人民调解组织基础上，8月新成立大同市医疗纠纷人民调解协会，9月新成立金融纠纷人民调解委员会和仲裁委员会调解中心。全市各县（区）司法局招录145名专职人民调解员。全年全市各级调解组织调解纠纷6572起，调解成功率96%，比上年同期提高2个百分点。（牛海军）

【“法律进商会（民企）”活动】 2019年7月12日，市司法局与市工商联开展市律师事务所与商（协）会法律服务对接签约仪式暨民营企业法治体检活动。市司法局、市工商联、大同市温州商会、大同市广东商会等商（协）会、市律师协会及部分律师事务所负责人参加活动。山西光硕律师事务所、山西宝翰律师事务所等10家律师事务所与大同市温州商会、大同市广东商会等11家商（协）会“一对一”签约，并开展现场法治体检，各商（协）会负责人咨询土地使用、合同违约、债权追索、劳动用工、知识产权保护、对外担保等领域法律问题，参会律师逐一解答。（牛海军）

【戒毒所管理】 2019年8月，山西省戒毒系统现场会在大同市2个戒毒所召开，与会代表现场观摩2个戒毒所推进“四区五中心”建设成果和场所文化建设成果，总结推广大同市戒毒模式经验。12月，市戒毒所拍摄的微视频《新生》以341万票位居司法部微视频大赛网络投票排行榜第一名。市戒毒所完成改扩建工程，3月15日，市落阵营戒毒所实现整体搬迁，2个戒毒所分别重新区划场所功能，推进“四区五中心一延伸”（即统一设置生理脱毒区、教育适应区、康复巩固区和回归指导区，建立戒毒医疗中心、教育矫正中心、心理矫治中心、康复训练中心和诊断评估中心，以衔接帮扶为延伸）建设，2个戒毒所实现司法部“六无”目标。组织2个戒毒所开展“6·26”国际禁毒日宣传教育活动。大同市戒毒所在每月开展动态分析时，重点分析内控人员、重点病号、重点人员、10种特类人员，并汇总全所《戒治动态分析报表》上报；大同市落阵营戒毒所开展“我的戒毒心路历程”专题教育活动，指导戒毒

▲2019年12月4日，大同市司法局举行“12·4”国家宪法日宣传活动（牛海军　摄）

人员写出自己的吸毒之因之害、绝毒之意之难、戒毒之策之道书面材料，汇编成册，印刷出书。开展文体活动，大同市戒毒所举办“春风化雨·文化化人”传统文化讲座、“我和我的家庭”分享交流会、“中国风2019”才艺比赛、“立德树人”国学经典诵读等活动；大同市落阵营戒毒所举行“铭记历史 拒绝毒品”知识讲座；组织戒毒人员到云州区倍加造中学和云州区党留庄学校开展现身说法并举行禁毒知识宣传；组织“场所开放日”活动，邀请50余名戒毒人员家属到所探访、参观并召开座谈会；开展职业技能教育培训，开展戒毒人员心理矫治工作。截至2019年底，大同2个市直戒毒所收治戒毒人员1102人。　（牛海军）

【国家统一法律职业资格考试】　2019年8月31日至9月1日、10月13日，举行国家统一法律职业资格考试，大同市考区考试考点设在市高级技工学校和市会计服务中心。全市客观题考试1138人报名，959人参考，客观题考试349人成绩合格。承接主观题考试721人（含忻州、朔州考生），客、主观题考试后成绩合格253人。其中，A证212人，C证41人。　（牛海军）

【宪法宣传周活动】　2019年，大同市司法局组织开展“12·4”宪法宣传周活动。12月2日，市委依法治市办、市司法局、山西邮政大同分公司在市县两级同步开展“法治邮路”活动，通过邮政网络把法律知识送到群众手中。12月3日，市委依法治市办、市司法局、市文旅局、市商务举行“宪法进宾馆”启动仪式。12月4日，市委依法治市办、市司法局在市文化艺术中心广场举办主题为“弘扬宪法精神，推进国家治理体系和治理能力现代化”的国家宪法日大型宣传活动，全市40余家市级重点执法、服务单位参加宣传活动，活动现场发放宪法宣传资料12万余份，解答群众咨询3000余人次。市委依法治市办、市司法局联合大同大学共同举办“弘扬宪法精神，厚植爱国主义情怀”主题文艺演出，来自全市的1000余名干部群众和师生共同观看演出。12月5日，市司法局组织机关副科以上干部举办宪法宣誓仪式。12月6日，举办大同市司法局机关第二届开放日活动，司法局局长魏兴平向各位参加代表介绍重新组建后司法局新职能、新定位及各业务工作。　（牛海军）

仲　裁

【概况】　2019年，大同市司法局按照中共大同市委机构编制委员会办公室《关于大同市司法局所属事业单位机构编制调整的通知》文件通知，大同市仲裁委员会办公室更名为大同市公共法律服务中心（大同市仲裁事务中心）。全年受理仲裁案件149件，标的额13.524亿元，仲裁收费480余万元；审理办结127件，结案率86%；调解案件36件，占结案总数48.6%。（牛海军）

【人事仲裁】　2019年，大同市仲裁院人事争议案件涉及机关事业单位26件，26人。其中，不予受理5件，裁决13件，撤诉1件，调解7件。　（王晓剑）

【仲裁制度建设】　2019年，大同市司法局组织制定修订《大同仲裁委员会章程》《大同仲裁委员会仲裁规则》《大同仲裁委员会网络仲裁规则》《仲裁员行为规范》《专家论证实施办法》《仲裁员办案酬金发放办法》《仲裁裁决核阅暂行办法》《大同仲裁委员会网络仲裁案件收费暂行办法》《大同仲裁委员会网络仲裁员办案酬金发放暂行办法》等制度措施。按照中办、国办《若干意见》精神和要求，完成金融仲裁院、网络仲裁院组建，建立完善仲裁收费管理、酬金管理、财务管理、人员聘用管理、金融仲裁院和网络仲裁院运行管理、机关内部管理等制度措施。　（牛海军）

【仲裁调解】　2019年，经大同市司法局批准，成立大同市仲裁委员会调解中心，会同大同市中级人民法院联合印发《关于建立诉讼与仲裁工作协调机制的实施意见》，把仲裁调解纳入社会“大调解”范畴。组织仲裁调解员网上业务培训，提高调解意识和业务能力，在仲裁活动中，开展调解工作，提升案件调解和解率。10月15日，挂牌成立大同市金融纠纷人民调解委员，金融调解纳入调解体系。会同人民银行大同市中心支行、大同市中级人民法院联合印发《关于开展金融消费纠纷诉调、诉裁、调诉、调裁对接工作的实施意见》，建立对接工作领导组及信息通报、交流研讨、业务培训和联络机制。　（牛海军）

【网络仲裁平台建设】　2019年5月29日，经市政府办公会议议定，同意大同仲裁委员会与中科院所属中科软科技股份有限公司合作，建立网络化仲裁案件管理系统及与电子商务和互联网金融对接的网络仲裁平台。6月14日，大同金融仲裁院和网络仲裁院成立，网络仲裁平台建成并上线运行，实现案件受理、组庭、证据交换、举证、质证、辩论、裁决及送达等线上流转。　（牛海军）

军　事

大同军分区

【概况】 2019年，大同军分区推进方案体系、组织指挥、力量体系、训练演练、专项动员、综合保障6个方面实案化准备，形成3类45种战备方案。坚持依法按纲施训，全年两级首长机关完成业务训练、课题训练和军事体育37项内容。开展群众性练兵比武活动，组织50名教练员集训和148名专武干部分层分类比武竞赛，参加省军区“强军杯”乒乓球比赛和参谋骨干比武竞赛，分别取得团体第一名和第二名。承担省军区民兵“基地化轮训、常态化备勤”试点，完成11批次训练任务。加大实战化练兵力度，完成专项行动演练备勤、山西省军地联合演练、国庆70周年安保备勤、年度课题训练等战备演训任务。抓军事设施保护工作，指导5个人民武装部完成国防工程专项普查，落实工程建设、航空摄影等军事设施保密审查制度。协调推进市县两级民兵综合训练基地建设。严密组织2期军队高等教育自学考试。解决国防动员信息化建设滞后问题，突出“三链五化”（即信息链、指挥链、行动链，数据采集自动化、态势掌握精准化、辅助指挥智能化、任务跟踪全程化、系统国产可控化）建设，创新研发“智慧国防动员”系统，承办全省“智慧国防动员”现场观摩会，做法被《军队情况摘报》刊载，成果在全省推广应用。贯彻山西省《关于深化国防动员体系建设的意见》，健全市县（区）两级国防动员委员会组织领导机构，规范6项日常工作制度，修订各类动员预案。深化全民国防教育，重点建设4所示范学校、13个示范村镇，领导干部到党政机关、学校、企业开展国防教育讲座79场，围绕“赞颂辉煌成就、军民同心筑梦”组织主题活动37场、专题晚会8场、军营开放日活动11次。融入全市脱贫攻坚大局，大同军分区党委机关援建广灵县加斗乡文化广场和作疃乡农家乐旅游项目。联合市委市政府出台《关于进一步加强国防后备力量建设的意见》（简称《意见》），明确专武干部、民兵干部任免、考核机制以及优待政策，纳入全市目标责任考核体系，督导10个县（区）落实《意见》要求。加大依法治军力度，制定《关于贯彻落实军委〈意见〉的实施办法》，突出10个风险管控点，开展“争创平安季，严实打基础”“百日安全”“国庆安保备勤”专项整治等活动。大同军分区党委被军委国防动员部评为先进党委。　（傅三星）

【“智慧国防动员”建设】 2019年1月至3月，大同军分区利用信息网络技术解决潜力数据保鲜难、动员指挥协调难、行动进展掌控难等现实问题，抓住全市“智慧城市”建设契机，坚持把“智慧国防动员”作为战备工程大事抓，重点突出“三链五化”建设，打造新时代“智慧国防动员”新模式。3月19日，山西省国防动员委员会在大同市召开山西省“智慧国防动员”系统观摩会，参会人员160余人。与会人员观看大同市和大同军分区概况录像、“智慧国防动员”系统功能实际演示。年内，国家经济动员办公室等10余家单位到大同军分区观摩见学。

（傅三星）

【国防动员实案化准备】 2019年1月至3月，大同军分区从组织领导、

▲2019年9月21日，驻大同某部队开展第二届“军营开放日”活动（戎禹仁 摄）

任务分工、信息建设、方案制定、战备值班5个方面入手，推动全省战备工作会议精神和国防动员实案化准备落地。1月29日，大同市委、市政府、大同军分区召开专题战备工作会议，学习有关文件，统一思想认识，提出“五抓五强化”具体措施。（1）抓组织领导强化备战意识。专门集中市县主管县（区）长、国防动员委员会专业办公室和人民武装部主官，学习中央军委《关于聚力推进备战打仗的决定》，传达省战备工作会议，解读山西省委、省政府、省军区《关于推进完善国防动员体系的实施意见》，凝聚国防动员系统备战打仗共识。（2）抓任务分工强化履职尽责。对照《关于推进完善国防动员体系的实施意见》《山西省国防动员总体方案》，修订完善大同市国防动员总体方案，出台落实细则，细化分解政府、国动委专业办公室、军分区职责。（3）抓信息建设强化指挥手段。3月底完成全市“智慧动员”系统建设，开展常态应用，市、县、乡、村四级部署应用民兵工作管理系统，县级政府专项补助乡、村实施，提升国防动员指挥辅助决策能力。（4）抓实践检验强化实案准备。对接作战任务，制定战备方案修订计划，明确每季度组织拉动演练，通过演练检验方案适应性、可行性，动态完善方案体系。（5）抓战备值班强化依案处情。组织作战值班业务培训考核，修订更新作战值班业务手册，熟悉应急预案和处置流程，实案化落实应急力量、装备，提高应急处置能力。（傅三星）

【民兵调整改革】 2019年2月至5月，大同军分区向大同市委、市政府专题汇报民兵调整改革进展情况，统一思想、凝聚共识；开展整组潜力大调查大起底活动，组织任务对接、业务培训4次；在民兵整组工作中，调整优化结构布局，推进民兵编组向高新产业、行业系统拓展，新建工程机械、抢修抢建、无人机侦察、电磁频谱管控、特种装备维修等新质队伍；联合市政府办公室在全市开展把民兵之歌唱起来、把民兵旗帜打起来、把民兵身份亮起来、把民兵阵地活起来“四个起来”活动，激发新时代民兵工作活力。大同军分区机关和浑源县、左云县、阳高县人民武装部迎接省军区民兵调整改革检查考评并受到肯定，连续两年被省军区评为民兵调整改革先进单位。（傅三星）

【全区教练员集训】 2019年3月11日至17日，大同军分区依托综合训练基地，组织教练员集训，10个县（区）人武部各5名教练员、综合训练基地10名教练员，共计60人参加。这次集训围绕《民兵军事训练大纲》入队和共同基础训练12个课目，分室内理论和室外操作2类，按照动员部署、理论辅导、示范观摩、模拟训练、实弹射击、集中考核、总结表彰7个环节分步实施，组织开展教学法授课辅导、课目教学讲解示范、教案集中编修和教学法训练。为确保训练质量，大同军分区从大同市退役干部和士官中选拔10名教练员，担负民兵基地化轮训教学任务。（傅三星）

【规范涉密网络安全运行】 2019年4月至7月，大同军分区针对一度存在的涉密网络底数不清、管理混乱，存在非法外联严重风险的实际，分两个波次开展了军事综合信息网计算机病毒清理和网络管理整治活动，规范涉密网络运行。军分区投入资金，统一更换全区军事综合信息网路由、交换设备，实现交换机IP、MAC地址和端口绑定，配置防火墙策略，补齐技术手段的欠账。制定印发《涉密网络运行管理规定》，成立网络安全领导组织，明确涉密网络接入审批、使用管理、维护值勤、故障检修、紧急事件处置、责任追究等5个环节的规定和45项具体措施。逐台排查上网终端隐患，并填表造册。清查整改不同网络共用机柜问题7个、共用交换机问题1个，互联网与军综网同处一室问题3个，消除非法外联隐患，确保网络安全。（傅三星）

【军事训练比武竞赛】 2019年4月至11月，大同军分区3次参加上级组织的训练比武竞赛，多个科目获奖。4月1日至12日，为备战省军区组织的专武干部比武，依托综合训练基地组织专武干部比武竞赛强化训练，各县（区）乡镇（街道）武装部部长10人参训，以军事理论、基本技能、业务工作、组织指挥、军事体育为主要内容。参加省军区专武干部集训，灵丘县石家田乡武装部部长曹志汉获个人综合成绩第18名，并获2个单项名次。5月20日，大同军分区组织全区8名参谋骨干尖子在综合训练基地开展备战省军区参谋骨干比武强化训练。6月10日，选6人参加全省参谋骨干集训比武，大同军分区获综合成绩第二名，天镇县人民武装部政工科长李泽勋获个人综合成绩第2名、大同军分区动员处参谋刘子龙获个人综合成绩第7名，并获11个单项名次。10月至11月，大同军分区采取“分层分类、全面落实，上下结合、逐级选拔，综合评审、择优推荐”的方法，开展优秀教练员评比竞赛，各级组织群众性岗位练兵活动，选拔推荐优秀教练员参加上级评比竞赛，11月下旬，推荐4名优秀教练员参加省军区比武竞赛，广灵县人民武装部政委邵华、浑源县东坊城乡武装部部长范学珍、大同军分区战备建设处参谋郑昊天被评为优秀教练员，大同军分区获单位综合成绩全省第3名。（傅三星）

【划区集中联训新模式】 2019年4月至12月，大同军分区针对人民武装部组织民兵、专武干部等训练面临训练设施不完善、人少事多没精力、力量薄弱无教员的实际困难，以浑源县、灵丘县、广灵县3个人民武装部为试点，探索划区联训新模式。具体采取4点做法：（1）统筹训练保障。对照训练基地规范化建设标准，按照设施共用、经费分担的原则，选择设施条件较好的浑源县训练基地，集中3个县的优质训练装备器材和教学设施开展训练。（2）统一组织领导。3个人民武装部抽调人员组成集训领导组，各人民武装部主官轮流带队值班，统一训练计划，统一训练管理，齐抓共管，严密组训，严格考评，在确保训练秩序正规的同时，减少人员占用，缓解工训矛盾。（3）整合教学力量。集中各县现役、文职、专武干部中的骨干力量开展岗前培训，统一备课示教，统筹安排教练员。主官带头担负教学任务，形成有参谋比武尖子、有军专业种人才，有专业能手、有理论骨干的教练员队伍，满足全部课目组训需求。（4）搭建交流平台。训练中，定期组织召开座谈会、研讨会，交流工作经验，共享训练心得，激发训练热情。专武干部集训中，组织轮回参观，实地了解各单位基层阵地建设经验做法，互促共进，共同提高。

（傅三星）

【民兵基地化轮训】 2019年5月至8月，大同军分区担负山西省军区民兵基地化轮训试点任务。按照“基地化训练，常态化备勤”的要求，以市级综合训练基地（原矿区人民武装部营区改建）为主场，浑源县民兵训练基地、左云县民兵训练基地为补充，压茬接续组织全区民兵分队开展基地化轮训，分10批次轮训（包括市属和各县、区的民兵应急分队及部分专业分队。专业分队主要有：各县、区无人机侦查排骨干，云冈区GPS干扰连，云州区、阳高县、天镇县、灵丘县铁路护路连）。轮训中，坚持“编建一致、训用一致、平战一致”原则，以落实“按纲施训、分级组训、专业领训、新质力量突出训”为重点，采取“入队共同自己训、专业力量编组训、应急力量轮流训、任务行动重点训”的方法，在规范落实民兵军事训练制度，形成和提升民兵常态备勤能力，落实民兵调整改革、提升备战打仗能力上探索新路子，实现全区训练资源的最优组合，提升训练质量。（傅三星）

【军事职业教育】 2019年6月至10月，大同军分区根据军委国防动员部《关于2019年在省军区系统推开军事职业教育工作有关问题的通知》和山西省军区年度工作安排，大同军分区机关和天镇县、灵丘县、广灵县人民武装部先行推开年度军事职业教育。6月起，大同军分区投入资金启动军事职业教育条件建设，建成微课制作室，启动军事综合信息网学习室、互联网学习室、图书室的相关训练物资采购；完成《军用防火墙的配置与使用》微课的制作任务，在全军军事职业教育上线；完成军分区、人民武装部两级机关干部、战士、文职、职工军事综合信息网教育平台和手机“军职在线”APP注册。在省军区指导下，建立省、市、县三级职业教育平台系统管理员体系，并展开运用。由军分区、人民武装部设立的两级管理员分级负责，成立单位学习小组，指导全体成员制定学习计划，督导展开线上自学，形成上下联动、覆盖全员学习布局。（傅三星）

【《关于进一步加强国防后备力量建设的意见》出台】 2019年7月上旬，市委、市政府与大同军分区联合出台《关于进一步加强国防后备力量建设的意见》（简称《意见》）。《意见》作出基层武装工作及专职人民武装干部、民兵干部骨干考核、培训、优待和保障工作具体要求，所需经费全部纳入年度政府财政预算，为基干民兵统一制定“基干民兵证”“金融一卡通”，乘坐公共交通、参观旅游景点实行优惠服务等。（傅三星）

【国防教育】 2019年9月至10月，大同军分区以“赞颂辉煌成就、军民同心筑梦”为主题，开展全民国防教育，为庆祝新中国成立70周年营造氛围。（1）盘活红色资源。挖掘整理大同战斗故事66例，编印《红色记忆》印发分区部队学习；联合新荣区宣传部和郭家窑乡，建设拒门堡红色革命纪念馆，把昔日“烈士村”变成红色教育基地；整理张富清式的老战士王玉龙、雁北地区大办民兵师等红色故事，在《中国民兵》刊载宣传；联合市综合训练基地，暑期组织3000余名学生分6个批次、3条线路开展“红色研学”活动。（2）聚力红色传人。各人民武装部制作全军10大英模挂像200余套、军人校友荣誉墙143面，组织进校园仪式；会同教育部门落实“万映计划”，组织全区22个小学师生观看红色影片46场次；结合“八一”、学生军训和全民国防教育日，把国防教育作为开学第一课，组织学生参观县（区）国防教育展厅，用红色基因打造红色传人。（3）浓厚红色氛围。制作“我和我的祖国”宣传图板进学校、社区、公园、景区巡展，联合市县两级宣传部组织“赞颂辉煌成就、军民同心筑梦”主题文艺会演11场，开展群众性主题宣传；更新国防文化街道、公园内容，新建主题街道6条、主题公园3处；结合兵员潜力调查和登记征集，各人民武装部进校园、进社区宣讲国防知识60余场。（傅三星）

【招聘省管职工】 2019年10月至12月，大同军分区根据《山西省县（市、区）人武部职工管理暂行规定》《关于印发山西省军区职工工作“一个意见、三个办法”的通知》和省军区政治工作局《关于印发〈2019年度全省县（市、区人武部职工招聘实施方案）的通知〉》有关精神，首次面向社会招聘人民武装部职工。大同军分区成立招聘职工领导小组，按照发布信息、资格审查、组织笔试、综合考评、面试体检、政治考核、公告公示的程序和步骤，开展职工招聘工作。9个县、区人民武装部招聘省管职工31名。其中，社会招聘11名、消化人民武装部原有聘用职工20名。（傅三星）

【专项课题训练】 2019年11月27日至29日，大同军分区组织全区市县两级围绕“参加首都联合防空行动”开展课题训练。这次演练以习近平强军思想为指导，以《中华人民共和国国防法》《中华人民共和国国防动员法》《中华人民共和国人民防空法》等法律法规和新一代军事训练大纲为依据，以省军区印发的《国防动员单位课题训练创新指南》为参考，坚持“实战牵引、军地联合、按纲施训”原则，采取想定诱导、随机导调、分级组织、区分步骤方式，分战役准备、战役实施2个阶段，完成临战准备、筹划决策、协同保障、首批动员、先期夺权、联合抗反、维稳控局7个内容演练。（傅三星）

武警山西省总队大同支队

【概况】 2019年，武警山西省总队大同支队开展新兵“三查”工作，排查网赌网贷隐患21处，转化重点关注对象7名。支队70余篇新闻报道、研究成果在央视7套、《中国武警》等军级媒体杂志发表，被总队评为舆论工作先进单位。支队军事工作立足“驻地维稳、拱卫首都、增援省城、支援周边”职能定位，按照“执勤饭碗端牢、练兵备战提能、遂行任务打

军事

赢、比武榜上有名、安全管理托底”总体工作思路，聚焦使命任务、聚力练兵备战。完成“1919”团专机警卫，大同市大项活动安保，“二青会”安保，战备日和敏感期城市联勤武装巡逻，国家大型活动和会议期间高速检查站警戒设卡及武装押解等重大临时任务141起。4月6日，支队完成云州区小辛庄山林灭火任务；8月7日，广灵中队处置1起个人极端行为事件。年内在总队组织的集训比武竞赛中获总队侦察集训第一名、应急班班长集训第四名、二季度“魔鬼周”极限训练第三名、冲锋舟集训第一名、通信分队比武第三名。特战中队陈鹏、执勤四中队陈垚李、勤务中队李保奇被总队评为优秀教练员。开展隐患排查和风险评估，组织8个批次安全检查，筛查6类28处安全隐患，针对网赌网贷问题开展12次专题授课，排查1起借贷问题。阳高县中队朱强，5月被山西省人力资源和社会保障厅授予全省优秀共青团员称号。（王　超）

【“成龙国际电影周”秩序维护】 2019年，武警山西省总队大同支队为确保第五届成龙国际电影周开幕式、闭幕式活动安全，根据大同市委、市政府商情，经报总队批准。受领任务后，支队支队长高晓峰、政委杨文广亲自审定执勤方案，并提出安保具体要求。支队提前勘查现场，评估执勤风险，研究制定方案。针对活动规模大、人员多、控制范围广、治安形势复杂等实际情况，挑选形象气质好、军事技术精、执勤经验丰富官兵，按照“快速反应，力争主动；集中力量，确保重点；区分性质，依法处置；把握限度，控制影响”原则，开展以防拥挤踩踏、防聚众闹事、防暴恐袭击、防火灾事故为重点的专勤专训。任务中，支队前进指挥组全程指导勤务，始终靠前指挥，各级指挥员分兵把口、各司其职，全体执勤官兵完成活动期间安保任务。（王　超）

【“二青会”安保勤务】 2019年，武警山西省总队大同支队根据总队第二届全国青年运动会（简称“二青会”）安保勤务统一部署，担负“二青会”维护秩序和机动备勤任务。为确保“二青会”安全举行，支队专题召开动员部署会，分析研究大同地区社会面形势，按照“群队式编组和梯队式部署相结合”的兵力配置要求，拟制备勤方案，完善各类保障，指导各级明确分工。任务过程中，支队前进指挥组与安保指挥部协同配合，检查指导勤务组织实施，执勤官兵完成大同地区安保备勤任务。（王　超）

【军民联欢文艺晚会】 2019年，由武警山西省总队大同支队筹备，与驻地人民举办“奋进新征程 起航新梦想”军民联欢会。文艺会演融合军旅文化和时代特色，体现驻地人民群众对部队的浓浓拥军情。晚会有歌舞《盛世欢歌》、独唱《美丽家园》《不忘初心》《报答》《向往》、器乐独奏《扬鞭催马运粮忙》《战马奔腾》、现代舞《天使梦想》、大合唱《强军战歌》，官兵自导自演的舞蹈《魔鬼日》反映官兵把操场当战场，把训练当打仗，练就能打胜仗本领的场景。（王　超）

【大同古都灯会安保勤务】 2019年1月31日至2月20日，武警山西省总队大同支队根据大同市政府统一部署，每日出动兵力担负古都灯会期间安保勤务。受领任务后，该支队专题研究部署，组织现地勘察、制订执勤方案、挑选人员，开展专勤专训，规范执勤动作、执勤用语、执勤着装和情况处置，强化执勤能力。任务中，针对参观人员多、执勤点分散、天候严寒、执勤时间长等实际，首长机关坚持靠前指挥、一线督导，执勤官兵按时完成安全保卫任务。（王　超）

【个人极端事件处置】 2019年8月7日，广灵县发生一起精神病人持刀企图砍人事件，武警山西省总队大同支队广灵县中队出动兵力实施抓捕，指导员董强提出“封控现场、疏散群众，政策攻心、引出巷道，迂回夹击、伺机控制”的建议，并把行动方案上报支队值班室。支队首长在采纳方案后，下达“依案而动、果断出击、伺机抓捕、确保安全”行动命令。应急班战士趁精神病人放松警惕时，果断采取“正面佯攻、迂回包抄、果断出击”的战法展开行动。经过25分钟，协助公安机关把其抓获，缴获管制刀具1把、木棍1根。（王　超）

人民防空

【概况】 2019年，大同市人民防空办公室完成全市防空袭方案修订。开展参与人防实战化训练演练。3月20日，在长治市人防疏散基地参加全省人防系统“准军事化”集训，以人防指挥能力提升、通信互联互通、医疗救护、抢险抢修、专业队演练为主，提升“准军事化”建设水平，提高遂行任务能力。7月23日至25日，省人防指挥信息保障中心到大同演练，中心协调相关演练事宜，分别在云州区、左云县开展演练。9月下旬参加山西省人防办在山东威海组织的人防系统第二期准军事化集训。训练演练提升人民防空业务指挥、信息保障和各种文书要素的协作能力，以实战化模拟，遂行“战时防空、平时服务、应急支援”的职能使命。（于　璐）

【人防志愿者队伍组建】 2019年，大同市人民防空办公室组建1支新型的志愿者队伍——人民防空志愿者越野e族救援队。8月15日授旗、挂牌，同日组织志愿者救援队队员专业知识培训。注册的人防志愿者开展《人防志愿者章程》《人防志愿者管理办法》及人防基本知识培训及考试考核。（于　璐）

【人防疏散地域建设】 2019年，大同市人民防空办公室与有关部门协作，加强人民防空融合式发展。把十里河公园城市应急避难场所纳入人防疏散地域建设。（于　璐）

【人防宣传教育】 2019年，大同市人民防空办公室开展人防宣传教育活动。在“9·18”人防警报试鸣当天，大同市人民防空办公室通过广播、电视、报纸、街头大屏、手机短信等形式，向全市宣传人民防空知识和技能。在迎宾广场开展人防宣传活动，制作并展出人民防空辉煌成就展板，向市民演示便携式防空警报器。志愿者救援队为市民讲解应急防护措施并做示范，让市民了解防护应急知识，向市民发放人民防空宣传资料等。全市各县（区）人防部门开展不同规模人民防空宣传活动。年内，全市接受人防知识技能宣传教育的市民、学生和干部职工总数38万人次以上。（于　璐）

经济管理

发展与改革

【概况】2019年，大同市发展和改革委员会（简称“市发改委”）抓全市经济运行分析预警工作，制定运行监测方案和运行监测机制。全年，市域主要经济指标增长速度进入全省中上游位次，总体跃升第一方阵。其中，市发改委牵头的核心指标，地区生产总值1318.8亿元，增长6.7%，超过目标任务0.4%，增幅全省第一；固定资产投资606.9亿元，增长10.5%，超过目标任务3.5%，增幅全省第三。突出规划引领作用，启动“十四五”规划编制前期工作，开展10个前期课题研究。牵头编制《大同市乡村振兴战略规划（2018—2022）》总规和“5+1”专项规划（即产业兴旺、生态宜居、乡风文明、治理有效、生活富裕五个专项规划和体制机制创新专项规划），形成大同市今后五年落实中央一号文件的政策框架。牵头编制《恒安新区产业发展规划》。

（市发改委）

【转型项目建设】2019年，市发改委出台深化转型项目建设年行动方案，围绕新兴产业、传统产业升级改造、基础设施等重点领域谋划推进项目建设。全市储备项目总投资保持在2000亿元以上，储备项目转化率42%。转型项目投资占全市固定资产投资比重65.6%。123项重点工程投资完成率排名全省第二。签约项目投资额29.1亿元。全年落实中央、省级资金13亿元。其中，中央投资9亿元，全省排名第二；省级资金0.6亿元，政府专项债券3.7亿元。抓项目核准备案。全年办理项目275个，总投资713.81亿元。协调推进123项全市重点工程项目，累计投资202.7亿元，完成率114%，全省排名第四。开展进工地、解难题等专项活动，解决40余项重点工程挡手问题，协调落实高铁项目建设资金24.8亿元，按期集中整治高速铁路沿线195处安全环境隐患。（市发改委）

【新兴产业培育】2019年，市发改委攻坚新能源、通用航空、现代物流、文化旅游等新兴产业，助力全市构建现代产业体系。新能源产业方面，推进能源革命综合改革。抓住“一园一城”两大牛鼻子工程，从雏形谋划、平台引进、资金筹措、项目推进、机制建立等方面下功夫。对标对表全国一流和全省领先，实事求是编制全市行动方案。在重点领域、关键节点谋划11个能源转型对接央企项目，率先在全省启动“新能源＋储能”试点示范。推动“一园一城”建设，统筹煤炭清洁高效利用、现代煤化工等传统能源转型升级和氢能、储能、新能源装备制造等能源可持续发展，推动能源、信息产业和装备制造业融合发展，雄韬制氢加氢一体站投入示范运营，氢燃料公交车投入使用；新研氢能1万套氢燃料电池项目主体竣工，氢能物流车开始示范运行；城市动力首条磷酸铁锂电池储能生产线投入运行，其产品在储能示范工程运行；在科创园建成全市首个光储充一体示范项目；氢都驰拓新能源电池负极材料项目一期投产。通用航空产业方面，抢抓中央决定山西建设全国通用航空业发展示范省的历史机遇，利用大同市引进中德轻飞、迪默透轻型发动机项目基础，编制并上报《大同市建设通用航空业示范市行动方案》，推动大同市4月29日获批全省通航产业发展示范市。牵头制定并出台《关于大力发展通用航空业的实施意见》及相关配套政策，推动大同通航产业发展迈进快车道。中德轻飞、迪默透轻型发动机项目全部投产，北航蜜蜂制造项目落地开工，C42E飞机取得全省首张由中国民航局颁发的生产许可证，在通航产业园区内初步形成“一站式轻型运动类航空器集成工厂”；推动重组大同航空产业集团，完成中航货运收购并取得运行许可证；推进山西通用航空职业技术学院一期工程实现封顶，完成师资和管理队伍建设，具备招生条件；推动灵丘通航产业园列入省级产业集聚区试点，按序推进机场主体改造工程。商贸物流产业方面，贯彻落实《国家物流枢纽布局和建设规划》，牵头编制《大同市陆港型国家物流枢纽建设实施方案》，上报省和国家落实政策与资金支持；推动服务业集聚区建设，推动大同电商产业园区列入全省第一批集聚区建设项目，并补助资金400万元；为上海漕河泾开发区国际双创园、中关村智造大街大同服务平台项目落实省级资金4000万元，为中科院工程热物理研究所大同分所项目落实省级资金1000万元。文化旅游产业方面，为6个文化旅游提升工程项目申请中央预算内投资2936万元。围绕职能助力旅游景区品质提升，改变过去景区停车场个别定价、一场一价的老思路，拟定降低并统一规范全市景区停车服务收费实施方案，最大限度降低收费标准，完善景区基础设施建设，助力全市建立“大旅游”发展格局。现代农业方面，推进阳高县国家农村农业融合发展示范园一期工程建设，建成1000亩标准化绿色采摘园；推动大同农业嘉年华项目一期项目开园运营；实施坡耕地水土流失综合治理工程，建设坡改梯2.54万亩；实施农村饮水安全巩固提升工程，新上新荣区等8个县（区）农村饮水安全巩固提升工程，受益人口15.55万人；开工建设2条农村扶贫公路。（市发改委）

【重大改革推进】 2019年，市发改委围绕开展能源革命综合改革试点、建设通航产业示范市、加强对外合作促进区域协调发展、构建高质量发展的现代产业体系、做实“深化转型项目建设年”、深化供给侧结构性改革、深化电力体制改革、深化金融体制改革等8项重点改革任务，协调相关部门共同推动完成改革任务。带动全市能源革命综合改革试点由线向链拓展、由点向面铺开，在全省率先拉开横向多能互补、纵向源网荷储的改革框架。开展风电市场化竞价采购改革支持大数据产业发展，运行以来，为秦淮大数据减负720万元。推进经济体制改革。推动低空空域改革，对接空军大同基地，建立军地联席机制，签署飞行管制协议，完成大同北岳机场临时飞行空域方案设置。深化企业投资项目承诺制改革，出台《大同市2019年深化企业投资项目承诺制改革实施方案》，落实政府统一服务事项；建立常态化天然气价格上下游联动机制，制定出台“煤改气”气价。推进政务信息系统整合共享，归集和接入重点单位数据24个。完善信用信息体系建设，实现政务审批嵌入信用信息共享平台。（市发改委）

【创新驱动发展】 2019年，市发改委多举并措整合创新资源、培育创新主体、释放创新活力，助推全市新旧动能转换。年内，中科院工程热物理所大同分所建成，主体工程及内外装全部完工，煤炭清洁燃烧试验平台于8月27日点火，储能创新孵化中心具备每年1吉兆生产能力；大同市煤炭清洁高效利用研究所成立，开启全省院地合作新路径。“三位一体”创新发展服务平台［由中关村智造大街大同服务平台、大同企业离岸创新孵化基地（北京站）和大同市能源革命专项创新券共同组成的创新发展服务平台］上线运营，以中关村智造大街大同公共服务中心为杠杆、以大同企业离岸创新孵化基地（北京站）为支点、以大同市能源革命专项创新券为扭矩，撬动大同企业打破创新发展区位壁垒，对接大同企业1062次，挖掘企业需求153项，对接服务125项，提升大同企业创新发展活力。“双创”建设再上新台阶，推动大同经济技术开发区列入第三批省级双创示范基地，推动山西同达药业有限公司高端控释制剂工程研究中心、山西大同大学新型碳素功能材料工程研究中心列入省级工程研究中心。（市发改委）

国有资产管理

【概况】 2019年，大同市国资委监管企业38户，资产总额644.8亿元，负债总额441.2亿元，净资产203.6亿元，从业人员21527人。全年实现营业总收入39.8亿元，劳动生产总值16.9亿元，工业总产值4.7亿元，工业增加值2.4亿元，国有资产保值增值率105.4%，监管企业资产负债率下降2.4个百分点。年内，实施大同糖厂劳动服务公司、大同市综合食品厂劳动服务公司破产，“僵尸企业”出清。（李志明）

【国有资产监管】 2019年，大同市国资委完善国有资产运营管理体制。清查全市存量资产，摸清底数，通过以资抵债化解政府债务；授权市城镇建设公司管理保障性住房地下车库资产；脱钩接收原部门管理企业，有效整合、重组和改制。规范国有产权管理，华宇中百国有股权完成公开转让，中旅国有股权在省产权市场挂牌。防范化解国资国企重大风险，出台《市属企业防范化解重大风险的实施意见》《市属企业投资风险监督管理办法》，规范企业经营行为。（李志明）

【现代企业制度建设】 2019年，大同市国资委按照大同市市属国有企业公司化改制工作的有关精神，完善公司法人治理结构，市管企业全部实行党组织书记、董事长一肩挑。坚持党管干部与市场化选聘相结合，探索国有企业领导人员选人用人制度创新，开展市场化选聘职业经理人工作，完成市经济建设投资公司下属大同云萱农业发展公司总经理公开选聘工作。（李志明）

【粮油企业整合重组】 2019年，市国资委针对市属粮油企业“小、散、弱”、业务协同实际，6月4日，市国资委召开专题会议，安排部署市属粮油企业整合重组工作，会议宣布《市属粮油企业整合方案》。市属6家粮油储备经营企业，以大同市第三粮食储备库为骨干企业，实施整合大同市城镇居民粮油应急配送中心、大同市国丰粮油收储有限公司，成立大同市第三粮食储备库有限公司；以山西大同口泉国家粮食储备库为骨干企业，实施整合大同市地方储备粮管理中心、大同市第二粮油储运公司，成立山西大同口泉国家粮食储备库有限公司，保留大同市第二粮油储运公司法人资格。通过资产、人员、业务整合融合，形成2个规模化粮油企业。（李志明）

【混合所有制改革】 2019年，大同市国资委加大企业混合所有制改革力度，混合所有制改革工作在一、二级企业同步开展，运用进退流转等方式推进。放开股权比例限制，让社会资本有更大的股权比例空间和话语权。通过梳理监管企业混改项目，筛选出优质混改项目23个，按照“市属国有企业混合所有制改革项目发布与推介实施方案”，通过《大同日报》、省产权交易网站等媒体向社会公开发布。有10余户企业在不同层级开展混合所有制改革，完成市热力公司与北京热力集团整合重组工作，推动实施京隆电厂至大同长输供热管线建设；大同宜民产业公司与民营企业合作成立混合所有制企业大同云萱农业发展公司，创新大同市黄花产业发展模式；市国顺贸易公司与中控物总有限公司实施混改，创建大同市对外贸易名片，国企混改实现在一级企业破冰、二级企业推开。（李志明）

【剥离国有企业办社会职能】 2019年，大同市政府为加快推进国有企业“三供一业”分离移交后维修改造，成立“三供一业”分离移交维修改造工程指挥部，指挥部下设办公室，办公室设在市国资委，负责组织协调大同市国有企业“三供一业”分离移交维修改造工作。完成同煤集团恒安新区“三供一业”维修改造工作，完成同煤集团退休人员社会化管理试点工作。（李志明）

【项目投资建设】 2019年，大同市国资系统企业建设项目投资21.8亿元。“两河湿地项目”水利和水环境工程建成，“山西通用航空职业技术学院”一期主竣工，“古城西南隅民居修复工程”前期开工的13个院落主体竣工。“大十字街北侧地块项目”地库工程完工。围绕能源革命，推进市经济建设投资公司承建的国际能源革命科技创新园A区、市经济发展投资公司承建的“氢都1号”等新能源领域政府重点项目。全国首座制氢加氢一体站投入示范运营。大同国投公司运维管理的全国首个百万千瓦光伏基地累计发电56.6亿千瓦时，累计为秦淮大数据中心提供用电量3390万千瓦时。大同市公交公司3条线路50台氢燃料电池公交车、180台纯电动公交车投入运营。（李志明）

【营商环境优化】 2019年，大同市国资委制定“六大思路、四大对接、五送服务”工作责任清单，提出21项“大转型”“大开放”“大创新”“大改革”“大提示”“大市场”的工作思路、4项对接大企大校大院大所的工作举措及8项五送服务；制定与京津冀地区加强协作具体措施；完善“四个平台”建设，为大同企业提供北京市的科技成果资源与成果转化服务资源，提升大同企业研发能力，推动技术市场化、产业化进程。通过中关村智造大街科技创新服务平台，对接项目50余项，大同服务平台服务项目124项，“能源革命专项创新券”审核通过项目32个。（李志明）

【监管企业法治建设】 2019年，大同市国资委制定出台《大同市国资委关于进一步加强市属企业法治建设工作的通知》，明确企业依法规范经营管理。法律审核国资系统重要合同、重大行政决策、重要文件出台、国有产权转让、国有项目投资。处理国资委系统债务纠纷、产权纠纷等司法案件，完成2起市政府涉诉案件证据材料的收集、整理出庭、诉讼等工作，并组织部分监管企业参加全市开展的法制宣传活动。（李志明）

【安全稳定】 2019年，大同市国资委坚持信访联席会议制度，集体研判突出信访矛盾，化解疑难信访问题。实行国资委领导包联企业制度，重点群体、重点案件、重点人员实行干部包案。全年，市国资委接待到访职工2046余人次，办结“12345”政府服务热线工单12022件，受理答复网络信访案件120件，全年未发生群体性进京或到省非访事件。加强安全生产工作，强化责任体系建设，组织开展安全生产培训、大检查和专项整治工作，在“二青会”、新中国成立70周年大庆等时段，开展“三个专项行动”“防风险保平安护二青迎大庆”“安全生产隐患大排查大整治”等行动，组织5轮督导检查，排查安全生产问题隐患300余项，督促企业整改，排除隐患，全年全系统实现安全生产无事故。开展“扫黑除恶”专项斗争，在物业领域和能源资源领域专项行动中，摸排上报线索2条。（李志明）

【中航货运股权收购】 2019年1月，市经济建设投资公司与中航幸福控股签订中航货运股权收购协议，3月，复航工作组进驻中航货运，把复航作为工作重点，完成股权转让工商变更、“经营许可证”换发、取得MA 600F型飞机3证，推进中航货运复航工作。中航货运是一家全货运航空公司，成立于2015年7月，注册资本5亿元，大同航空产业集团公司持股55%，中航工业幸福航空控股有限公司持股45%，主营机型为波音757-200和新舟600F。（李志明）

【企业领导人员专题研修班】 2019年8月中旬，大同市举办企业领导人员能力提升专题研修班，培训全市市属企业领导班子成员和部分业务骨干80余人。该研修班由市委组织部、市国资委联合在大连理工大学举办，来自国务院国资委、中国大连高级经理学院、大连理工大学、东北财经大学等部门和高校专家，围绕国有企业结构性调整与兼并重组、新常态下企业发展战略与创新、企业内部控制与风险防控等主题为学员们作专题辅导。研修班组织学员到大连港集团、大连市规划展示中心、大连东港商务区进行现场教学，学习知名企业经营理念、人力资源管理、信息化建设等经验。（李志明）

财　政

【概况】 2019年，大同市一般公共预算收入130.1亿元，同比增长8.7%，比全省高6.3个百分点，增速全省第五。全市一般公共预算支出364.2亿元，同比增长8.8%。其中，市级执行126.7亿元，同比增长14.4%，县（区）执行236.7亿元，同比增长6.1%。（刘国鑫）

2019年大同市一般公共预算收入表

单位：万元

指 标	2019年	2019年比2018年±%
一般公共预算收入	1301336	8.7
#国内增值税	395330	17.6
营业税	—	—

续 表

指 标	2019 年	2019 年比 2018 年 ±%
企业所得税	220770	32.9
个人所得税	17638	–45.4
资源税	116882	39.6
城市维护建设税	66213	2.8
房产税	28605	5.9
城镇土地使用税	29373	–9.6
印花税	23593	–2.1
行政事业性收费收入	22141	17.4
罚没收入	37519	32.5
专项收入	62664	–28.8

2019 年大同市一般公共预算支出表

单位：万元

指 标	2019 年	2019 年比 2018 年 ±%
一般公共预算支出	3633627	8.8
#一般公共服务	310212	13.1
公共安全	169176	–5.7
教育	541117	4.4
科学技术	22603	–10.5
文化旅游体育与传媒	97456	10.2
社会保障和就业	515822	14.0
卫生健康	287228	–3.5
节能环保	144045	99.9
农林水事务	565879	–1.9
城乡社区事务	372907	28.2
交通运输	234385	19.6
其他支出	24434	–23.3

【防范化解政府债务风险】 2019 年，大同市财政局落实“双降行动”要求，规范融资行为，用足用好政府置换债券政策，在守好“保工资、保运转、保民生”底线的基础上，出台《关于开展降政府债务风险降政府债务率行动实施方案》，依托“地方全口径债务监测系统”，实现全市 3179 家单位全覆盖动态监测，年内，市县两级未出现地方政府债务风险事件，未发生政府性债务违法违规被问责事件。综合采取减、换、延、抵、控等方式，消化存量、严控增量，防范和化解政府债务 80.9 亿元。政府性债务全部依法纳入预算管理，足额安排年度到期债务本息。执行债务限额管理，市本级债务控制在省定限额内，风险预警由一级红色转为二级橙色。

（刘国鑫）

【脱贫攻坚专项资金安排】 2019 年，大同市财政局统筹整合各类涉农资金，市级安排专项资金 12 亿元，支持脱贫攻坚和乡村振兴，推进涉农资金整合、培育特色产业、壮大龙头企业、深化农村改革、整治人居环境等，实施扶贫项目资金全过程绩效管理，解决“两不愁三保障”突出问题。浑源、广灵、天镇3个贫困县脱贫摘帽，2.56万名贫困人口脱贫，农村居民人均可支配收入增速10.2%，增幅全省领先。“大同好粮”升为国家品牌。（刘国鑫）

【污染防治专项资金安排】 2019年，大同市落实上级污染防治专项资金5.06亿元，市级安排生态建设专项资金3.8亿元，加大大气、水、土壤污染防治投入力度，支持“五管齐下”措施实施，重点支持工业扬尘污染治理、空气质量网格化治理、机动车污染治理、乡村“煤改气”“煤改电”、生物质燃料清洁取暖、农村环境综合整治、污水处理厂提标改造、土壤污染修复治理、浑源矿山生态修复。空气质量实现全省六连冠，大同市由全国地级及以上城市国家地表水考核断面水质排名倒数第二升至全国改善前14名，被评为“中国美丽城市”称号。（刘国鑫）

【财政支持项目建设】 2019年，大同市财政局减轻各类企业负担61.25亿元。其中，减税30.31亿元，降费30.94亿元。足额拨付专项资金13亿元，重点支持高铁及周边设施建设工程。融入京津冀、环渤海、乌大张、“一带一路”等国家战略，抢抓全省开展能源革命综合试点机遇，安排10亿专项资金，支持新能源“六大产业集群”、科技创新平台“一园一城”建设。统筹资金13亿元，支持对外开放和文旅振兴。统筹资金10亿元，支持工业大振兴特别是高科技工业和新兴产业，确保“鼓励和支持民营企业二十条”政策落实。支持转型发展先行区建设，大同市省级经济技术开发区有3家。健全拓展县域经济新兴产业、第三产业税收奖扶机制，促进全市经济均衡发展。年内，市财政统筹专项资金24.1亿元，重点支持城市基础设施建设。同煤快线地面路段全面通车，市区街巷整治全部完工，永泰门广场、体育中心、大剧院等基础设施投入使用。推进御东公共活动走廊、体育中心景观工程、氢都文化公园项目、高铁站北广场枢纽建设、魏都大道南出口和御河西路南出口生态绿化等建设。支持市县两级全域旅游规划编制，推进三大旅游板块建设，支持“二青会”、古都灯会、空中游古城、成龙国际动作电影周、中国世界遗产旅游推广联盟大会、云冈旅游季等活动举办。综合统筹政府性基金等各类财政资源，发挥财政资金引导示范作用，激励社会资本通过PPP方式，加强财政资金引导，运用政府产业投资引导基金设立大同市能源产业基金、大同市通航产业基金等6支基金，缓解财政支出和债务压力。云中E谷产业园、恒安新区污水处理厂、光荣院三期PPP项目录入财政部项目库，总投资额37.9亿元。（刘国鑫）

【民生专项资金支付】 2019年，大同市教育、社会保障和就业、医疗卫生等13项民生支出298.3亿元，同比增长9%，占全市公共预算支出比重81.9%，连续八年占到全市公共预算支出八成以上。支持教育优先发展，全市教育投入54.1亿元，支持推动教育均衡发展，办人民满意教育。新改扩建公办幼儿园13所，新增学位1830个，建设普惠性幼儿园31所，“入园难”“入园贵”等问题得到缓解。巩固城乡义务教育经费保障机制，落实义务教育阶段家庭经济困难学生生活补贴补助政策。支持农村义务教育薄弱环节改善与能力提升，改善普通高中办学条件和支持现代职业教育发展。落实从学前教育到高职教育各阶段生均公用经费制度和资助政策，支持实施初高中校长基金和义务教育阶段学生营养餐工程。提高医疗卫生保障水平，全市医药卫生投入28.7亿元，加快推动“1310”兴医提质工程（即以提升医疗水平这一主线，围绕兴医提质、领军临床重点专科、卓越医学团队建设3个方面，完成10项重点任务。即城市医疗集团建设，领军临床重点专科建设，卓越临床医疗团队建设，构建医疗质控体系，构建专科联盟，专病诊疗中心建设，中医特色示范基地建设，实施互联网+医疗项目，改善医疗服务行动，全市医疗信息平台建设），解决看病难看病贵的问题。落实政府对公立医院6项投入政策及取消药品加成后财政补助资金，促进公立医院持续健康发展，保证医疗服务能力不退坡。支持医疗设备购置、全科医生规范化培训楼建设和基层医疗卫生机构建设。支持胸痛、脑卒等尖端技术人才培养、保障村卫生室运行补助和村医退养补助发放。足额安排市级财政配套资金，确保基本公共卫生人均补助标准从55元提高至69元。落实城乡医疗救助政策，增加大病救治病种至33种，提高困难群众医疗保障水平。支持提高社会保障水平，完善社会保障和就业体系。全市社保投入51.6亿元，保障城乡社会保障体系建设和公共就业创业服务体系建设。推进城乡居民医保制度整合，实现全市医疗保险全覆盖。统筹安排就业创业专项资金，抓“零就业”家庭、高校毕业生、退役军人等重点群体就业创业，新增城镇就业5.08万人。提高低保、优抚对象、残疾军人、孤儿养育、老年乡村医生退养等补助标准，兜牢困难群众基本生活底线。城镇退休人员基本养老金月人均增加174元，企业退休人员基本养老金实现“十五连涨”。提高部分优抚对象等人员财政补助标准，城乡居民基本医疗保险和基本公共卫生服务财政补助标准每人每年分别提高30元和14元，城乡低保保障标准平均每人每月分别提高55元和57元，经济困难的高龄和失能老年人补贴每人每月分别提高20元和40元。支持古城复兴和文旅振兴，围绕“五区联动”发展新格局，支持完善古城保护规划，推进古城修复工程，推动云冈、恒山等景区完善景点配套措施和旅游交通体系。住房保障水平不断提高，拨付7.5亿元，推进保障性住房建设，支持棚户区改造、公共租赁和廉租房建设，促进保障性安居工程建设。持续完善基层组织运转经费保障机制，推进乡（镇）机关基础设施均等工作，提高乡（镇）工作干部待遇。（刘国鑫）

【财力征收拓展】 2019年，大同市财政局实施财政收入培育工程，支持做强优势产业，落实省“30条”、市“20条”政策，推动实体经济特别是民营经济发展壮大，加大县域经济财税政策支持，弥补县域经济短板，推动全市经济均衡发展，从根本上拓宽税收主渠道。加强税收征管，确保应收尽收，推动收入增长。加大专项债券投入力度，保障土地收储资金需要，提高收储效率，增加国土收益。合理配置国有资源，盘活存量资产，扩大资产经营收益。了解上级政策，会同有关部门落实转移支付、专项资金和政策支持。发挥政府基金引导作用，完善“1+N”基金结构，推进PPP模式，激励撬动社会资本和金融资本，促进产业投资增长，增强财政增收动力。树立过紧日子思想，严控“三公经费”预算，取消低效无效支出，市级财政按不低于10%的比例压减一般性支出基数，最大限度降低行政运行成本，在优先保基本保民生刚性支出的基础上，优化支出结构、有保有压、统筹安排、压缩一般、保证重点，把有限的资金用在最需要的地方，拓宽增收渠道，提高财政保障能力。

（刘国鑫）

【财政制度规范建设】 2019年，大同市财政局发挥财政体制改革基础性、支撑性作用，加快建立现代财政制度。有序推进财政事权和支出责任划分改革，出台《大同市基本公共服务领域市级与区县共同财政事权和支出责任划分改革方案》，把义务教育、学生资助、基本就业服务、基本养老保险等8类基本公共服务事项，纳入市与区（县）共同财政事权范围，确定保障标准、支出责任及分担比例。逐步建立权责清晰、财力协调、区域均衡的市以下财政关系。深化部门预算改革。推进支出标准体系建设，加强财政资金统筹使用。把部分政府性基金收入、国有资本经营收入调入一般公共预算，清理结余结转资金，调入预算稳定调节基金等方式，弥补收支缺口。加快预算绩效管理体系建设。实现市本级部门预算项目支出绩效目标申报全覆盖。强化绩效目标管理，完善绩效运行监控机制，拓展绩效评价范围，注重评价结果反馈和应用，强化绩效责任硬约束，制定《大同市预算绩效评价管理办法》《大同市市级部门预算绩效目标管理办法》，开展财政扶贫资金和重大民生项目监督检查和绩效评价，提升预算管理科学性。推进国库集中支付管理改革。全年全市财政国库动态监控系统完成搭建，514家市级预算单位、10个县（区）及大同经济技术开发区和99个乡（镇）的预算单位实现全覆盖。推行市、县国库集中支付电子化管理改革，试点运行单位5家。全年依法清理盘活存量资金48.54亿元，财政资源配置和使用效率提高。改进预算管理与控制，编制《市本级中期财政规划（2020—2022）》，把教育、棚户区改造及配套基础设施建设等PPP项目建设运营列入财政中长期规划，完善跨年度预算平衡机制。推进国有企业改革。梳理全市地方金融企业国有资产家底，向市人大作专题报告。开展地方国有资产产权登记年度检查，完成国有资本保值增值确认工作。抓机构改革资产清查移交工作，全年有18家企业资产完成整体划转，9家资产部分划转。落实机构改革方案要求，抓机构改革涉及单位经费划转、预算调整、资产管理、债权债务移交等预算管理工作。深化政府采购制度改革，推进政府采购互联网商城建设，加快形成现代政府采购制度；建立健全政府综合财务报告、国有资产报告制度。加大预决算公开力度，提高支出预算和政策透明度，预决算公开力度实现公开范围全覆盖公开率100%；推进财政系统内控体系建设，自觉接受人大和社会各界监督。

（刘国鑫）

税　务

【概况】 2019年，国家税务总局大同市税务局系统入库税费收入307.79亿元。入库税收收入266.63亿元，同比增长18.15%，增收40.97亿元。其中，市县级税收收入累计入库103.29亿元，同比增长16.46%，增收14.6亿元，比市政府分配的102亿元收入超收1.29亿元，市县级税收增速全省第一。入库各类社保费收入27.96亿元，职业年金3.6亿元，非税收入9.6亿元。

（胡志鹏）

【减税降费】 2019年，大同市税务系统实行全市纳税人电子台账管理7.2万户，累计宣传培训辅导税务干部及纳税人超10万人（户）次，建立3.2万户单位纳税人减税“铁账本”，设计发放4万户个体工商户减税降费“明白卡”。突出“三站”建设，打通小微企业普惠性减税降费政策落实的“最后一公里”。全年新增减税30.31亿元，减负全市养老、失业、医疗、工伤4项保险参保的企事业单位7.8亿元，全市各行各业的税负均有不同程度下降。落实《全国税务机关出口退（免）税管理工作规范（2.0版）》，应退尽退符合条件企业，全年审核通过出口企业免抵退税额2.73亿元。

（胡志鹏）

【税务营商环境建设】 2019年，大同市税务系统落各项税费优惠政策，提升服务层次，建设良好税收营商环境。融入全市重大发展战略，对标全市示范区、排头兵、新高地三大目标，开展税收政策跟踪服务，对接全市21项重点项目建设，跟踪服务项目进展情况，落实优惠政策。为重点企业量身定做可供选择的税收政策最优方案和税务风险防范指引，与全科盟新能源产业技术研究院、中银纺织等50余家企业签订《税企直通车备忘录》，量身定制个性化享受优惠政策建议书，指导企业顺畅办理涉税事项，确保企业享受税收优惠政策。全市税务系统践行“以纳税人为中心”的发展理念，落实《纳税服务规范3.0版》，开展“便民办税春风行动”。成立全省首支“一带一路”双语政策服务团队，服务大同市走出去企业。围绕省税务局印发的服务企业名单和市政府确定的重点奖励企业，组建266个入企服务小组，提供企业在适用政策、信用融资、混改转型等方面常态化支持帮助。配合完善大同国际陆港功能，协调国家税务总局获批保税物流中心，促使进出口企业节约运营成本。

（胡志鹏）

【税务执法方式转变】 2019年，大同市税务系统面对以收税为主向税费并重、以单位纳税人为主向自然人纳税人缴费人占绝大多数两大转变，围绕税收工作主线，规范税收执法。抓征管规范强基础。落实《税收征管操作规范》，完善协税护税等工作机制。配合市委、市政府开展浑源县矿山整治工作。整改全系统管户超期注销情况。规范影视行业税收秩序。抓法治建设促规范。推行行政执法公示制度、执法全过程记录制度、重大执法决定法制审核制度，落实税收执法责任制和“双随机一公开”监管机制，探索自然人涉税涉费纠纷化解机制，规范税收执法。试点推行国家税务总局重大案件审理说明理由制度，实施重大案件情理说明35件，涉及2.14亿元，罚款0.38亿元。对标深圳前海税务经验，推进12类税务事项复制工作。落实“谁执法谁普法”责任制，结合税收宣传月、宪法宣传周等活动集中开展税法宣传。 （胡志鹏）

【税收监管】 2019年，大同市税务系统统筹强化税收监管，落地增值税改革，发票管理系统2.0版上线运行，发票风险快速反应机制作用有效发挥。规范企业所得税管理，汇算清缴企业29270户。创新国际税收管理服务，加强反避税工作，入库非居民企业税收0.23亿元。实施耕地占用税法和车辆购置税法。规范地方税种管理，完善水资源税税源信息采集工作和申报辅导工作，管户数量增长9.68%。开展房地产企业棚户区改造项目优惠税收调研，组织调整完善全市存量房交易价格应用评估系统，完善计税价格评估机制，抓新增数据采集补录、原有数据更新调整工作，保障纳税人合法权益。抓风险防控堵漏洞。全年推送风险任务54批1489户次，查补税款1.74亿元，其中房地产入库税款0.35亿元。打击虚开骗税等工作，推进扫黑除恶专项斗争，税务稽查查补入库各项收入0.43亿元。

（胡志鹏）

【税费改革】 2019年1月1日起，国家税务总局大同市税务局按照国家统一规划，有序推进社会保险费和新增三项非税收入征管职责划转，实现由税务局征收。深化增值税改革，增值税税率调整及配套措施为11723户纳税人减税17.81亿元，增值税留抵退税为9户纳税人减税0.52亿元。个税改革落地，落实改革各项政策，推进全员全额明细申报、扣缴申报异常数据清理、专项附加扣除信息核验等工作，55.47万人享受减免政策，人均可支配收入增加1297元。（胡志鹏）

【《税收遵从合作协议》签订】 2019年4月11日，市税务局第一税务分局举办税企高层对话座谈会暨大企业税收遵从合作协议签订仪式。市税务局第一税务分局依据《大企业税收服务和管理规程（试行）》，与企业集团在自愿、平等、公开、互信的基础上，签订税收遵从协议，共同承诺税企双方合作、防控税务风险。会上，大同银行、中车大同电力机车有限公司、国电电力大同第二发电厂、市热力公司、市供水排水集团等18家大企业与市税务局第一税务分局签订《税收遵从合作协议》。通过《税收遵从合作协议》签订，企业每年会获得税收风险测评服务、纳税服务“首席联络员”、高层对话、订单式培训服务、编制税务风险管理手册或年度税收遵从计划、新税法适用解读等个性化服务。 （胡志鹏）

【全省首支双语政策服务团队在大同成立】 2019年5月中旬，由市税务局倡导，市场监管、商务、统计、海关、外管等部门挖掘各语种人才资源，加强外语优势和业务优势融合，经过部门间沟通协调，联合成立全省首支双语政策服务团队。

双语政策服务团队立，邀请市部分外资企业负责人座谈，现场双语解读非居民个人所得税税收政策，并针对外资企业最关心的最新政策，用中文和外文对照宣讲。为创优全市营商环境、创建文明城市，通过政策联动促服务提升，六部门联合作出16项服务承诺，包括指导企业用足用好国家支持对外经济发展各项政策，简化外资企业设立和变更程序，为企业申报发展专项资金，组织全市企业“走出去”开拓国际市场，取消名称预先核准行政许可，企业注册登记实施“审核合一、一人通办”制度，到大同外商投资重点企业实行服务前置，做好跨境税收风险提示，便于纳税人境外享受税收协定待遇，为企业提供快捷便利的结算和避险工具，实现外汇管理行政审批“一网通办”，支持符合产业结构调整方向及科技创新类企业开展跨境融资活动，支持大同市申请建设保税物流中心（B型），支持大同航空口岸实现开放，鼓励和引导辖区企业申请成为AEO认证企业，促进大同特色食品农产品提升在“一带一路”沿线国家的外贸占比和市场份额，为企业生产经营决策提供统计数据支持等。 （胡志鹏）

【首批电子自助办税区投入运行】 2019年9月上旬，大同市首批电子自助办税区在平城区税务局魏都、迎宾西路办税服务厅投入运行。平城区税务局建立大同市首个电子办税服务厅，标志大同税务“网络化”办税体系进一步完善。2个办税服务大厅电子自助办税区配备24台接入互联网的计算机、2台内网查询机、6台复印、打印一体机；电子税务局实现纳税申报、发票领购、发票查询、代开专票申请、优惠备案等涉税业务在线办理。纳税人可在互联网畅享税收政策。各自助办税区均配备3～4名咨询辅导人员，为纳税人提供“一对一”专业辅导，手把手教学、现场解疑答惑，优化纳税人电子办税服务新体验。发票认证、增值税专用发票代开、实名信息采集等涉税业务可随时办理。平城区税务局优化纳税服务软环境，利用信息化手段，推广“互联网＋税务”办税服务新理念，探索优化服务质效新路子。 （胡志鹏）

价格管理

【概况】 2019年，市发改委加强价格监督检查，维护正常市场秩序；强化价格公共服务，营造和谐价格环境。针对市场肉禽蛋物价持续上涨势头，市发改委会同相关职能部门回应关切，力保价格总水平稳定，全市全年居民消费价格指数控制在2.5%，化解价格大幅波动对全市经济发展和群众生活影响。 （市发改委）

【价格改革】 2019年，市发改委落实中央和山西省关于价格机制改革精神和决策部署，执行收费目录清单制度，向社会公布《大同市行政事业性收费目录清单》《大同市涉企行政事业性收费项目目录清单》《大同市减免小微企业行政事业性收费项目目录清单》《大同市执行政府定价或政府指导价的经营服务性收费目录清单》等目录清单，完善政府定价机制。修订完善水价形成机制、电价形成机制、天然气价格形成机制、热力价格形成机制等体制机制，完成大同市农业水价综合改革任务，推动价格机制改革向纵深发展。利用大同市电力体制改革积累的基础条件和风光资源优势，解决秦淮大数据项目用电价格问题。深化出租车运价改革，建立主要由市场决定价格的市区巡游出租汽车运价动态调整机制。（市发改委）

【价格调控】 2019年，市发改委落实国家和省有关价格调控政策，关注居民消费价格指数动态，开展居民消费价格指数监测分析，抓粮油、猪肉等民生商品市场价格调控工作。根据山西省发展和改革委员会、山西省粮食和物资储备局《关于启动全省市级冻猪肉储备投放的通知》要求，启动1200吨冻猪肉储备和中秋、国庆"两节"投放冻猪肉605吨，投放价格由市场决定，却不能高于市场价格。分析秋粮产销形势，抓秋粮收购各项准备工作，指导和督促所有粮食收购企业执行国家"五要五不准"收购守则和山西省收购"八项规定"，守住"种粮卖得出""吃粮买得到"底线目标。启动社会救助和保障标准与物价上涨挂钩联动机制，确保困难群众基本生活水平不因物价上涨而降低，全市各级各部门协调配合，完成全市低收入群众和大中专技院校发放价格临时补贴任务。贯彻落实国家和省有关价格政策，降低一般工商业用电价格、天然气销售价格和供热价格，完成发电上网补贴清算工作。（市发改委）

【价格监管】 2019年，市发改委加强旅游市场价格监管，完成大同市悬空寺、华严寺、晋华宫国家矿山公园、恒山索道4家AAAA级景区降低门票及景区内交通运输价格制定工作，推进重点国有景区门票价格降低工作。规范景区文化游乐场所、交通业、服务、零售业等旅游市场相关产业价格管理，杜绝各类乱收费行为。定期开展全市教育、医疗、水电、物业等民生领域收费行为专项监审检查，减免或降低部分涉企收费，适时调整规范多种公证服务收费和资格考试收费，清理规范各类中介服务收费。完善明码标价制度，贯彻落实《大同市人民政府办公室关于印发〈大同市防范化解房地产市场重大风险隐患的实施方案〉的通知》精神，重点开展全市商品房销售一房一价明码标价规范工作；大同大阳光大药房、迪卡侬等经营单位履行特价签监制手续；大同方特欢乐世界旅游发展有限公司、大同农业嘉年华景区等旅游公司开展定价备案。（市发改委）

【市区巡游出租汽车运价动态调整听证会】 2019年1月15日，市发改委召开市区巡游出租汽车运价动态调整听证会，论证市区巡游出租汽车运价动态调整机制方案可行性、必要性，包括消费者、经营者、人大代表、政协委员、专家学者等在内的19名听证代表各抒己见，各自提出2套价格调整方案意见看法。

方案一为巡游出租汽车运价由实行政府定价改为政府指导价，允许在中准运价的基础上，实行运价浮动。浮动幅度为上浮不超过20%，下浮不限。春节期间（农历除夕至正月十五）巡游出租汽车起步价上浮可超过20%，上浮额最高不超过3元。

方案二为巡游出租汽车运价由实行政府定价改为政府指导价，允许在中准运价的基础上，实行运价浮动，浮动幅度为±20%。其他同方案一。

（市发改委）

【春节期间市区出租车起步价临时上浮】 2019年春节期间，市发改委为规范春节期间出租车运价秩序，根据《市区巡游出租汽车运价动态调整机制》的相关规定，市区出租车春节期间（农历除夕至正月十五）起步价临时上浮，上浮后3千米起步价最高不超过10元。经过成本监审、价格听证，市发改委建立市区巡游出租汽车运价动态调整机制的相关工作，并报经市政府同意。按照市区巡游出租汽车运价动态调整机制实施办法，巡游出租汽车运价由实行政府定价改为政府指导价，允许在中准运价的基础上，实行运价浮动。浮动幅度为上浮不超过20%，下浮不限。春节期间（农历除夕至正月十五）巡游出租汽车起步价上浮可超过20%，上浮额最高不超过3元。正月十六恢复原价。（市发改委）

【农户购买农资情况调查】 为掌握市农产品生产成本变化趋势，2019年5月底，市发改委成本局通过走访农本调查点、农调户及农资经营网点，专项调查左云县和云州区27户农本调查户购买农资情况。调查情况显示，大同市农调户购买农资总量略有增加，由于农资价格上涨，购买农资总支出增加幅度较大。农调户户均购买农资总量1111.42公斤，比上年实际购买总量1097.51公斤增加13.91公斤，增长1.27%；户均总支出金额3805.25元，比上年实际总支出3496.74元增加308.51元，增长8.82%。农资需求结构总体保持稳定，变化细微。从各类主要农资需求量在需求总量中所占比重看，化肥和农膜所占比重略有上升，农药占比与上年度持平，种子和农用柴油所占比重略有下降。大同市农资供应充足，增加农资销售网点。1月至4月农调户购买农资总量1096.6公斤，占购买量98.67%；农资总支出金额3690.73元，占总支出96.99%。（市发改委）

审　计

【概况】 2019年，大同市审计局计划安排审计及审计调查项目101个，实际实施审计131个。其中，大同市审计局实施项目110个，查出主要问题金额215.45亿元，向有关主管部门出具审计移送处理书47份，党政纪处分并追究法律责任40人，提出审计建议307条，推进被审计单位完善规章制度43项。45篇文章、简报、信息等被《大同信息》《山西审计》《中国审计报》等市级以上媒体、报刊采纳和报道。省、市、厅领导批示审计报告、信息14次。在全省审计系统目标责任考核中被评为优秀单位，扶贫审计、资源环境审计及金融审计位居全省前列，有4个审计项目被选为全省优秀表彰项目。云州区审计局党

组成员、副局长朱建军被评为“全国审计机关先进工作者”称号。（李东星）

【重大政策措施落实情况跟踪审计】 2019年，大同市审计局按照专题跟踪与相关审计结合跟踪的方式，以重大政策措施落实跟踪审计为平台，重点关注地方政府性债务、减税降费、清理拖欠民营企业中小企业账款和乡村振兴等方面内容，按照省审计厅全年4个季度政策跟踪审计工作方案完成审计任务。重大政策跟踪审计出具报告5份，审计查出问题40个，涉及问题资金3.23亿元。（李东星）

【财政审计】 2019年，大同市审计局开展财政相关审计。（1）审计市本级财政和17个市直预算单位，并延伸相关部门预算单位，其中审计多年未审计的中国国民党革命委员会大同市委员会等6个民主党派机关。发现问题83个，涉及金额5.02亿元。（2）审计云州区、新荣区、阳高县2017年、2018年财政决算工作，发现问题50个，涉及金额4.23亿元。（3）完成审计署部署的对忻州市河曲县上年扶贫审计和惠农“一卡通”资金审计和省审计厅部署的对忻州市繁峙县和神池县上年扶贫审计和惠农“一卡通”资金审计。完成浑源县上年扶贫专项资金审计和非贫困县（区）云冈区、新荣区、左云县扶贫审计。通过扶贫审计，发现问题84个，涉及金额22.23亿元，向纪检监察机关移送涉嫌违法违纪问题线索30件，涉及金额52.43万元。（李东星）

【经济责任审计】 2019年，大同市审计局实现1个审计组只进1个被审单位，在1个被审单位完成多个审计项目目标。全年审计经济责任项目51个，审计查出问题金额18.17亿元，提出审计建议129条。（李东星）

【固定资产投资审计】 2019年，大同市审计局完成市委党校建设项目跟踪审计、大同市司法局业务用房建设项目工程竣工决算草案审计、市水务局御河中水管理处负责实施的御河橡胶坝改造工程竣工决算草案审计、市光荣院负责实施的大同市光荣院二期建设项目竣工决算审计、十里河污水治理建设项目工程竣工决算草案审计、大同科创园A区建设项目专项审计调查和大同市太阳宫建设项目建设情况审计调查。审计发现问题75个，涉及金额2.56亿元，向有关部门移送问题线索1件。（李东星）

【民生审计】 2019年，大同市审计局开展民生审计工作。（1）审计吕梁市2017年、2018年养老保险基金，揭示问题11个，查出违纪违规行为金额150万元。（2）落实市委常委会及市政府常务会整改批示省审计厅在大同市养老保险审计中发现的问题。11月14日组织开展平城区、新荣区、云州区、天镇县、广灵县、灵丘县、左云县7个县（区）2017年、2018年养老保险交叉审计，揭示问题50个，涉及金额870万元。（3）审计山西柴油机工业有限责任公司（原北方通用动力集团有限公司）棚户区改造和基础设施配套建设项目基本建设程序，拆迁安置（未涉及工程造价）和财务收支。通过审计，查出问题3个，涉及金额3097.06万元。（李东星）

【资源环保审计】 2019年，大同市审计局配合省审计厅专项审计全省2017年至2018年忻州水环境保护和污染防治情况，审计发现问题32个。审计调查大同市自然资源资产，查出问题15个，涉及金额78.16万元。（李东星）

【金融审计】 2019年，大同市审计局组织实施大同市辖区9个农村信用联社和农村商业银行2017年和2018年资产负债损益审计调查及大同市地方金融及类金融机构审计调查2个审计调查项目。查出违规问题及风险资金148亿元，揭示非金额计量问题10个。并据此提出相应的防风险意见，有4篇金融类信息6次被市委市政府信息采用。（李东星）

【企业审计】 2019年，大同市审计局加大对企业乱检查、乱摊派、乱收费、乱罚款、乱募捐及损害企业权益、影响企业发展等行为的调查力度，调查大同市9家市属国有企业资产负债损益情况，出具综合审计调查报告1份、单项调查报告7份，审计调查总金额8949627.28万元。根据市委审计委员会要求，延伸审计古城内政府投资存量资产审计调查和中航货运航空有限公司资产负债损益管理审计调查。揭示相关企业资产的产权不完整、经营管理权限不清、企业收益差、亏损数额大，项目建设资金不足、存在重大经营风险及保障性住房项目配建商铺管理不到位、部分被抢占和闲置等问题。（李东星）

【内部审计】 2019年，大同市审计局加大内部审计工作指导。（1）加省审计厅举办的“内部审计大讲堂”“2019年内部审计能力提升培训班”，学习掌握内审相关知识。（2）

▲2019年12月6日，大同市审计局举办内部审计培训班（李东星 摄）

举办全市内部审计培训班。特邀省审计厅内部审计处处长赵静芳为全市内审人员授课。（3）完成全市内部审计指导监督制度建设、内审机构及人员配备情况摸底工作，并征集内部审计研究课题论文。（4）主动对接大同大学内部审计处，座谈交流创新内部审计模式、管理体制、工作机制、审计方法等内容。（5）在金融企业资产负债损益情况审计调查和县（区）公安局长经济责任审计中，统筹内审机构人员参与审计，发挥内审人员专业优势，提升审计效果。（李东星）

【审计信息化建设】 2019年，大同市审计局在养老保险和扶贫审计中加大大数据应用，向技术要效能。在水环境保护和污染防治等审计方法上摸索，采用谷歌地球、无人机等现代技术，加大发现核实疑点力度，拓展和延伸审计人员的实地勘探范围和质量，前移审计监督关口，助力全市蓝天碧水保卫战的开展。（李东星）

【审计委第一次会议】 2019年5月5日，市委审计委员会第一次会议召开，省委常委、市委书记、市委审计委员会主任张吉福主持会议并讲话。市委副书记、市长、市委审计委员会副主任武宏文，市委常委、市纪委书记、市监委主任、市委审计委员会副主任梁晓旭出席会议。市委审计委员会委员参加会议，市直有关部门负责人列席会议。

会议传达学习习近平总书记在中央审计委员会第一次会议上的重要讲话精神和省委书记骆惠宁在省委审计委员会第一次会议上的讲话精神，传达全国、全省审计工作会议精神，研究部署市委审计委员会工作。审议通过《中共大同市委审计委员会工作规则》《中共大同市委审计委员会办公室工作细则》。会议肯定上年全市审计工作，审议通过2019年全市统一组织审计项目计划。（李东星）

统计管理

【国家统计调查】 2019年，大同城镇常住居民人均可支配收入32252元，同比增长7.8%；人均生活消费支出15062元，同比增长8.1%。城镇居民四项收入全部增长，消费支出较快增长，消费水平稳步提高。大同农村常住居民人均可支配收入10725元，同比增长10.5%，比全国、全省分别高0.9%、0.7%，比周边张家口市及乌兰察布市分别低2%、0.7%；农村常住居民人均生活消费支出8381元，同比增长9.9%。大同市居民消费价格总水平同比增长2.5%，居民消费价格整体运行温和平稳。其中，食品烟酒价格上涨6.6%，非食品烟酒价格上涨0.8%；消费品价格上涨3.1%，服务价格上涨1.5%；商品零售价格上涨1.4%，城镇低收入居民基本生活费用价格上涨3.1%。（贾煜）

【统计检查】 2019年，大同市统计局制定《大同市统计造假专项整治工作方案》，该局班子成员分6组到所有县（区）开展督查指导。开展统计数据“双随机”抽查，处以警告行政处罚单位8家，责令改正2家。组织开展全市联网直报单位自查自纠限期整改，完成5个方面30项整治任务。出台全市统计系统防范和惩治统计造假弄虚作假责任制实施方案和市统计局责任制职责分工，制定统计违法举报办法。印发企业统计“三项制度”，规范7大类统计台账。（朱乐）

【大同市启动第四次全国经济普查现场登记】 2019年1月1日，大同市启动第四次全国经济普查现场登记。第四次全国经济普查是中国特色社会主义进入新时代、“两个一百年”奋斗目标的历史交汇期开展的首次重大国情国力调查，1月至4月为入户登记阶段。（朱乐）

【数据普查】 2019年1月至5月，完成全市3.8万个法人和产业活动单位、2万家个体户普查登记；查遗补漏，严把审核验收关口，确保普查数据质量；国务院经济普查办第四次全国经济普查事后质量抽查组肯定大同市第四次全国经济普查数据质量。抓普查数据发布和资料开发应用，发挥普查作用。（朱乐）

【平城区人口普查试点工作】 2019年7月，平城区作为全省第七次人口普查城市区域划分试点县（区），与市统计局配合组织，完成组建机构、人员培训、筹备物资、区域边界和划分小区、复查核实等试点工作任务，省统计局肯定大同市及平城区在区域划分、地图绘制工作取得的可推广工作经验。（朱乐）

【“中国统计开放日”宣传活动】 2019年9月20日，大同市在迎宾广场举行第十届“中国统计开放日”宣传活动，活动主题是“坚守统计初心，践行时代使命”。大同市统计部门在活动现场通过摆放展板、发放宣传资料等方式，宣传普及统计方法制度、统计中心工作、统计法律法规及各类统计知识，促进社会各界认知和理解统计工作和统计数据。（朱乐）

市场监督管理

【概况】 2019年1月，大同市统一整合原市工商局、市质监局、市食药监局、市发改委价格监督检查与反垄断局全部职责，及市商务局经营者集中反垄断执法和酒类商品监督管理职责、市科技局专利管理职责，组建大同市市场监督管理局。1月29日，大同市市场监督管理局挂牌成立并发出机构改革后第一张营业执照。截至2019年底，全市实有各类市场主体216474户，全市新登记市场主体58146户，同比增长44.6%。全年办理电子营业执照1370户。年内，市场监督管理局整合原工商“12315”、质监“12365”、食品药品“12331”、价格监督“12358”、知识产权“12330”5条热线，实现“12315”一号对外，全年“12315”热线受理咨询投诉11730件，为消费者挽回损失1005.8万元。全年查处各类案件1133起，罚没款432.2万元，摸排涉黑涉恶线索14条。全年查办全省首例利用互联网侵犯消费者个人信息权案、首例侵犯新中国成立70周年特殊标志专有权案等新型涉网案件，及全省打击传销第一案等起典型案件。为方便大同经济技术开发区企业办理审批事项，把大同经济技术开发区辖区内的“食品生产许可”等14项行政许可和“第二类医疗器械经营备案”等4项其他权力授权该开发区分局行使。年内，该局完成与市行政审批服务管理局事项交接，划转事项25项。其中，行政许可事项17项，行政确认事项1项，行政裁决事项1项，其他权力事项6项。

大同市市场监督管理局被山西省扫黑除恶专项斗争领导小组评为“2018年度全省扫黑除恶专项斗争先进单位”；大同市市场监督管理局被山西省人力资源和社会保障厅、山西省体育局、第二届全国青年运动会组委会评为“第二届全国青年运动会组织筹办工作先进集体”。（贾晓烨）

【商事制度改革】 2019年，大同市市场监督管理局压缩企业开办时间至3个工作日以内，4月1日，在全省率先推行企业注册登记“审核合一、一人通办”制度，压缩企业开办时间，优化市场准入服务。推动企业登记全程电子化，实现企业注销“一网通办”。深化行政许可制度改革，简化审批手续，优化审批流程，各类许可审批时间压缩60%以上；推开工业产品生产许可“先证后核”改革。8月23日，向山西惠谷嘉旭生物科技有限公司负责人颁发工业产品生产许可证改革后大同市首张“先证后核”证书。（贾晓烨）

【食品安全监管】 2019年，大同市市场监督管理局抓食品生产源头治理，全市获证食品生产企业自查报告率、食品生产加工小作坊建档率均达100%；全市校园食堂“明厨亮灶”率87%，其中高校食堂实现全覆盖；以“黑工厂”“黑作坊”“黑窝点”及农村过期食品等为重点开展整治漠视群众利益食品安全专项整治，查办案件269起；加大食品抽检力度，抽检食品5067批次，合格率99.23%；完成28项重大活动餐饮服务食品安全保障。（贾晓烨）

【特种设备安全监管】 2019年，大同市市场监督管理局压实属地政府管理责任及行业主管部门监管责任，以重要时节和重点领域特种设备为重点开展各类专项整治，常态化开展风险隐患排查，整改安全隐患437项，开展特种设备宣传“七进”活动，定期组织应急演练。推进电梯责任保险；10月24日，大同市电梯应急处置服务平台运行，全市电梯运行水平和应急处置能力得到提升。开展危化品、电线电缆、消防产品等重点工业产品质量安全专项整治工作，以监督抽查倒逼企业落实主体责任，组织实施产品质量抽查1186批次。（贾晓烨）

【市场主体监管】 2019年，大同市市场监督管理局实现“双随机、一公开”全覆盖，全年双随机抽查市场主体3019户，抽查率6.7%；企业年报率96.87%；推进信用监管，依法把736户次企业列入严重违法失信企业名单。开展医疗服务、教育收费及涉企收费等重点领域价格检查，增强百姓获得感，为企业减轻负担；开展市、县（区）公平竞争审查全覆盖，让各类企业公平竞争；开展知识产权执法“铁拳行动”和“双打”行动，打击侵权假冒；强化重点领域广告监管及涉传、涉网监管监测，打击虚假广告宣传、传销等违法行为。（贾晓烨）

【社会事务办理】 2019年，大同市市场监督管理局助力大同蓝保卫行动，全覆盖抽查车用汽柴油、民用散煤；严把燃煤锅炉准入，组织各县（区）依法注销淘汰锅炉使用登记。牵头完成开源街快速路项目沿线原南郊质监局办公楼拆迁；8月20日至11月底，参与大同市“8·20”“10·12”电动车失控致多人死亡事故调查，代表市政府事故调查组委托第三方机构鉴定事故成因，出具鉴定报告，并逐级向省市场监管局及国家市场监管总局报告。11月29日起，涉事客车公司召回涉事同型号客车4037辆，并赔付事故造成的损失。（贾晓烨）

【中药饮片市场秩序整治】 2019年，大同市有中药饮片批发企业23家，中药饮片零售企业597家，中药饮片使用单位1454家。中药饮片市场以次充好、掺杂使假、染色增重、霉烂变质、私设库房、非法加工、违规经营等问题比较突出。大同市市场监督管理局召开各县（区）市场监督管理局一把手会议，专题研究部署药品监管工作，制定《药品安全监管责任追究制度》，成立药品监管工作领导组。划拨宣传《中华人民共和国药品管理法》和案件曝光专项经费7万元，举办宣传活动5次，发放宣传资料1万余份，制作宣传视频9条，宣传《中华人民共和国药品管理法》《中华人民共和国疫苗管理法》等法律法规，鼓励群众参与中药饮片质量监管，投诉举报制假售假等违法违规行为，扩大社会监督面。组织召开2次中药饮片零售企业和使用单位主要负责人培训会议，重点培训《中华人民共和国药品管理法》中的“法律责任”部分，提高主体责任人守法意识和责任意识。制作专题片在大同电视台、新媒体等公开曝光大要案件。公开曝光在一居民院内查获的非法加工经营中药饮片“黑窝点”案件；蒋某某中西医结合诊所非法购进中药饮片案件；南郊区康健食品经销部无证经营中药饮片案件等。抽调监管执法人员组成检查组，到各县（区）、乡（镇）指导检查；聘请熟悉中药饮片专家，配合执法人员开展靶向性抽验，打击制假售假行为。采取明察暗访，拓宽线索来源，深挖隐性风险输入。在中药饮片专项整治中，发现问题线索391条，责令整改企业和医疗机构97余家，约谈11家，立案查处103件，罚没款13.9万元，查处大要案件1件，非法经营额68万余元，逐一追溯排查111家从该窝点购进中药饮片的药店诊所，移交司法机关处理。监督性抽检295批次，认定39批次不合格，不合格率13.2%。（贾晓烨）

【市场价格监管】 2019年3月1日起，市市场监督管理局开展市区市场价格巡查，重点巡查粮、油、肉、禽、蛋、菜、奶等食品市场价格，成品油、天然气、液化天然气等能源价格，零售药店群众常用药价等，纠正、整改明码标价不规范经营户200余家。4月25日起，该局到各大商场和旅游景点开展五一节前价格检查，针对游客反映市宾馆酒店房价上涨问题，检查云冈建国、国宾等10余家重点宾馆酒店价格，严查各类虚高标价，欺诈顾客等不正当价格行为。5月6日，召开大同华润天然气有限公司经销不合格天然气案听证会。该案最终认定属以不合格产品冒充合格产品的行为，给予没收违法所得4.5万元、罚款13.3万元。10月17日，组织全市24家机动车检验机构召开检测收费专项整治治理会议，针对群众反映的市检车价格高问题，向各机构印发关于规范机动车检测收费行为提醒告诫函，并通过走访调研等形式开展政策宣传引导，大同市检车价格由原来450元降至350元及350元以下，与周边城市的检车价格持平。（贾晓烨）

【市场监管行动】 2019年3月15日，市市场监督管理局在全市开展以“信用让消费更放心”为消费维权年主题的“3·15”国际消费者权益日纪念活动，全市设立活动点23个，接受咨询4008人次，发放资料5.21万份。举行“3·15”假冒伪劣商品集中销毁活动，活动中销毁假冒伪劣商品价值近100万元，品种涉及关系人民群众身体健康、生命安全的家用电器、建材、食品、化妆品、服装、日用品、汽车配件等12大类。4月23日，市市场监管综合行政执法队以酒类市场专项执法行动首次亮剑，开展全市主要酒类批发零售市场集中检查，检查商户近100家，扣押疑似假酒及侵权酒897瓶，立案调查商户20余家。5月20日，全市各级市场监督管理部门统一行动，采取进社区街道、进卖场、进学校等方式，开展“5·20”世界计量日现场咨询服务活动，并开展计量惠民服务。全市近20个活动现场同步开展宣传咨询。7月25日，市市场监管综合行政执法队接市民举报检查某商贸有限公司，现场查获加碘精制盐、低钠钙盐等73.44吨。经调查，该公司涉嫌无食盐批发许可证从事食盐批发。因涉案盐产品数量巨大、性质严重，8月13日案件移送市公安局云冈区分局食品药品犯罪侦查大队。7月29日，全市药品批发企业特殊药品经营管理情况专项检查完成，专项检查发现缺陷问题30项。7月29日至8月18日，组织保障第二届全国青年运动会大同市赛区夏季项目赛事餐饮服务食品安全，出动监督保障人员2484人次，开展餐饮环节现场快速食品检测1012批次，动物源性食材食源性兴奋剂检测抽检57个批次，累计保障68587人次，实现餐饮服务食物中毒、食源性疾病“零”事故的目标。9月5日，市市场监管局启动中秋、国庆“两节”酒类专项执法行动。通过排查全市酒类市场，重点检查白酒生产企业、超市、酒类专营店、批发市场、零售点等经营场所，查获假酒1500余瓶，案值16万余元。9月6日，市市场监管综合行政执法队接群众举报检查云冈区石料厂院内2家加工销售猪皮冻作坊。经抽样检验，样品中均检出不得使用的含铝添加剂。11月6日，案件相关材料移送市公安局云冈区分局食药侦大队。11月12日，大同市市场监督管理局执法人员在大同富乔垃圾焚烧处理厂，集中销毁在全市范围内开展的整治漠视群众利益食品安全专项行动中查没的价值20余万元的假冒伪劣、不合格等问题食品。（贾晓烨）

【“审核合一、一人通办”制度推行】 2019年4月1日起，市市场监督管理局推行企业登记注册“审核合一、一人通办”制度。该项制度是为深化商事制度改革，压缩企业开办时间，优化市场主体准入服务而制定的。企业注册登记“审核合一、一人通办”制度，即注册登记审查人员与核准人员职责合并，登记全程均由具有资格的同一登记人员负责受理、审查、核准等环节。“审核合一”登记，遵循“谁办理、谁负责”工作原则。审核员必须在承诺时限内核准办结，符合当场登记条件的，当场办结。审核员严格按照法律、法规登记，严禁随意行使自由审核权。（贾晓烨）

【食品安全知识培训】 2019年7月上旬，市市场监督管理局相关人员到国药集团大同威奇达中抗制药有限公司开展食品安全培训，企业食堂员工及部分中层干部80余人参加。该次培训重点围绕《中华人民共和国食品安全法》《餐饮服务食品安全操作规范》等相关食品安全知识，重点讲解场所卫生、从业人员管理、进货查验台账记录、索证索票、食品留样、设施设备清洗维护等方面内容，以及如何做好食品安全工作、如何预防食物中毒。培训结束后，市市场监管局相关人员现场指导企业食堂加工制作，帮助企业查找风险点，梳理食品制作流程，排查食品安全隐患，筑牢食品安全防火墙。（贾晓烨）

【“诚信经营 放心消费”创建活动】 2019年8月下旬至12月初，市市场监督管理局在全市范围开展推进“诚信经营放心消费”创建活动。

该次活动是为提高市场主体文明诚信意识和自律意识，提升市场规范化管理水平，营造文明诚信市场发展环境，引导企业诚信经营行为。创建活动坚持把企业作为创建活动的主体，通过综合发挥法律法规规范作用、行业组织自律作用、舆论和社会公众监督作用，督促企业履行诚信承诺和社会责任，引导行业建立诚信自律规范和标准。活动要求各县（区）结合当地实际，创建1～2条示范街，创建10个以上示范店。（贾晓烨）

【首张“先证后核”工业产品生产许可证颁发】 2019年8月底，市市场监管局向山西惠谷嘉旭生物科技有限公司颁发全市首张“先证后核”证书。此次生产许可证制度改革简化申报材料，压缩审批时限，最大程度优化受理程序，降低企业制度性交易成本，让企业享受到改革的利好。在发证后一个月内，市场监管部门实地核查、跟踪服务企业，如发现企业存在以隐瞒、欺骗、贿赂等不正当手段取得生产许可证情形，不予核查合格，并作出撤销生产许可证决定，督促企业履行承诺满足相关审核要求。

（贾晓烨）

【酒类专项执法行动】 2019年中秋、国庆“两节”之际，市市场监管局联合汾酒股份有限责任公司、洋河打假办开展“两节”酒类专项执法行动。专项执法行动重点检查白酒生产企业、超市、酒类专营店、批发市场、零售点等经营场所，并加大制售假冒伪劣酒类商品的违法行为监管力度。监管进口酒类商品，规范散装白酒生产者和经营者行为。提高抽检监测力度，加大散装白酒经营单位、餐饮服务单位监督抽检频次。专项行动发现12户酒类经营户涉嫌销售假酒，暂扣923瓶酒，总标值10万余元。

11月下旬，针对平城区、云冈区主要繁华路段存在假酒经营，且逃避检查现象，市市场监管局开展酒类流通市场整治行动，在销售假酒较集中的节假日、就餐高峰期，突击检查酒店婚宴用酒和烟酒店等。联合汾酒股份有限责任公司和洋河酒厂打假办，排查全市酒类市场，重点检查白酒生产企业、超市、酒类专营店、批发市场、零售点等经营场所，现场辨别酒类包装、防伪、酒质。开展酒类流通市场专项整治中，查获各类侵权假酒2700瓶，立案处理68件，移交公安机关处理1件，罚没款金额62万元。

（贾晓烨）

【集中销毁问题食品】 2019年11月12日，市市场监督管理局执法人员在大同富乔垃圾焚烧处理厂，集中销毁食品安全专项整治行动中查获的标值20余万元假冒伪劣、不合格等问题食品。为确保老百姓"舌尖"上安全，市市场监督管理局、平城区市场监管局、云冈区市场监管局和市场监管局开发区分局开展多次食品安全集中整治行动，重点查处"黑工厂""黑作坊""黑窝点"，以及涉及农村地区食品安全，保健食品安全，酒类、食用盐安全，学校（幼儿园）食堂食品安全、销售问题酒类等不法行为。通过市县联动、部门协作，扩大整治范围，加大打击力度。全市各级市场监管部门立案查处食品案件251件，其中结案216件，移送公安部门查办4件，罚没款69.86万元。该次集中销毁的问题食品有酒类866瓶、饮品616瓶、调味品1084瓶，其他各类食品23箱，标值20余万元。（贾晓烨）

【整治漠视侵害群众利益问题新闻发布会】 2019年11月26日，市市场监督管理局举行新闻发布会，通报该局整治漠视侵害群众利益问题工作进展情况。

新闻发布会上，市市场监管局相关负责人分别通报放宽市场准入、优化营商环境、食品安全专项治理、中药饮片质量专项整治、机动车检测检验价格专项整治、食品药品安全抽检检测等情况。在放宽市场准入、优化营商环境方面，该局推动简政放权，推进"证照分离"、"多证合一"、行政审批事项精简化等改革；推行企业登记全程电子化和电子营业执照应用。在食品安全专项整治方面，截至11月15日，立案查处各类食品案件269件，罚没款69万余元，移送公安部门查办食品案件4件。在中药饮片质量专项整治方面，检查医疗机构454家，检查药品零售企业733家，责令整改企业和医疗机构97余家，约谈11家，立案查处85件，罚没款92385.69元。在机动车检测检验价格专项整治方面，经过检查整治和宣传引导，全市小车检验价格下调至350元以下，出租车检验价格200元左右。新闻发布会上，部分媒体记者围绕群众如何在家网上办理营业执照、如何保障群众网络消费"舌尖上的安全"、药店设置有哪些相关规定、年夜饭餐饮质量如何监管等问题现场提问，市市场监管局相关部门负责人分别作答。

（贾晓烨）

口岸管理

【概况】 2019年，中华人民共和国大同海关（简称"大同海关"）辖区范围为大同市（稽查范围为大同市和朔州市），征收税款6656.4万元。其中，关税2255.3万元，增值税4394.5万元，滞纳金6.6万元。审核确认征免税证明20份，审核货值737.63万美元，减免两税638万元；办理减免税货物税款担保审核手续1份；办理减免税货物补税审核手续7份；办理减免税货物提前解除监管审核手续1份；接受减免税年报12份，监管期内减免税货物所在企业全部向海关报送年报；辖区3家保税仓库入库货物414吨，货值326万美元，出库货物414吨，货值326万美元。全年办结稽查作业8家，稽查作业有效率50%，稽查建议书采用率100%，移交缉私案件线索3起，追补税款作业1起，开展行业性专项稽查1家，受理企业主动披露事项2家。按照指令要求开展3家保税仓库企业巡查和盘库工作5次，开展出口工业产品退运货物追溯调查核查医药企业1家，开展原产地预审调查企业2家。全年办理企业注册登记66家，受理企业信息变更46例，办理两简案件2例，受理报关企业注册登记1家，办理公用型保税库延期换证1家，开展辖区内4家一般认证企业重新认证及管理等级调整工作。协助长沙海关开展甄别虚假贸易事项注册企业信息核查。

全年检验检疫各类出口货物377批，货值1299.1万美元，批次同比下降16.2%，货值同比下降3.7%。检验进口货物30批，货值2375.8万美元，批次同比下降31.8%，货值同比增长60.9%；审核签发出入境检验检疫证书474份，电子底账301份；审核签发原产地证书947份。

年内，武星杰在全国海关科普讲解比赛和海关总署口岸监管系统岗位技能比武预赛中分获"全国海关十佳科普讲解员"和旅检现场查检岗位个人优秀奖；任宏彬在全国海关系统"洋垃圾"鉴定岗位技能比武选拔赛中获得个人三等奖。樊琳、张少华被太原海关分别评为优秀共产党员和优秀党务工作者；廉慧锋撰写的论文获"太原海关2019年度优秀科技论文"二等奖；郝建军、武星杰撰写的论文分别获"太原海关2019年度优秀科技论文"优秀奖；郭永红被太原海关评为"学习强国"优秀个人；郭超获太原海关法治演讲比赛"优秀演讲选手"。10月24日，大同海关技术中心被共青团山西省委、山西省人力资源和社会保障厅联合命名为山西省青年文明号。

（刘小丰）

【出口查验】 2019年，大同海关出口货物主要集中在工业产品、食品、植物产品和特殊物品4大类，其中出口工业产品115批，货值185.7万美元，批次和货值分别同比下降46.8%和197.3%，主要出口的工业产品为高岭土和一水硫酸锰；出口食品252批，货值1084.6万美元，批次和货值分别同比增长10.5%和17.4%，主要出口的食品为番茄酱罐头、荞麦混合粉、脱水蔬菜、小杂粮、速冻玉米、食用干黄粉虫等；出口植物产品2批，货值1.7万美元，批次和货值分别同比

1995—2019年大同海关进出口总额表

单位：万美元

年 份	海关进出口总额	#出口额	利用外资
1995	1525	1511	1050
1996	2801	2800	2583
1997	1493	1493	814
1998	2339	1320	3192
1999	2659	1579	2329
2000	2931	2803	2000
2001	3913	2672	2581
2002	4948	2518	4062
2003	7573	5122	2785
2004	13570	8049	1642
2005	14716	9248	1159
2006	14628	12490	3117
2007	26849	18174	6421
2008	23681	19592	9201
2009	19500	11400	6121
2010	56767	12493	44274
2011	43123	9791	10600
2012	50395	23400	21300
2013	47815	21493	16463
2014	48172	30235	18159
2015	41633	28405	19100
2016	35576	29240	20110
2017	36492	26983	17013
2018	56312	32811	18194
2019	77408	51979	7003

下降 33.3% 和 33.5%，主要出口植物产品为鸟食；出口特殊物品 8 批，货值 27.1 万美元，批次和货值分别同比增长 166.7% 和 220.3%，主要出口特殊物品为重组人促红素。（刘小丰）

【进口查验】 2019 年，大同海关进口检验检疫的货物主要包括医疗设备、成套设备和清漆等。加强进境集装箱检疫监管，现场检疫查验一批装载德国进口成套设备的 24 个集装箱时，在 9 个集装箱中截获二色球棒甲、高粱狭长蝽、食蚜蝇科、蚊科等 8 种有害生物和病媒昆虫，该关立即发放企业检疫处理通知书，并检疫处理集装箱。加强进境商品检验监管，指导危险化学品进口企业开展登记备案换证复查工作及产品专项检测工作；开展辖区旧机电维修及再制造企业的能力评估考核工作，同时检验监管全部进口维修及再制造产品；实施现场查验进口医疗设备和成套设备，确保大同市第三人民医院、第五人民医院等医院的进口医疗设备快速投入使用。加强供港澳动物疫病监测和风险监控，按照太原海关《2019 年度供港澳陆生动物疫病监测计划》和《2019 年度进出境食用陆生动物安全风险监控计划》，疫病监测和风险监控辖区内供港活牛饲养场，取牛血清样品 4 次共 45 支、牛肝 1 份、牛尿 1 份，保障供港活牛质量安全。（刘小丰）

【进出口监测】 2019 年，大同海关加强进出口食品化妆品抽样检验及风险监测，按照《关于开展 2019 年度太原海关关区进出口食品抽样检验及风险监测工作的通知》文件要求，抽样检验辖区内 5 种出口食品，检测项目 89 项，未检出不合格项，检测结果按要求上报上级相关部门。加强进出口商品质量安全风险监测，根据《太原海关关于开展 2019 年进出口商品质量安全风险监测工作的通知》要求，市场调查辖区内的进出口商品，完成 4 批样品采购与送检工作，相关检测结果按要求上报太原海关和海关总署相关部门。强化国门生物安全监测活动，按照《太原海关 2019 年度国门生物安全监测计划》文件要求，结合大同地区气候条件，制定《大同地区 2019 年国门生物安全监测实施方案》，采用科学布点方式，在进出境口岸、进出口货物集散地、水果集散地等设置实蝇监测点 8 个，草地贪夜蛾监测点 3 个；悬挂实蝇诱捕器 24 个，草地贪夜蛾诱捕器 3 个。（刘小丰）

【出入境查验】 2019 年，大同海关加强出入境航空器、人员和旅客携带物的检验检疫查验工作，全年保障中国大同直飞柬埔寨暹粒和泰国曼谷 2 条国际航线，监管进出境航班 169 架次，同比增长 16%。进出境人员 25605 人次，同比增长 12%。其中，出境 12623 人次，进境 12982 人次。监管行李 19173 件。其中，进境 11073 件，出境 8100 件。查验旅客 744 人次，查验率为 5.7%。征税 2 票，税款 2383.6 元，行李物品机检率和查验率均达到要求。截获禁止进境携带物 29 种类 471 批次，同比增长 70%，截获活体昆虫上百只，从红毛丹、火龙果等水果中检出有害生物果蝇幼虫、蚁亚科隆胸露尾甲、蚁亚科棉露尾甲、猛蚁亚科、原臭猛蚁亚科、蚁亚科 6 种。加强卫生检疫及航空器监管，针对柬埔寨非洲猪瘟及登革热疫情、泰国登革热疫情防控要求，按照系统布控指令，开展柬埔寨暹粒、泰国曼谷入境航空器登临检查 29 次，加强非洲猪瘟、登革热、鼠疫、霍乱、艾滋病等疫病疫情防控宣传。开展国境口岸饮用水供应单位卫生监督 6 次，饮用水抽样检验 3 次，航空器饮用水专项抽检 1 次，完成口岸食品安全和饮用水安全监管任务，检测结果均符合生活饮用水卫生标准，全年口岸未发生疫情及重大突发公共卫生事件。与晋检科技有限公司签订航空口岸病媒生物监测协议，加强国门有害生物监测。加强航空口岸风险管理，梳理口岸防护物资，清理过期防护用品，补充新的防护用品。派员观摩太原机场海关核与辐射突发事件应急处置演练，制定该关应急演练方案，开展核与辐射突发事件应急处置桌面推演。加强印刷品和音像制品动态信息学习，更新违禁书刊目录。落实总体国家安全观，加强风险管理工作，把风险防控要求落实到旅检各个岗位、各个工作环节，提高口岸监管环节突发事件的应对能力，增强海关监管一线关员的实战经验。（刘小丰）

【违法违规案件查处】 2019 年，大同海关缉私分局立案 4 起（一般案件 2 起，两简案件 2 起），案值约 275 万元，办结 4 起（含上年未办结的 1 起行政案件），执行罚款 1.5 万元。完成协查任务 1 起。在案件办理过程中，查获疑似仿真枪 6 支，气动力枪支散件 3 包，钢珠弹 1000 余颗，BB 弹 100 颗，全部随案移送给大同市公安局云冈分局并案处理。根据国庆 70 周年安全保障工作相关要求，联合大同市公安局刑侦支队，完成辖区内 5 条涉枪线索的核查工作及 3 条疑似濒危动物制品快递邮单核查工作，扣留 3 件疑似濒危动物制品，完成委托鉴定工作。按照《海关总署关于开展打击走私"国门利剑 2019"联合专项行动的通知》要求，制定贯彻落实该联合专项行动方案意见，联合大同海关稽查部门完成辖区内 3 家固废企业的调研和排查工作。大同海关缉私分局在开展打击走私"国门利剑 2019"联合专项行动的同时，参与海关总署缉私总局侦办的"1901""1902""1905"三个专案侦查工作，历时 4 个月完成所负责山西方向、河南方向、深圳方向 10 名嫌疑人员的抓捕、审讯、搜查、扣押、投所等相关工作，取得多份关键性证据，为案件的侦破指明方向。协助太原海关缉私分局直属队完成"胡某走私象牙案"北京、河北方向调查取证工作，扣留疑似象牙制品 2 件。协助海关总署缉私总局情报部门调查"曹某涉嫌走私珍贵动物案"取证工作，到广灵抓获犯罪嫌疑人 1 名，在其养殖处查扣疑似绿鬣蜥等爬行动物 40 余只，调取户籍资料 2 份，手动筛查快递单证 2000 余份，调取有效快递物流信息 5 份。（刘小丰）

【海关改革】 2019 年，大同海关开展"放管服"改革政策宣讲，把最新的海关政策法规点对点推送到企业，组织相关企业 170 余人次召开 8 次政策宣贯会，宣讲海关减免税政策、知识产权保护、进出口预包装食品标

经济管理

签改革、主动披露政策等，通过“同关热线”微信群向企业宣讲最新的海关政策法规、中美贸易摩擦政策调整、各类系统应用方法，帮助企业办理各项海关业务。落实《海关全面深化业务改革2020框架方案》，推进重点领域和关键环节改革，参加各级组织的海关业务改革培训，学习掌握“两步申报”［为适应国际贸易特点和安全便利需要，企业无需一次性提交全部申报信息及单证，第一步凭提单概要申报即可提货，第二步在规定时间（自运输工具申报进境之日起14日）内完成完整申报］，“两段准入”（把进口货物准予提离口岸监管作业场所视为口岸放行，以口岸放行为界，根据“是否允许货物入境”和“是否允许货物进入国内市场销售或使用”，分段实施“准许入境”“合格入市”监管）等改革要求，主动探索内陆小型海关“两步申报”改革模式，建立高效便捷、灵活开放的申报制度，“两段准入”监管作业方式改革平稳衔接，优化营商环境，提高通关效率。深化“放管服”改革，同驻地各部门建立联系配合机制，推动“证照分离”“多证合一”改革落地落实。设立行政审批“一个窗口”，用好网上审批，让数据多跑腿，让群众少走路。完成原产地证书自助打印，根据《中国海关总署关税司关于全面推广原产地证书自助打印功能的通知》要求，主动对接出口企业，指导企业上传维护出口产品的预审资料，利用微信群发送“自助打印常遇到的问题指南”，现场解决企业在使用中遇到的技术问题，完成企业端原产地备案电子资料补录和海关端审核通过工作，完成企业端原产地自助打印的前期准备工作，确保5月20日开展企业原产地自助打印工作，全年辖区通过自助打印功能打印11份一般原产地证书。推广“提前申报”“先放行后改单”等改革举措，协调解决申报前时间、查验、企业缴税等通关环节堵点问题，对不适合采取提前申报的货物，督促企业申报、交税，全年提前申报率84%，进口整体通关时间26.91小时，在上年完成压缩整体通关时间三分之一任务的基础上（整体通关时间压缩35%），通关时间再次压缩，2019年整体比2017年压缩86.35%，远超海关总署要求两年压缩50%的具体要求，出口整体通关时间0.46小时。（刘小丰）

【对外开放服务】 2019年，大同海关把大同国际陆港保税物流中心（B型）的获批工作作为全年持续推动的重点工作，按照海关总署文件的相关要求，主动同保税物流中心（B型）的承建单位大同国际陆港港务有限公司对接，向企业提供政策支持，解答企业提出的在通关、保税物流中心申建等方面问题，推动项目发展。5月5日，海关总署、财政部、税务总局和外汇局联合签发《海关总署 财政部 税务总局 外汇局关于准予设立大同国际陆港保税物流中心（B型）的函》，同意设立大同国际陆港保税物流中心（B型）。年内，大同海关响应省政府和大同市政府推进大同云冈机场口岸开放的目标任务，该关按照“5区8岗”设置要求重新把旅检现场作业区统一设置为卫生检疫区、申报区、识别和拦截区、查验区、集中处置区5个区域，把旅检现场岗位整合为卫生检疫岗、申报岗、视频监控岗、风控岗、判图岗、调研岗、查验岗、处置岗8类岗位，规范管理监管作业场所，清理核查。以口岸正式开放的最新标准要求，与大同市传染病医院和大同市疾控中心建立联防联控联络机制。推进航空口岸核心能力建设和口岸动植检规范化建设，多次邀请相关专家开展航空口岸业务技术培训，部署开展口岸病媒生物调查和口岸卫生监管工作。加强宣传引导，与大同海关缉私分局在旅检现场联合开展“打击象牙走私拯救濒危物种”宣传活动，与大同机场联合开展“国际艾滋病日”宣传活动，支持大同航空口岸的正式开放。11月8日，国务院正式批复同意大同云冈机场对外开放。为响应大同市经济发展要求，保障中欧（亚）班列开行，自大同市中欧（亚）班列开通以来，大同海关特事特办，加班加点审核申报单据，指派专人主动对接相关企业，提供通关服务，全年开通中欧（亚）班列4列，由霍尔果斯口岸和满洲里口岸出境，发往白俄罗斯和中亚国家，涉及出口报关单130票，货值4141万元，标准集装箱342个，主要商品为钢结构件、抽油机及其零件、收割机以及其他杂项商品。

（刘小丰）

【服务地方经济发展】 2019年，大同海关党委相关委员多次到云州区、浑源县、灵丘县、左云县、广灵县、天镇县、阳高县等重点龙头企业和养殖种植基地调研指导，挖掘产业优势和发展潜力。帮助指导创建的2个国家级示范区和4家省级示范区，确保出口食品农产品示范区建立的8大体系持续有效，巩固示范区建设成果，发挥其示范带头效应。帮助阳高县成功创建出口小杂粮质量安全示范

▲ 2019年10月23日，大同海关与大同市博物馆签订《文化交流合作框架协议》

（刘小丰 摄）

区。该关区建成国家级示范区 2 个、省级示范区 5 个、省级示范企业 1 个。全年全市出口小杂粮、苦荞及荞麦制品 2244 吨，货值 466.04 万美元，比上年同期增长 73.9%；云州区国家级出口黄花质量安全示范区出口干黄花 502 吨，货值 286 万美元，比上年同期增长 19.7%。加强左云县供港活牛质量安全源头控制，指导企业完善场区管理、养殖管理、卫生状况、疫情疫病防控和质量安全保障体系等相关质量管控，检验检疫供港活牛 45 头。与大同市博物馆开展文化交流合作，签订《关于在文博领域开展文化交流合作的框架协议》，在暂时进境展览品监管配合、党建工作交流、文博领域培训、文化交流活动等方面展开合作，共同创建合作与交流的新局面。帮扶辖区进口羊毛企业获得指定加工厂资质，多次派员到辖区进口羊毛企业加工厂大同市中银纺织科技有限公司建设现场，提出加工厂的工艺流程设计、兽医卫生防疫措施的落实、废弃物及污水处理、疫情应急处置等方面改进意见，受太原海关动植处委派参加该企业进口羊毛加工厂指定申请现场考核工作，审定企业加工能力，提出整改意见，确保该企业通过考核，取得进口羊毛指定加工厂资质。扶持大同进口肉类指定查验场业务开展，根据《海关总署关于印发〈“查检合一”关检作业场所（场地）优化整合标准〉的通知》要求，整合进口肉类指定查验场，落实海关监管场所处级巡视及科长带班制度，加强查验场监管，全年累计接受入驻企业咨询 30 余次，初审 2 家企业的进口肉类收货人备案资料，现场指导查验场入驻企业建设的进口肉类产品加工厂和坚果产品加工厂，提出加工车间及实验室设计布局、人流物流管理、安全卫生控制、体系建设等方面改进意见，力促入驻企业业务开展。（刘小丰）

【技术保障服务】 2019 年，大同海关技术中心发挥公共检测平台技术优势，服务大同市食品、农产品安全监测工作，全年检疫检测各类样品 1370 批次 8672 项次，其中法检样品 335 批次 142 项次；委托检测样品 1035 批次 8530 项次。承担大同市市场监督管理局、市粮食和物资储备局食品安全风险监测和执法检测任务 571 批次，其中检出黄曲霉毒素 B1 超标、黑芝麻酸价超标、粉条铝残留超标等不合格样品 12 批次。免费提供大同市出口企业产品检测服务，累计检测食品农产品 30 余批次，500 余个项目，减免检测费用 10 余万元。保障“二青会”食品安全，落实食源性兴奋剂百分之百检测要求，开展牛肉、羊肉、鸡翅、鸡腿等 17 批次 68 个项目供应食品检测工作，全覆盖检测盐酸克伦特罗等 4 种 β 类兴奋剂。（刘小丰）

【国家杂粮检疫检测重点实验室（大同）通过验收】 2019 年，大同海关落实有关重点实验室建设要求，按照《国家杂粮检疫检测重点实验室（大同）建设规划方案》，推动国家杂粮检疫检测重点实验室（大同）验收事宜。落实各类投资 2681.73 万元。其中，中央预算投资 1560 万元，国家服务业发展专项资金投资 348.65 万元，国家杂粮检疫检测重点实验室公共检测平台专项经费 773.08 万元。聘请中国检验检疫科学研究院院士庞国芳、山西农业大学教授郭平毅和韩渊怀为国家杂粮检疫检测重点实验室（大同）的技术领衔者。年内通过 CNAS 实验室认可和资质认定“监督 + 扩项”二合一评审，认可检测能力达到 1052 项。完成美国《FDA 食品警告信案例分析》32 万字翻译工作，累计主持和参与省部级、市厅级科研项目 12 项，申请专利 6 项，起草国家标准、行业标准 11 个，发表论文 40 余篇。完成海关总署《出口荞麦及其产品质量安全技术研究》科研项目。12 月 27 日，国家杂粮检疫检测重点实验室（大同）通过海关总署科技司专家的评定验收。（刘小丰）

【汇总征税】 2019 年，大同海关推进税收征管改革，服务企业，压缩通关时间，向企业宣传汇总征税优点和具体操作规程，解答企业提出的各类问题和困难，4 月 25 日，中煤平朔集团有限责任公司首次通过汇总征税的形式缴纳进口货物税款，税款金额 23 万元，实现大同海关汇总征税零突破。年内，该关办理汇总征税报关单 5 票，税款金额总计 282 万元。

（刘小丰）

【首次监管暂时进出境展览品】 2019 年，大同海关接到大同市博物馆于 9 月 21 日至 12 月 22 日与法国拿破仑骑兵协会合作举办“法兰西的雄鹰——拿破仑文物（中国）巡回展”的通知后，大同海关为保障该批展览品的转关手续按时办理，在展览品转关至大同关区前，组织相关人员学习有关暂时进出境展览品监管的文件精神，掌握相关政策要求，了解作业流程，与太原海关相关处室联系，申请并开通相关业务系统权限。在展览品抵达大同后，按要求实施监卸，在展览场所检查该批进境展览品的转关监管车辆，核对关封号，全程监管其卸载和开箱，并现场核对展览品数量。9 月 16 日，首次为进境展览品办理转关手续。（刘小丰）

【首次出口食用干黄粉虫】 2019 年 11 月 20 日，大同海发生物科技有限公司生产的食用干黄粉虫出口至韩国，这是大同市食用干黄粉虫首次进入韩国市场。为保障这批货物出口，大同海关靠前服务，指导企业完成 HACCP 认证，帮助企业快速办理出口食品生产企业备案，获得食品企业出口资质；与上级部门沟通，掌握新产品出口的相关要求，确定产品的 HS 编码；做好产品首次出口前的抽样检验及监管工作，快速办理海关手续，按照系统指令实施该批货物审单放行，出具电子底账和健康证书。该批货物运抵韩国后，被韩国客户加工成饼干、糕点等烘焙食品。（刘小丰）

农　业

综　述

【概况】2019年，大同市粮食产量12.3亿公斤，增长15.6%；农村居民人均可支配收入10725元，增长10.4%；农林牧渔增加值72.92亿元，增长3.1%；农业固定投资30.18亿元，增长63.3%，全省第一。

（梁全　宋欣）

【农村集体产权制度改革】2019年，大同市推进农村集体产权制度改革工作，推进灵丘县全国试点工作，全市1970个村完成清产核资和成员身份确认，完成率100%。培育新型农业经营主体，全市农民专业合作社6996个，其中国家级29个；家庭农场663家，其中省级示范家庭农场18个。开展空壳社清理工作。加快农村土地确权扫尾工作，完成1876个村，完成率99%，确认耕地470万亩，省级通报大同市工作优秀率居全省前列。

（梁全　宋欣）

【农业信息体系建设】2019年，省农业农村厅拨付大同市18万元市场体系建设资金，用于农产品批发市场信息系统建设，完善"最初一公里"田头市场基础设施建设及信息采集发布系统建设等。通过实地考察，现场评选等环节，大同市云州区汇丰农贸市场被评为山西省田头市场。年内，大同市根据《山西省信息进村入户工作方案》，在左云县、灵丘县开展信息进村入户整县推进工程，2县建设380个益农信息社。其中，左云县180个、灵丘县200个。

（梁全　宋欣）

【农业综合执法】2019年，大同市集中组织开展春季农资打假行动、"2019年放心农资下乡进村宣传周"活动、夏季百日行动、秋冬季农资打假行动、全市农业系统安全生产大检查、农产品质量安全监管、农药质量抽检、全省肥料质量抽检、农业系统扫黑除恶专项斗争等专项行动。

全年全市累计出动执法车辆510台次，出动执法人员和科技人员3200余人次，检查企业、整顿市场382个次，全市检查覆盖率100%，农药抽样2个批次6个样品，立案3起，结案2起，移送司法1起，处罚8400元整。通过电视、报刊、网络等媒体报道20篇次。（梁全　宋欣）

【农业行政审批管理】2019年，大同市梳理市级农业行政许可审批事项，并在山西省政务服务事项动态管理系统中完成事项同步。全市办理各类农业行政许可事项19项：种畜禽生产经营许可证16项，农作物种子生产经营许可证、动物诊疗许可证和农药经营许可证各1项，办结率100%。（梁全　宋欣）

【职业农民教育培训】2019年，大同市职业农民培训5765人次。市级组织实施的50名现代创业创新青年培训班。在天镇县李二口村举办的全国农民丰收节上表彰全市10名优秀职业农民代表，每人奖励5000元。市委农办、市农业农村局、大同广播电视台联合举办的《云中新乡韵》电视栏目，多次宣传报道全市农业战线上涌现出的优秀农技人员、典型农民代表的先进事迹。大同市刘锦林被授予农业农村部农民教育培训"百名优秀学员"称号，景庆瑞入选全国"互联网＋农技推广"服务之星（全国50名），王功、李福祥获2016—2018年度全国农牧渔业丰收奖。

（梁全　宋欣）

【农村生物质清洁取暖改造】2019年，大同市被确定为山西省2个农村生物质清洁取暖试点之一。市委、市政府多次召开专题会议研究部署，并邀请国内知名专家、企业家为大同市生物质能源产业发展把脉，加强与北京启迪清洁能源科技有限公司开展合作，因地制宜、试点先行。市财政落实农村生物质清洁取暖奖补资金1.04亿元，撬动社会投资建厂资金6220万元。全市建成生物质燃料生产厂12家，年可生产玉米秸秆、柠条燃料6.9万吨。全年改造全市44个乡（镇）151个村（社区）3.2万户生物质清洁取暖工作，可转化利用玉米秸秆8.28万吨，减少使用散煤6.438万吨。

（梁全　宋欣）

【农垦改革发展】2019年，大同市农业农村局、市规划自然资源局组织有关专家及国有农垦企业负责人验收上年农垦国有土地使用权权籍调查、勘测定界、登记申请和权籍数据库建设项目。该项目农垦国有土地调查面积8662.32亩，调查率100%。使用权确权6677.95亩，确权率96%。提交不动产登记申请55宗，发放不动产登记证58个（3个不动产登记证在调查发放），确权后发证率100%。根据农业农村部要求，开展农垦土地确权成果建库上图工作，确定各企业建库管理人员和信息资料收集工作。（梁全　宋欣）

【农业合作与培训】 2019年，大同市政府加强与科研院校合作，与山西农业大学三农服务中心、中国农业大学开展市校合作项目。全年新增水肥一体化示范点3个，示范面积2950亩。加快食用菌菌种引进、试验示范。为保障全市黄花产业健康发展，大同市组建由外聘农科院校专家教授和市县农业部门专家、技术人员和乡土专家组成的技术服务组，制定技术服务、种苗优选等工作方案，提供产前、产中、产后技术服务。全市开展黄花现场技术服务32次，举办黄花技术培训班56次，培训技术人员和农民2.4万余人次。（梁 全 宋 欣）

▲图为云州区黄花扶贫产业（梁 全 摄）

【举办中国农民丰收节活动】 2019年，大同市天镇县李二口长城民俗文化村入选2019全国70地庆丰收直播活动，开展以“欢乐大同迎华诞·五彩好粮庆丰收”为主题的“大同好粮”农民丰收节庆祝活动，通过国家级主流媒体向全国同步直播，并以多形态融媒体产品向外推送。丰收节活动期间，大同市各县（区）重点围绕“乡村振兴”“大同好粮”“农耕文化”“乡村旅游”及“农产品+美食”“农民趣味运动会”等内容，在阳高县、云冈区、云州区、新荣区等地开展具有大同特色主题活动和基层庆丰收活动。（梁 全 宋 欣）

种植业

【概况】 2019年，大同市农作物种植面积489.04万亩，同比增加2.32万亩；粮食产量12.3亿公斤，同比增长15.6%。全市种植结构呈现出“粮食作物稳，籽粒玉米减，特色作物增”特点，粮食作物种植390.21万亩、经济作物种植73.3万亩，饲料作物种植25.5万亩，新增设施农业种植1.06万亩、中药材种植5.6万亩，蔬菜种植50.1万亩，杂粮种植186.97万亩。（梁 全 宋 欣）

【有机旱作农业发展】 2019年，大同市有机旱作农业重点打造耕地提升、农水集约、良种攻关、农技集成、农机配套、绿色循环、品牌建设和主体培育8大工程，建设有机旱作农业示范区10万亩，高标准农田19.65万亩，项目区亩均增产20%～30%。大同高粱因品质突出成为山西汾酒原粮基地；云州区有机富硒谷子亩收入破4000元。“大同好粮”成为有机旱作农业重要区域公用品牌，277个产品通过“三品一标”认证，认证面积80万亩。加强科技创新推广应用，对接大院大所、大校大企，与中国农大、山西大学、山西农大、中国农科院作科所和山西省农科院高寒所签订战略合作协议，筹组成立中国农大大同有机旱作农业产业技术研究院，举办第六届车河国际有机农业论坛。（梁 全 宋 欣）

【黄花产业发展】 2019年，大同市确立黄花作为脱贫攻坚特色优势产业。市财政安排1亿元专项资金与产业扶贫结合，给予种植户、承担扶贫任务的合作社、采摘工适当补贴。建档立卡贫困户，前2年每户每年每亩补贴750元；前2年承担扶贫任务合作社每亩每年补贴500元田间管理。年内新增黄花种植户实行黄花保险保险费补贴：自然灾害保险，市财政补贴200元/亩、种植户自付100元/亩，保额5000元/亩；黄花价格指数保险，市财政补贴200元/亩、种植户自付220元/亩，保额6000元/亩。全市新增黄花面积6万亩，涉及贫困户3.25万户，有条件的贫困户实现人均一亩黄花，全市总面积23万亩，形成品牌化营销、产业化运作、区域化布局、标准化生产发展格局。黄花合作社发展到154个，宜民、云萱、三利、大连冰山、火山粮源等加工龙头企业加快发展，实施省级标杆项目，在京沪粤闽设立4个销售中心，助力大同黄花产品走向全国市场。7月22日，“脱贫攻坚战星光行动”黄花订购现场，总订购量9840万元，成龙现场认购黄花100万元，助推黄花产业发展。大同黄花入选全国第二批产业扶贫典型范例，获全国第三批特色农产品优势区。（梁 全 宋 欣）

【蔬菜生产】 2019年，大同市蔬菜播种面积50.1万亩，产量135.2万吨，总产值32亿元。其中，露地蔬菜播种33.9万亩，产量74.5万吨；设施蔬菜播种面积16.2万亩，产量60.7万吨（其中日光温室播种面积5.4万亩，产量20.2万吨；塑料大棚播种面积10.8万亩，产量40.5万吨）。全年全市新增设施农业面积10560亩。其中，新建日光温室360亩，塑料大棚1800亩，生产食用菌4200万袋，折合设施农业面积8400亩。全市创建蔬菜标准园61个。其中，部级蔬菜标准园9个，省级蔬菜标准园达到52个。根据大同市农产品质量安全检验检测中心监测蔬菜标准园生产各类蔬菜样品，均无农药残留量超标，合格率均100%。（梁 全 宋 欣）

【杂粮产业发展】 2019年，大同市重点发展谷子、燕麦、荞麦、杂豆等特色杂粮。全市杂粮种植面积186.97万亩，总产量28.7万吨。

其中，谷子播种面积32.14万亩，产量5.8万吨；黍子31.6万亩，产量3.3万吨；莜麦15.51万亩，产量1.4万吨；荞麦10.41万亩，产量0.9万吨；高粱25.18万亩，产量7.7万吨；豆类36.99万亩，产量3.3万吨；马铃薯33.28万亩，产量4.5万吨；其他类1.86万亩，产量1.8万吨。全市建设杂粮标准化生产基地4个、高质高效示范片15个、绿色模式攻关田6个，面积7100亩，项目区良种覆盖率100%，新技术推广12项，产量增长23%，制定4项农作物标准化生产指导意见。（梁 全 宋 欣）

【果业生产】 2019年，大同市果品总产量6.85万吨，总产值1.76亿元。其中，杏果产量4.93万吨，苹果产量0.55万吨，葡萄产量0.83万吨，其他产量0.54万吨。全市果园总面积22.46万亩。其中，杏树18.02万亩，苹果2.03万亩，葡萄0.73万亩，设施栽培面积0.36万亩，其他1.32万亩。新发展果树1.57万亩。培训果农58场次，15255人次。年内，在阳高古城镇、罗文皂镇、狮子屯乡改造中低产杏园13个260亩，涉及4个村。改造后中低产杏园平均比对照每亩增产105公斤，增收420元。年内创建省级标准果园1个，面积600亩。加快功能食品开发速度，提高大同市水果加工和存储能力。特别是“杏韵小镇”建设，杏酒生产上市及杏脯、杏干、杏核、杏酱、杏饮料扩大生产，提升杏果加工能力。杏脯加工能力330吨，年加工杏核15万公斤。

（梁 全 宋 欣）

【中药材生产】 2019年，大同市中药材种植面积39.91万亩。其中，耕地种植面积26.88万亩，野生抚育面积13.03万亩。全年新种植面积5.6万亩。中药材总产量1200吨，总产值25799万元。全市中药材产业主要以黄芪为主，种植黄芪27.24万亩、柴胡1.11万亩、板蓝根0.46万亩、甘草0.47万亩、枸杞0.41万亩、黄芩0.21万亩、其他1.66万亩。培训药农37场次，1709人次。年内开展恒山黄芪种质资源保护、品种选繁育和提纯复壮，加强产地初加工能力提升和功能产品开发力度。新建晾晒场20个，面积4万平方米，仓储、加工场18个，在研或试产功能产品、保健品、食品等产品数量10余个，呈现出中药材全产业链平衡发展态势。7月，大同市政府与山西大学签订恒山黄芪大健康产业发展合作协议，落地合作项目4个。与山西农大、山西中医药大学对接，达成恒山黄芪品种选繁育研究和黄芪运动饮料开发意向。利用“恒山黄芪”优质资源，开发研发期的“恒山黄芪”新规格饮品、颗粒剂、咀嚼片、滋补酒、滋补膏、芪花蜂蜜、籽油软胶囊等产品，加强附属产品黄芪羊、黄芪鸡、黄芪茶、黄芪饲料等新产品开发，以黄芪下脚料为主要原料生产的北芪菇、北芪木耳等食疗产品和功能产品开发，延伸产业链，拉动多元化市场需求发展。（梁 全 宋 欣）

【草地贪夜蛾监测与防控会议】 2019年6月6日，大同市草地贪夜蛾监测与防控工作会议召开。来自各县（区）农业农村局局长、种植业科科长、植保站站长及市农业农村局相关科（站）80余人参加会议。

会议说明草地贪夜蛾形态特征、生物学习性、分布与扩散、监测与防控建议等方面内容。会后，市植保植检站为各县（区）配发草地贪夜蛾诱捕器并讲解使用方法，发放草地贪夜蛾监测与防控技术明白纸。

（梁 全 宋 欣）

畜牧业

【概况】 2019年，大同市坚持走“两山一盆地”农牧循环、绿色发展之路，创建畜牧标杆园区10个，改造养殖场100个，耕地种草55.1万亩、粮改饲15.92万亩。年内，畜牧业生产总体呈快速增长，牛、羊、猪和禽类饲养量分别达28.8万头、550.1万只、170.2万头和850.3万羽，肉蛋奶总产分别达17.4万吨、7.1万吨和23.8万吨。加强非洲猪瘟防控。总投资5800万元的天镇大伟嘉、总投资2.86亿元的浑源双胞胎、阳高正大生猪、广灵海高等园区加快建设和达产达效。

（梁 全 宋 欣）

【雁门关农牧交错带建设】 2019年，大同市推进雁门关农牧交错带示范区建设。根据地理、气候、区位等优势，以外长城沿线左云县、新荣区、阳高县、天镇县为主的阴山区域，以内长城沿线的浑源县、灵丘县、广灵县为主的恒山区域发展肉牛、肉羊产业集聚区，推进8个百万只养羊大县建设，在中部盆地3个县（区）推动生猪和奶业发展。全年全市创建肉羊、肉牛畜牧标杆园区10个，提升改造养殖场100个。全市累计新建圈舍18150平方米，改造圈舍29630平方米；新建改造干草棚36040平方米，畜种新品种改良56320头（只）。

（梁 全 宋 欣）

【养殖场粪污处理模式】 2019年，大同市采取养殖场投入为主，政府适当支持，社会资本参与的运行模式，加大规模养殖场粪污处理设施建设力度。全年全市完成74个规模畜禽养殖场粪污治理任务；新建、改扩建6个有机肥加工场集中处理中心，全市规模化畜禽养殖场（小区）配套建成粪便污水贮存、处理、利用等设施比例95%，畜禽粪污综合利用率85%。

（梁 全 宋 欣）

【非洲猪瘟防疫】 2019年，大同市出台《2019年大同市非洲猪瘟防控等重大动物疫病工作方案》和《机构改革期间的加强非洲猪瘟防控的具体要求》等针对性文件。全年累计排查非洲猪瘟5轮623353个养猪场（户）；屠宰检验检疫生猪220016头；检测非洲猪瘟11779头份，无阳性；关停泔水喂猪88家，扑杀无害化处理泔水猪246头；使用90余吨消毒液，累计消毒面积1200余万平方米。落实各项生物安全防控措施，严禁使用餐厨剩余物饲喂生猪。（梁 全 宋 欣）

【动物卫生监督】 2019年，大同市按照新修订的生猪产地和屠宰检疫规程，规范动物及其产品检疫管理工作，全年未发生重大动物疫病和畜产品质量安全事件。全年实施产地检疫126万头只，屠宰检疫18万头只，省界站检疫畜禽76908头（只），消毒车辆600辆次；完成省分配的畜产品例行监测任务230批次，检测结果均为阴性；规模化养殖场养殖环节病死猪无害化处理98921头，未发现随意抛弃病死动物现象；全市颁发动物诊疗许可证19个，注册执业兽医41人，登记乡村兽医318人。（梁 全 宋 欣）

【种畜禽管理】 2019年，大同市有28家种畜禽企业，核验换办或新办“山西省种畜禽生产经营许可证”14家。大同种猪场申报成功上年现代种业提升工程项目，总投资规模1500万元（中央财政资金1200万元，市级财政配套资金300万元），9月19日，启动大同市马身猪种质资源场新场建设项目。申报广灵优种驴场为2019年度现代种业提升工程项目。

（梁 全 宋 欣）

【生猪生产】 2019年，受非洲猪瘟疫情和猪周期叠加影响，大同市生猪生产情况总体下滑，截至9月底，全市生猪存栏549140头，能繁母猪存栏63333头，其中年出栏500头以上或能繁母猪存栏30头以上的养猪规模场生猪存栏299266头，能繁母猪30919头。全市有资质的种猪场种猪存栏93057头，能繁母猪10125头。

针对生猪生产严重下滑情况，大同市除在新扩建猪场给予土地、环评、缩小禁养范围等政策支持外，在生猪生产各方面给与项目资金支持，全市畜禽良繁项目资金有80%以上专用于生猪良种繁育生产。按照《山西省农业农村厅关于下达全省2019年新增能繁母猪临时补贴资金使用计划的通知》补贴发放标准，每头能繁母猪补贴200元，由省、市、县分别承担50%、25%、25%。由于计划新增能繁母猪数量存在不确定性，年内省级财政补贴全市1.28万头新增能繁母猪，拨付资金128万元，市级配套资金64万元及市级新增能繁母猪补贴预留资金373750元按计划核实拨付。

（梁 全 宋 欣）

【畜禽定点屠宰管理】 2019年，大同市推进畜禽屠宰产业规范生产，确保肉品质量安全和企业生产安全。打击无证屠宰、屠宰病死猪、注水或注入其他违禁物质等违法行为，严防出现区域性、系统性生猪屠宰环节质量安全风险，保障猪肉产品质量安全。全年生猪定点屠宰企业屠宰生猪244850头，羊定点屠宰企业屠宰羊2.5万只，无害化处理病害猪及病害产品和“三腺”400头。（梁 全 宋 欣）

渔 业

【渔业生产】 2019年，大同市渔业养殖总面积1034公顷。其中，池塘养殖面积77公顷，水库养殖面积957公顷。全市水产品产量842吨。其中，池塘养殖产量285吨，水库养殖产量557吨。全市渔业经济生产总值1095万元。为加强大同市渔政执法监督，市农业农村局印发《大同市“渔政亮剑2019”系列专项执法行动实施方案》《2019年大同市水产品质量安全专项整治工作方案》《大同市农业农村局关于开展2019年水生野生动物保护宣传月活动的通知》等，启动大同市“渔政亮剑”专项执法行动。9月15日，全国科普日中国水产学会主会场活动在大同启动，全国省市水产方面领导和专家到大同指导工作，活动现场开展绿色渔业科普展、水产品与健康生活科普展、水资源与节水渔业宣传展等科普展。

（梁 全 宋 欣）

【海河流域禁渔期制度暨执法行动】 2019年5月16日，大同市海河流域禁渔期制度暨执法行动启动仪式文瀛湖生态公园举行。大同市所属支流、水库、湖泊等自然水域禁渔期为77天，期限为5月16日至7月31日。

2010—2018年，大同市举8次大规模的渔业资源增殖放流活动，投放鱼种335万尾，放流品种为鲤鱼、草鱼、鲫鱼、鲢鳙。活动现场，来自市农业农村局水产工作站的相关工作人员，向过往群众发放渔业生态保护、渔政执法宣传、禁渔期制度等宣传资料2000余份，现场讲解有关法律法规，并号召大家共同关注水域生态环境和水生生物资源养护。（梁 全 宋 欣）

农产品质量建设

【农产品质量安全监管】 2019年，大同市贯彻落实《中华人民共和国农产品质量安全法》和《山西省农产品质量安全条例》，按照省、市农产品质量安全监管工作要求，抓农产品质量监管工作。（1）推进农资打假、农药、兽药、生鲜乳、“瘦肉精”、水产品和畜禽定点屠宰7大专项整治行动，坚持巡查勤政、监管留痕，时刻保持危害农产品质量安全行为高压态势。（2）保障“二青会”期间食用农产品安全。市农业农村局成立“二青会”食用农产品保障组，多次召开专题会议研究部署，明确职责，加强监管，合理分工，发挥部门特长，与市“二青会”执委会对接，保障“二青会”期间食用农产品质量安全。（3）推进农产品质量安全县创建工作。动态监管云州区、天镇县2个农产品质量安全县，督导检查灵丘县开展省级农产品质量安全县创建工作，阳高县被认定为第三批省级农产品质量安全县试点单位。（4）组织开展国家农产品质量安全追溯信息平台账号开通和发放工作。按照省农业农村厅《关于组织开展国家农产品质量安全追溯管理信息平台账号开通和发放工作的通知》要求，市农业农村局组织和指导辖区内监管、监测、执法等机构业务人员和农产品生产经营者，采集农产品质量安全追溯、监管、监测、执法信息，使用全国统一的农产品质量安全追溯标识，加强追溯信息线上监控和线下监管，应用平台各项功能设置、业务流程和运行机制。市执法队、农产品质量安全检验检测中心、全市10个县（区）农业、畜牧主管部门申领账户，近110家企业在线注册。

（梁 全 宋 欣）

【“大同好粮”品牌建设】 2019年，“大同好粮”在全国三农发展大会上作为全国唯一推介的区域公共品牌成功推介；举办大同好粮·京东三晋好物节；第五届成龙国际动作电影周期间，国际电影艺术家成龙为“大同好粮”点赞；在天镇县李二口村举办“大同好粮”丰收节庆祝活动，高保利专门创作演唱《大同好粮》主题歌；多次组织“大同好粮”特色农产品参加全国、全省农交会及成都、哈尔滨、郑州、深圳等农展会和农产品推介活动；在省内、京大高速多处设立“大同好粮”广告宣传；《人民日报》、《农民日报》、人民网等媒体多次宣传报道“大同好粮”。截至2019年底，该品牌在全国传播超4亿人次，在京东平台交易额5000余万元，助推大同特色产品销往全国、走出国门，促进农民增收。（梁全 宋欣）

【“三品一标”认证】 2019年，大同市新认证“三品一标”产品166个（其中，无公害农产品73个，绿色食品66个，有机食品26个，地理标志农产品1个），全市累计有效期范围内产品277个（其中，无公害农产品149个，绿色食品89个，有机食品26个，地理标志农产品13个），认证面积80万亩。推进全市有机食品、绿色食品基地县创建工作。浑源县获首批农业部全国有机农产品（黄芪）基地县，云州区上报全国绿色食品原料黄花菜标准化生产基地验收材料。系统培训全市新认证“三品”的企业内检员、企业负责人，参加培训人次170人次。（梁全 宋欣）

【农产品质量安全检验检测】 2019年，大同市贯彻落实《农产品质量安全法》，加大农畜产品质量安全检验监测力度，强化实验室管理体系建设，提升检测技术和质量管理水平。（1）完成省农业农村厅农产品质量安全例行监测、专项监测取样送样工作。完成全省蔬菜农药残留4次例行监测取样送样工作，从大同市生产基地、运输车和批发市场抽取样品120个，超标样品1个，合格率99.2%；完成全省农产品质量安全韭菜、芹菜专项监测2批次取样送样工作，样品20个，超标样品0个，合格率100%；完成全省农产品质量安全监督抽查2批次取样送样工作，样品15个，超标样品0个，合格率100%。（2）完成全市农产品质量安全例行监测、专项监测工作。在306个监测点开展蔬菜、水果、畜产品和禽蛋监测工作12批次，抽取样品321个，检测11341项（次）。（3）开展市农产品质量安全监督抽查工作。9月和10月分别开展各县（区）农（畜）产品生产基地4次监督抽查工作。其中，蔬菜质量安全监督抽查2批次，样品40个，超标样品0个，合格率100%；禽蛋质量安全监督抽查2批次，样品45个，超标样品0个，合格率100%。（梁全 宋欣）

【绿色食品内检员技术培训】 2019年4月中旬，为加快全市绿色食品认证工作，提高绿色食品管理人员素质，市农业农村局举办全市绿色食品内检员培训班。2019年新认证的绿色食品、有机食品企业的内检员70余人参加培训。省农产品质量安全中心副主任王立坚及敖奇、和亮、郭宇飞等专家应邀指导培训。专家们从概念上讲解有机农产品、绿色食品和无公害农产品的区分，培训指导绿色食品标准、山西省绿色食品发展情况、绿色食品认证程序、绿色食品申报材料目录、认证单位制度建设要点等方面内容。（梁全 宋欣）

▲2019年3月15日，市农业农村局农业综合执法支队派出执法人员到各县（区）农资经营场所开展专项执法检查。图为执法人员在检查农用物资（戎禹仁 摄）

【全国绿色食品山西（大同）宣传月活动】 2019年5月8日，由中国绿色食品发展中心、省农业农村厅和大同市政府联合主办的“春风万里，绿食有你”——全国绿色食品山西（大同）宣传月活动在大同启动。该次宣传月的主题是绿色生产、绿色消费、绿色发展。当日，全省60余家知名绿色食品企业代表参加活动。活动现场设置宣传区、咨询台、体验互动和产品展示区，广大市民参观品尝，参与互动体验，现场咨询，现场发放宣传资料2000余份。宣传月期间，组织媒体记者到绿色食品企业、基地进行采风报道，组织绿色食品进超市、进社区、进学校。

截至4月底，大同市有认证绿色食品、有机食品等“三品一标”产品293个，认证总面积80.66万亩，占全市耕地总面积14.3%。其中，无公害农产品186个、绿色食品64个、有机产品30个、地理标志农产品13个。（梁全 宋欣）

【“大同好粮”参加中国国际农产品交易会】 2019年11月15日至18日，由农业农村部、江西省政府共同主办的第17届中国国际农产品交易会在江西省南昌市举行。大同市“大同好粮”区域公共品牌11家代表企业60余个产品参展。该届全国农交会以“做强农业品牌，助力乡村振兴”为主题，展示新中国成立70年来农业农村发展成就。展会期间，大同市推介“大同好粮”“大同黄花”区域公共品牌和特色优势农产品，大同黄花、东方亮小米、伊欣杂粮、边塞牧羊有机羊肉、华建胡麻油、白老大果仁酥、菲尼克斯杏酒、东和黄酒等特色优质产品现场谈成80余万元销售合同，达成合作意向11份、涉及金额1200余万元。（梁全 宋欣）

【“大同好粮”亮相深圳】 2019年12月23日，由省农业农村厅主办、省名优产品开发中心承办，深圳市山西商会协办的“2019年山西特色优质农产品（深圳）产销对接暨宣传推介活动”在深圳市举行。

此次产销对接活动是推进山西优质农产品“走出去”具体行动，旨在促进山西省特色农产品销售、优化农业产业结构、提高农产品供给质量、增加农民收益。大同市以黄花、东方亮小米、冰苦荞茶、有机羊肉等为代表的5家“大同好粮”特色农产品企业12个产品参加推介活动，与深圳相关企业达成初步合作意向460万元。

活动期间，大同市参会代表到深圳市深港产学研基地、深圳市山西商会、海吉星农产品批发市场、怡亚通供应链有限公司等地考察，并与深圳市部分采购商、投资商代表学习交流。

（梁 全 宋 欣）

农业产业化

【农业产业集群创建】 2019年，大同市创建酿品、饮品、乳品、主食糕点、果蔬、肉制品、功能食品、保健品、化妆品、中医药农产品精深加工10大产业集群。全年全市规模以上农产品加工龙头企业185户，销售收入114亿元。总投资2.9亿元的农业嘉年华项目，投资1.9亿元，建成总面积6.6万平方米的7大场馆和配套设施，接待游客18万人次，举办第二届农业嘉年华创新发展论坛。全市新增平城奶业、灵丘杂粮、浑源黄芪3个省级现代农业产业园，总数达5个，申报评审平城、云州两区省级现代农业产业示范区。推进与首农集团、山东惠发等国内龙头企业合作，加快大同市北方中药材交易市场和京津冀都市圈农产品供给基地建设。开展大同黄花文旅活动月、阳高杏花节、新荣得胜长城民俗文化节等活动，灵丘县民俗风情游入选全国150条乡村旅游精品线路，实施云冈区口泉乡国家产业强镇项目。 （梁 全 宋 欣）

【平城现代农业产业示范区成立】 2019年12月27日，在省政府第53次常务会议上，大同市获批设立平城现代农业产业示范区，这是大同市首个省级现代农业产业示范区。

平城现代农业产业示范区位于大同市平城区马军营乡和水泊寺乡，总规划面积62平方千米，涉及水泊寺乡和马军营乡2个乡（镇）26个行政村。采用“一心两园”模式发展，分为核心建设区和农业发展区两种布局类型，其中“一心”即核心建设区（规划总面积0.24平方千米），“两园”即农业发展区包含城郊农业科技示范园（规划总面积33.30平方千米）和生态畜牧产业示范园（规划总面积28.46平方千米）。 （梁 全 宋 欣）

【第二届农业嘉年华创新发展论坛在大同举行】 2019年9月上旬，第二届农业嘉年华创新发展论坛在大同举行，来自全国相关领域的专家学者、政府农口机构领导、涉农企业代表等齐聚大同，共商乡村振兴之策，共议现代农业发展创新模式。农业嘉年华以农业为基础，以科技为支撑，以文化为纽带，以旅游为特色，以产业发展为方向，体现农业多功能性。7月，大同农业嘉年华开园运营，接待各地游客近10万人。

该届论坛由中国农业大学农业规划科学研究所、平城区政府联合主办，平城区农业农村局、平城区文化和旅游局、山西中农富通农业科技发展有限公司承办。

省委常委、市委书记张吉福出席论坛。北京农学院原院长、中国农业技术推广协会园艺产业促进分会理事长、北京农村专业技术协会理事长王有年，中国农业大学教授、中国农业大学农业规划科学研究所所长、北京农村专业技术协会农业嘉年华专业委员会主任张天柱，北京市农村经济研究中心党组成员、北京市城乡经济信息中心主任、北京观光休闲农业行业协会会长刘军萍，副市长郝献民等参加论坛。论坛上，王有年、张天柱、刘军萍等作《新时代都市农业发展趋势与新动能》《文旅融合赋能乡村休闲旅游产业路径》《农村一二三产融合，助力乡村振兴》《“农业嘉年华”模式演变与创新》的主题演讲；来自广西、河北、江苏、山东农业嘉年华负责人作经验交流。参会人员到大同农业嘉年华观摩考察。（梁 全 宋 欣）

农业机械化

【概况】 2019年春耕秋收期间，大同市农业机械发展中心组织开展“服务下乡”活动，选派农机技术人员到农机大户、农机专业合作社开展农机化技术巡回培训，在提升农机手的操作技能时，多次督导农机户检修作业机具，检查作业质量，解决技术难题。全年各类农机作业面积911.99万亩。其中，机械耕整地面积398.9万亩、机播面积244.83万亩、机械浇（灌）地面积137.34万亩、机收面积130.92万亩。全市农机总动力108.84万千瓦。年内，大同市新增农业机械化综合示范县2个（阳高县、浑源县），累计达6个，其余4个县（区）为云州区、云岗区、新荣区、左云县，率先实现农业机械化综合示范县数量过半。

（市农机中心）

▲ 2019年4月22日，云州区聚乐乡首届杏花节开幕 （张湛滨 摄）

▲图为机械化春耕现场　　（市农机中心 供图）

【播种机械化】 2019年，大同市新增玉米收获机235台，占目标任务188%，实施玉米生产全程机械化作业95.7万亩，占目标任务147.2%。新增马铃薯生产全程机械化装备100台（套），占目标任务100%；马铃薯全程机械化作业面积18.6万亩，占目标任务116.25%。莜麦生产全程机械化作业8.9万亩，胡麻生产全程机械化作业11.2万亩，谷物类生产全程机械化作业15.9万亩。（市农机中心）

【农机购置补贴】 2019年，大同市农业机械发展中心完善农机购置补贴政策，因地制宜设置农机补贴品目，在上年基础精选13个大类、29个小类、77个品目作为补贴机具品目，同时开展省农机中心新增的新品目补贴。推进农机报废更新试点工作，7月，联合市财政局出台《大同市农机局 大同市财政局关于进一步推进农机报废更新补贴试点工作的通知》，使农机报废更新和农机购置补贴政策统筹实施。按照有关规定，备案并向社会公布符合资质要求的农机报废更新企业，采取“分散回收、集中销毁”方式，在各县（区）设立回收点，打破多年报废更新推进缓慢局面。推行非现金补贴方式，为方便农民，提高可操作性，出台《关于推行非现金方式支付购机款操作模式的几点说明》，全市非现金方式支付实现全覆盖。精简农机购置补贴申领手续，创新机具核验模式，利用手机APP类平台，实行网上购机，方便购机户，提升便民服务水平。协调平城区农机部门机构设置，确保农机购置补贴工作无“盲区”全覆盖。全市扶持农户数量1160户，占目标任务145%；补贴购置机具1558台，占目标任务155.8%。（市农机中心）

【有机旱作农业】 2019年，大同市农业机械发展中心开展农田宜机化改造工程。利用省级资金210万元的“宜机化”项目，把天镇县和新荣区2个县（区）作为试点实施区域，并通过实地调研，撰写《关于丘陵山区农机化发展情况的调研报告》，年内项目改造面积1436.5亩，改造土方量60.5万立方米；实施机械化秸秆还田推进工程，机械化秸秆粉碎还田面积95.5万亩，其中机械化秸秆粉碎还田补贴面积2.3万亩；实施农机深松整地工程，全市深松整地作业面积23万亩，信息化监测面积占目标任务100%，投入深松作业机具数量165台；实施机械化秸秆还田作综合利用推进工程，“四化”（饲料化、基料化、燃料化、原料化）转化量45.38万吨；实施机械化生态保护推进工程，保护性耕作1万亩，抗旱植保机械浇灌地面积137.34万亩，投入抗旱机具数量568台（套），排灌机械2143台；实施智慧农机建设工程。为提升深松作业智能化管理水平，为农机加装智能监控设备。全市安装农机作业监控系统451台（套）。（市农机中心）

【农产品加工机械化】 2019年，大同市农业机械发展中心在推进农产品初加工机械化发展方面，创建特色农产品加工优势基地，全部完成农村油磨坊升级改造建设示范点目标任务，全年新增农副产品加工机械数量119台，占目标任务132.2%；加工新装备、技术培训人员206人。

（市农机中心）

【农机技术推广】 2019年，大同市农业机械发展中心组织开展农机新技术、新机具现场演示13次，培训人员780人，均完成目标任务2.6倍。推进黄花特色产业化发展，选派出技术人员30人次在黄花种植生产核心示范区开展中耕、病虫害防治等机械化生产技术服务。牵头在云州区组建10个黄花生产服务队。实地培训黄花生产飞防技术，培训无人机飞防人员50人次。补贴云州区黄花生产机械，每台黄花中耕机械补贴1万元，黄花烘干设备补贴4.8万元。在上年研制的新型电动杂粮播种机基础上，研发增装施肥装置，实现一机多能、一机多用，制造成本压缩效果；在引进小型马铃薯生产机械生产性能试验基础上，完成部分作业环节重新设计、研制，并开展生产性能试验，实现生产效率提高，制造和使用成本减少效果。

（市农机中心）

【农机社会化服务】 2019年，大同市农业机械发展中心构建以农机合作社、农机大户和机械化家庭农场为龙头，农机专业户为基础，农机中介、维修等服务为保障的新型农机化服务体系。全年培育省级农机示范合作社4个，省级机械化示范家庭农场1个，省级农机示范大户1个，分别占目标任务133%、100%和100%；完成新型职业农民培育（农机操作手培训）目标任务；鼓励有实力的农机合作社开展土地流转，引导和支持农户以土地承包经营权折价参股农机合作社或入股组建农机合作社联社，提高土地适度规模经营水平，推进规模化、集约化经营进程；开展智慧农机合作社建设摸底工作，为各级农业及农机部门亟待突破的瓶颈奠定基础。

（市农机中心）

【农机安全监理】 2019年，大同市农业机械发展中心开展拖拉机年度检审验工作，开展各类专项检查活动。组织农机安全监理人员120人，检查各类拖拉机800余台，发现一般隐患105起，印发改通知书122份，清理报废各类变型拖拉机1800余台。全市未发生一起较大以上农机事故。参加市安委会组织的安全生产月宣传活动。针对平城区行政区划调整后未开展农机监理工作情况，该中心与省、市、区协调，在山西农机安全监督管理系统添加平城区操作内容，岗前培训相关人员。参加全省农机安全监理法规知识和业务技能竞赛，大同市代表队获团体三等奖。 （市农机中心）

【农机质量监督】 2019年，大同市农业机械发展中心组织举办"3·15"农机质量宣传活动。现场设立质量投诉台和质监咨询台，全市出动工作人员60人次，出动宣传车辆19台，制作宣传版面18块，散发宣传传单5600份，展示优质机具80台（件），曝光假劣机具20台（件），接受群众咨询650人。各县（区）在县城、乡镇同步开展。开展质量监督及农机打假活动。批评教育销售三无产品的农机产品经销商，责令改正并督促其补全相应资料，并同被检查农机产品经销商签订《承诺书》。（市农机中心）

【农机质量宣传活动】 2019年3月中旬，市农机发展中心在云州区倍加造镇开展农机质量宣传活动。活动通过悬挂标语横幅、设立质量投诉台和质监咨询台、发放宣传材料等形式，提高农机产品质量和农机消费者维权意识。活动中，工作人员向现场群众发放《维护农民合法权益助推农机转型升级倡议书》《维护农民合法权益助推农机转型升级承诺书》《"大马拉小车"问题农机产品消费警示》等宣传资料，曝光伪劣玉米脱粒机、喷雾器、潜水泵、刹车油、农用三轮车半轴等50件劣质农机具及零配件，公布市、县农机化质量投诉监督站投诉电话和受理投诉二维码。答复现场投诉、咨询的农民问题，向群众讲解识别伪劣农机产品知识和如何按流程投诉的方法。 （市农机中心）

农业科技

【概况】 2019年，山西省农业科学院高寒区作物研究所（简称"高寒所"）承担各级各类科研项目73项。延续（转结）科研项目57项。国家试验站5项，国家重点研发子课题1项；省级各类课题12项（其中省重点研发8项、成果转化2项、政府购买服务1项、人社厅留学人员专项1项）；院级各类课题32项（其中院育种工程项目14项、院攻关项目13项、院优势课题组1项、院科技引领项目1项、成果转化及推广项目3项）；大同市项目7项。新上科研项目16项。其中，省产业技术创新战略联盟后补助项目1项；农科院重点研发项目1项、基金培育项目1项、科企合作项目2项、成果转化项目1项、科技引领项目2项；大同市重点研发项目5项、成果转化项目3项。

授权实用新型专利13项。在《中国草地学报》《华北农学报》《种子》《作物杂志》等国家级刊物发表论文12篇，省级各类刊物38篇。（高寒所）

2019年山西省农业科学院高寒区作物研究所发表论文表

论文/著作题目	第一作者	刊物/出版社名称	发表/出版时间	卷号期号/书号
十四个马铃薯新品系在晋北地区的产量表现	陈 云	中国马铃薯	2019-10-25	第33卷第5期
柠条豆象发生规律及化学防治技术研究	姜 超	现代农业科技	2019-08-13	第15期
浅谈苜蓿花粉形态特征及观察方法	郭 芳	农业科技通讯	2019-06-17	第6期
马铃薯过氧化物同工酶聚丙烯酰胺凝胶电泳技术研究	岳新丽	农业技术通讯	2019-05-17	第5期
高寒区春甘蓝套作籽粒玉米高产栽培技术探究	陈燕妮	安徽农学通报	2019-05-15	第9期
晋北高寒冷凉区板蓝根套种玉米综合评价研究	贺美忠	安徽农学通报	2019-04-15	第7期
柠条资源在山西地区栽培与开发利用现状	姜 超	农业与技术	2019-02-28	第4期
马铃薯新品种同薯30号的选育	陈 云	种子	2019-02-25	第38卷第2期
晋北旱地燕麦生产现状及丰产栽培措施	王盼忠	农业科技通讯	2019-02-17	第2期
新疆奇台县马铃薯新品种引进及筛选	岳新丽	山西农业科学	2019-01-14	第47卷第1期
谷子化学杀雄剂筛选	郭瑞锋	作物杂志	2019-10-15	第5期
主成分分析和隶属函数法对马铃薯品种抗旱性的评价	杜培兵	种子	2019-08-25	第38卷第8期
抗病优质马铃薯新品种晋薯26号的选育	白小东	种子	2018-12-25	第37卷第12期
黍子氮、磷、钾肥的效应研究	李 海	农业科技通讯	2019-11-03	第3期
山西北部地区马铃薯新品种筛选试验	白小东	中国农技推广	2019-10-25	第10期
晋北区大豆新品系的生态适应性与主成分分析	冯 钰	农业科技通讯	2019-08-10	第8期
绿豆常见病虫害及防治技术研究	冯 钰	安徽农学通报	2019-08-10	第16期
膜下滴灌绿豆高产高效栽培技术	冯 钰	安徽农学通报	2019-07-20	第14期
晋北地区高产优质马铃薯品种筛选试验	白小东	农业科技通讯	2019-07-17	第7期
晋绿9号艺机一体化技术示范与推广应用	刘支平	农业科技通讯	2018-11-10	第11期

续　表

论文 / 著作题目	第一作者	刊物 / 出版社名称	发表 / 出版时间	卷号期号 / 书号
晋豆 46 号黑大豆在大同县的种植表现及栽培技术	邢宝龙	现代农业科技	2019-09-13	第 17 期
山西高寒冷凉区粮饲兼用型玉米品种的综合评价	郭庆瑞	作物杂志	2019-08-15	第 4 期
山西大同地区大豆高产优质种植技术	邢宝龙	农业科技通讯	2019-08-08	第 8 期
发展生态庄园 开创乡村振兴"大同路径"	郭庆瑞	农业科技通讯	2019-07-17	第 7 期
旱作区青贮玉米混作栽培技术	王瑞军	农业科技通讯	2019-04-17	第 4 期
晋北高寒区玉米花粉资源的开发利用及建议	王瑞军	现代农业科技	2019-01-14	第 1 期
山西省谷子轻简化栽培配套技术研究	张　绶	农业科技通讯	2019-11-17	第 11 期
晋北谷子春播早熟区品种的筛选及适应性分析	张　绶	现代农业科技	2019-10-15	第 10 期
晋北绿豆主要农艺性状变异及对产量构成的影响	邢宝龙	作物杂志	2019-10-15	第 5 期
晋北地区不同芸豆品种（系）的适应性评价	邢宝龙	中国农业科技导报	2019-04-10	第 4 期
不同播期对谷子品种大同 32 号产量及生长发育的影响	张　绶	安徽农学通报	2019-03-30	第 6 期
早熟丰产广适大豆新品种晋豆 49 号的选育及栽培技术	邢宝龙	种子	2019-02-06	第 2 期
不同品种黍子适应性比较研究	苏占明	种业导刊	2019-06-10	第 6 期
我国燕麦产业的发展建议	苏占明	农业科技通讯	2019-05-17	第 5 期
30% 嘧菌酯·戊唑醇悬浮液对马铃薯早疫病的防治效果	杨　春	农业技术与装备	2019-07-25	第 7 期
高淀粉马铃薯品系材料筛选试验	张永福	农业科技通讯	2019-06-17	第 6 期
浅析影响马铃薯淀粉黏度的主要因素	张永福	农业与技术	2019-05-30	第 10 期
2018 年东华北中熟区 6 个玉米新品种比较试验	郗小倩	安徽农学通报	2019-01-20	第 5 期
马铃薯新品种同薯 29 号的选育	杨　春	中国蔬菜	2018-12-01	第 12 期
晋北旱坡地裸燕麦合理种植密度的探讨	徐惠云	农业科技通讯	2019-06-17	第 6 期
不同移栽期对晋北地区鲜食玉米生长及产量的影响	王彧超	山西农业科学	2019-09-20	第 47 卷第 9 期
胡麻全膜覆盖穴播节水增效栽培技术	王利琴	农业与技术	2019-11-01	第 39 卷第 11 期
喷施硒肥对胡麻籽粒硒含量、产量及品质的影响	冯学金	作物杂志	2019-06-15	第 3 期
9 个燕麦品种在晋北地区的生产性能及饲用价值综合评价	杨　富	作物杂志	2019-02-02	第 2 期
晋北地区苦荞种质资源的评价与筛选	杨　媛	北方农业学报	2019-08-20	第 47 卷第 4 期
荞麦杂草防控技术	杨　媛	农业科技通讯	2019-08-17	第 8 期
雁门关地区燕麦优质丰产技术要点	皇甫红芳	种业导刊	2019-07-10	第 7 期
燕麦产品的加工	皇甫红芳	种业导刊	2019-05-10	第 5 期
不同抗旱类型胡麻幼苗对干旱胁迫的生理响应	吴瑞香	华北农学报	2019-04-01	第 34 卷第 2 期
不同生长年限紫花苜蓿根系形态特征分析	郑敏娜	中国草地学报	2019-11-25	第 6 期

2019 年山西省农业科学院高寒区作物研究所授权专利表

专利名称	发明人	授权公告日	专利权人	专利类型	专利范围	专利号
一种玉米田间试验用施肥器	王瑞军	2019-11-05	山西省农业科学院高寒区作物研究所	实用新型	国内	ZL201920241415.6
一种马铃薯种植用起垄设备	白小东	2019-10-18	山西省农业科学院高寒区作物研究所	实用新型	国内	ZL201920199071.7
一种秋白菜高效栽培用的施肥装置	李　洪	2019-08-13	山西省农业科学院高寒区作物研究所	实用新型	国内	ZL201822131067.5
一种科研用小型粉状农药拌种机	李　刚	2019-07-23	山西省农业科学院高寒区作物研究所	实用新型	国内	ZL201821968274.X
一种筛选根瘤菌的装置	韩志顺	2019-07-05	山西省农业科学院高寒区作物研究所	实用新型	国内	ZL201821758900.2
一种多孔进水滴灌施肥罐	郭庆瑞	2019-05-21	山西省农业科学院高寒区作物研究所	实用新型	国内	ZL201821659268.6
一种便携式中草药种苗移栽装置	贺美忠	2019-05-17	山西省农业科学院高寒区作物研究所	实用新型	国内	ZL201821551567.8
一种培育马铃薯耐旱材料实生种子装置	杜培兵	2019-05-10	山西省农业科学院高寒区作物研究所	实用新型	国内	ZL201821448258.8
一种燕麦收割压扁一体机	皇甫红芳	2019-07-05	山西省农业科学院高寒区作物研究所	实用新型	国内	ZL201821797665.X
一种燕麦穴播机	杨　富	2018-12-11	山西省农业科学院高寒区作物研究所	实用新型	国内	ZL201820793975.8
一种紫花苜蓿非离体快速生根扦插装置	康佳惠	2018-12-07	山西省农业科学院高寒区作物研究所	实用新型	国内	ZL201820837443.X
一种测定苜蓿根系分枝分级结构的装置	韩志顺	2018-12-07	山西省农业科学院高寒区作物研究所	实用新型	国内	ZL201820837556.X
一种马铃薯自动清洗装置	郑敏娜	2018-12-07	山西省农业科学院高寒区作物研究所	实用新型	国内	ZL201721723873.0

2019年山西省农业科学院高寒区作物研究所科研课题表

编　号	课题名称	项目类别	起止时间	主持人
CARS-09-ES02	马铃薯体系大同综合试验站	农业部	2016—2020	白小东
CARS-08- Z05	食用豆体系大同综合试验站	农业部	2016—2020	邢宝龙
CARS-14-2-06	特色油料体系大同综合试验站	农业部	2016—2020	杨建春
CARS-06-13.5-B7	谷子糜子高粱体系大同综合试验站	农业部	2016—2020	任月梅
CARS-06-13.5-B6	谷子糜子高粱体系右玉综合试验站	农业部	2016—2020	李　海
——	晋北马铃薯养分推荐方法与限量标准	国家重点研发子课题	2016—2020	白小东
201703D211002-9	晋北特色作物绿色生产关键技术研究	省重点研发有机旱作	2017—2020	杨如达
201703D211002-8-1	绿豆绿色高产栽培技术研究与示范	省重点研发有机旱作（子课题）	2017—2020	邢宝龙
201703D211002-8-2	晋西北燕麦优质绿色关键技术研究与示范	省重点研发有机旱作（子课题）	2017—2020	杨　富
201703D221012-3	板蓝根—玉米—柴胡间作套种栽培技术研究	省重点研发	2017—2019	贺美忠
201703D221012-5	不同栽培条件对紫花苜蓿根系影响的研究	省重点研发	2017—2019	梁秀芝
201703D221003-1	马铃薯耐旱材料的筛选与鉴定技术研究	省重点研发	2017—2019	杜培兵
201704D131034	马铃薯综合技术应用及示（科技入滇）	省成果转化	2017—2019	梁秀芝
——	富硒胡麻栽培及加工技术研究	省人社厅	2017—2019	冯学金
——	马铃薯主要病虫害预警与防控	省科技厅政府购买科技公共服务	2017—2019	杨　春
201803D221018-3	中晚熟、高蛋白莜麦新品种选育	省重点研发	2018—2020	李　刚
201803D221020-1	早熟高产适宜机械化栽培大豆新品种选育	省重点研发	2018—2020	邢宝龙
YCX2018423	高寒区鲜食玉米复播秋白菜高效简化栽培技术研究	院有机旱作农业研发专项	2018—2020	李　洪
YCX2018104	青贮玉米品种引进与筛选及种植技术的集成研究	院雁门关农牧交错带专项	2018—2020	郭庆瑞
YGG17003	优质、多抗豌豆种质资源的征集与利用	院特色攻关	2017—2019	刘　飞
YGG17004	谷子化学杀雄剂的筛选及其作用机理研究	院特色攻关	2017—2019	郭瑞峰
YGG17005	紫花苜蓿种质在逆境胁迫下的生理响应及综合评价	院特色攻关	2017—2019	韩志顺
YGG17006	胡麻高值化栽培及加工技术研究	院特色攻关	2017—2019	冯学金
YGG17007	板蓝根—玉米间作套种栽培技术研究	院特色攻关	2017—2019	贺美忠
YGG17008	马铃薯种薯贮藏窖改造及病害控制技术研究	院特色攻关	2017—2019	杜培兵
YGG17009	荞麦田杂草调查及防治技术研究	院特色攻关	2017—2019	王　慧
YGG17010	高寒区旱地燕麦优质、丰产、增效技术创新研究	院特色攻关	2017—2019	王盼忠
YGG17011	柠条豆象发生规律及综合防治技术研究	院特色攻关	2017—2019	姜　超
YYS1701	马铃薯全粉型种质资源引进筛选及遗传分析	院优势课题	2017—2019	岳新丽
17yzgc068	高寒冷凉区玉米高产耐寒新品种选育	院育种工程	2017—2020	郭凤琴
17yzgc069-1	优质豆类新品种选育	院育种工程	2017—2020	邢宝龙
17yzgc069-2	优质豆类新品种选育	院育种工程	2017—2020	刘支平
17yzgc070	早熟区高产优质机械化谷子新品种选育	院育种工程	2017—2020	任月梅
17yzgc071-1	多用途优质胡麻新品种选育	院育种工程	2017—2020	杨建春
17yzgc072	优质抗旱芥菜型春油菜新品种选育	院育种工程	2017—2020	王瑞霞
17yzgc073	优异糜黍种质资源引进、创新及利用	院育种工程	2017—2020	李　海
17yzgc074	优质、抗旱、中晚熟莜麦新品种选育	院育种工程	2017—2020	李　刚

农业

续　表

编　号	课题名称	项目类别	起止时间	主持人
17yzgc075	特色燕麦加工专用新品种选育	院育种工程	2017—2020	徐惠云
17yzgc076	优质荞麦新品种选育及利用研究	院育种工程	2017—2020	李占成
17yzgc077	马铃薯资源创新及新品种选育	院育种工程	2017—2020	齐海英
17yzgc078	抗病、优质、高产马铃薯新品种选育	院育种工程	2017—2020	陈　云
17yzgc079	淀粉加工型马铃薯新品种选育	院育种工程	2017—2020	范向斌
17yzgc080	优质高产多抗紫花苜蓿新品种选育及其分子机理的研究	院育种工程	2017—2020	梁秀芝
YCX2017D2102	马铃薯品质提升与节本增效丰产技术研究	院科技创新	2017—2019	白小东
YCX2017D2103	胡麻特色品种筛选及增产增效技术研究	院科技创新	2017—2019	王利琴
2018CYYL-05	广灵“东方亮”稳产轻简高效技术示范	院产业引领	2018—2019	杨　忠
2018CGZH-13	绿色燕麦优质高效生产技术示范推广	院成果转化	2018—2019	杨　富
2018CGZH-14	玉米套种蔬菜简约化栽培技术示范	院成果转化	2018—2019	李　洪
2018CGZH-15	杂豆艺机一体化高效生产技术示范推广	院成果转化	2018—2019	刘支平
2017080	紫花苜蓿新品系选育、鉴定及繁殖特性的遗传研究	大同市	2017—2019	郑敏娜
2017158	青贮玉米品种引进与筛选及种植技术的集成研究	大同市	2017—2019	郭凤琴
2018028	北方地区春油菜种质资源数据库平台建设	大同市	2017—2019	王瑞霞
2018044	马铃薯高淀粉材料创制筛选	大同市	2018—2020	张永福
2018116	绿豆膜下滴灌技术研究与集成示范	大同市	2018—2020	冯　钰
2018031	紫花苜蓿高产高效综合技术示范及推广	大同市成果转化	2018—2020	梁秀芝
201804D111009	马铃薯种质资源的评价、复壮与保存	大同市	2018—2020	齐海英
YCX2019T02	山西省胡麻产业科技成果转化公共性服务项目	省级	2018—2020	杨如达
YGJPY1907	马铃薯提质增效关键技术研究	院科技创新特色重点研发专项	2019—2021	白小东
2019CGZH-16	盐碱区绿肥——化学综合改良措施对土壤养分及其微生物群落结构的影响	院科技创新基金培育专项	2019—2021	郑敏娜
2019CYYL-15	特色作物新品种及艺机配套高效栽培技术示范推广	院成果转化及推广	2019	李　海
2019CYYL-17	蔬菜套种高效新模式技术示范	院产业引领项目	2019—2020	李　洪
2019057	马铃薯水肥艺机一体化高效绿色发展集成技术示范	院产业引领项目	2019—2020	白小东
2019053	套作玉米对春播花椰菜高温胁迫的抑制作用研究	大同市重点研发	2019—2021	王彧超
2019042	大同市糜黍育成品种优势生产区研究	大同市重点研发	2019—2021	张翔宇
2019043	优质抗旱早熟大豆种质资源收集筛选	大同市重点研发	2019—2021	马　涛
2019041	燕麦优异种质资源创制与利用	大同市重点研发	2019—2021	徐惠云
2019148	晋北地区农业基础数据观测监测及内在关系分析	大同市重点研发	2019—2021	薛龙飞
2019148	早熟优质大豆“晋豆46号”高产高效技术示范推广	大同市成果转化	2019—2021	王桂梅
2019146	绿豆新品种晋绿9号的推广与应用	大同市成果转化	2019—2021	张旭丽
2019147	晋黍10号黍子新品种示范推广	大同市成果转化	2019—2021	李　海
YGC2019KQ07	富含牡荆素绿豆新品种选育与配套栽培技术研究	院科企合作项目	2019—2021	邢宝龙
YGC2019KQ08	加工专用型马铃薯品种选育与栽培技术研究	院科企合作项目	2019—2021	范向斌
——	山西省黍子产业联盟后补助	省成果转化	2019—2021	李海

【科研新品种】 2019年，山西省农业科学院高寒区作物研究所玉米新品种“同玉008”（审定编号：晋审玉20190004），适宜在山西及周边省市春播特早熟、早熟区种植。5月27日品种保护申请“同玉008”，申请号：20191002479，通过品种保护申请。谷子新品种“同谷30号”，登记编号：GPD谷子（2019）140105，适宜在山西大同、朔州、内蒙古自治区乌兰察布春播早熟区种植。马铃薯新品种“同薯30号”，登记编号：GPD谷子（2019）140105，适宜山西省高寒山区及半干旱地区推广种植。

（高寒所）

【苗头性成果】 2019年，山西省农业科学院高寒区作物研究所取得7种作物苗头性成果。（1）玉米苗头性材料：同玉004，株型紧凑，活杆成熟，抗病抗倒，红轴，无秃尖，穗行18行，出籽率88.6%，该品种丰产、稳产，穗位整齐，抗病、抗倒，宜机作业。2年平均产量903.7公斤/亩，比大丰30增产5.7%。（2）燕麦苗头性材料：XHY–6材料，参加2年省区试验，试验分别设在大同、右玉、岢岚、宁武4个点有6个品种参加试验。（XHY–6）在6个品种2年试验中的平均亩产146.1公斤，比晋燕8号平均增产13.0%，居第一位。（3）谷子苗头性材料：“大同48号”，是一个抗咪唑乙烟酸品种，田间表现整齐。2018–2019年区域适应性鉴定试验平均亩产370.5千克，2年较对照“大同29号”减产5.89%，居2年参试品种第四位。（4）马铃薯苗头性材料：“1529–1”，生育期102天，株形直立，茎绿带紫斑，叶绿色，花冠浅紫色，小，近五边形，开花繁茂，天然结实中等，轻感卷叶病毒病，较抗晚疫病。块茎大小整齐，薯形扁椭圆，浅黄皮浅黄肉，薯皮略麻，芽眼浅。平均亩产2467.57千克，商品薯率95.3%，150克以上大薯率82.47%。淀粉含量18.9%，干物质含量22.8%，维生素C14.7毫克/100克，还原糖0.31%，蛋白质3.01%。（5）大豆苗头性材料：同豆8181，中早熟品种，生育期118天左右，株高85厘米，百粒重19.4克，平均产量188.4千克，比对照晋豆25号增产7.2%。（6）荞麦苗头性材料：晋荞2号（07–2）–101：单产2468千克/公顷，比亲本兴苦2号单产1543千克/公顷增产59.9%，比广苦2号单产1230千克/公顷增产100.6%。（7）胡麻苗头性材料：F074–1：全国胡麻品种抗旱筛选试验，折合亩产70.33公斤，较对照陇亚10号增产39.64%，居第二位；所内品种比较试验折合亩产76.32公斤，较对照晋亚8号增产39.64%，居第四位，含油率36.06%，亚麻酸45.0%，蛋白质29.6%，其中蛋白质含量居第一位。

（高寒所）

【国家食用豆产业技术体系大同综合试验站】 2019年，云州区地处燕山—太行山集中连片特困区，绿豆种植悠久历史、面积大，该区种植的小明绿豆获得国家农产品地理标志认证。为发挥食用豆产业助推科技扶贫和乡村振兴，大同综合试验站把云州区作为主要种植示范基地，与云州区新三农农牧专业合作社合作的633.4亩绿豆基地，进行绿色认证，申报国家农产品质量安全追溯管理信息平台，信息审核通过。2019年入秋以来，晋北地区遭遇历史上罕见的旱情。持续高温干旱近40天，大秋作物产量受到影响，为应对旱情，大同综合试验站在5个示范基地县开展抗旱应急指导。为群众提供技术服务，摸清水源，指导基地县为保证农业灌溉，利用现有水源，挖掘水源潜力，抗旱救助。通过田间选种圃鉴定筛选绿豆株系80份、小豆株系38份，豌豆品系20份，芸豆品系26份，共筛选出优质多抗的绿豆株系6份，小豆株系3份，芸豆株系2份，豌豆株系1份，有8个绿豆新品系、3个小豆新品系、2个芸豆新品系升入品比圃开展初级产比。鉴选出苗头性食用豆新品系3个。其中，绿豆1个（同111411），芸豆1个（同芸18–1），豌豆1个（2011–65）。针对晋北区食用豆产区地广人稀，劳动力短缺现状，课题组开展食用豆机械化收获初步试验，在种植品种上选用高结荚位、不炸荚和成熟度一致的绿豆品种晋绿豆9号，在栽培模式上采用适宜机械化作业种植方式，初步探索现有农业机械适应性改进等方面情况。通过新品种、新技术的实施，初步实现科技产业扶贫目标。绿豆扶贫一项，云州区项目区的贫困户每户增收150元左右。（高寒所）

【国家谷子高粱产业技术体系大同综合试验站】 2019年，山西省农业科学院高寒区作物研究所初步筛选出的化学杀雄剂草甘膦铵盐的使用浓度综合2017年、2018年和2019年的试验结果得出，草甘膦铵盐（有效含量75.7%）可作为谷子化学杀雄剂，处理时期为谷子抽穗始期，处理浓度为3.75～5毫克/升效果最理想。研究诱导雄性不育机理。样品差异表达基因的GO富集分析：是通过影响液泡的运输途径，影响花粉的萌发和花粉管的生长；样品差异表达基因的KEGG富集分析：淀粉和可溶性糖的降低影响到淀粉蔗糖代谢途径，可引起糖代谢的紊乱，影响营养物质向小孢子的运输，不能支持花粉小孢子的早期发育，导致雄性不育；GA的降低引起下游调控育性基因表达量下调，导致绒毡层异常伸长，花粉壁形成受阻，影响花粉的育性；MDA的积累，使花粉细胞的膜系统受到破坏，导致电导率的增加，最终影响花粉的正常发育。合作外引种植1143份材料，选择适宜早熟区种植的中矮秆材料399份，选育出抗除草剂品种及苗头性优质材料。谷子新品种大同45号和大同34号在5个示范县示范790亩，大同45号每公斤价格在4.2～6.6元，平均亩产300公斤。建立精播条播减免间苗、渗水地膜3行穴播及地膜覆盖2行穴播高效轻简栽培技术示范，山阴县200亩、阳高县170亩、浑源县240亩、天镇县240亩、广灵县360亩，辐射1万亩，5个示范县的示范亩增效200元以上。现场培训示范县的技术人员及示范点的相关人员，培训技术推广骨干23人。（高寒所）

【国家马铃薯产业技术体系大同综合试验站】 2019年，山西省农业科学院高寒区作物研究所开展各类试验研究12项，展示新品种30个，围绕水肥耦合、旱作节水、艺机一体等开展试验示范工作。把马铃薯绿色安全优质发展技术创新融入山西有机旱作农业中，在山阴县建立示范基地60亩。在岚县实施农业产业发展科技引领工程，建立水肥艺机一体化绿色高效集成技术示范田600亩。主编出版《马铃薯间套轮作》一书，发表论文4篇，获专利2项。协助承办2019中国马铃薯产业发展高端论坛，参加专家与媒体面对面等活动，活动被《科学导报》报道。（高寒所）

【技术研究与模式构建】 2019年，山西省农业科学院高寒区作物研究所课题针对晋北地区农业生产和畜牧业生产水平低、效益差，农牧系统耦合程度不足，高效农田饲草品种缺乏，优质饲草生产依赖进口，杂粮种植竞争力逐年减弱等问题，按照"种植—养殖—废弃物资源化处理—有机肥腐熟—还田利用"循环农业技术路线。试验基地主要开展晋北特色作物绿色生产关键技术研究与示范，规模850亩，涉及饲草、牧草、马铃薯、谷子、胡麻等9种作物，通过适量减施化肥、增施有机肥、轮作倒茬、膜下滴灌、水肥一体化等技术措施，项目区青贮玉米、谷子、苜蓿和马铃薯等增产幅度在1.7%～67.78%，土壤有机质含量增加13.17%，初步总结出"313"草畜田生态循环模式。全国旱作节水农业交流现场会在示范基地观摩，接待省内外相关人员考察、调研、学习1000余人次。发表论文7篇，获专利2项，申报标准3项，获认证3项，获金奖1项。（高寒所）

【富硒胡麻栽培及加工技术研究】 2019年，山西省农业科学院高寒区作物研究所研究富硒胡麻栽培技术，并研制富硒胡麻籽粉等产品，提高胡麻制品的营养价值。胡麻籽中富含a-亚麻酸、蛋白质、膳食纤维、木酚素等营养成分，且胡麻籽烤制后具有极强坚果风味。硒是人体必需的微量元素之一，具有抗氧化、抗癌、提高人体免疫力等功效。供试硒肥：硒酸酯低聚糖，有机硒含量2克/升。硒酸酯低聚糖是一种小分子有机硒肥，具有容易吸收、有机转化率高等优点。研究内容与结果：硒肥喷施量对胡麻籽粒含硒量、产量的影响：研究表明，随着硒肥喷施量增加，胡麻籽粒中的硒含量逐步增加，每亩喷施600毫升时，胡麻籽粒中硒含量最高达0.52毫克/千克。产量方面，随着硒肥喷施量的增加，胡麻产量逐步提高，每亩喷施500毫升时，小区产量最高达1851克，比对照增产6%。硒肥喷施量增加到每亩600毫升时，胡麻小区产量却降低到1795克。综合分析叶面喷施硒肥量对胡麻含硒量和产量的影响，在青果期喷施1次时，每亩喷施500毫升硒肥效果较好，胡麻籽粒含硒量0.41毫克/千克，是对照组胡麻含硒量的13.3倍，达国家富硒食品标准（0.15毫克/千克）2.75倍。硒肥喷施次数对胡麻籽粒含硒量、产量的影响：研究表明，随着硒肥喷施次数的增加，胡麻籽粒中的硒含量逐步增加，产量逐步降低。综合分析叶面喷施硒肥对胡麻含硒量和产量的影响，每亩2次喷施500毫升硒肥，效果最好，胡麻籽粒含硒量0.65毫克/千克，是对照组胡麻含硒量21倍，是国家富硒食品标准（0.15毫克/千克）4.35倍。（高寒所）

【谷子化学杀雄剂的筛选及作用机理研究】 2019年，山西省农业科学院高寒区作物研究所筛选出一种谷子化学杀雄剂。草甘膦铵盐（有效含量75.7%）可作为谷子化学杀雄有效试剂，处理最适时期为谷子抽穗始期，处理最理想浓度3.75～5毫克/升。初探明谷子化学杀雄不育机理。大同27号、大同34、大白谷在草甘膦铵盐处理后。（1）各个品种谷穗淀粉和可溶性糖降低影响到淀粉蔗糖代谢途径，可引起糖代谢紊乱，影响营养物质向小孢子运输，不能支持花粉小孢子早期发育，导致雄性不育。（2）谷穗中GA含量降低引起下游调控育性基因表达量下调，导致绒毡层异常伸长，花粉壁形成受阻，影响花粉育性。（3）谷穗中IAA含量有所增加，CK组平均0.063微摩尔/克，自交组平均0.099微摩尔/克，授粉组平均0.110微摩尔/克，转录组抑制因子AUX/IAA基因高表达不利于雄蕊原基分化及孢原细胞形成。（4）谷穗中丙二醛含量积累，使花粉细胞膜系统受到破坏，导致电导率增加，影响花粉正常发育。（高寒所）

【农业科技成果转化】 2019年，山西省农业科学院高寒区作物研究所大豆课题组选育的"晋豆46号"和"晋豆49号"大豆新品种经营权，经过网上平台发布2个品种转让信息、询价、协商，与山西省金三鼎农业科技有限公司达成协议，转让品种经营权2个，转让价格"晋豆46号"2.5万元，"晋豆49号"2.5万元。7月10日，该研究所与山西立景农业科技有限公司签订专利权转让协议，转让专利为：一种燕麦穴播机、一种燕麦分级筛选机、一种燕麦中耕机、一种幼苗培育装置、一种马铃薯自动清洗装置，每项专利转让费0.65万元。10月18日，在山西省科技厅科技成果转化知识产权交易管理服务平台，"同玉008"入库登记供给类。经单位同意，该课题组决定转让生产经营权。通过单位询价，以12万元价格把生产经营权转让给黑龙江梅亚种业有限公司。（高寒所）

【科技示范推广与技术服务】 2019年，山西省农业科学院高寒区作物研究所依托各级科研项目，围绕山西农业生产、农村经济增长和农业产业结构调整所急需关键技术。在全省建立示范点14个，示范种植马铃薯、杂粮新品种24个，推广马铃薯膜下滴灌高产栽培技术、谷子机械覆膜穴播和轻简化栽培技术、食用豆地膜覆盖机艺融合技术、胡麻垄膜沟播集雨技术等作物综合高产栽培技术16项。开展技术指导培训150余次，田间技术指导项目区农民1500余人次，发放技术资料1万余份，示范推广辐射总面积1.7万余亩。（高寒所）

工业　建筑业

综　述

【概况】 2019年，大同市有规模以上工业企业260户，现价工业产值1142亿元，同比增长5.9%；增加值352.2亿元，同比增长6%，排全省第三位，较上年前进3位；销售收入2013.6亿元，同比增长5.3%；实现利税135.5亿元，同比下降16.1%；实现利润54.6亿元，同比下降22.8%；资产总额3470.5亿元，同比增长1.3%；负债总额2579.5亿元，同比下降0.7%；职工人数17.3万人，同比下降6%。按轻重工业分，轻工业增加值34.1亿元，同比增长11.2%；重工业增加值318.1亿元，同比增长5.5%；轻重工业比9.7∶90.3。按隶属关系分，中央企业增加值43.7亿元，同比下降12.9%；地方企业增加值308.5亿元，同比增长9.3%。按经济类型分，国有企业增加值0.08亿元，同比下降94.9%；集体企业增加值1.8亿元，同比下降13.9%；股份制企业增加值338.2亿元，同比增长7.3%；外商及港澳台企业增加值11.7亿元，同比下降10.8%；其他类型企业增加值0.04亿元，同比增长8.2%。按企业规模分，大型工业企业增加值253.3亿元，同比增长5.7%；中型工业企业增加值68.1亿元，同比增长4%；小型工业企业增加值41.7亿元，同比增长19.1%；微型工业企业增加值7.1亿元，同比下降22.2%。按县（区）分，10个县（区）及大同经济技术开发区增加值增速“7增4降”，广灵县增长26.2%、云州区增长23.5%、开发区增长20.7%、灵丘县增长15.4%、云冈区增长9.7%、左云县增长9.3%、天镇县增长8.2%，7个县（区）实现正增长，均高于全市平均增速。按行业分，五大行业增加值“4增1降”，增长的是：能源工业增加值233.6亿元，同比增长4.1%，占比66.3%；其中煤炭行业增加值174.3亿元，同比增长10.8%，占比49.5%。消费品工业增加值30.9亿元，同比增长6.8%，占比8.8%；装备制造业增加值35.8亿元，同比增长4.3%，占比10.2%；其他工业增加值18亿元，同比增长94.4%，占比5.1%。下降的是：材料与化学工业增加值34亿元，同比下降4%，占比9.6%。按产品产量分，主要工业产品产量“减多增少”。增长的有：原煤产量12250万吨，同比增长9.8%。其中，同煤集团10337万吨，同比增长14.6%，市地方煤矿1913万吨，同比下降10.3%。改装汽车14023辆，同比增长53.8%；活性炭11.3万吨，同比增长49.5%；水泥535.6万吨，同比增长6.7%；粗钢111万吨，同比增长60.8%。下降的是：发电量440.9亿千瓦时，同比下降4%。其中，风力发电33.4亿千瓦时，同比下降10.6%，太阳能发电29.8亿千瓦时，同比增长12.9%。机车90台，同比下降19.6%；合成橡胶1.7万吨，同比下降33.1%；甲醇43.3万吨，同比下降15.4%。石墨及碳素制品10.5万吨，同比下降28.4%；化学原料药2.3万吨，同比下降12.3%；铁合金6.9万吨，同比下降25.4%。

截至2019年底，全市规上工业增加值同比增长6.0%，较上年底提高0.3个百分点，高于全省平均增速0.7个百分点，排全省第3位。全市规模以上工业产值1142亿元，全市规模以上非煤产业增加值同比增长1.5%，占全市工业比重50.5%。全年全市规模以上高技术产业增加值同比增长3.4%，占规模工业比重7.4%；战略性新兴产业增加值同比增长8.4%，占规模工业比重16%，增速高于全市平均增速2.4个百分点，连续三年增速高于全市，对全市工业增长的贡献率21.3%。全年全市实施“3个50”重大项目建设。全年工业投资212.3亿元，同比增长4.2%；全市工业大振兴转型项目开复工178个，开复工率80.9%，有50项竣工投产或部分投产。出台《大同市实施新一轮企业技术改造2019年行动计划》，推进大同市新一轮企业技术改造，工业技改投资59亿元。全年向省工信厅申报技改资金项目49个，获批奖补资金超1.5亿元。推动企业开展自主技术创新、产品和品牌创新，全年认定市级企业技术中心12户，“专精特新”企业20户，培育“小升规”企业54户。加快“两化”融合发展，推进“宽带大同”建设，超前谋划5G网络布局规划，支持宏鑫岩棉、牧同乳业等4家企业申请省级“两化”融合贯标试点，工业互联网标识解析二级节点建设上线运行，全市企业上云平台企业注册数74家，第四批电信普遍项目全部通过验收。企业盈利能力减弱。受煤炭、石墨碳素制品、化学原料药等主要工业产品价格下跌影响，全年全市规模以上工业企业实现利税、实现利润同比分别下降16.1%和22.9%，近三年首次负增长。企业亏损加剧。260户规模以上工业企业中，亏损企业73户，较上年增加10户，亏损企业亏损额14.9亿元，同比增长48.8%，其中国有控股企业亏损额7.2亿元，同比增长79.8%。（曹尚飞）

2018—2019 年大同市工业总产值表

（当年价格）

单位：万元

指 标	2019 年	2018 年
总 计	10216843	10821682
#国有控股	7328574	8795665
按登记注册类型		
国有企业	52322	52276
集体企业	55360	85135
股份制合作企业	2682	2002
联营企业	—	—
有限责任公司	7548761	8469131
股份有限公司	195388	714636
私营企业	1923984	1145462
港澳台投资企业	186094	92957
外商投资企业	252252	260083
其他企业	—	—
按隶属关系分		
中央企业	1280442	1659498
地方企业	4441191	6322846
其他企业	4495210	2839339
按轻重工业分		
轻工业	1233042	1089622
重工业	8983802	9732060
按企业规模分		
大中型企业	8030166	9286191
小微企业	2186677	1535492

2018—2019 年大同市工业增加值表

（当年价格）

单位：万元

指 标	2019 年	2018 年
总 计	3522022	3349184
在总计中：轻工业	341169	337365
重工业	3180853	3011818
在总计中：国有企业	805	15849
集体企业	18209	18283
股份合作企业	138	—
股份制企业	3381582	3193887
外商及港澳台投资	116918	120465
其他	4370	699
在总计中：国有控股企业	2768110	2724388
在总计中：非公有制经济	723055	594398
在总计中：大中型工业	3033734	2916540
在总计中：中央企业	437347	531752
地方企业	2174129	2817432
其他企业	910546	—

2018—2019 年大同市主要工业产品产量表

指　标	单位	2019 年	2018 年
原煤（全社会口径）	万吨	12250	11167
#同煤集团	万吨	10337	9020
市地方	万吨	1913	2147
洗煤	万吨	6217	5447
发电量	万千瓦时	4409416	4576255
#火电	万千瓦时	—	3949203
风电	万千瓦时	333774	373264
精甲醇	吨	433326	512010
啤酒	千升	—	—
化学纤维	吨	1563	—
焦炭	万吨	—	—
煤气	万立方米	—	872
活性炭	吨	113189	64445
合成橡胶	吨	18692	27960
烧碱	吨	12697	17964
变压器	千伏安	3275914	5079438
化学原料药	吨	22657	25848
水泥	吨	5355597	4921660
花岗石板材	平方米	23500	1383833
石墨及碳素制品	吨	104527	138762
生铁	万吨	100.91	61.95
钢	万吨	110.79	69.67
铁合金	吨	69290	50081
机车	台	90	112
载货汽车	辆	—	—
汽车变速箱	台	—	122054

【中小工业企业】 2019年，大同市中小微企业户数74633户，同比增长5.16%；从业人员35.3万人，同比增长17.81%；营业收入825.76亿元，同比增长7.06%；上交税金60.08亿元，同比增长9.86%；实现利润63.8亿元，同比增长1.27%。中小企业户数10732户，同比增长6.34%；从业人员19.9万人，同比增长29.5%；营业收入617.99亿元，同比下降0.5%；上交税金35.92亿元，同比增长10.89%；实现利润45.85亿元，同比增长0.71%。（齐　玮）

【中小企业产业集群发展】 2019年，大同市中小企业产业集群发展主要为两大集群。（1）医药产业集群：全年医药企业现价工业总产值96.47亿元，同比增长10.5%，占规模以上工业总产值51%。其中，龙头企业国药集团威奇达药业有限公司的产值占医药企业产值35%。该公司主要产品为微晶纤维〔克拉维酸钾口服混粉（1∶1）〕，全年累计生产691488千克，12月价格533.44元/千克；头孢曲松钠粗盐全年累计生产558356.78千克，12月价格377.7元/千克；阿莫西林价格全年累计生产4844092.68千克，12月价格156.23元/千克。7-ACA全年累计生产1548600.10千克，12月价格352.6元/千克。山西普德药业有限公司产值17.18亿元，占医药企业产值比重17.8%。主要产品为注射剂：2019年12月入库1118.74万支，上年同期1147.16万支，与上年同期减少28.42万支，减少率2.48%；全年累计入库9943.44万支，同比上年9686.02万支，增加257.42万支，增加2.66%。（2）活性炭产业集群：受活性炭市场需求旺盛拉动，云州区活性炭产业集群呈现产销两旺势头。全年产量1.34万吨，同比增长14.5%；营业收入同比增长58.3%；库存同比下降35%，产品价格同比平均增长15%。（齐　玮）

【小升规情况】 2019年，大同市为促进中小企业发展，做大全市工业体量，市政府在年初出台“工业振兴”十大奖励政策中，专门针对“小升规”企业给予奖励。截至2019年底，小升规65户。（齐　玮）

【中小工业企业专题培训】 2019年，大同市工业和信息化局（简称“市工信局”）根据山西省小企业发展促进局安排，组织全市的39个企业的39人参加在朔州市举办的第五期山西省中小企业大讲堂学习。根据省小企业发展促进局要求，推荐6人参加省小企业发展促进局组织的清华大学山西省中小企业、民营企业董事长研修班。根据山西省小企业发展促进局安排，组织全市15位来自贫困县中小企业的董事长、总经理参加“2019年山西省中小企业脱贫攻坚专题研修班”培训。根据省工信厅安排，组织全市7家企业的董事长等高管人员，由市工信局副局长带队参加深圳华为培训班。根据山西省小企业发展促进局安排，组织全市2017年、2018年“专精特新”企业和“小巨人”申报企业董事长报名参加“专精特新”北京大学研修班。根据山西省小企业发展促进局安排，全市11位中小企业总经理参加北京大学总经理研修班学习，其中5位学员来自贫困县。（齐　玮）

【服务中小企业发展】 2019年，市工信局加强公共服务综合窗口平台，完善平台服务功能及服务设施，为企业提供政策法规、创新创业、新闻资讯等信息服务，引导中小微企业和服务机构进驻平台。推进中小企业创业创新。年内，市工信局考察推荐4家单位参加省小微企业创业创新基地评审，山西清新新能源科技有限公司通过认定。组织2019“创客中国”山西省创新创业大赛大同赛区活动。报名参赛项目300余个，通过资格审核、资料审核、电话答辩、现场路演筛选，推荐22个企业组项目和8个创客组项目参加全省大赛，进入决赛项目9个，其中进入总决赛项目2个，分别获二等奖和三等奖，其他7个项目被评为优胜奖。参加第十六届中国国际中小企业博览会、“津洽会”活动、玻璃器皿博览会、厦洽会。年内，市工信局清理出拖欠民营企业中小企业账款26.59亿元，累计偿还16.7亿元，清偿比例63%。（齐　玮）

【城镇集体工业】 大同市城镇集体工业联合社（简称“市城镇联社”）是城镇集体工业联合经济组织。市、县两级联社下辖成员企业118户，职工总数2万余人。其中，市直属企业36户（均已破产关闭），职工1万余人（含离退休人员）。

截至2019年底，关闭破产企业36户、破产企业安置在册职工5223人。其中，领安置费职工286人，享受提前退休的“4555”职工760人，享受失业金的“4353”职工545人，享受生活费的“4050”职工449人，保留三项保险关系的职工3183人，退休职工3265人。协调市政府有关部门解决市塑料三厂住房集资款问题；督促塑料五厂、工艺美术厂、口泉机械厂、康氏绢人厂等相关企业推进职工安置费用测算；履行市塑料六厂职工退回安置费、享受现行职工安置政策相关程序；推进宇翔实业公司炉料经销部涉拆房屋财政评审工作；与云冈区棚改办协调耐火材料厂职工住房拆迁事宜；起草并试行《全系统关闭破产企业资产、人员管理办法》；拨付大同市金属工艺厂安置费2.6万元；联系大同二轻医院，缴纳医院人员养老金、年金及医保金；开展大同二轻医院二次清算工作。（张　东）

【网络覆盖服务】 2019年，大同市第四批电信普遍服务主要任务涉及全市235个行政村的4G网络覆盖和34个村通宽带工作，这些村大部门集中在天镇、浑源、广灵3个县。为确保3个县信息如期脱贫，摸清底数，汲取第三批电信普遍服务经验，3月15日，市工信局召集市民政局、市扶贫办、大同移动、大同电信、大同联通等部门，核实摸底名单。5月22日，召开第四批大同市电信普遍服务试点工作部署会，会上电信大同公司负责人分别与各县（区）签订责任书。针对解决水电气网路农村公共基础设施正常使用和日常维修养护中存在的问题，制定《关于开展漠视侵害群众利益问题专项整治保障农村通信网络畅通的方案》。结合扶贫专项巡察工作，发现电信扶贫存在统计不精准、协调机制不健全等问题，制定“三清单”。要求电信企业加大农村网络维护监测巡检力度，针对故障多发、频发及修复时间长地方，增加巡检力量、增加巡检频次，发现问题按时处理。发挥“12300”平台及各电信运营企业客服热线（联通“10010”、电信“10000”、移动“10086”）作用，受理用户反映的关于农村网络正常使用和日常维修养护中存在的问题。11 月 15 日，省通信管理局组织专家验收全市第四批电信普遍服务工作。（齐 玮）

【工业互联网标识解析体系建设】2019 年，大同市政府牵头同煤集团落实建设国家级工业互联网标识解析二级节点（能源行业）。4 月 11 日，省工业和信息化厅、省通信管理局、中国信息通信研究院领导与大同市对接后，市工信局启动、组成专业班组对接二级节点建设工作。为加快工作进度，市工信局每周召开 1 次例会，通报进展情况，研究解决问题。市工信局组织专业班组到江苏南通、武汉黄陂学习二级节点建设经验。加强与省工信厅、省通信管理局和中国信通院沟通联系，7 月 23 日，市委常委、副市长冯苏京带队到中国信通院对接二级节点建设事宜。11 月底完成全市工业互联网标识解析体系二级节点建设工作。（齐 玮）

【企业网络平台服务】2019 年，市工信局开展“企业上云”信息工作，联合云服务商开展县（区）集中培训 3 次。为调动“企业上云”积极性，市工信局联合市财政局制定“企业上云”奖补政策。全市 70 余家企业注册，10 余家企业开展“上云”。搭建工业大振兴运行监测服务平台。为实时掌握工业企业运行情况和工业进展进度，服务工业大振兴，市工信局组织建设大同市工业大振兴运行监测服务平台，可实时把规模以上企业的指标完成情况和工业项目的进展情况传送到大数据平台，为领导科学决策提供依据。启动“大同好品”上京东。扩大全市工业产品销售量，市工信局会同京东大同公司组织全市工业产品上京东平台开展线上销售，11 月 3 日，举办“大同好品”上京东签约仪式暨“互联网＋先进制造业”培训会，会上正宇电气、同安电缆、云冈纸业等 9 家企业与京东大同公司签订网上销售协议。英莱壳润滑油成功上线京东电商。（齐 玮）

【绿色工业建设】2019 年，市工信局创建培育绿色工厂和绿色设计产品，培育国药威奇达、冀东水泥、山西春阳生物科技有限公司、大同牧同乳业有限公司、山西润生大业生物材料有限公司、山西清新新能源科技有限公司、山西云冈纸业公司和新荣悦凌空调公司 9 家企业培育绿色工厂。牧同乳业有限公司完成绿色工厂自评价报告和第三方评价报告，并经省工信厅审批后报工业和信息化部。培育山西云冈纸业的生活用纸为绿色设计产品报省工信厅。根据 11 月 4 日《山西省工业和信息化厅关于报送 2019 年技改项目及绿色制造推荐名单的通知》要求，再次摸底全市拟申报国家绿色工厂、绿色产品、绿色园区、绿色供应链企业，经初步对照条件筛选审核，全市拟推荐国药集团威奇达公司、山西清新新能源科技有限公司、振东泰盛制药有限公司、大同市冀东水泥有限公司、大同同星抗生素有限公司、大同牧同乳业有限公司 6 家企业培育绿色工厂；山西东方物华农业科技有限责任公司“东方亮”小米、大同宏鑫岩棉科技有限公司“嘉美奇”牌岩棉系列产品、山西云冈纸业 3 个产品培育绿色产品；大同市广灵剪纸文化产业园区培育绿色园区；山西振东泰盛制药有限公司、大同市广灵金隅水泥有限公司 2 家企业培育绿色供应链。（齐 玮）

【节能与资源综合利用项目建设】2019 年，大同市加快节能与资源综合利用重点项目建设，推荐上报山西亿晨环保科技有限公司“6 万吨再生铅改扩建项目”和山西清新新能源科技有限公司“平城区智慧能源供能项目”等 12 个节能与资源综合利用项目。截至 2019 年底，经市工信局推荐，国电电力 8 号 · 600 兆瓦亚临界机组低位能供热技术节能改造、国药集团威奇达药业公司 7–ACA 发酵车间异味治理及克拉发酵车间尾气治理项目、冀东水泥生产线节能技术改造项目、山西漳电大唐塔山发电有限公司塔山工业园区企业供工业生产蒸汽改造项目 4 个项目通过省工信厅组织召开专家论证会论证，并上会研究，省工信厅和省财政厅联合印发拨款文件到市级财政。该 4 个项目获省级项目资金支持约 3300 万元划拨县（区）财政局，划入企业账户。（齐 玮）

【工业节能诊断服务】2019 年，市工信局根据省工信厅印发的《关于组织开展 2019 年工业节能诊断服务工作的通知》要求，对照诊断对象范围，组织引导相关企业参与，经筛选拟推荐广灵金隅水泥有限公司、冀东水泥有限责任公司、中车大同电力机车有限公司、国电电力大同第二发电厂（大同发电有限责任公司）、大同华岳热电有限责任公司、大同富乔垃圾焚烧发电有限公司、国药大同威奇达中抗制药有限公司、国药集团威奇达药业有限公司 9 家接受全省组织的节能诊断服务，上报省工信厅。大同华岳热电有限责任公司、国药大同威奇达药业有限公司、国药威奇达中抗制药有限公司 3 家选择《山西省 2019 年度工业节能诊断服务机构中标名单》中的北京和碳环境技术有限公司对接节能诊断，截至 2019 年底，该 3 家企业与北京和碳环境技术有限公司签订合作协议，并出相应《节能诊断报告》。（齐 玮）

【节能企业奖励】2019 年，为引导大同市工业企业加大节能技术改造资金投入力度，提高企业能源利用效率，市工信局根据全市年度财政节能专项资金预算安排，组织各县（区）工信局、大同经济技术开发区经济部推荐全市重点节能项目，全市初选推荐大同冀东水泥有限责任公司等 12 个项目，合计总投资 1.5 亿元，经组织专家组现场勘查审核，筛选出其中 7 个项目奖励资金 220 万元。（齐 玮）

【节能预警监测】2019 年，市工信局配合市能源部门工作，开展工业系统节能预警，集体约谈工业增加值能耗同比增长较大的平城区、云州区、灵丘县、左云县、浑源县 5 个县（区）工信局局长及大同经济技术开发区经济部部长，与市能源局联合督促指导相关县（区）及企业，推进节能目标指标的实施进度。根据气象预测，与环保部门一起加强重污染天气重点企业错峰生产，和国庆期间的错峰生产，并形成督导组，到企业现场督导。印发《大同市2019—2020年秋冬季工业企业重点行业错峰生产工作方案》，并印发至大同经济技术开发区管委会和各县（区）工信局、环保局，为贯彻落实，专门成立大同市错峰生产督导小组，检查全市重点行业企业落实错峰生产情况。（齐　玮）

【工业产业合作】　2019年，市工信局对接京津冀，有针对性地对接项目，与北京市工信局、昌平区政府、北京市开发区等政府部门、中关村产业园等，对接大数据、电子信息、装备制造、医药、基金公司30余家。促成王府井、碧水源项目签约落地。4月，按照省委要求对接央企，主要对接兵器工业集团、中国化工集团、中车集团、金隅集团、国投公司、中国电子科技集团公司、中国重型船舶集团公司、中航工业集团、航天科技集团一〇一所和十五所等，寻求合作。围绕工业振兴开展“五送”服务。利用市工信局系统优势，为全市工业企业联系外地龙头企业或有需求合作的企业，利用技术、资源、土地、管理模式、产品开发等需求，寻求对外合作，为新成新材料联系电解液合作，北宇公司联系轻质挂车项目等。对接院校，开展东华大学碳纤维项目、北京航空大学轻型飞机项目、哈尔滨工业大学新材料项目等。（齐　玮）

【工业引资项目】　2019年，市工信局规划招商引资签约项目15个。其中，落地项目4个，分别为：北京王府井集团与大同同悦城合作项目，投资20亿元；北京碧水源公司膜生产项目，投资3亿元；大同市忘忧腾能生物科技公司的引进台湾技术“生产功能性食品、保健品、化妆品”项目，投资3亿元；中国信息通信研究院的国家工业互联网标识解析二级节点项目，投资1亿元。签约项目6个，分别为：深圳石墨烯创新中心有限公司石墨烯研发应用项目；大同升隆新材料科技公司（暂定）的陶瓷空心微珠滤料项目，投资7亿元；许昌昊合雅盛农业发展有限公司的年产2万吨腐竹生产线建设项目，投资1.15亿元；中国蓝星集团的阳高龙泉工业园区新材料弹性体一体化项目，投资150亿元；一汽靖烨发动机有限公司的甲醇发动机生产项目，投资30亿元；中国兵器集团的铸造项目暨军民融合产业园项目，投资4.2亿元。具备签约条件项目5个，分别为：北京金隅集团公司的大同金隅产业园项目，投资20亿元；无锡市博登泰科工业装备有限公司的“半导体行业电熔石英石、高纯石墨、SIC晶体装备研发生产”项目，投资10亿元；杭州银江股份公司的“智慧交通、智慧停车”项目，投资3亿元；北京汉普达电气技术有限公司的智诚工业互联网研究院项目；中关村天合科技成果转化促进中心的中关村天合（大同市）科转中心项目。（齐　玮）

【帮企对接项目】　2019年，市工信局组织蒙晋冀（乌大张）长城金三角经济合作区联席会议之工业振兴座谈会，三省市企业家交流座谈，加强相互之间了解，促进三省市工业经济合作交流。对接、接待上海东华大学余火木教授一行碳纤维项目考察团，联系安排考察团考察洽谈碳纤维项目需要的上游原材料及下游市场。对接东旭集团项目、芬碳公司项目。组织并参加市政府与中国中车公司项目合作座谈会。每周与陕汽大同公司、中车大同公司对接一次，了解企业运行情况和合作项目进展情况，协调解决企业工作中遇到的困难和问题，开展“一企一策”专项服务。组织中车集团产业投资公司与市政府相关部门对接座谈会。协调中车大同公司与大同新成新材料公司对接项目合作。协调组织中车大同公司与大同通航产业园、大同轻型飞机公司、大同航空动力公司对接项目，考察中车大同公司，洽谈合作。协调中车大同公司与市文化旅游局、新荣区文化旅游局对接观光旅游小火车项目合作。（齐　玮）

【工业信息建设】　2019年，市工信局申请省工信厅奖励资金30万元，即ITSS信息技术服务资质认证奖励30万元，全市新网信息技术有限公司等3家企业有ITSS三级服务资质，各申请奖励10万元。报省工信厅“电子项目库”入库项目4个，分别为：灵丘县明宇天能科技有限公司，太阳能产品研发制造项目；灵丘县清渊电子科技发展有限公司，LED显示屏及嵌入式微处理器开发系统项目；山西三辰汇智科技有限公司，智慧北斗科技产业园区；同煤集团，大同移动能源产业园。配合省工信厅软件处，大同冀东金隅水泥有限公司召开全省建材行业信息安全应急演练及培训。配合省网信办与大同冀东金隅水泥有限公司和同煤塔山第二发电厂，开展渗透演练。在大同第二发电厂，开展“工控安全宣传活动”，参加活动人员3000人次，发放宣传品5类5000余份。组织大同市“信息安全专家”26名，参加工业和信息化部组织的“护网杯”网络安全防护赛暨第二届工业互联网安全大赛。组织全市近60家软件信息技术服务企业“入统”培训，有20家企业完成“入统”。检查企业信息安全，全年检查40余家，查出隐患150余条。配合市网信办检查政府9个部门门户网站信息安全，查出隐患近30条，全部整改，年内未发生工控系统网络安全事故。（齐　玮）

【工业智能制造发展】　2019年，市工信局抓装备工业智能制造发展工作，开展智能制造试点示范工作。重点培育大齿集团、大同中车、广灵金隅、恒岳重工等相关企业申报，其中大齿集团被评为省级智能制造示范企业。为提升全市装备工业智能制造水平，推动企业智能化改造，组织重点装备工业企业开展智能制造对标考察，大齿集团和广灵金隅对标智能行业龙头企业实地考察，撰写智能制造工厂、打造数字化工厂、对标基本情况、取得成效、存在问题和困难、下一步智能制造发展计划智能制造对标考察工作报告。加大装备工业企业技术改造工作力度。组织中车大同电力机车有限公司单节交流传动干线货运电力机车出口白俄罗斯项目，申报山西省技术改造专项资金首台套保险和智能制造试点示范奖励项目资金。落

实到首台套保险补偿项目技术改造资金1251万元。（齐 玮）

【工业运行监测】 2019年，大同市规模以上工业总产值1037亿元，同比增长6.7%；增加值同比增长6.6%，超省分配目标1.6个百分点，排全省第2位。市工信局按照全年产值目标要求，逐月分解各县（区）月度目标，加强重点企业生产数据运行监测，实地调研重点企业生产经营情况，根据重点企业运行情况，预判全市规模以上工业走势。创新运行监测调度方式，把大数据与工业企业运行监测调度相结合，利用工业大振兴服务平台，指导县（区）、企业加快适应数据直报系统。加强重点行业、重点企业、增长点项目监测分析，掌握经济运行动态，便于准确预判全市规模以上工业发展趋势。（齐 玮）

【企业技术创新】 2019年，市工信局出台《大同市企业技术中心管理办法》。年内，全市新增省级企业技术中心3户，市级企业技术中心12户，首次实现交通企业全覆盖，并组织原有17户省级企业技术中心参加省工信厅技术中心评价，1家未通过，其余16家全部通过评价。围绕重大产业技术创新优化升级，引导企业加大技术创新投入，加快关键共性技术研发，提升企业技术创新效益。年内，组织企业上报技术创新项目，通过搜集汇总上报省工信厅36项技术创新项目，5项关键共性技术，比上年增加20项。帮助企业落实科技政策资金支持，大齿集团发动机齿轮变速箱智能制造升级项目，大同电力机车有限公司轨道交通的国家标准，同车、大齿等7个企业研发投入加计扣除项目，以及国家质量标杆企业受到省工信厅资金支持。开展创建制造业创新中心工作，重点培育中车大同机车有限公司、中国重汽大齿有限公司、晋投玄武岩有限公司、同药集团等创新中心试点，山西省商用汽车变速器创新中心成功申报为山西省制造业创新中心试点培育企业。推进企业联合高校、科研院所等开展产学研合作，组建院士工作站、博士后工作站、技术创新战略联盟和协同创新中心，加快产学研合作示范基地建设，推动高校创新成果在全市转化，搭建高校与企业连接桥梁，推进北京大学，华东理工大学、大同大学等大学与全市工业企业的产学研合作。市工信局制定《大同市与北京中关村智造大街创新对接工作机制》，借助中关村创新资源，服务全市工业企业创新发展。（齐 玮）

【工业振兴项目规划】 2019年，市工信局参与《大同市工业大振兴2019年行动方案》制定工作。收集工业转型“双百项目”工程及工业大振兴重大项目：重大技改项目50项，总投资114.8亿元，投产达效后年预增产值176.6亿元；重大新建项目50项，总投资1188亿元，投产达效后年预增产值845.6亿元；重大投产项目50项，总投资301.6亿元，预增产值87.2亿元。全年储备工业大振兴项目220项，总投资1666亿元。按项目类别分：新建项目111个，总投资1533.1亿元；技改项目109个，总投资132.6亿元。按建设性质分：续建项目110个，总投资811亿元；新开工项目110个，总投资854.7亿元。按投资规模分：100亿元及以上项目3个，总投资536.9亿元，占全部投资32.2%；10亿元至100亿元（含10亿元）项目34个，总投资816亿元，占全部投资49%；1亿元至10亿元（含1亿元）项目92个，总投资285亿元，占全部投资17.1%；1亿元以下项目91个，总投资27.8亿元，占全部投资1.7%。按产业类型分：新兴产业项目181个，占项目总数82.3%，总投资1423亿元，占投资总额85.4%；传统产业39个，占项目总数17.3%，总投资242.7亿元，占投资总额14.6%。截至2019年底，开复工工业项目181项，开复工率82.3%，总投资872.6亿元，累计投资260.7亿元，竣工或部分竣工项目70个。（齐 玮）

【工业项目融资服务】 2019年，市工信局搭建“银企”合作平台，分县（区）组织开展市财信担保公司与重点企业面对面“政银企担”对接活动，协同推进融资服务，为47户企业担保贷款3.8亿余元。组织工业转型重点项目企业参加省工信厅组织的“银企”对接会，组织小微企业参加建行大同分行、山西农信等金融机构举办普惠金融产品发布会，现场达成小微企业贷款协议1000余万元。组织各县（区）工信局及企业申报省级技术改造专项资金，年内分4批上报省工信厅65个项目申请省级技术改造资金，37个项目落实省技术改造专项资金15263万元。（齐 玮）

【工业项目转型建设】 2019年，市工信局开展转型项目建设年行动，引导企业技术改造和转型项目建设，制定《大同市转型项目建设年（2019）工业转型升级重点项目行动计划》和《大同市实施新一轮企业技术改造2019年行动计划》，按照分行业、分类别、分层次3种推进方式，实施市级工业转型升级重点项目70个。（齐 玮）

【工业转型升级成果展】 2019年，市工信局组织全市16家企业的23个展品参加山西省工业转型升级成果展。参展企业涵盖装备制造、大数据、新材料、能源转型、绿色制造5大板块，参展典型产品有：大同新成新材料公司受电弓碳滑条、中车大同公司CR240E矿用车辆模型和新型电力机车模型、大同墨西科技公司石墨烯系列产品、山西晋投玄武岩公司玄武岩制品、大同氢雄云鼎氢能公司45千瓦、90千瓦氢燃料发动机（其中90千瓦发动机为国内首创）、大昶移动能源公司发电包、薄膜太阳能电池组件、大同普云大数据公司工业互联网解决方案、大同秦淮科技公司环首都信息产业园。（齐 玮）

能源革命

【概况】 2019年，大同市谋划实施能源革命重大突破行动，形成“一园一城一院一所一委”“五个一”为支撑的能源革命工作格局，推进大同国际能源革命科创园和氢都新能源产业城2大工程建设，科创园A区未来能源馆、上海漕河泾国际双创园、同煤双创中心和重点实验室4大项目建成运行，科创园B区启迪大同新能源产业创新中心、启迪未来能源加速器、启迪能源集团总部开园揭牌，C区能源经济总部基地规划启动，D区全省首个被动式超低能耗能源革命示范小区开工建设；氢都驰拓锂离子电池负极材料、深圳雄韬氢燃料汽车发动机总成、石墨烯＋新能源储能产业园、新研氢能氢燃料电池电堆、中科院工程热物理所大同分所、华为大同智能创新中心等18个产业项目和大同经济技术开发区2大氢都产业城道路骨架项目首期建成投产，“一园一城”26个项目建成。推进煤炭行业供给侧结构性改革，全年退出煤炭落后产能135万吨，煤炭先进产能比重占71.5%。加速发展新能源和清洁能源，光伏领跑者基地发电规模居全省第一。晋北风电基地建成并网39万千瓦，实施光伏平价上网＋生态恢复治理，清华启迪煤矿废弃巷道压缩空气储能100兆瓦电站示范项目开工建设，新能源装机规模占到全市电力总装机规模36%。推进节能增效，单位GDP综合能耗下降4.64%，全省第一。大同获批国家大宗固体废弃物综合利用基地，全国首座制氢加氢一体站、市区3条公交线路50辆氢燃料动能公交车投入示范运营，新增纯电动公交车180辆、纯电动出租车136辆，广灵县涧西村生物质供暖、灵丘县存孝社区风电供暖和阳高县富园村光热供暖等清洁取暖方式启动试行。推进能源领域改革开放，同煤大同矿区、开发区装备园区2个增量配电业务改革试点具备运营条件，为140个乡镇、街道办配备的能源革命专员。全市中小学倡导清洁环保、低碳节能、绿色科技新风尚，创建能源革命校园25所，争当能源革命学生标兵1000余名。共同与全国新能源商会举办“2019首届中国（大同）新能源国际高峰论坛”等活动。（编辑部）

【能源清洁利用】 2019年，大同市能源局落实中央省补资金2.5亿元，用于市县两级“煤改电”设备补贴（户均市县各4000元）及电力外网改造投资的20%补贴。大同市清洁取暖任务是112825户，完成清洁取暖任务89033户。其中，煤改电12002户，完成率100%；煤改气3592户，完成3092户，完成率86.1%；集中供热65041户，完成67939户，超出目标任务2898户；生物质改造32190户，完成9000户，完成率28%。（齐　温）

【“能源革命尖兵”2019·重大突破工程行动动员会】 2019年1月10日，大同市“能源革命尖兵”2019·重大突破工程行动动员会召开。省委常委、市委书记张吉福，市委副书记、市长武宏文出席会议并讲话。市委副书记刘振国主持。市人大常委会主任赵向东、市政协主席部向华等市四套班子领导出席会议。省能源局副局长苗还利，同煤集团董事长郭金刚、总经理崔建军，大同大学校长冯锋，大同全科盟新能源产业技术研究院院长霍国庆，山西大学副校长杭侃，太原理工大学科学技术研究院副院长杜华云等，各县（区）主要负责人，市直各部门、市属企业、驻大同行政和企事业单位、驻大同金融机构主要负责人及全市煤炭企业、在大同新能源企业负责人等参加会议。

会议强调，（1）认识当好能源革命“尖兵”的重大意义，在总体发展战略上赢得主动。（2）认识当好能源革命“尖兵”是自身经济变革的需要，是省委赋予大同的重大使命。（3）认识当好能源革命“尖兵”是大同走出转型发展新路的破冰之举。（4）认识当好能源革命“尖兵”是满足全市人民追求美好生活的理性选择。会议出台《“能源革命尖兵”2019·重大突破工程行动方案》，并表彰上年能源革命工作中涌现出的先进单位和优秀个人。（编辑部）

【“能源革命尖兵”行动方案出台】 2019年1月10日，大同市出台《大同市实施“能源革命尖兵”2019·重大突破工程行动方案》（简称《行动方案》）。《行动方案》安排部署十二项重大突破工程，并把工作分解给每个部门具体。十二项重大突破工程为园区支撑工程、科技创新工程、新动能提升工程、改革引领工程、对外合作工程、绿色共享工程、低碳示范工程、氢能及燃料电池工程、储能蓄能工程、新能源汽车工程、风光全产业链工程和煤炭减优绿发展工程。

《行动方案》明确规模以上工业总产值增长20%以上，达1300亿元，力争1400亿元；工业增加值增长6.5%，力争360亿元；推进实施工业转型“双百项目”工程，其中重大技改项目50项，重大新建项目50项，重大投产项目50项；工业投资增长20%以上，力争260亿元；培育工业企业“小升规”50户以上；确保完成省级及以上技术中心认定、煤炭产业增加值占比降低、制造业增加值占比提升等省定目标任务。围绕目标任务，《行动方案》出台奖励政策，设立产值增量奖、项目投资奖、上市及融资奖、技术创新奖、升规入统奖、药品一致性评价奖、部门贡献奖以及特别

▲2019年1月10日，大同市召开“能源革命尖兵”2019·重大突破工程行动动员大会（张湛滨 摄）

贡献奖8个奖项。明确提出当年发生安全、环保、质量等责任事故的工业企业和单位，实行"一票否决"。为保障各项工作有序推进，按照《行动方案》要求，大同市实施"能源革命尖兵"突破行动领导组"六大组长"工作机制；设立专项资金，支持重大突破工程及新能源产业发展，保障能源革命急需高端人才引进和课题攻关需要；实行领导包联项目责任制，全程跟踪项目建设，了解项目落地和建设情况，解决项目推进中存在的问题，推进服务项目，确保项目早开工、早建成、早达产；完善考核问责及评估奖励机制，实时监测任务落实情况，评估落实效果，并根据监测评估情况调度督导，适时调整工作措施。

（编辑部）

【新能源产业战略咨询委员会第一次全体会议】 2019年1月19日，大同市新能源产业战略咨询委员会2019年第一次全体会议在北京召开，大同全科盟新能源产业技术研究院北京分院开园。市委副书记、市长武宏文出席，副市长马安全主持会议。中国科学院院士、中科院大连化学物理研究所研究员、市新能源咨委会主任委员李灿，中国科学院院士、清华大学教授卢强，中国工程院院士、清华大学教授江亿，中国科学院院士、中科院地球物理所研究员汪集旸，澳大利亚国家工程院外籍院士、南方科技大学化学讲席教授刘科，中国工程院院士、中科院电工研究所研究员顾国彪，中国工程院院士、中国矿业大学教授彭苏萍，大同全科盟新能源产业技术研究院院长肖立业、执行理事长霍国庆等市新能源咨委会委员参加会议。

会议汇报大同市能源革命进展情况及2019年重点工程、大同新能源研究院新能源科技成果转化落地情况和工作计划，介绍《大同市新能源产业发展规划思路》等。与会人员围绕大同市能源革命中急需解决的问题和发展思路、措施等开展交流讨论。会上，中国科学院院士周孝信、高德利和全国工商联新能源商会专业副会长曾少军被聘为市新能源咨委会副主任委员，冯自平、韩肖清被聘为市新能源咨委会委员。（编辑部）

【大同市国际能源革命科技创新园项目推进会】 2019年2月17日，大同市国际能源革命科技创新园项目推进会召开。市委副书记、市长武宏文主持会议并部署工作。科创园项目是大同市推进能源革命的"头号工程"，为确保2019年加快建设，在推进会上，设计单位、建设单位及市相关部门负责人，逐一分析研究科创园A、B、C、D四个区域的所有工程，明确责任，优化方案，确定工作推进时间表，敲定项目建设标准、综合指标体系要求、示范项目建设等。

会议指出，推进A、B、C、D四区建设，凸显低碳、绿色、智慧园区特色：A区的山西能源革命排头兵展示馆要以习近平总书记关于能源革命的重要论述为灵魂，创新展示手段及载体，展现山西能源革命造福人类的成果；D区的被动式超低能耗居住区示范项目要利用新能源、新材料等元素，体现能源革命和科技创新内涵，融入教育、康养等业态，真正让百姓共享能源革命发展成果，增强人民群众的获得感、幸福感。（编辑部）

【能源革命专项创新券启动】 2019年3月初，大同能源革命专项创新券在市国际能源革命科技创新园启动。市委副书记、市长武宏文，市委常委、常务副市长薛明耀，副市长荆虎，全国政协委员、中关村智造大街董事长程静等见证启动。

大同市能源革命专项创新券主要是指用市级财政资金，鼓励在大同市内注册、纳税，具有独立法人资格的企事业单位，利用国家级、北京市级重点实验室、工程技术研究中心、北京市设计创新中心及经认定的公共服务机构的资源开展研发活动和科技创新，重点支持清洁能源和战略性新兴产业等领域的研发设计、分析检测、实验试制、创新支撑等相关科研活动。为确保尽快进入角色，相关单位解读宣讲大同市能源革命专项创新券政策，各实验室介绍实验室业务及专业能力。（编辑部）

【能源技术革命研讨会】 2019年4月15日，能源技术革命研讨会在太原举行。该次会议是由省发展和改革委员会、中国科学院洁净能源创新研究院联合主办，市发展和改革委员会协办，大同全科盟新能源产业技术研究院承办。大同新能源研究院邀请国内外能源领域7位院士、专家做主旨报告。全科盟理事长霍国庆、大同新能源研究院院长肖立业参加会议。研讨会上，大同新能源研究院邀请中国工程院院士顾国彪、澳大利亚国家工程院外籍院士刘科、中国科学院山西煤化所所长王建国、中科院大连化学物理研究所研究员叶茂、中国科学院福建物质结构研究所应用化学研究中心主任姚元根、美国绿色建筑协会（USGBC）高级顾问Mark Ginsberg、中科院炭材料重点实验室副主任陈成猛7位专家分别作《能源转型发展中的问题（抽水储能电机的高效冷却及煤制甲醇的醇氢动力车的发展）》《雾霾的元凶与治理——煤炭清洁利用的另一条路线微矿分离技术》《煤炭清洁高效转化利用技术研发进展》《煤基甲醇转化制化学品》《煤炭的绿色清洁高效利用：煤制乙二醇技术的发展方向》《适宜性能源革命技术探讨——以美国传统工业城市转型为案例》《先进储能炭材料与器件应用》主旨报告。（编辑部）

【大同大学科研平台入库市能源革命专项创新券平台】 2019年4月26日，大同大学召开市能源革命专项创新券实验室入库座谈会，大同能创能源科技有限公司和中关村智造大街服务中心有关负责人，以及该校4个省级和3个市级科研平台主要负责人及骨干人员参加座谈。座谈会上，大同大学的7个科研平台分别介绍自己的重点实验室和工程研究（技术）中心的基本情况、科研成果及可以为企业提供的科技服务方向。最后，双方签订市能源革命专项创新券实验室服务机构合作意向书，该校7个科研平台入库市能源革命专项创新券平台。

（编辑部）

【大同市能源革命专项创新券重点项目培训会】 2019年6月24日，大同市能源革命专项创新券重点项目培训会在市国际能源革命科技创新园"能源一号"楼一层多媒体会议室举行。中国电子技术标准化研究院安全实验室市场主管闫文丽、中国信息通信研究院高级工程师廖运发、北京大学研发实验服务基地实验室副主任王毅分别以《绿色制造体系建设与评价》《工业互联网建设提升项目》《固体废物危险特性梳理和鉴别项目》为题，以区域产业定位和企业创新需求为导向，作相关介绍。来自中国重汽集团大同齿轮有限公司、大同机车实业有限公司、大同中车煤化有限公司、山西天辰汇智科技有限公司、大同高镁科技有限公司等企业的运营经理、技术负责人近30人参加培训会。培训会后还举行企业需求反馈和专家解答，与会专家根据企业需求，开展一对一“诊断”对接。

大同市能源革命专项创新券资助服务增加“重大专项申报”和“重大项目前期”2项，每家企业每年最高可申领150万元用于补贴。针对该期活动讲解的《绿色制造体系建设与评价》等3个项目，有合作意向的企业可通过购买科技服务，享受合同金额80%补贴，以满足科技创新需求，提升产业创新能力，为产业转型、提质增效提供支撑。（编辑部）

【大同新能源研究院被授予“中国发展战略学研究会战略实践基地”】 2019年7月中旬，在中国科学院大学（雁栖湖校区）国际会议中心召开的中国发展战略学研究会第五届理事会第一次会员代表大会暨高质量发展战略研讨会上，大同新能源研究院被中国发展战略学研究会吸收为团体会员，当选为中国发展战略学研究会团体理事单位，并被授予“中国发展战略学研究会战略实践基地”。

中国发展战略学研究会战略实践基地是中国发展战略学研究会开展理论实践活动的场所。大同新能源研究院被授予“中国发展战略学研究会战略实践基地”，该研究院发挥“基地”作用，加快高端人才引进步伐，加快多方合作进程，加快科技成果转化，培养高层次创新型青年人才，推动大同能源革命。（编辑部）

【京晋（大同）协作新区智慧创新新城开工建设】 2019年7月17日，京晋（大同）协作新区智慧创新新城开工建设。市委副书记、市长武宏文，市委常委、副市长冯苏京，副市长马安全以及联想控股佳沃集团执行董事唐秝誉，Ausglobal教育集团副总裁苏伟，澳大利亚坎宁高等学院副总裁亚历山大·沃尔夫等知名企业和院所负责人在项目现场见证开工。京晋（大同）协作新区智慧创新新城核心起步区10平方千米，项目分三期建设，计划总投资120亿元，佳沃集团、澳洲国际集团、澳大利亚坎宁学院、中国光学光电子协会大同分会等多家商业企业、知名院所、研发中心拟落户新城。项目建成后，年可实现产值70亿元。（编辑部）

【大同能源领域企业家高级研修班】 2019年8月5日至8日，市发展和改革委员会委托大同全科盟新能源产业技术研究院组织举办的“大同能源领域企业家高级研修班”在北京举行，该次研修班旨在拓展大同市企业家和创业家视野，提升其战略思维领导力和前瞻性创新竞争力，增强其了解国际国内能源产业发展趋势和领先技术。

大同市能源行业的企业家，包括企业董事长、总经理和高层管理人员40余人参加培训，培训在中国科学院大学国际会议中心、中科院电工所、中科院微生物所举行。

培训期间，中国科学院大学教授、博导、全科盟理事长霍国庆，清华大学教授、博导雷家骕，深圳华莒智能科技中心CEO、博士刘章庆，北京全科盟科技有限公司CEO邢晓炜，中国科学院大学教授、博导许健，分别以《中小企业“借”略》《创新与企业成长》《华为—战略管理最佳实践》《卓越绩效》《中美贸易摩擦及其对中国经济发展的影响》为题作讲解。学员到中科院电工所、全域科研院所科技成果转化联盟科技企业孵化器现场、中国科学院微生物所、中国科学院电工所太阳能热发电基地参观，并与中科院电工所、中科院微生物所对接科技成果。（编辑部）

【第二届“新能源之都”杯创新创业大赛总决赛】 2019年8月23日，以“能源革命 造福人类”为主题的第二届“新能源之都”杯创新创业大赛在大同举行总决赛。

“新能源之都杯”创新创业大赛是由市发展和改革委员会、中国科学院洁净能源创新研究院、中国可再生能源学会、全国工商联新能源商会、全域科研院所科技成果转化联盟联合主办，大同全科盟新能源产业技术研究院承办。旨在调动青年在新能源领域创新创业积极性，促进科研院所与企业协同创新，带动能源产业生产和消费转型升级，引领大同市新能源创新创业和转型发展，引导优秀获奖项目在大同转化落地。

该次大赛特设当地参赛组和异地参赛组2个组别。经过比赛，优化的抗氧化石墨电极获当地组一等奖，3D曲面玻璃制造用高端等静压石墨制造技术获异地组一等奖；智能微电网及新能源控制系统、基于开挖技术的增强型地热系统获成果落地奖；基于“云大物移智”的智慧能源物联系统、新型环保纳米保温节能材料获当地组二等奖；先进炭材料及物联网电池产业化项目、适用于高灰熔点煤种的高温气流床气化技术获异地组二等奖；新能源特种作业与执勤机器人、高铁玄武岩纤维型材护栏、LED环保展示系统获当地组三等奖，民用洁净焦炭生产关键技术及应用、碳纤维增强特种功能复合材料及器件产业化、工业副产硫酸亚铁生产电极用铁氧化物粉体获异地组三等奖；新型3D打印复合材料制备关键技术及其产业化获最佳商业模式奖；新一代建筑物冷暖技术获最佳创意奖；电动出租车高速换电站等6个项目获当地组优秀奖，基于可穿戴式柔性锂硫电池电极材料设计开发等8个项目获异地组优秀奖。

在颁奖仪式上，2个参赛项目——基于开挖技术的增强型地热系统项目和智能微电网及新能源控制系统项目的负责人与大同市企业举行合作落地签约。（编辑部）

【新能源科技成果发布与推介会】 2019年8月27日，新能源科技成果发布与推介会在大同召开，旨在促进新能源领域科技成果供需双方对接，

▲ 2019 年 8 月 27 日，新能源科技成果发布与推介会在大同召开。图为能源革命造福人类——主题论坛现场（张燕伟 摄）

加快科技成果转化落地和产业化。副市长马安全、全国工商联新能源商会专业副会长曾少军、大同全科盟新能源产业技术研究院执行理事长霍国庆等参加会议。大同全科盟新能源产业技术研究院院长肖立业主持会议。该次会议由市发改委主办，大同全科盟新能源产业技术研究院和全国工商联新能源商会承办。

会议现场，签订先进炭石墨材料、基于开挖应用的增强型地热系统技术和区域能源互联网 3 个项目协议。现场路演国内首款 87 千瓦氢燃料电池发送机，智慧出行之高安全、长寿命、智能解决，建设 200 米高空风机，100 兆瓦先进压缩空气储能等 18 个项目。会议现场，来自各大高校、科研院所的科学家推介各自研发的近 60 个项目。推介嘉宾从市场需求、产业政策、技术路线、投资规模、效果估算等方面展开，分析和介绍项目背景、项目概况。这些项目覆盖煤炭清洁高效利用、太阳能、风能、储能、节能及能源相关领域。（编辑部）

【大同能源革命与女性创业高峰论坛】 2019 年 8 月 28 日，大同能源革命与女性创业高峰论坛在大同举行，来自国内外知名企业的女性创业带头人、专家学者及全市各行各业的妇女代表参加。市委副书记刘振国、市人大常委会副主任张翠萍、副市长郭蕾、市政协副主席许进娥参加论坛。

会上，市妇联携手省妇女儿童发展基金会，启动“幸福启航·木兰双创”公益项目，鼓励和支持妇女创业创新，促进小微企业健康发展，帮扶贫困地区妇女增收致富，保护和推动传统手工业特别是非物质文化遗产产业传承发展。在主题演讲环节，英国战略领先奖获得者，先进制造、工业 4.0 和零排放车辆技术领域专家玛丽莲·科姆里发表《英国零碳科技之路》主题演讲，希望女性在能源领域发挥自己的力量。北京中关村上市公司秘书长、“雁行中国”发起人郭伟琼以《玩转公益人生》为题，分享她在公益事业领域的心路历程。启迪控股总裁助理、国资总监、清洁能源集团副总裁高萍围绕《科技孵化孕育创新科技》作主题演讲，展示女性在创业之路上独有的温婉和耐力。沙发论坛上，科洱美品牌创始人陆益、江苏稻源微电子 CEO 陆会会、浙江两山规划设计创始人王琦、大同名仕医疗整形医院院长鲁彦麟等围绕“女性创业：机遇和挑战”主题相互交流，鼓励女性把握机遇，以改革的精神、开放的意识、奋进的姿态主动作为，展现巾帼力量。（编辑部）

【大同新能源产业政策培训班】 2019 年 9 月 8 日至 11 日，由市发展和改革委员会主办、大同全科盟新能源研究院承办的大同新能源产业政策培训班在北京举行。市政府办、市科技局、市能源局、市发展研究中心和各区（县）的相关领导干部 50 余人参加培训。该次培训旨在让市能源产业相关部门了解国家能源政策与能源发展“十四五”规划，了解中国能源产业现状与发展方向及大同新能源技术特别是氢能技术的发展方向。

培训期间，国家发改委能源研究所高级顾问、研究员，国家能源专家咨询委员会专家韩文科，国务院发展研究中心资源与环境政策研究所、能源政策研究室主任洪涛，大同新能源研究院院长、博士生导师肖立业，中国科学院大学经济管理学院教授、博士生导师许健，中国科学院理化技术研究所低温工程与系统应用研究中心主任、博士生导师龚领会分别以《我国国家能源政策解读》《我国“十四五”能源规划思路》《能源革命与“十四五”——新能源 VS 传统能源、电气化下的电 VS 非电》《大同新能源技术发展方向》《中美贸易摩擦及其对中国经济发展的影响》《氢能技术与氢能产业链》为题作讲解。培训期间，与会人员到北汽新能源汽车有限公司实地考察。（编辑部）

【上海漕河泾大同国际创新创业园开园】 2019 年 10 月 21 日，上海漕河泾大同国际创新创业园开园，该园位于大同市国际能源革命科技创新园 A 区。该园区从联合办公、企业管理咨询、创业培训、企业投资等方面为企业开展服务。市委副书记、市长武宏文，大同经济技术开发区党工委书记、管委会主任任希杰，上海漕河泾新兴技术开发区发展总公司副总经理由扬等一同见证并走进上海漕河泾大同国际创新创业园，参观了解园区软硬件建设、询问入园企业情况等。（编辑部）

【参加太原能源低碳发展论坛】 2019 年 10 月 22 日至 23 日，太原能源低碳发展论坛举行。22 日举行国企专场活动，大同市分别与中国兵器工业集团动力研究院有限公司、中国铁塔股份有限公司、北京能源集团有限责任公司、山纳合成橡胶有限责任公司签署战略合作框架协议。23 日在论坛举行的山西省与全球新能源 500 强企业合作座谈暨项目签约仪式上，大同市与启迪控股签署基于煤矿巷道

压缩空气储能风光储一体化项目。大同市签约的 5 个项目涉及高端装备制造、新一代信息技术、新能源等领域。（编辑部）

【大同市入选国家大宗固体废弃物综合利用基地】 2019 年 11 月上旬。国家发展和改革委员会办公厅、工业和信息化部办公厅联合公布全国 50 个大宗固体废弃物综合利用基地名单，大同名列其中。

大同是能源大市，也是煤矸石、粉煤灰和各类尾矿的存量增量大市，全市煤矸石存量超 2 亿吨，粉煤灰约 2000 万吨。2017 年，大同市固废排放总量 3287.25 万吨，由此带来的环境和资源压力不断加大，大宗固体废弃物排放影响和制约产业经济高质量发展。为提高大宗固体废弃物综合利用水平，提高资源利用率，缓解资源瓶颈压力，培育新的经济增长点，市发改委开展国家大宗固体废弃物综合利用基地申报工作，把提高大宗固体废弃物综合利用水平作为全市生态文明建设的一个重点，牵头编制《大同市大宗固体废弃物综合利用基地建设实施方案》，并组织申报。同时依据相关要求，组建专业投资平台——市信道清洁能源投资控股有限公司，具体开展基地创建工作。（编辑部）

【山西生物质能循环产业示范园区项目在灵丘落地】 2019 年 12 月 27 日，灵丘县与山西能投生物质能开发利用股份有限公司签约山西生物质能循环产业示范园区项目。山西生物质能循环产业示范园区项目总投资 5 亿元，建设生物天然气、生物质供热制冷、生物质新材料、有机肥等工程项目。项目分期建设，双方达成一期工程生物天然气及有机肥项目一致意见，一期投资 1.8 亿元，形成年生产生物天然气 700 万立方米、有机肥 4 万吨的生产规模。（编辑部）

煤炭工业

【概况】 2019 年 4 月，原大同市煤炭工业局组建为大同市能源局，下设节能中心、煤田地质勘探队、煤矿设计研究所 3 个事业单位。大同市辖区煤矿有 79 座，总设计能力 1.36 亿吨。累计完成原煤产量 11365 万吨，同比增加产量 1558 万吨（同煤集团增加 1692 万吨，地方煤矿减少 134 万吨），增长 16%。其中 3 座建设矿井转入联合试运转，1 座建设矿井竣工验收并在省能源局网站上公示，3 座矿井累计新增生产能力 240 万吨。全市完成工业总产值 446.6 亿元，同比增加 37.6 亿元，增长 9.18%。完成工业销售产值 370.9 亿元，同比增加 28.4 亿元，增长 8.29%。年内，关闭退出矿井 3 座，退出产能 135 万吨。大同市能源局参与减量重组 29 座煤矿，产能 1965 万吨，拟总核减产能 705 万吨。年内，山西省分配大同市万元 GDP 能耗下降目标 3.6%，能源消费总量控制目标 1709 万吨标煤。前三季度，全市万元 GDP 能耗下降幅度 3.05%，消费总量在控制范围内。（齐　温）

【煤炭先进产能核增】 2019 年，大同市塔山、同忻等 6 座煤炭矿井新核增先进产能 1950 万吨，全市先进产能 7820 万吨，占比 71.48%，提前实现煤炭先进产能占比达 60% 以上目标。完成左云鹊山主体产能核增；升级改造山煤长春兴二代机器人和“云控矿山”，开展智能化矿山和智能开采工作面建设前期工作。（齐　温）

【煤矿巷道零排放压缩空气储能电站项目】 2019 年，大同市能源局对接“大企大校大院大所”，8 月 16 日，同煤集团云冈矿开工建设全国首个煤矿巷道零排放压缩空气储能电站项目，工期 1 年，由启迪和华能共同投资 5 亿元，年内建成井下巷道封闭 16 道。（齐　温）

【煤矿安全监察】 2019 年，山西煤矿安全监察局大同监察分局（简称“大同煤监分局”）编制《大同监察分局年度执法工作计划》，监察 79 座煤矿 176 矿次，查处各类隐患 1460 条，其中重大隐患 12 条，下达执法文书 808 份，下达监察建议书、意见书 38 份，责令 12 座煤矿停产整顿，责令停止工作面 39 处，停用设备 24 台套，收缴行政罚款 1505 万元。地方煤矿安全监管部门逐步形成监管监察合力，联合应急管理部门召开会议 4 次、开展警示教育 1 次、约谈煤矿企业 4 次。7 月，煤矿发生一起一氧化碳中毒（瓦斯）事故，死亡 2 人。（张　岩）

【同煤集团】 2019 年，同煤集团生产煤量 1.46 亿吨，同比增加 1181 万吨，增长 8.8%。掘进进尺 41.6 万米，同比增加 3.2 万米，增长 8.2%。煤炭销量 2.1 亿吨，同比增加 1685 万吨，增长 8.7%。发电量 443.6 亿千瓦时，同比增加 51.2 亿千瓦时，增长 13%。营业收入 1903 亿元，同比增加 137 亿元，增长 8%。利润 23 亿元，同比增加 4 亿元，增长 21.1%。上缴税费 122 亿元，同比增加 19 亿元，增长 18.5%。工业总产值 860 亿元，

▲图为同煤塔山矿全貌　　（辛　蕊　摄）

同比增加 90 亿元，增长 11.7%。工业增加值 320 亿元，同比增加 13 亿元，增长4.1%。员工人均年收入 7.77 万元，同比增加 9600 元，增长 14.1%。塔山、同忻等 26 座矿井进入先进产能矿井序列，产能 7430 万吨，占比 80.8%。潘家窑、大西庄 2 宗资源通过省政府常务会议研究，并同意以招、拍、挂方式公开出让矿业权；麻家梁、白洞等 5 座矿井完成产能核增，净增产能 2240 万吨。电力装机由 2012 年重组漳电之前的 385 万千瓦，达到 1969 万千瓦，增长 5 倍，其中 60 万千瓦以上火电机组占比 52%；新能源装机由最初 5 万千瓦，达到 205 万千瓦，增长 41 倍。漳泽电力扭亏增盈 11.8 亿元。同煤集团获得省部级科技进步奖 25 项，通过省部级成果鉴定 24 项，获授权专利 62 项，其中《同煤集团“四元”协同发展模式创新与实践》等 3 项成果获煤炭工业协会科技进步一等奖。国家“十三五”科技攻关项目——1500 万吨级智能化放顶煤开采技术、装备及示范工程，在塔山 8222 工作面成功投运，成为全行业特厚煤层智能化开采的领跑者。

科技创新　年内，同煤集团创造高端科研平台。建成同煤双创中心，涵盖新能源、新技术、新材料等 6 个科技研发实验平台和 4 个实验检测室，融合国际国内尖端前沿技术。开展科研攻关。在雁崖、燕子山现场试验坚硬顶板复合射孔、液体炸药深孔爆破等新技术；在云冈矿开展全球首个 100 兆瓦废弃巷道压缩空气储能电站项目；在白洞等 5 座矿井试点建设地下水库；在马道头试点应用奥灰水封堵治理、保水开采技术。与晋煤集团蓝焰公司合作，开展煤层气、瓦斯综合利用和地热资源开发等前期工作，成为全省深化能源革命对外合作的典范。（辛　蕊）

电力工业

【概况】　2019 年，大同市发电量 411.89 亿千瓦时，上年同期 412.51 亿千瓦时，同比下降 0.15%。外送电量 300.67 亿千瓦时，上年同期 309.38 亿千瓦时，同比下降 2.82%。燃煤发电机组大部分热电联产改造 669 万千瓦，占比 72.64%。全市直接交易电量 52.01 亿千瓦时，同比增长 23.95%。

国电电力发展股份有限公司大同第二发电厂（国电电力大同发电有限责任公司）　年内，发电量 145.5 亿千瓦时，供热量 1679 万吉焦，供电煤耗 300.32 克 / 千瓦时，综合厂用电率 9.47%，入炉综合标煤单价 483.78 元 / 吨。年内被评为“第七届全国电力行业设备管理工作先进单位”，获“全面风险管理体系建设与应用”获得全国电力行业设备管理与技术创新成果一等奖，“智能在线水平衡废水梯级再利用设施”获得国家专利。

山西大唐国际云冈热电有限责任公司　年内，山西大唐国际云冈热电有限责任公司发电量51.19亿千瓦时，同比增加 4.58 亿千瓦时。利用小时 4922 小时，同比增加 440 小时。供热量 1434.8 万吉焦，同比增加 154.8 万吉焦。入厂煤综合标煤单价（含税）497.07 元 / 吨，同比下降 35.16 元 / 吨，同比下降 6.6%。供电煤耗 279.69 克 / 千瓦时。资产负债率 58.7%，较年初下降 3.44%。全年取得市场电量 42.32 亿千瓦时，同比增加 16.47 亿千瓦时，增长 63.74%，利润贡献 1.7 亿元。居民供热、工业供汽同比增加，配煤掺烧 148.4 万吨，掺烧比例 44%。到乡村排查土地资源 1 万公顷，储备容量 100 万千瓦。与大同市政府、发改委、能源局、县（区）政府等沟通，与攸云公司合作签订山西首座氢储能综合能源互补项目。全年完成 QC 成果 28 项，科技成果 8 项，软科学课题 23 个。年内被命名全国青年安全示范岗、全国电力行业文化品牌影响力企业，被评为山西省劳动模范集体、中国电力报优秀通讯站。

（齐　温　姚文昌　李　赫）

【新能源发电】　2019 年，大同市新能源装机容量 483.54 万千瓦，约占全市电力总装机容量 35%。第二批光伏领跑基项目于上半年全部建成并网，全市建成并网的光伏领跑基地装机容量 150 万千瓦，在全省位列第一；晋北风电基地大同 200 万千瓦，项目有 39 万千瓦建成并网；获批 50 万千瓦光伏平价上网 + 生态恢复项目完成备案注册；东方能源 40 万千瓦风电供暖示范项目，完成固定投资 5.18 亿元；国网新源控股有限公司浑源 150 万千瓦抽水蓄能电站项目 23 个专题报告完成 17 个，完成投资 4000 万元。

（齐　温）

【电力供应】　2019 年，国网大同供电公司承担大同 4 区（平城区、新荣区、云冈区，云州区）6 县（阳高县、天镇县、浑源县、灵丘县、广灵县、左云县）工农业生产和人民生活供电及电力建设任务，供电面积 1.4 万平方千米。供电服务网点 2165 个（其中自有网点 93 个，代收网点 2072 个），供电用户 1041772 户。大同电网有 35 千伏及以上电压等级变电站 115 座（不包括用户站），236 台主变，变电容量 13349.9 兆伏安。其中，500 千伏

▲图为云冈热电机组大修现场　（李　赫　摄）

变电站2座（省检修公司运维），变压器4台，容量3500兆伏安；220千伏变电站15座，主变32台，容量4770兆伏安；110千伏变电站45座，主变94台，容量4080兆伏安；35千伏变电站53座，主变106台，容量999.9兆伏安。大同电网有35千伏及以上输电线路314条（不包括用户专线），线路长度4558.62千米。其中，220千伏线路62条1550.36千米；110千伏线路132条1719.36千米；35千伏线路120条1288.9千米。全网最大负荷196.8万千瓦。年内，大同电网全网最大负荷1968兆瓦，网供最大负荷1915兆瓦，同比分别增长3.91%、4.5%。风电最大出力197.1万千瓦，光伏最大出力172.1万千瓦。全年无错避峰用电和拉路限电。截至2019年底，大同电网总装机13474.274兆瓦。其中，华北分调直调机组容量3120兆瓦；省调直调装机容量10041.7兆瓦；地区调度小电厂容量312.574兆瓦。省调调度机组中按照机组性质划分，风电场22座，容量2136.7兆瓦，占省调装机21.3%；光伏电站35座，容量2415兆瓦，占省调装机24%；火电机组20台，容量5490兆瓦，占省调装机54.7%。地区小电厂按照机组性质划分，秸秆电厂1座，容量24兆瓦；尾气电厂1座，容量12兆瓦；垃圾电厂1座，容量30兆瓦；余热电厂2座，容量25.5兆瓦；小水电4座，容量5.28兆瓦；光伏电站23座，容量215.794兆瓦。年内，35千伏及以上电网基建工程18项。其中，新开工程6项；续建工程12项，投产10项。全年大同电网建设新增变电容量5万千伏安，投产220千伏线路106.2千米，110千伏线路2.59千米，35千伏线路39.4千米。全年全市售电量累计1178539.72万千瓦时，同比增加98235.01万千瓦时，增长9.09%，占年计划102.48%。累计市场占有率99.18%，同比下降0.03个百分点。电能替代电量5.2亿千瓦时，占计划115%，共331个项目，节约电量3454.71万千瓦时，占年计划100.72%。 （张志军）

【电力新能源和可再生能源应用】 2019年，大同市推动新能源和可再生能源应用。全年接入大同电网各类电厂77座，总装机容量1410.9045万千瓦。其中，火电921万千瓦（9座）；风电208.72万千瓦（21座）、余热发电3.75万千瓦（3座）、垃圾发电3万千瓦（1座）、秸秆发电2.4万千瓦（1座）、小水电0.528万千瓦（4座）、太阳能光伏发电2715065千瓦（38座）7种类型。建立“业扩+综合能源”市场挖掘机制，挖掘综合能源项目22个，占指标值100.25%。投资建设大型充换电站1座，城市公共快充站6座，高速公路快充站14座，交流桩群2座，共计建设充电桩255个。 （张志军）

【农电改造】 2019年，大同地区农网改造升级工程52项，工程新建及改造10千伏线路281.84千米、0.4千伏线路237.46千米、配变压器396台，149755千伏安。其中，中央预算农网工程24项、“煤改电”配套电网工程27项，光伏扶贫接网工程1项。截至2019年底，52项工程全部投运。 （张志军）

【二电厂效能改造】 2019年，国电电力发展股份有限公司大同第二发电厂（国电电力大同发电有限责任公司）落实国电电力创一流工作部署，结合实际制定《创一流示范企业实施方案》，建立涵盖12项一级指标、100项年度指标、30项月度指标的指标体系。落实淘汰落后产能相关政策，1～3号关停机组通过现场核查验收，4～6号机组取得山西能监办延寿三年批复。开展设备治理和技术改造，完成6台次机组C修，供电煤耗同比降低6.92克/千瓦时，度电水耗同比降低24.14%，度电水费同比降低52.07%，通过尖峰冷却系统技术创新，8号机组夏季满负荷运行煤耗同比下降25克/千瓦时。4台60万机组全部在火电能效对标竞赛中获优胜机组奖，7号、8号机组首次位列全国火电同类型机组能效水平对标前两名，9号、10号机组连续八年获能效对标竞赛一等奖。 （姚文昌）

【同煤电力产业】 2019年，同煤集团火电漳泽百万复工；朔州热电双机并网发电；阳高热电被确定为省煤电应急调峰储备电源，试运行168小时。新能源项目陆续并网。沁县光伏等5个项目并网发电，新能源电厂达33座，装机容量205万千瓦。光伏装机居全省首位，左云光伏在国家先进技术光伏示范基地中名列第一。全年火电利用小时数高出全省平均水平500小时；交易电价高出全省平均值6.23元/兆瓦时；供电煤耗323.7克/千瓦时，同比降低1克/千瓦时。全年实现利润4.8亿元。 （孙国徽）

【同煤集团阳高热电项目投产】 2019年5月24日，同煤集团阳高2×35万千瓦热电项目2号机组通过168小时满负荷试运行，正式转为商业运营。该项目每年消耗大同市低热值煤300余万吨，发电35亿千瓦时，并可为阳高县城、阳高龙泉工业园区、御东新区集中供热，供热面积1600万平方米。该项目是山西省重点工程项目、低热值煤发电“十二五”重点推进项目，同步建设2×350兆瓦超临界循环流化床空冷供热机组，高效除尘、脱硫、脱硝、污水处理装置、铁路专用线和封闭煤场等工程，实现烟气超低排放、废水“零”排放、运煤储煤无污染。 （编辑部）

【大同富乔公司污泥干化二期项目投产】 2019年5月29日，由大同富乔垃圾焚烧发电有限公司投资建设的城镇污水处理厂污泥干化二期扩容项目建成投产，实现年处理市政污泥量15万吨预期目标。

大同市城镇污水处理厂污泥干化项目，主要处理市政污水处理厂生产过程中产生的污泥，该项目由大同富乔垃圾焚烧发电有限公司投资、建设和运营管理，设计处理规模为干化市政污泥600吨/日，分三期建设，全部建成后解决大同市污泥处置问题。一期项目于2017年竣工投产，投资7000万元，日处理能力200吨/日，为山西省首家。二期项目从2018年6月开工建设，投资3500万元，把原来200吨/日的处理规模提升到400吨/日，年处理污泥量15万吨。 （编辑部）

【浑源片区碾槽沟光伏工程投产】 2019年6月中旬，大同二期光伏领跑基地浑源片区碾槽沟光伏220千伏送出工程投产。大同二期光伏领跑基地是国家能源局批准的全国第三批领跑基地之一，也是大同市能源革命的重大工程。工程新建碾槽沟光伏升压站至平城变电站220千伏架空线路，单回路架设，线路长度16.2千米，新建铁塔49基，途经浑源县蔡村镇、吴城乡和云州区峰峪乡3个乡（镇）。（编辑部）

【废弃巷道压缩空气储能电站项目开工】 2019年8月16日，同煤集团云冈矿北大巷废弃巷道压缩空气储能电站项目开工，这是全球首个基于煤矿巷道压缩空气储能电站项目。

市委副书记、市长武宏文，中国科学院院士、清华大学教授卢强，启迪军民融合研究院院长彭顷砡，启迪控股副总裁、启迪清洁能源集团董事长文辉，省能源局总经济师房世全，同煤集团总经理崔建军，大同煤业股份公司董事长武望国等见证开工。市委常委、常务副市长薛明耀主持，副市长马安全致辞。

云冈矿北大巷废弃巷道压缩空气储能电站项目，是利用卢强院士团队研发的零排放压缩空气储能技术，通过启迪科技成果转化平台，结合大同市资源禀赋，利用废弃煤矿巷道作为储气库，搭建的基于煤矿巷道压缩空气储能系统。项目从决策到开工历时不到2个月时间，首期建设60兆瓦，总规模100兆瓦的压缩空气储能电站，总投资约5亿元。（张国微）

【大同南牵引站外部供电工程竣工投运】 2019年9月1日，由国网大同供电公司负责施工建设的大张高铁主要配套工程——大同南牵引站220千伏外部供电工程通过验收投入运行。该工程为2条单回架空线路，2线路总长度19.04千米。工程带电跨越220千伏线路6次、110千伏线路10次、10千伏线路35次、电气化铁路2次、在建高铁2次、城市快速路4次。该工程7月下旬实现线路全线竣工，8月26日通过验收并具备投运条件。（编辑部）

【浑源抽水蓄能电站项目列入国家电网混改项目】 2019年11月19日，“开放资本·共享合作——国家电网有限公司引入社会资本专场推介会”在北京产权交易所举行。推介会旨在通过产权资本市场引入优质社会资本，深化国家电网有限公司混合所有制改革。国家电网有限公司总会计师、党组成员罗乾宜，北京产权交易所党委书记、董事长吴汝川等参加推介会。

国家电网有限公司该次集中推介12个重点混改项目，包括白鹤滩—浙江±800千伏特高压直流工程项目、国网新源控股有限公司—山西浑源抽水蓄能电站项目等。浑源抽水蓄能电站项目装机150万千瓦，电站枢纽工程由上水库、水道系统、地下厂房及其附属建筑物、下水库挡水及泄水建筑物等组成，总投资97亿元，由国网新源控股有限公司独资。（编辑部）

装备制造业

【概况】 2019年，大同市形成以中国重汽集团大同齿轮有限公司、中车大同电力机车有限公司、中科唯实矿山科技有限公司、同华矿机制造有限责任公司等龙头企业为牵引的高端装备制造产业集群。组织中车大同电力机车有限公司等15家规模以上工业企业申报16个项目智能制造创新项目，开展智能制造诊断服务活动；组织中科唯实矿山科技有限公司掘进机全生命周期服务型制造智能化项目申报省工业和信息化厅智能制造示范专项；推荐广灵金隅水泥有限公司申报智能制造工厂，天镇县博诚蔬菜有限公司申报智能制造数字化车间2个项目。其中装备制造产业园区入园企业98户（其中建成投产企业60户，在建企业32户，办理前期手续6户），计划投资347亿元，完成投资82亿元。32户投产企业实现产值75.9亿元，同比增长35.7%；实现利税3.6亿元，同比增长1%。

中车大同电力机车有限公司 年内，中车大同电力机车有限公司（简称“中车大同公司”）生产HXD2新八轴机车52台、HXD3C机车17台、FXD1机车7台，以及HXD2新八轴机车33台，并试制2台技术提升新八轴机车，新造各型机车78台（132节），合同订单全部如期履约。

年内，中车大同公司中标八轴9600千瓦货运电力机车52台和六轴7200千瓦货运电力机车17台订单，中标160千米/小时动力集中动车组FXD1机车7台订单。拓展交流机车检修市场，获HXD2机车C6修16台订单，新承揽到通辽机务段和天津检修基地HXD2新八轴机车C4/C5合作修项目，实现和谐2系列机车中高级检修全覆盖，直流机车检修业务方面，全年中标整车检修订单16台。全年销售33台套新八轴机车大部件，参与国家铁路集团区域配件中心建设，与沈阳局、西安局、兰州局等配件中心签订销售合同并实现供货，销售受电弓等产品4.99亿元，签约额较上年度增长11.37%；销售变压器等产品7.34亿元，销售货车车轮25万片。在乌克兰首都基辅设立办事机构，推动乌克兰机车采购项目，参加“一带一路”国际合作高峰论坛，与白俄罗斯铁路联盟签订合作备忘录，与波兰铁路客户建立互访关系，达成氢燃料混合动力机车项目合作意向，在印度铁路市场中标1.5万根车轴订单。年内，中车大同公司实现产品签约额53.02亿元，其中海外市场收入6079万元。年内，中车大同公司申报发明专利54项、国际专利8项。国家级技术中心通过评审。完成2台新八轴技术提升机车整车试制，技术提升方案通过国家铁路集团评审。自主研发设计的永磁直驱客运机车完成静态试验项目，同步开展永磁直驱货运机车技术研究，取得FXD1机车制造许可，完成动力车电器屏柜试制。通过FXD2B机车相关部件型式试验。电力蓄电池牵引车发往呼和浩特地铁运营公司开展动力学试验。CR240E矿用自卸车下线，并开展运行试验。102型重载车钩获CRCC资质认证。基于GOST标准体系，搭建多流制宽轨客货运电力机车技术平台。组织开展机车氢燃料混合动力驱动研究，以及重载机车车轮异常损伤机理及控制、电力机车主辅电路仿真平台、和谐型机车全寿命周期评估等基础性研究工作。“宽轨电力机车关键技术及系统集成”项目获山西省科技重大专项支持725万元。“轨道交通机车车辆布线规则”和“电力机车GOST认证试验技术研究”分别获中车科学技术一等奖和二等奖。

中国重汽集团大同齿轮有限公司　年内，中国重汽集团大同齿轮有限公司（简称“大同齿轮公司”）位于大同市装备制造产业园区，占地67公顷，职工1759人。全年，该公司销售变速箱总成106951台，实现营业收入14.23亿元，利润总额1.92亿元。开展“质量提升年”活动，完成67项质量问题。开展质量问题回头看，梳理出问题25项，完成22项。跟踪解决市场典型质量问题35项，完成32项。通过抓产品质量，大同齿轮公司万元销售收入净损167元，二次追偿41.62%；内部关重件项次合格率99.88%，总装一线一次装配合格率93.78%，HW线一次装配合格率97.62%，智能线一次装配合格率98.09%。（齐　玮　许　翔　张建明）

【中国北方发动机研究所】　2019年，中国北方发动机研究所占地面积51.42万平方米，资产总额约23亿元，有职工近1000人，其中科研人员600余人，有各类试验室50余个。全年累计营业收入7.47亿元，同比增长6.1%。其中，军品收入3.43亿元，同比增长14.29%；民品销售收入1.87亿元，同比增长10%。补贴前利润4527万元，同比增长4.86%；全员劳动生产率每年每人33.77万元，同比增长9.15%。

年内，该研究所获国防科学技术进步奖4项。其中，一等奖1项，二等奖1项，三等奖2项。获中国兵器工业集团公司科技创新奖、科学技术二等奖各1项，获山西省科技进步二等奖1项。全年申请并受理发明专利102件，授权发明专利58件，软件著作权登记18项。该研究所褚全红研究员获全国五一劳动奖章。（李庭蕊）

【大同齿轮公司智能化升级】　2019年，大同齿轮公司通过实施软、硬件系统升级和智能化改造，提升生产效率，创建“数字化”智慧工厂，推进生产线自动化改造和信息化升级，创建“网络化、智能化”新大齿。通过实施“发动机齿轮技术改造项目”和“斜齿双中间轴全同步器变速箱”2个项目，推进智能制造和信息化升级，通过ERP与智能工厂的深度集成，驱动ERP、制造执行、示范线各板块资源共享，实现财务业务一体化管控、跨平台信息互联互通、制造过程精细化管理。启动装备智能化相关工作，全年建成投产自动化生产线17条。

（张建明）

【中车大同公司与白俄罗斯铁路签署备忘录】　2019年4月24日，参加第二届“一带一路”国际合作高峰论坛的白俄罗斯铁路联盟主席莫洛佐夫一行专程拜访中国中车总部，双方相互交流合作事宜。莫洛佐夫肯定中国中车公司、中车大同公司在响应“一带一路”倡议、中欧班列发运及在白俄罗斯铁路建设中起到的作用。会后，在中国中车公司总裁孙永才的见证下，中车大同公司、白俄罗斯铁路联盟和中国电气进出口有限公司共同签署合作备忘录。（许　翔）

▲2019年4月24日，中车大同公司与白俄罗斯铁路联盟、中国电气进出口有限公司签署深化合作备忘录　（许　翔　摄）

【上捷电梯项目投产】　2019年，5月27日，山西上捷电梯有限公司年产6000台电梯项目投产，总投资2.4亿元。山西上捷电梯有限公司是一家集研发、制造、销售、安装维保服务于一体的高科技电梯及智能立体车库制造企业，主要生产多种类别高品质电梯，是大同市首家电梯制造企业。项目占地4万平方米，生产车间配置有电梯精密钣金加工生产线、电梯标准件生产设备，投产后可实现年产6000台电梯和3000台智能立体车库，成为晋北地区最大的电梯生产基地，年可实现营业收入7.89亿元、利润1.9亿元、上缴税金4754万元。（编辑部）

【中国中车CR240E型电传动矿用自卸车下线】　2019年6月27，由中车大同公司自主研制的山西装备制造业的“巨无霸”——一辆黄色的CR240E型电传动矿用自卸车下线。CR240E矿车在多个领域实现新突破，其交流传动驱动与控制系统、发电机与牵引电机等关键技术和核心部件，全部实现自主国产化。该产品填补国产大吨位矿用自卸车研制的空白。CR240E型电传动矿用自卸车是非公路车辆的一种，采用LNG和柴油双燃料发动机技术，可降低车辆使用成本8%～15%，降低二氧化碳等温室气体排放量20%左右；最大载重量240吨，时速最高57千米，可用于各类露天矿场和大型水利水电工程的运输需求，是往返采掘点和卸矿点的专属运输车型。（编辑部）

【首台FXD1J8001号动力车下线】　2019年9月30日，中车大同公司制造的首台FXD1J8001号动力车完成组装和试验工作，成功下线。标志山西轨道交通装备行业进入“复兴号”动车组整车制造产业链，中国铁路迎来首批大同造“复兴号”动力车。“复兴号”动车组是中国“复兴号”家族的新成员，涂装为“国槐绿”，该型动车组采用动力集中牵引方式，车体外观呈现流线型，内部服务设施设备与既有动车组基本一致，适用于所有普速电气化铁路，是中国下一代普速客车的主力产品。中车大同公司继“和谐型”电力机车产品外，拥有两款以“复兴”命名的系列机车产品，分别是“复兴号”动力车和30吨轴重“复兴型”重载电力机车，涵盖铁路客货运输两大领域。CR200J型复兴号动车组时速160千米，设计寿命30年或900万千米，车体最大宽度3.105米，车体最大高度4.433米（非空调区域），编组形式分为短编组234米（1动+7拖+1控）、长编组518米（1动+18拖+1动）和灵活编组（1动+9–18拖+1动）3种。其中，短编组9节车厢，定员720人，长编组11节至20节车厢不等，最高定员1102人。（许　翔）

【陕汽大同公司第1万辆重型专用汽车下线】 2019年10月22日，陕汽大同专用汽车有限公司举行第1万辆重型专用汽车下线仪式。是日，陕汽大同专用汽车有限公司全新下线的重型专用汽车缓缓驶出车间。年内，陕汽大同公司内抓管理、外拓市场，不断刷新日产、月产专用汽车新纪录，1月至9月销售各类汽车9715辆，同比增长52.75%；主营业务收入24.82亿元，同比增长53.87%；实现利税3541.45万元，同比增长60.45%。

（编辑部）

【中国中车CR240E型电传动矿用自卸车交付用户】 2019年11月25日，中车大同公司自主研制的矿山“巨无霸”CR240E矿用自卸车交付鞍钢集团矿业公司齐大山铁矿，投入工业性试验。

CR240E矿用自卸车半载试验运输总重量282吨，重载试验运输总重量近400吨。该车由中车大同公司自主研制，依托中国中车配套能力和高速动车组研发制造平台，在电传动系统等核心部件和关键技术上实现国产化。工业性试验主要针对技术复杂的新设备、新材料、新工艺等，是考察技术产品综合性能的一种实践式检验手段。该次CR240E矿用自卸车开展工业性试验将包括半载试验、例行试验、重载试验等项目，试验期为一年。

（编辑部）

【大同造动车组交付运行】 2019年12月10日，中车大同公司生产的时速160千米动力集中CR200J型复兴号动车组首次在重庆北站上线运行，该动车组车身颜色为国槐绿，车次为D5402次动车组。

早上8时整，这列昵称为“绿巨人”的CR200J型复兴号动车组列车满载旅客始发，1个小时后抵达广安南站。“绿巨人”是中国下一代普速客车的主力产品，车辆参照动力分散动车组优化设计，采用流线型外形，有短编组和长编组2种型号。其中，短编组为9节车厢，定员720人；长编组为11节到20节车厢不等，最高定员1102人。中车大同公司研制的时速160千米动力集中动车组在配属成都铁路局集团公司期间，主要担负襄渝线、高南线、成达线、巴达线、成遂线、兰渝线等线路的旅客列车牵引任务。

（编辑部）

▲2019年12月10日，中车大同公司生产的复兴号动车组首次在重庆北站上线运行

（许　翔　摄）

化学工业

【概况】 截至2019年底，大同市化工产业有规模以上企业14家。骨干企业有山纳合成橡胶有限公司（工业总产值55356万元，销售收入54845万元）；同煤广发化工有限公司（工业总产值69184万元，销售收入68897万元）；4家活性炭企业大同中车煤化有限公司（工业总产值7185万元，销售收入13558万元）、大同市光华活性炭有限责任公司（工业总产值23965万元，销售收入15248万元）、大同市巨强活性炭有限责任公司（工业总产值4800万元，销售收入5030万元）、山西华青活性炭集团股份有限公司（工业总产值11636万元，销售收入13971万元）。主要产品有，合成橡胶年产量3.5万吨，煤制甲醇产量43万吨。煤质活性炭拥有45家生产企业，其中规模以上企业7家，产量约5.7万吨。同煤集团甲醇全年计划46万吨，完成46.07万吨，超计划0.16%。炸药全年计划5000吨，完成5800吨，超年初计划16%。雷管全年计划600万发，完成660万发，超年初计划10%。导爆索全年计划80万米，完成90万米，超年初计划12.5%。（齐纬辛蕊）

【甲醇制烯烃项目开工】 2019年3月19日，同煤集团年产60万吨烯烃项目开工，该项目总投资98亿元，是中国科学院洁净能源创新研究院大同转化基地落户大同的第一个高科技煤化工产业项目。年产60万吨烯烃

项目，是近年来同煤集团投资规模最大、科技含量最高、煤炭利用最清洁高效的战略性现代煤化工项目，是全市争当能源革命“尖兵”、坚定走煤炭“减”“优”“绿”之路的示范工程，是市委、市政府与同煤集团确定融合发展合作项目的一项内容，旨在依托现代煤化工技术，培育壮大甲醇及其衍生物产业链，打造现代煤化工产业集群，促进煤化工产业做强做精，实现煤炭清洁转化，建设晋北煤化工基地。该项目厂区与广发化学甲醇项目比邻，在空分、输煤、供电等方面与甲醇项目实现公用工程条件有机耦合，每年可就地转化煤炭500余万吨。项目建成后，年可实现平均销售收入80.76亿元、年均利润12.03亿元。

（辛 蕊）

【甲醇项目】 2019年，同煤集团完成120万吨/年甲醇项目可研报告修编工作；编制完成项目申请报告，并报送至山西省发改委；10月22日，取得《山西省发展和改革委员会关于大同煤矿集团有限责任公司120万吨/年煤制甲醇项目核准批复》。

（辛 蕊）

【煤制天然气项目】 2019年，同煤集团与中海油公司多次商谈煤炭价格互补机制、气价煤价联动机制、储气调峰费、股权合作等事项，4月28日，双方签署《中海油与同煤集团关于大同煤制气项目合作会谈备忘录》；5月9日，同煤集团同意项目立项；5月10日，同煤集团向中海油大同项目组提供该集团党委常委会和董事会战略投资委员会关于煤制气项目的2个会议纪要文件；9月24日，省委常委、市委书记张吉福，市长武宏文，同煤集团公总经理崔建军、工会主席蒋煜一行到北京拜访中国海洋石油集团，会谈加快推进煤制气项目决策。

（辛 蕊）

【甲醇制氢项目】 2019年，同煤集团编制完成5000吨/年甲醇制氢项目可行性研究方案、项目工程实施计划方案；7月取得项目备案批复；年底与大同市政府相关部门对接项目入园入规相关事宜。（辛 蕊）

【国际禁止化学武器组织视察大同企业】 2019年9月1日至3日，国际禁止化学武器组织（OPCW）首次到大同视察中国地方政府及化工企业履行国际禁止化学武器公约情况，现场视察大同市山西国药威奇达药业有限公司。视察组问询调查山西国药威奇达药业有限公司履行《禁止化学武器公约》相关问题，实地视察企业原料仓库、化学实验室、质检室等，并核对企业营业执照、生产数据等相关文件资料，确认企业宣布信息与现场一致，生产经营活动符合《禁止化学武器公约》要求。随后国际视察组组长与国家禁止化学武器公约代表在视察报告上签字，标志大同市山西国药威奇达药业有限公司代表国家通过该次国际禁止化学武器组织（OPCW）的视察。（齐 玮）

【民爆企业安全防范】 2019年，市工信局及制定民爆企业安全监督检查执法计划，结合元旦、春节、两会、清明、中秋、国庆等重大节假日和汛期雷电、高温天气频繁等时段，适时印发《大同市工业和信息化局关于切实做好2019年民爆企业上汛工作的通知》《大同市工业和信息化局关于切实加强当前民爆行业安全防范工作的通知》《大同市工业和信息化局关于开展民爆企业安全隐患排查的紧急通知》等文件。要求全市民爆生产、销售企业抓安全防范工作，开展民爆行业安全隐患排查整改工作，组织市县两级工信部门相关工作人员和民爆安全专家，安全隐患排查全市范围内各民爆生产、经销企业5次。其中，常规安全隐患排查3次，检查企业7家，排查安全隐患39项；专项整治2次，检查企业7家，排查安全隐患29项。

（齐 玮）

医药工业

【概况】 2019年，大同市有药品生产企业22家（其中，制剂企业17家，中药饮片企业1家，辅料企业1家，医用氧企业3家），有1836个药品批准文号，涵盖血液制品、小容量注射剂、大容量注射剂、冻干粉针剂、原料药、片剂、硬胶囊剂、颗粒剂等10余种常规剂型，建有140余条生产线（全部通过新修订GMP认证）。全市开展一致性品种评价工作78个，国家药品审评中心受理品种4个，其中2个品种完成现场考核。全年全市11家规模以上医药企业实现产值96.47亿元，增长10.5%。其中国药集团威奇达药业有限公司、山西普德药业有限公司、山西振东泰盛制药有限公司、山西同达药业有限公司、山西威奇达光明制药有限公司、同药集团大同制药有限公司实现工业产值71.5亿元，同比增长10.5%；实现销售收入62.5亿元，同比增长10.2%；实现利税8亿元，同比增长10.5%。

山西仟源医药集团股份有限公司 2019年，山西仟源医药集团股份有限公司主要从事医药、保健食品研发、生产、销售，医疗健康服务及商业等。该公司医药产品包括抗感染药、呼吸系统药、泌尿系统药、儿童用药、心脑血管药、抗抑郁药、中药饮片、医药原料及中间体等；医疗健康服务包括医学诊断、基因保存和孕环境检测服务等。

全年营业收入20792万元，实现利税509万元，资产总额127152万元。研发投入金额2207万元，占营业收入10.61%。截至2019年底，该公司拥有292个药品注册批件、8个保健品批件；专利60项；商标165项。

（贾晓烨 齐 玮 张文娱）

【全市医药企业座谈会】 2019年6月24日，大同市医药企业座谈会在国药集团威奇达药业有限公司召开。副市长荆虎参加。会议通报全市规模以上医药生产企业2018年及2019年1月至5月工业产值情况。针对与会医药企业代表提出的意见建议，大同经济技术开发区及市发改委、市财政局、市工信局等部门负责人分别针对性解答。

会议指出，支持医药产业发展，立足产业优势，在医药产业集群培育上实现新突破，是全市经济转型发展和工业大振兴的重大部署。各级各部门研究出台新政策，精准服务、主动对接，优化营商环境，完善医药企业集中区域的周边配套设施，抓日常调度和运行监测工作，助力医药产业全力发展。（编辑部）

【大同市医药产业联盟成立会】 2019年10月17日，大同市医药产业联盟成立会暨医药企业招聘会召开。该会选举第一届联盟理事长单位、副理事长单位及秘书处领导机构成员。医药产业联盟成立为整合医药产业优势资源，构筑交流分享工作平台，营造平等共赢、共同发展环境，给企业和政府之间创造一个全新媒介，为企业、行业协会、高等院校和科研机构提供一个沟通交流、对话协作的互动平台。（编辑部）

建材工业

【概况】 2019年，大同市重点生产水泥企业有大同冀东水泥有限责任公司、广灵金隅水泥有限公司、大同云中水泥有限公司3家企业，水泥熟料日产能力1.5万吨，年产水泥500万吨。主要用大同市及周边重点工程。年处理粉煤灰、脱硫石膏、危废物品等能力约120万吨，其中广灵金隅是国家级的绿色工厂和绿色矿山企业。大同市重点新型门窗生产企业有大同栋梁实业发展有限公司、大同泰达门窗有限责任公司、大同市新荣霞安全玻璃有限公司3家企业，主要生产隔热断桥系列、平开窗系列、纱窗系列、幕墙系列、全铝家居全屋定制系列、铝合金型材生产、特种玻璃制造、节能门窗制造、装饰装潢铝板加工、门窗幕墙安装、建筑装饰装潢材料等，其中泰达门窗生产的双断桥铝合金门窗是大同市唯一的高端铝合金门窗产品。重点岩棉材料企业为大同宏鑫岩棉，主要生产岩棉阻燃高端外墙保温材料，年产2.5万吨。产品覆盖建筑外墙保温岩棉、建筑用结构岩棉、工业用保温岩棉、船舶用防火岩棉、农业用种植岩棉等。大同市重点装配式建筑材料生产企业有正方利民、泰瑞集团，主要从事装配式建筑体系、部品部件及其设备工艺、施工技术的设计研发，各种预制构件的工业化生产、施工、运维技术指导，装配式建筑技术服务等，其中泰瑞集团是大同市唯一一家生产制造装配式钢结构住宅体系的核心部件、钢管束构件、梁柱构件、楼承板及被动式建筑建设的企业。大同重点新型墙体材料企业有同煤同塔建材、灵丘喜越建材，年产能力5亿块标准砖的煤矸石烧结空心砖，是国家推广的取代传统黏土砖的新型建筑材料。

大同冀东水泥有限责任公司　年内，大同冀东水泥有限责任公司熟料产量249万吨，水泥产量190万吨，实现营业收入7.81亿元，利润总额1.63亿元，同比增长21%。实现工业总产值7.98亿元，工业增加值2.8亿元，上缴税费9000万元。产品入选“绿色建筑选用产品”名录。该公司化验室被评为省级技术中心，通过CNAS实验室认证，被中国建材联合会评定为晋北区域首家“优秀”化验室。大同冀东水泥有限责任公司被授予“2019中国建材企业500强、首批全国和谐建材企业”称号。（齐　玮　冀东水泥）

▲图为大同冀东水泥有限责任公司　（冀东水泥　供图）

【冀东水泥公司建设固废利用中心】 2019年，大同冀东水泥有限责任公司争当“城市净化器，政府好帮手”，投资近1000万元，建设利用水泥窑协同处置10万吨生活及工业污泥项目，该项目建成后成为山西省较大规模的协同处置水泥企业。（冀东水泥）

【水泥企业能耗专项监察】 2019年，大同市印发《关于对全市水泥企业2018年度能耗情况进行节能专项监察工作的通知》，按照通知要求，专项监察大同冀东水泥有限责任公司、广灵金隅水泥有限公司、大同云中水泥有限公司、大同兴旺水泥公司、大同七峰山水泥公司5家正常生产水泥企业上年度水泥企业能耗限额标准、阶梯电价政策执行情况和上年企业节能专项监察中存在问题的整改情况。监察方式：采取企业自查和书面检查、现场监察相结合方式。5户企业均为2011年10月1日前投产，其中2户为水泥粉磨企业，3户为全工序水泥水泥生产企业，经专家组监察评议均达到相应规定能耗限定标准。（齐　玮）

【大同煤矸石综合利用专题研讨会】 2019年1月底，大同煤矸石综合利用专题研讨会在京召开。会上，大同碳谷科技孵化器有限公司相关负责人介绍大同煤矸石综合利用工业固废基地建设情况。清华大学循环经济研究院副院长、国家循环经济项目规划专家组组长、国家新材料产业发展咨询委员会委员翁端，北京大学工业固废利用研究中心教授王习东，中国建材科技研究总院教授欧阳世翕，武汉理工大学硅酸盐建筑材料国家重点实验室教授周明凯等专家围绕煤矸石破碎分选和梯级利用、大同煤矸石的物理化学特性、煤矸石能源的循环利用及有关产品的工艺介绍等阐述讨论。（齐　玮）

【绿色建材供需对接】 2019年10月，市工信局召开大同市首届绿色建材供需对接会，全市主要绿色建材生产供应商和大中型房地产企业、建筑企业采购商等130余家企业代表300余人参加。参展的有铝合金型材、民防设备、电梯、节能空调、立体车库、玄武岩纤维、岩棉、水泥、耐热聚乙烯供热保温管材、绿色装配式建筑、新型墙体材料等120余个绿色建材产品品种。现场签约金额36485万元。10月下旬筹备召开金隅集团与重点客户交流研讨会，促成金隅集团与北京建工集团、北京城建道桥建设集团、北京市政建设集团、北京市常青市政工程有限公司、中交一公局集团第三工程有限公司、中交隧道局工程有限公司、北京城建亚泰建设集团有限公司、中铁十七局、中铁北京工程局集团有限公司面洽谈供需对接，实现互利共赢。（齐 玮）

新材料工业

【概况】 2019年，大同市新材料生产企业有25家（其中规模以上企业12家），主要分布在开发区、新荣区。主要企业有：山纳合成橡胶有限公司（工业总产值55356万元，销售收入54845万元）；大同新成新材料股份有限公司（工业总产值39376万元，销售收入32530万元）；宇林德石墨新材料股份有限公司（工业总产值38241万元，销售收入20013万元）；山西晋投玄武岩开发有限公司（工业总产值7289万元，销售收入3508万元）；大同市云州区栋梁实业发展有限公司（工业总产值3540万元，销售收入3540万元）。全年石墨及碳素制品年产量12.5万吨，合成橡胶年产量3.5万吨，岩棉纤维年产量1.29万吨，镁、铝合金年产量0.65万吨。（齐 玮）

【石墨烯＋新材料储能产业园开工】 2019年5月24日，石墨烯＋新材料储能产业园开工。市委副书记、市长武宏文与清华大学深圳研究生院能源与环境学部主任、深圳石墨烯创新中心有限公司董事长李宝华等新能源新材料领域专家、企业家并座谈，共商大同石墨烯发展方略，双方签署战略合作框架协议，并见证石墨烯＋新材料储能产业园开工。

坐落于氢都大同新能源产业城的石墨烯＋新材料储能产业园建筑面积14万平方米，计划投资25亿元，项目建成后，可实现产值100亿元、利税15亿元，解决5000余人就业。座谈会上，与会专家、企业家围绕技术、人才、项目、资金等关键元素，探讨新能源产业做大做强做优路径，以推进政产学研对接合作为切入点，给大同发展新能源新材料产业提出建设性意见。（编辑部）

【石墨烯水性环氧防腐涂料实现产业化应用】 2019年6月，大同大学炭材料研究所研发的石墨烯水性环氧防腐涂料实现产业化应用。石墨烯水性环氧防腐涂料是采用经过表面化学修饰手段，实现水体系可分散的功能化石墨烯为原料，并搭配合适的水性环氧乳液、水性环氧固化剂、填料、助剂，经科学复配而成的一种以水为分散剂的涂料。其综合石墨烯优良的防腐能力和水性环氧体系的环保特点及优异附着力，性能接近油性环氧防腐涂料的耐腐蚀特性，同时在快干和漆膜耐盐水方面超越油性环氧，具有挥发性有机化合物含量低、环保、安全、无毒等优势。大同大学炭材料研究所运用石墨烯水性环氧防腐涂料应用于山西库邦生物医药有限公司反应釜翻新防腐工程，为河北津西钢铁股份有限公司迁西二炼钢厂进行彩瓦和方箱防腐工程，为包头钢铁（集团）有限责任公司完成管道钢结构防腐工程等，实现产业化应用。（编辑部）

【第35届全国碳素经济技术信息交流会在大同召开】 2019年7月8日，第35届全国碳素经济技术信息交流会在大同召开。副市长荆虎出席会议。

会议由大同新成新材料股份有限公司、大同大学、大同宇林德石墨设备股份有限公司联合中国碳素行业协会共同主办。来自全国碳素制造企业、碳素材料科研院所以及原料设备供应商等123家单位的216位专家学者、企业家代表出席会议，研究探讨碳素企业高质量转型升级发展及节能环保绿色循环经济创新之路，并开展“产供需”“产学研”经济技术信息交流互鉴活动，为碳素行业发展把脉献策。（编辑部）

【石墨烯农业应用研讨会】 2019年7月21日，石墨烯农业应用研讨会在大同大学召开。该次研讨会由中国生产力促进协会、石墨烯产业技术创新战略联盟牵头并联合大同大学、北京国农科技特派员创新服务联盟共同主办，由中关村华清石墨烯产业技术创新联盟、大同大学炭材料研究所联合承办，相关省、市科技、农业等部门负责人、各级科技特派员、石墨烯企业和农业科技企业代表、大同大学师生参加研讨会。研讨会上，大同大学炭材料研究所所长赵建国介绍石墨烯在农业、林业生产中增效作用，以及现有研究成果。与会专家、各级科技特派员及企业代表相互研讨石墨烯农业应用思路。（编辑部）

【石墨烯农业应用推广中心成立】 2019年7月21日，石墨烯农业应用推广中心在大同大学揭牌成立。

石墨烯农业应用推广中心是依托大同大学炭材料研究所成立的。2017年6月，大同大学炭材料研究所获批为省石墨烯功能材料工程技术研究中心，成为山西省首个石墨烯工程技术应用研究平台；同年8月，获批为省“1331工程”石墨烯产业化应用技术协同创新中心；2018年4月引进北京林业大学院士尹伟伦成立省石墨烯技术应用院士专家工作站。石墨烯农业应用推广中心结合《乡村振兴战略规划（2018—2022）》《科技助力精准扶贫工程实施方案》等，围绕石墨烯农业应用与推广，采用电化学法制备石墨烯溶胶，并通过干燥工艺制得石墨烯粉体，把溶胶或粉体与化肥复合，制备石墨烯增效复合肥应用于农林种植，探究其在节肥增产、低碳环保方面的效果，推进农业应用创新成果的转化落地和应用示范落地。该中心成立揭牌仪式上，中国石墨烯产业技术创新战略联盟、中国生产力促进中心协会与大同大学签订战略合作协议。（编辑部）

【合金铸件项目投产】 2019年9月27日，位于阳高县龙泉工业园区的山西巴瑞新材料有限公司年产8000吨合金铸件项目投产。山西巴瑞新材料有限公司是天津巴瑞集团旗下的一个实体公司，该公司年产8000吨合金铸件项目分2期建设。是日，项目一期建成投产，年生产能力可达5000吨。（编辑部）

【超临界二氧化碳发泡轻量化新材料生产线启动】 2019年12月20日，大同清洁碳经济产业研究院超临界二氧化碳发泡轻量化新材料生产线启动。市委副书记、市长武宏文为“大同清洁碳经济产业研究院”揭牌。副市长荆虎与大同清洁碳经济产业研究院有限公司董事长谢思敏签署《共建大同碳技术经济产业研究院战略框架协议》。大同经济技术开发区党工委书记、管委会主任任希杰主持。大同航空动力有限公司董事长冯海岩，迪默透比利时公司董事长皮特，中国炼焦行业协会副会长、山西省焦化行业协会秘书长张岗峰，山西省低碳协会会长、山西华境低碳产业研究院院长关存先，北大1898全球联盟主席王良智等在现场见证。

大同清洁碳经济产业研究院有限公司是由中国与加拿大大学和科研院所团队组建的碳经济产业研究院，主要从事工业烟气二氧化碳捕获、转化和资源化利用技术的研发、推广和应用等工作。（编辑部）

食品工业

【概况】 2019年，大同市有食品企业62家，年加工量13万吨。广灵县“东方亮”小米因其色泽金黄、口感甜润、营养丰富被国家质检总局认定为“国家地理标志保护产品”；云州区黄花具有止血、消肿、镇痛、清热等功效，与蘑菇、木耳并称“素食三珍”。大同市是全国黄花菜的主要生产基地之一，多次获国家优势名牌产品、著名品牌产品、畅销产品、信得过产品，中国国际农产品交易会金奖等。左云县、灵丘县、广灵县苦荞营养价值高，含有平衡性良好的植物蛋白质，在人体内不易转化成脂肪，不易导致肥胖，所含食物纤维具有良好预防便秘作用。左云县、新荣区莜麦营养价值很高，蛋白质含量平均15.6%，8种氨基酸组成较平衡，赖氨酸含量高于大米和小麦面粉，脂肪和热能很高，维生素和磷、铁等物质较为丰富。大同市的杂粮和黄花、仁用杏具有药食同源功效。重点企业有：山西塞北红食品有限公司、大同市牧同乳业有限公司、大同市华建油脂有限责任公司、大同市啤斯食品有限责任公司、大同县玉鑫农牧资源开发有限公司、大同市绿苑饮品有限责任公司、大同市北方四季牧场食品股份有限公司、阳高县北鑫生态牧业有限公司、大同市神山任启食用油有限公司、大同市边城酒业有限责任公司、天镇县博诚蔬菜有限责任公司、山西东方亮生命科技股份有限公司、广灵县北野食用菌业开发有限责任公司、大同市龙膳食品有限责任公司。（齐玮）

【鲜黄花生产线投产】 2019年7月中旬，大同宜民产业发展公司5条日处理100吨鲜黄花的黄花深加工生产线投产运行。

2016年9月，大同宜民产业发展有限公司在大同市装备制造园区开工建设。该公司采取“公司+基地+合作社+农户”发展模式，流转土地760.83公顷，建成黄花种植、科研、加工、销售的龙头企业。年内，该公司多次考察国内多家烘干生产线设备，经过反复对比，建成鲜黄花生产线5条。该生产线年可加工处理鲜黄花3000余吨，加工生产线运行后，该公司以2.5元的收购价收购农户鲜黄花，高于市场价0.5元，直接带动云州区7个乡（镇）17个行政村520户贫困户1300余人脱贫致富。（编辑部）

建筑业

【概况】 2019年，大同市城建工程80项，项目总投资186.95亿元，年内投资68.71亿元。其中，续建工程65项，总投资173.29亿元，年内投资63.48亿元；新建工程15项，总投资13.66亿元，年内投资5.23亿元。（乔晨曦）

2018—2019年大同市建筑业生产经营情况表

指标	2019年	2018年
企业个数（个）	227	216
建筑总产值（万元）	2108313	1909169
建筑工程	1871958	1560475
安装工程	169882	237006
其他	66473	111688

工业 建筑业

续　表

指　标	2019 年	2018 年
竣工产值（万元）	960660	1085431
房屋建筑施工面积（平方米）	9010487	7904420
房屋建筑竣工面积（平方米）	3183931	3299273
利润总额（万元）	37152	25412
上缴税金（万元）	68282	83831
自有机械设备年末净值（万元）	45340	47161
从事生产建筑业活动的从业人员平均人数	57057	59724

【建筑工程质量安全】 2019 年，大同市住房和城乡建设局召开工程质量安全环保工作例会 10 次，与各县（区）住建局和在建工地签订责任书和承诺书 123 份，开展春季复工、工程质量安全环保、工程质量安全提升行动、危大工程、工地扬尘、“百日清零”及工地消防、食堂食品卫生大检查 3 次和专项整治 5 次，开展“双随机”核查建筑施工企业 225 家和工程质量检测机构 46 家，印发质量安全隐患整改通知书 146 份，排查整改各类隐患 628 个，隐患整改率 100%。在工地扬尘专项治理和“百日清零”行动中，分 3 次集中约谈 96 名建设、施工单位负责人；把防治措施落实较差的 3 个工地 6 家单位纳入全省建筑市场信用管理，分别记诚信分 10 分处理。全市建筑工地绿网覆盖约 190 万平方米，配置冲洗设备 150 余台，37 个规模以上建筑工地全部安装扬尘污染在线监测和远程视频监控系统，工地扬尘治理达到“清零”要求。（乔晨曦）

【绿色建筑管理】 2019 年，大同市新建建筑节能 65% 标准执行率 100%，政府投资类公益性建筑、大型公共建筑、保障房绿色建筑标准执行率 100%，新建建筑中可再生能源应用比例 83%，绿色建材评价标识申报 12 项。建筑改造任务 20 万平方米，开工 1.2 万平方米，建筑节能各项指标任务均超额完成，全省排名第一。（乔晨曦）

▲图为开放后的大同市平城区永泰门广场　（张湛滨　摄）

【建筑行政审批】 2019 年，大同市住房和城乡建设局启动工程建设项目审批制度改革，在征询 27 个部门意见后，经市委常委会通过，出台《大同市关于推进工程建设项目审批制度改革实施方案》，形成“一个窗口受理、一个窗口审核、一个窗口办结”的一站式服务模式。4 月 12 日建设工程消防设计审查验收职能划归住建部门后，该局开展组织协商、职能承接、人员配备、技能培训、权限划分、工作流程 6 个方面工作，独立受理承办建设工程消防审查、验收、备案申请事项 35 件，办结 26 件；市辖区 10 个县（区）及大同经济技术开发区共受理审查、验收、备案 35 件，办结 16 件。（乔晨曦）

【永泰门广场建成开放】 2019 年 5 月 1 日，大同市平城区永泰门广场建成开放。永泰门广场及地下空间工程项目总用地面积 21.66 万平方米，总建筑面积 5.77 万平方米。其中，地上总建筑面积 3840 平方米、地下总建筑面积 5.38 万平方米。永泰广场占地17万平方米，是集城市庆典、展示演出、旅游休闲、便民服务、生态调节、交通集散等功能于一体的复合型城市广场，是适应市民多元化多层次公共活动需求的“都市客厅”。广场的设计保留古城的古风古物，融入都市的时尚与喧嚣，满足现代人审美及需求。广场有庆典广场、音乐喷泉、水景御道、林荫庭院、下沉花园、城墙遗址公园等。其中，占地5294平方米的音乐喷泉位于广场北侧，是大同市最大的声光电一体化大型景观喷泉，可结合音乐、灯光、焰火等元素举行大型喷泉表演。（编辑部）

【未来能源馆主体封顶】 2019年7月20日，大同未来能源馆主体封顶。该项目由北京路桥集团承建，未来能源馆项目建筑面积约2.8万平方米，展示面积约1.8万平方米，涵盖地上三层，地下一层。展示馆建成后，成为一座集能源战略规划馆、能源文明传播馆、能源革命示范馆、能源科普教育馆、能源生活体验馆、能源技术展示馆“六馆合一”的综合展览馆，能够展示能源革命的山西图景、山西路径、山西智慧。未来能源馆是国内首例产能展馆类建筑、国内首例全直流示范建筑、省内首例地道风应用示范项目、省内首例机器人停车示范项目、省内首例“四标”认证展馆建筑；全馆采用能源技术、海绵技术、绿色技术、智慧城市技术4个方面23大技术体系79项新技术新材料新工艺，占市国际能源革命科技创新园区新技术新材料新工艺运用总数量76.7%。

（编辑部）

【上海漕河泾大同国际创新创业园主体结构封顶】 2019年8月1日，位于大同市国际能源革命科技创新园A区项目建设工地的上海漕河泾大同国际创新创业园主体结构封顶，该项目由北京建工集团山西建设有限公司承建。上海漕河泾大同国际创新创业园占地面积9000余平方米。（编辑部）

【未来能源馆获LEED金级认证】 2019年8月13日，大同未来能源馆获LEED v4 BD+C（建筑设计与施工）：New Construction and Major Renovations（新建及重大改造建筑）金级认证，成为大同市首座通过LEED认证的建筑。

LEED认证体系全称Leadership in Energy and Environment Design，是国际权威的绿色建筑认证体系，由非盈利组织美国绿色建筑协会（USGBC）创建。LEED认证分为认证级、银级、金级与铂金级四个等级。未来能源馆项目采用大量可再生能源，是一座零碳建筑，该项目在选址、建设和使用的过程中，减少对环境的影响，并选用环保型设备，未来能源馆采用完善智慧能源系统，可输出能源报表，看到并分析建筑的能源使用状况。（编辑部）

【吾悦广场项目开工建设】 2019年9月26日，云冈区商业发展新地标——吾悦广场项目开工建设。吾悦广场是云冈区重点打造的转型项目之一，该项目占地28.93公顷，总投资约40亿元，规划建设集购物、餐饮、娱乐、休闲、社交等复合功能于一体的城市综合体，包括体验式购物中心、特色风情商业街及住宅区等。（编辑部）

【竹缠绕管廊工程完工】 2019年12月16日，由中铁十七局一公司承建的大同市同煤快线（南中环）段第三标段综合管廊工程完成施工，这是大同市首个竹缠绕复合管廊新型生物基础材料应用试验段，是竹缠绕复合管廊在国内公招项目的首次应用。

大同市同煤快线（南中环）段第三标段是大张高铁大同南站北广场配套工程。竹缠绕复合管廊是由竹复合管廊廊体、钢构件、密封圈等配件组成，以竹材为基材，以树脂为胶黏剂，采用缠绕工艺加工成型的新型生物基材料。区别于传统管廊所使用的钢管、混凝土管，竹缠绕复合管廊由竹子经特殊处理深加工制成，最大限度地利用竹材轴向拉伸强度大、抗弯能力强特点，满足城市综合管廊工程技术规范要求，达到与混凝土管廊同等强度，具备质轻高强，防火、抗渗漏、耐腐蚀，使用年限长，抗地震、抗地质沉降性佳，保湿性能优异，生产效率高、施工安装方便，原材料资源丰富、综合成本低，资源可再生、低碳环保8大优势，是城市市政道路钢筋混凝土结构管廊的新型、环保型替代产品。由中铁十七局集团第一工程有限公司承建的大同市同煤快线（南中环）段第三标段综合管廊全长727.1米，由现浇混凝土管廊与竹缠绕复合管廊组成，其中竹缠绕复合管廊长度279.3米，最大埋深5.5米，所使用的廊体单节长度12米，内径2.8米。（编辑部）

商贸服务业

商贸流通

【概况】 2019年，大同市进出口总值51.7亿元，同比增长37.5%，高于全省整体增速31.8个百分点，进出口总值居全省第4位，增速在全省11个市中排名第5位。全市社会消费品零售额755亿元，同比增长7.9%，比全省平均增速7.8%高0.1个百分点，增速全省排名第4位。全市开发区投资强度444.85万元/亩，产出强度191.69万元/亩，税收强度11.23万元/亩。（秦福龙）

【内贸流通】 2019年，大同市商务局开展元旦、春节促进消费活动，2019全国消费促进月大同促销活动，山西省“购物季”大同促销活动；该局到成都、重庆、西安等城市调研夜经济，促进大同夜经济发展。监管辖区内汽车销售企业工作，通过“12345”热线及电话来访，群众反映的汽车销售企业方面的投诉、咨询等问题，向群众和县（区）商务主管部门反馈，确保汽车销售行业健康发展。全年在商务部全国汽车流通信息管理系统备案的汽车销售企业111家。（秦福龙）

【外贸参展】 2019年，大同市商务局落实中央、省级外经贸发展专项扶持资金1260.23万元，提升企业市场竞争能力。引导企业参加各类境内外展会，开拓“一带一路”沿线国家市场，大同市与“一带一路”沿线有经贸往来的国家有24个；组织1家企业参加第六届中俄博览会，5家企业参加第125届广州交易会、5家企业参加第126届广州交易会，2家企业参加山西品牌丝路行欧洲站活动，2家企业参加山西品牌丝路行南非站活动，举办大同品牌行（中东站）活动；组织75家单位269人参加在上海国际会展中心举行的第二届中国国际进口博览会，在进博会上组织2次项目签约活动，组织企业参加现场供需对接会，场内订单签约6850万元，意向签约5000万元；“2019山西（大同）电商大会暨大同好粮·京东三晋好物节”在大同古城举行，200余家大同本土及省内外知名企业参展，大会销售额累计1000余万元，中央电视台、新华网、山西卫视、《山西日报》60余家媒体报道直播；第二届中蒙俄（大同）经济合作发展论坛暨中蒙俄国际商品博览会在大同举办，148家国内外企业、机构、专家参会，其中蒙古国22家、俄罗斯8家，博览会成交额累计130万元，其中境外展商成交额60余万元，签约项目1300万元，其间签署《大同市与伏尔加斯基市友好合作备忘录》。（秦福龙）

【流通领域现代供应链体系建设】 2019年，大同市商务局根据《省商务厅关于开展流通领域现代供应链体系建设的通知》文件精神，申报省级供应链试点，5月获得省商务厅批复，成为第一个省级流通领域供应链试点城市。8月印发《大同市流通领域农产品现代供应链体系建设试点实施方案》《大同市流通领域农产品现代供应链体系建设试点专项资金管理办法》和《大同市流通领域农产品现代供应链体系建设试点专项资金分配方案》，明确供应链资金使用管理方向。截至2019年底，大同市推进建设符合大同实际的以第三方物流企业为核心的农产品供应链，该供应链体系的标准化大仓建设、托盘、标准化等基础设施建设进度完成50%。（秦福龙）

【“三晋老字号”认定】 2019年，“三晋老字号”认定委员会组织专家审核通过山西水塔醋业股份有限公司等32家企业为“三晋老字号”，大同市山西雁门清高食业有限责任公司、山西孙记包子餐饮有限责任公司、山西大瑞食品加工有限公司3家通过认定，9月29日省商务厅、省文化和旅游厅等6部门联合印发《关于认定首批“三晋老字号”的通知》，予以公布。（秦福龙）

【促销活动】 2019年，大同市商务局开展元旦、春节促进消费活动。1月1日至3月1日，组织大润发、华林、老四通、沃尔玛、蚂蚁超市等10家企业，通过打折、让利、发积分卡、消费卡、赠送礼品，预存现金等形式，开展促销活动。4月1日至5月3日，在8家商贸服务企业开展2019全国消费促进月大同促销活动，累计销售28786.87万元，比上年同期增长6.8%。9月25日至11月30日，在全市5家商贸服务企业开展山西省“购物季”大同促销活动。（秦福龙）

【中欧（亚）班列】 2019年，大同市组织开行3列中欧（亚）班列。1月28日，大同市首趟中亚班列“云冈号”经中国新疆霍尔果斯口岸出境，

▲ 2019 年 3 月 30 日，中欧班列（大同—明斯克）从大同平旺火车站驶离（戎禹仁 摄）

驶向乌兹别克斯坦首都塔什干。该次开行的中亚班列有 46 车（列），货箱（柜）采用国际标准集装箱（柜），货品净重约 2500 吨，价值约 2000 万美元，主要来自晋津冀及东北地区，包括机器设备、电缆、玻璃、自行车、钢管等 10 余个品类，线路全长 4588 千米。3 月 30 日，第二列中欧班列从中国大同开往白俄罗斯首都明斯克，列车由 41 个 20 吨集装箱组成，运载 800 余吨钢结构用于建设中国海外投资的重点项目——中白工业园，线路全长 8600 余千米。11 月 26 日，第三列中亚班列从中国大同开往乌兹别克斯坦共和国首都塔什干，该次班列有 41 车、82 个标准箱，货品主要为玻璃、陶瓷、钢管、机械设备等，净重 937 吨，出口货值 1483 万元，线路全长 4621 千米。（秦福龙）

【投资促进项目对接】 2019 年 2 月 12 日至 13 日，大同市商务局随市政府代表团到北京考察学习，参加与北京市海淀区、丰台区，商务部投资促进事务局等部门的座谈，相互交流合作项目对接等事宜。3 月 11 日至 12 日，大同市商务局到商务部投资促进事务局，与相关人员沟通 2019—2020 年大同市政府与商务部投资促进事务局合作协议内容。3 月 29 日参加由商务部投资促进事务局、美国加州萨克拉门托市共同主办的“智投资·惠选择”2019 美国加州萨克拉门托北京推介会。经过沟通对接，4 月 8 日在大同召开大同市人民政府、商务部投资促进事务局推进投资促进合作座谈会。座谈会后，市政府副市长荆虎和商务部投资促进事务局副局长李勇代表双方签订《投资促进合作协议（2019—2020）》。8 月 27 日至 29 日邀请商务部投资促进事务局参加大同市召开的 2019 年中国（大同）新能源国际高峰论坛暨招商引资项目洽谈会。9 月 21 日参加由商务部投资促进事务局在第 16 届中国—东盟博览会期间举办的商务部投资促进事务局重点项目推介暨外资并购工作委员会授证仪式。（秦福龙）

【商贸合作交流活动】 2019 年 5 月 28 日至 29 日，大同市商务局在“京交会”会上与北京丰台区商务局、海淀区商务局沟通交流，与两区商务局建立联络对接机制。7 月 31 日，大同市商务局与北京丰台区商务局达成大同市古城开发，引进北京特色餐饮企业等事项初步合作意向。8 月 26 日至 28 日，由北京市丰台区商务局、丰台区文化和旅游局、丰台区发改委、北京老字号协会、丰台区商业联合会、丰台餐饮住宿服务行业协会、南苑—大红门疏整促现场指挥部办公室和相关企业组成的考察团到大同市东小城、九龙聚、城墙、能博中心、能源一号楼、鼓楼东西街、潘家园等地参观调研。参观调研期间，市商务局、古城管委会、文旅集团、餐饮饭店业协会和东小城、户部角、代王府、九龙聚等项目单位负责人与考察团一行召开座谈会，对接丰台区相关部门及企业了解大同市合作事宜。10 月 25 日，市商务局与张家口市商务局签署商务战略合作协议，建立两地商务交流合作和协调沟通机制。重点实施协同开放、推进通道建设、发展商贸物流、组织商品展销、加强协会交流等方面开展合作。（秦福龙）

【第二届中蒙俄（大同）经济合作发展论坛】 2019 年 6 月 13 日，第二届中蒙俄（大同）经济合作发展论坛在大同市举行，由中国大同市政府、蒙古经济合作联合会、全俄工商业联合会主办，市商务局、外事办、大同农本天下科技有限公司承办。蒙古经济合作联合会副会长伊尔姆，全俄工商业联合会驻北京总代表苏奇科夫·亚历山大，伏尔加斯基市市政府经济局局长塔季扬娜·沃尔科娃参加论坛系列活动。市政协副主席王德成参加论坛系列活动并致辞。来自中蒙俄三方的嘉宾，围绕各自国家和城市的经济发展状况、投资优势、项目发展作主旨演讲，回顾历史、立足现在、展望未来，聚焦工业产业链、国际物流等领域，为中蒙俄经济合作发展出谋划策、建言献计。（秦福龙）

【开发区建设】 2019 年 11 月 12 日，云冈经济技术开发区获批，这是大同市第 3 家省级经济技术开发区。省开发区领导组印发《关于同意成立广灵经济技术开发区筹备组的批复》和《关于同意成立灵丘经济技术开发区筹备组的通知》，同意广灵、灵丘成立筹备组；召开平城现代农业产业示范区、云州现代农业产业示范区设立省级示范区评审会，原则同意 2 家设立申请；12 月 10 日，省开发区建设领导组召开浑源生态文化旅游示范区评审会，原则通过省级评审。为加大培育大同市外贸主体力度，大同经济技术开发区医药基地于 6 月 12 日经商务部认定，获批国家外贸转型升级基地，这是山西省唯一一家入选的单位。（秦福龙）

粮食流通储备

【概况】 2019年，市发改委抓粮食收购工作，拓宽粮食市场化收购资金渠道，调查统计全市玉米、小杂粮生产、流通等情况，保持区域内粮食总量和品种结构平衡。组织全市粮食企业参加2019山西粮食产销衔接会，签订产销协议2份，交易量5837吨，交易额3000万元。推动粮食流通统计工作，纳入大同市统计范围的各类粮油企业177家，并逐步建立覆盖全社会的粮食流通统计制度。（市发改委）

【管粮管储】 2019年，市发改委联合市财政局、市农业农村局、市统计局、市国资委、农发行大同市分行，开展政策性粮食库存大清查普查工作，消除储粮安全、安全生产和账务处理等方面问题。开展粮食流通监督检查1684次，出动5210人次，检查企业1859个次。开展上年秋粮收购监督检查工作、粮食收储企业小麦轮换入库监管工作、全生产隐患大排查大整治和粮食质量安全体系建设。跟踪检查储备粮油轮换出入库及粮油来源、去向和用途，轮换省级计划小麦储备粮5801吨、轮换市级计划小麦储备粮35064.29吨。（市发改委）

【粮库升级改造】 2019年，市发改委加大粮食仓储基础设施建设投入，拨付粮食仓储设施维修和提升改造项目资金242万元、粮食财政扶持性资金185万元。通过摸底认定涉及2020年粮食仓储设施电器维修和提升改造项目企业8个，申请省财政补助120万元。推动“粮安工程”粮库智能化升级改造。智能化升级改造包括高配库2个、基础库3个、简易库6个，共11个项目单位，总投资799.4万元。推进大同市国家级军粮综合保障基地建设，协调办理相关手续。（市发改委）

供销合作

【概况】 2019年，大同市供销系统新增入社农户1.61万户、社员4.83万人；发展农民合作社任务24个，实际发展28个，完成率117%；组建农民合作社联合社任务8个，完成8个，完成率100%；建综合服务社任务40个，完成42个，完成率105%。云州区、天镇县供销社完成基层社合作经济组织属性试点任务；广灵县供销社开展“三位一体”试点工作，推动出台《广灵县供销合作社“三位一体”试点县工作方案》。天镇县卅里铺供销社投资140万元改造基层社环境，改造后拓展服务功能，增加农资供应、信息咨询及农产品收购等新内容。新荣区由区社直属企业新荣区实供源农产品公司与三实农民合作社开展股份制合作，恢复重建堡子湾乡河东窑供销合作社。（市供销社）

【供销惠农服务】 2019年，大同市供销系统实施农业社会化惠农工程建设，吸纳社会力量在基层社、专业合作社、农资经营网点建设综合性惠农服务中心（站）、庄稼医院，开展耕、种、收系列化农业生产服务。全系统新建惠农服务中心任务11个，实际完成14个，完成率127%，提升任务3个、实际完成6个，完成率200%；新建惠农服务站任务30个，实际完成32个，完成率107%，提升任务10个，实际完成12个，完成率120%；新建庄稼医院任务8个，实际完成9个，完成率113%，改造任务2个，实际完成4个，完成率200%；新增土地托管任务12万亩，实际完成14.2万亩，完成率108%，新增土地服务任务12万亩，实际完成15.1万亩，完成率126%。新荣区宏腾农机农民专业合作社惠农服务中心是由新荣区宏腾农机农民专业合作社承建，占地面积3408平方米，有拖拉机23台，自行走式玉米联合收获机5台，大型撒肥机1台，苜蓿收获机1台，各种农业机械总计85台（套），固定资产总值450余万元。流转土地3100亩，种植玉米、紫花苜蓿、马铃薯、黑豆、高粱等，均实现全程机械化作业。为农民和贫困户耕、旋、播、收土地2508亩，收购贫困户农产品6712公斤，羊20只。（市供销社）

【农业土地托管项目建设】 2019年，大同市供销系统加大开放办社力度，改善城乡生态环境和农产品种植加工。由阳高县惠田种植养殖综合专业合作社实施的小杂粮加工土地托管项目和省供销社农资公司阳高农产品有限公司实施的杂粮交易市场土地托管项目建设完成。两项目总投资分别为643.35万元和631.23万元，两项目主要是为农民开展农技培训、技术指导、测土配肥、粮食收购储藏、代加工以及销售等系列化服务。年内，杂粮交易市场土地托管项目服务土地面积6万余亩，带动89户贫困户户均增收300元，小杂粮加工土地托管项目服务土地3000余亩，并以每吨上浮40元的价格收购贫困户小米约500吨。（市供销社）

烟草专卖

【概况】 2019年，大同市烟草专卖局（公司）卷烟销售127806.79箱，同比增长1.41%；实现销售收入（含税）371928.65万元，同比增长4.32%；实现税利9.35亿元，同比增长5.60%；单箱结构（含税）2.91万元，同比增加812元。行业重点品牌销售108826箱，同比增加4623箱，增长4.44%，占全年总销量比重85.15%，提高2.47个百分点。卷烟社会零售总额43亿元。（丁峰）

【卷烟市场化规范】 2019年，大同市烟草专卖局（公司）以增强渠道掌控水平、夯实网建基础工作、提升卷烟市场状态、提升零售客户盈利为目标，抓零售客户诚信自律互助小组建设。全年全市卷烟零售客户1万余户，解决2万余人就业问题，户均盈利6万元。全市小组覆盖面从29.03%发展到89.74%，客户盈利水平从10.99%达到13.65%，直营终端建设8家，加盟终端建成27家，发展云POS用户442户，吸纳消费者会员24658个，建设文明吸烟环境2处。（丁峰）

【烟草市场监管治理】 2019年，大同市烟草专卖局（公司）构建和创新应用打私打假协同机制，完善联防联治监管体系。依法创立零售协会组织，开展章程赋予协会治理功能。全年全市查处涉烟违法案件675起，查获涉案卷烟574.43万支。查处5万元以上案件8起，刑拘8人，批捕7人，判刑3人。完成公安部直接监督查办的案件1起，侦破国标网络案件4起。其中，市烟草专卖局稽查支队破获全省第一起加热不燃烧专卖品部督网络案件，灵丘县烟草专卖局发挥协作机制作用，开创县级局办理国标网络案件先河。（丁　峰）

▲2019年9月15日至21日，是全国第一个减盐宣传周，山西盐业大同分公司开展“合理控盐 维护健康”减盐宣传进社区活动（田晟雯　摄）

盐业管理

【概况】 2019年，大同市各种盐累计销售13249吨，较上年同期减少3901吨，下降22.75%。入口食盐累计销售4482吨，较上年同期增加33吨，增长0.8%。食品加工盐累计销售1494吨，较上年同期增加7.3吨，增长0.5%。工业盐累计销售7145吨，较上年同期减少3917吨，下降35.4%。畜牧盐累计销售128吨，较上年同期减少24吨，下降15.7%，食用盐销售同比略有增长。（田晟雯）

【《食盐专营办法》宣传交流会】 2019年，山西盐业公司大同分公司对接职能部门，加强与市市场监督管理局、市公安局食药支队等相关部门沟通配合，向社会各界宣传贯彻《食盐专营办法》，共同维护食盐市场秩序。7月中旬邀请忻州、朔州、大同3个盐业专营公司和市市场监督管理局、市公安局食药支队相关人员在大同召开晋北区《食盐专营办法》暨相关法律政策交流会，与会人员结合工作实际解读涉盐法律政策。市市场监督管理局在全市范围内开展多次食盐安全检查，同时开展重大涉盐违法案件查缉。（田晟雯）

【食盐储备】 2019年，山西盐业公司大同分公司按照《山西省食盐储备暂行办法》要求和山西盐业公司有关规定，制定食盐储备库安全管理制度、保管员岗位职责和定期轮储制度等相关制度，轮换1000吨储备食盐，保障政府储备盐品质，确保应对各种风险。（田晟雯）

【盐案查处】 2019年，大同市查获6起涉盐违法案件，查获高仿晋盐、违规盐245吨，3起案件移交公安部门处理。云冈区味达商贸有限公司非法经销食盐案、天镇县玉泉镇四达批发部销售不合格食盐案、云冈区孙某非法制售食盐案，这3起案件被大同市市场监督管理局列入2019年度13起漠视侵害群众利益问题违纪违法典型案例，在黄河新闻网、大同新闻网等媒体通报。孙某涉嫌制售假盐、违规盐案被作为2019年山西省消费维权十大典型案例在省级各大媒体上通报。天镇县一批发部违法生产经营假冒晋盐292袋，被处罚金140360元，经营者薛某被判处有期徒刑一年。（田晟雯）

【高品质盐品上市】 2019年，山西盐业公司大同分公司结合市场需求，开发上市包含不同产地、不同包装的海盐、湖盐、井矿盐产品，4月上市400克关帝盐主要满足饭店食堂用盐需求，11月上市4.4亿年前古生代奥陶纪时期形成的400克古生代岩盐。（田晟雯）

【食盐宣传】 2019年9月15日至21日是全国第一个减盐宣传周，山西盐业公司大同分公司与大同市卫健委相关单位、大同市市场监督管理局共同开展防治碘缺乏病主题宣传活动。宣传周期间，山西盐业公司大同分公司开展“合理控盐 维护健康”减盐宣传进社区活动，向社会公众传递减盐理念，传播低盐饮食知识，发放1000袋低钠盐，1000个2克减盐勺。（田晟雯）

石油供销

【概况】 2019年，大同石油公司加大客户开发力度，统筹县（区）、加油站全员力量，挖掘潜在客户，中小购油客户新增33家，县域市场同比增量55%。利用品牌优势做大同煤、社会加油站等重点客户，汽油直批量占全省26.55%，排名第一。把非油品销售带入开发维护客户全过程，开展“油非双增长”营销活动，带动非油品营业额68.16万元。推进非油品转型发展。规范门店商品进销调存和商品陈设摆布，创建精品门店3座，高级店11座，百万级大店13座，全年实现店内零售3270万元，同比增长34%。以核心商品为重点，提高基础品类销售奖励。开展节日特色促销活动，全年实现基础品类销售5845.85万元，同比增长23.1%；借助品牌效应，推进新业态发展。加速发展广告业务，在34座加油站开展广告租赁，推进汽服与尾气处理液加注业务，5座尾气处理液加注机、5座洗车加油站投营运行，开展旅游项目合作1个，实现合作共赢。截至2019年底，APP注册10.42万人，绑卡2.32万张。（李跃征）

【石油资产管理】 2019年，大同石油公司围绕经营创效和管理创效，规范资产运营，费用总额较预算节约604.28万元，全年资产盘活创效142万元，土地、消防政策节税154万元。强化资金管理。实现“聚合付”POS机全覆盖，优化支付手段和资金回笼方式，19座自存款站合理降低财务费用50万元。强化数质量全过程管控。推进液位仪深化应用，实施地罐交接，全年加油站进货验收准确率93.64%，同比增长31.47%，自动验收率97.27%，同比增长0.81%。（李跃征）

【石油安全管理】 2019年，大同石油公司聚焦安全发展，加强安全环保数质量全过程管控。年内开展“安全生产月”系列活动，组织开展典型事故案例学习教育，提升全员安全意识和安全能力。强化油品自检和抽检管理，实现油库和加油站全覆盖，全年未发生油品质量事故。强化环保管理，推进创建绿色企业，绿色油库、绿色加油站。落实新建加油（气）站和轻资产项目运营。全年发展站点4座，其中，永和加油站和北环加油站完工，金三环加油站建成运营，秦嘉石化完成改造投入运营。开展双改施工、规范证照办理。提升法律、信息管理水平。开展依法维权，全年发生劳动纠纷案件17起、环保处罚案件3起，该公司全部胜诉。加强网络信息管理，筛查该公司52套应用系统，核实853个账号实名认证情况，保障该公司信息网络安全。（李跃征）

邮政快递

【概况】 2019年，大同市邮政业务总量9.33亿元，同比增长37.55%；全年全市邮政行业业务收入（不包括邮政储蓄银行直接营业收入）7.51亿元，同比增长19.67%。全年邮政寄递服务业务量累计4918.22万件，同比增长15.39%；邮政寄递服务业务收入累计0.32亿元，同比增长30.95%。函件业务快速上涨。全年函件业务量55.25万件，同比增长15.54%。包裹业务持续下降。全年包裹业务量1.06万件，同比下降50.70%。报刊业务快速增长。全年订销报纸业务4532.58万份，同比增长15.27%。全年订销杂志业务153.53万份，同比增长7.94%。汇兑业务持续下降。全年汇兑业务1.10万笔，同比下降48.60%。（市邮政局）

【快递业务】 2019年，大同市快递业务快速增长。全年快递服务企业业务量2888.08万件，同比增长75.71%；快递业务收入3.83亿元，同比增长37.23%。同城快递业务持续增长。全年同城快递业务量385.24万件，同比下降20.67%；实现业务收入0.32亿元，同比下降37.57%。异地快递业务快速增长。全年异地快递业务量2502.42万件，同比增长116.17%；实现业务收入2.09亿元，同比增长79.29%。国际及港澳台快递业务快速增长。全年国际及港澳台快递业务量0.42万件，同比下降13.03%；实现业务收入0.01亿元，同比增长81.91%。异地快递业务占比上升。同城、异地、国际及港澳台快递业务量占全部比例分别为13.34%、86.65%和0.01%，业务收入占全部比例分别为8.34%、54.46%和0.20%。（市邮政局）

【邮政通信能力建设】 2019年，大同市邮政行业拥有各类营业网点551处，其中设在农村175处。全市拥有邮政信筒信箱150个，比上年增加1个。全市拥有邮政报刊亭总数6处，与上年持平。全行业拥有各类汽车398辆，比上年末增加5.8%，其中快递服务汽车175辆，比上年末减少20.09%。全市邮政邮路总条75条，比上年末减少2条。邮路总长度（单程）4027千米，比上年末增加20.5千米。全市邮政农村投递路线125条，比上年增加5条；农村投递路线长度（单程）6830.7千米，比上年末增加136千米。全市邮政城市投递路线276条，比上年末增加81条；城市投递路线长度（单程）4306.9千米，比上年末增加755.4千米。全市快递服务网路条数315条，比上年末增长15.8%；快递服务网路长度（单程）25048.68千米，比上年末增长27.41%。（市邮政局）

【邮政服务能力建设】 2019年，大同市邮政行业平均每一营业网点服务面积25.51平方千米，全行业平均每一营业网点服务人口6285人。邮政城区每日平均投递2次，农村每周平均投递5次。人均函件量0件，每百人订有报刊量8份。年人均快递使用量8件。年人均用邮支出216元，年人均快递支出110元。（市邮政局）

【《邮件快件实名收寄管理办法》专题培训】 2019年2月22日，大同市邮政管理局组织召开《邮件快件实名收寄管理办法》（简称《办法》）专题培训班，全市寄递企业负责人、安全管理人员28人参加培训。培训会介绍说明《办法》重点条款，具体解读《办法》明确实名收寄的行为内容、规定实名收寄的责任分配、设定不同情形的操作规范、强化寄递企业保障用户信息安全的义务、明确寄递企业违反规定的法律责任5项内容。（市邮政局）

【快递行业职工技能竞赛】 2019年9月6日，大同市首届快递行业职工技能竞赛举行。该竞赛活动由大同市总工会主办，市邮政管理局、市私营企业工会、市快递协会协办，市快递行业工会承办，全市9家规模以上快递企业组队参赛。竞赛以行业法律法规和业务知识技能要求为依据，突出考量快递员理论知识和实操技能，竞赛设置分拣扫描和过机安检2个项目，分为理论考试和实际操作2个环节。经过比赛，圆通快递获团体一等奖，邮政速递物流获团体二等奖，申通快递获团体三等奖。（市邮政局）

【“跑酷吉尼斯世界纪录保持者张云鹏”版邮票明信片纪念币出版发行】 2019年9月中旬，庆祝“新中国成立70周年”“一带一路文化先行”文化名片“跑酷吉尼斯世界纪录保持者张云鹏”版邮票、明信片、纪念币、纪念张等出版发行。

该系列纪念品由中国邮政、中国国际藏集邮文化中心、以北传媒北京分部以北影业公司联合出版发行，这是大同市首次以个人形式诠释为国家在国际上作出重大体育贡献者，以邮票、明信片、纪念币、纪念张为文化载体打造代表国家的个人名片先河，有效把城市旅游发展和个人文化体育事业相融合。“张云鹏”邮票共2套，分别是70周年盛世华诞、繁荣富强版和“一带一路”文化先行版，内容是张云鹏的精彩瞬间影像，如中央广播电视总台《春晚特别节目东西南北贺新春》《出彩中国人》《挑战不可能》《中国吉尼斯之夜》《走近科学》及湖南卫视《快乐大本营》《巅峰之夜》《勇敢的世界》等剧照。

（市邮政局）

【青年团大同市快递行业联合委员会第一次团员大会】 2019年11月初，大同市邮政管理局联合共青团大同市委召开中国共产主义青年团大同市快递行业联合委员会第一次团员大会。会议宣读《关于同意成立中国共产主义青年团大同市快递行业联合委员会的批复》，表决通过《共青团大同市快递行业联合团委第一届委员会选举办法（草案）》并选举产生共青团大同市快递行业联合团委第一届委员7人。共青团指导和推进该委员会发挥团组织战斗堡垒作用，教育引导行业广大青年团员坚定听党话、跟党走，创新服务手段，倾听青年合理诉求，帮助青年解决困难，凝聚现代服务业青年力量。（市邮政局）

【“法治邮路”开通】 2019年12月2日，大同市“法治邮路”活动暨“12·4”国家宪法日宪法宣传周启动仪式在玄辰广场举行。旨在利用邮政遍布城乡的投递网络、运输车辆、营业网点、自有媒体等资源，传播宪法法律精神，探索组织发动社会各行业（部门）力量开展宪法法律学习宣传活动、壮大法治宣传志愿者队伍的新路径。

该次活动由市委全面依法治市委员会守法普法协调小组主办，市司法局、山西邮政大同分公司承办。启动仪式上，主办方向由邮政投递人员组成的“法治宣传志愿者”授旗，并希望广大投递员珍惜“法治宣传志愿者”称号，提高自身法律素质，利用覆盖面广、贴近群众职业优势，做法律知识的传播者、法治精神的弘扬者，推动宪法法律走入基层，走入人民群众中。（市邮政局）

【邮政综合服务平台建设】 2019年12月底，大同市邮政管理局落实邮政业贴近民生实事，实现政邮合作、警邮合作、税邮合作全覆盖。（1）开展政邮合作。在市邮政管理局督导下，市邮政公司入驻市房屋权属登记管理中心，全市6个县政务大厅与邮政企业签订合作协议，逐步入驻当地政务大厅。邮政企业助力政务批文、执照、社保卡等证件寄递一体化服务，推进政府“放管服”改革，让用户办事更便捷。（2）开展警邮合作。全年全市新增代办公安交管业务邮政普遍服务网点20处，并设置专席柜台，开办警邮合作邮政网点可办理互联网业务、机动车业务、驾驶证业务、车辆违法业务4大类25项业务。邮政企业创新合作内容，把代办电动自行车登记业务纳入服务范围，在《大同日报》《人民日报》等媒体宣传，全年累计办理登记2.9万辆，方便周边用户业务办理。（3）开展税邮合作。在市邮政管理局督导下，邮政企业和税务部门拓宽便民服务渠道、丰富便民服务载体。全年全市新增税邮合作网点12处，累计18处税邮合作网点代开发票3.8亿元，累计服务纳税人17384人次，协助税务部门代征税款1490万元。（市邮政局）

电子商务

【电子商务发展】 2019年，大同市供销系统依托“供销e家”和“农芯乐”电商平台，增强县级电商运营中心服务功能，把电子商务与实体网络资源相结合，加快线上线下融合发展，构建“一店多能、一社多品、一网多用”的基层经营网点。全系统新建电商网点任务60个（其中贫困村10个），各县（区）新建电商网点120个，完成率200%，其中完成贫困村31个，完成率310%。全系统举办电商培训班8期，培训900余人次，电商销售1500万余元。

阳高县供销社建成乡村电商线下体验店162个，实现乡镇、行政村及贫困村电商网点全覆盖。该县供销社直属企业乡情电商公司出资120万元购买该县龙泉工业园区电商运营场所，新成立县级运营中心和培训孵化中心，投资28万元建成317平方米电商物流仓库，扩大电商业务经营规模。阳高县供销社举办“鲜活农产品网上行”阳高大接杏第二届销售活动，帮助杏农推销鲜杏4万公斤，销售额40万元。为让农民掌握开网店技巧，该公司员工到乡村体验店，手把手指导店员和建档立卡贫困户业务，采取电商体验店店主或乡村电商带头人每店或每人带1～2户贫困户的模式在线上开展交易。在“农芯乐”平台上传的农产品数595个。该公司拿出15万元用于电商培训和网上业务激励，网店每销售一单农副产品，除免邮费外，每单奖励10元，销售26单后不再奖励，免费赠送一年上网费。通过激励机制实施，激发网店人员工作热情，“双十一”期间，全县80余个村级电商网点通过省供销社“农芯乐”电子商城下单915单，为贫困户销售农副产品5万余元。通过电商平台下行销售大米14.28吨。（市供销社）

【大同京东云新经济展示中心启动】 2019年1月23日，大同京东云新经济展示中心启动。大同京东云新经济展示中心通过聚集电商产业、发展数字经济，推动“互联网+”农业项目，创建“大同好粮”品牌。京东云大同公司利用全球领先的云计算技术和服务平台，为升级大同传统产业、新兴产业聚集、智慧城市建设等提供支持，促进传统产业与电子商务有机结合、物流链与产业链对接、新一代信息技术与实体经济融合。

（编辑部）

【山西（大同）电商发展高峰论坛】 2019年5月31日，2019山西（大同）电商发展高峰论坛在大同举行。该次论坛是2019山西（大同）电商大会暨大同好粮·京东三晋好物节的三个主题板块之一。来自中国云计算应用联盟、对外经贸大学、3W咖啡集团、京东云、山西老字号协会、山西名优特新产品协会等的行业知名专家和品牌企业代表，围绕“融合创新——探索山西大同电商发展新模式”和“晋商之道——共筑山西大同电商发展新精神”2个单元，作主旨演讲和案例分享，探索大同电商发展新模式，寻求大同发展新路径。（编辑部）

【山西（大同）互联网电商大会】 2019年5月31日至6月2日，“2019山西（大同）电商大会暨大同好粮·京东三晋好物节”在大同古城举行。该活动由京东集团携手山西省商务厅、大同市人民政府共同举办，主要由电商大会、交易博览、高峰论坛三大板块构成，集中展示科技创新应用、智能零售、农村电子商务最新成果，协助更多山西“老字号”企业，开拓线上线下合作渠道。山西省电商大会以“转型新山西·晋商新未来”为主题，邀请业界精英、政企专家共同探讨山西电商产业的发展与未来。展区面积近1万平方米，近100家三晋品牌企业参展。大会期间，10万余人参与好物节现场狂欢，200余家大同本土及省内外知名企业参加会展。线下销售额100余万元，线上销售额900余万元，合计1000余万元，其中包括汾酒集团、平遥牛肉、东方亮、牧同、雁门清高、华建油脂、宁化府、荣欣堂等29家省内外知名企业参与销售。（秦福龙）

【“大同好品”上行京东】 2019年11月3日，“大同好品”上行京东签约仪式暨“互联网＋先进制造业”培训会在大同举行。

活动中，山西正宇电气设备有限公司、大同同安电线电缆有限责任公司、大同大源药业有限责任公司、大同市光华活性炭有限责任公司、山西云冈纸业有限公司、山西悦凌空调责任有限公司、大同市巨强活性炭有限责任公司、大同菲利普斯采矿机械制造有限公司、大同市英莱壳润滑油有限责任公司等企业与京东集团集中签约。该次签约，旨在借助京东云全球领先的云计算技术、大数据应用和完整的服务平台，扩大大同工业品知名度和影响力，实现线上销售和线下销售共同发力，打造“大同好品”区域公用品牌，助力大同工业大振兴和工业经济高质量发展。与会企业家还参加“互联网＋先进制造业”培训。（编辑部）

通信服务

【无线电管理】 2019年，大同市无线电管理局规范行政审批流程，加强台站数据库管理，验收新设台站。启用新版频率台站管理系统，学习熟悉新版频管系统使用方法，更新台站资料信息，启用新版无线电台站执照，完成新版地面业务无线电台站和业余无线电台执照换发。（1）加强频率台站管理，开展频率台站核查，8月至11月，由大同市无线电管理局频管工作人员牵头，核查大同市内6县5区的80套广播电视台站无线电频率使用情况和其他大功率发射设备使用情况。通过核查发现，大同市各县（区）广播电视台发射设备都存在频率审批手续不全、批文过期现象，督促其按时办理。（2）开展频率占用费收缴工作，核实用频设台单位的频率台站实际使用情况，核实收费金额，与设台单位负责人沟通协商，宣传无线电相关政策法律法规，确保频占费足额收缴。所有收费文件、频占费收取票据送达设台单位，收费总额与上年持平。该年度台站核查与频占费收缴工作历时3个月，累计行程1200千米。（3）贯彻执行新修订《中华人民共和国无线电管理条例》和《山西省无线电管理条例》，联合市公安局、市文广新局查处5起“黑广播”、查处1起发送诈骗信息的移动“伪基站”，开展行政执法6次，排查干扰9起。（4）开展无线电监测工作，保障各类重大活动无线电安全，每月重点监测监听470～510兆赫、920～925兆赫、1400～1427兆赫、3400～3600兆赫、3600～3700兆赫、4800～5000兆赫、5850～5925兆赫等频段，限于小型站和B级站监测上限是3G，监测站安排技术人员携带频谱分析仪开展野外监测，监测结果显示3400～3600兆赫、3600～3700兆赫、4800～5000兆赫、5850～5925兆赫频段没有被占用现象，监测结果上报省无线电管理局，全年累计监测1248小时。完成春运、春节、全国“两会”、大同“古都灯会”“二青会”单板滑雪平行项目比赛、2019环太原国际公路自行车赛长城赛段、“二青会”大同市火炬传递、第五届成龙国际动作电影周开幕式、闭幕式、“二青会”篮球、足球比赛及国庆70周年活动等活动举办期间无线电安全保障任务。严防利用无线电技术手段开展违法活动，应对突发应急事件，维护空中电波秩序，累计监测监听1728小时。（5）应市教育局、市人事考试中心和市招生考试管理中心等相关部门申请，完成山西省公务员考试、普通高考、中考等无线电安全考试保障21次，出动人员198人次，车辆37车次，设备74套次，维护各类考试期间电磁环境。（6）组织开展“2·13”世界无线电日、“5·17”世界电信和信息社会日、“5·5”中国业余无线电节及9月11日期间无线电宣传工作，宣传新修订《中华人民共和国无线电管理条例》和“黑广播”、利用“伪基站”从事电信诈骗等相关知识，提高市民对无线电管理的知晓度。在各类考试保障过程中，大同市无线电管理局工作人员向考生发放《两高发布关于办理组织考试作弊等刑事案件适用法律若干问题的解释》宣传手册，宣传利用无线电设备考试作弊的危害和后果，提高考生的法律意识。省无线电管理局网站发文45篇，中国无线电管理网站发文5篇，《大同日报》发文1篇，《大同晚报》发文1篇，《中国无线电杂志》发文2篇。（王玲）

【电信】 2019年，大同电信分公司收入2.71亿元，移动用户净增2.85万户，两类专线净增350条，物联网净增4万户。资本性支出11802万元，资产交付15397万元。无线网当地网工程有室外基站157个，室分站址数68个，大同当地网MDAS覆盖楼宇数328栋，全部开通。接入网接应专线电路545条；接应完美酒店145个。推进光改扩容，改造小区9个，覆盖5100户，交付能力0.35万端口；新建小区（平房区）33个，覆盖1.85万户，交付能力1.2万端口。FTTH扩容工单条400余条，新增端口数0.04万线；引进驻地网民资55个，总户数2.18万户，新建末梢端口数1.08万。城域网出口600G，峰值带宽利用率43.29%（上限75%）。宽带端口总容量 686893 个，实占 247349 个，实占率 36.01%。新建 LTE 宏基站 453 个、室分系统 91 个，LTE 室分 291 个，2G（3G）宏基站（物理站）652 个，室分 126 个。开通专线电路 532 条。大同电信分公司承建的第四批电信普遍服务试点涉及大同市云州区、新荣区、阳高县、天镇县、灵丘县、浑源县、广灵县、左云县、云冈区 6 县 3 区 229 个行政村，建成 230 个 4G 基站点亮、开通 332 个载扇，覆盖 33 个行政村宽带网络，新增 0.37 万户、0.13 万端口，新建主干光缆 949 千米。大同电信分公司免费为第四批普遍服务的 33 个光纤宽带行政村的党建活动室和文化室提供 1 条两年期的 100 兆宽带。

第四批大同市电信普遍服务试点工作部署会议　5 月 22 日，第四批大同市电信普遍服务试点工作部署会议召开，安排部署大同市第四批电信普遍服务试点工作。省通信管理局局长武晋，市委常委、副市长冯苏京参加会议。会议宣读第四批电信普遍服务试点工作通知，大同电信分公司与各县（区）签订合作协议。会议指出，第四批大同市电信普遍服务试点工作开展为大同实现乡村振兴、打赢脱贫攻坚战提供基础支撑。要在第四批试点规划项目建设中，实现光纤网络和 4G 网络同步覆盖，提高网络基础建设水平。要加强沟通对接，形成工信、扶贫、民政、住建、国土、电力、运营公司等配合工作。优先实现天镇、浑源、广灵三县电信服务全覆盖。

（杨　林）

【联通】　2019 年，中国联合网络通信有限公司大同市分公司（简称“大同联通”）主营收入累计 59969 万元，利润 476 万元，上缴利税 845 万元。移网发展 31.65 万户，其中 4G 发展 25.84 万户，出账 95 万户，宽带发展 6.42 万户，出账 30 万户，融合渗透率 71.04%；推进互联网转型，初步构建“全触点、大中台、善交付、生态化、强运营，促共享、强赋能”线上线下一体化互联网化运营体系。大同联通被省文明委授予省级文明单位称号。

网络建设。宽带网新建 FTTH 端口 7.79 万线；移动网新建 LTE 基站 48 个、新 900 宏站 184 个；开通 5G 试点基站 6 个、室分站 4 个。围绕客户感知解决网络痛点，通过光衰整治、IPRAN 成环、OLT 双上联改造等提高网络健壮性，IPRAN 成环专项优化新增接入环 74 个，成环网元 232 个，成环率 82.65%；完成 25 台 OLT 双上联改造；光衰整治达标率从年初 93.07% 提升至 97.28%，全省第一。

搭建市县政务云平台、“12345”民生热线平台、政府旅游大数据平台、市县乡村益农信息社运营服务平台，完成大同银行机房数据灾备、浑源智慧景区等 30 余个项目。大同联通拥有御东、御西 2 个 IDC 云数据中心，建设标准为 T3+，网络与山西省联通骨干网直连，出口带宽 800G，直连骨干 800G，机柜规模 1000+，可承载服务器 10000+，具备数据存储能力 200T，是山西联通第二级 IDC 主要节点，是华北地区最合适大规模部署的数据中心，可提供同城灾备、异地灾备、主机托管、合作建云，定制化租赁、创新型合作模式，提供政务、医疗、旅游等行业云计算产品和大数据服务。

（大同联通）

▲ 2019 年 9 月 16 日，大同联通在大同大学开展营销活动　（大同联通　供图）

【移动】　2019 年，中国移动通信集团山西有限公司大同分公司（简称“大同移动”）收入 11.4 亿元，净利润 2.2 亿元，上缴各类税费 550 万余元；客户 235 万余户；4G 客户 171 万户；新增宽带客户 9.7 万户，达到 29.7 万户。新增 4G 基站 2657 个，4G 基站总量达 6813 个，整治网络覆盖黑点 373 个，市县协同优化处理弱覆盖区域 331 个，4G 网络整体 MR 覆盖率提升至 95.9%。全年宽带建设小区 418 个，城市小区覆盖率 90% 以上，PON 端口新建 11.5 万个，端口总量超过 55 万个。全年扩容机柜能力 26 架，启动京东云（大同）云计算大数据中心。规划 5G 站点 813 个，立项 682 个站点端到端资源。完成“二青会”、国庆 70 周年庆、成龙电影周等活动网络安全保障。全年通过物业合作、商超代理等形式拓展宽带小区（农村）渠道，确保该公司宽带 100% 覆盖。全年提升视频彩铃业务发展数量和质量，发展视频彩铃客户 24 万余户。

大同移动开启全市首个 5G 试验网　4 月初，大同市首个 5G 基站在大同公园西门云中路移动营业厅通过现场测试，测试结果最大传输速率 397Mbps，站点运行正常。作为新一代通信技术，5G 技术具有超高速率、超低时延、超大连接特点。在超高速率方面，同比 4G 最大下载速度增长 18 倍。

大同移动与山西启迪科技发展有限公司签署 5G 信息化战略合作协议　9 月初，山西启迪科技发展有限公司与大同移动签署 5G 信息化战略合作协议。山西启迪科技发展有限公司与大同移动坚持相互促进、深度合作、互利共赢原则，通过一系列举措展开信息化和信息产业领域合作，加快启迪大同能源产业创新中心项目 5G 网

络建设、光纤网络覆盖及其他配套工程建设。（大同移动）

会展业

【农交会暨农产品产销对接】2019年4月25日至28日，市农业农村局组织贫困县（区）企业100余个特色农产品，参加全国农业科技成果转化大会暨第七届成都国际都市现代农业博览会，引导贫困县（区）农产品“走出去”。市农业农村局举办2019中国绿色食品山西（大同）宣传月活动、大同好粮·京东三晋好物节，推动特色农产品销售。7月22日，“脱贫攻坚战星光行动”黄花订购现场，总订购额9840万元，成龙现场认购黄花100万元。9月30日至10月4日，参加第六届中国（山西）特色农产品交易博览会，大同市以“大同好粮”为主的优质特色农产品销售金额24万元，签订各类农产品贸易合同1042万元，签约招商引资项目3个，总投资5.6亿元。全市获省级农产品区域公用品牌1个（山西荞麦）、市级农产品区域公用品牌1个（浑源正北芪）、功能农产品品牌2个（“华建诚鑫”压榨一级亚麻籽油和“雁同府”黍米黄酒）。10月10日至14日，参加第七届黑龙江绿色食品产业博览会，全市优质特色农产品现场销售14万元，签订农产品贸易合同3个，达成合作意向12个，订单总额1200万元。10月17日，组织全市10个县（区）37家农特产品加工企业、农民专业合作社、扶贫超市，现场展出12大类100余种“大同好粮”农副产品，组织大同军分区、市机关事务管理局、市教育局、市卫健委、市国资委系统内的40余家单位与“大同好粮”农特企业对接，活动现场销售农特产品9.05万元；意向签约18项31.6万元。10月18日至20日，组织全市6个贫困县（区）12家企业参加省委、省政府组织的“五进”扶贫对接活动，活动现场销售农特产品3万余元，现场签约103万元。为三利及通航粮贸搭建线上农产品消费扶贫销售平台，推进农产品线上线下互动销售。（梁全 宋欣）

【参加成都国际都市现代农业博览会】2019年5月中旬，大同市组织灵丘县国春苦荞食品有限责任公司、山西东方物华农业科技有限责任公司、大同宜民产业发展有限公司、山西云中紫塞食品有限责任公司等7家企业100余个产品，参加2019（首届）全国农业科技成果转化大会暨第七届成都国际都市现代农业博览会。展会期间，举办农业物联网、大数据与作物精准栽培论坛、东盟地区产业推介会等25项重大活动。“大同好粮”系列产品现场销售3万多元。展会期间，大同市博信农副产品有限公司与四川省资中县瑞科贸易有限公司签订2笔571万元的贸易合同，加上灵丘国春苦荞、大同宜民公司的贸易合同，共签订贸易合同金额671万元。大同市获最佳组织奖。大同市参会人员参加首届全国农业科技成果转化大会，会议发布100项重大农业科技成果、1000项优秀农业科技成果。宜民公司技术人员参加农业物联网大数据、作物精准栽培论坛。（编辑部）

【参加第十五届深圳文博会】2019年5月16日至20日，第十五届深圳文博会在深圳会展中心举行。该届文博会有来自全球103个国家和地区的2.1万余家展商参会、参展和采购。主会场设9个展馆，汇聚海内外10余万种文化创意产业展品，近6000个文化产业投融资项目现场展示与交易。

山西展区的主题是“文化三晋 开放山西”，有18家单位200余件展品参展。“大同微雕”亮相文博会，吸引众多参观者。其中，大同市仿真古建微缩工艺品按照1∶6到1∶300的比例制作，最小砖瓦3毫米，最小木件厚度0.2毫米，梁架卯榫，展现大同市四牌楼、雁塔等古建风采。（张岗）

【参加第十一届中国中部投资贸易博览会】2019年5月18日，以“高水平开放 高质量发展”为主题的第十一届中国中部投资贸易博览会（简称“中博会”）在江西省南昌市开幕，大同市代表团100余人参会。该次中博会上，大同市石墨烯、太阳能薄膜等高科技产品参展，展现大同转型发展新成果。在山西省招商引资精准对接交流会上，大同市促投局与颐高产城科技发展有限公司、上海雁阵生物科技发展有限公司、上海裕玫商务咨询有限公司交流对接在大同拟建科技创新产业城、绿色环保新型涂料生产基地、开展委托招商等事宜。（市促投局）

【第二届中蒙俄（大同）国际商品博览会】2019年6月13日至16日，第二届中蒙俄（大同）国际商品博览会在大同举行。此次国际商品博览会有来自中蒙俄三国148家企业参展，集中展示具有地域特色的优质商品和贸易投资领域的最新进展。中国的新材料、工业产品、手工艺品和特色食品，蒙古俄罗斯两国的玉器、羊绒和羊毛制品、食品、皮革制品等受到观展客商青睐。展会期间举办经济合作发展论坛及中蒙俄国际仓储物流合作、中蒙俄国际商品供应链发展、中蒙俄“万里茶道”申遗促进会3个平行论坛，来自三国的政商学界代表和企业家参加论坛。该届商品博览会交易额130余万元，蒙古国参展商交易额50余万元，中银纺织科技有限公司与蒙古国奥德羊毛公司签订1000吨、总额1300万元的羊毛交易意向合同，展会成交总额1400余万元。（秦福龙）

【参加第三届中国—蒙古国博览会（乌兰察布站）】2019年9月6日至10日，大同市组织参加第三届中国—蒙古国博览会（乌兰察布站）。大同市商务局负责牵头商品展，由市传统工艺美术保护与发展协会、各县（区）政府、各有关部门配合，组织31家企业参展。该次展会期间，大瑞食品加工有限公司的浑源凉粉、阳高杏汁销售一空。（秦福龙）

【第二届（大同）文化产业博览会】2019年9月28日至10月2日，第六届中国（山西）民族民间工艺美术博览会暨第二届大同文化产业博览会在大同和阳美术馆举行。活动由中国民族民间工艺美术家协会、大同市政府、山西中华文化促进会、省民间工艺美术家协会主办，市文化和旅游局、大同文旅集团、山西黄河风情文化艺术有限公司承办。活动主题为“弘扬中华文化，打造文化高地”，有近300家大师工作室及企业参展，他们分别来自“一带一路”沿线四大洲的8个国家，国内20余个省市自治区，全省11个市，大同市10个县（区）。参展的民族民间工艺美术种类涵盖工艺美术全门类100余个品种，参展参赛作品近2万件。艺博会期间，有近1000名国家级、省级和市级工艺美术大师和非物质文化遗产传承人参与，其中国家级工艺美术大师和非物质文化遗产传承人60余人。大同市各县（区）展区内有民间工艺品、非物质文化遗产产品、特色农产品、土特产、文旅招商引资项目、特色小镇、康养项目等展示及各种大同民俗特色的民间文艺表演。艺博会期间，举办中国民族民间工艺美术发展论坛、第二届中国雕刻大赛、第二届“大同主题”文旅创意设计大赛、中国民族民间工艺美术评奖活动等。在和阳门广场主舞台举办县（区）文化和旅游活动日，宣传介绍各县（区）文化旅游资源和招商引资政策，推荐文旅合作项目，组织民间文艺表演。（张　岗）

【大同市在中国（山西）农博会上推介特色农产品】 2019年9月29日，由市政府主办、新荣区政府承办的第六届中国（山西）特色农产品交易博览会大同“新荣粮食 新荣良心”特色农产品推介活动，在省农产品国际交易中心（太谷县新型产业园区）举行。

新荣区为首批国家级生态示范区之一，是山西省优质小杂粮生产基地，被有关农业专家称为“杂粮宝库”。新荣区通过歌舞、快板、声乐等文艺表演展示地方特色，推介当地特色农产品，并集中介绍该区地理气候特点、自然条件、种植历史、发展历程及近几年脱贫攻坚取得的成绩。在此次农博会上，新荣区组织11家农产品加工企业的46个品种农产品参展。

（编辑部）

【参加黑龙江绿博会】 2019年10月10日至14日，第七届黑龙江绿色食品产业博览会和第二届中国·黑龙江国际大米节在哈尔滨国际会展体育中心举行。山西省参加该届展会的绿色食品产业博览会，参展面积80平方米，有20余家绿色食品企业300余个产品参展，其中大同市6家企业100余种产品参展。展会期间，大同广灵白老大公司现场销售2万元，该公司果仁酥产品与哈尔滨一家公司现场订货1万元，与2家超市、特产店达成合作意向；大同宜民公司“大同黄花”产品与东北2家公司达成合作意向；大同华建油脂公司与2家公司签订订单；东方物华公司与8家超市达成合作意向。东方物华、华建油脂、天镇博信、白老大、宜民黄花和雁门清高6家参展企业100余种产品现场销售14万元，签订农产品贸易合同3个，达成合作意向12个，订单总额1200万元。（编辑部）

【参加2019中国国际进口博览会】 2019年11月5日至10日，第二届中国国际进口博览会将于在上海国家会展中心举办，该届博览会由商务部和上海市人民政府主办。有170余个国家近4000家外国企业参展，参展企业平均展览面积93平方米，比首届增加20%以上。签约参展的世界500强和行业龙头企业超过250家。该届博览会，大同市组织75家单位269人参加。其间，大同市交易分团组织2次进口签约活动。（编辑部）

【参加第四届山西文化产业博览交易会】 2019年12月5日，第四届山西文博会重点项目签约仪式在中国（太原）煤炭交易中心举行，大同展区主题为“中国古都、天下大同”，展出30余个项目、50余种500余件（套）展品。大同市有招商项目29个，现场签约天下大同影视小镇和浑源县农副产品电商物流园暨农博城市场2个项目，签约金额35亿元。

签约现场，云冈区政府和大同宝荣文化传媒有限公司签约天下大同影视小镇（影视制作基地）项目。项目总投资额30亿元，项目毗邻御河、十里河，以“一研二创三生”为理念。“一研”指一个研发中心，“二创”为文化创新、艺术创作2个平台，“三生”为生产、生活、生态3条脉络。建设功能模块为大师创作工作室、研发中心、影视文化博物馆、摄影棚。场地分为摄影棚区、徽派街区院落拍摄区、京派街区建筑群拍摄区、临时外景地拍摄区。浑源县招商引资服务中心与山西华兴农业开发有限公司签约浑源县农副产品电商物流园暨农博城市场项目，投资额5亿元。项目建设规模拟定占地面积20公顷，分2期开发。该项目成为一个集特色农副产品交易、加工、冷链配送、仓储、价格形成、信息传播、品牌展示、电商孵化、农产品体验、农产品认证培训、文旅为一体的场所，且具有理货、储藏、加工、配送、结算、小微金融

▲2019年12月5日，第四届山西文化产业博览交易会在中国（太原）煤炭交易中心开幕。图为大同展区现场（于　宏　摄）

服务、展示、培训、文化体验旅游相结合的科学管理和配套服务，形成线上线下相结合的批发市场、物流基地及旅游商业服务中心。（张 岗）

物流业

【概况】 2019年，大同市物流市场分布在4个区域：城东马连庄一带、城南二长线一带、城西云冈区一带、城北拥军路一带，有1个集中转、仓储、配送一体的AAA级综合性物流园区，是晋冀蒙区域性物流总部基地。根据分拨、配送功能及商圈区域性，全市分布2个市内物流仓储分拨中心，10个县级及大同经济技术开发区物流快递园区。大同市仓储保有量150万平方米，从事物流业务可提供物流信息，城市配送等的公司有540余家。其中，零担专线220余家（以落货为主，同时收发返货），配货信息部320家，物流车辆保有量近1.8万辆，全市物流行业从业人员近2万人，其中上规模快递13家，全部覆盖周边县城，年总快递收发量1亿单。（秦福龙）

【城乡物流建设管理】 2019年，大同市交通运输局以"村村通"为载体，以县乡村汽车站点、电商物流网点、邮政、村委会收寄点等为依托，建立县城物流配送中心、乡镇农村物流配送站等，最终建成县、乡、村三级物流服务网络；针对各县乡客运站闲置问题，结合各县（区）实际情况，采取与农村物流、邮政快递、电商等相结合，交由农村公路养护站进行统一管理，改造成农村公路服务区等方式，综合利用，解决闲置问题，盘活既有资源，促进交邮融合。印发《大同市交通运输局关于加强农村客货运网络建设的通知》《大同市交通运输局 大同市邮政局关于深化交通运输与邮政快递融合推进农村物流快递高质量发展的实施办法》，加强交邮融合，推动农村客货运服务发展，完善农村客货运网络建设。全市1900个具备条件建制村全部通车。（高 青）

【城市绿色货运配送】 2019年，大同市为落实《国务院办公厅关于进一步推进物流业降本增效促进实体经济发展的意见》，申报交通运输部、公安部、商务部联合组织开展的"城市绿色货运配送示范工程"，成为全国22个绿色货运配送示范工程创建城市之一。开展城市绿色配送试点工作，创建工作领导小组，制定实施方案；推进新能源、清洁能源车辆推广与使用，全市建成并投入使用100余个充电桩，20台新能源车辆用于货物配送；落实新能源物流车辆路权优先政策，市交警部门优先给予4.5吨以下厢式配送车辆办理通行证；完善并提升全市货运配送智能化系统，投资14750万元建设大同市交通智能信息指挥控制中心，并推进该项目；依托晋北物流、大同国际陆港等大型物流园区，完善绿色货运配送设施建设和三级体系建设，截至2019年底，公共配送中心末端站调研完毕。（高 青）

【物流寄递领域从业人员禁毒培训】 为加强打击物流寄递渠道涉毒违法犯罪。2019年4月8日，市禁毒办、市公安局物流寄递监侦支队联合举办全市物流寄递领域从业人员禁毒培训会。市政法委、市交通运输局、大同海关、大同民航机场管理局、大秦铁路股份有限责任公司大同站及全市寄递网点、物流公司负责人参加培训会。培训特邀山西警察学院教授范斌授课，主要内容是物流寄递行业有关禁毒缉毒知识，通过培训学习，让相关部门、人员认清毒品形势和危害，熟悉掌握物流寄递行业有关禁毒知识，熟知参与禁毒工作的有关法律法规和具体做法，提高全市物流寄递渠道打击毒品犯罪的能力和水平。（编辑部）

【大同国际陆港保税物流中心获批】 2019年5月20日，海关总署、财政部、国家税务总局和国家外汇管理局四部委联合批复，同意设立大同国际陆港保税物流中心（B型）。大同国际陆港保税物流中心（B型）位于大同经济技术开发区，大同国际陆港建成大同进口肉类指定查验场、电子口岸"单一窗口"、国家杂粮检疫检测重点实验室、冷冻及普货仓储区、保税物流中心（B型）5大功能平台，具备开展对外贸易、仓储物流、监管保税运营条件。大同国际陆港以保税物流中心（B型）同步谋划建设海铁空陆多式联运接驳区、天津港进口直营商品展示展销中心、食品加工园区、大同大宗商品交易中心、综合配套服务区等功能分区，打造北方苜蓿草交易中心，年交易苜蓿70万吨，与中外运、中国集装箱公司合作设立大同集装箱还箱点，方便大同周边外贸企业。（编辑部）

【大同煤矿集团物流有限公司成立】 2019年7月8日，大同煤矿集团物流有限公司成立。市委副书记、市长武宏文，同煤集团党委书记、董事长郭金刚，同煤集团总经理崔建军等见证公司成立。市委常委、副市长冯苏京致辞。同煤集团物流公司是同煤集团的直属子公司，是同煤集团确定的6大产业体系中做实物流产业的重要平台。该物流公司整合同煤集团内部7家物流和贸易公司，立足大同、辐射晋陕内蒙古，融入京津冀和"一带一路"，推动大同成为国家级现代物流枢纽中心。（编辑部）

房地产业

【概况】 2019年，大同市新建、续建房地产项目60个。房地产投资113亿元，销售面积148万平方米，同比增长14.9%。新建商品房交易套数25055套，面积284.25万平方米；存量房交易套数8003套，面积71.97万平方米。接受商品房预售资金监管开发企业51家，监管入账金额169亿元，监管资金18亿元。大同市住房和城乡建设局办理涉及198个小区40196户业主维修资金交存手续，归集维修资金2.13亿元，拨付16个小区使用维修资金1252.4万元，新追缴部分55小区住宅专项维修资金8503万元。在售楼部张贴《关于严格禁止无商品房预售许可证擅自预售的通知》，全年约谈开发公司32家。行政处罚立案11件，办结8件，按序办理3件。（乔晨曦）

2018—2019 年大同市房地产投资完成情况表

单位：万元

指 标	2019 年	2018 年
总 计	1474637	1554488
按构成分：建筑安装	989541	1187110
设备工器具购置	45887	29783
其他费用	439209	337595
按工程用途分：住宅	1153769	1203553
办公楼	25761	25598
商业用房	116448	179121
其他	178659	146216
按隶属关系分：中央	—	—
地方	53675	—
其他	1420962	1455772
本年新增固定资产	1968020	274266
商品房施工面积（平方米）	16673072	13918641
#住宅	10997248	8696287
商品房竣工面积（平方米）	3887522	784949
#住宅	2052846	516189
商品房销售面积（平方米）	2254301	2482734
商品房销售额（万元）	1300958	1305084

【房产土地管理】 2019年，大同市收储房产土地446.67公顷，出让和划拨房产供地92宗，土地面积450公顷，取土地出让金和划拨价款700567万元。其中，公开出让332087万元，协议出让和划拨价款35723万元（不含御鑫亮城2087.28万元）；清缴往年出让金21.81亿元（含御鑫亮城2087.28万元和交易补缴边角地块3宗）；登报公开出让103806万元；平城区棚改项目上交市财政10851万元。

（陈学飞）

【商品房库存】 截至2019年底，大同市商品房可售面积库存675.37万平方米。其中，住宅459.16万平方米，40525套；商业216.21万平方米，商业库存占总库存32%。 （乔晨曦）

【商品房销售】 2019年，大同市商品房销售360.28万平方米，同比下降14.6%。其中，商品住房成交面积322.53万平方米，同比下降11%。

（乔晨曦）

【商品住房价格】 2019年，大同市商品房价格发展不平衡，由于受地理位置、交通、学区、房屋质量影响，不同地段商品房价格相差较大。总体上，有学区的房价高于无学区的房价。市本级平城区商品房价格高于新荣区、云冈区。御东区的商品房价格高于御西区。全年全市商品住宅均价每平方米5729元，同比增长12.6%。

（乔晨曦）

【房地产市场监管】 2019年，大同市组织实施房地产市场秩序规范整治行动，并起草出台大同市《2019年度房地产市场秩序规范整治行动工作方案》，抽查全市房地产开发企业、房地产中介机构、房地产估价机构、物业服务企业，处罚检查中发现的违法违规行为；走访房地产开发企业及房地产估价机构开展“五送”服务，搜集意见建议；各县（区）住建局及各县（区）在建房地产开发建设单位开展全市房地产市场整治、专项维修资金清缴及扫黑除恶督查执法行动，督促各县（区）整治违法违规行为；通过《大同日报》《大同晚报》发布购房过程中应注意的事项，提醒市民购买商品房一定要查看“五证”是否齐全，并阅读合同内容；组织实施住房租赁中介机构专项整治工作；摸底调查全市房地产开发企业，新建、续建房地产项目60个。 （乔晨曦）

【房地产中介机构整治】 2019年，大同市开展住房租赁中介机构（经纪机构）专项整治。制定出台《大同市住房和城乡建设局关于开展住房租赁中介机构专项整治的方案》。成立专项整治领导组。成立以党组成员、副局长为组长，成员单位有房地产市场科、法规科、监察大队的住建局住房租赁中介机构（经纪机构）专项整治领导组。开展全市房地产市场秩序规范整治专项行动。制定《2019年度房地产市场秩序规范整治专项行动工作方案》，其中一项整治针对房地产经纪机构。

在大同市房管交易网站、政府门户网公布中介机构专项整治举报电话和邮箱。山西省实行“多证合一”后，房产中介机构只需取得营业执照，就可不到房地产管理部门备案开展业务，市住建局通过全国企业信息公示平台，了解中介机构信息，由于平台显示数据不全面，开展专项整治后，市住建局与市市场监管局对接，调取大同市房产经纪公司信息。数据显示大同市注册经营范围含有房屋中介、咨询的经纪公司242家，经过摸底有98家开展房地产中介机构业务。专项整治过程中发现大部分中介机构专业人员不足，工作程序不规范，约谈中介机构78家。查处和取缔5家“黑中介”，并曝光。责令1家中介机构整改。 （乔晨曦）

【住房租赁市场管理】 2019年，大同市住房租赁市场中心报请市政府办公室印发《关于加强企业自持租赁住房管理的通知》，并报请市住建局印发《大同市2019年非公共租赁住房租金参考价》。工作开展中，培育大同市开发悦城浩达房地产开发有限公司作为试点企业，在其开发建设的悦城·文昌郡项目中集中配建租赁住房，开展规模化租赁业务。该中心按照《关于进一步规范和加强房屋网签备案、租赁管理和资金监管工作的要点》文件精神，落实房屋租赁网签备案制度，规范引导租赁市场发展。

（乔晨曦）

【物业管理】 2019年，大同市有物业管理企业403家，其中实际开展物业管理服务工作的企业334家，物业管理从业人员1.6万人。全市范围内有住宅小区1513个，其中有物业服务企业实施物业服务875个，建筑面积约8000万平方米。年内，市住建局研究制定物业行业管理发展规划，出台《提升物业服务质量，全面推动“创城”活动实施方案》，建立质价相符的物业服务收费机制。全年现场接待处理投诉40余起；各县（区）受理日常监督管理投诉1370件，办结率95%以上。依托大同同煤技师学院开设物业管理专业和楼宇设施设备维护和安装专业，加快行业队伍人才培养。指导督促县（区）抓物业项目内防止高空坠物，规范有限空间作业，保证燃气、电梯、消防等特种设施设备完好，开展安全常识宣传。把小区管理纳入城市管理和社区建设体系，建立街道办事处（乡镇人民政府）、居（村）民委员会、业主委员会、物业管理企业、业主等共同参与的治理架构，确保群众安居乐业，有效化解小区内产生的矛盾。增强物业企业服务意识，规范物业管理行为，推广物业管理经验，创新物业服务机制，提升全市物业服务整体水平。（乔晨曦）

【网上房屋交易预约预审窗口上线】 2019年4月1日，山西省首个网上房屋交易预约预审窗口在大同市房屋交易权属登记管理中心上线运行（http://www.dtfgjy.cn/）。办理房屋产权交易的群众只需登录指定网站，用手机把相关资料拍成图片传到网上就能进入资料预审环节，通过预审后市民需在预约的时间到指定窗口完成缴纳税费等，现场办理相关手续即可，节省以往现场受理时间。预约办理的市民上网搜“大同市房管交易网”，打开网页点击“首次交易预约”，输入“预约人”身份证号、真实姓名和手机号并获取验证码，然后按页面上指定顺序上传房屋所有权证、商品房买卖合同、不动产发票等资料图片，上传完成后点击“提交”，进入“提交成功，待审核”状态即可。通过“大同市智慧房屋平台”，审核预约人上传资料图片，审核通过或不通过预约人会收到一条短信，其中审核通过的市民可继续登录房管交易网，在网页上“办事服务”栏目下的“预约服务”，根据自己的时间约定合适的办理时间，预约成功后会收到一条显示预约号及办理要求、办理时间、办理窗口和应缴税额短信，市民只需在预约时间内带着应缴税款到达大厅办理即可；审核未通过的市民收到一条短信，提示审核未通过，市民可根据提示完善资料，然后完成网上预约预审。（编辑部）

【2019 大同精品房博会】 2019 年 5 月 16 日至 5 月 21 日，2019 精品房博会在市和阳美术馆举行。该届房博会由市住建局、大同日报传媒集团主办，市房屋交易权属登记管理中心、大同日报传媒集团房产频道周刊部承办，50 余家地产品牌和建材经销商进驻展会参展。该次房博会旨在坚持房子是用来住的、不是用来炒的定位，加快建立多主体供给、多渠道保障、租购并举的住房制度，让全体人民住有所居，传递市房地产市场预期信心，展示御东、老城区楼盘。展会展出市优质地产品牌，满足不同收入阶层购房者需求。大同市房屋交易权属登记管理中心下属的大同市房产交易与租赁管理中心把其所有房地产参展商、二手房机构及银行、公证处、评估机构、担保机构和律师事务所等相关单位，全部迁移至房博会现场，提供房源展示、供需发布、买卖和租赁磋商、交易咨询、金融信贷、担保等服务。开展房子交易、租赁、法律、评估、监管、不动产权属等咨询办理服务。房博会期间观展人数达数万人、成交金额 2000 万元、意向金额 20 亿元。楼盘评选活动结果揭晓，华岳·华府豪庭获“最佳人居典范楼盘”、新水湾·龙园获“最具品牌影响力楼盘”、悦城浩达集团获“最具品牌影响力房地产企业”、碧水云天系列楼盘获“最佳人居典范楼盘”、星业地产获“最具品牌影响力房地产企业”、五州帝景获“最佳性价比楼盘”、大同恒大翡翠华庭获“最佳人居典范楼盘”、大同恒大悦府获“最佳景观楼盘”、富力集团获“最具品牌影响力房地产企业”、永昌雍锦台获“最佳宜居生态楼盘”、星港御澜湾获“最佳人居典范楼盘”、万城地产枫林逸景 2 期获“最佳品质楼盘”、铂蓝郡·花千树获“最具影响力楼盘”、万城集团鸿泽物业被评为“大同物业管理品牌标杆企业”。（编辑部）

【大同市业主委员会协会成立】 2019 年 6 月 12 日，大同市业主委员会协会成立。市业主委员会协会成立，旨在依法依规推进大同市小区业主委员会成立，监督小区物业工作，维护小区业主合法权益，促进小区平安和谐发展。该协会成立后，定期组织业主委员会成员单位学习行业相关业务知识和法律法规，提高履职能力，收集小区业主的意见并向相关部门反映，指导小区业主委员会更好地服务业主。（编辑部）

【全域物业管理战略合作】 2019 年，平城区确定综合治理汽贸小区、云中苑、七中家属楼等 102 个无物业小区，治理内容包括屋顶修缮、庭院二次管网应急维修、道路整修、卫生整治、违章建筑拆除等。综合整治后的这些老旧小区怎么管？平城区从改善物业管理和社区服务入手，通过招投标引入和家生活科技集团，提升居民生活居住环境，建设美好幸福社区。10 月 30 日，平城区政府与和家生活科技集团签订全域物业管理战略合作协议，双方在物业服务、资产运营、城市服务、智慧社区等方面开展合作，共同探索创新模式和实践路径。和家生活科技集团首批进驻平城区 60 个老旧或无物业小区，服务面积 100 余万平方米。围绕业主这一中心及社区治理和服务创新这一主题，平城区与和家生活科技集团，运用市场化机制和手段，发挥企业优势和资源优势，巩固老旧小区改造整治成果，以治理理念引领物业服务，以物业服务支撑社区治理良性运行。（编辑部）

【大同市物业管理推进会】 2019 年 12 月 27 日，大同市物业管理推进会在大同大剧院召开。市委副书记、市长武宏文，副市长马安全参加会议。

会议指出：落实市政府制定印发的《保障全市范围内小区物业正常运行工作机制》，创新推进市、县（区）、乡镇（街道）、村委会（居委会）“四位一体”物业管理模式，把老百姓是否满意作为检验工作成败的最高标准。各级相关部门要履职尽责，形成物业管理合力。市政府建立物业管理联席会商制度，重大问题和重点事项实行集体会商，从速解决到位。各县（区）政府落实属地管理责任，实行“谁分管、谁签字、谁负责”；畅通为民服务绿色通道，“12345”便民服务热线工单即接即办、日结日清。各乡镇（街道）、村委会（居委会）要关心关注水电气暖网等群众最期盼解决的问题，做到事不过夜、即查即办，让群众满意。各建设单位和开发企业落实工程质量终身负责制，从源头化解质量隐患。各水电气暖网等重点企业要强化设施设备、管道线路等日常排查维护和应急服务保障工作，第一时间处理好各类民生诉求。各物业服务管理公司要施行服务内容、服务标准、收费依据、收费项目、计费方式和收支账务“六公开”阳光服务。

会议表彰翔龙集团物业管理公司、山西中惠宜家智慧物业服务公司等 20 家企业，并组织参会人员到亲水湾·龙园小区、御龙庭小区和凯德世家小区观摩物业服务情况、小区党建和社区文化工作。（编辑部）

居民服务业

【“天镇保姆”获省级劳务品牌】 2019 年 1 月初，省人社厅公布 10 个省级劳务品牌名单，大同市“天镇保姆”位列其中，这是大同市首个获得的劳务品牌。2013 年起，天镇县依托“雨露计划”“千村万人”创业就业技能培训工程，以培训农村妇女从事家政服务为主，开展“万名巾帼闯京城，劳务增收创新业”行动，为农村妇女就业打开一条希望之路，“天镇保姆”逐渐成为京津地区的金色招牌。

全县培训输出保姆7000余人，创造劳务收入2亿元，带动1万余名贫困人口稳定脱贫。（编辑部）

【中国（大同）美食旅游文化论坛】 2019年1月25日，由大同市人民政府主办，大同市文化和旅游局承办，《中国国家旅游》杂志、大同市旅游协会、大同市餐饮饭店业协会协办的中国（大同）美食旅游文化论坛在大同举行。国家休闲产业协会副主席、中国亚洲经济发展协会休闲产业委员会副主席、原国家旅游局综合司司长张坚钟，中国旅游改革发展咨询委员会委员、副秘书长，北京第二外国语学院教授，浙江工商大学兼职特聘教授、世界旅游城市联合会专家委员会特聘专家厉新建，北京联合大学中国旅游经济与政策研究中心主任、中国旅游协会休闲度假分会秘书长，中华文化促进会文化旅游产业委员会副主任、世界旅游城市联合会专家曾博伟，以及《中国国家旅游》首席旅行家俱乐部首席旅行家、美食博主、美食家、美食专栏作家等应邀参加论坛。大同市旅游协会、大同市餐饮饭店业协会及新华社、《中国旅游报》《中国日报》、旅游卫视、搜狐、网易、腾讯、新浪等150余人参加论坛。

论坛上张坚钟、厉新建、曾博伟等作主旨演讲，为大同美食旅游建言献策。《中国国家旅游》杂志社主编刘天北为大同市文化和旅游局授予"2019年度《中国国家旅游》美食旅游目的地推荐之选"称号，大同20家地方特色餐厅被授予"《中国国家旅游》首席旅行家俱乐部2019推荐之选"称号。（编辑部）

【大同代表团在全国第八届烹饪技能服务竞赛山西赛区比赛中获金奖】 2019年5月初，全国第八届烹饪技能服务竞赛山西赛区比赛在太原举行。大同市有15家企业、84名选手参加全部17个比赛项目，其中72名选手参加个人赛，分别获国家级奖和省级奖牌126枚，4家企业参加团体赛，获3枚金牌、1枚银牌，奖牌总数名列第二。

大赛宗旨是传承中华烹饪技艺，弘扬山西饮食文化，培育专业技能人才，提升餐饮服务水平。由市总工会和大同餐饮饭店协会组织的大同代表团参加个人项目有中餐热菜、创意凉菜、中西式面点、茶艺、调酒等，另有中式、西式烹饪和餐厅服务全能项目。在团体赛中，永和红旗美食城的雁北杂粮宴获山西特色宴席金奖，花园大饭店的宫廷养生寿宴获山西特色创新宴席金奖，大同二职中获团餐金奖，广灵豆宴获山西特色宴席银奖。在山西烹饪餐饮饭店行业30年飞跃发展峰会上，刘海明被评为改革开放40年山西省非公有制餐饮领军人。（编辑部）

【全民营养周活动】 2019年5月12日至18日是全民营养周。大同市启动全民营养周活动，通过线上传播、线下进社区、进校园、进农村等活动，为市民普及营养健康知识，提升全民营养健康素养。

全民营养周活动的主题是"合理膳食、天天蔬果、健康你我"。活动期间，大同市针对不同人群（如流动人口、贫困人口、妇女、儿童、青少年、老年人、残疾人等）的特点和需求，在各单位官方网站、微博、微信公众号等媒体平台，开设"全民营养周"专栏，播放、刊登可随时在线观看的主题讲座、专家报告视频、海报、科普文章等，组织营养师、营养教育从业者、医护专家等走进社区、养老院、医养中心，开展贴近居民实际的科普知识宣传、讲座、义诊活动向市民普及营养健康知识，增强市民健康意识和能力。大同市组织专家，动员农村专业技术协会、农村科普示范基地、农村科普带头人和科普工作队，开展营养科普讲座等相关活动，提高农民营养科学认知水平。（编辑部）

【幸福里社区便民餐厅开业】 2019年7月28日，平城区幸福里社区便民餐厅开张迎客，吸引不少居民群众就餐。幸福里社区所辖小区皆为老旧小区，居民以老年人居多，吃饭问题一直是诸多老年人面临的最大难题。社区便民餐厅解决居家养老"吃饭难"大问题。该社区便民餐厅坚持低价薄利原则，原料严格把关，菜品丰富，价格亲民，让居民在餐厅吃得放心、吃得舒心。（编辑部）

【大同黄花大同羊肉入选冬奥菜单】 2019年9月初，为提升北京冬奥会餐饮服务质量和水平，服务于赛事期间来自四面八方的游客，2022北京冬奥会张家口赛区举行"崇礼菜单"研发。该次"崇礼菜单"研发，省餐饮饭店协会副主席、阳高籍中国烹饪大师杭伟洲被特邀参加冬奥会美食组委会设计菜单，在菜品研发过程中，大同市餐饮饭店协会给予支持，准备大同道士窑羊肉、云州区冰鲜黄花等优质大同食材，最终杭伟洲大师有6道菜品入选，其中包括其中大同盐煎羊肉、黄花热冷各一菜共3道菜入选冬奥美食菜单。（编辑部）

【瘫痪老人享受入户保洁服务】 2019年9月初，由平城区新建南路街道购买、市热橙清洁服务有限公司承接的入户保洁项目启动，幸福里社区王存亭老人作为第一位顾客享受到上门洗衣、打扫、买菜等保洁服务。新建南路社会组织联合会成立以来，通过购买社会组织服务力量为辖区老年人、妇女、儿童、残疾人、困难家庭等提供多元化贴心服务，街道社区搭台，社会组织唱戏，满足不同群体生活需求。（编辑部）

【全市妇女家政服务暨"天镇保姆"技能培训班】 2019年9月17日至22日，由市妇联主办的全市妇女家政服务暨"天镇保姆"技能培训班在天镇方源职业培训学校举行，来自全市各县（区）妇女40余名参加培训。培训围绕新生儿护理、小儿抚触、婴儿期智力开发、产后恢复、产妇室内环境及清洁、产妇产后的心理疏导及注意事项、月嫂职业礼仪等内容。（编辑部）

【市餐饮界与京津餐饮界学习交流】 2019年10月上旬，大同市餐饮饭店业协会一行到北京市丰台区调研考察，并参加在天津举办的第29届中国厨师节，旨在加强大同市餐饮界与京津地区餐饮界交流，宣传大同特色美食和餐饮文化。市餐饮饭店业协会一行分别考察北京丰台区地标性美食街万丰路、丰台总部基地华夏幸福创新中心特色商业街等地，了解街区规划与建设经验，以及餐饮业新模式下注重智慧、文化、生态、创新的时尚新理念。了解到丰台区近年来商业布局、餐饮文化、旅游等方面发展成效。9 月 23 日至 25 日，第 29 届中国厨师节在天津举行，大同市餐饮饭店业协会代表参加该次活动，由大同木兰小馆烹饪制作的“大同好粮”黄花宴在活动中亮相，黄花宴涵盖冷、热、荤、素及汤等品类。（编辑部）

【餐饮饭店行业代表队获奖】 2019 年 10 月 19 日至 26 日，首届山西省职业技能大赛决赛在长治、晋城、太原三地举行。该次大赛由省政府授权，省人社厅、省教育厅、省财政厅、省国资委、省总工会联合举办。大赛主题是“人人持证、技能社会”。大同市餐饮饭店行业代表队由市 14 家餐饮企业的 20 位餐饮人员组成。该次餐饮行业比赛在太原赛区太原市高级技校赛点举办，有中餐烹饪师、中餐面点师、餐饮服务员 3 大类项目，均需自带厨具和食材等。经过比赛，大同魏都国际酒店行政总厨张文获中餐烹饪师一等奖，个人成绩第二名；老爷庙风味食府行政总厨白华、永和文瀛山庄行政总厨宋斌斌、云冈建国饭店行政总厨杜宏玉获中餐烹饪师三等奖；永和红旗美食城面点师薛俊峰获中餐面点师二等奖，个人成绩第六名；金地豪生大酒店面点师杨继生获中餐面点师三等奖；弘雅饭店服务员高瑞芳、王府至尊餐饮部前厅副经理刘彦敏获餐饮服务员三等奖。（编辑部）

【餐桌消费扶贫暨职业技能大赛表彰会】 2019 年 11 月 6 日，市餐桌消费扶贫暨职业技能大赛表彰会召开。该次会议由市餐饮饭店业协会主办。会议回顾一年的工作，表彰市餐饮行业在全国第八届（山西第七届）烹饪服务技能竞赛中的获奖人员；表彰获特殊贡献奖、青年岗位能手、岗位女能手、优秀管理者、最美服务之星等人员及在餐桌扶贫方面表现突出的企业。会上，市餐饮饭店业协会与北京丰台区餐饮协会签订战略合作协议；团市委为大同市餐饮饭店业协会授予“共青团工作指导和推进委员会”牌。（编辑部）

【“母女档”捧回“晋嫂”母婴护理金银奖】 2019 年 11 月中旬，由省妇联牵头主办，以“唱响‘晋嫂’品牌服务提质扩容”为主题的 2019 中国技能大赛——第五届“晋嫂”家政服务技能大赛落幕。该次大赛经微信平台网络答题和视频初赛评选，全省有母婴服务（育婴员）类、家务料理（中式烹调）类、养老护理（护工）类 61 名选手进入复赛，其中大同市推荐选送的 3 名母婴服务参赛选手经过评选后进入复赛。大同市母婴护理人员姚玉杰、李佳璇分别获母婴服务类别金奖和银奖。姚玉杰与李佳璇是母女关系，均来自大同市星光职业培训学校。（编辑部）

【首届家政行业技能竞赛】 2019 年 12 月 21 日，为提升大同市家政行业整体服务水平，培养选拔高素质家政服务人才，由市私营企业工会联合委员会主办，市家庭服务行业工会联合会、天镇县阳光职业培训学校承办，市家庭服务行业协会协办的大同市首届“天镇保姆杯”家政行业技能竞赛在天镇县阳光职业培训学校举行。来自全市 11 家家政服务公司的 81 名家政服务人员同场竞技。最终决出一等奖 3 名，二等奖 6 名，三等奖 9 名。（常学良）

▲ 2019 年 12 月 21 日，大同市首届“天镇保姆杯”家政行业技能竞赛在天镇县阳光职业培训学校举行。图为颁奖现场（常学良 摄）

旅游业

综　述

【概况】　2019年，大同市文化旅游领域建设项目计划投资24.27亿元，实际累计投资25亿元，涵盖研学旅行、康养旅游、生态旅游等业态。大同潘家园文旅项目、阳高神泉古域、浑源神溪湿地等一批新业态项目运行，推进桑干河湿地公园、古城东北隅开发工程、万龙白登山滑雪场二期等项目建设。升级改造大同市以古城、云冈、恒山、长城、火山5大景区，带动文旅产业整体发展。全市接待入境旅游者23.61万人次，同比增长12.15%，接待国内旅游者8294.56万人次，同比增长21.14%，旅游外汇收入5356.81万美元，同比增长12.46%；国内旅游收入737.65亿元，同比增长22.86%；旅游总收入741.21亿元，同比增长22.66%。加大乡村旅游扶持发展步伐，推动云州区吉家庄中心村旅游特色小镇等7个乡旅项目实施，9个村被省政府命名为“山西省乡村旅游示范村”、30个乡村被命名为旅游扶贫示范村，8家经营单位被评为“长城人家”“太行人家”。在文旅营销中，通过举办成龙国际动作电影周、中国世界遗产旅游推广联盟大会等大型活动；通过参加全国各地旅游推广活动、旅游博览会推荐；通过客流目的地精准营销，机场地铁等人流量集中地方播放大同宣传片等方式，提升城市品牌形象，增强城市活力。全年办理大宗旅游接待411个，其中经查验的专列37个、大巴团374个、接待人数143851人。

（张　岗）

1995—2019年大同市旅游事业发展情况表

年　份	接待旅游总人数（万人次）	#外国人	旅游总收入（亿元）	国内旅游收入（亿元）	旅游外汇收入（万美元）
1995	62.83	2.55	—	0.32	609
1996	63.14	2.73	—	0.50	775
1997	63.83	3.92	—	1.51	848
1998	72.59	3.60	—	0.99	716
1999	227.16	3.57	—	9.25	1051
2000	245.15	4.01	—	10.39	1200
2001	297.61	5.14	13.14	11.77	1662
2002	357.13	5.30	15.84	14.28	1884
2003	283.86	2.56	11.43	10.69	894
2004	602.50	3.60	20.16	19.16	1613
2005	724.43	5.96	33.16	31.36	2297
2006	822.04	7.40	47.64	44.96	3295

续 表

年 份	接待旅游总人数（万人次）	#外国人	旅游总收入（亿元）	国内旅游收入（亿元）	旅游外汇收入（万美元）
2007	933.38	9.76	63.23	60.03	4187
2008	1029.79	12.20	78.79	75.04	5520
2009	1178.91	13.50	96.35	93.55	5431
2010	1393.95	20.23	118.20	113.24	7310
2011	1616.17	18.99	136.60	130.90	8651
2012	1918.04	22.80	162.82	156.22	10224
2013	2355.83	31.27	200.33	192.90	11781
2014	2757.96	5.06	238.67	236.50	3520
2015	3201.11	6.57	281.17	278.86	3762
2016	4048.47	6.97	363.30	360.70	4023
2017	5391.08	5.82	483.13	480.32	4285
2018	6911.20	6.47	620.93	616.93	4889
2019	8395.45	9.13	762.11	758.46	5497

【全域旅游发展】 2019年，山西文旅集团云游山西股份有限公司与大同市旅游集散中心有限公司签订战略合作协议，双方发挥各自平台优势，在推动大同地区文旅融合发展等方面开展合作。云游山西以全域旅游为导向，以大同为突破口辐射晋北地区乃至全省，引领全省文化新业态，促进文化旅游惠民共享。“云游行”旅游年卡于4月启用。“云游行”旅游年卡以便民为核心，结合“旅游＋互联网＋民生”和“全域旅游”理念，实现一码出行，做到旅游与交通、文化、民生融合，让旅程更加快捷。面对文旅变革的新形势和出现的新业态，推动资源整合，促进产业融合，带动文旅全域发展。云州区整合黄花、火山、湿地等资源，建成50千米贯通主要景点的“火山天路”，出台《关于实施全域旅游发展战略的意见》。灵丘县整合相关资源，打造灵丘旅游“宜居宜业宜游”品牌，以文旅项目带动乡村旅游实现新增长。浑源县推出天赐山、永安寺、神溪湿地的“一山一寺一池花”文旅线路。（张 岗）

【大同位列2019中国百强品牌城市榜单】 2019年，国家统计局、国家信息中心和有关部委发布数据，中国城市报社、人民日报文化传媒等单位按照《品牌评价城市》国家标准，标准化处理全国地级市，计算出城市品牌综合影响力指数，并发布“中国百强品牌城市榜单”。大同市位列全国第90位。

2019中国城市品牌评价百强榜是以绿色发展为主要评价指数，旨在培育一批国际知名的地级市、县级市，推动成立中国文旅品牌集群，培育历史文化景区和自然生态景区区域品牌。

大同作为山西省第二大城市，是中国首批24个国家历史文化名城之一、中国首批13个较大的市之一、中国大古都之一、国家新能源示范城市、中国优秀旅游城市、国家园林城市、全国双拥模范城市、全国性交通枢纽城市、中国雕塑之都、中国十佳运动休闲城市。区内有世界文化遗产1处（云冈石窟），国家重点文物保护单位27处，其他各级文物保护单位300余处，其中居全国“文物之最”有7处。（编辑部）

【大同被授予“中国美丽城市”称号】 2019年底，由中国环境报社、中国环境网共同主办的首届“发现‘美丽城市’‘美丽乡镇’‘美丽景区’”大型推选活动，大同被授予“美丽城市”称号，云冈石窟大景区、晋华宫国家矿山公园被评为“美丽景区”。

该次活动旨在通过宣传生态文明、绿色发展等方面典型案例，为各地推进美丽中国建设提供借鉴。活动自2018年9月启动以来，历经自荐推荐、专家评审、网民投票等环节，最终从入围160个城市、乡镇与景区中评选出18个“美丽城市”、29个“美丽乡镇”和7个“美丽景区”。近年来，大同市委、市政府牢固树立“绿水青山就是金山银山”的发展理念，开展“捍卫大同蓝、建设大同清、厚植大同绿”创建行动，结合市情实际，推进供给侧结构性改革，从调产业结构、调能源结构、调消费结构3方面推动绿色转型。推进“1510”（围绕消除劣Ⅴ类断面这“1”目标，市生态环境局等“5”

个牵头单位推动相关县区落实污水厂扩容迁建及提标改造等“10”项重点任务和100个具体项目）水污染防治机制，突出造林绿化，加强生态修复，实施造林绿化、城市绿化，防范土壤环境风险，实现从“煤都黑”到“大同蓝”转变。全年全市二级以上优良天数311天，同比增加6天。

（编辑部）

旅游规划建设

【《中国大同旅游发展指数2018年运行报告及2019展望》发布】 2019年1月25日，《中国大同旅游发展指数2018年运行报告及2019展望》发布。报告由中国经济信息社新华指数编制，与《中国国家旅游》杂志联合发布。报告显示，与2017年相比，2018年大同旅游热呈高涨态势，预计2019年大同旅游热度持续提升。大同旅游发展指数从客流量热度、消费热度和关注潜力热度3个维度，监测、预测及预警大同市旅游业发展情况。2018年该指数平均值1217.86点，较2017年上涨24.28%。

中国大同旅游发展指数是国内首支城市级古都旅游大数据指数，通过监测游客游前、游中和游后行为数据，科学反映城市旅游景气情况，为旅游资源优化配置提供分析工具。作为“中国古都年味IP指数”系列专题首期推出的《中国大同古都灯会大数据报告》，分析解读灯会全网数据，为相关部门提供决策依据。

（张　岗）

【云冈峪文化长廊景区旅游总体规划设计专家座谈会】 2019年3月，云冈峪文化长廊景区旅游总体规划设计专家座谈会召开。会上，来自大同市和上海市的相关专家各抒己见，提出云冈峪文化长廊的建设意见和建议。云冈石窟所在的云冈峪，西通内蒙古，自古为边塞要道，是北魏平城丝绸之路的前段。云冈峪沿线文化遗存众多，加上近现代的煤矿、煤窑、铁路等工业文明项目，构成全国少有的历史文化旅游带。该次会议讨论的重点是如何结合晋蒙古道的人文地理，打造一条从山西云冈、左云、右玉到内蒙古和林格尔、呼和浩特，长约250千米的边塞文化长廊。会上，上海复旦规划建筑设计院设计人员阐述云冈峪文化长廊的现状和优势。与会专家认为，打造历史文化长廊，要以云冈石窟为核心，串联起云冈峪内的其他历史文化遗迹，挖掘景点背景故事和典故，丰富旅游内容，依托周边煤炭工业遗址，发展煤都井下探秘游、特色工业观光游，使云冈峪文化长廊逐渐成为集休闲、观光、研学、游玩为一体的山西旅游北线的核心区。

（张　岗）

【山西长城文旅联盟成立】 2019年3月8日，山西长城文旅联盟成立暨新荣区文旅特色小镇合作签约仪式在新荣区得胜堡举行。山西长城文旅联盟由山西省长城保护研究会、大同长城学会、大同市古城保护和修复研究会、山西文旅集团长城旅游发展有限公司、大同文化旅游集团有限公司等9家单位发起，吸纳包括大同、朔州、忻州3地相关机构，有成员单位32家。山西堪称长城的故乡，具有战国长城、东魏长城、北齐长城、北周长城、明清长城等，时间跨度大、区域分布广、类型多样、遗存遗迹丰富，主要分布于9个市40余个县（区）。山西长城文旅联盟旨在搭建一个便于联络沟通、交流协作的平台，使有长城资源的市、县、区加大合作力度，增强各地区在长城保护、旅游、宣传等方面交流，共同推进示范性和前瞻性长城保护科研项目，促进山西长城文化遗产整体保护工作，对外推荐和宣传山西长城。

（张　岗）

【《中国大同旅游发展指数（2019年上半年运行报告）》发布】 2019年7月15日，中国经济信息社在大同发布《中国大同旅游发展指数（2019年上半年运行报告）》（简称《报告》）。大同旅游发展指数通过旅游大数据挖掘，从客流量热度、消费热度和关注潜力热度3个维度，监测、预测和预警大同市旅游业发展情况。

《报告》显示，2017年以来，大同旅游发展强劲，旅游产业进入快速发展期。2019年6月30日，指数1389.55点，较基期增长38.96%。总体呈现淡季不淡、旺季更旺的特征，非节假日旅游热度上升。2019年上半年，大同旅游业稳步增长，市外客流量、消费热度、关注潜力热度分别同比增长15.32%、10.08%、73.41%。劳动节假期过后，旅游热度继续保持高涨。游客满意度方面，景区娱乐性、观赏性、历史感及交通设施均得高分。“云冈文化旅游系列活动”是大同最具影响力的城市文化旅游品牌。数据显示，2018年活动期间日均市外客流量21万人，同比增长34.09%。文化季节庆活动多点开花：成龙国际动作电影周引发当季热度高峰，客流量同比增长77.89%；大同国际汽车文化嘉年华、美食大会等品牌活动为大同旅游锦上添花，国际与本土、传统与现代相互交融。

（张　岗）

【灵丘县民俗风情游线路入选“夏纳凉”乡村旅游精品线路】 2019年7月下旬，为实施休闲农业和乡村旅游精品工程，推进休闲农业和乡村旅游高质量发展，农业农村部推出150条“夏纳凉”系列休闲农业与乡村旅游精品景点线路，大同市灵丘县民俗风情游精品线路入选。

灵丘民俗风情游线路为：灵丘县城→城头会有机农业社区→觉山寺→车河有机农业社区→桃花溶洞风景区→北泉村→花塔民俗风景区→平型关战役遗址，推荐行程2—3天。城头会有机农业社区建设梯田耕地6.67公顷，步行观光石板路1280米，沿河自行车道5000米，架设跨河石桥及钢索桥各1座。觉山寺始建于北魏太和七年（483），清光绪年间（1875—1908）重修，寺塔建于公元1090年，为国家级文物保护单位，寺内密檐式砖塔、凤凰台上小塔之高和古井之深均为十三丈，故留下“塔井山齐”觉山寺美名。车河有机农业社区建成新型农居60套、民俗博物馆1座，发展有机种植500亩，养殖有机鸡3万只。桃花溶洞风景区有170万年历史，桃花泉由山腰喷涌而出，至山脚落差146米，日流量8000余吨，属山西省第四泉。北泉村濒临唐河，四面环山，气候温润，湿地宽广，2007年被评为全国农业旅游示范点。花塔民俗风景区海拔550米，是大同市海拔最低的地方，四面环山，河水绕村，盛产花椒、核桃、柿子、黑枣等经济作物，以大面积世界珍稀树种——青檀最为著名，现存建筑多为清代风格，2007年被评为山西省农业旅游示范点。平型关战役遗址包括平型关大捷纪念馆、纪念碑、将帅广场、主战场乔沟、老爷庙争夺战遗址、115师指挥所旧址、烽火台等，2005年被列入全国30条红色旅游精品线路和100个全国红色旅游经典景区，2014年入选第一批国家级抗战纪念设施遗址名录。（张　岗）

【文旅振兴专题研修班】　2019年10月27日至11月2日，大同市在西安交通大学举办文旅振兴专题研修班。

该次培训班由市委组织部、市文化和旅游局联合举办，来自西安市城市规划设计院、西安交通大学、陕西省旅游设计院、长安大学、陕西师范大学、咸阳市文物旅游局等部门的专家、教授围绕古城保护与新区建设、文化发展与城市形象定位及传播、文化旅游资源开发与规划、旅游景区创新管理方式与运营、全域旅游背景下的智慧旅游建设、城镇化与美丽乡村文化旅游协调发展等内容专题辅导学员们。学习期间，学员们到曲江国家级文化产业示范区、礼泉县袁家村、沣东新城诗经里等地现场教学，实地学习西安市文旅融合发展先进经验，增长见识、提升能力。（张　岗）

【东小城文化旅游综合体旅游演艺项目签约】　2019年11月28日，“天下大同”——大同东小城文化旅游综合体旅游演艺项目签约仪式暨大同城市文化旅游发展沙龙在大同举行。

东小城文化旅游综合体旅游演艺项目由深特集团携手在文化旅游项目策划、文旅娱乐内容打造等业务领域拥有专业经验和丰富资源的山地（北京）商业管理有限公司合力建设。

大同里的“大不同”——大同城市文化旅游发展沙龙由世界城市文化论坛顾问、上海交大DBA博导、加拿大魔方文化公司CEO郭梅君主持，中国演出行业协会会长朱克宁，阿里大麦副总裁陈晓华，云峰基金董事总经理朱艺恺，总制作人李东，总导演高广健，大同市三晋文化研究会会长要子瑾，大同古城保护与修复研究会秘书长、《大同文旅》主编宋志强等嘉宾结合大同文化底蕴，围绕东小城文化旅游综合体旅游演艺项目，提出以文化渊源为纽带、旅游发展为契机、旅游演出为引擎，带动东小城及大同文化旅游及经济发展思路。（张　岗）

旅游景区

云冈石窟景区

【概况】　云冈石窟是中国三大石窟之一，位于大同市城西16千米的武州山南麓，十里河北岸。石窟依山开凿，东西绵延1千米，现存大小窟龛254个，主要洞窟45座，造像5.9万余尊。2019年，景区游客接待量197万余人，同比增长19.9%，门票总收入1.3亿元，同比增长9.24%。

云冈石窟被国务院公布为第一批全国重点文物保护单位、被联合国教科文组织列入《世界文化遗产名录》、是国家首批AAAAA级旅游景区、被国家质检总局授予“全国佛教文化与石窟艺术旅游产业知名品牌创建示范区”称号。2019年，云冈石窟被命名“大同市中小学生生态环境教育社会实践基地”、山西省思想政治工作研究会第六届理事会理事单位。（宣　林）

【《速读云冈》出版】　2019年1月，由云冈石窟研究院、云冈旅游区管委会书记王雁翔，云冈石窟网络中心编辑付洁编著的口袋书《速读云冈——在云冈，请跟随我从A走到Z》由山西人民出版社出版发行。该书以26个英文字母为序，从空气、佛像、洞窟、装饰图案、皇帝、创始人、美术馆、历史、碑刻等视角切入，以文字和图片直观介绍云冈石窟大景区的气候环境、所有洞窟、开凿背景，未解之谜、景区新貌等，涉及雕刻、音乐、壁画、历史、宗教、诗词等诸多云冈知识，解读方式具有专业性，文学色彩和趣味性。（宣　林）

【云冈石窟复制窟】　2019年2月25日，由外交部和山西省人民政府共同举办的外交部第17场省区市全球推介活动在外交部蓝厅举行，现场通过图片、展品展示山西灿烂的文化、壮美的风光。云冈石窟20窟复制窟等大同元素，亮相外交部蓝厅山西全球推介会。4月25日，第二届“一带一路”国际合作高峰论坛在北京举办，近40位外国领导人，来自150余个国家和90余个国际组织近5000位外宾参加盛会。云冈石窟研究院作为第二届“一带一路”国际合作高峰论坛会场布置的合作单位，为峰会制作完成1件3D打印作品“丝路光影”，这件“一带一路”的主题性创作雕塑由云冈石窟研究院数字化室与国家会议中心运营团队共同设计完成，呈现在国家会议中心外国元首通道和国家元首休息区。10月，云冈石窟第12窟原比例3D打印复制窟项目在深圳完成上色总装，总装后的复制窟，由110块2米见方的“积木块”分6层拼搭组装而成，分前室、后室2个组团，可单独或拼合展示，为云冈石窟“行走世界”巡展开启第一步。

（宣　林）

【云冈石窟新发现多处铭刻】　2019年6月，云冈石窟研究院加固云冈石窟第3窟危岩体施工过程中，在3窟后室三尊像与窟顶间的石壁上，发现多处铭刻，字数不等、大小不一、内容各异、时代不明，从位置和字迹情况看，应为历史上某阶段石窟开凿或修缮后工匠留刻的痕迹。（宣　林）

【《云冈石窟全集》出版】　2019年7月，由云冈石窟研究院和青岛出版集团编辑出版的第一部最全面的云冈石窟学术著作《云冈石窟全集》20卷出版。《云冈石窟全集》由中国社会科学院世界宗教研究所研究员、硕士生导师丁明夷担任顾问，云冈石窟研究院院长张焯主编。《云冈石窟全集》20卷历时七年，经过摄影、扫描、绘图、撰稿、校对、排版、直到印刷，展示云冈石窟彩色影像与学术研究成果。《云冈石窟全集》收录7000余幅石窟影像作品，线描图、拓片400余幅，文章23篇。前19卷全景式展现石窟群所有雕刻内容，第20卷总结历次考古发掘成果，谓之“全集”，

旅游业

名副其实。《云冈石窟全集》从20余万张彩色照片中遴选精华，全书反映云冈石窟这一人类文化遗产不同时期、不同洞窟、不同艺术风格与艺术特点的全集性图典。（宣 林）

▲2019年8月20日，云冈石窟研究院院史馆开馆。图为游客在院史馆内参观（戎禹仁 摄）

【云冈院史馆开馆】 2019年8月20日，云冈院史馆开馆。云冈院史馆位于云冈景区礼佛大道南侧，毗邻云冈美术馆，建筑面积540平方米，展陈面积约290平方米。馆内分发现云冈、认识云冈、保护云冈、创新云冈、名人翰墨5大展区，展出近200幅云冈历史图片、220余件实物，多为首次公开面世。展陈内容以时间为脉络，用专题板块、展陈实物、名人字画等形式，展示云冈石窟从任人宰割到世界遗产，从满目疮痍变硕果累累，从黑白世界现锦色满园的百年历史变迁。（宣 林）

【云冈石窟景区获全国AAAAA景区品牌第9名】 2019年9月20日，由迈点研究院独家发布的“2019年8月AAAAA景区品牌100强榜单”发布，云冈石窟景区名列AAAAA景区品牌100强第9名。“2019年AAAAA级景区品牌100强榜单”数据来源于迈点品牌指数MBI，根据迈点品牌指数MBI汇总统计全国259个AAAAA景区数据而成，每月发布，主要从搜索指数、舆情指数、运营指数、媒体指数4个维度分析品牌在互联网和移动互联网影响力。迈点品牌指数基于百人团队全时监测、超1000种维度数据抓取、5轮层层精校审核，历经10年有余的数据积淀与深耕，成为洞察行业品牌发展变化的风向标。（宣 林）

【吴官屯石窟鲁班窑石窟并入云冈石窟】 2019年10月下旬，国务院发布《关于核定并公布第八批全国重点文物保护单位的通知》，核定文化和旅游部、国家文物局确定的第八批全国重点文物保护单位762处，与全国重点文物保护单位合并的项目50处。大同市吴官屯石窟、鲁班窑石窟并入云冈石窟。

吴官屯石窟位于云冈石窟以西约4千米处的武周川北岸崖壁上，东西相连200余米，多为小型窟龛。近年来，云冈石窟文物保管所重新勘察编号，现存窟龛32个，皆为北魏遗存。这批窟龛中，约有三分之一高、宽、深在1米以上，其中第19窟高、宽、深在2米左右，其他多数为1米以下龛像。吴官屯石窟没有成组的窟，小型窟龛居多，布局多样的小龛遍布崖面。吴官屯石窟的北魏造像，主要开凿于迁都洛阳之后，与云冈石窟晚期的造型、题材相近。鲁班窑石窟位于武周川西岸，东距云冈石窟约700米。据其洞窟形制及造像风格判断，为云冈石窟早中期作品，是云冈石窟群的重要组成部分。辽代重修该窟，明代窟顶曾筑有烽火台，具有历史文化及艺术价值。（宣 林）

【云冈石窟编制山西省地方性行业标准】 2019年11月11日，由省文物标准化委员会提出，云冈石窟研究院主持编写的《石窟寺文物三维激光扫描数字化采集技术规程》《石窟寺文物近景摄影测量三维数字化采集技术规程》，经省市场监督管理局审核批准，成为山西省地方性行业标准发布，这是山西省文博系统首例地方性行业标准。

为使文物数字化工作形成一个系统、科学的有机整体，推动文物数字化工作规范有序开展，云冈石窟研究院成立专门标准编制小组，以云冈石窟作为研究对象，联合高校和科研单位，结合测绘、光学、计量等学科基础，体现文物数字化“原真性”原则，综合考量近景摄影测量和三维激光扫描的工作原理和流程，制定适用于石窟寺文物的数据采集标准。该标准编制工作始于2014年，标准内容不断更新和细化。在标准的编制过程中，结合来自全国文物系统、高校、科研院所等相关领域专家的100余条函审建议，归纳整理，四易其稿，形成终稿。（宣 林）

【云冈石窟与吴哥窟建立合作关系】 2019年12月2日，中国云冈旅游区管委会（云冈石窟研究院）与柬埔寨吴哥窟管理总局签署谅解备忘录。旨在探讨姐妹景区关系，发展友好合作关系，增进吴哥窟管理总局与云冈旅游区管委会（云冈石窟研究院）在文化和自然遗产保护及文化和自然旅游资源开发领域的相互了解。双方开展两大世界遗产保护和管理、研究和考古培训、可持续旅游开发与环境管理等领域的交流与合作，开展有关保护、管理等培训，以及交流信息、研究和技术援助等方面合作。（宣 林）

【《云冈石窟全集》获“第七届中华优秀出版物奖”】 2019年12月，由中国出版协会主办的“第七届中华优秀出版物奖”在北京揭晓。由云冈石窟研究院院长张焯担任主编，云冈石窟研究院和青岛出版集团联合编纂的《云冈石窟全集》20卷上榜。

每两年评选一次的中华优秀出版

物奖是与“五个一工程”奖、中国出版政府奖并列的国家级出版物三大奖之一。经过初评、复评和终评，并经评委会无记名投票，有330种作品获该届中华优秀出版物奖，其中获奖图书100种，提名奖100种；获奖音像电子游戏出版物30种，提名奖70种；出版科研论文30篇。《云冈石窟全集》入选国家“十二五”重点出版规划、国家改革和发展项目库，获国家出版基金资助，是一套全面反映云冈石窟不同时期、不同洞窟、不同艺术风格与艺术特点的图集。（宣　林）

恒山风景名胜区

【概况】 2019年，恒山风景名胜区管理委员会统一规范景区摊点服务设施。集中清理沿线和周边环境卫生，并落实责任，建立长效机制。加强黑出租、黑摩的、黑导游、假道士等监管。提升旅游服务环境和旅游形象，取缔整治岳门湾进山口前摊点，改进进出景区的车道和路径，规范改造庙群停车场餐饮摊点。景区所有员工全部挂牌服务，统一工作服，并编制景区员工手册，编制景区导游手册，规范服务用语和服务行为。增设多个景区宣传品取阅点，方便游客了解景区和服务。智慧景区建设，开展微信扫码免费听悬空寺、恒山庙群讲解等服务。全年接待游客数量166.5万人次，比上年同期增长19.5%；门票收入5807.5万元，同比减少9.5%。

（恒山管委会）

【景区建设】 2019年，恒山风景名胜区管理委员会启动恒山景区环境整治项目钢坝工程，该工程位于悬空寺河面，投资600万元，并入全县生态环境综合治理PPP项目。投资15万元恒山庙群悬根松路段落石清理工程完工。建设完工恒山古树苗木保护工程，该项目主要是实施恒山庙群区域的古树苗木浇水、护坑、修剪、病虫害防治等。申报、创建AAAAA景区工作。（恒山管委会）

【文化名山建设】 2019年，山西大学到华留学生中华传统文化研学基地、山西大学商务学院中华传统文化研学基地在恒山风景名胜区挂牌，在永安寺举办成龙到浑源县定制铸钟交接仪式，举办中华五岳七届四次年会暨五岳联盟第十七次会议，举办农历四月八传统庙会等。春节期间举办恒山民俗年系列活动。挖掘徐霞客与北岳恒山文化渊源，组织中国旅游日活动。与山西大学国际文化交流学院携手，在悬空寺景区广场上举办“温馨‘5·19’，欢乐恒山行”研学活动。参加北京国际博览会、中部博览会等展会，推进景区营销合作。与中国风景名胜区协会加大信息交流、文化展示等方面合作交流力度，延伸恒山形象宣传新平台。在各大媒体、网站宣传北岳名山，提升恒山知名度和美誉度。推动《北岳》等地方文化刊物发展，创建新的恒山文化阵地和平台。

（恒山管委会）

【北岳恒山入列“锦绣中国榜最佳旅游名景”】 2019年2月下旬，北岳恒山风景名胜区景区入列“2018锦绣中国榜新时代·中国最佳旅游名景”榜单。该项活动由中国互联网新闻中心主办，中国文化管理协会文旅专业委员会协办。“锦绣中国榜”以发现和分享中国之美为使命，依据“新闻检索、提名入围、资料申报、专家评审、媒体公示、网络投票、舆情监测”等程序，评定公布独具中国魅力的最佳旅游目的地景区榜单。

（恒山管委会）

【“读自芬芳　诗与远方”悬空寺诵读经典活动】 2019年7月6日，由浑源县人民政府，大同市文化和旅游局主办，山西省恒山风景名胜区管理委员会、浑源县文化和旅游局协办，同程旅游承办的“读自芬芳 诗与远方”悬空寺星空诵读经典晚会在悬空寺庙前小广场举行。“读自芬芳 诗与远方”诵读经典活动以非物质文化遗产展演、诗词吟诵、文艺演出等形式，向观众展现浑源旅游资源和文化底蕴。活动现场启动同程旅游“助学基金计划”，该计划由同程旅游发起，长期支持浑源教育，资助帮扶浑源学子们。

（恒山管委会）

【成龙定制和平钟交接仪式】 2019年7月22日，作为第五届成龙国际动作电影周星光扶贫浑源行系列活动之一，“虎啸龙吟·天下永安”影视巨星成龙定制和平钟交接仪式在恒山景区永安寺举行。

浑源神溪古法铸钟技艺盛行于明末清初，是一项民间传统手工制作技艺，2011年被确定为省级非物质文化遗产。2018年，在第四届成龙国际动作电影周期间，由电影频道和成龙发起的“脱贫攻坚战——星光行动”走进浑源，成龙在浑源县神溪村探望贫困户时，被神溪铸钟声音所倾倒，现场定制10口神溪铸钟，助力脱贫攻坚。交接仪式上，神溪铸钟铸造大师牛晓向成龙递交由书法家高建国设计和题写的“神溪铸钟”证书，并共同敲响和平钟。（恒山管委会）

【中华五岳七届四次年会】 2019年11月3日，中华五岳七届四次年会暨五岳联盟十七次会议在浑源县召开。北岳恒山作为会议盟主，与来自东岳泰山、西岳华山、南岳衡山、中岳嵩山的代表围绕“新时代文旅产业供给侧结构性改革”主题，作探索交流，形成共识。年会期间，五岳代表中国风景名胜区协会总策划师疏良仁、中国风景名胜区协会规划中心张若辰、中国风景名胜区协会新媒体中心主任姚辰、中国风景名胜区协会智慧景区专委会孟凡刚、中国风景名胜区协会体育旅游专委会副主任刘大可等作系列专题演讲。会议期间，与会代表和嘉宾观摩大型实景演出《神溪记忆》，在北岳恒山庙群、真武庙、三元宫、悬空寺、永安寺、圆觉寺、栗毓美陵园、麻家大院等实地考察。

（恒山管委会）

【第三届中国北岳论道峰会】 2019年11月16日，以研讨老子道学哲学思想及其当代价值为主题的第三届中国北岳论道峰会在大同举行，来自中国社会科学院、四川大学、中国科学技术信息研究所及河南、陕西等省市专家学者共论道学，交流老子思想当代意义，探讨恒山道学文化。

该届峰会由全国老子道学文化研究会主办，老子道学文化研究会北岳分会、大同北岳老子书院承办。该届峰会收录学术论文17篇。中国社会科学院马克思主义研究所研究员董京泉围绕老子“道”的实质，四川大学道教与宗教文化研究所所长、教授盖建民围绕道家文化及当代文化综合创新，中国科学技术信息研究所研究员张超中围绕养生文化的教化功能，楼观台陕西道学文化研究会会长翟金录围绕丘处机的道情诗魂与恒山旅游神韵提升，大同市委党校教授韩府围绕道学文化与国家治理等话题分别作主题发言。（恒山管委会）

华严寺景区

【概况】 大同华严寺位于大同古城内西南隅，始建于辽重熙七年（1038），依据佛教经典《华严经》而命名。寺院坐西向东，山门、普光明殿、大雄宝殿、薄伽教藏殿、华严宝塔等30余座单体建筑分别排列在南北两条主轴线上，占地面积6.6万平方米，是中国现存年代较早、保存较完整的一座辽金寺庙建筑群，被国务院公布为第一批全国重点文物保护单位。截至2019年底，景区销售全价票171252张，同比增长45.12%，半价票45562张，网络售票8766张，旅行社38149张。（白雪松）

【景区宣传】 2019年，大同市辽金文化艺术博物院通过各种方式，借助优势平台，扩大大同华严寺知名度。4月底通过招标完成在京大高速孙启庄收费站、大运高速与忻阜高速互通处、天黎高速同源段、忻阜高速建安互通处户外广告投放，以上路段日均车流量17万辆；微信发布43期172条原创内容，转发4593次，总阅读量17.58万次，微博发布原创内容27篇，阅读量574770次；在山西旅游联盟商会年会会刊发布广告；开发“华严寺3D立体名片”，制作华严寺VR全景后台，全年发送信息100万余条。（白雪松）

【文创开发】 2019年，大同市辽金文化艺术博物院设计开发拜拜福包、立体冰箱贴、大同玉系列之鸱吻、大同玉系列之合掌露齿菩萨、初心系列折扇、卷轴等文创产品，打造华严寺特有的文化符号。组织策划“拜拜福包”“春节文化庙会”等活动，传播中国优秀传统文化。《大金国西京大华严寺重修薄伽藏教记》出版发行，满足游客对历史、书法等不同的文化需求。（白雪松）

【文物保护数据监测】 2019年，大同市辽金文化艺术博物院定时记录薄伽教藏殿内小环境温湿度变化规律、薄伽教藏殿内天宫楼阁与地面距离变化数据、华严寺微型气象站监测数据，作为文物保护依据，其中保护数据包括温度、湿度、风速、$PM_{2.5}$、数字气压等。全年记录有效数据3.5万条，并形成2019年度数据统计及文字性报告。（白雪松）

【薄伽教藏殿辽塑保护修复项目】 大同市辽金文化艺术博物院撰写的《大同市华严寺文物管理所辽塑保护修复工程立项报告》于2015年5月得到国家文物局立项批复。2019年，大同华严寺薄伽教藏殿辽塑保护项目由陕西省文物保护研究院中标并实施具体工作，乙方通过专业监测、试验、考察形成报告，上报国家文物局。（白雪松）

【华严寺大雄宝殿维保】 2019年，华严寺大雄宝殿横陂窗表面原从殿内附着一层塑料薄膜，由于大同季风明显，常年多风，极端天气（大风、扬尘）较多，使华严寺大雄宝殿横陂窗表面塑料薄膜破损严重。这些破损处严重影响游客观瞻体验，而且会附着大量尘土、霉菌，滋生和诱发一系列病害，影响文物木质结构保存、保护。大同市辽金文化艺术博物院在勘察研究基础上，组织相关技术部门科学保养维护大雄宝殿横陂窗。（白雪松）

【华严寺石质文物数字化】 2019年，大同市辽金文化艺术博物院与云冈数字研究中心合作，数字化扫描19通古代碑刻，数字建档、模型还原每座碑，为文物保护提供科学依据。与大同大学古文字博士合作，真实还原其内容，为理清查明华严寺历史沿革，提供第一手资料。（白雪松）

旅游推介

【文化旅游活动】 2019年，大同市文化和旅游局围绕庆祝新中国成立70周年，具体参与、承办各类文化旅游活动60项，内容涉及文艺表演、经典传颂、非物质文化遗产传承、民俗展示、送戏下乡、文化讲座、体育赛事、电影文化等方面，成龙国际电影周、中国（大同）古都灯会、大同春节文化庙会、云冈文化旅游季、大同国际骑游大会等活动，全年2706.83万人次关注或参与大同市文化旅游活动，提升“中国古都 天下大同”城市品牌知名度。（张 岗）

【旅游宣传】 2019年，大同市文化和旅游局实施“走出去、请进来”旅游宣传促销策略，主打精准营销策略牌。通过举办成龙国际动作电影周、中国世界遗产旅游推广联盟大会等活动提升城市国际知名度。利用新华社平台发布大同旅游指数、与《大同日报》专题栏目，营造文旅振兴全民氛围。通过在高铁、高速、机场等人流集中地段投放城市宣传片或设置广告灯箱方式，提升城市品牌形象。与同程旅游合作开展网上营销，增强城市品牌活力。强化与省内外周边城市交流合作，推进跨区域文化旅游发展格局。央视栏目《唱响新时代》走进大同特别节目3月7日登录音乐频道与全国人民见面。（张 岗）

【大同方特欢乐世界景区被评为国家AAAA级旅游景区】 2019年，经山西省旅游资源规划开发质量评定委员会组织评定，大同方特欢乐世界景区评定为国家AAAA级旅游景区。大同方特欢乐世界位于山西省大同市御东新区，总占地面积约53.33公顷，是晋冀蒙地区高科技主题乐园。景区以科幻和互动体验为特色，由飞越极限、生命之光、逃出恐龙岛、魔法城堡、唐古拉雪山、火流星、海螺湾、华夏五千年、熊出没脱口秀等20余个主题项目区组成，涉及主题项目、游乐项目、休闲及景观项目等200余项。（张 岗）

【“游古都大同 品天下美食”体验活动】 2019年，中国（大同）美食大会启幕以来，“大同菜”成为热搜关键词，人民日报、新华网、《中国国家旅游》等媒体报道美食大会。“游古都大同，品天下美食”体验活动通过12场网络直播，推介大同美食。活动邀请国内知名旅游专家、美食博主、美食家、《中国国家旅游》首席旅行家作为体验官，到大同特色饭店，体验活动在《中国国家旅游》平台全程直播，全程录制，以体验官的视角品鉴大同美食，挖掘大同旅游内涵。体验活动全程网络直播与媒体报道，利用大V粉丝效应，以游记、短视频、品鉴报告等形式扩散传播，引发网友关注、热议，打造大同旅游新品牌。（张 岗）

【大同旅游专题片在央视旅游频道播出】 2019年，由大同市委宣传部、大同市委市政府新闻中心协助拍摄的大同旅游专题片在中国中央电视台、中国国际电视台英语新闻频道《旅游指南》栏目播出。大同系列旅游专题片分3集，第1集《你所不知道的大同》，第2集《长城骑行日记》，第3集《大自然的恩赐》，每集30分钟。大同系列旅游专题片摄制行程涉及大同市区及6个县（区），呈现大同旅游要素内容。佛教之旅重点关注云冈石窟；古建之旅选择大同古城墙和悬空寺；大同被誉为龙壁之城，镜头记录下寻找一龙壁、三龙壁、五龙壁、九龙壁的程，为大同开辟一条新的旅游线路，形成龙壁一日游；长城之旅跟随主持人摩托车骑行，逾300千米的行程反映沿线风土人情和旅游资源。（张 岗）

【“金牌旅游餐饮店”评选】 2019年，“金牌旅游餐饮店”评选由大同市旅游协会、大同市餐饮饭店业协会共同举办，评选活动分网络投票与专家评选2环节，1月2日网络投票上线，市民与游客可在投票平台上为自己认为的旅游餐饮名店投票，持续1个月。专家评选由国内知名旅游专家、美食博主、美食家等人作为美食体验官，在举办“游古都大同，品天下美食”体验活动时，根据各店环境、菜品质量、服务优劣等因素，考量打分。综合2环节分数，最终授予相应企业“金牌旅游餐饮店”奖牌。“金牌旅游餐饮店”评选参与企业100余家，总投票数100余万张，访问次数300万次。（张 岗）

【20个村入围山西省旅游扶贫示范村】 2019年，根据《山西省旅游扶贫示范村工作方案（2018—2020）》，经市县乡村逐级推荐，省文化和旅游厅、省农业农村厅、省扶贫部门会同专家联合审核，确定全省200个村为山西省旅游扶贫示范村，其中大同市20个村庄入围，分别为：云州区的吉家庄村、山自造村、西沙窝村、于家寨村、东马庄村，新荣区的破鲁堡村、赵家窑村，浑源县的北紫峰村、二岭村、田村、汤头村、吴城村，阳高县的大泉山、吴家河村，天镇县的李二口、塔儿村、滹沱河，灵丘县的杨庄村，广灵县的涧西村、上寺村。入围的示范村挖掘独特乡土文化资源，组织旅行社开发乡村购物游、美食游，开展特色乡村旅游娱乐、文化演艺、节庆活动和红色旅游文化活动，发展观光农业和休闲农业，开展农耕、采摘、饲养等农事活动，开发徒步、登山、攀岩、滑冰、滑雪、滑草等时尚运动休闲项目，建设乡村旅游创客示范基地等。（张 岗）

【9村入选山西首批AAA级乡村旅游示范村】 2019年，山西省首批100家AAA级乡村旅游示范村入选名单公示，大同市9村庄入列。根据乡村旅游示范村评定有关要求，省文旅厅联合省住房和城乡建设厅、省农业农村厅、省扶贫开发办公室等单位，组织开展全省首批100家AAA级乡村旅游示范村申报工作。6月18日，山西省文旅厅公示入选名单行，其中大同市灵丘县红石塄乡上北泉村、灵丘县独峪乡花塔村、灵丘县红石塄乡下车河、新荣区堡子湾乡得胜堡村、云冈区口泉乡杨家窑村、广灵县壶泉镇涧西村、云冈区高山镇高山村、浑源县永安镇神溪村、浑源县南榆林乡北紫峰村9个村入列。（张 岗）

【浑源神溪湿地晋级国家湿地公园】 2019年1月，浑源神溪湿地公园通过国家林业和草原局验收，列入国家湿地公园行列。该湿地公园位于浑源县城西北2千米处，总面积315.99公顷，湿地率78.14%，分湿地保育区、恢复重建区、宣教展示区、合理利用区和管理服务区5大功能区。“神溪夜月”为浑源古八景之一，该公园内有古戏台、古民居等人文景观。湿地公园于2009年列入山西省首批省级湿地公园名单，2013年被原国家林业局批准为国家湿地公园试点单位。浑源神溪湿地公园有种子植物274种，被子植物272种，脊椎动物147种，国家Ⅰ级重点保护动物1种，国家Ⅱ级保护野生动物13种，省级重点保护野生动物9种。（张 岗）

【中国（大同）美食旅游文化论坛】 2019年1月，“游古都大同，品天下美食”中国（大同）美食旅游文化论坛举行。旅游部门和国内知名旅游、美食专家、餐饮饭店业协会等近150人参与论坛。市政府副秘书长曹晖致论坛欢迎辞，国家休闲产业协会副主席、中国亚洲经济发展协会休闲产业委员会副主席、原国家旅游局综合司司长张坚钟；中国旅游改革发展咨询委员会委员、副秘书长，北京第二外国语学院教授，浙江工商大学兼职特聘教授、世界旅游城市联合会专家委员会特聘专家厉新建；北京联合大学中国旅游经济与政策研究中心主任、中国旅游协会休闲度假分会秘书长、中华文化促进会文化旅游产业委员会副主任、世界旅游城市联合会专家曾博伟围绕大同旅游美食文化作主旨演讲和分析，为大同美食旅游文化融合发展提供专业学术依据。

大同市获2019年度《中国国家旅游》美食旅游目的地推荐之选，大同20家地方特色餐厅获《中国国家旅游》首席旅行家俱乐部2019推荐之选。论坛专家对话环节由《中国国家旅游》杂志主编刘天北担任主持，中国旅游研究院文化和旅游部数据中心产业所副所长、博士后联合导师杨宏浩，美食评论家、一大口美食榜创始人、APEC北京领导人会议首脑宴会专家顾问、《舌尖上的中国》第一季第二季美食顾问、央视综合频道《中国味道》总顾问、总策划董克平，中国当代徐霞客、《中国国家旅游》首席旅行家、国际古道网总裁吴涛，大同市餐饮饭店业协会会长贺军作为论坛嘉宾以中国（大同）美食与城市旅游文化的塑造为主题相互交流讨论。（张 岗）

【“长城古堡·塞北风情·湿地生态”成为左云文化旅游新名片】 2019年5月27日，2019环太原国际公路自行车赛长城赛段在左云东山森林公园鸣枪开赛，来自世界五大洲12个国家和地区的20余支队伍120余名参赛选手参加。6月13日至16日，全国公路自行车联赛（第一站）及6月17日至18日，“二青会”公路自行车预赛在左云举行。

左云县委、县政府抓全省长城旅游板块和“长城一号”风景大通道建设，启动建设100千米骑游赛绿色通道，推动体育与文化、旅游、生态、康养等产业融合发展。以摩天岭省级风景名胜区为龙头，围绕建设边塞文化体验地，挖掘历史文化内涵。在摩天岭长城景区内，古堡、烽台林立，与古长城交相辉映，五路山火山遗址、月华池、玄武岩石林等，处处可以感受到边塞历史文化气息。该县在景区建设万亩油菜花观光带，建成北方油画写生目的地、自行车环形赛道和步道。在长城沿线5千米内布局一批长城人家、古堡人家等边塞村落文化风情示范村。以十里河生态湿地、五路山风光观光区为两翼，打造晋内蒙古冀生态后花园和避暑休闲养生首选地。推进十里河流域休闲康养生态田园综合体、十里河国家湿地公园、管家堡沙漠地质公园、中小学夏令营自然探索营地等项目落地。构建以生态文化旅游为核心的绿色产业体系。全县保有林地5.67万公顷，森林覆盖率上升到45.03%。该县通过“生态+文化、体育+赛事”发展路径，左云县旅游业收入年均增长25%，全县第三产业增加值占比41.1%。（张　岗）

【第二届黄花旅游月】 2019年6月28日至7月28日，第二届黄花旅游月在云州区举行。该次活动由市政府和国家工信部中小企业发展中心联合主办，由云州区政府承办，以“忘忧花海 美在大同 产业富民”为主题。旅游月推出“忘忧仙子”评选大赛、大同黄花开摘仪式、餐桌消费扶贫、“忘忧花海”主题摄影书画大赛等10余项活动。（张　岗）

【望佛湾生态体验园开园】 2019年7月12日，由大同市云州区旅游中心、大同市云州区党留庄乡政府、邢庄村委会主办，山西省城镇协会、大同古城保护和修复研究会、大同市旅游集散中心支持，望佛湾生态体验园、大同市启仁文化传媒有限公司协办的“发展全域旅游、打造魅力云州、喜迎建国70周年”望佛湾生态体验园开园庆典举行。

望佛湾生态园，坐落于国际健康养生基地大同市云州区邢庄村旁，占地面积10余公顷。园区以农耕文化为主，设有睡佛观景台、无公害蔬菜大棚、怀旧展厅、农耕文化墙、茶楼餐饮区、烧烤区、风车区、水车区、CS区、林木果树药材区（二期）、动物区、儿童手工区等娱乐文化项目。有20家协会及单位与望佛湾生态体验园达成协议，在园区内挂牌成立创作、研学、写生等基地。（张　岗）

【2019山西·大同云冈文化旅游系列活动启幕】 2019年7月15日，2019山西·大同云冈文化旅游系列活动启动仪式在平城区南城墙关城内举行。2019山西·大同云冈文化旅游系列活动由省委宣传部、大同市委、市政府主办，主题为“中国古都 天下大同·致敬七十年 飞扬大同情”。省委常委、宣传部长吕岩松，省委常委、市委书记张吉福，省政协副主席席小军，省财政厅厅长武涛，省文化和旅游厅厅长盛佃清，省妇联主席张葆，省文物局总工程师王义民，山西日报报业集团社长郭玉福，山西广播电视台台长刘英魁，省委宣传部副部长张羽，新华社中国经济信息社副总裁曹文忠等出席启动仪式。市委副书记、市长武宏文致辞。市委副书记刘振国，市人大常委会主任赵向东，市政协主席部向华等市四套班子领导出席仪式。启动仪式上，吕岩松、张吉福、席小军与大同文化旅游推荐人高保利、裴星茹、张云鹏及全国劳动模范孙秀兰共同按下启动球，数百架无人机腾空而起，在夜空下变幻出“中国古都 天下大同”“能源革命 大同尖兵”等字样和城墙星月、彩凤飞翔等图形，台下观众挥舞手中五星红旗，齐声高唱《我和我的祖国》，致敬新中国成立70周年。节目有展现出世界文化遗产云冈飞天神韵的舞蹈《云冈六臂神舞》，歌曲《美丽大同》《大同记忆》《幸福大同》等；大同城市形象代言人张云鹏、女子摔跤世锦赛冠军裴星茹、“西部歌王”高保利分别从“梦想之城”“正能量之城”“幸福之城”角度，推介心目中最美的大同；大同市城市品牌形象设计全球征集活动现场启动。新华网、人民网、《光明日报》、《中国文化报》、新华社山西分社等媒体记者应邀参加启动仪式。（张　岗）

【2019大同国际时尚旅游周系列活动】 2019年8月21日，大同国际时尚旅游周系列活动在大同举行。2019大同国际时尚旅游周系列活动由市文化和旅游局主办，市青年企业家商会、大同龙腾精英模特经纪有限公

▲2019年7月15日，2019山西·大同云冈文化旅游系列活动启动。图为启动仪式现场（张燕伟 摄）

司承办。活动旨在推广和发展大同旅游时尚产业，彰显大同文化名城新魅力，特邀100余名国内名模、100余位全国摄影家，以云冈石窟、悬空寺、大同古城等为背景，通过宣传片拍摄、模特大赛、时尚秀等活动，从多个角度展示大同的古城美、历史美、景色美，并以此发展本土旅游时尚品牌。

活动期间，在大同市平城区华严等广场、南城墙关城等举办多场国际品牌新品服装发布会；在大同古城南城墙关城内举行2019龙腾精英时尚模特大赛全国总决赛，来自全国各地的选手用时尚诠释和推广大同。活动期间邀请65位省内优秀青年企业家走进大同，举行招商推介会，向他们展示大同城市魅力，欢迎他们到大同投资兴业。会上，举行大同市青年企业家商会成立1周年庆典、市青商会“扶贫助学计划”启动仪式，并捐赠扶贫助学资金14.2万元。（张　岗）

【第二届中国广灵湿地颐养研讨会暨“壶流文旅”招商推介会】 2019年8月24日，第二届中国广灵湿地颐养研讨会暨“壶流文旅”招商推介会举行，来自中国科学院、知名高校从事湿地研究和资源环境研究的研究员、教授等20余位国内专家学者出席。

研讨会旨在为把握现代文化旅游产业的走向，丰富文化旅游内涵，培育壮大文化旅游市场经营主体，推进文化旅游项目建设，提高“壶流文旅”市场竞争力。会上，与会专家学者围绕湿地颐养主题，分别从湿地旅游创新与发展、保护与利用、生态监测技术与实现、湿地保护区规划设计、国内外湿地开发模式经验等方面，举行学术发言和主题推介，并结合广灵湿地发展现状，分析湿地保护面临的形势和挑战，交流湿地保护和利用经验及维护生态安全和促进可持续发展中的重大作用，为广灵县开展湿地保护与利用提供学习借鉴。（张　岗）

【中国（大同）晋京津冀乡村旅游合作发展暨文旅项目推介会】 2019年9月6日，大同市召开中国（大同）晋京津冀乡村旅游合作发展暨文旅项目推介会。该次活动由市政府主办，市文化和旅游局、市休闲农业与乡村旅游协会和北京观光休闲农业行业协会承办，围绕“文旅融合农旅融合区域联动振兴乡村”主题，从休闲农业和乡村旅游项目合作角度，与晋京津冀四省市休闲农业与乡村旅游行业机构共谋发展。会上，大同市休闲农业与乡村旅游协会揭牌。（张　岗）

【参加全省文旅康养产业专题推介和项目对接会】 2019年9月9日，山西省文化和旅游厅在厦门举办山西省文旅康养产业专题推介和项目对接会，大同市文化与旅游局组队参会，向鹭岛商界与产业界嘉宾推介大同好风光。推介内容包括大同地理位置、历史人文、自然优势、营商环境等几部分。近年来，大同市发挥清凉避暑、温泉康养、独特资源和乡村旅游资源，创建出桑干河湿地、神溪湿地、神泉古域、汤头温泉、涧西古村和农业嘉年华等一批文旅生态康养典范项目。（张　岗）

【晋华宫国家矿山公园升级改造开园】 2019年9月16日，晋华宫国家矿山公园景区升级改造后开园。晋华宫国家矿山公园2012年对外开放，景区占地面积36万平方米，由煤炭博物馆、工业遗址区、仰佛台、石头村、晋阳潭、井下探秘游、棚户区遗址区7大景点组成。6月改造提升景区，其中井下探秘游景点增加巷道观光电车、斜井卡轨车等配套服务设施，煤炭博物馆重新布设并设置能源革命展厅。（张　岗）

【中国世界遗产旅游推广联盟大会在大同召开】 2019年10月15日，中国世界遗产旅游推广联盟大会在大同召开。来自国家文化和旅游部及各省市文化和旅游部门负责人、中外旅游学者专家、中国世界遗产旅游推广联盟代表等200余人参加会议，探讨中国世界文化遗产与旅游整合发展的理念、经验及有益尝试。

该次大会由中国世界遗产旅游推广联盟、大同市人民政府共同主办，主题是“文旅融合背景下的世界遗产推广”。贵州梵净山、江苏中国黄（渤）海候鸟栖息地（第一期）、浙江良渚古城遗址3家单位新晋加入中国世界遗产旅游推广联盟。大会内容为大同市旅游专家推广全市旅游资源，专家学者作旅游品牌打造、文旅产业要素整合等专题讲座。（张　岗）

旅游公共服务

【“迎接高铁时代，提升旅游品质”座谈会】 2019年1月9日，“迎接高铁时代，提升旅游品质”座谈会召开，大同市文化和旅游局邀请旅游协会、县区旅游部门、电视台、文旅集团、文创协会和部分旅游景区、旅行社、旅游客栈、古城酒吧、导游代表等旅游业界人士参加座谈会。大家围绕“高铁时代提升旅游品质促进经济发展”这一主题相互交流，探讨大同旅游从“走出去”到“迎进来”，从“景点旅游”到“全域旅游”，从“观光旅游”到“休闲度假”，从“传统旅游”到“智慧旅游”的转变策略，同时针对产业转型、文旅融合、游客分流、优质服务的政策保障方面提出各自见解。

（张　岗）

【低空旅游项目】 2019年1月31日，华彬天星通航公司开通“新时代、新航程，空中看大同”低空旅游项目，推出古城灯展、古城—文瀛湖、古城—火山、古城—云冈石窟4条空中游览路线。8月初，开航“低空旅游·空中看大同”活动。“低空旅游·空中看大同”活动在大同旅游旺季，新增空中看古长城、看火山口等航线，让更多人用不一样的方式欣赏大同长城古堡、火山群，领略塞上壮美风光，增加各地游客到大同旅游活动，为消费者参与低空旅游提供更多航线选择。（张　岗）

【大同至张家口崇礼首班旅游直通车发车】 2019年3月23日，在大同市和张家口市两地旅游集散中心合作下，大同至张家口崇礼首班旅游直通车发车。在市场需求的驱动下，两地旅游集散中心扩展旅游惠民业务范围，把旅游目的地延伸至“乌大张”长城金三角合作区。通过发挥旅游集散中心平台功能优势，开展统筹合作。两地旅游集散中心发挥平台优势、优

化旅游服务、推荐更多主题路线、惠民路线。（张　岗）

旅游行业管理

【旅游行业监管】 2019年，大同市文化和旅游局开展联合整治保健市场乱象百日行动、导游（领队）执业大检查、全市文化和旅游市场专项整治“春季行动”“夏季行动”、学校及周边综合治理专项整治、全市文化市场安全生产隐患排查专项治理、全市旅游包车客运安全专项整治行动、广电行业专项整治及“对黄赌毒和黑恶势力听之任之、失职失责甚至包庇纵容、充当‘保护伞’问题”等专项整治行动，强化文化和旅游市场监管，清理净化文化和旅游市场环境。落实部门监管责任和企业主体责任，加强安全基础建设，强化安全隐患排查治理，全市未发生行业安全责任事故。（张　岗）

【旅游监管事项目录清单】 2019年，大同市文化和旅游局开展“互联网+监管”系统监管事项目录清单及实施清单编制录入工作。认领省级监管事项45项，梳理编制市级监管事项2项，形成国家、省、市三级47项监管事项目录清单。制定并录入检查实施清单52项。（张　岗）

【大同市旅游协会第二届常务理事会会议】 2019年1月16日，大同市旅游协会第二届常务理事会第一次会议召开。会议审议《大同市旅游协会监事会制度（草案）》和首届监事会组成人员建议名单，提请二届二次理事会表决和选举；审议通过《大同市旅游协会会议制度》《大同市旅游协会工作规程》《大同市旅游协会分支机构管理办法》；审议通过《大同市旅游协会常务理事会关于设立分支机构的决定》《大同市旅游协会常务理事会关于职权事项授权的决定》；决定任命大同市旅游协会第二届理事会副秘书长；听取关于旅行社分会、旅游饭店分会、导游分会的前期筹备情况，审议3个分会《管理办法（草案）》，确定3个分会会长、副会长、秘书长人选，分别由3个分会召开会员大会表决通过；审议讨论大同市旅游协会2019年工作计划。

1月17日，大同市旅游协会第二届理事会第二次会议召开。会议表决通过《大同市旅游协会监事会制度》，选举产生大同市旅游协会首届监事会。大同市中正汽车服务有限责任公司总经理郭秋平当选为监事长、大同市北岳旅行社有限责任公司总经理张春生、大同新电电力旅行社有限责任公司总经理何红霞当选为监事。会议回顾总结换届以来工作，确定2019年工作计划。（张　岗）

【大同市旅游协会导游分会和旅行社分会成立】 2019年4月25日，大同市旅游协会举行第一届导游分会和旅行社分会成立会。崔展、李兴荣分别当选新一届导游分会和旅行社分会会长，李笑一、周智海、靳玮、郜华、朱建中、张晓伟、徐宏斌当选导游分会副会长，周智海当选导游分会秘书长。李镇当选旅行社分会常务副会长，高荣、杭同生、武晓春、许静、赵立新、郜亚超、傅锐当选旅行社分会副会长，高荣当选旅行社分会秘书长。国家级高级导游朱孟麟被聘为导游分会名誉会长。市文化和旅游局相关负责人参加成立大会。会议审议并表决通过《大同市旅游协会导游分会管理办法》《大同市旅游协会旅行社分会管理办法》，产生新一届分会理事会、分会会长、分会副会长、秘书长和副秘书长。市旅游协会有128家成员单位，由文旅集团、旅行社、旅游饭店、旅游景区、旅游汽车公司、旅游院校、行业性组织组成。（张　岗）

【旅游联席会议制度】 2019年5月23日，大同市文明旅游部门联席会议召开。市文化和旅游局、市文物局、市教育局、市体育局、市交通局等部门相关负责人参加会议。会议通报大同市上年文旅系统文明旅游工作开展情况，宣读《大同市文明旅游部门联席会议制度》，旅游、文物、教育、体育、交通等部门及云州区文旅局有关人员作文明旅游创建交流发言。

会议强调，建立文明旅游部门联席会议制度，要抓工作重点。（1）重点时间和重点环节，如节假日旅游高峰，吃住行游等环节要加强防范与引导。（2）重点区域与重点部位，如车站、景区景点、旅行社等。（3）重点队伍和重点人群，自驾游、自助游人群、中小学生、老年人等要特别关注。（4）重大活动，特别是大型赛事活动，人流集中，要搞好文明服务，引导文明旅游，提升文明程度。（张　岗）

【休闲农业与乡村旅游协会筹备会】 2019年6月15日，大同市休闲农业与乡村旅游协会筹备会在大同举行。大同市休闲农业与乡村旅游协会是由大同市休闲农业与乡村旅游行业的社团组织和企事业单位自愿联合发起成立的行业性组织。100余家相关企事业单位代表参加。会议表决通过《大同市休闲农业与乡村旅游协会章程（草案）》《选举办法》《会费标准及管理办法》和《财务管理制度》，选举产生常务理事会单位5个、理事会单位46个及领导机构。（张　岗）

【中国旅游协会会员代表大会在大同召开】 2019年8月13日至15日，中国旅游协会2019年会员代表大会在大同市召开。省委常委、市委书记张吉福出席会议并致辞，中国旅游协会会长、北京首都旅游集团有限责任公司董事长段强出席会议，市委副书记、市长武宏文与中国旅游协会部分会员单位代表座谈。中国旅游协会副会长单位、华侨城集团有限公司总经理姚军，中国旅游协会副会长单位、中国旅游集团有限公司总经理助理兼旅行服务事业群董事长、中国中旅酒店（集团）有限公司董事长陈荣，副市长郝献民等参加会议。各会员单位代表、旅游行业相关单位代表近300人参加会议。中国旅游协会六届四次理事会听取中国旅游协会《2018年度工作报告》和《2018年度财务报告》，会员大会审议通过《中国旅游协会章程》修改方案及中国旅游协会理事增补方案。国务院参事室特约研究员、原国家统计局新闻发言人姚景源，中国科学院自动化研究所复杂系统管理与控制国家重点实验室主任王飞跃作为特邀嘉宾作专题讲座。（张　岗）

经贸合作

对外贸易

【概况】 2019年，大同市进出口总值51.7亿元，比上年增长37.5%，高于全省整体增速31.8个百分点。其中，出口34.7亿元，比上年增长58.5%；进口17亿元，比上年增长8.3%；贸易顺差17.7亿元，扩大1.9倍；全年全市进出口总值居全省第4位，增速在全省11个市中排名第5位。全年全市有进出口实绩企业6家。其中，进出口额超过亿元的企业7家，超过1000万元的企业33家，排名前10家企业进出口45.2亿元，占大同市进出口总值87.5%。 （刘小丰）

【进口】 2019年，大同市进口商品主要为机电产品。全年机电产品进口14.8亿元，比上年增长21%，占全市进口总值87.3%。进口机电产品主要为机械设备及其零配件等。（刘小丰）

【出口】 2019年，大同市出口商品主要为医药品、机电产品。全年医药品出口8393吨，比上年增长60.7%，货值15亿元，比上年增长15.7%，占全市出口总值43.3%；机电产品出口13亿元，比上年增长4.9倍。（刘小丰）

【外贸伙伴】 2019年，大同市主要贸易伙伴有欧盟、东盟、韩国、美国，其中进出口欧盟8.3亿元，下降20%，占全市进出口总值16.1%，其中出口3.5亿元，进口4.8亿元；进出口东盟7.4亿元，增长1倍，其中出口5.3亿元，进口2.1亿元；进出口韩国3.4亿元，增长14.8%，其中出口0.6亿元，进口2.8亿元；进出口美国1.8亿元，下降33.2%，其中出口1.4亿元，下降10.1%，进口0.4亿元，下降65.5%。全年全市进出口“一带一路”沿线国家20.8亿元，增长36.4%，其中出口17.8亿元，增长29.2%，进口3亿元，增长1倍。

（刘小丰）

【外贸分析】 2019年，大同市外贸进出口以一般贸易占绝对主导地位。全年全市一般贸易进出口31.5亿元，下降16%，占大同市进出口60.9%，其中出口24亿元，增长9.5%；进口7.5亿元，下降51.8%。保税仓库进出境货物20.2亿元，其中出口10.7亿元，进口9.5亿元。国有企业进出口呈下降态势，外商投资企业、民营企业进出口呈现增长态势。全年国有企业进出口22.6亿元，下降5.9%；民营企业进出口27.7亿元，增长1.2倍，其中新兴民营企业大同

2019年大同市主要企业进出口情况表

单位：万元、%

企业名称	进出口	出口	进口	累计增幅		
				进出口	出口	进口
大同陆港进出口贸易有限公司	147033	80385	66648	346612倍	367582倍	—
国药集团威奇达药业有限公司	114438	113313	1125	-0.1	-1.0	9.6倍
国药集团大同威奇达中抗制药有限公司	58402	58398	4	33.6	33.6	1.8倍
大同国际陆港港务有限公司	57838	28576	29262	33.3倍	27倍	44倍
中车大同电力机车有限公司	24630	145	24485	47.8	-60.4	50.2
大同煤矿集团有限责任公司	16203	—	16203	-68.8	—	-68.8
广灵县鑫达冶炼有限责任公司	11399	—	11399	6.5	—	6.5
大同宇林德石墨新材料股份有限公司	7504	4599	2905	-70.4	-44.4	-83.0
中国重汽集团大同齿轮有限公司	7345	4974	2371	-22.8	-11.0	-39.5
大同新成新材料股份有限公司	7209	7197	12	-3.5	2.1	-97.1

陆港进出口贸易有限公司全年进出口额 14.7 亿元，占大同市进出口总额 28.4%；外商投资企业进出口值 1.4 亿元，增长 26.9%。国有企业、民营企业和外商投资企业占全市进出口比例分别为 43.6%、53.6% 和 2.8%。（刘小丰）

【大同国际陆港】 大同国际陆港位于大同经济技术开发区，总体规划占地 447.13 公顷，计划投资 56 亿元。其中，一期项目占地面积 13.57 公顷，投资 7 亿元，建成大同进口肉类指定监管区、电子口岸“单一窗口”、国家级杂粮检疫重点实验室、食品加工园区四大功能区域。2019 年 5 月保税物流中心（B 型）获国家四部委批复并完成建设。12 月，大同国际陆港与天津鼎昌供应链管理有限公司签约，引进天津港平行进口车业务，成立大同西北五省平行进口车集散中心，签约当天有 40 辆高端平行进口车抵达大同国际陆港。年内，大同国际陆港依托大同国际肉类指定监管区、保税物流中心（B 型）、国家级杂粮检疫重点实验室的特殊功能，开展肉类进口及相关业务、委托代理进出业务、仓储租赁业务（进口保税仓储）、外贸货物集散分拨等业务。截至 2019 年底，驻大同国际陆港企业有 21 家，包括外贸企业、货代企业、物流企业及供应链金融公司。全年进出口贸易额 22.1 亿元。其中，进口额 9.8 亿元，出口额 12.3 亿元，占全市外贸进出口总额 43%。（齐玮）

【“一带一路”沿线国家创新创业大会（大同峰会）】 2019 年 6 月 27 日，“一带一路”沿线国家创新创业大会（大同峰会）举行。市委常委、副市长冯苏京，市人大常委会副主任冯境城，市政协副主席任建刚出席会议。格鲁吉亚国家科学院院长、院士格奥尔基·科维谢塔兹，亚美尼亚国家科学委员会副主席瓦尔丹·萨哈克扬，俄罗斯自然科学院院士萨利赫·塔什普拉托夫，白俄罗斯戈梅利国立技术大学副校长博依科·安德烈耶维奇，乌兹别克斯坦塔什干纺织学院院士塔什普拉托夫·萨利赫，乌克兰国家科学院帕拉丁生物化学研究所副所长科里博·杰尼斯等来自“一带一路”沿线国家的院士、专家、学者出席峰会并作主旨演讲。（编辑部）

招商引资

【概况】 2019 年 1 月，大同市促进外来投资局（简称“市促投局”）由原大同市招商局更名组建，列为市政府工作部门。制定招商引资工作通报机制、招商引资重大项目领导包联机制、招商引资项目三级协调机制、招商引资工作周跟踪、月通报、季调度工作机制。按月通报排名各县（区）、开发区招商引资项目签约、开工、资金到位等情况。依托 2019 厦门国际投资贸易洽谈会暨丝路投资大会契机，市促投局领导带领小分队到福建荣盛钢结构实业有限公司、福建省蓝光节能科技有限公司、厦钨集团，厦门沃动漫文化科技有限公司、厦门当代控股集团等企业，围绕新能源新材料产业、文旅产业、物流产业、新一代信息技术产业开展考察招商活动，并与相关负责人开展座谈交流，邀请闽商企业到大同实地考察、投资洽谈。借助 2019 东盟博览会平台，举办由大同市政府、商务部投资促进局联合主办，大同市促进外来投资局协办的重点项目推介会。会上，市投促局代表大同市作招商推介，由市促投局对接组织、策划包装的 5 个重点项目现场路演。会后，与智招云科技有限公司、广西拾尚文化创意公司、海通安恒大数据科技有限公司、创业黑马科技集团股份有限公司、普华永道咨询有限公司洽谈合作招商引资事宜，市国顺贸易公司与广西山西商会达成贸易合作意向。发挥商会桥梁纽带作用，市促投局与市工商联对接联系驻大同商会和外省市山西（大同）商会，到大同河南商会、大同河北商会、大同广东商会、大同山东商会、北京大同商会、上海山西商会、厦门山西商会、江西山西商会、珠海山西商会、西安晋商会、广西山西商会、北京水产农特产企业商会、厦门泉州商会、湖北晋商会 10 余家商会拜访、考察，并建立工作联系机制。起草《大同市委托招商实施办法（试行）》，12 月，市政府第 42

2019 年大同市驻大同国际陆港企业对外贸易表

驻大同国际陆港企业名称	累计出口额（万元）	累计进口额（万元）	累计进出口额（万元）	折合进出口美元值（美元）
大同国际陆港港务有限公司	28576	29261	57838	82907350
大同陆港进出口贸易有限公司	80384	66649	147033	210764316
大同市怡亚通供应链有限公司	—	874	874	1252851
山西大拓新能源有限公司	3698	—	3698	5300880
大同万世宝进出口有限公司	3055	—	3055	4379175
大同天拓进出口有限公司	3399	—	3399	4872280
大同市平城芯科科技股份有限公司	1882	—	1882	2697744
山西东方志博贸易有限公司	1527	—	1527	2189312
山西同贸物流有限责任公司	—	1556	1556	2230872
合计	122522	98341	220863	316594780

说明：汇率按照 2019 年 12 月 31 日汇率中间价为准，1 美元 =6.9762 人民币

次常务会审议通过。

全年全市签约招商引资项目355个，计划总投资1456.27亿元，占年度招商引资目标任务1170亿元的124.47%。全市招商引资开工项目270个，新开工计划总投资596.9亿元，占年度目标任务338亿元的176.56%。开工项目中当年签约并开工项目269个，开工率75.3%。

（市促投局）

【招商引资导引图编制】 2019年，市促投局通过前期与各县（区）、各开发区、古城管委会、文旅集团、规划局、文物局等部门沟通联络，经过整理资料、结合实际情况，请大同市规划设计院编成《大同市招商引资导引图（2019版）》《大同市招商引资古城区域导引图（2019版）》，2张“招商引资导引图”反映大同市11个县区（含开发区）、古城区域的地域情况、产业动态、规划布局，解决县（区）无序竞争、空间受限、发展定位不突出问题。市促投局在3000余家企业中梳理筛选出211家符合大同市产业发展方向的长三角区域重点招商引资企业，请大同市规划设计院编制《大同市招商引资长三角区域招商地图（2019版）》，为开展招商引资洽谈对接提供指导与参考。

（市促投局）

【助力“一带一路”建设】 2019年，市促投局承接“京津冀”产业转移工作，在北京、大同组织参加3场专场活动，分别为大同市生态环境治理项目(北京)招商推介会、英中贸易协会中国园区概况报告发布活动、2019中国（大同）新能源国际高峰论坛暨招商引资项目洽谈会。由市促投局负责承办的2019中国（大同）新能源国际高峰论坛暨招商引资项目洽谈会上，签约项目55个，签约总金额210亿元。市促投局主动“走出去”对接“一带一路”地区企业，融入“一带一路”建设，推进国际产能合作。

（市促投局）

【招商引资专场对接会】 2019年4月8日，第十三届河南投洽会在郑州国际会展中心举行。大同市促投局工作人员9人到郑州参会并组织系列活动。4月9日，市促投局在郑州市郑东新区举办第十三届河南投洽会大同市招商引资专场对接会。该局在会上与河南省长江实业发展有限公司、河南华水集团签订合作协议，并与有意向投资的郑州威科姆科技股份有限公司、郑州七彩装饰工程有限公司等对接洽谈项目。

（市促投局）

【参加中国·天津国际投资贸易洽谈会】 2019年4月18日，2019中国·天津国际投资贸易洽谈会在天津梅江会展中心举行。大同市促投局组队参加洽谈会。展会上，大同市三利农产品有限公司、绿苑饮品有限公司、天艺昌工艺品有限责任公司3家企业参展，参展产品包括杂粮、饮料和铜火锅。同日，山西—环渤海地区投资合作交流会举行。会上，大同市作招商引资产业政策推介，大同市云州区和家科技有限公司路演展示社区治理城市合作情况。

（市促投局）

【招商引资项目洽谈会】 2019年8月28日，大同招商引资项目洽谈会举行。省委常委、市委书记张吉福，市委副书记、市长武宏文，市委副书记刘振国，市人大常委会主任赵向东，市政协主席部向华，全国工商联新能源商会专业副会长兼秘书长曾少军见证签约。副市长郝献民主持。来自北京、河北、山东、江苏等地的50余家企业代表，市直各有关部门主要负责人参加会议。会上各县（区）、大同经济技术开发区分别与台湾拜宁腾能生技股份有限公司、北京环宇京辉京城气体科技有限公司、上海重塑集团等企业签订55个项目合作框架协议，涉及新能源、通用航空、大数据、生态环保等领域和产业，总签约金额210.17亿元。

（市促投局）

【参加厦门国际投资贸易洽谈会】 2019年9月8日至11日，2019厦门国际投资贸易洽谈会暨丝路投资大会在厦门举行。大同希尔物联科技有限公司、山西雁门古道科技有限公司、同煤集团大同大昶移动能源有限公司、山西同达药业有限公司等企业参展，展出4类20余件展品。9日，大同市人民政府副市长荆虎率市促投局、开发区等部门参加山西省投资环境推介会暨项目对接会。会议期间，市投促局、开发区招商部门与福建亿懿生辉医药科技有限公司交流对接。

（市促投局）

【参加山西省农业品牌发布暨农业招商引资项目签约活动】 2019年9月29日，山西省农业品牌发布暨农业招商引资项目签约活动在省农产品国际交易中心（太谷县新型产业园区）举行。在农业品牌发布暨招商引资项目签约仪式上，大同市展团获组委会颁发的省级农产品区域公用品牌1个，为“山西荞麦”；市级农产品区域公用品牌1个，为浑源县黄芪协会的“浑源正北芪”，功能农产品品牌2个，分别是大同市华建油脂有限责任公司的“华建诚鑫”压榨一级亚麻籽油和大同市雁同府黄酒有限责任公司的“雁同府”黍米黄酒。招商引资签约项目方面，左云县政府与山西九龙生物科技有限公司签订2.5亿元沙棘原料基地及产品加工建设项目；灵丘县政府与山西好山好水农业科技有限公司签订1.5亿元“生态循环农业”项目；云州区政府与山西毅成酒店管理有限公司签订1.6亿元中央厨房建设项目。

（市促投局）

【大同（长三角地区）招商引资精准对接会】 2019年11月5日至10日，第二届中国国际进口博览会在上海召开。5日，由市促投局主办，市工信局、市工商联、开发区协办的大同（长三角地区）招商引资精准对接会在上海召开，对接会邀请上海重塑能源科技有限公司、上海游艺机工程有限公司、上海铭元能源科技有限公司、上海鑫洱鑫医院管理有限公司、上海信德控股集团近20家长三角地区企业负责人参会，5家企业与大同市经济技术开发区、平城区政府、浑源县政府、灵丘县政府签订合作框架协议。市促投局在第二届进博会期间派小分队分别参加山西—巴西企业对接会，山西与澳门及葡语国家参会企业座谈会，山西投资环境和国企混改项目（上海）推介对接会，新晋商、新使命、新担当——世界晋商上海论坛暨晋商新成就展等活动，围绕符合大同市产业发展规划的高端装备制造产

业、现代物流产业，新一代信息技术产业、生物制药产业、通用航空产业开展招商洽谈。（市促投局）

【长三角地区企业“大同行”项目对接座谈会】 2019年11月20日，由大同市政府主办，大同市促投局承办的长三角地区企业“大同行”项目对接座谈会在大同举行。会议邀请“长三角地区”9家企业参加，分别为上海同业集团、上海铭元能源科技有限公司、上海复客中国科技集团、上海信德控股集团、张家港氢云新能源研究院有限公司、上海希衍生物科技有限公司、江苏雪枫环保科技有限公司、浙江华农（集团）实业有限公司、江苏南通金鼎龙文创股份有限公司。会上，9位企业家分别代表各自企业及项目情况发言，并相互交流合作事宜。（市促投局）

【大同（中部地区）招商引资精准对接会】 2019年12月6日至9日，以“共商、共建、共赢、共享食品世界”为主题的第28届中国食品博览会暨中国（武汉）国际食品交易会在武汉国际博览中心举行。市促投局负责大同展馆设计、布展工作，组织山西塞北红食品有限公司、大同市华建油脂有限责任公司、大同海发生物科技有限公司、大同御芈科技有限公司、中安众果食品有限公司10余家企业参展。7日，市促投局在武汉市举办大同（中部地区）招商引资精准对接会，武汉七彩印务有限公司、武汉天帷信息技术有限公司、武汉保捷物流公司、武汉荣智电气科技有限公司、湖北拓日能源环境科技有限公司10余家中部地区企业负责人参会。会上，市促投局和开发区有关负责人介绍大同市营商环境和产业扶持优惠政策，参会企业代表分别介绍各自企业情况、产业发展方向及与大同市项目合作意向，天镇县招商引资服务中心与武汉梅曼科技有限公司就固废综合利用项目签约。（市促投局）

▲ 2019年12月7日，大同市促进外来投资局在武汉国际博览中心举行大同（中部地区）招商引资精准对接会 （市促投局 供图）

经贸促进

【概况】 2019年，大同市贸促会参与全省“一带一路”战略实施。以中小企业为主要服务对象，围绕经济贸易“内”“外”两条主线（“内”即山西品牌中华行、“外”即山西品牌丝路行），组织企业参与这两大活动。助推企业拓宽名优特产品贸易渠道，组织中小企业参加国际、国内各种经贸博览会、展览会。为涉外企业提供法律服务，全年出口商品原产地证、商事证明书、代办领事认证、涉外商业单据认证量居全省各市级贸促会首位。全年为19家出口企业办理原产地证982份；涉及产品出口额19480万美元；办理商事证明书102份；代办领事认证70份；涉外商业单据认证43份，共计1197份，比上年增长9.5%。新增注册企业1家。产品销往美国、越南、印度、巴西、南非、约旦、科威特、伊朗、沙特、西班牙、意大利、泰国、埃及、土耳其、也门、阿富汗、叙利亚及墨西哥等49个国家和地区。涉及出口产品主要有氯丁橡胶、阿莫西林、6APA、活性炭、高岭土、车轴、轮对、金属镁、农副产品等。（贾峰涛）

【产业转移促进中心商务部上海基地（大同分基地）成立】 2019年2月28日，产业转移促进中心商务部上海基地（大同分基地）成立。产业转移促进中心商务部上海基地（大同分基地）是市政府与上海漕河泾新兴技术开发区战略合作协议的主要项目之一，基地旨在承接东部沿海发达地区向内陆地区产业转移，确保其成果在大同落地，并服务项目相关科技成果转化工作。（秦福龙）

【参加“山西品牌丝路行”活动】 2019年，大同市贸促会组织“山西品牌丝路行”西欧站、巴西站、澳洲站工作。6月11日至18日，由大同市贸促会牵头组织的大同市代表团参加山西省贸促会举办的山西品牌丝路行（西欧站）活动。活动期间，代表团一行参加山西文化旅游经贸合作推介（法国）交流会，会上大同市经济技术开发区作推介项目活动，与该国新科技、经贸企业洽谈交流；山西省晋鼎铁投有限公司考察国外物流市场和企业，与法国加莱市及法国晋商商会对接，商讨在加莱市建立“海外仓”事宜；市外事办与法国加莱市沟通双方缔结友好城市事宜；代表团拜会法国工商会、侨商会、中国驻法国使馆。在德国期间，参观法兰克福科技园区，与德国制造业和科技企业交流；大同市晋银有限公司考察贵金属矿山先进开采技术，推广该公司生产的纯银系列产品，对接纯银产品国际化制造，开拓国际市场。9月17日至19日，山西品牌丝路行（巴西站）依托第六届中国（巴西）贸易博览会在巴西圣保罗会展中心举办。大同市贸促会推荐山西凯翔凯宇科技有限公司、大同市唐情结飞天创意商贸有限责任公司、山西绿贝生物科技有限公司、大同市易天商贸有限公司携市优质特色产品参加该届贸易博览会山西展馆的山西农字号、山西化工、山西工艺3大板块展示。12月3日至5日，山西品牌丝路行（澳洲站）依托澳大利亚国际铁路展览会在澳大利亚悉尼举行。该展会集中展示铁路及运输行业最先进技术设备。大同市贸促会推荐大同新成材料股份有限公司和中车大同电力机车有限公司参展，推动大同市轨道交通领域对外合作。（贾峰涛）

【参加“山西品牌中华行”活动】 2019年，大同市贸促会组织全市相关企业参加山西省人民政府主办、山西省贸促会承办的“山西品牌中华行”上海站、成都站、厦门站的相关活动。6月18日至20日，第19届世界制药原料中国展暨第14届世界制药机械、包装设备与材料中国展在上海新国际展览中心举办。山西品牌中华行（上海站医药专场）活动依托该展举办。山西省10家药品生产和7家化工医药企业参展。大同市贸促会组织大同市国药威奇达药业有限公司、山西新宝源制药有限公司携产品参展。6月21日至23日，山西品牌中华行（成都站）活动依托第十一届中国（成都）家居用品展览会在成都世界城新国际会展中心举办。大同市贸促会组织山西煤炭运销集团大同晋银矿业有限公司、浑源县恒山酿酒有限公司、山西裕隆祥农业发展有限公司、山西大瑞食品加工有限公司4家企业参加。展出纯银产品、北芪耳、北芪菇、北虫草、北芪系列食药用菌、“恒芪康”牌白酒、“恒宗”浑源凉粉、“向前”浑源莲花豆、“向前”浑源油辣椒、“向前”浑源恒山特产（野蘑菇、辣椒油、豆腐干、炒大豆、莲花豆、黄芪）、小杂粮和四季鲜苦菜等4大系列30余个产品，其中“恒芪康”酒与一家超市试销合作。10月18日至20日，山西品牌中华行（厦门站）活动依托第十六届中国（厦门）国际食品交易博览会在厦门国际会展中心举办。大同市贸促会组织山西东方物华农业科技有限责任公司、大同市易天商贸有限公司、大同市华建油脂有限责任公司、山西裕隆祥农业发展有限公司携五谷杂粮、北芪耳、北芪菇、北虫草、北芪系列食药用菌、华建亚麻籽油、黄花菜、小米、绿豆、藏红花、杏仁粉、植物提取物等产品参展，推广和展示“大同制造”、大同特色。

（贾峰涛）

【助力中小企业拓展经贸渠道】 2019年，大同市贸促会组织中小企业参加各种国际、国内展览会、博览会、洽谈会，为企业拓展经贸渠道。在组织各种展会中，为企业租赁摊位或为企业申请摊位补贴。9月20日至22日，大同市贸促会组织大同裕隆环保责任有限公司相关人员参加在山东潍坊举办的由中国贸促会、山东省人民政府、日本国际贸易促进协会、韩国贸易协会、中日韩三国合作秘书处联合主办的“第五届中日韩产业博览会暨中日韩产业合作发展论坛”，期间参加“中日韩产业合作发展论坛”和“中日韩智能制造项目对接会”。组织左云县燃发环保净化材料厂参加3月28日伊斯坦布尔展览中心举办的第三届土耳其国际环博会和11月5日荷兰阿姆斯特丹国际水处理展。（贾峰涛）

【贸促培训大讲堂】 2019年9月11日，由山西省贸促会、山西省国际商会主办，大同市贸促会承办的“不忘初心，牢记使命”助力企业“走出去”培训大讲堂举行，来自全市26家进出口企业和商会60余名代表参加培训。邀请来自太原市委党校教授范富、中小企业标准化（山西）服务中心专家白沈坪、中信保山西公司风险防控师徐寒雪恒3位专家，分别作《准确把握党和国家的战略意图推动经济转型发展》《企业标准化建设与合规管理》《外贸风险分析和防范》讲解，专家们围绕进出口企业在“走出去”中遇到的国际经贸政策、商事法律服务、会展服务、企业合规建设、贸易便利化、知识产权保护和外贸风险防范等常见问题，与学员们面对面交流。（贾峰涛）

开发园区

大同经济技术开发区

【概况】 2019年，大同经济技术开发区总规划面积239.4平方千米，该开发区围绕“一区多园、产城融合”发展思路，重点建设生物医药、装备制造、高新技术、通用航空、现代纺织、新能源、新能源汽车、大数据等产业园区。该开发区有国药集团、中国重汽、陕西重汽、京东集团、汉能集团、正道集团、雄韬股份、科陆电子等一批龙头企业入驻。建成医药工业园区、装备制造园区、高新技术园区、现代服务园区、御东园区5大产业园区，创建通航产业园区、中银纺织产业园等特色产业园区，形成以医药和装备制造为支柱，新能源、新材料、电子信息、通用航空、商贸物流、食品加工为辅助的产业布局。全年全区地区生产总值97.88亿元，增长13.1%；规上工业增加值50.15亿元，增长20.7%；一般公共预算收入6.34亿元，增长25.4%；固定资产投资87.57亿元，增长16.7%；社会消费品零售总额32.45亿元，增长7.7%；外贸进出口总额40.31亿元，增长83.64%。

（张维新）

【改革发展】 2019年，大同经济技术开发区在市场化改革方面，推进“管运分离”“管建分离”。研究出台《大同经开区实行“管运分离”改革全面实施公司化运营的实施方案》；大同经济技术开发区经济发展投资公司通过市场化方式运作标准化厂房建设；在湖东片提质升级工程中引入PPP模式；云中电力公司在装备园区开展增量配电试点工作；与国家开发银行、农业开发银行对接项目建设融资方案。在“专业化”改革方面。推进人才“专业化”。选派13名优秀干部到北京、上海、商务部投促局等地挂职锻炼；委托第三方公开招聘10名大学本科以上学历工作人员；派遣23名中层干部到上海漕河泾学习园区管理课程。推进园区建设“专业化”。“氢都”大同新能源产业城初具规模，农产品精深加工产业园区建设前期工作完成，氢都驰拓、石墨烯等一批产业园项目入驻，装备园区“园中园”模式取得实质性突破。在“国际化”改革方面。大同国际陆港申报保税物流中心（B型）获批。引进总投资12.7亿元的德国卡本泰克新一代红外线供暖系统项目，组建国家级供暖系统研发及生产中心。（张维新）

经贸合作

【转型升级】 2019年，大同经济技术开发区出台《促进制造业高质量发展的若干政策意见》等扶持政策。全年新增“小升规”企业6户，19户规模以上企业利税保持两位数增长；投资强度、产出强度和税收强度分别为469.64万元/亩、208.78万元/亩、12.02万元/亩；1户企业升为省级“专精特新”行列；4家企业通过高新技术认定。全年11家规模以上医药企业实现产值96.47亿元，增长10.5%；24家规模以上装备制造企业实现产值74.53亿元，增长48%。2个主导产业产值占全区规上工业总产值90.88%。（张维新）

【营商环境建设】 2019年，大同经济技术开发区加大基础设施建设投入力度。实施湖东片提质升级工程，恒安街道路拓宽工程主线通车，转型创新厅建成，新能源汽车服务城开工建设。完善“氢都”新能源产业城基础配套工程，“七横七纵”道路和氢都公园投入使用，总建筑面积30万平方米的标准化厂房项目主体竣工，部分投入使用。深化“放管服效”改革。推进相对集中行政许可权改革，“一枚印章管审批”建成。推进企业投资项目承诺制改革，审批时间压缩至45个工作日。建成政务服务一张网平台。开展“证照分离”“多证合一”改革，企业开办时间缩短1天。提高审批服务质量，引入中介服务机构实施项目评估评审。实施科技创新驱动。年内获批“国家外贸转型升级基地”“省级双创示范基地”，向国家、省、市落实双创建设资金4485万元。推动政产学研合作。建设太原理工—泰瑞集团科研中心公共服务平台、大同宏鑫岩棉院士专家工作站、尚镁科技大同国际镁轻量化研究院，推动普德药业与北京大学联合研发紫杉醇项目。推动双创载体升级换代。全年新增省级众创空间4个、市级众创空间7个，新增在孵企业102户，孵化毕业企业12家。上海漕河泾（大同）创新创业园开园；京东云（大同）电商生态产业园有60余家企业入驻。推进公共服务平台建设。依托同药集团大同生物医药产业研发公共服务平台、泰瑞集团装配式建筑研发公共服务平台搭建大同经济技术开发区重大仪器共享平台，服务全区企业和周边院校。落实扶持政策。落实国家、省、市减税降费、扶持奖励等各项政策。全年减免各类税收2.8亿元，补贴扶持资金8748万元，落实上级财政专项资金3.5亿元。为14家企业申请“打捆用户”电力直接交易。（张维新）

【开发区招商引资】 2019年，大同经济技术开发区加大招商引资力度、培育新的增长动能。结合大同市优势和开发区产业规划实际，定位招商主攻方向；选定江浙沪、深圳等优质区域作为重点招商区位；寻找布局产业上下游链条与开发区资源优势最为匹配的项目和企业作为精准招商对象。建立“项目考察、尽职调查、法务意见、专家意见、集体研究”5个环节项目辨别审核机制，防范招商引资可能引发的风险。全年全区签约项目37个，总签约额302.04亿元。其中，引进上市公司3家，世界500强1家；10亿元以上转型项目6个。20个新签约项目开工，开工率54.1%，到位资金27.56亿元。（张维新）

【项目建设】 2019年，大同经济技术开发区推进项目建设，围绕“企业化管理项目，一线化紧盯项目”推进思路，建立包联领导、项目协调组和园区服务中心3支力量服务项目体制，形成“一对多、多对一”的服务体系，制定一个项目、一位包联领导、一个服务专班、一本台账的“四个一”工作机制，为企业提供服务，推进项目规划图变施工图。全年开复工项目96个，投资77.7亿元。其中，工业项目50个，投资50.73亿元，增长18.5%。开工建设氢都驰拓、新研氢能、奥赛斯等29个项目，加快实施中银羊毛、普云大数据、瑞城建筑等21个续建项目，建成投产氢都驰拓、石墨烯等14个项目，其中氢都驰拓、尚镁合金、石墨烯等项目实现当年开当年投产。（张维新）

【开发区招商引资转型项目集中签约】 2019年7月3日，大同经济技术开发区招商引资20个转型项目集中签约，总投资243.46亿元。

省委常委、市委书记张吉福，市委副书记、市长武宏文，市委常委、市委秘书长尉连生，市委常委、副市长冯苏京，副市长荆虎见证签约。大同经济技术开发区党工委书记、管委会主任任希杰主持签约。此次集中签约的20个项目，有北京英睿得BPO总部、基因工程一类新药重组人体白细胞介素1受体拮抗剂产业化、三一建云绿色建筑产业园、新能源汽车助力泵、智能电力设备生产、京国能源电气成套扩建电力充电桩、首航氢能大同制氢工厂、智慧城市安全辅助系统、航空发动机陶瓷型芯、厨余垃圾分类、同煤物流等，涵盖了新能源、高端装备制造、新材料、下一代信息技术、生物医药、食品加工、节能环保等领域，总投资243.46亿元，项目全部达产后，可实现年销售收入约150亿元，上缴税金约10亿元，可解决上万个就业岗位。在签约现场，首航氢能科技有限公司董事长黄文佳，同煤物流公司党委书记、董事长刘兴武作为签约企业代表作表态发言。大同经济技术开发区相关负责人与20个项目方代表依次签订项目入园协议。（张维新）

【开发区重点项目集中开工】 2019年9月12日，大同经济技术开发区8个重点项目集中开工，总投资19.43亿元。市委副书记、市长武宏文，市人大常委会副主任张翠萍，市政协副主席王剑辉，大同经济技术开发区党工委书记、管委会主任任希杰以及杭州宣臣电气有限公司董事长林宣杰、市英莱壳润滑油有限责任公司董事长张志斌等8个项目的负责人在现场见证。集中开工的项目有麦柯耐斯矿山机械制造、京国能源充电桩、宣臣电气智能电力设备制造、环境保护综合处置中心、精酿啤酒研发生产基地、英莱壳润滑油、危化品贮存、重组人白细胞介素1受体拮抗剂产业化8个项目，涵盖高端装备制造、化工、节能环保和食品加工等领域。（张维新）

【开发区汽车产业服务城项目开工建设】 2019年10月9日，大同经济技术开发区汽车产业服务城项目开工建设。汽车产业服务城项目规划总占地面积约22公顷，分期建设实施。项目一期北至思贤街，南至道坛街，西至园区西路，东至园区东路，总用地面积 11.2 公顷，总投资约 3.6 亿元，建设期 1 年。一期项目拟建汽车 4S 店 19 家，办事大厅 2000 平方米，停车泊位 670 个，同时配套餐饮、休闲、娱乐、检车线、充电桩等服务设施。（张维新）

医药工业园区

【概况】 医药工业园区是大同经济技术开发区的主导产业园区，总规划面积 1.98 平方千米。2019 年，该园区企业职工 4000 余人，入驻企业 6 家，分别是：国药集团威奇达药业有限公司、山西普德药业有限公司、山西振东泰盛制药有限公司、山西同达药业有限公司、山西威奇达光明制药有限公司、同药集团大同制药有限公司。上市企业子公司 3 家（国药威奇达、振东泰盛制药、普德药业），其中国药威奇达是全球 500 强企业。医药工业园区拥有各类药品生产批准文号 892 个，产品涵盖化学原料药、化学制剂、生物制剂、中药饮片与颗粒、胶囊、片剂等。6 家企业均被评为高新技术企业和省、市级技术中心（5 家省级和 1 家市级）。国药威奇达建有公共技术研发平台和公共试验检测平台、山西同达药业建立"大同医药园区综合制剂工艺设计及中试公共服务平台"、普德药业建有山西省脂质靶向制剂研发及试制平台、大同医药产业基地公共检验检测平台，泰盛药业建有小容量注射剂中试平台。全年，医药工业园区企业工业产值 71.5 亿元，同比增长 10.5%；实现销售收入 62.5 亿元，同比增长 10.2%；实现利税 8 亿元，同比增长 10.5%。（赵志勇）

【园区资源共享】 2019 年，医药工业园区服务中心联系市医药企业联盟，组织开展培训、品牌宣传、信息交流等工作。联盟内协作互助，在材料供应、部件配套等基础环节加强协同，推动资源就地转化，促进同药同用。落实《大同经济技术开发区外贸进出口奖励办法》。实现资源共享。推动同药的高福院士工作站、福源药业配送中心，普德的医药产业基地公共检验平台，普德的动物实验室等技术平台、服务平台共享。（赵志勇）

【园区服务企业】 2019 年，医药工业园区服务中心研究国家、省、市支持改革创新和转型发展相关政策，落实《推动原料药产业绿色发展的指导意见》《大同经开区关于促进医药产业健康发展的若干意见》《大同经开区促进企业自主创新扶持办法》《大同经开区促进制造业高质量发展若干意见》等政策。落实大同市人才引进"三十条"政策，引进高端人才；通过智联招聘网、大同大学校企平台、区就业指导中心，为入区企业提供招聘和培训等服务。在收集到企业反映问题后，协调相关部门予以解决。在医药工业园区从大塘路右转进入郭家窑水库路段安装交通安全警示牌 2 块；协调交警部门在大塘路运煤专线营坊沟十字交叉路口定时开启红绿灯，安装限速交通标志牌 2 块和安全提示标志，在大塘路与同浑路交叉口安装限速标志和大货车靠右行驶提示标志，安装测速及监控设备；协调大同市湖东经济开发总公司修缮医药工业园区内西侧部分道路；为企业提供大用户用电服务，联系山西晋能集团大同恒益节能服务有限公司、山西东源电力建设有限公司等相关售电公司为园区各企业提供大用户用电服务；为企业落实省级技术改造资金 2152 万元。（赵志勇）

【校企合作平台搭建】 2019 年，医药工业园区借助市政府与大同大学联合举办大同市首届"招凤兴同·市校共建"招聘会活动平台促进校企合作，为大学毕业生就业与用人单位双向选择架起就业之桥。医药工业园区企业与大同大学对接，企业共需 137 人，达成协议 130 人；组织企业参加医药工业园区人才招聘会；组织普德药业参加"聚力前行、筑梦大同"走进校园（太原理工大学专场）人才招聘会，拓宽人才引进渠道。（赵志勇）

【技改项目建设】 2019 年，医药工业园区技改项目 16 个，总投资 10.2 亿元。其中，在建、续建项目 11 个，总投资 6.66 亿元；新开工项目 5 个，总投资 3.54 亿元。该园区企业涉及 53 个品种开展仿制药"一致性评价"。2 个重点项目：国药集团威奇达药业水回收系统提标改造环保项目，总投资 1.7 亿元，项目竣工并处于试运行阶段；同药集团黄芪中药制剂现代化生产线技改项目，总投资 1.2 亿元，重点实施净化工程、设备安装，部分生产线投入使用。（赵志勇）

【国药集团威奇达药业有限公司】 2019 年，国药集团威奇达药业有限公司拥有 7ACA、6APA、D-7ACA 抗生素 3 大生产能力，形成头孢类、青霉素类从基础原料到终端制剂的完整产业链，拥有国家批准药品生产文号 115 个，建有非青非头生产线 1 条，所有生产车间全部通过国家新版 GMP 认证，其中，克拉维酸钾微晶纤维素（1：1）、克拉维酸钾二氧化硅（1：1）通过美国 FDA 和欧洲 CEP 认证；头孢类中间体系列产品 7ACA、D-7ACA、7ACT，青霉素中间体 6APA 以及阿莫西林原料药取得美国 DMF 注册号。克拉维酸钾占全球 45% 市场份额、7-ACA 居全国前列。（赵志勇）

【山西普德药业有限公司】 2019 年，山西普德药业有限公司主要从事化学药品、中药、中西药复合制剂、口服制剂研发、生产和销售业务，冻干制剂生产能力位居全国前列。拥有国家级新药 35 项、发明专利 29 项；各类药物品种 167 个，药品生产批准文号 282 个。被列入《国家医保目录》品种 86 个；被列入《国家基本药物目录》品种 18 个。其中，注射用 12 种复合维生素、银杏达莫注射液同类产品排名全国前列。（赵志勇）

【山西同达药业有限公司】 2019 年，山西同达药业有限公司拥有批准文号 126 个，国家发明专利 2 个，实用新型专利 14 个，外观专利 5 个，注册商标 44 个，著名商标 2 个。是山西省口服固体制剂品种较多、产量较大的药品生产企业，年内被评为山西省专精特新"小巨人"企业。傲复力—硫酸氨基葡萄糖胶囊、同达莫星—阿莫西林分散片、双解—氨酚伪麻片是山西省名牌产品。该公司与中科院高福院士成立"生物制药院士工作站"。（赵志勇）

【山西威奇达光明制药有限公司】 2019年，山西威奇达光明制药有限公司是山西省唯一拥有基因工程产品企业，可生产生物制剂、冻干粉针剂及水针剂。“宁红欣”牌重组人促红素注射液为国内第一家上市的r–HuEPO产品，填补该领域产品在国内空白。该产品获国家科技进步二等奖，并取得产品发明专利1项。（赵志勇）

【广盛原中医药有限公司】 2019年，广盛原中医药有限公司（原同药集团大同制药有限公司），是晋北地区唯一的一家集传统剂型与现代中药剂型为一体的中药制药企业。拥有产品生产文号127个，其中有7个是独家产品，2大生产车间13条生产线；可生产中药提取、中药饮片（破壁饮片）丸剂、胶囊、颗粒、片剂、糖浆剂等产品；癫痫康胶囊、仲景胃灵丸获山西省优质产品奖。（赵志勇）

【山西振东泰盛制药有限公司】 2019年，山西振东泰盛制药有限公司有无菌粉针剂、冻干粉针剂、大小容量注射剂、片剂、胶囊剂、颗粒剂、干混悬剂、原料及中药提取等10个剂型，有抗生素、心脑血管、抗肿瘤、维生素等类国家药品批准文号242个，营销网络覆盖全国400余个城市。全年，大小容量注射剂车间生产446批次，产量4200万支，比上年增长55%；无菌粉针制剂车间生产253批次，产量2300万支，比上年增长40%；冻干粉针制剂车间生产250批次，产量1100万支，比上年减少19%；固体制剂车间生产194批次，产量6900万支，比上年增长8%。总产量29986万支，超出年计划40%，全年成品入库13.9万件，出库13.7万件。全年生产产值10.4亿元，同比增长39%；营业收入8.75亿元，同比增长18%；实现利税1.2亿元。高附加值品种增长明显，同比增长30%，舒血宁注射液销量2900万支，比上年增长40%；注射用阿莫西林钠氟氯西林钠销量5300万支，比上年增长46%，注射用头孢哌酮钠舒巴坦钠销量480万支，比上年增长58%。全年申报山西省重点研发计划等11个基金项目，批复3项，获项目扶持资金及奖励265万元。新申报发明专利3项，获专利授权6项。头孢硫脒合成工艺优化获山西省五小竞赛三等奖。（黄晓梅）

通用航空产业园

【概况】 2019年，大同市通用航空产业园位于云州区杜庄乡南六庄村西侧约1500米，总占地1720公顷，由中国城市规划设计研究院完成大同市通用航空产业园总体规划与修编。大同市通用航空产业园主要规划以通用航空制造业及通航运营服务为发展重点，涵盖通用航空零部件生产，航空器研发制造、培育机载设备、航空新材料、市场运营、综合保障以及延伸通航全链条的新型产业体系。

截至2019年底，大同市通用航空产业园累计各项投资约17.5亿元。建成A1类北岳通用机场、山西通航职业技术学院（一期）项目、35千伏变电站、5.5千米配套市政道路及标准厂房等项目。入园单位有大同航空运动学校、通航职业技术学院及北航长鹰蜜蜂轻型飞机制造，微型发动机研发与应用，中德轻型飞机制造，大同轻型航空发动机研发与生产4家航空制造企业和6家航空运营企业。初步形成以华彬天星、雷森通航、河北致远、辽宁锐翔、云之翼俱乐部、上海金汇带动的短途运输、低空旅游、教育培训、航空研学、应急救援等运营项目格局。（齐玮）

【重点项目情况】 2019年，大同市通用航空产业园北岳机场建成为A1类通用机场，含飞行区、航站区两部分：飞行区指标为2B等级，建1500米×45米混凝土跑道1条；1500米×15米平行滑行道1条；垂直联络道5条；停机坪21960平方米；有防吹坪、巡场路、服务车道、助航灯光、航管导航气象、给排水及消防、供油等设施。在跑道南侧距离跑道1050米处设置NDB导航台。航站区占地面积3.2万平方米，建有航管楼、候机楼、机库、维修机库、办公楼、生活及保障设施楼、综合教学楼、飞行员公寓楼、运动员公寓楼、体能训练馆等基础设施。全年累计飞行天数154天，保障安全飞行3832架次、1102小时。

山西省航空运动管理中心大同航空训练基地（原大同航校）主要任务：发展滑翔、跳伞、飞机、热气球等航空体育运动，推动航空体育产业发展，参与拟定有关航空运动项目规划；负责航空项目运动队伍建设和后备人才培养；开展航空科普活动，宣传普及航空科普知识；为地方抢险救灾等提供服务。该训练基地拥有PC–6飞机1架、P–750飞机1架、运五飞机3架，初教六飞机5架，初教五飞机3架，热气球5具、国产及进口滑翔机20余架，进口绞盘车1台，动力伞、滑翔伞、悬挂滑翔机多架及相应的救生伞等安全辅助用具。经国家体育总局、民航局批准，获得培训和颁发初级类航空器（初教六、各种超轻型飞机、滑翔机、热气球、动力悬挂滑翔机、动力伞、悬挂滑翔、山坡滑翔伞）驾驶执照的权力。

山西通用航空职业技术学院是一座以培养全日制高素质技术技能型人才的专科层次高等职业学校。该学院占地约37.07公顷，规划建筑面积22.6万平方米，计划投资14.6亿元，分两期建设。一期工程于2018年9月开工建设，建有教学楼、学术交流中心、宿舍楼、图书馆、实训楼、报告厅等11个单体，建筑面积12.9万平方米，投资约8.7亿元。2019年，该工程竣工并完成各类专项验收，具备使用条件。（齐玮）

【大同航空动力有限公司】 2019年，大同航空动力有限公司主要生产活塞式轻型航空发动机，产品适用于军民两用航空及非航空领域。有两型水平对置四冲程航空发动机：四缸DT27、六缸DT40，并研发以此为基础的超轻大功率动力平台，该动力平台应用于防务和其他民用非航空产品。包括：军用无人机、战术伞兵车、诱饵雷达电源、小型气垫船、手抬超高压消防水泵等。截至2019年底，迪默透发动机应用于全球50余型号各类航空器，安全累计飞行数万小时。（齐玮）

【大同轻型飞机制造有限公司】 大同轻型飞机制造有限公司（简称“大同轻飞”）于2016年4月成立。大同轻飞负责大同通航产业园（中德园）项目建设，大同通航产业园（中德园）项目建设航空器研发与制造中心、飞行培训中心、飞行器展销中心、飞行体能中心、飞行俱乐部等。同时开展飞行体验、空中观光旅游、航空体育运动、飞行员与维修人员制造培训、青少年航空文化科普教育、城市航空服务、飞行器托管、维修保养等业务。2019年4月，大同轻飞获中国民航局颁发的三款旋翼机（G4-2R，G4-RT，G4-2Ti）型号认可证（编号：VTC0357A）；8月被山西省科协命名为“大同轻飞航空科普园科普教育基地”；10月获民航局颁发的C42E轻型飞机生产许可证（编号：PC0046A-HB），是山西省飞机制造工厂获得的第一个也是山西省唯一的一个轻型飞机生产许可证，具备轻型飞机批量生产的轻型飞机资质和能力。年内，大同轻飞分别与山西通用航空职业技术学院和大同市体育运动学校签订校企合作协议，被学校确定为学生实训基地。

（齐　玮）

【大同雷森通航首航飞行】 2019年4月28日，1架“运-5”飞机和2架直升机在北岳机场相继起飞，标志大同雷森通航首航飞行。在空中展示30余分钟首航飞行表演，表演动作有原地360度上升、沿直线行进过程中360度旋转、高速低空飞行状态下大坡度转弯飞行、以机头为中心绕点飞行、倒飞、平行8字、双机对冲等；带着五星红旗跳伞的队员、身着七彩霞衣披着五彩绸缎的女跳伞队员从天而降，令人震撼。市委副书记、市长武宏文，市委常委、副市长冯苏京，大同大学校长冯锋，市人大常委会副主任张强，市政协副主席许进娥，大同经济技术开发区党工委书记、管委会主任任希杰，华民机技术发展（北京）有限公司董事长钱啟增，雷森通用航空有限公司总经理宋茂森等现场见证首航开飞。

年初，雷森通用航空有限公司从长治迁到大同，飞行基地分别设立在北岳机场和灵丘机场。该公司于5月启动直升机和热气球围绕大同长城线：在火山群、云冈石窟、恒山悬空寺及文瀛湖等旅游景点开展空中游览观光活动，让大同形成空中旅游文化带，把古都大同通过空中平台展现给全国和世界。

（编辑部）

【全国首个城市内湖水上飞机项目在大同首次试飞】 2019年7月23日，全国首个城市内湖水上飞机项目在大同首次试飞。一架塞斯纳208B水上飞机在大同文瀛湖面降落，完成首次试飞，开创全国首个在高海拔内湖水域起降的记录。这次试飞是大同市与北京华彬天星通用航空股份有限公司合作的全国首个城市内湖水上飞机项目，涵盖水上飞机空中游览和大同至北京密云区短途旅游专线。这次参与试飞的水上飞机为塞斯纳208B水陆两栖型，主要用于低空通勤与旅游、水上巡逻、应急救援、消防和体育运动等。

（编辑部）

【中航货运航空有限公司取得经营许可证】 2019年8月，由大同航空产业集团有限公司和中航工业幸福航空控股有限公司共同投资的中航货运航空有限公司（简称“中航货运”）取得经营许可证。中航货运是中国民航局颁发的9家大型航空货运公司之一，成立于2015年7月，注册资本5亿元。2018年12月，为加快发展航空产业、建设通用航空强省，大同市委、市政府明确对公司进行股权收购。2019年1月29日，山西省获批国家通用航空示范省新闻发布会暨中航货运签约仪式在太原举行，标志着中航货运股权收购在山西省委、省政府的见证下落地。5月，原股东广州东凌实业投资集团有限公司和北京富达资产管理有限公司所持55%的股权作价1.29亿元人民币转让给大同航空产业集团有限公司的股权变更工作完成，中航货运取得变更后新营业执照。中航货运向民航局、民航中南地区管理局提交换发经营许可证申请，并取得民航局颁发的“公共航空运输企业经营许可证”。8月21日，中航货运向民航广监局提交CCAR-121-R5补充运行合格审定申请，审定通过后进入商业运行。

（翠　松）

【大同市获批通用航空业发展示范市】 2019年8月22日，大同市召开新闻发布会，宣布大同市获批山西省通用航空业发展示范市，成立大同市通用航空业发展战略咨询委员会。

发布会上，省委常委、市委书记张吉福向杨凤田等大同市通用航空业发展战略咨询委员会委员代表颁发聘书；市委副书记、市长武宏文分别给“华彬大同飞吧”“雷森航空俱乐部”“大同中德企业家飞行俱乐部”“金汇通航大同航空医疗救援队”颁牌；张吉福、武宏文为“大同航空产业集团”揭牌。宣布大同市通用航空业发展战略咨询委员会组成名单，宣读中国民航局《关于同意换发中航货运航空有限公司公共航空运输企业经营许可证的批复》，向山西省航空运动管理中心授予“航空模型训练活动基地”称号，中航西飞民用飞机有限责任公司向中航货运航空有限公司交付全球首架新舟600F飞机钥匙。市政府分别与广东太昊航空维修股份有限公司、北京华彬天星通航股份有限公司、北京航空航天大学签署合作协议。其间中国工程院院士杨凤田一行到大同通航产业园北岳机场、大同轻型飞机制造有限公司进行实地调研。（翠　松）

【首架新舟600F飞机落户大同】 2019年8月22日，在大同市获批山西省通用航空示范市新闻发布会上，中航西飞民用飞机有限责任公司（简称“航空工业西飞民机”）向中航货运航空有限公司（简称“中航货运”）交付全球首架新舟600F飞机，并签署交接证书。新舟600F飞机是由航空工业西飞民机研制生产的双发涡桨支线飞机，拥有安全性、经济性和可靠性。作为新舟600F飞机首家用户的中航货运，是一家全货运航空公司，总部设于广州，主运营机型是波音757-200飞机、新舟600F飞机，经营国内及国际航空货邮运输、航材租赁服务、自营进出口、包机、航空技术咨询服务等业务。

（翠　松）

【“大同制造”轻型飞机参加2019中国国际通用航空大会】 2019年10月17日至21日，2019中国国际通用航空大会在陕西西安举办，“大同制造”轻型飞机代表全省参展。

中国国际通用航空大会是经国务院批准的中国通用航空界专业化、

国际性展会。该次大会以“大规模、高水平、国际性、专业性”为方向，设有飞行表演、飞机静态展、航空设备器材展、通用航空高峰论坛与专业论坛、优秀科创成果发布会等系列活动。此次大会上，来自大同市的参展企业——中德大同轻型飞机制造有限公司携主力机型 C42 和猛士豹参展。（编辑部）

【大同锐翔通航首航开飞】 2019 年 11 月 19 日，大同锐翔通用航空有限公司首航在大同北岳机场开飞。锐翔电动飞机具有零排放、零污染、低噪音、易维护、低运行成本、安全舒适等优点，具有良好气动布局和滑翔性能，安全系数高，容易操作，适合新手飞行员训练。大同锐翔通用航空有限公司是辽宁锐翔通用航空有限公司的独立子公司，10 月落地大同后，打造通航“生态旅游”和“乐享飞行”两大航空品牌。该次首航之后，转入以北岳机场为主基地的航空旅游、飞行员培训、航空作业等通航运行。（翠松）

【大同通航产业展示厅投入使用】 2019 年 11 月，经过 7 个月的规划、设计、制作，大同通航产业展示厅建成并投入使用，成为展示大同市通航产业发展的“新名片”。大同通航产业展示厅位于北岳机场体能训练馆内，占地近 500 平方米，采取蓝、白相间色调，以“云中通衢、大同兴航”为设计思想，以“格局生万象、鸿图需笃行、奋斗赢未来”为空间布局，主题鲜明，内容丰富。整个展厅集宣传展示、科普教育、交流合作于一体，运用文字、图片、影片、模型和沙盘，使用声、光、电等多种科技手段，全方位、立体化地介绍通航产业发展的国际、国内背景，展现大同的区位、气候、空域、资源优势及大同市发展通航业的定位、目标、任务、成果和未来规划，实现专业化和大众化的统一。展示厅采用团体预约制，向中小学校、机关事业单位、研究机构、高校等团体免费开放。（翠松）

“氢都”大同新能源产业城

【概况】 2019 年，“氢都”大同新能源产业城首期工程全部建成运营。该产业城内规划布局产业类项目 49 个。其中，建成投产项目 22 个，总用地面积 183.8 公顷；续建项目 11 项，总用地面积 147.67 公顷，总投资额 80.7 亿元，建成后年销售收入 83.55 亿元，上缴税金 8.7 亿元，解决就业 4000 人；新开工项目 16 项，总用地面积 253 公顷，总投资额 130.5 亿元，建成后年销售收入 135.93 亿元，上缴税金 15 亿元，解决就业 3300 人。按产业类型分：新能源汽车及零部件项目 9 个，新材料项目 4 个，装备制造类项目 3 个，新一代信息技术项目 2 个，其他类 9 个。（齐玮）

▲ 2019 年 3 月 1 日，“氢都”大同新能源产业城暨工业大振兴项目集中开工

（张湛滨 摄）

【“氢都”大同新能源产业城项目推进会】 2019 年 2 月 18 日，“氢都”大同新能源产业城项目推进会召开，市委副书记、市长武宏文主持会议。“氢都”大同新能源产业城总用地 864.62 公顷，产业城内建成项目 22 个、续建项目 11 个、新开工项目 16 个。推进会上，山西欧科起重机有限公司、大同普云大数据有限公司、大同京正复合材料科技有限公司、山西中聚晶科半导体有限公司、北京华北轻合金有限公司、大同氢雄云鼎氢能科技有限公司等 21 家企业负责人，汇报项目进展情况及存在的问题和困难。开发区、市有关部门和企业面对面对接。会议要求盯住每一个项目的开工竣工、发展潜力等元素逐一抓落实，确定项目建设各节点时间，敲定问题解决时限和困难解决方案，推动项目建设。（编辑部）

【大同氢雄云鼎氢能科技有限公司】 2019 年 4 月，大同氢雄云鼎氢能科技有限公司建设全国首座综合加氢站并投入示范运营，年内为大同市政府示范运营的 50 辆氢公交车供氢加氢超 10 万余公斤，保障 50 辆氢能公交车总运营里程 200 万千米。截至 2019 年底，该公司营业收入 17483.02 万元，利税 1243.51 万元，累计实现利润 3104.09 万元。（齐玮）

【大同万城众创新能源科技基地开工】 2019 年 5 月 6 日，大同万城众创新能源科技基地在氢都新能源产业城开工建设。市委副书记、市长武宏文，市委常委、副市长冯苏京，大同经济技术开发区党工委书记、管委会主任任希杰，万城集团董事长苏志远等在项目现场见证开工。

万城众创新能源科技基地项目总用地 26.67 公顷，计划引进 5 家锂电企业，总投资 50 亿元，项目包括新能源锂电池负极材料、隔膜、电解液、电芯壳盖、模具、电池及锂离子电池等上下游产品，涵盖整个锂离子电池材料产业链。该基地规划入驻 1 家锂电池负极企业——氢都驰拓新能源，总投资 8 亿元，主要研发、生产、销

售锂电负极材料，项目计划分4期建设，全部建成后，可达年产3万吨规模。（编辑部）

【大同新研氢能产业化基地开工】2019年5月8日，大同新研氢能产业化基地开工建设。市委副书记、市长武宏文，副市长荆虎，大同经济技术开发区党工委书记、管委会主任任希杰，大同新研氢能源科技有限公司董事长洪鑫，首航节能董事长黄文佳等在现场见证项目开工。

大同新研氢能产业化基地是氢都大同产业城规划布局的重点项目，以开发氢燃料电池电堆和系统自动化生产工艺为核心，占地11.04公顷，计划投资8亿元，分2期建成，全部完工投产后可年产1万台套燃料电池，年营业收入可达9亿元，其产品应用于公交车、物流车、乘用车等交通工具，同时还可应用于军事、国防等众多行业领域。（编辑部）

【氢都驰拓新能源产业基地项目一期投产】2019年8月24日，氢都驰拓新能源产业基地项目一期投产。省委常委、市委书记张吉福，市委副书记、市长武宏文，中南大学副校长、中科院院士周向阳，大同万城集团董事长苏志远，大同氢都驰拓有限公司总经理杨优俊，大同氢都驰拓新能源产业基地研究院院长陆丹阳等见证投产。

氢都驰拓新能源产业基地以研发、生产、销售锂电池材料为核心，是氢都大同新能源产业城新生态、多元化布局的重要板块。项目总占地26.67公顷，总建筑面积26万平方米，计划总投资50亿元。项目包括新能源锂电池负极材料、隔膜、电解液、电芯壳盖、模具、电池及PACK、锂离子电池等，涵盖整个锂离子电池材料产业链，形成产业集群。项目5月6日开工建设，经过3个余月建设，第一条生产线投产，全部投产后，可实现年产3万吨、产值18亿元的生产规模，可解决就业500人以上。（编辑部）

云冈经济技术开发区

【概况】云冈经济技术开发区于2019年11月12日，经山西省人民政府印发《山西省人民政府关于同意设立云冈经济技术开发区的批复》批准成立。规划面积33.86平方千米，空间布局结构为“一区四园”，分别是塔山循环产业园、同忻循环产业园、清洁能源产业园和现代煤化工产业园4个片区。该开发区有3个服务中心：塔山同忻产业园区服务中心、清洁能源产业园区服务中心、现代煤化工产业园区服务中心；1个中关村软件园山西孵化创新平台、1个融创企业孵化园和1个园中园，为企业发展提供服务平台。该开发区以节能环保和现代煤化工为主导发展产业。煤电一体化产业有企业5家，总装机容量365万千瓦，全年总产值612497万元。其中，中煤大同能源有限责任公司2×135兆瓦矸石发电厂，属于资源综合利用电厂，与山西漳电大唐热电有限公司、同煤同达热电有限公司等都是云冈区热电联产项目。煤化工产业有重点企业4家，全年总产值146981万元，其中项目有同煤广发化学工业有限公司年产煤制甲醇60万吨、大同煤业金鼎活性炭有限公司年产煤质活性炭10万吨。建材产业有重点企业3家，全年总产值115738万元，其中金隅冀东水泥集团是全国第三、世界第五大水泥企业，也是全国最大的综合型建材企业之一。

截至2019年底，该开发区“四上”企业19家，其中16家规模以上工业企业，工业总产值94.59亿元，主营业务收入91.24亿元，实现利润总额9.27亿元，限额以上服务业3家，收入2.29亿元，实现利润总额0.55亿元。（齐玮）

【中煤大同能源有限责任公司】2019年，中煤大同能源有限责任公司（简称“大同能源公司”）煤炭产量300万吨，销售288万吨，发电量11.71亿千瓦时，上网电量10.02亿千瓦时，营业收入15.76亿元，利润5.92亿元，上缴税费3.93亿元，工业总产值16.14亿元。

年内，大同能源公司投资1200万元建设电厂充气膜煤场封闭工程，投资1329万元改造电厂2#机低压缸零功率工程，成为中煤集团内首台切缸改造供热机组。改造后，电厂对外供热能力提升到900万平方米，一个采暖季供热量增加51.3万吉焦。全年，该公司申报各类实用专利22项、发明专利1项；在中煤集团报备科技项目4项；30509工作面地表裂缝治理工程完工，解决困扰煤矿多年的地表裂缝漏风管理难题和地表水下泄存在透水危险隐患；承办中煤资源发展集团《智慧煤矿建设现状与发展方向》讲座，并获2019年大同市级企业技术中心。年内获中国企业改革发展优秀成果二等奖，被命名大同市新时代奋斗者行业先锋。（曾伟）

【同煤大唐塔山第二发电有限责任公司】同煤大唐塔山第二发电有限责任公司位于山西省大同市云冈区塔山工业园区，建设2台2×660兆瓦坑口电厂（二期扩建）超临界直接空冷低热值煤燃煤机组。由同煤集团和大唐国际共同投资设立，注册资本金9亿元，其中同煤集团股份比例60%，大唐国际股份比例为40%。2019年7月31日完成同煤集团股权转让苏晋能源交割日审计，9月23日完成工商登记变更。全年发电量67.41亿千瓦时，营业收入16.87亿元，实现利润29792万元。（齐玮）

新荣经济技术开发区

【概况】新荣经济技术开发区上年12月25日省政府第19次常务会议同意设立，2019年1月19日以省政府《关于同意设立新荣经济技术开发区的批复》正式批复。该开发区划总面积19.98平方千米，按照“一区四园”模式，把4个产业发展聚集整合。其中，花园屯新材料产业园占地8.59平方千米，发展炭素、新材料、装备制造为主导产业；得胜转型示范园占地3.70平方千米，以石墨材料开发、节能环保产业、商贸服务为主导产业；古店物流制造园占地6.19平方千米，以钢材、煤炭运销、机械制造、铁路物流、工业产品加工为主导产业；晋蒙高新产业合作园占地1.5平方千米，主导产业为发展天然石墨高科技深加工、物流仓储业等。该开发区有省级研发中心1家，市级研发中心3家。（闫振华）

【开发区优化营商环境】 2019年12月31日，大同市政府制定印发《关于赋予新荣经济技术开发区部分市级行政管理事项的通知》文件，市政府决定赋予新荣经济技术开发区市级行政管理事项851项。其中，行政审批类229项，行政执法类622项。年内开通政府OA办公系统，接入政务外网，开通全省重大投资项目在线审批监管平台，启动运行占地117.8平方米的政务服务中心，承接和实施省、市两级人民政府赋予的各类行政管理权，按照省市“互联网＋政务服务”安排部署，依法制定公布权力清单、责任清单，线上线下相结合，开展企业投资项目承诺制改革，创新审批方式，实现“一枚印章管审批”，坚持以企业需求为服务导向，建立“一站式”办结审批机制和“一窗受理、一表申报、并联审批、统发证照”服务模式。（闫振华）

阳高龙泉工业园区

【概况】 2019年，阳高龙泉工业园区入驻企业36家。其中，正常生产企业13家，建设企业22家，长期停产企业1家。全年，该园区实现工业产值26亿元，比上年同期增长24.7%；销售收入24.77亿元，比上年同期增长34.4%；上缴税金1.27亿元，比上年同期增长19.3%。园区投资强度310万元/亩，占目标任务100%；产出强度81.6万元/亩，占目标任务100.24%；税收强度4.21万元/亩，占目标任务100.23%。（高　俊）

【基础设施建设】 2019年，阳高龙泉工业园区加快基础设施建设，引资建设园区污水处理厂，推进供水、供热和道路硬化建设。6月底，该园区污水处理厂（一期项目）开工建设，设备完成订购。该园区新铺设供水管网主体工程竣工；同煤电厂通往县城、途经园区供暖管网建成，给县城居民正式运营供暖。该园区新建4千米规划路路基工程铺设完成，化工区和新型产业区新建双向四车道硬化路面7千米；大白登路、安泰路和新型产业区安装太阳能路灯320盏；新建、改建高压线路4千米。（高　俊）

【园区机制体制改革】 2019年，阳高龙泉工业园区编制完成《阳高经济技术开发区总体规划》，功能区划由原来的“一园六区”调整为“一园四区”，调整后的产业功能有安全循环产业、新型冶金建材业、化工新材料业、农产品深加工业；编制完成《阳高经济技术开发区改革创新发展实施方案》《阳高经济技术开发区管理委员会领导班子任期制管理办法（试行）》《关于深化阳高经济技术开发区管理委员会全员岗位聘用制和绩效工资制实施办法的意见》。新修的可行性研究报告完成，该园区面积由原来26平方千米调整为24.4平方千米，由原来涉及王官屯镇、下深井乡、大白登3个乡（镇）调整涉及王官屯镇、下深井乡2个乡（镇）。按照国土空间规划调整文件要求，由阳高县政府牵头，该园区管委会多次向省自然资源厅上报修订阳高县重点发展乡（镇）规划，调整修改主体功能区。（高　俊）

【重点项目建设】 2019年，阳高龙泉工业园区推进重点项目建设。（1）总投资1.2亿元的北京首安通科技有限公司年产200万米可探测PE警示保护板项目，占地40亩，主要建设安装13条可探测PE警示保护板生产线及相关设备设施，年产可探测PE警示保护板200万米，产品主要用于燃气管道、通信电缆、供电线路、供水管道等地下管道的保护和警示。年内生产线运行，场地硬化绿化完成，围墙、车间厂房、大门、办公楼竣工投入使用。（2）总投资1.1亿元的阳高县普源环保科技有限公司建设废旧机油回收再利用项目，占地70亩，建设2300平方米办公楼1座，主生产装置车间3000平方米，成品库5000平方米，总容量1.2万立方米的储油罐10个，以及配套建设污水处理设施。实施完善储油罐和车间的配套设施工作。（3）总投资1.2亿元的阳高县国腾公司建设20万吨生物有机肥项目，占地192亩。该项目主要利用秸秆、禽畜粪便、餐厨垃圾等生产生物质有机肥。场地平整和围墙竣工，部分车间主体和办公楼主体建成。（4）总投资2亿元的山西阳和制药有限公司“制药生产线建设项目”，占地100亩，分三期建成。其中，一期工程投资5000万元，占地30亩，建设年产100吨药用辅料生产线1条、1吨原料药生产线1条，新建综合办公楼1幢、动力车间1个、污水处理系统1套，以及其他公共基础设施建设；二期建设年产3000万片口服固体制剂生产线1条、400万支小容量注射剂生产线1条；三期建设年产50万片医用冷敷贴生产线1条。科研办公楼竣工，开展科研项目研究实验，2个生产车间和厂区硬化绿化竣工。（5）总投资2亿元的山西巴瑞新材料公司年产1万吨合金铸件项目，占用土地50亩。项目分两期建设，10月一期建成并投用，生产能力5000吨。（6）总投资1亿元山西盛忻光高空防护用品有限责任公司建设高空防坠落、绝缘产品项目，占用土地30亩。部分厂房建成，安全带项目试生产运行。（7）总投资7000万元山西佰立晰安全防护科技有限责任公司建设安全帽、口罩及模具研发项目，占用土地20亩。车间建成，实施车间硬化和厂区地面及办公楼建设。（8）总投资6000万元的大同启特科技有限公司年产1.2万吨甲硫醇钠项目，占用土地20亩，分两期建设。围墙建成，实施厂房建设。（9）华润天然气公司在园区铺设主管网21.3千米，供气站基础设施建成运营。（10）总投资1.5亿元仁宝纸业公司年产8万吨服装裁剪用纸项目，占地45亩，建设周期为2019年4月至2020年10月，施工建设分为两期完成，一期计划占地25亩，投资9000万元，建设一号车间、办公楼、原料车间、成品车间、锅炉及车间等，投入4条5400纸机生产线。二期占地20亩，投资6000万元，建设2号车间，2条5400纸机。（11）阳高县德泰乳胶塑料制品有限公司是一家生产乳胶彩色气球的企业。项目分三期建设，年内完成一期项目，投资3亿元，占地100亩，建设生产线32条，年产规模8万吨，产品主要用于玩具、婚庆、庆典等活动，作为装饰品使用。（12）大同市金隅科技环保有限公司总投资2.8亿元，设计日处理污水2万吨项目，一期工程设计日处理污水1万吨。项目开工建设，年内建成围墙和办公楼主体工程。（高　俊）

【园区安全检查】 2019年，阳高龙泉工业园区抓安全生产隐患排查治理，加强园区安全生产工作。吸取江苏响水天嘉宜化工有限公司“3·21”特大爆炸事故教训，该园区联合县应急管理局、县消防大队及园区派出所开展安全生产隐患大排查大整治行动，排查出10条问题，明确整改时限。按照省市“百日清零”专项督查工作要求，在园区范围内开展环境专项整治活动，送达污染企业整改通知，要求限期整改，并督促上报整改结果。 （高 俊）

左云经济技术开发区

【概况】 左云经济技术开发区是2015年9月经省政府批准设立的省级经济技术开发区，该开发区总规划面积30.13平方千米，形成以煤化工产业园为主，新兴技术产业园和现代仓储物流园为辅的“一区三园”格局。2019年，左云经济技术开发区工业总产值2191.4万元，固定资产投资66472万元，营业收入11154.8万元，税收1643.2万元，投资强度387.52万元/亩，产出强度35.3万元/亩，税收强度5.2万元/亩。该开发区有实质性生产经营入园企业数7个，同比增长40%。 （邵明仁）

【重点项目建设】 2019年，左云经济技术开发区重点项目有3项：（1）中海油大同煤制气项目，该项目是左云开发区龙头项目，依托晋北地区的煤炭资源优势，采用先进的煤气化技术，把易污染的煤炭资源转化为洁净的天然气。项目用地面积314.8公顷，建设总规模40亿标方/年煤制合成天然气，副产石脑油、硫磺等合计约30万吨/年。总投资224.86亿元，累计投资8.3亿元。投产后年均销售约85亿元，年均销售税金约4.87亿元，年均利润约15.93亿元。截至2019年底，该项目核准所需各项审批文件全部获批。（2）程力专用汽车及环卫装备生产制造项目：该项目占地33.33公顷，总投资6.5亿元，累计投资5.8亿元。投产后年可生产7400辆作业类专用汽车，预计销售收入8000万元。该项目列入省重点项目，截至2019年底装备车间一、涂装车间内外彩钢板安装完成，行政大楼、调度中心主体建设封顶，与大同市住建部门谈定1亿元意向订单。（3）山西京能左云马道头低热值煤热电项目：项目占地41.87公顷（不含渣场占地23.93公顷），总投资53.18亿元，累计投资2.24亿元。项目建成后可向煤制气项目供应工业蒸汽1000吨/小时，直供电13.5亿度/年，产生的余热可满足县城500万平方米面积的集中供热，预计年销售收入17.8亿元，利税2.55亿元。 （邵明仁）

【园区规划建设】 2019年，左云经济技术开发区按照“多规合一”的要求，该区现代煤化工产业园总体规划、控制性规划、总体规划环境影响报告书均编制完成并获批复；新兴产业园总体规划编制完成并获批复，总体规划环境影响报告9月通过专家评审；现代仓储物流园控制性规划编制完成，7月获县政府《关于左云县物流园区控制性详细规划（2018—2030）的批复》。推进基础设施建设，总投资9.65亿元总长19368米的广通路、大呼高速公路连接线等4条道路，投资1.48亿元日处理能力2万立方米的污水处理厂一期5项工程均完成立项、工程勘查、地质灾害评价、压覆资源评价、土地批复等工作，林地砍伐报上级相关单位，部分工程具备施工图设计招标。总投资12.83亿元总长21665米的北纬一路、北纬四路等5项道路工程完成可研编制工作。完善公共服务平台，“互联网+政务服务”取进展，开通山西省投资项目在线审批监管平台、山西省城市规划许可信息管理系统、山西省房屋建筑与市政基础设施工程项目管理信息系统、大同市特种设备综合管理系统，实现项目审批、工程建设、安全监管等事项网上办理。 （邵明仁）

【经济公司组建】 2019年，左云经济技术开发区管委会推进管运分离，组建左云县武州经济建设投资有限公司，作为经济活动法人实施左云经济技术开发区整体开发，累计筹融资、周转资金0.8亿元，办理重大基础设施建设前期手续7大项30小项。现代仓储物流园区规划设计完成后由左云县广通物流有限公司建设运营，一期工程主体竣工。 （邵明仁）

【新兴产业园区建设】 2019年，左云经济技术开发区推进新兴产业园区建设。列入山西省重点项目的山西耀邦环境装备工程专用汽车制造和大同杰立新材料科技有限公司新型保温材料项目年内分别投资40185万元和21337万元；雁门古道食品有限公司农副产品精深加工项目于2月开工，10月投入试生产，投资4950万元，实现产业转型项目当年开工当年投产；同冀食品有限责任公司食品调料加工项目10月开工建设，投资800万元。年内，新兴产业园签约项目6个，总投资额24.53亿元。 （邵明仁）

【开发区改善营商环境】 2019年，左云经济技术开发区为推进“放管服效”改革，打造“审批最少、流程最优、体制最顺、机制最活、效率最高”的“六最”营商环境，创新和完善行政审批体制机制，通过考察学习转型综改示范区改革创新成功经验，在借鉴其他开发区好的经验前提下，结合该开发区实际，设立左云经济技术开发区行政审批局，实行“一颗印章管审批”，把左云经济技术开发区管委会所有项目审批事项集中到行政审批局办理；“一个窗口管服务”，内转外不转，通过制作开发区办事指南，明确项目从审批到开工各个环节的办事流程和所需提交申请材料，为企业提供“一门式”服务。按照“应授尽授、能授尽授”原则，县政府向该开发区一次性集中赋予行政职权648项，左云经济技术开发区管委会按照职能把职权分解至各局室，确保各项职权承接落实到位。开展“双创”工作，与华东理工大学大同研究院共建左云成果转化中心框架协议，前期推动的项目有活性炭深加工、高岭岩深加工、胡麻油深加工等。 （邵明仁）

交通运输

公 路

公路建设

【概况】 2019年，大同市交通运输局围绕国家战略及全国性综合交通枢纽发展要求，编制《大同市现代综合交通枢纽建设规划》，并完成土建基础工程。推进交通智能指挥控制中心信息化建设并进入施工阶段。“长城1号”农村旅游公路完成路基359千米，路面320千米，投资12.4亿元。主动对接葛洲坝集团、中交建等央企，推进大同南环（二广高速绕城马连庄至肥村段改造工程）和王庄堡至阜平两条高速公路建设相关工作。落实《国务院办公厅关于进一步推进物流业降本增效促进实体经济发展的意见》，对接晋北物流等企业，推进大同市城市绿色货运配送示范工程建设。农村公路养护提质改造工程完成路基961.71千米、路面1140.71千米，投资15797余万元；国防路项目完成路基17.57千米，路面17.57千米，投资3394万元；撤并建制村通硬化路工程完成路基14.8千米、路面14.8千米，投资1274万元；生命防护工程处置隐患里程303.43千米，投资6843万元；县乡道危桥改造工程5座，投资99万元。各县（区）抓住重要时段，清积雪、查隐患，整路基、修路肩，整边沟、疏涵洞，全市农村公路养护提质完成1140.71千米，日常养护填补坑槽12.47万平方米，油路罩面2.84万平方米，处理翻浆10180平方米，处理搓板路2740平方米，修补边沟79236米，浆砌边沟11134米。县道优良路率88.16%、乡道优良路率83.44%、村道优良路率81.75%。 （高 青）

2019年大同市民用车辆拥有量表

单位：辆

指 标	总计	营运	非营运	#个人
合计	785117	126129	658774	733108
汽车	697203	88103	608886	652665
载客汽车	605279	10213	594852	576609
其中：大型	3941	2433	1331	82
中型	1644	514	1093	645
小型	591153	7256	583897	567488
微型	8541	10	8531	8394
载货汽车	68046	58353	9693	54155
其中：重型	44116	43066	1050	34664
中型	849	660	189	494
轻型	23052	14611	8441	18975

续　表

指　标	总计	营运	非营运	# 个人
微型	29	16	13	22
其他汽车	23878	19537	4341	21901
其中：三轮汽车	8794	7905	889	8764
低速货车	11805	11030	775	11712
摩托车	27038	47	26991	26477
普通	27010	47	26963	26449
轻便	28	—	28	28
挂车	38067	37979	88	31157
其他类型车	1	—	1	1

【路网建设】 2019 年，山西省公路局大同分局抓土地、资金、环保等环节，落实地方政府和有关职能部门支持，化解路网建设具体问题，优化建设环境，推动工程建设。负责建设路网改造工程 1 项，投资 2.24 亿元。加大监管力度，完工地方实施项目 1 项，投资 2.3 亿元。（市公路局）

【“四好农村路”建设】 2019 年，大同市交通运输局开展“四好农村路”（建好、管好、护好、运营好农村公路）建设，改建农村公路 2429 千米，完成投资 14.06 亿元；改建农村公路路面 2586 千米，投资 20.79 亿元，分别占目标任务 106.5% 和 147.9%。全年完成贫困县撤并建制村等较大人口规模自然村通硬化路 14.8 千米，窄路基路面拓宽改造 421.28 千米，资源路旅游路产业路改造 32.54 千米，县乡路安全生命防护工程 136.3 千米，村道安全生命防护工程 167.13 千米，建制村通硬化路工程（畅返不畅）整治完成路基 950.11 千米、路面 959.87 千米，投资 128984.91 万元；三大板块旅游路完成路面 175 千米，投资 3.3 亿元，分别占目标任务的 122.3% 和 183.3%。（高　青）

【浑源采矿区自然生态修复区域内公路建设项目】 2019 年，大同市交通运输局推进浑源县采矿区自然生态修复区域内公路建设项目，该公路建设项目规划 5 条主线、13 条支线，建设里程 131 千米，投资 3.77 亿元。山西省交通厅打破公路建设配套补助资金模式，参照三大板块旅游公路标准补助规划的主线公路，参照“四好农村路”建设深度贫困县标准规划的支线公路补助。年内，完成投资 10829 万元，主体工程完工。（高　青）

【交通智能指挥中心建设】 2019 年，大同市交通运输局构建以交通大脑为核心的交通智能指挥控制平台，以加快推进大同市智慧交通建设。依托交通大数据云服务中心建设全市交通一张图、交通信息资源采集一张网、配套以指挥大厅及机房建设等支撑的思路，建设内容主要为“五个一”工程，即“一大脑、一中心、一幅图、一张网、一支撑”。截至 2019 年底，该项目土建工程完工，并推进信息化建设。（高　青）

【京乌高速山西段开通运营】 2019 年 4 月 23 日，京乌高速（北京—乌鲁木齐）山西段开通运营。北京至乌鲁木齐国家高速公路山西段是国家高速公路网“G7”京乌高速公路的

▲ 2019 年 4 月 23 日，京乌高速山西段开通运营。图为驶往内蒙古自治区方向的车辆排队通过新开通的京乌高速山西段新平堡收费站（张湛滨　摄）

重要组成部分，起于大同市天镇县平远堡村（冀晋界），接京乌高速公路河北段的胶泥湾至西洋河高速公路，终于内蒙古兴和县韩家营村南（晋蒙界），接京乌高速公路内蒙古段建成的韩家营村至呼和浩特高速公路，路线全长8885米，采用双向六车道高速公路标准建设，设计速度100千米/小时，路基宽度33.5米。京乌高速山西段于2016年4月开始建设。京乌高速山西段开通后，之前受施工影响暂停运营的省界新平堡收费站恢复运营通车。经山西省S45天黎高速公路，向北即可连接至京乌高速，分别到河北、内蒙古方向，抵达河北张家口、内蒙古乌兰察布(集宁)。（翠 松）

【首座跨御河观光步行桥通行】 2019年5月10日，大同市首座跨御河观光步行桥——七星桥通行。“七星桥”跨越御河东西两岸，工程总造价564万元，全长243米，桥梁段平均宽6米，桥梁净高3米。每跨长20余米，有6段，景观平台7座，采用框架梁结构，按传统北斗七星与睡莲结合形式进行桥梁构思。桥梁下部构造采用钻孔灌注桩基础，桥墩采用柱式墩，上部构造由整体分段现浇及桥面附属工程构成。桥面呈折线形，主要由木地板铺就。（翠 松）

【跨御河观光步行桥九曲桥通行】 2019年7月10日，大同市第二座跨御河观光步行桥——九曲桥通行。“九曲桥”位于迎宾桥以南、南环桥以北，全长220米，平均宽度12米。桥梁下部构造采用钻孔灌注桩基础，桥墩是柱式墩。上部是现浇混凝土连续箱梁，桥墩跨径17～21米，净高4.5米。“九曲桥”的设计，是按照九曲黄河与黄土高原梯田结合形式进行桥梁构思，该桥桥面有三级台阶，有层次感如梯田，桥梁的弧线过渡如黄河弯曲绵延。（翠 松）

大同北高速公路分公司

【概况】 2019年，山西交通控股集团有限公司大同北高速公路分公司（简称“大同北高速公路分公司”）所辖公路技术状况指数MQI90，路面使用性能指数PQI90，优良率90%，一、二类桥梁比例95%，四类及以下桥梁处治100%，三类及以上隧道比例100%，四类及以下隧道处治率100%。全年实现通行费收入3.19亿元，同比增长1.17%。4月23日，京新（乌）高速公路三省（区）同时开通运营，实现全长2800余千米的G7京新高速全线贯通。（李 慧）

【高速路政执法】 2019年，大同北高速公路分公司辖区路段查处案件107起，其中简易案件8起，一般案件75起，重大案件24起，案件发现率100%、案件恢复率100%、结案率98%；收取路产损坏赔偿费106.49万元；办理超限运输许可9688件，其中高速路线许可2032件，混合路线许可6491件；各项业务指标均达到行业标准，在“和对讲”通信系统现有功能基础上，构建“大队—中队—巡查班组”三级通信网络，完善从平台到终端的直接呼叫功能，实现调度平台值守常态化。（李 慧）

【超限超载治理】 2019年，大同北高速公路分公司统一升级改造和标准化建设所辖各治超检测站点，制定《治超管理办法》《治超管理机制》等五项管理制度，健全、完善路警联合执法模式，实现收费、治超联动杜绝货车的逃检和漏检。全年检测车辆375.68万辆，全线超载率控制在0.12%以内，劝返超载车辆28057辆，其中持证车辆4037辆，均无非法超限超载车辆驶入高速，车辆超限超载率控制在0.2%以内。（李 慧）

【路域环境政治】 2019年，大同北高速公路分公司优化辖区路段交通环境和路域环境，针对广告设施设置的位置、权属、性质等逐一核查，建立“一设施一档”台账。全年拆除隔离栅内擎天柱广告4根、跨线桥广告31面，其他广告1处。（李 慧）

【高速公路安全生产】 2019年，大同北高速公路分公司组织完成天大路段K83+000至K86+000和K443+400至K445+500两处安装5.1千米的雾区引导防撞系统，推进“平安隧道”创建，完成安全标准化二级企业达标工作，全年没有重大安全责任事故和污染事故发生。（李 慧）

【高速公路运营服务模式转变】 2019年，大同北高速公路分公司推进运营管理标准化建设，带领全员探索由“运营+服务”向“经营+服务”模式转变路径。大同东收费站把“细意微笑、巾心服务”作为“云中微笑”服务品牌主旋律，完善提炼出“以爱的情怀与奉献伴您同行”服务理念和“巾心服务、白洁培训、微课堂传播体系”，并以白洁名字命名，以“白洁工作室”为载体，推出“不管给予司乘的是‘一度微笑’‘二度微笑’，还是‘王’字微笑”，都要达到“最具舒适感的微笑”新理念，进入更高更美服务境界。2019年第六届“最美中国路姐”评选中，大同北高速公路分公司“云中微笑”服务品牌带头人白洁获该项称号。（李 慧）

【高速公路收费】 2019年，大同北高速公路分公司取消西口收费站、新平堡收费站、得胜口收费站3个省界收费站，改造ETC收费车道73条。4月10日至24日，派出20名收费人员到首发集团京沈分公司对标调研秋子服务体系、秋子服务示范岗选拔、工作机制等课题。派出人员结束驻站培训后，大同北高速公路分公司拟定《标准化管理驻站培训》方案，挑选内训师对大同南、大同东、新荣南3个收费站先行进行驻站培训，提升标准化管理水平。5月9日，山西交通控股集团有限公司在大同北高速公路分公司召开4月份高速公路运营分析会暨收费管理标准化建设现场观摩会，大同北高速公路分公司向全省高速公路收费系统展示标准化收费管理的阶段性成果。（李 慧）

【高速公路科技创新】 2019年6月，山西省交通运输系统2019年度质量管理小组成果交流会在大同召开，大同北高速公路分公司亮马台隧道管理站、右玉路产维护站、大同东收费站QC小组成果获山西省省级优秀奖，天镇路产维护站QC小组成果获山西省交通企业协会优秀奖。投资257万元完成能源在线检测系统研发及应用，投资254万元完成CX-SSE防水涂膜在桥下病害处治中的应用。

（李 慧）

公路管理

【路政管理】 2019年，山西省公路局大同分局完善路警联合执法机制，开展多部门联动综合治超。打击短途超限运输、车辆抛洒污染和超限车辆闯站等行为。加强重点路段超限运输监管，保护路产，维护路权。提高科技治超水平，逐步由传统治超趋向“智能”治超，在完成“四级联网”基础上，实现更多部门、更多层次的数据联网、信息互通、成果共享。全年办理路政案件110起，依法收取路产赔偿费112.86万元；检测车辆425万台次，查处各类违法车辆290台次；卸载货物11036吨；路政服务大厅办理超限运输通行证9963个。

（市公路局）

【货运管理】 2019年，大同市交通运输局按照国务院、省政府取消、下放行政审批事项决定，深化“放管服效”改革，取消总质量4500公斤及以下普通货运车辆经营许可证、车辆运营证、从业人员资格证。取消船员服务簿签发，取消道路货物运输站（场）经营许可。规范普通货运车辆“三检合一”和异地“年审”。全面放开包车客运、旅游客运经营许可，凡符合法定条件的均可依法进入市场，公平竞争。压缩时限、优化流程、提升效率，加快构建“一网”“一门”“一次”政务服务机制。道路客运经营许可受理申请时不再要求企业提供企业章程文本。公路建设设计文件审批，不再要求申请单位提供设计文件咨询审查报告，改为向咨询审查单位咨询，平均审批时限缩减2个工作日。（高 青）

【运输结构调整】 2019年，大同市交通运输局按照《大同市推进运输结构调整实施方案》，推动货物运输“公转铁”，降低公路货运比重，降低社会货运成本。以煤炭等大宗货物“公转铁”为主攻方向，提高铁路运输能力，完善综合运输网络，提高运输组织水平，增加铁路运输量，构建绿色运输体系。大同煤矿集团有限公司铁路专用线建成并投入使用；同煤阳高2×35万千瓦低热值煤热电项目铁路专用线完成路基桥涵工程，轨道完成三分之二；5月铁丰鹊山高家窑等煤运铁路专线项目开工建设，截至2019年底，路基桥涵工程完成90%。推动货运行业转型升级，健全完善营运车辆准入管理，实施安全达标管理，推进货运车辆标准化。（高 青）

【超限超载治理】 2019年，大同市交通运输局落实治超新规，加强与市公安等部门的联合执法，坚持源头监管与路面执法并重，抓车辆检测、卸载，对违法超限运输车辆实施“一超四罚”（对超限运输车辆的承运人、装载企业、货运企业、驾驶员实行的制度），加大重点路段、重点时段及运输砂石料、水泥、煤炭等货物运输车辆的联合治理力度。全年全市交通运输系统出动治超执法人员1.3万余人次，检测各类货运车256.3万余辆次，查处各类非法超限车355辆，卸载货物5434.79吨，计分1214分，罚款17.22万元，车辆非法超限超载率0.014%，低于非法超限超载率0.2%治理目标。（高 青）

【运输车污染治理】 2019年，大同市交通运输局为巩固和发展柴油货车和散装物料运输车污染治理成果，围绕“油、路、车、源头”4个环节，履行行业管理职责，把好道路运输市场准入关和装载关，治理高排放车辆，落实车辆污染排放准入退出制度，加快淘汰老旧车辆和高耗能、高排放车辆，从严查处抛洒扬尘污染。年内，开展为期3个月的柴油货车冒黑烟现象清零专项行动，并联合市生态环境、公安交警印发《全市柴油货车冒黑烟现象清零专项工作实施方案》，在专项行动开展期间，检查检测柴油货车258辆，劝返车辆47辆，处罚不合格车6辆。（高 青）

【城乡交通一体化】 2019年，大同市交通运输局根据交通运输部《关于稳步推进城乡交通运输一体化提升公共服务水平的指导意见》等文件精神，对大同市至周边市县的道路客运班线进行公交化改造，并率先完成大同—阳高、大同—应县、大同—浑源3条客运班线的公交化改造，票价降低一半，使沿线群众享受与市民一样的公交车优惠政策。组织市众安公共交通有限公司开展怀仁东站旅客集疏运工作，多次勘察线路和完善营运保障方案，5月1日开通以来，免费接送旅客107214人次。（高 青）

【公路养护】 2019年，山西省公路局大同分局以路面技术状况为依据，制定养护投资计划。优良路段突出小修养护的及时性，通过灌缝、贴缝、小型刷油、罩面等日常预防性养护措施，把路面病害消灭在萌芽状态；中等路段，突出中修养护时效性，通过以罩面、微表处为主的中修养护，确保中等路提等升级；薄弱路段抓住春融期、汛期病害集中出现关键期，通过沥青贯入式、局部挖补、刷油措施处治重度龟网裂病害，确保路况数据提升。完善预防性养护台账，加强对路面病害处治、路面标线划设、路面中修处治及养护专项费用的质量监管与任务验收，优化机械配置，建立多样公共服务体系，提升大同干线公路的路况质量。全年修补坑槽40540平方米；处理翻浆5214平方米；修标准化边沟4223米；疏通边沟394341米；整理边坡106.08平方米；增加及更换损坏警示桩4563根；百米桩255根；油路灌缝148.87米；建设混凝土护栏831米；建设及修复波形护栏5417米；疏通涵洞271道；增加标志113套，划施标线973.98千米，粉刷沿线设施77364平方米。全年完成养护工程13项，投资2800万元，干线公路优良路率82.2%。（市公路局）

【公路收费】 2019年，山西省公路局大同分局西韩岭收费站开展文明服务、作风纪律、业务技能培训活动，提升收费队伍思想觉悟、业务能力和服务水平。强化路地协调联合，打击闯岗逃费行为，加大车辆现场查验力度，做到应征不漏、应免不征，提高实征率。全年征收通行费2949万元。

（市公路局）

【路政宣传】 2019年，大同市交

通运输局开展“路政宣传月”活动，采取集中宣传与流动宣传相结合方式，营造路政宣传氛围，让广大人民群众感受到爱路、护路的责任、信心和决心。活动期间，全市出动宣传车辆50余辆次，执法人员400余人次，悬挂宣传条幅50余条，发放宣传资料1万余份。（高 青）

【交通行业安全生产】 2019年，大同市交通运输局完善安全责任体系，坚持依法治安，加强安全生产风险管控和隐患治理，减少安全生产事故总量。组织开展安全生产隐患大排查、整治和安全工作督查检查、安全生产“三项行动”，在清明节、劳动节、端午节分别开展督查检查，出动检查组21个，检查单位、企业、点位35家处，发现并纠正问题22条。按照交通运输系统重点领域安全生产专项整治活动方案要求，道路运输领域检查企业136家次，排查整治隐患103条，打击非法违规营运3起，罚款3000元；城市客运领域检查企业55家次，排查整治隐患175条。农村公路治理临水临崖、急弯陡坡隐患路段562.5千米，投资10351万元。（高 青）

【恒安新区公共交通秩序专项治理】 2019年，大同市交通运输局根据市政府安排，牵头依法取缔恒安新区电瓶车。在整治初期，市客运管理处提前一周安排工作人员到电瓶车司机内部，摸清组织煽动电瓶车车主上访、堵公交六公司大门主要人员姓名、电话、住址，提前掌握电瓶车车主自发成立的车队队长名单和电话，统计电瓶车数量，并把信息反馈给公安部门。公安部门跟企图挑头策划、煽动聚众上访、闹事的主要人员，讲清政府政策，得到经营者理解，化解矛盾。在恒安新区电瓶车非法营运整治全过程，未出现1起上访事件。专项整治公告发布后，运管、城市客运100余名执法人员进驻恒安新区每天7时至22时举行宣传，并上交非法营运电瓶车500余辆。在整个集中整治期间，市公安、交通、交警部门配合协作，取缔非法营运电瓶车1000余辆，查扣非法营运的“耗娃车”（三轮车）60余辆。为保障恒安新区居民安全便捷出行，市交通运输局协调市公交公司重新布局恒安新区的运行线路，协调山西汽运集团雁北汽车运输有限公司组织校车免费接送恒安新区范围的中小学校学生，并协调投放公共自行车、共享单车近1万辆，解决取缔电瓶车非法营运后恒安新区居民出行难题。（高 青）

铁 路

大同站

【概况】 大同站中心位于京包线370千米+509米处，地处京包（北京北—包头东）、大秦（大同—秦皇岛）、北同蒲（大同—宁武）、韩原（韩家岭—原平）干线，及口泉、云冈支线交会点，是集团公司管内集高铁、行车、客运、货运、重载、编组为一体的综合性枢纽特等站。2019年，该站以高铁和旅客列车安全为重点，推进高铁环境安全综合治理，与市地方政府联手整治突出隐患。完善安全风险管控和隐患排查治理双重预防机制，开展针对性专项整治，加强现场关键管控能力。推进标准化规范化建设，抓以湖东站为样板的大秦重载标准示范线建设，清理废止制度办法，形成标准化管理体系。持续给基层减负，减少定期安全检查评估项目。重奖快奖安全有功人员，奖励发现突出安全隐患人员和应急处置得当车站。全年安全生产基本稳定，车站实现第6个安全年。（田乐平）

【大同站货运增量】 2019年，大同站面对高起点上高增长的货运增量压力，开动货运营销与运输组织“双引擎”，助推货运增量。挖掘管内增运潜力，不定期组织货主座谈会，常态化进驻大准营销，营销范围覆盖管内所有货运增长点。用好用足放开立户限制、排队装车等发运政策，恢复闲置专用线发运，开行中欧（亚）班列4列，实现大同市中欧（亚）班列零突破。抓大同枢纽大秦线、大准线运输组织能力提升，建立运输分析决策机制，实施两大区域协调组织，实现主要装车站点运能运力的最大化。（田乐平）

【大同站客运提质】 2019年，大同站提前介入大同南站高铁站筹备工作，倒排任务进度推进工作任务落实，内部挖潜抓高铁管理及作业人员选拔培训，建立高铁站制度管理办法，协调解决生产生活问题，12月30日大同南站开通运营，车站进入高铁时代。对标客运提质三年计划和山西全域旅游推进项点，通过实施畅通工程、改进乘降组织、调整服务品牌等一系列行动，开行旅游列车，形成客运提质与全域旅游相互促进、融合发展的具体实践，客运提质和客运增效实现“双提升”。（田乐平）

大同车务段

【概况】 2019年，大同车务段管辖京包（北京北—包头东）线周士庄至柴沟堡段、张大客专阳高南至天镇段，口泉线和云冈线2条干线2条支线，营运里程327.6千米，国铁营业车站15个，包括一等站2个，二等站2个，三等站4个，四等站6个，线路所1个；专用铁路车站18个，1个调度车间，1个集经公司。京包线周士庄至柴沟堡段担负着大同县、阳高、天镇、柴沟堡4个县（区）的客货运输、军特运列车运输安全任务，管辖周士庄、王官人屯、阳高、罗文皂、天镇、永嘉堡、西湾堡、柴沟堡8站，线路总长130千米，全线是双线自动闭塞，计算机联锁，图定办理旅客列车21对，货物列车32对。大张客运专线（大同—张家口）于12月30日开通运营，该段管辖天镇（高速场）、阳高南2个车站，线路总长67.3千米，全线是双线自动闭塞，计算机联锁，CTCS-2列控系统，图定办理高速动车组列车15对。口泉线、云冈线是大秦线煤炭源头装车基地重要组成部分，产权属同煤集团矿山铁路公司，该段代运营。口泉支线线路总长45.1千米，管辖口泉站1个车站，煤峪口、忻州窑、永定庄、同家梁、白洞、四老沟、雁儿崖、魏家沟、红石崖、青羊湾、乔村、线路所、杏儿沟13个专用铁路车站，图定办理货物列车 23 对。云冈支线线路总长 33.6 千米。管辖小站、云冈、云冈西、四台沟、新高山 5 个车站，燕子山 1 个专用铁路车站；铁丰专用线接轨燕子山 2 号道岔，线路总长 51.6 千米，管辖左云、东碾头、马道头、董半川 4 个专用铁路车站，图定办理货物列车 28 对。

年内，该段管辖专用线 73 条专用线，104 个装车点，16 个万吨装车点，涵盖同煤集团 16 个大型煤矿、3 个地方煤矿，11 家中煤发运户。注册企业客户 279 户，其中煤炭客户 133 户，包括生产型企业 7 户，贸易型企业 126 户，签订大宗稳量协议客户 23 户。钢铁客户 4 户，白货客户 142 户。正常发运的煤炭企业 35 户，生产型企业 6 户，贸易型客户 29 户。全年货物发送量 5460.3 万吨，较上年 5136.3 万吨增加 324 万吨，增长 6.3%。旅客发送 101 万人，完成全年运输任务。运输总收入 56.91 亿元，较上年 53.87 亿元增加 3 亿元，增长 6.3%。从收入情况来看，货运收入 56.63 亿元万元，较上年增收 3.07 亿元，增长 5.7%；客运收入 2691.2 万元。综合货收率 103.72 元 / 吨，综合客收率 26.68 元 / 人，货车静载重 77.1 吨 / 车。（林媛媛）

【车务段经营管理】 2019 年，大同车务段坚持业财融合，抓预算过程纠偏，预算项目兑现率 98%，节支 326.5 万元。规范经营行为，巡视巡查问题整改，查摆整治经营管理漏洞 39 个，完善制度办法 17 项。清理风险债权，追缴 135 万元。挖潜提效，查定 12 个车站 322 个岗位的劳动定额，撤并工作量不饱和岗位 58 个，岗位平均作业时间较上年提高 27%。深化兼职并岗、一岗多能劳动组织改革，压减冗员 99 人、清理“两非”人员 79 人，规范劳动用工。（林媛媛）

【车务段安全生产】 2019 年，大同车务段路地联手整治沿线隐患 25 处，外部风险在高铁开通运营前根除。开展年度专项整治 8 项、月度专项 55 项，挂牌督办、立项攻关排查治理隐患 264 件，查处虚假作业问题 56 件，惩治“红线”及恶性违章 18 件。抓双重预防机制，动态研判安全风险 227 项，制定源头阻断措施 1130 条，实现全年 238 项施工一事未出、5 次调图安全平稳、3 个新站开通。压实安全管理责任，发挥干部干事档案效能，周点评、月通报、季评价，追责、约谈、训诫管理不落责、工作一般化的干部 38 名。抓现场关键管控，重奖快奖安全有功之臣 523 人次 32.2 万元，全年严重违章同比减少 18%。（林媛媛）

【车务段科技教育】 2019 年，大同车务段坚持科技兴段，推进技术装备改造升级，完成 3 个车站微机联锁改造、口泉三场驼峰控制系统升级、张大客专全线开通 CTC 及道岔融雪装置。补强安全短板，更新 6 个车站 17 套平调设备，燕子山、四台沟 2 个车站安装双模列尾地面中继器。加大科技创新，研发应用站台接车分工揭示板、智能铁鞋、智能紧固器等高新装备。抓牢重载安全，协调同煤集团投入 5300 余万元用以整治云冈线线路病害，云冈线晃车问题由 7 月日均 2.5 起下降至月均 6 起，通道隐患遏制。破解安全难题，全年攻关课题获集团公司合理化建议和技术改进成果 3 个二等奖，4 个三等奖，7 个四等奖，8 项质量管理成果获集团公司优秀称号。（林媛媛）

大同电务段

【概况】 2019 年，大秦铁路股份有限公司大同电务段（简称“大同电务段”）主要承担着张大客专，大秦（大同—秦皇岛）、北同蒲（大同—宁武）、京包（北京北—包头东）、韩原（韩家岭—原平）、迁曹（迁安北—曹妃甸港区）等货运干线及宁岢（宁武—岢岚）、口支等 20 余条支线 1944.44 千米信号设备维修养护工作，包括 121 个站 / 场和 27 个中继站；580 台机车 LKJ、CIR、138 台轨道车运行监控装置（GYK、CIR）设备。管辖道岔 4986 组，信号机 8081 架，轨道电路 9568 个区段，折合换算道岔组数 77440.17 组。设有生产车间 28 个（包括 2 个基地检修车间、2 个车载设备车间、1 个移动车间、1 个信号试验室、1 个电子设备车间和 21 个现场信号维修车间）；班组 158 个。

全年该段实现安全生产 11932 天，第 33 个安全年。发生行车安全事故 6 起，其中 D9 事故 4 件（非责任）、D21 事故 2 件（全部责任）。发生报集团公司故障 108 件，其中责任故障 56 件，故障考核总延时 1888 分钟，平均延时 33.7 分钟；外转故障 25 件，非责任故障 27 件。按类型分：道岔 30 件，其中缺口变化 8 件，密贴紧 7 件，磨卡 5 件，接点虚接 2 件，电缆短路 2 件，无原因 2 件，配线虚接 1 件，液压站不良 1 件，油缸外移 1 件，道岔挤雪 1 件；轨道电路 23 件，其中继电器接点虚接 5 件，铁片短路绝缘 5 件，原因不明 2 件，外界短路 2 件，

▲ 2019 年 6 月 10 日，大同电务段举行年度技能竞赛活动（乔石云 摄）

衰耗器性能不良 2 件，扣件短路鱼尾板 1 件，配线虚接 1 件，空开不良 1 件，大电流入侵 1 件，塞钉虚接 1 件，绝缘性能不良 1 件；电源屏 1 件（模块烧毁、保护 1 件），TDCS 故障 1 件（列车车次紧跟踪 1 件）；联锁设备 1 件（驱动板）。按车间分：茶坞车间 9 件，怀仁车间 7 件，阳原车间 6 件，涿鹿车间 6 件，天镇车间 5 件，平旺车间 3 件，遵化北车间 3 件，曹妃甸车间 3 件，朔州车间 3 件，蓟县西车间 2 件，五寨车间 3 件，电子设备车间 1 件，大同检修车间 1 件，应县车间 1 件，卢龙北车间 1 件，湖东车间 1 件，大同车间 1 件。消灭火灾、爆炸、交通、设备、职工轻伤以上责任事故；路外伤亡事故；客车及军专用列车事故苗子，经营管理业绩和职工劳动保护等各项工作达标，经营管理方面确保完成运输生产任务，推进各项改革，增长职工收入，实现经营业绩考核优秀目标。在 2019 年电务系统技能竞赛中，获全部 7 个项目第一名，3 个第二名，3 个第三名；全部 3 个青年项目第一名。（乔石云）

【电务段经营管理】 2019 年，大同电务段印发《大同电务段全面预算管理实施细则》，形成全业务、全过程、全岗位、全闭环的预算管理机制。增加预算执行偏离度考核，加强资金资产统筹，开展“规范经营行为”专项治理。召开月度经济活动分析会，研究分析预算执行情况，督导解决存在问题，规范经营管理。加强法律审查、合同管理和诉讼维权，处理法律纠纷 4 起，挽回经济损失 2.1 万元。深化资产资源开发管理，梳理和市场调研出租房屋及车棚等房产资源，采取招商网、现场公告等方式筛选符合规定的中标人，确保资产资源得到利用。全年完成运输总支出 17271.69 万元（不含工资），完成 1702.32 万元节支降耗任务目标，实现利润 130 万元。（乔石云）

【电务段安全生产】 2019 年，大同电务段在安全管理方面以打赢“三保三增”（保安全、保稳定、保开通，增运量、增收入、增效益）攻坚战为目标，围绕安全管理制度体系建设，梳理整合各类安全制度 20 个、修订 4 个、废止 2 个，形成 12 类、23 个制度的《大同电务段安全管理制度目录清单》；研判和把握安全风险规律，推进落实双重预防机制，公布年度重大风险 1 项、较大 6 项、一般 11 项、低 6 项，制定卡控措施 380 项；建立三级隐患库，排查整治 24 个隐患问题；完成 304 次安全信息分析追踪、专项整治 5 项、挂牌督办 8 项，开展安全评估，解决突出问题 937 个；落实“工电供”联合应急处置规定，制定年度应急演练计划，提高处置能力。采取试点先行、召开现场会等形式开展标准化建设，提升全段 27 个车间、154 个班组、132 个机械室的职场环境和设备质量。

在信号设备方面，完成张大客专工程施工配合、联调联试、试运行及开通任务；组织完成 2 次集中修、66 次天窗修和综合修，完成 9 项大修站改，44 站 CTC 安装及占用丢失功能报警开通；推进专项整治，更换完成大秦线桥梁锈蚀严重的电缆槽道 9 座 2.2 千米，补充贯通地线 30 千米；整治 35 座隧道 12 千米壁挂电缆；更换隧道及长大桥梁 ZPW–2000A 轨道区段临期匹配变压器 260 台、站内一体化区段适配器 590 台；开展电源屏专项整治，解决配线发热线间绝缘老化严重问题；整治排查的 1177 处危险地段电缆，移设 18 处，整治危险地段 623 处；重新规范侧磨绝缘短路防护方法，降低绝缘铁屑封连的风险；推行电缆绝缘人工测试明示化管理、编写《重载铁路信号集中监测信息分析与应用》并推广学习，形成利用监测信息分析处理预防设备问题的技防体系；总结推广新设备联锁试验方法 10 余项，确保联锁安全万无一失。

在 LKJ 车载设备方面，落实数据换装各项卡控制度，完成 LKJ 数据芯片换装 21 次，换装机车 8104 台次，100% 进行数据版本信息核对，防止 LKJ 数据错换、漏换发生。全年检测机车 17716 台次，检测良好 17659 台次，检测良好率 99.68%；应生成文件 493991 个，实生成 493991 个，转储成功率 100%。完成 III 级修 60 套，II 级修 352 套，I 级修 3006 套，合计 3418 套 LKJ 系统设备，提高车载设备运用质量。LAIS 设备加装改造计划 319 套，全部是 HX1 机车。一体化机车信号设备更新 303 套，由上海铁路通信有限公司生产的 JT–CZ2000–jd 型机车信号设备。涉及内燃机车和 SS4 型机车。GYK 设备更新 55 套，加装 GMS34 台。太原通信段移交大同电务段 CIR 电台更新计划 136 套。完成轨道车 GYK 设备 I 级修检测轨道车 422 台次；II 级修检测轨道车 139 台次。集中修施工外局轨道车检测检修数据换装施工车辆 37 台。GYK 数据换装 1 次。（乔石云）

【电务段科技开发】 2019 年，大同电务段坚持科教兴段战略，组织完成科研课题结题验收 1 项：机车信号数据分析管理云平台。承担集团公司科技研发项目 1 项：区间电缆智能监测系统研制。科技成果示范推广 2 项：交流转辙机模拟试验装置和液压转辙机智能数字压力检测装置。科研成果“铁路信号设备移动监测装置”获 2019 年集团公司科学技术进步奖二等奖；“液压转辙机智能数字压力检测装置”“微机监测智能分析与故障诊断系统”获 2019 年集团公司科学技术进步奖三等奖。

年内，征集各类合理化建议 101 项，有 11 项获集团公司奖励。其中，一等奖 1 项：关于解决半自动闭塞接近轨存在“第三轨”安全隐患的建议。二等奖 1 项：解决 HXD2 型机车 LKJ 常用制动后不按缓解键机车可以缓解的问题。三等奖 3 项，分别是：关于大秦线适配器内部电容倒修更换的建议、关于对全段 30 千米及以上区间分别制定专项区间电缆故障应急抢修处置应急预案的建议、关于优化驼峰 JWXC–2.3 轨道电路的模拟联锁试验电路的建议。四等奖 5 项，分别是：关于采用 GPS 定位信号点，绘制应急交通图，提高应急指挥精准度的建议、关于对新建朔准线通过动态检测 LKJ 基础数据是否正确的建议、关于将电务各系统 UPS 电源电气特性纳入监测的建议、关于信号机械室电缆绝缘人工遥测明示化的建议、关于电源屏建立输入和模块输出电流测试的建议。有 3 个 QC 小组获 2019 年度集团公司级优秀QC小组。其中，一等奖2项：湖东车载设备车间QC小组“构建LKJ车上作业实训平台”、电子设备车间QC小组“研发TDCS/CTC系统网络设备及通信2M通道质量实时监测报警系统”。二等奖1项：茶坞检修车间QC小组“转辙机测试台加装同步器升级改造”。（乔石云）

大同工务段

【概况】 2019年，大秦铁路股份有限公司大同工务段（简称“大同工务段”）担负着大张客运专线（大同—张家口）、大秦线（大同—秦皇岛）、京包线（北京—包头）、北同蒲线（大同—宁武）等1903.15千米线路、2065组道岔的维修养护任务，其中正线1119.19千米、到发线321.5千米、站段岔特线341.11千米，非路产专用线121.35千米，正线道岔501组、到发线道岔633组、站段岔特线道岔734组、非专线道岔197组；桥梁705座、涵渠1177座、隧道12座；道口14处，其中有人看守道口11处，该段负责看守3处（口支2K+141、2K+163、2K+873道口）。工务段下设24个车间、79个班组。年内，中国铁路太原局集团有限公司授予大同工务段“先进单位”“安全标杆单位”称号，该段王家湾线路车间王家湾维修工队获“全国青年文明号”，阳高南高铁综合车间获集团公司“青年文明号”“青年安全生产示范岗”称号。（樊向阳）

【工务段改革】 2019年，大同工务段把安全科承担的轨道车管理职能移交材料科，实现轨道车归口、统一管理，补强科室专业管理水平；把质量监控分析中心、生产调度中心优化整合，成立集设备检查、状态分析、计划审核、过程监控、质量验收、任务清算等生产全过程闭环管理为一体的管控中心，减少科室之间职能交叉，提高管理效率，提升生产闭环管控能力。该段16个线桥车间全部完成“1+N”集约化生产组织改革，撤并线桥工区34个、成立维修工队10个，节约生产岗位53人全部充实到生产一线，补强车间、班组作业能力，提升日常维修作业质量效率。根据线路允许速度、年通过总重、在路网中的重要性及客货运输特点等，把管内普速线路划分成6个等级，明确每一等级设备的检查周期、修理周期、结构标准、投入标准，基本实现设备分等级、差异化管理，避免设备过度修和失管失修，实现设备质量提升和安全管理均衡稳定。5月31日，成立阳高南高铁综合车间，下设班组8个，负责张大客专提前介入、联调联试等各项工作。（樊向阳）

【工务段安全管理】 2019年，大同工务段采取视频监控、语音对讲、轨迹回放、人工添乘、跟班作业等多种检查手段，加强点外作业、养路机械区段作业、V形天窗作业、临时要点作业、高铁作业等关键作业安全管控，机关干部下现场检查4950人次，视频监控2840次，定位轨迹监控作业10715项，人工添乘1179趟次，发现各类问题4570个，全部盯控整改。修订完善14项23个安全管理制度，明确“红线”和“禁止性”条款，减少作业违章问题。围绕高铁、客车、重载通道及枢纽站场“三个关键、一个重点”，提升月度安委会、安全分析会的质量和针对性，把风险研判纳入常态化管理，查摆、分析安全工作中存在问题，研判风险隐患，超前制定防控措施，推动安全管理从事后分析向事前防范转变。完善各项应急预案，确保应急预案科学合理、发挥管控中心职能优势，确保应急处置安全高效。坚持试点先行引领，推进管理减负提质，7月底在天镇线路车间组织召开标准化规范化现场会，给各车间推进标准化建设立标打样，年内该段标准化车间、班组、岗位建设全面达标并保持。全年考核233200元、行政处分1人，重奖快奖安全有功人员7万余元。截至2019年底，大同工务段实现安全生产4334天，第11个安全年。（樊向阳）

2019年大同工务段主要运输生产指标完成情况表

编号	项　目	计量单位	计划	完成
1	线路保养质量评定合格率	%	100	100
2	道岔保养质量评定合格率	%	100	100
3	线路设备状态评定合格率	%	75	78.4
4	轨检车检测质量合格率	%	100	100
5	路基状态评定合格率	%	90	94.87
6	隧道状态评定合格率	%	95	98.5
7	涵渠状态评定合格率	%	95	99.5
8	桥隧涵保养质量评定合格率	%	95	98

【工务段维修生产】 2019年，大同工务段利用全年69个集中修、综合修施工天窗，完成大机清筛道床62.37千米、成段更换钢轨140.85千米、成段更换轨枕29337根、道岔换砟115组/5.95千米、桥梁换砟7.53千米、线路大机捣固453.13千米、道岔大机捣固253组、成组更换道岔轨件21组、隧道清污11座/5.41万米/15.8万袋等全年施工任务，完成天镇站、湖东站、大同县站、王官人屯站等配合站改施工。以车间为单位的集中维修作业模式步入常态，日常维修作业质量效率提升，完成道岔达标整治273组、更换伤损轨件1018件、股道封闭修120条、工电联整道岔269组、道岔无缝化改造57组。轨检车检测优良率100%，公里不良扣分1.82分（较上年下降0.63），平均TQI值8.24（较上年下降0.35），达到集团公司既定动态检测目标值（TQI值8.5），设备质量整体保持稳中有升。（樊向阳）

【工务段经营管理】 2019年，大同工务段细化完善《大同工务段全面

交通运输

▲图为京包线王官人屯站改施工现场 （樊向阳 摄）

预算管理办法》《大同工务段财务预算管理考核办法》等经营管理办法，从制度方面规范经营管理行为。结合安全生产实际，分月编制全段全年财务预算，并全部责任到人，营造全员参与成本控制氛围；加强财务预算动态管理和过程控制，杜绝无预算、超预算、欠预算问题发生。卡住增收节支源头，减少非生产性支出，通过延长设备修理周期、延长轨件使用寿命、修旧利废等措施，降低维修成本支出，完成全年生产直接费 837.3 万元的节支任务。 （樊向阳）

【工务段科技创新】 2019 年，大同工务段开展“重载长寿命镶嵌翼轨式合金钢组合辙叉优化研究”，针对大秦重载线路运行情况和长寿命需求，在原有合金钢材料基础上优化，在保证材料韧性前提下，提升材料强度。通过定制和优化不同心轨、镶块模块满足不同线路运行需求。辙叉在设计时考虑部件模块化，相同规格的部件可实现在线快速更换，改变辙叉整体更换现状，降低维护成本。开展“75 千克 / 米钢轨 12 号镶嵌式锻造高锰钢组合辙叉研制及应用研究”，75 千克 / 米钢轨 12 号镶嵌式锻造高锰钢组合辙叉在叉心部分的心轨和翼轨采用锻造高锰钢整体制造，发挥高锰钢本身具有的冲击韧性好、承载硬化高、耐磨性好优点，整体稳定性好。采用三次爆炸预硬化技术的锻造高锰钢辙叉因其较低的裂纹敏感性和良好的冲击硬化性能，安全性能更高，预期使用寿命 2.5 亿 ~ 3 亿吨以上。

（樊向阳）

【工务段保障高铁开通】 2019 年，大同工务段承接高铁管理主体责任，介入施工建设，其间检查发现问题 11748 个，全部盯控销号，确保施工质量缺陷清零。针对作业人员首次参加高铁作业、联调联试等实际，在提前介入与联调联试中，采取召开专题安委会、组织全员培训、开展警示教育、加大监督检查等方式，树牢高铁意识、严控高铁风险；举办 3 期高铁全员培训班，召开 4 次专题安委会，研判出 7 大安全风险，通过案例教育、规章解读、理念宣贯等，让干部职工掌握高铁与普速区别，防止高铁“普速化”。在设备整治过程中，聚焦全线动检车 TQI 值 2.5 目标任务，开展立项攻关，坚持检测数据一日一分析、作业方案一日一优化，探索最佳线路精调精捣作业模式，动态联调联试 TQI 值，最终取得上行 2.67、下行 2.68 成绩，动态联调联试各项指标全部达标。在大张客运专线开通前，重视周边环境安全隐患排查整治，排查张大客专周边环境安全隐患 3 次，运用 GPS 测量、奥维地图比对等技术手段对现场隐患精准定位，发现周边环境安全隐患 169 处，并逐处建立台账。坚持逐级负责、隐患到人，领导班子对接沿线市区、科室对接沿线县（区），路地联合推进周边环境安全隐患整治工作，确保张大客专 169 处周边环境隐患问题全部整改销号。12 月 30 日，张大客专如期开通运营。 （樊向阳）

大同西供电段

【概况】 2019 年，大同西供电段管辖正线营业里程 1921.14 千米，牵引供电设备 6616.46 条千米；企业供电设备 7075.32 长千米。其中张大客专营业里程 141.41 千米，接触网设备 408.11 条千米，电力贯通电缆 1122.05 条千米，低压电缆 181.40 条千米。下设 29 个车间，145 个班组。其中，供电车间 20 个，动力设备车间 2 个，检修车间 3 个，供电维修车间 2 个，供电检测车间 1 个，给水车间 1 个。

（宋慧文）

【西供电段安全生产】 2019 年，大同西供电段围绕季节性、阶段性重点工作，动态研判风险 41 项，销号入库隐患 17 个，抓实抓细风险隐患闭环管理，落实安全双重预防机制。开展软横跨整治、防雷改造、交叉互磨承力索调整等 17 项专项整治，彻底整治 673 处承力索交叉隐患，更换北同蒲线（大同—宁武）腐蚀严重软横跨 146 组，现场调研迁曹线（迁安—曹妃甸港区）信号机械室两路电源 10 处，对大秦线（大同—秦皇岛）、北同蒲线重雷区防雷改造 93.66 条千米。完成店坪南站至马栅站间 51 座桥梁、18 座隧道的接触网设备整治，提升朔准线（指朔州—准格尔干线中店坪南—浑进塔干线）设备运行质量。实现韩原线（韩家岭—原平）开行动车和供电设备“零故障”工作目标。全年责任设备事故、故障同比下降 40%，安全生产保持稳定。（宋慧文）

【西供电段规范化建设】 2019 年，大同西供电段以“一日工作标准化和一次作业标准化”为主线，精简、整合作业标准和安全措施 142 处，分岗位量身定制“安全风险提示卡”，剔除 80% 与本岗位无关内容，规范现场作业标准。做安全管理减法，形成 12 类 21 个安全管理制度体系清单，精减幅度 41.67%。制定标准化达标清算考核方案，提升干部职工标准化履职意识。推进大秦重载示范线建设，开展设备克缺和外观整治，发挥检修列先进技术装备优势，检修长大桥梁

▲图为大同西供电段工作人员在检修接触网　　（宋慧文　摄）

30 座、长大隧道 8 座，更换超寿命周期分相 77 组，整治接口设备 125.66 条千米、处理二级缺陷 1365 个，接触网设备质量动态检测评价优良率 98%，电力设备 90%，给集团公司实现货运增量目标提供供电保障。

（宋慧文）

【西供电段修程修制改革】 2019 年，大同西供电段在接触网方面，推行设备等级化、差异化管理模式，运用综合检修列、多平台作业车及高铁 4C 检测车等先进技术装备，推进规模化、集约化作业组织方式；在电力方面，实现 10 千伏电力线路运维分离及差异化施修，通过电力与供电运行工区联合作业等手段，提升电力维修集中化、规模化；在变配电方面，调整部分设备检修、试验周期，探索所亭“无人化”管理模式，实现 9 个所亭无人化值守运行。补强电力设备检修力量，组建湖东电力维修工区，撤销北同蒲线袁树林等小班组，调整检修车间班组设置、统一调配精减的变配电值班员 52 人，给水值班员 18 人，优化人员配置，充实高铁运营和设备维修技术力量。（宋慧文）

【西供电段经营管理】 2019 年，大同西供电段享受国家降低一般工商业用户电价的政策红利，缩购电成本 286.89 万元，国家电网大同、朔州供电公司退还上年 9 月至 2019 年 6 月多收该段基本电费 817.19 万元。释放修程修制改革红利，通过接触网、电力设备等级管理、差异化维修，变配电延长部分设备检修、试验周期，降低维修支出 2289.08 万元。利用物资信息系统盘活现有资源，修缮废旧物资，同比节支 6.03 万元。加强供电 6C 检测监测系统运用，减少人员上线巡视测量频次，降低车辆及人员成本费用。推行一岗多职，鼓励职工兼职兼岗，提高工作效率。（宋慧文）

【西供电段保障高铁开通运营】 2019 年，大同西供电段介入张大客专施工管理，掌握建设进度、质量及问题整改情况，配合施工单位开展设备静态验收和联调联试工作，整治静态验收设备遗留缺陷 1428 个，处理动态验收供电设备问题 358 处、动态超限数据 37 处，消除设备质量问题和运营安全隐患。提前培训储备人才，成立阳高南高铁供电车间，从施工监管、联调联试、动态检测、缺陷整治等方面做工作，同步推进标准化规范化建设，从人员、制度、设备等方面给张大客专如期安全开通运营提供保证。确保韩原线动车开行安全，超前研判动、客、货列车混跑带来的设备运行安全风险，紧盯上道作业、点外施工、夜间天窗等关键环节，出动干部职工 3526 人次，整治轨旁设备问题缺陷、导高误差较大处所，及线岔分相等影响开通的问题隐患 293 处，提升设备运行质量，实现韩原线开行动车同时，两个月内“零故障”工作目标。（宋慧文）

湖东车辆段

【概况】 2019 年，湖东车辆段管辖范围西起黄河边，东到渤海湾，横跨京、津、晋、冀“两省两市”，主要承担着大秦（大同—秦皇岛）、京包（北京北—包头东）、北同蒲（大同—宁武）、韩原（韩家岭—原平）线 4 大干线和口泉、云冈、平朔、迁曹线等 6 条支线及部分专用铁路线运用车辆的维修任务，及大秦线配属 C80 系列重载货车的检修任务，是全路唯一集厂修、段修、运用修、临修、集中整备、轮轴厂修（新组装）为一体的重载货车检修基地。有湖东、大同 2 大检修生产基地和大同、湖东、大新、茶坞、秦皇岛、迁曹线 6 大管理区域，下设 2 个辅助生产机构、17 个生产车间（其中运用 8 个、定检 6 个、动态 2 个、设备 1 个）、15 个列检作业场、2 个动态检查作业场、13 个技术交接作业场、5 个站修作业场，拥有检修台位 93 个、设备 1834 台 / 套，配属车辆 36758 辆（其中 C80 系列 36348 辆，C76 等系列 410 辆）。货车年厂修能力 5000 辆、段修 1.8 万辆、轮轴厂修（新组装）2.2 万条。4 月，中国铁路太原局集团有限公司授予湖东车辆段“2018 年度集团公司离退休工作先进单位”“2019 年春运宣传工作突出贡献单位”称号；5 月，中国铁路太原局集团有限公司授予湖东车辆段“五四红旗团委”称号。（王明广）

【湖东车辆段安全管理】 2019 年，湖东车辆段把确保安全摆在各项工作首位，抓住管理风险源，完善全员安全生产责任制 919 项，形成涵盖 13 个大类、54 项制度办法的安全管理制度体系。落实双重预防机制，发布安全风险预警 11 期，动态研判安全风险 54 项，排查整治安全隐患 217 件，细化重载安全管控措施 100 条，实施班子成员跟班调研和谈心谈话制度，坚持重点隐患领导挂牌督办，走行部、轮对、制动等一批突出隐患问题得到整治。加强安全“红线”和禁止性条款管控，全年开展专项检查整治 45 项，重奖快奖安全有功人员 4352 人次，严重“两违”问题减少。在货运持续

增量、修程修制改革等任务叠加压力下，杜绝一般D类及以上责任事故，实现第12个安全年。（王明广）

【湖东车辆段生产组织优化】2019年，湖东车辆段发挥调度统一指挥作用，生产组织，挖掘检修潜力，克服修程修制改革、货运持续增量带来的定检扣车不均衡、临修故障车激增等因素，创新货车维修体制。在定检区探索开展车辆专项修，实施湖东站修整备线改造，增加大新、曹妃甸西2个整备作业点，提升整备能力。全年完成技检机检作业4210万辆、厂修2944辆、段修13428辆、临修19568辆、轮轴大修新组装2.2万条、整备2090列210718辆，集中整治破损车2250辆，给全局日装车3.1万车的超常规运输组织模式提供车辆装备保证。（王明广）

【湖东车辆段运输保障】2019年，湖东车辆段围绕提升车辆运用效率、运输效率这一核心，完善重载货车大数据运用管理系统，优化机检集中作业平台，推行人机分工作业；加强5T预警故障闭环处置，开展机检作业质量评价，实现运用维修提质增效。控制新《铁路客车（货车）运用维修规程》实施、韩原线动客货车混跑，及5次调图风险，完成历时86天大秦、北同蒲、韩原、京包线集中修综合修施工，及木林TPDS等4处5T、试风设备更新改造。推行精细化检修，常态化开展轮对、制动等4项故障专项整治，靶向整治惯性故障20项，更换故障轮对19780条，整治钩缓故障1945件、制动故障3734件。细化制定24条增量保障措施，出台车辆检修效率等专项考核办法，优化段级、区域、车间三级生产应急预案，实施劳动力动态调剂，在港口车流阶段增长波动大的情况下保证车辆不待检、不延时。全年受到集团公司通报嘉奖26次。（王明广）

【湖东车辆段经营管理】2019年，湖东车辆段以规范集约精细为核心，加强经营管理，构建经营管理制度体系，源头上补强经营领域机制短板。加强预算管理，推动业财深度融合，开展“三项定额”查定，核定1183项劳动定额、4470项物资储备定额，及货车段修、临修、整备修、通过修单车成本定额。面对节支减员压力，立足内部挖潜提效，完成节支13597.19万元、节约用工90人，且满足货运增量、新线开通等新增岗位需求，保持检修能力不降。优化奖惩激励机制，实施岗位责任制考核分配、差异化分配政策，计件工资捆绑比例提高到85%以上，激发岗位工作积极性。推行物资分库管理，开展物资专项清查、“小金库”专项治理，理清段与多、集经管理界面，完成上年结转及2019年23项更改大修项目。（王明广）

湖东电力机务段

【概况】湖东电力机务段位于山西省大同市东南25千米处，生产作业区域以湖东为中心，沿线辐射至大同、朔宁岢（朔州、宁武、岢岚）、秦皇岛和京唐港等地区。2019年，该段设有生产车间21个（8个运用车间、3个检修车间、1个和谐机车高级修项目管理部、4个整备车间、1个设备车间、2个折返车间、1个救援车间、1个后勤车间），科室17个，集体经营企业1个（大同艾普科技贸易中心），班组338个。配属机车578台（HXD1型300台、HXD2型92台、SS4型110台、内燃机车76台），主要担负大秦（大同—秦皇岛）、北同蒲（大同—宁武）、迁曹（迁安北—曹妃甸港区）、朔准（指朔州—准格尔干线中店坪南—浑进塔干线）4条干线，10条支线（大张、云支、口支、湖大、宁岢、岢瓦、平朔、神朔、茶蓟、东港）的货运牵引任务和5对客车、1对通勤路用列车的牵引任务，及200条专用线及管内枢纽、关键站场的调车任务，总运营里程2034千米。（王喜红）

【机务段安全生产】2019年，湖东电力机务段实施“客车安全风险防控措施”月度检查通报、“客车安全正点平稳操纵”季度验收评定，全员全过程全要素增强“万无一失”意识。推进标准化规范化建设，健全完善安全管理制度体系和标准化创建体系，公布技术规章58个、管理制度84个，修订各专业岗位作业指导书1116个，常态开展“学标、对标、达标”活动，促进规范管理、标准作业。吸取“4·23”事故教训，建立长效管控机制，打击虚假作业和触碰“红线”行为，确保安全生产持续稳定。全年该段实现安全生产250天，杜绝旅客列车和重载列车责任作业事故。（王喜红）

【机务段运输任务】2019年，湖东电力机务段立足大秦重载“火车头”和货运增量“排头兵”战略定位，创新实施2.1万吨主控司机竞聘上岗、北同蒲线机班乘务交路套用混跑、货物列车达速达标等一系列挖潜提效举措，给大秦线重载运输提质增效提供机务运力保障，日运量能力提升至135万吨，单日开行2.1万吨列车最

▲2019年5月30日，湖东电力机务段开展登车顶实训教学（王喜红 摄）

2019 年湖电力机务段运输任务和效率指标完成情况表

项目	单位	计划	实际	完成率
总走行公里	千机千米	109000	103372	94.8%
总重吨公里	百万吨千米	5040000	4640718.4	92.1%
平均牵引	吨	9000	8805	97.8%
技术速度	千米 / 小时	51.0	53.5	104.9%
日产量	万吨千米	382.0	373.8	97.9%
日车公里	千米	710	694	97.8%
该段大修	台	—	8	—
该段中修	台	—	109	—
该段小修	台	—	642	—
该段辅修	台	—	887	—
成本总支出	万元	—	346638.5	—
运输业生产率	万总重吨千米 / 人·年	—	7187.39	—

高 72 列，完成年运量 4.3 亿吨。全段列车技术速度 53.5 千米 / 小时，较指标提高 1.2 千米 / 小时。（王喜红）

【机务段修程修制改革】 2019 年，湖东电力机务段深化修程修制改革，在保证机车不失修、不过度修基础上，区分修程等级、区分运用状态、区分机车类别，合理延长 14 类修程的检修周期，调整检修范围 196 项，全年减少 HXD 型机车 C1 ～ C4 修 115 台，SS4 型机车小辅修 21 台、中修 17 台，内燃机车小辅修 40 台、中修 8 台。抓机车修程质量同时，针对倾向性、惯性故障开展质量平推整治 68 项，全年设备故障率 0.72 件 / 百万千米，同比下降 20%。（王喜红）

【机务段基础建设】 2019 年，湖东电力机务段坚持全面协调可持续发展理念，连续两年补充机车乘务员 646 人，新考司机 229 人，队伍梯次发展格局基本形成，结构性缺员逐步缓解。湖东整备场信息管理系统投入应用，东检测棚开工建设，流程化、数据化、标准化整备的软硬件基础完善。以建设路网性和谐机车高级修基地为目标，推进机车高等级检修“资质 + 能力”建设，形成 HXD 型机车 7 种车型 C4 修、4 种车型 C5 修能力，业务范围辐射太原、呼和浩特、西安 3 个局 6 个段，全年完成 HXD 型机车 C5 修 16 台、C4 修 68 台。（王喜红）

【机务段企业改革】 2019 年，湖东电力机务段推进干部落编工作，配齐配强班组技术员 82 人，提拔、交流、调整干部 65 人，选用大学生支部书记 7 人，调整干部队伍结构，年轻化、专业化水平提高。改革调整生产布局，解决原大同爱得实业有限公司回归主业后 204 名工人的分流安置问题。实施兼职并岗、跨岗调剂、精简岗位等 14 项劳动组织改革措施，减少岗位 158 个。推行干部履职绩效考评，调整职工计件分配，收入分配向一线岗位和安全经营关键岗位倾斜，调动各层级工作积极性。（王喜红）

【机务段经营管理】 2019 年，湖东电力机务段整改巡视巡察、纪检监察、财务审计等问题，开展专项整治 26 项，修订完善经营管理制度 14 项，处分违纪违规管理人员 8 人，规范经营管理行为。深化全面预算管理，推动业财深度融合，清单化推进修程修制改革、节支降耗、增收创效等重点任务，超额完成全年各项经营任务指标，全段节支 1.59 亿元，运输其他业务创收 2.6 亿元，实现利润 385 万元。支持非运输企业完成经营任务 4750 万元，实现利润 230 万元。（王喜红）

【机务段科技创新】 2019 年，湖东电力机务段依托重载研究中心“平台 + 应用”优势，开展重载技术课题攻关，“紧急制动”“制动阀切除”同比分别下降 35%、60%。在中国国家铁路集团有限公司、太原局集团有限公司组织下，开展自动驾驶系统、组合列车故障分离研究等试验工作，掌握重载列车安全规律基础理论。集中技术力量，开展“HXD2 机车数据记录可视化分析应用软件研究”等 11 个项目科研攻关，科技成果获集团公司科技进步奖 9 项，QC 创新成果获集团公司优秀奖 5 项，合理化建议和技术改进成果获奖 100 项。（王喜红）

【朔准铁路开通】 2019 年 1 月 2 日，由 HXD1 型 278 号机车牵引的 32091 次货物列车在店坪南车站驶出，标志着朔准铁路开通启用。朔准铁路是国家“十二五”规划的重点工程，东西横跨晋、陕、蒙 3 省区，线路正线全长 214495 米。按国铁Ⅰ级标准建设，设计运输能力每年 6000 万吨，是新建的一条运煤铁路专线，是单线万吨重载运煤电气化铁路。（王喜红）

高铁客运专线

【大张高铁大梁山隧道山西段贯通】 2019 年 1 月 19 日，大张高铁重点控制性工程——天镇大梁山隧道山西段全部贯通。天镇大梁山隧道工程总长度 13.4 千米，由山西省和河北省共同承担建设任务，其中山西段隧道长 7.68 千米，由中铁施工铁十七局集团四公司承建。为推

▲ 2019年1月19日，天镇大梁山隧道山西段全部贯通　　（于　宏　摄）

进工程进度，施工单位从2015年12月开始，部署4个工作队1000余名工人，设置3个斜井入口，分7个方向多段式同步施工，历经3年，完成隧道施工任务。　　（翠　松）

【大张高速铁路天镇10千伏配电所受电启动】 2019年6月14日，中铁电气化局北京电气化公司承建的大张高速铁路天镇站10千伏配电所一次受电成功。天镇站10千伏配电所根据高速铁路用电性质和特点，按无人值班设计，采用成套综合自动化设备，实现全所电气设备的测量、控制、保护等功能。该所设在独立院内，平房式建筑，所内主要设有控制室、10千伏高压配电室、调压器室、小电阻接地设备室、通信机械室、值班室等。主要设备有高压开关柜、有载调压器、中性点接地设备、交直流屏、微保屏、微机监控屏、电度表屏等。施工安装过程中，工作人员对屏柜进行找平找正，控制屏柜的位置、标高、平行度、垂直度、直线度，柜内布线采用无线槽布设、控制电缆颜色统一、备用线芯封帽、电缆防火封堵盒封堵等多种高标准施工工艺，室内电力电缆采用配备电缆护套的电缆挂架敷设及电缆整体绑扎等手段，控制电缆弯曲半径并满足电缆散热要求。配电所是电能进行接收、测量、控制与保护的集成单元。为保证天镇10千伏配电所成功启动，该项目部组织电力作业队人员和专业技术人员前期对所有设备和线路进行逐一核对，检查供电设备，紧固柜内每个螺栓，对电缆、设备进行耐压、绝缘等测试，并经大同西供电段验收及再次试验，所有技术指标满足受电要求后，按计划完成受电工作。　　（翠　松）

【大张高铁接触网　电力专业首件工程通过评估】 2019年6月21日，大张高铁在阳高县通过接触网、电力专业首件工程评估工作。该次评估工作由太原铁路局大西供电段、大张工程建设指挥部、中国铁路设计集团有限公司、中铁济南工程建设监理有限公司等单位的30余名专家参与验收。大张高铁接触网首件工程试验段位于天镇至阳高南区间21/22锚段，专家组现场了解示范段的工艺标准、施工过程及质量控制情况，并以新版细部设计标准为依据，检查首件锚段的支柱装配、下锚补偿装置安装、承力索等施工工艺，确保验收质量合格。大张高铁电力专业首件工程是阳高南站10千伏配电所，专家组对电力专业的标准化建设、规范操作流程、现场安全文明施工及创新工艺工法等进行检查和评价，通过首件评估验收。专家组一致认为，大张高铁接触网、电力专业首件工程的施工作业规范标准，优化措施合理得当，现场工艺美观，起到“试验先行，样板引路”示范作用。　　（翠　松）

【大同高铁站北广场落客平台主体合拢】 2019年9月25日，伴随着大同高铁站北广场落客平台钢箱梁G匝道最后一片钢箱梁组件平稳安装到支架上面，历时60天的钢箱梁吊装作业提前安全完成，连接太和路和规划一路的匝道全线贯通，至此高铁站落客平台主体合拢，标志着高铁站北广场项目所有主体全部完工。

大同高铁站北广场市政道路项目东起文瀛南路，西至永安路，南起高铁站，北至开源街，包含7条地面道路，分别是太和路、规划一路、规划二路、站前路一、站前路二、站前路三、站前路四，2400余米；还包括6条匝道，其中4条匝道连接在建的同煤快线和高铁站二层落客平台，分别服务于开源街东西两个方向进出高铁站的交通流量，另外两条匝道连接场内地面道路与接送客平台，1200余米。高铁站北广场市政道路项目中，钢箱梁吊装总量6300余吨，总长720米，最重的钢箱梁有65吨左右，最轻的有30吨左右，其中G匝道钢箱梁是连通同煤快线工程与高铁站落客平台的重要节点。G匝道与落客平台合拢，预示着钢箱梁吊装任务结束，标志着连接规划一路、太和路的匝道全线贯通，给后续桥面铺装工作的开展打下基础。　　（翠　松）

【大同南站通过静态验收】 2019年11月14日至15日，由中国国家铁路集团工管中心、中国铁路太原局集团、中国铁路北京局集团、大西铁路客专公司组成的静态验收专家组对大同南站室内外装饰装修、机电设备安装、幕墙屋面等进行实地检查。由中铁建工集团承建的大同南站项目通过静态验收，标志着大同南站具备使用条件，项目开始进入竣工倒计时。大同南站项目由中铁建工集团承建，站房工程总建筑面积66151平方米，其中站房、站台风雨棚、旅客出站通道、物流通道面积分别是39990平方米、20617平方米、2727平方米、2817平方米，大同南站项目于上年6月开工建设，上年12月26日，大同南站主站房主体混凝土结构封顶。专家组在实地检查中肯定大同南站的设计理念、工程实体质量、观感质量、施工细节、功能性实用性等，在静态验收评审会上，一致同意大同南站站房及生产生活用房工程通过静态验收。

（翠　松）

【大张客运专线开通运营】　2019年12月30日，大张（大同—张家口）客运专线开通运营，大西（大同—西安）高铁全线贯通，大同进入“高铁时代”。大张客运专线是国家“十二五”铁路规划项目之一，是山西省内地方参投第二条、大同境内建设的第一条高速铁路，于2015年11月开工建设，线路全长136千米，设计时速250千米，设大同南、阳高南、天镇3个车站。大张客运专线东接京张城际铁路、呼张高速铁路，西联大西客运专线，是北京—张家口—大同—太原—西安高铁的重要组成部分，是贯通京、津、冀、晋、陕的客运咽喉工程，是晋北地区对外交流的“生命线”。大西高铁是国家《中长期铁路网规划》的一条客运专线，是中国“八纵八横”客运专线网京昆通道的重要组成部分，东起大同市，经朔州、忻州、太原、晋中、临汾、运城、渭南等，到达陕西省西安市，全程859千米，设计时速350千米，形成晋陕两省新客运通道。大张客运专线开通、大西高铁全线贯通后，大同到北京间列车运行时间由原先的6小时左右最快压缩至102分钟，大同到太原间由原先普遍四五个小时压缩至2小时左右。

（翠　松）

民用航空

【概况】　大同云冈机场位于山西省大同市东，距离市中心约17千米，总占地190.07公顷。飞行区等级4C，跑道长3000米，宽60米，可起降B737-800（含）、A321（含）以下机型，仪表着陆系统I类精密进近，并建有单向盲降系统。2019年，有T1国际（6328.2平方米）和T2国内（10854平方米）两座航站楼，总面积17182.2平方米；停机坪面积37950平方米，可同时停放7架（6C、1B）飞机；停车场面积31255平方米。全年完成运输起降12299架次，旅客吞吐量130.7万人次，货邮1923.8吨，同比分别增长29.2%、28.6%、19.1%。全年营业总收入6791.41万元，同比增长18.73%，亏损877.36万元，同比减亏285.78万元。全年取得各项补贴收入总额2.88亿元，申请减免赋税1010万元。11月8日，国务院印发《国务院关于同意山西大同云冈机场对外开放的批复》，同意山西大同云冈机场作为航空口岸对外开放。全年大同云冈机场执行国际航班169架次，出入境旅客吞吐量25605人次。

（韩向荣）

【机场安全管理】　2019年，大同云冈机场落实安全生产责任，同步分解责任清单227条，制定安全责任制85条。通过改、建、管等措施，组织对标行业标准要求，修订完善11个安全管理类制度，并形成包含45项安全管理制度的汇编。实施公司、部门、岗位级隐患整治和风险管理工作，排查隐患789（727）项，识别危险源89项，制定管控措施，印发整改通知单90份，并进行问题跟踪，形成闭环管理，提前规避机场运行与保障中的安全风险。开展“岁末年初安全大检查”“服务质量提升”等14个专项活动，做到专项活动有检查、有跟踪。完善应急管理体系，明确各自的责任和义务，编制、修订各类应急预案3个，开展公司级反恐防爆、消防安全等综合性实战演练6次、部门级日常演练63次。明确机场净空保护区内建、构筑物的审核工作流程，加强机场净空保护区巡查和超高障碍物处置工作。召开净空管理联席会议，完善相关制度体系，加大净空保护法律法规和相关民航安全知识的宣传力度，普及机场净空保护常识。完成“春运”“两会”“成龙国际电影周”“二青会”“共和国70周年大庆”等重要节点的安全保障任务。全年未发生机场责任原因造成的事故征候（含）以上航空安全事件，未发生责任原因的生产安全事故。

（韩向荣）

【机场基础设施建设】　2019年，大同云冈机场结合发展实际，加大重点项目工程推进力度。机场总规修编工作、机坪扩建项目通过华北局评审；三期改扩建项目同步实施可研编制工作；导航设施设备更新项目可研重新报审华北局，投资2065万元；飞行区排洪渠改造项目进行可研编制招标工作，投资782万元；机场供热改造项目完工，拆除燃煤锅炉，实现集中供热。完成航空口岸国际服务中心的关检查验通道的对标整改，联检单位业务用房开展装修设计。

（韩向荣）

【机场服务建设】　2019年，大同云冈机场在候机楼成立专业问询柜台，打造“问询服务标兵示范岗”。安装电子登机牌验证设备、二代航信通验证和全国民航电子临时乘机应用设备等，实现临时乘机证明“自助办、随时办、掌上办、刷脸办”功能，满足无托运行李旅客“无纸化”乘机需

▲图为中铁十七局建设者为大张（大同—张家口）高铁点赞　（张燕伟　摄）

求，缩短旅客办理乘机手续时间，提高出行效率。推进候机楼内商户“餐饮同城同质同价”。管理整治机场出租车辆，规划出租车专用通道。与12326民航服务质量监督电话系统对接工作，解决旅客诉求。（韩向荣）

【航线开通】 2019年，大同云冈机场开发新航线，加密、优化原航线，国内增加“长沙—太原—大同”“济南—大同—西宁”“郑州—大同”3条航线，加密“西安—大同—沈阳”“重庆—大同—大连”“昆明—郑州—大同”3条航线。国际方面，与外籍航空公司合作，开通柬埔寨暹粒、泰国曼谷航班。全年大同云冈机场与11家航空公司经营国内航线21条，通航城市27个；国际航线2条，通航城市2个。（韩向荣）

【大同云冈机场机坪扩建工程项目立项（代可研）专家评估会】 2019年1月29日，大同云冈机场机坪扩建工程项目立项（代可研）专家评估会在山西省政务服务中心召开。民航华北地区管理局、山西省发展和改革委员会、民航山西监管局、山西航空产业集团、设计单位、第三方评估单位、大同云冈机场有限责任公司等单位相关人员参加会议。该次会议由山西航空产业集团与大同云冈机场联系推进。会上，大同云冈机场作为建设单位作项目基本情况的介绍，中国航空规划设计研究总院作为设计单位对项目建设可研情况进行汇报，北京中航建研航空设计咨询有限公司组织专家组对项目背景、现状及存在的问题、建设必要性、建设内容及规模、投资估算、项目法人及资金来源、不停航施工方案等要素，逐项进行可研评估并提出专家建议。民航华北地区管理局、山西省发展和改革委员会、民航山西监管局组成的行业主管单位对项目情况发表行业指导观点。与会各方讨论交流后提出专业意见和建议。大同云冈机场机坪扩建项目可研通过评审。（韩向荣）

▲ 2019年7月1日，大同云冈机场开通“济南—大同—西宁”航线（韩向荣 摄）

【大同云冈机场净空管理联席会议】 2019年8月7日，大同市政府组织召开2019年度机场净空保护联席会，以加强大同云冈机场净空保护工作力度，发挥政府、行业监管及机场管理机构协同联动效能，解决机场净空保护工作中的困难及问题。市公安局、市司法局、市规划和自然资源局、市生态环境局、市应急管理局等20余家机场净空保护联席会议成员单位参加会议。会议宣传贯彻《山西省民用机场净空保护和电磁环境保护办法》，分析通报国内其他机场因未及时处置超高障碍物而导致经济损失的案例，结合大同云冈机场净空现状和实际，总结近期净空保护工作开展情况。明确机场净空保护工作组织机构、协同联动机制及职责分工，讨论《大同云冈机场净空保护工作联席会议制度》，并梳理完善落实各成员单位提出的意见和建议。（韩向荣）

【大同云冈机场总体规划评审会】 2019年10月9日至11日，大同云冈机场总体规划（2019版）评审会议召开。受民航华北地区管理局委托，中国民航工程咨询有限公司组织该次评审会议，民航华北地区管理局、民航山西监管局、空军大同基地、山西出入境边防检查总站、山西航空产业集团有限公司、大同云冈机场有限责任公司、中航油山西分公司、大同市政府、大同海关、大同市发展和改革委员会、大同市规划和自然资源局等有关30余家单位参会。该次总规评审会分预审和评审两个阶段。会上涉及市场分析、场道、空管等领域的7位专家围绕大同云冈机场近期（2030年）和远期（2050年）的规划进行论证。对近远期飞行区、航站区、空管、配套功能区及土地利用规划等内容逐项梳理，总规设计单位中航规划设计研究总院有限公司对专家意见进行解答。专家组认为规划基本符合大同云冈机场近远期发展需要，修编大同云冈机场总体规划是必要的，并出具《大同云冈机场总体规划评审意见》。（韩向荣）

金 融

金融监管

中国人民银行大同市中心支行

【概况】 2019年，大同市金融机构各项存款余额3173.22亿元，较年初增加291.02亿元，增长10.07%，同比增加107.97亿元。全市金融机构境内存款余额3172.86亿元，较年初增加290.89亿元，增长10.07%，同比增加107.95亿元。其中，住户存款余额2226.20亿元，较年初增加206.22亿元，增长10.17%，同比增加74.45亿元；非金融企业存款644.84亿元，较年初增加54.39亿元，增长9.21%，同比增加3.44亿元。机关团体存款余额232.62亿元，较年初增加1.63亿元，增长0.71%，同比减少3.89亿元。

全市金融机构同业存放款项余额52.24亿元，较年初增加15.58亿元，增长42.5%，同比减少1.46亿元。其中，同业存放活期款项余额44.24亿元，较年初增加16.28亿元，增长58.23%，同比增加8.49亿元；同业存放定期款项余额8亿元，较年初减少0.7亿元，减少8.05%，同比减少9.95亿元。

全年全市金融机构各项贷款余额1558.12亿元，较年初增加173.04亿元，增长12.47%，同比增加38.15亿元。其中，住户贷款余额329.4亿元，较年初增加38.89亿元，增长13.39%，同比减少9.42亿元；非金融企业及机关团体贷款余额1230.8亿元，较年初增加134.15亿元，增长12.23%，同比增加47.58亿元。

全年全市实现外贸进出口总值83390万美元，同比增长31.33%。其中，出口实现56669万美元，同比增长63.23%；进口实现26721万美元，同比减少7.15%。全市跨境收付总额49273万美元，同比减少28.06%；跨境收付逆差2929万美元。其中，货物贸易跨境收支总额31905万美元，占收支总额69.75%；服务贸易收支总额17368万美元，占收支总额35.25%。全市银行结售汇总额52466万美元，同比减少28.52%；结售汇总额逆差1394万美元。其中，结汇总额25536万美元，同比增长0.42%；售汇总额26930万美元，同比减少43.86%。

（田晓宏）

2018—2019年大同市金融机构人民币信贷收支表（一）

单位：万元

项目＼指标	12月余额	比上月增减额		比年初增减额	
		2019年	2018年	2019年	2018年
一、各项存款	31732219.77	24515.50	−57857.36	2915662.49	1892822.93
（一）境内存款	31728593.25	24448.07	−57837.79	2914391.17	1891764.83
1. 住户存款	22262041.10	321286.95	188632.51	2065592.40	1130125.57
（1）活期存款	5471960.63	193220.84	70207.58	224193.95	172414.85
（2）定期及其他存款	16790080.47	128066.11	118424.93	1841398.45	957710.72
2. 非金融企业存款	6440843.76	142013.11	127191.28	546041.71	385626.37
（1）活期存款	5257849.46	122125.44	273446.71	407869.29	827.46
（2）定期及其他存款	1182994.30	19887.67	−146255.43	138172.41	384798.91
3. 广义政府存款	2931549.98	−408113.33	−341641.22	313386.39	273582.48
（1）财政性存款	605265.64	−185698.00	−155096.01	297044.84	31755.90
（2）机关团体存款	2326284.34	−222415.32	−186545.21	16341.55	241826.58
4. 非银行业金融机构存款	94158.41	−30738.66	−32020.35	−10629.33	102430.42
（二）境外存款	3626.52	67.44	−19.57	1271.32	1058.10
二、金融债券	50000.00	—	—	—	—

续　表

项　目 \ 指　标	12 月余额	比上月增减额		比年初增减额	
		2019 年	2018 年	2019 年	2018 年
三、卖出回购资产	—	−39200.00	—	—	−3477.00
四、借款及非银行业金融机构拆入	13952.40	−107.20	—	13952.40	—
五、联行往来（净）	—	—	—	—	—
六、应付及暂收款	744974.94	32857.81	31555.86	96462.09	−29332.48
七、各项准备	454982.90	−31791.92	−20059.82	49500.06	54796.43
八、所有者权益	1304726.87	85129.81	99507.34	12795.36	130238.25
其中：实收资本	620627.25	40625.67	68153.36	41450.67	8028.00
九、其他	−2628873.85	159350.89	2275.33	−455827.23	−217550.20
资金来源总计	31671983.03	230754.90	55421.36	2632545.17	1827497.94

说明：该表机构包括中国人民银行、银行业存款类金融机构、银行业非存款类金融机构

2018—2019 年大同市金融机构人民币信贷收支表（二）

项　目 \ 指　标	12 月余额	比上月增减额		比年初增减额	
		2019 年	2018 年	2019 年	2018 年
一、各项贷款	15581189.47	691.59	131574.97	1725420.31	1341195.13
（一）境内贷款	15581189.05	691.17	131574.97	1725419.89	1341195.13
1. 住户贷款	3293610.68	56536.98	24837.86	388878.72	483108.72
（1）短期贷款	1063343.27	−2841.91	24780.62	132730.57	3376.75
消费贷款	299055.53	−1952.79	−261.28	44121.11	17361.38
经营贷款	764287.74	−889.12	25041.90	88609.45	−13984.62
（2）中长期贷款	2230267.41	59378.89	57.25	256148.16	479731.96
消费贷款	1523487.48	39276.19	23320.49	253849.12	332220.10
经营贷款	706779.93	20102.70	−23263.24	2299.04	147511.87
2. 非金融企业及机关团体贷款	12287578.37	−55845.81	106737.11	1336541.17	858086.41
（1）短期贷款	4350393.99	−346816.98	−104636.94	751240.43	−109250.20
（2）中长期贷款	5748107.99	105355.23	205534.78	129877.40	677290.85
（3）票据融资	2188086.62	185616.36	5839.29	455423.34	290045.98
（4）融资租赁	—	—	—	—	—
（5）各项垫款	989.78	−0.42	−0.01	—	−0.22
3. 非银行业金融机构贷款	—	—	—	—	—
（二）境外贷款	0.41	0.41	—	0.41	—
二、债券投资	1348522.79	−20877.66	−6589.63	363318.91	−198775.13
三、股权及其他投资	1125825.14	−29.00	2979.00	203452.78	−63909.00
四、买入返售资产	—	−50000.00	—	—	−32670.60
五、存放非银行业金融机构款项	60.00	—	193.95	−949.53	−59799.96
六、联行往来（净）	13215816.21	291989.09	29466.09	293288.82	940616.41
其中：境内存放二级准备金	462230.90	9551.10	−3785.40	−7043.60	−77089.10
七、金银占款	—	—	—	—	—
八、中央银行外汇占款	—	—	—	—	—
九、应收及预付款	126158.59	−23512.67	−111652.68	15462.08	−48567.02
十、投资性房地产	—	—	—	—	—
十一、固定资产	274410.83	32493.55	9449.65	32551.79	4829.48
资金运用总计	31671983.03	230754.90	55421.36	2632545.17	1882919.30

说明：该表机构包括中国人民银行、银行业存款类金融机构、银行业非存款类金融机构

金融

【货币政策贯彻执行】 2019年，中国人民银行大同市中心支行贯彻执行稳健货币政策，保持信贷总量稳步增长和结构持续优化。落实定向降准和差别存款准备金政策，给全辖释放流动性17.21亿元，发放再贷款17亿元，办理再贴现19.92亿元，给中小银行机构支持“三农”和民营小微企业提供支撑，指导全辖开展法人金融机构宏观审慎评估和信贷政策导向效果评估，引导金融机构合理增加信贷，给全市经济社会发展提供适宜货币金融环境。出台《关于加强民营企业金融服务的实施意见》，建立小微企业金融服务联席会议机制，申报成财政支持深化民营小微企业综合改革试点城市；促成市政府出台《大同市银行业民营小微企业贷款风险补偿资金管理办法》，推动政府性融资担保机构整合并补充资本金，缓解企业融资担保难的问题。全省首家实现供应链核心企业加入中征应收账款融资服务平台，开辟民营小微企业融资新通道。全年民营小微企业贷款余额238.15亿元，较年初增长17.92亿元，普惠型小微企业获贷户数增加85户，法人金融机构普惠型小微企业贷款加权平均利率下降2.17个百分点，实现“增量扩面降成本”目标。（田晓宏）

【维护金融稳定】 2019年，中国人民银行大同市中心支行推进风险监测、防范和化解，维护区域金融稳定。依托《山西省金融风险监测系统》，监测银行、证券和保险业，提升对金融行业和区域风险的提示预警功能；落实重大事项报告制度，发挥各类监测系统在风险预警中的作用，提升风险监测和评估能力；完善辖区内各领域风险监测体系，优化金融风险监测月报制度，处置苗头性线索4起；牵头制定《大同市高风险机构风险化解专项行动方案》，推动市政府出资15亿元支持高风险信用社改制，实现高风险机构由7家降为3家，全辖不良贷款余额和不良贷款率较年初分别下降6.56亿元和0.84个百分点，金融风险压力缓释。开展存保费率核定和风险监测工作，组织投保机构开展存款保险应急处置演练，保障储户存款和存保基金安全；开展央行金融机构评级工作，对16家法人机构开展现场评级和风险提示；对3家银行业金融机构开展综合执法检查，优化辖内金融运行环境。参与大企业风险化解处置、非法集资、互联网金融风险排查和处置工作；组织全市金融机构开展扫黑除恶专项斗争，全市金融机构配合司法机关协查3046次、账户5417户，涉及金额8.5亿元，摸排涉黑涉恶线索2条。（田晓宏）

【银行支付系统建设】 2019年，中国人民银行大同市中心支行深化放管服改革，取消企业银行账户许可。推进移动支付便民工程，推动建立阳高特色云闪付示范县，设立云闪付特色金融服务站150个。与公交、供水、旅游等行业取得合作，拓宽移动便民支付应用领域。丰富农村“金融综合服务站”服务功能，深化农村支付普惠效能建设，改善农村地区支付服务环境。全市大、小额支付系统处理业务（发送、接收）708.74万笔，金额2.75万亿元。（田晓宏）

【反洗钱工作】 2019年，中国人民银行大同市中心支行对全市75家金融机构开展反洗钱分类评级工作，推进义务机构洗钱风险防控体系构建。对辖内两家法人银行机构开展洗钱风险评估，对3家机构开展执法跟踪检查，对4家机构开展专项检查，全年实施反洗钱行政处罚21万元，督促各机构履行反洗钱义务。建立全市涉黑涉恶可疑交易风险监测体系，加强涉黑涉恶可疑线索分析研判。（田晓宏）

【人民币管理】 2019年，中国人民银行大同市中心支行制定现金调拨计划，保证全市现金合理供应。设立现金服务示范区、残损币集中兑换交存中心6处，改善现金服务环境。建立壹元硬币调剂机制，缓解公交公司残损币、硬币积压压力。抓拒收现金和人民币图样专项整治，完善柜台现金服务“神秘人”暗访制度。组织辖内“千人进千村反假在行动”活动，经验做法得到中国人民银行总行认可。（田晓宏）

【国库经理】 2019年，中国人民银行大同市中心支行履行经理国库职责，推动全市国库工作开展。全年办理财政总收入427.70亿元，办理预算总支出531.87亿元。联合市税务局、财政局制定小微企业普惠性退税工作方案，确保全市小微企业普惠性退税工作统一高效。全年办理小微企业普惠性退税8909笔，金额208.33万元，惠及全市2592户小微企业。推动全省首笔电子退库业务办结，推进国库标准化建设，编完《国库统计分析标准化指引》，规范业务操作、业务流程，减少风险隐患。（田晓宏）

【征信管理】 2019年，中国人民银行大同市中心支行促成中征应收账款融资服务平台实现交易97笔152亿元。首家实现央行内部（企业）评级工作全省“零突破”，为信贷资产质押再贷款工作开展做好准备。加大供应链核心企业应收账款融资服务平台推广力度，完善服务中小微企业发展的长效机制。增加征信查询网点2处，全辖5个网点开放中午查询，全年查询征信报告13.4万人（次），较上年同期增长15.73%。（田晓宏）

【外汇管理】 2019年，国家外汇管理局大同市中心支局落实国家“放管服”改革，实施外汇行政审批“一网通办”，推广服务贸易税务备案电子化，促进贸易自由化便利化。搭建“局港企”三方对接服务平台，支持大同国际陆港项目，带动大同辖区涉外经济整体发展。推动同煤财务公司融入第一笔跨境资金2000万美元，指导同煤、地煤、国药威奇达等企业通过借入外债、发放国内外汇贷款、境外发债等方式拓宽融资渠道，给辖内重点企业融入外资4490万美元。强化经常项目、资本项目事中事后监管，针对性开展银行和企业外汇业务专项检查。监测核查重点地区、银行、企业、业务、国别和大额交易，优化外汇市场环境。运用货物、服务、个人各业务系统和跨境流动监测与分析系统，提升跨境资金流动风险管理效果。对个人分拆购付汇、个人外币现钞存取等重点领域外汇违规问题开展专项核查，强化个人主体分类监管力度。（田晓宏）

【金融信息调研宣传】　2019年，中国人民银行大同市中心支行加强国际金融动态反映、履职反馈和深度调查研究，报送政务信息370篇，被市政府《大同信息》采用7篇，被人民银行太原中心支行采用38篇，被人民银行天津分行采用71篇，被人民银行总行采用29篇，被总行领导批示1篇，被中办、国办采用17篇，被中央领导批示2篇。编辑《舆情专报》40期、《舆情紧要综合》28期，被总行采用45期、总行领导批示2期。全年报送行领导调研报告8篇，被人民银行天津分行《领导干部调研报告》采用4篇，调研报告在《中国金融家》发表2篇，在省级以上刊物发表20余篇。新闻宣传稿件在《金融时报》发表5篇，在《大同日报》《大同晚报》报道39篇。在大同电视台《财富大同》栏目报道8期。（田晓宏）

【金融消费权益保护】　2019年，中国人民银行大同市中心支行完善制度措施，保护金融消费者权益。在华北地区建立“三个平台一项机制”（三个平台指金融仲裁院、金融网络仲裁院、金融纠纷人民调解委员会，一个机制指金融消费纠纷诉调、诉裁、调诉、调裁对接工作机制），形成全方位立体式金融纠纷多元化解机制工作格局。通过金融仲裁调解方式处理客户投诉案1起，开辟大同市金融消费纠纷解决路径。为督促金融机构履行社会责任，维护金融消费者合法权益，对辖区银证保52家金融机构开展金融消费权益保护工作年度评估和环境评估，对2家金融机构开展支付服务领域金融消费权益保护现场执法检查。抓金融消费者投诉咨询受理处理工作，全年受理答复金融消费者咨询300余次，受理处理金融消费者投诉121起，其中12363投诉66起，12345政府服务热线转办投诉55起，群众满意率100%。（田晓宏）

【金融宣传】　2019年，中国人民银行大同市中心支行组织开展“3·15”消费者权益日、“普及金融知识，守住‘钱袋子’宣传月”及“金融知识普及月、金融知识进万家、争做理性投资者、争做金融好网民”等系列宣传活动，针对六类特殊群体组织全辖金融机构开展金融知识进福利院、进学校、进矿区、进农村、进社区、进工地“六进”及金融知识宣传文艺作品展演等活动，提升社会公众金融法律知识水平、金融风险防范意识和金融消费维权能力。深化“金融与诚信”主题教育活动，实现全市301所学校2.7万名小学五年级学生全覆盖。丰富宣传手段，制作的微信宣传长图被总行成方三十二微信公众号采用。（田晓宏）

【金融执法】　2019年，中国人民银行大同市中心支行以风险防范为导向，通过重规范、抓细节、严监督“三位一体”执法模式全流程管控行政执法行为。出台《中国人民银行大同市中心支行民事合同管理实施细则》，建立合同管理台账，规范合同统一编号，规范合同管理。组织开展行政执法人员培训，增强行政执法人员依法执法、依法办事意识。梳理执法岗位职责，更新执法人员名录库、市场主体名录库，推动“双随机、一公开”工作。推进依法行政，制定法律风险提示函工作机制，提示执法风险，提升执法效能。全年审核执法检查立项12项，执法检查通知书12份，执法检查意见书13份，评查执法检查案卷23套。制作的微视频《特别的爱给特别的你》获全国第三届“我与宪法”微视频征集活动优秀作品三等奖。（田晓宏）

▲2019年10月15日，大同市金融纠纷调解人民委员会揭牌　（田晓宏　摄）

【金融系统第七届业务技能竞赛】　2019年9月7日至8日，由大同市总工会、人行大同市中心支行联合举办的大同市金融系统第七届业务技能竞赛在人民银行大同市中心支行会议厅举行，全市17家银行业金融机构的102名选手参加比赛。该次竞赛内容包括“不忘初心、牢记使命”主题教育、中央和国家机关党建工作会议精神、扫黑除恶、外汇管理、人民币管理及人民币反假、存款保险、金融机构重大事项报告、货币信贷业务、金融统计业务、征信、国库、反洗钱、支付、金融消保等相关知识。竞赛包括笔试和现场竞赛、技能操作竞赛，通过笔试环节，有10家银行业金融机构进入第二天竞赛阶段。经过比赛，有3家银行的参赛队伍获技能操作竞赛团体前三名，12名参赛选手分获党建与金融业务综合知识竞赛个人奖、技能操作竞赛个人奖等奖项。（悠　菊）

【武宏文会见亚洲基础设施投资银行负责人】　2019年12月13日，大同市委副书记、市长武宏文会见亚洲基础设施投资银行副行长兼秘书长艾德明爵士一行，双方就加强合作、共谋发展进行会谈。市委常委、常务副市长薛明耀及市财政局、市商务局、人民银行大同支行相关负责人参加会见。会见中，武宏文简要介绍大同的市情、对外开放和经济社会发展情况，希望亚投行发挥自身优势，利用国际视野和与国际接轨的金融服务理念方式，在转型项目、清洁能源、口岸建设、基础设施建设等方面给予大同更多帮助和支持，给推动大同高质量发展注入动力。艾德明介绍亚投行成立4年以来开展对外投资及内部运作的相关情况，认为大同在转型创新和应对气候变化方面有许多可以复制推广的好经验做法，期待能够了解大同面临的机遇和挑战，加强交流合作，建立工作关系，共谋双赢发展。（悠　菊）

中国银行保险监督管理委员会大同监管分局

【概况】 2019年，大同银行业金融机构有八大类618个机构网点，从业人员11084人。其中，政策性银行网点6个，大型银行网点193个，股份制商业银行网点23个，邮政储蓄银行网点（含代理网点）97个，城市商业银行网点73个，农村合作机构（含农村商业银行）网点209个，新型农村中小机构18个，非银行金融机构1个。全年全市银行业资产总额3557.79亿元，较年初增加321亿元，增长9.92%。其中，贷款余额1573.3亿元，较年初增加187.03亿元，增长13.49%。负债总额3421.76亿元，较年初增加323.04亿元，增长10.43%。其中，各项存款余额3154.22亿元，较年初增加274.91亿元，增长9.55%。余额和增速分别居于全省各地市第五位和第三位。存贷比49.88%，较年初增加1.73个百分点，年内达到过历史最高水平50.22%。其中新增存贷比68.03%，高于平均水平18.15个百分点。

年内，大同辖区有市级财产保险公司22家，所辖网点88个，高管人员108名，从业人员5192人；市级人身险公司19家，所辖网点76个，高管人员85名，从业人员15771人。全市财产险公司保费收入22.15亿元，同比增长12.84%；理赔支出12.00亿元，同比增长11.32%。全市人身险公司原保险保费收入45.95亿元，同比增长1.16%；赔付支出9.14亿元，同比下降19.73%；退保金4.93亿元，同比下降69.34%。（柴元杰）

【银行业市场乱象治理】 2019年，中国银行保险监督管理委员会大同监管分局（简称“大同银保监分局”）辖内银行保险机构自查发现问题269个，涉及金额44.09亿元；监管检查发现问题32个，涉及金额2115.93万元。针对机构自查及监管检查发现的问题，加大处罚问责力度。针对2家机构重复抵质押、虚假抵质押违规问题，分别给予其罚款20万元的行政处罚。责令银行保险机构加大内部问责力度，全辖机构开展内部问责323人次，其中经济处理114人次，处理金额13.39万元；纪律处分16人次，党纪处分1人次，通报批评等其他问责方式192人次。加强合规建设，辖区各银行保险机构以“乱象”整治为契机，加强源头治理，修订完善内控制度48个，升级完善信息系统3个，追回资金损失40.18万元。（柴元杰）

【信用风险防控化解】 2019年，大同银保监分局全辖不良贷款率2.99%，5年内首次降至3%以下，低于全省平均水平。督促机构做实资产质量，监测辖区城商行和农合机构逾贷比，督促推进逾期90天以上贷款入账。辖区逾贷比92.63%，控制在监管标准以内。发挥债委会作用，推动联合授信机制运行和市场化债转股，促成辖区某民企获委托贷款6000万元，推动工行与同煤集团债转股项目完成20亿元的尽调报告，建行给同煤集团发放债转股资金10亿元。（柴元杰）

【重点机构风险处置化解】 2019年，大同银保监分局加强法人机构声誉风险和流动性风险防控，指导村镇银行修订完善流动性应急预案，与主发起行建立健全流动性支持制度。推动高风险农信社风险处置。印发《大同银保监分局关于高风险农村信用社进一步落实风险处置责任的意见》，督促落实三年处置规划，指导制定完善年度风险处置规划，要求辖内高风险社履行风险处置化解主体责任。全年全辖农合机构不良贷款余额下降12.32%；不良率较年初下降4.1个百分点。在推进改制化险方面，推动灵丘农商行挂牌成立；浑源联社和云州区联社召开创立大会；改善阳高县、天镇县、广灵县3家联社监管指标，提前一年完成三年风险处置规划任务。（柴元杰）

【车险代理机构业务规范】 2019年，大同银保监分局组织自查，把辖区17家4S店保险兼业代理机构全部纳入自查范围。其中，14家报送收文回执，13家报送自查报告，1家4S店暂停营业。13家4S店保险兼业代理机构1月至6月销售车辆4551辆，交强险保单2425件，商业险2245件，代理保费1431万元。13家机构自查均未发现问题。开展督导抽查，结合该分局消保部门和大同保险行业协会受理4S店捆绑销售保险业务投诉，及4S店保险兼业代理机构许可证有效期延续机构等情况，确定抽查督导对象。开展督导抽查4S店保险兼业代理机构7家，发现问题4大类，涉及未在主营业场所代理保险业务、未把“保险兼业代理许可证”放置于营业场所的明显位置、未按规定建立业务台账、未按规定交回“保险兼业代理许可证”等。跟进整改，印发监管意见5条，对标限期跟进问题整改落实。（柴元杰）

【P2P网贷专项整治】 2019年，大同银保监分局按照山西省互联网金融风险专项整治领导小组工作安排，与市金融办共同开展辖区P2P（peer to peer的缩写）网络贷款机构风险专项整治工作，梳理辖内P2P网贷存量机构，摸清风险底数，确定两家法人机构为重点对象强化监管。关注两家重点机构，及外地分支机构输入性风险，防止风险蔓延扩散。组织两家机构自查，开展现场核查，督促其整改自查和核查发现的问题。（柴元杰）

【支持地方经济转型】 2019年，大同银保监分局助力转型综改项目和重点工程建设。大同辖区转型综改项目贷款余额301.42亿元，较年初增加15.37亿元；对接重点工程项目46个，信贷投放余额90.6亿元，较年初增加4.67亿元，增长5.47%。深化支持供给侧结构性改革，推动同煤集团联合授信委员会出台《大同煤矿集团有限责任公司联合授信委员会工作规程》，签署《银行业联合授信成员银行与同

金融

煤集团框架协议》。推动工行大同分行向省分行申请授信项下审批权限，实现部分客户授信业务本地审批，提高融资效率。（柴元杰）

【民营及小微金融服务】 2019年，大同银保监分局助力大同获批财政支持民营小微金融服务试点城市。全年全辖小微企业贷款余额349.29亿元，较年初增加32.83亿元，增长10.37%；普惠小微贷款余额95.48亿元，较年初增加14.57亿元，增长18.02%，高于各项贷款6.14个百分点。普惠利率6.61%，较年初下降1.31个百分点，山西省最低。（柴元杰）

【绿色金融试验区落地】 2019年，大同银保监分局组织召开推进会，引导机构完善绿色信贷机制，加大绿色保险承保力度。全年大同银行业给43户企业发放绿色信贷141.66亿元；保险业给26家企业及235名自然人承保新能源险及环责险，保额2.05亿元；农业险保费收入1.19亿元，同比增长54.35%；赔付4800万元，同比增长83.64%。（柴元杰）

【消费者权益保护】 2019年，大同银保监分局通过会议通报、现场调研、实地督导等形式，推动银行保险机构补齐制度短板，改进工作流程，强化问责监督，加强消费者权益保护工作。指导推动行业协会发挥自律引导作用，开展金融知识宣传和消保专业培训，提高消费者的风险防范意识和消保人员的工作水平。监管部门加强协作，通过开展约谈、现场核查及印发监管意见等措施，推动银行保险机构提高投诉处办效率。督促银行保险机构建立消费者权益保护工作专职部门，专司组织、协调、督促、指导消费者权益保护工作，提升专业化水平，推动银行保险机构建立完善消费者权益保护工作考核机制。建立联动机制，加强与上级部门、县域机构的协调互动，确保群众诉求事事有答复、件件有回音；加强与机构、行业协会的协调沟通，解决投诉渠道重合、行业调解失措、消费者多头投诉、进度缓慢等问题；加强与司法部门联动，遏制恶意投诉和闹访事件。督促地方法人机构把消费者权益保护工作融入公司治理各个环节，建立常态化督导机制，定期开展问题通报，关注消保工作履职不力的人和事，依法依规开展问责，推动各项制度落地执行。全年化解银行业保险业负面网络舆情4次，处置消费者投诉677起，办理信访事项16件。（柴元杰）

【金融知识宣教普及】 2019年，大同银保监分局召开辖区银行业保险业金融知识集中教育宣传普及活动动员大会，印发活动方案，确定组织领导、活动步骤和任务分工等。采取条线和条块相结合方式，要求机构加强内部条线传导、层层压实责任，按照“属地监管、对口监管”原则，抓管理部署环节的督导，强化基层网点贯彻执行环节，实现多维度同安排同部署同落实。丰富宣教形式，开展全面宣传。以营业场所为阵地，悬挂活动口号、宣传用语、宣传海报；通过LED电子屏、多媒体显示器、电子广告机等滚动播放宣传视频；开辟宣教专区，摆放宣传资料，安排专人答疑解难。以“进村入社”为延伸，开展进学校、进社区、进商圈、进农村、进工厂、进部队、进机场、进医院等活动。以节目编演为特色，编演情景剧《拒绝套路 拥抱幸福》《骗无可骗》等及歌曲“一场游戏一场梦”等节目，并在大同大学集中展演。以新闻媒体为平台，通过电视、报纸、广播、网站、短信、微信、微博等进行宣传，提升活动的互动性、受众面和影响力。全年大同辖区银行保险机构开展集中宣教活动620次，参与网点690个，参与宣传人员1500人次，发放宣传资料4.2万份，发送公益宣传短信、微信7600余条。（柴元杰）

大同市政府金融办公室

【融资担保运行】 2019年8月23日，山西省政府第44次常务会议把《山西省人民政府关于推进政府性融资担保机构进一步发挥作用的意见》纳入“13710”系统督办，并列出需要落实的事项清单。大同市政府金融办公室明确任务，多次召开推进会、协调会推动，并结合全市“财政支持深化民营和小微企业金融服务综合改革试点城市”绩效考核工作要求，制定出台《落实〈山西省人民政府关于推进政府性融资担保机构进一步发挥作用的意见〉和“13710”督办清单实施方案》，采取日监测、周通报、月调度办法，列出需要落实的事项清单，开展督导，推动工作落实。截至2019年底，市平城区等6家财政性担保公司退出融资担保市场，并入股市财信融资担保公司，该公司在相应县（区）设立分支机构，盘活县（区）担保资金，支持县域经济发展。

（市金融办）

【非法集资防范风险化解】 2019年，大同市政府金融办公室出台8个制度性文件，形成全市防范和处置非法集资工作的制度体系。打击非法金融活动，开展非法集资、互联网金融、交易场所专项整治。对全市46家小额贷款公司、20家融资担保公司、33家典当行、2家P2P机构开展风险排查。清查果壳嗨钱网等机构，并会同市公安局、平城区、云冈区等单位处置北京“e租宝”、唐山合进商贸有限公司等跨区域非法集资案件。推动各类非法集资陈案积案化解，全年完成判决案件8起，破案积案6起，确认清退案件8起。开展打击非法集资宣传月活动，活动范围涉及全市11个县（区）、30个社区、100个小区，覆盖人群100万人次以上。加大金融领域扫黑除恶工作力度，向省金融局报送涉黑涉恶涉乱线索5条。推动农信社系统6户企业约8亿元贷款的重组工作。排查全市交易场所11家，其中5家机构未开展经营，经督促办理注销或变更名称手续，完成整改。加大P2P网贷机构风险处置力度，取缔大同市南郊区中银投资担保有限公司P2P网贷业务资质，完成工商登记注销或变更、网站和移动互联网应用程序关闭等退出工作。（市金融办）

【企业债务链条延伸】 2019年，大同市为发挥周转保障资金的短期融资能力，市财政注资1亿元，配套续贷应急周转资金规模3.1亿元，主要用于即将到期、足额还款出现暂时困难的企业搭桥过渡贷款。全年办理134笔17.4亿元周转保障资金。在市场经济环境下周转保障资金，规避企业资金链断裂和银行信用度降低双重风险，缓解大同企业融资难融资贵难题，降低企业融资成本，帮助企业获得金融机构转贷支持。应急周转保障资金补位，缓解企业经营压力，降低企业融资成本，规避企业资金链断裂和银行信用度降低双重风险，支持农林牧渔、制造、建筑、教育等行业平稳发展。（市金融办）

【基金设立】 2019年，大同市政府引导基金参与发起设立4支基金，规模6.76亿元，其中政府引导基金出资1.975亿元，直接撬动其他资本4.785亿元，发挥财政资金引导放大作用。其中，大同市远航产业投资管理中心（有限合伙）（大同通航产业发展基金首期），政府引导基金出资1亿元，联合市经建投、大同盘古资本管理公司发起设立规模2.01亿元的通航产业基金首期，基金主要围绕市委、市政府确定的通用航空领域上下游产业化项目、相关服务类项目及通航基础设施建设进行投资。首期完成投资2亿元，以股权形式投资于大同航空产业集团有限公司，支持其发挥全市通航产业主力军、排头兵作用。大同创汇股权投资中心（有限合伙）（大同市民营企业扶持转型基金），政府引导基金认缴出资1250万元，联合市转型项目投资公司、财汇基金管理公司发起设立规模5000万元的民营扶持基金，投向符合经济结构优化升级方向、有前景的区域内产业龙头、就业大户、战略新兴行业等及关键重点民营企业，或处于全市经济转型重要产业链上下游，通过基金投资可引入大同市的项目或企业。投资1个项目，投资额1000万元。大同贫困地区产业能源发展基金合伙企业（有限合伙），政府引导基金认缴出资6000万元，联合央企贫困地区产业投资基金、国投创益产业基金管理公司、太行产业基金及大同市6个贫困县（区）、左云县等12家机构，发起设金规模3.2亿元的大同贫困地区产业基金。基金聚焦于大同市贫困地区的新能源、新材料、矿产资源、加工制造、农业、旅游、医药等行业，优先支持吸纳就业人数多、带动力强、脱贫效果好的项目，支持贫困地区产业发展，带动贫困人口精准脱贫。首期资金募集到位，并开展产品备案和项目投资前期工作，意向签约2个拟投项目，意向投资额1.25亿元。大同文汇股权投资合伙企业（有限合伙），政府引导基金认缴出资2500万元，联合市产业转型项目投资公司、财汇基金管理公司发起设立规模1.05亿元的基金，主要投资于大同市拟上市或高成长性企业。首期资金募集到位，完成项目尽调工作并开展投资运作。（市金融办）

【防范打击非法集资宣传月活动】 2019年5月24日，大同市处置非法集资部际联席会议办公室联合市金融办、银行、保险、银监、公安等部门，在东城墙和阳门广场集中启动防范打击非法集资主题宣传月活动，针对网络借贷、电子商务、民间投融资中介等行业，社区、拆迁区、农村等区域和在校学生、退休人员、老年人等人群，开展宣传教育，提升广大群众对非法集资的防范意识。

活动现场，工作人员通过悬挂横幅、设置展板和咨询台、发放宣传资料等方式向广大群众讲解防范非法集资相关知识，并以案说法，揭示犯罪分子的惯用伎俩和非法集资的危害性，帮助群众识别违规金融活动。宣传扫黑除恶专项斗争政策知识，公布地方金融领域涉黑涉恶线索举报方式，鼓励引导群众提供相关线索，检举揭发黑恶势力违法犯罪行为。活动当日摆放展板110块、宣传横幅180条，发放扫黑除恶、防范非法集资等各类资料6.5万份。（市金融办）

【全市财政支持深化民营和小微企业金融服务推进会】 2019年6月21日，大同市财政支持深化民营和小微企业金融服务推进会召开，市委常委、副市长薛明耀主持，市财政、金融、人行、银保监分局等单位负责人参加会议。会上，财政部门负责人安排全市财政支持深化民营和小微企业金融服务的相关工作，并对不同部门的具体工作职责明确分工及要求；人行大同中支、大同银保监分局、市金融办相关负责人分别围绕深化民营和小微企业金融服务作发言，并向各个金融机构加强支持民营和小微企业提出要求；农行、民生银行、大同银行负责人就如何提升民营和小微企业金融服务、加强支持力度进行发言。会议要求各相关部门、各银行业金融机构要正确认识当前民营和小微企业金融服务工作的重要性和紧迫性，改善全市民营和小微企业融资难状况；要采取措施，提升民营和小微企业金融服务水平，加强民营和小微企业信贷支持力度；要在推进信用体系建设、降低收费减免税收、降低企业融资成本等方面下功夫，共同给民营和小微企业金融服务营造良好生态环境，为促进全市经济高质量发展作出应有贡献。（市金融办）

【大同贫困地区产业（能源）发展基金成立大会】 2019年7月1日，大同贫困地区产业（能源）发展基金成立大会暨首批合作项目签约仪式在大同市举行。大同市委副书记、市长武宏文，山西省金控集团党委书记、董事长张炯玮，市委常委、常务副市长薛明耀，市委常委、副市长冯苏京，国投创益产业基金管理有限公司副总经理罗震世，及市财政局、市政府产业投资引导基金有限公司、山西太行产业投资基金管理有限公司等相关领导负责人、新闻媒体200余人参加活动。

大同贫困地区产业（能源）发展基金是由中央企业贫困地区产业投资基金（简称“央企扶贫基金”）、太行产业投资基金、大同市引导基金及大同市所辖7县的国有企业等共同出资发起设立。央企扶贫基金与山西省、大同市、有关县合作设立产业扶贫基金，各方共同携手探索市场化产业化扶贫新路径，给大同市脱贫攻坚工作注入动力。会议要求有关部门支持基金发展，发挥基金示范引导作用，把基金投资、产业发展和助力脱贫攻坚结合，共同给大同市打赢脱贫攻坚战、实现全面建成小康社会做出贡献。

（市金融办）

【大同市与中国光大银行太原分行签订战略合作协议】 2019年9月11日，大同市委副书记、市长武宏文与中国光大银行副行长孙强一行座谈，就金融支持实体经济特别是中小

金融

微企业发展等达成共识，并见证市政府与中国光大银行太原分行签订战略合作协议。市委常委、常务副市长薛明耀，大同经济技术开发区党工委书记、管委会主任任希杰，光大银行太原分行行长王萍等参加座谈会。按照签订的战略协议，中国光大银行太原分行发挥其综合业务优势，支持大同市重点领域和重大工程项目建设，支持中小微企业发展，通过创新金融产品、降低融资成本等方式支持全市境内生态保护、清洁能源、节能减排、资源综合利用等绿色领域项目，实现合作共赢，标志着双方在共同推进能源革命、工业大振兴方面有更深合作基础，助推大同高质量发展。

（市金融办）

【全市助力大同民营经济发展银企对接会】 2019年11月30日，由大同市工商联、工信局、金融办、农信社联合主办的全市助力大同民营经济发展银企对接会召开，全市各银行业金融机构、数10家来自全市各行各业的民营企业参会。会上，市农信社、建行相关负责人分别介绍支持民营企业发展金融产品，市工信局、金融办、农信社负责人分别就如何支持民营企业发展作发言。市农信社与山西北宇专用车有限公司等8家民营企业进行贷款项目意向签约。会后，与会企业家与各金融机构负责人进行洽谈交流。

（悠　菊）

银　行

中国银行大同市分行

【概况】 2019年，中国银行大同市分行各项存款时点余额311.12亿元，较年初增加22.14亿元；日均存款余额304.14亿元，较年初增加19.09亿元。其中，公司存款日均较年初增加0.62亿元；个人存款日均较年初增加18.47亿元。各项贷款余额突破90亿元，较年初增加25.6亿元，全省占比14.4%。其中，公司贷款较年初增加8.44亿元，拓展一批企业和项目，给两位重点客户增加授信5.3亿元；办理首笔单位存单质押贷款2.04亿元；办理贴现业务14.31亿元。个人贷款余额8.87亿元，较年初增加3.12亿元，完成率列地市行第一；银行卡应收账款较年初增加1.02亿元，增长49.925%，卡户分期完成率全省第一。营业收入、拨备前利润、净利润较上年分别增长3.07%、3.57%和6.43%。EVA2.01亿元，同比增加900万元，增长4.65%。

（侯艳茹）

【中行中间业务】 2019年，中国银行大同市分行依托创新业务突破，拓宽收入来源。给同煤集团发行债券4支，金额60亿元，全省排名第一，并实现该客户在中行超短融的首发，债券托管同时实现破冰；办理国内信用证一级市场福费廷27.39亿元、福费廷二级市场买入9.1亿元、融资性风险参与5.9亿元；签发敞口银承194笔、1.76亿元；办理全省首笔区块链及中行首笔汇利宝、优利存。交易银行业务非息收入在上年创历史新高情况下再次实现突破，同比增长率29.16%；贵金属销售实现中收250余万元，全省排名第一；财富私行及保险业务实现中收2300万元，同比增长率38.44%。全行全年中间业务净收入首次破亿，收入1.04亿元，增长21.07%。

（侯艳茹）

【中行战略业务拓展】 2019年，中国银行大同市分行通过资源倾斜、全员参与、专项竞赛及产品创新，民营企业贷款较年初增加2.25亿元，以超越底线任务目标17.67个百分点完成逆袭；普惠金融定向降准口径贷款增加1.11亿元，联动绿色、涉农和扶贫项目同步落地，个人经营类贷款、小额精准扶贫贷款协调推进，实现多项指标的一贷多得。手机银行客户每月活跃的客户数量全年加权平均数8.22万户，增长率60.5%，实现交易量675.37亿元；ETC记账卡增加2.87万张，市场份额9.46%，高于全省平均水平。

（侯艳茹）

【中行资产管理】 2019年，中国银行大同市分行主动优化资产质量，落实“一行一策”“效期管理”等工作要求，以不良化解和控制潜在不良为重点，推进银行卡不良资产核呆及核销后的收回工作，全年核销83户、金额829万元，核销后收回80余万元；并通过“以物抵债”方式处置壶泉酒厂不良资产，提升核销呆账对全行利润的贡献度。全年不良余额较年初减少217.41万元，不良率降低0.12%，连续四个季度实现“双降”，在四大行中持续保持领先水平。引导全行转变思维模式、经营模式、营销模式和管理模式，通过向客户提供理财、保险、基金、信用等一系列金融服务，稳存与拓新相结合，抓存款与其他金融资产的双向流动和均衡转化，突出全量金融资产增加，扩大全量金融资产规模。全年考核口径全量客户金融资产日均余额364.01亿元，较年初增加22.84亿元，增长6.7%，较年初上升8位；全辖贡献度由10.44%提升至10.55%，排名第一。

（侯艳茹）

【中行提升客户量】 2019年，中国银行大同市分行通过开展“客户提升”竞赛活动，分层管理、批量营销、差异服务，获客活客能力持续提升，推动客户规模增长，夯实客户基础。以“双户双基”建设为抓手，新开结算账户2320户，账户有效率80.65%，新开及有效结算账户总量均位列全省第三；个人加权客户、理财及财私客户、私行客户分别较年初增加5.07万人、2700人、24人，全部位列全省第一；实现民营企业有效客户扭负为正，较年初增加123户；信用卡有效客户突破7万户，其中年内增加有效客户1.2万户，新发客户激活率全省排名第二。

（侯艳茹）

【中行风险防范】 2019年，中国银行大同市分行主动排查风险隐患。落实监管要求和总分行风险管控50条规定，巩固治乱象成果、促进合规建设，接受总行对山西行的审计及省分行2019年内控案防季深化整治活动现场检查，开展不合理抽贷、断贷及房地产开发贷款专项检查，落实问题整改，发现问题绝不姑息；在做实内控检查计划、G-MAP系统日常核查等规定动作基础上，通过不定期“飞行”检查加强监督检查力度，强化全员合规意识，杜绝操作风险隐患，提升风险防控能力；设计制作《网点常用业务操作手册百事通》及《个人金融业务制度汇编》，作为员工随时可翻阅的合规操作手边书，确保各项业务有序、高效、合规开展。强化内控案防管理。开展“3·31”警示教育周活动，抓负责人讲案例、“合规在我心中”“晨会案防一分钟”、反洗钱、《案情通报》等学习宣讲，组织“我为内控出实招”活动，实施员工异常行为排查，建立重点关注人员月报告制度等，引导全员健康良好行为习惯，提升全员案防意识，全年未发生重大责任事故；全年处理违规违纪人员61人次，涉及扣罚绩效近7万元，通过问责管理，促使全行员工遵章守纪、依法合规，把规章制度根植于心，自觉遵守，主动不越红线、不跨雷区。

（侯艳茹）

【中行转型变革】 2019年，中国银行大同市分行通过分析ATM效能数据、调研兄弟行及同业运营模式，实现依附式ATM机清机加钞集中运营，充实网点厅堂力量，改善客户服务体验，给提升网点综合效能打下基础。加大智能柜台投产配置力度，提升智能柜台迁移率水平，全年投产智能柜台115台，分别给19家网点和21家网点配置增强型和现金版智能柜台；压降33个柜台，释放柜台人员160人，全年业务迁移率95.08%，打通柜台业务向智能柜台迁移的“最后一公里”。要求网点负责人履行“一岗双责”，管人、管事、管内控，加强日常管理、主动管理、统筹管理，激发网点活力，助力网点转型。优化网点布局，和四路支行完成迁址开业，上悦支行完成新址装修、进入开业准备阶段，南郊支行装修进入尾声。开展“万马奔腾”网点效能竞赛活动，在全辖营造争先进位氛围。（侯艳茹）

【中行社保业务】 2019年，中国银行大同市分行给大同市居民提供医保缴交、养老金代发等社保服务同时，加强与市财政局的服务往来，保持16个社保专户的存款稳定性，依托社保卡发放养老金客户6万余人，代发量4.6亿元。加强与市医保、人社部门的沟通，配合其扩展社保卡应用场景，并抓电子社保卡签发契机，确保在新一轮社保业务“蛋糕”切分中份额不减，提质升级。（侯艳茹）

中国工商银行大同分行

【概况】 2019年，中国工商银行大同分行实现拨备前利润74645万元，同比增加3743万元，增长5.28%。实现净利润49378万元，同比减少10886万元，下降18.06%。全行实现中间业务收入（含银行卡还原）20165万元，同比增收1639万元。截至2019年底，全部存款时点余额500.44亿元，较年初增加27.36亿元，同比增加12.34亿元，增长82.13%。其中，储蓄存款（含保证金）时点余额389.89亿元，较年初增加21.33亿元，同比增加3.04亿元，增长16.65%；公司存款（含保证金）时点余额35.22亿元，较年初减少2.04亿元，同比减少4815万元，下降30.74%。机构及同业存款时点余额75.33亿元，较年初增加8.08亿元，同比增加9.77亿元，增长576.44%。全行各项贷款（含贴现）余额229.51亿元，较年初减少1.13亿元，下降0.49%。不良贷款余额10212万元，较年初减少17007万元。全部不良贷款率0.45%，较年初下降0.74个百分点。（杨志晖 何天钦）

【工行支持大中型企业】 2019年，中国工商银行大同分行把服务实体经济服务作为出发点和落脚点，支持地方经济转型发展，给同煤集团、大同市第三人民医院、华润新能源（大同）风能有限公司、山西交控集团、大同市云冈宾馆等大中型企业投放贷款60.28亿元。加强全市重点项目梳理储备及转化落地，借助大同市供给侧结构性改革和转型综改试验区建设这一发展契机，对省市2019年度重点工程名单及工业转型重点项目名单进行项目梳理，梳理25个行业411客户，抓信贷市场梳理储备工作。

（杨志晖 何天钦）

【工行推动普惠金融发展】 2019年，中国工商银行大同分行把发展普惠金融事业提高到战略地位，注重普惠资源储备，推进各项普惠业务发展。围绕省、市分行开展的“工银普惠行”宣传活动，挖掘存量客户资源，上门服务营销，以经营快贷各种场景作为拳头产品，逐户走访、对接，逐户摸查，确认、跟踪，全年小微客户拓户114户，是上年拓户数28.5倍。以“纯信用”线上经营快贷为主打产品，以线上供应链、线上金融资产质押、网贷通等金融产品作为辅助产品，配套线下传统业务的营销策略，开展信贷产品宣传活动，对接潜在融资客户，全年小微企业贷款投放14726.17万元。为支持实体经济发展，加强产业链上下游企业合作，依托信贷资源优势，凭借电子供应链模式，拓宽中小企业融资渠道。年内，搭建大同市第三人民医院电子供应链，核定供应链非专项授信额度3000万元；筹建大同煤矿集团有限责任公司供应链，工总行给同煤集团核增供应链非专项授信5亿元。（杨志晖 何天钦）

【工行票据专业化经营】 2019年，中国工商银行大同分行构建以票据业务中心为指挥运作管理平台的“集中办理”模式，加强市场调研，挖掘市场潜力，给辖内支行票据业务办理开辟柔性服务绿色通道，运用契合需求新产品，渗透关联对公业务，与省内异地客户合作开通“协议付息”贴现业务；通过审协议、定规模和议价格，给中外合资企业开通“部分放弃追索权”业务，实现贴现业务突破；针对全市某大型企业资金暂时紧张局面，为帮助企业提早回笼资金、解决用款需求，在常规贴现业务营销的同时向其财务公司提出“转贴现”思路，合作办理转贴现业务；针对贴现存量客户，梳理其经营和贴现资金使用情况，有针对性的签约工银e贴。全年全行办理票据直贴业务36.7亿元。

（杨志晖 何天钦）

【工行住房贷款业务】 2019年，中国工商银行大同分行坚持发展个人住房贷款业务，完善个贷中心职能，打造支行专业团队与个贷中心专营团队的双线营销格局，由市分行个贷中心协同辖内支行分片划分责任区进行网格化扫街摸底，摸清辖内楼盘现状，针对可投放和可准入的楼盘明确营销责任人，加大对开发商、中介的沟通，做营销预案，落实专人跟踪。对营销报批的按揭贷款项目，组织完善资料报送流程，个贷中心统筹协调实现尽快投放。在二手房市场领域，加强与市场影响力较大、客户资源丰富、市场口碑好、资信状况良、业务发展规范的连锁房屋中介机构合作，定时召开二手房按揭贷款中介培训会和座谈会，向各中介解读最新二手房按揭贷款的政策要点及具体操作办理流程和需要的资料，介绍家家乐分期付款等房贷相关配套产品，增强二手房贷款同业竞争力。全年全行个人住房按揭贷款投放16.2亿元，位居同业第一。

（杨志晖　何天钦）

【工行创新网络金融】　2019年，中国工商银行大同分行运用新媒体、新渠道、新技术重新布局网络金融产品广告投放，在大同电视台《财富大同》栏目宣传和介绍“三融”产品（融e行、融e联、融e购）、扫码取现和e缴费；针对新开立银行卡及领用信用卡客户，推荐多平台“一键绑卡”，结合客户具体需求，推荐客户绑定微信、支付宝，联合全市华林超市、美特好、沃尔玛、永辉等连锁超市开展微信绑卡消费立减、满减营销活动；在营业网点厅堂以大堂经理为主导抓到店客户营销，通过叫号机、授权ipad等手段识别并引导客户注册、下载、登陆、使用“三融”产品；全年中国工商银行大同分行快捷支付绑卡数净增29.11万张，融e行净增客户12.18万户，融e联月均动户完成11.2万户，融e购金融交易额5.29亿元。（杨志晖　何天钦）

【工行ETC应用推广】　2019年，中国工商银行大同分行响应交通运输部推广高速公路ETC发展应用工作的相关政策，普及和支持大同市广大市民ETC车载装置（OBU）的免费安装工作，并把辖内所有网点均设置为安装服务网点，给通行全市高速公路的车辆提供免费ETC安装服务。辖内各营业网点用好各类政策资源、保障资源，抓网点阵地、外拓团队和线上、线下协同，挖掘客群资源，提升推广成效。加强员工对ETC业务操作流程的学习，加强场景体验，针对营销途径、营销技巧、营销话术等关键营销内容抓全员ETC营销培训工作，确保全行ETC营销规范进行。截至2019年底，工商银行大同分行给全市通行高速公路的车辆安装OBU标识143450个。（杨志晖　何天钦）

【工行普及金融知识】　2019年，中国工商银行大同分行推动金融消费者教育工作，提高金融消费者特别是农民、务工人员、青少年、老年人和残疾人等群体的金融知识和技能，提升该类群体自我保护意识，开展“普及金融知识，守住‘钱袋子’”“反假币知识宣传”“2019年版第五套人民币知识宣传”“金融知识普及月金融知识进万家”“3·15”金融消费者权益日等金融知识普及和宣传活动。辖内各支行在通过营业网点LED显示屏、液晶电视、宣传专栏、展板、海报等自有媒介资源宣传基础上，以学校、社区、商圈、农村和工厂为主要宣传场所，特别是走进零售商圈、老年活动中心、中小学校、农民工居住地，面向金融消费者普及不同类型金融消费者日常生产生活中所需要的金融知识，提高各类金融消费者的金融素养和金融技能。全年辖内49个营业网点均组织并参与教育宣传，全行组织宣教活动110余次，参与员工600余人次。（杨志晖　何天钦）

【省工行信用卡调查中心成立】　2019年1月22日，中国工商银行山西省分行信用卡调查中心在大同揭牌成立。该信用卡调查中心办公地点在工行大同分行银行卡中心所在办公楼，位于古城东城墙对面，有在职员工21名。山西分行信用卡调查中心成立，是工商银行主动适应新型互联网金融下信用卡发卡市场需要，是拓展金融服务领域，提升金融服务效率的重要战略举措，给工商银行山西省分行信用卡调查管理集约化、标准化提供保证。（杨志晖　何天钦）

中国农业银行大同市分行

【概况】　2019年，中国农业银行大同市分行辖设15个一级支行，56个营业网点（市区行38个、县域行16个），51个离行自助网点（市区行36个、县域行15个）。全年全市农行各项存款余额415.63亿元，较年初净增27.80亿元，时点增量位居四大行第一。各项贷款余额133.41亿元，较年初增加19.05亿元，增量市场份额排名同业第三。不良率0.05%，法人贷款保持零逾期、零欠息，资产质量保持系统和同业最优水平。业务综合绩效考核位居山西省第三，全年安全经营无事故、无案件。（高晓东）

【农行服务“三农”】　2019年，中国农业银行大同市分行推进“惠农e贷”发展，以黄花贷、黄芪贷为主抓手，推进农户网络直接融资、特色产业带动融资、电商供应链网络融资等模式，实现“惠农e贷”广覆盖、上规模、稳质量，全年全行惠农e贷余额5929万元，较年初增加4826万元。推进涉农政务场景建设，加强与农业农村、林业、畜牧、农机4类涉农主管机构的对接与合作，账户开立、县域覆盖率均实现增长；营销农村集体经济组织8户；林业系统代理业务机构账户县域覆盖率100%；阳高县支行通过与当地政府、农经部门对接营销，12月26日实现全省首家农村集体“三资”监管平台上线，开立三资监管账户3个。提升贫困地区基础金融服务覆盖度，6个国定贫困县行政村电子机具覆盖率81.58%，比总行年初分配任务（不低于75%）高出6.58个百分点，贫困地区基础金融服务水平提高。全年大同农行小额扶贫贷款余额16840万元，发放5805万元，完成任务5600万元的103.66%。

（高晓东）

【农行综合经营】　2019年，中国农业银行大同市分行巩固个人存款传统优势，补强对公存款营销短板，推动负债业务增长，全行各项存款日均余额404.48亿元，较年初净增16.71亿元，日均增量位居四大行第二。抓贷款项目营销，参与乡村振兴，推进普惠金融，拓展民生领域，保持信贷平稳增长，提升服务实体经济工作质效，全行各项贷款余额133.41亿元，较年初增加19.05亿元，同比增长13.12%，增量市场份额全省排名第三，同业第三，县域支行的贷存比均在20%以上。通过巩固传统业务增收，提升新兴业务增收，实现中间业务提质增效、份额上升，实现中间业务收入11449万元，占计划任务103.24%。扩张掌银客户规模，推进掌银业务发展，全年掌银客户总量65.55万户，增加23.55万户，掌银活跃客户38.33万户，较年初增加13.34万户，增长34.8%，6个支行超额完成全年掌银活跃客户净增计划。完成经营效益计划指标，实现营业收入87915万元，占计划任务100.12%，实现净利润37154万元，占计划任务115.43%。（高晓东）

【农行案件防控】 2019年，中国农业银行大同市分行制定案防工作计划，明确案防工作重点，落实监管工作要求，完善案件防控机制；开展市场乱象整治工作，加强排查重点业务、重点环节和重点人员，抓重点领域治理，治理乱象工作在银行业协会工作会议上作先进典型交流发言；采取措施抓问题整改，杜绝屡查屡犯，提高案防工作水平。加强运营风险防控，围绕运营“红线”、重点环节管理、设备管理、问题整改、案防重点，提升运营管控水平；加强抵质押物管理，提前完成抵质押系统上线；提高金库业务管理力度，取消6个县支行外寄库；夯实预留印鉴卡管理，在全省率先完成市分行预留印鉴卡上收工作；强化印章管理，完成全市回单柜改造任务。全年未发生运营重大操作风险事件和案件。抓安全生产管理，压实安全生产责任，抓住守库、运钞、营业、规章制度执行4个环节，推进“一季一主题”和“一季一重点”活动，开展安全生产大排查，配合公安部门搞安全评估工作，加快科技安防建设，强化物防、技防、人防、消防管理，实现连续24年无案件，在第四、五、六轮安全评估中连续三次位列银行业第一。优化科技基础架构，强化信息技术防护能力，完善信息科技统筹管理，控制信息科技风险，保持IT系统安全运行。（高晓东）

【农行发放首笔车易贷】 2019年4月9日，中国农业银行大同市分行新世纪支行给中车大同电力机车有限责任公司2户上游供应商通过线上发放全国首批数据网贷（车易贷），发放2笔、金额340万元。“数据网贷”业务是农行通过与核心企业信息系统对接，获取核心企业产业链的真实交易数据，辅助外部征信等数据信息，借助大数据分析技术，向上下游客户提供的在线供应链融资业务。该“数据网贷”的投放，实现全国农行数据网贷（车易贷）业务零的突破，填补全国农行在该产品上空白，深化营销核心企业上下游客户群，开拓小微企业融资渠道，给普惠金融领域小微企业打通融资道路“最后一公里”迈出一步。农行大同市分行是全国首批5家一级分行、山西省分行指定的数据网贷唯一试点行。该分行公司业务部依据实施方案和客户名单，用1个小时，一次性把2户同车公司上游供应商客户准入审批完毕。该行相关负责人联合作业上门拜访客户，第一时间集中收集线下需要的客户基础资料、在线操作需要的U盾、邮箱、手机验证等资料信息，确保贷款及时落地。（悠菊）

中国建设银行大同分行

【概况】 2019年，中国建设银行大同市分行核心存款日均余额294亿元，较上年增加21.7亿元。各项贷款余额141.85亿元，较上年增加20.8亿元。实现中间业务毛收入1.63亿元，四行占比28.3%，比上年同期下降1.43个百分点，同比增加1503万元，增长4.32%。不良贷款余额3064万元，较年初减少2951万元，不良贷款率0.21%，较年初下降0.29个百分点，不良额和不良率实现“双降”。全行对公有效客户总量3731户，较年初增加879户，对公加权有效客户较年初增加1594户，个人有效客户总量28.22万户，较年初增加2.16万户，个人加权有效客户增加16.5万户。

存在问题。客户基础不牢，客户综合化经营、深度化经营水平偏低。以个人客户综合化经营指标为例，AUM0.2万元以上客户产品覆盖度系统排名靠后；全量个人客户数量同业第四，客户基础薄弱，影响业务发展的持续性和稳定性；从2019年底全量资金、贷款、中收、对公加权有效客户、个人加权有效客户、拨备前利润等主要业务指标总量来看，处于系统中上游，从网均来看，排名偏低。场景渗透不够，对公共交通、政府民生、日常高频、文化教育等民生消费领域渗透不够，重点商圈营销合作不够全面和深入，商户营销缺乏行业整合，金融产品与非金融服务线上线下嵌套融合能力欠缺，交易场景的匮乏导致客户体验一般，无法真正以场景化、客群化的生态圈经营模式低成本获取客户流量、承接客户交易资金流和数据信息流，难以实现批量获客活客。（靳晨霞）

【建行经营管理】 2019年，中国建设银行大同市分行按照省分行“3+2”攻坚战整体部署，印发《“商户拓展、代工拓面、客户提质”三大攻坚战活动方案》《大同分行“3+2”攻坚战主要负责人激励约束办法》等，配置专项财务资源，让激励约束发挥能效。纳入基层行及部门KPI考核，通过强激励、硬约束压实工作责任，落实任务目标。全年全量商户增加894户，网络特约商户增加1903户；完成代工基本户和有贷户拓展任务，代发工资额60.24亿元，同比增加1.06亿元；个人加权有效客户规模138.47万户，增加16.5万户；ETC拓展119504户，记账卡发行量系统第五，同业第二，其中货车ETC系统、同业均居第一位；社保卡发行量提升，增加发行5600张，27个网点安装社保卡辅柜，均可受理社保卡换卡业务。（靳晨霞）

【建行发展普惠金融】 2019年，中国建设银行大同市分行推广普惠金融产品，举办“小微梦想 贷动未来”普惠金融系列产品发布会、参加市工信局、市金融办举办的“助力大同民营经济发展银企对接会”，给小微客群提供普惠金融解决方案，全年普惠金融贷款余额7.38亿元，较年初增加0.31亿元。推动网络供应链业务拓展，以大同市三医院和五医院上游医药器械供应商为依托，网络供应链业务余额25.4亿元，增加19.33亿元，普惠金融贴现1.71亿元。实现“裕农通”行政村全覆盖，覆盖行政村1765个，覆盖率100%。给5县2区的建档立卡贫困户213户，发放小额扶贫贷款1065万元，超额完成年度800万元

▲ 2019 年 11 月 8 日，中国建设银行大同市分行召开“小微梦想 贷动未来”普惠金融系列产品发布会　　（靳晨霞 摄）

的投放任务，“服务三农”贷款余额 16.43 亿元，“精准扶贫”活动中，投放扶贫小额信贷贷款 2575 万元，项目扶贫贷款投放 2000 万元。（靳晨霞）

【建行住房租赁业务】 2019 年，中国建设银行大同市分行在住房租赁方面，促进优质房源上线，导入公租房房源 12229 套，房源导入量系统第一，公租房系统全国通用版本上线，完成住建部公租房系统贯标工作。提高平台使用效率，平台活跃用户 8379 户，增加社会化房源 7285 套，住房租赁业务综合得分 12.22 分，系统第四。（靳晨霞）

【建行金融科技】 2019 年，中国建设银行大同市分行与联通公司签订战略合作协议，推动总行层面的悦生活与联通沃钱包开放互联；与万昌物流园区合作，推动智慧物流园区建设落地；给大同市图书馆等 63 个停车场安装无感支付设备，实现不停车收费，覆盖平城区、御东新区、云州区等区域；与大同市退役军人事务局合作，发行“大同市退役军人服务卡”；与经济技术开发区签约“建融智合”企业智能撮合平台；悦生活场景净增加 81 个，系统第一。悦生活交易笔数 27.89 万笔，任务完成率 202.50%，系统第一；善融商务企业商城交易额 7.2 亿元，系统第一；手机银行签约 55.42 万户，系统第五。（靳晨霞）

【建行服务同煤集团】 2019 年，中国建设银行大同市分行通过传统信贷、投资银行、母子联动等形式，给同煤集团提供多渠道融资服务，实现资产带动负债、对公带动个人。给同煤集团申报综授额度 237.92 亿元，增加敞口类额度 45.81 亿元；承销债券 100 亿元；投放网络供应链业务余额 24 亿，较年初增加 19 亿元；与建信租赁联动，给同煤集团办理全省首笔融资租赁业务，融资金额 10 亿元，实现中收 300 万元；办理直贴业务 8.99 亿元，实现利息收入 1843 万元，收益率 7.99%；通过“以大带小”模式，围绕同煤集团上下游供应链，办理普惠金融商票贴现业务 1.3 亿元，拓展同煤集团上游小微企业增加开户 60 余户，实现对同煤集团的综合营销和综合服务。（靳晨霞）

【建行服务地方机构】 2019 年，中国建设银行大同市分行开展机构客户大走访，制定《关于做好机构类客户大走访活动的通知》，走访政府机构、驻大同部队、武警支队等机构客户 60 余次。与市平城区、新荣区、广灵县、天镇县等区县的县级领导沟通对接，获市县两级政府机构肯定。全年全行开立机构账户 172 户、预售房资金监管账户 12 户，存款超 20 亿元，日均余额 6.2 亿元。与市退役军人事务局联合举办“大同市退役军人服务卡推广仪式”，独家承办全市 12.8 万退役军人的发卡业务。举办“裕农通退役军人创业服务站”揭牌仪式，推动“退役军人服务站”与“裕农通”有机结合，2019 年底，市退役军人服务中心基本账户、专用账户落户建行。推动县域机构与当地政府部门、财政部门、社保部门建立合作关系，在账户、代发、财政集中支付等方面取得突破。其中，与天镇县人民医院签订银医合作协议，在智慧医院建设等方面合作，实现与县域医院合作“破零”。全年营销县域退役军人事务局、医疗保障局等重点账户 33 个。（靳晨霞）

【建行案件风险排查】 2019 年，中国建设银行大同市分行组织开展不同形式、不同内容的案件风险排查 31 次，检查业务 2048 笔，金额 68.79 亿元，及时发现问题并抓整改。检查实现辖内 43 个网点全覆盖，推动全行树立合规经营意识。（靳晨霞）

中国农业发展银行大同市分行

【概况】 2019 年，中国农业发展银行大同市分行下辖 1 个内设营业部，南郊区、大同县、阳高县、天镇县、浑源县 5 个县支行，广灵县、灵丘县 2 个客户服务组，左云县 1 个扶贫工作组，所辖机构覆盖全市所有国定贫困县，是全市唯一的政策性银行。全年全行投放各项支农贷款 10.73 亿元，其中投放项目贷款 7.55 亿元，投放民营小微企业贷款 1500 万元，投放产业扶贫流资贷款 1000 万元，投放粮油储备贷款 2.93 亿元；各项贷款余额 63.29 亿元，较年初增加 1.96 亿元；存款余额 34.5 亿元；国际业务结算量 896.77 万美元；实现账面利润 1.67 亿元，不良贷款继续保持零占比。（闫永强）

【农发行服务粮油收储】 2019 年，中国农业发展银行大同市分行加大对粮食储备轮换支持力度，满足资金需求，确保国家和地方粮食调控计划实施。全年轮出收回储备贷款 1.57 亿元，收回轮换贷款 6600 万元，轮出玉米 4950 万公斤，轮出小麦 3300 万公斤；轮入投放储备轮换贷款 1 亿元，投放储备贷款 1.93 亿元，轮入小麦 4150 万公斤，轮入玉米 7650 万公斤。支持市场化收购，鼓励市储企业入市收购、县储企业创造条件入市收购，营销民营企业收购，给19户客户审核认定2019年度秋粮收购贷款资格，审批4户民营企业，投放收购贷款400万元。与地方政府、粮食主管部门对接，推动县储建储工作开展。（闫永强）

【农发行服务地方经济发展】 2019年，中国农业发展银行大同市分行加快已批项目贷款投放，实现已批投放项目4个，投放贷款1.65亿元。其中，投放污水处理项目贷款1.01亿元；投放贫困村提升工程过桥贷款0.34亿元；投放扶贫产业园区项目贷款0.3亿元。以政府脱贫攻坚项目库、扶贫周转金项目库、农委项目库为摸排重点，加大对接频次，细化项目储备库分类管理，协助企业抓项目设计，完善相关资料，加快营销办贷进度。获批8.98亿元开发区装备产业基地公司自营项目，已投放贷款5.9亿元，成为获批金额最大的公司自营性项目；营销培育项目9个，拟贷金额49.98亿元。落实精准扶贫任务要求，获批2000万元云州区宜民公司黄花菜加工产业扶贫流资贷款，并投放1000万元。全年投放扶贫贷款7.21亿元，其中项目扶贫贷款6.24亿元，产业扶贫贷款0.97亿元。各项扶贫贷款余额15.1亿元。（闫永强）

【农发行支持小微企业】 2019年，中国农业发展银行大同市分行与市农业局、扶贫办、金融办等单位建立企业筛选机制，梳理政府和相关部门推荐企业，逐一对接、择优筛选，消除支持小微企业空白点。研究制定“民营小微企业营销月”活动实施方案，明确全年支持民营小微企业不少于9户目标任务，并提出“521”发展模式，即各行组要至少营销储备5户企业，重点推进2户企业，年底实现投放1户企业。推进“一把手”负责制，要求各行组“一把手”每周须走访2户民营小微企业，实地调查了解企业的生产经营情况，拟支持情况等，定期报送民营小微企业营销动态；市分行专门设立小微企业专岗，各行组设置专门小微企业客户经理，并以各时间节点任务为目标，逐企业明确评级、授信及用信等各环节的办理时限、责任人，市分行行领导定期到各县（区）实地调研，对工作推进慢、任务重的行组实时座谈、重点督导。针对民营小微企业自身没有有效资产、第二还款来源无法落实问题，开展银担合作模式，与省农担公司达成“1+1”合作模式，即对符合双方准入条件的民营小微企业，一同组织，一起走访，按照各自分工，共同开展调查，加快办贷进度，提高办贷效率。全年营销对接客户29户，其中审批投放9户，贷款金额1500万元。（闫永强）

【农发行经营管理】 2019年，中国农业发展银行大同市分行在推进信贷业务发展同时，加强经营管理，强化成本核算，增收节支，提升经营管理质效。抓支农资金筹集工作，研究制订《“支农资金筹集优化工程”专项行动推进方案》，明确具体路径、方法和措施；坚持筹资与信贷投放业务协调发展、同步推进思路，完善细化考核机制，通过周统计、月评比、季通报，传导工作压力，强化监测督导，激发支农资金筹集动力。加大对非贷企业国际结算业务的营销力度，对业务量较大的支行，加强重点客户的名单制管理，挖掘重点客户的业务潜力；对部分资信程度好、抗风险能力强、业务规模大的国际业务重点客户，采用市分行“一把手”亲自营销，班子成员重点跟进，承办行分层营销的工作机制，做深做透重点客户的各类国际业务，确保营销取得实效。全年新开户国际业务企业2家，累计国际结算量896.77万美元。与财政部门建立定期联系和不定期协商制度，密切财银关系，掌握各级财政支农补贴政策动向，确保财政利息补贴全额及时拨补到位，年末市级财政负担的市储等利息补贴1860万元。（闫永强）

【农发行案件风险防控】 2019年，中国农业发展银行大同市分行制定全年案防工作方案和工作计划，与各行组、各部门负责人签订《案件防控工作目标责任书》，逐级明确压实目标责任。按季召开案件防控汇报分析会议，按月开展案防警示教育，通过印发专题文件、通报、观看警示教育片等形式，增强全员案防意识。坚持每季开展案件风险排查，加大对重点人员、重点岗位、敏感环节的排查力度，把风险管控规定落到实处。全年排查会计类业务1760笔，信贷类业务462笔，员工异常行为排查577人次。开展“巩固整治市场乱象成果促进合规建设”工作，对重点领域、重点风险开展整治，查处政策执行、风险隐患、违法违规行为，全年未发生风险事件和案件。（闫永强）

晋商银行大同分行

【概况】 2019年，晋商银行大同分行设传统网点数4个，社区银行5个。一般存款时点52.21亿元，较年初增加10.23亿元，增长24.37%。其中，个人存款时点34.43亿元，较年初净增8.93亿元，增长35.02%；单位存款时点17.78亿元，较年初净增1.30亿元，增长7.89%。表内贷款余额24.32亿元，较年初净增1.04亿元；表外贷款余额8.76亿元；票据融资余额3.5亿元。实现中间业务收入2682万元，同比增加1291万元。还原拨备后风险调整利润实现3770万元，同比增加646万元。个贷余额7.17亿元，较年初增加8036万元。其中，按揭贷款余额5.79亿元，较年初增加1.96亿元，占个人贷款总余额80%。个人理财存续量25.6亿元；私行产品存续量1.4亿元；国债销售2881万元；AUM值62.92亿元。年内，晋商银行大同分行在大同市总工会和人行大同市中心支行共同举办的“大同市金融系统第七届业务技能竞赛”中，获“综合知识竞赛”项目一等奖，被大同市总工会劳动竞赛委员会记“集体一等功”。被中国银行保险监督管理委员会大同监管分局评为“大同银行业监管统计工作先进单位”，被人民银行大同市中心支行评为“2019年度大同市征信管理工作先进集体”。（王　伟）

【晋商银行公司业务发展】 2019年，晋商银行大同分行拓展机构户、无贷户，促进对公业务发展，推出“晋享三宝”系列产品，拓宽对公业务种类，提升对公业务创收能力。8月29日，大同分行首笔7.5亿元债权融资计划落地。全年给同煤集团办理债权融资计划7.5亿元、商票保贴业务12.5亿元、信用证加福费廷业务3.25亿元、流动资金贷款2亿元、直销银行“安鑫富”1.5亿元，三年期PPN项目15亿元。新开机构户10户，政府机构户存款日均余额6.89亿元，较年初6.1亿元增加0.79亿元。支持民营企业和小微企业的发展，开发适合小微企业发展的“联链融”及“简押快贷”产品，全年“简押快贷”发放62笔，金额7551万元。（王　伟）

大同银行

【概况】　2019年，大同银行股份有限公司（简称“大同银行”）总资产447亿元，较年初增加33.05亿元，增长7.39%。全行各项存款余额404.63亿元，较年初增长6.7%，其中储蓄存款余额较年初增长1.91%，对公存款余额较年初增长15.31%，对公存款占比较年初提升5.46个百分点。各项贷款余额206.45亿元，增长9.95%，存贷比52.15%，全年利息收入5.66亿元。推进票据业务电子化运行，全年贴现业务金额112.65亿元，贴现量在全市同业中排名第一，票据业务利息收入3.92亿元。提升银行卡业务水平，全年收入194.29万元。完善电子银行渠道建设，网上银行、自助银行、手机银行、微信银行及网络支付业务的全年交易额199.16亿元，业务总收入195.88万元。加强对市场利率走势研判，提升业务合规性，控制业务风险，优化投资结构，全年投资业务收入6.86亿元。年内，大同银行被授予全国“年度用户信赖银行”“年度十佳支持小微企业银行”“年度最佳风险管理中小银行”等称号，获“2019年中国金融机构金牌榜·金龙奖”、2019年山西金融服务口碑“社会责任特殊贡献银行”奖项，入选银行营业网点服务企业标准“领跑者”，是全市唯一一家入围的金融机构。

（牛　亮）

【大同银行资产质量】　2019年，大同银行实现营业收入17.29亿元，同比增长4.74%，资产利润率0.61%，资本利润率12.07%，均高于监管要求，实现经营利税总额5.2亿元，纳税额位居市属企业纳税大户前列，实现国有金融资产保值增值。不良率1.88%，低于全国、全省同业平均水平；全行资本充足率13.60%，核心一级资本充足率10.20%，均高于监管要求；拨备覆盖率161.03%，贷款损失准备充足率352.18%，风险整体处于稳定可控范围之内。流动性比例42.14%，高于监管要求17.14个百分点，流动性保持充裕，抵御流动性风险能力强。

（牛　亮）

【大同银行助推产业转型升级】
2019年，大同银行服务新能源产业和工业高质量发展，优化信贷投放，降低实体经济融资成本，发展产业金融和绿色金融，重点围绕2019年政府工作报告提出的“十二大工程”，加大对符合条件的文化旅游、古城复兴、清洁能源、现代服务、生态修复、市政民生、开发区等产业项目支持力度，发放贷款25亿元。（牛　亮）

【大同银行支持民营和小微企业】
2019年，大同银行畅通民营企业融资渠道，制定专门授信政策，单列信贷资源，简化审批流程，建立“敢贷、愿贷、能贷”和“尽职免责、容错纠错”长效机制，提升民营经济金融服务效率，全年全行民营经济贷款余额77.90亿元。改善小微企业金融服务，通过创新融资产品、实施利率优惠、开展转续贷业务、灵活运用担保等方式，加大对小微企业的扶持力度，截至2019年底，全行小微贷款余额65.14亿元，缓解小微企业“融资难”“融资贵”难题。（牛　亮）

【大同银行打造互联网+普惠金融】　2019年，大同银行推进跨区域经营发展战略，全行分支机构60个。5月5日，大同银行忻州分行开业，至此太原、朔州、忻州3家分行实现晋北中心城市网点全覆盖。推进晋中、吕梁分行筹备工作，推进网点延伸，服务下沉，增设小微支行、拓展县域渠道，小微、县域占规划筹建总数60%，实现对相关县域、商圈、社区全覆盖。加大科技投入力度，完善灾备体系建设，同城灾备系统覆盖率100%；手机银行对外运营，初步形成以网上银行、手机银行、微信银行、自助银行、智慧银行、收单业务、网络支付、移动支付、聚合支付等在内的现代商业银行支付体系，打造电子渠道与实体网络互联互通的普惠金融发展格局。改善金融服务环境，坚持以客户为中心，抓薪酬贷、商铺贷、失业贷、代收采暖费、代收水费业务和“空乘式”“夏季延时”等特色产品服务，国际业务获批，完善全行服务功能，通过提升金融服务水平，助力全市文明城市创建。（牛　亮）

中信银行大同分行

【概况】　2019年，中信银行大同分行资产总额35.98亿元，较年初增加8.99亿元，增长33.31%。负债总额34.78亿元，较年初增加9.18亿元，增长35.86%；各项存款余额34.06亿元，较年初增加8.76亿元，增长34.62%；各项贷款23.55亿元，较年初增加12.87亿元，增长120.51%；不良贷款余额0.35亿元，较年初减少0.05亿元，下降12.5%，不良贷款率1.49%，不良率较年初减少2.26个百分点。实现营业净收入2118.57万元，净利润2056.67万元。2019年综合考核得系统内A类行。资产质量方面，零售个人贷款新发生问题贷款和新发生不良贷款控制较好；公司类贷款未产生不良。（中信银行）

【中信银行普惠金融】　2019年，中信银行大同分行在落实国家关于支持民营企业、小微企业政策方面，把扩大普惠型金融服务作为重要工作，履行金融机构使命，承担社会责任。全年首次实现依托核心企业开展对供应链企业的金融支持，给同煤集团6家供应商办理融资2000万元。全年支持7户普惠型小微企业，实现融资额3382万元。（中信银行）

【中信银行拓展新客户】　2019年，中信银行大同分行4个网点坚持周末外拓，其中迎宾街支行和柳港园支行保障厅堂业务之余每日坚持外拓。支行自行分组，安排当周不值班人员进行外拓，外拓人员不限于零售人员，调动全员外拓积极性。外拓客户通常选择离支行较近的流量客户，产品集中宣传行每个阶段的优势产品，打破产品同质化营销瓶颈。日常在网点内，理财经理发挥营销优势，负责对客户进行深度经营，进行结构转化和产品匹配，对转介和经办明确比例分成，形成全网点一盘棋格局，内外联动，实现外部拓客和内部经营齐头并进。

（中信银行）

【中信银行产品服务创新】 2019年，中信银行大同分行通过丰富线上产品体验，增加客户业务办理便利性，提升对客户的金融服务效率。年内，实现对公客户开户通过微信及网页预约方式，到达网点后可直接审查资料开户。投融资业务方面，推出多个产品线上化办理，包括购买定期存款、结构性存款、对公理财、票据融资业务等，特别是“信秒贴”业务产品，客户通过签约电子渠道业务，实现自主办理电子银行承兑汇票贴现，限于普惠型小微企业申请办理。创新产品方面，推出小微企业商票质押贷款、银票质押贷款，对于系统准入的核心客户、财务公司及全国90余家商业银行作为承兑人的商业汇票，企业可持票向大同分行申请质押贷款，增加企业票据融资流动性。（中信银行）

【中信银行服务实体经济】 2019年3月28日，中信银行大同分行召开2019年服务实体经济工作及提升小微企业金融服务质效专题会议，集中传达学习银保监部门印发的关于《2019年进一步提升小微企业金融服务质效的通知》文件，明确“两增两控”监管目标，要求各机构加强对小微企业的金融服务支持，巩固小微企业贷款减费让利成效，把普惠型小微企业贷款利率保持在合理水平。各管理部门及经营机构关注信息，跟踪重点项目开展营销工作，特别是支持符合国家产业调整政策方向的企业。经营机构围绕大型企业上下游开展供应链金融营销，给企业提供整体金融服务支持，对其供应商提供增值信用支持。

年内，中信银行大同分行向全市供给侧改革、转型综改及制造业、医药行业重点企业提供金融服务。加大对重点工程项目的信贷投放，在煤炭行业产业提质工程项目中给大同煤矿集团有限责任公司投放贷款9亿元，办理结构化融资5亿元、债券市场融资30亿元，给同煤集团及其子公司办理票据承兑业务563万元、贴现业务24.8亿元，给山西华青活性炭集团股份有限公司支持水务环保办理保函业务153.2万元。在高端装备制造方面，给陕汽大同专用汽车有限公司报送综合授信申请，并办理银行承兑业务5849万元。在生物医药工业方面，给国药集团威奇达药业有限公司发放流动资金贷款3000万元，给国药集团大同威奇达中抗制药有限公司办理银行承兑汇票2400万元。（中信银行）

交通银行大同分行

【概况】 2019年，交通银行大同分行有综合网点3个、普惠支行4个、离行自助2个。本外币资产规模89.14亿元，较上年增加14.95亿元，增长20.15%。人民币各项贷款余额54.07亿元，较上年增加10.22亿元，增长23.31%。人民币各项存款余额67.89亿元，较上年增加4.09亿元，增长5.42%。经营利润和经济利润分别1.48亿元和1.16亿元，同比增加875.3万元和361.97万元，实现人均经济利润117.29万元，全辖排名第一。（李双武）

【交行推进网点转型】 2019年，交通银行大同分行推进营业网点转型，加快渠道转型升级。完成营业部、北城支行的整体装修，局部改造矿区支行厅堂一体化，开展营业网点移动化厅堂服务和机动化外拓营销模式；撤销离行自助网点1个（柳港园），推进东信支行升级为轻型网点工作。

（李双武）

【交行普惠金融】 2019年，交通银行大同分行开展普惠金融，助力民营经济、小微企业、金融精准扶贫，完成监管和总行普惠金融考核要求。普惠“两增”口径贷款余额13044.3万元，较年初净增7674.08万元，占全年任务213.17%，增量排全省第一；普惠“两增”口径客户409户，较年初净增169户，占全年任务1690%，增量排全省第一；降准口径贷款余额7216.44万元，较年初净增2556.51万元，占全年任务100%，排全省第二。入乡、入村、入户宣传国家扶贫政策及业务流程，走访8个乡24个村800多户建档立卡贫困户，给110户建档立卡贫困户发放扶贫贷款550万元，完成扶贫信贷投放任务。（李双武）

华夏银行大同分行

【概况】 2019年，华夏银行大同分行一般性存款余额21.62亿元，较年初增加5.75亿元，增长36.23%；存款日均19.05亿元，较年初增加4.28亿元，增长28.98%；各项贷款余额15.92亿元，较年初减少2.75亿元。

（李 鑫）

【华夏银行支持实体经济发展】 2019年，华夏银行大同分行组织业务人员到市场调研当地经济环境及煤炭、机械制造等行业，确定目标市场和目标客户，在客户开发方面坚持“抓大不放小”原则。加强与同煤集团、大同经建投资有限责任公司、大同市热力公司、山西进出口集团有限公司等企业的业务合作。通过大同市财信担保有限公司、大同市华林有限责任公司两个授信平台与大同市一批业绩优异的中小企业建立合作关系。

（李 鑫）

【华夏银行发展绿色金融】 2019年，华夏银行大同分行加强绿色信贷力度，加大对节能减排、民生工程等绿色信贷领域的拓展和投入，从耗能、污染、生态保护、气候变化等多个方面评估监测客户环境和社会表现，以绿色信贷践行银行业社会责任。年内，给大同煤矿集团阳高热电有限公司办理金额5亿元的固定资产贷款业务。（李 鑫）

中国邮政储蓄银行大同市分行

【概况】 2019年，中国邮政储蓄银行大同市分行（简称“邮储银行大同市分行”）“自营＋代理”机构各项存款余额280.86亿元，各项贷款余额67.97亿元。个人存款市场占比2.85%；单位及其他存款市场占比2.25%；各项贷款市场占比3.37%，较年初上升0.92个百分点。全年实现收入3.45亿元，净利润2.05亿元，净利润总额列全省邮政系统地市分行第二，点均收入、点均利润保持系统内第一。（罗红艳）

【邮储银行个金业务】 2019年，邮储银行大同市分行“自营+代理”网点储蓄日均余额增长19.65亿元，其中自营网点增长4.56亿元，同比增长8.2%；活期存款占比27.11%，其中自营网点活期存款占比40.18%。增加发放信用卡2.58万张，结存卡逾10万张，卡片激活率67.08%，期末透支余额2.75亿元。自营机构销售理财类产品16.62亿元。布放30台社保功能机具，18家自营网点全部实现“金融+社保”一站式服务，社保卡结存31.17万张，第三代社保卡增加7.72万张。代发养老金55亿元。（罗红艳）

【邮储银行零售信贷业务】 2019年，邮储银行大同市分行推进乡村振兴、小微金融服务政策落地，投放零售类贷款14.28亿元，结余21.19亿元，其中个人经营性贷款投放7.12亿元，结余8.65亿元。个人消费贷款投放3.48亿元，结余9.17亿元。小企业贷款投放3.69亿元，结余3.37亿元。

（罗红艳）

【邮储银行公司金融业务】 2019年，邮储银行大同市分行公司存款余额22.89亿元，日均余额21.56亿元，净增4.02亿元；活期存款占比79.93%，较上年末提升6.05个百分点。非税收缴系统、国库集中支付系统覆盖全市6县1区（云州区）。上线存量房、预售房交易资金监管系统。公司贷款结余29.36亿元，授信客户涵盖煤炭、新能源发电及医药等行业。

（罗红艳）

【邮储银行网络金融业务】2019年，邮储银行大同市分行坚持科技赋能，完善线上交易渠道，手机银行客户增加注册用户3.58万户，结存客户22万户，交易替代率95.1%，增加激活率91.2%，激活率73.89%。快捷支付绑卡用户增加3.96万户，结余22.47万户。“邮储食堂”会员增加4603户。89支柜面业务实现免填单服务。（罗红艳）

【邮储银行资产质量】 2019年，邮储银行大同市分行未发生系统性、区域性风险及重大风险事件。该行拨备覆盖率590.03%，整体信贷资产质量控制良好，不良贷款率持续下降。截至2019年底，全行不良资产1800万元，全口径不良贷款率0.3%，较年初下降0.11个百分点。全年清收不良贷款1311.26万元。 （罗红艳）

【邮储银行助力民营经济发展】 2019年，邮储银行大同市分行参与“支小支民”计划，加强金融产品和服务创新，提供差异化融资服务，抓扩大小微企业服务面、提升贷款额度、降低贷款成本、提高服务时效等方面，纾解民营企业融资困境。截至2019年底，小企业贷款增加投放3.69亿元，余额3.37亿元。为解决抵押难问题，推出担保公司担保贷款、法人保证贷款产品；为解决担保难问题，推出民生类信用贷款，“医院贷”“学校贷”为区域内民营医院、民营学校拓宽融资渠道；为解决融资难问题，与市税务局合作开展税贷通信用产品，并推出小微易贷、极速贷等线上信用贷，申贷到放贷最快一个工作日，超过百家小微企业受益。为解决还款难问题，推出无还本续贷业务，减轻企业还款压力；为解决融资贵问题，落实党中央降低民营、小微企业融资成本要求完成降息目标。 （罗红艳）

【邮储银行服务地方经济】 2019年，邮储银行大同市分行支持区域重大战略和重点工程，创新融资渠道，调整信贷结构，集中调配资源，加大对重点企业、重点项目支持力度，信贷资源向能源、电力等社会发展重点领域倾斜。截至2019年底，公司贷款增加投放23.34亿元。 （罗红艳）

【邮储银行促进民生消费升级】 2019年，邮储银行大同市分行通过丰富产品体系，给客户提供集住房、家装、购车、旅游等一揽子综合金融服务。全年投放个人消费贷款3.48亿元，个人一手住房贷款投放7636万元，个人二手住房贷款投放1.56亿元，个人汽车消费贷款投放1513.76万元，其他个人消费贷款投放1.02亿元。个人消费贷款结余9.17亿元，其中个人房屋贷款结余7.56亿元。信用卡结存卡期末透支余额2.75亿元，全年消费金额、分期金额分别20.83亿元、1.11亿元，分别增长36%、118%。（罗红艳）

中国民生银行大同分行

【概况】 2019年，中国民生银行大同分行各项存款余额83.03亿元，较年初增加19.29亿元。资产余额48亿元，较年初增加16亿元。在民生银行系统内90家二级分行中，个人存款增加排名第三，在大同同业股份制商业银行中该行各项存款余额、贷款余额均位居首位。截至2019年底，该行金融扶贫贷款余额992万元，全年个人精准扶贫贷款投放200万元。

（高志伟）

【民生银行服务实体经济】 2019年，中国民生银行大同分行通过融商、融资、融智给民企提供全方位综合金融服务。关注和支持中小微企业发展，培养新经济增长点，服务实体经济。制定服务减免政策，支持企业降低财务成本，加大对全市各类企业融资支持力度，重点支持地方重大项目、重点产业、民生工程、区域龙头企业和广大小微企业发展。截至2019年底，该行存量大中型贷款企业17户，贷款余额17.06亿元，重点支持同煤集团、国药威奇达、大同现代医疗集团及同药集团等大同市重点企业；小微授信客户585户，小微贷款余额4.42亿元，覆盖农副产品、家装建材、医药卫生、餐饮酒水等涉及国计民生的各个行业。制定一系列服务减免政策，减费让利，给优质企业减免相关服务收费，全年给200余户大中小微企业减免各类结算手续费420.65万元。全年该行发放贷款13.96亿元，纳税184.37万元。 （高志伟）

【民生银行发展绿色金融】 2019年，中国民生银行大同分行从内部流程优化上，推动创立柜台无纸化办公环境，利用移动电子化设备及自助渠道引导客户线上办理业务，节约人力成本及低值易耗品消耗，避免客户往来携带现金带来安全风险，实现部分业务无地域限制、无时间限制智慧运营模式；社会行动上，9月到大同近郊乡村，向广大村民宣传2019年版第五套人民币50元、20元、10元、1元纸币及1元、5角、1角硬币的主景图案、防伪特征和识别方法，使民众更了解人民币，爱护人民币，自觉维护人民币形象，提高防范假币能力。

（高志伟）

【民生银行金融宣传】 2019年，中国民生银行大同分行组织开展各类金融知识宣传教育活动13次，包括反洗钱宣传月、防范非法集资宣传、金融知识万里行、“金融知识普及月 金融知识进万家 争做理性投资者 争做金融好网民”等活动。为加强反洗钱宣传力度，在反洗钱宣传常态化基础上，加强集中宣传。全年开展反洗钱集中宣传4次，3月以“警惕洗钱陷阱，保护自身利益”为主题，开展反洗钱宣传周活动；5月按照人民银行《2019山西省反洗钱主题宣传活动工作方案》文件要求，开展以“汇聚多方合力 打击洗钱犯罪 保护人民利益”为主题的反洗钱宣传周活动；7月组织开展以“打击洗钱犯罪 构建和谐民生”为主题的反洗钱集中宣传月专题活动；12月开展以“打击洗钱犯罪 构建和谐民生”为主题的反洗钱宣传周活动，使社会公众了解理解反洗钱工作，给金融机构防范洗钱风险营造良好社会环境。根据活动主题分别设计制作视频短片、微电影等宣传作品4个，转变宣传形式，提升宣传效果，增强客户吸引力。10月15日，参加“拒绝校园贷，不负青春债”为主题的金融知识进校园宣传活动，向广大高校学生宣传金融知识，揭示非法“校园贷·套路贷”危害，提升广大高校学生金融知识水平和风险防范意识。（高志伟）

省农村信用社联合社大同审计中心

【概况】 2019年，山西省农村信用社联合社大同审计中心（简称“山西省联社大同审计中心”）辖3家农商行、5家县级农信社，209个营业网点。各项存款较年初增加70亿元，余额465.06亿元，存款增加市场份额占比位居全市第一；各项贷款较年初增加24.88亿元，余额280.43亿元，市场份额居全市第一位。全年缴纳税款1.51亿元。精准扶贫贷款余额32.78亿元，占全市发放总额55%以上；向1.6万户建档立卡贫困户投放扶贫小额信贷7.9亿元，占市政府任务目标130%。11月14日，灵丘农商行挂牌开业。12月30日和31日，云州区联社和浑源县联社分别召开农商行创立大会。年内，山西省联社大同审计中心获山西省农村信用社第一届职工男子篮球赛第二名；由山西省劳动竞赛委员会颁发的“五一劳动奖状”；由山西省直机关精神文明建设委员会颁发的“文明单位”；由大同市总工会颁发的“市级职工书屋”，并获建设资金1万元。（余忠阳）

【农信社支持地方经济】 2019年，山西省联社大同审计中心投放245亿元支持1466户民营企业发展，重点工程项目完成率168.59%；向大同当地企业华林公司投放2000万元；向大昶移动能源有限公司发放项目贷款12亿元，支持大同新能源产业发展。11月30日，承办“助力大同民营经济发展银企座谈会”，会议就落实《中共大同市委大同市人民政府鼓励和支持民营企业发展的“二十条”政策措施》文件精神，支持和鼓励金融机构突出主业，服务实体经济，促进全市民营经济快速健康发展等议题达成一致意见。（余忠阳）

【农信社业务创新】 2019年，山西省联社大同审计中心上线“助贷宝”APP软件，实现微贷业务管理高效化、信息录入智能化。依托网络大数据信息，推出“快快贷”线上申贷产品，迈出普惠金融线上发展步伐。（余忠阳）

【农信社落实普惠金融】 2019年，山西省联社大同审计中心在风险可控前提下，重点支持科技含量高、市场前景广阔、经济效益好、诚信度高的民营企业；对基本面较好、信用记录较好、有竞争力、有市场、有订单但暂时出现经营或财务困难的民营企业给予信贷支持；按照法律法规、信贷制度办贷，选择符合自身经营范围、符合国家产业规划、符合环保及节能减排政策、符合有关贷款治理权限要求的民营企业进行信贷扶持。指导8家县级行社获取、了解当地经济发展讯息，培育、扶持重点项目和企业，健全政府引导帮扶、农信社主动服务、企业诚信发展的“三位一体”联动机制。健全和完善信用风险管控机制，与政府部门加大对企业的信用监管力度，加强教育引导信誉度不高的企业，提升诚信品牌，打击不讲诚信、恶意逃避银行债务的企业，构筑优良营商环境和金融生态环境。结合中国银行协会开展的“百行进万企”行动部署，出台《大同市农村信用社支持民营企业发展“三十条”措施暨“一进六送”服务小微企业活动实施方案》，给民营经济提供金融服务。全市8家县级行社分别公布热线电话及客户经理联系方式，接受社会各界监督。在130亿元存量民营企业贷款基础上，每年保持不低于20%增速；对转型综改工程增加投放6亿元以上，对省、市重点工程项目投放10亿元左右；对全部小微企业落实减费让利政策，每年实现减费让利2000万元以上。（余忠阳）

大同农村商业银行

【概况】 2019年，大同农村商业银行有营业网点60个，分布在大同市平城区、云冈区和新荣区，下辖1个营业部、43个支行、16个分理处。全年资产总额220.48亿元，负债总额199.97亿元。各项存款余额181.64亿元，较年初净增20.93亿元，增长13.02%，其中储蓄存款余额126.72亿元，较年初净增14.39亿元，增长12.81%。各项贷款余额119.25亿元，较年初增加9.22亿元；剔除转贴现和拆放同业后，各项贷款余额99.29亿元，较年初增加13.74亿元。各项收入10.38亿元，实现经营利润3.32亿元。全行不良贷款账面余额2.49亿元，较年初下降0.14亿元；不良贷款占比2.09%，较年初下降0.3个百分点，实现“双降”目标。全年纳税8555.76万元。10月，该行配置地标性综合办公大楼，地址位于兴云·智慧城双子楼B座。（王丹阳）

【大同农商行“支农支小”服务】 2019年，大同农村商业银行发挥“支农金融主力军”作用，坚持“支农支小”不动摇，申请到支农再贷款1.3亿元，支小再贷款1亿元，并连同自有资金投放“三农”及小微民营企业，扩大支农支小贷款覆盖面。截至2019年底，涉农贷款98.52亿元，较年初增加13.53亿元，增长15.92%；民营经济贷款余额82.91亿元，较年初增加10.02亿元，增长13.75%；小微企业贷款余额93.62亿元，较年初增加14.96亿元，增长19.02%；普惠

▲ 2019 年，大同农村商业银行发挥"支农金融主力军"作用，涉农贷款 98.52 亿元。图为支农种植户在查看育苗情况　（王丹阳 摄）

金融小微企业贷款余额 13.83 亿元，较年初增加 1.3 亿元，增长 10.38%，较各项贷款增速高 1.09 个百分点，户数 731 户，较年初增加 187 户，完成普惠型小微企业"两增目标"。推出"商户贷""小贷通""租金贷""福农卡""便宜贷""信税通""惠商贷""惠享贷""惠薪贷""快快贷"等 10 余种信贷产品，截至 2019 年底，该行小微金融专营中心发放贷款 857 笔，金额 1.63 亿元。主动与大同市财信融资担保公司等融资性担保机构签订担保业务合作协议，提升客户担保能力，截至 2019 年底，该行通过大同市财信融资担保公司担保发放贷款 31 笔，金额 5.9 亿元。以政银企沟通交流为平台，提升信贷资金安全底线，截至 2019 年底，通过"大同市企业资金链应急周转保障资金"给辖内小微客户累计申请应急周转保障资金 63 笔，金额 10.42 亿元，维护企业优质征信记录。结合小微企业特点打造"信税通"特色信贷产品，向通过税务部门审核的小微企业，发放"信税通"贷款 4 户 5 笔，金额 2123.8 万元，扶持 AB 级纳税企业 115 户，贷款金额 37.3 亿元。与属地税务主管部门签订"银税合作"代征协议，提高"银税合作"质效，让银税合作成果惠及更多诚信纳税小微企业，助推全市小微企业健康发展。

（王丹阳）

【大同农商行电子服务渠道建设】 2019 年，大同农村商业银行进行电子化服务渠道的建设和应用系统的推广工作，促进全行各项业务发展。与大同市房屋管理局新建商品房资金监管平台系统对接并上线运行；与全市各大社区对接，上线代收物业费管理系统；与万品隆超市、佳顺旺超市、大同农业嘉年华完成对接，开展条码支付收款、聚合 POS 机收银等业务；推广代收社保税费业务，养老保险缴费 30439 笔、金额 897.02 万元，医疗保险缴费 89102 笔，金额 2227.51 万元；全员营销 ETC，营销 5625 户。

（王丹阳）

【大同农商行重点项目支持情况】 2019 年，大同农村商业银行对接山西省重点、大同市重点及省市领导联系重点企业项目。支持省级重点项目 3 项，金额 2.85 亿元；支持省级领导干部联系民营企业 1 家 1 亿元；支持 2019 年国家及省级农业产业化龙头企业 5 家，金额 1.47 亿元；支持大同市 2019 年工业振兴项目 3 项，金额 4.67 亿元。　（王丹阳）

【大同农商行开展异业联盟】 2019 年，大同农村商业银行成立业务拓展部，开展异业联盟活动，给联盟内的商家进行上下游客商对接、客户引流，与该行联盟创新新产品、对接新项目、对接渠道业务、招商引资、贷款助力、企业文化创建和传播等。让金融业务深入到老百姓生产生活的方方面面。通过跨界合作，开展异业联盟活动，整合不同商家，搭建一个线上服务平台，跟着消费趋势，发展消费金融，把金融服务融入老百姓的生产生活场景中，从而提升该行的服务品质和品牌形象。　（王丹阳）

【大同农商行打造乡村金融百货公司】 2019 年，大同农村商业银行做出打造"整村授信"升级版——乡村金融百货公司的战略决策，成立"整村授信"工作组，出台《大同农商银行整村授信升级工作方案》，明确服务乡村三年规划，从指导思想、组织机制、产品特色、服务流程、目标群体、风险控制、考核考评等方面设定"规定动作"。具体服务中依托 70 余年扎根"三农"优势，发挥服务农村和农民金融主力军作用，以整村授信升级工作为抓手，深耕农村市场，助力乡村振兴战略落地。6 月 16 日，大同农村商业银行打造"整村授信"升级版——乡村金融百货公司启动仪式在杨家窑村举行，该行打造试点、样板村杨家窑，推动该村各项产业发展，并拓宽村民致富渠道。探索出经验后，总结并在周边村推广，在上窝寨村和羊坊村推行整村授信。截至 2019 年底，登记符合授信条件的农户 550 户，授信 164 户，授信余额 3670 万元，用信 1657 万元，月收息约 8 万元，收息率 100%，授信档案全部整理归档。工作中建立客户管理群，加强业务管理和产品交叉营销，带动银行卡业务指标发展，加强基层网点与村委及村民联系，提升该行业务市场占有率。　（王丹阳）

保　险

综　述

【概况】 2019 年，大同市有 43 家市级保险机构，保险行业实现保费收入 79.6 亿元，较上年同期增加 5.58 亿元，同比增长 7.54%。财产险业务方面，收取保费 22.8 亿元，较上年增加 3.16 亿元，同期增长 16.09%，增速高于全省平均水平 6.45 个百分点（全省 9.66%），位居全省地市第四位，赔款11.37亿元，赔付率49.84%。其中，车险业务收取保费16.3亿元，支付赔款7.88亿元，赔付率48.34%；非车险业务保费6.49亿元，支付赔款3.49亿元，赔付率53.77%。人保财险以36.7%市场份额位居首位，保费收入8.37亿元；平安财险以18.75%市场份额位居第二，保费收入4.28亿元；国寿财险以12.03%市场份额位居第三，保费收入2.74亿元。寿险业务方面，收取保费56.8亿元，较上年增加2.32亿元，同期增长4.26%。中国人寿以22.72%市场份额居同业之首，保费收入12.91亿元；太平洋人寿以14.77%市场份额位居第二；保费收入8.39亿元，平安人寿以12.23%市场份额位居第三，保费收入6.95亿元。

（林雅慧）

【保险纠纷调处】 2019年，大同市保险行业协会受理各类纠纷282起，其中12345政府服务线案件转办220件，人民调解案件62件，成功调解60件，成功率96.77%，涉案金额633.1万元。受理人民调解案件31件，成功调解29件，成功率93.55%，涉案金额291.92元。其中，财险案件9起，涉及金额76.43万元，成功8起，成功率88.89%；寿险案件22起，涉及金额215.49万元，成功21起，成功率95.45%。诉调对接案件31起，调解成功31起，涉案金额341.17万元。其中，寿险案件2件，涉案金额56.8万元，成功率100%；财险案件29件，涉案金额284.37万元，成功率100%。

（林雅慧）

【车险乱象整治】 2019年，大同市保险行业协会召开7次财产险专业会议，以贯彻上级监管部门治理车险市场乱象工作要求，部署检查车险销售自律执行情况，维护全市车险市场正常秩序。3月25日至4月10日，大同市车险自律监督执行工作组到全市10家财产险公司开展保险市场乱象整治检查工作，检查内容主要有：报行合一承诺执行情况；系统跟单情况，对市辖公司按保费规模分档，确定旧车、新车费用率（2月1日以后）；保费增速异常；综合费用率增速异常；落实“报行合一”内部发文、函件，会议记录；其他检查组需要检查内容。大同财产保险保费结构发生变化，实现车险基本持平，非车险同比增长129.2%；农险保费同比增长52.4%；综合费用率41.35%，低于全省平均水平近10个百分点。9月11日至10月15日，大同市保险行业协会开展自律检查，对平安人寿大同中支、太平人寿大同中支、泰康人寿大同中支3家公司的销售乱象、《山西省银行邮政代理保险业务自律公约》执行情况、《保险销售行为可回溯管理暂行办法》执行情况、《山西省人身意外伤害保险业务自律公约》执行情况4项内容进行现场检查，其余15家公司按照检查方案自查。检查中调取承保档案纸质版和电子版600份，其中个险300份、银保300份；调取回访录音600份、双录视频18份；访谈营销员43名。

（林雅慧）

【节假日高速公路快处快赔活动】 2019年“春节”“清明节”“五一节”“国庆”期间，大同市保险行业协会组织全市24家财产险公司与山西省高速公路交警二支队一大队联合办公，在大同市西河河高速公路收费口开展节假日高速公路快处快赔活动。国家法定假期快处快赔路段处理事故54起，涉及车辆97辆，出具交通事故认定书39份，节约当事人时间510小时，减少拥堵车辆25小时，减少拥堵车辆7.6万辆，提供代步车或免费清障车7辆。

（林雅慧）

【赔偿纠纷网上数据一体化处理】 2019年，大同市保险行业协会运用大数据加强预防和化解道路交通事故损害赔偿纠纷机制建设，促进法治大同、平安大同建设。5月16日，在市云州区法院召开大同云州区道交一体化上线培训会。会上，精友公司老师王晓光利用视频、幻灯片从道路交通事故数据一体化平台建立、功能、使用、一键理赔操作手册等方面进行讲解，并到云州区交警队、人保财险公司现场指导操作。市云州区法院、公安、司法局、人保、国寿、平安、太平洋、中煤、中华财险公司领导、相关人员，及大同市保险行业协会保险纠纷人民调解委员会负责人参加培训。当日，在云州区人保财险公司完成大同市首例道交一体化网上调解，整个过程通过网上调阅传输交通事故认定书、事故现场照片、车辆修理定损材料、被保险人保单资料等操作，现场出具调解协书，调解的该起车损理赔纠纷案涉案金额4.4万元。年内调处296起，金额693.23余万元。

（林雅慧）

【《大同保险志》编纂】 2019年，大同市保险行业协会秘书长与《大同保险志》副主编贺启宗多次到部分会员公司了解各公司《大同保险志》组稿的推进工作情况和遇到的问题，解决具体问题，以推动《大同保险志》编纂工作。自上年年初启动《大同保险志》的编纂工作以来，全行业都参与到这项工作中，召开《大同保险志》编纂事宜专项工作会议6次，在会上各家公司分别汇报编纂修改过程中存在的问题，主编贺启宗针对报送的《大同保险志》资料稿中存在的问题进行归纳并解答，与会员公司撰稿人员沟通交流。截至2019年底，《大同保险志》组稿框架成型，缺少部分章节，开展补填充工作。

（林雅慧）

【保险协会规范化建设】 2019年2月26日，大同市保险行业协会召开第一届第四次会员代表大会，对行业和保险协会工作提出要求，要加强改进自律方式，坚守风险防范和合规经营底线，避免市场秩序紊乱，加快推进产品创新与服务升级，利用和发挥好协会作用。通过《大同市保险行业协会2018年财务决算报告》《大同市保险行业协会2019年度经费预算报告》。把《大同市保险行业协会会费收取办法》的4个档次计费标准统一下调20%。8月2日，大同银保监分局副局长张少英与分局保险监管、统信科、普惠科、消保科负责人等一行9人在大同市保险行业协会进行工作调研指导，保险监管科、统信科、普惠科、消保科负责人分别就保险业信息、监管数据统计、绿色金融绿色保险示范区、普惠政策传导、消费者权益等相关监管情况和协会辅助监管工作与协会工作人员进行座谈交流，

规范保险行业协会建设。（林雅慧）

【保险业宣传】 2019年3月13日至17日，“3·15”消费者权益宣传周期间，大同市保险行业协会围绕“以消费者为中心优化服务”主题，开展多形式消费者权益保护宣传活动。筛选出上年产、寿10大理赔典型案例，并在大同公众媒体和自媒体发布。印制2万份大同保险纠纷人民调解委员会纠纷调处知识宣传彩折页，通过发放宣传折页、摆设展板、总经理现场接待，及公司开展保险知识讲座、咨询、各种公益活动宣传正确保险消费理念。7月4日，大同市43家市级保险机构的500余名从业者和一家志愿者协会的工作者，在古城和阳门广场开展以“爱国爱家，从一份保障开始”为主题的“7·8保险扶贫公益跑”和“保险知识集中宣传”系列活动。活动过程中，回顾在2019年上半年保险业所取得的成果；重温保险业在精准扶贫中的贡献；强调保险业在防范、打击和处置非法集资中的重要作用。全体活动参与者在护城河畔进行扶贫公益跑。与大同日报传媒集团合作，在《大同日报》《大同晚报》以“大同保险业务助推大同大发展”为主题开辟专栏，并在固定时间刊登保险咨询、保险常识、保险案例、保险理论等内容；向《中国保险报》投稿；协会财产险、人身险部、保调委、综合办公室分别创办《产险资讯》《寿险资讯》《保险纠纷调处工作简报》《大同保险业工作简报》，专刊分数据篇和信息篇，每月刊发两期，全年刊发67期。（林雅慧）

【保险业务讲座及培训】 2019年，大同市保险行业协会组织各类专项培训5次。4月16日，举办保险业涉税知识专项培训，大同市银保监分局相关科室人员、各会员公司财务负责人、办税人员及协会秘书处全体工作人员70余人参加培训，国家税务总局大同市税务局所得税科副科长侯世平讲解个人所得税新政，国家税务总局大同市税务局货物和劳务税科副科长王雁解读增值税政策并现场解答保险业税务问题。5月20日和11月21日，举办两次防范和处置非法集资暨反保险欺诈工作知识培训，大同市政府金融办防范和打击非法集资专项法律顾问马颖军与石艳春分别通过专业授课方式，并利用真实案例剖析给大家讲授防范和处置非法集资及反保险欺诈教育工作相关内容。10月17日，举办市场准入业务培训，全市43家市级保险机构分管负责人及承办人员参加培训，银保监分局保险监管科张艳丽从机构的筹建审批、机构改建、业务范围变更、高管人员任职资格核准等方面对机构准入事项进行讲授与解读；培训会后，保险监管科张红对21家中介机构讲授与传达《保险专业代理机构监管规定》等相关监管内容。12月27日，召开保险纠纷调处工作会议，该协会秘书长郭促介绍2019年度大同保险业纠纷调处工作情况，分析面临的机遇和问题；银监分局科长阎安中、大同市司法局基层处处长苏忠林、大同市中级人民法院民三庭副庭长雷剑飞在会上强调要以整治金融行业市场乱象为抓手，从根源上遏制保险业消费者信访投诉量增长态势，协调配合地方法院、人民银行、行业协会等部门抓保险业纠纷调处工作，认识开展人民调解的重要性，并就涉保险案件司法实践辅导培训，宣读聘任的41名人民调解员名单。（林雅慧）

【人身险公司星级柜面评审】 2019年10月28日至11月15日，大同市保险行业协会秘书处组成由人身险部主任何鑫为组长、大同市总工会新建企业工委主任段成功为副组长的评审组，分别对中国人寿大同分公司客户服务中心、左云县、天镇县、广灵县客户服务中心、平安人寿大同中支客服中心、新华人寿大同中支客户服务中心、泰康人寿大同中支客户服务中心、人民人寿大同中支、平城区营销服务部、云冈区、左云县、云州区、灵丘县、阳高县支客户服务中心等18家机构进行星级柜面现场评审或复审工作。评审组现场听取参评公司客服工作和工会建设的汇报，对柜面的基础设施、服务时效、服务创新、服务特色等方面进行评审，以暗访、座谈、现场采访客户等方式进行现场打分，并对各公司柜面建设及柜面服务提出意见和建议。按照评审标准，全市有1家基层公司未达到评审标准要求。（林雅慧）

中国人民财产保险股份有限公司大同市分公司

【概况】 2019年，中国人民财产保险股份有限公司大同市分公司（简称“人保财险大同市分公司”）保费收入83684.42万元，同比增加2400万元，增长2.95%；承担保险保障金额7650.22亿元；保费市场份额37.8%，同比减少3.6%。其中机动车辆保险费收入49646.29万元，同比减少5411万元，下降9.83%，市场份额30.5%，同比下降5.2%；支出赔款29792.24万元，简单赔付率60.01%；承保交强险机动车辆（包括汽车、摩托车、拖拉机）12.92万辆，同比增长3.44%；交强险保费收入12200万元，同比下降10.24%；交强险理赔立案件数11.16万件，同比增长22.57%，赔付金额6600万元，同比下降21.99%。非机动车辆保险保费收入34043万元，同比增加7817万元，增长29.8%，市场份额58.1%，同比减少4.6%，其中人身意外保险费1453.75万元，同比增加290.03万元，增长24.92%，支出赔款1107.13万元，简单赔付率76.16%；健康保险费15741.25万元，同比增加2313.59万元，增长17.23%，支出赔款15732.63万元，简单赔付率99.95%；农业保险费5234.05万元，同比增加1910.77万元，增长57.5%，支出赔款3568万元，简单赔付率68.18%；货物运输保险费1202.9万元，同比增加248.05万元，增长25.98%，支出赔款37.17万元，简单赔付率3.09%；责任保险费2883.27万元，同比增加239.49万元，增长9.06%，支出赔款1484.28万元，简单赔付率51.48%；保证保险费119.81万元，同比减少1482.44万元，下降92.52%，支出赔款195.34万元，简单赔付率163.04%；企业财产保险费3102.49万元，同比增加377.58万元，增长13.86%，支出赔款151.86万元，简单赔付率4.89%；工程保险费31.5万元，同比减少55.42万元，下降 63.8%，支出赔款 388.86 万元，简单赔付率 1234.63%；家庭财产保险费 122.03 万元，同比减少 162.87 万元，下降 57.17%，支出赔款 107.81 万元，简单赔付率 88.35%。全年人保财险大同市分公司处理各类赔案 63611 件，同比增加 18743 件，结案率 93.78%，支出赔款 53188.27 万元，同比增长 15.87%；综合赔付率 63.56%，同比上升 1.42%。全年利润总额 4151.25 万元，同比增加 2196 万元，增长 112.31%；全年上缴当地各种税收 3198 万元，主要经营指标分类在全省系统评级为 D 类。（吴国凯）

【保险服务民生】 2019 年，人保财险大同市分公司在承办全市城乡居民大病医疗补充保险工作中，服务城乡居民 1130913 人，服务建档立卡贫困人口 263690 人，服务城镇职工大病及意外伤害保险 85966 人。年内处理赔案 35859 件，支付赔款 7325.61 万元，其中城镇职工大病医疗保险 18 件，支付赔款 39.24 万元；城乡居民大病医疗保险 13292 件，支付赔款 6600.36 万元；建档立卡贫困人口补充保险 22549 件，支付赔款 686.01 万元。

年内，人保财险大同市分公司承保政策性玉米种植保险 43863 公顷，支付赔款 942.03 万元；承保能繁母猪 24220 头，支付赔款 222.85 万元；承保奶牛 21473 头，支付赔款 661.82 万元；承保森林 143885 公顷，支付赔款 50.29 万元；承保马铃薯 1370.6 公顷，支付赔款 47.76 元。承保商业性黄花种植保险 2153 公顷，支付赔款 915.52 万元；承保黄花目标价格指数保险 787 公顷；承保蔬菜大棚 2157 个，支付赔款 6.66 万元；承保育肥猪 205123 头，支付赔款 263 万元；承保肉牛 499 头，支付赔款 71.45 万元；承保小杂粮 2636 公顷，支付赔款 334.76 万元；承保中药材 55.8 公顷。（吴国凯）

【保险服务企业】 2019 年，人保财险大同市分公司给全市 984 家企业提供财产风险保障 250 亿元；给 272 家企业提供雇员风险保障 39 亿元；给 67 家企业提供公众责任风险保障 2.7 亿元。（吴国凯）

【保险服务创新】 2019 年，人保财险大同市分公司创新服务举措，设立绿色保险产品创新实验室，成立绿色保险专业化团队，打造“保险 + 服务 + 科技 + 创新”绿色保险服务体系。创新保险产品，开办“脱贫保 1+N”综合保险、精神病监护人责任险、返贫责任保险、综合治安保险、网格人员意外保险。创新服务方式，开展“警保联勤”“两站两员”“理赔夜市”“E 代驾”“道路故障救援”和“多、快、好、省”理赔特色服务，丰富手段和内容；常态化开展保险三进入活动；“古都灯会”灯组冠名、“成龙国际动作电影周”保障、“二青会”大同赛区的服务宣传，启动“爱心送考”活动，扩大中国人民保险品牌影响。（吴国凯）

中国人寿保险股份有限公司大同分公司

【概况】 2019 年，中国人寿保险股份有限公司大同分公司总保费收入 14.22 亿元，同比增长 5.57%，其中长期险首年标保达成 1.23 亿元，同比增长 33.9%；新单保费达成 4.18 亿元，占年度预算 104%；首年期交保费达成 2.31 亿元，占年度预算 99%；10 年期及以上首年期交达成 1.32 亿元，占年度预算 105%，同比增长 36.2%。长期险首年标保达成 1.13 亿元，占年度预算 103.7%，同比增长 34.3%；首年期交达成 1.84 亿元，占年度预算 97%；10 年期及以上首年期交达成 1.22 亿元，占年度预算 107%，同比增长 32.5%。大短险保费 6442 万元，占年度预算 102%，同比增长 18.1%，其中团险短期险达成 4054 万元，占到短险总量 63%；个险短期险达成 2231 万元，占年度预算 137%，同比增长 84%；银保短期险达成 157 万元，占年度预算 106%，同比增长 151%。银保首年期交达成 4689 万元，占年度预算 108%，同比增长 46%，其中长期险首年标保达成 945 万元，同比增长 28.5%；10 年期及以上首年期交达成 930 万元，同比增长 111%。（赵　伟）

【人寿运营管理】 2019 年，中国人寿保险股份有限公司大同分公司调整措施，实施重点区域重点竞争，总体业务市场份额 30.95%，较年初提升 1.28 个百分点；个险首年期交市场份额 30.98%，销售人力 4572 人，银保首年期交市场份额 17.51%，较年初提升 0.8 个百分点。团险短期险市场份额 67.85%，占据市场绝对优势地位。优化业务结构，续期保费收入 9.83 亿元，同比增长 9.2%。长险首年期交占长险首年比重 99.94%，同比提升 12.82 个百分点，10 年期以上占寿险首年期交 57.77%，同比提升 22.69 个百分点。个险日均刷脸人力 2025 人，月度参会率 60% 以上的人力 3050 人。标准化职场 70 个，较年初增加 13 个。全市 44 个营业部全部开通 e 职场，实现活跃人力全覆盖。（赵　伟）

【人寿运营服务】 2019 年，中国人寿保险股份有限公司大同分公司制定出台《柜面经理、主管、柜员绩效奖励及处罚方案》，明确岗位职责，细化考核指标，激发全员工作积极性。全年完成满期给付 1202 笔，支付满期保险金 3864 万元。契约长险出单 3.67 万件；受理理赔案件 1.4 万件，赔款金额 8416 万元，赔付城乡居民大病 1.2 万件，赔付金额 5748 万元；赔付精准扶贫建档立卡补充保险 3896 件，赔付金额 77.8 万元。市公司本部柜面通过山西省总工会、省保险行业协会及省公司审核，升级为地市 AAAAA 级柜面，全市柜面服务品质实现提升。（赵　伟）

【人寿风险防范】 2019 年，中国人寿保险股份有限公司大同分公司组织中介市场乱象整治、巩固治乱象成果、侵害消费者权益乱象排查等专项工作，强化反洗钱风险、打击非法集资排查活动，专门组成检查组到基层进行现场督导，推进重点风险防控常态化，评定客户风险等级 3.5 万人次，分析办结可疑交易数据 194 条。确定各县支公司风控联系人，制定《县支公司风控联络员履职清单及考核标准》，压实基层一线风险防范责任，守住不发生系统性、区域性风险底线。（赵　伟）

证 券

山西证券大同分公司

【概况】 2019年，山西证券股份有限公司大同分公司位于市平城区云中路，下设大同云中路证券营业部、大同武定北路证券营业部、大同文化街证券营业部3家分支机构。截至2019年底，分公司客户保有量6.3万户，客户资产总额33.62亿元。年内，证券交易量465.19亿元，实现纳税额约140万元。（李一帆）

【山西证券机构业务发展】 2019年，山西证券股份有限公司大同分公司机构业务围绕服务实体经济和山西省资本市场县域工程试点开展。与市金融办联系，多次随同金融办等政府机关单位调研企业，给企业发展出谋划策，当面协商与企业相关事项，帮助企业解决股改及发展过程中的问题，如资金问题、工商问题、环保问题等。成立大同市金融服务发展中心，协助市金融服务中心围绕服务实体经济服务中、小、微企业开展工作。

全年完成山西股权交易中心晋兴板股改挂牌4家，有大同市新华机械设备股份有限公司、山西新基正科技股份有限公司、大同市优和商贸股份有限公司、山西鑫锐电子科技有限公司。新三板签约1家，大同良种奶牛有限责任公司（完成股改）。山西股权交易中心企业创新板挂牌7家，山西润生大业生物材料有限公司、山西新基正科技有限公司、大同市巴什卡机械制造有限公司、新华机械设备有限公司、大同市牧同乳业有限公司、山西清新新能源科技有限公司和大同云州区栋梁实业发展有限公司。（李一帆）

【参加防范非法集资宣传月活动】 2019年5月，山西证券大同分公司参加由大同市处置非法集资部际联席会议办公室、市人行主办的以“携手筑网，同防共治”为主题的防范非法集资宣传活动月活动。活动现场，分公司利用这一平台通过在现场发放宣传资料、摆放展板、讲解案例等方式开展反洗钱、扫黑除恶宣传。活动期间，分公司人员随大同市处非办到社区、农村、学校开展非法集资、反洗钱、扫黑除恶专项斗争宣传，提升广大群众对非法集资的防范意识。（李一帆）

【山西资本市场县域工程工作推进交流会】 2019年11月29日，由山西省地方金融监督管理局、山西监管局、山西省小企业发展促进局主办，大同市金融办、山西股权交易中心承办，山西证券股份有限公司协办的山西资本市场县域工程工作推进交流会在大同召开。座谈活动会上，山西证券股份有限公司董事长侯巍给县（区）政府进行现场答疑，针对如何利用资本市场多元化金融手段帮助企业增强实力，助力县域政府优化产业结构、提升经济效能提出意见和建议。山西证券股份有限公司副总裁王怡里代表公司与广灵县、新荣区、定襄县等13个试点县（区）签署战略合作协议，给合力构建试点县域资本服务体系打下基础。（李一帆）

大同证券有限责任公司

【概况】 2019年，大同证券有限责任公司实现营业收入3.18亿元，同比增长10.03%；实现净利润3383.56万元，同比增长245.49%。主要开展证券经纪及信用业务、证券交易投资业务、证券投行业务、证券资管业务、私募基金管理业务等业务。年内，大同证券有限责任公司与同花顺、第一财经等互联网平台合作开展投顾业务试点，有27家营业机构参与，关注用户约10万人，该公司获合作平台颁发的“最佳服务团队”“最佳投资顾问服务机构”“最佳策略机构”等7个年度奖项。12月，大同证券有限责任公司被授予“2019中国年度最佳雇主太原十强”称号。（赵树仁）

【证券经纪及信用业务】 2019年，大同证券有限责任公司坚持经纪业务基础地位，巩固信用业务盈利能力，加快培育私募基金服务业务和金融衍生品业务，制定财富管理转型行动计划，确保经信业务潜力得到挖掘。全年公司经纪业务总交易额9394.16亿元，代理买卖券业务净收入1.52亿元。截至2019年底，有40家营业机构及4家分公司开通融资融券业务，26家营业机构具备期货IB业务展业资格。（赵树仁）

【证券交易投资业务】 2019年，大同证券有限责任公司围绕“厘清业务属性，捕捉市场机会，分类施策运营，确保交易投资业务稳健发展”总体工作安排，细分业务领域，分类运营。在固收业务方面，抓信用风险防控、降低债券组合信用风险敞口、把握债券市场机会、开展债券销售交易等工作，全年实现业务收入3031.73万元。（赵树仁）

【证券资管业务】 2019年，大同证券有限责任公司扩大固收产品业务规模，开展投顾业务，拓宽销售渠道，保持业务发展。截至2019年底，公司存续资管产品43只，存续规模57.83亿元，其中集合资管产品规模50.54亿元，定向资管产品规模7.29亿元。（赵树仁）

【证券投行及私募基金管理业务】 2019年，大同证券有限责任公司完善业务体系，重构业务布局，围绕现有业务体系开展各项细分业务，促进基础业务和常规业务发展，确保投行业务盈利目标达成，全年实现业务收入1479.06万元。推动子公司转变经营思路、挖掘项目资源，围绕山西转型综改示范区平台开展业务，双方进行多领域多层面合作，并被示范区授予“2019年度优秀管理团队”称号。（赵树仁）

城乡建设

城乡规划

【概况】 2019年，大同市规划和自然资源局在城乡规划方面解决城市棚户区项目、亿丰信访、东小城和深特广场等历史遗留问题，抓民生便民工程和恒安新区提质工程项目选址工作，及中石化加油站布点规划、部队置换用地选址、军粮库项目选址规划、民办学校选址等项目前期服务工作。按照市政府棚户区改造及公开出让等工作部署，编完43个地块的规划设计条件；完成5个国家级传统村落规划编制和30个实用性村庄规划编制。（陈学飞）

【规划历史遗留问题解决】 2019年，大同市规划和自然资源局按照市政府《关于解决城市棚户区改造项目历史遗留问题的实施方案》及《大同市城市棚户区连片改造项目实施方案（试行）》，系统梳理市平城区、云冈区和云州区城市棚户区改造项目，通过现场踏勘掌握棚改项目现状情况，与市平城区、云冈区相关部门对接时庄村、马营村、口泉街道、原第一汽运公司等城市棚户区改造项目，并出具口泉村棚改、原第一汽运公司棚改等项目的规划设计条件。依据6月6日市信访工作会议纪要(第三期)，为解决亿丰世贸中心信访问题，启动开源街北侧地块的控规调整程序，并出具开源街北侧2宗用地的规划设计条件。为解决东小城和深特广场信访问题，启动御河西路东侧地块的控规调整程序，并出具该御河东路地块的规划设计条件和兴云桥西侧S1–S3地块规划控制指标说明。（陈学飞）

【民生改善项目选址】 2019年，大同市规划和自然资源局按照市政府工作部署，完成市平城区中医院、平城区人民医院、文兴路社区公园、恒源路社区公园、13处停车场、6所幼儿园、2处社区服务中心、平城区第十三小学等9所学校及1处御东供热站等70余项民生工程的选址工作。依据《大同市土地利用总体规划》《大同市城市总体规划》及相关规范，组织市规划设计院编完《恒安新区配套完善实施方案》和《恒安新区配套设施项目三年实施计划》，包括公共服务设施、公园绿地、环卫设施、道路4类132项建设项目。并按照市政府对恒安新区专项治理工作的安排部署，完成幼儿园、学校、绿地、便民市场、广场等10余处选址工作，并出具水冲公厕和垃圾转运站选址意见。（陈学飞）

【重大项目前期规划服务】 2019年，大同市规划和自然资源局为落实“精准扶贫、央企入晋”目标，推进项目合作，通过与中石化对接，根据项目单位诉求，拆迁站点情况和项目单位诉求，结合全市加油站布点规划，落实拆迁加油站相关事宜，提出针对性解决方案。为解决2008年因城市道路拓宽，拆迁部队用房置换问题，保证部队正规化建设，确保全市警卫安全、抢险救援能力，与部队对接，完成部队置换用地选址工作。与建设单位多次对接，完成军粮库项目的选址工作和地块规划调整工作。推进民办学校前期规划事宜，与市平城区双语学校、口泉双语学校对接，完成民办学校选址工作。（陈学飞）

城市交通

客运出租

【客运管理】 2019年，大同市交通运输局加强客运站场监管，在汽车客运站实行“三不进站、六不出站”（危险品、无关人员、无关车辆不进站，超载客车、安全例检不合格客车、驾驶员资质不符合要求、客车证件不齐、出站登记表未经审核签字、乘客和驾驶员未系安全带不出站）制度形成长效机制，被列为安全例检项目之一。提高经营管理和服务质量，各运管所驻站人员贯彻交通运输部《汽车客运站管理规定》，加强监督检查汽车站、客运企业，重点整治客运站经营中存在的突出问题，改善客运站服务面貌，改善客运站窗口形象。按照“平安春运、有序春运、温馨春运”目标，完成“春运”旅客运输工作。春运期间，全市投入客车29388辆，其中包车622辆，加班车462辆，完成客运量55.84万人次。（高青）

【综合客运枢纽建设】 2019年，大同市综合客运枢纽占地面积44969.21平方米，总建筑面积68055.26平方米，其中地上总建筑面积44855.55平方米，地下总建筑面积23199.71平方米；上下匝道建筑面积4270.27平方米。综合枢纽工程主站房地下1层，地上4层；综合枢纽工程公交、长途站场局部地下1层，地上2层。项目总投资估算61357万元，1月10日工程建设用地规划许可证获批，5月28

日规划许可证获批，10月24日可行性研究报告经发改委批复，11月4日初步设计批复，《大同综合客运枢纽工程资金申请报告》编制完成，并通过专家评审。截至2019年底，综合客运枢纽建设工程开工。（高　青）

【城市客运出租汽车行业专项整治】 2019年，山西省公路局大同分局抓城市客运出租行业管理，倡导行业文明，规范出租汽车经营行为，尤其在火车站、飞机场、云冈石窟、方特游乐场等客流密集的公共场所，专项整治全市城市客运出租汽车行业，提升出租汽车驾驶员服务水平。查扣违规出租车辆、非法营运车辆及不合规网约车812辆，处罚745辆，处罚金额453万元，结案率97%。（高　青）

【公共智能停车场建设】 2019年，大同市港湾工程建设有限公司建设大同市昌泰街南侧等10个公共停车场，分别位于文兴路东侧、大同大学专家公寓西侧、南环西路与昌泰街交叉口、平城街与西环路交会处、御东新区北岳中学西北角、文兴路东侧御龙庭二期南侧、新世纪广场西北侧、开源桥东北侧、武定北路东客站前街西侧、文瀛湖南侧和北侧。总用地面积46942.43平方米，总建筑面积248.98万平方米，总停车位1510个。其中，配置电动车充电桩车位241个，配套建设门房、岗亭等服务设施。总投资估算12394.87万元（资金来源是财政资金），其中工程费用10619.56万元，其他费用57.17万元，预备费913.14万元。（高　青）

【第八次集中销毁“黑出租”】 2019年6月28日，大同市城市客运管理处在市报废汽车回收拆解有限责任公司院内，集中销毁“黑出租车”36辆，这是自2010年来大同市第八次开展大规模集中销毁“黑车”行动。

集中销毁的“黑车”中，多数是即将达到或达到报废年限的套牌出租车，“黑车”车主利用这些套牌出租车违法从事营运，扰乱客运市场，给道路交通安全埋下隐患，个别“黑车”车主利用套牌车从事违法犯罪活动。上年10月起，市城市客运管理处执法人员加大对“黑出租汽车”的打击力度，取消周六、日休息制，采取灵活机动休息方式，随时接听市民举报、不间断在路面巡查，发现一起“黑车”非法运营行为查处一起。上年10月至2019年6月，查扣违法营运车辆800余台，上缴财政罚款560余万元，针对查获的各类非法营运出租车，依照有关法律规定，视情节处以5000元到两万元不等的罚款，若在规定的期限内，车主仍拒不接受处罚，车辆将移交至大同市财政实物库，统一作销毁处理。在销毁“黑车”现场，执法人员还向市民普及识别“黑车”的方法，倡议市民文明出行、拒乘“黑车”，并与出租车司机一起加入到打击“黑车”行列，举报不法行为，共同营造风清气正的客运市场秩序。（悠　菊）

【首批出租车安装智能终端管理系统】 2019年7月，大同市更新的300辆出租车开始陆续安装智能终端管理系统，该系统在出租车云享平台的大数据支持下，具有智能服务、智能运营、智能管理等多个功能。

该系统对乘客而言，车辆运营前，出租车驾驶员需通过双录摄像头完成人脸识别后，计价器才能正常运行工作；乘客上车后，车上的智能终端主机会弹出该辆出租车的信息二维码，乘客如有投诉需求，可直接扫码投诉；当车辆行驶到市内主要旅游景点附近时，智能终端主机会自动播放景点介绍小视频；给乘客提供电召和网约服务。对出租车经营者而言，在日常运营中智能终端主机会实时显示主要路段的空车数量，提前实时播报机场、火车站的班次信息，降低车辆的空驶率；针对刚入行的经营者，智能终端主机可实现实时导航，在实时导航图上显示部分路段的乘客分布热力图，帮助其尽快进入行业角色；具有电子记账本功能的智能终端主机，根据经营者的行驶里程、营运金额等信息，给其计算出当日净收入及近一周的净收入分析曲线图，让经营者收入明明白白。对行业管理部门而言，该系统具有黑车稽查、违规行为检测、不文明驾驶抓拍取证、投诉取证、动态聚集报警等多项功能，实现行业管理智慧执法。该系统提供车辆的空驶率、停驶率、上线率、出车率等46组数据的车辆营运动态分析，给政府部门宏观调控提供数据支持。该次安装智能终端管理系统是大同市推进出租车行业智慧化进程的一项重要举措，不额外向出租车经营者收取任何费用。（悠　菊）

【首辆新能源电动出租车上路运营】 2019年8月27日，大同市首辆新能源电动出租车上路运营，标着大同市出租汽车行业开启绿色出行时代。4月22日起，市城市客运管理处为推进车辆更换工作，陆续引入比亚迪、长安、江淮、吉利、北汽、东风、启辰、奇瑞、荣威9款新能源电动出租车，由客运人员和出租车经营者共同完成上路试驾测试。经过测试，所测试的车辆基本符合出租汽车有关标准要求。与以往的油汽混用出租车相比，新能源电动出租车环保，车辆结构简单、灵活、噪音小、起步提速便捷。新能源出租车的运营成本是油气混用出租车的一半，且随着与车辆的更好磨合后，运营成本还会降低。每天需充一次电，在室外集中充电桩充电需要一个小时左右的时间。（悠　菊）

【新能源出租车“蓝天白云”图形申请商标权】 2019年10月，大同市城市客运管理处向国家知识产权局商标局提出申请，给大同市新能源出租车“蓝天白云”车身图形申请注册商标，以宣传大同旅游城市形象，促进客运出租行业发展，增强知识产权保护意识。年内，市城市客运管理处推进新能源电动出租车更换工作，邀请专家经多方论证，最终确定把车身喷涂成“蓝天白云”图形，即车辆上段喷涂纯蓝色配以大同阁楼水印纹饰，下段喷涂纯白色点缀3朵蓝色祥云取大同“蓝天白云”之意，两色之间以波浪线融汇。8月27日，首辆喷涂成“蓝天白云”图形车身的新能源电动出租车上路运营。截至2019年底，商标注册在受理中，根据《中华人民共和国商标法》规定，商标权有效期10年，自核准注册之日起计算。（悠　菊）

【北汽新能源公司大同EU300换电站启动】 2019年10月30日，

北京新能源汽车股份有限公司大同EU300换电站启动，交付该公司的EU5出租车，这是北京新能源汽车股份有限公司打造的创新示范项目，对大同市公共交通转型升级起到推动作用。

换电业务是北京新能源汽车股份有限公司构建新能源产业生态，打造从整车制造到能源服务的关键一环。该换电站的换电模式直击电动汽车用户的痛点，车辆充满电需3分钟，充电过程中无需用户任何操作，就能把电能补满。由于实现“车电分离”，用户可只买车，不购买电池，用户能以接近燃油车成本的价格获得新能源车辆，以低于燃油车的使用和维护保养成本来享受出行。（悠 菊）

城市公交

【概况】 2019年，大同市公共交通有限责任公司(简称“大同公交公司”)营运车辆1096台，运营线路65条，线路长度1074.5千米，双向候车站点2307个，500米站点覆盖率100%，年客运量2.2亿人次，全年运营里程4777万千米，运营收入15955万元。年内，该公司通过国家安全生产标准化一级达标企业的年度审核，并取得证书。（大同公交公司）

【公交线路更新】 2019年，大同公交公司开辟8条线路（文瀛湖号专线、33路、505路、506路、508路、21路、204路、快速公交605路）。为对接大同南站高铁开通，延伸调整大同南站周边14路、31路、61路、66路、68路线路。优化调整15条线路走向。站点数量由原来的2232增加到2303个。（大同公交公司）

【公交设施建设】 2019年，大同公交公司对在用车加装驾驶员安全防护装置731套，改装车数占在用车辆72.7%；根据道路条件，对魏都大道、迎宾街、御河西路、云中路、南环路等城市主干道的241座站台安装安全防护隔离设施；把平城区主干道的老旧站牌更换为“U”形、“日”形灯箱站牌，更换110个；年内，给新开通的氢燃料公交车规划的停车场通过发改委立项。为维护公共交通新能源车辆正常运行，平投公司在平城区建设完成4所充电站（东城墙带状公园北停车场、东城墙带状公园南停车场、西城墙带状公园北停车场、西城墙带状公园南停车场）并运营，可同时满足100辆新能源汽车同时充电。市公交公司使用的充电站4座，充电桩94个，可满足335台电动公交车运营需求。（大同公交公司 高 青）

【公交车能源革命】 2019年，大同公交公司开通201路、62路、33路氢燃料电池公交车示范线路；更新190台公交车，其中购置氢燃料电池公交车10台、纯电动车辆180台。公司拥有新能源车601台，天然气车辆495台，新能源车占比54.8%，绿色公交车占比100%。（大同公交公司）

【大同至浑源公交线路开通】 2019年1月31日，大同至浑源公交线路开通、新能源车上线运营。这是市众安公共交通有限公司给2019年春运推出的便民惠民举措，让大同、浑源两地及沿线的居民享受到新能源公交车出行的便捷与优惠，给大同建设和谐城际交通网络作出贡献。市众安公共交通有限公司成立于上年8月，是市交通局批准成立的一家集道路客运、城市公共交通于一体的运输企业。该次开通的线路投入运营车辆60部，全部是新能源纯电动公交客车。这款新能源纯电动公交客车带电量大，续驶里程长200千米，安装多级安全防护系统，八路智能监控系统，车道偏离、碰撞预警系统等。（悠 菊）

【氢燃料电池公交车驾驶员岗前培训】 2019年3月20日至21日，大同市首批示范运营氢燃料电池公交车驾驶员岗前培训在大同公共交通第一分公司会议室举行，大同公共交通第一分公司的100余名驾驶员参加培训。大同氢雄云鼎科技投资有限公司、山西经雄新能源科技投资有限公司等企业技术人员，讲解氢燃料发动机及整车的应用背景和性能优势，及使用中的操作规范和注意事项。技术人员分批带驾驶员上车实训，对各种开关、仪表盘指示灯的使用方法进行介绍，并对常见故障的识别和排除方法展开讲解。为保障首批50辆全新氢燃料公交车上线驾驶员科学操作、熟练驾驶，大同氢雄云鼎公司等联合中通客车等公司，采用专题授课、现场教学和总结交流相结合方式，帮驾驶员夯实理论基础，提升业务素养，规范操作程序，以确保设备正常运转，实现车辆安全驾驶。（悠 菊）

【氢能源公交车上线试运行】 2019年4月15日起，大同市氢能源公交车开始上线试运行，首批氢能公交车投入到62路和201路线。首批投入运营的氢能源公交车，采用高档

▲2019年4月15日，大同市氢能源公交车上线试运行。图为201路新能源公交车驶入站台

（戎禹仁 摄）

配置设计，配有360度环视系统、独立水暖系统、空气悬架、软包座椅，车身宽敞有29座，无级变速，可实现零下30℃环境下正常运行，车辆设计最高时速50千米/小时，车辆加氢时间小于15分钟，续航里程最高500千米。氢能源公交车具有环境好、安全性强、能量密度大、转化效率高和使用范围广等优势，替换传统能源公交车和实现普及应用，对降低大同市大气污染、改善城市环境和降低能源消耗等有重要意义。为保障安全试运行，把握好新型氢能源公交车的性能，该分公司部署试运行方案，每天配置8部车分别投入到62路和201路公交线运行，并轮流安排司机上车驾驶，以便尽快熟悉车况和路况。试运行期间，与厂家人员一起互动持续关注车辆运行情况抓服务和保障工作。

（悠　菊）

【大同至应县公交线路开通试运营】 2019年6月，大同至应县的公交线路开通试运营阶段，这是市众安公共交通有限公司继大同至浑源公交线路开通后的第二条运营路线。市众安公共交通有限公司是一家集道路客运、城市公共交通于一体的运输企业。该次开通的线路有运营车辆30部，全部是新能源纯电动公交客车，带电量大，续驶里程200千米，安装多级安全防护系统、八路智能监控系统及车道偏离、碰撞预警系统等。（悠　菊）

【公交免费乘车】 2019年7月起，大同公交公司对全市65周岁以上（含65周岁）老年人实行免费乘车。在市政府对恒安新区观光电瓶车治理过程中，为保障恒安新区居民出行，大同公交公司于8月紧急增加开往恒安新区4条新线路（33路、505路、506路、508路），开通的505路、506路、508路3条区域内公交线路，与原区域内501路、502路、503路3条线路同时暂行免费乘车。（大同公交公司）

【“冯冰劳模创新工作室”获省总工会命名授牌】 2019年8月，设在大同市公交三分公司的“冯冰工作室”，被山西省总工会命名为“冯冰劳模创新工作室”并获授牌。冯冰工作室成立于2017年10月，以工作室为依托，发挥劳模带头作用，弘扬奉献精神，打造一支学习型、创新型的大同公交职工队伍。上年工作室为丰富服务内容，探索创新，开通“冯冰热线”、微信公众平台，给市民提供咨询等服务，并实时发布公交服务动态、公交线路调整、失物招领等信息。组建成立“优质服务先锋队”，激励和带动更多人在实际工作中践行优质服务。2019年1月，冯冰工作室被市总工会命名为“冯冰劳模创新工作室”。（悠　菊）

【公交智能化建设】 2019年10月，大同公交公司开展大同智慧公交第二期建设项目。项目主要包括：增加驾驶员行为分析仪和客流统计分析仪车载设备，建设公交线网评价分析和综合出行平台应用系统。升级改造智能调度系统，开发“易公交”APP并上线运行。继续开展扫码支付方式，开通“翼支付”扫码乘车通道，中国电信“翼支付”二维码扫码乘车在全部线路上与“支付宝”并行使用，非现金支付比率66%。（大同公交公司）

【首届“最美公交驾驶员”表彰活动】 2019年10月30日，由大同市文明办、大同广播电视台、市公共交通有限责任公司主办，大同交通广播承办的“创建文明城，做文明大同人——大同市首届最美公交驾驶员”表彰活动举行，大同市副市长郝献民参加。该活动9月18日启动，投票量1668万张，旨在树立交通行业良好形象，对提升市民思想道德素质、推进全市文明城市创建工作、建设美丽富裕幸福大同起到示范带动作用。经过评选，张鑫、陆小英、柴丽、徐丽、穆成高、杨勇、赵腾、李建宁、曹静、米伟10位公交驾驶员获“最美公交驾驶员”称号。（大同公交公司）

市政建设

【概况】 2019年，大同市市政基础设施投资15.63亿元。新建和改造城市供水、供热、供气管网312.5千米，改造雨污合流制管网5.27千米。新增集中供热面积494万平方米。热电联产集中供热面积9908万平方米，集中供热普及率99.7%，城市建成区清洁取暖面积6934万平方米，主城区清洁取暖覆盖率100%，各县（区）建成区集中供热覆盖率在90%以上。安装供热计量及温控装置2517万平方米，实现热计量收费1413万平方米；城市燃气用户79.3万户，日均天然气供应54.2万立方米，燃气普及率98.74%；城市日供水量30.4万吨，供水普及率99.7%，水质合格率100%，管网漏损率8.38%，改造雨污管网5.5千米，城市生活污水处理率95%，再生水回用率在22%以上。

（刘继超）

【市政设施维护】 2019年，大同市城市管理局不间断巡查、检修管辖的653千米城市道路、66341盏路灯、27917座井位、82座桥梁，维修沥青路面5.81万平方米、人行便道1.6万平方米，滨河路污水管线非开挖内衬修复2.2千米，维修路灯4131基，路灯亮灯率97%以上。承办改造老旧街巷、优化城市道路照明这两件民生实事，截至2019年11月中旬，2件民生工程完工。整治道路5.12千米，铺设沥青路面和便道砖4万余平方米，敷设雨污管线约10千米，改造路灯LED光源2498盏，增设路灯419基、专用箱变3台，增设隧道灯和洗墙灯728盏。（刘继超）

【城市供水】 2019年，大同市供水排水集团有限责任公司日供水量在28万～33万立方米区间，担负着全市150余万人口和103013户机关、学校、驻大同部队、工商企事业单位的供水保障重任，供水范围包括市平城区、云冈区、新荣区、云州区等。具有两大类153个参数的水质检测能力，其中生活饮用水检测能力达到国家《生活饮用水卫生标准》要求106项中的104项，全年水质综合合格率100%。加强设施维护管理，保障供水安全稳定。组织各类安全培训200余次；完善应急预案、应急演练，保障供水系统稳定运行；优化制水工艺，完成次氯酸钠改造，结束液氯消毒历史；投资40余万元增加水质监测设备，定期维护在线浊度仪、余氯检测仪等水质监测设备，清理清水池等供水设施，优化水质采样布局，提升水质监测能力，加大水质监测频次，保障全市元旦、春节、夏季供水高峰、国际电影周等重要节日、时期、赛事的安全不间断供水。加强设备运行管理，树立大数据分析意识理念，加强对设备运行数据的采集、汇总、分析，科学采取调机换泵、维护维修、故障排除等工作，全年调机换泵 65 台（套），维修更换单向阀 5 台（次），排除设备故障 40 余次，故障处理及时率保持在 100%，供水单耗控制在合理区间；深化产销差率控制管理，在总结以往经验基础上，实行水表查抄承包责任制，把水表查抄任务分派至区域，明确至个人，通过绩效考核和薪酬奖罚，激励干部职工抓基础资料完善、用户水量跟踪、数据对比分析、漏洞排查堵塞等工作，控制产销差率；加强水费缴纳管理，加强与用户的协调沟通，强化催缴力度，确保水费有效回收。

供水服务　年内，大同市供水排水集团有限责任公司把关注关心民生、改善营商环境作为供水服务工作的出发点和落脚点。提升服务时效，缩短受理时限，提升办结效率，针对政府大型项目和招商引资项目，开通绿色通道，实施快捷办理；按照政府"12345"服务热线"接诉即办"要求，对用户诉求工单第一时间受理，第一时间处办、第一时间回复。拓宽水费缴纳渠道，通过与各大银行、微信运营商的协调沟通，增加银行代收水费网点，开通微信缴纳水费业务，满足用户多渠道缴费的求；拓宽服务对接渠道，在增设服务窗口、拓展服务领域同时，在政府政务大厅增设服务窗口，给广大市民和相关单位提供多元供水服务对接渠道；拓宽信息发布渠道，通过报纸、网站、微信公众号、电台等多种媒体平台发布供水信息，促使用户知晓信息、尽早做好准备。关注民生民情，针对百姓关心关注的供水情况，无论是否属于企业职责范围，都了解情况，倾听诉求，制定解决方案和意见建议。锦绣花园、卧虎家园等位于拥军路一带的小区因地势较高，加之其他客观历史遗留原因，导致居民用水困难，通过新建拥军路加压泵站，改造供水管线等措施，解决 2 万余户居民问题；物资园小区因其内部供水设施年久失修导致跑冒滴漏严重，义务给其维修庭院管网，保障居民正常用水。

供水设施改造工程　年内，大同市供水排水集团有限责任公司把供水设施改造工程提升到国有企业家属区"三供一业"移交、居民供水服务环境的优化建设上，确保工程推进。成立项目指挥部，根据改造企业家属区不同情况，分区域、定目标、明步骤，确保各家属区改造工程同步实施，统筹推进。定期召开会议，了解情况，研究问题，制定对应措施．特别是针对部分居民不理解、不配合、阻拦施工问题，了解情况，制定宣传方案，通过设立展板、印发资料、登载报刊、设置咨询台等方式，到涉改小区宣传讲解居民关切的施工必要性、可行性、科学性及施工方案、政策依据、材质及施工队伍的确定等内容，并按照居民要求设立样板间，最大限度满足居民要求。梳理实际情况，加强问题汇总、建议报送、联系沟通等工作，协调工程手续审批、配套资料落实等工作；成立专门机构负责二次供水设施的接收管理工作，给下一步接收的小区供水保障、服务延伸打下基础。抓城市供水管线铺设、城市消防设施建设等工程，全年配合市政道路建设铺设供水管线 DN300–DN1000 管线 37.44 千米，完善城市基础设施，提升消防保障能力。（市供排水公司）

【城市燃气】　2019 年，大同市城市供气以华润燃气公司为主，大同华润燃气经营区域为大同市 4 个行政区域及下属"6+1"县（含朔州市右玉县）。年供气量 2.2 亿立方米，管理用户 80.5 万户。敷设管网 3128.51 千米。其中，市政中压 1142.51 千米、庭院中压 34 千米、低压 1952 千米。有门站 6 座、CNG 母站 2 座，标准站 4 座，子站 7 座，LNG 加气站 2 座、L–CNG 合建站 2 座，大同华润燃气有限公司参与全市"一把手"接听"12345"政府服务热线活动，处理"12345"政府热线委派工单 4884 件，办结率 100%。开通微信、支付宝缴费渠道，与五大银行合作开展代收代扣业务，卡表圈存项目进入使用阶段。10 月，增设矿区维修抢修中心，降低周边管网抢险抢修时间，提高服务及时性和客户满意度。

全年开展服务专项标准培训 12 次、季度服务标兵评选 4 次，年度客户满意度得分 94.3 分。提高老旧用户燃气安全意识，分解安检责任，规范安全行为，开展抢险抢修桌面演练 60 次，消防演练 1 次，地震演练 1 次。安全培训 23 次，现场宣传 225 次。超期燃气表更换 31593 块，工商业户巡检率 100%。加大安全服务文化建设，入厂区、小区现场服务安全宣传 22 次，编写服务管理体系文件 101 个。改造老旧管网 13.42 千米。农村"煤改气"敷设中压管网 74.26 千米。低压架空管敷设 134.43 千米，壁挂炉配套安装 13443 户，整改违章占压任务 5 处，达到年度目标。"三供一业"（供水、供电、供热和物业管理）涉及改造 245604 户，协调市国资委、财政局，推进移交企业改造资金落实，项目回款 4.57 亿元，年内回款 6173.08 万元，进场施工 132422 户，4 个月改造 126293 户，完工进度 95.37%，开通 57847 户。同煤首批"三供一业"项目作为大同市三供一业改造重点工程，涉改 101444 户，政府拨付改造资金 86534 户均改造完成。协调地方政府、村委会、村民，入村解读宣传政策，逐户与用户签订供用气合同，并对燃气安全知识进行现场答疑与宣传，保障后期安全运营。年内改造户数 6 村 3592 户（云州区 1 村 270 户、云冈区 4 村 3000 户、灵丘县 1 村 322 户）、壁挂炉安装完成 270 户。截至 2019 年底，项目改造 22 个自然村，户数 13703 户。（华润燃气）

【城市供热】　2019 年，大同市城市热源有二电厂、云冈热电厂、大唐热电、华岳热电、中煤能源等，集中供热率 99.8%。11 月 4 日，大同市热力有限责任公司更名为京能大同热力有限公司。12 月 11 日公司挂牌，下设 14 个供暖分公司、1 个维护抢修分公司，6 个客户服务大厅。年内，京能大同热力有限公司新增热电联产集中供热面积 380 万平方米，敷设供热一次管网 22 千米，投入使用热力站 36 座，增加热计量收费面积 600 万平

▲ 2019 年 12 月 11 日，京能大同热力有限公司挂牌　　（安文秀 摄）

方米，增加热用户 2.8 万户，改造老旧小区庭院管网 12 千米。截至 2019 年底，该公司集中供热总面积发展到 8500 万平方米，敷设供热一次管网 1113 千米，投入使用热力站 600 座，对 123 个小区 2000 万平方米实施热计量收费，热用户总数 70 余万户，改造老旧小区庭院管网 342 千米，公司固定资产增长到 46 亿元。在供热自动化控制方面加大投入，全年完成 50 座热力站自控系统改造，有 227 座热力站实现无人值守。5 月 30 日，该公司与法国道达尔石化公司签署战略合作协议，引进并大规模使用有节能降耗效果且使用寿命较长的 PE-RT Ⅱ型保温管道。

根据气温变化情况，提前供暖时间，实施弹性供热。10 月 12 日开始陆续供热。与热源电厂联系协调，保证热源供应；发挥供热自动化控制技术优势，调度配置供热流量，确保供热运行均衡稳定；备齐备足生产运行所需的各类备品、备件，4 支专业抢修队伍昼夜待命，随时应对处置供热突发事件。开展供热大排查、大整治、大接访活动，公司客服中心和各客户服务点节假日不休息，客服热线昼夜接听用户来电，保证用户反映的问题得到解答、解决，全年供热合格率保持在 98% 以上。（安文秀）

【大同部分公共空间使用石墨烯供暖】 2019 年，大同市有 60 余座公共空间使用石墨烯散热器，替换先前的电暖器采暖。石墨烯散热器里面有一层极薄的石墨烯膜，一插电即热，然后通过内部的一层反射保温层，以辐射散热形式达到供暖效果。散热器可根据房间的朝向、面积大小等设计选择，外层使用抗氧化材料并配合造型设计，兼顾使用功能与装饰美观。截至 2019 年底，大同市开放 120 座公共空间，该种新型的壁挂式石墨烯散热器安装由原来的 40 余座增长到 60 余座。（悠 菊）

【城市排水】 2019 年，大同市城市管理局抓市政排水防涝工作，在入汛前维修和清淤主城区范围内 1222 千米雨污管网及 7 座箱涵、21 雨水提升泵站等设施，清掏、维修检查井 3078 座、收水口 5606 座，疏通管线 407 千米。（刘继超）

【生活垃圾处理扩容】 2019 年，大同市城市管理局对大同富乔垃圾焚烧发电项目实施 500 吨 / 日扩容工程，截至 2019 年底，土建工作完成，汽轮机空冷岛完成 85%、台扶梯完成 80%，设备厂房装修完成 50%。强化污水处理厂产生污泥的处理能力建设，实施增加 200 吨 / 日污泥干化项目，3 月开工，5 月底建成并投产试运行，全市污泥日处理能力达到 400 吨。（刘继超）

【污水排查处理】 2019 年，大同市城市管理局普查城市雨污水管网错接、混接、私自乱接等情况，普查主城区雨水管网 310.77 千米，污水管网 208.08 千米，发现混接点 170 处。排查监测建成区的城市水体，5 月、10 月分别对建成区内 14 个水体进行抽样检测，未发现黑臭水体，全市城市黑臭水体消除比例 100%。完成 102 处雨污合流点位改造，加强污水处理厂建设运行，全市 14 个污水处理厂出水水质全部稳定达标。完成新荣区古店镇、浑源县西坊城镇 2 个建制镇污水收集处理项目，其中新荣区古店镇建设污水管网 23.7 千米，接入市区污水收集管网并由东郊污水处理厂处理；浑源县西坊城镇建成 300 吨 / 日规模的污水处理站。（刘继超）

【地下空洞探测】 2019 年，大同市城市管理局为预防因地下开挖建设增多、管线跑漏冲刷等原因而导致的道路塌陷问题，通过招标专业机构，地下空洞健康体检建成区 26 条主要道路，探测道路长度 25 千米，发现地下病害体 30 处并整治。针对城市雨污管网错接、混接、私自乱接等问题，普查主城区 568.5 千米雨水、污水管线，28723 个检查点位，发现合流点位 170 处。对迎宾桥、十里河桥等 6 座桥梁进行 13 个方面的健康体检。（刘继超）

【三维探地雷达给道路做“B 超”】 2019 年，大同市城市管理局道路管理所对所辖道路使用三维探地雷达给道路做“B 超”，以预防和治理道路塌陷，确保人民群众生命财产安全。

三维探地雷达系统主要由主机、阵列天线等部分组成，集成高效大密度的数据采集和清晰直观成像探测结果，可实现数据采集、定位系统、数据处理和形成报告等完整流程。业内把三维探地雷达比喻成给道路做“B 超”，如某一路段下方土体存在异常状况，能在三维图像上反映出来，正常情况下三维探地雷达的探测深度在地下 5 米以内，探测精度可精确到 5 厘米。为防止事故发生，道路管理所通过招投标方式引进中科云图科技有限公司对道路管理所辖区内御河西路、魏都大道等 14 条（段）道路进行探测，长度 7.26 千米，布设测线

252 条，测线总长 162.33 千米，发现 5 处疑似病害体，其中向阳街永泰南路交叉口存在巨型地下空洞，平均净深 2.5 米，面积约 80 平方米，道路管理所进行处理，消除安全隐患。通过探测、道路巡查，发现 10 余处道路塌陷隐患并进行处理，保障道路正常通行和市民出行安全。（悠　菊）

【道路扬尘治理】 2019 年，大同市城市管理局加大城市道路的机械化清扫保洁力度，扩大城市道路机扫、冲洗面积，加大道路湿扫频次，不定时对路面洒水降尘，提高全市道路机械化清扫作业率，查处垃圾清扫中焚烧垃圾行为。全年建成区城市道路机扫率 84.4%，各县（区）机扫率均在 60% 以上；选址和公示 4 处临时建筑垃圾倾倒点，管理渣土车辆，查处苫盖不严、带泥上路、随意倾倒建筑垃圾等行为，治理渣土车辆泄漏抛撒、密闭不严、带泥上路等问题车辆 930 辆次，督促工地清洗路面 18.5 万平方米，整顿清扫各施工项目出入口 1600 余家/次，发放责令整改通知书 35 份，渣土车辆 GPS 安装率 60%。（刘继超）

【市容环境集中整治】 2019 年，大同市城市管理局负责恒安新区和景兴新区的道路病害的普查和集中维修整治任务，修复破损路面 3.85 万平方米，维修收水口及检查井 1399 座、雨污管线 2920 米，改造易涝点 19 处，道路照明亮灯率由原来的不足 50% 提高到 80% 以上；对奶牛场污水排口进行综合治理，完成 W 区西南角处污水排口截堵、回填及南环西路与高速西二路交叉口 424 米的污水管线改建工程。开展“两节、两会”、复产复工、学校及周边、“二青会”、恒安新区、乡村振兴现场会、创建文明城市、城市治五乱、新能源论坛、国际马拉松 10 个专项治理行动，到基层开展服务 46 次，为保持“二青会”“新能源革命博览会”等活动的市容、环卫秩序，对场馆及周边开展环境秩序集中整治，取缔占道经营、游商游贩等 200 余起，清理卫生死角 22 处，铺设便道、沥青路面约 1.1 万平方米，加固和维修各类检查井 80 余座，维修路灯近 600 盏，疏通污水、雨水管线近 100 千米，查处违规运营渣土车辆 61 辆。加强对市容环卫工作的检查督办，围绕城市管理中的重点、难点和热点问题，建立“巡查—反馈—整治—销号”工作联动机制，把发现的问题反馈至责任单位，并实施全程跟踪督导，确保发现的问题得到整改，全年发放各类问题巡查督办卡 174 份，整改各类问题 732 个，通过督察督办，集中解决泰和园、福寓苑等部位的生活垃圾死角及火车站周边、邱家角等 12 条街道环境秩序混乱问题。（刘继超）

【城管监察】 2019 年，大同市市政管理综合执法支队加强城市综合治理工作，按照位置区域，分 4 个督察队巡查大同市，分区域责任到队，各队长按照各自区域特点，从重点商业区、人流密集区、流动摊点较多区等进行分类，做到不同地区不同管理。巡查各街道摆摊设点、占道经营、露天烧烤等，重点巡查清远西街、齐家坡、操场城街、红旗街、向阳街、东风里、古城佳苑、御河湾等街道，督查各类流动摊点 2800 余个，各类夜市 200 余处，露天烧烤 3 处。5 月，该支队恢复渣土运输管理工作，严禁渣土车带泥上路、密闭不严、随意倾倒建筑垃圾等违规行为发生，治理渣土车辆泄漏抛撒 300 余辆次，密闭不严 280 余辆次，带泥上路 350 余辆次，督促工地清洗路面 18.5 万平方米，整顿清扫各施工项目出入口 1600 余家/次，发放责令整改通知书 35 份。按照大同市城市管理局工作部署，利用宣传展板、横幅等形式宣传“扫黑除恶”，建立线索台账、第一责任人台账，从市政工程、渣土运输、随意倾倒建筑垃圾、乱设摊点乱搭乱建 4 方面排查案件线索 361 件。引深扫黑除恶专项斗争重点工作，整体工作步入“精细化、常态化、规范化”轨道，把扫黑除恶专项斗争推向深入。为加强餐厨垃圾管理，保障食品安全和市容环境秩序，解决餐厨垃圾流失、混装及垃圾桶沿街摆放等问题，开展餐厨垃圾入户宣传和餐厨垃圾分类培训活动，举办培训班 4 期，培训 120 余家企业，260 余人，发放规范餐厨垃圾宣传手册 500 余份。该支队队员到全市餐饮街逐户宣传告知，向商户责任人普及垃圾管理相关法律法规，发放宣传册，宣传和讲解餐厨垃圾规范化管理的重要性和必要性，普及餐厨垃圾减量化、资源化、无害化处理相关知识，向商户讲解餐厨垃圾处理不当的危害和后果，宣传规范处置餐厨垃圾的意义，现场解答商户提出的问题，引导其自管自律、自查自改，并共同支持参与餐厨垃圾处置管理工作。

年内，大同市市政管理综合执法支队会同市节水中心、排水所及生活垃圾征费处查处鼓楼西街 369 粗粮馆、龙聚祥、西北莜面村 3 家饭店的油污水直排导致城市排水管网堵塞问题。会同市政排水所立案调查兴旺太阳城工地、迎宾佳苑工地私自把食堂生活污水排入城市排水管网，碧水云天博雅府私自把小区污水管接入城市排水管网问题。会同道管所查处新华街、拥军路、医卫街西口、雍锦台二期南门 4 起未经审批挖掘道路的行为。会同供排水集团对云冈美高酒店水质进行突击检查，发现其水质未达到自来水水质标准并立案调查。会同局市政科清理文瀛湖和博物馆停车场违规收费行为 3 次。配合大同市黄河供水有限责任公司清理引黄供水管线古城村段被占压 2 次。取缔星港城南开源街东延北二路残疾占道经营销售施工材料 1 次。配合驰奈餐厨公司规范古城内餐饮企业餐厨垃圾桶的摆放。

（李雁婷）

【市政审批服务】 2019 年，大同市城市管理局落实市委、市政府“12345”政府服务热线“接诉即办”工作要求，自 11 月 20 日推行“接诉即办”工作措施起，截至 2019 年底，接收热线工 399 单件，办结工单 396 件，剩余 3 件完成办理待 12345 审核，办结率 99.25%，回访率、满意率 100%。简化市政政务审批环节，压缩审批时限，完善建设项目并联审批一条龙制度，压缩用水、用气、用热报装办理时间，城市用水报装办理时间压缩至 3.5 个工作日，用气报装办理时间压缩至 3 个工作日，用热报装办理时间压缩至 5 个工作日，全部达到或优于省报装规定办理时间。

（刘继超）

【城市精神文明建设】 2019 年，

大同市城市管理局以省级文明城市创建工作为契机，开展青年文明号、党员先锋号、党员示范岗、文明执法服务窗口等争创活动，提高城市管理服务水平。通过5次协调推进，12次集中整治，检查督办占道经营、乱涂乱画、乱吊乱挂等市容市貌问题129件，使全市建成区内脏乱差现象得到治理，改善城市环境面貌，实现助力创建省级文明城市工作和提升城市管理水平的“双赢”。年内，新城环境卫生工程有限公司依托“第五空间”设立“学雷锋服务站”，并通过省市验收，被授予“学雷锋示范服务站”称号。（刘继超）

【光伏发电垃圾投放回收箱安装】 2019年，大同奥塞斯新能源科技有限公司在平城区太和路街道两侧陆续安装30个新能源光伏发电垃圾投放回收箱。新能源光伏发电垃圾投放回收箱是由该公司设计，兼具垃圾收集分类、太阳能独立供电、城市亮化美饰等功能于一体，主要由箱体、垃圾收集箱、太阳能收集板组成，箱体表面写有“能源革命 造福人类”“低碳环保 绿色出行”“环境就是民生 责任也是美丽 蓝天就是幸福”等字样的公益广告。垃圾桶设计为侧开口，且完全封闭，实现垃圾良好回收，避免对周边环境污染。（悠菊）

【市新城环境公司生活垃圾分类活动】 2019年6月5日“世界环境日”来临之际，大同市首家推行垃圾分类工作的机构市新城环境公司到绿洲小区，开展主题为“掀起环保新潮流，引领绿色新时尚，推动城市更文明”的实践活动，通过现场活动，引导市民形成绿色发展理念和生活方式，促进资源回收利用。活动现场，绿洲小区的居民们参与生活垃圾分类积分兑换、生活垃圾分类有奖知识问答等活动，小区居民用平时分类投放垃圾获取的积分，分别兑换柴鸡蛋、洗洁精、香皂等物品，不少正确回答生活垃圾分类常识问题的居民，获洗手液等奖品；几位身穿卡通服装的宣传员吸引小区幼儿园小朋友参与活动，孩子们现场学习垃圾分类知识，并与现场工作人员进行互动游戏。（悠菊）

【生活垃圾分类及资源化利用PPP项目签约】 2019年7月16日，全国唯一的生活垃圾PPP项目，实现前端分类、中端运输、后端利用一体化的运营项目——大同市生活垃圾分类及资源化利用PPP项目签约仪式举行。市供销社与北京金甲壳虫环境科技股份有限公司就大同市生活垃圾分类及资源化利用PPP项目签约。

大同市生活垃圾分类项目由市供销社牵头实施，项目总投资3.64亿元，分两期实施，一期投资1.66亿元，覆盖主城区居民小区100个，二期投资1.98亿元，于次年启动，可基本实现主城区居民小区全覆盖。该次签约的是一期项目，总投资16583万元。项目在东至文兴路，西至庆新路，南至开源路，北至北环路的区域内，选择100个居民小区和50个菜市场实施，服务市民约11万户35万人，日可资源化利用生活垃圾250吨。项目特许经营期30年，项目中标社会资本方是北京金甲壳虫环境科技股份有限公司、大同市绿网再生资源回收利用有限公司、福建铭泰集团有限公司联合体。该项目是生活垃圾分类体系和再生资源回收利用体系实现“两网融合”的项目。（悠菊）

【餐厨垃圾分类培训】 2019年11月8日和26日，大同市政管理综合执法支队邀请市驰奈能源科技有限公司的业务专家，分别对伦敦街周边30余家餐饮企业和永固街周边25家餐饮企业进行餐厨垃圾分类培训，并签订《大同市餐厨废弃物收运协议》，规范餐饮企业餐厨垃圾分类、存放、有效收集，确保餐厨废弃物进入无害化处理链。驰奈能源科技有限公司的业务专家通过现场宣讲餐厨垃圾管理的相关法律法规，实地操作餐厨垃圾分类方法和发放分类指导手册等形式，使餐饮企业了解大同市对餐厨废弃物的治理实行统一收运、运输、处置及相关管理活动，对餐厨废弃物分类单独存放、设置油水分离器或隔油池，做到餐厨废弃物日产日清，达到规范餐饮企业餐厨垃圾分类、存放、有效收集行为目的，确保实现餐厨废弃物进入无害化处理流程。（悠菊）

【市城市管理综合行政执法队挂牌成立】 2019年11月24日，由大同市住建、城管、园林三部门执法力量整合组建的大同市城市管理综合行政执法队挂牌成立。大同市城市管理综合行政执法队，把市住房和城乡建设局所属的市房管监察大队、市城市管理局所属的市市政管理综合执法支队、市园林绿化中心所属的市园林绿化执法监察大队整合，并受大同市城市管理综合行政执法局委托，负责城市管理相对集中行政处罚权的具体执法。（悠菊）

园林绿化

【概况】 2019年，大同市园林绿化中心完成工程量5.34亿元，占年任务107%；新增绿化面积124.59万平方米，占年任务104%。其中，市本级完成工程量4.99亿元，新增绿化面积108.94万平方米；县（区）完成工程量0.35亿元，新增绿化面积15.65万平方米。市本级建成区绿化覆盖率、绿地率、人均公园绿地面积分别43.73%、39.61%和16.3平方米/人。（许荣）

【绿化提质改造工程】 2019年，大同市园林绿化部门绿化提档升级改造75个小景点、76条道路的分车带、行道及两侧绿化带，补植油松等大小乔木38507株，补植丁香等花灌木12217.5平方米，补植地被植物1万平方米。魏都大道南出口绿化提升工程，绿化改造面积18.5万平方米，全长3千米，年内在上年平整场地和栽植部分油松基础上续建，栽植五角枫等乔木10543株，栽植红瑞木等绿篱2.4万平方米，地被植物1.8万平方米。御河西路南出口生态绿化提升工程，改造总面积6.36万平方米，年内栽植油松、国槐、五角枫等乔木2813株，水蜡等灌木14076株，绿篱及地被植物2.54万平方米。御东公共活动走廊体育中心景观工程，总面积约22.5万平方米，其中铺装面积15万平方米，绿化面积约7.5万平方米，铺装全部完成，种植乔灌木5000余株。氢都文化公园，总面积73237.4平方米，其中绿化种植面积45914平方米，水体面积 6288 平方米，道路广场面积 12850 平方米，园内建有健身步道 1 千米，运动场地 2585 平方米，体现海绵城市 2200 平方米。（许 荣）

【公园绿化管理】 2019 年，大同市文瀛湖风景区升级两大广场和景区，补植全景区绿篱色带，种植美人蕉 9 万平方米，调整种宿根花卉 6.7 万平方米，种植时令花 2 万平方米，补植冷季型草坪 7000 平方米。智家堡公园在月季园和玫瑰池增加藤本月季，增加植物多样性。补植城墙带状公园树木。御河生态林建设观赏性花卉园，其中有牡丹园、菊花园等。永泰广场定期修剪花、草、树木，新栽吊钟柳、蓝花鼠尾草等花卉。大同公园播种时令花卉醉蝶花、天人菊、美女樱 700 余平方米，栽种地雷花、菊花、百日草等 530 平方米；分栽景天 1000 余平方米；动物园改造梅花鹿舍 2 处，约 19 平方米，维修动物笼舍 3 处，人工孵化雉鸡 4 种，繁殖马鹿等动物 6 种 26 头、猕猴 1 只，医治病患动物 13 例。儿童公园栽植玉簪 600 余平方米，常夏石竹和野花组合 100 余平方米，山楂、海棠等苗木 2000 余株；十里河森林公园栽植紫叶矮樱和西府海棠约 400 株，节日摆种矮牵牛、串红、孔雀草、金达莱等花苗 5000 余株。（许 荣）

【绿化工程审批及园林执法】 2019 年，大同市园林绿化中心受理各类审批服务事项 89 项、办结 89 项、办结率 100%，其中建设项目附属绿化工程设计方案审查 7 项，伐移和非正常修剪城市树木及在城市绿化地内新建、改建各种管线的审批 80 项，缺建绿地补偿审批 2 项。全年处理政府热线 12345 转交的各类工单 49 个；查处园林绿化事件 50 余起；清理绿化带树木及绿化带护栏上乱挂广告条幅 30 余条；批评说服教育损害草坪、攀折树木、穿越绿带等不文明行为 50 余人；发放城市绿化条例宣传资料 5000 余份；开设“大同市园林绿化执法监察大队”微信公众号。3 个中队巡查路段 3 万余千米，出动 1200 余人车（次）。（许 荣）

【御河生态林金秋花展】 2019 年 9 月 13 日至 10 月底，第二届御河生态林金秋花展在御河生态林公园东岸园区展出。主展区在御河生态林东岸景观带中的童趣园、日月湖及青云湖，兴云桥至北都桥段、迎宾桥至南环桥段则属于配合花展地段，总布展面积约 2 万平方米。其中，童趣园以儿童乐园设计为主，日月湖和青云湖主要摆放花卉造型及绿雕等。花展期间展示串红、矮牵牛、千屈菜、鼠尾草、孔雀草、鸡冠花、海棠花等各类花卉品种 40 余种，其中国庆菊和九月菊品种 60 余种。（许 荣）

▲ 2019 年 9 月 13 日，第二届御河生态林金秋花展在御河生态林公园东岸园区开展（许 荣 摄）

乡村建设

【农村人居环境整治】 2019 年，大同市加强农村人居环境整治，开展“拆违治乱、垃圾治理、污水治理、厕所革命、卫生乡村、清洁能源利用”6 大专项行动，完善建管机制，培育“望得见山、看得见水、记得住乡愁”的美丽乡村。全年投资 27 亿元，创建示范村 200 个、整治村 791 个，拆除违建、残垣断壁 1.34 万处、废弃院落 1.41 万处，清理“四堆”14.5 万堆，创建卫生示范乡村 42 个，新建无害化垃圾处理设施 4 座、转运站 44 座；建设乡村道路 760 千米、安装路灯 1.47 万盏；新（改、扩）建污水管网 131.28 千米、处理设施 21 个，改造户用厕所 7297 座，改造公共厕所 116 座。改造实施投资 1.04 亿元的 3.2 万户农村生物质燃料清洁取暖，发放炉具 9570 台。推进健全自治、法治、德治相结合的乡村治理体系建设，办好农民丰收节系列活动，在天镇县举办入选全国 70 个最具特色乡村庆丰收活动之一的“大同好粮”农民丰收节庆祝活动。强化乡村治理，灵丘县和广灵涧西、浑源宝峰寨 2 个村列入全国示范县和示范村，阳高县鳌石乡、云冈区杨家窑等 6 个村列入省级示范村镇。（梁 全 宋 欣）

【农村生活垃圾治理】 2019 年，大同市城市管理局按照《大同市农村垃圾治理实施方案》要求，推进农村生活垃圾治理。全市各县（区）建设垃圾转运站 30 个，建设垃圾无害化处理设施 5 座，增加垃圾清扫保洁收运设备约 26 万个（件），农村生活垃圾收运体系基本建立。推进农村生活垃圾分类工作，确定灵丘县为省级农村生活垃圾分类试点县，灵丘县在 9 个乡镇开展农村垃圾分类试点，占比 75%（省住建厅要求占比不少于 20%）；开展试点的村庄 22 个，占比 9%。除试点示范县外，新荣区、云州区、阳高县、天镇县、广灵县、浑源县、左云县也启动农村生活垃圾分类试点工作。（刘继超）

【干部进村服务助力乡村振兴】 2019 年，山西省万名干部入企进村服务工作视频会议之后，省市县乡四级抽调5184名干部，分成1183个组，到全市99个乡镇1945个行政村，开展“改革创新、奋发有为”大讨论万名干部进村服务。截至3月25日全部进村到位。

大同市在万名干部进村服务中开展“乡村振兴大家谈”活动，围绕乡村振兴，突出问题导向，结合村情农情，依托问题收集梳理，把农牧业生产、农村人居环境整治、农村改革、精神文明建设、基层组织建设和乡村治理等方面的热点难点抓准，把堵点瓶颈搞清。针对梳理出来的问题，结合所掌握的情况、国家有关强农富农惠农政策，能解决的及时解决，不能及时解决的研究对策，提出针对性强、措施实的建议，供各级各部门综合研究，分类处置解决。为确保干部进村服务工作取得实效，市委农村工作领导小组办公室印发《关于做好万名干部进村服务信息报送和统计报表工作的通知》，建立问题摸排日报制度，要求各县（区）聚焦农民群众关心关注的热点难点，把当天摸排出来的问题及时梳理，研究解决，并把具体情况反映报送。全市摸排出农村人居环境、农村精神文明建设、土地流转等方面各类问题647条，通过开展政策宣传、技术培训、与有关部门协调等方式解决问题252条；开展政策宣讲274场、技术培训26场、工作协调56场，服务农民11500余人。（悠　菊）

【全市农村人居环境整治现场推进会】 2019年4月3日，大同市农村人居环境整治现场推进会在灵丘县召开。市委副书记刘振国、市人大常委会副主任张强、副市长郝献民等参加会议。会议介绍灵丘县农村人居环境整治工作经验做法，通报上年农村人居环境整治推进情况，并对2019年相关工作进行安排部署。会议要求，全市各级各部门要学习贯彻习近平总书记关于实施乡村振兴战略的重要论述和国家、省市相关会议精神，结合当前开展的“改革创新、奋发有为”大讨论和“万名干部入企进村服务”活动，把农村人居环境整治作为乡村振兴战略的第一硬仗。要学习浙江规划先行经验，坚持县域一盘棋，推动各类规划在村域层面“多规合一”，编制完成县域乡村建设规划，加强村庄规划管理。要按照中央和省委要求，从乡村清洁村、提档升级村和美丽宜居乡村三个层次有序推进。要坚持典型引路，总结好的做法和经验，并创造性地加以借鉴推广，推动农村人居环境整治工作由点到面梯次展开。参会人员观摩红石塄乡上沿河村、下沿河村、上北泉村、下北泉村、龙渠沟有机社区和武灵镇东福田村农村人居环境整治现场。（悠　菊）

【乡村振兴战略专题研修班】 2019年5月26日至6月1日，大同市第2期乡村振兴战略专题研修班在浙江大学举办，各县（区）部分乡（镇）党政正职70余人参加培训。培训中，来自农业农村部、浙江大学、浙江电子科技大学等部门专家教授围绕贯彻落实党的十九大关于实施乡村振兴战略部署和大同市乡村振兴工作实际，为学员作实施乡村振兴战略创新路径与改革举措、互联网+智慧农业、依法行政新理论与干部法律风险防范、千村示范万村整治的浙江经验等专题辅导，学员们到诸暨枫桥镇、德清县美丽乡村开展以推进基层治理能力现代化、基层党建促乡村振兴为主题现场教学。（梁全宋欣）

【6个村入选第五批中国传统村落名录】 2019年6月，住建部公示第五批中国传统村落名录，大同市云冈区高山镇高山村、天镇县谷前堡镇白羊口村、天镇县马家皂乡安家皂村、广灵县壶泉镇涧西村、灵丘县独峪乡花塔村、云州区峰峪乡徐疃村入列其中。

该次评选有2666个村落入选，山西有271个，占全国近1/10。自2012年以来，住建部会同相关部门数次组织传统村落调查，分4批把4153个有重要保护价值的村落列入中国传统村落名录，涵盖全国所有省272个地级市、43个民族。云冈区高山镇高山村是明朝大同镇72城堡之一，保留有明代始建的古院落、古牌坊、古石桥等30余处古建筑，其中保存最为完整的怀德桥，是大同西出杀虎口到达蒙古及俄罗斯——茶马古道的历史印证；天镇县谷前堡镇白羊口村，古称镇宁堡，村内古戏台、四合院等历史遗存较多，特别是村北明代古长城；天镇县马家皂乡安家皂村始建于明代正德元年（1506），距今有513年历史；广灵县壶泉镇涧西村是始建于道光年间的清代古村落，保留清代古村落样态；灵丘县独峪乡花塔村四面环山，村容整洁古朴，是大同境内的世外桃源；云州区峰峪乡徐疃村临桑干河，村子堡墙保存较好，堡子里四合院规整，建筑有特色。（悠　菊）

【两村被认定为全国乡村治理示范村】 2019年12月31日，中共中央农村工作领导小组办公室、农业农村部、中共中央宣传部、民政部、司法部共同研究认定全国99个乡（镇）为全国乡村治理示范乡镇、998个村为全国乡村治理示范村，大同市广灵县壶泉镇涧西村和浑源县西留村乡宝峰寨村被认定为全国乡村治理示范村。全国乡村治理示范村镇是乡村治理的引领力量，给乡村治理提供不同的模式和样板。按照要求，示范乡镇要推进政府治理、社会参与、村民自治良性互动，强化乡镇党委抓农村基层党组织建设和乡村治理的直接责任，选优配强村党组织班子，加大乡村治理的人力、物力、财力保障力度，提高乡镇公共服务、公共管理、公共安全水平，完善农村公共事务监督体系，构建共建共治共享的乡村治理格局。示范村要加强村党组织建设，强化村党组织对村各类组织和各项工作的领导，健全民主管理制度，规范完善村规民约，创新矛盾纠纷化解机制，增强干部群众法律意识，弘扬道德新风，促进党组织领导的自治、法治、德治相结合的乡村治理体系更加完善。（悠　菊）

生态保护

环境质量

【大气环境】 2019年，大同市环境空气质量综合指数平均4.97；二级以上优良天数318天，空气质量优良率87.1%；重污染天数2天，占0.55%。与上年相比，综合指数上升7.1%；优良天数增加5天，优良比例增加1.3个百分点；重污染天数减少1天。全市环境空气二氧化硫（SO_2）、二氧化氮（NO_2）、可吸入颗粒物（PM_{10}）、细颗粒物（$PM_{2.5}$）年均浓度分别是30微克/立方米、34微克/立方米、73微克/立方米、32微克/立方米，一氧化碳（CO）和臭氧（O_3）百分位数平均浓度分别是3.0毫克/立方米和147微克/立方米。与上年相比，SO_2年均浓度上升7.1%、NO_2年均浓度上升25.9%、PM_{10}年均浓度上升4.3%、$PM_{2.5}$年均浓度上升3.2%，CO百分位数平均浓度上升3.4%、O_3百分位数平均浓度上升5%。（王瑾瑶）

【水环境】 2019年，大同市地表水监测的12个断面中，洗马庄断面全年断流，Ⅰ～Ⅲ类水质断面比例16.67%，Ⅳ类水质断面比例50%，Ⅴ类水质断面比例25%，劣Ⅴ类水质断面比例0%。全市城市集中式饮用水源地总体水质达标率100%，与上年相比持平。监测地下水基础井25眼，地下水总体水质为较好，与上年相比水质基本稳定。（王瑾瑶）

【声环境】 2019年，大同市开展城市区域环境噪声监测工作，有效测点数202个，声平均等效声级50.6分贝，点位覆盖面积32.32平方千米，昼间等效声级二级；交通环境噪声监测工作，监测74个监测点，路段总长度58.54千米，道路噪声平均等效声级67.4分贝，噪声强度一级；城市功能区环境噪声监测工作，特殊住宅区，居民文教区，居住、商业、工业混合区，工业区，道路交通干线两侧昼夜等效声级分别是54.7、59.6、60.3、61.4、64.6分贝。（王瑾瑶）

【辐射环境】 2019年，大同市有104家核技术利用单位全部领取辐射安全许可证，其中涉源单位26家，108枚放射源。射线装置使用单位78家，296台射线装置。放射性同位素使用全年无事故。全市有辐射环境国控点1个，监测结果表明，全市辐射环境质量状况处于正常水平。

（王瑾瑶）

【自然生态环境】 2019年，大同市左云县、天镇县、广灵县开展河流湖库和生态遥感监测，左云县、天镇县、广灵县3个县的9个村庄开展农村环境空气质量、饮用水源地和土壤监测。监测结果表明：大同市农村环境空气总体达标率33.3%，主要污染物为颗粒物（PM_{10}和$PM_{2.5}$）。地下水饮用水源地水质总体达标率100%。上述3县9个村的45个土壤监测点位全部达标。（王瑾瑶）

【大同水环境质量改善排全国前14名】 2019年12月3日，全国重点流域水污染防治规划实施情况会商电视电话会召开。大同7个国家考核断面，除壶流河洗马庄断面国家认定断流外，都达到“十三五”规划要求，消除劣Ⅴ类断面，在全国地级及以上城市国家地表水考核断面水质排名中排到水环境质量改善前14名。特别是御河利仁皂和桑干河固定桥两个国考断面水质均由上年同期的劣Ⅴ类改善至Ⅳ类，提升两个水质类别。

年内，大同市对7条主要河流上下游、干支流、左右岸统筹谋划，逐个排查110个入河排污口，有针对性地开展截污纳管，排查整改管网雨污合流点位373处，建设管网200余千米，并取缔散乱污企业59家，在58个沿河排水企业和14座城镇污水处理厂实施具体整治方案。通过提标改造，许多污水处理厂出水达到地表水Ⅳ类，从根本上改善水质。在流域面积50平方千米的106条河流上确定1541名市县乡三级河长，并加强与周边省市的联防联治。在具体项目实施上，围绕消除劣Ⅴ类断面这“1”个目标，市生态环境局、市城市管理局、市水务局、市农业农村局、市经建投公司“5”个牵头单位推动相关县（区）落实“10”项重点工作任务的100个具体项目，建立起“1510”水污染防治工作机制。以大同市7个国考断面为重点，推进责任网格化、项目清单化、问题台账化和厂内企业治、厂外政府治、流域协同治“三化三治”工作，制定完善“一河一策”“一断面一方案”“一指标一措施”举措，实施源头、过程、结果综合治理，在建设“大同清”上下功夫，用一系列水污染防治工作实践诠释“绿水青山就是金山银山”理念。（悠　菊）

土地资源保护

【概况】 2019年，大同市实际耕地面积564.11万亩，耕地保护率103%，实际划定基本农田面积465.35万亩，完成耕地保有量及基本农田保护任务。市规划和自然资源局指导各县（区）完成矿山生态环境修复63座，面积5.7万亩，占年度计划125%。全市（含各县区）土地出让金实际成交89亿元，市本级完成70.06亿元，批而未供土地处置4732.4亩，完成率107%。梳理权责清单9类216项，开展法制宣传教育4次，办理行政诉讼15件，答复行政复议13件。

2019年，大同市规划和自然资源局落实《关于建立国土空间规划体系并监督实施的若干意见》，推进"多规合一""多审合一"，构建国土空间规划体系；全年完成81个项目的选址和43个地块的规划设计条件的编制，收储土地6700亩；全市出让和划拨供地332宗，面积25398.96亩（其中全市划拨84宗，面积13056.89亩；全市出让248宗，面积12342.07亩），土地出让金实际成交89亿元，市本级完成70.06亿元。批回征地件33件（批次30件，单独选址3件），面积16830.87亩，保证科创园、氢都新能源产业城、通航产业园、古城复兴和大张高铁等重点转型项目用地需求，确保项目按进度建设。（陈学飞）

【"全国土地日"宣传活动】 2019年6月25日第29个"全国土地日"，大同市规划与自然资源局在文瀛湖西广场等地开展以"严格保护耕地，节约集约用地"为主题的宣传活动。宣传活动中，该局工作人员通过现场咨询、互动解答、发放资料等方式，宣传国土资源政策法规，引导全社会知晓中国土地资源国情国策，使保护耕地红线、促进节约集约用地、构建保障和促进科学发展新机制理念深入人心。活动发放宣传资料5800余份。（陈学飞）

【土地资源排查】 2019年，大同市规划和自然资源局履行"统一行使全民所有自然资源资产所有者职责，统一行使所有国土空间用途管制和生态保护修复职责"，开展"大棚房"、地质灾害、矿山越界开采、森林防火、违建别墅、"绿卫2019"和扫黑除恶等专项整治行动。排查出"大棚房"问题2256个，违规面积264.77亩，全部恢复农业生产功能；核查疑似违建别墅图斑78个；防控高陡边坡、地质灾害隐患和森林草原火灾，确保全年无事故；推进扫黑除恶、打非治违工作，立案查处非法违法用地用矿335件，拆除违建房屋18间522平方米，拆除各类违规牌匾、广告238块3687平方米；"绿卫2019"森林草原执法专项行动，巡查执法1717人次，车次703次，查处违法侵占林地面积128.2亩，违法毁坏林木蓄积14.17立方米，行政立案10宗，行政处理10人，刑事立案1宗，收缴罚款42.25万元，打击各类破坏森林草原资源违法行为。（陈学飞）

水资源保护

综　述

【概况】 2019年，大同市用水总量63396.6万立方米，其中地表水用水量29064.2万立方米（包括引黄水4248万立方米），地下水开采量29281.4万立方米，其他水源利用量5051万立方米。按用水类型划分，城镇生活用水量7351.93万立方米，农村生活用水量3253.57万立方米，第三产业用水量1065万立方米，工业用水量10442.7万立方米，农业用水量37244.6万立方米，生态环境用水量4038.77万立方米。（符官喜）

【流域综合治理】 2019年，大同市水务局推进《桑干河流域生态修复与保护规划》（大同部分）项目实施，推进列入永定河综合治理与生态修复三年滚动计划项目建设。御河得大高速桥—京包铁路桥段、南环桥—京大高速桥段、十里河开源街桥—大运高速段河道综合治理工程、文瀛湖—御河水源置换工程等7个续建项目完成投资3.48亿元，年内开工3个河道治理项目（十里河小站跌水—大庆公路桥段综合治理工程和2个水质提升工程），完成投资1.7亿元；御河得大高速桥—京包铁路桥、南环桥—京大高速桥段综合整治工程主体完工，城区段上下游河道蓄水增加7千米。完善水利项目建设管理、财务管理等规章制度，加大在建项目的执行、质量安全、资金拨付等环节的监管力度，压实参建单位责任，重点加强质量安全监督，委托第三方对施工质量进行抽检，督促整改发现的问题，确保工程质量安全达标。（符官喜）

【水灾害防御】 2019年，大同市水务局围绕水情旱情监测预报预警、水工程调度、防洪抢险技术支撑三个方面职责，成立水旱灾害防御中心，6月11日召开全市水旱灾害防御工作会议，分析全市水旱灾害防御工作面临的形势，安排部署全年有关工作任务。适应机构改革后水旱灾害防御工作面临的任务、要求，加强水利工程运行管理，压实水库、河道等水管单位防汛责任，抓水库等重要水利工程的行政、技术、巡查"三个责任人"履职尽责和监测预警措施、调度运用方案、应急预案三个环节落实工作，在赵家窑水库组织开展防洪调度应急抢险模拟实战演练，全市安全度过汛期，未发生任何险情事故。坚持防汛抗旱两不误，完成春浇面积9.23万公顷，夏浇面积8.14万公顷，冬浇面积5673.33公顷，为促进农业增产、农民增收夯实基础。（符官喜）

【城市节水】 2019年，大同市节约用水管理中心搭建数字化管理平台，该平台按照国家节水型城市技术考核指标进行分类，主要包括综合节水指标、生活节水指标、工业节水指标、环境生态节水指标4方面内容，历年节水数据都能以图形或表格形式展示。5月12日，第28届全国城市节水宣传周活动在华严寺广场启动，主题是"建设节水城市，推进绿色发展"，以流动广告车电子屏幕循环播放形式宣传公益广告和创建节水型城市专题片，宣传节水知识，推广节水理念。活动期间，向社会群众发放节水宣传

▲ 2019 年 5 月 12 日，第 28 届全国城市节水宣传周活动在华严寺广场启动

（计 敏 摄）

资料、节水海报、节水宣传纸杯、学生保温水杯、节水宣传手提袋，现场举行节水万人签名和节水宣传公益骑行活动。对 6 个县（区）节水管理工作者和 42 家企业单位节水负责人 60 余人围绕规范计划用水申报资料收集整理、节水相关法规政策解读、用水定额管理、节水技术和水平衡测试等内容进行节水技术管理培训，让企业单位信赖节水技术管理的有效性，取得社会效益和企业经济效益。专项检查全市销售用水器具的商家，责令下架和停止销售 5 类国家明令规定淘汰的用水器具、不符合有关认证标准及强制性标准要求的节水器具、假冒或仿冒他人商标的节水器具、伪造或冒用他人厂名厂址的节水器具，并按照有关法律、法规要求处置，确保从源头上杜绝非节水型器具及伪劣用水器具流入市场。11 月 29 日，市委外宣办、市城市管理局在市文瀛湖行政中心召开实施新修改的《大同市城市节约用水条例》新闻发布会，修改后的《大同市城市节约用水条例》于 12 月 1 日起实施。年内，经省住建厅、省发改委、省工业和信息化厅专家组对全市创建省级节水型城市综合考核，大同市被命名为“山西省节水型城市”。（计 敏）

水利保障

【水法制建设】 2019 年，大同市水务局把完善和落实水法制体系作为依法治水的重要保障，构建与全面建成小康社会相适应的水安全保障体系。健全完善水法规体系，完成《大同市水土保持条例》修改工作，11 月 29 日经山西省人大第十三届常委会第十四次会议批准，次年 1 月 1 日起施行。加强依法治水宣传，开展第二十八届“世界水日”、第三十三届“中国水周”宣传活动，组织水利系统干部职工通过多种形式宣传水利相关法律法规，提高市民水忧患意识。依法管理涉水事务，坚持依法办事、依法监管，按照法定程序处理各种水事矛盾纠纷，提高法治化管理水平，全年完成行政审批事项 25 件，其中开发建设项目水土保持方案审批 21 件，防洪影响评价审批 3 件，水环境影响评价 1 件，均在承诺时限内办结，办结率 100%。（符官喜）

【全市水利工作会】 2019 年 3 月 12 日，大同市水务工作会在市文瀛湖行政中心召开。市水务局党组书记、局长文晓东作工作报告，领导班子其他成员按照分工分别作具体工作部署。局机关各科室、局直各单位党政负责人和各县（区）水务局局长等参加会议，阳高县水务局、局机关水利管理科、御河中水调蓄工程管理处作交流发言。会议落实全国、全省水利工作会议部署及省、市经济工作会议和省、市两会会议精神，梳理总结上年全市水利工作情况，分析水利改革发展新矛盾、新变化，及今后一个时期水利发展思路，安排部署 2019 年重点任务。

（符官喜）

【全市水旱灾害防御工作会议】 2019 年 6 月 11 日，大同市水务局召开全市水旱灾害防御工作会议。会上，传达水利部、山西省水利厅水旱灾害防御工作会议精神，各参会人员分析全市水旱灾害防御工作面临的形势，各县（区）水务局局长分别汇报 2019 年水旱灾害防御工作进展情况和存在的问题，市水务局党组成员、副局长程建京安排部署全市水旱灾害防御工作。（符官喜）

【赵家窑水库开展防洪调度应急抢险演练】 2019 年 8 月 20 日，大同市水务局、应急管理局、水旱灾害防御中心、赵家窑水库等相关部门与驻大同部队联合开展防洪调度应急抢险模拟实战演练。演练模拟进入主汛期后，赵家窑水库因遭受持续强降雨，水位逐渐上升，相关单位提前布置巡查抢险力量和物资，并在水库水位接近防洪高水位时，启动防汛三级应急响应，组织开展应急抢险救援。通过对雨情水情信息接收、紧急会商、按时研判、科学调度和应急抢险、人员撤离、处置险情和善后救护等各项工作的逐一演练，最终使险情得到控制，洪水下泄，水库水位降低，所有人员得以安置，完成防洪调度应急抢险模拟实战演练。（悠 菊）

【《大同市城市节约用水条例》实施】 2019 年 12 月 1 日起，大同市新修改的《大同市城市节约用水条例》实施。大同市上年开始对原实行的《大同市城市节约用水管理条例》进行部分修改。经过对现行《条例》和大同市水资源状况、城市发展、用水现状经过反复调研、论证后，对原《条例》中的相关条款作修正和完善，起草形成《大同市城市节约用水条例修正案（草案）》，9 月 27 日经省人大第十三届常委会第十三次会议批准实施。该次修改后的《大同市城市节约用水条例》主要对城镇公共供水管网内非居民实行用水超定额累进加价制度、转供用水、节水评估等内容作出相应规定。对工业间接冷却水、洗

浴、滑雪场、现场制售饮用水、建筑施工、生态景观等用水户，未经循环利用或回收利用直接排放的作出相应处罚额度。（悠 菊）

【《大同市水土保持条例》实施新闻发布会】 2019年12月27日，大同市政府新闻办在市文瀛湖行政中心第三多功能会议厅召开《大同市水土保持条例》实施新闻发布会。发布会由市委外宣办主任李登明主持。会上，市人大常委会法工委副主任国鹰宣读山西省人大常委会批准《大同市水土保持条例》的决定。市水务局二级调研员王一飞说明新实施《大同市水土保持条例》内容。市水土保持研究所所长、高级工程师张提在发布会上回答记者的相关提问。（符官喜）

▲ 2019年12月27日，《大同市水土保持条例》实施新闻发布会在市文瀛湖行政中心第三多功能会议厅召开（符官喜 摄）

水利规划管理

【水利项目投资】 2019年，大同市水务局落实水利项目投资13.65亿元，比上年增加5.67亿元。其中，中央投资6.77亿元，省级投资1.06亿元，市级投资3.01亿元，吸纳永定河流域投资有限公司国家计划外投资2.8亿元。坚持投资主体一体化带动流域治理一体化，永定河流域投资有限公司与市政府签定合作框架协议，承接实施大同市19个治理项目，其中8个项目开工建设。浑源县生态环境综合治理项目和灵丘县泽水河、沙河、埸涧河三河（县城段）综合治理工程2个项目引入PPP融资模式，通过政府和市场“两手发力”，构建起政府协调、市场运作机制，给全市流域生态修复与保护项目提供可借鉴、可推广的投融资建管模式。（符官喜）

【水资源管理保护】 2019年，大同市水务局落实水资源管理制度，提升水资源精细化管理水平，给全市经济社会事业加快发展提供水利支撑。实行水资源消耗总量和强度双控行动，强化取水许可、用水定额管理和用水总量核定工作，促进水资源可持续利用。全年全市用水总量6.34亿立方米，比控制指标低8500万立方米；万元地区生产总值用水量较上年同期下降3.08%，超出指标值0.08%；关闭地下水井121眼，压采地下水2027万立方米，超出年度任务27万立方米；平城区完成县域节水型社会达标建设，通过省级验收。组织开展引黄水向桑干河和御河生态补水工作，全年向桑干河生态补水约2亿立方米，向御河生态补水约1500万立方米，沿河地下水位止降回升，萎缩干涸的河流浅滩湿地部分恢复，两岸生态状况得到改善。推进册田水库向北京输水工程，全年输水约2.2亿立方米，保障首都供水安全。孤山水库给下游放水1980万立方米，其中给文瀛湖和御河蓄水工程放水约1000万立方米。（符官喜）

【农业水价综合改革】 2019年，大同市水务局投资157万元，实施农业水价综合改革面积12.75万亩，编制完成农业水价综合改革县区水权分配方案；改革范围内农业灌溉计量设施初步得到配套；中型灌区取水许可证全部办理完毕；重新测算及核定大中型灌区农业水价，健全农业水价形成机制，提高农业用水效率。（符官喜）

民生水利项目

【农村饮水安全工程】 2019年，大同市水务局落实资金1.58亿元（其中省级以上12552万元，市级1568.7万元，县级自筹及整合1674.21万元），开工建设农村饮水安全工程372处，巩固提升391个村32.68万人（其中137个贫困村、6.08万贫困人口）。采取市级重点核查、县级全面排查方式，排查全市2238个自然村农村饮水问题，对发现的28个维修养护问题和21个运行管理问题，整改销号，确保饮水安全没有死角、不留隐患。（符官喜）

【生态水利项目】 2019年，大同市水务局抓水土保持工作，实施京津风沙源水利水保、坡耕地水土流失综合治理、小流域治理等工程建设，完成投资0.95亿元，完成水土流失治理3.54万公顷。推进中小河流治理工程，浑河浑源县桃山—麻庄段、壶流河广灵县南汇村—出省境段、黑水河阳高县虎头山—马家庄段3个河道治理工程完成投资0.74亿元，治理河道24.7千米，提升河道防洪能力。（符官喜）

【水库工程建设】 2019年，大同市阳高县堡子湾、灵丘县门头峪水库完工，阳高县守口堡水库大坝主体封顶，工程投入运行后提高当地防洪调蓄和水源保障能力。市水务局落实水库移民后期扶持项目资金3289万元，改善移民安置区基础设施建设，增加移民收入。（符官喜）

册田水库管理

【概况】 2019年，大同市册田水库管理局（大同市桑干河册田灌区管理局）更名为大同市册田水库管理中心（大同市桑干河册田灌区管理中心）。册田水库位于大同市云州区境内，是桑干河中上游的一座大（II）型水库，隶属于海河流域，永定河水系，控制流域面积1.67万平方千米，占官厅水库以上流域面积38.5%；平均径流量2.22亿立方米；总库容5.8亿立方米。主要枢纽工程有主坝、副坝、正常溢洪道、非常溢洪道、大同引水洞、南北干渠放水闸及闸门启闭机等。最大坝高42米，大坝全长1080米，整个工程等级为二级，大坝地震烈度7度。册田水库地处首都北京上游，是山西省唯一一座全国重点防汛水库。截至2019年底，大同市册田水库给官厅水库拦蓄泥沙2.19亿立方米，拦蓄较大洪峰1次，给45万亩农田提供灌溉用水保障。年内，给文瀛湖生态补水674万立方米，保障城市景观用水需求。该中心下属的各灌区给市云州区、阳高县2县（区）4乡完成春浇、夏浇面积6.29万亩，保证农业增产增收。（册田水库）

【防汛检查】 2019年，大同市册田水库管理中心在汛前组织技术人员例行检查大坝、泄水建筑物、闸门启闭设备、备用电源等关键部位，对发现的隐患问题报送整改。汛中，坚持领导带班、科长、科员值班的三级值班制度，抓水、雨、工、险情监测、检查、巡查工作和信息传递工作；对重点部位，隐患工程建立巡视检查责任制；对清泉洞、闸门等隐患部位实行昼夜视频监控，设专人巡视检查，清楚运行情况，确保防汛工作万无一失。汛末，总结经验及教训，查找不足，完善措施，堵塞漏洞，编写岁修计划和度汛工程计划。（册田水库）

【水利投资】 2019年，大同市册田水库管理中心落实财政维修养护资金100万元进行库区环境质治理、防汛物资储备、水资源论证编制工作。除险加固工程项目落实市级配套资金864万元，加快工程进度。南干渠管理处落实财政资金进行高压线路及泵房电气化改造，水轮泵站用财政资金对西一干渠道进行维修。用综合水价改革项目资金27万元对南干渠、水轮泵站、杨庄灌区进行量水设施建设。（册田水库）

【册田水库除险加固工程】 2019年，大同市册田水库管理中心除险加固工程设计总投资4320万元，到位资金3456万元，完成投资2761万元，占投资额63.91%。大坝防浪墙顶水泥砂浆抹面、大坝路面沥青摊铺完成；正常溢洪道完成1孔闸门安装；非常溢洪道完成6孔闸门安装；观测房、大坝观测墩全部土建工程完成，设备全部到场；正常溢洪道聚合物砂浆抹面完成70%；非常溢洪道4孔启闭机室梁、走道板混凝土工程及检修门库工程完成。余的启闭机房改造和溢洪道底板冻融破坏修复等工程都受闸门安装工程影响还未完工。（册田水库）

【向北京集中输水】 2019年，大同市册田水库管理中心为落实国务院批复的《21世纪初期首都水资源可持续利用规划》，根据《永定河综合治理与生态修复总体方案》在水利部海河水利委员会、山西省水利厅及市水务局的部署下，通过册田水库给永定河生态补水26588万立方米（引黄通过册田水库下泄黄河水12809万立方米、册田水库给永定河生态补水总计13779万立方米），创输水以来最大输水量，给首都水资源可持续利用和改善河道生态环境提供保障。具体生态补水：3月14日至6月4日，给永定河春季生态补水12092万立方米，其中册田水库输水5044万立方米，引黄通过册田水库给永定河生态补水7048万立方米；7月5日至8月31日，给永定河生态补水3003万立方米；9月1日至12月20日，给永定河秋、冬季生态补水11493万立方米，其中册田水库输水5732万立方米，引黄通过册田水库给永定河生态补水5761万立方米。（册田水库）

森林资源保护

【造林绿化】 2019年，大同市实施京津风沙源治理工程林业建设项目、环京津生态屏障区建设、重要水源地造林工程和通道及两侧荒山绿化工程，完成营造林43.71万亩，其中上年京津风沙源治理工程完成6.6万亩（人工造林5.1万亩、封山育林1.5万亩），2019年度京津风沙源治理工程完成21.9万亩，环京津生态屏障区建设工程完成4.2万亩，重要水源地造林工程完成3550亩，通道及两侧荒山绿化工程完成1.85万亩，三北防护林五期工程退化林修复完成3.8万亩，省级重点区域特色造林完成2万亩，上年中央财政造林补助退化林分修复完成1万亩，2019年中央财政造林补助退化林分修复完成2万亩；建设森林村庄16个。全年完成林业投资2.64亿元，林业总产值5.12亿元，完成率101.6%。（陈学飞）

【全市雨秋季造林绿化和退耕还林工作推进会】 2019年8月21日，大同市规划和自然资源局召开全市雨秋季造林绿化和退耕还林工作推进会，各县（区）自然资源局局长、林业局局长和分管副局长、市直国有林场场长、采凉山森林公园管理处处长、局职能科室和单位负责人50余人参会。会议传达落实省委、省政府领导批示精神及全省造林绿化推进会精神，总结通报上半年造林绿化任务完成情况，分析存在问题，对下阶段造林绿化工作再动员，再部署。动员各县（区）各有关部门，抓住时节，部署速行动，确保全市年度营造林任务完成。（陈学飞）

【义务植树】 2019年9月24日，大同市规划和自然资源局在浑源县二亩湾矿山修复治理现场组织举行以"履行植树义务，共建美丽大同"为主题的义务植树活动。市四套班子领导、生态环境局、团市委，各县（区）分管领导及林业局局长和浑源县机关事业单位等300余人在3个植树点扶苗、培土、围堰、浇灌，种植油松，山桃等各种树苗2000余株。（陈学飞）

【山西省桑干河杨树丰产林实验局】 2019年，山西省桑干河杨树丰产林实验局总经营面积165万亩，其中有林地面积129万亩，活立木蓄积量149万立方米。造林12.1万亩，其中与市云州区、云冈区、新荣区、左云县、广灵县5个县（区）合作造林

7.5万亩，实施2万亩以上工程3个，万亩以上2个，千亩以上工程6个，栽植1米以上高规格容器苗900余万株，选油松、樟子松、白蜡、白榆、白桦、山桃、山杏等良种和乡土树种造林，良种使用率在70%以上，混交率100%。全年管理育苗面积13550亩，下种8475亩，保障性育苗5075亩，针阔育苗比例1∶1；出台技术、规范管理制度，健全种苗生产经营档案，完善监管责任体系；审（认）定白榆、山杏、油松、沙枣、大果榛子系列良种7个，成为杨树局独有的种苗特色品牌；栽植景观树种10个品种1.5万株，建成集育苗生产、休闲观光为一体的多功能苗圃基地。

实施科技兴林大行动，建成科技展览室、杨树标本室、土壤化验室、病理检验室，配置高端科研设备，改善科研基础条件；编写《中华鼢鼠防治技术规程》，被省标准委员会审定为省级地方标准；组织编印《山西省桑干河省级自然保护区主要保护对象》《同朔地区主要林木病虫害图谱》；与大同大学联合申报的石墨烯林业应用国家林草局重点实验室项目，通过国家林业和草原局批准；金黑杨杂交育种项目获省科技进步三等奖，是全省林草系统唯一获奖奖项；该局属科技中心被确定为全省唯一首批国家长期科研基地。

坚持保护森林资源，把149.65万亩林地列入永久性公益林实行保护；充实管护力量、落实管护责任、明确管护任务、强化奖惩兑现，构建起局、场、站资源保护责任体系和“森林管护、森林公安、森林消防”队伍保障体系；坚持依法治林，开展“双百双打”“春雷行动”“晋剑五大行动”“绿卫2019”等系列专项行动；全年刑事立案2宗、处理2人，维护林区资源安全。（杨树局）

【大同市桦林背林场】 2019年，大同市桦林背林场开展营造林生产工作并通过验收。完成京津风沙源项目治理工程人工造林2000亩，根据造林地立地条件，按照植物垂直分布海拔高度阶梯式由高到低分别栽植云杉5万株，落叶松5万株，油松5万株，完成率100%，成活率85%以上。沙棘饲料林营建技术研究项目，总投资19万元，营建沙棘标准示范林150亩，完成率100%，成活率85%以上。完成中央财政森林抚育项目2000亩。

开展森林资源管护，提升公益林管理建设水平。安装公益林管护围网7500米，强化资源设施管护基础和管护效能；完成森林抚育2250亩，促进森林的年平均生长量和活立木蓄积量。编制修订《山西省桦林背森林公园》总体规划，通过省林草局批准，提高森林公园影响力和管理科学性。建成公益林管护公示碑3座，责任碑50块，维修、粉刷公示牌9块。投资10万元对5000亩的公益林油松毛虫、投资20万元对公益林区内1万亩落叶松鞘蛾进行病虫害人工防治，保护森林资源安全；重点监测排查美国白蛾、松材线虫，确保全场林区不发生“无烟的森林火灾”。组织开展2019年“冬季雷霆”和“绿卫2019”森林草原执法专项行动，成立专项领导组及办公室，制定实施方案。组织各管护队、相关科室及森林派出所到林区开展排查，开展法制宣传10余次，出动人员、警力160人次，出动车辆30台次，在林区主要支岔路口悬挂警示横幅，排查非法采集林木种子、非法种植黄芪、盗挖林木违法占用林地等问题，对重点地段实行专人巡护监控，加大巡护力度，通过排查巩固林区资源管护防控体系，从源头控制和减少破坏森林资源的发生。5月至7月，在林区组织开展野生动植物和疫源疫病监测防控排查清理工作，根据种植规律，开展林区踏查铲毒工作，对涉及的林区村庄进行禁毒知识宣传，发放禁毒知识宣传单500份，宣传手册200份，悬挂张贴横幅100条，刷写宣传标语200条，出动宣传车辆6台次，出动人员、警力60余人次，确保该场森林资源和生态屏障安全。进入防火期，开展森林防火大检查，对重点区域和路口安排专人监控。清明、五一重点时段，班子成员带队组成4个防火巡查组到林区一线检查森林防火工作和护林员到岗值守情况，并与工队配合守沟口、盯坟头、看地头；在重点地段和路口设卡值守，登记进山人员和车辆，杜绝一切火患进入林区，组织开展林区森林火险隐患排查3次；粉刷标语300副，悬挂彩旗1000面，横幅200条，放发宣传单3000份，加大宣传力度。全年该场未发生一次森林火灾。发挥森林灭火应急队专业性优势，协助周边县（区）乡村扑灭火情6起。

利用该场六棱山独特自然、人文和森林景观，经有关科研技术人员实地调查和分析研究，形成影像资料和纸质方案报送至中国林业产业联合会，10月获批并颁发“全国森林康养基地试点建设单位”牌匾，命名成大同市阳高县六棱山森林康养基地。

（市桦林背林场）

【云冈国家森林公园管理处】 2019年，云冈国家森林公园管理处（大同市十里河林场）包括云冈百花景区、采凉山积雪风光区、白登山林海风光区、文瀛湖水上游乐区、十里河度假区等7个景区，面积23万亩。林场林地面积5.41万亩，其中有林地面积4.85万亩，苗圃地面积4500亩，辅助林业用地237亩（包括家属院）。永久性公益林有国家公益林面积3.34万亩，省级公益林4500亩，市级公益林6.8万亩。托管林地2处，云州区遇驾山林区1.5万亩、云冈峪建设工程管理处移交的云冈峪工程区1万余亩。年内，给40余个单位出具“煤矿及城市建设项目使用土地与云冈国家森林公园和山西省永久性公益林等的重叠核查报告”。

4月，云冈区2019年度森林培育工程三北防护林五期退化林分修复项目（大同市十里河林场）启动，10月完工，修复退化林分4000亩，成活率约90%。11月，组织监理、施工单位验收“2017年森林培育项目”的补植补种任务，改造退化林分1.6余万亩，保存率80%以上。

查处涉嫌违法占用林地案件，林场管护队员及护林人员巡查发现4处涉嫌违法占用林地案件，其中3处理坟建墓地责成建墓者恢复植被，1处取土填沟修建围墙，被十里河森林派出所处罚，并责令其恢复植被。查办森林督察工作发现的违法案件，市云冈区林业局移送“关于上年森林督察工作发现的违法案件”，林场对4个违法点进行现场调查并督促违法人恢复林地植被。排查林区火灾隐患，到林区开展森林火险隐患排查整治工作，通过和北村管护队辖区大同市殡仪馆协调，加强爆竹烧纸的管控工作，减少殡仪馆周围林区火灾隐患；通过和高山管护队辖区 6 处洗煤厂和 3 处矿山通风区协调，要求车辆严禁把火源带入林区，工人不准带火源和吸烟，排除隐患，组织人员清理林区周边及坟头的杂草，最大限度消除隐患，减轻春季森林防火压力。（刘文丽）

【大同市长城山林场】 2019 年，大同市长城山林场经营总面积 151997.4 亩，其中有林地面积 103879.35 亩，森林类型以人工落叶松纯林为主，全部是生态公益林。国家级华北落叶松良种基地完成初级种子园管理 1333 亩；1.5 代种子园抚育管理 435 亩；试验林抚育管理 300 亩；落叶松采穗圃管理 30 亩；种质资源库抚育管理 100 亩；采集落叶松优树接穗 3000 条，嫁接苗管理 1 亩；华北落叶松嫁接 3000 株；华北落叶松砧木培育 7000 株；华北落叶松球果采集、制种 250 公斤；建设杏树采穗圃 25 亩，选优品种 20 个。彩叶树基地培育管理 256 亩。森林植被恢复造林 735 亩。日常管护国家级公益林 13.88 万亩，公益林投保 13.88 万亩，增设管护亭 20 个，实施公益林围网 1.3 万米；健全林业有害生物防治体系，开展病虫害防治，完成初级种子园华北落叶松球果花蝇虫害防治 700 亩，1.5 代种子园华北落叶松白粉病虫害防治 435 亩。开展安全和防灭火宣传月活动，全年出动宣传车 80 辆次、发放宣传资料 5500 份、宣传手提袋 800 个、张贴禁火令 400 份、标语 1500 条、悬挂条幅 200 面；推行森林防火网格化管理，逐级签订森林防火责任书，确保防火责任全覆盖；加强巡查辖区重点时段火灾多发重点部位，做到无缝隙巡护、不留死角；强化应急准备，完善应急预案；坚持领导带班，昼夜值班制度，确保政令信息畅通，及时发现、报告、处置。全年保持零安全事故和零火情。10 月，大同市长城山林场被大同市安全生产委员会授予“2018 年度安全生产标准化建设先进单位”。（史晓霞）

污染防治

【大气污染防治】 2019 年，大同市政府办公厅印发《决战 300 天，提升“大同蓝”实施方案》，多措并举治气，改善空气环境质量。深度治理无组织排放企业 57 家，升级改造工业窑炉 39 台，9 家电力和 1 家生物发电 10 家企业完成超低排放改造，2 家钢铁、2 家化工、1 家有色、5 家水泥 10 家企业完成特别排放限值改造，11 家重点企业完成挥发性有机物（VOCS）治理任务，4 家企业完成深度 VOCS 治理，同煤天建钢铁有限公司加快实施超低排放改造。淘汰燃煤锅炉 34 台，超低排放改造燃煤锅炉 27 台、生物质锅炉 26 台，低氮燃烧改造燃气锅炉 77 台，特别排放限值改造燃煤锅炉 81 台；全市减煤 11.57 万户，其中“煤改电”1.2 万户，“煤改气”3592 户，其他方式替代散煤 3.22 万户，集中供热 6.79 万户，超额 2898 户。全市有 1076 台公交车全部更换为清洁能源汽车，50 辆氢能源公交车投入运行；开展柴油货车和散装物料运输货车污染治理，加大油品质量抽检，打击黑加油站；加强非道路移动机械专项整治，编码登记 304 台，抽检 153 台，对不合格的 20 台予以清场处理。城市增加园林绿化面积 124.59 万平方米、国土绿化完成 81556 公顷、综合整治露天矿山 46 座；加强扬尘综治，对市区 40 个、县（区）70 个建筑工地加大执法，要求各类建筑工地落实扬尘防治“六个百分之百”要求，加强秸秆综合利用及禁烧监管，强化农业面源污染防治。把握能源革命工作重点，在煤炭产业上坚定走“减、优、绿”之路，打造“氢都”和“新能源产业之都”；以环保倒逼转型，开展“散乱污”企业整治，排查出“散乱污”企业 75 家，列入整治类 1 家整改到位，取缔其余 74 家。与市气象局合作，会商并发布预警信息，为应对重污染天气提供科学决策依据，全年全市启动 6 次预警，2 次启动重污染天气预警，落实重污染天气应急减排措施，在污染过程来临，未达到预警级别时，采取提示性减排要求，加强日常监管，抓秋冬季重污染应对准备；倡导绿色低碳生活，开展第 7 个全国低碳日宣传，组织开展工作培训，以提升全市环境系统应对气候变化工作能力，现场复查上年度重点排放单位碳排放，抓应对气候变化工作。

全年大同市空气环境质量全省排名第一，其中优良天达标率 87.1%；空气质量综合指数 4.97；$PM_{2.5}$ 年均浓度 32μg/m^3 全省最低，三项指标均全省第一。大同市在 2019 年一季度采暖期遭遇严重污染，天气次数和程度都超出上年。全年优良天数 318 天，空气环境质量实现“七连冠”。年内，大同市被授予“全国十佳生态文明城市”和“中国美丽城市”称号。

（王瑾瑶）

【水污染防治】 2019 年，大同市政府印发《大同市清水攻坚行动实施方案》，建立完善“三治三化”工作机制（厂内企业治、厂外政府治、流域协同治，责任网格化、项目清单化、问题台账化）和“1510”水污染防治机制［“1”是紧盯消除地表水国考断面劣 V 类这一目标不放松；“5”是树立全市水污染防治一盘棋思想，市生态环境局等 5 个牵头部门组织协调各县（区）政府各司其职、各负其责，密切协作、无缝对接，系统治理、整体推进；“10”是推进“10”项重点工作任务和 100 个具体项目］，以确保断面水质改善提升。以大同市 7 个国考断面为重点，制定完善“一河一策”“一个断面一个方案”办法，统筹谋划全市 7 条主要河流上下游、干支流、左右岸。构建起市、县、乡三级水污染防治工作领导体系，落实“河长制”，在流域面积 50 平方千米的辖区内的 106 条河流，确定 1541 名市、县、乡党政一把手任“双总河长”。实施源头、系统、综合“三大治理”举措，落实“查、测、溯、治”等措施，排查入河排污口 110 个，封堵 22 个、截污纳管 33 个，规范整治 55 个。开展地下水污染状况调查，对加油站地下油罐进行防渗改造。关停取缔非法采砂点 60 余处，拆除违建 1.4 万平方米。实施污水处理厂新建工程及原有污水处理厂提标改造、扩容提质工程，全市 14 座污水处理厂出水化学需氧量、氨氮、总磷达到地表水Ⅴ类水质。改善全市国省考断面水质，大同市由上年全国地级及以上城市国家地表水考核断面水质排名倒数第二，升到水质改善幅度第 14 名。12 月 3 日，在生态环境部水环境形势会商会上，大同市作为全国水质改善 3 个先进城市之一作经验交流。全年全市 12 个国家和省考核断面达到或好于Ⅲ类水质断面比例 16.67%，全市劣Ⅴ类断面数量由上年的4个到全部退出劣Ⅴ类，特别是御河利仁皂和桑干河固定桥两个国考断面水质均由上年时的劣Ⅴ类提升两个水质类别改善成Ⅳ类水。

（王瑾瑶）

【噪声污染防治】 2019 年，大同市加强噪声日常监管，落实噪声污染防治和机动车实行禁鸣等措施，并加强城市综合整治，完成市区及周边区域的道路拓宽改造工程，控制交通噪声污染。畅通各级环保“12369”、公安“110”、城建“12319”举报热线的噪声污染投诉渠道。推进城市声环境功能区划分工作。组织开展“绿色护考”行动。中、高考期间，市生态环境、公安、城市管理、住建等多部门联动落实“绿色护考”行动。大同市区域环境噪声和道路交通噪声基本保持稳定，总体变化不大。（王瑾瑶）

【土壤污染防治】 2019 年，大同市土壤污染防治工作完成重点行业企业用地调查地块的信息采集，按月调度“土十条”（《土壤污染防治行动计划》10 条）重点工作。加强建设用地土壤环境管理，对从事过金属采选冶炼、石油加工存储销售、化工、焦化、电镀、制革、设备制造维修、机械加工、喷涂印刷等行业生产经营活动，从事过有毒有害物质生产、贮存、利用、处置场所及周边，曾用于固体废物堆放、填埋的，曾发生过污染事故的，用于或曾用于规模化养殖的用地，及其他可能存在土壤污染的地块，进行摸排，防控污染地块环境风险，保障人居环境安全。开展危险废物专项整治，排查固体废物堆场 88 家，危废规范化管理检查考核企业 224 家，排查 28 家涉重金属企业并完成重点重金属基础排放量和减排量核算，提升危险废物环境监管能力和风险防范能力。推进“开源一号”（原大同市煤气化集团）场地土壤污染治理与修复试点项目一、二期治理修复工程，灵丘等县（区）超标农用地治理修复试点分别完成安全利用和修复治理技术方案、前期调查评估，为加快治理修复奠定基础。（王瑾瑶）

【河长制推行】 2019 年，大同市推进深化河长制改革，制定《大同市进一步深化河长制改革的工作方案》，构建河湖管理保护机制，提高管河治河质量和水平，推动 10 项改革任务落实落地。建立“河长 + 河长助理 + 巡河员”工作模式，明确市级河长助理 7 人，由市河长办成员单位主要负责人担任，配齐各县（区）专职巡河员，聘请专职巡河员 310 人。建立市、县、乡三级河警长制体系，设立市县乡河警长 176 人（市级 2 人，县级 21 人，乡级 153 人）。创新引入直升机巡河制度，在全省范围内首家开启空中巡查河道模式。以河长制为抓手，以检察机关公益诉讼为保障，开展“携手清四乱 保护河湖生态”百日会战行动，向 9 个县（区）发放整改督办通知，并适时组织“回头看”，确保各项整改任务落实落地。全市排查河流“四乱”问题 120 处，其中整改销号 120 处，整治率 100%，清理垃圾 520 万立方米，探索建立河流环境治理与司法保护协作机制，推动全市河流管理秩序好转。加强流域水环境整治，落实全省河（湖）长制工作暨汾河流域治理攻坚推进会议精神，组织召开桑干河流域河长制工作暨水污染治理推进会、唐河流域河长制工作暨水污染治理座谈会，开展河流水污染源专项排查，建立问题清单，明确目标任务，制定整改措施，督促各县（区）加大河流管护治理力度，改善河流水环境面貌。为推动工作落实，年底组织召开桑干河流域河长 2019 年述职暨河长制工作推进会，梳理总结全年工作，安排部署次年任务。推进确权划界工作，市级 7 条河流全部完成治导线规划，其中 5 条编制划界报告；县（区）99 条河流中，49 条编制完成划界报告。

（符官喜）

【排污权交易】 2019 年，大同市受理市、县两级环评审批涉及排污权交易的建设项目 16 项，完成排污权交易 44 宗，成交金额 2024.37 万元。其中，企业间成交金额 1954.23 万元，政府储备出让金额 70.14 万元，主要污染物成交量：二氧化硫 483.78 吨，氮氧化物 539.97 吨，烟尘 110.44 吨，工业粉尘 104.01 吨。（王瑾瑶）

【《大同市市级水污染防治技术指导目录》修订完善】 2019 年 10 月，大同市科技局发布修订完善的《大同市市级水污染防治技术指导目录》，确保实现大同市水环境质量改善目标，加快环保先进污染防治技术示范、应用和推广。该次修订完善的《大同市市级水污染防治技术指导目录》包括城市有机固废和污泥混合生物质处理处置技术、快速分离污水悬浮物的磁分离技术、微生物蛋白提取方式的污泥处理及资源化利用技术、AAO 法（厌氧—缺氧—好氧法）污水处理工艺、MBR 膜生物反应器污水处理技术以及适用于市政、畜禽养殖、农村污水处理及排放提标的生态能污水处理技术 6 项内容。每一项水污染防治技术都是经工程实践证明的成熟技术，治理效果稳定、经济合理可行，适宜在大同市推广应用。其中，微生物蛋白提取方式的污泥处理及资源化利用技术适用范围为城镇污水处理厂污泥处理，污泥与餐厨、畜禽粪便等有机固废混合处理，生物发酵制药菌丝残渣等处理。AAO 法（厌氧—缺氧—好氧法）污水处理工艺则可用于二级污水处理或三级污水处理及中水回用，具有脱氮除磷效果。（悠 菊）

生态环境管理

【环境影响评价管理】 2019 年，大同市对《设立云冈经济技术开发区可行性研究报告及大同经济技术开发区起步区控制性详细规划（通航产业园及土林片区）征求意见》的报告出具评审意见；组织有关部门和专家对《左云县新兴产业园区总体规划（2017—2035）环境影响报告书》进行技术审查。在推进省、市确定的重大项目上，通过建立服务企业信息联动机制等方式保障项目环评推进。主动对接同煤集团8+1重点项目、省发改委《推进基础设施领域补短板实施方案》任务清单中的相关项目，对120万吨甲醇项目、氢能源开发建设项目、同煤宏丰百企千村产业扶贫建设项目、集大原高铁项目、浑源抽水蓄能电站等项目的环评进展情况全程跟踪服务，对遇到的困难结合实际情况提出解决方案，向市政府上报相关项目环评推进情况。落实《大同市深化转型项目建设年行动方案》，细化14项工作措施。在全市组织开展固定污染源排污许可清理整顿工作，通过加强组织领导，细化实施方案，采取措施，取得成效。开发《环评审批信息报送及管理系统》并部署实施、投入运行，提升全市环评审批信息管理的科学化、系统化、精细化和信息化水平；全年全市审批建设项目环评文件396个，其中报告书类项目73个、报告表类项目323个；全市有526个建设项目进行环境影响登记表备案。2次组织报送11个环评报告书、10个环评报告表和9个环评报告书、9个环评报告表至省厅复核，根据初核意见，组织审批部门、环评文件编制单位围绕反馈的主要问题进行核实并向省厅报送有关说明。开展区域空间生态环境评价暨"三线一单"编制工作，12月对"三线一单"编制成果进行阶段性验收，按时序推进编制工作。推进全市涉及畜禽养殖、磷肥、热力生产和供应等14个大行业23个小行业排污许可证的核发工作，要求各相关单位，在固定污染源排污许可清理整顿工作基础上，结合清理整顿自查，抓2019年排污许可证发放摸底调查工作，推进2019年排污许可证核发，采取"双随机"抽查方式，对本辖区内排污单位持证情况及按证排污情况开展日常监督管理，查处无证排污和不按证排污的违法行为，确保排污许可制落到实处。（王瑾瑶）

【生态环境法治建设】 2019年，大同市生态环境局加大生态环境保护执法力度。起草《大同市大气污染防治条例（草案）》，并经大同市第十五届人大常委会第二十六次会议审议通过，自次年3月1日施行。健全环境执法与环境司法执法联动、联合办案等衔接机制，打击环境污染违法犯罪活动。分别与市公安机关建立起打击生态环境污染违法犯罪联勤联动工作机制、与市人民检察院建立起加强生态环境领域公益诉讼检察监督协作配合机制、与市中级人民法院建立沟通交流、提升案件办理质量、保障打赢污染防治攻坚战的工作机制，与公安、检察、审判机关加强信息共享，打击生态环境领域违法犯罪。建立行政执法与刑事司法衔接工作联席会议制度，根据工作需要召开联席会议，会商沟通重大、疑难案件，协调解决疑难问题，督促案件依法办理，形成打击环境违法犯罪的整体合力。（王瑾瑶）

【生态环境监管常规执法】 2019年，大同市生态环境执法围绕全市打好污染防治攻坚战中心工作开展，对辖区内各类污染源执行环境保护法律法规的情况加大日常监管和不定期现场检查的力度，依法依规监督检查辖区内的排污企业。抽调人员参加国家生态环境部蓝天保卫战重点区域强化监督定点帮扶工作、"百日清零"专项行动、长江入河排污口现场排查工作、晋北三市交叉执法检查189人次。切断违法企业及其周边污染源，摸清周边污染源，检查企业1000家，对分布在主要河流周边、饮用水水源保护区内的工业污染源，实施分类管理；建立生态环境保护联合执法机制，与属地乡镇政府定期开展联合执法，关停取缔"散乱污"企业。把"扫黑除恶"专项斗争与各类专项行动结合，坚持从生态环境日常执法检查、"12369"环保举报热线和群众反映问题中排查"涉黑涉恶"及环境违法犯罪线索，以"扫黑除恶"保障污染防治，以治污攻坚促进"扫黑除恶"，保障生态环境安全。推进社会综合治理，坚持属地监管原则，完善环境监管网格，明确监管责任人，开展定期巡查；发动群众，全面摸排，发现"散乱污"企业和违法违规建设项目进行举报，让违法企业无处藏身。加大宣传力度，形成强大舆论攻势，制作宣传板35块、宣传横幅25条、宣传标语62条，印发扫黑除恶应知应会手册3000册、宣传手册2000册、宣传资料5000份、宣传单3000份，到企业宣传580家，企业问卷调查300份，强化宣传教育，全系统形成扫黑除恶氛围。（王瑾瑶）

【生态环境监管专项治理】 2019年，大同市生态环境局开展违法排污大整治"百日清零"专项行动。查办四类案件84件，其中查封扣押19件，限产停产34件，关停取缔27件，行政拘留2件，刑事拘留2件。实施行政处罚85件，罚款总额966.57万元，"百日清零"专项行动震慑生态环境违法犯罪，形成严打、严查、严处生态环境违法犯罪的高压态势和氛围。（王瑾瑶）

【生态环保信访】 2019年，大同市生态环境局深化信息公开和信访办理。落实环境信息公开制度，抓区域环境质量状况、环境执法信息和突发环境事件信息公开。落实年度《生态环境信访工作要点》，畅通环保信访渠道，规范和提升信访业务水平，重点解决群众反映强烈的突出环境问题。全年全市受理信访案件2205件，其中上级转办信访举报10件，来信、来访信访举报14件，"12369"环保举报热线受理727件，"12345"政府服务热线受理1371件，微信平台受理83件（不含重复举报），接办的案件中，大气污染举报1135件，噪声污染781件，水污染举报160件，固体废物污染75件，咨询类36件、其他18件，处理率100%，反馈率100%。（王瑾瑶）

【大同市生态环境保护综合行政执法队成立】 2019年4月4日，原大同市环境监察支队重新整合组建为大同市生态环境保护综合行政执法队。成立的市生态环境保护综合行政执法队主要整合环境保护和国土、农业、水利、林业等部门相关污染防治和生态保护执法职责，在市生态环境局领导下，依法统一行使污染防治、生态保护、核与辐射安全的行政处罚权及与行政处罚相关的行政检查、行政强制权等执法职能。这是生态环境保护执法的一项重大改革，标志着大同市生态环境保护综合行政执法工作进入一个新阶段。（悠　菊）

【全市生态环境警示教育大会】 2019年4月24日，大同市生态环境警示教育大会在御东行政中心召开。山西省委常委、大同市委书记张吉福出席会议并讲话。市委副书记刘振国主持会议，市人大常委会主任赵向东、市政协主席部向华等市四套班子领导参加会议。会议以电视电话会议的形式召开，各县（区）设分会场。市法检两长，党群机关、政府组成部门、市直事业单位、市属企业主要负责人，驻大同行政事业单位、驻大同国省属企业单位等主要负责人，市查处整治浑源县露天矿山开采破坏生态环境专项工作领导小组单位负责人在主会场参加会议。

会议强调，开展生态环境警示教育是大同市“改革创新、奋发有为”大讨论的一项重要内容。全市各级各部门特别是负有监管责任的部门要深刻警醒，对照自查，开展“五个一”警示教育活动，即召开一次警示教育会议，观看一次案例教育片，召开一次组织生活会，阅读一次违法违纪忏悔书，接受一次廉政基地教育。全市各级党员干部要扛起政治责任，贯彻习近平生态文明思想，强化纪律规矩意识，守住生态安全底线。要树立绿色发展理念，做转型发展的“带头人”，倒逼传统产业升级，推动生产方式绿色转变，释放绿水青山的经济价值，以“绿起来”带动“富起来”，进而实现“强起来”，走出大同高质量绿色发展之路。要维护群众利益，树立正确的群众观、权力观，作为民利民的“贴心人”，让群众有更多获得感、幸福感、安全感。要以浑源生态修复一年复绿、三年成景为牵引，在全市范围开展矿山治理和生态环境修复，打好打赢污染防治攻坚战，杜绝“数字环保”“表面治理”“敷衍修复”，做美丽大同的“守护人”。与会人员集中观看《浑源矿山开采破坏生态环境案件警示录》。 （悠　菊）

【大同市第38届“爱鸟周”宣传活动】 2019年4月27日，由山西桑干河省级自然保护区管理局主办的大同市第38届“爱鸟周”宣传活动在大同公园启动。来自全市多家户外团体、户外救援队、多所幼儿园的小朋友及公益组织的志愿者100余人在活动现场给市民科普爱鸟护鸟知识。

该届爱鸟周活动的主题是“关注候鸟迁徙，维护生命共同体”。活动现场，主办单位通过悬挂横幅标语，设立宣传展板，向市民发放宣传资料等形式，宣传相关法律法规、湿地保护和鸟类、野生动物保护的科普知识。通过主题宣讲、宣读《爱鸟、护鸟倡议书》等让广大市民增强爱鸟护鸟意识。大同市歌手给活动助力演唱。书法家卫言兵创作“同在蓝天下，人鸟共家园”等多幅爱鸟护鸟书法作品，宣传爱鸟周。众多志愿者在签名墙上写下爱鸟寄语，倡导市民保护野生鸟类，不打鸟、不捕鸟、不食野鸟，呼吁群众从我做起保护鸟类。主办方工作人员与现场的小朋友们还开展爱鸟护鸟趣味问答，通过互动让孩子们感受到爱鸟护鸟的重要性。大同大学教授郭东龙向观众讲解“爱鸟周”的由来、鸟的种类、生存现状、减少原因、保护的重要性及具体保护措施等，激发人们爱鸟护鸟的热情。 （悠　菊）

【生态环保宣传】 2019年，大同市生态环境局加大生态文明建设和环境保护的宣传教育力度，提升全民参与环保意识，使绿色发展理念深入心中。“6·5”世界环境日，在华严寺广场举办宣传活动，展出生态环保展板30余块，发放环保宣传资料5000余份，环保购物袋2000余个，在《大同日报》刊发环境日专版，集中宣传全市生态文明建设及治污攻坚等方面取得的成效。与市总工会、市文明办联合开展“最美生态环保人评选”活动，激励长期以来对全市生态文明建设和环境保护事业做出贡献的先进典型，引导社会各界参与生态环境保护、践行绿色生活、投身生态文明、推进美丽大同建设。与市妇联举办“绿色家庭”评选，鼓励广大妇女在日常生活中践行绿色生活理念，倡导垃圾分类、节水节电，以绿色家庭生活带动全社会生态环保理念提升。与市教育局、大同日报社联合举办第二届全市大中小学生生态环境保护征文大赛，鼓励引导全市大中小学生参与环保、支持环保，共建共享美丽大同。与市文明办联合举办生态环保书画摄影大赛，面向全市公开征集以生态环境保护为主题的书法、美术、摄影作品，提升全社会环保意识。开展环保公益宣传，环保宣传车围绕“蓝天保卫战，我是行动者”主题，结合打赢蓝天碧水治理攻坚战，到云州区、棚户区、口泉乡、同煤集团广场等大街小巷宣传，在市政府消防通道设立以“蓝天保卫战，我是行动者”为主题的生态环境保护展板，平城区内所有机关、宾馆、饭店、商店门前悬挂“蓝天保卫战，我是行动者”环保宣传横幅，全市所有商铺电子屏滚动播出，提升市民生态环保意识。 （王瑾瑶）

【山西省大同生态环境监测中心揭牌】 2019年6月6日，山西省生态环境厅副巡视员白振兴、大同市副市长马安全给山西省大同生态环境监测中心揭牌。实行省以下生态环境机构监测监察执法垂直管理制度改革，是全面推进生态文明建设的关键举措。大同市环境监测站更名为山西省大同生态环境监测中心，承担属于省级考核事权的生态环境质量监测工作，负责辖区内重点污染源监督性监测、生态环境应急监测及预警预报等工作，为实施环境管理和决策提供技术支持和服务等。 （悠　菊）

【“最美生态环保人”表彰活动】 2019年11月9日，大同市“最美生态环保人”表彰活动在和阳门广场举行，副市长马安全、市政协副主席王德成参加活动。该次“最美生态环保人”评选活动由市生态环境局、市总工会、市文明办主办，旨在激励长期以来对大同市生态文明建设和环境保护事业作出贡献的先进典型，引领社会风尚。经过组织推荐、初选审查和最终评审，吕品、许智、王振江、曹金宝、董占军、郭丽荣、李雁通、马树立、王卿、吕群峰10名来自全市各条战线的环保先进个人获评“最美生态环保人”。 （悠　菊）

科学技术

科技项目

【市级科技计划项目立项】 2019年，大同市受理申报市级科技计划项目375项（其中重点研发工业计划项目55项、重点研发农业计划项目89项、重点研发社会发展计划项目99项、重点研发国际合作计划项目3项、科技成果转化计划项目37项、应用基础研究计划项目33项、软科学研究计划项目44项、平台基地计划项目15项）。经过初审、初审结果公示、专家评审、专家现场考察、局党组会审议、科技项目管理联席会议审定等环节，通过项目203项（其中重点研发工业计划项目30项、重点研发农业计划项目38项、重点研发社会发展计划项目53项、重点研发国际合作计划项目3项、科技成果转化计划项目27项、应用基础研究计划项目20项、软科学研究计划项目25项、平台基地计划项目7项），拨付资金2437万元，涵盖工业、农业、畜牧、养殖、医学研究、生活应用等领域，其中回收利用隧道窑废沥青焦渣生产中粗颗粒特种石墨制品研发、环保型高黏度介质石墨换热器、可用于印刷法制备OLED的核心材料研发、氧化石墨烯改性的粉煤灰用于文冠果栽培技术开发研究等多个项目涉及新能源和新材料领域。 （周　扬）

【省级科学技术奖申报】 2019年，大同市科技局根据山西省科技厅《关于2019年度山西省科学技术奖提名的通知》有关要求，通过政府网站和微信等平台发布通知征集项目，并指导企业进行报奖系统的填报及纸质材料受理。全年全市有13个项目提出申请，经审核，择优遴选出9个项目作为大同市2019年度山西省科学技术奖提名项目，在政府网站和项目主要完成人所在单位进行公示，并把提名书及提名项目材料统一报送至省科技厅。 （周　扬）

【科技型中小企业申报认定】 2019年，大同市科技局为落实《国家创新驱动发展战略纲要》，推进“六最”营商环境（全国审批最少、流程最优、体制最顺、机制最活、效率最高、服务最好），推动大同大众创业万众创新，加大对科技型中小企业的精准支持力度。落实国家投资1000万元，省级投资935万元。三批申报成功高新技术企业58家。按照省科技厅安排和大同市科技局《加快推进科技型中小企业认定》通知要求，组织全市科技型中小企业的评价工作，有118家企业参加注册，109家企业入库成功并获科技型中小企业编码。（周　扬）

【科技成果转化落地】 2019年，大同市科技局推动7个重大科技成果项目转化落地。7个重大科技成果项目有：新成新材料的“年产10万条电力机车受电弓浸金属碳滑条工程项目”和“年产2万吨脱硫脱硝活性炭项目”、中车集团的“FXD1型动力车项目（时速160千米动力集中型动车组动力车）”和“FXD2B型电力机车项目（30T大轴重电力机车）”、山西利达环保的“废旧轮胎热解炭黑沥青混合料改性添加剂推广项目”、山西振东泰盛的“注射用氟氯西林钠产业化项目”、陕汽大同专用汽车有限公司的“SX5320JQJ型桥梁检测车的推广与应用项目”。 （周　扬）

科技平台

【科技资源及平台对接】 2019年，大同市科学技术局为加强政产学研深度融合，与国内外的大企、大院、大校、大所对接科技资源或平台，与中科院全科盟合作成立大同市全科盟新能源产业研究院；聘请100位专家学者，其中有28位院士，成立大同市新能源产业战略咨询委员会；在北京中关村智造大街建设离岸孵化基地，有32家企业入驻，并征集第二批入驻企业；和上海漕河泾高新技术区合作在大同建设上海漕河泾大同国际创新创业园，有16家创新企业入驻；与华东理工大学合作在大同建立华东理工大学大同研究院，按照11月9日大同市副市长荆虎主持召开的华东理工大学大同研究院建设推进会议精神，成立理事会，并启动揭牌仪式。前期，组织大同市企业与华东理工大学进行多次对接，有多家企业提出合作意向。有炭材料、活性炭工艺、煤矸石提硅铝、胡麻油深加工等6个项目准备签约落地。年内，以大同市重点实验室、工程技术研究中心、众创空间、科技企业孵化器等科技创新平台为依托，引进创新型科技人才40名。 （周　扬）

【华东理工大学大同研究院揭牌事宜商讨会】 2019年1月11日，华东理工大学大同研究院揭牌事宜商

▲ 2019 年 1 月 11 日，大同市科技局组织召开华东理工大学大同研究院揭牌事宜商讨会

（周 扬 摄）

讨会在大同市召开。大同市副市长荆虎主持会议，华东理工大学资源与环境学院院长修光利一行 6 人、市科技局局长王成舜、副局长赵岷、编办副主任李海亮、经济技术开发区招商局副局长王俊，及机关工委相关人员参加商讨会。会上，修光利汇报华东理工大学大同研究院筹建工作，主要包括筹建历程、组织机构与规划、开展的工作、2019 年计划、问题和措施等。荆虎肯定研究院前期的工作和取得的成绩，表示支持研究院的建设工作，并强调该研究院的工作要围绕大同经济社会发展需要，与大同的企业及科研院所进行对接，尽快形成一批产业化项目，促进大同发展。王成舜对研究院今后的发展方向及工作重点提出一些具体建议。与会人员围绕研究院建设事宜及今后工作进行讨论。（周 扬）

科技服务

【科技创新券助力中小微企业】 2019 年，大同市科技局开展创新券的申请兑付工作。按照《山西省科技创新券实施管理办法（试行）》《大同市科技创新券实施细则》和《大同市科技创新券申领兑付指南》文件要求，有 8 家企业完成创新券兑付，兑付金额 38.98 万元，支持科技型中小微企业开展研发活动和科技创新。（周 扬）

【省市县“三区”人才科技支持】 2019 年，大同市科技局围绕全市 6 个贫困县主导产业，面向农村、农业及相关产业发展急需技术，以农业增效、农民增收、农村增绿为主要目标，组织申报“三区”人才支持计划 18 项。选派 105 名科技人员到 6 个贫困县提供科技服务、开展农村科技创新创业，并落实“三区”人才项目资金 155 万元。（周 扬）

【市级众创空间认定】 2019 年，大同市科技局为落实山西省委、省政府《关于强化实施创新驱动发展战略进一步推进大众创业万众创新深入发展的实施意见》和大同市政府《大同市推动创新创业高质量发展打造“双创”升级版的实施方案》，组织开展 2019 年市级众创空间认定工作。经过组织申报、受理审查、专家评审、公示等环节，决定认定大同全科盟三创孵化园、市同生润洁众创空间、京东云创新空间（大同）、大同云创工场、蓝博沐助梦平台等 21 家众创空间为市级众创空间，并要求各县（区）科技管理部门及有关单位加强对已认定众创空间的指导和支持。各市级众创空间主动接受社会和创业者监督，创新服务模式，拓展服务功能，提升服务能力，发挥引领示范作用，为加速形成大众创业、万众创新局面，推动创新创业高质量发展，打造“双创”升级版作出贡献。（周 扬）

【对接京津冀落实措施行动计划】 2019 年，大同市科技局制定《大同市科技局落实〈关于支持山西省与京津冀地区加强协作实现联动发展意见重点任务部门分工方案〉2019 年行动计划》，《行动计划》以与京津冀协同创新发展，搭建科技成果转移转化、技术交易平台，提升大同市科技创新能力为主要目标；以主动对接京津冀大企、大院、大校、大所，搭建科技成果转移转化平台，支持大同市与京津冀地区开展技术创新合作，支持民营企业主动对接京津冀高等院校、科研院所，在新兴产业和关键领域开展联合攻关，推进产学研用合作为重点任务，提出工作举措，推动省政府《关于支持山西省与京津冀地区加强协作实现联动发展意见重点任务部门分工方案的通知》落到实处。（周 扬）

【科技创新主体培育】 2019 年，大同市科技局开展全市科技工作，发展培育科技创新主体，以科技创新引领全市转型发展。全年全市有 3 家省级重点实验室，8 家省级工程技术研究中心。省级众创空间 16 家，省级科技企业孵化器 4 家，市级众创空间 38 家。空间面积 8.5 万余平方米，集聚创业企业（团队）500 余个，创客数量 2000 余人，营造“双创”环境，给全市科技创新发展提供动力。（周 扬）

【科普统计】 2019 年，大同市科技局转发山西省科技厅《关于开展 2018 年度山西省科普统计调查工作的通知》，到市平城区等地方和部门开展业务培训。通过打电话等不同方式对全市各部门逐一督促报送并接受业务咨询，保证科普统计调查工作任务完成。调查内容包括科普人员、科普场地、科普经费、科普传媒、科普活动及创新创业中的科普等 6 大类，124 个指标。（周 扬）

【对接民营企业科技需求】 2019 年 1 月 24 日，大同市科技局联合市科协举办“大同市民营企业科技需求座谈会”。通过与民营企业座谈互动，了解民营企业对科技的需求，掌握民营企业向科技型企业转型发展障碍，为政府下一步科技体制改革，明确向

题导向，畅通科技创新道路提供依据。会上，市科技局局长王成舜通篇领学《大同市科学技术局 大同市科学技术协会 为民营经济向科技型企业发展服务路线图》文件，并针对民营企业发展阶段、成长路径，把大同市关于科技的政策向在座的民营企业家们进行解读。10家民营企业代表就科技需求进行发言。民营企业家与政府部门形成互动，分享问题解决案例，畅通科技创新道路。年内，大同市开展“财政支持开展深化民营和小微企业金融服务综合改革试点城市”申报工作，科技方面占5分全部拿到，给试点城市申报成功助力，大同市获国家支持4000万元。（周 扬）

【高新技术企业培育认定】 2019年，大同市科技局推进落实大同市高新技术企业申报认定工作。4月9日，培训科技型中小企业、高新技术企业、众创空间和孵化器等创新主体的代表，发放《高新技术企业申报工作手册》，帮助企业了解、熟悉、掌握国家、省、市的产业政策和扶持政策，落实国家、省、市的科技资金，给企业自身发展增加动力。全年大同市有34家企业参加高新技术企业认定，其中有11家企业是到期重新认定，17家企业是初次申报。截至2019年底，全市高新技术企业达到58家，较上年增加75.8%。年内，市科技局按照省级高新技术企业奖励实施细则，对上年申报高新技术企业通过的企业进行奖励，大同市有11家符合条件的高企获得奖励资金130万元。（周 扬）

【助力科技型企业投融资】 2019年10月18日，大同市科技局在市财税担保中心组织召开科技型企业融资对接座谈会。参加座谈会的有市科技局、市工信局、市财政局、市财税担保中心，中国人民银行大同分行，及工商银行、建设银行、农村商业银行等14家银行和9家有贷款意向的科技型企业。现场解决科技型企业融资难、融资贵问题。通过组织银企对接，灵丘县清渊电子科技发展有限公司和邮政储蓄银行达成500万元的贷款意向，天镇县喜祥建材有限公司、天镇县宇博农业设施有限公司和农村银行分别达成500万元的贷款意向；山西凯翔凯宇科技有限公司与多家银行对接7000万元的贷款意向。科技型企业完成28.07亿元的贷款额度。中关村软件园山西孵化创新平台项目获中央引导地方科技发展专项资金50万元支持。（周 扬）

科技活动

【首场尖兵前沿技术力UP活动】 2019年1月25日，由大同市发改委、市工信局、市科技局和硬创集团主办，大同能创能源科技有限公司、大同企业离岸创新孵化基地（北京站）、中关村智造大街大同服务平台共同承办的尖兵前沿技术力UP（提升）系列活动在中关村智造大街大同企业离岸创新孵化基地（北京站）举行。来自清华大学软件学院、中电科仪器仪表有限公司、京卫燕康药物研究所的技术专家，及中关村智造大街相关负责人与同药集团、大同裕隆环保有限责任公司、大同宇林德石墨设备股份有限公司3家技术需求企业代表参加。活动中，技术专家分别以《智能运动捕捉与虚拟现实》《电子测量仪器与测试技术》《注射用阿昔洛韦一致性评价》为题进行分享。在互动环节，企业代表提问，就企业自身发展中遇到的技术瓶颈与专家沟通。中关村智造大街是以技术创新驱动的服务生态系统，以实验室文化为代表，通过科研院校的高端智力资源与产业服务能力相结合，以专项精准的服务能力参与到能源革命转型浪潮中。（翠 松）

【组织企业参加第17届中国国际人才交流会】 2019年4月14日至15日，大同市科技局组织全市企业、科技孵化器等单位参加第17届中国国际人才交流大会。第17届中国国际人才交流大会由科技部（外国专家局）和深圳市人民政府联合举办，在深圳市召开，以“融全球智力、促创新合作、谋共同发展”为主题，设置开幕式、深圳论坛、展览洽谈、专业会议、主宾国和“龙门创将”中国赛等9大板块26项内容。该届中国国际人才交流大会有来自50个国家和地区的4000余家专业组织、培训机构、高等院校、科技企业，4万余名海内外政府代表、专家学者、高端人才应邀参展参会。大同市相关企业和科技孵化器借助中国国际人才交流大会这个交流平台，与中外专家合作组织、人力资源服务机构和法律咨询、会计审计、知识产权、金融证券等咨询服务机构进行接触，参加相关学术论坛，拓展视野，增加渠道，给大同市对外开发新高地建设积聚能量。（周 扬）

【科技下乡活动】 2019年4月30日、5月10日，大同市科技局分别在广灵县壶泉镇赵庄村、天镇县赵家沟乡杨家庄村开展农业科技培训与科技下乡活动，邀请山西省高寒作物研究所、市农委4位专家给农民讲授黄花栽培管理、绿豆高产栽培管理、西瓜、蔬菜种植的栽培管理、病虫害防治等技术。现场群众对生产种植过程中遇到的问题和疑惑发问，专家逐一作出解答，通过互动帮助种植户解决实际问题。两次活动，培训农民101人，发放资料500余份，发放黍子种子150公斤，发放高效氯氰菊酯2万毫升。

11月19日至12月5日，大同市科技局分别在灵丘县、云州区、阳高县开展科技下乡活动。该次科技下乡邀请大同市植保站农艺师、大同市畜禽繁殖工作站畜牧师、大同市饲料牧草工作站兽医师、山西省农科院高寒区作物研究所研究员和大同市农业农村局农艺师分别作《玉米主要病虫害防治技术》《羊饲养管理技术》《优质高产食用豆栽培技术》《欧洲李优质早果丰产栽培技术》《大同黄花高产栽培技术》《果树和中药材病虫害防治技术》《生猪标准化生产管理技术及非洲猪瘟防控技术》《林药套种栽培管理技术》培训讲座，灵丘县招柏村48名群众、云州区移民新村易地搬迁安置点115名群众、阳高县鳌石乡均田村易地搬迁安置点65名群众参加培训。该次培训发放《植物生长调节剂科普知识问答》《种植业》

▲ 2019 年 11 月 19 日，大同市科技局在灵丘县开展科技下乡活动　（周 扬 摄）

《科学养生》《温室蔬菜种植》等资料 1300 余份。专家现场向农民群众传授相关知识，提高农民群众的科学素质和科学种植水平，用科技支撑来助推精准扶贫。（周 扬）

【科技活动周宣传】 2019 年 5 月 19 日至 26 日，大同市科学技术局联合中共大同市委宣传部、大同市科学技术协会在全市范围内开展“2019 年科技活动周”。该届科技活动周活动内容包括科技创新成果展示、体验美好生活、科技下基层扶贫、特色科普宣传 4 个方面，展示科技创新重大成就、重大专项成果，特别是人工智能、信息技术、生物技术等方面的新成果、技术、装备、产品，凸显科技创新在支撑经济高质量增长方面的效果。展示新中国成立 70 年来科普作品、展品及重大事项，宣传《中华人民共和国科学技术普及法》，助力全民科学素质工程建设。针对公众关注的科技热点，开展科普讲解、实验演示、示范传授等活动，普及基本科学知识和常用技术方法，举办互动、参与、体验性的科技活动。在全市悬挂宣传横幅及宣传标语，展出图板 500 余块，发放科普资料和书籍 31500 余份，现场参加咨询活动的医疗卫生、应急避险、低碳节能、健康生活等工作人员 2000 余人，现场接受咨询 5400 人次。（周 扬）

【高端人才大同行活动】 2019 年 6 月 20 日，大同市科技局承办“一带一路”沿线国家创新创业大会大同峰会，来自欧洲的 8 位院士到大同市向 120 余家企业作技术宣传和对接。10 月 22 日，来自俄罗斯、乌克兰的 11 位院士到大同市进行科技创新合作活动。推进大同搭建面向全球创新思想、创新理念的交流平台，新科技、新产业的引领平台，国外新技术、新产品的交易发布平台，对于大同实现 136 发展战略、推进能源革命、争做能源革命尖兵、实现工业高质量发展，培养发展新动能具有重要意义。（周 扬）

【大同企业参加全国科学院科技成果联展】 2019 年 9 月 22 日至 25 日，全国科学院科技成果联展在广西南宁国际会展中心举行。大同全科盟新能源产业技术研究院组织大同市企业参加联展。全国科学院科技成果联展是第 16 届中国——东盟博览会先进技术展的重要组成部分，与东盟博览会同时开展。联展由全域科研院所科技成果转化联盟（简称“全科盟”）、广西科学院、广西壮族自治区科学技术协会联合主办，征集到展出项目 186 项，全科盟挑选 139 项创新型、实用型的科技成果参展，涉及大健康、大农业、生态环保、人工智能与先进制造、新能源与新材料 5 个领域，展品 200 余件。大同市参展企业在该次联展中与当地政府及其他省市客商达成多个合作意向。（翠 松）

地质勘查

山西省煤炭地质 115 勘查院

【概况】 2019 年，山西省煤炭地质 115 勘查院签订社会类项目合同 168 份。开动各类钻机 7 台，施工钻孔 37 个，钻探进尺 20489 米，其中地质钻孔 22 个，工程量 15516 米；工程勘查钻孔 15 个，工程量 4973 米；测井实测米 40147 米；地下管线探测 1801 平方千米；各类地质报告 46 件。全院在册职工平均工资 8 万元，同比增加 6.74%；院属企业华瑞公司 2019 年在册职工平均工资 8.09 万元。

（115 勘查院）

【勘查价款项目】 2019 年，山西省煤炭地质 115 勘查院实施往年价款项目 1 个：“原平市南高埠勘查区煤炭详查项目”；3 月 20 日，野外验收“山西省宁武煤田原平市南高埠勘查区煤炭详查项目”，验收质量为良；4 月 22 日，山西省地质勘查基金管理中心发放《山西省宁武煤田原平市南高埠勘查区煤炭详查野外工作验收意见书的通知》，项目成果经山西省自然资源厅验收通过；编写宁武县梁家沟（侏罗系）勘查区煤炭普查、代县黄草院矿区铁矿预查，及繁峙县四岔矿区铁矿预查 3 个价款项目绩效评价报告，绩效报告经山西省科技评审中心审查通过。（115 勘查院）

【勘查重点项目】 2019 年，山西省煤炭地质 115 勘查院勘查长治市潞城区第三次国土调查项目。3 月，完成内业工作及质量自检工作；4 月，完成外业调查疑似图斑工作并上图处理；5 月，同步开始数据库建设工作及外业举证工作；6 月，交山西省核查数据库 3 次，一次通过乡镇抽查，并在全区范围内核查。10 月，收到国家核查反馈结果，开展内业整改及外业补充举证工作；针对国家级核查结果逐个图斑整改，对国家级核查结果存在异议的图斑整理报送申诉，需要补充举证的图斑实地举证，确保完成整改，确保数据库真实有效后，再次报送，以通过国家级数据库核查，给

长治市潞城区利用三调成果提供技术支撑。（115勘查院）

【科研创新项目】 2019年，山西省煤炭地质115勘查院与桂林理工大学联合承担山西省煤炭地质局2019年度实用性生产技术及创新项目《小波与曲波变换组合域瞬变电磁数据去噪技术及应用平台研究》，瞬变电磁数据wavelet和curvelet变换组合域噪声压制技术研究完成，研发小波变换、曲波变换及组合域瞬变电磁数据去噪解释软件完成，并进行软件测试。4月，115勘查院职工创新工作室举行挂牌仪式，工作室围绕“大同市自然资源大数据共享服务平台”开展创新研究；6月，在山西省煤炭地质物探测绘院举行创新工作室项目“大同市矿山地质环境动态遥感监测数据管理平台”可行性研究报告专家论证，专家组认为项目目标明确，技术路线和方案合理，项目可行，具有应用前景；工作室依据《山西省矿山地质环境保护与管理规划（2018—2025）》，扩展完善上述平台的应用范围与模块，开发《大同市自然资源大数据共享服务平台》；上年报备的“五小”四个项目中“山区开采沉陷预警系统”在2019年被评选为上年度山西省总工会直属基层“五小”竞赛活动优秀奖；2019年工作室发表论文3篇，申请计算机软件著作权1项，实用新型专利2项，发明专利1项；参加青海《测绘学报》桥Data Earth开发者大赛，获三等奖。由115勘查院和江苏大学、中国科学地质与地球物理研究所联合承担科研项目《综合电磁法高精度探测采空区积水研究》获山西省科学技术奖科技进步类二等奖。《多层积水采空区瞬变电磁探测技术研究》获中国地球物理学会科技进步三等奖，《移动式智能化采空区积水处理项目》获两项专利。（115勘查院）

【勘查服务领域拓展】 2019年，山西省煤炭地质115勘查院开拓农村土地确权、地理信息测绘、地质灾害治理与评估、地下管网探测和岩土工程施工业务市场，参与不动产测量，在生态地质、地理信息及城市地质、地质灾害治理与评估、岩土工程施工项目均有项目签约。与大同市规划和自然资源局签订《大同市规划和自然资源局全市矿产资源调查（第三标段）合同》；与长治市上党区北呈乡签订《长治市上党区北呈乡六家村西部及北岭头村北部采空区及其影响范围勘查合同》；与内蒙古准格尔经济开发区公共事务管理局签订《内蒙古准格尔经济开发区创业大道公益盖沟段路面（坝体）塌陷应急抢修工程合同》；完成大同市平城区、云冈区第三次国土调查项目并交国家审核；开展阳高县第三次全国土地调查项目；完成大同县、广灵县、新荣区、南郊区承揽的土地确权收尾工作，怀仁峙峰山、集大原高铁的航飞及内业工作，右玉农村土地承包经营权权证打印工作。（115勘查院）

【勘查院院属企业重组】 2019年，山西省煤炭地质115勘查院多次研究华瑞公司重组和发展、《华瑞公司经营和管理办法》、人员、设备、重组方案事宜。5月，华瑞公司成立动员大会召开，标志着华瑞公司重组。原115勘查院第四工程处、矿产技术中心整体并入华瑞公司，充实地质灾害治理、工程勘察、地基基础施工技术力量，剥离华瑞宾馆。华瑞公司在生态地质、地理信息及城市地质两大板块，开展地质灾害防治工程的勘查、评估和治理施工、城市地下管线探测、天然气管道防腐蚀检测、地下排水管道检测评估及岩土工程勘察、地基基础施工、煤矿采空区积水资源化利用方面的市场开拓。公司把重心放在制度建设和对外项目承揽方面，打破原来工资分配体系，建立绩效工资考核分配制度和项目预算管理制度。在地灾治理和管线探测检测方面，承揽完成内蒙古准格尔经济开发区公益盖沟段路面（坝体）的检测和抢险加固，及大同市华润燃气公司管线腐蚀性检测项目。矿井水处理装备在塔山三盘落地，参与矿井水处理工程。12月，华瑞公司设立武汉办事处，开拓长江经济带地质灾害治理和生态修复市场，开展前期业务接洽工作。（115勘查院）

【现代测量控制基准建设及似大地水准面精化项目设计通过评审】 2019年4月3日，大同市现代测量控制基准建设及似大地水准面精化项目总体设计书通过专家评审。该项目主要通过清理整顿大同市各个时期的各种坐标系统，建设并维护覆盖全市域的测量控制网及坐标系统，建立大同市现代测绘基准体系，实现大同市城乡建设信息化、数字化、一体化，进行大同市似大地水准面精化，以满足大同市经济社会发展需求。项目完成使用，可让大同市在基础测绘精度、方法、手段等方面实现飞跃，解决各类空间数据之间的坐标转换，实现高程测量方法变革，减少外业水准测量工作量，减少政府在城市建设过程中测量方面的投入。评审会上，项目总

▲2019年5月9日，山西省煤炭地质局到115勘查院华瑞实业公司调研。图为调研会现场（115勘查院 供图）

体设计书编制单位省测绘工程院汇报编制情况。来自武汉大学测绘学院、太原理工大学、省测绘地理信息院、省煤炭地质115勘查院、市勘察测绘院等院校、部门的专家通过审阅相关设计文本资料、现场质询和讨论，同意项目总体设计书通过评审，并对项目总体设计书进行修改完善，组织实施。（翠 松）

山西省地质勘查局二一七地质队

【概况】 2019年，山西省地质勘查局二一七地质队签订各类合同330份，实现产业经济总收入1.75亿元。到账率71%。在岗职工年人均收入9.24万元。年内，增加设备71台套，设备价值452.91万元。完成钻探工作量19.3万米。（王雪峰）

【地质勘查】 2019年，山西省地质勘查局二一七地质队地质勘查实现产业经济收入5415万元，占全队产业经济总收入31%。中央财政出资地质勘查项目方面：左云县马道头地区铀矿地质调查完成资料汇交；鄂尔多斯盆地外围地质调查井工程晋怀地1井（大同盆地油气勘查）项目经中国地质调查局油气资源调查中心野外验收通过。项目实施过程中发现厚约300米的第三纪含煤地层，发现煤层气气测异常22层次，气测最高值可达全烃14.632%，C含量13.516%。省财政出资地质勘查项目方面：2019年度4个省级地质勘查项目山西省蒲县蒲城调查区煤层气预查、山西省大同市平城区马军营一带地热资源预可行性勘查、山西省大同市新荣区六亩地矿区外围石墨矿预查、山西省灵丘县柳科矿区膨润土矿预查完成设计方案评审。开展次年度省地勘基金项目立项工作，围绕金银贵金属、新能源、新材料、基础研究“四大板块”，及“三稀”（稀有金属、稀土金属、稀散金属）“三气”（煤层气、页岩气、致密砂岩气）资源开展野外踏勘，加强地质资料的二次开发利用，关注老旧矿山深部及外围，寻找找矿有利靶区，做项目储备。科研项目方面：“大同盆地沉积地层对比及构造演化研究”和“大同盆地油气成因及运移成藏研

▲ 2019年7月8日，山西省地质勘查局二一七地质队承担实施的鄂尔多斯盆地外围地质调查井工程晋怀地1井开钻（王雪峰 摄）

究”提交成果报告。中国地质调查局油气资源调查中心委托的“大同盆地地震资料处理与目标优选”项目完成报告编制，等待项目验收。地质市场项目方面：左云马道头、东周窑矿区煤田补充勘探工程（合同额2000余万元），同煤国电同忻煤矿地面生产补勘钻孔工程进行野外钻探施工。完成大同市、朔州市部分县（区）矿山地质环境保护恢复与综合治理规划编制和2019年度大同盆地地下水动态监测工作。完成一批煤矿矿井地质类型划分报告、压覆矿产调查报告、矿山动态监测年报、矿山三合一方案编制、地质灾害危险性评估等项目。（王雪峰）

【地质工勘施工】 2019年，山西省地质勘查局二一七地质队工勘施工实现产业经济收入11227万元，占全队产业经济总收入64%。工程施工方面：山西省采煤沉陷区综合治理大同煤矿集团大斗沟煤业有限公司地质环境治理工程施工（一标段）、大同市吴官屯煤业有限责任公司地质环境治理工程施工和大同市燕子山煤矿地质环境治理工程项目验收完毕；承揽实施同煤集团马道头煤业有限公司井下钻探施工、同忻煤矿井下钻探（延续）、台东山井下钻探、南阳坡煤业井下超前钻探、五家沟煤业井下超前钻探、中煤华昱公司元宝湾煤业《9煤老空区治理》、东周窑煤业地面探放水孔工程、大同市新荣区西村乡、上深涧乡2017年度采煤沉陷区治理搬迁安置项目基坑降水工程、山西美锦能源股份有限公司介探煤层气1井、山东省潍坊市生活垃圾处理场帷幕注浆工程等大型施工类项目；承揽实施7眼市场水井施工项目。岩土工程勘察方面：实施寺儿村棚改项目工程勘察、恒安街北侧城市棚户区改造工程勘察、大同市教育建设PPP项目工程勘察、大同市悦城丽景工程勘察、魏都大道西侧悦城金茂府工程勘察等项目。（王雪峰）

【地质项目改革创新】 2019年，山西省地质勘查局二一七地质队适应政府购买服务改革，推进大同市平城区—云州区—带地热资源调查与评价、浑源县浅层地热能资源调查与评价两个政府购买服务项目进展。首次涉足基坑降水项目，采用旋挖机成孔工艺，独立完成大同市新荣区西村乡、上深涧乡2017年度采煤沉陷区治理搬迁安置项目基坑降水专项施工方案的编制并具体实施。与山西大同大学煤炭工程学院达成产学研战略合作协议，决定在人才培养、科学研究、创新创业、技术咨询等方面开展合作；与内蒙古第二水文地质工程地质勘查有限责任公司签署《战略合作框架协议》，实现资源共享、共同发展。学习引进新技术、新工艺、新理论、新装备。选派技术骨干到武汉等地研修，增强工作本领；采购测绘用无人机，

提升装备水平。（王雪峰）

【地质技术服务】 2019年7月19日，“山西省地勘局大同市地质技术服务中心”在山西省地质勘查局二一七地质队队部挂牌成立。年内，给地方政府提供地质技术支撑服务，与大同市规划和自然资源局、大同市云州区、阳高县、浑源县、灵丘县、广灵县、天镇县自然资源局分别签订地质灾害防治技术支撑服务合同。实施大同市规划和自然资源局全市矿产资源调查、广灵县矿山地质环境保护恢复与综合治理规划编制、天镇县和云冈区地质灾害“十三五”防治规划（2016—2020）编制等项目。加强地质灾害防治技术支撑服务，在冰雪消融期、汛期、汛中、汛后组织专业技术人员排查县（区）内所有的地质灾害隐患点，配合地方主管部门抓地质灾害防治宣传、培训、演练，及发生灾情、险情时的地质灾害应急技术支撑工作。（王雪峰）

气象服务

【气象灾害】 2019年，影响大同市的主要气象灾害有：寒潮、暴雨洪涝、冰雹、雷电、大风、干旱等。

寒潮 2019年出现多次寒潮天气过程，其中7站次以上的有7次，分别出现在：2月14日至16日、3月20日至21日、10月12日至14日、11月17日至19日和23日至25日、12月16日至18日和29日至31日。其中，11月23日至25日的寒潮天气过程最强，降温幅度最大，48小时最低气温下降13.3℃～18.1℃。

冰雹、暴雨洪涝 6月13日，大同市云州区遭受冰雹灾害，造成峰峪乡、瓜园乡、西坪镇和聚乐乡4个乡镇30个行政村的玉米、高粱、谷子等粮食作物和黄花、药材、油料、杏树等经济作物受灾，受灾面积4296公顷。6月16日至17日，天镇县出现强对流雷雨天气，其中16日有8个乡镇降雨量超过40毫米，3个乡镇达暴雨量级，强降水引发严重洪涝灾害，致使部分村庄道路、桥梁损坏，而伴随强降雨出现的雹灾，使米薪关镇的12个村庄和南高崖乡的大仁沟村、称达沟村的农作物几乎绝收。6月17日，新平镇的平远堡村、大营盘村、八墩村等6村庄再次遭受冰雹袭击，造成玉米、豆类、谷黍及20公顷杏树受损。6月22日，浑源县进士沟村遭受冰雹灾害，持续时间20分钟，受灾面积13.87公顷。7月5日，广灵县、阳高县和灵丘县遭受冰雹洪涝灾害，其中广灵县南村镇、作疃乡、一斗泉乡等5个乡镇遭受风雹灾害，农田受灾面积约627公顷；阳高县下深井、王官屯、古城和鳌石4个乡镇冰雹持续15分钟，大风、强降雨夹杂冰雹，造成杏果等果实掉落，玉米、高粱、谷黍等秸秆作物折断受损，瓜类、蔬菜、葵花及豆类基本绝收；灵丘县史庄乡、武灵镇、落水河乡和石家田乡4个乡镇出现强降水并伴有强雷暴和冰雹，玉米和小杂粮农作物受灾严重，受灾面积约2671.5公顷。7月28日，广灵县作疃乡、斗泉乡、梁庄乡等6乡镇遭受洪涝灾害，倒塌房屋18间，农田受灾面积约183.48公顷。8月5日，云州区、浑源县和天镇县遭受冰雹和洪涝灾害，农作物不同程度受损，云州区受灾最重。云州区峰峪乡有5个行政村受冰雹袭击，3个村损失严重，玉米、黄花和豆类杂粮受灾面积分别是104公顷、22公顷和10公顷；浑源县官儿乡李家庄和穆家庄遭受暴雨冰雹灾害，受灾农田55.73公顷，护坝毁坏，水泥桥梁受损严重；天镇县部分乡镇遭受冰雹袭击，玉米、豆类、葵花、谷黍等多种农作物和露天蔬菜受灾明显。

大风 8月15日，天镇县出现24.3米/秒（9级）的大风天气，造成谷前堡镇沙屯堡、水桶寺、水磨口等多个村庄的玉米、高粱和谷黍等作物倒伏；当日，阳高县出现持续约45分钟大风，罗文皂镇的瞬时风速22.8米/秒（9级），大风伴随着冰雹，造成部分村庄农作物大面积倒伏折断，部分大棚损毁。8月16日，天镇县出现大风，作物受灾面积620公顷，其中绝收面积480公顷。

雷电 7月5日，阳高县罗文皂镇吴家堡村有一人遭受雷击死亡。

干旱 8月下旬至9月上旬末，全市持续无雨，进入9月气温异常偏高，土壤水分蒸发剧烈，旱情迅速发展，大部分地区出现中到重度气象干旱，对灌浆期农作物造成较大影响。其中，云州区10个乡镇、143个村23368.33公顷玉米、高粱、马铃薯、谷子遭受不同程度旱灾。（赵晓光）

【气候对农业的影响】 2019年春播期，大同市出现适时降雨，大部分地区足墒播种，夏季降水偏多，保障作物生长关键期水分供应，农作物生长期内水、光、热资源匹配比较合理，虽然冰雹、洪涝对粮食产量造成一定影响，但气候条件总体对农业生产有利。（1）春播期降雨适时，春播有序进行。4月全市平均降水量50.8毫米，是历史同期第二高值；气温较常年同期偏高1.5℃。4月下旬，大同市进入春播期，19日至20日出现入春以来第一场雨，24日至27日连续出现明显降水天气，整体墒情适宜，水热资源充足，保障春耕春播工作的开展。5月大同市降水偏少，气温略高，日照偏多，但前期底墒好，18日至19日、25日至26日两次明显的阵雨或雷阵雨天气，使土壤水分得到补充，整体气象条件和墒情对春播和作物出苗有利。（2）夏季雨水充沛，利于作物生长。6月中旬至7月全市雨日频繁，雨水充沛，平均降水量201.8毫米，较常年同期偏多5成，大部分地区墒情适宜，温度偏高，水热资源匹配，基本能满足作物生长关键期水分需求；8月上、中旬降水量66.4毫米，较常年同期多，气象条件对作物后期生长有利。（3）阶段性干旱和灾害性天气对农业造成一定损失。5月下旬到6月上旬、8月下旬至9月上旬，全市大部分地区出现阶段性干旱，对作物的苗期和灌浆造成一定影响；6月至8月强对流天气频繁，冰雹、大风和暴雨洪涝灾害给农业生产造成一定损失。（4）秋季温高光足，利于作物成熟收晒。秋季初霜冻偏晚，作物基本霜前成熟；秋收期间全市以晴好天气为主，利于作物收获晾晒。

（赵晓光）

【气候对其他行业的影响】 2019年春夏季，大同市降水偏多，大风天气少，树木、植被长势良好；但夏季洪涝造成房屋、树木和基础设施受损。

秋、冬季降水过程稀少，空气干燥，森林火险等级偏高；但气温适宜，空气质量优良，利于旅游业发展。

（赵晓光）

【天气预报预警】 2019年，大同市智能网格温度预报昼夜最高气温、最低气温预报准确率分别是85.88%和62.02%。全年召开重大气象新闻发布会4次，发布城市内涝气象风险预警8次，地质灾害气象风险预警3次，各类气象灾害预警信号137次。年内，大同市气象局利用电视、广播、报纸、传真、手机短信、微信、微博等多种手段，向社会公众发布气象预报和预警信息。

（赵晓光）

【气象为农服务】 2019年，大同市气象局加强与各县（区）局、农业农村局、专业合作社等相关部门合作，关注农业气象条件变化，加密雨情、墒情分析，了解农作物播种、出苗长势、生育期节点及病虫害发生发展等情况，针对春播、夏管和秋收开展连续性服务，对影响农业生产的降雨、洪涝、阶段性干旱、风雹、霜冻等做出预测，促进粮食生产安全。开展雨情、墒情和地温分析，不放过每一次降水天气过程。4月15日至5月20日每周一发布《春耕春播气象服务专报》，发6期，内容包括春播进度、天气实况及其影响、未来天气趋势及其对春播的影响分析评估，报传省局气候中心、市委、市政府及相关部门，并通过电视、报纸和传真等对外发布，使广大农民了解春耕时期气象信息，科学安排春耕生产。和农业农村局种植科、技术站、高寒作物研究所等相关部门合作，了解大同市杂粮种植情况、各种杂粮发育节点、生育期长势、病虫害发生规律及防治措施等，根据获取的资料建立“大同市小杂粮基本资料库”，制作发布《小杂粮气象服务专报》8期，助力杂粮作物的增产增收。5月下旬至6月上旬和8月下旬至9月上旬，全市晴热少雨，土壤失墒迅速，出现两次明显阶段性干旱，对苗期及灌浆期农作物造成不利影响。大同市气象局针对干旱提前预测，向市委、市政府领导呈送《重要气象报告卡》，建议各地采取抗旱措施。秋收期间发布《秋收气象服务专报》10期，涵盖秋收进度、前期天气实况及其影响、未来天气趋势及可能出现的农业气象灾害（霜冻、大风等）对秋收的影响预评估和应对建议，制作秋收农用天气预报图，增加秋收进度统计表，并报送省局、市委、市政府相关部门，给全市秋收工作提供气象保障。

（赵晓光）

【气象现代化建设】 2019年，大同气象站成立为农服务工作领导组和为农服务专家联盟，更新气象信息发布对象库和气象信息员队伍，组织发布大同市云冈区、新荣区、平城区3个区的气象应急预案，推动气象灾害应急准备认证工作，加入云冈区应急指挥体系。全区6个乡镇均组建气象信息员队伍。全市分布有30个区域自动站和1个国家级自动站，其中云冈区建7个区域自动站。通过国家突发事件预警信息发布系统向社会公众发布，通过移动手机短信平台向地方党委政府及相关部门决策领导发布。全市建成乡（镇）气象工作站，编制覆盖全市所有乡镇气象灾害风险地图，联合各区涉农部门，成立气象、农业、水利、科研院所等多部门及新型农业经营主体、种养殖大户等专家组成的涉农专家联盟，面向云冈区80%以上新型农业经营主体开展“直通式”服务，并建立“直通式”服务台账或日志。推进气象科普宣传与培训，编印气象防灾减灾和为农服务等科普系列丛书1000余套，结合“3·23”世界气象日，针对当地主要农作物气象服务、主要农业气象灾害防御等开展信息员培训。全年市级发布各类服务材料503期，其中重大社会活动248期，情报类30期，重大天气服务31期，节假日专题9期，预报预测类51期，为农服务类97期，气候评价类16期，森林火险专题6期，防汛办材料15期，预警信息134期；预警信息发送19564人次；天气预报短信350个，发送85750人次；天气预报短信发送85750人次；雨情短信109个，发送14368人次。全市发布各类预警信号1721次，其中气象台发布预警信号131个，其中大风32个，道路结冰15个，暴雪3个，寒潮15个，大雾2个，雷电49个，霜冻10个，暴雨4个，冰雹1个。全年启动应急响应9次，其中灵丘县1次，云州区2次，天镇县2次，浑源县3次，广灵县1次。

（赵晓光）

【农业气象观测】 2019年，大同气象站开展马铃薯、苦荞、谷子、大豆、红芸豆等杂粮作物的农业气象常规观测，及山西省气象局重点项目谷子分期播种试验和该站自主开展的谷子品种试验，建设自动土壤水分站，安装建设农田综合探测仪2套，多套农作物测量仪器全部投入使用，并在试验站各种观测中采集到大量试验数据，给开展农业气象服务提供数据保障。调研种植大户种植需求，与大同市金农合作社合作，给其种植示范园区安装1套实景监测农田综合探测仪投入使用。

（赵晓光）

【气象服务决策】 2019年初，大同市气象局制定《2019年大同市决策气象服务方案》，确定每个季节的关注重点及每种产品的名称、发送时间、发送方式、服务对象和主要内容。大同市决策气象服务产品主要包括《重要气象报告》《重要气象信息》《气象信息专报》《节假日专题》《气象灾害预警》《气象旬报》《短期气候预测》《气候影响评价》《春耕春播气象服务专报》《秋收气象服务专报》《农业气象旬报》《小杂粮气象服务专报》《雨（雪）情快报》《土壤水分监测公报》等多种类型。全年向市委、市政府及相关部门报送决策服务材料260期。

（赵晓光）

【气象日主题宣传活动】 2019年3月15日，大同市气象学会联合大同市云州区气象局到西坪小学开展气象科普教育活动。活动中，大同市气象台首席高工围绕“太阳、地球和天气”“送给小朋友的15个气象安全知识”主题，从日常生活引入，采用通俗易懂的方式做科普讲解，让同学们了解气象科普知识，点燃他们的科学兴趣。3月22日至23日，大同市气象科普基地开放，迎接开发区实验小学、金色蓓蕾幼儿园等广大师生、大同日报小记者团和社会团体450余人进行科普知识宣讲。活动中，气象

▲ 2019 年 3 月 15 日，大同市气象学会联合大同市云州区气象局到西坪小学开展气象科普教育活动（赵晓光 摄）

科普讲解员针对增雨作业流程、天气预报制作、气象防灾减灾知识、气象观测设备运行等问题进行讲解。活动结束后，气象科普志愿者现场发放各类气象科普宣传资料 1000 余份。（赵晓光）

防震减灾

【概况】 2019 年，大同市防震减灾中心抓全市地震预测意见管理和重大震情通报管理，按规定处置核实宏微观异常 4 次，处置 8 月 23 日灵丘 3.2 级地震，并把震情及处置过程通报省局、市政府、市应急管理局。年内，大同市各县（区）的地震灾害风险评估工作全面完成，市级地震灾害风险评估工作处于数据整理阶段。配合市应急、住建部门开展《中国地震动参数区划图》（GB18306–2015）的宣传贯彻和检查，配合省地震局预警中心开展《国家地震烈度速报与预警工程》（山西分项）项目实施。协助市应急管理局在左云县兴云镇组织开展市、县地震、森林灭火应急综合演练；开展大同一中和开发区小学校师生地震应急培训和组织地震应急演练。创建省级防震减灾示范学校 6 所，分别是大同市平城区机车第一小学校、大同市第一中学校、大同市新荣区第一小学校、大同市新荣区第三小学、天镇县第二中学校、大同市云冈区西韩岭学校。陪同省应急厅、省气象局及省地震局开展阳高县、灵丘县国家级综合减灾示范社区的现场核查，阳高县光明路社区获评全国综合减灾示范社区。（王 星）

【震情监视落实和震情会商】 2019 年，大同市防震减灾中心围绕震情开展分析预报工作，印发《大同市 2019 年度震情监视跟踪工作方案》，加强地震联防合作，制定大同、朔州、忻州为成员单位的晋北地区震情监视跟踪联动方案，组织召开京晋冀蒙交界暨乌大张地震联防区震情跟踪工作会。制定《全国“两会”地震安全保障服务专项实施方案》《2019 年“二青会”地震安全保障方案》《中华人民共和国成立 70 周年庆祝活动期间地震安全保障服务方案》。执行震情值班、震情会商、异常落实、宏微观异常零报告等监测预报制度。推行市县两级和企事业地震台站共同参与讨论的会商模式，确保震情会商的及时性和有效性，提升全市震情会商研判水平。2019 年度组织召开震情月会商 13 次，周会商会 52 次，紧急会商会 2 次，加密会商 33 次。编写《山西北部及晋冀蒙三省交界区 2019 下半年地震趋势研究报告》《山西北部及晋冀蒙三省交界区 2020 年度地震趋势研究报告》，召开京晋冀蒙“乌大张”联防工作会议，参加山西省地震局召开的次年度震情跟踪会商会，并报送相关资料。（王 星）

【市县地震监测中心建设】 2019 年，大同市防震减灾中心根据山西省地震局制定的《市县地震监测中心建设指导意见》，协调市县两级共同推进市县地震监测中心建设工作，申请资金 54 万元，购置用于构建市级监测中心及县级信息服务平台所需的全部设备。市级监测中心及各县（区）信息服务平台均建设完成，给省、市、县地震信息共享提供基础平台，实现市、县视频会议联通、业务数据共享。（王 星）

【应急避难场所建设】 2019 年，大同市防震减灾中心帮助灵丘县应急管理局、云冈区应急管理局完成两个Ⅱ类标准应急避难场所建设工作。落实创城要求投资 10 万元配合市应急管理局改造更新市区 5 个避难场所大标识牌和功能标识牌。并协调有关部门对场所内缺少的设施进行协议储备，加强应急避险能力。（王 星）

【“一县一台”工作】 2019 年，大同市防震减灾中心推进“一县一台”工作，把断裂带土壤气体观测作为探索地震短临预测手段，投资 70 余万元在浑源裴村乡凌云口村、灵丘县武灵镇南水芦村、广灵县南村镇南土岭村建设 3 座断裂带土壤气体综合观测台站。按照山西省地震局《地震台站标准化设计与实施》要求设计建设。各台站均配备测氡仪、二氧化碳测试仪、地温仪及气象三要素辅助测量系统，采用太阳能环保发电组加蓄电池组供电方式，所采集数据经由无线路由器实时上传至省局数据中心。截至 2019 年底，大同市地震前兆监测台站 10 个，分布在全市 8 个区县，形成包含形变、流体、电磁 3 大学科、14 个测项的地震前兆及辅助监测体系，台站有效覆盖率 80%。（王 星）

【地震观测站维修改造】 2019 年，大同市防震减灾中心对大同市同车公司地震观测站、山橡集团地震观测站、煤峪口矿地震观测站 3 个企业台站进行维修改造。3 个企业台站是大同市地震监测预报体系中重要的前兆观测台站，由于所属企业面临“三供一业”

（企业的供水、供电、供热和物业管理）改革，企业方面投入减少，面临观测环境逐步恶化、观测设备逐步淘汰的困境。大同市防震减灾中心协调各方，承担起台站运行维护、设备升级改造和监测环境保护责任，投资近20万元标准化改造企业台站3个，改善台站监测环境，确保台站持续运行。为加强台站运行管理，印发《大同市企事业地震前兆监测台站运行管理规定》，修订《大同市企事业单位地震台站工作考核内容及评分细则》；召开专题会议，研究讨论规范数据观测、数据报送、填写观测日志等日常工作环节，明确考核标准，查找台站管理工作中存在的问题与漏洞，提高观测资料使用效益。（王　星）

【地震应急指挥技术中心项目】 2019年，大同市地震应急指挥技术中心项目完成前期手续。该项目于2017年启动，建设地点位于大同市文盛街南侧，建设规模3832.23平方米，其中地上建筑面积2367.15平方米，地下建筑面积1465.08平方米；项目建设内容主要是大同市地震应急指挥技术中心大楼一栋；总投资1678.19万元，资金来源是政府财政支持。截至2019年底，投资120余万完成项目监理、施工单位招标、施工许可等全部前期手续，取得所有开工所需批文、证照。（王　星）

【抗震设防事中事后监管】 2019年，大同市防震减灾中心建立区域评估机制，把评估评价工作前置，变项目评估为区域评估、变项目审批前评估评价为政府提供靠前服务，减少审批前置条件和环节，压减审批时限，减轻企业成本，促进经济发展。按照省、市人民政府关于企业投资项目承诺制改革工作要求，结合实际印发《关于印发大同市区域性地震安全性评价实施办法（暂行）的通知》，转发《山西省地震局关于印发〈需开展地震安全性评价的建设工程目录（修订）〉的通知》，修订《大同市建设工程抗震设防管理规定》，梳理报送移交“互联网＋监管”事项目录清单和检查实施清单。为加强对建设工程抗震设防要求监督管理，确保全市建设工程达到国家抗震设防标准，7月1日至10日，对市、县（区）1月1日以来办理施工许可或规划许可的建设工程项目中，随机抽选建设工程作为执法检查对象（包括县、区）开展执法检查。市防震减灾中心按规定对承诺服务审批的建设工程按5%比例检查，被检查单位均按承诺进行抗震设防，且达到抗震设防的要求规定。（王　星）

【城市活动断层探测】 2019年，大同市城市活动断层探测工作完成招标。该项目探测按照大同市规划建设的重要性、紧迫性，采取分区、分期实施探测工作，御东片区为第一期，老城片区、大口泉片区分别为第二期和第三期。第一期投资概算1500万元，分3年完成，年内完成投资380万元，并组织召开大同市市区活动断层探测项目实施协调会，市政府办公室印发《关于配合做好大同市区活动断层探测与地震危险性评价工作的通知》函。截至2019年底，完成活动断层探测钻探项目，钻探进尺300.5米，采集钻孔岩心300米。开挖探槽6个，采集光释光和放射性碳等年代学样品45个。浅层人工地震完成3条剖面，90千米野外数据采集。完成活动断层探测工作的野外探测工作，开始进入数据整理阶段。（王　星）

【防震减灾科普中心建设】 2019年，大同市防震减灾中心完成中车大同公司防震减灾科普中心建设，利用原有监测设施投资20万元，把原位于大同市机车第一小学内的中车大同公司地震办公室，改建成防震减灾科普中心，建筑面积约400平方米。展项设计有防震减灾科普多媒体室、地震基本知识和防震避险知识展板、多媒体播放设施及人机互动科普学习设施、地震观测仪器、模型陈列室等。（王　星）

【防震减灾宣传】 2019年，大同市防震减灾中心围绕“5·12”和“7·28”两个重点时段，与全市各级政府部门、社会单位加强联系合作到乡村、企业、机关、学校、社区、商场、广场等群众工作生活场所，开展宣传活动，组织现场宣传活动16次，发放各类宣传资料3万余份。全年在全市20余条公交线运营车辆车载电视播放防震减灾避险知识，每天每辆车滚动播放10次，播放7天，受众人数10万余人；联合县（区）局结合扶贫攻坚、移民搬迁到乡村宣传防震减灾知识4次；连续举办知识讲座、应急演练、多媒体公开课多种内容的“进校园”活动，向中小学生群体宣传抗震设防、应急避险、预测预警等地震知识；在天镇县，借助当地政府开发“李二口明长城遗址”旅游发展项目，申请解决科普宣传基地1处，谋划利用所处环境优势，建设集地震监测、科普宣传于一体的防震减灾综合性基地，扩大防震减灾宣传影响力、覆盖面。

“5·12”期间，利用微信公共号平台举办防震减灾知识竞答活动，9万余人次参与该次活动；联合市科学技术协会、平城区地震局到平城区45小学校开展防震减灾科普宣传讲座。大同市防震减灾科普馆在“5·12”防震减灾日前后，接待来自大同市实验小学等市直属、市平城区、云冈区与浑源县、广灵县等在内的4区7县1580余名小学生参观地震科普馆和体验活动。10月18日，在《大同日报》刊发整版文章《防震不忘初心 减灾牢记使命——纪念“大—阳地震30周年”》与社会及关心支持防震减灾事业的各界人士共同回顾过去、了解现状、展望未来，以推动防震减灾事业高质量发展，并唤起全社会关心、理解、支持防震减灾事业。（王　星）

教　育

教育管理

【概况】 2019年，大同市有各级各类学校1138所，在校生42.7万人，专任教师3.84万人。其中，有幼儿园551所，在园幼儿6.95万人；小学348所，小学生19.07万人；初中201所，初中生14.8万人；普通高中46所，普通高中生5.70万人；中职学校33所，中职学生1.83万人；特殊教育学校5所，特殊教育学生489人；普通高校2所，在校学生32053人。

（宣晓宇）

【立德树人】 2019年，大同市教育局坚持铸魂育人，立德树人、厚植根基，培养学生全面发展。以1000名师德标兵榜样引领以德育德，邀请省学雷锋道德模范志愿服务先进事迹巡讲团开展系列巡讲11场，6万名师生聆听报告，开展庆祝新中国成立70周年、建党98周年系列活动；开展“书香校园”“经典诵读”等活动，各级各类学校藏书进教室、进楼道；申报全国中小学中华优秀传统文化传承校6所。启动“十个提升”行动计划，“十个提升”包括提升理想信念、提升安全防范能力、提升传统文化素养、提升阅读能力、提升表达能力、提升运动技能、提升艺术素养、提升劳动技能、提升探究能力、提升实践能力。构筑德智体美劳全面发展育人机制。大同三中U13男子足球获全国冠军，是山西省在全国综合性运动会中获得的首枚足球项目金牌。开展“乌大张中小学师生书画摄影展”等各类校园文化艺术活动。各中小学校普遍开展心理健康教育和学生心理测评，受益

2019年大同市教育事业基本情况表

项　目	2019年
普通高校	
学校数（所）	2
在校学生数（人）	32053
专任教师（人）	1734
普通中专	
学校数（所）	7
在校学生数（人）	5166
专任教师（人）	698
职业高中	
学校数（所）	26
在校学生数（人）	13092
专任教师（人）	1211
普通高中	
学校数（所）	46
在校学生数（人）	57011
专任教师（人）	5507
普通中学	
学校数（所）	201
在校学生数（人）	148049
专任教师（人）	15306
小学	
学校数（所）	348
在校学生数（人）	190706
专任教师（人）	15930
学前教育	
学校数（所）	551
在校学生数（人）	69456
专任教师（人）	5173
特殊教育	
学校数（所）	5
在校学生数（人）	489
专任教师（人）	131

学生5万人次。推进家校共育，联合市妇联举办家庭教育公益讲座，评选家庭教育示范校53所、优良家风家庭100个；连续推出家庭教育微课堂知识讲座，每周通过“大同妇女”微信公众号推送。深化创城行动，市教育局主要负责人组织专题会议8次；连续三周召开创建文明城市现场观摩会、现场推进会；班子成员组成12个检查组实地督办督查，与40所市直学校签订文明城市创建承诺书，教育系统实地测评全部满分。（宣晓宇）

【校长 教师队伍建设】 2019年，大同市教育局坚持以德为先，重师德扬师风，招贤才强队伍，重培训提素质，给教育发展增添动力。加强示范引领。拓展1000名师德标兵、全国优秀教师榜样示范作用，开展师德标兵巡讲报告会18场，优秀教师巡讲29场。加强教师队伍建设。招聘各级各类教师633名，组织509名大同大学优秀毕业生到市直学校和各县（区）担任顶岗实习教师，组织36名校长、533名教师开展交流轮岗，选派12名优秀中小学教师到疆援疆支教，选派60名教师到“两区”（边远贫困地区、革命老区）支教。提升教师队伍素养。组织各类教师培训1.5万人次，开设22个名师工作室、15个班主任工作室、12个名校长工作室。提高教师待遇。建立“两津贴一基金”（爱岗敬业津贴、班主任津贴、校长基金）保障长效制度，给367所学校的7288名教师发放乡村教师生活补助2717.56万元，给6650名乡村学校从教30年教师发放荣誉证书。（宣晓宇）

【研学交流】 2019年，大同市出台《大同市在校师生国内外研学活动安全预案》。境外研学目的地除上年有的国家、地区外，增加韩国、德国、俄罗斯、芬兰、新加坡，国内研学主要地区有华东、港澳台和山西、京津冀、内蒙古等红色教育基地，并落实资金把更多优秀学子、留守儿童和特殊学生纳入受惠范围，全年组织2668人开展研学交流活动。（宣晓宇）

【法治副校长全覆盖】 2019年，大同市教育局按照山西省教育厅等六部门联合印发的《山西省中小学校兼职法治副校长管理办法（试行）》精神和要求，对接市委政法委、市检察院等部门，按照“属地就近、双向选择、便于工作、严格选聘”原则，给市直30余家学校配备专业的兼职法治副校长。截至2019年底，实现全市中小学校法治副校长全覆盖。（宣晓宇）

▲2019年9月5日，大同市召开全市教育大会 （宣晓宇 摄）

【全市教育建设PPP项目开工】 2019年4月23日，大同市教育建设PPP（指公共部门与私人部门为提供公共服务而通过正式协议建立起来的一种长期合作伙伴关系）项目集中开工仪式举行，大同市副市长郭蕾出席。集中开工的4个项目是市实验小学东校区、大同二中集团校、大同外国语学校食堂公寓楼、市第二实验中学综合楼，开工总面积约7.3万平方米，投资约4亿元。全年全市开工建设的教育建设PPP项目有15个。（翠 松）

【全市教育大会】 2019年9月5日，大同市召开全市教育大会，市四套班子领导出席会议，各党群机关、政府组成部门、市直事业单位、驻大同单位的主要负责人，各县（区）委书记、分管教育的副县（区）长、教育局局长，及来自基层的100名优秀教师代表参加会议，省委常委、市委书记张吉福出席会议并讲话。会议落实习近平总书记关于教育工作的重要论述和全国、全省教育大会精神，分析大同教育面临的形势任务，明确全面深化教育改革的方向，动员全市上下为加快推进教育现代化、建设教育强市、办好人民满意的教育而努力，推动大同教育全面振兴。全市教育大会筹备期间，大同市制定《大同教育现代化2035》和《加快推进大同教育现代化实施方案（2019—2023）》征求意见稿并征求意见。大会召开后，出台一系列利好政策，在持续投入爱岗敬业津贴、高中校长基金、班主任津贴、教师培训经费基础上，设立初中校长基金、小学课后托管服务经费、信息化建设经费，给教育赋予新使命、注入新动力。（宣晓宇）

基础教育

【学前教育】 2019年，大同市教育局扩大普惠性学前教育规模，提升学前教育内涵。扩大学前教育资源总量，全年投入4000万元，新（改、扩）建公办幼儿园13所，增加学位1830个，认定普惠性民办幼儿园18所，推进城镇住宅小区配套幼儿园治理，摸排142所小区配套园，移交率72.86%。学前三年毛入园率94.52%，普惠性幼儿园覆盖率88.17%，化解“入园难”“入园贵”问题。加强园所管理，规范办园行为，全年治理无证幼儿园145所。市县两级开展集中整治，坚决纠正幼儿园“小学化”现象。全市99个乡（镇）建设97所乡镇中心幼儿园。推进学前教育内涵式发展，成立由130位兼职教研员，60所基地园组成的市级中心教研组，立足云州区（阳高县、天镇县）、云冈区（新荣区、左云县）、平城区（开发区、市直）、浑源县（灵丘县、广灵县）四大片区开展教研活动，900余名幼儿教师参与；市级10所优质园帮扶云州区、阳高县22所幼儿园；开展10个县（区）所有兼职教研员、基地园参与的户外游戏评比活动，67个幼儿园参加评比。全年组织幼儿园园长、教师2000余人次参加各类培训，提升管理保教能力。选派大同师范、大同幼师优秀毕业生到县（区）幼儿园担任顶岗实习教师，优化教师队伍结构。（宣晓宇）

【“两类学校”建设和管理】 2019年，大同市开展乡村小规模学校和乡镇寄宿制学校建设。组织专人到全市122所“两类学校”调研，整合优化小规模学校和寄宿制学校89所，投入资金6500万元，建设或改造31所乡镇寄宿制学校。在灵丘县、广灵县、天镇县召开3场全市乡村小规模和乡镇寄宿制学校建设现场推进会，发掘香炉台、头咀、斗泉九年制、韩家房小学、赵家沟、米薪关等一批优秀两类学校，表彰69所“小而美”“小而优”“小而精”的小规模学校，树起市内可借鉴可参考的标杆。摸索出“两类学校”建设管理的大同模式，在省专项会议上作经验分享。

（宣晓宇）

【空中课堂】 2019年起，大同市为推进信息技术与教育教学深度融合，以“互联网+”理念推动优质教育资源共享，打造“空中课堂”。组织全市名师录制义务教育阶段优质课程211节，实现义务教育学段全覆盖，通过电视、手机客户端等形式给全市中小学生提供优质教育资源，实现城乡优质教育资源共建共享。（宣晓宇）

【特殊教育】 2019年，大同市各县（区）全部成立残疾人教育专家委员会，评估适龄残疾儿童、少年的身体状况、接受教育的能力和适应学校学习生活的能力，提出入学、转学建议，提出符合残疾儿童身心发展需要的意见，维护和保障残疾儿童受教育权。（宣晓宇）

【课后托管服务】 2019年，大同市财政给市直公办小学按照每班一万元的标准提供经费支持，给课后服务持续开展提供基础保障。年内，全市公办非寄宿制小学全部开展课后托管服务，全面破解小学放学早、家长下班迟、家长无法按时接孩子放学的“四点半”难题。（宣晓宇）

【留守儿童控辍保学】 2019年，大同市教育局开展留守儿童关爱保护，解决外出务工人员后顾之忧。加强入学保障，出台完善进城务工人员随迁子女入学政策，简化随迁子女入学手续，保障随迁子女就学权利，从根本上减少留守儿童数量。强化控辍保学，落实义务教育“两免一补”和建档立卡贫困家庭资助政策，确保留守儿童不因贫困失学。提升育人质量，全市各县（区）138所农村寄宿制学校建设“留守儿童之家”全覆盖，配备电脑、电话等设施设备，给广大留守儿童搭建家校沟通平台和课余生活学习平台，组织开展德育实践活动、兴趣活动和文体活动，强化心理教育和家校共育，开展校园欺凌专项整治，保障留守儿童全面发展。（宣晓宇）

【教育系统庆祝新中国成立70周年系列活动】 2019年，大同市教育系统开展系列活动庆祝新中国成立70周年。举办全市教育系统“祖国赞”中小学生团体诗歌朗诵比赛，全市26所中小学校，1200余名学生参加。举办全市教育系统庆祝新中国成立70周年教工合唱比赛，全市32所学校参加比赛，合唱活动中邀请老将军张连印和老教师岳忠做主题演讲。组织大同市首届百校千人中小学生“勤学杯”书法大展，收到软、硬笔作品3500余件，在大西街潘家园展出其中800余件作品。与市作协联合举办“献礼建国70周年，寻找大同小作家”征文活动，评选出100名“大同市小作家”。组织教育系统老干部宣讲团，开展“我和祖国共成长”宣读活动，在北岳中学、城区四十五小学、恒安一中等学校开展革命传统教育和爱国主义教育。策划全市教育系统“我和我的祖国”快闪活动。通过系列活动，激发广大教师和青少年的爱国情怀，给新中国成立70周年献礼。（宣晓宇）

【大同市中小学生生态环境教育社会实践基地挂牌】 2019年1月10日，大同市中小学生生态环境教育社会实践基地在云冈石窟研究院挂牌。中小学生生态环境教育社会实践基地是提高青少年环境素养、普及生态文明和可持续发展理念的途径。大同市面向全市中小学生开展多种形式的环境教育体验和实践活动，使更多中小学生学到生态环保知识，树立环境友好理念。云冈石窟管委会在景区建设中践行可持续发展环保理念，提倡废物利用，用云冈窟檐工程剩余大木桩摆设停车带，用石屑子、河卵石铺设停车场；用煤矿废旧机具和废木料创作铁木雕塑，用工厂净化水铁罐改建学生公寓等，给国家节约资金上亿元。这种把保护文物与保护环境相融合的做法，创造世界文化遗产领域生态环保的中国范例，管委会主任张焯被授予“2016—2017绿色中国年度人物”称号。（翠　松）

【校点布局调整】 2019年4月，山西省委书记楼阳生在浑源调研期间提出在浑源县实施“中小学布局调整”试点工作指示精神。年内，大同市教育局按照楼阳生指示精神开展调研，坚持“就近就便就优”原则，督促各县（区）政府按照本县（区）《农村义务教育布局专项规划（2019—2022）》，结合易地扶贫搬迁、行政村撤并工作，按照规划时限开展整合优化农村教育资源工作。全年全市整合优化80所乡村小规模学校。浑源县作为义务教育均衡试点县，完成6所薄弱农村初中撤并分流工作。

（宣晓宇）

【《大同市推进中小学生全面发展“十个提升”行动计划》出台】 2019年4月7日，《大同市推进中小学生全面发展“十个提升”行动计划》（简称《行动计划》）出台。根据计划，大同市每名中小学生在校期间需熟练掌握一项体育运动技能和一项艺术才能、每月精读一本书、每月至少参加一次劳动活动、每学年参加一次研学活动和一次志愿服务活动等，让每一位学生立足基础，培养兴趣，开发潜能，养成习惯，受益终身。在“十个提升”实施过程中，《行动计划》要求，要注重因地制宜与因校制宜、内涵发展与特色发展、全面发展与个性发展相结合原则，在普及和共同发展基础上，突出特殊禀赋学生的发现和培养，使学生的个性特长得到发展；鼓励各县（区）、各学校结合实际，创造性地开展工作，丰富素质教育内涵，形成促进学生健康成长、全面发展的教育体制和社会氛围。（翠　松）

【全市“书香校园”活动启动】 2019年4月23日，由大同市教育局、文化局、妇联和团市委联合主办的全市“书香校园”活动启动仪式暨图书捐赠活动在北师大大同附中举行。该次活动通过开展读书活动，举办中华经典诵读、演讲比赛、读书故事会、佳作欣赏会等各类竞赛活动及定期举办读书交流会、读书沙龙、读书演讲会等，激发学生的读书热情，通过阅读开阔视野、增长知识、陶冶情操，树立勤奋读书、热爱知识、崇尚科学的风尚，营造书香校园氛围，促进全市素质教育质量全面提升。活动现场，大同市图书馆、大同书城、北京沐文珑尚文化传媒公司和科学教育出版社给天镇县迎宾小学、浑源县永安镇小学、北师大大同附中、市实验小学、市特殊教育学校和市二职中捐赠价值约20万元的图书。（翠　松）

【普通高等学校招生考试】 2019年6月7日至8日，2019全国普通高等学校招生考试举行。大同市高考报名人数23519人（比上年增加812人，增加3.6%）。其中，文史类7746人；理工类15773人。全市设10个考区，20个考点，795个考场。全年市财政投资436.03万元，给市直所有标准化考点配备安检门和无线电压制器、所有考场配备人脸识别、指纹识别、身份验证三合一身份验证设备。投资196万元，建设大同铁一中标准化考点。（宣晓宇）

【第九届海峡两岸中小学校长教书育人研讨活动】 2019年8月，第九届海峡两岸中小学校长教书育人研讨活动在大同市举行，来自中国台湾的40余名中小学校长及教育界人士与大同市同行交流研讨。海峡两岸校长代表分别介绍各自的教学成果和办学特色，对课堂教学展开互动与研讨，并就海峡两岸中小学教育现状等方面的问题进行交流和探讨。双方表示，海峡两岸根脉相连，因地理环境等因素在基础教育上各具特点，通过学习与交流，增进彼此了解与融合，要加强交流合作，推进两地基础教育工作，促进两岸教育事业共同发展。活动期间，中国台湾教育交流团一行到北师大大同附属中学、大同市中小学教育基地实地参观考察。（翠　松）

【全国教育系统先进集体和个人】 2019年9月初，中华人民共和国教育部在教师节前夕表彰一批全国教育系统先进集体和先进个人，大同市有1个先进集体和6名教师入选并获全国表彰，受表彰的全国教育系统先进集体是灵丘县落水河乡落水河小学校，平城区十八校宋聪玲被评为全国模范教师，浑源县王庄堡小学石燕兰、天镇县谷前堡中心学校薛艳芳、云冈区云冈小学李美玲、大同七中陈霁洋和大同第二高级职业中学王智被评为全国优秀教师。（宣晓宇）

【大同台湾基础教育交流】 2019年11月10日至12月3日，大同市教育局开展基础教育领域对台交流合作项目，交流合作项目分两个阶段进行。第一阶段是中国台湾校长到大同交流并于市示范性综合实践基地举办台湾幼教理念与教师职业生涯规划高级研修班，大同市400余名骨干教师聆听授课。第二阶段是“中国古都，天下大同”台湾师生研学活动。中国台湾新竹东泰高中师生一行31人在市示范性综合实践基地开展研学实践参观交流，并与市示范性综合实践基地结成姊妹学校。（宣晓宇）

【大同一中】 大同市第一中学校（简称“大同一中”）是山西省首批重点中学，坐落在大同市向阳街179号。2019年，该校有107个初中教学班，学生6104人，教师402人；有55个高中教学班，学生2981人，教师280人。年内中考，达大同一中全市统招线49人，比上年提高11.97%；达大同一中统招线185人，实际录取比上年提高5.22%；大同一中定向本校初中录取113人，完成率100%；本校初中被录取292人，占大同一中全部招生29.79%。参加高考人数981人，达一本控制线736人，达线率在上年提高18个百分点的基础上提升3个百分点，达到75%；二本（B）以上达线949人，达线率在上年提高6个百分点的基础上提升1个百分点，达到97%；600分以上137人；4名同学考取清华大学；大同市文、理科状元均出自该校。年内，大同一中被山西省物理学会授予山西省中学生物理奥林匹克竞赛基地校称号；被山西省化学学会授予竞赛优秀组织单位称号；通过全国文明校园复评，被授予大同市文明校园、山西省文明单位、山西省家庭教育示范学校、山西省核心价值观示范校、山西省防震减灾示范学校、山西高中教育质量综合评价标兵学校等称号。

教学改革　年内，大同一中开展教学改革，引入扫描分析系统，用大数据分析周测成绩，找出易错点并解决；探索实施该校特点的课型模式，加强自主学习、限时训练等课型管理考评；把学生学习前置，强化流程管控，避免自主学习自由散漫；加强与保障学习时间、活动时间，加强晚自习时间组织管理，保持课时密度与强度；推进优生培养，高一设立竞赛、理科、文科特色班，高二高三开展培优工作，定期召开培优研讨会，加强教材、教法、考试等环节。开展常态课诊断，组织41次常态课诊断，涉及12个学科，参与观课和评课300余人次；加强课题研究，高中立项47个课题，参与教师160余人，开题并立项的山西省教育科学十三五规划课题10个；加大学科建设与竞赛班课程建设的资金投入和研究交流，组织学科活动；推出学科品牌教师（如杨勇名师工作室、李海英名师工作室），从校外招聘竞赛教练，完善竞赛班培养方式、管理方法；组织教师校外培训18项171人，校内培训11次94人，学科竞赛教练培训5次13人。

校园文化建设　年内，大同一中在教学育人、活动育人基础上，推进校园文化建设。确定新办学文化“崇德鸿文、砺行树人、知行并举、文理融通、勤勉笃实、精益求精”，并在南门前矗立办学文化标志性建筑；布置学科发展中心大厅、学生发展中心大厅，设立清华北大优秀学子风采展示；在校外围挡处布置40余块文明城市主题展板，校内布置50余块文明校园、道德模范主题展板，南门围挡处布置30余块高考成绩与录取主题展板。依托57个社团开展文化活动。音乐社、舞蹈社作品《智取威虎山》获大同市“信仰的力量”比赛二等奖；书画社、极客社、兰亭书法社联合举办2019迎新书画摄影展；极客社497班同学田杰作品《天之蓝》获“2018中国（大同）国际摄影文化展”一等奖；晴天公益社多次组织义卖，把义卖所得全部捐赠；举办《魅力大同》文化讲座、“走进博物馆”志愿者巡演等系列活动。组织开展的第25届科技文化节，为期40天，22个项目，2795人次参与，797名学生获奖，在此期间开展的抛石车大赛、水火箭比赛、生物模型制作、油纸伞绘画等科技文化活动，成为课堂教学的延伸。组织系列文体活动。组织“校长杯”篮球赛，赛程9天、22场比赛、参与学生216名；参加大同市中学生篮球赛，获第一名；参加大同市中学生乒乓球赛，获男子团体第二名、女子团体第二名、男子单打第一名、女子单打包揽前四；组织参加大同市中学生田径运动会，获男子跳远第三名、女子跳远第三名、女子长跑第二名等；组织参加“乌大张”第三届中小学书画摄影展，12名同学获一等奖、6名同学获二等奖、6名同学获三等奖。

学科竞赛　年内，大同一中在第十六届“井冈杯”东南地区数奥竞赛中，两名同学获银牌、一名同学获铜牌。中国北方地区数奥竞赛，两名同学获银牌、一名同学获铜牌。中国西部数学邀请赛，一名同学获金牌（山西省有一枚金牌）。在2019全国中学生生物联赛中，13名同学获山西赛区等级奖，5位同学获二等奖，8位同学获三等奖。第33届中国化学奥林匹克（初赛），19名同学获山西赛区等级奖，9位同学获二等奖，10位同学获三等奖。第36届全国高中数学联赛，37名同学获山西赛区等级奖，3位同学获一等奖（一等奖人数在全省排第四），21位同学获二等奖，13位同学获三等奖。第36届全国高中物理联赛复赛，40名同学获山西赛区等级奖，3位同学获一等奖，21位同学获二等奖，16位同学获三等奖，一等奖和获奖总人数均列山西省第三名。第35届全国中学生数学冬令营竞赛，该校1名同学获CMO国家级银牌。

“不如圃”劳动实践基地　年内，大同一中启用玻璃日光温室和男生公寓前农业菜圃，设立“不如圃”劳动实践基地。该校总务处在劳动实践基地内开展水电暖维护、垃圾清运、杂草清理、土地平整、形象塑造、劳动育人宣传、劳动实践活动管理等工作。

（大同一中）

【大同二中】 大同市第二中学（简称“大同二中”）是一所完全中学，坐落在平城区重熙街319号。2019年，该校占地面积20公顷，建筑面积87260平方米。有在校学生5700余人，在校老师460人，100个教学班（高中教学班57个，初中教学班43个），实行全日寄宿制和走读制相结合管理模式。年内高考，二本B类以上（不含艺体类）达线888人，达线率93%，一本达线418人（不含艺体类），达线率44%，两个实验班一本达线率100%。中考人数545人，巩固率95.6%；中考总分450分及以上389人，合格率71.4 %，较上年增长12.07%；体育免考4人，免考率0.73%。年内，该校被授予山西省家庭教育先进单位、山西省文明单位、“普通高中生物山西教研基地实验学校”、省级“五四”红旗团委和大同市新时代奋斗者行业先锋及上海财经大学、东北大学、中国石油大学（华东）等重点高校优质生源基地的称号。

课程设计开发　年内，大同二中秉持“国家课程校本化、特色化；校本课程系列化、个性化；学生发展课程化、多元化；整体课程育人化、体系化”课程建设理念，开设校本课程55门；每周三以班级为单位在实验室、图书馆和阶梯教室开设实验课程、阅读课程和生涯规划课程等特色课程114节；组织省内专家、高校学子等给毕业生举办6场毕业升学和志愿填报辅导课程，专门服务我校学生升学发展；举办以“关爱自我发展，关注心灵成长”为主题的首届525心理健康教育活动，重新设计初一、二年级的心理课程，每节内容编写学案，初中开设心理咨询课225节次，高中39节次，接待学生心理咨询174人，家长6人。按照专时、专师、专题原则，在高一、高二年级开设数学、物理、化学、生物、信息5门学科的竞赛课程，经过校内骨干教师和校外专家辅导，9位中青年教师进行25节次竞赛辅导，2019奥赛省级联赛中，数学参赛17人，获二等奖1人、三等奖13人；物理参赛3人，获二等奖2人。

师资队伍培训　年内，大同二中完善双层复式培训模式，提升教师素养，实施“青蓝工程”和“名师工程”。组织校本培训21次，其中青年教师校本培训13次，高中部组织9个学科组进行高考考纲解读，并剖析考纲对日常教学的指导意义；组织高中全体54位青年教师召开“落实教学常规经验”“二中助我成长”主题交流会，邀请青年教师分享6年成长经历和经验；初中在青年教师岗前培训中，进行业务培训，并集中组织以“弘师德传统，担教育使命”为主题的师德培训大会，保证青年教师在上岗前有一定业务技能。派遣95人到太原、北京等地参加各级各类培训，并安排所有外出培训人员进行二次培训，安排23场。教师培训费101.2万元。有30位教师被评为“校骨干教师”，4位教师被授予“学科带头人”称号；2位教师被选为大同市名师工作室主持人；8位教师在山西省“一师一优课、一课一名师”晒课活动获省级优质课，25位教师获市级优质课。在省级论文案例征文评选活动中，9位教师分别获省级论文一、二、三等奖，6位教师分别获省级案例一、二、三等奖。

举办参加体育赛事　年内，大同二中举办第100届田径运动会、春季运动会、秋季运动会，篮球和足球联赛，及迎春接力赛等体育赛事。参加省学生乒乓球锦标赛、市中学生球类运动会等，比赛中获省学生乒乓球锦标赛

教育

▲ 2019 年 9 月 30 日，大同二中在初中部操场举办大同二中第 100 届田径运动会。图为跳高比赛现场　（张海军　摄）

高中男团第四名，市中学生球类运动会乒乓球高中男团第一名，初中男女团第一名，篮球高中男子组第五名。

校际合作交流　7 月 24 日至 8 月 3 日，大同二中高一、高二年级 22 名学生和 3 位带队教师组成大同二中研学团，到澳门、新加坡、澳大利亚研讨学习，参观南洋理工大学、新加坡国立大学、澳门大学等学府。12 月 15 日，邀请缔结姊妹校澳门创新中学校长张丽美等 4 人，到该校开展教研、文化、管理等交流。组织干部教师 38 人分别到忻州一中、孝义中学、晋城一中、长治二中等省内外学校，交流学习学校管理、教学教研、尖子生培养、学科竞赛等方面经验。组织 21 位干部教师到天镇一中、天镇实验和天镇初中集团校文安校区开展教育扶贫讲座 12 节，发挥该校在教育扶贫中的辐射引领作用。邀请 30 名专家到该校指导教育教学工作，给全校万余人次学生和干部教师进行培训指导。　（张海军）

【大同三中】　大同市第三中学校（简称“大同三中”）是大同市一所完全中学。2019 年，大同三中总校位于大同市平城区昌泰街 299 号，占地 87133 平方米，建筑面积 63886 平方米。北校区位于平城区大庆路 2 号，占地 2 万平方米，建筑面积 9530 平方米。教育规制是高中 12 规制、初中 16 规制，教职工 427 人。作为大同市对外开放学校，大同三中与英国贝利市菲利普高级中学结为友好学校。年内高考，大同三中二本以上达线人数 400 余人。

教学改革　年内，大同三中推进课堂教学改革，加大推进以学本教学为核心的课堂改革力度，利用多媒体平板电脑等教学设施设备辅助学本教学，扩展课堂教学模式，增大教学密度，让课堂教学成为学生喜欢的活动，形成具有三中特色的课堂教学模式。开发校本课程资源，学校校本课程覆盖初、高中 11 个学科 63 门，为学生全面发展提供课程选择，校本课程逐步迈向体系化。依托学校信息化设施建设成果，建立校本课程资源库，为学生个性化成长和综合素养的培养奠定基础。5 月，全省信息化技术现场会在大同三中观摩，凭借信息化技术应用优势，大同三中被市教育局确定为大同市数字化校园示范校，并申报山西省数字化校园示范校。

教研活动　年内，大同三中实施“青蓝工程”，组织骨干教师与青年教师结对拜师仪式，细化师徒职责，发挥学校名师、骨干教师的示范引领作用，培养年轻教师成长，实现学校教育教学质量可持续发展。坚持从课堂出发，从提升教师思维出发，组织各类教学竞赛活动，加强教学经验交流，促进教育教学质量提升，4 月至 12 月，分别组织 12 位高级教师进行示范课展示；29 位青年教师进行汇报课展示，42 位教师参加说课说题大赛。学校教科研中心给每位教师建立《教师专业成长档案》，把建立教师个人成长档案当作促进教师自我成长的重点工作来抓，以促进教师专业发展。7 月，大同三中与大同二中、阳高一中、天镇一中结为“绿色联盟”校，开展交流活动，搭建起区域内教师互相学习的平台，在提高教师的专业知识和专业技能，更新教育观念等方面发挥重要作用。

德育工作　年内，大同三中坚持以德育为首，育人为本的办学方向，确立“全面规划，整体推进，突出重点，讲求实效”的德育工作思路，拓宽德育工作渠道。把安全工作放在首位，建立安全保卫工作领导职责和职责追究制，做到职责明确，职责到人；利用班会、队会活动、人防课、讲座、知识竞赛、学科渗透等多种形式开展安全教育；每个月末组织各部门安全排查所管辖的区域，年内学校未发生一起校园安全事件。结合“不忘初心，牢记使命”总体目标和相关部署，围绕中华人民共和国成立 70 周年等关键时间节点，联系大同市文明城市创建工作，组织实施庆祝中华人民共和国成立 70 周年诗歌朗诵会、“我和我的祖国”手抄报创作大赛、感恩教育讲座、博物馆和能源革命中心参观实践、科普讲解大赛、“实现低碳生活靠观念革新 / 技术改进”辩论赛等活动，发挥活动育人作用。成立心理健康辅导中心和心理健康教育社团——蒲公英社团。制定心理辅导章程、心理教师职业规范和工作守则、值班制度、心理档案管理规定等各项工作制度；沙盘室、阅览室、宣泄室、呐喊室、放松室对全校师生、家长开放，辅导教师对咨询的广大师生进行心理辅导，帮助他们解除心理困惑或障碍；课程化学校心理健康教育，以心理导向课、拓展训练课和学科渗透课为主阵地，面向全体，把心理健康教育整合到日常教育教学过程中；心理健康辅导中心和蒲公英的辅导老师分别给 2019 年初一和高一新生进行《我们的班集体》《好大一棵树》为主题店团体辅导，接待心理咨询的师生近 1000 人次。

学生社团活动　年内，大同三

教育

中开展学生社团活动，给学生成长搭建平台。学校有各类社团21个，有文艺体育类社团，如秀舞空间舞蹈社团、合唱团、器乐团、田径社等；有文学类社团，如经纶文学社、雅馨史学社、文苑社、国学社、魏都史学社等；有理工类社团，如数学风暴、数学希望之星、地球转转转、物理科技等；有致力于拓展学生知识面，促进学生多方面发展的社团，如思维导图、守护天使、法学社、蒲公英社团、学生职业规划社团等。开展各类社团活动，丰富学生课余活动，给学生提供展示自我能力、创造力和个性的舞台，提高学生们综合能力素质，体现大同三中的办学宗旨。学校在年内“乌大张中小学书画摄影展”中，获优秀组织奖；在全市中学生运动会上，获初中组乒乓球团体第二名；大同三中足球队代表山西省参加全国二青会足球赛，分别获U13组冠军和U14组第三名；在市局举办的“庆祝建国70周年”中学生诗歌朗诵比赛中，获二等奖。

（大同三中）

【大同四中】 大同市第四中学校（简称“大同四中”），坐落在大同市平城区操场城街399号，占地约2.53公顷，建筑面积25915平方米，是一所全日制普通完全中学。2019年，大同四中有教工203人，其中正教授2人，特级教师2人，高级教师44人，中学一级教师92人，国家级和省、市级学科带头人及教学能手130余人。设初中6轨18个班，高中8轨24个教学班，在校学生1862人。2019年高考大文大理类参加考试249人，一本达线2人，二本B类以上达线51人，较上年增加10%，其中理工类达线22人，文史类达线31人。艺体类参考137人，一本达线64人，二本B类以上达线46人。2019年中考，大同四中423班同学刘炜以裸分707分的成绩，位列大同市中考第一名。大同四中中考合格率68.8%。

教学管理 年内，大同四中实行初中部、高中部部级管理。实行周计划周安排管理办法。突出学法指导，提高备课讲课质量。教师在教学工作中，做到“一切为了学生，为了学生一切，为学生的一切”，教学生学，教学生学会，教学生会学。注重单元验收、月考期中考试工作，每次考试都要进行质量分析，剖析教学工作中存在问题的根源，总结得失，明确改进方向和应采取措施。教师的教学成绩记载于教师的业务档案，作为年度绩效考核发放绩效工资、发放校长特别奖、教师职称评审和晋级的主要依据之一。规范办学行为。缩小班额，降低生师比，使每位学生都受到最优质教育；引导学生学会思考、学会提问、学会动手、学会创造；加大体育工作力度，体育课每周上三节，并提高体育课质量，适时组织一些体育活动，推动全校群众性的体育活动；加强管理手段，密集阶段性工作的总结和督导，强化目标导引和评价验收工作。开展“育优培中转差”工作，利用年级组管理体制优势，聚焦每个学生，抓两点带中间，扩大优等生，转化差等生。班主任与课任老师配合，总结服务学生的教学方案。建立起家校合作联系方式，利用网络媒体或家访形式寻求得到家长配合，让学生置身于良好教育氛围中。

德育工作 年内，大同四中推行“人人做好人，个个都升学”教育理念，实施好人教育，引导学生做好人。践行立德树人，按照“好人教育”20字原则：诚实、善良、宽容、厚道、公平、正义、勤奋、吃苦、责任、担当为传统道德文化进行教育熏陶，让好人教育深入人心、人人形成自觉。开展德育系列活动，把政治课上的系统教育和各学科的渗透教育结合起来，把班主任日常教育和团队主题教育结合起来，把检查规章制度的落实与开展文体活动结合起来，以团队工作、政治工作、德育工作为载体，开展德育教育工作。坚持学生大会、年级例会、主题班会和班级日常讲评制度。组织国旗下致辞和文明礼仪示范生设置方面的工作，坚持领导干部和教学班相结合的值周制度，做好日常监督和评价工作，形成日检查、周评比、月小结、学期末总评的工作机制。组织开展流动红旗评比活动、励志教育宣誓活动，办好校园广播、宣传橱窗、班级板报，加强德育重点课题实验和德育实践基地建设。把德育工作纳入学校课堂体系，每学期通过月历、周历予以安排，把每周的周会、主题班会和田径运动会、校园文化周活动等作为德育课程实施载体。全年召开班主任会议22次，主题班会43次，出专题板报9期，校处领导作值周总结43次，优秀学生国旗下致辞43次，评选班级流动红旗43次，班级流动红旗发放774班次。组织毕业年级中考高动员会2次，召开组长会8次，表彰500余名优秀学生。组织寒暑假学生的社会实践活动。抓好学生心理健康工作，开设课程，开放心理咨询室，举办心理教育讲座，出中高考心理辅导专板。

教科研改革 年内，大同四中教研工作本着“以课题带动科研，以科研促进教学”原则，以课堂改革为中心，推广应用“以学定教”“以学定论”理念，引导教师角色由“演员型”向“导演型”转变，教学方法由“传授式”向“探究式”转变，学生学习方式由“接受式”向“体验式”转变，由“个体型”向“合作型”转变，教学内容由“单独的知识型”向“能力情感型”转变，使学生由“学会知识”向“学会方法”转变。工作实践中，组织“公开课”“示范课”“汇报课”等系列活动，有针对性地推广和运用成功教学经验和教学方法、学习方法，构建教学模式，促进全校课改提升。总结推广“三研三制”教师备课策略（研究学情、研究教材、研究教学方法，制定教学目标和思路、制定课堂活动案、制定课外学习指导案）、“三分一总，三合一悟”课堂教学策略（分解目标、分开时段、分层落实，总结归纳；把自主学习、合作学习、教师助学三者有机结合，灵活施教，让学生学有感悟）、“三分一反”课后辅导策略（分层布置课后学习任务、分类指导学习方法、分组完成学习任务，及时反馈矫正、教师批学生改）、“三说三议”评课议课策略（授课教师说目标设计、说课堂过程、说教学效果，听课教师议目标达成情况、议教学流程的科学性、议课堂教学的实效性）、“三规一统”联合考试策略（规范命题、规范考试、规范阅卷，统一评价标准）、“三横三纵”教学评价策略（学校横向纵向的比较，教师学科成绩横向纵向的比较、学生学业成绩横向纵向的比较）作为示范引领。抓教

育教学课题的申报、实验和结题工作，注重阶段性成果的推广应用。适时组织教师到省内外名校参观学习，接受培训，吸收和借鉴一些成功教学改革经验，推动教改深入进行。

八校联盟一体化　年内，大同四中在联盟校联动发展平台上，联盟校间通过开展月考联考、教研交流、大数据互通一系列校际活动，学校管理者互相汲取先进治学理念和管理经验，推动联盟校各项工作发展；学校教师互相学习取长补短，促进自我反思与对照，激发教学激情，推进教师成长。市教育局多次对联盟校活动开展情况调研，并给予肯定，就八校联盟工作指明方向。全年开展盟校间教科研活动7次，组织盟校间联考8次。联盟校由上年组建前高考达大文大理二本B以上不足20人，上年的89人，到2019年高考达大文大理二本B以上162人。大同四中2019年高考达大文大理二本B以上53人。

第23届校园科技文化艺术周　12月24日至28日，大同四中举行第23届校园科技文化艺术活动周，非毕业年级800余名学生参加。该次艺术周设有5个大类17个小项的比赛，比赛项目的设置考虑学生综合素质培养和提高，从文艺类、到文学类、体育类、综合类、科技类5个方面设置。经过比赛，最终有245名同学获个人单项奖，12个班级获团体优胜奖。

（大同四中）

【大同五中】　大同市第五中学（简称“大同五中”）是一所初中5轨制，高中8轨制的全日制普通完全中学。学校占地5.67公顷，建筑面积5万平方米，建有400米塑胶操场1个。2019年，该校有在编教职员工227名。特级教师2名，正高级教师1名，中高级教师152名，省市级教学能手47名，省市级学科带头人16名，省市级优秀班主任31名，硕士学历23名。有在校学生1380人，教学班37个。年内高考，大同五中有410名考生，达二本B类以上分数线129人，比上年增加19人。在教育局举办的以“壮丽70年，奋斗新时代”为主题的庆祝中华人民共和国成立70周年教工合唱比赛中，该校获该次合唱比赛的优秀组织奖和一等奖。

德育工作　年内，大同五中以“文明”教育为抓手，抓德育工作，分步骤建立文明教育体系，开展学生养成教育和思想品德教育。抓实、抓细班主任培训工作，提高班主任素质。把检查、评价与指导、反馈结合起来，促进各班级管理工作进步。以“精细、平安”为标准，抓安全工作。开展励志、心理健康教育，树立学生正确观念。开展主题活动，营造文明向上校园文化氛围。围绕“文明”建立教育平台，通过一系列举措培养学生良好言行和优良品质：利用班会、板报、电子屏及广播平台，召开“讲文明、懂礼貌”主题班会，出专题板报，并适时进行广播宣传，组建“文明监督岗”，开展课间、集会的文明监督工作，监督跑操、卫生、集会及迟到现象等，培养学生良好习惯，树立榜样。经过一系列文明教育，学生基本上养成良好习惯，迟到早退、乱扔垃圾现象基本杜绝，学校初步形成和谐、文明风貌。

教研教改　年内，大同五中组织课题研究，提高教学研究效能，全校有9个课题得以立项，90余位教师参加课题研究组，其中5个课题被立项为山西省教育科学“十三五”规划课题；《心理健康教育课程》校本课题教材校对出书。课题研究实现研究资源共享，达到师生受益目的，通过课题研究浓化教研氛围，培养教学研究与教学实践相结合的新型教师。截至2019年底，大同五中4个市级课题结题，并开展4个国家级课题。

师资队伍建设　年内，大同五中组织“全员赛课”“校名师展示课”，引导全体教师关注课堂、聚焦课堂、研究课堂、优化课堂教学规律，改进课堂教学行为。2018年11月1日至2019年5月10日，该校举办“全员赛课”活动，155名教师参加比赛，听评课38节，最终评选一等奖20名，授予“大同五中首届校级名师”称号，评选二等奖18名。上年9月至2019年12月进行“校级名师展示课”活动，同学科教师、青年教师听课学习，掀起交流共进热潮。

（张　华）

【北师大大同附中】　北京师范大学大同附属中学校（简称“北师大大同附中”）坐落在大同市平城区天祥街107号，校园占地面积9.73公顷，校舍建筑面积8.12万平方米。2019年办学规模初中12轨32个教学班、高中10轨30个教学班，有在校生2961人。年内，高考参考420人，一本综合达线人数99人，达线率23.57%，比上年提高2.84个百分点，二本B类以上综合达线人数340人，达线率81%，比上年提高9.25个百分点。中考综合评价得分89.4分，全市300人以上初中校综合排名第一，中考总均分与3年前小升初入学检测均分市直排名相比，总体成绩位次提升19名。年内，该校被国家机关事务管理局、国家发展改革委、财政部评为2017—2018年国家级“节约型公共机构示范单位”，被山西省教育厅评为山西省“数字化校园试点单位”“文明校园”，被山西省教育厅评为山西省“选课走班试点单位”，成为上海财经大学优秀生源基地。

教学管理　年内，北师大大同附中在日常教学管理中，践行“1555教学生态系统”（“1”指推进“211三案引学”教学模式，第一个“5”指课堂教学做到五为主：以学生发展为主旨、以学生为主体、以教师为主导、以课本为主源、以练习为主线，第二个“5”指教师要把握五要度：复习旧课高效度、导入新课强力度、传授知识参与度、巩固联系多角度、课堂总结高浓度，第三个“5”指人人掌握五项技术：考点技术、训练技术、复习技术、微课技术、多媒体技术），提升课堂教学效益。以考试为导向，以课程为核心，参加全市统测和区域联考并及时组织质量分析，通过大数据分析发展态势，发挥优势、补齐短板。探索新高考综合改革，推进选课走班试点工作，实行高二周二、周四体育分项选课走班实验，学生按照兴趣申报科目，分篮球、足球、羽毛球、健美操4个项目，参加山西省教科院和大同市组织的选课走班培训学习，汇报该校选课走班进展情况，分享成功经验。加强集体备课，进行两次大型作业教案、检查，以“两抓手：PPT和题单”为突破口加强资源库建设。10月中旬至11月底，组织青年教师基本功大赛，提高青年教师的专业化水平和业务素质，达到一人讲课，人人受益目的。举办大同市教育系统《义务教育学校管理标准》北师大大同附中现场推进会，校长刘建国在题为《分类践行有成效、分步实施细跟进，让〈义务教育学校管理标准〉成为学校办学的定海神针》汇报中，展示北师大大同附中整体办学情况和义务教育管理标准实施成果，交流分享在践行义务教育学校管理标准实施过程中的经验。

教学课程建设与开发　年内，北师大大同附中加强学校特色课程建设，构建北师大大同附中特色的LIFE课程体系。校长刘建国做题为《做会呼吸的教育，构建北师大大同附中特色课程体系》的讲座，教师柴树艳做题为《古今丝绸之路，编织艺术殿堂》的报告，王丽萍做题为《生命教育，关注生活》的发言，李慧芳做题为《校本之路》的分享，教科研室主任助理金璐做题为《高怀见物理，和气得天真》的报告。组织教师开发与实施校本课程，丰富学校课程体系。制定新课程编制方案，把语文阅读课和校本课程、社团活动编入常规课程当中。加上重点规划的生命课程，开设校本课程30门，满足学生需求，调动学生学习积极性。教科研室根据学校课程的总目标与教师的课程开发能力，对课程申报表依次遴选，最终确定初中部有23位教师开设课程，高中部有21位教师开设课程。开设课程涵盖人文修养类、科技创新类、本土文化类、生命健康类、艺术体育类5大类课程。该校生物学科被教育部评为山西省重点学科教学基地。

对外合作交流　8月14日，第九届"海峡两岸中小学校长教书育人研讨会"举办，台湾交流团一行45人到北师大大同附中参观访问，推动两岸教育交流与合作。8月底，该校师生9人参与大同市教育局组织的到英国研学活动。10月，该校师生15人到芬兰研学活动。首届北师大教育集团中小学模拟联合国大会，该校派出2名老师与5名同学参加，该校获"优秀组织奖"，指导教师赵蕾获"先进教师奖"，初二4班同学段珂媛获个人"杰出代表奖"。11月4日，27名来自美国各州"SYA"（海外学年）的学生和4名老师到北师大大同附中参观交流。年内北师大大同附中接待"SYA"师生7次。

参加体育比赛　7月16日，北京师范大学2019年"未来之星"夏令营暨第七届"京师杯五人制足球赛、第三届"木铎杯"体育艺术健身大会和首届"励耘杯"篮球争霸赛开营仪式在北师大大同附中开幕。比赛中，北师大大同附中高中健美操队获踏板操中学组一等奖、街舞啦啦操中学组一等奖、花球啦啦操中学组二等奖、中学组最佳队长等称号。在体育艺术健身大会中，该校获艺术健身大会中学组二等奖，篮球队获首届"励耘杯"篮球争霸赛亚军，教师矫达获"最佳教练"称号，足球队获超级组第六名，学声杜钊获"未来之星"称号。在2019年中国学生毽球锦标赛中，该校参加3大项6小项，获体育道德风尚奖，两位教师刘一姣、朱荟蓉被评为2019年中国学生毽球优秀教练员，这是该校建校以来首次获得全国性的专业体育赛事冠军。11月10日，在第十届京师基础教育创新论坛上，该校被授予2018—2019年度"以体育人"先进工作单位。在山西省学生健美操啦啦操锦标赛中，该校选手获高中组一等奖、二等奖。（王娅楠）

中等职业教育

【民办教育】　2019年，大同市教育局引进、扶持、创办4所民办学校，加强民办教育机构整治，注销7所校外培训机构，举办校外培训机构星级评选活动，选出30所星级培训机构，三星级校外培训机构5所，二星级校外培训机构10所，一星级校外培训机构15所。召开全市校外培训机构规范办学暨星级评选总结大会，宣传国家政策，发挥优质培训机构示范引领作用，促进校外培训健康规范有序发展，全市有办学许可证的校外培训机构由上年的139所增至2019年的230所。（宣晓宇）

【能源革命校园宣传】　2019年，大同市打造市平城区十一校等25所能源革命示范校，成立能源革命宣讲团到全市各中小学校宣讲能源革命知识，选拔1000名"能源革命宣传小标兵"，组织万名师生参加能源革命论坛、参观氢都文化公园、园区。在市二职中、市职教中心等学校举办新能源专业建设研讨会，推动开设新能源技术与应用课程。（宣晓宇）

【全国职业院校技能大赛】　2019年6月11日至14日，全国职业院校技能大赛矿井灾害应急救援技术（高职组）在大同煤炭职业技术学院举行，全国12个省、市、自治区的29所煤炭院校的116名选手参赛。

该次大赛由教育部会同30余个国家部委协会联合主办，中国煤炭教育协会、山西省教育厅、煤炭工业职业技能鉴定指导中心承办，大同煤炭职业技术学院协办。矿井灾害应急救援技术赛是该届技能大赛行业特色赛项，涵盖灾害分析、灾害应急处理、应急救援、自救互救等大量煤矿安全生产工作内容，竞赛项目设计总用时150分钟。该届比赛设置82个常规赛项、5个行业特色赛项。通过比赛，重庆工程职业技术学院学生唐明、杨登凯、贺伦、徐茂秋获国赛一等奖。在大赛期间，大同煤炭职业技术学院还举办无人机编队展示、VR模拟体验展示、机器人展示、校企合作特色专业展示（表演）、现场救援技能展示、职业院校工匠精神培育研讨会等系列活动，促进参赛院校的交流和学习。（翠　松）

【山西通航职业技术学院一期工程封顶】　2019年6月28日，山西通用航空职业技术学院行政楼最后一榀钢梁安装完成，该学院一期工程11栋单体建筑全部封顶。上年9月15日，山西通航职业技术学院开建，一期工程总投资8.7亿元，建筑面积12.9万平方米。山西通航职业技术学院占地37.08公顷，由华东建筑设计研究院有限公司设计，建成后给山西乃至全国通航机场、航空公司培养专业化技术技能人才。学院以培养全日制高技术、技能型人才为主，探索多元的招生和培训模式。除全日制学历教育外，还面向全国航空行业在职人员开展学历继续教育和非学历教育培训，面向航空行业专业技术管理人员和服务人员开展业务知识和技能等培训。（宣晓宇）

【大同市第一高级职业中学校】

大同市第一高级职业中学校（简称“大同市一职中”）是一所兼有职业高中、职业中专职能的综合学校。学校占地面积43010.42平方米，建筑面积3万余平方米。体育运动场面积12300余平方米。2019年，该校开设音乐（管弦乐、民乐、声乐）、舞蹈表演、美术绘画、服装展示与礼仪、播音与节目主持、综合高中艺体班、航空服务、旅游服务与管理、计算机应用、计算机平面设计、社会文化艺术11个专业。年内高考，本科录取人数61人，一本11人，二本B以上50人，其中体育单招8人；对口高考本科录取31人。年内，参加大同市中学生运动会，获全市团体总分第一，5人次破市运会记录，在中专组男女田径项目中获15项第一名；6月1日参加大同市中学生篮球赛，获全市第二名；8月22日组织体育班30名学生参加山西省田径锦标赛、2名学生参加全国青少年三人篮球赛，17名学生获国家二级运动员称号，具备本科院校单招资格。

德育工作　年内，大同市一职中加强班主任在班风建设、班级管理和学生教育中的第一责任人意识，召开班主任会议32次，把思想教育工作纳入教师整体考核中，校领导带头听课，了解教师队伍状况，加强师德师风建设，完善师德档案、全国教师网教师电子档案，建立健全师德考核体系，组织心理教师培训，引导广大教师以德立身、以德立学、以德施教。依托省级文明校园创建，利用职业学校专业优势，成立12个特色社团，以社团活动为平台，组织师生参加全国文明风采大赛，宣传大同文化艺术活动，中华经典诵读活动等；打造特色书香校园，建起楼道开放式阅览室，班级图书角；依托文明校园、文明班级、文明宿舍建设，举办装饰画、宣传画、摄影、手工等作品征集活动；组建62人学生朗诵团参加市教育局举办的“扬爱国情、立报国志”庆祝中华人民共和国成立70周年朗诵比赛，获三等奖；成立文学社团，校领导班子成员轮流讲课；给患大病学生筹款4.8万元，博爱一日捐10540元；组织参加局工会乒乓球、羽毛球比赛；组织教师参加大同市总工会的书画展，其中两位老师的作品入展；组织约120人的教师合唱团，参加教育局工会组织的“庆国庆70周年合唱比赛”，获比赛二等奖等。树立安全第一意识，加强队伍管理。全年召开安全例会14次，排查出安全隐患74处，组织学生召开安全主题班会9次，加强昼夜值班队伍管理，恢复运行学校重点部位的127个摄像头，安装一键报警系统。

教科研工作　年内，大同市一职中以示范校建设为依托，建成39个智慧教室，并对所有任课教师进行为期一个月的培训；音乐、舞蹈两个重点专业走出去调研扩眼界，请进专家做教改，举行产教融合研讨会3次，完善人才培养方案、课程设置、专业改革、增删教材；11月与太原旅游学院达成本专科衔接初步意向，与山西省艺术职业学院达成专科直升意向。加强业务与理论学习，每周组织一次教研活动，夯实教师专业知识与理论基础。加强师资培训，提高教师队伍素质，高三六科教师参加学科素质提升班培训78人次，网络学习新高考改革13人次。深化教学改革，提高课堂教学效率，各学科备课组探索课堂教学模式，并应用于课堂实践。开展教学活动：组织公开课比赛；加大听课督导组管理力度，抓集体备课工作；加强校本教研，形成5篇教科研论文；组织4次考试后的质量分析会，规范该校教科研活动；举办为期15天的中青年教师赛讲，19名教师参赛，听课323人次，评课57人次，收获优秀教学设计19份；汇总任课教师测评，参加测评人数125人，其中100分41人，占测评人数比例32.8%；组织美术组全体教师到大同县吉家窑陶瓷厂调研，接待中阳县职业中学到市一职中考察学习。

主力专业建设　年内，大同市一职中深化校产合作、校企办学，完善计算机软件应用、旅游服务与管理、平面设计实训基地建设。与太原旅游职业学院、山西青年职业学院对接，建立“校校合作”自主招生订单培养计划，实现中职生直升大专的定向培养目标。加强产教融合，校企合作，把企业需求融入学校专业人才培养当中。以示范校建设为依托，音乐、舞蹈两个重点专业走出去调研扩眼界，举行产教融合研讨会3次，完善人才培养方案。特色专业有旅游服务与管理、音乐、航空服务、计算机应用、计算机平面设计、美术绘画等，办学稳定。

畅通招生就业渠道　年内，大同市一职中举办职教活动周，利用各种媒体抓招生宣传，划定分数线招生675人；为适应大同市酒店业发展需求，增加高星级饭店运营与管理专业；抓国家助学金资料的管理和维护，确保国家助学金用到实处，给290名学生发放国家助学金；437名学生取得普通话等级证、700名学生取得计算机技能等级证，强化实用技能；实习处给2019届导游、计算机专业毕业生提供顶岗实习单位信息，旅游管理专业37人在云冈石窟、大同市博物馆担任景区讲解，高三学生有56人参加顶岗实习；市级计算机名师工作室挂牌；落实就业准入制度，组织2019年毕业生填写毕业生鉴定表和登记表，统计毕业生就业信息。

参加技能大赛和文明风采大赛　年内，大同市一职中承办大同市第二届中职技能大赛中国舞、器乐、声乐、中文导游项目赛事。该校在比赛中获47个奖项。其中，学生组一等奖9个，二等奖12个，三等奖8个，优秀奖5个，优秀指导教师奖7个。教师组一等奖2个，二等奖2个，三等奖2个。参加第十三届山西省中职技能大赛，获一等奖3个，二等奖6个，三等奖3个。受山西省教育厅邀请，代表山西参加2019年全国职业院校技能大赛中职组“模特表演”，获个人三等奖1个。参加2019全国文明风采大赛，获一等奖3个，二等奖16个，三等奖6个，优秀指导教师奖4个和优秀组织奖。

（大同市一职中）

【大同市第二高级职业中学校】

大同市第二高级职业中学校（简称“大同市二职中”）位于大同市平城区柳航里139号，是大同市教育局直属的全日制高级职业中学，占地33600平方米，总建筑面积23208平方米。该校建有教学楼、实训楼、综合楼、省A级食堂、学生宿舍楼、300米的环形塑胶体育运动场等。建有50兆、600个站点的校园网，所有教室配置有多媒体教学系统，实现无线网络校园全覆盖。开设汽车运用与维修、计算机应用、机电技术应用、中餐烹饪、社会文化艺术、旅游服务与管理、电子商务7个专业15个方向。2019年，有在校生804人。教职工121人，其中在编教职工116人（学校核定编制总量122人），临聘企业技术人员承担实训指导教师10人。该校建有2个中央财政支持的国家级实训基地（汽车运用与维修、中餐烹饪与营养膳食）；2个省级实训基地（计算机应用、机电技术应用）；2个省级示范专业（汽车运用与维修、计算机应用）；1个省级重点专业（汽车运用与维修）；开展省级示范校及机电应用技术和烹饪省级高水平重点专业建设工作。年内，该校获大同市教育局"大同市教育系统庆祝新中国成立70周年教工合唱比赛（120组）三等奖"和"优秀组织奖"，被大同市职业院校技能大赛组织委员会授予"大同市第二届职业院校技能大赛优秀组织奖"称号，被山西上捷电梯有限公司授予"重点校企合作单位"称号。该校餐饮旅游组被命名为2018年度山西省"青年文明号"。

德育工作　年内，大同市二职中落实《中等职业学校德育大纲》，创新养成教育新模式，组成政教处、团委、思想政治课教师、心理健康教师共同参与的德育团队，从职业学校学生成长成才规律出发，形成养成教育文化。从规范学生文明行为习惯做起，加强两操、纪律、卫生、学生仪容仪表、穿校服、佩戴胸卡等的督查，坚持一日两检查、一周一次大检查，帮助学生养成良好行为习惯。利用节日、纪念日宣传教育活动开展法律知识进校园、"聆听宪法的声音"诵读比赛等活动，并与大同大学法学院承办"12·4"国家宪法日宣传周文艺会演；通过"双百家"法治创建单位验收并获优秀单位称号。组织"游古城大同，品传统文化"活动，开展《奋斗的青春最美丽》《弟子规》等经典诵读和读书分享会，提升学生文化修养。以职教活动周和校园开放日为契机，举办"工匠精神进校园"优秀毕业生报告会、"延安精神进校园"专题讲座等活动，引导学生用专注和坚持打造职业精神，提高核心竞争力。坚持德育活动系列化，全年适时开展家校共建会、参观大同市人力资源市场等主题活动30余次，提高学生综合素质。学校申报的《学校共青团工作与德育关系研究》获2019年度山西省青少年思想政治引领课题研究一等奖，《团委活动对优秀中职毕业生的影响研究》获2019年度山西省教学成果奖职业教育类二等奖。

人才培养改革　年内，大同市二职中创新理实一体化教学模式，深化产教融合、校企合作人才培养改革，培育高素质技能型人才。采用理实一体化教学模式，以机电专业为试点推进现代学徒制试点工作，通过与企业合作，提升学生岗位操作技能。组织参加2019年全国第五届餐饮行业技能大赛，获2银2铜。在第十三届全省职业技能大赛中，获一等奖6人，二等奖16人，三等奖18人。在2019年市级技能大赛中，获一等奖11个，二等奖11个，三等奖15个，获奖率89%。

▲2019年4月15日，大同市第二高级职业中学校举行课间学生阳光体育运动

（大同市二职中　供图）

毕业生实习就业　年内，大同市二职中实行整体实习+教师跟踪服务制度，到北京、保定、太原3地4家企业实习学生178人，涉及的专业有计算机、汽修、机电等专业，在当地实习的学生105人（含自主实习），以餐饮服务行业为主，涉及所有专业。2019年该校学生就业率97%，对口升学率93.7%，自主招生升学率100%。

省级示范校及学校专业建设　年内，大同市二职中推进省级示范校建设工作。组织调研团队到天津和太原两地调研，学习借鉴天津市劳动技术经济学校等6所国家级示范校典型经验和做法；加强数字化校园平台和教学资源库建设，安装调试软、硬件设备，录入验收初始数据；8月，与山西华兴科软有限公司就省级示范校建设师资队伍能力提升与服务项目签订合同，与华兴科软在示范校建设培训等六方面达成合作意向，服务期90个工作日，投入资金38.5万元，全年全员培训64学时，初步完成网络远程培训，专业骨干教师和带头人培训进入企业实践阶段；3个重点专业硬件建设进入安装调试阶段。完成计算机省级实训基地收尾和验收准备工作，及汽修省级重点专业内涵建设和收尾工作。机电专业申报省级高水平重点专业，项目任务书通过专家评审。组建由专业骨干教师、企业和行业专家共同参与的校企合作办公室。各专业形成各自独特的教学、实训模式，提升制作教学资源能力及教师的整体素质。　（大同市二职中）

【大同市高级技工学校】　大同市高级技工学校是山西省人民政府批准成立的省部级重点全日制技工学校，位于御东新区文兴路天祥街159号。2019年，该校占地10余公顷，总建筑面积88244.4平方米。有教职工214名，其中高级讲师30名，讲师69名，技师23名。在校生总人数1221人，其中一年级全日制学生387人，二年级全日制学生347人，非全日制学生116名，三年级全日制学生371人。设有计算机网络应用、计算机应用与维修、多媒体制作、电气自动化设备安装与维修、汽车维修、城市轨道交通运输与管理、美术绘画、美容美发与造型和商务文秘等专业。

教育管理　年内，大同市高级技工学校按照学校中长期发展规划，以开展教研活动为载体，把教学管理的科学化和规范化，提高服务水平和办学效益作为学校工作重心，把勇于改革和创新，调动教师积极性和学生学习主动性，促进教学质量提高作为学校工作核心。推进教学一体化改革，提高专业建设水平，以培养学生创新精神和实践能力为重点，加强教学常规管理，深化课堂教学改革，抓好教学教研监控，推进技能教育专业建设。

学生素质教育　年内，学校组建有跆拳道、炫舞、朗诵、炫音、书画、文学、十字绣、布贴、电工、家装水电、陶艺、网络维护，国学、PS、瑜伽、篮球、读书分享等社团。5月8日，联合多部门举办一场继承和发扬五四精神的纪念活动，培养学生的爱国情、强国志、报国行，达到在学习中进步，在实践中成长目的。在庆祝新中国成立70周年之际，组织学生完成高唱红歌、队列造型、军体拳献礼等节目。在国庆前夕，全校师共同参与升国旗、奏国歌仪式，齐唱《我和我的祖国》。

校企合作　年内，大同市高级技工学校继续与大同市瀚海伟创科技有限公司、北京翔宇通用航空有限公司、大同市云中实业公司等企业建立校企合作关系。12月，与大同市晋浩航空科技有限公司签订《民航147维修培训校企合作协议》。

人才培养及培训管理建设　1月，大同市高级技工学校通过省人社厅关于大同市高级技工学校申报验收工作。行政批复后充实专业设置内容，制定《计算机网络应用》《多媒体制作》两个高级技工班的《人才培养方案》及教学设计方案。11月底，完成2019年度增人计划，8名本科毕业生入职。1月，结合专家意见调整《省级示范校建设实施方案》和《省级示范校项目建设任务书》。根据项目建设《任务书》和项目建设《实施方案》细化为：电气自动化设备安装与维修专业设备建设、计算机网络应用专业设备建设、计算机网络应用专业内涵建设、电气自动化设备安装与维修专业内涵建设、汽车维修专业内涵建设、计算机网络应用专业实训室建设、民间手工艺大师工作室和校园文化建设和师资能力提升建设。6月，根据省发改委和省人社厅建立职业教育重点实训基地项目储备库通知，按期申报筹备资料，把计算机应用与维修专业列入山西省技工院校高水平重点专业入库项目，把电气自动化设备安装与维修、城市轨道交通运输与管理两个专业的实训基地列入山西省技工院校高水平实训基地入库项目。以上3个项目国家专项资金分别拨付300万元，完成900万元的项目申请。（计青海）

【大同市财会学校】　大同市财会学校（简称“大同财校”）是经山西省人民政府批准的全日制公办中等职业学校。2019年，该校占地面积10.63公顷，建筑面积71297平方米，实训设备总值1530元，图书总量11.7万册（含电子图书）。有教职工148人，专任教师119人，其中高级讲师51人、讲师40人、助理讲师26人；取得硕士学位10人、本科学历108人、大专学历1人；具有职业资格证书教师62人；兼职教师71人，专职老师44，其他4人。有省级职业教育教学名师2名，省级专业带头人3名，省级骨干教师5人，校级专业带头人9名。开设会计、会计电算化、计算机平面设计、计算机应用、旅游服务与管理、市场营销、电子商务、客户信息服务、物流服务与管理等12个专业，其中省级重点专业1个（旅游服务与管理专业）、实训基地3个（会计、计算机应用、市场营销）。建有20个实训室，实训实习工位数1030个，其中计算机574台，非计算机工位数456个。年内，大同财校针对每位毕业生进行职业素质分析，从性格、爱好、学习成绩等方面给予指导，组织召开多场招聘会，给毕业生和用人单位搭建沟通平台，在学生创业教育方面提供相关咨询服务。学校有毕业生总数192人，会计专业119人，计算机专业44人，旅游服务与管理20人，市场营销专业9人。就业学生数189人、就业率98.44%，对口升学人数51，对口升学率在97％以上。

教学改革与师资队伍建设　年内，大同财校创新专业课教学模式，形成以项目教学、案例教学等为主体的7种教学模式，推行分层教学、专设对口升学班等教学改革，在校内测试中，该校文化课合格率98%、专业技能合格率97%、体质实际达标率95%，学生对口升学录取率在97%以上。建设期三年的旅游专业“山西省职业教育重点专业”项目建设任务全部完成，按照《任务书》要求完成软硬件设施、教学资源、师资队伍、课程体系建设，完成“会计教学软件开发及教学配套项目”“电子图书资源扩充项目”，与市财政局会计服务中心合作，完成“扩建会计考试机房项目”，计算机平面设计专业申报《山西省2019年职业教育高水平实训基地项目》。学校组织教师参加培训10余次，有52人次参加相关专业培训。试行教学督导制度，选择教学经验丰富老师组成督导组，负责听、评、查，最后打分，强化教学管理。

学生管理　年内，大同财校学生科人员及班主任们各尽其职，管理每天早操到课间操，晚自习，就寝前查铺每一个环节，使学生在校期间没有一例安全事故。组织教职工进行公寓轮流值班，确保学生夜间安全，要求班主任到班级当中，实行课间操晚自习跟班制，每周至少3次察看晚自习，确保掌握该班学生动态。组织学生进行每月宿舍、教室卫生评比活动，表扬优秀宿舍和班级。加强班主任管理，学生科、校团委配合校党委开展一系列学生活动。以“雷锋精神”为主题的学习中，弘扬雷锋精神，组织学生开展志愿者清洁校园服务，在劳动中享受快乐、锻炼自己；通过举办“匠心筑梦”主题征文活动，增强学生爱国热情；全体师生利用课余时间排练，举行“我爱我的祖国”师生大合唱晚会，在继承与弘扬爱国精神同时，激励全体师生铭记使命，开拓创新。

▲ 2019 年 5 月 21 日，大同市第二届中等职业学校技能大赛开赛。图为大同市财会学校赛区会计电算化赛场　（杨伟刚　摄）

参加省市技能大赛　年内，大同财校组织学校教师参加省市教学能力大赛。在市教学能力大赛中，大同财校获一等奖 2 个，二等奖 1 个，三等奖 2 个，优秀奖 2 个；山西省教学能力大赛中，大同财校获一等奖 1 个，二等奖 2 个。在 5 月举办的大同市技能大赛中，大同财校派出 35 名学生参加会计、计算机、导游、酒店 4 个专业类别的 7 个赛项的比赛，获一等奖 5 个，二等奖 6 个，三等奖 11 个，优秀奖 4 个，优秀指导教师奖 5 个。在 10 月省技能大赛中，该校派出 21 名学生、3 名教师参加会计、计算机、导游、酒店、市场营销等 5 个专业类别的 9 个赛项，获一等奖 2 个，二等奖 4 个，三等奖 7 个，优秀指导教师奖 11 个。

学生资助　2019 年春，大同财校在校学生 372 人，均享受免学费政策，免学费覆盖率 100%。助学金资助学生 61 人次，其中国家级贫困县学生 32 人次，符合其他资助标准的学生 29 人次，参照资助文件计算标准，资助学生占在校一、二年级学生数比例 30.65%。2019 年秋，大同财校中专层次 278 名学生均享受免学费政策，免学费覆盖率 100%。享受助学金资助学生 57 人次，其中国家级贫困县学生 28 人次，符合其他资助标准的学生 19 人次，参照资助文件计算标准，资助学生占在校一、二年级学生数比例 34.97%。助学金均通过学生资助卡全部足额发放。

校企合作　3 月，在《国家职业教育改革实施方案》出台后，大同财校组织各专业教师，到相关企业走访调研。会计专业与山西柠檬云财税咨询有限公司达成合作意向，开展招生、会计职称考试培训等合作；旅游专业与山西五洲国际旅行社有限公司大同分公司签署实习协议，丰富旅游专业学生校外实习实训的合作企业；计算机专业组织有关教师到萱宝和新基正科技公司进行调研，洽谈合作意向；市场营销专业对大同 21 世纪房产中介公司、鸿驰诚达商贸有限责任公司、车之翼万城华府店、山西彩虹桥信息技术有限公司进行走访，了解企业最新人才需求，给实现后续校企合作打下基础。10 月，大同财校与柠檬云财务公司加强合作，研讨制定教学计划，结合学生基础，开设实训课程，引进会计记账、报税等业务，给学生提供实操性强的业务平台，增强学生动手能力培养及会计记账、报税等全过程实训，强化该校实践性教学改革成果。截至 2019 年底，大同财校与 9 家企业签署校企合作协议，加强各专业和企业的沟通与合作。通过师资互兼互聘制定人才培养计划，结合企业人才需求加强实训教学管理，提升学生实际动手技能，实行教学做一体化等方式，实现学生技能培养与企业岗位零距离对接。　（杨伟刚）

【大同师范高等专科学校】　大同师范高等专科学校是全国第六批重点文物保护单位。2019 年，该校占地 32.47 公顷，项目建设用地 32.48 万平方米，总建筑面积 15.54 万平方米，总投资 5.88 亿元。校园分教学区、生活区、办公区、运动区、文物区 5 大区域。有在校生 3558 人，教学班 79 个，教职工 205 人，专任教师 196 人。专任教师中，副高职称 39 人，硕士及研究生 99 人，占比 51%。教学科研仪器设备总值 2706.23 万元，图书馆藏书 17.2 万册。有经省教育厅批准、教育部备案的 7 个师范专科专业。年内，该校给专升本学生配备教学能力较强教师，针对性地开设专升本辅导课程，进行专业化和精细化辅导，该校专升本达线人数 296 人，其中教育技术专业达线率 100%。

招生及就业　年内，大同师范高等专科学校招生 1515 人，其中第一自愿录取率在 80% 以上。组建 6 支招生宣传组两次到山西省各个地市参加全国普通高考志愿咨询会，增强学校宣传力度，扩大学校社会影响力。召开 2019 届毕业生就业洽谈会，经过多方联系，120 余家用人单位到该校选聘，近 800 名毕业生参加洽谈会，最终达成初步就业意向率 90%。

教学交流　2 月，大同师范高等专科学校派 48 名师生到英国研学，促进文化交流。10 月，为提高教师综合教学水平和人才培养质量，该校推选优秀教师和学生参加山西省第十三届职业院校师范教育专业教育技能大赛，在比赛中该校获教师组一等奖 1 名、二等奖 1 名、三等奖 3 名，学生组三等奖 3 名。

学生顶岗实习　9 月，该校学前教育专业 270 名学生到大同市 7 个县（区）90 所幼儿园参加为期半年的顶岗实习。实习过程中学校领导带领相关负责人多次与各县（区）幼儿园交流沟通并实地考察慰问，了解学生实习情况与生活状况，在沟通过程中，实习单位肯定该校学生的综合表现。通过大学生顶岗实习活动，提升该校学生的专业素养和技能水平。

（李志宇）

【大同市文化艺术学校】　2019 年，大同市文化艺术学校（简称“大同艺校”）占地面积5.3万平方米，建筑面积6.7万平方米，有8个标准舞蹈练功房、6个标准戏曲练功房、8个教学画室、6个音乐实训室、6个声乐实训室、26个钢琴实训室、8个乐理视唱实训室、3个30人微机室、26个多媒体教室及多功能报告厅、党（团）员活动室、工会活动室、健身房、食堂、浴室和标准学生公寓300间。有高级讲师22名、讲师和外聘艺术家43名。设有戏曲表演、舞蹈表演、音乐、社会文化艺术、文物保护技术、播音与节目主持、美术绘画、工艺美术、美术设计与制作等专业。

学生管理　年内，大同艺校实行全封闭管理。该校是山西省艺术类中专学校之一，学费全免，贫困县学生及家庭贫困生享受国家助学金，毕业可参加艺术高考，可参加专为中专学校设立的对口升学，学成就业渠道广阔。加强校园广播、板报和校园文化活动设施建设，注重发挥校园文化熏陶作用。加大理想教育、校纪校规教育力度。通过聘请专家宣讲法治知识，增强学生法治观念。开展多形式、多渠道教育活动，如开特色主题班会，从情感调适、团队协作体验等方面把班级引向团结向上的发展方向。组织学生开展班级活动、参与学校活动，在活动中发挥能动作用。

师生教学交流　年内，大同艺校规范办学行为，提高办学质量，要求广大教职员工通过个人自学、集中学习和会议研讨等多种形式，强化理论知识和业务素养。10月24日，参加国庆70周年阅兵的《奋进山西》彩车作为山西巡展第一站，在文瀛湖办公楼南广场举行大同巡展启动仪式，该校师生进行主题为《鼓舞大同》文艺表演。11月26日至28日，由省舞协主办，市舞协和大同艺校承办的2019年山西省舞蹈家协会“深入生活、扎根人民”主题实践活动之民族民间舞名家讲座培训在大同举行。通过名家讲座、深入基层、专场演出研讨会等多种形式以舞会友，提高大同市舞蹈艺术水平，并就向全国推广“云冈舞”学科体系建设达成共识。12月7日，大同文旅推荐会在中国（太原）煤炭交易中心举行，大同艺校师生联袂表演舞蹈《茉莉花开》、器乐曲《扬鞭催马运粮忙》、歌曲《大同好粮》《幸福大同》等。

招生思路突破　年内，大同艺校调整招生方向、目标，按照市场需求，拓宽招生渠道，改变思维方式，为服务大同文化旅游事业的发展，把专业细化成方向；扛起社会责任，勇于担当，为实现精准扶贫，招收扶贫励志班学员。该校和山西省交响乐团共建“教学基地”“实习基地”，两个基地的设立，是艺术院团和艺术学校合作的成果。学校被山西省省舞蹈家协会授予“云冈舞创作基地”，为向全国推广“云冈舞”产生影响。

（大同艺校）

【大同市卫生学校】　大同市卫生学校（简称“大同卫校”）是一所中等职业学校，位于大同市南环路5908号。2019年，该校占地面积22.9万平方米，建筑面积12.2万平方米。有全日制在校生1598人，三年制学生465人，占在校生总数29.1%，三二分段五年制学生1096人，占在校生总数68.59%。年内招生592人，其中“三二分段”五年制学生345人，三年制中专247人，招生人数比上年增长16.77%。该校有在岗专任教师164人。其中，专科学历5人，占专任教师比例3.05%；本科学历149人，占专任教师比例90.85%；硕士研究生学历10人，占专任教师的比例6.1%。年内，该校提供实训实习工位数1756个，学生人均实训实习工位数1.1个，图书6万册，实习实训设备包括1852种，设备使用率90.12%。2月21日，大同卫校与日本SUNCARE HOLDINGS株式会社、北京康养介护科技有限公司签署校企合作协议，学生可通过“留学+就业”或者一毕业就就业两种形式走出去，留学期间学生可考取日本介护专业最高级别的资格证书即介护福祉士（护理专员），留学与就业期间，企业均给学生缴纳相应的养老、医疗等社会保障福利。

教育教学改革　年内，大同卫校坚持以校企合作为基础，以课程建设为载体，以师资队伍做保障，以信息化建设为支撑，加强教育教学改革和专业内涵建设。该校各专业课程设置以学生为主体，建立“理实一体化课程教学—校内实训中心模拟实训—校外实习基地顶岗实习”教学体系，遵循中职学生的认知规律和技能形成规律，分解形成“三个模块”教学模式。第一模块是公共基础教学模块，开设人文社科和素质教育课程，突出持续发展理念；第二模块是专业核心教学模块，设置专业核心课程，通过理论与实践结合，突出做与学结合；第三模块是顶岗实习模块，到实习单位临床实习，引导和帮助学生初步进入和适应临床职业岗位。公共基础课按教育部专业教学标准及公共基础课程设置标准要求，各专业开设有语文、德育、历史、英语、数学、物理、化学、美育、体育与健康、计算机应用基础10门公共基础课。建立和完善校校、校院合作人才培养机制，在护理专业率先采取“1+X”证书培养模式，采用模块化课程，课证融通，口腔修复工艺专业与合作企业联合招生，尝试现代学徒制培养模式，实现人才培养方式转变，促成人才培养质量提高。结合国家“1+X”证书制度改革，护理专业确立“大专业、多方向”专业发展格局，以基础护理为主，采用模块化课程，融入老年照护、母婴护理、失智老人照护等职业技能证书考核内容，促进学生多向选择，缓解地方经济发展人才压力，增强学生自主择业机会。

人才培养方案调整　年内，大同卫校执行定期调研制度，通过对行业、企业、同类学校、毕业生调研，了解行业企业对专业人才的质量、数量要求，了解同类院校的创新成果，及时调整课程体系，修订人才培养方案。该校老年护理方向班不断满足社会多元化、多层次需求，遵循“以就业为导向”办学方针，突出职业能力和职业素养。与养老企业合作共同制定培养方案，侧重培养德智体美全面发展，具有一定医学、护理学知识和心理护理知识，掌握老年护理与管理基本技能的技术技能型人才。主要增设老年护理、康复护理、老年心理学、老年照护等课程，强化工作岗位实践教学。该校中医专业与山西中药学校联合办学，以就业面向定位和中医士职业分析为基础，建立适应中医药事业发展需要的中医药教育体系。结合山西省基层医疗卫生机构的岗位培养要求，开设中医基础学、中药学、方剂学、中医内科、中医妇科等课程，通过三年专业学习，给基层医疗卫生机构定向培养中医药复合人才，在村级医疗服务机构中身兼数职、满足中医治疗、针灸、按摩、药房等多职位需要。

“1+X”证书试点项目　6月，教育部职业技术教育中心研究所发布《关于首批1+X证书制度试点院校名单的公告》，大同市卫生学校被列为试点院校，具体内容是老年照护职业技能等级证书。为推进大同市卫生学校“1+X”证书制度试点工作，保障老年照护职业技能等级证书考核，该校派出教师参加由北京中福长者文化有限公司主办的“老年照护职业技能等级证书教学研修班”“老年照护职业技能等级证书试点项目考评员培训班”，了解1+X老年照护职业技能等级证书相关政策、教材和标准、考核评价相关制度、管理模式、岗位描述及考核评价技术要点、考务员岗位职责、工作流程及质量要求、中福职教学习与考试平台的使用和管理等相关内容，并就“1+X”老年照护职业技能等级证书试点项目成立协调工作领导小组，由教务处组织，各教研组参与制定课程融入方案，通过自愿报名、诚信考试和择优遴选方式选取135人参与试点教学。针对老年照护职业技能要求，由护理教研组担任开展教学活动。通过优化整合原有基础护理和长者照护实训室，给老年照护职业技能实操培训提供保障，采取集中强化、分层教学、小组授课方式，把工作重心从传统的基础护理技能操作培训转移到老年照护所要求的核心技能；组织护理专业学生到合作企业德亨仁厚养老服务中心学习观摩，鼓励更多年轻人投身于老年照护事业。针对老年照护工作特点及传统老年照护工作模式与临床护理工作区别，从职业认知领域操刀，纠正部分学生及家长的片面认识，引导学生重新定位发展方向。根据《老年照护职业技能等级实操项目考评指南》，组织学生注册中福职教平台，完善注册信息，完成网络报名，制定相应考试计划、考试流程，布局考场，配置安装相应考试设备。

学生资助　年内，大同卫校落实中等职业学校学生资助政策，实行以国家助学金为主，以校内奖学金、学生工学结合、顶岗实习等为辅的助学体系。全年发放国家奖学金2人次，金额1.2万元；校内各项奖学金发放2.17万元。

学生就业　2019年，大同卫校毕业生622人，涵盖8个专业，毕业生就业率98.23%。医学检验技术专业毕业人数47人，就业率100%，对口就业率100%，升学率91.49%。农村医学专业毕业人数9人，就业率100%，对口就业率100%，升学率88.89%。口腔修复工艺专业毕业人数92人，就业率95.65%，对口就业率82.61%，升学率67.39%。中医专业毕业人数20人，就业率95%，对口就业率95%，升学率60%。助产专业毕业人数67人，就业率98.51%，对口就业率97.01%，升学率88.06%。护理专业毕业346人；就业率99.42%；对口就业率97.69%；升学率88.73%；初次就业起薪2000元。药剂专业毕业人数33人，就业率90.91%，对口就业率87.88%，升学率81.82%。医学影像技术专业毕业人数8人，就业率100%，对口就业率100%，升学率75%。　（大同卫校）

【山西省雁北煤炭工业学校】　山西省雁北煤炭工业学校（简称“雁北煤校”）是一所全日制中等职业院校，位于大同平城区北苑路，占地8公顷，建筑面积4.5万平方米。2019年，该校有在职职工193人，教师157人，其中教师中高级职称88人，中级职称54人，初级职称15人。“双师型”教师71名，研究生11名，博士生1名，聘请多名专家和行业技术专家做兼职教师。有国家级实训基地1个（国家采矿安全实训基地），省级实训基地8个（矿山机电、地质与测量、计算机、建筑施工、汽车运用与维修、3D打印技术、机电设备、矿山机电高水平），校内设有国家职业技能鉴定所、山西煤炭职业技能鉴定站、进网作业电工考试点、校内驾校等。建有40个专业实训室、5个实训车间（汽车维修、建筑施工、焊接、机电设备拆装、精工）、42个多媒体教室，蒙维科技、汇永集团、吉利汽车等多个校外实习就业基地。11月，该校被中国煤炭教育协会授予“全国煤炭行业教育工作先进单位”称号。

专业建设　年内，雁北煤校调整专业设置，布局专业结构，在保留传统拳头专业同时申报新专业，淘汰不适应市场需求的老专业。开设矿山机电、机电设备安装与维修、汽车运用与维修、汽车整车与配件营销、电子技术应用、机电技术应用、焊接技术应用、采矿技术、矿井通风与安全、煤炭综合利用、地质与测量、工程测量、建筑工程施工、工程造价、建筑装饰、会计、电子商务、物流服务与管理、计算机应用、计算机平面设计、计算机与数码产品维修、计算机网络技术、社会文化艺术23个专业，基本涵盖山西省特别是晋北地区主要支柱产业和特色行业。通过教育部验收的国家级重点建设专业3个（采矿技术、煤矿地质与测量、矿山机电），省级示范专业5个（矿山机电、采矿技术、地质与测量、建筑工程施工、计算机应用技术）。学校有16个专业与省内4家优质高职学院联办“3+2分段”五年制大专班，占专业总数近70%。

人才培养模式改革　年内，雁北煤校开拓校外资源，与北京汇永、蒙维集团、吉利集团、圆聚智能机器人（苏州）有限公司、淮北矿业集团、悦凌集团、天津博迈科海洋工程有限公司、中科唯实科技（北京）有限公司、瀚文教育科技（北京）有限公司等10余家企业签订校企合作协议，实行工学交替人才培养模式，实现学生与学徒衔接，课堂教学与生产实践衔接，课程内容与岗位标准衔接，培养学生的职业素养和职业能力。召开多场招聘会。如蒙维科技公司、汇永控股集团有限公司、中煤第七十一工程处等多家大型企业到该校招聘学生。利用学校师资、实训设备及实训资源，开辟培训市场，以订单培养、送教下矿、岗位短期培训等多种培训模式，抓政府、行业、企业及社会的各种培训工作，提升社会服务功能。与19家煤矿企业签订学历提升合作办学协议，招生人数1670人。2019年对口升学考试，参加考试33人，一批本科5人，其他全部被省内各大专科院校录取。采用理实一体化教学模式，以开展师

▲ 2019年12月18日，雁北煤校举办“歌唱祖国七十华诞”班级合唱比赛

（雁北煤校　供图）

生技能大赛为抓手，通过科技技能节，以赛促训，以赛促学，每年组织知识竞赛和技能比赛。2019年度，综采电气国赛获二等奖一名、三等奖一名；汽修省赛获教师组二等奖一名，学生组二等奖一名、三等奖一名。发挥中职学生技能大赛的导向作用，以岗位职业标准引领技能大赛和教学改革，提升技术技能人才培养水平。

办学特色　年内，雁北煤校省级示范校建设获批并开展初期建设，完成第一批250万元设备建设招标工作。重申报电子商务实训基地。汽修及机电设备两基地通过省级验收；矿山机电高水平基地申报并进行建设方案和任务书编制；3D打印基地获批开展建设，并通过校级验收。突出德育工作实效性，搭建育人平台。利用升旗仪式、班团活动、德育活动等平台对学生进行习惯养成教育；通过“四节一会”（文明礼仪节、科技技能节、阳光体育节、文化艺术节、就业招聘会）给学生搭建展示才艺和锻炼舞台，开展校园文化艺术节和庆祝新中国成立70周年系列活动。优化育人环境，校园环境和谐优美。利用每周文明班级的评选及班级文化建设评比等活动来提升班级的文化及班风的建设。定期召开校园安全主题教育班会，宣传安全知识；创新班会形式，激活智慧育人；通过开展主题班会示范课，激发学生上进动力，达到提升教育质量和充满育人智慧的教育效果；坚持做好班级管理“四个一”（每日读一篇好文章、每天写一篇字帖、每周一次班团会讲演、每月学生作品刊发一期）活动的开展；控制各种违纪行为，强化学生行为养成教育，引导学生参加公益教育活动；加强班主任队伍建设，落实精细化管理细则，定期开展班主任培训工作，提升班级管理能力。

平安校园创建　年初，雁北煤校校长与各科室负责人签订安全目标责任书，分工明确，责任到人。加强法治教育，开展“宪法宣传周”系列活动，加强校园周边治安综合治理，创建平安校园；完善管理制度，提升安全管理水平；执行到访人员登记制度，学生出入校园登记制度，加强保卫人员夜间值班消防安全巡查制度；定期召开安委会会议，及时发现解决问题；完善校园监控系统，高清摄像实现全覆盖，安装一键报警装置，实现公安机关直接传看校园安全视频。（雁北煤校）

高等教育

【概况】 山西大同大学是一所多学科协调发展的省属综合性大学。学校由御东校区和新平旺校区构成，校园占地面积141.44公顷，建筑面积93.03万平方米，教学科研仪器设备值3.42亿元，馆藏图书261.69万册，电子图书521.49万册，电子期刊364.57万册。2019年，学校录取本科新生7983人，研究生60人；学校有全日制本科在校生28440人，硕士研究生54人，继续教育学生16570人。有教职工2100人，具有高级职称的教师735人；博士教师384人，硕士教师965人。下设20个学院，有直属附属医院3所，教学医院2所，实习医院11所，其中附属医院和教学医院师资778人，编制床位数4670张。有本科专业67个，其中国家级特色专业3个，省部级优势专业7个。学校学科涵盖文学、历史学、农学、理学、工学、医学等11个学科门类。有硕士学位授权点3个，山西省重点建设（扶持）学科5个。建有院士工作站2个、省级实验教学示范中心7个、省级人文社会科学重点研究基地1个、省级重点实验室3个、省级工程技术研究中心2个、省级产业技术创新战略联盟1个、省级科技创新团队2个，与大同市共建重点实验室8个、共建工程技术中心2个。学校是国务院学位委员授权的硕士学位授予单位，是全国应用技术大学联盟、山西省教师教育联盟、山西省高等医学教育资源联盟和“乌大张”（乌兰察布、大同、张家口）高校教育联盟的主要成员，是大同全科盟新能源产业技术研究院发起成员，是全国第一批卓越医生教育培养计划项目试点高校、省人大常委会首批基层立法联系点和市地方立法研究咨询基地。（崔鸣华）

【教学科研】 2019年，山西大同大学围绕山西省能源革命综合改革试点和大同市“两个尖兵”战略要求，推进教育教学改革，获批省级教学成果奖10项，其中特等奖1项、一等奖4项、二等奖5项；优化专业结构，建设国际商务和新能源科学与工程专业；加强“一流专业”建设，获批体育教育、采矿工程、汉语言教育3个省级一流专业；抓实研究生教育，实现首批55名硕士研究生入校学习，经省人民政府学位委员会办公室、省教育厅专家组评审，学校被确立为博士学位授权立项培育单位；推进临床医学专业认证，投入100万元用于临床医学认证，启动医学部建设，分流临床医学系教师到各附属医院工作，探索建立医学部牵头、医学院和附属医院协同联动的医学人才培养保障体系；推进与高水平大学的人才联合培养，与北京工业大学、北京体育大学、天津大学、四川外国语大学开展“2+2”人才联合培养，派遣交流生27名。

加强国家级科研项目的申报工作，加大项目奖励力度，抓各级各类科技奖和社科奖及具有重大影响和标志性科研成果奖的组织申报工作，全年获准立项校外科研项目319项，拨入科研项目经费1765.2万元，其中国家级项目11项，省级各类科研项目立项173项，大同市科研项目74项，横向项目59项。全年在国内外学术刊物发表论文1030篇，论文被SCI、EI等国际权威检索工具收录182篇；参编教材、著作82部；获山西省科学技术奖二等奖1项；山西省高等学校科学研究优秀成果奖（人文社会科学）3项，其中一等奖1项，二等奖2项；山西省高等学校优秀成果奖（科学技术）2项，其中一等奖1项，二等奖1项；获省社会科学优秀成果“百部（篇）工程”奖3项。授权专利24项。12月27日，由山西大同大学牵头组建的山西省碳素产业技术创新战略联盟获得认定。“山西省新型碳素功能材料工程研究中心”获省发改委立项建设，化学生物传感实验室获省科技厅重点实验室立项建设。（崔鸣华）

【学术活动】 2019年，山西大同大学举办第十四届全国化学传感器会议、全国综合性大学医学教育研究学术研讨会、翻译与比较文化跨学科研究研讨会、2019中国大同·北魏文化高峰论坛等11次全国学术会议，主要涉及化学生物传感技术、医学教育改革与人才培养、翻译理论与应用研究、北魏历史文化研究等方面。举办各类学术讲座148次，邀请校外各领域专家学者到该校做学术报告91场次。8月16日至18日，第十四届全国化学传感器学术会议在大同大学善美楼举行，会议由中国仪器仪表学会分析仪器分会化学传感器专家组主办、山西大同大学承办，会议邀请中国科学院院士俞汝勤、陈洪渊、谭蔚泓参加会议并分别作专题报告，国内外院士、专家学者近600人，其中中科院院士3人，长江学者3人，国家杰出青年7人、国家自然科学基金优秀青年基金获得者6人，青年“长江学者”1人、其他4人参加。围绕“创新化学生物传感技术，促进化学生物传感领域新理论和新技术”主题，邀请报告12个、分会场邀请报告79个、青年论坛报告36个，收集论文447篇、墙报展197件。大会给俞汝勤、陈洪渊颁发“中国化学传感器首届雷磁终身成就奖”，给湖南大学教授王柯敏、南京大学教授鞠熀先和西南大学教授袁若颁发“中国化学传感器首届雷磁杰出成就奖”。9月22日，由中国高等教育学会医学教育专业委员会主办，山西大同大学承办的2019年全国综合性大学医学教育研究学术研讨会在大同大学举办，来自海内外67所高校的200余位医学专家学者参加研讨。会议围绕“新时代综合性大学医学教育改革发展：使命与未来”主题，就建设高水平本科医学教育、医学人才培养模式改革、医学教育管理体制改革等内容进行交流探讨。大会组委会秘书长宋汉君从制定适应国家战略的医学教育规划，建立行之有效的教育管理机制，打造立德树人的新型医学师资队伍，保障立德树人的优质资源与人文环境4个方面构思关于新时代办好人民满意医学教育的路径方法。会议邀请华中科技大学教授文历阳、复旦大学上海医学院教授汪玲、河南大学副校长孙君健、南华大学教授姜志胜、山西中医药大学教授段志光、首都医科大学教授景汇泉、南方医科大学教授文民刚、武汉大学教授余保平、西安交通大学教授吕海峡、内蒙古医科大学教授刘瑞，波罗的海美国医院急诊科主任AidaMankute，人民卫生电子音像出版社副编审董良等专家教授领导进行专题报告。

（崔鸣华）

【学生工作】 2019年，山西大同大学聚焦立德树人根本任务，加强学生教育管理工作。抓学生思想政治工作，全年召开学生管理工作例会12次，推进“互联网+思政教育”建设，推送文章600余篇，阅读量约130万次。落实“三全育人”（全员育人、全过程育人、全方位育人）教育思想，表彰三好学生1033名、优秀学生干部676名、先进班集体67个、文明宿舍100个、优秀学生教育管理工作者19名、优秀政治辅导员90名，评选出校级奖学金14954人。全年评选出“国家奖学金”45人，励志奖学金833人，资助困难学生849人，安排勤工助学岗位493个。倡导大学生创新创业，扶持众创空间和实验平台建设，建设本真众创空间，“AI+同大创客中心”被山西省科技厅认定为省级众创空间，在2019中国福建（永安）创新创业大赛中学校石墨烯团队获一等奖，石墨烯产业化应用技术协同创新中心获“山西青年五四奖状”。推进大学生创新创业训练计划项目，全年获批国家级项目13项，省级重点项目13项，一般项目17项，培育校级重点项目35项，一般项目50项，经费支持32.4万元。在“互联网+”“挑战杯”“学创杯”等创新创业竞赛赛事中，获国家级奖项96项，获省部级奖项161项，举办创新创业训练营6场，参与各级各类创新创业赛事人数1万余人次。与大同市团委联合举办2019中国大同创新创业大赛，获最佳项目奖2项、最佳创意奖18项、最佳团队奖20个，获奖金23万元。

（崔鸣华）

【校企合作】 2019年，山西大同大学开展校地、校企合作，拓展教学、科研、人才培养合作平台。与华为技术有限公司、人民网山西频道、晋能集团、山西省煤炭地质局、广灵县人民政府等11家企事业单位签署全面战略合作协议和合作框架协议，与华为技术有限公司、大同市人民政府共建大同大学华为ICT学院，实现共建ICT产业实训基地、共建师资队伍、共建相关专业、共建一体化教学资源，为推动地方社会经济转型发展，提供智力支持与人才资源。组织大同市科协、大同市科技局、平城区科技局、平城区双创办、同煤集团、大齿集团等近50家驻大同企业代表召开2019年产学研合作交流洽谈会，当选首届大同市医药产业联盟理事长单位，发挥学校学科门类齐全、人文底蕴厚重、社会影响广泛优势，解决大同社会经济发展面临的实际问题。（崔鸣华）

【校园文化】 2019年5月8日至6

教育

月 12 日，山西大同大学举办第十三届校园文化艺术节，艺术节的主题是“青春献祖国，奋进新时代”。其间，开展文化、艺术、科技、体育、教学类等 24 个大项、100 余场次的活动，参与师生 1 万余人次，突出思想引领、文化育人和美育精神，陶冶师生情操，展现学校精神文化风貌。5 月 18 日至 8 月 18 日，第二届全国青年运动会乒乓球（体校乙组 U15）、篮球（男子体校组 U16）等比赛项目在山西大同大学天翔体育馆举行。全年举办“同大讲堂”15 场、“博士论坛”53 场，成立“大同大学新媒体联盟”，参加“2019《传承的力量》——学校体育艺术教育弘扬中华优秀传统文化成果展示活动”，舞剧《粉墨春秋》、京剧红色经典等高雅艺术及大同市非物质文化遗产展演走进校园，形成健康高雅、文明和谐、独具特色的校园文化景观。年内，获第三届校媒·全国高校新媒体评选“优秀原创内容奖”，第四届山西文化产业博览交易会“优秀组织奖”，山西省第八届人文知识竞赛二等奖。被新华网、人民网、中国青年报客户端、搜狐教育、黄河新闻网等媒体报道 821 次。 （崔鸣华）

【大同大学研发光电探测器】 2019 年，山西大同大学微结构电磁功能材料省市共建山西省重点实验室，立足于光电探测器及系统的应用要求进行研发，给全市在能源革命中寻求新方向、新产业提供智力保障。微结构电磁功能材料省市共建山西省重点实验室，以发光等新能源材料为主要研究目标，以微结构材料制备为主要手段，形成多点前瞻性优势和技术特色支撑。其中，实验室立足于光电探测器及系统的应用要求，从探测机理、器件设计、材料制备和优化监测等多方面入手，研究不同材料、结构、效应、技术的影响，使探测器件及系统达到耦合最强化、吸收最大化、结构最优化、性能最佳化目标。光电探测器是把光信号转变为电信号的电子器件，光电探测器及系统可应用于雷达系统、航空航天侦查、成像制导跟踪、导弹识别、红外对抗、夜视、空间定位、体育安保监测系统、环境监测、矿井有害气体探测、农产品杀菌和保鲜、医学病理检查和诊断等领域。光电器件的发展在服务地方社会经济能力方面大有可为，可给大同市产业结构调整提供技术支持。 （翠 松）

【大同大学医学院通过国家医师资格考试实践技能考试基地评审】 2019 年 4 月，国家卫生健康委员会医师资格考试委员会公布上年度国家医师资格考试实践技能考试基地复评结果，山西大同大学医学院临床技能实训中心通过国家医师资格考试（临床类别）实践技能考试基地评审，成为山西省 4 所国家级临床执业医师实践技能考试基地之一。

大同大学医学院重视该次国家级临床执业医师实践技能考试基地申报和建设工作，加大软硬件投入，强化管理，组织临床技能实训中心工作人员学习评审标准，抓考试基地建设和迎评筹备工作，按照国家标准建设规范考场布局，完善考场视频、音频监控设施，建立健全考试规章制度、优化考试流程、提高考官执考能力等。上年 11 月 13 日，由国家医学考试中心主任王县成带队，省卫健委、省医学考试中心人员一行 9 人到该校实地考核评估国家医师资格考试（临床类别）实践技能考试基地建设。考评专家组通过听取汇报、查看模拟考试现场、查阅相关制度及档案资料、现场询问、现场查看模拟考试等环节，了解该校医学院临床技能实训中心作为国家执业医师实践技能考试基地是否具备相关制度、基地备考条件、考试实施流程效果、考试管理、人员安排组织等软硬件条件，评审和验收该院临床技能实训中心在国家考试基地建设及运行中的工作情况，并进行考核反馈。 （翠 松）

【大同大学代表队在全省大学生物理学术竞赛中获一等奖】 2019 年4月26日至28日，由山西省教育厅、山西省物理学会主办，山西大同大学承办的第四届山西省大学生物理学术竞赛举行，来自全省 13 所高校的 15 支代表队 157 名师生参加竞赛。大同大学代表队获一等奖。

全省大学生物理学术竞赛是参考世界青年物理学锦标赛赛制举办的大学生竞赛。在竞赛中，参赛学生就一些实际的物理问题进行团队合作研究，并对其中的物理知识、理论分析、实验方案、结果讨论等进行辩论性比赛，旨在提高学生综合运用所学知识分析解决实际物理问题的能力，培养学生的开放性思维和综合动手能力，给同学们提供一个自主设计创新实验和初步接触科研的平台。经过 3 轮 9 个阶段的比赛，最终，大同大学一队以总分第二的成绩获一等奖，二队获二等奖，参赛队员韩李泽获最佳反方奖。同时该校获得参与 2019 年中国大学生物理学术竞赛（华北赛区）资格。 （翠 松）

【大同大学 2019 届毕业生春季招聘会】 2019 年 5 月 11 日，“立鸿鹄志·做奋斗者”大同大学 2019 届毕业生春季招聘会举行，有 228 家单位和企业带 6837 个岗位参与招聘。招聘会现场，招聘单位和企业给毕业生提供的岗位涉及教育培训、信息技术、文化创意、技术服务、金融、医疗、制造业等众多领域，让广大毕业生有就业选择。该次招聘会选择现场面试，供需双方一有意向则进行现场面试，打破以往局限于会议室的传统面试形式。最终，达成就业意向 3043 人（次），约占总需求人数的一半。 （翠 松）

【大同大学石墨烯增效肥在国际沙漠论坛展出】 2019 年 8 月，大同大学炭材料研究所研发的石墨烯增效肥受邀在第七届库布其国际沙漠论坛展出。石墨烯增效肥具有良好电导率、较大比表面积及丰富含氧官能团。施入土壤后，能提高土壤的持肥能力、增强植物对水分和养料的吸收潜力，促进植物根系生长，进而提高植物的逆境（干旱、盐碱等）生存能力，因而在困难立地条件造林及在荒漠化防治方面具有良好应用前景。该次受邀在库布其国际沙漠论坛展出，展示该校科研实力，给研究团队在国内外开展合作提供机会。 （翠 松）

【大同大学参赛作品“风力发电球”获一等奖】 2019 年 8 月 7 日至 10 日，“首钢京唐杯”第十二届全国大学生节能减排社会实践与科技竞赛全国总决赛举行，大同大学参赛作品“风力发电球”获一等奖。全国大学生节能减排社会实践与科技竞赛是由教育部高等教育司主办，教育部高等学校能源动力类专业教学指导委员会承办的全国性大学生课外科技作品竞赛，是中国高等教育学会进行“中国高校创新人才培养暨学科竞赛评估”的19项入选竞赛项目之一。初赛中，大同大学教务处及机电工程学院、建筑与测绘工程学院等选出的4项作品与太原理工大学、中北大学携手代表山西省进入全国决赛。决赛中，经过3轮作品现场考察、2次分组答辩、专家小组评议、专家组长评议、全体专家投票等环节，评选出10个特等奖、72个一等奖、117个二等奖。其中，该校参赛作品“风力发电球”获一等奖。（翠　松）

【第十四届全国化学传感器学术会议】 2019年8月16日至18日，由中国仪器仪表学会分析仪器分会化学传感器专家组主办、大同大学承办的第十四届全国化学传感器学术会议在大同大学举行，来自全国部分科研院所和高等学校的专家学者及大同大学化学与环境工程学院的师生参加会议。中国科学院院士俞汝勤、陈洪渊、谭蔚泓参加会议并分别作专题报告。省教育厅副厅长马骏、副市长郭蕾、大同大学党委书记弓永华参加会议并致辞，大同大学校长冯锋主持会议。

全国化学传感器学术会议是中国化学传感领域最高水平和最具学术影响力的学术会议，举办13届。该次会议以创新化学生物传感技术，促进化学生物传感领域新理论和新技术的交流为宗旨，涵盖化学与生物传感器研究进展评述、化学与生物传感理论研究与技术应用、纳米技术与化学生物传感器、传感阵列、生物芯片和微流控芯片、化学生物传感器的微型化、系统集成及产业化、分析仪器研发论坛等研究领域。大会邀请到国内外院士、专家学者近600人，其中中科院院士3人，长江学者3人、国家杰出青年7人、国家自然科学基金优秀青年基金获得者6人，青年“长江学者”1人、其他4人。大会邀请报告12个、分会场邀请报告79个、青年论坛报告36个，会议论文447篇，墙报展197件。会议上，给湖南大学院士俞汝勤和南京大学院士陈洪渊颁发“中国化学传感器首届雷磁终身成就奖”，给湖南大学教授王珂敏、南京大学教授鞠熀先和西南大学教授袁若颁发“中国化学传感器首届雷磁杰出成就奖”。会议专门开辟“青年论坛”，并设立6位“SCCS2019青年论坛优秀报告奖”，颁发20位优秀墙报奖。（翠　松）

【大同大学在全国高校数字艺术设计大赛上获奖】 2019年9月，在第七届全国高校数字艺术设计大赛上，山西大同大学选送的作品获15个奖项，其中一等奖3项，二等奖5项，三等奖7项，该校还获团体奖项“杰出贡献奖”。第七届全国高校数字艺术设计大赛由工业和信息化部人才交流中心、联合国训练研究所上海中心主办，获巴塞罗那大学、斯特林大学特别支持，由NACG数字艺术人才培养工程办公室承办，旨在推进高校创新创业教育，激发师生创新设计热情，搭建校企合作交流平台，推动相关专业国际化合作交流。北京大学、四川大学等879家单位参赛，征得数字媒体相关的各类作品3.6万余件。经过参赛院校初评、评审专家二评、主任评委终评三轮评审，分别评选出一、二、三等奖；依据参赛单位对大赛的重视程度、组织工作、获得成绩、作品数量等因素，评选出“卓越贡献奖”“杰出贡献奖”“优秀组织奖”等团体奖项。（翠　松）

【大同大学华为信息与网络技术学院挂牌成立】 2019年10月24日，山西大同大学与华为技术有限责任公司共建的华为信息与网络技术学院挂牌成立。大同市委副书记、市长武宏文，华为技术有限责任公司高级副总裁郑宝用，副市长郭蕾、荆虎，大同大学党委书记弓永华、校长冯锋等参加学院揭牌和座谈。华为公司对大同大学华为信息与网络技术学院的发展给予支持，在人才培养、5G建设、人工智能、大数据等方面开展多领域合作，助力大同经济社会发展，实现互利共赢。学院的成立能够让合作双方发挥各自优势，加快应用型人才培养建设步伐，提升应用型人才的综合素质、实践能力和就业竞争力，共同推动大同市走出资源型城市创新驱动、转型升级的发展新路，标志着大同市在加快数字化人才体系建设、促进人才培养与数字经济协同发展方面迈出坚实步伐。（翠　松）

【大同大学第一届产学研交流洽谈会】 2019年11月15日，由山西大同大学、大同市科技局和市科协联合举办的山西大同大学第一届产学研交流洽谈会举行，约50家驻大同企业代表参会。洽谈会上，有关专家解读科技型企业产学研合作的相关政策，介绍山西大同大学理科和文科科技服务项目情况、企业与山西大同大学合作的成功案例等。企业代表与山西大同大学教师互动对接。最终，大同市奥普能电气有限公司、瑞创石才、山西牧同乳业有限公司、大同宏鑫岩棉科技有限公司、山西鑫塔山高岭土有限公司、天镇县江林蔬菜育苗专业合作社、大同氢雄云鼎氢能科技有限公司、大同398智慧康养中心、大同叁石网络科技有限公司、山西万鼎工程勘测设计有限公司等15家企业与山西大同大学达成合作意向。（翠　松）

文　化

公共文化

群众文化

【文化惠民】 2019年，大同市文化和旅游局完善文化旅游公共服务体系，重点加大对贫困县（区）的帮扶力度，全市有1961个行政村，其中6个贫困县的1272个村综合文化服务中心在文旅部门帮扶下全部达标，完成文化扶贫工作任务。全省万场大戏给大同市分配的任务是900场，实际完成送戏下乡1632场，投入资金974.53万元。全年农村公益电影放映2.3万场，观影人数100万人次。市图书馆累计接待读者104万人次，办理读者证8.1万张，借还图书87万余次，举办“平城讲坛”51场，服务群众6000余人。（市文旅局）

【春节电视文艺晚会】 2019年1月30日，由中共大同市委、市政府主办的2019大同市春节电视文艺晚会在大同大学举行。山西省委常委、大同市委书记张吉福，市委副书记、市长武宏文，市委副书记刘振国，市人大常委会主任赵向东，市政协主席部向华等市四套班子领导，大同大学校长冯锋，及全市各界群众观看演出。晚会节目类型有歌曲、舞蹈、小品、杂技、戏曲等，历时2小时20分，节目有歌舞《春暖古都福万家》，大同籍歌手高保利、田甜、冯丽媛演唱的《开缸酒》《美丽中国年》，二人台表演艺术家池银寿表演的二人台小品《还钱》，讲述节目《幸福大同说》，戏曲艺术家表演的戏歌联唱《中国梦塞北情》，大同曲艺表演艺术家柴京云、柴京海表演的大同数来宝《老爸》，歌手常石磊演唱的《老爸》等。这台晚会于2月2日在大同广播电视台首播，春节期间复播8次。（蕙　兰）

【春节文化庙会】 2019年2月5日至20日，由大同市文化和旅游局承办，市群众艺术馆、市体育总会协办的大同市古都灯会·春节文化庙会活动举行。该届文化庙会每日分为上下午举行，是大同市举行的第9个春节文化庙会，在华严寺、纯阳宫、关帝庙3大广场进行，有秧歌、腰鼓、伞舞、花篮等社火表演，及歌曲戏剧等文艺表演，展示古都传统和年味十足的民俗文化。庙会期间，华严寺广场、关帝庙广场、纯阳宫广场3处表演文艺节目124场，戏曲64场，1.8万人参与文艺演出。（市文旅局）

【民俗文化大展演】 2019年2月17日，中国（大同）古都灯会民俗文化大展演在市平城区古城墙和阳门外广场启幕，大同市各县（区）代表队及外地团队的5500人组成的16支表演队伍参演。民俗大展演以定点式展演和行进式展演相结合方式进行，定点式展演场地分为主展演区与辅展演区，行进式展演则以“边走边舞”方式进行。定点展演的主展演区设在东城墙和阳门外广场与御河西路连接片处，表演团队由大同市各县（区）代表队及外地团队担纲主演。辅展演区设在古城内，分别是华严寺广场、纯阳宫广场和关帝庙古戏台，这3个辅展演区内，华严寺广场上表演的是秧歌、跑驴、挠阁、武术、歌舞等，纯阳宫广场、关帝庙古戏台上表演传统晋剧。民俗大

▲2019年2月17日，2019中国（大同）古都灯会民俗文化大展演在市平城区古城墙和阳门外广场启幕（张燕伟　摄）

展演的行进式表演以大同市团队与外地团队为主，在主展演区的定点演出结束后，演出团队从和阳南门进入古城，经和阳街、四牌楼、清远街，由清远北门出城进行行进式展演。（蕙　兰）

【第二届得胜长城民俗文化节】 2019年3月7日至9日，大同第二届得胜长城民俗文化节在新荣区得胜堡举行，市委副书记刘振国出席活动。第二届长城民俗文化节推出得胜堡摩托巡游、威风锣鼓、文化扶贫书画义卖、长城龙实景演出、龙抬头理发、长城特色小吃评选、民俗文化展演等系列主题节庆活动。作为该次活动的重头戏“长城龙”实景演出分龙与人·岁岁吉祥和龙舞、龙与城·巍巍长城筑龙魂、龙与地·亲亲山水闻龙曲、龙与梦·欣欣向荣绘龙图4个主题。活动期间，新荣区与省文旅集团长城旅游发展有限公司、北大博雅方略投资管理有限公司签订新荣区得胜文旅特色小镇合作协议。（市文旅局）

【关公文化系列活动】 2019年6月15日传统民俗节日“关公磨刀日”，大同关帝庙举办关公文化系列活动，祈求风调雨顺、国泰民安。该次活动由市文化和旅游局、市文物局等单位主办，大同市城区仁和文化传媒中心承办，活动现场有汉服展演、太极拳展示、传统祭祀礼仪等表演活动。

（市文旅局）

【庆祝中华人民共和国成立70周年文化惠民演出月】 2019年8月12日至9月12日，由中共大同市委、市政府主办，市委宣传部、市文化和旅游局、大同大剧院承办的大同市庆祝中华人民共和国成立70周年文化惠民活动在大同大剧院举行。惠民演出月期间，以歌剧、话剧、戏曲、交响乐、芭蕾舞剧、国际舞蹈专场、音乐会专场等不同艺术形式进行10台14场惠民演出，安排民族歌剧《江姐》、歌舞晚会“盛世欢歌”、诗乐舞《川江花雨》、舞蹈专场《燃之夜》、话剧《立秋》、交响音乐会“世界大同”、话剧《谍杀》、耍孩儿《云冈魂》8种演出形式。所有票务向社会免费发放，每场演出均拿出600张票，通过线上线下向社会公众免费派送，其余票务组织劳模、能源革命项目建设优秀劳动者、环卫工人、军人等观看。

（市文旅局）

【龙腾精英时装模特赛全国总决赛】 2019年8月24日，由大同市文化和旅游局主办，市青年企业家商会、大同龙腾精英模特经纪有限公司承办的龙腾精英时装模特大赛全国总决赛在大同市古城南城墙关城内举行。比赛是2019大同国际时尚旅游周系列活动内容之一，以“时尚古都靓丽大同”为主题，来自全国各地的80余名时装模特参加，并邀请100名摄影家聚焦拍摄，通过宣传大片拍摄、模特大赛、时尚秀场等多个角度，展示大同古城美、历史美、景色美。大赛分活力展示、个人展示及礼服展示3个环节，由多位国际时尚专家组成的评委团根据选手整体形象、体型条件、台步及舞台表现能力等进行评分。经过所有选手展示，最终评选出各个优秀奖、单项奖及冠、亚、季军。冠军选手双胞胎姐妹张祎、张祉被聘为大同市旅游形象大使。（蕙　兰）

【庆祝中华人民共和国成立70周年群众歌咏活动】 2019年9月17日，由大同市委、市政府主办，市委宣传部、大同日报传媒集团、市文化艺术学校承办的“我爱你中国”——庆祝新中国成立70周年群众歌咏活动在大同大剧院举行，来自全市各行各业、各界人士组成的9支合唱队参加活动。歌咏活动分《礼赞新中国》《奋进新时代》《建设新大同》3个篇章。市教育局合唱团演唱《我和我的祖国》，云冈区总工会合唱团演唱《不忘初心跟党走歌曲联唱》，同煤文工团晋华宫合唱团演唱《我为伟大祖国站岗》，平城区红领巾艺术团演唱《中国少年先锋队队歌》，市领导与市直机关干部代表组成的合唱团一同演唱《歌唱祖国》《没有共产党就没有新中国》等，歌咏活动上还演唱《我的祖国》《迎风飘扬的旗》《中国护士之歌》《我们走在大路上》等赞歌，倾吐对祖国的祝愿，表达全市广大干部群众不忘初心、牢记使命，改革创新、砥砺奋进，携手谱写新时代中国特色社会主义大同篇章，建设美丽富裕幸福大同的愿景。（市文旅局）

【庆祝中华人民共和国成立70周年文艺晚会】 2019年9月26日，由大同市委、市政府主办，市委宣传部、市文化和旅游局承办，市歌舞剧院排演的“祖国颂·大同情”大同市庆祝中华人民共和国成立70周年文艺晚会在大同大剧院举行。张吉福、武宏文、郜向华等市四套班子领导与现场1000余名各界群众观看演出。整场文艺晚会有开幕节目管弦乐《红旗赞》、女高音独唱《我爱你中国》、情景歌舞《祖国颂》、歌曲联唱《绣红旗》《春天的故事》《我们的新时代》《新的天地》、男女声二重唱《不忘

▲ 2019年9月26日，大同市举行庆祝中华人民共和国成立70周年文艺晚会

（张燕伟　摄）

文化

初心》、音诗画《大同奋斗七十年》、地方戏《梨园唱响新时代》、男高音独唱《祖国万岁》、歌舞《中国梦》、落幕曲全体演员和现场观众齐声合唱《歌唱祖国》等，讴歌祖国取得的成就，抒发云中儿女牢记初心使命、坚定与祖国同行的共同心声。　（市文旅局）

【市离退休干部广场文化活动文艺展演】 2019年9月，由大同市委组织部、市委老干部局主办，市图书馆承办的“庆新中国华诞·展夕阳风采”大同市离退休干部广场文化活动文艺展演在市图书馆报告厅举行，通过朗诵和歌舞、器乐表演等，展现参演老干部们不老的精神风采和对祖国的热爱。展演中，市委老干部局圆梦艺术团表演舞蹈《牡丹颂》，市老年大学表演诗朗诵《永远跟党走》，云冈区老干部局、新荣区委老干部局、平城区委老干部局、云州区老干部局等，表演小品《莜面馆里笑声多》、歌伴舞《祝福祖国》、葫芦丝演奏《我和我的祖国》、模特表演《我爱你中国》、群口快板《社区点点点》、顶碗表演《奔腾的草原》、男声独唱《咱老百姓》、舞蹈《中华情》、男女声对唱《幸福中国一起走》、群口快板《大同好》，及配乐诗朗诵《不忘初心》等。

（市文旅局）

【群众文艺演出戏剧专场】 2019年10月1日至7日，大同市文化和旅游局与市平城区文化和旅游局举办群众文艺演出戏剧专场，每天15时30分在关帝庙广场、纯阳宫广场开演。演出单位有市春华艺术团、北路梆子剧种传习中心、市群艺馆晋剧传习中心，及平城区民间文化艺术团体，演出剧目包括《卖苗郎》《杨八姐游春》《打金枝》《莲花庵》《三凤求凰》《龙头拐》《宋江杀楼》《王宝钏》等。

（市文旅局）

【全市公共文化服务体系建设业务培训班】 2019年11月25日至29日，大同市文化和旅游局在广灵剪纸产业园区举办全市公共服服务体系建设工作业务培训班。各县（区）文旅局相关负责人，市图书馆、市群众艺术馆、市少儿图书馆负责人及业务骨干，各县图书馆、文化馆负责人及业务骨干参加培训。培训期间，围绕公共文化服务体系建设、基层综合公共文化服务中心建设、县级文化馆图书馆总分馆制建设、大型群众文化旅游活动创作策划、组织与实施、非物质文化遗产保护开发和利用乡村记忆工程等内容作专题辅导。学员们到榆林村综合文化服务中心、涧西古居民乡村旅游示范村、舒惠社区文化分馆等地现场观摩教学。　（张　岗）

【幸福大同系列之幸福社区文艺演出】 2019年12月27日，“唱一曲新时代的幸福之歌——幸福大同系列之幸福社区”文艺演出在大同大剧院举行。演出分《序·社区的早晨》《上篇·喜讯到社区》《下篇·幸福满家园》《尾声》，有大合唱、舞蹈、情景剧、歌舞等形式。演员中有八、九十岁高龄的龙园社区居民，有大同艺校、翔龙艺术团、龙园合唱团等表演团体演员，有柴京云、柴京海、高保利、尤泓斐等表演艺术家。节目有合唱《龙园春天美》，歌舞《翔龙之歌》，柴氏兄弟的大同数来宝新作品《隔辈亲》，情景剧《感恩》，歌曲《幸福生活万年长》《山丹丹开花红艳艳》，尤泓斐的《我爱你中国》等，演出中原生态山西民歌王高保利带着炸油糕送观众。　（蕙　兰）

大同市图书馆

【概况】 2019年，大同市图书馆购置图书10.14万册，期刊1066种，报纸149种，电子图书91032种、电子期刊2000种、电子论文2.8万篇，视频公共课900课时，数字展览6大类251部，实现实体馆藏和数字化馆藏并重发展。创新发展思路，建成“学习书屋”，建设6个分馆；编辑出版内部刊物《同图印象》；建立志愿者服务队伍5个，注册志愿服务人员340人。补充《话说新能源》《未来能源的主导》《海洋能开发利用词典》《新能源汽车电机及控制系统检修》《汽车新能源运用技术》《新能源汽车使用与维护》《新能源纯电动汽车常用维修资料速查》等230种新能源书籍并全部分类上架。通过重点主题活动和自主策划相结合的方式开展阅读推广活动，举办各类讲座63次，展览15个，培训班15个，参加活动人数21.76万。全年接待读者94.5万人次，给读者办理各类读者证、阅览证7.2万张，图书借还87.7万册。

年内，大同市图书馆被山西省图书馆学会评为2019年“共读中华经典 同度传统新年”活动优秀组织单位、“2019年科普宣传主题活动先进集体”、2019年“盛世中国·喜迎华诞”国庆主题活动优秀组织单位。12月5日至10日，参加第四届山西文化产业博览交易会，文创产品获优秀展示奖。　（赵新萍）

【图书馆分馆建设】 2019年，大同市图书馆派专业技术人员对左云县、浑源县、广灵县、云州区图书馆进行业务指导，促进大同市公共图书馆县域总分馆制建设。利用市图书馆资源建设解放军32133部队、党纪教育基地、高山镇、西街消防救援站、大同市敬老院、太阳宫消防救援站6个分馆，给该馆所有分馆调拨图书7万余册。向“德哼仁厚养老养生中心分馆”交接杂志35种，215本，报纸8种。　（赵新萍）

【图书馆网络平台建设】 2019年，大同市图书馆开通官方微信公众号，关注人数25874人，发送推文约300条，总阅读量127047次，网友留言364条。购买“2018《中国学术期刊（网络版）》”“移动图书馆系统平台+资源+服务”“书香中国互联网数字图书馆”“新东方在线多媒体学习库系统”“数字展览平台”、自建76个讲座活动视频等，并通过图书馆网络平台对广大市民免费开放。

（赵新萍）

【图书捐赠】 2019年，大同市图书馆多次收到市地方志研究室、管芙蓉、刘晋川、刘志尧、许秀娟、曹杰、贾天睿、郭建华等单位和个人捐赠的图书、期刊（大同府志、大同统计年鉴、左云图书、左云历史、文史、左云文化、月花池等）200余册。收到大同市文物局、董耀辉、任彦龙、吴天有捐赠《山西省明长城资源调查报告》《明长城考实》《大同长城古堡》《沙岭村志》10余册。　（赵新萍）

【长城文献资料收集】 2019年，大同市图书馆通过购买接受捐赠等方式，收集长城文献资料200余册（件），其中包括《长城距北》《天下雄关》《斗拱飞檐画古建》《寻访山西古庙》《长城华章》《秦直道》《左云文化》《左云文史》《内蒙古长城资源调查报告》《北京长城资料调查报告》等各地长城资源调查报告，给长城文化资源保护传承利用奠定基础。（赵新萍）

【平城讲坛入选国图公开课项目】 2019年，大同市图书馆“平城讲坛”举办56场，惠及1.2万余人。“平城讲坛”是大同市图书馆的品牌讲座，讲座每周举行一次，主讲内容涉及地理、文化、经济、医学、诗歌文学、历史等方面，主讲人是各专业学者、人才，每期讲座活动都有专人负责录制视频、摄影拍照，并上传到大同市图书馆网络平台。2019年“平城讲坛”入选国图公开课项目，该项目注明大同市图书馆享有平城讲坛30讲视频的自有版权。大同市图书馆联合第三方公司，按国图公开课加工规则挑选和整理，在讲座视频中挑选12部作为项目内容，并在原基础上做二次剪辑、调色、封面背景设计、字幕编辑校对等工作。为弥补拍摄不足，提高网络和视觉观赏性，对其余18部讲座视频进行专业拍摄，与前期12部完成全部项目30部制作，于12月底完成。（赵新萍）

【网络书香过大年】 2019年春节期间，大同市图书馆举办“网络书香过大年”线上线下系列活动，以丰富广大读者精神文化生活，增添节日气氛。线上活动包括：“吉语贺岁·好书传情”电子有声贺卡、“书香博闻·欢启归程”在线趣味答题、“听赏群书·喜迎岁除”主题展览活动。线下活动有：“图说我们的价值观”宣传图片，在图书馆大数据屏幕滚动播放；把电子贺卡、展览、答题活动等内容喷绘制作展板，在一层大厅展示。（赵新萍）

【“剪纸造福寄心愿 猜谜对诗庆元宵”专场活动】 2019年2月19日，大同市图书馆举办“剪纸投壶拓年画·猜谜对诗庆元宵”专场活动，大同市民以家庭组队参加。活动内容包括剪福字，猜灯谜，对唐诗，投福壶，拓年画等，通过该次活动增进亲情，架起家庭沟通桥梁。（赵新萍）

【学雷锋主题活动】 2019年3月3日至5日，大同市图书馆开展“‘3·5’学雷锋”主题活动，以丰富和拓展新时代学雷锋活动的内涵与形式，倡导无私奉献新风尚，营造全民参与志愿服务氛围。

活动内容有线上活动和线下活动。线上活动设立“奉献、友爱、互助、进步”宣传栏，以传承和弘扬雷锋精神为主题，以青少年为重点，通过阅读雷锋故事书籍、雷锋日记、雷锋事迹资料等途径讲好雷锋故事、雷锋般模范人物故事，让青少年了解雷锋、学习雷锋精神。线下活动以馆内志愿服务为载体，着眼于提升市民思想道德素质和城市文明程度，立足创建文明美丽家园建设，开展以文明劝导、政策宣传、清理脏乱、环境美化为重点的青年志愿服务。3月3日，大齿公司青年志愿者服务队在大同市图书馆开展主题为“浸润书香 传递文明”志愿服务活动，志愿者为读者进行文明指引，在馆内营造“学习雷锋、奉献他人、提升自己”氛围；3月5日，国网大同供电公司配电运检室团支部在大同市图书馆开展主题为“青春建功新时代 志愿奉献我先行”的青年志愿服务活动；同日，大同大学青年志愿服务团队在大同市图书馆进行志愿服务实践活动。（赵新萍）

【大同陨石文化科普展】 2019年3月13日至4月12日，由大同市图书馆主办的“天外来客”大同陨石文化科普展在市图书馆展出。该次展览展出不同形状的陨石100余块，展出的陨石由大同市多位陨石收藏爱好者提供，这些陨石每一块都标注发现地与类别，最大的重量是10余公斤，最小的有1公斤左右。（蕙 兰）

【易经智慧与人生启悟公益讲座】 2019年3月17日，易学学者史一卿在云州区图书馆文化中心主讲《易经智慧与人生启悟》。该次讲座是“彩票公益金资助——中国福利彩票和中国体育彩票”文化品牌基层行“文化行三晋 讲座走基层——山西省图书馆文源讲坛基层服务项目”，由山西省图书馆、大同市图书馆、云州区图书馆主办。讲座中史一卿把儒、释、道三家经典融会贯通，互为引证，融通易理真髓。（赵新萍）

【幼儿参馆主题活动】 2019年，大同市图书馆发挥阵地优势，接待幼儿参馆主题活动，以培养幼儿阅读兴趣，感受图书馆书香文化氛围。3月29日，童乐汇国际幼儿园组织幼儿到该馆图书馆一楼大厅参观，学习传承中华优秀传统文化，初步了解借书还书的基本流程，学习遵守社会基本规则，丰富幼儿生活经验。4月19日，东方名园幼儿园组织幼儿到大同市图书馆参加关于“世界图书日”的实践活动。4月26日，北大附校亲水湾幼儿园组织大班90余名幼儿到大同市图书馆开展《徜徉书海》阅读实践活动，工作人员向幼儿介绍图书馆室内结构及基础设施，幼儿在老师及图书馆员带领下参观书墙，在绘本室阅读书籍。（赵新萍）

【《同图印象》创刊】 2019年4月，大同市图书馆内部刊物《同图印象》创刊，该刊物主要以画册方式全方面报道图书馆活动。内容涉及大同市图书馆办馆理念、工作准则、党群建设、各部门工作职能、工作总结、部门活动、读者服务数据及分馆信息等。《同图印象》给图书馆员提供一个交流心声、宣传和弘扬图书馆文化的平台，年内编辑出版第一期、第二期。（赵新萍）

【“百年五四启示录”专题讲座】 2019年5月4日，大同市图书馆邀请大同大学教授郭剑卿作“百年五四启示录”专题讲座。“百年五四启示录”专题讲座是市图书馆“弘扬五四爱国精神、展示时代青年风采”系列活动之一。讲座中，郭剑卿阐述五四运动的前奏，五四运动的精神，五四文学，五四姿态，五四语言，及如何用五四精神推动中国文化伟大复兴，把爱国精神，现代意识缝合到文学流演变中。（赵新萍）

【图书馆服务宣传周】 2019年5

文化

月底，大同市图书馆在“图书馆服务宣传周”到来之际，举办“拥抱新时代、拓展新服务”为主题的“图书馆服务宣传周”系列活动。活动内容包括“科普视界”视频循环展播活动和“图书馆服务宣传周”服务问卷调查活动。通过线上线下模式开展“科普视界”视频循环展播，让科普作品成为青少年乐于接受科学知识的载体，培养青少年的科学创新精神。“图书馆服务宣传周”期间，大同市图书馆开展为期一周的问卷调查活动，结合调查结果，掌握广大读者对图书馆各项工作的了解和满意程度，有针对性地改掉缺点，完善不足，提升图书馆的建设水平和服务质量。（赵新萍）

【“寻根溯源 粽叶飘香”端午节系列活动】 2019年，大同市图书馆在端午节来临之际，开展以“寻根溯源 粽叶飘香”为主题端午节系列活动。活动内容有主题讲座、亲子手作、图文展。主题讲座《端午节的由来》，邀请大同市平城区人大代表、民俗学家、大同古城民俗馆馆长、大同城区史志学会会长、西安交通大学特聘教授赵佃玺主讲。亲子手作活动以“浓浓端午情，悠悠荷包香”为主题。端午节图文展“赛龙舟 吃粽子——端午节的故事”在一楼大厅展出，作品30余幅，展示端午习俗采集百药，悬挂菖蒲、艾蒿，出门游玩，缠五色线，佩戴香囊，喝雄黄酒、菖蒲酒，吃粽子，龙舟竞渡等。（赵新萍）

【“学习书屋”开放】 2019年7月2日，由大同市委宣传部、大同市图书馆共同创意策划建设的“学习书屋”在市图书馆向读者开放。“学习书屋”以学习宣传习近平新时代中国特色社会主义思想为主题，集交流研讨、教学演讲、展览展示、数字阅读、主题活动等功能于同一空间，设在市图书馆四楼，面积450平方米，有各类书籍2万余册。书屋设6个专区，分别是习近平新时代中国特色社会主义思想文献区、马克思主义文献区、干部学习培训书籍区、红色文化著作区、期刊区、电子学习阅览区。“学习书屋”是山西省首家以学习宣传习近平新时代中国特色社会主义思想为主题的公共阅览平台，7月25日，首期“学习讲堂”开讲，截至2019年底，学习书屋接待读者6100余人。（赵新萍）

▲2019年9月13日，大同市图书馆举行“唐风宋韵，诗绎中秋”主题活动（赵新萍 摄）

【古籍普查】 2019年7月20日至30日，大同市图书馆启动古籍普查登记工作。中国古籍保护协会，山西省图书馆为该次活动启动“中华古籍普查文化志愿服务行动”，招募各高校暑期到大同的学生志愿者。有9名志愿者和大同市图书馆古籍部的3名工作人员参与该次活动。山西省图书馆古籍部主任根据大同市图书馆按经、史、子、集排序，保留旧分类号意愿，制定相应工作方案并对志愿者进行专业知识培训。整理古籍154种3151册、民国517种4639册、中华人民共和国成立后线装书175种1958册，开展图书下架整理、分类编目、书写吊签、电子目录录入、书影拍摄、打包上架等多项工作，完成大同市图书馆古籍普查任务。（赵新萍）

【迎中秋传统文化主题活动】 2019年9月13日，大同市图书馆开展迎中秋传统文化主题活动，大同市120组家庭参与活动。该次中秋活动包括“唐风宋韵，诗绎中秋”活动、“体验传统，赏味中秋”活动和“月韵中秋，经典相伴”中秋传统文化主题活动。“唐风宋韵，诗绎中秋”活动，袁更生给大家讲解中秋节来历，并播放相关知识、古诗、动画视频等，让现场读者通过活动感受中国传统文化特点，了解中秋节风俗习惯。讲座后的互动环节以诗词接龙游戏形式进行，考验参赛家庭的诗词积累，考验小选手的临场应变能力，通过游戏让孩子们对中国古诗词有更深了解和认知。“体验传统，赏味中秋”活动中，大同市图书馆邀请糕点师傅教大家制作月饼，让小朋友们在动手制作的过程中感受着传统文化魅力。“月韵中秋，经典相伴”中秋传统文化主题活动分线上线下两部分，线下以展板形式宣传中国传统文化，线上是有奖答题活动。（赵新萍）

【图书馆国庆杯青少年科技挑战赛】 2019年10月1日，由大同市文化和旅游局主办，大同市图书馆承办的“盛世中国·喜迎华诞——壮丽70年·阅读新时代”之“国庆杯青少年科技挑战赛”在大同市图书馆以户外参与竞赛形式举行，300余人参赛，由各代表队分组进行。该次比赛分垃圾分类赛、搭建赛、轨迹赛、射击赛、航模赛5个板块。（赵新萍）

大同市博物馆

【概况】 大同市博物馆是在原大同市古迹保养所和大同市文物陈列馆的基础上发展起来的国家二级博物馆，位于平城区太和路，占地面积51556平方米，建筑面积32821平方米。

2019年，市博物馆有8座分馆，分别是：北魏明堂遗址博物馆、北朝艺术博物馆、梁思成纪念馆、平城记忆馆、魁星文化博物馆、辽金元民族融合博物馆、古代铜造艺术博物馆和大同红色记忆馆。博物馆内有馆藏文物17万余件，珍贵文物近3000件（套），主要彰显北方少数民族文化、边陲重镇军旅文化、宗教文化等特征。展厅面积约1万平方米，设有“沧桑代地”“魏都平城”“辽金西京”和“明清重镇”4个基本陈列及“大同恐龙”和“梵语清音”2个专题展览。另设2个临展厅用于对外交流。年内，大同市博物馆“红色记忆——大同现代革命历史文物展”入选国家文物局2019年度“弘扬优秀传统文化、培育社会主义核心价值观”主题展览征集推介项目100项。

北魏明堂遗址博物馆　位于大同市向阳街南侧北魏明堂遗址公园内，展陈内容以明堂遗址主体、夯土台基、大量瓦片、水渠、石坝、柱础等实物为主，并把建筑形式景观化，与周围环境融为一体。2019年，北魏明堂遗址博物馆联合大同市传统文化促进会举办“中国·大同明堂清明敬天祭祖祈福大典”“一方手帕的故事”“‘端午’遇上‘文化和自然遗产日’”等活动。

北朝艺术博物馆　位于明堂遗址公园内，展览由“妙相西来”“石雕世界”“地下兵马”“千秋碑铭”“壁画记忆”“平城瓦当”“贵族威仪”“百姓生活”“奢华之都”9个主题单元组成，陈列青铜、雕塑、绘画、碑铭、陶瓷、瓦当等文物1000余件，展示北魏平城时代乃至整个北朝的景象，体现多种文化汇聚和融合。

梁思成纪念馆　位于大同和阳门广场北侧，是一座下沉式仿古二进院落，占地1210平方米。纪念馆以“大师·大同”为主题，开设“一代宗师”“不愧山河”“大同调查”“告慰先师”4个展厅，集中展示梁思成在古建方面的贡献。2019年，该馆举办“清明时节放纸鸢 又是人间四月天”“玩转端午丰富童年”“爱唯一儿童节亲子专场”“杨宇光老师纸雕艺术系列”等活动。

平城记忆馆　位于大同古城东城墙脚下，毗邻梁思成纪念馆，是一座下沉式仿古院落，占地1210平方米。该馆设“昨天·今天”“古城旧影”“十年回眸”“改革年代”4个展厅，以照片形式展示古城旧貌，老城新姿，街巷风情等，从细节反映出大同变化，馆内藏有大同各时代老照片近100张、老物件50余件。

魁星文化博物馆　位于武定街与大十字街交会处的魁星楼。该楼是五层三檐、明三暗二的盝顶楼阁式建筑，底层四面通街，平面呈正八边形，总高31.24米。展陈面积约1000平方米，一层供有魁星像，二层内有闻鸡起舞等劝学故事的壁画，三层是古代科举制度展，四层内有劝学成语陶塑，五层是书房，供社教活动使用。2019年，该馆举办“学习魁星知识 传承清明文化”“远离电子产品 享受国学时光”，与中国管理科学研究院山西分处、北京天启慧德教育集团、大同市安澜女子书院共同举办“魁星点斗状元投”等主题文化活动。

辽金元民族融合博物馆　5月18日开馆，位于平城区清远街北侧95号，占地面积2935平方米。该馆以复建的开化寺为场馆，是一座专题性博物馆。馆内设有“西京风华——大同辽金元民族融合文化展”。展览分“京华·锁钥”“法相·庄严”“茗酌·商贸”“溢彩·生活”“魂归·彼岸”5个篇章，选取245件（套）能反映辽金元时期西京大同风华的文物，把辽金元少数民族的宗教信仰、茶酒饮宴、家居逸乐等胡风汉韵之色展现出来。2019年，该馆举办“非物质文化遗产——折纸”“品贡酒”“宝髻瑶簪”等活动。

古代铜造艺术博物馆　12月21日开馆，位于古城县楼北街11、12号。该馆是一座明清风格的四合院建筑，占地面积998.5平方米，设有7间展厅。其基本陈列“铜耀大同——明清大同铜造艺术陈列”由“古韵新风”“炉火纯青”“燕闲清赏”“奢华铜享”4个单元构成，展示大同地区明清两代600余年的铜造技艺，其中包含明清时期仿制商周青铜彝器、宣德炉、文房闲赏及蒙汉商业交往，反映古都大同在明清时期商业兴盛，人文鼎盛，民族融合景象。

大同红色记忆馆　12月21日开馆，位于古城内县楼南街6—9号四合院，展厅面积1325.3平方米。馆内设“红色记忆——大同现代革命历史文物展”，展出各类文物、图片440余件（套），其中一级文物12件。通过“曙光初照”“共赴国难”“革命到底”和“缅怀先烈”4个单元，回顾从1921年至1949年，大同地区党团组织的发展和中国共产党领导下大同地区学、工、群运动的历史，再现党领导大同人民开展敌后抗战，抵抗日寇侵略，赢得民族独立，推翻国民党反动政权，建立新中国的壮举。年内，大同红色记忆馆常设展览“红色记忆——大同现代革命历史文物展”入选2019年度“弘扬优秀传统文化、培育社会主义核心价值观”主题展览征集推介项目，是大同市唯一入选的主题展览。（赵　璐）

▲2019年5月18日，辽金元民族融合博物馆揭牌。图为揭牌仪式现场（戎禹仁　摄）

【博物馆开拓研学实践课程】
2019年，大同市博物馆与大同市示范性综合实践基地建立长效合作机制，在尊重教学质量的基础上，开发创新博物馆研学教育形式，挖掘博物馆研学资源，特别设计结合聆听、观察、探究、体验和分享等多种学习方式，设计集趣味性、创新性、参与性为一体的研学课程——“我眼中的文物世界”。让博物馆的研学“活”起来。全年接待中小学生近1万人。（赵 璐）

▲ 2019年6月5日，大同市博物馆在梁思成纪念馆举行开拓研学实践课程
（赵 璐 摄）

【西京印迹——大同辽金元文物展巡展】 2019年1月30日起，由大同市博物馆策划主办的“西京印迹——大同辽金元文物展”在孝感市博物馆、武汉博物馆、鄂州博物馆、宜春市博物馆和景德镇中国陶瓷博物馆巡展向公众开放。西京大同自古是北方军事重钥。辽金元时期，统治者出于维护自身统治需要，自辽兴宗重熙十三年（1044）到元世祖至元二十五年（1288）把大同作为三朝陪都200余载，承担军事、经济、文化职能。此时，胡汉文化在此交融碰撞，创造出独具特色的西京地域文化，给大同留下无数文化珍品。展览分“民俗风情”“窑火神韵”“魂兮所归”和“壁彩丹青”4个单元，从社会生活、文化艺术、宗教信仰等方面，通过陈列130余件（套）文物，向观众展示出辽金元时期西京地区独特历史文化风貌，展示出辽金少数民族春夏耕作、秋冬射猎、茶酒饮宴和家居逸乐等胡风汉韵之色。（赵 璐）

【孟祥顺 张滃向大同博物馆捐赠书画作品】 2019年3月9日和12月31日，中国艺术研究院教授画家，中国美术家协会理事，中国文联第九届、第十届全国代表大会代表，“画虎国手”孟祥顺和中国工艺美术学会会员，山西省美协二、三届理事，中国建筑装饰协会三、四届理事，大同市美协名誉主席，山西大同大学兼职教授，高级工艺美术师，高级室内建筑师张滃向大同博物馆捐赠书画作品。孟祥顺把10幅具有代表性的书画作品捐赠给市博物馆，张滃把《平城丝路图》《平城礼乐图》等62副个人书画作品捐赠给市博物馆，填补大同市博物馆现当代书画作品收藏的空白，为博物馆传播北魏平城文化增添活力。大同市副市长郝献民和市博物馆馆长王利民分别给二人颁发荣誉证书和收藏证书。（赵 璐）

【湖北民窑——马口窑特展】
2019年3月16日至5月12日，由孝感市博物馆和大同市博物馆举办的“湖北民窑——马口窑特展”在大同市博物馆一楼临展厅展出。马口窑，位于汉川市马口镇，始烧于明代隆庆年间，清代进入鼎盛，窑火传承至今400余年。其所产陶器基本以日常用品为主，包括陶坛、瓮、壶、钵、罐、缸、盆、烘炉等民间生活器具，因其耐腐蚀，防渗漏，储存腌菜不腐烂不变味的特点受百姓喜爱。窑火最盛之时，马口窑陶器沿水陆交通流通，远销海外。马口陶器做工精良，器型朴拙浑厚，装饰题材多以人物故事类图案、动植物与风景建筑类图案、抽象写意类图案、几何纹图案、文字符号类图案为主，各类纹样形象植根于民间文化土壤，率真而质朴，被陶艺界公认为湖北“民窑之首”，与麻城蔡家山、蕲春管家窑并称为湖北三大民间陶器产地。该次展览展出马口窑陶器100余件，年代跨越清晚期、民国至现代。通过泥与火的凝练艺术，呈现出湖北民众的传统审美与生活情趣。（赵 璐）

【融合之路——拓跋鲜卑与华夏文明的交融展】 2019年3月23日至6月23日，“融合之路——拓跋鲜卑与华夏文明的交融展”在洛阳博物馆展出。该次展览是大同市博物馆、洛阳博物馆、呼伦贝尔民族博物院3馆联合举办的原创展览。作为迁徙路线上的重要节点，呼伦贝尔、大同、洛阳分别代表鲜卑拓跋氏民族发展的不同阶段，该次即三地合作再现拓跋鲜卑的历史。展览分“肇源兴安森林之子”“南迁大泽游骋草原”“盛乐建都北魏立国”“百年平城北方霸业”“迁都洛阳走向融合”4个单元，展出陶器、瓷器、骨器、石器、金银器、铜器、铁器、玻璃器等文物400余件，重塑与再现拓跋鲜卑民族起源、发展、壮大并逐步融入中华民族发展的历史进程，体现中华文明多元一体、兼容并蓄和绵延不断的总体特征。（赵 璐）

【白银时代——中国外销银器特展】 2019年5月18日至7月18日，由市博物馆和长沙市博物馆举办的“白银时代——中国外销银器特展”在大同市博物馆一楼临展厅展出。展览由“海外华品”“艺脉千年”“意趣相融”3部分组成，展出一百多年以前中国远销海外的105件（套）银器。展现晚清外销银器的艺术魅力和华夏民族特有的文化底蕴。外销银器运用锤揲、錾刻、贴焊、镂空、累丝、鎏金、银胎珐琅、模压、镶嵌等传统工

艺，使器物造型纹饰具有立体感和真实感。（赵　璐）

【《北魏墓室的空间营造与来世想象》讲座】 2019年5月29日，中国人民大学历史学院考古文博系教授李梅田做客大同市博物馆，作《北魏墓室的空间营造与来世想象》专题讲座。讲座分“永恒的来世”“虚拟的宇宙”“精致的排场”“低调的奢华”4个单元，从文化传统、丧葬礼仪、生死观念等方面阐释平城北魏墓葬，洛阳北魏墓葬，邺城、晋阳北齐墓葬和长安、原州北周墓葬的墓室空间特征。（赵　璐）

【《北魏洛阳城的考察及都城发展史上的意义》学术讲座】 2019年6月14日，中国社科院考古研究所研究员、洛阳汉魏城队队长钱国祥在大同市博物馆报告厅举办题为《北魏洛阳城的考察及都城发展史上的意义》的学术讲座。来自山西省考古所、大同市考古所、云冈石窟研究院的学者，大同大学师生、文博爱好者及馆内员工100余人聆听讲座。讲座指出，汉魏洛阳城始建于西周，东周、东汉、曹魏、西晋和北魏先后作为王都或国都，是中国古代中古时期具有影响力和示范作用的核心都邑。钱国祥分三个阶段介绍汉魏洛阳城的前期考察发现，并结合20世纪60年代以来对曹魏至北魏宫城的考察勘察，特别是进入新世纪以来对北魏宫城城门和正殿太极殿进行的大规模挖掘认为基本确认北魏宫城的形制和格局。曹魏、北魏洛阳城在沿承与发展周代五门三朝制度的基础上，创立并发展“建中立极”的单一宫城形制，改变中国古代都城面貌，其中太极殿对中国和东亚古代都城具有重要影响。（赵　璐）

【博物馆红色故事获“红色故事讲演大赛”二等奖】 2019年7月18日，由中共大同市委宣传部、大同市文化和旅游局、大同市委党史研究室主办，大同广播电视台承办的大同市首届爱国主义教育基地故事会——“红色故事讲演大赛”在大同市电视台举行，大同市博物馆选送的红色故事讲演作品《国际主义战士——白求恩》获二等奖。该作品以大同市博物馆分馆——红色记忆馆中馆藏白求恩生前使用的各种手术器械为引，重现国际主义战士白求恩在灵丘抗日前线冒着枪林弹雨救治伤员的经过，及他在晋察冀军区特种外科医院第一次全体会议时，大家齐唱《游击队之歌》的场景。整个故事结合舞剧及讲演形式，演绎白求恩大夫在灵丘抗日前线的事迹，表现抗日战士的英勇机智，彰显抗日战争年代军民与白求恩等医护人员团结一致、不畏艰难、忠于职守、无私奉献精神。（赵　璐）

【契丹王朝——大辽五京精品文物展】 2019年7月27日至10月27日，由大同市博物馆主办，内蒙古自治区文物考古研究所、内蒙古博物院等11家文博单位协办的“契丹王朝——大辽五京精品文物展”在大同市博物馆一层临展厅展出。展览展出大同市博物馆、内蒙古自治区文物考古研究所、内蒙古博物院、首都博物馆、赤峰市博物馆、辽阳博物馆、巴林左旗辽上京博物馆、巴林右旗博物馆、宁城辽中京博物馆、内蒙古史前文化博物馆、蔚州博物馆、大同北朝艺术博物馆12家文博单位收藏的辽代精品文物140余件（套），从“熠熠佛都”“煌煌北国”“曜曜异彩”3个单元展示政治文化、民族融合、礼俗信仰及社会百态，再现辽王朝的辉煌强盛。（赵　璐）

【文博知识进军营】 2019年8月3日，大同市博物馆举办“文博知识进军营”活动。活动内容以搭建展板、图片展览、悬挂条幅、发放多种文博宣传资料、现场讲解和举办知识讲座等多种形式进行，由馆内宣教人员与同博志愿者一同向驻大同某部队官兵介绍大同市博物馆的馆史变迁、馆藏精品文物和总馆及各分馆情况，宣讲《中华人民共和国文物保护法》相关内容。感受《中国古都·天下大同》魅力。（赵　璐）

【“北魏平城的身份塑造和传统融合”国际学术研讨会】 2019年9月17日至19日，第一届“2019北魏平城的身份塑造和传统融合”国际学术研讨会在大同市博物馆学术报告厅举行。会议由北京大学历史学系、中国人民大学北方民族考古研究所、奥地利维也纳大学艺术史系、山西大同大学、大同市博物馆联合举办。与会的30余位专家学者分享各自最新的学术研究成果，就传统与文化、发现与研究、互动与交流、建筑与图像、宗教与艺术5个议题围绕平城鲜卑遗存发表学术报告并讨论。会议期间，与会学者们一同考察方山永固陵、云冈石窟、大同市博物馆。会议决定从2019年至2021年在中国大同、奥地利维也纳和中国北京召开3次“北魏平城历史与文化”主题的国际学术研讨会，以期揭示平城在中国历史上的重要性，推动北魏文化与艺术研究。（赵　璐）

【拿破仑文物（中国）巡回展览】 2019年9月21日至12月22日，由大同市博物馆和法国拿破仑第十骑兵协会举办，深圳木雅文化投资有限公司协办，中国文物交流中心特别支持的“法兰西的雄鹰——拿破仑文物（中国）巡回展览”在大同市博物馆三楼临展厅展出。这次巡展展出展品150余件（套），包括油画、雕塑、版画等艺术品，及拿破仑使用过的物品、拿破仑时期的服装、生活用品等，从“军事思想的形成”“帝国理想的实践”“欧洲梦想的破灭”“时代英雄的落幕”4个方面，结合历史场景还原和现代多媒体技术，讲述拿破仑的人生，再现欧洲艺术文明。（赵　璐）

【少数民族酒俗展】 2019年11月6日至次年1月5日，由遵义市博物馆和大同市博物馆举办的“多彩酒俗 醉美生活——贵州少数民族酒俗展”在大同市博物馆一楼临展厅展出。展览由“民间酿酒”“酒礼酒俗”“民族酒具”3个单元组成。展出不同民族、不同时期的酒具100余件，是遵义市博物馆多年来收藏的部分精品，种类有传统酿酒工具、盛酒器、饮酒具等，材质包括木、竹、陶、瓷、藤、牙骨角、牛皮、锡等。（赵　璐）

大同大剧院

【概况】 大同大剧院位于山西省大同市御东新区文瀛北路，由日本建筑设计大师矶崎新与上海现代设计集团合作设计，总建筑面积47376.43平方米，建筑最大高度37.05米，主体有大小两个剧场，大剧场可容纳1500座位，小剧场可容纳900座（后期由于内装修设计原因座位有所减少）。2019年8月12日，大同大剧院举行首演。截至2019年底，大同大剧院接待演出37场，接待演职人员6500余人，服务观众4.5万余人。自媒体平台运营有200余项内容推送，2000余粉丝互动留言，粉丝数量1.8万余人；短视频发布于抖音、今日头条等公众平台，发布视频60余条，播放24万余次，粉丝数量700余人。接待社会团体参观访问，讲解20余场，接待人数4000余人。（李 宁）

【芭蕾舞剧《风声鹤唳》上演】 2019年8月30日，改编自林语堂同名小说的芭蕾舞剧《风声鹤唳》在大同大剧院上演。小说《风声鹤唳》以抗日战争时期的中国为背景，讲述一个身世离奇的女子丹妮在乱世的传奇经历，及她最终在爱国氛围中走出狭小自我、超越个人情爱、生命得到升华的故事。2017年，北京当代芭蕾舞团团长王媛媛开始对《风声鹤唳》进行舞剧创作，并于上年6月进行首演，该剧通过戏剧台词与舞蹈，表现出旧社会中小人物的悲欢离合、社会矛盾的激化和最后主人公的救赎感。《风声鹤唳》融合文学、舞蹈、美术等艺术门类，与传统舞剧不一样，舞蹈演员首度在台上开口说话，用台词表现人物的内心世界与命运，比舞蹈更加直白，形成一种独特的跨界艺术，是一部“有舞蹈的戏剧，有台词的舞剧”。（蕙 兰）

【地方戏走进大剧院】 2019年11月，由大同市北路梆子剧种传习中心演出的《净土》《王宝钏》，及由市耍孩儿剧种传习中心演出的《云冈魂》《狮子洞》在大同大剧院上演。北路梆子《净土》由国家一级编剧黎中城担任编剧，讲述中国某城市刑警连破多起贩毒大案的故事。参加2019年戏曲百戏盛典的北路梆子《王宝钏》，由张彩平饰演王宝钏一角，讲述王宝钏敢向封建道德挑战，坚持婚姻自由的独立自主人格和不畏艰难勇于抗争的精神。耍孩儿《云冈魂》获国家艺术基金2019年度资助，歌颂云冈石窟工匠执着专注、锲而不舍的工匠精神，传递着中华民族传统美德价值。《狮子洞》是耍孩儿艺术的代表作之一，该剧集耍孩儿音乐、唱腔、表演及脸谱之精华，通过多年的加工整理及演出实践演绎出来。（蕙 兰）

云冈石窟博物馆

【概况】 云冈石窟博物馆位于云冈石窟景区西端，集文物收藏、保护研究、展示宣传、教育服务功能于一体。占地面积1.50万平方米，建筑面积6640平方米，属半地下式建筑。馆内收藏各类文物近3000件，主要以云冈石窟窟前、山顶考古发掘的出土文物为主，馆藏文物以石雕、建筑构件、寺院生活用品为主。博物馆内设前厅、中央厅和4个文物展厅，展览以讲述世界文化遗产地云冈石窟文化为主旋律，弘扬各民族的古代文化与中外文化交流。

2019年，云冈石窟博物馆接待观众78余万人次，其中接待全国各地学术交流、博物馆考察团65批次，接待中小学研学参观团19批次。博物馆的馆内工作人员参加山西省博物馆馆长培训、博物馆藏品管理与预防性保护、大同市文旅研修专题等培训班等。参加“海上丝绸之路与文史研究新视野”高层论坛、“2019年丝绸之路与金铜佛像”学术研讨会、“龟兹壁画艺术展暨”联通 创新与繁荣：龟兹石窟艺术的过去 现在与未来学术研讨会等，其中参会学者宣读论文3篇。年内，在省级刊物发表文章2篇，在云冈石窟官方微信发表宣教文章6篇，并参与“云冈石窟窟顶考古报告”编写工作。（关晓磊）

【云冈石窟第20窟原比例复制佛头亮相】 2019年3月，云冈石窟第20窟原比例复制佛头在云冈石窟博物馆展出，诠释石窟艺术之美。云冈石窟第20窟原比例复制佛头高5米，宽3.7米，采用文物数字化技术对文物本体信息进行采集，结合3D打印技术对其进行原比例高保真复制。该项3D打印技术是国内自主研发，通过3D打印机与文物三维数据，还原文物本体细节，相对传统的雕刻、雕塑技艺体现文物本体结构特征，从文物本体上做到文物原貌还原。复制佛头有82块模型体，通过人工拼装、接缝处理、喷砂上色等工艺呈现。（蕙 兰）

【博物馆互动活动】 2019年5月18日至6月2日，由山西省博物馆协会发起，山西博物院牵头，首次联合省内25家博物馆共同推出博物馆互动活动。云冈石窟博物馆参与该次活动，并负责提供活动二等奖奖品。活动期间，云冈石窟博物馆开展一系列宣教活动，在云冈石窟博物馆第二展厅互动体验厅，首次举办3D打印笔DIY互动体验活动，打印出菩提树、琵琶等具有云冈石窟元素的式样和卡通图案。在云冈石窟游客服务中心平台处电子显示屏，滚动播放文字主题“作为文化中枢的博物馆：传统的未来”。在云冈石窟游客服务中心和云冈石窟博物馆门口摆放宣传展板，免费发放博物馆宣传册和DVD光盘。（关晓磊）

【国际博物馆库房重整培训班】 2019年9月16日至27日，由云冈石窟博物馆牵头，国家文物局、国际文化财产保护与修复研究中心（ICCROM）主办，中国文化遗产研究院、云冈石窟研究院联合承办的国际博物馆库房重整培训班在云冈石窟举办，该次培训班聘请中外专家授课，学员20名，其中国内学员10名，国际学员10名（来自意大利、法国、英国、美国、非洲、埃及等）。主要培训学习博物馆库房的评价标准和文物分类安置的原则、技术方法，提高博物馆从业人员的文物保管能力，促进文博人员了解国际上博物馆库房整体的保护现状和管理理论，加深对博物馆藏品预防性保护的认识。（关晓磊）

平型关大捷纪念馆

【概况】 平型关大捷遗址位于大同市灵丘县城西南30千米的蔡家峪、小寨、乔沟、白崖台、关沟一带，遗址保护面积8.6平方千米，包括平型关大捷纪念馆、纪念碑、将帅广场、主战场乔沟、老爷庙争夺战遗址和115师指挥所旧址、烽火台等13个景点，是全国重点文物保护单位，全国爱国主义教育示范基地，全国百个红色旅游经典景区之一。2019年，平型关大捷纪念馆接待省内外游客61.8万人次，各类机关团体、企事业单位1000余家。（平型关大捷纪念馆）

【宣传教育】 2019年，平型关大捷纪念馆根据平型关大捷战斗亲历者的回忆录收集整理英雄事迹，在《解放军报》的长征副刊等刊物发表《清明：寻访平型关烈士英灵》；8月，策划参与西部战区经典战役巡展活动。同月，受央视《讲武堂》栏目《不朽的丰碑》之《平型关烈士陵园》邀请，与军事科学院专家王雷、国防大学教授卢勇及网络作家萨苏，在节目上共同探讨平型关战斗中的史料细节，记录挖掘近年来史学界和社会上有关平型关大捷各方面的不同声音。9月25日，举办平型关大捷82周年暨中华人民共和国建国70周年系列纪念活动，引导人们牢记历史，继承和发扬革命传统，弘扬爱国主义精神。全年义务讲解与收费讲解1000余次，接待国务院扶贫办、山西武警总队、省财政厅、大同市委、中国台湾新党主席郁慕明等人、省工体局、朔州市检察院、省委组织部等单位。组织举办讲解演练、送教进军营等系列活动。（平型关大捷纪念馆）

【基础设施建设】 2019年，平型关大捷纪念馆开展该馆的基础设施改造项目，包括修建景区游步道5000米，修建天然气锅炉房1座，修建景区生态停车场4座，环境整治685、686、687团指挥所，修建观景台2座，修建生态休闲小公园，维修改造景区旅游厕所2座，增加流动厕所12座，购置垃圾桶、垃圾清运车等设备设施，灯光亮化景区、安装后山路灯、LED发光字，增建630千伏安箱式变压器2座。增建雕塑、绿雕8座，制作景区标识、标语、标识牌1批，在景区种植道路苗木花卉，建设景区给水工程。修建平型关大捷纪念馆报告厅（彩钢房）1座，升旗台、旗杆1套，讲解员接待处（木房）1座，纪念品售货亭（木房）2座，修建115指挥所上纪念碑小路1条。山西省委宣传部投资建设《平型关大捷纪念馆网上VR展馆》。维修与更换馆内灯光、半景画厅老化设备。增加游客身份证识别与车牌识别系统、结合景区智能监控系统，增强景区对人、车、物的管控能力和工作效率。

（平型关大捷纪念馆）

【纪念平型关大捷82周年活动】 2019年9月25日平型关大捷82周年纪念日，由平型关大捷纪念馆主办，太平影像传媒承办的纪念平型关大捷82周年活动举行。纪念馆全体干部职工、新闻媒体，及东河南红军小学的全体师生200余人参加活动。活动中，全体人员缅怀在平型关战役中英勇战斗的革命先烈们的丰功伟绩，追忆革命先辈为中华民族独立用鲜血和生命铸就的抗战精神，宣传灵丘红色文化，并进行八路军115师685、686、687三个团指挥所纪念碑揭碑仪式。

（平型关大捷纪念馆）

▲2019年9月25日，平型关大捷纪念馆举行纪念平型关大捷82周年活动

（平型关大捷纪念馆 供图）

文化交流

【参与中法建交55周年文化交流活动】 2019年，市委宣传部策划参加纪念中法建交55周年系列文化交流活动，在“光影流年”中法友好故事会上展示30幅反映大同市对外交流、历史文化、民俗风情、城市风光照片，作为“戴高乐与蓬皮杜家族的中国情缘”图片展的一个单元。大同市云冈石窟、华严寺、恒山、古城及要孩儿剧等大同元素在活动中展示，其中广灵剪纸、大同结艺、大同内画等非物质文化遗产项目受到关注，与法国有关方面达成产品销售意向。大同市诚邀国际友好使者、法国文化名人、法国前总统乔治·蓬皮杜之子阿兰·蓬皮杜继续合作推进中国山西大同蓬皮杜国际艺术社区建设。中法友好故事会后，大同市文化交流代表团访问法国加莱市并会见加莱市市长娜塔莎·贝查尔。（市委宣传部）

【“乌大张”春节活动】 2019年1月15日，由大同市、乌兰察布市、张家口市三地文化局主办的乌大张草根春晚在大同大学举行。2019年乌大张草根春晚先期到广大群众中间展开节目海选，挖掘和发现更多深藏在民间的传统文化作品，加以整理和打磨，打造出一台展现三地民间文艺精华、展现三地人民群众新时代风采的草根春晚。晚会上，三地的群众艺术团献上《鼓舞飞扬闹新春》《夸大同》《出门》等各自排练的节目，整台节目集古城文化、农牧草原文化、塞北文化于一体。

1月25日，由中共大同市委、市政府主办的第五届“乌大张”春节电视文艺晚会在大同大学本真楼举行，市委副书记刘振国，乌兰察布市委常委、宣传部长王登华，市人大常委会副主任冯境城，市政协

副主席杨硕平、王德成，张家口市的相关领导，及来自全市各行各业的数百名市民观看演出。该次活动主题是“春暖三地情，福至百姓家”，以文艺表现形式，反映乌兰察布、大同、张家口三地人民以长城为纽带的历史渊源、奋斗历程与美好愿景，共同演绎“草原情”“古都情”“奥运情”。晚会以“情”为主线，演出歌舞表演《燃情贺岁过大年》、歌曲联唱《吉祥酒歌》、舞蹈表演《开缸酒》、二人台小品《还钱》、服饰展示《美丽的草原我的家》等节目。（蕙　兰）

【大同长城知识讲座】 2019年1月19日，由大同市文物局、大同长城学会和大同市府文庙文物管理所主办的大同长城知识讲座在府文庙明伦堂开讲。第一讲的主题是《明正统时期蒙古瓦剌朝贡与大同贡道和马市》，由大同长城学会云冈分会会长吴天有主讲，100余名长城爱好者听讲。该次讲座主要讲述元朝灭亡后，北方蒙古势力瓦剌部在永乐年间开始向明朝进贡的情况，到正统年间如何发展成为朝贡贸易，明朝如何把其进贡的贡道选择在大同，及在大同的马市开设情况等历史知识。大同长城知识讲座每月一期，旨在让更多市民与长城爱好者掌握长城历史文化知识。通过各种形式的长城文化主题活动，向广大市民宣传长城文化，唤起民众保护长城意识，使更多人加入宣传保护长城的队伍中来。（蕙　兰）

【大同数来宝走进南科大】 2019年2月28日，大同曲艺家柴京云、柴京海携大同数来宝到深圳南方科技大学讲解和表演。讲解《“礼遇南科”中国传统文化节大同数来宝艺术赏析课》，讲座中柴氏兄弟诠释大同数来宝的历史沿革、艺术特色、品位追求、创作原则等内容，并现场表演《婆媳之间》《男大当婚》《手机》等大同数来宝经典作品。（蕙　兰）

【文源讲坛走基层】 2019年3月17日，“文化行三晋 讲座走基层——山西省图书馆文源讲坛走基层服务项目”到大同市，分别在市图书馆、云州区图书馆开讲，作家郭宝平、青年易学学者史一卿作《明朝四首相：严嵩、徐阶、高拱、张居正》《易经智慧与人生启悟》两场专题讲座，600余名大同市民及周边游客听讲。该次活动是文源讲坛到景区景点开展文化惠民活动的新尝试，把公共图书馆打造成为有温度、有故事、有品位、有体验的文化客厅。（市文旅局）

【中蒙作家文学座谈会】 2019年8月21日，由大同市作协主办的中蒙作家文学座谈会在大同市举行，蒙古国作家联盟管委会主任、小说家道力格尔·承德扎布，蒙古国作家联盟行政主任玛布干额尔德尼·萨如拉达赖等7位代表，与中国（大同）王祥夫、任勇、侯建臣等作家就“作家与读者如何紧密联系”这一话题进行探讨。

大同市作协主席任勇介绍大同历史渊源和文化底蕴，及大同作家的整体创作情况，蒙古国作家代表介绍蒙古国的国情、作家们的创作情况，及对中国作品的了解情况。座谈会上，大同市作家王祥夫认为没有读者，作家也不存在，优秀的作家不可能与时代背离，作家应该写出反映时代的作品，面对现实生活应有正义感、现实感和同情心，这样作品才经得起时代考验。蒙古国作家普日布夫·巴图呼雅格、图古拉呼·巴桑苏仁等从文学评论、文学理论、文学审美、文学翻译等方面发表自己的看法。大家认为，文学是文化的精华部分，作家的价值观应该是善良的、正直的，这样才可以创作出读者期待的作品，作家写小说还应有历史使命感，小说中的文字可给后世留下某个时代的证明资料。（蕙　兰）

【“乌大张”第三届书画联展】 2019年8月28日至9月3日，由大同市人民政府、乌兰察布市人民政府、张家口市人民政府主办，大同市文化和旅游局、大同市群众艺术馆承办的“翰墨丹青金三角”——“乌大张”第三届书画联展在中国雕塑博物馆展出。展览展出大同、乌兰察布、张家口3地100余位画家的150余幅书画作品，内容以3地历史文化、自然风光、民俗风情及发展成果为主。大同书画家作画以“幸福大同”为主题，参展作品50余幅，张家口选送40余件作品和6件特约作品参展，其余为乌兰察布画家作品。（市文旅局）

【全国县级文化馆书画联谊交流巡回展】 2019年9月3日，由来自全国各地49家文化馆馆长共同倡议举办的“文化走亲，助力边疆”全国县级文化馆书画联谊交流云冈区巡回展在大同市开展。巡回展从8月至次年6月在全国20余个地区巡回进行，巡展结束后，展出品全部捐赠给内蒙古四子王旗和西藏那曲2个文化馆。该次展览汇集全国各地书画作品111幅，其中书法作品67幅，绘画作品44幅，大同市各县（区）创作的作品16幅，作品有国家级书画协会会员作品，有省级、市级、区级书画协会会员作品，反映各地群众书画艺术事业的水平。（蕙　兰）

【蓬皮杜国际艺术交流网络平台建设启动】 2019年11月9日，蓬皮杜国际艺术交流网络平台建设启动仪式在大同市代王府举行，法国文化名人、法国前总统乔治·让·蓬皮杜之子阿兰·蓬皮杜及其夫人参加启动仪式。蓬皮杜国际艺术交流网络平台旨在给中法艺术家、文化学者提供交流平台，让全世界优秀艺术品、文化及思想都能通过平台展示，同时把国外优秀文化艺术引进来，把大同优秀文化艺术输出去。（蕙　兰）

文化市场管理

【演出市场检查】 2019年，大同市文化市场综合行政执法队按照《关于开展全市文化和旅游市场专项整治夏季行动的通知》精神，集中检查全市演出市场，以规范全市演出市场经营秩序。集中检查灵丘县第十三届文化旅游节演出和平城区南城墙超导音乐节演出。检查物资交流会场的两家马戏演出、文化广场的晋剧演出和武灵镇黑龙河村的消夏晚会。主要查验演出的组织资质、演员的演出资质、舞台的安全资质，及营业性演出的备案情况。对备案材料不全的两家马戏团负责人当面谈话，并要求限期办齐手续。要求

灵丘县文化执法队加强日常管理，强化对演出的实地监管，督促演出团体尽快办理备案手续。（市文旅局）

【大同市文化市场综合行政执法队挂牌】 2019年3月29日，大同市文化市场综合行政执法队挂牌。大同市文化市场综合行政执法队是在原大同市文化市场行政综合执法大队基础上，把原旅游质量监督管理所、原平城区文化市场行政综合执法队整合成立为大同市文化市场综合行政执法队，整合后的大同市文化市场综合行政执法队负责大同市文化、旅游和文物市场的监督管理，并负责大同市平城区文化和旅游市场的日常监管工作。（市文旅局）

【文化市场综合行政执法实务培训】 2019年12月9日至11日，大同市文化市场综合行政执法实务培训班举行。山西省文化和旅游市场综合执法监督局局长金璋出席并讲话。市文化市场综合行政执法队全体人员及全市各县（区）执法队队长和执法骨干73人参加培训。培训班邀请文化部师资库的老师们，分别讲解文化市场执法队涉及的六大领域的执法业务范围。金璋就《文化市场执法改革》作专题讲座；太原市文化市场行政综合执法大队王殿磊讲解网络文化市场执法；北京市文化市场行政执法总队的舒敏就《电影领域案件办理技巧》向大家传授实际办案中的技巧、方法，课堂上采取现场提问方式，并以《电影促进法》颁布实施以来的涉嫌虚报瞒报电影票房的全国第一案为案例，把整个办案流程作疏理介绍；山西省文化市场投诉举报中心的赵炜、大同市文物局文物监察大队的武茂江分别就旅游和文物市场领域的执法经验和案例与大家作分享和授课。（市文旅局）

非物质文化遗产

【4个国家级非物质文化遗产代表性项目保护实践案例推荐】2019年，大同市文化和旅游局按照山西省文化和旅游厅《关于开展国家级非物质文化遗产代表性项目优秀保护实践案例遴选工作的通知》要求，在全市国家级非物质文化遗产项目中遴选在保护实践中有成效、有特色、在同类项目中有代表性的广灵染色剪纸、大同铜器制作技艺、雁北耍孩儿、恒山道乐4个项目作为推荐项目。涵盖传统美术、传统技艺、传统戏剧、传统音乐4个门类，且在项目传承保护过程中能够结合当地实际，有针对性制定保护计划，采取保护措施。（市文旅局）

【“大同折纸”在中央电视台播出】 2019年1月12日，中央电视台二套《是真的吗》栏目播出《大同折纸省级非物质文化遗产传承人张玉春：一张纸不剪不粘，可以折出数十朵花朵，是真的吗？》节目，展现出张玉春的折纸作品及折纸背后的故事。《是真的吗》是中央电视台财经频道推出的互动求证节目，每期节目由脱口秀、真相视频调查、现场真假实验、嘉宾猜真假游戏环节等构成，把新闻调查与综艺娱乐、脱口秀元素相结合，用幽默语言讲述严肃事件。大同张氏折纸艺术是在张氏家族超过百年历史的家族传承，属于民间美术类别，2009年被列入山西省非物质文化遗产保护项目。张氏折纸艺术的主要特征是纯手工折叠，所有作品不剪不粘，一双手，一张纸，一折到底，不管多复杂的作品拆开后仍然是一张完整纸张，周边没有裁剪粘贴痕迹。（蕙 兰）

【大同非物质文化遗产亮相巴黎】 2019年3月，大同市非物质文化遗产广灵内画、大同结艺、耍孩儿、广灵剪纸等非物质文化遗产项目亮相“光影流年——中法友好故事会”，融入大同技艺中的法国元素，让人感受到中法文化的共通之处。广灵内画代表性传承人张建宏带去在宽35毫米的鼻烟壶内壁，绘制法国前总统乔治·让·蓬皮杜，鼻烟壶背面有“中法建交55周年”元素的内画作品。广灵剪纸是中国民间剪纸三大流派之一，以刀刻为主，剪裁为辅，阴刻阳镂结合，于2009年入选《人类非物质文化遗产代表作名录》，广灵剪纸第六代传承人高清红以自己制作的“埃菲尔铁塔”剪纸作为伴手礼。大同结艺传承人杨雪飞把结艺、丝绸和法国国花香根鸢尾结合，做成胸针、项链，以“结”来表达情意，寄寓吉祥如意愿望，还带去大同市花丁香花胸针、“晋”字胸针和牡丹花胸针。被誉为“戏剧史上的活化石”的耍孩儿给法国观众带去视听盛宴，让人们领略中国地方戏曲魅力。（蕙 兰）

【非物质文化遗产进校园】 2019年5月24日，大同市文化和旅游局在大同大学举办非物质文化遗产进校

▲2019年5月24日，市文化和旅游局在大同大学行知广场举行“非物质文化遗产进校园”活动。图为大同大学学生在体验雕錾铜火锅图案（于 宏 摄）

园活动，以推进非物质文化遗产保护，传承中华民族传统文化。活动中，舞台上给学生展演地方戏曲剧种5个，有雁北耍孩儿《扇坟》、北路梆子《行路》、灵丘罗罗腔《小二姐做梦》、阳高二人台《挂红灯》、晋剧《打金枝》，舞台外围展示非物质文化遗产项目15个，有大同铜器、木雕工艺、广灵染色剪纸、大同砖雕、广灵内画、云冈康氏绢人等，让学子们在观赏与体验中感受地方艺术特色和传统文化魅力。（市文旅局）

【文化和自然遗产日宣传展示】 2019年6月8日，大同市文化和旅游局在市博物馆广场前举行“2019·文化和自然遗产日大同市非物质文化遗产宣传展示活动”，各县（区）文化和旅游局同步开展多项非物质文化遗产宣传展示活动。活动现场以图文并茂形式向观众介绍大同市入列国家级、省级、市级的非物质文化遗产项目，一些非物质文化遗产传承人表演耍孩儿、北路梆子、昊天鼓乐、八法拳等非物质文化遗产项目，大同铜器、面塑等以袖珍小火锅、面塑书签等形式多角度展现文化遗产魅力。全市入列国家级非物质文化遗产项目有8项、省级37项、市级79项。

（市文旅局）

【3项非物质文化遗产项目入选第五批国家级非物质文化遗产项目】 2019年10月，山西省文化和旅游厅开展的第五批国家级非物质文化遗产代表性项目推荐申报和评审名单公示，大同市鳌石赛戏、广灵八角地木偶戏入围30项推荐申报名单，浑源铸钟制作技艺进入10个备选名单。推荐申报名单分民间文学、曲艺、民俗及传统音乐、舞蹈、戏剧、技艺、医药等众多类别。其中，阳高县文化馆的鳌石赛戏被称为“戏曲活化石”，起源于3000年前周代的“乡傩”，固定的演出节目有《调鬼》《斩旱魃》，濒临失传境地。广灵八角地木偶戏，以木偶为媒介，古时又被叫作傀儡戏，起源于唐代初年的广灵县八角地村，形成于唐太宗年间，特点是表演灵活、幽默风趣，不受剧种和舞台限制。浑源铸钟制作技艺有数百年历史，其造型美观，古朴庄重，声音洪亮悠远。（市文旅局）

文 物

文物管理

【概况】 2019年，大同市有不可移动文物3000余处，其中全国重点文物保护单位30处，省级文物保护单位47处，市级文物保护单位70处，县（区）级文物保护单位278处，共425处。有可移动文物为37048件套，计240768件。年内，市内文物景点参观人数589.2万余人次，同比增长10.5%；门票收入14185.4万余元，同比增长7.4%。（钮 晗）

【文物安全管理】 2019年，大同市文物局执行文物安全月度例会制度，根据不同监控防范重点，梳理、研判、整改存在的风险隐患。推进文保单位三防项目库建设，夯实文物安全基础。增加2台专业航拍无人机，提升巡查核查范围和效率。推进全市文物系统扫黑除恶专项斗争，完善打击与防范文物犯罪长效工作机制。全年开展文物消防安全工作大排查大整治、全市文物安全大检查等多项活动，安全检查各级文保单位190余处次，排查重点文物保护区域、单位90余处次，隐患整改率100%，实现文物安全零事故目标。（钮 晗）

【文物行政执法】 2019年，大同市文物局加大文物安全巡查力度，执法巡查项目工地、道路改建区域，巡查古长城沿线及全市县（区）国保、省保单位，抽查市县级文保单位，并开展不定期“回头看”，确保巡查整改落实到位。全年对5起文物违法案件作出行政处罚59万元。联合市公安部门印发《2019年全市打击文物犯罪工作实施意见》，推进全市打击文物犯罪专项战役，对近10年文物隐案积案开展大起底、回头看，推进全市文物系统扫黑除恶专项斗争。市文物局选送的“大同市文物监察大队严格执法确保文物安全”案例入选2019年度全省普法依法治理八大创新案例，相关执法人员受邀参加山西省首届国家机关“谁执法谁普法”履职报告评议会并作典型经验交流。（钮 晗）

【文物行政审批改革】 2019年，大同市文物局配合城市建设办理43个建设项目文物许可。落实行政审批改革，按照“一枚印章管审批”要求，把市文物局所有行政审批及关联事项划转至市行政审批服务管理局，并签订审管衔接备忘录，确保改革任务落地生效。（钮 晗）

【文物数字化发展】 2019年，大同市文物局打造数字观展，推动“第二届中国青少年雕塑大展”展品数字化。云冈石窟3D打印作品亮相外交部蓝厅山西全球推介会、2019世界VR产业大会等。云冈石窟研究院主持编写的《石窟寺文物三维激光扫描数字化采集技术规程》《石窟寺文物近景摄影测量三维数字化采集技术规程》2项技术规程发布，成为山西省文博系统首例地方性行业标准。

（钮 晗）

文物保护修复

【文保单位保护修缮】 2019年，大同市沙岭墓群、大同鼓楼、平城兴国寺入选第八批全国重点文物保护单位；吴官屯石窟、鲁班窑石窟并入云冈石窟，成为全国重点文物保护单位。实施新荣区得胜堡堡墙抢险修缮等40项工程，完成鲁班窑石窟抢险加固工程等25项工程，验收广灵县平城南堡村戏台保护修缮等10项工程，完成浑源县裴村龙王庙等9处抢险加固维修工程立项、左云县白烟墩龙王庙保护修缮工程设计方案等14项设计方案批复，报送省文物局《云冈区焦山寺石窟修缮工程立项报告》等5个立项报告、《云冈石窟窟顶考古遗址及明代戍堡遗址保护与展示工程（一期）设计方案》等4个设计方案。（钮 晗）

【文物保护利用改革】 2019年，大同市文物局推进涉旅文保单位“两权分离”，“两权分离”新荣区得胜堡等5处涉旅文保单位工作。深化社会力量参与文物保护“文明守望工程”，签订云中书院、民善堂2

处不可移动文物的认领认养协议，考察大同陨石博物馆等多座拟申请设立的非国有博物馆。参加全省北部片区文物认领认养推荐会，现场推介大同市可供社会力量认养的文物建筑。推进涉宗教问题文物保护单位管理改革，移交法华寺、纯阳宫、帝君庙、上华严寺4处涉宗教问题文物保护单位工作。（钮晗）

【地下文物保护】 2019年，大同市文物局对多个项目地块组织文物勘探，勘探面积145万平方米，发现各时期古代墓葬1000余座；发掘金茂府项目等北魏墓葬，抢救性发掘大同南站西北角等，出土一批文物；监控古城内一医院等项目和城市道路施工等，确保地下文物安全。与山西大学、中国人民大学联合开展吉家庄新石器遗址发掘工作，建设考古实习基地。核查出具矿界范围内不可移动文物核查函80余份。（钮晗）

【革命文物保护】 2019年，大同市文物局启动云冈区高山镇中共西大同县委旧址保护修缮工程。红色记忆博物馆被市委组织部确定为“大同市党员干部党性教育现场教学点”，成为大同市利用革命文物资源，加强新形势下党员干部教育培训、开拓党性教育教学点建设的创新成果。（钮晗）

【历史文化名城保护整改方案编制】 2019年，大同市文物局通过与清华大学建筑设计研究院对接、探讨大同市历史文化名城保护与整改方案编制，针对方案内容出具修改意见建议等，推进历史文化名城保护整改方案编制工作，8月底《大同历史文化名城保护整改工作方案》（简称“《方案》”）报送国家、省相关部门。按照《方案》确定的整改任务清单，市文物局安排部署所承担的整改任务，制订《大同市文物局名城保护整改方案任务清单》，完成善化寺、关帝庙等6处文物标识展示及城垣多维一体化展示与阐释提升工程等，12月15日召开代王府复建方案论证会推动整改工作。（钮晗）

▲图为2019年大同市云州街北魏建筑遗址环境整治项目现场（钮晗摄）

【古城复兴现场推进会】 2019年1月6日，大同市古城复兴现场推进会召开，山西省委常委、大同市委书记张吉福，市委副书记、市长武宏文出席会议并讲话，市政协主席郜向华主持会议，市领导黄岑丽、薛明耀、尉连生、郭蕾、荆虎等参加会议。市平城区和市住建委、市规划局等部门负责人作表态发言。会上，与会人员听取古城13个项目推进情况的汇报，并就项目建设中的主题规划、业态布局、配套设施建设、房屋征收等问题进行交流探讨。昝宝石、郭永钢、夏华江、杜振瑞、李海龙、张明忠等古城内项目建设单位代表和民营企业家代表围绕古城保护与开发，结合各自实际谈体会、提建议。与会人员围绕《历史文化名城保护规划》，围绕古城保护修复与开发建设项目推进现状，号召全市上下统一思想、提高认识，参与到古城复兴大业中来。会议决定古城复兴的13个项目初步定于3月1日集中开工，要求各级各部门加强组织领导，倒排工期，挂图作战，抓前期对接、手续办理、服务企业等各项工作，确保项目建设推进完工。（蕙兰）

【文物保护修复项目建设】 2019年3月1日，大同市府衙修复等多项古城保护修复工程开工。云州街北魏建筑遗址环境整治项目完工。府衙修复项目完成主体工程量65%。东南隅民居修复工程（二期）府学门街等14处院落完工；广府角历史街区41处院落修复完成34处院落修复设计图，并发招标公告。西南隅传统民居修复保护（一期）工程完成工程总量80%。东岳庙修复工程完成围挡搭建、“三通一平”施工前期任务及项目设计图，并发招标公告。九龙壁周边环境整治工程办理完成用地手续等，并开展招标工作；拆迁西侧平房，搭建部分围挡。古城南城墙与西城墙内部空间改造工程完成工程总量55%。乾楼文化展项目完成工程总量90%。法华大讲堂（法华寺博物馆）项目设计方案经10轮修改，通过国家历史文化名城保护专家委员会审核，办理建设用地规划许可证。市文物局监管的代王府复建工程完成中轴线一期项目各建筑的油饰彩画工程，东西轴线复建项目开挖基槽。（钮晗）

【乾楼文化展览馆项目启动】 2019年3月，乾楼文化展览馆项目开工建设。乾楼文化展览馆，位于大同古城墙西北角乾楼内，由大同市城墙管理处负责建设，北京惊雷文化发展有限公司负责设计与施工，项目投资288.9万元。该馆展陈面积800平方米，设镇城之楼、艺术之楼和文化之楼3个展区，依托乾楼建筑本体美感及气势，以“构建乾楼文化品牌，传扬大同文化魅力”为主题，通过文化集萃展示、多媒体演示、历史资料查询、大同市国家及省级代表性非物质文化遗产展演、研学互动、本地文创产品陈列、销售等方式，集游、购、娱于一体，实现古建筑合理利用，展示大同古城文化的气象、活力、传承。

（市城墙管理处）

【吉家窑古陶瓷博物馆开馆】 2019年6月初，吉家窑古陶瓷博物馆开馆，该馆位于大同市古城内魁星楼旁，每日免费开放时间是9时至17时。展示馆馆藏古陶瓷艺术品200余件，主要包括中国五大名窑、浑源窑、大同窑出土文物，及茶叶末釉、柴烧、黑陶、吉盏等多个种类陶瓷艺术品。该馆以收藏、展示、交流、传承山西古陶瓷历史遗存和文化为目的，推进大同市古陶瓷历史文化传承与创新，坚持公益性原则，永久性向公众免费开放。（蕙 兰）

【吉家庄遗址公众开放日活动】 2019年6月8日"文化和自然遗产日"，山西大学与大同市考古研究所组成的联合考古队在吉家庄遗址发掘现场举办公众开放日活动，揭开尘封4000余年的吉家庄遗址面纱，与公众见面，共享考古成果。吉家庄遗址位于大同市云州区吉家庄乡吉家庄村南，遗址南依殿山，北临桑干河，分布面积100万平方米，是新石器时代晚期大同地区的聚落址。2016年起由市考古研究所与山西大学历史文化学院考古系组成联合考古队对吉家庄遗址开始发掘，并取得收获。吉家庄遗址因其分布面积大、遗迹遗物丰富被认为是大同桑干河流域重要的文化遗存。吉家庄遗址的发掘，揭开大同地区新石器时代末期的文化面貌。开放日活动在现场展示出土文物，考古专家现场答疑，解读吉家庄遗址。

（蕙 兰）

【大同城墙遗址陈列馆开放】 2019年6月8日，大同城墙遗址陈列馆对外开放。该馆位于西城墙清远南门南侧，由大同市城墙管理处负责建设，北京惊雷文化发展有限公司负责设计与施工，项目投资625万元，该项目于2017年11月开工建设，2018年9月完工。分上下两部分，展陈总面积约1920平方米。大同城墙遗址陈列馆以北魏、辽金、明代城墙的夯土遗迹为主线，借助城墙修复中出土的文物结合多媒体演示，通过"千古名城""盛世重光""金城汤池""京师藩屏"4部分内容，展示大同城墙的历史演变、修复历程、建筑结构及文化内涵等，为研究古代城防设施和城垣建造技术提供实物资料。该馆是大同唯一的室内土遗址陈列馆，是大同城墙合理利用、对外宣传的重要阵地。自对外开放以来，接待中外游客近1.5万人次。（市城墙管理处）

【3处遗址入列第八批全国重点文物保护单位名单】 2019年10月16日，国家文物局网站发布《国务院关于核定并公布第八批全国重点文物保护单位的通知》，公布由国务院核定，文化和旅游部、国家文物局确定的第八批全国重点文物保护单位，全国762处上榜，另有50处与全国重点文物保护单位合并。大同市沙岭墓群（北魏）、大同鼓楼（明）、平城兴国寺（明）入选，大同市全国重点文物保护单位总数上升至30个。

沙岭墓群位于御河东沙岭村、齐家坡村的交界处，其中破多罗太夫人壁画墓于2005年进行抢救性发掘，壁画主要用红、黑、蓝三色，描绘出一幅墓主人居家、出行、宴饮等生活场景，是发现的北魏壁画墓中保存最好、最完整的一幅，填补汉唐考古壁画墓没有北魏时期定型材料的空缺，该壁画墓入选"2005年全国十大考古新发现"。大同鼓楼始建于明代，是明代楼阁式建筑的典型代表，外观呈方形，底层用青石砌成四角，十字穿心辟门，以通车马行人，是大同古城的地标性建筑。平城兴国寺建于明万历四十七年（1619），坐西朝东，院内正殿是上下层，上层供天上至尊佛像，下层建三孔窑洞，横匾书"兜率宫"3字，宫内盘砌着大斋炕和顺三大炕，是传经受法的修行处所。

（蕙 兰）

【张福获中国陶瓷历史名窑恢复与发展贡献奖】 2019年10月18日至19日，第二届中国陶瓷艺术继承与发展大会暨中国陶瓷工业协会陶瓷艺术委员会会议在江苏宜兴举行。来自大同市的中国陶瓷艺术大师张福获"中国陶瓷历史名窑恢复与发展贡献奖"。依托吉家庄新石器时代文化遗址，张福荣带领陶瓷工艺团队创立"吉家窑"陶瓷基地，复原唐宋时期大同浑源窑茶叶末釉、酱釉，及辽金时期的黑釉剔花等，并利用大同当地陶土及矿物开发出黑陶系列、吉家原矿密釉系列、大同玉釉系列等陶瓷艺术作品，成为大同特色文旅产品。由他设计制作的黑陶艺术品《团花牡丹》被首都博物馆收藏。（蕙 兰）

【《大同古城保护条例（草案）》立法交流会】 2019年11月6日，《大同古城保护条例（草案）》立法交流会议召开，大同市人大常委会副主任刘美，市古城管委会主任武保洲参加。会上，市人大常委会与市古城管委会讨论小组分别汇报草案研究学

▲2019年6月8日，大同城墙遗址陈列馆开馆。图为大同城墙遗址陈列馆——前厅全景

（市城墙管理处 供图）

习情况、交流草案修改意见等。讨论小组对收集到的若干意见建议研究，比较分析，推敲修改。会议指出，《大同古城保护条例（草案）》从初稿到一审稿再到二审稿 50 条，作为古城保护原则性、底线性的大纲，对古城体制、管理、定位、发展路径等方面作出清晰界定，要认识加强古城保护的意义，规划界定古城保护范围，在制定过程中遵循科学规划、有效保护、合理利用、严格管理等原则，为把古城发展成为大同市旅游支柱产业作出应有贡献。（蕙　兰）

文学艺术

文　学

【市作家协会儒学研究会成立】 2019 年 3 月 9 日，大同市作家协会儒学研究会成立。市作协儒学研究会发展会员 40 余人，会员来自社会各界，均对儒学研究有一定心得和建树。成立市作协儒学研究会旨在给大同市喜爱优秀儒学传统文化的人员搭建一个交流平台，致力研究儒学经典，开展学术研讨，并探索时代价值，弘扬优秀传统文化，增强民众道德规范意识，形成良好社会风气，提升城市文化氛围。（蕙　兰）

【吴献花诗歌获中国永定河诗词大会金奖】 2019 年 4 月 20 日，以“天地有大美 · 诗意永定河”为主题的中国永定河诗词大会颁奖晚会在北京市门头沟区举行，会上揭晓中国永定河诗词大赛作品获奖名单，大同市女诗人吴献花的现代诗《永定河 · 穿越时空的力量》获金奖。永定河诗词大赛由中国永定河诗词大会组委会举办，面向全国征稿，从上年 9 月至 11 月，征集原创诗词作品约 4000 首，中国永定河诗词大会评审委员会经过初评、复评、终评，最终评出金奖 2 名、银奖 4 名、铜奖 6 名、佳作奖 88 名。除吴献花获金奖外，大同市黄中文等 3 人获佳作奖。

吴献花，笔名喙林儿，是大同市一家医院的医务工作者，山西省作协会员，有诗作发表于《诗选刊》《诗刊》《阳光》《星星》《中国诗歌》等刊物，作品入选多种年度选本，著有诗集《秋天是我的》。（蕙　兰）

【悬空寺诵读经典会】 2019 年 7 月 6 日，由浑源县人民政府、大同市文化和旅游局主办，山西省恒山风景名胜区管理委员会、浑源县文化和旅游局协办，同程旅游承办的“读自芬芳 诗与远方”2019 悬空寺星空诵读经典晚会在悬空寺前小广场举行。诵读大会以户外诵读模式，融合悬空寺实景，利用声光电现代科技手段，让主舞台与悬空寺夜景交映。有浑源要故事、浑源扇鼓、恒山道乐等非物质文化遗产表演，诵读者依次诵读《浑源即事》《登浑源城楼》《告北岳文》等浑源古典诗文。活动推出“星空对话”，导游介绍悬空寺的旅游资源，学者们围绕浑源文旅融合主题进行探讨。活动现场启动由同程旅游发起的“助学基金计划”，该次助学基金计划，致力于长期支持浑源教育，鼓励更多浑源学子努力学习，回报家乡。

（市文旅局）

【大同演出团原创节目获语言类专场金奖】 2019 年 7 月 27 日至 30 日，“牵手未来 · 让孩子们成长得更好”庆祝中国青少年宫事业 70 周年主题文艺会演暨 2019 全国青少年宫系统文化艺术节在哈尔滨举办。大同市小骏马文化艺术中心原创的语言类节目《我的中国心》参加该次艺术节文艺展演并获金奖。大同市的参赛作品配乐诗朗诵《我的中国心》，由 21 名不同年龄的孩子们通过交流、问答朗诵形式，表达对伟大祖国的热爱之情，该节目从诗歌创作到背景音乐制作，再到编排表演形式等各方面均是原创。（蕙　兰）

【“我和我的祖国”朗诵会】 2019 年 8 月 4 日，大同市文化和旅游局、大同广播电视台主办，市艺术研究所、市播音主持协会承办的“我和我的祖国”庆祝中华人民共和国成立 70 周年朗诵会在市图书馆举行。来自全市的播音员、主持人及各界人士，从不同角度歌颂党、歌颂祖国、赞美家乡。朗诵会现场，朗诵者先后上台，向现场观众献上《诗意中国》《不朽》《为有牺牲多壮志》《赵一曼给宁儿的遗书》《读中国》等 14 个朗诵节目，用真情实感颂唱中国故事，展示祖国光辉历程和伟大成就，表达新时代党员弘扬中华优秀传统文化的决心。

（市文旅局）

【文学沙龙活动】 2019 年 8 月 29 日，大同市纪实文学研究会举办文学沙龙活动，邀请全市文学界人士、纪实文学作者和文学爱好者交流文学创作。参加文学沙龙活动的人员进行座谈，大家认为纪实文学创作要抓住机遇，唱响主旋律，弘扬经济建设、精神文明建设、政治文明建设正能量，创作出更多震撼人心的纪实作品，开创大同纪实文学新纪元。（蕙　兰）

【百名小作家评选颁奖】 2019 年 11 月 23 日，大同市百名小作家颁奖活动在市工人文化活动中心二宫举行。该次活动由市文联、市教育局、市作协共同主办，各主办单位发动各区县文联进行海选和推荐；发动各中小学校参与。市作协组织 8 位作家担任评委，筛选稿件，经过整理、初选、讨论、终评、点评等一系列程序，最终选出 100 名小作家，其中 20 名被评为金牌小作家。（蕙　兰）

【山西省红色故事巡讲走进社区】 2019 年 11 月 26 日，“我和我的祖国 · 山西省红色故事巡讲——走进社区”在大同市图书馆举行，山西省 10 位获奖选手讲述红色故事。该次讲解大赛由省委宣传部、省委党史研究院、省文化和旅游厅主办，是山西省庆祝中华人民共和国成立 70 周年主要活动之一。讲解大赛于 4 月启动，经过初赛、复赛和决赛，从 200 余名参赛选手中决出 13 人获“红色故事金牌讲解员”，大同市有 3 位选手获该项荣誉，大同市选送的作品《首战平型关威名天下扬》获一等奖，作品《我的爷爷——马六孩》《五张工赁单》获二等奖，市委宣传部获优秀组织奖。为扩大红色故事影响力，大赛组委会决定从 11 月中旬至 11 月底在全省举办红色故事巡讲活动，获奖选手走进机关、学校、军营、企业、农村、社区与广大干部群众一起分享他们讲述的感人故事。现场，选手们讲述《义无反顾不问归》《穿越硝烟的歌声》《毛主席来过咱永和》等红色故事，传播革命先烈、时代先锋的爱国事迹，引导干部群众弘扬革命精神、传承红色基因、发扬革命传统，培育和践行社会主义核心价值观。（蕙 兰）

美术（书法）

【大同市书法教育研究会成立】 2019年1月18日，大同市书法教育研究会成立。该研究会由大同市有志于书法教育研究的书法家、书法教育人士等共同发起，由市民政局批准的一级学科类学术团体，发展会员100余名。研究会以继承弘扬中国传统书法艺术为己任，从社会教育、学校教育、家庭教育多角度、全方位关注全市书法教育振兴发展，开展社会各阶层参与的公益书法活动，书法进校园、书法进万家活动，把大教育理念贯穿于研究的各类实践与探索，给新时代书法教育发挥积极作用。（蕙 兰）

【“魏风清飏”女子书法展】 2019年3月6日，“魏风清飏”女子书法展在大同市魏碑研究院举行。该展览由市文联、市妇联、市书法家协会主办，市凤凰女子医院承办，展出全市50位女性书法爱好者的50余幅书法作品。作品书体有真草隶篆等，内容意韵高雅，名言警句诗词歌赋俱全，展现魏碑故里的女性彰显出的才华洋溢、心境高洁和智慧通达。

（蕙 兰）

【市工笔画展】 2019年3月6日至20日，大同市工笔画展在大同潘家园书画展厅展出。该展览由市文联、市美术家协会、市老年书画研究会、市中老年职工工笔画基地、大同潘家园主办，大同平城女子书画院、市工笔画学会等承办，是市工笔画学会连续第三年举办。画展展出作品170幅，在展柜中展示72幅未装裱作品、36枚印章，作品中有花鸟、人物、山水等。（蕙 兰）

【杨吉魁写意花鸟画展】 2019年4月1日至30日，杨吉魁写意花鸟画展在大同市图书馆展出，展出杨吉魁花鸟画作品80余幅。杨吉魁先生是中国高校美育研究会会员，山西省政府文史馆馆员，山西花鸟画学会副会长、山西省楹联艺术家协会顾问、美国麻州布里奇沃特大学艺术系特等名誉教授，美国新罕布什尔州普利茅斯大学美术学院客座教授。他师承齐白石女弟子杨秀珍，专攻写意花鸟画10余年，多次应邀作为齐派传人到日本和美国等地讲学办展。（赵新萍）

【唐晋佛像篆刻作品展】 2019年7月13日至8月12日，由云冈石窟研究院主办的“云上之心——云冈·圆融”唐晋佛像篆刻作品展在云冈美术馆展出。该次展览以云冈石窟佛像篆刻为主题，展出作品是从作者3000余件作品中挑选而出，展出作品111件（组），内容以云冈石窟造像为主。唐晋是作家、诗人、画家，著有长篇小说《玄奘》《宋词的覆灭》《鲛人》《夏天的禁忌》，诗集《月壤》《金樽》《侏儒纪》等，唐晋作品不是一般的佛像形态描摹与雕琢，而是以诗人的诗情，倾注于菩萨、飞天、罗汉等的表达和显现。（蕙 兰）

【“吉家窑”黑陶艺术品获银奖】 2019年8月，在中国陶瓷工业协会主办的中国（北京）国际精品陶瓷博览会上，特举办的第八届“大地奖”陶瓷创作创新设计大赛决出奖项，由大同市“吉家窑”送评的黑陶艺术品《牡丹国色》获二等奖。“大地奖”是中国陶瓷艺术最高奖，由中国陶瓷工业协会设置。大同市“吉家窑”送评的黑陶艺术品《牡丹国色》由毕自颖、杨东慧、李东强、杨涛、郭三宝几位黑陶工艺师设计制作，该作品以“国花”牡丹为主题，具有民族气息，承载着黑陶文化的历史古韵。（蕙 兰）

【第二届中国青少年雕塑展】 2019年8月11日，由中央美术学院、中国美术家协会雕塑艺委会、大同市政府主办的第二届中国青少年雕塑大展在中国雕塑博物馆开展。该次雕塑展作品分U12少儿组、U15初中组和U18高中组3个年龄组，收到来自国内外100余个城市3378位作者的7269件/组报名作品，经过初评遴选出454位作者的516件/组作品入围参展。展出的雕塑作品包括传统的架上雕塑，及各种空间、环境、材料作品，装置性作品、数码3D造型作品等。

（蕙 兰）

【庆祝中华人民共和国成立70周年书画展】 2019年9月，由大同市老年书画家协会主办，市委老干局、市卫健委、大同潘家园协办的“庆祝中华人民共和国成立70周年书画展”在大同潘家园展厅内展出。大同市老年书画家协会是全市广大老年人老有所学、老有所为，开展书画学习与交流的艺术之家，发展15个分会，拥有1500余名会员。该次书画展展出作品230余幅，作品皆由大同市老年书画家创作，展示全市老年书画家的精神风貌和艺术造诣。（蕙 兰）

【“曾竹韶雕塑艺术奖学金”获奖与入围作品展】 2019年9月21日至10月21日，由中央美术学院、中国雕塑学会、中国美术家协会雕塑艺委会和大同市人民政府主办的2019“曾竹韶雕塑艺术奖学金”获奖与入围作品展在中国雕塑博物馆展出。该次展览开幕式上有来自20所美术院校的128名毕业生参加展览，展览展出作品663件/组，作品造型语言丰富，展现传统技法，并结合声、光、电等现代技术，及影像、装置等手法，在传统与创新之间找到契合点，增强语言表达的形式多样性。（蕙 兰）

【市首届百校千人中小学生书法展】 2019年11月23日至12月8日，大同市首届百校千人中小学生“勤学杯”书法展在大同潘家园举行。该次展览由市关工委、文明办、团市委、教育局、社科联和市书法教育研究会共同举办，收到作品3500件，展出800余件，作品内容丰富，形式多样以增强中小学生的爱国热情和文化自信，助力中小学生规范汉字书写，展示大同市中小学生书法学习教育成果。（蕙 兰）

摄 影

【“平城春晓 盛世华章”大同迎新春书画摄影展】 2019年2月1

日至20日，“平城春晓盛世华章”2019大同市迎新春书画摄影展在中国大同潘家园艺术展厅内举行。展览由市委宣传部、市文联主办，市书法家协会、市美术家协会、市摄影家协会承办，市老年书画家协会、大同北兰亭书院、中国大同潘家园协办。展出书法美术和摄影作品300余幅，是从前期应征的1500余幅作品中筛选出来，作品风格多样，话语多元，诠释祖国翻天覆地的变化，展示全市人民的生活情态，展现大同自然山水之美，表现当地风俗人情之亲及社会和谐之美。

（蕙　兰）

【沧桑长城大美大同摄影展】 2019年2月1日至28日，由大同市图书馆主办，大同长城学会、大同市旅游摄影协会协办的“雄美存旧迹 形胜壮山河——沧桑长城 大美大同摄影展”在大同市图书馆展出。该次展览展出大同长城摄影作品100余幅，由李文魁、王儒贤、刘玉军、田相臣、李鸣放、李习、姚建军、安晋华、陈荣烨、王建生10位在大同长期拍摄长城的摄影师拍摄的大同长城。展览于上年夏天在山西省图书馆、太原市图书馆展出，大同市图书馆据此出版画册《大同古长城》。（赵新萍）

【“影像的力量”中国（大同）国际摄影文化展】 2019年9月10日至10月7日，由中国公共关系协会与大同市人民政府联合国内外摄影与传媒机构主办，大同日报社（大同日报传媒集团）承办的2019“影像的力量”国际摄影文化展在市文瀛湖畔举行。“影像的力量”中国（大同）国际摄影文化展以“新能源、新赋能、兴大同”为主题，展出包括芬兰、立陶宛主宾国主题展、“镜美华夏”主题展、能源革命主题展、大同市庆祝新中国70华诞主题展、大同古长城主题展和三影堂主题特展等700幅摄影作品。其间举办“镜美尊”颁奖礼、摄影家采风、摄影文化交流等活动，芬兰摄影师雅歌·卡黑兰涅米、立陶宛摄影师塔达斯·卡兹和中国摄影师周裕隆分别获“镜美尊”称号。（高　洁）

【夜游经济发展论坛暨大美大同首届全国3D投影大赛】 2019年10月17日，由中国广告协会户外广告分会、大同市政府主办，市文化和旅游局、市市场监督管理局、中国广告协会数字光影分会筹备组、山西英皓广告有限公司承办，山西省广告协会、孔雀广告网协办的夜游经济发展论坛暨大美大同首届全国3D投影大赛在大同市举行，是在国内首次举办的夜游经济发展论坛和3D投影大赛，是继大美大同中国户外广告论坛连续两年举办后，在大同举办的又一项具有影响力的旅游文化和广告传播盛典。夜游经济发展论坛上，文化和旅游部信息中心副主任信宏业作《夜游经济的发展与探索》演讲，中关村智慧旅游创新协会会长张德欣作《夜游经济与创新发展》演讲，来自北京、青岛、南京、深圳等地的嘉宾分享当地的夜游项目、夜游亮化、夜游经济发展成果等。

大美大同首届全国3D投影大赛在南城墙永泰门广场举行，来自全国各地的创意制作单位、广告公司、大专院校300余人携17部参赛作品参赛。该次大赛以大同古城墙为背景，以前沿科技3D全息投影秀为核心，把大同文化元素以视觉化方式呈现，通过科技与文化结合，向世界展示大同地域文化、传播大同城市品牌形象，打造大同古城夜游项目，发展大同夜游经济。该次大赛得到上海、天津、杭州、大连、成都等全国200余个城市的助力宣传。比赛现场，来自清华大学、中央美术学院等高校和机构的7位专家评委，根据故事切题性、制作技术、片源时长3方面标准评分。最终，上海冰梵建筑艺术设计有限公司作品《非同梵想》获金奖；中亿源文化传媒有限公司作品《天下大同》，威海市富海品牌文化发展有限公司作品《云中风韵》获银奖；福建锦绣传媒集团作品《见证·传承》，北京中视圣迪影视传媒有限公司作品《唯美大同》，广州乐拓电子科技和大同日报社作品《天下大同和合共生》获铜奖。

（市文旅局）

▲2019年9月10日，2019“影像的力量”中国（大同）国际摄影文化展在市文瀛湖畔开展。图为大众摄影奖获得者合影（张燕伟　摄）

音乐

【“笛韵箫音”大同市新春笛子音乐会】 2019年2月，由大同市文化和旅游局、市竹笛协会主办，市图书馆、大同笛箫乐团承办的“笛韵箫音新春音乐会”在大同图书馆演播厅内举行。该音乐会有笛子六重奏《春节序曲》、苟晋翔创作首演的独奏曲《暖》、艺术总监杨日田带领学生们演奏的《春到湘江》等乐曲，整场曲目由笛箫乐团的乐手用独奏、齐奏、多声部重奏的表现形式给观众呈现14首不同风格、不同表现形式的笛箫作品。（蕙　兰）

【音乐剧《石头上的王朝》创作研讨会】 2019年3月12日，音乐剧《石头上的王朝》（暂定名）创作座谈会在大同市举行，以中国导演、表演教育家、中国音乐学院教授陈蔚为总导演的创作团队，与市委宣传部、市文化和旅游局、云冈石窟研究院、市歌舞剧院负责人及大同市文化艺术界人士就音乐剧的创作进行研讨。音乐剧《石头上的王朝》是大同市2019年打造的文化艺术项目，剧本由大同市剧作家王颂初创，并由编剧再创作，由市歌舞剧院担纲演出，致力打造成为大同市的舞台剧目和服务于全市文化旅游常态演出的重点剧目。该音乐剧以“文化融合·天下大同”为主题，抛开宗教元素，着重文化内涵，从石窟看历史看文化，展现出历史厚重感；尊重历史同时，对历史人物进行创造性发展，展现出中华文明的影响力、凝聚力、感召力；有地方特色，有全国视野，让该剧立足大同、面向山西、走向全国、奔向世界。（蕙 兰）

【巫娜古琴乐享会】 2019年8月，由大同市云冈石窟博物馆和缦学堂主办的“云冈石窟博物馆音乐会——巫娜古琴乐享会”在云冈石窟博物馆举办，北京、上海等全国各地400余位观众聆听该次音乐会。乐享会现场，中国古琴演奏家巫娜与古琴爱好者分享她与古琴的故事，进行40余分钟的即兴演奏，带来一场古琴乐享会。在云冈石窟第5窟进行一场古琴与云冈大佛的跨时空对话。（蕙 兰）

【中国（大同）首届民族器乐音乐周】 2019年8月4日至6日，中国（大同）首届民族器乐音乐周开幕式暨中国民族器乐名家名曲音乐会在大同大学举行。中国大同首届民族器乐音乐周是2019山西大同云冈文化旅游系列活动其中一项。音乐会上，板胡、琵琶、竹笛、古筝等民族器乐名家及多位国家非物质文化遗产传承人演奏板胡曲《月牙左更》、琵琶曲《塞上曲》、笛子独奏曲《沂河欢歌》、古筝曲《枫桥夜泊》、阮曲《月琴赞》、笛子独奏《春日景和》等节目。其间，举行古筝、琵琶、二胡、竹笛等讲座，及竹笛、弹拨乐器两场专题音乐会。（市文旅局）

【织谣——斯琴格日乐演唱会大同站】 2019年8月24日，织谣——斯琴格日乐演唱会全国巡演大同站在大同大剧院开唱。该次演出是大同市庆祝新中国成立70周年文化惠民演出月系列活动之一，由市委、市政府主办，市委宣传部、市文化和旅游局、大同大剧院承办。演出现场，斯琴格日乐演唱锡伯族《娶媳歌》、蒙古族《达古拉》、哈萨克族《燕子》、彝族《金银鸟》、普米族《恰珠哩》、蒙古族《酒歌》、广西民歌《山歌好比春江水》、乌孜别克族《掀起你的盖头来》、台湾高山族鲁凯部落《鲁凯情歌》、满族《满族摇篮曲》、达斡尔族《忠实的心儿想念你》、藏族《邦锦梅朵》10余首中国少数民族传统民歌，及《请到蒙古草原来》《新世纪》《离开》等个人原创歌曲。斯琴格日乐运用流行和摇滚的现代编曲方式，把多种少数民族音乐元素相互融合，如维吾尔族音乐加入马头琴，普米族民歌融入非洲律动，让融合编织成为织谣的主要能量。全场演出以不插电乐队形式，带领现场观众进入少数民族音乐氛围。（蕙 兰）

【“世界大同”交响合唱音乐会】 2019年9月2日，“世界大同”交响合唱音乐会在大同大剧院内举行。该次演出由中国爱乐乐团常任指挥夏小汤执棒，北京国际首席爱乐乐团、北京音乐家协会合唱团演出，大同市表演艺术家柴京云、柴京海朗诵。交响合唱乐章根据由大同市城市规划设计专家、国内画家并颇有音乐造诣的张瀚作词作曲的声乐套曲《平城六章》创作，这是一组献给平城建都1620年的礼物，是张瀚先生历时6年的作品。音乐会分上篇《平城六章》和下篇《时代篇章》。上篇由柴京海朗诵兼主持。平城六章分《梦回平城》《空谷回响》《佛都梵音》《礼兴乐盛》《丝路春雨》《走向大唐》6首，均是合唱曲目。下篇演绎《古城情思》《再现辉煌》《世界大同》3首，由柴京云朗诵兼主持。（市文旅局）

【牛思源独唱音乐会】 2019年10月8日，由大同大学音乐学院主办的“美美与共·盛世同大”牛思源独唱音乐会在大同大学举行。牛思源是大同大学音乐学院青年教师，毕业于中央民族大学音乐学院声歌系，入选中国文化艺术人才库、国家艺术基金“歌剧演唱人才”培养项目等。该场音乐会分“古风之美”“西洋之美”“民族之美”“盛世之美”4个部分。现场演唱《大江东去》《钗头凤》《越人歌》《菩提树》、歌剧《阿列科》选段《人们已经入睡》等歌曲，及《蒙古草原》《我的家在日喀则》《母亲》《手挽手》等来自少数民族的独特旋律。演唱会请到中央歌剧院女中音歌唱家崔京海作为特邀嘉宾，表演《我的深情为你守候》等歌曲。（蕙 兰）

【《大同蓝》获“生态山西”环保公益歌曲征集活动一等奖】 2019年11月初，由山西省生态环境厅、共青团山西省委、省文联联合开展的“生态山西‘音’为有你”环保公益歌词歌曲征集活动揭晓，由大同市词作家子锋和曲作家孙一鸣联袂创作、由大同籍歌唱家高保利和冯丽媛演唱的《大同蓝》获一等奖。“生态山西‘音’为有你”环保歌词歌曲征集活动5月启动，评委从作品的主题、旋律、演唱等多方面考量，并结合网络人气，从432件作品中评出一等奖2名、二等奖4名、三等奖6名、优秀奖8名，征集内容分：“看祖国变化，颂光辉历程”主题词曲征集、“美丽中国，我是行动者”主题词曲征集、“环境与生命”主题词曲征集3个主题，一等奖作品会制作成MV向生态环境部推荐。（蕙 兰）

【山西省民歌协会落户大同】 2019年12月，由大同歌手杨文祥组织省内民歌爱好者刘改鱼等发起的山西省民歌协会，获省文化和旅游厅批准成立。该协会常设大同，旨在传承保护山西非物质文化遗产，推动区域性特色文化发展，为山西民歌热爱者搭建学习交流平台，促进研究、保护活动更加规范化，把山西民歌保护和传播工作推向新高度。该协会发起人杨文祥、刘改鱼、胡秀英、高保利、张红利、乔振峰、柳根宽、刘桂连等山西表演艺术家，聚集一大批民歌艺术痴迷者，多年来致力于研究、挖掘、保护、传播民歌艺术，并举办演唱会、慰问演出、交流会、研讨会等各类活动，积累保护和传播山西民歌的工作经验。协会业务范围包括搜集、整理、保护山西民歌，推广民歌文化艺术；策划和组织公益性演出活动，对民歌爱好者进行演唱指导；培养山西民歌人才；传承和唱响山西民歌，振兴地方文化；经批准，录制、出版山西民歌保护资料，通过现代科学技术予以保护、继承等。（蕙　兰）

【“世家小镇康养大同”新年音乐会】 2019年12月28日，“世家小镇康养大同”喜迎高铁开通新年音乐会在大同大剧院举行。担任该场音乐会指挥的是指挥家、中央音乐学院指挥系教授杨力。音乐会以管弦乐《奥林匹克号角》开场。管弦乐《炎黄风情》组曲带着山西民间音乐风情，其中《走西口》用西洋古典交响乐演绎一段凄凉的走西口谋生活的故事，《闹元宵》则旋律跳跃性强，传递出欢腾的节日氛围。中央音乐学院硕士、青年二胡演奏家高白演奏《第五二胡狂想曲——赞歌》，抒情花腔女高音歌唱家郭飞演唱莫扎特名曲《复仇的火焰》，青年男高音高士棋演唱《我的太阳》。音乐会在管弦乐《我的中国心》中落幕。（蕙　兰）

【市新年音乐会】 2019年12月30日，由大同市委、市政府主办，市委宣传部、市文化和旅游局承办的2020大同市新年音乐会在大同大剧院内举行，省委常委、市委书记张吉福，市委副书记、市长武宏文，市委副书记刘振国，市人大常委会主任赵向东，市政协主席郜向华等市四套班子领导与各界代表一起观看演出，辞别旧岁迎接新年。该场新年音乐会由市歌舞剧院管弦乐团与天津歌舞剧院交响乐团联袂演绎，邀请中国乐派交响乐团首席指挥、中国国家交响乐团首席客座指挥、指挥家邵恩执棒指挥。音乐会上有开幕曲管弦乐《红色经典联奏》，男女声对唱《乘风破浪再出发》，管弦乐《情深意长》《太阳出来喜洋洋》《我的祖国》《康康舞曲》，管弦乐《闲聊波尔卡》《狩猎波尔卡》《雷电波尔卡》组曲选段，二胡演奏家王之辉演奏的《乔家大院》《新春乐》，女高音独唱《秋水长天》，小提琴协奏曲《梁祝》《查尔达什》和返场谢幕曲《拉德斯基进行曲》等节目。歌唱家、国家一级演员阎维文演唱《母亲》《小白杨》等经典作品，并与大同青年歌唱演员杨昡琴合唱山西民歌《想亲亲》。（市文旅局）

戏曲

【《太阳照在南洋河上》参加第二届全国话剧展演季】 2019年1月12日至13日，由大同市歌舞剧院创排的话剧《太阳照在南洋河上》应邀参演“戏剧东城·第二届全国话剧展演季”，在北京国家话剧院内上演。该届展演季由中国话剧协会、北京市委宣传部、北京市文化局、北京市东城区委区政府主办，于上年11月至2019年1月在北京展演，来自全国16个省、市、自治区的25部剧目应邀参演。大同市话剧《太阳照在南洋河上》是一部现实主义题材精品剧目，是市歌舞剧院根据大同市天镇县“金牌保姆”们的真实素材创编，立足天镇保姆脱贫原型，反映精准脱贫的现实问题，具有乡土文化特点和艺术内涵，是国家艺术基金上年度大型舞台剧和作品资助项目。（蕙　兰）

【二人台《杏泉沟》亮相全省舞台艺术作品展演】 2019年2月10日至11日，由大同市阳高县二人台剧种传习中心表演的二人台《杏泉沟》在太原星光剧场内演出，参加2019年“两节”全省舞台艺术作品展演暨基层院团调演活动。该次展演由山西省文化和旅游厅主办，2月5日启幕，有14个地方剧团在省城太原演出。《杏泉沟》是国家艺术基金上年度大型舞台剧资助项目，山西省上年文化扶贫题材重点创作剧目，上年山西省脱贫攻坚优秀文艺作品，第四届全国二人台艺术交流展演剧目创新剧目，编剧耿志仙、王勇慧、景彦斌是山西本土编剧。主要讲述大山深处的杏泉沟，因自然环境恶劣，长期依赖国家救助，群众“等、靠、要”思想严重。老村长在任时申请的樱桃种植扶贫项目，与新任村长耿二自主脱贫发展养驴产业发生一系列矛盾冲突，通过产业扶贫选项过程中产生的“传统扶贫观念”与“精准脱贫观念”矛盾冲突，利用艺术手段，折射脱贫攻坚工作中存在的现实问题。（蕙　兰）

【大同两项目入选国家艺术基金资助项目名单】 2019年3月初，国家艺术基金2019年度资助项目名单公布，大同市耍孩儿剧种传习中心排演的舞台剧《云冈魂》、北路梆子剧种传习中心排演的现代戏《净土》入选其中。2019年度国家艺术基金资助项目申报类别包括大型舞台剧（节）目资助项目、小型剧（节）目资助项目、传播交流推广资助项目、艺术人才培养资助项目等。山西省有42个项目入选，入选的都是舞台剧（节）目资助项目。大同市入选的两部戏均是原创剧目。市耍孩儿剧种传习中心排演的舞台剧《云冈魂》是古装戏，全剧以北魏平城云冈石窟的开凿为内容，突出工匠精神；市北路梆子剧种传习中心排演的舞台剧《净土》是现代戏，以扫黑除恶为主要内容。（蕙　兰）

【国家艺术基金申报培训会】 2019年4月25日，由山西省实施国家艺术基金领导组办公室和大同市文化和旅游局共同主办的2020年度申报国家艺术基金工作培训会在文瀛湖行政办公楼举行。全市各县（区）文化和旅游局、大同大学、市艺校、市直及各县（区）文艺院团等相关文化团体90余名负责人参加培训。培训现场，山西省实施国家艺术基金领导组办公室负责人从资助新项目分类、申报、实施流程、项目策划、材料准备等方面，及艺术选题、创作、目标规划等方面作介绍。国家艺术基金于2014年启动以来，大同市有北路梆子《平城赋》《净土》，大同数来宝《工钱》，话剧《太阳照在南洋河上》，耍孩儿《云冈魂》等11个项目，获国家艺术基金资助，资助金额约1500万元。

（市文旅局）

【民族歌剧《江姐》献礼新中国成立70周年】 2019年5月23日，由大同市歌舞剧院排演的大型民族歌剧《江姐》在市工人文化活动中心一宫内举行首场演出。张吉福、刘振国、冯境城、王淑琴、尚建军、杨硕平、王剑辉等市四套班子领导与各界群众代表一起观看演出。歌剧《江姐》是一部红色经典剧目，该次重排《江姐》是大同市“不忘初心、牢记使命”庆祝中华人民共和国成立70周年系列活动之一，由市委宣传部主办，市文化和旅游局承办，大同市同悦城房地产开发有限公司、大同忘忧农场农业科技有限公司协办。该剧从3月开始组班排练，邀请导演宫晓东担任艺术指导，天津歌舞剧院副院长、指挥家董俊杰现场指挥，总政歌剧团表演艺术家、国家一级演员陈淑敏和市歌舞剧院知名演员李光担任导演，这部经典歌剧搬上舞台是大同市加强党员干部党性教育的重要内容之一。《江姐》有七幕歌剧，采用现代科技手段交响乐团伴奏，保留原有四川小调特色的演唱风格，让这部歌剧更加真实、壮阔、感人，《红梅赞》《只愿香甜满人间》等演唱感人至深，塑造的江姐形象光辉饱满，突出主人公“红梅与冰霜”的品格。年内，《江姐》入选山西省优秀舞台艺术展演作品。

（市文旅局）

【北路梆子现代戏《净土》首演】 2019年5月12日，由北路梆子剧种传习中心排演的现代戏《净土》在市工人文化活动中心一宫首演，北京、太原等地的国家艺术基金专家及社会各界观众观看演出。该剧邀请北京曲剧团导演、中国戏曲学院青年教师席凯执导，由上海京剧院艺术顾问黎中城任编剧，由国家一级作曲家、指挥家任新宁作曲，由山西省音乐人刘飞雄担任音乐唱腔设计，由云南省戏剧家协会副主席蒙秦任担任灯光和舞美设计，全剧7幕，时长约2小时，讲述一位缉毒警察陈川的故事。该剧获国家艺术基金上年度资助项目，自上年3月23日起启动排练，在“6·26”国际禁毒日前后在全市巡演25场。

（市文旅局）

【纪念建党98周年红色经典戏曲晚会】 2019年7月1日，由中共大同市委组织部主办，大同市文化和旅游局、大同市晋剧院承办的庆七一迎国庆红色经典戏曲晚会《数风流人物还看今朝》在市工人文化宫一宫举行。晚会以红色经典为内容，以毛主席诗词为引领贯穿，以习近平新思想为高潮结语，采用戏歌、红色经典革命样板戏选场、选段、歌舞、对唱、表演唱、诗词吟唱等多种形式，多角度、多侧面、多品种、多内容再现革命先烈，共产党员和人民群众前赴后继，英勇牺牲，才换来新中国的壮美历程。该次戏曲晚会演出剧目主要有《江姐》选段、《绣红旗》《红色娘子军》选段、《清华成长》《智取威虎山》选段、《打进匪窟》等。（市文旅局）

【话剧《立秋》在大同演出】 2019年8月27日至28日，由山西省话剧院排演的反映山西晋商文化的话剧《立秋》在大同市演出。《立秋》在大同连演两场，该剧是中国舞台艺术的标志性作品和山西建设文化强省的重要品牌，以晋商大院为文化背景，给观众展示中国商业史、金融史上曾经叱咤风云的晋商辉煌是怎样衰败遁入历史的风尘之中，表现三晋儿女在时代风云变幻中面临家族、个人和事业生死存亡的危急关头，探求何去何从之路的情怀和震荡。（蕙 兰）

【舞台剧耍孩儿《云冈魂》首演】 2019年8月28日，国家艺术基金2019年度资助项目大型舞台剧耍孩儿《云冈魂》在市工人文化活动中心一宫内首演。《云冈魂》由国家京剧院创作中心副主任、二级编剧池浚担纲编剧，国家一级导演石玉昆担纲总导演，市耍孩剧种传习中心的青年演员、山西省杏花奖获得者连阳、薛志花，国家一级演员、国家级非物质文化遗产代表性传承人王斌祥，国家一级演员、国家级非物质文化遗产代表性传承人薛瑞红等共同出演。《云冈魂》以北魏云冈石窟修建为背景，从一个工匠之家视角，以一个石窟设计修建者身份，用一个鲜活故事，讲述云冈石窟百年修建史中的恩怨纠葛，通过名匠之家被诬陷抄斩，弟子段成查清阴谋，恢复图纸，修建石窟的故事，歌颂以穆山、段成为代表的云冈石窟工匠执着专注、锲而不舍、前赴后继的古代工匠精神。（市文旅局）

【抗日谍战解密题材话剧《谍杀》演出】 2019年9月11日，作为大同市庆祝新中国成立70周年文化惠民演出月系列活动的第13场演出，抗日谍战解密题材话剧《谍杀》在大同大剧院内上演。该剧由太原市话剧团演出，是国内首部抗战题材解密话剧，被列为太原市纪念中国人民抗战胜利70周年重点剧目。其取材于历史事件，素材来自全面解密的日军刺杀八路军总指挥彭德怀的历史，由军旅作家沉石的同名原著改编而成。该剧题材新颖，巧妙处理抗战解密剧的紧迫感和细节，舞台设计凸显太行山的地貌特征，真实地再现当年环境特点，让人们唤醒历史记忆，缅怀无数先烈为抗日战争胜利付出的牺牲，在全剧最后出现一份长长的中国抗日战争阵亡将领名单。（蕙 兰）

【《徐达开城》再现明代大同古城迎宾状况】 2019年国庆期间，由大同市文化和旅游局、市古城管理委员会、平城区政府主办的历史文化情景剧《徐达开城》仪式每日上午在西城墙外广场举行。这部情景剧的演出以城墙为背景，以明代徐达筑城之后开城迎宾为主要创作元素，内容分《辉煌古城》《大同筑城》《得胜归来》《凤凰展翅》4个章节，通过《玉烛宝典》《战旗舞》《剑舞》等舞乐表演、出巡仪式展示，还原古代城墙守城军队护卫城池、举行列队出城仪式的历史场景，再现大同作为军事重镇特色，展示古城大同历史文化底蕴。现场参演人员约300人。（市文旅局）

舞蹈

【民俗歌舞组画《想亲亲》展演】 2019年2月7日至13日，民俗歌舞组画《想亲亲》展演在大同市工人文化活动中心一宫举行，《想亲亲》展演是“我们的中国梦”——文化进万家新春慰问演出的部分内容，是该剧自复排以来的首次亮相。该次展演有7场，有社区居民、各行各业代表等6000余人观看。全剧以“钱贵贵与二妹妹”爱情故事为主线，把恋爱、娶亲、忙婚、出门儿等具有爱情标志和民俗特征的事件贯穿起来，融合晋北民歌、二人台、晋北吹打、耍孩儿、大同数来宝、广灵剪纸、民间社火等艺术元素，以地方特色和独特表现形式展现

出一幅晋北风俗组画。（蕙 兰）

【原创舞剧《粉墨春秋》演出】 2019年3月27日，大同市首部登陆悉尼歌剧院演出的中国舞台剧——《粉墨春秋》在大同大学上演。《粉墨春秋》是由山西华晋舞剧团表演的原创舞剧，该剧突破艺术门类界限，把传统戏曲表演融入民族舞蹈语汇中，通过描写民国初年，梨园戏班3个武生师兄弟的人生经历，展现中国传统艺术的无穷魅力，弘扬中华民族不畏艰难、自强不息、创新变革的民族精神。整场舞剧包含独舞、双人舞、三人舞、群舞，特别是戏曲中经典的“髯口”“水袖”“踩跷”功表演，演员们用肢体语言和声光场景演绎故事情节。该剧在全国各地及加拿大、澳大利亚、新加坡、俄罗斯、德国、瑞士、比利时等国家演出数百场。（蕙 兰）

【乐舞《西天梵音》在云冈石窟上演】 2019年“五一”期间，由大同市云冈石窟研究院主办、山西澜石文化艺术交流有限公司承办的乐舞表演《西天梵音》在云冈石窟景区南建筑群（20窟大佛对面）上演，再现“乐舞”艺术，诠释云冈石窟音乐窟中的乐舞表演艺术。表演时间是每天10时和14时30分，每次演出两小时，乐舞《西天梵音》分供养天舞、多臂神舞、胡旋舞、伎乐天舞，融合印度、天竺、波斯及中原等不同风格的乐曲。整场演出以云冈石窟洞窟雕刻的乐舞形象和北魏佛教音乐为灵感，把传统与现代、舞蹈与歌曲、历史与文化融合在一起，以乐舞形式呈现于舞台。（市文旅局）

【“盛世欢歌”歌舞晚会】 2019年8月14日，由中共大同市委、市政府主办，市委宣传部、市文化和旅游局、大同大剧院承办的歌舞晚会“盛世欢歌”在大同大剧院内举行。“盛世欢歌”由大同市歌舞剧院演出，表演舞蹈《鼓舞》，男女声对唱《向欢乐看齐》《看山看水看大同》，民俗歌舞组画《想亲亲》片段、《打樱桃》《蒸喜糕》，原生态演唱《圪梁梁》，男声独唱《幸福大同》，唢呐与歌《黄土地》《兰花花》，女生二重唱《闯天涯》，二胡独奏《赛马》，女高音独唱《天佑中华》，男高音独唱《我的深情为你守候》，原创音乐剧《佛国盛典》片段等节目。（市文旅局）

【全市排舞广场舞大赛】 2019年8月16日，由大同市文化和旅游局、市体育局等主办，光大银行大同分行协办，市排舞广场舞协会、市心连心艺术团承办的“欢乐四季 舞动大同”全市排舞广场舞大赛举行。该次大赛从报名到比赛半个月，全市各县（区）有15支排舞广场舞代表队参赛，参赛选手20岁至50余岁不等，每支队伍都有自己的服饰特点和动作特点。参赛作品中有青春活泼的《快乐广场》《时尚辣妈》，有典雅大气的《中国美》《走向复兴》，有大同味儿足的《俏太婆看大同》《家住大同城》等节目。经过比赛，彩虹舞蹈队获大赛一等奖，云冈区文化馆舞蹈队获大赛二等奖，口泉公园水兵舞蹈队获大赛三等奖。（市文旅局）

【诗乐舞《川江花雨》惠民演出】 2019年8月18日，由中共大同市委、市政府主办，市委宣传部、市文化和旅游局、大同大剧院承办，由阳光艺术团编排的大型诗乐舞《川江花雨》在大同大剧院上演，该次演出是大同市庆祝新中国成立70周年文化惠民演出月系列活动之一。担纲该场演出的阳光艺术团是从事群众艺术健身活动的民间公益性团体，成员主要是退休中老年朋友，有北京、成都、昆明、呼和浩特等各地成员400余名，该次到大同是公益演出。表演的节目有开场舞《川江号子》，群舞《太阳神鸟》《都江春水》，乐舞《蜀宫乐宴》，男子群舞《百桨争流》，诗乐舞《天府诗韵》，女子群舞《花重锦官》，民俗舞蹈《黄杨扁担》，器乐演奏《雪竹浅吟》等。整台演出诠释“绿水青山就是金山银山”生态理念，呈现川江流域的人文风情和历史画卷，展现巴蜀儿女的奋斗精神和文化传承。（市文旅局）

【俄罗斯APS流行舞团《燃之夜》在大同演出】 2019年8月22日，由中共大同市委、市政府主办，市委宣传部、市文化和旅游局、大同大剧院承办，由俄罗斯APS全男班流行舞团演出的《燃之夜》舞蹈专场在大同大剧院演出。该次演出是大同市庆祝新中国成立70周年文化惠民演出月系列活动之一。演出现场，演员们身着不同风格主题的服装表演《影子》《迪斯科》《热烈奔放》《时空》《海盗》《角斗士》《马戏之王》《玫瑰》《军列舞》《电影院》《雨人》等舞蹈，有西班牙舞蹈、巴西舞蹈、俄罗斯民间舞等，表演期间穿插“小丑时间”，与观众们配合。（蕙 兰）

【第3届全国万人排舞广场舞大赛平城区分站赛】 2019年8月31日，由大同市文化和旅游局、市体育局、大同日报社等主办，市排舞广场舞协会、市心连心艺术团承办的中国（大同）第3届全国万人排舞广场舞大赛平城区分站赛收官。比赛中，运动员和裁判员代表分别宣誓后，从市平城区社区及市排舞广场舞协会平城区分会选拔的15支参赛队伍按照赛前抽签顺序一一上场表演。节目有唯美舞蹈队的腰鼓舞蹈表演《张灯结彩》，舞动夕阳艺术团的《从小卖蒸馍》，俏妈妈踏板操舞队的踏板操《天蓝蓝》，花语舞蹈队的《我等你》，西城舞蹈队的《我的大同》，爱心艺术团的《舞动天地》，心灵美艺术团的《西部放歌》，枫林舞蹈队和花朵绽放舞蹈队的《五星红旗》和《祖国万岁》，八一艺术团的《给青春理个短头发》。经过比赛，最终朝阳健身队、御东学府舞蹈队、舞灵舞蹈队、花园模特舞蹈队、铁路老年艺术团胜出，他们代表市平城区参加中国（大同）第3届全国万人排舞广场舞大赛总决赛。（蕙 兰）

【《云冈伎乐天舞》亮相中国（青岛）艺术博览会】 2019年10月27日，大同大学音乐学院“一院一品”教育教学改革项目成果《云冈伎乐天舞》亮相中国（青岛）艺术博览会，并入选博览会优秀艺术成果展演名录。在该次博览会上，全国有200余个作品参赛，选送单位有中央音乐学院、中央美术学院、中央戏剧学院、北京电影学院等艺术院校，有中科电文化传媒集团、星光科技等具有代表性的文化科技企业，最终有16个作

文化

品入选。7月4日，“一院一品”项目成果云冈文化乐舞——《云冈力士舞》《云冈六臂神舞》《云冈伎乐天舞》以展演形式在云冈石窟表演，通过舞台实践展演活动，艺术实践成体系地融入专业教学中。其中，该院舞蹈系2016级同学表演的《云冈伎乐天舞》，以世界文化遗产云冈石窟为题材，配以古乐创作而成，舞蹈演员用舞姿演绎出北魏文化的风格特征，在动态中表现佛国仙境的美妙和谐。（蕙　兰）

【舞蹈史诗《黄河》在大同首演】 2019年11月8日，由山西省歌舞剧院演出、艺术家张继钢导演打造的大型舞蹈史诗《黄河》在大同大剧院首演。全剧分《九曲黄河万里沙》《黄河之水天上来》《黄河入海流》3个乐章。音乐采用交响乐和钢琴协奏曲，舞蹈采用交响编舞法，10余名演员用肢体语言演绎观念的黄河、音乐的黄河、美术的黄河、舞蹈的黄河，演出约100分钟，展示中华民族的历史和奋斗征程，突出山西传统文化和民俗文化。（蕙　兰）

【省舞协民族民间舞名家讲座培训班】 2019年11月26日至28日，由山西省舞协主办，市舞协和市艺校承办的山西省舞蹈家协会“深入生活　扎根人民”主题实践活动之民族民间舞名家讲座培训班在大同大学开班培训。该次培训班通过主题实践合作、名家讲座和交流演出等多种形式以舞会友，提高全市舞蹈艺术水平。省舞协主席刘润泽、国家一级编导金效平、国家一级编导王和平、国家二级编导李莉4位舞蹈家分别以讲座形式，与大同市众多舞蹈工作者展开学术交流，并就如何推动云冈舞学科建设献计献策。（蕙　兰）

古都灯会

【概况】 2019年1月31日（农历腊月廿六）至2月20日（农历正月十六），中国（大同）古都灯会在大同古城东城墙南段、南城墙、西城墙南段上下等相关场地展览。该届古都灯会由中共大同市委、大同市人民政府主办，大同日报社（大同日报传媒集团）等单位承办，每天开放时间是9时至23时；亮灯时间是17时30分至23时。

该届灯会设置传统花灯、当地工艺彩灯、大型裸眼3D光影秀、城市地标光柱等主题灯组113组，分为“能源革命”“改革开放40周年”“大同故事”“灯的发展史”“中华优秀文化”“传统民俗”“儿童世界”7大主题，并首次采用灯组语音介绍，让游客更全面地了解灯组内涵，视听互动体验使观赏更具知识性和趣味性，延续“古都灯会”品牌效应，展示大同人文情怀。灯会期间，主场地观灯人数76万余人次，新华社、中央电视台、每日新报、新浪新闻等各大主流媒体关注灯会状况，央视《新闻联播》《新闻直播间》《共同关注》等栏目全景展现古都灯会景象，中央国际电视台英文频道客户端进行全方位报道，抖音话题“大同灯会”创造出9633.3万次的内容曝光量，1000余条视频参与；头条话题“古都灯会年味范儿”讨论有4315条，阅读量273.3万次。（高　洁）

▲ 2019年11月8日，大型舞蹈史诗《黄河》在大同大剧院上演　（张湛滨　摄）

【古都灯会形象宣传片】 2019年1月21日至2月9日，中国（大同）古都灯会宣传片登陆中央电视台黄金时段展映，该宣传片时长10秒，播出时段是中央电视一台《新闻联播》前18时52分。宣传片通过“观古都灯会，赏天下大同”背景解说，把云冈石窟、万龙白登山滑雪场、北都桥、城墙、往届古都灯会航拍的“灯河”画面透过电视屏幕亮相，并向全国观众发出邀请。1月18日至2月17日，北京市公交402路、405路、404路车身旅游宣传广告登上北京三环主流线路，车体宣传古都灯会。主办方邀请人民日报社、新华社、中央电视台等主流媒体和大型门户网站对古都灯会进行全方位采访报道；在《山西日报》等省内媒体刊发古都灯会倒计时和新闻报道；在北京、天津、呼和浩特、石家庄、乌兰察布、张家口、朔州等周边城市进行灯会形象宣传；在各类媒体上播放专题宣传片等，扩大灯会影响力。（蕙　兰）

【古都灯会“抖音挑战赛”】 2019年1月31日至2月20日，“世家小镇”中国（大同）古都灯会特别推出“抖音挑战赛”，集赏灯、音乐、文化、旅游、时尚于一体，让游客花式玩转灯会，并通过网络与万千网友共同参与。在抖音中搜索“大同灯会”话题，会出现一条条关于古都灯会的视频，网友们互动之余更希望亲临现场体会一番。灯会现场随处可见人们拿着各种专业设备录制短视频，他们希望把自己的一些小创意在灯组前展现出来，通过在网络平台传播，吸引更多全国各地的网友到大同看灯展，感受年味。该活动自启动以来关注度一直提升，关于灯会的小视频在抖音上热传数千条，播放量创3492万次，收获无数转发和点赞。（市文旅局）

▲图为 2019 中国（大同）古都灯会全景　（高洁 摄）

【《大同故事》灯组讲述大同历史】 2019 年 1 月 31 日至 2 月 20 日，中国（大同）古都灯会灯组中位于南城墙东段南侧的《大同故事》系列灯组，以时间为轴，展现大同不同时期的代表性人文故事。该届灯会采用双侧布展形式，在城墙上增加灯组密度，以强化观赏效果。南城墙东段北侧是《灯的发展史》系列灯组，南侧就是以大同人文、历史等为素材创作的灯组，包括《许家窑人》《胡服骑射》《白登之围》《昭君出塞》《定都平城》《木兰从军》《穆桂英挂帅》《城砖回家》等 14 个灯组，把大同文化元素通过彩灯制作表现出来，讲好大同故事。（蕙 兰）

【古都灯会文创产品】 2019 年 1 月 31 日至 2 月 20 日，由中国（大同）古都灯会吉祥物“彤彤”领衔的多款文创产品在该届灯会期间亮相，其中 2019 中国大同古都灯会首版邮册、首日封于灯会亮灯当日首发。

2019 中国（大同）古都灯会首版邮册、首日封由中国邮政集团公司大同市分公司设计。邮册以意味着吉祥、喜庆、兴旺的中国红为大底，封面用“长寿”“富贵”“康宁”“好德”“善终”五福围绕，中间镂空露出灯会会标，由吉祥如意纹环绕，再由设计师手绘的大同城墙衬底，达到整个画面的动静结合，虚实对比。首日封的设计以 2019 中国大同古都灯会的主题、LOGO、吉祥物和设计师手绘的大同城墙为设计元素，上面邮资图部分是为该次灯会专门设计，专项向中国邮政集团总公司特别申请的邮资戳，这在大同尚属首次，也是该次灯会邮册的一大亮点。以灯会吉祥物“彤彤”形象定制的灯会文创产品，具有大同特色，有吉祥物慢回弹、大同玉吊坠、钥匙扣等纪念品。（市文旅局）

【古都灯会视频版上线】 2019 年 2 月中旬，全新古都灯会大同游记攻略视频版上线。该视频由大同城市形象代言人张云鹏，与大同文化传播大使、2019 中国大同古都灯会首席体验师王三才，经过 4 天策划、拍摄剪辑、配乐混音加调色完成。推出的全新 2019 中国大同古都灯会大同游记攻略视频版是为助力古都灯会而制作，该视频通过微博、微信、小红书、知乎、优酷、腾讯、大同传媒集团等官网平台，阅读加视频播放观看量超过 1000 万并上微博热搜和热门。（蕙 兰）

【古都灯会宣传】 2019 年古都灯会期间，大同市委市政府新闻中心邀请《人民日报》、中央电视台、《北京日报》等 30 余家媒体、记者 80 人次，到大同市采访报道，加上主动到大同采访的媒体记者，共接待媒体 50 余家，记者 120 人次，在各大媒体上发出报道稿件 500 余条。其中，中央电视台播出大同灯会和春节文化报道 9 条，分别在《新闻联播》《新闻直播间》《东方时空》《共同关注》《朝闻天下》等栏目和频道播出。新华社刊发通稿《山西大同：古都灯会耀新春》，人民网、新华网、新浪网、新华社客户端发表 100 余条，网民通过网络点击阅读灯会新闻约 1000 万次。（高 晔）

社科研究

发展研究

【概况】 2019 年，大同市人民政府发展研究中心在山西省社会科学院（山西省人民政府发展研究中心）官网上刊发《发挥决策咨询服务职能 助力能源革命尖兵行动——大同市政府发展研究中心推出〈能源革命新风潮〉专刊》《“一带一路”与山西对外开放学术研讨会、中国明史学会明史国际学术研讨会在大同成功举办》《大同市发展研究中心参加“5G+ 工业互联网高峰论坛”》《大同市发展研究中心参加国科大第二届公共治理与创新发展高峰论坛》《大同市发展研究中心出席首届永定河论坛》5 篇文章。出版《发展研究》6 期，发挥政策研究和决策咨询职能。（商 聪）

【发展课题研究】 2019 年，大同市人民政府发展研究中心围绕政府工作报告提出的“十二大行动”任务，结合山西省人民政府发展研究中心提出的六个课题任务，对能源革命的“四个革命”（推动能源消费革命，抑制不合理能源消费；推动能源供给革命，建立多元供给体系；推动能源技术革命，带动产业升级；推动能源体制革命，打通能源发展快车道）“一个合作”（全方位加强国际合作，实现开放条件下能源安全）展开系统研究，分解任务，副主任领命调研，形成《京津冀协同发展城市群的调研报告》和《粤港澳大湾区城市群调研报告》2 篇报告；完成省社科院（省政府发展研究中心）重大课题任务《山西区域经济社会发展研究》（大同篇章）2 万字的撰写工作；完成涉及大同市经济发展、改革创新、事关民生的《高铁经济下的大同发展》《冬奥会对大同的影响及对策》《云州区东阁老山村乡村振兴调查与研究》《上海松江区考察报告》4 个调研课题。（商 聪）

【智库建设】 2019年，大同市政府发展研究中心谋划和开展大同建设山西省域副中心城市、创新生态、能源革命综合改革试点等内涵要义，开展课题研究。按照省社科院和市委市政府关于“智库建设要把重点放在提高研究质量、推动内容创新上”要求，组织人员参加省社科院（省政府发展研究中心）组织的新型智库建设培训工作；承办国际性会议“一带一路与山西对外开放暨明史国际学术研讨会”，收集整理150名中外学者101篇117万字论文集3本，其中介绍、推介、建言大同对外开放方面的论文7.4万字；参与2019中国（大同）新能源国际高峰论坛组织工作，围绕能源革命大趋势和大同市新能源产业大发展，给大同建立新能源全产业链出谋划策。 （商 聪）

▲2019年6月22日，“一带一路”与山西对外开放学术研讨会、中国明史学会明史国际学术研讨会在大同召开 （商 聪 摄）

【“一带一路”与山西对外开放学术研讨会 中国明史学会明史国际学术研讨会】 2019年6月22日至23日，“一带一路”与山西对外开放学术研讨会、中国明史学会明史国际学术研讨会在大同市文瀛湖行政中心举行。两个学术研讨会由中国明史学会、山西省社科院、山西省政府发展研究中心、大同市政府主办，大同市委宣传部、山西省社科院历史研究所、大同市政府发展研究中心承办，国内外150余位专家学者和企业家代表围绕山西历史上的“一带一路”、明代中外关系、山西融入“一带一路”3个主题进行研讨。发表《大同宣言》。研讨会期间，国内社科研究机构和众多高校及法国、日本、韩国、乌兹别克斯坦等国的专家学者分组研讨，举行高峰论坛，共同研讨“一带一路”和山西对外开放事业，共谋大同和山西发展大计，提出许多意见建议。 （商 聪）

社科联

【概况】 2019年，大同市社会科学界联合会（简称“市社科联”）加大对各社科学会组织的管理力度，建立“社科之家”微信平台，搭建学会间联系和交流平台，注重学会年检审核工作，规范社科学术团体管理，对存在的问题和困难帮助协调解决；组织社科类社会组织发挥职能作用给市委市政府建言献策。开展社科调研活动，发掘社科工作典型，推动社科工作提档升级。普及宣传哲学社会科学，推动社科普及工作发展。参加全国和省市级社科工作交流活动，加强与兄弟社科部门的联系与沟通。4月，参加山西省社科联第三届换届会议，向与会的省社科界领导、专家、学者赠送市社科联与市诗词研究会编辑出版的《大同名胜诗词集》一书；5月，参加在天津举办的“华北五省市社科联协作会议”；8月中旬，参加在陕西省宝鸡市举办的第四届全国“一带一路”沿线城市智库联盟大会，在会上向与会成员介绍大同市社科工作情况，并申请加入全国“一带一路”沿线城市智库联盟；8月底，参加在内蒙古自治区巴彦淖尔市举办的“全国大中城市社科联第30次工作会议”，会上大同市恒山文化研究会与诗书画印研究会获先进社科学会，社科学者要子谨与王丽珍获先进社科工作者，《在“生态优先、绿色发展”理念下完善老龄化社会公共服务体系研究——以健身气功服务为研究视角》一文收录优秀社科成果交流册。 （李文剑）

【社科调研活动】 2019年，大同市社科联围绕2个调研课题，到16个学会、20个社会科学普及宣传基地开展调查研究活动，听取哲学社会科学工作者的意见和建议，针对发现的9个问题提出14条对策建议，形成2份调研报告，即《大同市社科联所属学会基层党组织建设情况的调研报告》与《关于我市社会科学普及宣传基地建设情况的报告》，对工作提出有针对性的意见建议。 （李文剑）

【哲学社会科学普及宣传】 2019年，大同市社科联抓《山西省哲学社会科学普及条例》宣传实施工作。6月1日，在大同公园举办《山西省哲学社会科学普及条例》宣传活动，市人大常委会副主任刘美、市政协副主席王德成，市社科联、大同大学社科联及市各哲学社会科学类学会参加活动；8月至9月，组织机关干部到市图书馆、博物馆、万人坑遗址、平型关大捷纪念馆等20个社会科学普及基地调研，指导推动社科普及宣传工作；9月，在大同市卫校举办“大同市社科联‘不忘初心、牢记使命’主题教育暨《山西省哲学社会科学普及条例》专题培训班”，各县（区）宣传部、学会和科普基地近60人参加，并向首批20个大同市哲学社会科学普及宣传基地进行授牌仪式；10月28日，组织机关全体党员到大泉山红色教育基地实地学习教育；11月7日，组织机关党员到市平城区柳港园社区开展《山西省哲学社会科学普及条例》

宣传活动和志愿服务活动；11 月至 12 月，印制 4 种科普宣传资料约 6 万份，并发放到社科普及基地、学会、社区、学校等单位，加大社科普及工作力度；11 月，为促进社科普及宣传基地提档升级、加大创新力度，在筛选基础上，向省社科联申报 7 家省级社科普及宣传基地并全部获批。（李文剑）

【社科课题研究】 2019 年，大同市社科联围绕大同市重大战略部署和任务，加强调查研究和理论研究，确立一批重大课题，加强对课题方向的引导和成果的管理，推进社科研究层次化开展。全年组织大同市社科学者申报山西省社科联年度重点课题有 26 个项目，其中有 6 项被省社科联确立为重点课题，完成 6 项上年度重点课题的结题任务；完成一年一度的山西省社科联“百部篇”工程评奖活动在大同市的申评工作，2019 年度有 26 篇（部）作品参加申评，其中有 3 部作品获三等奖；并组织大同市社科学者申报山西省第十一次社会科学优秀成果的评奖工作。（李文剑）

2018—2019 年山西省社科联重点课题结项项目大同课题名单表

序号	课题编号	课题名称	主持人	所在单位	课题等次
01	SSKLZDKT2018110	“一带一路”背景下山西大同文物保护智库建设与创新发展	李珍梅	大同大学	优秀
02	SSKLZDKT2018117	转型发展中的山西文化旅游资源发展现状研究——以大同市为例	张京峰	大同大学	优秀
03	SSKLZDKT2018113	一带一路战略下山西资源型经济转型的人才支撑研究	赵　平	大同大学	合格
04	SSKLZDKT2017114	基于供给侧结构性改革视角的山西煤炭产业结构优化研究	宋　丹	大同大学	合格
05	SSKLZDKT2017118	一带一路背景下新媒体对于山西文化形象的建构与传播	王海燕	大同大学	合格
06	SSKLZDKT2017120	山西省安全生产应急体系建设方案	姚有利	大同大学	合格

2019—2020 年山西省社科联重点课题研究项目大同立项课题表

序号	课题编号	课题名称	主持人	工作单位
01	SSKLZDKT2019192	大同特色民居研究——新形势下的现状与展望	段晓莉	大同市博物馆
02	SSKLZDKT2019193	北魏平城明堂研究	韩生存	大同市博物馆
03	SSKLZDKT2019194	藏品管理智慧化系统建设研究保障博物馆传统文化传承发展	王利民	大同市博物馆
04	SSKLZDKT2019195	中华传统漆器文化研究——以北魏司马金龙墓漆屏风画为例	刘贵斌	大同市博物馆
05	SSKLZDKT2019136	“互联网＋红色文化”在高校思想政治教育中的运用研究——以山西红色文化为例	杨素祯	大同大学
06	SSKLZDKT2019137	山西省制造业智能化转型升级路径研究	王　婷	大同大学

2018 年百部篇工程大同地区获奖名单表

序号	学科分组	学会（单位）	题目	成果形式	作　者	获奖等次
01	教育学组	大同大学校体育学院	生态文明视域下农村体育生态化研究	专著	孙　刚	三等奖
02	语言文学组	山西大同大学文学院	晋北沿边堡寨的宗教信仰及神庙戏台	论文	王鹏龙	三等奖
03	语言文学组	山西大同大学文学院	云冈石窟造像的鲜卑特色与文化多样性	论文	彭栓红	三等奖

档　案

【概况】 2019 年，大同市档案馆建筑面积 2000 平方米，库房面积 900 平方米，馆藏 233 个全宗约 14 万卷 5500 余件档案。全年接收市公证处 1981—2008 年的档案 15842 卷，其中永久卷 8436 卷，长期卷 7406 卷。在《大同日报》上 2 次刊登征集公告并征集回各类老证件、相片及散失在社会上有价值的文件 100 余件，征集图书报刊 175 种 404 本，发出荣誉证书 15 本。11 月 5 日，新建大同市国家综合档案馆封顶。（纪海霞）

【档案划控】 2019 年，大同市档案馆结合实际制定《2019 年馆藏档案鉴定划控方案》，逐件逐页划控馆藏 1989 年（市公证处是 1981—1989 年）档案，确保应开放的档案对外开放。全年完成鉴定划控档案 4564 卷，56413 件，234512 页。（纪海霞）

【档案数字化加工及备份】 2019 年，大同市档案馆数字化加工 63 个全宗，49327 卷，188 万余页档案。经监理方验收，每一批次合格率均在 99.5% 以上，验收合格并归库 932 个批次。采取边验收边挂接方式，挂接到档案馆综合业务管理平台并投入使用 141 个全宗，65097 卷，6145304 页数据。采取中心机房磁盘阵列备份、异地备份及离线备份多种形式相结合形式存储备份相关数据，全年完成现行档案 614 万页加工成果的离线备份，共 1724 张光盘，存放于专业存储库中，并持续推进余下的离线备份工作。

（纪海霞）

【查档接待】 2019 年，大同市档案馆运用大同市档案馆综合业务管理平台，采取节假日预约查档、来电来函查档等方式服务社会各界，全年接待查档 235 人次，调卷 655 卷，复制 1956 页，取证 118 次。协助市委做好废止和失效文件清理工作，筛选市委所属全宗的有关 1949—2000 年的 2745 卷、46578 件档案，筛选出 471 条。给相关部门编史修志、工作查考提供支持，给解决土地资源、婚姻、工龄、学籍等民生问题提供数据。（纪海霞）

【重大活动档案征集接收】 2019 年，大同市档案馆以“二青会”召开为契机，派出业务骨干协助做好档案工作，宣传《山西省重大活动档案管理办法》和《“二青会”档案管理办法》，开展业务培训，并直接帮助收集整理档案。向山西省“二青会”组委会移交文件实物类 244 种 976 件，资料 70 种 280 册，声像音视频电子档案 980G，成为山西省第一个向省“二青会”组委会移交赛事档案的地级市。大同市档案馆接收回文件实物类 200 余种 300 余件，资料 70 种 100 余册，并备份相关视频照片电子档案。

（纪海霞）

【机构改革涉改单位档案指导】 2019 年，大同市档案馆按照市委相关部署馆承担机构改革档案处置工作。1 月 15 日至 18 日，大同市档案馆抽调多名业务骨干分 3 组摸底市委、市政府各部、委、局、办 43 家单位的档案管理现状，了解各单位的档案管理体制及档案员配置情况、室存档案整理保管状况。起草大同市《机构改革涉改单位档案管理与处置工作的通知》，报送市委、市政府两办，以两办文件印发。抽调 8 名业务人员，分 4 个小组，多次对 85 家新设档案全宗单位、撤并单位和档案全宗沿用单位进行档案业务指导，帮助各涉改单位制定档案处置工作方案，协助各涉改单位梳理本单位各门类档案及需要整理的文件资料，给各涉改单位带去有关档案整理标准和规范。2 月 15 日，在市御东行政办公楼举办大同市机构改革涉改单位档案业务培训会，邀请档案业务骨干讲解档案整理标准和规范，全市 85 家涉改单位的办公室主任及档案员 170 余人参加培训。年内，重点对机构改革撤并的 29 家单位档案整理交接工作进行督促，在规定日期内，协助 29 家单位完成档案资料的整理交接。

（纪海霞）

【档案安全管理】 2019 年，大同市档案馆档案库房由专人负责，实行“双人进库调档制”，进出库房时间、事由有实时登记。库房管理人员定期检查档案库房，按时保洁，保持内部及周边环境整洁、卫生，相关责任人定期巡检档案库房。节假日期间对库房进行封闭管理，库房封库、启库时都有登记。档案的查阅利用在监控环境中进行，查档人员均签订安全保密承诺书。在档案保管、利用、数字化、移交和接收等过程中编制检索工具和档案登记、统计台账，执行交接制度，履行交接手续，确保档案管理、流转过程中的档案安全。执行档案安全工作制度，在电器方面，通过用电管理，减少用电负荷，把用电安全控制在范围之内，水暖管道在发现跑、冒、滴、漏现象时，能得到及时更换和维修，监控报警系统能够正常发挥作用。年内组织消防实战演练 1 次。开展档案综合业务管理平台三级安全等级保护测评工作。该项目于 7 月 12 日在大同市公安局备案，8 月 29 日晋信安科技有限公司对市档案馆档案综合业务管理平台进行初测评。针对出现的不符合网络安全等级保护 1.0 标准的项目，市档案馆组织系统集成方及软件建设方进行修补漏洞和优化升级工作，经过反复校验，11 月 6 日晋信安公司进行复测评，通过网络安全符合三级等级保护要求。（纪海霞）

【抗日战争档案修复及数字化】 2019 年 7 月 28 日和 8 月 14 日，大同市档案馆两次到浑源县、广灵县、灵丘县档案馆摸排统计馆藏抗战档案，通过实地查看档案，发现抗战档案 600 余页。9 月，大同市档案馆修复抗战档案并开展数字化招投标工作，10 月 18 日开始档案修复项目，11 月 11 日完工。10 月 30 日开始档案数字化项目，11 月 13 日完工。该次修复并数字化抗战档案 1800 余页，其中给县（区）修复抗并数字化抗战档案 985 页。

（纪海霞）

【山西省档案学会“档案工作创新与实践”学术研讨会】 2019 年 9 月 18 日至 19 日，山西省档案学会“档案工作创新与实践”学术研讨会在大同举行。山西省档案馆副馆长白晓军、大同市委秘书长尉连生、山西省档案学会理事长郭旭光出席会议，全省档案工作者及研讨会论文作者 300 余人参加会议。会议邀请杨来青、胡鸿杰、王改娇 3 位专家学者分别就“互联网时代的智慧档案馆建设与电子档案管理”“我国档案机构改革与职业发展”“档案展览的策划与创新”开展专题讲座，并组织优秀论文作者开展现场研讨交流。（纪海霞）

【《大同市抗日战争档案汇编》第一册）编纂】 2019 年，大同市档案馆根据国家中档档案保护与开发项目任务，结合入选的抗战档案实际情况，把抗战档案以“主题—组织机构—时间”体例对大同市抗战档案进行编辑，11 月，完成汇编初稿。12 月 19 日，大同市档案馆召开《大同市抗日战争档案汇编（第一册）》初稿评审会，会议邀请大同市地方史志专家审阅书稿，并就书稿的编排体例，目录编辑，提出建议和意见。推动《大同市抗日战争档案汇编（第一册）》的编纂工作。

（纪海霞）

【《民国大同商号调查》编写】 2019 年，大同市档案馆挖掘馆藏档案资源，编写《民国大同商号调查》。该书以档案视角客观反映民国年间大同商号的相关情况，包括商号的地址、负责人、开业时间、公会厘股等内容，反映民国时期大同市商业发展状况。该书选入部分档案原件及商号印章，展示中国早期民间的“商业数字”即“苏州码”，直观反映大同商业发展状况。（纪海霞）

新闻出版　广电影视

新闻宣传

【概况】 2019年，大同市委市政府新闻中心在省级以上主流媒体发表稿件5400余篇。其中，在人民日报刊发稿件28篇；新华社50篇；在中央电视台播出稿件91条；市新闻中心自采的稿件在省级以上主流媒体发表201篇。（高　晔）

【新闻宣传稿件推选】 2019年，大同市委市政府新闻中心重点报道稿件有新华社刊发的2019年开篇之作《（新时代新作为新篇章）煤都之蓝大同大不同》；中央电视台"新闻联播"播出的《大同古都灯会迎新春》《全国人大代表、大同市市长武宏文谈转型发展》《美丽中国（山西大同视频）》《山水之间赏春色 多彩活动过假期》；3月6日在"焦点访谈"栏目播出《全国人大代表、大同市市长武宏文谈能源革命》；"朝闻天下"栏目播出《山西大同迎来500只大天鹅》《山西大同代王府庙会体验明朝节庆文化》；《人民日报》刊发的《巧娘妙手编织幸福（新春走基层）灵丘县》《大同黄花迈向农业农村现代化》《山西："煤老大"靠改革漂亮转身》《惠及民生福祉：煤电"脱胎换骨"》；《光明日报》刊发的《山西：作风正了 干劲足了——大同市市长武宏文高效的工作让"大同的能源号"驶上发展的快车道》；《山西日报》头版刊发的《（凝心聚力振奋精神 全面拓展新局面）"党建+"模式的大同实践》《黄花乡里春意浓——大同市云州区脱贫攻坚结硕果》《"扎扎实实开展'不忘初心、牢记使命'第二批主题教育"把初心写在大地上》《初心如磐 使命在肩》等。全年在新华社客户端推送发出大同新闻和政务信息493条，给新华网、人民网推送506篇新闻稿件。（高　晔）

【《山西日报》区域新闻大同版】 2019年，按照大同市委、市政府安排，《山西日报》区域新闻大同版发出24个专版，统筹、编辑、采写文字稿10万余字，新闻图片100余幅。出版《大同全面拓展新时代改革开放转型发展新局面》《大同能源革命引领转型升级》《大同市"深化转型项目建设年"百亿工程集中开工》《新一年，大同要做好这十二项大工程》《大同市以"四个坚持"深入推进大讨论》《大同大讨论活动取得丰硕成果》《大同：五个强化集中攻坚深度贫困》《大同市"联手群众 清洁家园"活动让乡村更美丽》《以姿态新担当开创发展新局面》《大同市主题教育专项整治有力推进》等专版，提升宣传效果。（高　晔）

【新闻记者接待】 2019年，大同市委市政府新闻中心接待国家和省级媒体记者115批次，750余人次，其中主流媒体70批，450余人次，宣传大同的建设成就和先进典型。在接待工作中，给记者提供信息资料，策划报道题目，开展协作配合，发挥媒体主力军优势，调动采写大同好故事、传播大同好声音的积极性，采编刊播出宣传大同市的报道稿件，获得服务媒体效益。（高　晔）

【新闻舆论环境】 2019年，大同市委市政府新闻中心落实《大同市媒体舆情服务管理意见》，抓媒体协调和舆论引导，发挥新闻中心与省级以上媒体工作沟通优势，与国家级、省级媒体及网络媒体联系沟通，应对舆论监督，参与处理各类突发事件的媒体应对工作，推动相关问题解决，给全市的经济建设和社会发展创造宽松舆论环境。（高　晔）

【新闻发布会】 2019年，大同市委市政府新闻中心和宣传部新闻发布科合作，组织有关部门通过新闻发布会，把市委、市政府的重大决策、工作部署、新出台的法规条例、重要成果和需要广大人民群众参与支持的工作通报给全市人民，向社会公布。组织参与"五届成龙国际动作电影周发布会""云州区黄花节发布会""大同云冈文化月新闻发布会"。（高　晔）

【合作宣传】 2019年，大同市委市政府新闻中心加强与中央媒体、山西省主要媒体的对上联系，给他们传递大同市的新闻线索、报道题材和工作信息，并主动邀请他们到大同采访报道。和宣传部新闻发布科共同组织参与第五届成龙国际动作电影周、云州区黄花节、大同云冈文化月新闻发布会。加强与《大同日报》、大同电视台等相关部门的横向联系，共享资源，在能源革命、脱贫攻坚、第五届成龙国际动作电影周等报道中发挥重要作用。加强与县（区）新闻中心的纵向联系，信息上加强沟通、业务上加强指导、工作上加强联系，全年市委宣传部和市委市政府新闻中心共同举办全市县（区）新闻中心业务培训班，与驻大同记者站交流业务。坚持

《全市对外新闻宣传发稿通报》制度，按月通报省媒驻大同记者站和各县（区）的对外发稿情况，全年完成12期。

（高　晔）

【新闻宣传业务培训班】　2019年11月21日，由大同市委宣传部、市新闻中心主办的新闻宣传业务培训班举行。大同市各县（区）新闻中心主要负责人及来自省级媒体驻大同记者站、各市直媒体的一线新闻工作者120余人参加培训。

该次培训邀请人民日报社地方部副主任费伟伟作题为《做新闻应把握三种能力》的专题讲座。向参训人员展示不同时期《人民日报》的不同版面，认为做新闻应该把握三种能力，即政策把握力、现场表现力、人物还原力。通过新闻采编实例阐述新闻记者把握三种能力的重要性、如何培养三种能力，希望新闻记者能够多留意国家政策和动向，关注、研究、把握政策，真实还原历史场景和细节，用新闻事实支撑自身的理论和观点。

（蕙　兰）

图书出版

【《画说大同》出版】　2019年1月初，由大同市旅游发展委员会出品，麻雀文化创意制作，毋世朝主编、刘然编绘的《漫画山西·画说大同》由三晋出版社出版发行。“漫画山西”是一套诠释“华夏古文明，山西好风光”的系列图书，上年初受大同市旅游发展委员会委托，由旅游文化策划人毋世朝、中国动漫十大人物之一的刘然担纲创作，经过旅游考察、典籍研究、脚本起草、编绘等多道工序编绘出一本异形16开本的《画说大同》。该书分“塞上古都”“云冈石窟”“北岳恒山”“大同古城”“塞上佛寺”“塞上长城”“云中风情”等章节，用漫画＋文字方式，系统地介绍大同的历史、文化、典故、景点、特产、美食和民俗等，诠释大同旅游的文化内涵。在编创该书同时，主创团队还创作出版大同旅游风情、大同美食风情两副彩色漫画扑克牌，作为大同市旅游宣传纪念品，向公众展现“中国古都，天下大同”的精神风貌。　（蕙　兰）

【《代州冯氏群贤谱》出版】　2019年1月，由李淳编著的《代州冯氏群贤谱》一书出版。该书35万字，收录近50篇文章，记载“清代全国第一高门望族”的代州冯家数百年中，特别是明清时期涌现的清官廉吏、贤哲君子、作家等代表人物数百人。该书是真实人物的历史研究、考证和传记，在整理时以代州冯氏族谱为基本依据，参照历史文献资料，如清宫档案，帝王实录，相关各地的地方志、碑文、相关著作的记载、纪实性著作和诗文等资料。该书解读文字艰深的古文传记，丰富人文史料，写活历史人物，纠正族谱记载的某些失实之处，特别阐明新时期加强家庭建设，传承优良家风家训的重要意义。（蕙　兰）

【《雁北耍孩儿记忆》出版】　2019年3月，大同市摄影家刘晋川编著的《雁北耍孩儿记忆》一书出版。《雁北耍孩儿记忆》由山西人民出版社出版，是刘晋川在工作之余用10余年的时间追踪“耍孩儿”这一国家级非物质文化遗产项目，拍摄创作而成。期间，他采访多位耍孩儿老演员及有关人员，搜集、整理、研究耍孩儿，并在山西多地举办耍孩儿专题摄影展。《雁北耍孩儿记忆》收录与耍孩儿剧有关的不同时期的照片200余幅，以图文并茂形式，做全面而系统的回溯与整理，对耍孩儿发展历程中的重大事件、主要传承人物、主要时间节点、主要剧目等都有记述。书中有市耍孩儿剧团建团初期的照片，有多年来耍孩儿剧团发展变迁记录，时间跨度60余年。　（市文旅局）

【《这就是北魏》出版】　2019年3月，大同市作家协会主席任勇系列历史散文《这就是北魏》由商务印书馆国际公司出版。《这就是北魏》一书，从拓跋鲜卑人发迹，建立游牧民族政权，统一北方形成南北对峙，改革国家体制发展经济，迁都洛阳推行全面汉化，一直到北魏后期内外交困走向分裂，客观描写和分析北魏文明，及它对隋唐以后中国封建社会发展的贡献。　（蕙　兰）

【《大同名胜诗词集》出版】　2019年4月，由山西出版集团北岳文艺出版社出版发行的《大同名胜诗词集》与读者见面。该书是由市社会科学界联合会和市诗词学会组织编选的大同本土诗人，及部分到大同采风的外地诗友，咏诵大同名胜的诗作和部分古作汇集而成，选编800余首诗词曲赋作品。用诗词曲赋等不同形式延续彰显大同文化特色。　（蕙　兰）

【《困惑的祈祷》出版】　2019年6月，大同煤矿文学爱好者王亮的诗集《困惑的祈祷》由团结出版社出版。该书由《困惑祈祷》《乡愁情愫》《无题偶感》《雪域沧桑》《生命如歌》《心路历程》6个部分组成，全书收录作者创作的诗歌120余首。　（蕙　兰）

【《沙岭村志》出版】　2019年7月，《沙岭村志》由三晋出版社出版。沙岭村是大同市平城区水泊寺乡的一个行政村，沙岭村原隶属大同市南郊区水泊寺乡，大同市调整区划后，水泊寺乡及沙岭村等改属大同市平城区。历史上的沙岭村是一个以农业为主的村庄，半粮半菜，是大同市的菜篮子基地；改革开放以来，奶牛养殖业发展迅速，成了大同市的奶源基地；2010年后，随着大同市城市发展，沙岭村也由农村转变为城市社区，变化很大。为留住乡村记忆，沙岭村党支部、村委会组织编写《沙岭村志》。该《村志》有9编28章，上起明代，下迄2016年，分政治、经济、文化、社会、民俗等章节，记述沙岭村的发展变迁。　（蕙　兰）

【《秋水长天——王勃传》出版】　2019年8月，大同市作家聂还贵文学传记作品《秋水长天——王勃传》由作家出版社出版发行。该书收录在《中国历史文化名人传》丛书之中，由聂还贵经过收集史料、田野调查，历时近6年创作而成，全书22万字。《秋水长天——王勃传》作品以初唐“四杰”之首王勃的人生轨迹为经线、王勃诗文蕴露的信息为纬线，再现一个千年历史文化名人，是一部传记作品。（蕙　兰）

报　纸

【概况】　2019年，大同日报社以学

习宣传贯彻落实习近平新时代中国特色社会主义思想和党的十九大、十九届二中、三中、四中全会精神为主线，开展“改革创新、奋发有为”大讨论、“不忘初心、牢记使命”主题教育，以重要会议、重大活动、重要节点为切入口，突出大同视角，讲好大同故事。策划发起多组重大主题报道，“两报一网”（《大同日报》《大同晚报》、大同新闻网）、“两微两号”（官方微博、微信、头条号、抖音号）协同发力，把握主线，完成省市“两会”、庆祝新中国成立70周年、“改革创新、奋发有为”大讨论、“不忘初心、牢记使命”主题教育、争当能源革命和对外开放“尖兵”、脱贫攻坚、扫黑除恶、创建文明城市、行政区划调整等重点工作的报道，古都灯会、二青会赛事、成龙电影周等活动的宣传，及市委部署的其他各项宣传报道任务。（高　洁）

【能源革命宣传】 2019年，大同日报社在《大同日报》每日三版推出《能源革命 造福人类》专刊，推出324期专版报道；《大同晚报》及网站、新媒体平台推出能源革命专栏，发稿230余篇。纸媒网媒联动宣传，加强内容策划、每天选题、到基层采访，宣传全市推进能源革命的项目落地和建设、措施进展和成效、专家访谈、新能源知识的普及应用等，有主题报道和专栏设置，兼容文字、图片、视频，发挥报纸和新媒体平台的传播优势，营造舆论氛围，宣传能源革命。（高　洁）

【脱贫攻坚和乡村振兴宣传】 2019年，大同日报社在《大同日报》《大同晚报》重要版面、位置开设《全面打赢脱贫攻坚》《扎实推进乡村振兴》《脱贫攻坚一线典型》等专栏，刊发稿件168篇，大同新闻网及微信公众号推送105篇，宣传贯彻习近平总书记关于扶贫工作重要论述和中央、省委、市委决策部署，宣传大同市脱贫攻坚工作取得的进展和成效，涌现出的先进典型经验、扶贫先进人物等，关注大同消费扶贫工作，重点报道大同推进“五进九销”等各项举措的落实情况和取得的实际成效。（高　洁）

【创建文明城市宣传】 2019年，大同日报社配强专题报道组，定期研究策划选题，在《大同日报》《大同晚报》、大同新闻网开辟《同心同力发展大同 共创共建文明城市》《创建文明城市 共享和谐家园》《助力我市创建文明城市》《创建文明城市曝光台》等专栏，做到每日至少刊发一篇相关稿件，微信微博推送稿件，形成宣传合力，创建文明城市工作贯穿到日常宣传、成就宣传、主题宣传、典型宣传和公益宣传中。全年《大同日报》发稿603篇，《大同晚报》发稿564篇，大同新闻网和微信公众号转发推送700余条，全方位、多角度宣传报道大同市各级各部门、各领域、各行业开展文明城市创建工作的实践和成效亮点，宣传基层干部群众投身文明城市创建的先进典型和先进事迹。（高　洁）

【纪念新中国成立70周年宣传】 2019年国庆前后，大同日报社在《大同日报》开设《壮丽70年奋斗新时代——推动高质量转型发展》《壮丽70年奋斗新时代——脱贫攻坚奔小康》《壮丽70年奋斗新时代——文旅振兴看大同》《壮丽70年奋斗新时代——致敬奋斗者》等10余个专栏、专题，全方位、多领域透视大同70年取得的历史性成就，向读者呈现大同对外开放的姿态、能源革命的探索、文明城市的魅力、奋斗者的风貌、爱国者的家国情怀；《大同晚报》、大同新闻网、大同日报微信公众号、大同文传联动推出国庆70年联动报道，县（区）成就展示报道、通航产业专题报道、能源革命系列报道；抖音号《我和我的祖国》系列、《重阳节》系列等短视频，短期浏览量超过10万。（高　洁）

【新媒体发展】 2019年，大同日报社整合内部组织架构，再造采编流程，加速、加快传统媒体和新兴媒体新闻反应速度，提高新闻传播效率，并于11月重启手机APP端媒项目。大同新闻网推出抖音号、头条号等新媒体产品，直观呈现网民关注的重点话题，突出重点、超前策划，在能源革命、脱贫攻坚、二青会、大张高铁建设等报道中，以图文、音视频立体报道方式，深耕内容、把握题材，扩大传播力影响力。2019年，大同新闻网在今日头条的稿件阅读量313万次、热议超过3000条，个别消息单条阅读量超过50万次；抖音号“复兴号驶入大同南站”等短视频播放量近10万次。（高　洁）

【文化产业发展促进】 2019年，大同日报社坚持文化项目品牌建设，推动文化产业多元发展，承办2019中国（大同）古都灯会、2019“影像的力量”中国（大同）国际摄影文化展等文化活动，完成第五届成龙国际动作电影周来宾、媒体、工作团队的接待，及开幕式、云冈国际论坛、走红毯、闭幕式等活动的承办等工作任务。在活动的筹办和组织上，挖掘大同文化内涵，加强大同与周边地域的文化交流、文化互通，更多注重文化活动的开放性、国际性，从而更好地彰显大同城市魅力、宣传大同人文。（高　洁）

【《大同日报》高级小记者班成立】 2019年1月5日，由52名同学组成的首批《大同日报》高级小记者班开班。《大同日报》小记者编辑部表彰上年度优秀小记者。年内，《大同日报》《大同晚报》的大记者给高级小记者班的同学们上新闻培训课，给高级小记者设置的所有课程打破传统课堂模式，内容从实践中来，采访到实践中去，多位奋战在新闻采访一线、经验丰富的大记者到课堂，把自己多年来的采访经验和采访故事告诉小记者，带领他们走进新闻的世界里去探索，去感受各个不同的社会领域中发生的事件，让同学们成为生活的记录者、文化的传播者、时代的见证者。（蕙　兰）

【《大同日报》获山西出版奖】 2019年2月，第二届“山西出版奖”评选结果揭晓，《大同日报》等5家报纸和10家期刊获其中的报纸期刊奖。第二届“山西出版奖”设立报纸期刊奖、图书奖、音像电子网络出版物奖、印刷复制奖等6个奖项，另外设“山西出版奖”提名奖。评选按照自下而上推荐、差额评选确定的方式，按照出版印刷单位申报、初评、复评、终评的程序进行。经过评选并公示，《大同日报》与《山西日报》《太原日报》《英语周报》《语文报》5家报纸和《前进》《理论探索》等10

家期刊获报纸期刊奖。（蕙　兰）

【11 件作品获山西新闻奖】 2019 年 5 月，山西省新闻工作者协会组织的第二十八届（2018 年度）山西新闻奖评选活动揭晓。大同日报社选送的作品有 11 件获奖，其中一等奖 1 件、二等奖 3 件、三等奖 7 件。

山西新闻奖是经山西省委宣传部批准，山西省新闻工作者协会主办的全省性年度优秀新闻作品最高奖，每年评选一次。该届参评新闻单位 63 家，参评作品 799 件，评出一等奖 83 件、二等奖 110 件、三等奖 134 件、特别奖 6 件。大同日报社选送的通讯《推动冰雪经济发展 大同该如何走？》（李利萍）获一等奖；通讯《“e 贷”渐宽种“忘忧”》（殷雪年），通讯《45 位残疾人幸福而难忘的一天》（张向华），通讯《产业扶贫拔“穷根”》（任小春 尉建飞）分获二等奖；通讯《邓花：爱洒乡间》（苑捷 赵天清 马明清），通讯《惠民工程暖人心》（王芳），通讯《绿灯延长 16 秒解决师生过路难》（邸东芳），通讯《冬日里，一场爱心募捐见证人间真情》（孙海军 邸东芳），消息《12 小伙返乡弄潮帮农富》（武珍珍 李化民 臧成），评论《见证“煤都”向“氢都”转身的历史性时刻》（孙喜文），报纸版面“大同晚报上年 10 月 20 日 1 版”（刘波 穆亮）分获三等奖。（蕙　兰）

【“云中观潮”专栏创办】 2019 年 11 月 12 日，大同日报社在《大同日报》二版创办新专栏“云中观潮”，栏目围绕市委、市政府中心工作，聚焦全市经济社会发展大局，讲述大同故事、传播大同声音，突出地域特色、贴近民生民情，以小切口反映大主题，唱响主旋律、弘扬正能量、传递最强音。截至 2019 年底，大同日报社各中心部室记者到一线采写刊发《“小事”之中有“和谐”》《脱贫攻坚的“排头兵”》等 9 期专题新闻报道。（高　洁）

影　视

【现代都市电影《大同往事》开机】 2019 年 3 月 21 日，现代都市题材电影《大同往事》举行开机仪式。《大同往事》是大同市文化旅游重点项目电影，王三才和常然执导，影片拍摄时长约 2 月，在大同、重庆、香港 3 地取景，作为影片中男女主人公的家乡，大同取景的镜头是全片重点，大同景点、城市街景古城墙、和阳门广场、四牌楼、中国雕塑博物馆等都在取景范围内。影片时长 90 至 120 分钟，讲述男女主人公阿布和大雁离开大同，后又回到大同的故事。影片通过老街老巷的镜头展开情节，让观众跟随影片节奏一点一滴了解古都大同的过去、现在与未来。该片男女主人公扮演者分别是刘艺弘与曹菡，来自大同大学、大同艺校的学生也参与演出，特别是一些建档立卡贫困户免学费的贫困学生，都在影片中担任角色。（蕙　兰）

【农村公益电影放映】 2019 年 3 月 27 日，大同市农村公益电影放映活动启动。农村电影放映活动以“改革创新、奋发有为”大讨论活动为载体，大同市电影公司放映队分别到全市各个乡村，给农民群众和寄宿学校的学生放映电影。为提升公益电影的服务水平和观影质量，每个放映点都更换新荧幕，为庆祝新中国成立 70 周年，通过院线卫星下载多部扶贫攻坚和新中国成立 70 周年的相关影片。农村公益电影放映活动历时 9 个月，市电影公司放映队和各县（区）放映队放映农村公益电影 2 万余场，其中在农村寄宿学校放映约 1500 场。

（蕙　兰）

【第四届庆六一少儿电视晚会】 2019 年 5 月 25 日，由大同市文化和旅游局、市教育局、市体育局、大同日报社、团市委、市少工委、市关工委主办，大同市心连心艺术团承办的“飞扬的红领巾”大同市庆六一大型少儿电视晚会在华严寺广场举行。晚会舞台上大同市各幼儿教育机构带来 18 个节目，节目有舞蹈《盛世花开》《舞起幸福鼓》，配乐诗朗诵《梦想飞扬》，街舞《国风》等。晚会于 6 月 1 日在大同教育电视台播出。

（蕙　兰）

【《幸福大同》MV 首发】 2019 年 7 月 25 日，第五届成龙国际动作电影周影迷嘉年华活动上，《幸福大同》MV 首发。《幸福大同》由孙楠首次现场演唱，MV 发布 15 小时阅读量冲破 10 万 +。《幸福大同》MV 由大同广播电视台制作，所有出镜演员都是大同市民，片中融入大同历史文化内涵和现代化发展蓝图，诠释出“美丽大同、富裕大同、幸福大同”愿景。MV 拍摄时间近一个月，约 300 个拍摄点位，拍摄团队在大同云冈石窟、恒山、悬空寺、御河公园、文瀛湖生态公园、华严寺、代王府、方特欢乐世界、九龙壁、火山群、古城墙、土林、桑干河、大同古长城等地采景，片中还有大同美食、民俗、文化活动等。（蕙　兰）

【央视专题片《你所不知道的大同》重播】 2019 年 9 月 1 日起，中国国际电视台英语新闻频道（原中央电视台英语新闻频道 CCTV NEWS）《旅游指南》栏目组在大同拍摄的 3 集专题片《你所不知道的大同》向全球重播。

《旅游指南》栏目是中国国际电视台英语新闻频道的专题旅游节目，专题片翻译成西班牙语、法语、阿拉伯语和俄语，在中央电视台法语频道、阿拉伯语频道和俄语频道分别向全球观众播出。上年 4 月，《旅游指南》摄制组一行在大同进行 20 余天拍摄，寻访大同的旅游景点、民风民俗、民间技艺等。该片在 2019 年春节前播出。专题片第一集《你所不知道的大同》展示云冈石窟、大同古城墙、博物馆，及大同盘扣艺术和铜器制作技艺等；第二集《大同骑行日记》主持人寻访大同九龙壁、五龙壁、三龙壁、一龙壁等，并开启骑行长城之旅；第三集《大自然的恩赐》栏目组把镜头聚焦到大同火山群。专题片中有大量航拍镜头，全面展示大同历史文化、民风民俗、旅游资源及发展当下，有针对性地向海外推广大同。（蕙　兰）

【“新时代奋斗者·行业先锋人物”媒体见面会】 2019 年 9 月 5 日，在大同市“时代新人说——我和祖国共成长”主题活动中获选“新时代奋斗者·行业先锋人物”的 18 位“新时代奋斗者”与媒体见面，分别向各

▲2019年11月8日，“不忘初心 牢记使命”主题教育电视对话节目《民生·回声》在大同广播电视台演播厅录制　　（李文艺　摄）

媒体介绍自己，并接受采访。

由市委宣传部、市网信办、市总工会、团市委、市妇联主办的2019大同市“时代新人说——我和祖国共成长”主题活动从5月开始，向各县（区）进行征集推荐，参与报名人数354人，活动期间网络访问量1600万人次，网络投票量400万人次，现场参与观众1000余人；经过来自中央电视台、新华社、人民网、人民日报等专家评委、媒体评委和大众评委的综合评选，最终选出18位“新时代奋斗者”。活动中，全市各行业代表200人以合唱歌曲《我和我的祖国》形式，拍摄大同市庆祝新中国成立70周年公益宣传片《我和我的祖国》，国际广播电视台国际在线资深记者对获奖人物进行现场专访。《中国日报》《中国青年报》《中国文化报》、新华网、人民网、环球网、腾讯网、新浪网、凤凰网、国际广播电视台国际在线、大同日报社、大同广播电视台、山西日报大同分社等30家媒体参加活动。　　（蕙　兰）

【快闪《我和我的祖国》大同版上线】 2019年9月27日，由大同市委宣传部组织拍摄和制作的以“致敬70年 飞扬大同情”为主题的快闪《我和我的祖国》大同版上线。

快闪《我和我的祖国》大同版由作曲家、音乐制作人马爽进行音乐重新编配，构建起具有东方风格的钢琴与管弦乐作品，马爽出镜担纲钢琴独奏。快闪中，琵琶曲《昭君出塞》片段转化成快闪音乐的前奏曲，在弹拨乐声中滑入《我和我的祖国》。展现大同历史文化、民情风俗、城乡面貌、居民生活、经济社会发展、生态建设等，表达大同人热爱家乡、热爱祖国、讴歌新时代、赞美新生活的情怀。快闪尾声部分，寓意70的7位少年用他们的声音表达着大同人的共同心声，“我有一个梦，中国梦！”“祖国，你是我心中最美的诗！”“祖国，我们永远爱你！”快闪《我和我的祖国》大同版在大同新闻网微信公众号、《大同日报》传媒微信公众号、《大同晚报》微信公众号等上线，并在其他主流媒体、户外媒体播放。　　（蕙　兰）

【微电影《门里门外》获优秀作品奖和最佳表演奖】 2019年10月8日，首届“清风正气”原创微电影展评选在平遥古城揭晓，由左云县纪委监委拍摄、大同市京汄文化创意传播中心承制的原创微电影《门里门外》获优秀作品奖和最佳表演奖。

2019首届“清风正气”原创微电影展是由山西省纪委监委宣传部、省电视艺术家协会等主办，参赛作品来自全省8个市及绍兴、宁波等城市，从9月底至10月8日，获奖作品陆续在平遥监察文化主题公园公益展映。该届原创微电影展征集到微电影作品160部，经过评委会三轮评审，评选出优秀作品奖10部、优秀作品提名奖10部；揭晓最佳导演奖、最佳编剧奖、最佳影片奖、最佳表演奖4个单项奖。《门里门外》讲述边墙镇六墩村党支部书记王茂业帮扶从强戒所出来的村民张建日重建新生活的故事，其间有误会有人举报，最终邪不压正，还王茂业清白。　　（蕙　兰）

【电视对话节目《民生·回声》录制】 2019年11月8日，由大同市委“不忘初心 牢记使命”主题教育领导小组办公室主办、大同广播电视台承办的电视对话节目《民生·回声》在大同广播电视台演播厅录制。该节目针对大同市就业创业、教育医疗、社会保障、环境治理、住房保障、公共交通、城市管理、社会治安、便民服务等方面问题，通过栏目把人民群众的呼声传递出去，让相关部门倾听群众呼声，主动做出回应，给基层和群众办实事、解难事。　　（牛桂芳）

【“我和我的祖国”社会主义核心价值观主题微电影评选】 2019年11月10日，“我和我的祖国”——社会主义核心价值观主题微电影征集、展示、评选活动在大同广播电视台落幕，12部微电影作品分获最佳故事片、最佳纪录片、最佳专题片等9个奖项。

5月起，由大同市委宣传部、市委网信办、市教育局、市文旅局、大同日报社、大同广播电视台和大同大学宣传部联合举办“我和我的祖国”——社会主义核心价值观主题微电影征集展示活动。活动面向全市征集紧扣时代、主题鲜明、具有较大社会影响力的原创微电影作品。通过相关部门推荐、主流媒体挖掘或自推自荐等形式，征集微电影作品43部，最终25部微电影作品入围。评审现场，受邀专家从内容主题、创意、技术、整体等方面对25部入围作品逐项打分，最终市第二人民医院选送的《初心》、左云县委宣传部选送的《暖》、市委政法委选送的《最后的敬礼》获最佳故事片奖，《周建新的信访日记》《平型关下的供销社》获最佳纪录片奖。《浑源铸钟》《婆婆也是妈》《门里门外》《红蝶襟》《枪口下》《暖》《梦想延续》7部作品，则分别获最佳专题片、最佳编剧、最佳导演、最佳摄影、最佳剪辑、最佳男主角、最佳女主角7个奖项。（蕙　兰）

【大同广播电视艺术团系列活动启动】 2019年12月10日，大同广播电视艺术团、“童心筑梦·神采飞扬”2020大同市少儿春晚、大同市小主持人海选、大同广播电视台少儿栏目《童梦乐园》及“小记者看大同”等系列活动在大同广播电视台演播大厅启动，全市170余家少儿艺术培训机构负责人共同见证启动仪式。

2月，大同广播电视台根据相关管理条例规定，成立大同广播电视艺术团，这是大同广播电视台下设的一个具有文化艺术交流职能的部门，是大同广播电视台演艺人才基地。

（蕙　兰）

广　电

【概况】 2019年，大同广播电视台开办3套广播节目和3个电视频道。广播节目日播出广播节目60小时，播出自办节目73档，广播综合覆盖率93.52%，设有《大同新闻》《大同晨光》《新闻时空》《乡村大视野》《云中艺苑》《对话996》《我爱我车》《车友时间》《欢乐987》《围炉经济学》《刘兰芳书场》《单田芳书场》等节目。电视频道日播出电视节目时长54小时，播出自办节目栏目23个，电视综合覆盖率97.07%，设有《大同新闻联播》《民生大同》《今日视点》《壹直播》《医周刊》《大同政法》《廉政视点》《议案提案追踪》《人物周刊》《大同先锋》《天下大同》《中华大同人》《消费报道》《同煤新闻》《云中戏苑》等节目栏目。《大同广播电视报》拥有国家正式刊号；“大同广播在线网”是全市唯一具有音视频发布资质的网站；各频道频率、栏目节目合力打造“微信矩阵”；“看大同APP”2019年11月6日上线运营，全台所有广播电视节目实现网上同步直播。（牛桂芳）

【广电专栏专题推出】 2019年，大同广播电视台根据宣传报道需要，策划推出专栏专题，多层次、多方位、多角度报道主题活动。主要新闻节目栏目开辟《改革创新，奋发有为》《万名干部入企进村服务》《壮丽70年，奋斗新时代》《大同工匠》《能源革命献礼70年》《创城进行时》《不忘初心 牢记使命》等专栏专题。新闻综合广播在《大同晨光》《新闻时空》《新闻说天下》《晚报博览》等节目中，设置《同心同力发展大同，共创共建文明城市》等10余个特别栏目，重点关注大同市在能源革命、对外开放、文旅发展、脱贫攻坚、改革创新等方面取得的一系列重大成果。每天播出1.5万余字稿件，全年播出消息8000余条，专题500余个，评论800余篇。在《大同新闻联播》《民生大同》和《大同新闻》打造头条工程，推出《大战一百天 决胜脱贫攻坚》《张吉福与我市少年儿童欢庆六一》《航空产业助力大同经济插翅腾飞》《青春我在岗 奋斗正当时》《互联网+政务服务模式解决房屋权证办理难问题》等“今日头条”。立足当地实际，打造《今日视点》《人物周刊》《大同先锋》《大同政法》《名医堂》《中华大同人》等栏目。（牛桂芳）

【广电宣传报道】 2019年，大同广播电视台配合市委、市政府制作多个专题节目和宣传片。组织实施“庆七一，迎国庆”戏曲晚会、具体承办全市“新时代 新担当 新作为”先进典型报告会、主题演讲等系列活动。大同交通广播、新闻综合频率《大同晨光》栏目分别推出《对话996》和《“改革开放，奋发有为”大家谈》的面对面访谈，“音频+视频”使广播播出形式可视化。选派编辑记者，采写推出《北建工集团为未来能源馆而“战”》《北土岭村：花卉繁殖助农增收》《山坡小杂粮成就村民致富路》《西水磨村：集体经济强 农民实惠多》《易地扶贫搬迁 村民见证新生活》等一批主题报道。在进行主题报道时，要求记者编辑把习近平新时代中国特色社会主义思想和习近平总书记系列重要讲话精神真正消化理解，并加大调查研究，切实贴近群众实际和生活，使报道“上接天线，下接地气”。（牛桂芳）

【媒体融合发展】 2019年，大同广播电视台实施移动优先发展战略，组建成立融媒体中心，打造以广播电视移动端音视频为载体的新型主流媒体，推动融合转型发展。融媒体“中央厨房”指挥调度中心正常运营，3月1日，新媒体“看大同”两微一端内部测试上线，11月6日正式上线。6月5日，大同广播在线网新版本上线测试。“看大同APP”完成大同电视春晚，大同“两会”“二青会”圣火采集仪式，成龙国际动作电影周开、闭幕式，时代新人说颁奖晚会等系列活动的直播。根据新媒体特点，推出的一些H5和短视频作品，自采自制

▲2019年国庆期间，大同广播电视台录制MV《我爱我的祖国》（李文艺　摄）

《省委常委、市委书记张吉福给大家拜年》《大同民俗展演活动》《大美大同》《2019，愿你拥有打败一切的力量》等新媒体作品。为庆祝中华人民共和国成立70周年，融媒体中心策划拍摄“我和我的祖国”音乐公益宣传片，策划拍摄MV《幸福大同》，发挥广电全媒体传播优势。（牛桂芳）

【广电对外宣传】 2019年，大同广播电视台与中央台、省台通联部联系，把大同故事传递出去。建立激励机制，使投稿数量、采用条数有增长，新闻宣传有影响。对表对标省台、中央台，采取走出去、请进来办法。大同市委常委、宣传部部长黄岑丽带队到北京、太原、晋城等地考察学习，新闻中心派出两批5名负责人到山西广播电视台培训学习。年内，从省台请来负责服务省委、省政府主要领导的新闻中心时政部副主任官炜和新闻中心通联部主任艾世静等到市广播电视台授课指导。全年大同广播电视台在省台、中央台发稿341条。其中，《山西新闻联播》《晚间新闻》《新闻午报》发稿308条（《创新为魂拓新局，奋发有为正当时》等头条报题播出，《大同：一站式服务，促企业发展》等报题播出）；央视发稿33条。（牛桂芳）

第五届成龙国际动作电影周

【概况】 2019年7月21日至27日，以“心随影动见大同”为主题的第五届成龙国际动作电影周在大同市举行。成龙国际动作电影周由成龙发起，2015年起举办过四届，成为世界电影业界最具价值的文化品牌之一。第五届成龙国际动作电影周由中宣部电影卫星频道节目制作中心、大同市人民政府、成龙国际集团联合主办，秉承“更动作、更国际、更精彩”理念，以动作电影为媒，推动中国文化的国际传播，展示大同地域特色文化，推进文化精准扶贫。举办“钢铁人”荣誉评选、国际动作电影展映、世界特技人联盟峰会国际论坛、成龙大同世界影迷日及“脱贫攻坚战·星光行动”公益活动等系列主题活动。电影周期间，成龙到新荣区得胜堡古长城遗址考察，发起古长城保护计划，启动“脱贫攻坚战——星光行动”，助力脱贫攻坚，把星光从大同扩散到全国各地。人民网、新华网、央视影音、电影频道融媒体平台等近50家媒体对电影周开闭幕式进行现场直播。（蕙兰）

【成龙国际动作电影周宣传】 2019年，第五届成龙国际动作电影周期间，大同市委市政府新闻中心邀请组织中央、省和周边90余家媒体、记者230余人次，到大同市采访报道，借助成龙和众星的“星光”和大同市的脱贫攻坚、文化、旅游资源上的亮点结合起来，在全国各大媒体上对大同市的“文旅大餐”进行报道，助推大同脱贫攻坚，发出稿件1000余条。中央电视台电影频道播出《成龙呼吁保护大同古长城 2020年“脱贫攻坚战——星光行动”正式启动》《星光行动·黄花订货大会——成龙再回黄花基地为大同黄花助力》《成龙：助力脱贫攻坚和文物保护是社会责任》；新华网刊发《“扶贫大使”成龙在大同探寻“星光”帮扶新方向》；中新社刊发《成龙为黄花代言 订货会总订购额超9000万元》。（高晔）

【成龙国际动作电影周招商发布会暨捐赠签约仪式】 2019年6月28日，第五届成龙国际动作电影周招商发布会暨捐赠签约仪式在大同市召开。该次活动是宣传企业形象、拓展品牌知名度、打开国内国际市场的机会，企业可利用电影周所拥有的市场价值和商业潜力，把品牌形象随电影周整体宣传，共同汇聚成推动大同市发展的力量，拓展大同这座历史文化名城知名度和影响力。电影周广告招商需求包括开闭幕式红毯区场地广告、热气球广告、现场空飘、开闭幕式入口铁马护栏广告、明星用车及工作用车赞助、动作明星特技演员及工作人员保险赞助等。会上，活动大同组委会发布相关广告招商内容，接受晋瑞联合投资品交易中心有限公司、同悦城等企业捐赠，组委会与赞助企业现场签约，并给赞助企业授牌。（蕙兰）

【成龙国际动作电影周青年志愿服务启动】 2019年7月16日，第五届成龙国际动作电影周青年志愿服务启动仪式在大同市举行，来自大同大学及全国各高校的260名大同籍青年志愿者宣誓并接受专业化培训。大同团市委作为第五届成龙国际动作电影周志愿者团队组织单位，联合大同大学团委、市青年志愿者协会前期开展招募工作。启动仪式上，6名志愿者代表接过电影周志愿者队旗，标志着大同市260名青年志愿者正式出征电影周。志愿者分6个服务组，统一着装，提供秩序维护、现场翻译、礼仪接待、讲解引导、后勤保障、应急救援等志愿服务，并作为热心服务的表率、传播文明的使者，向外界展示大同开放、包容、自信、文明的城市形象。启动仪式后，大同蓝天救援队的张建国给全场志愿者进行心肺复苏、防范踩踏、止血包扎、安全防护等方面的应急处置知识培训。（蕙兰）

【成龙国际动作电影周百场电影进社区】 2019年7月18日至28日，由大同市平城区政府主办、市平城区文旅局承办的怀旧影像·成龙国际动作电影周百场电影进社区、进农村放映活动举行。该次活动在市平城区的13个街道和3个乡放映《英伦对决》《中国蓝盔》《无双》《机器之血》《幻影车神》《功夫瑜伽》《倭寇的踪迹》《冬荫功2》等多部电影，把电影资源延伸到社区和农村，弘扬以爱国主义为核心的民族精神，培育和践行社会主义核心价值观，丰富广大市民的文化休闲方式，营造出迎接“成龙国际动作电影周”氛围。（蕙兰）

【电影展映活动】 2019年7月19日，“心随影动见大同”第五届成龙国际动作电影周电影展映活动在大同市万达广场启动，市委常委、宣传部部长黄岑丽与来自全市各界代表300余人参加启动仪式，并宣布活动开幕。电影展映活动是成龙国际动作电影周的重要内容之一，全市有17家影城、13个文化广场（社区）、99个农村电影放映队参加展映活动，旨在以动作电影为媒，把成龙动作电影这一招牌与大同文化资源优势集聚融合，打造一张大同文化名片，助力大同经济转型，争当对外开放“排头兵”。该届电影周推行电影展映惠民利民，所有展映影片全部给广大市民免费放映。活动期间，各影院放映展映影片119场，市区广场放映90场，县（区）乡村放映653场。展映环节由“荣誉入围”“龙虎武师”“动作大师”“巾帼豪杰”“亚洲新派江湖”5个单元组成，展映国内外动作电影35部。

（市文旅局）

【“龙行天下 大美大同”摄影展】 2019年7月20日，第五届成龙国际动作电影周系列活动之“龙行天下大美大同”摄影展在大同市府文庙棂星门前开展。山西省委常委、大同市委书记张吉福，市委副书记、市长武宏文，市人大常委会主任赵向东，市政协主席部向华共同点亮“龙行天下 大美大同”摄影展影像墙。该次摄影展由市委宣传部、古城管理委员会联合主办，市文物局、市文联承办，展出作品480余幅，有大同名胜古迹、平城风貌、扶贫义举、时代篇章、文化情怀及70年沧桑巨等，作品主题突出，意境深远，市民可沿着府学门街、县楼街、鼓楼东街观赏摄影作品。（蕙 兰）

【“钢铁人”评选】 2019年7月21日，第五届成龙国际动作电影周开幕式现场，评委会主席、导演徐克携谢尔盖·波德洛夫、马丁·坎贝尔、保罗·哈吉斯、仓田保昭、普拉奇亚·平克尧、徐帆等国际评委团成员亮相，在电影周期间评选出最佳动作影片、最佳动作影片导演、最佳动作男演员等“钢铁人”奖项。青年演员朱一龙、吴磊分别以该届电影周青年推广大使和“古长城保护计划青年大使”的身份登场，林俊杰、林志炫、迪玛希、吉克隽逸、李玉刚、李鑫一等众多表演嘉宾献艺致敬动作电影人。27日，第五届成龙国际动作电影周闭幕式上，经评委会评选最终确定该届电影周入围主竞赛单元的10部影片，揭晓“钢铁人”最佳剪辑、最佳动作场面指导、最佳摄影、最佳美术设计、最佳编剧、最佳动作女演员、最佳动作男演员、最佳导演、最佳动作影片、评委会特别表彰、终身成就表彰11个奖项，陈道明、惠英红、曾志伟、吴京、刘亦菲、韩庚、景甜、佟丽娅等分别以开奖、颁奖嘉宾现身。

（蕙 兰）

▲2019年7月26日，第五届成龙国际动作电影周云冈论坛在大同市云冈石窟第20窟大佛前举行（张燕伟 摄）

【全国媒体采访团在大同采风】 2019年7月23日至25日，参加第五届成龙国际动作电影周的全国各大媒体记者组团到大同市云州区、农业嘉年华项目及云冈石窟采风，采访大同市加快发展特色农业和林业生态建设等方面的成就，感受大同特色农业科技和旅游创意，感受云冈石窟这座世界文化遗产和中国佛教石刻艺术宝库的魅力。（蕙 兰）

【成龙国际动作电影周云冈论坛】 2019年7月26日，第五届成龙国际动作电影周云冈论坛在大同市云冈石窟第20窟大佛前举行。印度尼西亚驻华大使周浩黎、吉尔吉斯斯坦驻华大使巴克特古洛娃及古巴、南非、叙利亚、加纳、摩洛哥等驻华大使馆人员等应邀出席。国际电影艺术家成龙，中宣部电影卫星频道节目制作中心主任曹寅，第五届成龙国际动作电影周评委会成员，及来自美国、俄罗斯、英国、法国、德国、日本、韩国、墨西哥等国的电影行业代表出席论坛。

论坛上，受邀嘉宾聚焦“世界动作电影的特性与共性”“世界动作电影的交流与合作”“新时代新科技下动作电影的新突破”3个议题展开交流与讨论，共同探索世界动作电影的融合与突破。成龙现场讲述发起成龙国际动作电影周的初心，为特技人发声，让全世界通过动作电影了解中国，了解动作电影人。论坛分别由清华大学教授、中国电影家协会副主席、中国文艺家协会副主席尹鸿，《Variety》杂志亚洲区主编Patrick Frater，文化评论人、影评人周黎明及电影频道主持人蒋小涵主持。论坛现场，云冈石窟研究院院长张焯把蕴含着云冈石窟石雕造像艺术的《云冈石窟全集》赠送给成龙。（蕙 兰）

医疗卫生

综　述

【医疗信息化建设】 2019年，大同市谋划以"一个核心数据平台""两大智慧监管模块""三套精细化管理系统"为内容的全市"互联网+医疗健康"网络，实现自上而下、辐射市县乡村四级的医疗健康信息互联互通。"一个核心数据平台"：全民健康信息平台。以市级居民电子健康档案库、市级全员人口信息库、市级电子病历库三大数据库为基本架构，融合市级居民健康档案、公共卫生服务、基层HIS等模块系统，逐步实现全市3个城市医疗集团和10个县区医疗集团与271家基层医疗卫生机构间信息互联、相互协同的功能。截至2019年底，100余家乡镇卫生院和社区卫生服务中心完成市级公共卫生系统的上线运行，40家基层机构上线运行基层HIS系统，实现医疗信息和健康档案之间信息互通。"两大智慧监管模块"：在全省率先打造市级分级诊疗平台和医药改革综合监管平台。分级诊疗平台实现全市13所城市公立医院、2所民营医院、17个县级医院、140个乡（镇）卫生院和1000余个村卫生室之间的双向转诊、远程多学科会诊、远程影像、集中阅片、远程门诊，实现与医保付费系统的数据交互。医药改革综合监管平台对医改核心数据、分级诊疗数据、DRG质量控制数据、绩效考核数据等100余项指标进行实时监测，实现医疗服务质量"网上看"，医务人员服务行为"全景"监管。截至2019年底，全市24家政府办公立医院HIS系统与医药改革综合监管平台实现接口对接。"三套精细化管理系统"：在全省率先建成市级DRGS系统，提取25家医院病案首页数据，分析处理12万份病例，入库数据9万份，实现对公立医院学科建设和技术水平的精准评估。配套推进全市绩效考核系统和血液透析数据分析系统，实现对市县乡各级公立医疗卫生机构绩效智能评估、血液透析数据智能分析。（沈文红）

2019年大同市医疗卫生机构统计表

机构分类	机构总数（个）	编制床位数（张）	实有床位数（张）	人员数（人）
总　计	3151	21234	22850	30249
一、医院	132	16856	18904	21405
综合医院	59	10383	12233	14370
中医医院	17	1479	1578	1550
中西医结合医院	7	377	370	202
专科医院	48	4517	4623	5246
二、基层医疗卫生机构	3002	4052	3624	8183
社区卫生服务中心（站）	124	1343	1026	2350
社区卫生服务中心	36	1211	908	1444
社区卫生服务站	88	132	118	906
卫生院	145	2709	2552	1779
街道卫生院	39	426	424	217
乡镇卫生院	106	2283	2128	1562
中心卫生院	27	748	736	414
乡卫生院	79	1535	1392	1148
村卫生室	1785	—	—	2687

续 表

机构分类	机构总数（个）	编制床位数（张）	实有床位数（张）	人员数（人）
门诊部	41	—	46.00	345
诊所、卫生所、医务室	907	—	—	1022
诊所	873	—	—	951
卫生所、医务室	34	—	—	71
三、专业公共卫生机构	14	206	202	635
专科疾病防治院（所、站）	1	150	150	196
妇幼保健院（所、站）	12	56	52	408
其中：妇幼保健院	5	56	47	219
急救中心（站）	1	—	—	31
四、其他机构	3	120	120	26
疗养院	1	120	120	8
临床检验中心	2	—	—	18

【城市医疗集团建设】 2019年，大同市被国家卫生健康委员会确定为全国118个城市医联体试点城市之一。大同市在山西省首家组建以市三医院、五医院、同煤总医院为核心医院的三大城市医疗集团，横向联合22家二级和基层医疗服务机构，基本形成基层首诊、双向转诊、急慢分治、上下联动的分级诊疗模式。三大医疗集团实现药品采购、名称牌匾、文书标识、人才招聘、绩效考核、检查结果、质量控制、信息监管“八统一”，受到省卫健委肯定，全省城市医联体建设推进会上，“大同经验”在全省得到推广。（沈文红）

【县域医共体建设】 2019年，大同市10个县（区）医疗集团全部实现一个独立法人登记，所有的县（区）乡镇卫生院人、财、物由卫计局整体移交给医疗集团。县域医疗集团全部实现县乡行政、人员、资金、业务、绩效、药械“六统一”管理。各县（区）医疗集团8大业务中心、8大管理中心初步建立。集团内药品采购实现统一。在全省率先完成10个县（区）的医防融合，建立起医、防、康、养、护融合的整合型服务体系。（沈文红）

【医药卫生体制改革】 2019年，大同市医疗卫生财政投入25亿元，占财政支出8%，其中补助中医事业1582万元，化解公立医院债务4069万元。市人社部门改革人事薪酬制度，激发公立医院运行活力。下放职称评审权，支持医疗集团自主开展职称评审。把市三医院、市五医院、左云县、阳高县定为薪酬制度改革试点医院，医院绩效工资总量较改革前均有提高。医保部门实行医保差异化支付政策，推进分级诊疗制度。卫健部门联合成员单位共同推进公立医院绩效考核工作。建立考核评价指标体系，推动集团内医院科学管理。（沈文红）

【按病种分级诊疗制度推行】 2019年，大同市推行按病种分级诊疗制度并确定225个病种为二级及以下医疗机构收治病种，以提高医疗资源整体利用率。该次确定的225个二级及以下医疗机构分级诊疗病种目录包括足月自然分娩、直肠癌、卵巢良性肿瘤、膀胱肿瘤、过敏性紫癜、急性喉炎、大叶性肺炎、老年性白内障、冠心病、上呼吸道感染、胃十二指肠溃疡、阑尾炎、肠梗阻、胆囊结石、肾盂肾炎、乳腺脓肿、卵巢囊肿、骨盆骨折、中度烧伤等。各二级及以下医疗机构结合功能定位和服务能力、诊疗特色，根据全市确定的分级诊疗病种，确定本医疗机构有救治能力的病种，二级综合医院不少于100个病种，二级中医医院、专科医院不少于50个。二级及以下医疗机构要发挥县域医共体和城市医联体作用，畅通不同医疗机构之间的双向转诊渠道，对转诊患者优先接诊、检查、住院。上级医疗机构医务人员在接诊患者时，应了解其在下级医疗机构诊疗情况；对越级首诊的患者，有责任告知其分级诊疗流程、分级诊疗基本医保政策，并尊重患者自主择医权。医生转诊患者时应通过大同市分级诊疗平台办理转诊手续。（墨 竹）

【全市确定首批23家医学影像检查结果互认医院】 2019年，大同市卫健委在全市区域内推行医学影像检查结果互认工作，首批确定的23家医疗机构在11月至次年11月期间可进行普通DR片、CT、磁共振成像（MRI）医学影像检查结果互认。大同市首批确认的23家医学影像检查结果互认医院有市一医院、市二医院、市三医院、市四医院、市五医院、同煤集团总医院、大同大学附属医院、市六医院、市中医医院、同煤集团三医院、同煤集团结核病防治院（肿瘤医院）、云冈区医疗集团、新荣区医疗集团、云州区医疗集团、灵丘县医疗集团、广灵县医疗集团、天镇县医疗集团、浑源县医疗集团、左云县医疗集团、阳高县医疗集团、大同新建康医院、大同瑞慈康复医院和大同美中嘉和肿瘤医院。互认项目有普通DR片、X线计算机断层摄影装置（CT）检查、磁共振成像（MRI）三大项，其中DR包括胸部正侧位、腕关节正侧位、膝关节正侧位、颈椎正侧位、腰椎正侧位，CT包括头颅平扫、胸部平扫和椎间盘平扫，MRI（15T及以上）包括头颅MRI平扫、颈椎平扫、

腰椎平扫。（墨　竹）

【大同市入选全国城市医联体建设试点城市】 2019年，国家卫健委公布全国118个城市医联体建设试点名单，大同市位列其中。医疗联合体是由较高级别的医院牵头，联合多家不同级别、不同类别的医疗机构组成的。在城市由三级医院牵头组建城市医疗集团，在县（区）由县（区）人民医院牵头组建县域医疗共同体，即县乡一体化。医联体牵头医院还建立上联省内外城市大医院、下接县乡村全覆盖的远程医疗协作网，方便患者看病就医。

大同市以医联体建设为契机，推进城市医疗集团和县乡一体化改革，构建医疗服务体系。大同成立的市三医院、五医院、同煤集团总医院3个城市医疗集团整合区域医疗资源稳步发展。其中，市三医院医疗集团依托远程医学中心，建立集团内部预约诊疗、双向转诊、远程医疗、慢病管理等协同应用服务模式，上半年向上会诊30例、向下会诊1090例，远程教育158次，远程门诊59次，远程云影像7073例，下转患者276例。市五医院医疗集团把三甲医院的质量管理模式复制到基层，打造专业与管理两支队伍，形成技术下沉，在集团内社区卫生服务中心设置名医名站，建立远程门诊，有13个专业20余名专家在基层社区定时坐诊，实现集团内人才柔性流动。同煤集团总医院医疗集团以信息化建设为引领，集团总医院与成员单位间信息互联互通，实现管理、计划、人事、财务、分配、采购“六统一”。（墨　竹）

【市精神科专科联盟成立】 2019年，由大同市卫健委领导、市六医院牵头组建的市精神科专科联盟成立。该专科联盟成员有市六医院、市一医院、市三医院、市五医院和同煤集团总医院等17家医疗机构，以深化医药卫生体制改革为基点，以医院经营管理、医疗技术合作、科研协作、公共精神卫生服务协作为纽带，探索建立业务指导与合作机制，形成市精神科专科联盟与各医疗机构之间的互助局面，提高各级医疗机构的医疗质量和整体实力，满足人民群众的精神卫生服务需求。（墨　竹）

卫生管理

【卫生监督和专项检查】 2019年，大同市卫生健康委员会开展卫生监督和专项检查。医疗废物专项检查，检查各类医疗机构894户次，行政处罚63户，罚款11万余元；抗菌药物专项检查，检查各类医疗机构991户次，立案查处违法行为10起，罚款1.10万元；预防接种专项检查，检查150户次，立案查处违法行为7起；饮用水专项检查，检查各类饮用水供水单位215户次，并针对汛期饮用水安全在《大同日报》《大同晚报》发布公告，提醒居民用水安全；公共场所专项检查，“二青会”和“两考”“两节”，检查公共场所210户次；放射卫生专项检查，检查53户次；餐饮具集中消毒服务单位卫生专项整治，全覆盖检查全市11家餐饮具集中消毒服务单位；游泳场所卫生安全专项整治，检测13家游泳场所，检测246个项目，合格率75%；消毒产品专项整治，全市检查消毒产品生产、经营、使用单位364户次；开展托幼机构、校外培训机构、学校采光照明“双随机”抽检工作，抽检托幼机构57家和校外培训机构35家；尘毒危害专项执法工作，对全市范围内尘毒危害严重的地区、行业和企业，省78家，市884家进行全覆盖监督检查，截至2019年底，覆盖率60%；市卫生健康委、市医疗保障局联合开展为期一个月的打击医疗乱象、欺诈骗取医疗保障基金行为集中整治。（沈文红）

【卫生应急管理】 2019年机构改革后，大同市调整、充实原市级卫生应急队伍，调整后市级卫生应急队伍由8类12支221人组成，其中紧急医学救援4支、传染病防控2支，群体性不明原因疾病防治、中毒处置、卫生监督、核和辐射事故处置、心理危机干预应急队伍各1支。截至2019年底，大同市接收传染病自动预警信息905条，预警信息分布于11种传染病、10个县（区）均得到响应处理，其中及时响应900条，及时响应率99.45%。判定是疑似事件的68条，其中肺结核病例信息67条、麻疹1条。全年完成4起突发公共事件紧急医学救援任务，分别市：同煤集团永定庄煤矿“7·7”事件、云冈区恒安新区“8·20”交通事故、云州区“9·30”交通事故、东小城汽车站“10·12”事故救治。（沈文红）

【社区卫生服务机构布局调整】 2019年，大同市卫生健康委员会根据全市行政区划调整印发《关于调整大同市社区卫生服务机构设置规划的通知》，增加社区卫生服务机构31个。印发《关于进一步做好社区卫生服务工作的通知》，规范全市社区卫生机构的服务和管理。（沈文红）

【卫生项目建设】 2019年，大同市中央投资项目（广灵县中医院业务用房建设项目、灵丘县人民医院门诊综合楼建设项目、灵丘县妇幼保健计划生育服务中心业务用房建设项目）均开工建设。完成市政府分配的1.4亿元固定投资任务。大同市卫生健康委员会与市发改委配合，帮助资金困难的灵丘县人民医院门诊综合楼建设项目、灵丘县妇幼保健计划生育服务中心业务用房建设项目向省级申请配套补助资金898万元予以支持项目建设，确保中央投资项目实施推进。

（沈文红）

【职业卫生监督执法能力提升培训班】 2019年10月，大同市卫健委举办职业卫生监督执法能力提升培训班，以提高全市职业卫生监督员的业务知识和能力，促进职业卫生执法队伍建设。

培训会上，山西省医疗设备服务中心主任郭支喜对职业病防治法及配套规章进行解读，讲解工作场所职业卫生防护、确定职业病危害类别和职业病防护设施，及劳动者个人职业卫生防护等内容；省卫生健康委卫生监督所副所长宋猛对职业病分类和目录、常见的职业病危害因素、职业病的特点、职业病防治的一、二、三级预防、职业卫生监督对象、存在职业病危害的用工单位涉及的主体，及职业病监督要点等内容进行讲解；市卫生监督所所长温义涛对《大同市卫生健康委关于开展尘毒危害专项执法工作的通知》文件精神进行解读。培训结束后，参训人员到大同煤炭职业技术学院观摩教学矿井，听取学院教师对煤矿井下中央变电所噪声及工频场强职业病防护、掘进区尘毒危害防护、通风桥设施、防爆水袋的正确设置及用途等设备设施的讲解。（墨 竹）

疾控预防

【疫情监测防控及风险评估】 2019年，大同市卫生健康委员会落实重大疾病局际联席会议制度，实行传染病联防联控。坚持法定传染病及突发公共卫生事件监测月报制度，并预测和评估传染病发病。落实国家财政部、发展改革委《关于清理规范一批行政事业性收费有关政策的通知》及国家卫计委、财政部《关于进一步做好预防性体检等三项工作的通知》等文件精神，印发《大同市市级预防性体检实施方案》，明确大同市中医医院是大同市市级预防性健康体检定点医院，降低广大服务人群传播疾病风险，规范大同市市级预防性体检工作。加大传染病防控和宣传力度，提升全社会防控意识，常见传染病处于低水平散在发病，未发生重大传染病流行和突发公共卫生事件，各县（区）、监测哨点医院重点传染病暴发疫情报告率、处置率100%。（沈文红）

【疫苗免疫规划】 2019年，大同市开展“预防接种专项整治”活动，检查全市227个预防接种单位，通过排查整改，取消6家预防接种门诊的接种资质，强化疫苗接种服务和管理规范化。明确市开发区预防接种工作由市云州区负责，解决该区域适龄儿童无处接种疫苗的现实问题。组织预防接种专项整治现场推进会和免疫规划优质服务技能竞赛，提升全市免疫规划水平。（沈文红）

【地方病防控】 2019年，大同市卫生健康委员会开展鼠疫和布病常规监测工作，承办“锡乌张呼延大包巴联合防治鼠疫委员会第59届全体会议”，并借助鼠疫联防联控机制，处理乌兰察布市集宁区疾控中心通报的鼠疫线索事件。碘缺乏病监测实现县级全覆盖，在市平城区、云冈区、云州区、浑源县、广灵县、灵丘县6个县（区）开展碘缺乏病防治进校园健康教育活动，病区县8岁至10岁儿童B超检查、大骨节病克山病监测及复核、尿碘实验室检查、氟骨症病人拍片及尿氟采样等工作完成，饮水型氟、砷中毒未发现新发病例。市卫健委与各县（区）政府签订《地方病防治三年攻坚目标责任书》，按照攻坚行动内容，推进地方病控制和消除。（沈文红）

【慢性病综合防控】 2019年，大同市卫生健康委员会依托基本和重大公共卫生服务项目，加强高血压、糖尿病等老年疾病的服务和管理，发挥健康教育导向作用，以“结核病日”“预防接种日”“碘缺乏病日”“慢性病系列宣传日”“精神卫生日”“世界艾滋病日”等各种宣传日活动为契机，利用网络、电视、报纸等宣传平台，通过电影映前广告、公交车车体广告，宣传活动进校园、进社区、进工地等多种形式，宣传普及预防疾病的卫生知识和国家相关法律法规，引导群众养成良好生活习惯，提高广大市民防病意识和能力。各县（区）开展全民健康生活方式“三减三健”（减盐、减油、减糖、健康口腔、健康体重、健康骨骼）专项行动，全市建设健康支持性环境19个，平城区筹备申报国家级示范区，灵丘县接受省级示范区复审，阳高县、浑源县筹备申报省级示范区。启动并推进慢性病综合干预、心血管病高危人群早期筛查与综合干预、脑卒中高危人群筛查与干预、全人群死因监测、儿童口腔疾病综合干预、学生常见病监测、儿童青少年近似防控等项目。（沈文红）

【艾滋病防治】 2019年，大同市管理艾滋病病人607例，发病仍呈缓慢上升趋势，特别是同性传播增长速度快，男同性传播占60.96%。采取艾滋病防治干预措施，把艾滋病宣传教育进社区、进机关、进学校、进工地常态化，城乡居民、流动人口、青年学生、男性同性恋行为人群艾滋病防治知识的知晓率95%。艾滋病监测扩大到公共娱乐场所女服务生、吸毒人员等高危人群，献血者、孕产妇、术前检查及住院病人等。年内，艾滋病感染者和病人管理率95.54%（90%达标），抗病毒治疗率94.73%（88%达标），高危人群干预措施覆盖率100%（90%达标）。（沈文红）

【结核病防治】 2019年，大同市登记管理活动性结核病病人1561例，达到肺结核发病率控制在55/10万以下的考核指标。10个县（区）级结核病定点医院实验室全部开展痰培养工作，市级开展药敏试验和菌种鉴定。肺结核患者病原学阳性率30.04%，耐多药肺结核高危人群耐药筛查率33.99%，高危人群耐药筛查率58.06%，耐药患者纳入治疗率100%。（沈文红）

【精神障碍患者管理】 2019年，大同市加强对严重精神障碍患者的管理。全市重精患者报告患病率4.18‰（4‰达标），在册患者的规范管理率80.69%（80%达标），服药率81.12%（70%达标），面访率88.31%（80%达标），规律服药率56.14%（50%达标），精神分裂症服药率80.77%（80%达标），所有考核项目均达标。较上年同期，由多数项目、多数县（区）评价“红牌”转变为全市红牌2个，黄牌11个，金牌52个。（沈文红）

【食品安全风险监测】 2019年，大同市卫生健康委员会监测全市食品中的化学污染物和有害因素，监测点覆盖100%县（区）。常规监测和专项监测采集样品包括特殊膳食用食品、谷物制品（不包括焙烤食品）、蔬菜、肉与肉制品、水果、蛋、蜂产品、茶、乳与乳制品10类，全年采集化验样品112份，任务完成率109.8%。食品中食源性致病菌监测样品包括4类食品，采集化验80份样品，任务完成率114.29%。（沈文红）

【食源性疾病监测】 2019年，大同市开展食源性疾病病例监测的医疗机构321家。其中，A类医院10家，监测任务量每家120例，100%完成；C类医院15家，每家12例任务，完成率100%；D类医院69家，开展率100%；县乡村一体化管理医疗机构（社区卫生服务中心、乡镇卫生院等）227家，监测工作覆盖100%县（区），乡级医疗机构报告率100%。（沈文红）

【第25届全国肿瘤防治宣传周活动】 2019年4月15日至21日，以“科学抗癌 预防先行”为主题的第25届全国肿瘤防治宣传周在全国范围内开展。4月15日，大同市卫健委、市科协、市二医院肿瘤医院（大同大学附属肿瘤医院）联合举办全市肿瘤防治宣传周活动启动仪式，通过宣传咨询、专家义诊等形式，传播科学防癌理念，引导市民养成健康生活方式，提高市民对癌症预防筛查和早诊早治的认知度。活动现场，30余位来自市二医院肿瘤内科、放疗科、消化内镜中心、大数据癌症风险筛查中心、外科、妇产科、血液风湿科、放疗室、放射科、病理科、高强度聚焦超声科等科室的义诊专家团队在门诊广场，通过悬挂宣传横幅、摆放科普知识展板、分发健康宣传资料，给咨询问诊的市民和患者们进行早癌筛查、疑难解答、健康宣教，增强市民肿瘤防治意识。宣传周期间，市二医院举办专家义诊、科普宣传、院外义诊、集赞送健康等一系列公益活动，分别开展肺癌专场、乳腺专场、妇瘤专场及肿瘤防治专题健康大讲堂、消化道肿瘤专场，及到大同公园、大同文瀛湖湿地公园举办肿瘤防治义诊宣教活动。（墨竹）

【“中国宫颈癌防治工程”公益巡讲】 2019年5月25日至26日，由中国医疗保健国际交流促进会妇产科分会、中国宫颈癌防治工程组委会主办，大同市医学会、市一医院承办的“中国宫颈癌防治工程”全国系列公益性巡讲暨宫颈病变及妇科微创理论实践培训班在大同市举办。大同市及周边地区各医疗机构的300余名妇产科同仁在大同参加学习交流。中国宫颈癌防治工程组委会的教授曹泽毅、暨南大学附属第一医院的教授罗新、中国医科院肿瘤医院的教授张功逸、华中科技大学同济医学院附属同济医院的教授李双、北京大学人民医院的教授沈丹华等多位国内妇科肿瘤学、病理学、HPV流行病学及两癌筛查方面的专家，围绕宫颈癌防治中的热点问题、正常人群预防宫颈癌HPV检测初筛方法、宫颈癌的综合治疗、宫颈锥切术再次妊娠、盆腔缺陷治疗方式选择等方面展开交流，并就阴道镜规范化操作、阴道镜临床应用等内容进行专题培训。（墨竹）

【阿尔茨海默病预防宣传活动】 2019年10月，大同市卫健委老龄工作科在玄辰广场开展以“积极预防干预，守护爱的记忆”为主题的阿尔茨海默病预防与干预宣传活动。阿尔茨海默病是老年痴呆最主要的类型，表现为记忆减退、词不达意、思维混乱、判断力下降等脑功能异常和性格行为改变等，严重影响日常生活。预防和干预能够延缓疾病的发生和发展，可提升老年人生活质量，减轻家庭和社会的负担。宣传活动中，卫健工作人员通过现场专家咨询、展板展示宣传、张贴海报标语、发放科普读物等形式宣传阿尔茨海默病预防与干预核心信息。（墨竹）

基层医疗卫生

【基层卫生服务体系】 2019年，大同市有基层医疗卫生机构1939所，其中乡镇卫生机构145所（乡镇卫生院99所、分院46所），村卫生室1667所，社区卫生服务中心36所，社区卫生服务站91所。大多数卫生院配备心电图机、生化分析仪、急诊抢救箱、氧气瓶、电动吸引器、洗胃机、抢救床、电冰箱、器械柜、无菌柜、担架车、紫外线灯等基本设备，能够承担常见病多发病诊治、急危重症病人初步现场急救和转诊等职责。个别中心卫生院配置彩色B超，DR等设备，成为乡级医疗中心。村卫生室全部配备听诊器、血压计、体温计、血糖仪、出诊箱、诊查床（观察床）、健康档案柜、中（西）药品柜、相关中医药设备等31种基本设备，能够开展基本的医疗卫生服务。市直6所社区卫生服务中心平均配置400万元以上医疗设备，大型生化分析仪、彩色B超、DR、中医康复器材等全部具备，其余社区卫生服务中心比照乡镇卫生院、社区卫生服务站比照村卫生室配齐相关设备。（沈文红）

【贫困人口基本医疗保障】 2019年，大同市卫生健康委员会牵头制定解决全市贫困人口基本医疗有保障突出问题目标责任清单，推进县乡卫生体制一体化改革成效，通过加大市县两级财政投入、加强“组团式”结对帮扶指导，三级医院与贫困县县级医院医联体建设实现全覆盖。年内，建成88个村卫生室，6个贫困县（区）的6所县级公立医院、99所乡（镇）卫生院、1176个村卫生室，其基础设施、服务能力、人员配备三项基础指标全部达到合格标准。贫困县村卫生室达标率100%，全市建档立卡贫困人口医疗服务覆盖率100%。落实农村建档立卡贫困户“三保险三救助”政策，所有建档立卡户基本医保、大病保险、补充保险参保率均是100%。多部门联合开展定点医疗机构过度保障过度医疗专项整治行动，对发现的不规范医疗行为责成医院立行立改，重点问题限期整改。检查医疗乱象集中整治，查处各级各类医疗机构违规问题线索157条，涉嫌罚没金额12万余元。全市建档立卡贫困户住院救治病例14810人次，人均自付比7.55%；门诊救治病例14778人次，人均自付比5.64%，减轻贫困群众就医压力。（沈文红）

【贫困人口大病专项救治】 2019年，大同市把儿童先心病等33种大病纳入专项救治病种，完善和规范临床路径，临床路径入径率89.7%，平均住院日缩短至9.2天。在全市范围内集中开展农村贫困人口大病专项救治服务月活动，集中救治13个病种267例大病患者。截至2019年底，全市筛查确诊农村贫困大病患者4540人，住院救治率100%，实现贫困人口大病救治应治尽治。（沈文红）

【基层慢病签约服务管理】 2019年，大同市卫生健康委员会推广使用贫困户健康扶贫服务手册，出台一系

医疗卫生

列制度加强签约团队服务绩效考核管理，分两批集中组织市、县、乡三级健康扶贫专项培训，提升基层慢病签约服务能力和规范化管理水平。落实家庭医生签约服务季报制度，指导县乡利用新媒体和大众传播媒介加大签约服务政策宣传。截至2019年底，全市建档立卡慢病4.78万户5.77万人，签约4.76万户5.76万人，签约率99.7%，基本实现应签尽签。

（沈文红）

【基层医疗卫生机构健康服务进企业活动】 2019年，大同市卫生健康委员会开展以“组织一次健康宣传、开展一次免费体检、开具一份健康处方、建立一份健康档案、留下一个亲情电话”为主要内容的基层医疗卫生机构健康服务进企业活动。该活动服务企业10家，有125名医务人员参加，体检人数894人，发放宣传资料3789份，免费发放药品3225元，免费提供体检耗材21795元，筛查发现体检指标异常及患病人数267人。

（沈文红）

【贫困县（区）基层人才服务】 2019年，大同市卫生健康委员会落实贫困县全科医生特设岗位支持计划，阳高县等4县招聘全科医生18名，配合人社、扶贫等部门落实广灵县、天镇县“乡招村用”招聘计划21名。市卫健委组织10个县（区）医疗集团参加全省县级医疗集团人才招聘会，落实编内岗位18名。全年培训“山西护工”（含300名养老护理员）1750名，培训率100%。与“健康山西”平台对接，开通“大同基层卫生培训在线课堂”，以基层常见病、多发病为主要授课内容，全市社区卫生服务中心（站）、乡（镇）卫生院和村卫生室的医务人员全部参加学习，并以学分的形式考核学习情况，提升村医业务能力。（沈文红）

【乡村医生待遇改善】 2019年，大同市委市政府出台政策，调整全市在岗村医和退养村医补助标准，惠及全市2600余名乡村医生。市县财政每年拿出2474万元，给每个村卫生室每月增加1000元村医补助，把符合条件的退养乡村医生补助标准增加到每人每月800元，稳定村医队伍，解决村医生难留问题，激发村医干事创业的激情和热情。（沈文红）

【先天性结构畸形疾病可获救助】 2019年3月，山西省卫健委公布先天性结构畸形救助项目救助对象、补助标准等，救助病种涵盖6大类72种先天性结构畸形。该项目救助对象是上年1月1日以后在定点医疗机构接受诊断、手术、治疗和康复的先天性结构畸形患儿，年龄在18周岁以下（含），且家庭经济困难，能够提供低保证、低收入证、建档立卡贫困户证明或村（居）委会等开具的贫困证明。救助项目病种涵盖神经、消化、泌尿、肌肉骨骼、呼吸、五官6大类72种先天性结构畸形，常见疾病如唇腭裂、多指（趾）、尿道下裂等。根据患儿医疗费用报销之后的自付部分，一次性给予3000元至3万元补助。对同一患儿同一疾病分次申请救助的，或同一患儿不同疾病分别申请救助的，项目只补助一次。大同市第五人民医院是先天性结构畸形救助项目大同市唯一定点医疗机构。（墨 竹）

医政管理

【现代医院管理制度试点】 2019年，大同市卫生健康委员会在确定大同市第五人民医院、新建康医院为省级试点医院基础上，增加大同市第三人民医院、阳高县人民医院等7家医院为市级试点医院。各试点医院按照政策精神，分别制定试点工作综合方案、专题试点方案和医院章程，做到具体任务、责任分工、实施步骤、成果形式“四明确”。新建康医院修订医院章程，明确医院市场定位、发展目标和努力方向。市五医院成立10个专业委员会，参与医院的计划管理、经济管理、信息管理、绩效管理，逐步探索“专家治院”的管理决策机制。

（沈文红）

【医疗乱象整治】 2019年，大同市卫生健康委员会针对频发曝光的医疗机构乱收费、收受红包、药品提成等乱象，开展打击“术中加价”、创建无红包医院等行业整治专项行动，查处违法违规执业行为。抽查全市公立医院、县（区）医疗集团、二级以上民营医院和重点专科医院70余家，查处问题线索288条，其中整改问题197项，涉嫌行政处罚91项，警告处罚42项，涉嫌罚款处罚49项，涉嫌罚没金额24.6万余元，限期整改医院1家，注销诊疗科目5个。（沈文红）

【县乡医疗一体化改革】 2019年，大同市10个县（区）医疗集团全部实现一个独立法人登记，所有的县（区）乡（镇）卫生院人、财、物由县（区）卫计局整体移交给医疗集团。县域医疗集团全部实现县乡行政、人员、资金、业务、绩效、药械“六统一”管理。各县（区）医疗集团8大业务中心、8大管理中心初步建立。集团内药品采购实现“五统一”（统一目录、统一生产、统一价格、统一配送、统一标识）。各县（区）医保部门与医疗集团均签订医保打包付费协议。10个县（区）的县中医院和疾控中心全部融入医疗集团，建立起医、防、康、养、护融合的整合型服务体系。各医疗集团发挥互联网+远程医疗优势，给患者提供远程会诊、远程教育等服务，集团内部初步形成较为科学的分工协作机制和转诊机制，提高基层医疗卫生机构服务能力和管理水平，在山西省率先实现市县乡村四级互联互通。县（区）诊疗服务量同比增加5.22%，县域内就诊率89.37%。

（沈文红）

【医疗废物管理】 2019年，大同市以市云冈区为试点，打造全市医疗废物规范化管理样板，实现“村收集、乡暂存、县清运”的县乡村一体化管理模式。市财政列支预算搭建全市医疗废物监管平台，逐步实现对医废全过程监控、全流程追溯。年内，开展医疗废物专项检查，检查各类医疗机构894户次，行政处罚63户，罚款11万余元。（沈文红）

【家庭医生签约服务】 2019年，大同市卫生健康委员会开展家庭医生签约服务绩效评价，随机抽查4个县（区）的6个乡镇卫生院和2个社区卫生服务中心进行打分排名，并在全市范围内通报。全市常住人口签约服务196万人，签约率57%；重点人群

77 万人，实际签约服务 66 万人，签约率 86%；计生特殊家庭 942 人，实际签约服务 866 人，签约率 92%；建档立卡贫困人口 28 万人，实际签约服务 27 万人，签约率 96%。开展“互联网 +”家庭医生签约服务，全市基层医疗卫生机构家庭医生在手机端下载“健康乐”，居民扫码关注“健康乐”公众号，实现居民手机签约，手机健康咨询，签约医生对辖区居民在线进行用药指导和随访服务，全年签约服务居民 3475 人。（沈文红）

【公立医疗机构配备使用基本药物】 2019 年，大同市卫生健康委员会鼓励公立医疗机构优先采购使用基本药物，基本药物的使用金额和品种数达到规定比例，引导医疗机构和医务人员合理诊疗，合理用药。截至 2019 年底，市级公立医院基本药物使用品种数和金额占比分别是 54.65% 和 44.81%，县（区）医疗集团基本药物使用品种数和金额占比分别是 65.19% 和 54.85%。（沈文红）

【公费医疗定点医疗机构专项检查】 2019 年，大同市卫生和健康委员会抽调医疗、护理、药学专家，通过查阅资料、审查病历、现场走访、电话回访等方式对大同市第二、三、五人民医院开展公费医疗专项检查，调阅 39 份病例、查出 11 类问题，并通报检查结果。对检查中发现的个别问题直接约谈医院主要负责人，督促其彻底整改相关问题。打破公费医疗多年来无人监管格局，杜绝违规违纪行为发生。（沈文红）

【同煤集团同华医院管理公司成立】 2019 年 8 月，大同煤矿集团同华医院管理有限责任公司揭牌成立，标志着同煤集团医疗改革启动。该公司成立后，按照“1565442”发展思路，以集团化发展、市场化运作、契约化管理、专业化重组模式，打造智慧型医疗集团。“1565442”发展思路即：完成一个中心任务、破解五大风险、实施六大统一、形成五大板块、按照四步走战略推进、赢得四个满意、实现两大目标。最终建成以同华医院管理公司为管理中枢，以同煤总医院恒安院区（东院区）为躯干，以同煤总医院平旺院区（西院区）和肿瘤医院（中院区）为双上肢，以二、三医院创伤急救中心和社区卫生管理中心为双下肢的五大医疗板块，形成“人体”型医管公司结构。该公司采用“三级共管”行政管理模式和“三师共管”业务管理模式，打破医疗机构之间的壁垒，让群众享受到一站式服务，促进医疗服务从“以治病为中心”向“以患者为中心”与“健康管理为中心”并重转变。（墨竹）

【药品采购改革】 2019 年 12 月起，大同市药品集中带量采购的 25 个中选药品品种落地。市民可根据需要到市各公立医院购买降价药，药品采购改革红利惠及广大市民。药品带量采购即药品采购机构以公开招标形式，通过把各医疗机构零散的采购量“打包”，“以量换价”直接向药品供应商购买明确数量的药品，以减少流通环节、降低采购成本的采购方式。药品带量采购惠民政策对患者的直接利益就是挤掉药品水分，降低药价，减轻患者负担。年内，大同市组织市县公立医院、乡镇卫生院、社区卫生服务中心（站）组成采购联盟，按照各医院 25 种药品上年使用量的 50% ～ 70% 作为联盟“团购”一年的约定采购量，参与国家组织的带量采购工作。8 月起，市医保局组织开展全市带量采购前期准备工作，完成各医疗机构药品使用量摸底和确认，医保预付基金测算和准备，组织三方协议签订等工作。9 月底，该次国家“团购”的 25 种药品中选结果公布，均是通过国家“仿制药质量一致性评价”药品，产品质量有保障，价格下降，在国家组织药品集中采购试点平均降幅 52% 基础上，平均再降 25%。（墨竹）

卫生人才与科研

【“136”兴医提质工程】 2019 年，大同市卫生健康委员会实施“136”（“1”围绕提升医疗水平这一工作主线；“3”推进领军临床专科、重点医学实验室和卓越医学团队三项重点建设；“6”协同推进前沿医疗技术开发、医学装备保障、科技基础平台、国际医学协作、专病诊疗中心、产学研成果转化 6 个基础项目实施）兴医提质工程，以院博士工作站为引领，提升临床专科发展水平。年内引进邱贵兴、董家鸿院士工作站和刘颖斌、蒙革、王拥军博士工作站。截至 2019 年底，全市建成有省级重点学科 2 个、省市共建重点学科 5 个，省级重点专科 12 个，市级重点专科 8 个，基因扩增检验实验室（PCR）6 个。通过国家认证的高级卒中中心 3 个、初级卒中中心 3 个，国家标准版认证的胸痛中心 3 个，新生儿救治中心 1 个，危重孕产妇救治中心 1 个。市康复中心在市中医医院挂牌成立，给全市康复病人治疗奠定基础。市一医院入选首批“国家级生殖健康诊疗服务能力（大同）地区指导中心”并授牌，成为全国 20 家获该称号的医疗机构之一。市二医院入选“2018 届中国肿瘤医院竞争力排行榜 80 强医院”之一，位居 38 位。市五医院获“中国医院百强医院”“中国智慧医院 HIC 竞争力排行榜 200 强医院”“中国地级城市医院竞争力排行榜 300 强医院”称号。（沈文红）

【临床重点专科建设】 2019 年，大同市卫生健康委员会实施“大医大德大爱大同——聚才返乡兴医”行动，通过全职引进、兼职引进、柔性引进等方式，助推同才回流、名人回乡、技术回传。截至 2019 年底，引进建立 4 个院士工作站、9 个博士工作站、1 个首席科学家工作站、1 个名医传承工作室，带动全市消化、肿瘤、心脑血管等 15 个领军临床重点专科建设。如市二医院和市四医院引进陈星博士和丁卫民博士，分别开展胃、肠镜和支气管镜诊治技术，带动全市消化内镜和结核病学科发展。市五医院医疗集团引进邱贵兴等 3 名院士推动大同市骨科、泌尿外科和肝胆外科发展。市中医医院引进北京中医药大学东直门医院的郭志强名中医传承工作室，到大同市坐诊、授课、带徒，弘扬中医传统医学。（沈文红）

【临床医疗团队引进】 2019 年，大同市卫生健康委员会以市直医疗机构为主体，创新人才培养和引进机制，建立专科人才管理制度及吸引留住人才的激励机制。市三医院引进施福东教授及其临床科研团队，开展2项研究课题。全市启动王辰院士“幸福呼吸”项目，给基层百姓免费做肺功能监测。在宁光院士团队的指导下，市三医院与上海交通大学附属瑞金医院、国家代谢性疾病中心合作开展4个临床科研项目，都取得阶段性成效。市五医院医疗集团引进邱贵兴等3名院士打造大同市的骨科、泌尿外科和肝胆外科。市五医院邱贵兴脊柱关节外科院士专家工作站揭牌。市二医院特聘北京中医医院中医肿瘤专家组建成立北京名中医工作室。借助引进的临床团队，大同市派出98名医务人员到中国科学院肿瘤医院、中日友好医院、北京大学第三医院等首都医院学习深造，给全市培养造就一批在区域范围内有影响力的临床医学专家奠定基础。（沈文红）

【邱贵兴院士专家工作站揭牌成立】 2019年7月13日，邱贵兴院士专家工作站揭牌仪式在大同市第五人民医院举行。山西省委常委、大同市委书记张吉福，中国工程院院士邱贵兴等共同见证工作站成立。大同大学校长冯锋，省卫健委副主任冯立忠，省科协副巡视员谢文智，副市长郭蕾等参加揭牌仪式。邱贵兴院士是中国脊柱外科及关节外科专家，在脊柱侧凸方面有20余年临床基础研究，对脊柱畸形、复杂脊柱退变等领域的诊治研究具有较深造诣和学术影响力，他在国际上首次提出脊柱侧凸的中国分型方法，对脊柱侧凸的诊治具有临床指导意义。揭牌仪式后，邱贵兴作题为《学科带头人核心能力构建与培养》的讲座。市五医院邱贵兴脊柱关节外科院士专家工作站揭牌成立，邱贵兴院士团队在市五医院加大专业医学人才的培养和科研转化，对全市脊柱外科领域医教研水平和医疗服务能力提档升级起到推动作用。（沈文红）

▲2019年7月13日，邱贵兴脊柱关节外科院士专家工作站揭牌仪式在大同市第五人民医院学术交流中心举行（杨帆 摄）

中医药事业

【中医药管理】 2019年，大同市有12个乡镇卫生院和2个社区卫生服务中心申报创建成省级中医药特色基层医疗卫生机构。有5个乡镇卫生院和社区卫生服务中心被省中医局遴选为中医馆建设项目单位，各单位按照中医馆建设标准推进项目建设。按照省中医药管理局评审计划安排，开展中医医院等级评审工作，市中医医院、云冈区中医医院、浑源县中医医院通过二级甲等中医医院评审。灵丘县、浑源县、阳高县中医院3个基层名老中医药专家传承工作室建设项目单位均按照项目要求开展带徒工作，定期总结名老中医专家的临床经验并形成诊疗方案应用于临床；定期到卫生院、卫生室开展巡诊、考核，推进为期三年的传承工作室建设。平城区、云冈区、新荣区、阳高县、广灵县5个项目县在山西中医药大学技术团队的指导下完成第四次全国中药资源普查任务。年内，各县（区）开展新一轮县级名中医评选工作，评出县级名中医院31名。有523人通过传统医学报名资格审核，110人考核合格。（沈文红）

【中医重点专科建设】 2019年，大同市云冈区中医院的脾胃病科、消渴病科，浑源县中医院的针灸科、脑病科，天镇县中医院的正骨科、疼痛科，阳高县中医院的肺病科、神志病科，经申报、审核及专家评审，被确定为2019年市级中医药重点专科建设项目。（沈文红）

【中医养生保健服务乱象整治】 2019年3月10日至4月30日，大同市卫生健康委员会联合市市场监督管理局对大同市115家养生机构进行中医养生保健服务乱象专项整治。打击假借中医旗号开展非法行医和虚假违法宣传的“中医养生保健”服务行为，依法保障人民群众健康。中药饮片采购验收专项检查全市31家二级以下中医类别医院、8家中医类别门诊，158家中医诊所。（沈文红）

【中医药健康宣传活动】 2019年7月16日，大同市卫生健康委员会举办以“中医药健康你我他”为主题的中医药健康文化推进行动宣传活动。全市23家医疗机构100余人参加宣传活动。活动中，各县（区）、委直医院和各中医类社会团体、社会办中医医疗机构组织中医药文化科普专家到基层社区、机关单位、学校开展中医药文化科普巡讲活动和“2019年中医药健康讲堂”活动。组织参与中医药文创产品设计比赛活动，把流行元素、创意产品与中医药哲学思想、文化内涵、养生理念相结合，丰富中医药文化传播载体，让中医药文创产品融入群众生活。市、县中医医院及基层医疗卫生机构中医药综合服务区（中医馆）开设中医药健康文化知识角，打造一批融健康养生知识、保健体验于一体的中医药文化科普传播平台。

（沈文红）

【全国中医脐疗专科共建工程应用教学基地落户大同】 2019年8月，中国民间中医医药研究开发协会脐疗分会全国中医脐疗专科共建工程应用教学基地在大同市中西医结合医院揭牌。中医脐疗分会属国家二级协会，是中国民间中医医药研究开发协会下的独立分会，成立于上年4月10日。全国中医脐疗专科共建工程是由中国民间中医医药研究开发协会中医脐疗分会启动的一项服务于基层医疗单位转型的工程。该工程以继承弘扬中医脐疗文化、推广中医脐疗传统特色技术为宗旨，以培养中医特色人才为目的，推出“脐疗＋专科”建设项目，提高基层医疗单位医生们的医疗水平。该次全国中医脐疗专科共建工程应用教学基地在大同市挂牌，旨在把传承几千年的中医脐疗绝技在大同市基层医疗机构推广，从而服务大同，造福大同百姓。揭牌仪式后，中国民间中医医药开发协会中医脐疗分会秘书长石岩泰、副会长张学敏，全国中医脐疗专科共建工程学术主讲老师方恕奎分别就脐疗基础理论与多病种的临床应用等进行专题讲座。（墨 竹）

妇幼健康

【免费产前筛查与产前诊断服务】 2019年，大同市卫生健康委员会免费给城乡怀孕妇女18514人提供产前筛查与诊断服务，查出高风险孕产妇1579例，其中神经管畸形157例，21-三体高风险1335例，18-三体高风险146例，转诊1234例，转诊率78.15%；接受产前诊断（包括超声检查、羊水穿刺、无创DNA检查）1193例，产前诊断率75.55%。

（沈文红）

【贫困地区农村妇女“两癌”检查及新生儿疾病筛查】 2019年，大同市6个贫困县（云州区、阳高县、天镇县、广灵县、灵丘县、浑源县）是贫困地区妇女“两癌”（乳腺癌和宫颈癌）检查项目县和贫困地区新生儿疾病筛查项目县。全年给贫困地区农村妇女宫颈癌筛查65556人，乳腺癌筛查65741人。筛查贫困地区新生儿8093人，其中疾病筛查4159人，听力筛查3934人，检查出高苯丙氨酸血症1例，先天性甲状腺功能减低症1例。指导6个贫困县针对重点人群、重点疾病、主要健康问题和健康危险因素开展健康教育，健康教育讲座覆盖到全部贫困村。（沈文红）

【贫困地区儿童营养改善】 2019年，大同市有6个县区（云州区、阳高县、天镇县、浑源县、灵丘县、广灵县）纳入贫困地区儿童营养改善项目县。全年免费给贫困地区6个月至24个月婴幼儿发放营养包157345盒。

（沈文红）

【母婴安全保障】 2019年，大同市卫生健康委员会重视母婴安全保障，降低孕产妇死亡率、婴儿死亡率，要求专案管理高危孕产妇，做到“发现一例、登记一例、报告一例、管理一例、救治一例”。全年发放母子健康手册25286册。裙式初次筛查孕产妇19701人，评估孕产妇18480人，门诊高危孕产妇人数2375人，专案管理958人；住院救治危重孕产妇2447人，转诊危重孕产妇18人，救治危重新生儿1541人，转诊危重新生儿79人。（沈文红）

【大同市妇科专科联盟成立】 2019年1月16日，大同市妇科专科联盟成立大会暨妇科内分泌疾病诊治进展研讨会在大同市第一人民医院举行。市一医院牵头成立大同市妇科专科联盟，该联盟包括市三医院、市五医院、同煤总医院3个常务副理事长单位，市二医院、市四医院、市六医院、市中医院等8个副理事长单位和云冈区人民医院、新荣区人民医院等39个成员单位。该联盟成立后，市一医院作为理事长单位，牵头、主动对接国家、省医院妇科和妇产医院，同时联合市、县设有妇科的综合医院及专科医院，建立“基层首诊、双向转诊、急慢分治、上下联动”的分级诊疗模式，发挥优质医疗资源的辐射引领作用，带动大同市妇科专科服务能力整体提升。作为山西省妇科专科联盟和山西省妇幼保健专科联盟成员单位，市一医院与同济大学附属同济医院、华中科技大学同济医学院附属协和医院、中山大学附属第一医院等医院建立妇产科专科联盟。（墨 竹）

【大同市儿科专科联盟成立】 2019年4月，大同市儿科专科联盟成立暨儿童重症相关疾病诊疗学术会议在大同市第一人民医院举行。市一医院牵头成立大同市儿科专科联盟，该联盟以“共享、共赢、共发展”为理念，牵头对接国家和省里医院儿科或儿童医院，并联合市、县设有儿科的综合医院及专科医院，建立“基层首诊、双向转诊、急慢分治、上下联动”分级诊疗模式，从而发挥优质医疗资源的辐射引领作用，提升基层医疗机构的服务能力，促进分级诊疗的实施，带动晋北地区儿科专科服务能力的整体提升，带动基层医院共同关注儿童健康，服务大同市及晋北地区儿童。授牌仪式结束后，北京市从事预防保健工作的专家陈秋萍、省儿童医院分子生物实验室主任朱镭、市一医院儿童重症医学科主任刘丕松分别就“肺炎疫苗的应用”“降钙素原在感染性疾病中的评价”“流感百年”等内容进行讲解。（墨 竹）

【全市妇幼健康业务知识培训】 2019年5月，大同市妇幼健康业务知识培训班在大同市阳高县举行，市、县两级产科机构相关负责人、产科主任，各县（区）妇幼计生中心主任、相关业务工作人员160余人参加培训。该次培训内容包括产前筛查、产前诊断技术，高风险孕妇随访管理、三网监测、重大公共卫生妇幼项目、基本公共卫生妇幼项目、新生儿疾病筛查，预防艾滋病、梅毒和乙肝母婴传播，“出生医学证明”管理等。通过培训促进全市妇幼健康相关工作人员能力提升，使妇幼卫生项目实施和业务管理得到规范，以适应新时代妇幼健康发展要求。（墨 竹）

【全国乳腺疾病诊疗规范化培训与协作基地落户大同】 2019年11月17日，全国乳腺疾病诊疗规范化培训与协作基地在大同市第一人民医院挂牌成立，这是中国医药教育协会在山西省成立的首家乳腺疾病诊疗规范化培训与协作基地。该基地成立后，中国医药教育协会的专家长期帮扶市一医院乳腺科，指导乳腺疾病的临床诊断治疗及病理、彩超、核磁等，利用周末时间，长期在市一医院坐诊，让大同地区乳腺疾病患者在家门口就能得到北京专家的诊疗。1 月市一医院成为山西省医师协会乳腺医师分会大同地区专家委员会主委单位，7 月被评为大同市重点学科。该次成为全国乳腺疾病诊疗规范化培训和协作基地，加强与北京顶级医疗资源的联系与合作。该院通过培训基地的辐射作用，提高医院乳腺癌诊疗规范化水平，为推动大同市乳腺癌防治事业的发展作出贡献。（墨　竹）

【大同儿童血液病和恶性肿瘤定点医院】 2019 年 12 月，大同市卫健委公布省市两级儿童血液病、恶性肿瘤（实体肿瘤）定点医院和 10 种病种临床路径（2019 年版），市一医院、三医院、五医院和同煤总医院位列其中，成为市级血液病和恶性肿瘤（实体肿瘤）定点医院。10 月底，市卫健委等 4 部门联合印发《关于开展大同市儿童血液病、恶性肿瘤医疗救治及保障管理工作的通知》，确定把再生障碍性贫血、免疫性血小板减少症、血友病、噬血细胞综合征 4 种儿童血液病和淋巴瘤、神经母细胞瘤、骨及软组织肉瘤、肝母细胞瘤、肾母细胞瘤、视网膜母细胞瘤 6 种儿童实体肿瘤纳入大同市首批儿童血液病、恶性肿瘤救治管理病种，公布 6 家儿童血液病定点医院名单及 5 个儿童实体肿瘤诊疗协作组名单，均是省级医院。把市一医院、三医院、五医院和同煤总医院 4 家医院确定为市级血液病定点医院，把市三医院、五医院和同煤总医院 3 家医院确定为市级恶性肿瘤（实体肿瘤）定点医院，方便全市患儿看病就医。（墨　竹）

医药学术交流

【慢病康养与健康管理国际高峰论坛】 2019 年 6 月 29 日至 30 日，由中国老年保健医学研究会、全军门诊管理专业委员会、山西省科协、大同市人民政府等联合主办的慢病康养与健康管理国际高峰论坛在大同市举行。该次高峰论坛以大健康理念为切入点，围绕全民健康、医养结合、重在预防、科技支撑 4 大主题，给国内外健康行业、康养业界的专家学者提供一个学术交流平台，助推康养产业融合升级发展。世界卫生组织驻华总干事 Gauden Galea、世界卫生组织非传染性疾病管理司司长 Cherian Varghese、驻联合国中国科协咨商工作生命科学与人类健康专业委员会主任、中华预防医学会全球卫生分会主任委员韩铁如 3 位专家学者进行专题讲座，和与会人员分享国际前沿的科研成果及相关实践经验。中国老年保健医学研究会医养康复分会与凯德世家集团签署战略合作协议，大同市副市长郭蕾、郝献民见证签约。（墨　竹）

【肿瘤综合治疗研讨学术会】 2019 年 7 月，大同新和医院肿瘤综合治疗研讨学术会在大同新建康医院召开，来自大同市及周边各医疗机构 300 余名医务工作者参加。该次学术会议邀请省肿瘤医院放疗胸部病区主任李红卫和放射物理师郭瑞嵩、和佳股份肿瘤微创首席专家王鸿智、新和医院肿瘤中心主任牛熊，围绕肿瘤微创外科、放疗技术主题，结合临床医师遇到的肿瘤问题，就各种治疗要点进行讲解，并与参会专家进行讨论和学术交流。（墨　竹）

【大同市及周边地区首届睡眠医学新进展研讨会】 2019 年 7 月 26 日至 27 日，大同市及周边地区首届睡眠医学新进展研讨会举办，有 300 余名医务工作者参加，研究、学习睡眠医学的新进步和新发展。该次会议经市继续教育委员会批准，大同新建康医院集团公司、大同康复医院主办。研讨会上，国内、省内医院的专家教授围绕失眠药物治疗的选择、阻塞型呼吸暂停综合征与抑郁、日间嗜眠的鉴别诊断、睡眠障碍与癫痫等内容做学术报告，传授专业技术、经验，并与参会人员进行讨论和学术交流，对推进大同市及周边地区睡眠医学发展进步，增进有睡眠障碍疾病广大患者的身心健康，促进健康大同、健康中国建设起到推动作用。（墨　竹）

【第四届肛肠学术研讨会】 2019 年 8 月 31 日，全国肛肠学术年会暨肛肠微创实用技术论坛及大同市第四届肛肠学术研讨会召开。来自各机构全体委员及拟增选成员，从事肛肠或相关专业领域医、护、管理人员及研究生，从事肛肠专业领域相关的企业代表 300 余人参加会议。该次学术年会以“传承、创新、微创、实用”为主题，邀请 50 余名顶级专家、名老中医、青年才俊，就肛肠领域尤其是肛肠微创实用技术展开学习讨论，就肛肠疾病进行学术交流，共同研究探讨肛肠领域疑难杂症、科技新知、学界分歧。（墨　竹）

【第四期“聚才返乡兴医”专家大讲堂】 2019 年 9 月 25 日，由大同市委组织部牵头，市卫健委主办，市四医院承办的第四期“聚才返乡兴医”专家大讲堂举办。市委组织部、市卫健委有关领导，市直公立医院负责人及临床一线专家代表，县级卫生健康和体育局、医疗集团负责人及部分临床专家代表 100 余人聆听讲座。北京大学第二附属医院呼吸重症科主任、博士生导师高占元受邀以“临床重点学科的建设”为题进行专题学术讲座。讲座中，高占元从医学科研方法及用途、疾病的分布及影响因素等方面进行讲解，结合案例解读多种科研方法的异同与应用，并结合多年学习研究经历，分享自己的心得体会和应用技巧等。（墨　竹）

【首届多学科综合诊疗研讨会】 2019 年 11 月，大同市首届多学科综合诊疗研讨会暨第三届云冈心脏病学学术会议在大同新建康医院召开，来自市医师协会各分支机构委员会成员及大同市周边各医疗机构的 500 余名医务工作者参加。该次会议经大同市继续教育委员会批准，由大同市医师协会主办，大同新建康医院集团公司、大同新建康医院、大同市心血管病研究所承办，旨在促进大同地区多学科交流合作，适应现代医学诊疗模式的发展趋势，带动基层各专业发展。学术会上，国内多家医院、多学科权威专家、学者围绕心脏病防治进行多学科、多视角、多维度讲学、研讨，交流新理念、观点、动态、成果，让与会人员分享到心脏病、心脑血管病最新前沿技术和临床经验。讲课中，各位专家教授就各种治疗要点进行讲解。（墨 竹）

献血供血

【概况】 2019年，大同市有25024人次自愿参加无偿献血（其中参加机采血小板727人），采集血液42861单位，采集血小板771治疗量，一次献血400毫升人数18564人次，占献血总人数76.4%。全年制备悬浮红细胞42789单位，较上年同期下降1.6%；制备洗涤红细胞835单位，较上年同期增长31.5%；制备冷沉淀7030单位，较上年同期增长46.4%；制备冰冻血浆49536单位，较上年同期增长6%；成分血分离比例99.8%，较上年下降0.1个百分点。全年向临床供血42404单位，较上年同期增长2.3%，其中供机采血小板1227.5治疗量，较上年同期增长27.9%；供悬浮红细胞41539单位，较上年同期增长1.8%；供洗涤红细胞843单位，较上年同期增长32.8%；供冷沉淀6581单位，较上年同期增长33.9%；供冰冻血浆24604单位，较上年同期增长20.2%；供全血22单位。（沈文红）

【全省医师协会血液医师分会ASH传达会】 2019年2月，由山西省医师协会血液医师分会主办，大同市一医院、山西医科大学第二医院承办的2019年山西省医师协会血液医师分会ASH传达会在大同市举行。来自北京的血液界专家教授围绕第60届美国血液学年会（ASH）会议内容，就血液学在国际的新进展、技术、成果进行交流。会上，中国女医师协会血液学分会委员李利红、北京协和医院血液科主任医师张薇、首都医科大学附属北京同仁医院血液科主任王景文等北京医学专家分别就“老年、脆弱MM患者治疗：从初诊到复发”“慢性淋巴细胞白血病治疗展望”“侵袭性淋巴瘤”等专业题目进行讲解。中国医师协会血液科医师分会副会长周道斌与参会人员一同分享“2018年美国血液学年会的最佳研究”等内容。（墨 竹）

【大同医务人员参与无偿献血】 2019年4月18日至24日，大同市多家医疗机构相继开展“守护生命天使血缘”无偿献血活动。活动期间，大同市中心血站为方便医务人员献血，把流动献血车开进各医院开展采血工作，大同凤凰妇产医院、大同市第三人民医院、同煤肿瘤医院等医院医护人员进行无偿献血，有的患者家属看到献血车停在医院也参加献血，4家医疗单位的医务人员捐献血液52400毫升。（墨 竹）

市直医院选介

【大同市第一人民医院】 2019年，大同市第一人民医院（妇幼医院）门急诊患者66.63万人次，出院患者人数4.02万人次，分别同比增长13.20%和9.90%。总分娩婴儿数12687名，占全市总分娩量40%，同比增长13.70%。手术例数14078台，同比增长5.90%，其中微创手术5648例，同比增长10%，三四级手术占比51.10%，同比增长13.10%。门诊患者和出院患者人均费用分别224.2元和7422.26元，床位使用率和周转次数分别115.60%和63.60；平均住院日为6.5天；出入院诊断符合率和手术前后诊断符合率99.50%和99.60%。大同市第一人民医院被授予山西省首批“社会主义核心价值观建设示范点”、山西省精神文明标兵单位、国家卫健委生殖健康诊疗服务能力地区指导中心、全国乳腺癌诊疗规范化培训和协作基地、国家级节约型公共机构示范单位、2019年中国宫颈癌防治工程全国公益巡讲优秀组织奖等称号。

医联体和分级诊疗建设 2019年，大同市第一人民医院推进城市医疗集团建设，推进集团内多学科会诊、选派高级职称医师到集团内社区出诊。成立以大同市第一人民医院为理事长单位的妇科和儿科专科联盟，成员单位分别48家和24家。向上加强与同济大学附属同济医院、华中科技大学同济医学院附属协和医院、中山大学附属第一医院，及山西省妇幼保健院等国家级医院妇产科专科联盟的协作水平，把优质医疗资源下沉到大同市各级别医疗机构。分级诊疗工作中，大同市第一人民医院依托城市医疗集团和专科联盟及妇、产、儿科质控部，派专家到医联体单位开展业务指导和帮扶，提升基层医院的医疗服务能力。完善转诊服务流程、提高转诊服务效率，落实双向转诊指征，促进分级诊疗落实。全年接收下级医院上转病人12645例，转出病人2353例，其中转往上级医院60例，转往

▲2019年5月25日，“中国宫颈癌防治工程”全国系列公益巡讲在大同市第一人民医院举行

（任峰君 摄）

医疗卫生

下级医院 2293 例。

学科建设和科研　2019 年，大同市第一人民医院宫颈病变科入选首批国家级生殖健康诊疗服务能力（大同）地区指导中心（全国有 20 家）和宫颈病变与宫颈癌防治专项技术教学培训基地，乳腺科成为“全国乳腺疾病规范诊疗培训和协作基地”。计划生育科被授予“省级 PAC 培训基地”。产科成为山西省产科专科联盟副理事长单位，牵头成立大同市医学会产科专业委员会。儿科和妇科牵头成立大同市儿科和妇科专科联盟，乳腺科牵头成立山西省医师协会乳腺分会大同专委会。该院被选为全市儿童血液病定点医院。妇产科及儿科完成省级临床重点学科建设指标，超声科、检验科、乳腺科申报成市级重点学科。1 人在全国儿科年会上作交流发言。申报 1 项国家级科研项目，4 项市级科研项目，发表国家级论文 33 篇，省级论文 17 篇。其中，由大同市第一人民医院生殖医学科申报的一项科研项目获吴阶平医学基金会临床科研专项资助。

产前筛查与诊断服务　2019 年，大同市第一人民医院免费产前筛查 8144 例，产前诊断（羊水穿刺）91 例，确诊异常患者 16 例。产前诊断（B 超）8950 例，完成无创 DNA 检测 2914 例。有 35 个单位到体检中心进行健康体检，参检人数 3603 人，给大同市原 8023 部队及其他参加核试验部队人员进行体检 525 人，驾驶员体检 1092 人，该院离退休职工人员体检 206 人。

临床路径、按病种付费和日间手术工作　2019 年，大同市第一人民医院开展 9 个专业 38 个病种的临床路径，进入路径例数 24730 例，完成 23892 例，入组率 93.50%，入组完成率 96.86%，完成临床路径管理病例数占出院病例数比例 60.50%，平均住院日 6.5 天，平均住院费用 7448.57 元。完成按病种付费管理 60 例，完成日间手术 43 例。

医院新技术开展　2019 年，大同市第一人民医院检验科开展促甲状腺激素受体抗体（TRAb）检测、胎盘生长因子检测、抗磷脂综合征六项、丙型肝炎病毒核心抗原、尿微量白蛋白 / 肌酐比值检测、谷胱甘肽还原酶检测等项目。超声科加入由国家卫健委组织、北京妇产医院牵头的卵巢疾病彩色多普勒中心研究项目，增强医院超声科同国家顶级医院的对接。开展超声引导下妇科肿瘤介入诊断及治疗、乳腺肿瘤定位、乳腺脉默通术中监测等项目。放射科美国 GE64 排 128 层 CT 的启用，结束该院原双排 CT 历史，保障临床各科患者 CT 检查需求。全年完成 CR 检查 12762 人次，较上年同期增长 112.90%。DR 检查 37740 人次，较上年同期增长 34.80%；CT 检查 6044 人次，较上年增长 18.50%。中心实验室通过省卫健委分子生物学实验室复审。开展包括妇科单孔腹腔镜手术、高强度超声聚焦治疗子宫肌瘤、产科“无痛分娩”在内的新技术项目 14 项，填补大同市妇、产、儿学科医疗技术空白。

▲ 2019 年 7 月 6 日，国家级生殖健康诊疗服务能力（大同）地区指导中心揭牌仪式在大同市第一人民医院举行　（任峰君　摄）

首例妇科单孔腹腔镜手术、首例乳房再造术和乳腺勾丝定位术开展　10 月 28 日，大同市第一人民医院妇一科主任王兴旺团队采用妇科微创单孔腹腔镜技术给刘女士进行子宫肌瘤切除术，这是大同市首例妇科单孔腹腔镜手术。单孔腹腔镜是妇科在多孔腹腔镜微创技术基础上开展的腹腔镜微创技术，具有微创性、安全性、美观性、术后少疼痛、不留疤痕等特点，减轻患痛苦，成为更多患者的首选治疗方式。12 月 15 日，大同市第一人民医院在天津肿瘤医院教授黄清丰指导下实施乳房重建术，这是市一医院首例乳房重建术，是全市首例背阔肌肌皮瓣转移即刻乳房重建术。该手术是在完全切除乳腺组织的同时，利用身体组织部位做成皮瓣、皮肤、脂肪和肌肉，给患者再造一个乳房，把乳腺疾病根治和乳房再造手术一次完成，减少患者乳房缺失的心理创伤，减轻经济负担。12 月 15 日，市一医院在全市开展乳腺勾丝定位术，该技术依托市一医院影像科钼靶室于上年引进的山西首台钼铑双靶乳腺诊断仪器设备，对无肿块的乳腺病变精准定位，对提高病变检出率，协助手术治疗起到关键性作用。乳腺钼靶勾丝定位术及钼靶下穿刺活检是在勾丝定位的基础上使用活检穿刺针，行数字三维穿刺术，获取病变组织条进行病理分析，手术切除前行三维勾丝定位留置术，把勾丝置在病变组织，做到使患者创伤小，痛苦少。　（任峰君）

【大同市第二人民医院】　2019 年，大同市第二人民医院（肿瘤医院）门急诊患者 227813 人次，同比增长 6.40%；出院患者 19766 人次，同比增长 18.70%；床位使用率 94.40%；手术例数 8326 例，同比增长 106.40%。年内，普外科、肿瘤内科、放射肿瘤科（放疗）、放射肿瘤科（介入）、眼科、骨科、血液内科、消化科、神经内科、病理科 10 个专业 17 个科室通过大同市医学重点学科评审；医院消化内镜中心成为“国家消化道早

医疗卫生

癌防治中心（早期胃癌筛查项目）”联盟单位，被授予大同市卫健系统兴医工程“优秀博士工作站”、中国医院竞争力排行榜“全国肿瘤医院第38强”称号。

医联体建设　2019年，大同市第二人民医院依托医联体建设及肿瘤专科联盟的成立，与同煤肿瘤医院联合开展的放射性粒子植入非血管微创介入治疗技术，使很多晚期肿瘤患者得到治疗。作为大同市肿瘤专科联盟理事长单位，该医院每周组织专家团队到县（区）举行“医卫双优下基层”——肿瘤筛查治疗适宜技术宣教活动，使广大县（区）医务工作者及人民群众对肿瘤疾病的诊治有更新更深刻认识。全年选派30余名技术骨干分别到各县（区）医院进行业务指导；到社区、医联体单位进行义诊活动，接诊人数700余人次，并免费发放相关资料900余份。

专科护理　2019年，大同市第二人民医院为规范癌痛患者管理，在放一科、肿内一科创建癌痛病房，邀请山西大医院护士长王燕丽讲授《癌痛患者疼痛管理流程》。选派部分护士长及护理骨干到北京、天津、省肿瘤医院参观学习，开展癌痛护理评估，建立各项记录，实施患者宣教，进行出院随访，规范疼痛护理管理，参加华北大区“蔚蓝丝带癌痛规范化管理”竞赛。开设疼痛门诊，开展慢性疼痛及难治性癌痛的诊疗工作，对门诊癌痛治疗进行规范化管理，助力医院癌痛规范化病房建设。成立伤口/造口门诊、PICC门诊，全年行PICC置管1024例，PICC换膜18371人次，提高PICC带管间歇期护理质量，确保患者用药安全。在大同市首届伤口造口护理案例大赛评比活动中，神内科护士长高梅获一等奖，外三科护士杨世英获二等奖。

消化道肿瘤早筛早治　2019年，大同市第二人民医院作为山西省抗癌协会消化道肿瘤早诊早治基地，在“陈星博士工作站”引领下，推动大同地区消化道早癌筛查和肿瘤防治工作。陈星采取“一对一”导师制，以师带徒的形式边诊边教，提高医院内镜团队医护人员水平。全年消化科内镜中心完成消化内镜检查4523人次，其中发现胃肠道早癌56例。开展胃肠道肿瘤梗阻支架置入术30余例，肠梗阻导管置入术20例，肠内营养管50余例，狭窄扩张术10余例，新技术项目的开展，提升晚期消化道肿瘤患者的生存质量。

临床科研　2019年，大同市第二人民医院开展省级科研项目并立项3项，分别是：外四科马铁明主持的《精细化被膜解剖技术在甲状腺手术中的应用》；血液风湿科马红玲主持的《非霍奇金淋巴瘤（NHL）化疗后外周血淋巴细胞绝对值（ALC）及LMR值与感染率因素分析》；放疗六科吕冠男主持的《热休克蛋白90a在妇科肿瘤患者病情监测和疗效评价中的作用》。申报市级科研项目并立项8项，分别是：肿瘤内一科刁建峰主持的《阿帕替尼单药用于标准治疗后进展的广泛期小细胞肺癌的临床研究》；肿瘤内二科郝涛主持的《肺功能参数对非小细胞肺癌放射性肺炎的预测价值》；肿瘤内二科宋利主持的《埃克替尼联合放疗治疗晚期肺腺癌疗效观察》；放三科李艳霞主持的《洛铂对比顺铂同步调强放疗应用于局部晚期宫颈癌的临床疗效观察》；放六科万永红主持的《真实世界中使用阿帕替尼进行妇科肿瘤化疗后维持治疗的前瞻性、非干预研究》；消化科王时峰主持的《高强超声聚焦治疗腹腔实体肿瘤的有效性及安全性的临床研究》；妇产科张力主持的《高强度聚焦超声肿瘤消融系统治疗子宫肌瘤的应用研究》；麻醉科王冠峰主持的《完全植入式静脉输液港植入》。全院发表并备案的论文15篇，其中国家级论文3篇。

肿瘤学科建设　2019年，大同市第二人民医院按病种规范和细化肿瘤临床亚专业，成立以胸外、乳腺为专业发展方向的外四科，院长马铁明带教开展手术，邀请北京、太原等地专家手术示教，提高外科手术数量及质量，三、四级手术占比73%。其中，外四科完成医院建院以来首例单孔胸腔镜肺癌根治术；外二科成功开展首例腹腔镜下膀胱癌根治术，神经外科开展经鼻碟脊索瘤切除术肿瘤术、动静脉畸形伴卒中手术切除术、少支胶质瘤伴卒中切除术、岩骨背侧及镰旁脑膜瘤切除术、软通道微创治疗各类颅内出血，填补多项技术空白；放疗二科实施DSA（数字减影血管造影）下胃肠营养管置入术；内一科开展代谢性骨病的宣教、筛查和诊疗；放疗一科针对化疗后出现恶心、呕吐、胀气等相关并发症开展中医中药塌渍加TDP（特定电磁波谱）、口服中药等治疗；眼科开展基于人工智能基础上糖尿病视网膜病变筛查。

肿瘤MDT多学科诊疗　2019年，大同市第二人民医院针对疑难危重肿瘤患者，组建院内临床医技MDT团队，通过多学科会诊，把个体化医学、精准医学、快速康复理念融入肿瘤治疗，并贯穿患者治疗前、治疗中、治疗后的每一个治疗环节，给患者提供“一站式”诊疗服务，打造肿瘤专科品牌。通过MDT多学科会诊，改善患者生存质量，推动该医院临床医技专家团队诊疗水平提高。5月17日，医院MDT联盟学术论坛在远程会诊中心举行，山西、陕西、甘肃及新疆多家地市级医院参与论坛，加强各省市医院的多学科合作交流，促进肿瘤领域多学科临床治疗的经验交流。全年举办院内MDT多学科会诊25次，远程教育7次，激发医务人员的临床工作热情和科研能动性。

肿瘤中医治疗　6月22日，大同市第二人民医院邀请的北京中医药大学东直门医院，中国中医科学院西苑医院、广安门医院专家团队组建的“北京名中医工作室”开诊。这是该医院在开展肿瘤手术、化疗放疗、介入治疗、深部热疗、高强度聚焦超声肿瘤消融等多学科治疗基础上，发挥中医在肿瘤康复、减少放化疗不良反应、减少及延缓癌细胞扩散、抗感染、改善患者体质、增强免疫力、延长患者生存时间、改善生存质量等诸多优势上创新发展的又一举措。北京名中医工作室每周安排两位专家出诊，免除众多患者频繁往返奔波北京就医。

（左秀桃）

【大同市第三人民医院】 2019年，大同市第三人民医院门急诊量876233人次，同比增加9.84%。入院人数44958人次，同比增加16.12%，出院人数45109人次，同比增加17.26%。平均住院日9.59天，同比缩短0.75天。床位使用率96.65%，同比增加3.13%。

床位周转次数 36.7 次 / 年，同比增加 4.29 次。住院手术例数 20329 台，同比增加 30.39%，Ⅲ级、Ⅳ级手术占比 41.89%。疑难危重占比 25.73%，危重病人抢救成功率 90.43%，同比增加 2.19%。抗菌药物使用率 40.57%，使用强度 37.64DDD，药占比 20.91%，输血指证符合率 99% 以上。大同市第三人民医院入中国医院百强院，被国家卫健委医政医管局评为“2019 年度改善医疗服务典型案例医院”，被国家卫生健康委脑卒中防治工程委员会办公室评为 2019 年度脑心健康管理团队，被国家呼吸疾病临床研究中心授予国家呼吸临床研究中心核心单位，成为全国妇女“两癌”防治定点医疗机构，通过国家级药物临床试验机构资格认定，西北华北东北地区肾脏移植协作组织理事单位，该院神经疾病中心被国家卫健委医政医管局评为“2019 年度改善医疗服务典型案例科室”。

医疗质量 2019 年，大同市第三人民医院加强病历质控管理工作，质控首页合计 19049 份，甲级病案率 97.84%。该院有 23 个专业 770 个病种进入临床路径管理，管理病例数 40521 例，入径人数 40457 例，完成人数 38846 例。实施信息化管理，并开发患者路径、随访路径，临床路径管理人数占出院人数 89.42%，入组率 99.84%，完成率 96.02%。截至 2019 年底，建立日间手术版临床路径 80 种，开展 1528 例日间手术，（占择期手术 + 介入手术总例数）开展率 13.21%，涉及 65 个病种，14 个临床科室。内分泌科、骨科、泌尿外科、耳鼻喉科、心脏外科、口腔科、胸心外科及妇科实行主诊医师负责制，有 36 个主诊组。急诊科各级患者就诊比例中，Ⅰ类病人（濒危患者）占 1.76%，Ⅱ类病人（危重患者）占 8.95%，Ⅲ类病人（急症患者）占 64.1%，Ⅳ类病人（非急诊患者）占 26.19%，抢救室滞留时间中位数为 150 分钟，危重患者所占比例增加。面对门诊量较大，门诊空间不足实际，开展预约诊疗，改进服务流程，缩短就诊等候时间，预约诊疗率由上年 34% 增至 48%。落实责任制整体护理，健全护理管理制度，加强护理不良事件管理，改善护理服务流程，推进老年、康复、慢病护理工作开展；组织全院护士学习医院感染相关知识，选派护理骨干进修学习，推动护理科研、专利申报工作，推进全院护理信息化建设。

医联体及分级诊疗建设 2019 年，大同市第三人民医院开展远程医学会诊 361 例，远程培训教育 105 次，远程门诊 32 例，远程影像诊断 3670 例，给农村基层卫生医疗培训人才，解决农民群众就医难问题。派遣医院心血管内科、神经内科、呼吸内科、内分泌科、全科专家分别到两个社区坐诊，向阳里社区卫生服务中心接诊患者 854 名，东街社区卫生服务中心接诊患者 273 名。派遣 105 人对阳高县、天镇县、浑源县、怀仁市、新荣区、城区医疗集团进行为期 3 个月的对口支援帮扶工作，每季度每个地方派遣 4 ~ 6 名骨干医师给基层医院提供技术指导，开展帮扶支持等相关工作。派出医生对广灵县、天镇县、新荣区等 5 个县（区）居民进行健康义诊，诊疗 3000 余人，入户义诊 200 户，发放宣传手册 3000 余份，免费赠送 6000 余元医疗药品，完成指令性服务保障 16 起。

心脏中心发展 2019 年，大同市第三人民医院心脏中心通过国家级中心认证“中国房颤中心”，成为全市首家“山西省基层医院 PCI 专项能力培训基地”，成为大同市医联体心血管专科联盟理事长单位。主办学术会议 6 场，对各县（区）基层医师培训 12 场，义诊 5 场，健康讲座 9 场；成立心脏康复中心，并申报国家级“心脏康复中心”；加入“国家心肺预防与康复中心协作网”，参与国家“十三五”重点研发计划项目；开展《芪参益气滴丸改善射血分数降低性慢性心力衰竭患者预后的多中心、随机、双盲、安慰剂对照临床研究》；在第三十届长城国际心脏病大会，连续进行 9 例急诊 PCI 手术直播。完成心脏介入手术 2149 例（冠脉造影术 1716 例），经皮冠状动脉介入术（PCI 术）910 例，（急诊 PCI 术 672 例），冠脉内血栓抽吸术 137 例，冠脉内血流储备测定（FFR）1 例；永久起搏器植入术 82 例，临时起搏器植入术 39 例，ICD 植入 5 例，CRT 植入 1 例；心内电生理检查及射频消融术 103 例，其中房颤射频消融术 28 例、阵发性室上性心动过速射频消融 65 例。

神经疾病中心发展 2019 年，大同市第三人民医院神经疾病中心以成立主诊组为推手，推进各专业发展。依托宣武医院张宏祺专家团队，拓展脑血管病治疗方式，开展血管照影及介入手术 343 例，同比增加 68%。开展支架 / 双导管辅助下复杂动脉瘤栓塞术，双支架辅助下血泡样动脉瘤栓塞术，并独立完成各种复杂 / 多发动脉瘤手术 44 例，该治疗方式是大同市唯一能独立完成的医院。缺血性血管病从单一药物治疗逐渐扩展为多措并举：急性期溶栓拉栓、支架植入，择期颈动脉内膜剥脱、颅内外搭桥等。全年溶栓 194 例，动脉取栓 14 例。脑出血 319 台，同比增加 20.4%，手术方式从原来的皮层造瘘血肿清除逐渐转变为显微镜下经侧裂岛叶血肿清除（>30 毫升），或神经内窥镜下微创血肿清除（<30 毫升）。显微微创技术及内窥镜技术提高，血管病死亡率、残疾率、残疾程度下降。神经外科年收治病重人数 662 例，占出院人数 43.27%。聘请中国功能神经外科开拓者宣武医院教授李勇杰及团队，助力神经功能专业发展，在提升三叉神经微血管减压术基础上，开展三叉神经痛球囊压迫术（填补市级空白）。脊髓脊柱专业在宣武医院教授朱宏伟支持下开展经椎间孔椎间盘突出髓核摘除术及各种腰椎管手术。依托施福东首席科学家工作站推进医院中心实验室建设，并针对神经系统疾病发病机制、临床表现、药物和非药物治疗方式、治疗预后等重要方面开展多项研究。参与国家级科研 6 项，省市级科研各 1 项。承办山西省卒中中心联盟大同推进并大同市卒中中心联盟启动暨神经内科专科联盟成立会议、市神经内科专科联盟第一届学术会议、市医师协会神经内科医师分会，举办颅脑创伤及重症高峰论坛系列活动，2019 全国神经损伤巡讲，山西省及大同市“医卫双优下基层”神经疾病巡讲多场，到新荣区、阳高县及左云县人民医院开展卒中知识普及并推进初级卒中中心建设。

普外中心发展 2019 年，大同

▲2019年12月5日，大同市第三人民医院援非医疗队归来　（王学蛟　摄）

市第三人民医院普外中心手术手术量5529台，较上年增长24.1%，四级手术完成800台，较上年增长126.6%，微创四级手术量312例，腹腔镜胆囊切除日间手术量50例，无重返、并发症或二次手术。技术项目，腹腔镜胆囊切除日间手术居全省第一，结肠癌手术与腹腔镜胆囊切除居全省第三，开展甲状旁腺移植、全程喉返神经探查术、保留脾脏的腔镜胰腺体尾部切除、保留胰头的胰头部肿瘤切除手术、腔镜脾切除术、腔镜术中超声检查技术项目、NOSE手术、乳腺癌前哨淋巴结活检、背阔肌肌皮瓣一期成型。举办山西省大同市乳腺外科质控部成立大会及同期学院大同站学术会议，探讨胃癌围手术期处理的新进展。

妇儿生殖中心发展　2019年，大同市第三人民医院妇儿生殖中心妇科开展手术1689例，其中三四级手术占比54.83%，重点手术中恶性肿瘤手术44例，子宫切除术228例。完成疑难重症259例，关键技术473例。产科全年分娩数2660人，剖宫产1142人，较上年增长10%。产后出血发生率和新生儿重度窒息发生率均低于全国平均水平。产房开展导乐陪伴分娩、腰麻无痛分娩，举办市级继续教育2项。生殖医学科门诊量19554人次，同比增长41.2%，开展宫腔镜手术68例，子宫输卵管造影术261例，卵巢囊肿穿刺术11例，睾丸穿刺取精术5例，宫腔灌注术2例。夫精人工授精190个周期，其中临床妊娠25个周期，10人已顺利分娩。儿科开展的儿童哮喘基因检测，填补全市该项技术空白；开展的儿童肺功能检测，填补该院相关技术空白。

骨科、消化内科等科室发展　2019年，大同市第三人民医院骨科手术量1657例，其中III、IV级手术占比64%。在国家级课题《微创骨科手术机器人应用示范及其支撑技术研究》中担任典型示范点单位，并获国家级药物临床试验机构（GCP）认定，承担大同市重点研发项目课题《骨科手术机器人在经皮椎体成形术中的临床应用》，完成国产创新骨科机器人系统的临床应用培训标准化规范及示教示范中心建设。消化内科成立大同市消化内镜专科联盟，主持举办“大同市第一届消化及消化内镜学术大会”“大同市消化内镜专科联盟学术会议”“晋北地区炎症性肠病专题论坛”等带动区域消化技术发展。泌尿外科开展亲属肾移植3例，皮肤科开展科研课题《环状RNA在皮肤鳞状细胞癌组织及血液中差异性表达的研究》并申报省级重点研发计划。肿瘤内科的肿瘤营养治疗取得疗效，三氧治疗恶性胸腹水解决快速治疗胸腹水难题；介入栓塞联合热消融治疗实体肿瘤取得疗效。医疗美容科引进755蜂巢皮秒激光治疗仪、强脉冲光子嫩肤治疗仪、二氧化碳超脉冲点阵激光仪、超级平台铒激光点阵及微剥脱系统、超级冰点激光脱毛仪、聚焦射频紧肤系统，试用期间行瘢痕32例、痤疮98例、文身祛除27例、皮肤美容231例。

援外援疆　2019年，大同市第三人民医院从骨科、内科、眼科、妇产科、针灸科、理疗科、超声医学科、药学部等科室选拔医务人员，组成第19批援喀麦隆医疗队，到非洲姆巴尔马尤执行为期一年的援外医疗任务。6月，该院向姆巴尔马尤市医院捐赠医疗器械、设备及药品20余万元。8月16日，根据中共大同市委组织部《关于选派援疆干部人才的函》《大同市对口支援新疆干部和人才管理暂行办法》，选派超声医学科副主任医师张峰到新疆奇台农场开展援疆工作。8月19日中国医师节，向姆巴尔马尤市医院捐赠远程会诊医疗设备，借助远程医疗技术跨时空连线，实现诊疗无国界。（王学蛟）

【大同市第四人民医院】　2019年，大同市第四人民医院门急诊病人150135人次，同比增加10454人次，预约诊疗29547人次；出院病人8842人次，甲级病案率99.88%，治愈率27.43%，抢救成功率90.03%；全年手术363台，急诊病人5773人次，临时输液83人次，同比减少56人次；体检人次8440；预防接种10079人次。（一类）科研立项0项，发表科研论文47篇，国家级10篇，省级12篇，市级17篇，院内8篇；外派学习3人，组织院内业务培训学习25次，市级继续教育项目17次。该院综合介入诊疗技术、冠脉造影技术、胃镜肠镜下诊疗、经支气管镜（针吸活检术、冷冻切除术、热消融治疗技术）、气管/支气管内球囊扩张术、气管/支气管支架置入术、介入超声诊疗技术、泌尿外科内镜、胸外科内镜6类新技术、新项目通过大同市卫健委专家组评审，规范医院医疗技术临床应用管理。3月22日，大同市第四人民医院通过中国基层心衰中心建设单位认证，4月26日，通过基层心衰中心认证网络申请。

临床路径及单病种管理　2019年，大同市第四人民医院根据卫生部2016年印发的1010种临床路径病种和2019年山西省制定的100个按病

种收付费病种目录，结合该院传染病专科情况，对之前制定的36种临床路径疾病病种及表单做出调整。大同市第四人民医院开展临床路径的科室15个，开展临床路径的病种数41种，2019年进入临床路径的病例数2834例，实际完成路径2805例，平均入径率72.65%，完成率98.98%，临床路径覆盖率（完成临床路径管理病例数占出院病例数比例）40.32%，运行指标均达到公立医院改革要求。根据大同市医保局印发的《关于加快推进医保支付方式改革的通知》文件精神，结合该院收治疾病特点，制定大同市第四人民医院的单病种目录及执行标准，与医保办、临床科室协调，推进按病种付费在大同市第四人民医院开展。

医疗联合体建设　截至2019年底，大同市第四人民医院与柳港园社区卫生服务中心、北关社区卫生服务中心、开源街社区卫生服务中心、新建南路社区卫生服务中心、向阳里工农路社区卫生服务站、向阳里源茂街社区卫生服务站及南街福兴园社区卫生服务站等25家医疗机构建立医疗联合体。2019年，大同市第四人民医院与大同博康医院、大同平城区南关府南街社区卫生服务站、大同和平医院等8家医疗机构签订医疗联合体协议。大同市第四人民医院与以上医联体单位建立相互帮扶、双向转诊的工作机制。

院感防控　2019年，大同市第四人民医院从其他医疗机构感染事件教训与启示入手，加强“以病人为中心”理念，强调提高标准洗手及医疗废物规范管理，改进医疗服务质量。院感科根据《医务人员手卫生规范》，结合大同市第四人民医院传染病专科特点命题，5月30日起分4批，8天对所有医务人员进行笔试，院领导在每周的中层干部周会上点评笔试情况，通报成绩不佳科室和个人，促进大家学习积极性。通过2次培训、4次笔试，把院感防控知识总结和提炼转化成信息传递给大家，提高医护人员的院感防控意识，提高四医院感染防控水平，保障就医患者安全。

肝病学科　2019年，大同市第四人民医院开展肝病治疗新技术例数：RFA肝癌射频消融术49例，同比增长81.40%；TAE肝动脉栓塞术60例，同比增长30.40%；肝癌射频消融术1例，减少2例；超声引导下肝脓肿置管术3例，增长2例；超声引导下肝囊肿硬化治疗5例，增长2例；PTCD10例，减少7例；肝组织穿刺术12例，减少4例；人工肝支持治疗185例，同比增长10.12%；肝病诊疗仪15376人次，同比减少2.87%；肝病学科收治病人2805人次，同比增长6.50%。

结核病学科　2019年，大同市第四人民医院组建耐药结核科，增加耐药结核需要药物，七病区作为耐药结核科开设2个病房，每天利用晨会时间学习有关耐药结核的相关知识（WHO指南和中国关于耐药结核的专家共识）。收治耐药结核病人4人均出院。推进了卫民博士工作站工作，支气管镜下治疗512例，同比增长319.6%。经皮肺穿术7例，同比减少11.11%。结核学科收治病人1559人次，同比增长1.9%。

其他学科　2019年，大同市第四人民医院血液净化室实现全市感染性血液透析患者的集中归口治疗，扩大病员，血透6759人次，同比增长12.82%。麻醉科开展无痛分娩3例。研究超声领域辅助麻醉向可视化方向发展，开展麻醉深度监测及科研工作，业务量比上年增长50%；手术室配合手术363台，其中感染类手术132例，占比36.40%（乙肝类36例，结核类69例，梅毒类13例，布病3例，艾滋病类手术9例、丙肝1例）；腹腔镜手术62例，占比16.50%（外科49例，妇科13例）；植入物类手术116例。拓展医学检验科空间，开展医学检验项目，标本量约24.80万个，同比增长4.95%。其中，艾滋病常规检验类2395例，CD4/CD8测试774例，HIV核酸检测494例，结核免费专项142例；外送金域检验标本约2386例；全年总收入3851.55万元，同比增长9.96%。超声室牵头扩大肝脏弹性定量测定影响力，开展肝弹性成像技术检查病人2753人次，超声检查35195人次，同比增长9.44%。CT室与周边6家医疗机构协作，构建区域性CT网格化共享中心，全年10202人次，同比增长16.73%，冠脉CT362人次，同比增长23.97%。功能检查室开展院内心电网络系统，心电图9762人次，同比增长1%；Holter 1199人次，同比增长13%；动态血压54人次，同比增长125%，血流图47人次，同比增长6%，肺功能50人次，同比减少16%。

医疗宣传咨询　2019年，大同市第四人民医院组织社会力量参加由中国高血压联盟牵头的全国范围内的“五月测量血压月”项目，参与并组织开展大同区域高血压普查工作，给世界高血压、全国高血压普查数据库提供8万余份病例数据，第3次被中国高

▲2019年10月8日，大同市第四人民医院参与健康中国行动之2019“全国高血压日”公益义诊活动

（四医院　供图）

血压联盟项目组评为“优秀测量点”“优秀组织单位”。10月23日，组织该院20名医务人员到阳高县王官屯镇许窑村村民进行义诊咨询活动，并宣传国家健康扶贫帮扶政策。开展以大同市老年医学科专科联盟副理事长单位的多项老年病常见的慢性阻塞性肺疾病为中心的健康教育，成立老年病病友会，组织健康讲座2次，参加患者80余人次，出健康知识专栏2期。

举办“护理用具创新发明”展示会　5月16日，大同市第四人民医院护理部举办“护理用具创新发明”展示会，以激发护理人员科研和创新意识，推动临床护理变革，更好地服务于患者。该次展示会收集到各病区护士小创新、小发明51项。所有示例全部利用PPT、小视频等形式，从多方位展示在临床实践中的创新。她们发挥废旧物品的再利用，创造出一件件实用性强的护理用具，创新出一种种护理方法，达到医患双赢结果。

（四医院）

【大同市第五人民医院】 2019年，大同市第五人民医院门急诊846943人次，同比增长7.83%（其中急诊43305人次，同比增长12.95%），日平均3388人次；住院524848人次，比上年增长11%；病床利用率110.07%，病床周转率次31.61，人均住院日12.69天。位于市五医院门诊大厅南侧的大同市血液净化中心成立，该血液净化中心占地面积1700平方米（建透析区域占地面积900平方米），配置80台透析机，可同时对320名患者进行透析治疗。大同、北京、太原3地航空医疗救援联盟成立，大同市航空医学救援基地竣工，救援停机坪位于市五医院院内东南侧，总建筑面积470平方米，停机坪的绿化面积3024.80平方米。邀请德国膝骨专家Arbogast到市五医院进行学术交流，与医师们探讨先进医学技术知识，交流医疗工作经验，并与市五医院副院长尉杰忠签订长期合作协议，接受医院聘任证书。市五医院被授予“中国医院百强医院”“社会主义核心价值观建设示范点”“中国智慧医院HIC竞争力排行榜200强医院”“中国地级城市医院竞争力排行榜300强医院”称号，被省卫健委确定为山西省现代医院管理制度试点医院。

医疗集团运行情况　2019年，大同市第五人民医院在业务上牵头打造集团领军学科和集团内市级质控部委托单位为基础上成立13个领军学科（泌尿外科、呼吸内科、神经内科、妇产、放疗、护理学、中医康复等）、14个专业的质量控制部（如呼吸病学质量控制部、骨科学质量控制部、泌尿外科质量控制部、妇科、产科质量控制部、内分泌科质量控制部等）。作为牵头医院，成立医疗集团以来，各社区医院门诊量较同期增长率比例上升10%；三级医院门诊量同期增长率下降3%。集团内门急诊量同比增长9.90%，住院量同比增长2.54%，手术量同比增长14.58%，三四级手术同比增长7.61%，日间手术比同期增长79.12%。其中，集团内二级医院门急诊量同比增长6.81%；住院人数同比增长2.67%，手术与操作例数同比增长5.74%。医院开展临床路径病种数483个，入径率96.9%，完成率96.59%，帮助二级医院其中包括3个县级医疗集团开展临床路径病种208个，临床路径覆盖面的逐渐扩大规范医疗行为、减少变异，提高整个集团医疗服务质量。围绕推进“城乡分开”，以专科联盟协作为纽带，选定特色明显病种，对健康版紧密型医联体形成全方位发展，实现不同级别医疗机构之间有序转诊，医院牵头组建医疗集团以来，首次逆转“上转容易下转难”转诊局面；帮助成员单位二级医院开展微创手术16项，如：前列腺电切术，输尿管镜取石术等；实行“1+1+X”家庭医生团队模式，提高家庭医生签约率；接受因病返贫的就医的贫困立卡户约50%。

智慧型医院建设　2019年，大同市第五人民医院上线移动智慧医院，标志着“互联网＋医疗就医服务”模式启用；微信公众号一站式服务实现预约挂号、诊间支付、查询报告、就医反馈，数字影像查询服务等多种功能。按照标准向医疗集团和医联体内医疗机构提供远程会诊、远程影像、远程心电、远程病理、远程手术、远程培训、远程健康教育等服务。整个远程会诊系统涉及33家医院，9家社区服务站，向上连通301、阜外等国内三级公立医院进行远程会诊服务，建立起晋北地区“远程会诊航母”。医院完成HIS系统（医院信息系统）与全市医药改革综合监管平台的接口对接，实现医疗医改数据实时传输。依托“一个核心数据平台”“两个智慧监管模块”“三套精细化管理系统”完成双向转诊3658次、实现远程MDT（多学科诊疗）实时互动会诊345次、远程影像784次、集中阅片5670次、远程门诊2540次，远程心电420次、远程病理130次，实现与医保付费系统的数据交互。与医疗集团成员单位完成同步排班信息服务、同步号源信息服务、预约挂号服务、取消预约服务门诊号源等4个衔接口，市县两级分级诊疗互联互通平台搭建完毕。

医疗科研项目获批　2019年，大同市第五人民医院获批准大同市科技计划立项项目20项，占全市立项项目总数9.9%，其中社会发展类别19项、平台基地类别1项，并组织其签订计划任务书及承诺书，获科技拨款62万元，所立项与经费居于大同市医疗卫生系统之首。组织申报2019年度山西省科技厅科研项目6项，社会发展类别4项、国际合作项目1项、软科学项目1项，全部通过形式审查；经山西省卫健委组织专家评议，市五医院获批准省卫健委项目2项，1项是人口战略研究重点课题、1项是重点学科课题。

药学服务新领域　2019年，大同市第五人民医院全部实施零差率销售，药占比（不含中药饮片）根据国家公立医院改革要求在30%以下。对9家社区医疗机构实现药品管理、药械目录、采购配送、支付结算、药品价格的“五统一”，保障基层用药需要，社区用药享受三级医院药品的同质同价。社区服务中心基本药物采购金额增加幅度超20%。通过医院药剂科对基层医疗机构的药费管理及合理用药情况进行“月督导、季考核、年总评”，使药事服务向基层下沉，改变基层药学模式，促进药学服务标准化、同质化。公示不合理用药的处方医生，建立约谈制度。药学部门定期汇总医院用药情况，每月公示使用前30位的药品及使用前10位的科室和医师，公示用药合理性分析；公示在T9平台定期公示开具不合理处方、不合理医嘱的医师。对于使用金额前 20 位中前 5 名的辅助类用药暂停使用 1 个月的干预措施。经过药事管理与治疗学委员会决定，停止使用 32 种重点监控药品，重新调整重点监控药品目录，辅助类用药由原来 74 种减少至 42 种。

中国医师节系列活动　2019 年，大同市第五人民医院在全院范围内开展“中国医师节”系列活动。作为牵头医院召开医疗集团医师节庆祝大会，设立终身成就奖、医坛精英奖、援疆援外优秀个人、对口支援精准扶贫先进个人、优秀医生 5 个奖项表彰百名医师；推进“惠百姓”义诊活动，对口支援云州区、广灵县、左云县、灵丘县、应县医疗集团的医务人员进行医师节系列义诊活动，宣讲健康扶贫惠民政策，宣讲 136 兜底政策、先诊疗后付费、光明扶贫白内障免费救治、24 种大病救治政策及年内增加的 7 种大病救治、山西护工培训等惠民政策；开展文艺会演、“医者小文”原创图文征集等活动，让广大医护工作者感受到工作之外，还有生活。开展“5・12”国际护士节系列活动，包括“三基”建设护理技能竞赛、“白衣天使”健康科普宣传、最美瞬间、微视频摄影比赛、表彰大会等。

整合医学中心　6 月 30 日，西京消化病医院大同整合医学中心在大同市第五人民医院学术交流中心举行揭牌仪式，山西大同大学校长冯锋，市卫健委副主任王荣，五医院院长王迎宾等及大同大学师生，市、县各医疗机构医务人员 500 人参加讲座。山西大同大学副校长姚丽英主持。中国工程院院士、国内著名消化病学专家、西京消化病医院院长樊代明以《整合医学——走向医学发展新时代》为题进行专题学术讲座。结合自己的医学和管理实践，使参会人员了解世界及新中国多年来的医学走势，指出随着医学的不断发展，整合医学（HIM）是医学发展的新方向。讲座后，冯锋授予樊代明特聘教授证书。

邱贵兴院士工作站成立　7 月 13 日，大同市第五人民医院举行邱贵兴脊柱关节外科院士专家工作站揭牌仪式暨院士讲坛骨科学术研讨会。山西省委常委、大同市委书记张吉福，中国工程院院士邱贵兴，大同大学校长冯锋，山西省卫健委副主任冯立忠，五医院王迎宾，山西省院士专家服务中心副主任张宸荣等人，大同市直医院及各县（区）医务人员 500 余人参加揭牌仪式。仪式上，冯立忠表示大同市第五人民医院借助邱贵杰工作站这一平台，在重大医学项目开发、高层人才培育、科技合作交流等方面凝力作为，提高升医疗水平。邱贵兴表示，在院士工作站运行中，会与大同市第五人民医院合作开展一些高难度的脊柱外科及关节外科手术，加大医学人才培养和科研转化，推动医院发展再上新台阶。张吉福、邱贵兴、冯锋、冯立忠、郭蕾共同给大同市第五人民医院邱贵杰脊柱关节外科院士专家工作站揭牌。揭牌仪式后，邱贵兴作题为《学科带头人核心能力构建与培养》的讲座。会后，邱贵兴院士团队实地考察医院的科研教学及临床条件，并参观市五医远程会诊中心，在骨二科病区会诊 1 位疑难脊柱疾患病人。

（杨　帆）

▲ 2019 年 6 月 30 日，西京消化病医院大同整合医学中心在大同市第五人民医院学术交流中心举行揭牌仪式　（杨　帆　摄）

【大同市第六人民医院】　大同市第六人民医院（大同市荣复军人医院）是大同市唯一一所公立精神卫生专科医院，承担着全市精神疾病和医学心理保健、精神疾病的公共卫生等预防、治疗和康复服务工作，荣复军人优抚对象和社会“三无”（无生活来源、无劳动能力、无法定抚养义务人或法定抚养义务人丧失劳动能力而无力抚养）人员精神疾病的收治工作，司法精神病人和因突发公共事件引起的精神病患者的收治工作（易肇事肇祸患者），对社区服务体系精神卫生工作的指导和精神卫生方面的课题研究工作等。2019 年，全院门诊急诊人数 133650 人，同比增长 31.02%；出院患者人数 2573 人，同比增长 24.96%；床位使用率 94.72%，床位周转次数 4.29 次 / 年。

医疗质量管理　2019 年，大同市第六人民医院执行医疗核心制度，推进医疗制度改革，降低诊疗药品比例，优化医疗服务流程，提升医疗服务质量内涵，落实医疗质控管理。完善《强制医疗人员管理制度》和涉公收治管理流程、报告制度，规范治疗，制定风险评估及应急处理流程；制定《精神科临床路径手册》，规范医疗行为；开展经颅磁刺、MECT 新技术运用，给患有重度抑郁、自罪、自杀倾向及躁狂、拒食等精神病患者提供治疗方法。执行《医院感染管理规范》和《医院感染管理办法》，明确各部门职责，组织危险废物规范化管理培训，开展医疗废物处置应急演练。举办“精神病诊治新理念知识”“心身疾病治疗”“心身医学理论下的临床躯体症状分类与诊疗项目大同巡讲”，《叙事护理在精神科护理中的新进展》等培训、学习班，更新知识，提高业务技术水平和工作能力，适应医学科技、卫生事业发展，提升护理职工队伍整体素质，提高医护质量。

护理服务　2019年，大同市第六人民医院实行“护理品管圈”和叙事护理管理，规范护理质量管理和护理服务体系。规范医院各种标识。印制《优质服务指南》《便民服务手册》《心理卫生系列宣教手册》，配置理发设备，组织患者参加下棋、打牌、文艺会演、开展回春保健操和八段锦等活动，丰富患者文娱活动，满足患者锻炼身体、养生保健需求。设立患者体验员，聘请院外监督员，召开工休座谈会，进行出院患者跟踪随访等多种方法了解患者感受，解决患者反映突出问题。全年无重大护理事故发生，无压疮发生，护理技术操作合格率95%；病例书写合格率90%，基础护理合格率92%，特护、一护合格率93%，急救物品完好率100%。

基本公共卫生服务　2019年，大同市严重精神障碍报告患病率4.2‰，患者规范管理率81.26%，患者服药率83.18%，规律服药率55.70%，精神分裂症服药率83.10%，面访率89.24%，体检14.66%。大同市第六人民医院完成国家要求的基本公共卫生服务指标。举办全市严重精神障碍患者管理能力及社会心理服务体系建设培训班，各县（区）卫生健康和体育局分管局长、县（区）精防办负责人、业务管理员、县（区）医疗集团分管院长、精神科门诊负责人、各乡镇卫生院、社区卫生服务中心（站）等直报用户319人参加培训，提高基层医疗卫生机构专业人员技术水平和服务能力。

贫困精神病患者救治救助　2019年，大同市第六人民医院推进国家严重精神障碍管理治理项目，简称“686项目”，给全市512名贫困严重精神障碍患者免费发放药品56万元，给予每名患者免费体检和随访技术指导。针对精神病患者的特殊性，患者行动不便，特别是乡村精神病患者到该院困难，制定到乡村对精神病患者进行鉴定措施，组织专家到阳高县、广灵县、天镇县、浑源县为贫困精神病患者做评定。病例筛查与诊断1229例，居家基本药物维持治疗512例，应急处置49例，患者家属护理教育1229例，随访技术指导157例，项目质控500例。给3名浑源县、1名左云县、1名阳高县荣军住院患者补办户口、身份证，完善收治手续。参加市救助管理中心组织的“全市流浪人员大收救活动”4次。完善“三无”（无生活来源、无劳动能力、无法定抚养义务人或法定抚养义务人丧失劳动能力而无力抚养）人员救治渠道，接收110联动和市救助站送来流浪精神病患者26人。给平城区、云冈区71人办理城乡医疗救助代金券，94人次办理“一站式”医疗救助服务。

易肇事肇祸等严重精神障碍患者收治管护　2019年，大同市第六人民医院作为定点医院，“以奖代补”奖金发放和监护人责任保险购买及赔付的具体执行单位，落实《大同市易肇事肇祸等严重精神障碍患者收治管护细则》189人次，出院96人次，住院患者93人。给易肇事肇祸等严重精神障碍患者监护人1823人发放“以奖代补”奖金217万元，补助全市范围内贫困易肇事肇祸等严重精神障碍患者部分伙食费213人，资金136万元；给14449名严重精神障碍患者监护人购买责任险，支付经费100万元。

医疗联合体建设　2019年，大同市第六人民医院与第五人民医院、同煤总医院、大同厚德老年病医院、绿洲西城社区卫生服务站、平城区开源街社区卫生服务中心、大同市监狱卫生所建立医疗联合体，并保持与各县（区）级医疗集团协作，派出精神专科医护人员到医联体医院进行门诊和教学查房，提高基层卫生机构对精神卫生的防治意识和诊疗能力。以大同市第三人民医院医疗集团为依托，多方合作，使优质医疗资源得到流动，增强各医疗专业协调配合，解决患者看病难问题。组织全院副高以上职称医生，工作日分别到新建北路、振华南街、西街、开源街、马军营社区卫生服务中心坐诊，方便患者就医，推动落实“小病在社区，大病到医院”分级诊疗制度。

大同市精神科专科联盟建设　11月23日，成立大同市精神科专科联盟，组织16家大同市医疗机构加入联盟，大同市第六人民医院作为理事长单位，加强联盟建设工作，发挥专科联盟平台优势，促进区域内医疗资源合理分布和均衡发展，推进分级诊疗和远程医疗合作，通过开通心理危机热线干预热线等方式，给广大市民心理危机提供救援，使患者摆脱困境提高区域内精神卫生总体服务能力。举办大同市精神卫生质控部第八次学术会议，会议邀请6名省内外专家进行学术交流。

医院管理信息化　2019年，大同市第六人民医院医疗信息系统上线运行，建设山西健康信息互联互通平台、预约挂号系统和药品采购平台。对门诊收费系统、出入院系统增加微信、支付宝收费和结算功能。升级出入院系统，增加上传病案首页，结算时间等，对患者相关信息上传作出优化，只传送相关须求信息，加强病人信息保护。完成异地医保住院接口升级、大同市医药改革综合管理平台（医改监测平台）、分级诊疗平台等调试工作。其中，大同市医药改革综合管理平台

▲2019年11月23日，大同市精神科专科联盟成立　（六医院　供图）

（医改监测平台）运行正常。12 月 20 日分级诊疗平台运行上下级转诊，门诊远程会诊和住院远程会诊等功能。

（六医院）

【大同市中医医院】 2019 年，大同市中医医院主要开设的临床科室有急诊科、内科、妇科、儿科、康复科、风湿科、肛肠科、皮肤科、疼痛科、中医肿瘤科、针灸科等临床科室及放射科、检验科、超声科等医技科室。该院占地 8 公顷，总建筑面积 8.9 万平方米，编制床位 500 张，有 4 个省级重点专科，6 个省级名中医工作室，2 名省级名中医，11 名市级名中医。有移动 CT、1.5T 核磁、64 排螺旋 CT、彩超、高清电子肠镜、胃镜、全自动生化分析仪、DR、CR、体检车等设备。全年该院门诊 108390 人次，住院 1828 人次，业务收入 4313 万元，住院人次、门诊人次、业务收入分别较上年增长 69%、37.5%、60%。

医疗管理 2019 年，大同市中医医院加强学科建设，带动医院发展。加大人财物投入力度，发挥中医药特色疗法，巩固发展省“十二五”中医重点专科针灸科，规划建设“十三五”省级中医重点专科的康复科、皮肤科、肛肠科，培育风湿科、疼痛科，疼痛科病区于 3 月启动；做大做强康复科，坚持以残健融合康复为发展方向，与市残联展开合作，大同市康复中心于 10 月 11 日启动，促进该院省级重点专科建设，实现大同市大型综合康复中心零突破。落实医疗核心制度和岗位责任制，提高医疗质量，保证医疗安全。加强核心制度落实，按照《2010 版中医病历书写基本规范》和《住院病历质量检查评分表》加强医疗安全教育和医疗质量管理培训，防范医疗纠纷，抓医疗安全教育及相关法律法规学习，依法规范行医，加强医务人员医疗安全教育；强化以病人为中心的服务理念及服务意识，监督“危急值”报告制度及登记，加强临床科室与医技科室的沟通，评估“危急值”报告制度的有效性，临床实验室与临床医生商讨修订该院部分“危急值”检验项目，并加以确定和完善；完成二级甲等中医院的创建准备、医联体的建设等工作的台账，按照大同市医师协会《2017—2018 年度医师定期考核实施方案》要求，完成 186 名医师的专业理论及临床知识笔试，全部考核合格；组织开展义诊活动，下乡扶贫义诊、市内义诊 10 余次，派出医护人员 80 余人次，全年义诊 5000 余人次，开展对口支援工作，派送 15 名医生到医联体社区实施对口支援任务。

院感及预防保健 2019 年，大同市中医医院在院感方面调整医院感染管理委员会，修订、完善、落实该院的医院感染预防与控制相关制度、措施、流程等，每半年举行一次医院感染管理委员会会议和多重耐药菌联席会议，研究、协调和解决有关医院感染管理和多重耐药菌方面问题；监控科室各类感染环节、危险因素，采取措施降低科室医院感染发病率，监督检查医护人员执行无菌技术操作，落实消毒隔离和标准预防各项措施，保障医疗安全；加强医院感染病例的监测，加强导尿管相关尿路感染和中医诊疗技术相关性感染的目标性监测，监测科室使用中的消毒液、紫外线灯管强度等，完成全院患病率监测；执行手卫生规范，持施依从性监管与改进，加强对医疗废物处理的监管与指导工作和医院感染管理质量考核与控制工作。在预防保健方面，报送各类传染病及结核病的转诊工作，按要求参加有关业务培训、会议、讲座，对 9 个村、4 所学校预防接种责任区域进行各项各类摸底工作，查验接种证、麻类、脊髓灰质炎灭活疫苗查漏补种等，并报送平城区疾控中心，全年门诊接种量 7521 人次，体检 4000 余人次，传染病报送 16 例，食源性疾病病例 12 例，全年无一例差错事故。

医技管理 2019 年，大同市中医医院抓药品管理工作，确保临床用药安全与需求。执行阳光采购，掌握各临床科室药品需求，保障药品供应，审核拟购入药品的合理性，分析该院药品使用情况，对不合理用药提出干预和改进措施，审批把握目录外药品的购买，满足临床需要药品供应，适量控制进口药品占比；利用医院 HIS（医院信息系统）管理系统实行药品信息化管理，使得药品流动有序运转，把关药品的贮藏与效期，每月自查药品效期，报送临近失效内的滞销药品，为加强对药品的合理化管理，方便患者取药，实行药品分类管理和标志标签；加强麻醉药品、精神药品管理工作，管理精麻人员每月核对麻醉药品、精神药品使用管理情况，登记存在安全隐患及不合理使用情况。增加检验设备和检验项目，满足临床诊断需求，年内增加全自动化学发光仪，开展乙肝五项的化学发光检测，提高该项目的检测准确性，开展抗环瓜胺酸肽抗体和抗核抗体谱 12 项检测，抓各实验仪器的维护和保养工作，研究应对出现的各类故障，自行或在工程师的远程指导下解决问题，确保仪器正常运行及检验结果及时性，规范临床检验室内质量控制，参加省临检中心室间质量评价活动；通过学习培训、学术活动等，提高 DR、CT、MR、超声操作及诊断水平，提升影像及图片质量，普通和常见病准确诊断，疑难和少见病诊断思路准确，诊断结果与市级医院相吻合。

医疗科教 2019 年，大同市中医医院抓实见习生管理，接受本科实习生 139 人；忻州职业技术学院康复专业实习生 2 人，采取轮换见习方式接受见习生 139 人，有 3 人基层医师到该院针灸科及心电图室进修。参与继续医学教育，考核合格 108 人，完成当年继续医学教育任务。该院科研项目在上年基础上，覆盖全院临床及医技各个领域，发表科研论文 30 余篇，派出参加培训及学术会议的人员 29 人次，承办中华中医药学会中医基础理论分会第三届第十三次学术年会，完成检验科实验室备案工作。

中医药文化建设 2019 年，大同市中医医院加强中医药文化建设，针对各科室服务内容完善全院各区域，在医院街分别做历代名医名家介绍、健康养生科普宣传、中医药适宜技术科普知识宣传，完成部分区域的标牌标识制作，建设中药材种植科普区，扩大中医药健康文化影响。落实山西省卫生计生委“中医中药中国行——中医药健康文化推进行动”，配合卫健委中医科工作，推进医院中医文化氛围，把医院中医药文化基础工作落到实处。12 月 4 日至 6 日，市卫健委组织市级中医医院等级评审专家及省级评审专家分 6 个专业小组和工作协调组对该院进行评审，该院通过评审，通过等级医院创建工作，促进实现医院的科学化、制度化、标准化、规范化管理。

（中医院）

体　育

综述

【概况】 2019年，大同市辖区有11个体育行政部门，处级体育行政部门1个，科级体育行政部门10个，处级体育运动学校1所，科级少年儿童体育运动学校1所，大同市武术网球项目训练中心（科级）1所，少年儿童业余体育学校（业余体校）2所。以承办中华人民共和国第二届青年运动会为抓手，培育壮大竞技体育力量。落实《大同市全民健身实施计划（2016—2020）》，促进全民健身与全民健康深度融合。（张　景）

【公共体育设施建设】 2019年，大同市体育局投资580万元在御河体育公园建设11千米智能健身步道、8个笼式足球场地、4个篮球场和5个网球场；投资516万元在御河西岸（兴云桥—北环桥段）建设1.5千米彩色透水沥青全民健身智慧步道；投资80万元建设环古城全民健身智能步道；投资55万元给10个县（区）的11个行政村配置体育健身器材；给6个县（区）141个移民村配发141套农民体育健身器材，共1151件，增加体育场地面积119852平方米。（张　景）

【体育公园】 2019年，大同市政府根据山西省“二青会”组委会统一安排和省体育局要求，把御河公园、文瀛湖公园确定为体育公园，并把御河体育公园作为“二青会”主题公园，在体育公园等地方设置“二青会”体育雕塑，扩大“二青会”影响力。（张　景）

【体育产业发展】 2019年，大同市体育局倡导体育融合发展理念，鼓励社会力量办体育，发挥协会和企业办体育的积极性，推动体育产业发展，促进体育消费。通过举办2019年大同国际马拉松赛、环古城全民健步走活动等一批自主品牌赛事，推动全民健身，促进体育消费，宣传大同，激活大同市体育市场。在大同树立中国体育彩票品牌，大同体彩彩民群体扩大，大同体彩市场步入正轨。全年体彩销售2.55亿元。（张　景）

群众体育

【概况】 2019年，大同市推出一系列全民体育健身公益活动和服务，如传统武术、杨氏太极拳、陈氏太极拳、健身气功、广场舞、柔力球等培训，开展公益体育进校园活动。为让更多普通老百姓参与体育，推动全民健身事业，结合市民需求，全年组织20余项群众体育赛事，涵盖气排球、网球、乒乓球、广场舞等项目，直接参赛人数2万余人，调动市民参与积极性。全年承办“强健体魄·阳光生活·共享青运”全民健身系列活动和比赛50项次，各单项体育协会完成全民健身活动赛事100余项次。（张　景）

【赛事活动承办】 2019年，大同市体育局组织开展2019年全国健身秧歌鼓新套路培训班（大同站）、全国徒步大会“5·19”全国联动日（大同站）暨北岳恒山登山节、2019年全国老年人太极拳健身推广展示大联动、2019年山西省游泳场馆俱乐部比赛（大同站）暨大同市少年儿童趣味游泳大赛、大同第三届全国万人排舞广场舞大赛全国百城千村健身气功交流展示系列活动大赛（大同站）、山西省第二十一届杨氏太极拳邀请赛、2019年“郝氏空竹杯”大同首届空竹运动会暨第四届全国空竹邀请赛、2019年山西省健身气功交流比赛暨全国健身气功站点联赛山西省预赛、山西省轮滑锦标赛、山西省毽球公开赛暨灵丘县第五届千人毽球展演活动、2019全国拔河新星系列赛（大同左云站）暨山西省拔河争霸赛等赛事活动。全年组织承办20项全国、省级品牌赛事，参加近10项赛事活动，外派队伍参加各类比赛20余项次。（张　景）

【元旦 春节期间的全民健身活动】 2019年，大同市体育局组织迎新年登高活动、群众冬季运动推广普及活动暨古都大同冰雪文化节、大同市第六届象棋棋王赛、大同市古都灯会春节庙会体育展演、过年七天乐等10余项活动，3万余人民群众参加赛事活动。（张　景）

【全市“迎春杯”室内五人制足球赛】 2019年1月12日至2月10日，由大同市足球协会主办的全市“迎春杯”室内五人制足球赛暨“我爱足球”中国民间争霸赛大同赛区海选赛在大同市举行，全市12支业余足球队的200余名球员参赛。赛事分两组，每组6队，各组单循环捉对比拼，小组赛后，各组前两名交叉进行淘汰赛，经过7轮38场比赛，热力二队与西花园晨练队会师决赛，最终热力二队获冠军，西花园晨练队获亚军，大同中车集团队、同辉足球队分获第三、四名。市政府知斯咖队和警翼足球队获体育道德风尚奖。（墨 竹）

【参加山西省首届“最美社会体育指导员”电视比赛】 2019年3月，由山西省体育局、山西省文明办、山西广播电视台联合主办的山西省首届“最美社会体育指导员”电视大赛启动，全省各地举办海选，并选拔选手参加省级比赛。大同市组织大同市最美社会体育指导员评选活动，其中大同市社会体育指导员郝美丽被评为“十佳社会体育指导员”，于强国、李胜红被评为山西省“优秀社会体育指导员”。4月26日，来自山西11个城市的25位选手参加复赛。4月28日，15名选手在太原参加决赛。决赛中，大同市的于强国获山西省最美社会体育指导员评选“最佳体育精神奖”，大同市体育局被评为优秀组织奖。（张 景）

【大同市自行车运动协会成立】 2019年3月18日，大同市自行车运动协会第一届会员代表大会在华北星爱家生活坊召开，大同市自行车运动协会成立，选举马巍然为会长，并审议通过协会章程。大同市自行车运动协会给广大自行车爱好者搭建的一个交流沟通平台，致力于推动全市自行车运动开展，推动全市自行车运动普及发展，开展自行车运动学术研讨，组织自行车培训和比赛，加强与省市自行车组织交流合作等。（墨 竹）

【“全民健身月”活动】 2019年5月，由大同市全民健身工作委员会主办，市体育局、市体育总会承办，以“强健体魄·阳光生活·共享青运”“全民健身·健康中国·幸福大同”为主题的大同市“全民健身月”活动举行。该次“全民健身月”活动内容包括环古城健步走、自行车骑行活动、幼儿围棋大赛、职工乒乓球比赛、老年门球赛、青少年游泳锦标赛等一系列活动，在全民健身月期间，组织开展17项全民健身活动，参与群众10余万人。（张 景）

【全国徒步大会“5·19”全国联动日（大同站）暨北岳恒山登山节】 2019年5月18日，全国徒步大会“5·19”全国联动日（大同站）暨北岳恒山登山节在浑源县北岳恒山风景区举行，活动由中国登山协会、大同市体育局、浑源县人民政府、大同市体育总会主办，大同市社会体育管理中心、浑源县卫生健康和体育局、大同市户外运动协会、大同市健步行协会承办。全市及周边城市16个代表队、496人（专业组96人，体验组400人）参加活动。参加登山人员从和之门开始，徒步登山行进，途经白龙王堂、天峰岭主峰2016海拔地标，终点市第二停车场，全程6.72千米。（蕙 兰）

【第五届“乌大张”羽毛球邀请赛】 2019年6月11日至12日，第五届“乌大张”羽毛球邀请赛在大同市体育馆举行，乌兰察布、张家口和大同市3地运动员参赛。该届邀请赛设混合团体赛和个人赛项目，赛事主题是“活力青运 动感大同”。经过比赛，在混合团体赛上，大同市羽协代表队获冠军，张家口羽协代表队获亚军，大同市羽协二队获季军；在个人赛项目上，张家口羽协代表队的吴昊、张小利获男女混合双打第一名；张家口羽协代表队的赵剑与吴昊获男子双打第一名；乌兰察布市羽协代表队的马丽与吴璇获女子双打冠军。乌兰察布市羽协、张家口羽协获优秀团队奖。（墨 竹）

【市直机关职工羽毛球赛】 2019年6月25日至27日，由大同市直机关工委、市总工会、市体育局主办的市直机关迎“七一”第八届“薰风杯”羽毛球赛在市平城区少体校举行，全市34家单位的209名运动员参赛。该届羽毛球比赛设男、女团体赛，男、女双打，男、女混合双打，男、女单打，采用的是国家体育总局审定的最新《羽毛球竞赛规则》。通过比赛，最终在男女双打项目上，市市场监督管理局代表队的闫卫华/李国栋，市教育系统代表队的杨玉霞/郑喜勇，分别获男双、女双冠军；市规划和自然资源局代表队的卢燕/孟喆获混双第一名；市住建局王胜、市税务局戴轶分别获男、女单打冠军。（墨 竹）

【全市首届职工全健排舞赛】 2019年7月3日至6日，由大同市总工会主办的“中国梦·劳动美”全市首届职工全健排舞大赛在大同大学举行，来自全市各县（区）、市直机关各单位、国省属企业、民营企业、社区等73支代表队2000余名全健排舞爱好者参赛。该次比赛以“中国梦·劳动美”为主题，以舞蹈、体育、艺术3大类竞技展示为主，增加工装秀和旗袍秀项目丰满大赛内容。经过比赛，团体单首排舞和团体串烧排舞比赛项目分别产生金奖、银奖、铜奖；标准单双人项目评选出前8名奖项；团体品牌工装秀、团体主题服饰秀、团体广场舞等比赛项目分别产生最佳表演奖和优秀表演奖。整个赛事进程，全健排舞爱好者可通过网络直播收看比赛，网络点击量超过530万次，网络投票数量超过340万人次。（常学良）

【全市首届职工篮球联赛】 2019年7月12日至10月9日，由大同市总工会、市体育局、市直机关工委主办的“悦城浩达地产杯”大同市首届职工篮球联赛举行，有51支代表队600余人参赛，其中还有CBA（中国男子篮球职业联赛）、CUBA（中国大学生篮球联赛）球星。比赛从夏季持续到秋季，有130余场比赛，设机关事业单位联赛、企业单位联赛、县（区）职工篮球联赛和企业俱乐部篮球联赛。最终，市公安局队获机关事业单位联赛第一名，大同篮协队获市企业单位联赛第一名，市云冈区队获县（区）职工篮球联赛第一名，塔山篮球梦之队获企业俱乐部篮球联赛第一名。（常学良）

【市第十五届传统武术锦标赛】 2019年7月20日，由大同市体育总会主办，市社会体育管理中心、市武术协会、市老年人体育协会承办的大同市第十五届传统武术锦标赛在儿童公园举行。有来自全市的59个代表队1189位选手参赛，年龄最小的4岁，年龄最大84岁。该届比赛按照年龄段划分11个组类，分幼儿A、B组，儿童A、B、C组，少年A、B组，青年组，中年A、B组，老年A、B组。设置的项目囊括所有拳种和器件，在

体育

▲ 2019 年 8 月 24 日，省区市友好城市乒乓球邀请赛在大同体育中心体育馆开赛

（张 景 摄）

传统拳术项目中，有长拳类的五步拳、少林拳、南拳、咏春拳等；形意八卦类包括大成拳、八极拳、通臂拳、武当拳、峨眉拳等；太极拳类包括陈氏、杨氏、吴式等；在传统器件项目中，有单器件的刀、剑、枪、扇、匕首、鞭杆、杖、棒、铲、等；双器件有双刀、双剑、双鞭、双钩、双匕首等；软器件则有九节鞭、双节棍、三节棍流星锤、绳镖等。通过比赛全方位展示、检验传统武术，在全市普及和推广传统武术，推动和引领全市体育事业和全民健身运动发展。（墨 竹）

【省区市友好城市乒乓球邀请赛】 2019 年 8 月 24 日至 25 日，省区市友好城市乒乓球邀请赛在大同市体育中心体育馆举行，比赛由大同市人民政府，山西省乒乓球协会，山西赛欧国际体育交流投资集团主办，大同市体育局大同市体育总会承办。来自全国 12 个省、自治区、直辖市的 300 余名运动员参加比赛，比赛分省级领导组混合团体、地厅级男子团体、地厅级女子团体 3 个项目。比赛分两阶段进行，第一阶段为分组循环，第二阶段为淘汰赛。经过比赛，最终在省级领导组混合团体比赛中，陕西省乒乓球协会获第一名，重庆市乒乓球协会（泽九国际）代表队获第二名，新疆乒乓球协会和广东广州广汽传祺乒乓球队获并列第三名。在地厅级组男子团体比赛中，四川省乒乓球协会红队获第一名，广东广州广汽传祺乒乓球一队获第二名，山西赛欧国际体育交流投资集团有限公司一队和新疆乒乓球协会一队获并列第三名。在地厅级组女子团体比赛中，山西赛欧国际体育交流投资集团有限公司一队获第一名，重庆市乒乓球协会（泽九国际）代表队获第二名，广西代表团一队和内蒙古乒乓球运动协会获并列第三名。广东广州广汽传祺乒乓球队、广西代表团队、四川省乒乓球协会代表队、重庆市乒乓球协会（泽九国际）代表队、云南省乒乓球运动协会代表队等 12 支代表队获该次比赛体育道德风尚奖。（张 景）

【山西省第十一届业余围棋联赛】 2019 年 9 月 20 日至 22 日，由山西省围棋协会主办，大同市体育局、市体育总会、市围棋协会承办的“汾阳王杯”山西省第十一届业余围棋联赛在大同市举行，来自全省 24 支棋队及 4 支特邀棋队的 140 名棋手参赛。该次比赛采用 5 轮积分循环赛制，最终录取前 8 名颁发奖杯，前 12 名颁发奖金。参赛选手不分年龄段，其中最小的 7 岁，最大的 65 岁。比赛邀请台湾围棋教育推广协会队、香港围棋协会队、水泊梁山棋友会队、重庆坎济围棋俱乐部队等参赛，世界业余围棋锦标赛冠军胡煜清代表重庆队出战。山西业余围棋联赛是山西业余棋类的一项品牌赛事，给山西本土的围棋业余爱好者和资深棋迷打造一个以棋会友、共同提高的平台。（墨 竹）

【中国（大同）第六届环古城全民健步走活动】 2019 年 9 月 21 日，大同市体育局组织开展“碧桂园杯”中国（大同）第六届环古城全民健步走活动，5000 名健步走爱好者参加健走活动。参与活动的队伍从和阳门外广场出发。该次健步走线路是：和阳门—武定门—清远门—永和门—和阳门，全程 9 千米（绕护城河健步行）。大同环古城全民健步走活动被国家体育总局、国家旅游局评为全国首批“国家体育旅游精品赛事”。（张 景）

【全国花毽邀请赛】 2019 年国庆期间，全国花毽邀请赛在大同市举行，来自山西省及北京、天津、河北、内蒙古等地 37 支代表队的 200 余名运动员参赛。比赛设五人制围踢，时间 6 分钟，按照不同技术动作计分，分数高的名次列前。经过比赛，最终大同翎跃一队以 410 分获冠军，大同翎跃二队以 385 分获亚军，原平乐之队以 340 分获季军。（墨 竹）

【《国家体育锻炼标准》达标测验】 2019 年 10 月 19 日，由山西省体育局主办，大同市体育局承办的山西省《国家体育锻炼标准》达标测验活动·大同站在大同市少年儿童体育运动学校启动，大同市 200 余市民对自己的运动能力进行测验。《国家体育锻炼标准》是经国务院批准推行的一项重要体育制度。该次测验活动分力量、速度、耐力、灵敏、柔韧五类素质测试。根据不同年龄，分设壮年一组（25 ~ 44 岁）和壮年二组（45 ~ 59 岁）2 个组别，素质测试项目有 25 米 × 4 往返跑（男）、30 秒跳绳（女）、1000 米跑（男）、800 米跑（女）、俯卧撑（男）、1 分钟仰卧起坐（女）、坐位体前屈、绕杆跑、掷实心球、3000 米快走等。现场参加测试者所有项目一一试过。最终，根据测试者所达到的优秀、良好与及格等成绩，测试者获得由国家体育总局颁发的相应等级证书、徽章。（墨 竹）

【市乒乓球乙级联赛】 2019 年 11

月 9 日至 10 日，由大同市乒乓球协会主办、市熠星乒乓球俱乐部承办的大同市乒协俱乐部“牧同杯”乒乓球乙级联赛在电建小区举行，全市 36 支代表队的 200 余人参赛。该次活动是大同市一年一届的品牌体育赛事，比赛是团体赛，采用 11 分制，第一阶段是三局两胜制，第二阶段是五局三胜制。最终牧同乳业代表队获团体第一名；熠星俱乐部一队获团体第二名；东关俱乐部一队、际丰俱乐部一队并列获团体第三名。（墨　竹）

【“全民健身惠民行动”体育健身项目公益培训】 2019 年 11 月 27 日至 12 月 8 日，大同市举办“全民健身惠民行动”体育健身项目公益培训。该次公益培训的主题是“全民健身 健康中国 幸福大同”。培训中，兵分三路培训，首站有左云站、广灵站、天镇站，每站培训 3 天。培训项目有广场舞、柔力球、健身球操、健身秧歌等，培训范围覆盖全市 10 个县（区），参训学员 1800 余人。（张　景）

竞技体育

【大同代表队在全国毽球邀请赛上获奖】 2019 年 5 月 25 日至 26 日中国·乌海 2019 年“东源科技杯”全国毽球邀请赛暨乌海市第九届全民健身运动会毽球大赛在乌海举行，有来自内蒙古、宁夏、山西、青海等地的 90 支代表队近 400 名运动员参加。大同市代表队参加的是平踢男子三人赛、平踢女子三人赛和竞技三人赛 3 个组别的比赛。经过比赛，最终大同市代表队获平踢女子三人赛冠军和竞技三人赛季军。（墨　竹）

【环太原国际公路自行车赛长城赛段】 2019 年 5 月 27 日至 28 日，由中国自行车运动协会、山西省体育局、太原市政府、大同市政府主办，省自行车击剑运动管理中心、省体育竞赛管理中心、市体育局、左云县政府、云冈区政府、云冈石窟研究院承办的 2019 环太原国际公路自行车赛长城赛段在大同市举行。来自欧洲、北美洲、亚洲、大洋洲、非洲五大洲 12 个国家和地区的 20 支自行车队 120 余人参赛。该比赛起点是左云县东山森林公园，终点设在云冈石窟，并于终点处云冈石窟景区 20 窟大佛前广场进行颁奖仪式，沿途经过左云长城、摩天岭、月华池、云冈石窟等旅游景区，赛段距离 126.4 千米。经过比赛，最终美国光影男子洲际队的马丁获冠军，中国恒翔洲际队的张政获亚军，黄色领骑衫由美国车手卡梅隆保持。（墨　竹）

【全国热气球锦标赛】 2019 年 7 月 5 日至 10 日，由国家体育总局航空无线电模型运动管理中心、中国航空运动协会主办，山西省体育局、山西省航空运动协会承办的 2019 全国热气球锦标赛在大同航校北岳机场举办。这是全国热气球锦标赛第 4 次落户大同。来自北京、广东、甘肃等 15 个省 22 个市 16 个俱乐部，100 余名热气球飞行员，及大批航空体育爱好者和社会各界人士在大同参与赛事。竞赛科目包括指定目标、自选目标、游荡华尔兹、猎狗追兔、蜻蜓点水、飞往主会场等项目。通过举办全国性航空体育赛事，展示魅力大同、推动山西省航空体育运动发展，点燃更多群众和体育爱好者对航空体育运动的热情，实现群众体育与竞技体育碰撞，促进航空体育与大同地方文化旅游融合发展。（张　景）

【第二届乌大张“黄花杯”乒乓球大奖赛】 2019 年 7 月 20 日至 22 日，由大同市政府和国家工信部中小企业发展中心主办，大同银行云州支行、市云州区霖茂地产和广灵同德精华化工赞助的 2019 大同黄花文化旅游月第二届乌大张“黄花杯”乒乓球大奖赛在市云州区体育馆举行。来自乌兰察布、张家口和大同市的 64 支代表队 300 余人参赛。该次比赛是团体赛，年龄设置 14 ~ 60 周岁。经过比赛，最终，云州区霖茂队获冠军，广灵同德精华化工队获第二名，大同乒协代表队获第三名。左云县乒协和天镇县总工会获优秀组织奖，内蒙古察右后旗乒协和同煤万众代表队获精神文明奖。（墨　竹）

【山西省国际象棋锦标赛】 2019 年 7 月 27 日，山西省国际象棋锦标赛暨山西省国际象棋棋王棋后等级赛在大同市举行，比赛由山西省国际象棋协会、大同市体育局、大同市体育总会、平城区卫生健康和体育局主办，大同市国际象棋国际跳棋协会、大同棋院承办，来自全省近 500 名国际象棋爱好者参加比赛。比赛分男子个人赛，女子个人赛。参加山西省国际象棋锦标赛胜率最高的运动员会晋级山西地方棋协大师。该次比赛男子录取前 12 名，女子录取前 8 名给予奖励。（张　景）

【全国毽球比赛】 2019 年 8 月 24 日至 25 日，全国毽球比赛及展演交

▲ 2019 年 7 月 5 日，全国热气球锦标赛在大同航校北岳机场开赛　（张　景　摄）

流活动（山西省赛区）暨灵丘县第五届“长青银行”杯千人毽球展演活动在灵丘县举行。该次活动是由国家体育总局群体司指导，山西省社会体育管理中心、大同市体育局、灵丘县人民政府主办。全国 16 个省市 109 支代表队的1500余名毽球爱好者参加。活动设置竞技毽球男女混合三人赛、平踢毽男子三人赛、平踢毽女子三人赛和男女混合五人大白毽围踢赛。其中，竞技毽球组比赛执行中国毽球协会 2011 版《毽球竞赛规则》；平踢毽球组比赛执行中国毽球协会上年 5 月审定的《平踢毽球竞赛规则（试行）》，网高 1.52 米，要求最多 3 次击球过网（每人可连续触球两次）；男女混合五人大白毽围踢赛在场地 36 平方米区域内进行，每场比赛时间 8 分钟，采用积分计算成绩，不得用肩关节以下臂、手触毽。经过比赛，最终辽宁四海一队获竞技毽球男女混合三人赛第一名；太原警毽二队获平踢毽男子三人赛第一名；大同市同煤女一队获平踢毽女子三人赛第一名；灵丘县毽协毽舞飞扬一队获五人制围踢大白毽第一名。（张　景）

【“云冈杯”四省六市足球邀请赛】 2019 年 9 月 7 日至 10 月 6 日，由大同市体育局、大同市体育运动学校和大同市足球协会联合主办的“云冈杯”四省六市足球邀请赛在大同体校举行，有大同云冈热力队、秦皇岛海德队、北京凡夫队、包头蒙甄队、怀仁博锐队、丰镇沙尘暴队 6 支球队参赛。经过 5 轮 15 场比赛，大同云冈热力队战胜丰镇沙尘暴队、包头蒙甄队等获第一名，秦皇岛海德队、包头蒙甄队、北京凡夫队、怀仁博锐队、丰镇沙尘暴队分别获第二至第六名。（墨　竹）

【大同国际马拉松赛】 2019 年 9 月 15 日，由中国田径协会、山西省体育局、大同市人民政府主办的“美丽中国”2019 大同国际马拉松赛在市文瀛湖行政中心广场开赛，来自肯尼亚、意大利、西班牙、日本及澳大利亚等多个国家的选手，及国内各省市选手 13065 人参加。2019 大同国际马拉松赛升级为国家 A 类赛事，是国家体育总局田径管理中心打造的“中国主题赛事”之一。该届大同国际马拉松赛以“放飞梦想、激情超越、乐跑大同”为口号，增加全程项目，比赛项目分全程马拉松（42.195 千米）、半程马拉松（21.0975 千米）、迷你马拉松（7 千米）。经过比赛，最终来自肯尼亚的选手 Alfonce Kibiwott Kigen 以 2 小时 18 分 22 秒获全程男子第一名；来自肯尼亚的选手 Chepkurui Nancy 以 2 小时 54 分 32 秒获全程女子第一名。来自肯尼亚的选手 Lsaac Kipkorir 以 1 小时 08 分 49 秒获半程男子第一名；来自肯尼亚的选手 Flavious Teresa Kwamboka 以 1 小时 18 分 35 秒获半程女子第一名。（张　景）

▲ 2019 年 9 月 15 日，“美丽中国”2019 大同国际马拉松赛在市文瀛湖行政中心广场开赛（李文艺　摄）

【大同选手获全国桥牌赛总决赛冠军】 2019 年 9 月 29 日至 10 月 13 日，. 由国际桥牌新闻协会、中国桥牌协会、海南省旅游和文化广电体育厅、三亚市人民政府主办的海南南山 2019 中国海南（三亚）国际桥牌节全国桥牌通讯系列赛总决赛在海南省三亚市举行。该次比赛包括公开团体赛、混合团体赛、老年团体赛、公开双人赛、混合双人赛、六人制团体赛等 20 余个竞赛项目。大同市运动员王志勇/李剑春在公开组双人赛中获第一名，是大同市桥牌协会在全国大赛上取得的最佳成绩。（墨　竹）

【中国国际轻型飞机公开赛暨全国轻型飞机锦标赛】 2019 年 11 月 16 日至 19 日，由国家体育总局航管中心、山西省体育局、中国航空运动协会、大同市人民政府主办，山西省航空运动管理中心承办的 2019 年中国国际轻型飞机公开赛暨全国轻型飞机锦标赛在大同市北岳机场举行。来自国内的 10 支代表队及来自葡萄牙、立陶宛、波兰、捷克、印度、塞浦路斯的 28 名飞行员、领航员参赛。

该次锦标赛是中国首次举办国际性轻型飞机比赛，竞赛科目分领航飞行、精确着陆两项，机型涵盖 C172、FM250、JA600、C42E、AT3 R100、佳宝 J230D、海王 Searey、阿若拉 SA60L、CTLS、RX1E-A 电动 10 种飞机型号。采用国际航联领航飞机最新竞赛规则及中国航空运动协会领航飞行最新竞赛规则，并从西班牙聘请 4 位国际裁判，提升赛事品质、公信力。经过比赛，最终波兰代表队获中国国际轻型飞机公开赛冠军，湖南山河科技股份有限公司代表队获全国轻型飞机锦标赛冠军。（墨　竹）

青少年体育

【校园体育】 2019 年，大同市申报全国校园冰雪运动特色校 19 所、北京 2022 年冬奥会和冬残奥会奥林匹克教育示范校 3 所，全国校园足球特色校 6 所、全国校园篮球特色校 6 所、全国足球特色幼儿园 12 所。组织 2019 年全国青少年校园足球夏令营优秀队员选拔，9 名学生入选初中组最佳阵容、2 名学生入选高中组最佳阵容。组织举办全市中学生田径运动会，运动会有 43 个学校代表队，1200 余名运动员参加，举行 13 个项目的竞技比赛，打破 13 项全市纪录。举办全市中学生篮球、乒乓球运动会和庆祝中华人民共和国成立 70 周年中学生秋季体育竞赛等活动。

（宣晓宇）

【市第八届少年围棋锦标赛】 2019 年 6 月 29 日至 30 日，由大同市体育总会和市围棋协会主办的大同市第八届少年围棋锦标赛在市云冈区平盛第三小学校举行，全市 622 名小棋手参加。经过比赛，有 247 名小朋友通过预备级考核，142 人取得山西省级位证书，60 人定段成功，30 人晋升国家业余 2 段，14 人晋升业余 3 段。参加比赛的小棋手中年龄最小的 5 岁，最大的 12 岁。

（墨　竹）

【市第二届"未来之星"青少年阳光体育大会】 2019 年 7 月至 9 月，由大同市体育局、市教育局和共青团大同市委联合举办的大同市第二届"未来之星"青少年阳光体育大会举行。比赛设置乒乓球、跳绳、踢毽子、跆拳道、轮滑、篮球、足球等比赛项目，参赛人员近 1 万人。9 月 22 日至 10 月 19 日，大同市第二届"未来之星"青少年阳光体育大会篮球比赛在御河生态园迎宾桥下篮球场举行，来自全市各中小学校、俱乐部等 32 支代表队参赛。该次篮球比赛在每周日举行，设男子 16 ~ 18 岁组、男子 13 ~ 15 岁组和男子 11 ~ 12 岁组，并分晋级赛、决赛，比赛采用中国篮协最新审定的《篮球规则》，每场比赛分 4 节。9 月 21 日至 22 日，大同市第二届"未来之星"青少年阳光体育大会乒乓球比赛在平城区少体校体育馆举行。经过比赛，最终机车一小获甲组混合团体和乙组男子团体第一名，机车社区文体中心获甲组女子团体，阳高县少体校获乙组女子团体。在单打比赛中，机车一小卫晨吴获甲组男子单打第一名，机在社区文体中心郭依林获甲组女子单打第一名；平城区十九小王想获乙组男子单打第一名，大同大学附属小学马畅获乙组女子单打第一名；平城区八小的落展睿获丙组男子单打第一名，大同体校乒训队刘佳颖获丙组女子单打第一名。

（张　景）

【中学生田径运动会】 2019 年 5 月 10 日至 12 日，由大同市体育局、教育局主办的全市中学生田径运动会在大同市示范性综合实践基地举行，来自全市各县（区）及市直中学、中专组的 43 支代表队 1200 余名运动员参加比赛。比赛分县（区）组、市直组和中专职组，并按年龄分初中女子组、初中男子组、高中女子组、高中男子组、中职女子组和中职男子组 6 个组别，设有短、中、长跑，接力跑、跳高、跳远、铅球等 13 个比赛项目。经过比赛，最终大同四中田径队获市直高中组第一名，阳高一中、阳高四中学生组成的高中组获县（区）高中组第一名。（墨　竹）

【全国青少年短道速度轮滑巡回赛（大同站）】 2019 年 10 月，2019 年大同市第二届青少年阳光体育大会暨"轮冰 111"全国青少年 U 系列短道速度轮滑巡回赛（大同站）比赛在市规划展览馆前广场举行。该次比赛由中国轮滑协会、市体育局、市教育局、共青团大同市委主办，设短道速度轮滑 100 米争先赛、200 米争先赛、300 米争先赛、500 米争先赛、单圈追逐赛，按年龄分幼儿园组、小学组，有包括小学、幼儿园、俱乐部的 400 余名轮滑爱好者参赛。参赛者年龄最大 14 岁，最小 4 岁。经过比赛，有 64 名参赛者分别获各组别的冠、亚、季军。

（墨　竹）

【第 10 届中国大学生阳光体育乒乓球赛】 2019 年 12 月 7 日至 8 日，由中国大学生体育协会主办，中国大学生体育协会乒乓球分会执行，山西省教育厅、省乒乓球协会支持，大同市教育局、市乒乓球协会承办的第 10 届中国大学生阳光体育乒乓球比赛在大同市示范性综合实践基地开拍，来自全国各地的 32 所高校代表队参赛。该次赛事是大同市首次承办全国性大学生系列乒乓球赛事，是男、女混合团体对抗赛，分两个阶段进行，第一阶段进行小组循环赛，第二阶段采用淘汰赛加附加赛，决出全部名次。采用中国乒乓球协会最新审定的《乒乓球竞赛规则》。经过比赛，中南财经政法大学、东北财经大学等 8 所高校获一等奖；山东财经大学、南京航空航天大学等 8 所高校获二等奖；北方民族大学、南京邮电大学等 16 所高校获三等奖。湖南科技大学的刘彦彤、华中科技大学的白宇啸等学生获"全胜运动员奖"。

（墨　竹）

▲ 2019 年 9 月 21 日，大同市第二届"未来之星"青少年阳光体育大会乒乓球比赛在平城区少体校体育馆开赛　（张　景　摄）

第二届全国青年运动会（大同赛事）

【概况】 2019 年，大同市承担第二届全国青年运动会（简称“二青会”）冬季单板滑雪和 U16 男子篮球、U16 女子篮球和 U16 男子足球的比赛任务。1 月 14 日至 17 日，冬季单板滑雪项目在大同白登山万龙滑雪场举行。大同市体育运动学校运动员于洋以总成绩 50 秒 92 获女子单板滑雪平行大回转体校组冠军，获二青会首金。8 月 1 日至 18 日，大同赛区夏季比赛项目在大同市体育中心、市体育运动学校、市高级技工学校和大同大学举行。篮球项目 47 支队伍、足球项目 12 支队伍参赛，大赛产生金、银、铜牌各 9 枚。该届青运会大同市有 400 余名运动员、教练和领队参加单板滑雪平行项目、武术、自行车、击剑、现代五项、中国式摔跤、国际式摔跤、跆拳道、空手道、举重、拳击、游泳、体操、足球、篮球、马术、网球、田径等 20 个项目的比赛，并在跆拳道、网球、武术、摔跤、自行车、击剑、空手道、现代五项、田径等 13 个项目中获金牌 37 枚，全省排名第二。

（张 景）

【“二青会”反兴奋剂教育准入大会】 2019 年 1 月 12 日，国家体育总局反兴奋剂中心在大同市召开反兴奋剂教育准入大会，来自 15 个参赛单位的 120 名运动员和辅助人员参会并进行反兴奋剂知识考试。

根据国家体育总局和反兴奋剂中心有关要求，所有参加二青会的运动员和辅助人员必须学习反兴奋剂知识、签署反兴奋剂承诺书，并通过反兴奋剂知识考试后才能获参赛资格。为确保二青会反兴奋剂教育准入工作开展，国家体育总局反兴奋剂中心根据青少年运动员年龄特点，开发制作反兴奋剂教育学习材料和讲座课件，并扩大反兴奋剂教育范围。现场，参会人员中有体校的职业运动员，有小学 5 年级在读学生，大家听取国家级纯洁教育讲师王岩的“拿干净金牌”反兴奋剂知识讲座，了解什么是兴奋剂和兴奋剂的危害，懂得如何做好自我保护，签署反兴奋剂承诺书，宣誓不使用兴奋剂。

（墨 竹）

【“二青会”冬季项目在大同启动】 2019 年 1 月 14 日至 17 日，大同市承担的二青会冬季项目冬季单板滑雪平行项目的比赛在大同白登山万龙滑雪场举行。二青会单板滑雪平行项目由国家体育总局主办，山西省政府承办。赛事有来自北京、上海、天津、黑龙江、浙江、湖北、内蒙古、西藏、山西等 15 个省市自治区的 37 支代表队参赛。比赛设单板滑雪平行回转、单板滑雪平行大回转两大项，组别设置体校组、社会俱乐部组的男子、女子组别，决出金、银、铜牌各 8 枚。其中，大同市代表队获金牌 2 枚、银牌 1 枚、铜牌 1 枚。在男子和女子组别的单板滑雪平行大回转体校组的比赛中，大同市运动员于洋以总成绩 50 秒 92 获女子组金牌，是二青会的首金，大同市运动员孔彬彬以 51 秒 25 获该组别亚军，吉林省吉林市体校的曹露丹获该组别季军。男子组前三名分别是太原市体校的班学福，浙江省宁波市第二少年儿童业余体育学校的王士嘉，吉林省长春市业余冰雪运动学校的吕美硕。

（墨 竹）

▲ 2019 年 1 月 13 日，第二届全国青年运动会冬季项目在大同白登山万龙滑雪场启动

（李冬宾 摄）

【“二青会”单板滑雪平行项目比赛宣传】 2019 年，市委宣传部组织二青会单板滑雪平行项目比赛启动仪式，抽调 50 余人组成综合协调、项目执行、舞台演出、策划编导等 8 个工作小组，聘请专业导演团队，委托具有举办国内各类体育赛事开幕式专业机构承办，设计启动仪式方案。市委常委、宣传部部长、统战部部长黄岑丽多次召开推进会，现场协调解决困难问题。赛事举办前，市直主流媒体开辟专栏专题，不间断介绍二青会及冬季冰雪运动项目知识，报道赛事筹备推进情况。利用道旗、电子屏、条幅、围挡、宣传栏、车载广告等形式在全市范围内开展社会宣传。在北京、朔州、忻州、张家口、乌兰察布等周边城市媒体投放宣传广告。赛事期间，邀请新华社、中央电视台、《山西日报》、山西广播电视台等中央媒体、省直媒体和周边省市媒体近 150 名记者到大同采访报道，通过新华网、凤凰新闻、腾讯视频等 12 家网络平台直播。截至比赛结束，中央级媒体发稿 73 条，省级媒体发稿 112 条，市级媒体发稿 200 余条。

（市委宣传部）

【“二青会”实体火炬大同传递线路】 2019 年 4 月，二青会实体火炬在大同市传递线路确定。二青会火炬传递在山西境内以线下实体火炬传递为主，在大同传递 3 天，分别在云冈石窟景区、浑源县、灵丘县进行，每日传递距离 5000 米。

二青会以“青春接力 时代领跑”

▲ 2019 年 6 月 28 日，第二届全国青年运动会火炬传递大同市云冈石窟站起跑仪式在云冈石窟昙曜广场举行。图为起跑仪式现场　（张湛滨　摄）

为主题，火炬传递是其中一项重要内容。3 月 28 日，二青会圣火采集暨网络火炬传递启动仪式在运城市芮城县西侯度遗址举行，二青会网络火炬传递开幕，依次途经 33 个省级行政区各传递 1 天，于 5 月 4 日到山西省运城市，与实体火炬传递同步，直到 8 月 8 日二青会开幕式结束。二青会实体火炬在大同市传递时间是 6 月 28 日至 30 日。在云冈石窟景区，火炬传递用时 1.5 个小时，从昙曜广场点火出发，过礼佛大道，沿景区道路途经石兵美术馆、周恩来纪念馆、古堡秋风、北魏陈列馆、佛影店、石破天惊、云冈公园、灵岩寺、大雄宝殿、石鼓洞、五华洞、昙曜五窟，收火仪式安排在云冈石窟露天大佛前。在浑源县，火炬传递用时 1.5 个小时，在悬空寺举行起跑仪式，起点是悬空寺风景院内，传递路线是悬空寺—大五线—岳门湾—恒山旅游路，再折返回三元宫。在灵丘县，火炬传递用时 2.5 小时，分 2 个路段进行，第一段路程 3500 米，起点是平型关大捷纪念馆将帅广场，途经老爷庙，火炬传递到乔沟停车场后转乘车，经蔡家峪、古之河、西环岛转北环路，右转至文兴北路到灵丘一中；第二段路程 1500 米，从灵丘一中门前出发，经新华东街、文兴南路、振华东街、武灵王主题公园南门到灵丘县博物馆，随后在灵丘县博物馆广场举行收火仪式。　（墨　竹）

【大同男子足球队获“二青会”山西足球首金】 2019 年 5 月 3 日，在浙江温岭赛区举行的二青会室内五人制足球体校男子 12 ~ 13 岁组比赛结束，代表山西参赛的大同市体育运动学校男子足球队获冠军，这是山西省在全国综合性运动会中获的首枚足球项目金牌。首场对阵香港队以 3:3 结束上半场比赛，下半场以 11:5 战胜香港队。第二场对阵东道主浙江队，上半场3:0领先，下半场8:1取得胜利。第三场对阵河北队 9:1 获胜。第四场对阵青海队 13:1 获胜。最后一场对阵海南队，山西队以 12:1 取得胜利，获冠军。　（墨　竹）

【大同运动员获“二青会”散打比赛三金】 2019 年 6 月 24 日至 27 日，二青会散打比赛决赛在山西省综改区体育馆举行。通过比赛，最终大同市运动员获三金两铜。其中，李骏白获男子乙组 42 公斤级冠军，徐婷婷获女子甲级 52 公斤级冠军，乔元启获男子甲组 75 公斤级冠军；王均莹获女子乙组 39 公斤级第三名，张志恒获男子甲组 65 公斤级第三名。　（墨　竹）

【大同运动员获“二青会”武术套路比赛两金】 2019 年 7 月 9 日至 12 日，二青会武术套路体校组比赛在山西转型综合改革示范区体育中心举行，来自全国 55 支代表队的 309 名运动员参赛，大同市武术套路队的 7 名运动员通过预赛进入到该次决赛。竞赛分甲乙两个组别，设有长拳、南拳、太极拳、剑术、刀术、枪术、棍术等比赛项目。经过比赛，大同市运动员最终获 2 金 1 铜。王宁获男子甲组棍术冠军；张春森获女子甲组棍术冠军。刘豪豪获男子乙组长拳加棍术季军。　（墨　竹）

【体校运动员获“二青会”中国式摔跤比赛一金】 2019 年 7 月 28 日，二青会中国式摔跤比赛在代县新城体育馆开赛，大同市体校运动员在首日比赛中获 1 金 1 银。比赛设置体校甲组、乙组和俱乐部甲组、乙组，首日进行的是体校男女甲组 10 个级别的比赛和决赛，经过比赛，决出 10 枚金牌。大同市体校运动员陈竹获体校女子甲组 44 公斤冠军，王超男获体校男子甲组 70 公斤亚军。（墨　竹）

【体校运动员获“二青会”国际式摔跤比赛五金】 2019 年 7 月 20 日至 28 日，二青会国际式摔跤比赛在山西财经大学坞城校区体育馆举行，来自全国各地的 54 支代表队 697 名运动员参赛。该次国际式摔跤比赛设男子自由式摔跤、女子自由式摔跤及古典式摔跤项目，并分体校组和社会俱乐部组两个组别，体校组按年龄分甲组和乙组。比赛采用单败淘汰单复活赛制，分别进行资格赛、淘汰赛、复活赛、铜牌争夺赛和冠亚军决赛 5 个比赛阶段。经过比赛，大同市体校运动员在比赛中获 5 金 1 铜。牛丽获社会俱乐部组男子自由式摔跤 74 公斤级冠军，李强获社会俱乐部组男子自由式摔跤 97 公斤级冠军，荣振华获体校乙组男子自由式摔跤 71 公斤级冠军，李瑞祥获体校乙组男子自由式摔跤 80 公斤级冠军，王川获社会俱乐部组女子自由式摔跤 76 公斤级冠军；高任鹏获体校乙组男子自由式摔跤 65 公斤级铜牌。　（墨　竹）

【大同运动员获“二青会”拳击比赛一银一铜】 2019 年 8 月 2 日至 13 日，二青会拳击比赛在忻州举行。该次拳击比赛分俱乐部组比赛和体校组比赛，2 日至 6 日是俱乐部组比赛，7 日至 13 日是体校组比赛。

在社会俱乐部组比赛中，来自全国35支代表队的168名运动员参加，大同市5名运动员进入社会俱乐部组决赛。经过比赛，大同市运动员陈佳鑫获乙组女子75公斤银牌，余涛获乙组男子52公斤铜牌。（墨 竹）

【大同体校获“二青会”足球与田径全能项目决赛冠军】 2019年8月3日，二青会体校男子U16组足球与田径全能项目决赛在太原市中北大学足球场结束，经过6个项目的比赛，大同市体育运动学校获冠军。足球与田径全能项目比赛是针对全国青年运动会足球项目体校组的一个补充，该次比赛是中国在足球与田径混合项目上的首次尝试。比赛中，每支球队派出18名运动员参加30米短跑、60米短跑、立定跳远、原地纵跳、前抛实心球，及3000米长跑6个项目的比赛，依据球员各单项成绩的总排名来计算各队成绩。最终，大同市体育运动学校获该次比赛冠军，成都市体育运动学校、福建青少年体育学校分获第二、第三名。（墨 竹）

【大同运动员获“二青会”空手道比赛三金】 2019年8月6日，二青会空手道决赛在临汾市落幕，来自全国26个省区市的93支代表队578名运动员参赛，大同市运动员给山西代表团获3金3银3铜。该届二青会空手道比赛设有体校组和社会俱乐部组，包括个人赛和团体赛，分男、女“型”和“组手”比赛。大同市有13名运动员经过预赛进入二青会空手道决赛。经过比赛，大同市运动员于紫婷获社会俱乐部女子甲组66公斤冠军，安棪获社会俱乐部女子乙组47公斤冠军，李孟泽获社会俱乐部男子甲组76公斤冠军。张宇栋获社会俱乐部男子甲组76公斤银牌，李孟泽、张宇栋、杜洪圳和魏思铭获社会俱乐部男子团体组手银牌，孙明燕获体校女子乙组47公斤亚军。（墨 竹）

【大同运动员获“二青会”场地自行车比赛三金】 2019年8月7日至10日，二青会场地自行车比赛在山西体育中心自行车馆举行，有23支代表队、369名运动员参赛。比赛设团体竞速赛、团体追逐赛、计时赛、麦迪逊赛、凯林赛、争先赛、场地全能赛等竞赛项目，最终决出23枚金牌。经过前期预赛，大同市29名场地自行车运动员获决赛资格。通过比赛，大同自行车运动员在比赛中给山西代表队获3金1银。罗静、翟菲获体校乙组女子团体竞速赛金牌，蒋兴治与队友获体校甲组男子团体竞速赛亚军；罗静获体校乙组女子500米计时赛冠军，获体校乙组女子250米原地起动计时赛冠军；李阳宇获体校乙组男子3千米个人追逐赛第三名。（墨 竹）

【大同运动员获“二青会”现代五项赛四金】 2019年8月11日至17日，二青会现代五项比赛在晋城举行，来自全国各地的194名运动员、72名领队教练、48名裁判员参加。该次比赛设置体校组和社会俱乐部组两个组别，竞赛项目包括四项赛、三项赛和两项赛，设有男女个人赛、团体赛、接力赛及混合接力赛，最终决出31枚金牌。在该次比赛中，大同运动员获4枚金牌、5枚银牌、3枚铜牌。在社会俱乐部甲组女子游泳激光射击跑步三项赛中，大同市运动员郭晓倩获金牌，孙思清获银牌，孙宝涵获铜牌；社会俱乐部甲组男子游泳激光射击跑步三项赛中，霍德腾获铜牌，在社会俱乐部乙组游泳激光射击跑步三项赛中，丁文萱获银牌。在社会俱乐部女子乙组游泳跑步两项赛中，大同市运动员丁文萱获银牌，社会俱乐部男子乙组游泳跑步两项赛中，李俊毅获银牌，在社会俱乐部女子甲组激光射击跑步两项赛中，大同市运动员孙宝涵、孙思清、宋甲其分获冠军、亚军、季军。在社会俱乐部乙组女子激光射击跑步个人赛中，丁文萱获金牌。在女子体校甲组100米栏比赛中，戴仪茹以13秒36的成绩获冠军。在男子体校甲组400米决赛中，谢智宇获冠军。（墨 竹）

【大同运动员获“二青会”公路自行车赛一金】 2019年8月15日至18日，二青会公路自行车比赛在榆社县云竹湖畔举行，大同市运动员在比赛中获1金2银2铜。在社会俱乐部组女子甲组10千米个人计时赛中，大同运动员朱天凤获亚军，安一帆获季军；在社会俱乐部组男子甲组20千米个人计时赛中，大同市运动员王博超获季军，焦兴龙获第四名；在体校组男子甲组26千米个人计时赛中，大同市运动员张鑫宇获第六名；在体校组男子乙组20千米个人计时赛中，大同市运动员李阳宇获第六名。在社会俱乐部组女子26千米团体计时赛中，大同自行车队运动员安一帆、蒋雪丽、张蕊、朱天凤获银牌。在社会俱乐部组男子52千米团体计时赛中，大同自行车队白慧隆、平曹云、王博超、王培晨获该项目金牌。（墨 竹）

大同市体育运动学校

【概况】 2019年，大同市体育运动学校位于文瀛湖畔，占地面积11.13公顷，建筑面积4.5万平方米。固定资产2264万元。设有办公室、学生科、训练科、教务科、总务科、党办、团委、工会、科研科、场馆科、保卫科、膳食科12个科室和田径、自行车、摔跤柔道、射击击剑、举重体操、散打跆拳道、篮球7个教研室。学校有教师48人，教练35人，双师型教师33人，兼职教师27人。专任教师本科以上学历比例100%，专任教师硕士以上学历9人，高级讲师32人，讲师44人。设有大专班、中专班、初中预科班、小学班。在校学生700余人。设有田径、柔道、举重、体操（蹦床）、射击、摔跤（含女子摔跤）、自行车、乒乓球等11个运动项目。年内，被省委精神文明建设指导委员会评为“2018—2019省级文明先进校园”。（于占深）

【教育教学】 2019年，大同市体育运动学校开设公共基础文化课有语文、数学、物理、化学、英语、计算机基础、职业生涯规划、职业道德与法律、政治经济与社会、哲学与人生、心理健康；开设专业基础理论课有人体解剖学、心理学、人体生理学、体育保健学、教育学、学校体育学；开设专业技术课有田径、体操、篮球、足球、武术、乒乓球、排球；开设运动训练项目有：田径、柔道、摔跤、举重、射击、射箭、篮球、乒乓球、网球、足球、体操、蹦床、拳击、跆拳道等。该校人才培养模式改革重点是给省级以上专业队输送高水平体育后备人才，培养二级以上优秀运动员报考各大专院校继续深造，给大同市培养小学体育教师及在社会上谋求自主创业培养一技之长的体育人才。体校实训基地分校内校外两部分。校外基地是与平城区教育局联合协商设在15所小学内，及与企业合作，包括白登山万隆国际滑雪场、山西赛欧集团大同分公司、大同轻型飞机制造有限公司，主要用于部分应届中专毕业生实习实训；校内基地方面学校有运动实训场馆20个，实训运动场地12个，供部分应届中专毕业生下队实习。

（于占深）

【德育教育】 2019年，大同市体育运动学校组建一支以德育课教师为主、政治辅导员和班主任为辅的师资队伍，按照教育部及省教育厅相关要求设置专门德育教育课程和学生文明礼仪课程，并制定学生思想品德教育考核制度和办法。定期开展法律、文明礼仪、心理健康等知识讲座，对学生进行法制教育、职业道德和日常行为规范教育、创业教育、心理健康教育等。利用主题班会、黑板报、宣传栏和各项比赛活动等形式，对学生进行德育渗透。开展第二课堂活动和校园文化活动，举办“改革创新，奋发有为”大讨论演讲比赛、纪念“五四运动”100周年主题团日活动、庆祝建国70周年文艺晚会、“祖国在我心中”诵读微视频比赛、班级“拔河比赛”、班级“排球比赛”、班级“棋类比赛”、班级“长跑接力比赛”和班级“迎新茶话会”等主题活动，组织学生参加“第五届成龙电影节”闭幕晚会、中等职业学校的技能竞赛活动、“文明风采”竞赛和裁判员实训、“滑雪教练实训”等社会实践活动，

▲ 2019年二青会比赛期间，大同市体育运动学校获室内五人制足球体校男子12～13岁组冠军 （于占深 摄）

增强学生职业能力，提升学生的素质，给广大学生提供展示精神风貌和才华的平台。（于占深）

【参加竞技体育比赛】 2019年，大同市体育运动学校各项目运动员在山西省第十六届运动会年度阶段比赛中参加10个项目比赛，获奖牌141枚，其中金牌56枚、银牌42枚、铜牌43枚，金牌数和团体总分数均排全省第二名。2月，市体校运动员裴星茹获国际摔跤A级赛女子59公斤级亚军，9月获摔跤世锦赛女子自由跤59公斤级季军。6月，张益梵在德国世界青年赛中获射击项目10米气手枪团体冠军。9月，梁翻翻获全国柔道冠军赛女子+78公斤冠军。（于占深）

【参加“二青会”比赛】 2019年8月8日至18日，大同市体育运动学校在二青会中参加足球、篮球、网球、乒乓球、国际较、中国式摔跤、举重、柔道、射击、射箭、单板滑雪11个项目的比赛，获奖牌35枚，其中金牌16枚，银牌11枚，铜牌8枚。在单板滑雪项目中获二青会首枚金牌，在室内五人制足球体校男子12～13岁组比赛中获冠军，突破山西省在全国综合性运动会中足球项目金牌零纪录。（于占深）

【大同体校男足获区域赛两项冠军】 2019年10月11日至19日，由国家体育总局青少年体育司、中国足球协会、全国体育运动学校联合会主办，山东省体育局承办，山东省足球运动协会、山东鲁能泰山足球学校协办的全国“体校杯”足球赛（山东赛区）在山东鲁能泰山足球学校举行。大同市体育运动学校男子足球两支梯队在该次比赛中获区域赛两项冠军。该次比赛以各级各类体校、足球学校为参赛单位，设男子U16、U14和女子U163个组别，分区域赛、总决赛两个阶段，有来自山东、山西、河南、河北、内蒙古等省（自治区）30支队伍近300人参加。参赛的大同市体育运动学校队员全部来自大同三中在校学生，通过比赛，最终大同体校男子足球两支梯队分别获男子U14组和男子U16组（山东赛区）区域赛冠军。

（墨 竹）

脱贫攻坚

组织领导

【概况】 2019年，大同市聚焦“三保障、三落实、三精准”（义务教育、基本医疗、住房安全，责任落实、政策落实、工作落实，识别精准、帮扶精准、退出精准）向深度贫困发力攻坚。全年召开脱贫攻坚领导小组会议35次，从5月至10月每个月召开1次现场推进会，现场推动社会扶贫、人居环境整治、易地扶贫搬迁、危房改造、土地复垦等多项工作。7月15日，山西省攻坚深度贫困推进乡村振兴现场会在大同召开，大同攻坚深度贫困和产业扶贫受到省委省政府肯定。推进光伏扶贫、小额信贷、贫困村提升、数据动态调整、驻村帮扶等多项工作。年内，省分配大同市脱贫任务是2.2万贫困人口脱贫，84个贫困村退出。截至2019年底，全市25606贫困人口实现脱贫，101个贫困村退出，剩余贫困人口4734人，贫困发生率由上年的1.78%下降到0.3%，天镇县、广灵县和浑源县3个县脱贫摘帽。（李海霞）

【云州阳高灵丘三县（区）退出贫困县】 2019年，按照中共中央办公厅、国务院办公厅《关于建立贫困退出机制的意见》及山西省委办公厅、省政府办公厅《山西省贫困退出实施办法》有关规定，经县（区）级申请、市级初审、省级行业部门及省委督导组评价、第三方实地评估检查和社会公示，经省政府批准，全省上年拟脱贫摘帽的17个县（区）均达到贫困县退出的相关指标，退出贫困县，其中包括大同市的云州区、阳高县和灵丘县。上年包括云州区、阳高县和灵丘县3个贫困县（区）的贫困村在内，全市有264个贫困村退出、10.4万贫困群众实现脱贫，全市贫困发生率降至1.78%。云州区黄花特色产业扶贫、阳高县集中式搬迁扶贫、灵丘县资产收益扶贫等工作走在全省前列。

（鹤 梅）

【贫困人口识别】 2019年，大同市动态调整扶贫工作，贫困人口脱贫11775户25600人，新识别贫困户332户740人，返贫1户2人，人口自然增加涉及2490户3098人，自然减少涉及2904户3334人。（李海霞）

【扶贫队伍建设】 2019年，大同市选拔任用14名优秀驻村干部担任县处级领导职务；结合县（区）党政副职调整补缺，把特别优秀的一线扶贫干部选拔到重要岗位上。广灵县调整优化乡镇领导班子，选拔多名35岁以下年轻干部充实到乡镇领导班子，选派年轻干部挂职参与乡镇中心工作。浑源县把4名扶贫业绩突出的乡镇长提拔为贫困乡镇的党委书记，调强调优县扶贫办的领导班子。2018—2019年，大同市提拔重用优秀扶贫干部280余人，其中提拔到县处级领导岗位的有67名；对中央、省派优秀驻村干部，提出使用建议。

（李海霞）

【脱贫攻坚指导服务工作】 2019年，大同市落实“中央统筹、省负总责、市县抓落实”工作机制，在上年成立脱贫攻坚指挥部基础上，专项扶贫领导小组由原来的27个组增加到28个，指挥部办公室由原来的12个组增加到16个，组建两个工作指导组，全年派驻到两个深贫县开展指导和服务工作。32名市级领导联系帮扶6个贫困县（区），省委常委、市委书记张吉福带头访遍95个脱贫任务较重的乡镇和100余个易地扶贫搬迁安置点，5次约谈贫困县（区）党政“一把手”，主持制定黄花等产业扶贫政策，推行“书记项目”，推动全市上下形成合力攻坚态势。出台《关于坚决打赢脱贫攻坚战的实施意见》等21个政策性文件，编发《脱贫攻坚资料汇编》等一系列扶贫知识手册。建立市县乡三级“双签”责任制和党政“双组长”领导机制，细化任务、措施、责任“三张清单”，层层签下责任状，把主体责任压到脱贫攻坚第一线。

（李海霞）

【全市脱贫攻坚工作会议】 2019年2月22日，大同市委农村工作暨全市决战决胜脱贫攻坚誓师大会召开。省委常委、市委书记、市脱贫攻坚指挥部总指挥张吉福出席会议并讲话，市委副书记、市长、市脱贫攻坚指挥部总指挥武宏文就全市农业农村及脱贫攻坚工作作安排部署，市委副书记、市脱贫攻坚指挥部常务副总指挥刘振国主持会议，市人大常委会主任赵向东，市政协主席郜向华等市领导出席会议。会议以习近平新时代中国特色社会主义思想为指导，学习贯彻习近平总书记关于“三农”、扶贫工作的重要论述和视察山西重要讲话精神，贯彻落实中央和省委农村工作会议精神、全国扶贫开发和全省脱贫攻坚工作会议精神，动员全市上下以

"改革创新、奋发有为"大讨论活动为契机，提高工作标准，激发奋进斗志，确保如期打赢脱贫攻坚战，开创全市"三农"工作新局面。（李海霞）

【全市社会扶贫爱心行动（云州）推进会】 2019年3月7日，以"援手助贫、爱心行动"为主题的大同市社会扶贫爱心行动（云州）推进会召开，市委副书记刘振国参加会议并讲话，市委常委、宣传部部长、统战部部长黄岑丽主持会议。会议宣读《大同市关于进一步加强社会扶贫工作的意见》，介绍云州区社会扶贫工作做法，市委统战部和市妇联作表态发言。会议对全市社会扶贫工作进行安排部署。会议强调全市各级各部门要挖掘社会扶贫覆盖面广、灵活性强、市场化强的潜能，建立扶贫开发稳定脱贫的长效机制，最大限度地激发和调动市场和社会积极性，凝聚全社会力量抓社会扶贫工作。参会人员分两组实地观摩云州区倍加造镇营坊沟村和西坪镇大坊城村社会扶贫"爱心超市"。（鹤 梅）

【脱贫人口"回头看"工作】 2019年8月28日，大同市召开全市脱贫人口"回头看"工作会议，印发《关于做好全市脱贫人口"回头看"工作的通知》，各县（区）分别召开工作动员会和培训会议，根据实际情况与行业部门数据进行比对，核实帮扶措施和基础信息，对不实数据做好记录，在后续开网后修正，保证数据一致性。结合脱贫人口"回头看"工作，聚焦脱贫五项指标，通过驻村工作队、第一书记、帮扶责任人对建档立卡贫困户、非贫困户进行入户走访，推进全市"边缘户"和"脱贫监测户"摸底工作。（李海霞）

【全市驻村帮扶问题整改工作推进会】 2019年9月6日，大同市驻村帮扶问题整改工作推进会召开。市委副书记刘振国出席会议并讲话，市委常委、组织部部长宋涛就全市干部驻村帮扶工作情况进行通报。会上，天镇县、广灵县、浑源县、新荣区4个县（区）及市规划和自然资源局、市住建局、市市场监管局3个部门主要负责人分别作表态发言。会议强调要落实全省干部驻村帮扶工作推进会精神，采取举措解决大同市驻村帮扶工作中存在的突出问题，做好决战决胜之年的驻村帮扶工作。要增强驻村帮扶工作的紧迫感和使命感，压实帮扶责任、完善制度体系、提升群众认可度；要补齐驻村帮扶工作中存在的短板和弱项，强化问题意识，以问题整改为抓手，推动精准扶贫、精准脱贫工作，提升脱贫攻坚工作成效和水平；要发挥驻村工作队生力军作用，当好凝聚合力的指挥员、政策宣讲的辅导员、贫困群众的服务员，为坚决打赢脱贫攻坚战提供组织保障，推动脱贫攻坚取得成效。（鹤 梅）

【"10·17"全国扶贫日主题活动】 2019年10月17日，大同市委、市政府在大同古城清远门广场举行"消费扶贫，助力攻坚"2019年全国扶贫日主题活动。活动现场开展县（区）农特产品进机关、进企业、进校园、进社区、进军营食堂"五进"对接活动；全市10个县（区）37家农产品加工企业、农民专业合作社及"大同好粮"精准扶贫超市的小杂粮、畜禽蛋类、手工编织、精品粮油等12大类100余种农副产品参展，全市党政军机关、企业、学校、医院等系统40余家单位500余人对接洽谈；京东电商平台在现场组织扫码下载APP送小礼品等活动，销售推介农产品，推广京东扶贫馆，助力消费扶贫；活动现场还有市艺校的文艺助演和阳高二人台扶贫剧目演出等文艺活动。活动通过文艺表演、农产品展销等形式，展示近年来全市脱贫攻坚取得的成效，凝聚社会攻坚力量，给坚决打赢脱贫攻坚战鼓劲加油。活动当天销售农特产品9.05万元，达成签约意向18项，总金额31.6万元。（鹤 梅）

措施保障

【扶贫资金投入】 2019年，大同市级财政投入12亿元用于脱贫攻坚和乡村提升工程。市平城区、云冈区、左云县3个非贫困县（区）对口支持广灵县、天镇县、浑源县3个年内计划摘帽县，每个县（区）帮扶资金5000万元。天镇县统筹整合涉农资金5.5亿元，集中投放脱贫领域，财政扶贫资金投入总量和增幅实现"双增长"，通过PPP模式引进社会资本，实施乡村提质工程。广灵县投入产业发展资金3.38亿元，实施"双十双百"产业扶贫示范工程，培育壮大扶贫龙头企业13家，重点实施扶贫"引擎"项目17个、资产收益项目3个，带动1.6万名贫困人口增收。浑源县统筹整合财政资金3.38亿元，重点倾斜到扶贫产业上。（李海霞）

【攻坚深度贫困县措施出台】 2019年，大同市出台《大同市关于攻坚深度贫困的"十项"措施》，在政策、资源、资金、人力、帮扶上向深度贫

▲图为广灵县巧娘宫手工编织展厅（李海霞 摄）

困县集中倾斜。市级财政安排 8 亿元扶贫资金向 3 个深贫县倾斜，给 3 个深贫县安排 3000 万元帮扶资金，向 3 个深贫县倾斜安排 1.875 亿元小额扶贫贷款。打造浑源黄芪、广灵小米、天镇蔬菜等农特产品产业链，带动贫困户脱贫致富。扶持年内拟摘帽的 3 个贫困县发展黄花产业，天镇县栽种 708.13 公顷，受益贫困户 2.23 万人。广灵县栽种 681.67 公顷作为易地搬迁后续发展产业，受益贫困户 6391 人。浑源县栽种 333.33 公顷，户均 933.33 平方米。发挥“天镇保姆”“广灵巧娘”等品牌优势，做到户户有就业、人人有保障。补齐三县基础设施短板，提高基本公共服务水平。释放“一县一策”政策红利，市扶贫公司承接旧房拆除和土地复垦奖补资金 6.1 亿元，天镇县 22021 人 1.2 亿元；广灵县 6450 人 4851 万元。天镇县土地出让金收入 4659.95 万元，广灵县土地出让金收入 7960 万元。天镇县选派 36 名科技特派员，广灵县选派 27 名科技特派员，在农民培训、引进新品种、新技术上发挥出作用。（李海霞）

【扶贫奖惩】 2019 年，大同市依据对县（区）和市直部门“双考核”结果，加强对退出摘帽县和年内拟摘帽县的奖惩，对承担重要扶贫任务的市直牵头部门的奖惩，发挥激励鞭策作用。年初，重奖 3 个摘帽县（区）、自主脱贫先进典型和优秀带贫合作社，奖励资金 3805 万元。5 月开始，还投入 9195 万元，按序时进度，重奖 10 项工作完成好的县（区），对没有完成序时进度且排名靠后的县（区）和单位，在大会上公开检查通报。

（李海霞）

【脱贫攻坚问题整改】 2019 年，大同市坚持“问题不查清不放过、整改不到位不放过、成效不符合中央、省要求不放过、群众对整改结果不满意不放过”，制定《大同市脱贫攻坚问题整改工作方案》，建立“三清单”“一台账”，开展问题整改工作。市级组建 2 个脱贫攻坚问题整改指导推进组，跟踪指导推进县（区）的问题整改工作。市委书记、市长在每次脱贫攻坚工作安排上，问题整改都是重中之重，并多次作出批示，32 位市级领导到全市 2019 年拟脱贫退出的 101 个贫困村和 32 个入住率较低的易地扶贫搬迁安置点进行督导，每位领导走访贫困户不低于 10 户、非贫困户不低于 5 户、已脱贫户不低于 5 户，所督导的易地扶贫搬迁安置点抽查全覆盖，坚持边查边改，立行立改，不留问题，确保实效。（李海霞）

【脱贫成效巩固提升】 2019 年，大同市对于已退出摘帽的 3 县（区）执行“四不摘”（摘帽不摘责任、摘帽不摘政策、摘帽不摘帮扶、摘帽不摘监管）要求，巩固提升脱贫成效。摘帽不摘责任。保持已摘帽县（区）党政正职稳定，压实领导责任。云州区落实“防止返贫和继续攻坚同样重要”要求，树立“2020 年交总账”意识，把巩固提升工作作为全区的中心工作来抓。阳高县扛起问题整改主体责任，召开会议 12 次，印发问题整改任务配送单、通知单、催办单 153 份，确保问题整改落到实处。灵丘县制定实施“1152”驻村帮扶制度，即县领导每周至少安排 1 天时间下乡驻村，督促、指导乡镇整体工作；帮扶单位“一把手”每周必须有 1 天时间进村入户走访，会同 3 支队伍核查问题、推进工作；驻村工作队、第一书记按照“五天四夜”驻村要求，到岗履职，落实帮扶措施；帮扶责任人每周驻村不少于两天。摘帽不摘政策。针对已摘帽县（区）在产业、易地扶贫搬迁入住和基本公共服务等方面还存在的薄弱环节，采取精准措施，确保各项政策继续惠及已脱贫户。云州区落实全市黄花产业发展大会精神，投入黄花产业发展资金 4225 万元，增加黄花种植面积 1333.33 公顷。做大做强灵丘县资产收益扶贫润生模式、阳高县“4+N”扶贫产业等一批具有典型示范引领的产业。1 月调整低保标准后，3 个已摘帽县（区）是 4494 元，高于省扶贫标准。摘帽不摘帮扶。根据脱贫攻坚巩固提升阶段工作特点和需求，调整驻村帮扶工作重点，把入户宣讲政策、开展扶志扶智、动员搬迁入住和拆旧复垦等工作作为帮扶工作重点。全市各级党员干部开展村情民意走访 52 万人次，实现建档立卡贫困户全覆盖，收集群众困难问题 2.8 万余条，夯实驻村帮扶工作基础。摘帽不摘监管。云州区每月对 79 个驻村工作队督导全覆盖和每周随机进行视频抽查，加强对驻村工作队的监管。阳高县根据脱贫攻坚巩固提升阶段工作特点和需求，采取老中青结合方式，调整补充驻村扶贫工作队员 60 名，工作队长 41 名，第一书记 33 名，给全县驻村干部投保 500 元人身意外伤害保险，撑起驻村工作安全屏障。

（李海霞）

【人社部“定点扶贫驿站”在薛牛坊村挂牌】 2019 年 4 月，人社部“定点扶贫驿站”在大同市天镇县赵家沟乡薛牛坊村挂牌，致力培育在村致富带头人，发挥示范引领作用，助力打赢脱贫攻坚战。通过国家人力资源和社会保障部“定点扶贫驿站”，把扶贫与扶智、扶志结合，在薛牛坊村培养致富带头人。在人社部“定点扶贫驿站”和“实名农户”电子商务平台上，重点挖掘现有两个网店的潜力，以消费扶贫为契机，拓宽销售渠道，把村里的小杂粮产品销售得更好。人社部“定点扶贫驿站”给村民配备真空包装机、肉类切割机、玉米粉碎机、榨油机等设备，帮助全村销售小杂粮等土特产。村民建立农产品加工包装车间，注册“紫玉山庄”商标，把产品转化为商品，提高农产品附加值，增加农民收入，助力全村脱贫。

（鹤　梅）

【大同贫困地区产业（能源）发展基金成立】 2019 年 7 月 1 日，中央企业贫困地区产业投资基金在山西省联合发起设立的第一支专注于贫困地区产业（能源）发展的专业化、市场化基金——大同贫困地区产业（能源）发展基金成立，并现场签署基金合伙协议和意向项目协议，这是中央、省、市、县四级合作的创新成果。基金成立后，主要投资于大同市贫困县（区）的扶贫、新能源、农业和新兴产业等领域项目，聚焦能源革命和精准扶贫，助力县域经济升级发展。

大同贫困地区产业（能源）发展基金是由中央企业贫困地区产业投资基金、太行产业投资基金、大同市引导基金，及大同市的国有企业等共同出资发起设立，基金首期规模 3.2 亿元，利用大同市资源、交通区位优势和产业土壤，把成熟的产业实体引入贫困地区，通过赋能式管理培育当地产业雏形做大做强。首批签约项目中，大同贫困地区产业（能源）发展基金与北京大伟嘉生物技术股份公司合作，在天镇县建设总投资10.38亿元的绿色生猪养殖示范园区，建设存栏5000头的基础母猪场4个，同步带动存栏肉猪1000头规模的具有扶贫功能的“家展场”240户；与山西东方亮生命科技股份有限公司合作，在广灵县建设总投资1.75亿元的杂粮基地及年产5000吨功能杂粮食品项目，通过“公司＋基地＋合作社＋农户”运营模式，与种植农户签订保底价收购协议，直接辐射带动贫困户脱贫致富。（鹤 梅）

【“扶贫·扶志·扶智——扶德为基”专题讲座】 2019年8月9日，大同市脱贫攻坚指挥部召开“扶贫·扶志·扶智——扶德为基”专题讲座。市直相关单位负责人、各县（区）分管领导、扶贫办主任、乡镇书记、工作队长、村支书和市脱贫攻坚指挥部办公室全体人员100余人听取讲座。该次讲座邀请省图文源讲坛讲师郭曼宇授课，讲座分回望古代中国特有的乡村文明、从优秀传统文化中汲取现代扶贫工作所需的精神营养和理论方法、为什么“扶德”是“扶贫·扶志·扶智”之基、如何扶德、通过扶德将产生的社会效益和工作效率5方面内容，从上古时期的治世智慧和世风民情，先祖对社会最高管理层的教育理念，先祖对于百姓的教育理念，先祖关于“扶德”的重要理念、扶德的可行方法等方面进行阐述。该次讲座可学习性强、可操作性强，对于各县（区）开展“扶贫·扶志·扶智”活动有启发与助力作用。（鹤 梅）

精准帮扶

【易地扶贫搬迁】 “十三五”期间（2016—2020），大同市易地扶贫搬迁任务94905人，完成94905人，完成率100%，入住率96.8%。“十三五”期间拟搬迁拆除宅基地面积964.89公顷，复垦面积489.55公顷，复垦率50.74%。2019年，大同市危房改造任务27714户，竣工率100%。天镇县“以三‘五’促三‘融’农民变市民”的易地扶贫搬迁后续扶持工作的经验入选全国易地扶贫搬迁论坛。灵丘县以超常规举措完成全县“危房清零”，解决农村群众住房安全保障问题，获国务院通报表彰，给推进乡村提升、实现高质量脱贫奠定基础。（李海霞）

【农机资产性收益扶贫】 2019年，大同市农业机械发展中心在完成3个省级项目的基础上，协调各县（区）财政涉农资金和扶贫专项资金投入，新增农机资产性收益扶贫试点合作社2个，全市累计8个。阳高县利用整合资金50万元，在下深井乡同禾利农机合作社开展农机资产收益性扶贫，购买大型拖拉机和联合收割机各1台，并折价为股，把60%（30万元）作为扶贫股分配给下深井乡深井洼村25户贫困户，根据合作社单机作业效益，贫困户按股分红，确保帮扶贫困户年底分红每户不低于720元。灵丘县利用整合资金77万元以政府采购项目形式，通过贫困户与农机合作社利益联动，提升脱贫成效。（市农机中心）

【产业扶贫】 2019年，大同市6个贫困县（区）发展带贫益贫能力强的特色种植项目13个、养殖项目11个、农产品加工项目8个，全年投资8.36亿元，带动5.5万户、12.5万名贫困人口增收。光伏扶贫装机容量34.48万千瓦，发电2.5亿千瓦时，收益2.2亿元，实现贫困村全覆盖，3.5万贫困人口成为光伏扶贫的受益者。完成小额扶贫贷款3.35亿元，完成率111.63%；“十三五”贫困村致富带头人培训2280人，完成率102%。全市贫困村电商服务覆盖率91.8%，超过90%目标任务。市财政安排1亿元专项资金支持黄花产业扶贫，全市新增黄花6万亩，涉及贫困户3.25万户，占90%，有条件的贫困户实现人均一亩黄花。大同市云州黄花、广灵食用菌、浑源黄芪、灵丘杂粮4个贫困县（区）的产业园区入选省级现代农业产业园。

年内，培育摘帽的3个贫困县脱贫主导产业。天镇县统筹资金1100万元，扶持发展脱贫主导产业红芸豆6.3万亩，带动1.13万贫困人口增收。广灵县脱贫主导产业是食用菌和杂粮，其中北野公司投资7000万元建成150栋双拱立体智能大棚和2条菌包生产线，带动9582名贫困人口增收；县级统筹资金5700万元扶持杂粮种植，带动1.03万贫困人口增收。浑源县统筹资金709.5万元，发展脱贫主导产业杂粮，采用渗水地膜覆盖穴播技术扶持种植8.6万亩，带动1.5万名贫困人口增收。（李海霞）

【金融扶贫】 2019年，大同市扶贫小额信贷投放近3万户，当年投放近7000户，余额14.28亿元，较年初增加1.3亿元。大病保险给贫困户赔

▲图为云州区农民在晒黄花（张湛滨 摄）

付约8000件、金额3756.6万元；意外伤害险给3万余贫困户提供风险保障17.86亿元；返贫责任险给7.87万人提供7.2亿元的风险保障。7月，大同银保监分局完成全年扶贫小额信贷发放任务。全年辖区银行业涉农贷款余额255.91亿元，较年初增加34.48亿元，完成率116.24%；普惠型涉农贷款余额102.57亿元，较年初增加13.04亿元，完成率101.59%。银行保险服务实现乡镇全覆盖，基础金融服务行政村覆盖率92.99%，较年初增长6.3个百分点。（柴元杰）

【电商扶贫】 2019年3月，大同市商务局召开电商扶贫工作部署会，督促广灵县、浑源县、阳高县做好示范县工作，督促天镇县、灵丘县、云州区对绩效评价组提出的意见做出整改，提升示范成效。省商务厅组织绩效专家组对灵丘县、云州区进行绩效验收，全部通过。加快贫困地区电商村级服务站建设，要求贫困村级电商服务范围是90%的覆盖率，根据省商务厅第三方评级机构统计和各县报送情况，全市贫困村电商服务覆盖91.8%，完成目标考核任务。年初，向各县（区）印发《关于做好2019年贫困地区农产品网络销售的通知》，根据各县推荐建立农产品网络销售企业项目库，包含8家企业。入库企业利用京东、淘宝、网红新媒体等方式销售当地农产品及大同市当地特色产品。全年各示范县完成黄花、苦荞、羊肉、杏脯、杏核、小杂粮网络销售2000余万元。（秦福龙）

【科技扶贫】 2019年，大同市科技局给广灵县、天镇县选派科技特派员助力农民脱贫增收。2月21日，市科技局在广灵县组织召开广灵县"一县一策"科技特派员工作推进会，会议旨在推进"一县一策"科技特派员工作，号召科技特派员发挥技术特长，解决生产中的技术难题，做好农业新品种、新技术、新设备的推广应用，实现农村脱贫由"输血"向"造血"转变。2月22日，21名省、市科技特派员到广灵县9个乡镇（企业）开展首期农民培训，现场发放技术资料1000余册，培训农民1000余人。3月至7月，天镇县在科技特派员指导下，引进新品种6个，分别是藜麦、鹰嘴豆、晋椒202、晋椒203、甘草、黑枸杞；新技术7个，分别是密植栽培、病虫害防治中的农药配比、测土测肥、防草、中草药育苗种植、黑枸杞育苗、水肥一体化；培训合作社农民526人次；有两家企业的科技特派员成为企业项目的骨干。年内，给大同市两个深度贫困县选派科技特派员63名。（周扬）

【教育扶贫】 2019年，大同市教育局加大教育扶贫力度，落实教育扶贫五项政策，在学前教育、义务教育、高中教育、职业教育阶段资助8.4万名学生，资助金额1.3亿元，给3.6万名大学生办理生源地助学贷款，贷款金额2.32亿元，修订《教育扶贫手册》《学生资助指南》并印发至各县（区）、市直各学校全覆盖，夯实从学前到小学、中学、大学的帮困包扶机制。开展驻村帮扶工作，加强产业扶贫，村民累计增加收入16.11万元。在全市公办小学开展课后托管全覆盖，破解"四点半"难题。全市建设农村寄宿制学校"留守儿童之家"全覆盖，解决外出务工人员后顾之忧。实施义务教育营养改善计划全覆盖，全市27万义务教育阶段学生享受优质安全营养膳食。

加强对贫困农村家庭适龄儿童因贫辍学的监督力度，抓"一县一案"控辍保学工作。义务教育学校学生营养改善计划实现全覆盖，涵盖学校684所，惠及学生27.06万人。"全面改薄"工作完成竣工验收并交付使用，投入资金8.38亿元。选派60名教师到农村义务教育薄弱学校和偏远地区支教。全市学前三年毛入园率93.79%，普惠性幼儿园覆盖率86.78%，基本建成覆盖城乡、布局合理、公益普惠的学前教育公共服务体系。天镇县、广灵县和浑源县义务教育普及率100%，适龄儿童学前入园率89.06%。（宣晓宇 李海霞）

【健康扶贫】 2019年，大同市实施健康扶贫行动，明确落实县乡村各级主体责任，执行县域内先诊疗后付费制度，推进住院"一站式"即时结算服务，确保农村患病贫困人口应保尽保、应治尽治。全市除平城区外的9个涉农县（区）全部承担健康扶贫任务，截至2019年底，全市建档立卡贫困人口12.1万户28.3万人，其中已脱贫未脱策人口10.7万户25.4万人，未脱贫人口1.4万户2.9万人，未脱贫人口中因病致贫、因病返贫人口占比50.3%，患病病种主要有高血压、脑血管病、糖尿病和慢性阻塞性肺气肿，以慢性病居多。

1月起，大同市每个村卫生室平均每月增加1000元村医补助，符合条件的退养乡村医生补助标准每人每月800元，调动全市乡村医务人员扎根农村、服务基层的工作积极性。年内，开展"健康扶贫村村行""巡回医疗服务"和"光明工程"3个主题

▲图为阳高县道贤移民新村配套的村级卫生所 （张湛滨 摄）

脱贫攻坚

系列活动，活动覆盖49个乡镇525个村，义诊32051人次，赠送30余种价值约19.4万元药品，发放宣传资料15.3万余份。全市6个农业县（区）的县级医院全部达到二甲医院水平，贫困人口县域内就诊率稳定在80%以上。73所乡镇卫生院及1176个村卫生室的业务用房、人员、基本药品等配备全部达标。（沈文红 李海霞）

【生态扶贫】 2019年，大同市造林绿化工作围绕增绿、增收两条主线。完成营造林任务1.34万公顷，吸纳贫困社员3536人。落实林业管护补助1979万元，聘用建档立卡的生态护林员2803名。增加林下经济、木本药材种植200公顷。（李海霞）

【就业扶贫】 2019年，大同市把培育发展家政劳务品牌、支持跨区域转移就业作为就业扶贫的着力点和突破口，拓展“天镇保姆”“灵丘阿姨帮”“浑源搓澡工”等劳务品牌影响力。打造大同黄花、阳高杏韵小镇、广灵食用菌、天镇扶贫产业园等一批特色农业产业园区，增强就业吸附能力。贫困劳动力技能培训任务完成19519人。全市建档立卡农村贫困劳动力实现就业人数8651人，占目标任务101.8%。（李海霞）

【低保扶贫】 2019年，大同市推进低保标准和扶贫两线合一。1月，大同市调整低保标准，调整后天镇县、浑源县、广灵县3县每人每月4350元，云州区、阳高县、灵丘县3县（区）每人每月4494元，4个非贫困县（区），平城区、云冈区、新荣区、左云县每人每月4614元。截至2019年底，全市农村低保人数159890人，实现应保尽保。（李海霞）

【乡村环境提升帮扶】 2019年，大同市在乡村提质方面，建设302个示范村，完成投资7.9亿元，改善贫困村旧貌，成为生态宜居的美丽家园。饮水安全方面，投入资金1.51亿元，实施项目360个，巩固提升379个村、11.45万户、30.06万人的饮水安全，其中解决贫困村137个、贫困户2.61万户、贫困人口6.08万人的饮水安全问题。贫困村电网升级改造覆盖率100%，易地扶贫搬迁新村电网建设配套率100%。4G网络覆盖方面，229个行政村实现4G网络全覆盖。文化扶贫方面，268个行政村综合文化活动中心全部配套到位。开展“联手群众，清洁家园”活动，清运垃圾68291.7吨，给97252户农家打扫院落，40337户村民粉刷油漆门窗。（李海霞）

【医保扶贫】 2019年，大同市医疗保障局落实农村建档立卡贫困人口“三保险、三救助”和医疗保障扶贫三年行动计划，实现贫困人口住院费用“基本医保、大病保险、补充保险和医疗救助”“一站式”结算。把农村贫困人口大病保险起付线由原来的10000元降低到5000元，报销比例由原来的78%提高到80%，取消农村建档立卡贫困人口大病保险封顶线；增加肝癌等9种专项救治病种，缓解农村贫困人口看病难问题。全年全市建档立卡贫困人口省域内住院总费用及慢性病总费用报销比例均在91%以上。（孙峰）

【餐桌消费扶贫产品“冰鲜黄花”发布会】 2019年6月24日，餐桌消费扶贫产品“冰鲜黄花”发布会在大同市举行，发布“餐桌消费扶贫、冰鲜黄花先行”倡议书，大同市副市长郝献民出席。该次发布会由市云州区政府和市农业农村局主办，活动首次在全市范围内提出“餐桌消费扶贫”概念，并以市委、市政府名义向全市发出倡议，号召全市机关、企事业单位、社会团体、党员干部支持“餐桌消费扶贫 冰鲜黄花先行”，提倡“消费即是扶贫，购买就是公益”，助力黄花特色扶贫产业发展和再升级。（鹤梅）

【“大同黄花”入选全国第二批产业扶贫典型范例】 2019年10月，大同市推荐的“大同黄花”产业扶贫经验入选全国第二批产业扶贫典型范例。大同市云州区是“黄花之乡”，有600余年的黄花种植史。2019年，云州区黄花种植总面积16万亩，其中采摘期黄花面积9万亩，盛产期黄花面积7万亩，总收入7亿元，带动全区农民人均增收3600余元，成为首个国家级黄花种植加工标准化示范区，给大同市乃至山西省发展农业特色产业起到示范和引领作用。（鹤梅）

【易地扶贫搬迁“天镇经验”上全国论坛】 2019年10月14日，由国务院扶贫开发领导小组主办、国家发改委承办的全国易地扶贫搬迁论坛在北京举行，大同市天镇县在圆桌讨论环节交流分享该县易地扶贫搬迁后续扶持工作典型经验。天镇县是国家级贫困县、山西省深度贫困县，脱贫攻坚战全面打响以来，该县把易地扶贫搬迁作为决战决胜的关键一招，把“搬迁融入”作为后续扶持的关键一环，打造“村村有产业、户户有就业、人人有保障”的后续扶持体系，确保

▲图为天镇县李二口移民搬迁村 （张湛滨 摄）

搬迁群众搬得出、稳得住、能脱贫、可致富。在该县易地搬迁实施中，最具代表性的是位于县城东郊的“万家乐”移民新区，该安置点建有55幢住宅楼、21.7万平方米住宅面积，涉及整体搬迁村28个、插花搬迁村58个，搬迁群众10232名，为让搬迁群众尽快融入新社区、新环境，该县聚焦“从窑洞到楼房、从乡村到县城、从务农到务工”三个“变量”，抓住“生产融入、生活融入、组织融入”三个关键，以“三五”促“三融”，助推农民向市民过渡，实现城乡一体化发展。（鹤　梅）

社会参与

【社会组织参与脱贫攻坚】 2019年，大同市（市、县两级）有600余家社会组织参与大同市脱贫攻坚工作，扶贫内容涉及产业、教育、医疗、志向、就业、消费、文化、村容村貌、和谐、促销、科技等方面，两年投资人民币4300余万元，投送米、面、油、药品等物资折合人民币1600余万元，社会组织扶贫惠及5个县（天镇县、广灵县、浑源县、阳高县、灵丘县）293余个村，5.2万余人口。（刘　峰）

【资助建档立卡贫困家庭大学生活动】 2019年8月29日，由大同市委统战部、市工商联、市扶贫办、市教育局主办的“情系贫困学生、爱心助学扶贫”资助建档立卡贫困家庭大学生活动举行，贫困大学生代表现场接受企业家的爱心助学款。山西省委常委、大同市委书记张吉福出席活动，并给同药集团有限公司、大同建云集团建设有限公司、阳高县阳光农业实业有限公司等捐资助学先进典型代表颁发锦旗，个人现场捐助5000元。市委副书记刘振国主持活动，市委常委、统战部部长黄岑丽宣读嘉奖决定。3月27日，张吉福在广灵县调研时，就资助建档立卡贫困家庭大学生等工作召开现场办公会，要求有关部门组织建立完善精准扶贫结对帮扶机制，倡导企业家资助贫困大学生完成学业。市工商联等部门引导各商（协）会、会员企业开展“爱心助学扶贫托举寒门希望”主题活动，各商（协）会、企业家纷纷献爱心，筹集助学资金250余万元，对全市2586名就读于二本B类以上的在校建档立卡贫困家庭的大学生给予捐助。

（市委统战部）

【民革扶贫】 2019年，中国国民党革命委员会大同市委员会参与中共山西省委统战部开展的统一战线助力攻坚深度贫困“百千百”工程，帮扶国家级贫困县天镇县3名贫困学子，由四支部、六支部、七支部3个支部向每位贫困学子资助助学金3000元。“六一”儿童节前夕，到坚持支教助学17年的浑源县沙圪坨学校开展支教助学活动，向沙圪坨学校捐赠价值5000余元的演出服和实心球、跳绳、跳棋等体育用品。向广灵县“爱心超市”捐款2万元；一支部、二支部、八支部、九支部4个支部分别结对帮扶4名贫困学子；三支部向大同艺术学校贫困班捐赠训练服25套；六支部慰问敬老院老人；七支部到糖尿病医院和养老院开展心内复苏抢救培训；九支部长期关心特困五保户给老人送去米、面、油慰问品和慰问金，自筹捐款3000元到新荣区郭家窑乡助马堡村参加公益扶贫绿化植树劳动，到华北星社区举办“文化进社区、共祝祖国好——书画筝展演”活动，丰富社区居民文化生活。（民革大同市委）

【民盟扶贫】 2019年，中国民主同盟大同市委员会给天镇县扶贫超市捐助2万元。民盟专家教育团调整人员结构到市云州区、新荣区开展送教下乡活动。民盟艺术服务团到浑源县、驻大同部队等地举办各类义演活动5次。医疗服务小组动员支部联合医疗专家到周边县（区）开展健康扶贫活动。连续三年向天镇县贫困大学生每人每年捐助3000元。在大同县秦城村开展村容村貌建设、农业基础建设和种养殖扶持，给浑源县官儿乡石窑村，筹措资金60万元，用于乡村旅游建设。（民盟大同市委）

【民建扶贫】 2019年，中国民主建国会大同市委会开展全省统一战线助力攻坚深度贫困“百千百”工程，跟踪帮扶结对的4位贫困家庭大学生。开展“春节送温暖”和“重阳节慰问”活动，民建市委和各级组织分别走访慰问会员60人次。开展扶贫、教育、文化、卫生和健康养老等社会服务工作。向天镇县扶贫“爱心超市”捐款2万元，解决部分特困贫困户缺少劳力、因病因残，生产生活条件得不到保障问题。各支部联合到山阴慈爱福利院、云冈区温馨养老院开展慰问帮扶活动，捐赠各类物资近2万元。多次组织会员到贫困县参与义诊，送医送药，温暖人心，各区属支部在该区参加各类扶贫、义诊、慰问活动10余次。脱贫攻坚工作开展以来，民建大同市委会有刘洪山、曾季宁、温建祥等10名会员在脱贫攻坚第一线帮助贫困户解决实际困难。（任沁妮）

【民进扶贫】 2019年，中国民主促进会大同市委员会参与中共山西省委统战部开展的“百千百”工程，资助天镇县3名大学生，资助金额每人每年3000元。到广灵县望狐九年制学校开展帮扶活动，组织开展送教下乡活动，给学校捐赠教学生活电器及学习用品。鼓励会员投身到脱贫攻坚工作中去。组织会员学习运城市民进副主委杨良杰的典型事迹，并号召各支部和广大会员，支持和参与全市脱贫攻坚工作；选派王肖倞到灵丘县史庄乡挂职副乡长，刘东旭、任慧芬等人也被所在单位任命为扶贫队长和队员，直接进入扶贫第一线开展工作；多名会员在各自单位和岗位上参加扶贫活动，捐助财物2.37万元；参加统战部组织的爱心扶贫超市捐助活动，向广灵县捐助资金2万元，用于全县统筹推进扶贫超市建设。开展“迎新春、送春联——书画家进社区活动”，联合市平城区委统战部，在万城社区现场写对联300余副赠与社区居民。参与军民共建，在新春佳节前夕和建军节前夕，民进大同市委会、民进大同艺术团到武警大同支队举办文化活动。到市光荣院慰问优抚老人，开展尊老敬老慰问活动。（来小英）

【妇联助力脱贫攻坚】 2019年，大同市妇女联合会主推引进手工仿真花来料加工项目，带动贫困地区妇女参与居家就业、实现“炕头”经济。10月开始，在平城区、云冈区、新荣区、灵丘县、广灵县、左云县等地设立8个仿真花加工点，2000余名妇女接受仿真花技能培训，全市加工仿真花56.88万只，700余名妇女实现不离乡不离土增收致富。组织“天镇保姆”家政技能和手工结艺培训班，整合现有优势资源，把相对成熟的项目向各县（区）和全市推广，做大做强优势品牌，让更多妇女群众掌握技能技术，实现受益。在对口帮扶的云州区新边村组织“‘杏’好有你，巾帼行动—爱心认养杏树”活动，开启消费扶贫新模式。完善配套设施建设，实现耕地变水浇地全覆盖，改变靠天吃饭困境。建设公共厕所2座，改观村容村貌。发动执委购买糕面、小米等，解决农民后顾之忧。申请电商平台项目，解决农产品销售难问题。

（陈淑娟）

【送戏下乡助力脱贫攻坚】 2019年4月至11月，由大同市直国有院团、区县院团和民营院团36个剧团演出的2019免费送戏下乡惠民活动开展，期间免费送戏下乡1662场，演出内容有戏曲、歌舞等，通过进社区、进乡村的亲民化、接地气演出方式进行。市歌舞剧院以歌舞类和综合晚会类演出为重点，市晋剧院演出的剧目有《血手印》《程婴救孤》等，市耍孩剧种传习中心演出传统耍孩儿剧《扇坟》《金木鱼》等，北路梆子剧种传习中心演出移植戏曲《画龙点睛》、传统戏《金水桥》等。11月8日至12月中旬，市文化和旅游局安排市晋剧院、市北路梆子剧种传习中心、市耍孩剧种传习中心在人口较多、有舞台的扶贫搬迁村演出。市文化和旅游局送戏下乡活动在浑源县易地搬迁点永安镇东辛庄村演出，广灵县秧歌剧种传习中心等5个院团参与演出，分别在广灵县蕉山乡曹川村、一斗泉乡板塔寺村等7个扶贫搬迁村，浑源县东辛庄村等7个扶贫搬迁村，及天镇县二里半万家乐新区等扶贫搬迁村演出。

（市文旅局）

【市文旅局帮扶榆林村建起“爱心浴室”】 2019年10月中旬，大同市文化和旅游局帮扶广灵县斗泉乡榆林村完成农村浴室建设，改写榆林村没有公共澡堂历史。榆林村便民浴室位于该村东南角，和榆林村大戏台、榆林村文化活动室、榆林村文体活动广场集中于一处。浴室占地面积82.4平方米，使用面积64.6平方米，引进自来水供水，3台280升太阳能热水器提供热水，1台锅炉取暖，并铺有电热地暖。浴室内设有服务台、更衣柜、休息椅，浴室安装淋浴器及洗漱池，并有专人管理，定期开放，可使用爱心超市积分兑换方式洗浴。

（市文旅局）

【市规划和自然资源局扶贫】 2019年，大同市规划和自然资源局按照脱贫攻坚指挥部要求，结合部门职能，通过搬迁规划设计、土地整理等精准帮扶措施，实现3个帮扶村全部整村脱贫。贫困县完成国家、省级人工造林任务27.11万亩，并全部落实由造林扶贫专业合作社承担实施，参与造林社员人数3662人，其中贫困社员人数2808人，贫困社员占比93%。护林员岗位贫困人口比例71.53%。易地扶贫搬迁土地复垦7656.08亩，总复垦率52.89%，拆除复垦率100%。

（陈学飞）

【市工信局扶贫】 2019年，大同市工业和信息化局制定《大同市工业和信息化局脱贫攻坚2019年行动计划》。组织开展2019年山西省技术改造专项资金贫困地区工业基础能力提升项目申报工作。组织贫困县企业申报项目14项，总投资19.86亿元，其中广灵县5项，天镇县5项，灵丘县2项，云州区2项。给4个贫困县（区）的4个项目落实省级技术改造资金1542万元。其中，云州区1个项目获补助资金757万元；广灵县1个项目获奖励资金305万元；天镇县1个项目获奖励资金129万元；灵丘县1个项目获奖励资金351万元。推进贫困县工业转型升级重点项目建设，遴选贫困县32个转型升级重大项目纳入70个工业转型升级重点项目统筹推进，重点支持粮食果蔬等农产品加工、中药材加工、禽畜加工等带动贫困农户增收效果明显的产业项目，扶持一批省级、市级扶贫龙头企业，在小升规、专精特新、技术中心等政策方面，重点倾斜贫困地区企业，提升贫困地区工业发展水平。在组织工业大振兴奖励资金项目申报工作中，对贫困县企业给予政策倾斜。如申报新建项目奖励时，非贫困县（区）企业要求固定资产投资5000万元以上，贫困县（区）企业要求固定资产投资3000万元以上；申报技改项目奖励时，非贫困县（区）企业要求固定资产投资1000万元以上，贫困县（区）企业要求固定资产投资600万元以上等。

推进帮扶村浑源县碾槽沟村产业扶贫项目，帮助村里成立科瑞商贸综合服务公司，利用从县财政落实的94万元资金购买清洗车辆，组建光伏电板清洗公司，可解决60～70人就

▲2019年8月2日，中车大同公司联合市北路梆子剧团到浑源牛星堡村开展送文化下乡慰问演出（许 翔 摄）

业，优先雇佣贫困户中有就业愿望但无法外出打工人员，给他们增加2000元左右的月收入；利用省、市为壮大集体经济实力配套的资金55万元，成立制香制蜡厂，设备安装到位，可解决5～6人就业；光伏电厂占用山地4424亩，合同期25年，每亩补助400元，其中涉及贫困户120户1200余亩，给贫困户增收48万余元，并可给集体经济带来40万元收入。

（齐　玮）

【第一人民医院健康扶贫】 2019年，大同市第一人民医院分批次组织医疗专家服务队到跑池村给村民义诊。全年派出217人次，到农村社区开展健康扶贫工作，做到建档立卡贫困户不落一户，不漏一人。向贫困户免费赠送常用药品；开展宣传健康知识，举办健康大讲堂，提高广大人民群众健康意识。全年义诊16次，义诊人数2637人次，发放药品价值1.98万元，其他检查费用7.83万元，发放宣传页3700余份。（任峰君）

【第六人民医院健康扶贫义诊】 2019年，大同市第六人民医院组织医院组织医疗队给天镇县逯家湾村、浑源县官儿乡官儿村、云州区西浮头村、云州区西道湾村、灵丘县冉庄村、广灵县加斗乡开展健康扶贫义诊巡诊活动，发放宣传资料、进行健康检查、赠送药品、给贫困户建档立卡，对村民进行疾病康复指导和健康宣教。开展"敬老爱老助老"活动，给市光荣院64名老人进行健康检查、清理个人卫生、宣传常见疾病的预防和保健知识。（六医院）

【中行金融扶贫】 2019年，中国人民银行大同市中心支行与扶贫部门沟通联系，党委成员到县域调查，在获取金融扶贫第一手资料基础上，采取座谈、督导、约谈等方式，要求金融机构加大对扶贫领域支持力度。落实上级政策支持，给5家县域金融机构办理未经央行评估信贷资产质押业务，实现扶贫再贷款展期，保证扶贫效果延续性。打造"黄花金融"模式，助推脱贫攻坚和支持乡村振兴，经验材料被中国人民银行总行采用。截至2019年底，扶贫贷款余额69.12亿元，较年初增加2.64亿元，增长21.49%。（田晓宏）

【工行金融扶贫】 2019年初，中国工商银行大同分行要求各县支行开展对乡、村、贫困户的摸底排查，在中国银保监会、财政部、中国人民银行、国务院扶贫办《关于进一步规范和完善扶贫小额信贷管理的通知》印发后，按照要求第一时间展开扶贫小额贷款投放工作，建立扶贫小额贷款审批绿色通道，快速发放贷款，完成全年扶贫小额贷款投放任务1200万元。新发放扶贫小额贷款全部采用直贷模式，做到"户借户用户还"，杜绝"见户即贷"，把扶贫小额信贷精准用于贫困户发展或能带动贫困户致富脱贫的特色优势产业。截至2019年底，工商银行大同分行发放扶贫小额贷款1344户，合计6720万元，无一笔不良贷款。（杨志晖　何天钦）

【大同农商行金融扶贫】 2019年，大同农村商业银行制定扶贫小额信贷投放规划，多次召开脱贫攻坚联席会议，提出"扶持一个企业、支持一个项目、带动一个产业、辐射一片贫困户"产业扶贫思路，助力贫困户实现可持续性脱贫致富。全年该行精准扶贫贷款余额6.31亿元，较年初净增2231万元，累放精准扶贫贷款4.59亿元，精准扶贫贷款余额占全市农信社总额19.24%。（王丹阳）

【大同银行金融扶贫】 2019年，大同银行推进金融精准扶贫，发挥县域网点金融扶贫前沿阵地作用，围绕贫困地区支柱产业、基础设施、特色农业等扶贫开发重点领域，加大信贷支持力度，全年全行涉农贷款余额4.61亿元，其中金融精准扶贫贷款余额1.4亿元；抓扶贫小额信贷工作，发放扶贫小额贷款1590万元。（牛　亮）

【华夏银行金融扶贫】 2019年，华夏银行大同分行按照"精准到户、风险可控"原则，以通过向有劳动能力、有致富意愿、有创收项目、有贷款需求和一定还款能力的包干贫困户发放小额贷款，帮助扶贫对象实现脱贫。全年向38户建档立卡贫困户发放扶贫小额贷款，金额190万元。截至2019年底，累计发放扶贫小额贷款184户，金额920万元。（李　鑫）

【邮储银行金融扶贫】 2019年，中国邮储银行大同市分行坚持"服务三农"理念，加强与政府扶贫部门沟通，加快"银政""银协""银企""银担""银保"平台建设，创新"三农"金融服务方式，强化"三农"专项政策支持，给特色行业客户匹配专属特色产品，建立适应种植户、养殖户、家庭农场、涉农龙头企业等不同客群需求的金融产品体系。依托网点下沉优势，推进"三农"金融与先进科技融合，加快应用先进科技变革传统发

▲2019年6月12日，大同农村商业银行联合新荣区扶贫办召开联席会议，安排布署脱贫攻坚工作

（王丹阳　摄）

脱贫攻坚

▲ 2019 年 5 月 14 日至 15 日，山西省盐业公司大同分公司与大同市市场监督管理局到广灵县南村镇下林关南庄村、加斗乡坡岩村，灵丘县独峪乡南村开展碘盐捐赠扶贫活动
（田晟雯 摄）

展模式，推出“极速贷”实现客户贷款申请、审查审批、放款、支用、还款等全流程线上操作。截至2019年底，三农金融类贷款增加投放 7.12 亿元。落实金融脱贫政策要求，畅通银行和政府扶贫机制，自主创新特色扶贫信贷产品，推出“光伏扶贫”“生态造林扶贫”“惠农易贷”等扶贫小额信贷产品，截至 2019 年底，增加投放扶贫贷款 5635 亿元。（罗红艳）

【保险机构扶贫】 2019 年，大同保险业为化解贫困人口“因病致贫、因病返贫”问题，改进大病保险服务，推广贫困人口专属商业健康保险产品，以乡镇为单位进行农村人口小额意外伤害保险及村干部意外伤害保险的推广宣传，给农村人口带来“保费低、保障高、服务快捷”服务。开展新农合大额疾病保险，全年赔付 157888 人次，金额 113694.98 万元。保险业建立精准扶贫工作队机制，选择保险机构人才，对口全市贫困县、乡、镇，定期到贫困基层，面对面给贫困人口提供保险咨询、理赔等服务。并选择脱贫任务重地区，协调保险机构开展公益捐赠、大病筛查、公益演出、保险知识普及等扶贫活动。保险机构面向贫困人口开展定向招聘、技能培训和职业教育等服务。（林雅慧）

【阳高龙泉工业园区驻村帮扶】 2019 年初，大同市阳高龙泉工业园区驻村工作队和两委干部研究制订《二十六村 2019 年巩固脱贫行动方案》，把巩固脱贫成效和防止返贫摆在突出位置，注重健全稳定脱贫长效机制，巩固提升已脱贫的 22 户 41 人的脱贫成效。通过扶贫产业扶持和社会保障力度，激发贫困户自主发展的内生动力，确保贫困户稳定脱贫。截至 2019 年底，26 村全体脱贫户户均达到 2 项以上产业覆盖，其中发展光伏产业，带动 21 户 39 名脱贫人口户均年增收 3620 元；发展肉羊养殖产业，带动 6 户 10 名脱贫人口户均增收 2000 元；建设 1000 吨马铃薯储藏窖项目，带动 18 户 31 人脱贫人口增收；实施生态扶贫，带动 4 户 10 名脱贫人口户均增收 6250 元；实施金融扶贫，带动 5 户 13 人脱贫人口户均增收 3000 元；投资 4.5 万元建设扶贫“爱心超市”，评议发放爱心积分 80 余人次 5000 余元。2019 年全村脱贫人口人均纯收入 8552 元，村集体经济实现收入 19.63 万元。（高 俊）

【碘盐捐赠扶贫活动】 2019 年 5 月 15 日是全国第 26 个“碘缺乏病宣传日”，14 日至 15 日，山西省盐业公司大同分公司与大同市市场监督管理局围绕“科学补碘益智、健康扶贫利民”宣传主题，结合国家精准扶贫要求，到广灵县南村镇下林关南庄村、广灵县加斗乡坡岩村、灵丘县独峪乡南村开展碘盐捐赠扶贫活动。该次活动扶贫 300 户，每户 20 袋绿色深井碘盐，共 6000 袋、2.4 吨。（田晟雯）

【市内蒙古商会开展扶贫活动】 2019 年 6 月，大同市内蒙古商会会员单位一行 10 余人到浑源县常柴岭村开展扶贫和义诊等活动。常柴岭村位于浑源县西南部 12 千米的翠屏山上，全村在册人口 115 户 244 人，建档立卡贫困户 31 户 64 人，其中低保贫困户 18 户、一般贫困户 10 户、特困贫困户 3 户。市内蒙古商会扶贫小组给常柴岭村的 31 户建档立卡贫困村民送去价值 1 万余元的大米、白面、食用油及慰问金。针对农村常见病、多发病，商会会员单位大同博康医院与大同朝聚安康眼科医院，进行重点医疗救助行动，免费体检 317 人，义诊 191 人，两医院分别向村里赠送价值 3.1 万元和价值 2.7 万元的药品。（鹤 梅）

【大同企业向“扶贫超市”捐赠】 2019 年 6 月 28 日，大同晋瑞联合投资品交易中心有限公司与合作单位大同晋福兴农商贸有限公司向大同市“扶贫超市”捐赠 100 万元，现场签署一县一品战略合作协议。按照战略合作协议，大同晋瑞联合投资品交易中心有限公司、大同晋福兴农商贸有限公司在 3 年时间内在全国建设 2000 家一县一品“万仓优选”超市，主要销售黄花、小米、红小豆、黄芪等大同特色农产品，每销售 0.5 千克向“扶贫超市”捐赠 1 元，3 年内完成 20 亿元销售额。（鹤 梅）

脱贫攻坚

社会生活

劳动就业

【概况】 2019年，大同市人力资源和社会保障局落实《大同市人民政府关于做好当前和今后一个时期就业工作实施意见》，开发就业岗位，开展系列就业服务，实施就业困难群体就业援助，促进就地就近就业、给予各类补助、补贴。全年举办招聘会306场，接待用工单位4099家次，提供就业岗位72548个，办理求职登记59393人，达成就业意向41129人，转移农村劳动力22988人，给92785人办理“就业创业证”。全市城镇增加就业52779人，占目标任务117.3%；城镇登记失业率2.02%，低于4.2%控制目标。

年内，大同市就业和人才服务中心推动线上服务与线下服务融合，利用“互联网+就业”模式服务优势，让信息多跑路，让群众少跑腿，提升服务效率和群众满意度。抓周二、周三、周五定期招聘活动，举办“就业援助月”“春风行动”“金秋招聘月”“全国扶贫日”等专项招聘活动；到太原理工大学、大同大学开展两场校园招聘活动；两次到市云冈区开展恒安新区就业专场招聘活动；与市残联联合举办残疾人专场招聘会；在天镇县、阳高县、广灵县等县联合召开就业扶贫专场招聘活动；开展“四进六送”活动；组织用工企业参加山西·太原人才智力交流大会，促进大同市就业工作。（王丽君 李 强）

【和谐劳动关系构建】 2019年，大同市人力资源和社会保障局推进治欠保支制度落实，出台《大同市在建工程项目落实治欠保支工作制度月度考核办法》。全年全市劳动保障监察部门检查用人单位6048户，立案处理各类案件14件，结案14件，给288名劳动者追发工资292万元，案件数、涉及人数和涉及金额分别比上年下降75.6%、71.3%和88%。

（王丽君）

【全民技能提升培训】 2019年，大同市人力资源和社会保障局以广灵剪纸人员、杏脯加工员、凉粉制作员、黄花种植工等9个产业和“山西护工”“灵丘阿姨”等4个劳务品牌为重点，公示106个培训工种。通过宣传、实名制管理、实时监控等办法，保障培训任务完成。为让参训人员培训后实现就业，开展就业岗位进课堂活动，每个培训班最后一课专门设置就业招聘信息宣讲，把用工企业、劳务派遣公司等相关用人单位工作人员请进课堂进行就业指导，提高培训后就业率。推行校企合作给培训人员实现就业提供保障，如大同市新火职业培训学校针对天镇县失业人员的培训需求和企业用工特点，开展缝纫工培训，并和山西素锦悦衣有限公司驻天镇县万家乐移民新区产业园对接，培训学员100%实现就业。全年大同市全民技能提升培训56955人，占目标任务113.91%。（王丽君）

【就业援助月活动】 2019年1月2日至30日，大同市就业和人才服务中心举办“2019年就业援助月”活动，活动以“就业帮扶，真情相助，不让一个困难群众掉队”为主题，帮助困难群众实现就业创业。活动期间，该中心召开招聘会9场，提供就业岗位5448个，其中116人现场与用工企业达成就业意向。（李 强）

【“春风行动”系列活动】 2019年2月12日至3月12日，大同市就业和人才服务中心组织开展“春风行动”系列活动。活动以“促进转移就业，助力脱贫攻坚”为主题，服务对象主要是有就业创业意愿的农村劳动力、农民工，农村建档立卡贫困劳动力和有用工需求的用人单位。活动期间，该中心举办“招才引智返乡创业专场招聘会”“下岗失业人员专场招聘会”“大中专毕业生专场招聘会”“新能源产业专场招聘会”“随军家属专场招聘会”“农民工专场招聘会”等各类专场招聘活动11场，提供就业岗位11069个，涉及用人单位314家次，入场人数13144人，求职人数469人，达成就业意向3311人。

（李 强）

【新春专场招聘会】 2019年2月14日、2月21日和2月28日，大同市人才开发交流服务中心（大同人才市场）举办3场新春专场招聘会，有223家次用人单位参会，提供5247个岗位。新春专场招聘会重点服务对象是大同市未就业的大中专毕业生，招聘会上比较热门的岗位有：销售类、管理、会计、文员、人事、计算机/网络、教师、电子电气、土建、服务类；应聘人员专业比较集中的有：会计、计算机、电子电气、土建、英语、法律、汉语言、经济金融、医药化工。招聘会上初步达成用工意向825人。

（鹤 梅）

【太原理工大学专场人才招聘会】 2019年3月30日，大同市就业和人才服务中心与市委组织部、市委人才办、市人社局联合举办"'聚力前行·筑梦大同'大同市走进校园（太原理工大学专场）人才招聘会"举行，大同市35家国有企业和民营企业携1000余个就业岗位现场招聘。1200余名太原理工大学子现场应聘，活动主办方接收求职材料830份，初步达成录用意向574人。（李 强）

【"民营企业招聘周"活动】2019年4月15日至21日，大同市就业和人才服务中心组织举办"民营企业招聘周"活动。活动以"就业政策惠民企，就业服务促发展"为主题，集中开展"四个一"活动，即走进产业园区和民营企业，提供一次用工指导服务；梳理支持企业稳定和扩大就业政策，组织一次惠企政策宣讲；针对企业需求和求职者特点，举办一次系列招聘活动；对先进民营企业和优秀民营企业员工，开展一次集中典型宣传。活动期间，有374家用人单位参加招聘活动，提供就业岗位7857个，2993名求职者现场与用工企业达成就业意向。（李 强）

【大同首届"招凤兴同·市校共建"招聘会】2019年4月20日，由中共大同市委、大同市人民政府、山西大同大学联合主办，大同市就业和人才服务中心与市人力资源和社会保障局、大同大学就业促进处共同承办的大同市首届"招凤兴同·市校共建"招聘会，在大同大学南校区天翔体育馆举办。活动期间，数十个产业领域的269家用工单位，携5670个就业岗位与该校学生进行现场对接，最终达成初步录用意向2834个。（李 强）

【恒安新区就业促进】2019年，大同市人力资源和社会保障局为掌握恒安新区新成长劳动力、就业转失业人员、外来务工人员中有就业创业意愿的人力资源，进行实名制登记、动态管理，开展就业招聘、创业指导工作。协调同煤集团建立恒安新区人力资源市场，场所位于泰吉里（T区）77号、78号、79号、80号4套铺面，总面积1134.37平方米，投入使用，给恒安新区广大求职者及用人单位搭建就业平台。开展恒安新区促就业、强社保专项行动以来，在恒安新区开展职业技能提升培训4546人，实现就业5705人。5月11日，由大同市委、市政府主办，市云冈区委、区政府、市人社局、市国资委、市就业和人才服务中心、市云冈区人社局、同煤集团宏瑞公司共同承办的"恒安新区就业专场招聘会"在恒安一中思源厅举办，招聘会有2500余名求职者入场求职，现场达成就业意向1026人。8月23日，由市委、市政府主办，市云冈区委、区政府、市人社局、市国资委、市就业和人才服务中心、市云冈区人社局、同煤集团宏瑞公司承办的第二场"恒安新区就业专场招聘会"在大同市恒安一中举办。招聘会以"不忘初心系民生，勇担使命促就业"为主题，该次招聘聘会参会招聘单位59个，提供就业岗位2300余个，最终达成就业意向243人。（王丽君 李强）

▲2019年4月20日，大同市举行首届"招凤兴同·市校共建"招聘会

（于 宏 摄）

【残疾人专场招聘会】2019年5月28日，大同市就业和人才服务中心与市残疾人联合会举办"就业助残、扶贫济困"残疾人专场招聘会。有20家用工企业入场招聘，提供180余个就业岗位。招聘会上，140余名残疾人对照招聘简章要求，选择适合自己的工作岗位，最终有16名残疾人现场与用人单位签订用工意向，7名残疾人办理求职登记。（李 强）

【就业扶贫天镇县专场招聘会】2019年6月15日，人社部就业促进司、山西省人力资源和社会保障厅、山西省扶贫开发办公室在天镇县联合举办"就业扶贫天镇县专场招聘会"。人社部就业促进司副司长刘刚、大同市人民政府副市长荆虎、省扶贫办科教扶贫站站长张俊彦等到现场进行工作指导。活动以"促进劳务对接，助力扶贫攻坚"为主题。大同市就业和人才服务中心作为承办单位之一，组织大同市用工企业参加，负责会场布置并提供现场就业服务。活动现场设置企业招聘区、建档立卡贫困劳动力服务专区、创业和就业政策咨询区、劳动维权区、技能培训咨询区5个功能专区。参加该次专场招聘活动的用工企业有101家，提供就业岗位5002个。现场求职人员2000余人，其中建档立卡贫困劳动力1100人。该次招聘会达成初步就业意向723人。（李 强）

【中国（大同）创新创业大赛】2019年6月25日至7月15日，由大同市委组织部、团市委、市发改委、市工信局、市科技局和市人社局主办的，以"创新创业成就梦想 转型发展贡献力量"为主题的2019中国（大同）创新创业大赛举行。有372组企业、创客和高校创业个人和团体报名参赛，企业组64个、创客组51个、高校组257个，项目涵盖互联网、新材料、

先进制造业、农业、文创产业等10个大类。比赛通过初赛、复赛、决赛等环节，以公开答辩、现场路演方式进行评选。最终确定6个创客组项目、10个企业组项目晋级决赛，40个高校组项目完成项目决赛评审。进入决赛的40个高校组项目中，“石墨烯鲜切花保鲜剂”“三维虚拟体验空间”2个项目获评最佳项目奖，“医题”“梨不开你”等18个项目获评最佳创意奖，“‘觅途’青春义工行”“餐桌虾壳二次利用”等20个项目获最佳团队奖。在众多获奖项目中，新能源、新材料项目占到获奖项目总数1/3。（鹤　梅）

【星火项目创业大赛】 2019年，大同市就业和人才服务中心组织大同市创客参加2019星火项目创业大赛，全市有376人报名参赛。通过初赛，30个项目晋级省级复赛。8月22日至23日，山西省星火创业大赛决赛在山西省太原市举行。经过比赛，最终退役军人组中大同市2个参赛项目获“省级三等奖”，分别是：大同市光骏文化创意有限公司费靖媛参赛项目“共享支付PAY大数据应用”和大同市乾兴章工程材料科技有限公司李贵平参赛项目“墙不裂防水抹灰石膏”。（李　强）

【“四进六送”活动】 2019年10月17日，大同市就业和人才服务中心开启“四进六送”活动，即：进企业、进校园、进农村、进社区，送政策、送岗位、送信息、送技能、送温暖、送服务，以落实“不忘初心、牢记使命”主题教育“三服务”和“全国扶贫日”活动要求。

活动期间，该中心送岗位到左云县、阳高县和广灵县，其中给左云县提供用工单位16家，岗位数量1042个，给阳高县提供用工单位16家，岗位数量676个，给广灵县提供用工单位40家，岗位数量1478个。（李　强）

【参加省年度“人才招聘大集”】 2019年11月2日，山西省年度“人才招聘大集”——2019山西·太原人才智力交流大会召开。大同市人力资源和社会保障局、市就业和人才服务中心组织84家企事业单位携1635个岗位参会，招聘岗位涵盖卫生、林业、教育、文化、医药、新闻媒体、新能源、新材料、轻型飞机制造、煤炭、电子信息等多个行业和领域。交流会现场，大同市代表团的宣传标语是“聚九州人脉奋力争当能源革命尖兵”“纳四海英才走出大同转型发展新路”，该次招聘会上求职者与用人单位达成就业意向人数209人，其中硕士研究生学历34人、本科141人、大专34人。（李　强）

收入与消费

【概况】 2019年，大同城镇常住居民人均可支配收入32252元，同比增长7.8%；人均生活消费支出15062元，同比增长8.1%。城镇居民四项收入全部增长，消费支出较快增长，消费水平稳步提高。大同农村常住居民人均可支配收入10725元，同比增长10.5%，比全国、全省分别高0.9%、0.7%，比周边张家口市及乌兰察布市分别低2%、0.7%；农村常住居民人均生活消费支出8381元，同比增长9.9%。大同市居民消费价格总水平同比增长2.5%，居民消费价格整体运行温和平稳。其中，食品烟酒价格上涨6.6%，非食品烟酒价格上涨0.8%；消费品价格上涨3.1%，服务价格上涨1.5%；商品零售价格上涨1.4%，城镇低收入居民基本生活费用价格上涨3.1%。（贯　煜）

【居民消费价格】 2019年，大同市居民消费价格指数（CPI）比上年同期上涨2.5%，涨幅较上年同期扩大0.78个百分点，呈“五升三降”态势。其中，食品烟酒价格同比上涨6.6%，在八大类中同比上涨幅度最高，医疗保健价格同比上涨3%，其他用品和服务价格同比上涨2.6%，教育文化和娱乐价格同比上涨2.1%，居住价格同比上涨1.6%，衣着价格同比下降1%，交通和通信价格同比下降1.1%，生活用品及服务价格同比下降2.3%。从同比看，全年大同市CPI呈波动型上涨态势。1月至2月CPI同比涨幅相对较小，分别上涨2.1%和1.5%。3月开始，鲜菜、鲜瓜果、猪肉、鸡蛋等价格持续上涨，高于上年同期，受此影响CPI涨幅持续处于较高水平，在3月至4月均达到3%。5月CPI同比上涨2.0%，涨幅回落0.98个百分点。6月至8月，CPI上涨幅度在2%左右波动。9月，受猪肉价格大幅上涨影响，CPI同比上涨2.61%，10月同比涨幅继续扩大到3.9%，达到近五年来的最高点，11月和12月涨幅有所收窄，同比上涨均是3%。从环比看，全年大同市CPI波动明显。1月和2月受春节因素影响，鲜菜、鲜瓜果价格上涨，美发、洗浴等服务价格和金饰品价格也受节前市场需求爆发涨幅较大，CPI环比分别上涨0.3%和0.6%。3月节日效应逐步消退，CPI环比上涨0.3%，涨幅回落0.37个百分点。4月CPI环比下降0.3%，5月受鲜菜、鲜瓜果大量上市及五一假期服装换季打折促销力度加大等因素影响，CPI环比下降1.6%，达到年内CPI环比最低点。6月受猪肉、羊肉、鲜瓜果价格上涨影响，CPI环比降幅收窄1.45个百分点，下降0.2%。7月和8月，CPI环比小幅上涨，涨幅分别是0.33%和0.16%。9月由于猪肉、牛肉、羊肉价格持续上涨、服装换季价格较高及装潢维修市场价格上涨等因素影响，CPI环比上涨2.36%，涨幅扩大2.2个百分点，是全年最高点。10月CPI环比上涨1.07%，涨幅回落1.29个百分点，11月受“双十一”服装大范围打折、橘子等应季水果大量上市等因素影响，CPI环比下降0.19%，12月CPI环比上涨0.27%，涨幅扩大0.46个百分点。

年内，大同市居民消费价格指数同比上涨2.53%。其中，食品烟酒价格上涨6.6%，影响CPI上涨1.95个百分点。猪肉价格比上年同期上涨50.6%，拉动CPI上涨0.94个百分点。猪肉价格上涨主要受上年非洲猪瘟疫情影响，居民购买猪肉意愿降低，市场需求减少，猪肉价格下降，部分小型养殖企业及散养户退出养殖，生猪产能下降，造成市场猪肉供应量减少。随着疫情对居民购买意愿的影响逐渐消退，2019年下半年，猪肉消费市场逐渐回暖，但生猪产能还未恢复，供需矛盾拉动猪肉价格持续上涨。鲜瓜果价格比上年同期上涨 14.3%，拉动 CPI 上涨约 0.29 个百分点，以苹果和梨的价格上涨最为突出。主要原因是 3 月至 4 月，苹果、梨开花期，华北地区大面积降温，特别是运城、临汾等苹果、梨主产区连续遭受霜冻和冰雹灾害影响，导致产量锐减，市场供应不足。其中，苹果在 7 月每千克 19.12 元，较上年同期的每千克 11.16 元上涨 71.33%；梨在 6 月每千克 11.24 元，较上年同期的每千克 5.15 元上涨 118.25%。全年居住价格同比上涨 1.6%，影响 CPI 上涨 0.32 个百分点。医疗保健价格比上年同期上涨 3.0%，拉动 CPI 上涨 0.3 个百分点。其中，心血管系统用药价格同比上涨 32.8%，中成药价格同比上涨 8.9%，消化系统用药同比上涨 8.6%，治疗精神障碍药价格同比上涨 7.4%，呼吸系统用药价格同比上涨 6.9%。（梁　栋）

【城镇居民人均可支配收入水平提升】 2019 年，大同市人力资源和社会保障局挖掘城镇居民人均可支配收入增长因素，扩大就业、加大职业技能培训补贴、稳岗补贴力度、提高各项社会保险待遇水平等系列惠民政策落实落地。建立预警预判制度，发现工作中的问题与不足，堵漏洞、补短板，全年全市城镇居民人均可支配收入增幅到 7.8%，在全省排名第二。

（王丽君）

2018—2019 年大同市居民消费价格指数表

（以上年价格指数为 100）

指标	2019 年	2018 年
居民消费价格总指数	102.5	101.7
食品烟酒类	106.6	101.7
衣着类	99.0	99.7
居住类	101.6	100.6
生活用品及服务	97.7	99.1
交通通信	98.9	100.4
教育文化及娱乐	102.1	101.5
医疗保健	103.0	110.6
其他用品及服务	102.6	101.2

2019 年大同市城镇居民人均可支配收入表

单位：元、%

县　区	2019 年	2019 年比 2018 年 增长幅度
总　计	32252	7.8
平城区	35366	8.5
云冈区	34337	8.3
新荣区	27062	7.8
云州区	22430	7.9
阳高县	23861	7.6
天镇县	24179	8.0
广灵县	24055	7.5
灵丘县	29293	7.4
浑源县	24929	7.2
左云县	29773	8.1

【城镇居民收支】 2019年，大同市城镇常住居民可支配收入中，工资性收入、经营净收入、财产净收入和转移净收入均增长。人均工资性收入17713元，同比增长4.3%，工资性收入占可支配收入54.9%，是收入的主体。因居民就业观念转变，私营经营规模壮大，居民人均经营净收入5046元，同比增长11.2%。大同市加大财政转移支付力度，提高离退休人员收入水平和最低生活保障标准，人均转移净收入7781元，同比增长14.9%。居民理财观念转变，理财渠道拓宽，人均财产净收入1712元，同比增长6.3%。随着城镇居民生活水平提高，消费结构日趋合理。食品支出一直是居民生活消费的重要组成部分，全年人均食品烟酒支出4308元，同比增长7.1%。衣着消费档次提升，人均衣着支出1574元，同比增长0.8%。城市改造带动居民家庭住房消费增加，人均居住消费2657元，同比增长2.5%。交通和通信升级换代，使交通和通信消费成为家庭消费热点，人均交通通信支出1931元，同比增长13.5%。教育改革使居民家庭教育投资观念增强，精神文化生活需求增长，居民教育文化娱乐消费1835元，同比增长8.1%。人们注重自身医疗保健，用于健康消费增多，人均医疗保健支出1118元，同比增长13.3%。

（段巨江）

【农村居民收支】 2019年，大同市农村常住居民人均工资性收入4945元，同比增长5.9%，占可支配收入46.1%。由于农村就业人数和外出务工人数增多，农民工劳动报酬增加，工资性收入拉动可支配收入增长2.9个百分点，可支配收入贡献率27.3%。大同市推进乡村振兴战略，培育新型农业主体，支持农民发展种养殖等产业，农村居民人均经营净收入3277元，同比增长11.4%，拉动收入增长3.5个百分点，可支配收入贡献率33.1%。受农村土地流转、城中村改造等因素影响，房屋租金价格上涨，居民红利收入提高，农村居民财产净收入164元，同比增长28.1%，拉动收入增长0.4个百分点，可支配收入贡献率3.5%。大同市推广新型农村养老保险，完善农村社会保障体系，提高离退休金、养老金标准，实施各项支农惠农政策，加大金融扶贫、产业扶贫、文化扶贫、旅游扶贫力度，农村居民人均转移净收入2339元，同比增长18.6%。年内，大同市农村居民生活消费支出8381元，同比增长9.9%。农村居民人均食品烟酒支出2574元，同比增长4.3%，占生活消费支出的比重较上年同期下降1.7个百分点，显示消费结构持续优化。衣着消费提升，居民衣着向追求个性和品质转变，农村居民人均衣着消费支出593元，同比增长8.8%。住房消费成为农村居民消费新宠，人均居住支出1771元，同比增长12.7%。交通通信支出增长，农村居民人均交通通信支出1005元，同比增长10.0%，占生活消费支出12.0%。文娱消费提档升级，教育文化娱乐支出增加，农村居民人均教育文化娱乐支出931元，同比增长8.9%。健康观念提升，医疗保健支出增加，农村居民人均医疗保健支出634元，同比增长6.9%。

（段巨江）

社会保险

医疗保险

【概况】 2019年，大同市城乡居民实际参保居民195.3347人，其中农村建档立卡贫困人口283864人，参保率100%，全市城乡居民筹资15.95亿元，支出18.71亿元，结余6.65亿元。

2019年大同市农村居民人均可支配收入表

单位：元、%

县　区	2019年	2019年比2018年 增长幅度
总　计	10725	10.5
平城区	17011	9.8
云冈区	17027	9.9
新荣区	10471	10.1
云州区	10682	10.2
阳高县	8803	10.3
天镇县	8752	13.8
广灵县	9185	13.8
灵丘县	8806	10.5
浑源县	9151	13.7
左云县	13668	10.0

全市城镇职工参保人数 828505 人；城镇职工医疗保险基金收入 25.58 亿元，其中统筹 12.34 亿元，个人账户 13.24 亿元；支出 24.37 亿元，其中统筹 12.94 亿元，个人账户 11.43 亿元；全市城镇职工医疗保险基金结余 20.91 亿元，其中统筹 2.52 亿元，个人账户 18.39 亿元。（孙 峰）

【医疗保险参保对象及缴费比例】 2019 年，大同市医疗保险参保对象是该市行政区域内的城镇所有用人单位包括各类所有制企业、机关、事业单位、社会团体、民办非企业单位及其职工（含农民合同制职工），城镇个体经济组织业主及其从业人员（不含在城镇从业的农民），退休人员文件规定的退职人员。全年大同市行政区域内的用人单位和职工缴纳基本医疗保险费比例 9%（用人单位是职工工资总额 7%；职工个人是本人工资总额 2%）。最低缴费基数和最高缴费基数按年度予以核定。无雇工的个体工商户、未在用人单位参加职工基本医疗保险的非全日制从业人员及其他灵活就业人员可以参加职工基本医疗保险，由个人按照不低于上年度在岗职工平均工资 60% 为基数缴纳基本医疗保险费；按月领取失业保险金人员应按规定参加城镇职工基本医疗保险，并享受基本医疗保险待遇。领取失业金人员缴纳的基本医疗保险费从失业保险基金中支付，费率 9%，缴费基数是大同市核定的医疗保险最低缴费基数；失业人员个人不缴纳基本医疗保险费。失业人员交费后按规定划拨个人账户，享受医疗保险待遇并可累计计算实际缴费年限。按月领取失业保险金人员参加医疗保险后按规定建立个人账户，不再享受原由失业保险基金支付的医疗补助金待遇；参加城镇职工基本医疗保险的个人，达到法定退休年龄时，视同缴费年限和实际缴费年限之和为男满 25 年、女满 20 年，且实际缴费年限不低于 10 年。退休后单位和个人不再缴纳基本医疗保险费，按照规定享受基本医疗保险待遇。（孙 峰）

【医疗保险报销比例】 2019 年，大同市医疗保险参保人员在一类、二类、三类收费标准的定点医疗机构住院时，城镇职工基本医疗保险统筹基金起付标准分别调整成 800 元、500 元、300 元；在一个结算年度内，参保人员多次发生住院的，从第二次住院起，起付标准按照上述标准降低 50%，以后住院不再扣除起付标准。实施调整城镇职工基本医疗保险最高支付限额，全市城镇职工医疗保险累计最高支付限额提高至 50 万元。城镇职工基本医疗保险统筹基金起付标准以上至最高支付限额以下，参保人员在一类、二类、三类收费标准的定点医疗机构发生符合政策规定范围内的住院医疗费用，城镇职工基本医疗保险统筹基金分别支付 80%、85%、90%。（孙 峰）

【医保支付方式改革】 2019 年，大同市医疗保障局推行总额预算管理与按病种付费相结合的多元复合式医保支付方式改革，控制医疗费用不合理增长。执行省定按病种付费 100 种病种 163 个疾病编码政策，全年城镇职工执行 1328 例，城乡居民执行 2530 例；按照全市 DRGs（疾病诊断相关分类）医保支付方式改革试点工作方案，与第三方保险公司签订项目合作协议，开始病案首页、医保结算数据等采集分析工作；推进和完善县乡一体化医保打包付费工作，与 9 个县（区）医疗集团签订协议，按月预拨医保资金，年度打包付费总额 1.33 亿元；重点开展涵盖肿瘤、普外、眼科等 16 类 298 个病种日间手术，患者享受日间手术按病种结算 247 例，医保支付 76 万元。按照“先行试点、逐步推进”原则，确定云州区厚德老年病医院为试点医疗机构；推进分级诊疗制度建设，逐步实行基层首诊、急慢分治的就医制度，实现小病在基层、大病到医院的就医格局。（孙 峰）

【“两病”门诊用药保障机制】 2019 年，大同市医疗保障局出台《关于完善城乡居民高血压糖尿病门诊用药保障机制的实施方案》，把参加城乡居民基本医保并采取药物治疗的高血压糖尿病（两病）患者门诊用药纳入医保报销范围，明确保障人群、明确用药范围、明确支付政策等针对性政策措施，促进城乡居民预防健康管理。全市参保居民在二级以下定点医疗机构门诊发生符合规定的降血压、降血糖药品费用，政策范围内支付比例在 50% 以上。截至 2019 年底，有 4213 名“两病”患者信息录入系统，2952 人享受到此待遇。（孙 峰）

【城乡医保制度完善】 2019 年，大同市医疗保障局完善城乡居民医保制度和大病保险制度，把城乡居民基本医保财政补助标准由每人 490 元提高到每人 520 元，大病保险筹资标准由每人 70 元提高到每人 85 元，减轻大病患者医疗负担。落实新生儿落地参保政策，建立数据统计制度，确保政策落地落实，全市新生儿参保人数 8750 人。把省定地方病、罕见病、血液病纳入城乡门诊大额疾病保障范围，全年 119 人享受这一医保待遇。生育保险和职工基本医疗保险合并实施，用制度保障职工生育权益。健全完善我市医疗救助制度，把城乡低收入救助对象等困难群体全部纳入医疗救助对象范围。提高城镇职工大病保险保障能力，把城镇职工大病保险起付线由 6 万元提高到 8 万元。（孙 峰）

【医疗药品耗材招采改革】 2019 年，大同市医疗保障局深化医药采购改革，降低药品、耗材费用，使市民真正享受到药品采购改革的红利。落实国家组织药品集中采购和使用试点扩面工作，组织全市 182 家公立医疗机构参加国家 25 个药品集中带量采购。按照时间节点完成与省采购平台对接，加强对全市医疗机构药品线上采购和零差率销售的管理。组织开展取消公立医疗机构医用耗材加成工作，次年起在大同市实现公立医疗机构药品耗材零差价。规范和增加包括超声弹性成像检查等医疗服务项目 86 项。调整和规范中医项目价格 19 项，申报增加医疗服务项目 5 项。抓市级药品及耗材带量采购工作，采用目录内采购与备案采购相结合，满足医疗机构临床需求。截至 2019 年底，全市云流平台共发生药品入库金额 7.02 亿元，降低药品采购费用 2.28 亿元，药品平均降价幅度 16.22%。（孙 峰）

【打击欺诈骗保行动】 2019年，大同市医疗保障局开展打击欺诈骗保行动，通过完善基金监管制度机制，加强基金监管能力建设，提高智能监控水平，推进医保诚信体系建设，保障全市基金安全运行。推行监管方式创新、加强部门联动、引入第三方服务、聘请社会监督员、开展业务培训、强化宣传报道、利用大数据分析等一系列举措，加大对违规行为排查整治力度，实现对定点医药机构监督检查覆盖率100%，对监管岗位人员培训率100%，智能监控系统覆盖率100%。截至2019年底，全市检查定点医疗机构2621家，检查定点零售药店1101家，处理违规医疗机构270家，处理违规零售药店176家，追回或拒付医保基金本金3039.67万元。 （孙 峰）

【在岗村医和退养村医补助标准提高】 2019年1月1日起，大同市根据《关于进一步加强乡村医生队伍建设的实施方案》的相关规定，调整全市在岗村医和退养村医补助标准，在岗村医补助标准在各县（区）原补助基础上增加1000元，对符合条件的退养村医在每人每月补助200元的基础上增加600元。为留住村医、兜住网底、保障多年从事村医工作者的合法权益，大同市专门出台政策提高在岗村医和退养村医补助标准，补助范围是：取得执业（助理）医师或乡村医生资格证，经县级卫生计生行政部门依法注册，在村卫生室从业的在岗乡村医生，其中大同市承担公共卫生服务和基本医疗服务的1800余个村卫生室，按照一村一医原则补助；取得执业（助理）医师或乡村医生资格证，经县级卫生计生行政部门依法注册，年满60周岁且连续在村卫生室执业满10年以上的退养乡村医生。 （鹤 梅）

【跨省异地就医直接结算宣传】 2019年7月9日，大同市医疗保障局、市医疗保险管理服务中心启动跨省异地就医直接结算政策专题宣传月活动。活动中，在市政务服务中心大厅门前广场，相关工作人员通过悬挂宣传横幅、发放宣传资料和现场宣传讲解等方式，向广大群众宣传跨省异地就医直接结算政策，重点告知群众备案条件、注意事项，解释就医地目录、参保地待遇、就医地管理的政策等要点。该次宣传活动采用线上线下进行宣传，并开展“六进”活动。其中，线上利用报纸、广播、门户网站、新媒体微信公众号等多种渠道宣传和解读异地就医相关政策流程；线下在经办窗口、医疗机构、街道社区、用人单位等接触群众区域，播放宣传片、张贴宣传海报、发放宣传资料，设置政策现场问答环节，一对一为群众解答相关问题。“六进”活动是进县（区）医疗保险经办机构、进医院、进社区、进农村、进用人单位、进车站（机场）进行宣传活动，对相关工作人员进行业务再培训，采取走出去、请进来、现场答疑、交流经验等多种方式，确保培训的及时性和有效性。 （鹤 梅）

▲2019年7月9日，大同市医疗保障局开展全市跨省异地就医直接结算政策专题宣传活动 （孙 峰 摄）

养老保险

【概况】 2019年，大同市参加城镇职工基本养老保险人数76.85万人。参加企业养老保险人数（不含离退休）38.2余万人，占全年目标任务101.44%；参加机关养老保险人数（不含离退休）100487人，占目标任务103.59%；参加城乡居民基本养老保险人数1137875人，占目标任务102.91%。全年大同市企业养老保险征缴收入323947万元，机关养老保险征缴收入188801万元；城乡居民养老保险征缴收入15977万元。企业职工退休人数12645人，发放养老金3.869亿元。 （王丽君）

【社保降费政策落实】 2019年5月1日起，大同市企业和机关事业单位基本养老保险单位缴费比例由20%降至16%；执行失业保险总费率1%，延长阶段性降低费率的期限至次年4月30日。2019年1月1日起，职工个人缴纳社会保险费基数调整为下限2739元/月，上限13695元/月。指导各县（区）社保经办机构分析降低社会保险费率政策效应，核算降费情况，确保降费核算结果准确无误。全年全市企业养老保险降费，减轻企业负担5.3624亿元；机关事业养老保险减费1.35亿元；失业保险降费，减轻企业负担307万元；工伤保险降费，减轻企业负担1742万元；各项社会保险给企业减负7.8亿元。 （刘鸿飞）

【“12333”全国统一咨询日活动】 2019年3月30日全国第八个“12333”全国统一咨询日，大同市人社局在市社会保险征缴局门前举办以“智慧人社、智慧服务”为主题的咨询活动。活动现场，人社部门工作人员围绕市民普遍关心的“民生山西”手机APP客户端、社会保障卡功能应用、各类参保常识等服务事项和热点问题宣传介绍。针对推出的一系列人社惠民政策和便民举措，向市民免费发放宣传海报和资料，并就人社相关政策法规及业务办理中遇到的疑难问题进行现场解答。重点宣传大同市人社部门重点推出的电子社保卡业务，市民通过领取电子社保卡并与手机绑定，具有与实体卡一样功能，可随时随地办理社保业务，与政府其他公共服务、金融等领域线上线下融合应用。（鹤 梅）

【电子社保卡推广普及】 2019年10月26日，大同市与山西省同步启动“电子社保卡”宣传月暨“民生山西”APP应用推广活动，向参保人员推广普及“电子社保卡”。10月29日至31日，市社会保障卡管理中心工作人员到同煤集团社会保险处送政策、送服务，分批次对同煤集团各单位从事社保业务的相关负责人、经办人及社会保障卡发卡银行的负责人、经办人300余人开展“电子社保卡”相关知识内容的培训。向参训人员讲解“民生山西”APP下载安装及各项功能应用、“电子社保卡”相关知识及其领取流程，并现场指导参训人员领取“电子社保卡”。（鹤 梅）

失业保险

【概况】 2019年，大同市失业保险征缴数19202万元；失业保险参保人数46.19万人，占目标任务100.02%。全年全市（包括县区）给11840名失业人员发放失业金12382.47万元；给155户企业发放稳岗补贴3297万元。给3710名参保职工发放技能提升补贴690.65万元，失业保险基金滚动节余9.79亿元。（张建梅）

【一站式受理稳岗补贴发放】 2019年，大同市人力资源和社会保障局针对稳岗补贴发放，采取一站式受理方式，以简化工作流程，提高工作效率，方便企业。企业把申报材料准备齐全，提交至征缴局便民服务大厅窗口，后续工作由人社系统内部工作人员协调人社、财政部门办理有关手续。全年有155家企业享受到稳岗补贴3297万元，惠及企业职工8万人。（张建梅）

【应急稳岗补贴】 2019年，大同市人力资源和社会保障局成立应急稳岗联审小组，涉及人社、征缴、社保等相关人员。经过多次研究政策实施条件，初步梳理分析参保企业情况，筛选出符合条件的企业，并电话告知。全年申领应急稳岗补贴企业有5家，补贴额430万元，惠及职工527人。（张建梅）

【失业保险精准扶贫】 2019年，大同市人力资源和社会保障局发挥失业保险功能作用，支持精准扶贫，稳岗补贴、技能提升补贴向贫困地区重点倾斜。大同市有2个深度贫困县（广灵县、天镇县），广灵县有3家企业申报稳岗补贴，分别是金隅水泥、同德精华、长青环保能源有限公司。天镇县中地生态牧场有限公司申报稳岗补贴。4家企业涉及人数964人，补贴金额231469元。（张建梅）

【失业保险金申领流程简化】 2019年，大同市社会保险管理服务局依据人力资源部印发的《关于第二批取消部分规章规范性文件设定的证明材料的决定》的有关要求，重新梳理办理流程并进行部门间沟通，12月1日起，大同市失业人员申领失业保险金时，失业人员的原单位经办人及失业人员实现“只跑一次腿”。失业人员的原单位经办人需到市人社局社会保险征缴中心给失业人员办理停保。失业人员接到原单位经办人通知后，持本人身份证原件、银行卡、终止或解除劳动合同证明到市社会保险管理服务局直接申领失业保险金即可。（鹤 梅）

工伤保险

【概况】 2019年，大同市工伤保险参保单位3546户，参保人数43.5万人，占省分配目标任务43.4万人的100.2%。年基金征缴1.2亿元。全年给3265名参保人员拨付工伤待遇15370万元，工伤保险基金结余103142万元。全年全市实施工伤认定2307件次，其中市直认定1756件次，县（区）认定551件次，组织劳动能力鉴定2149人次。处理行政诉讼案件6件。按照省人社厅要求，结合大同市实际连续提高工伤职工的伤残待遇，待遇平均增幅在10%以上。（崔鹏飞）

【工伤保险覆盖范围扩大】 2019年，大同市人力资源和社会保障局成立大同市工伤保险管理服务中心。12月，启动工伤保险经办业务，给伤残职工计算审核和拨付各类伤残待遇。组织实施“同舟计划”（对不能按用人单位参保的建筑业职工特别是农民工，可按项目参保，可优先办理参加工伤保险手续等一系列政策措施，以建筑业工伤保险专项扩面行动为核心），加大工伤保险参保宣传力度，提高广大职工参加工伤保险意识；实行浮动费率，扩大工伤保险覆盖范围，增强企业防范风险能力；推进建筑行业及农民工参加工伤保险工作。（崔鹏飞）

【工伤保险基金全省统收统支】 2019年，大同市根据《山西省人力资源和社会保障厅山西省财政厅国家税务总局山西省税务局关于实施工伤保险基金省级统筹的通知》文件精神，实行工伤保险基金全省统收统支的省级统筹制度。在全省范围内统一工伤保险参保范围和参保对象、统一工伤保险费率政策和缴费标准、统一工伤认定和劳动能力鉴定办法、统一工伤保险待遇支付标准、统一工伤保险经办流程和信息系统、统一工伤保险基金管理使用。（崔鹏飞）

【企事业单位工伤保险待遇提标】 2019年1月1日起，大同市调整企事业单位工伤职工伤残津贴、生活护理费、因工死亡职工供养亲属抚恤金标准，该次调整范围是上年12月31日（含31日）前按月领取伤残津贴、生活护理费的工伤职工和按月领取因工死亡职工供养亲属抚恤金的人员。具体调整标准如下：伤残津贴方面，一级至六级伤残津贴每人每月分别增加200元、190元、180元、170元、160元、150元。1996年10月1日前因工致残，被鉴定为完全丧失劳动能力和大部分丧失劳动能力的，其伤残津贴的调整标准是：完全丧失劳动能力的每人每月增加185元，大部分丧失劳动能力的每人每月增加155元。一级至四级和完全丧失劳动能力的工伤职工按标准增加伤残津贴后，其伤残津贴低于2864元的补到2864元。生活护理费方面，生活完全不能自理工伤人员、生活大部分不能自理工伤人员、生活部分不能自理工伤人员每人每月护理费标准分别调整到2820元、2256元、1692元。供养亲属抚恤金方面，配偶每人每月增加67元，其他亲属每人每月增加57元。供养亲属抚恤金按上述标准增加后，其配偶抚恤金低于1339元的补到1339元；其他亲属抚恤金低于1097元的补到1097元。因工伤残一级至四级和因工伤残完全丧失劳动能力的退休人员，按照相关文件增加基本养老金后，其月基本养老金（含工伤保险补差部分）达不到2864元的，补到2864元。参加工伤保险的由工伤保险基金支付，没有参加工伤保险的由用人单位支付。（鹤 梅）

生育保险

【概况】 2019年，大同市生育保险参保人数44.33万人，给8029名参加生育保险的患者拨付生育待遇4632万元。生育基金结余0元。（孙 峰）

【两项保险参保合并】 2019年，大同市医保中心遵循保留险种、保障待遇、统一管理、降低成本的总体思路，根据《大同市生育保险和职工基本医疗保险合并实施方案》的通知，9月底前实现全市两项保险参保同步登记、基金合并运行、征缴管理一致、监督管理统一、经办服务一体化。生育保险基金并入职工基本医疗保险基金，统一征缴，实行市级统筹。按照全市用人单位参加生育保险缴费比例（0.5%）和职工基本医疗保险的缴费比例（6.5%）之和确定新的用人单位职工基本医疗保险费率7%；职工基本医疗保险个人缴费比例2%，个人不缴纳生育保险费。（孙 峰）

【生育保险待遇】 2019年，大同市生育保险待遇包括生育医疗费用和生育津贴，所需资金从职工基本医疗保险基金生育待遇支出项目中支付。自然分娩是一类机构2400元、二类机构2000元、三类机构1600元；剖宫产不伴其他手术的调整是一类机构4500元、二类机构4000元、三类机构3500元；生育津贴按照职工所在用人单位上年度职工月平均工资除以30天再乘以生育津贴计发天数计发，同时生育津贴高于本人工资标准的，全额计发；低于本人工资标准的，由用人单位补足。（孙 峰）

社会救助

【城乡低保标准调整】 2019年，大同市两次提高全市城乡居民最低生活保障标准和特困人员供养标准。1月1日起，每人每月提高30元，提标后，城市低保标准分别是平城区、云冈区、开发区、新荣区、云州区每人每月539元，左云县、灵丘县每人每月477元，浑源县每人每月449元，广灵县每人每月446元，天镇县每人每月445元，阳高县每人每月428元；农村低保标准分别是天镇县、浑源县、广灵县每人每年4350元，云州区、阳高县、灵丘县每人每年4494元，平城区、云冈区、新荣区、左云县每人每年4614元。

10月1日起，再次提高全市城乡居民最低生活保障标准，除阳高县城市低保每人每月提高50元外，其余各县（区）城乡低保均每人每月提高30元。该次提标后，城市低保标准分别是平城区、云冈区、新荣区、云州区、开发区每人每月569元，左云县、灵丘县每人每月507元，浑源县每人每月479元，广灵县每人每月476元，天镇县每人每月475元，阳高县每人每月478元。提标后的农村低保标准是平城区、云冈区、新荣区、左云县、开发区每人每年4974元，云州区、阳高县、灵丘县每人每年4854元，天镇县、浑源县、广灵县每人每年4710元。

全市特困集中供养标准提高到每人每年7460元，分散供养标准不低于当地最低生活保障标准的1.3倍。照料护理补贴全自理标准从原来的每人每月60元，提高到每人每月100元，半自理标准从原来的每人每月120元提高到每人每月200元，全护理标准从原来的每人每月180元提高到每人每月300元。全市有城市低保对象27534户52149人，发放城市低保金23386万元；有农村低保对象127578户167275人，占全市农业人口总数13.12%。发放农村低保金49768.5万元。（刘 峰）

【农村低保专项整治】 2019年，大同市加强农村低保专项整治，整治不作为、慢作为、乱作为等涉及群众利益的问题，排查贫困老年人、残疾人、儿童等特殊群体"脱保""漏保"情况，排查贫困老年人32318人、贫困残疾人8807人、贫困儿童3836人，其中"脱保"40人，"漏保"79人，全部依政策整改纠正。复核城低保对象33074户64059人；农村低保对象123760户163634人；特困人员16495户16569人，清退各类不再符合城乡低保条件对象7873人，特困人员334人。落实农村最低生活保障制度与扶贫开发政策的衔接，凡符合农村低保条件的未脱贫建档立卡贫困户、农村三留守等特殊困难群体，都按规定程序纳入农村低保范围；把符合条件的建档立卡贫困老年人、贫困残疾人、重病患者、未成年人作为重点，确保应保尽保。（刘 峰）

【临时救助和"春霖助学"】 2019年，大同市民政局发放临时救助金1308.7万元，救助10844人次。开展"春霖助学"行动（大同市开展"春霖助学"行动第11年），资助农村贫困大学生238人，资助农村贫困大学生649人，发放资助金129.8万元。自2009年开展该项助学行动以来，资助农村贫困大学生2530人，发放资助金1440.8万元，有1551名受资助学生大学毕业走上工作岗位。（刘 峰）

【流浪乞讨人员救助】 2019年，大同市救助流浪乞讨人员7800余人次，其中男性5590人次，女性2230人次。市救助管理站开展"寒冬送温暖"和"夏季送清凉"专项行动专项救助行动，救助陷入困境人员2110人次，给235名自行无力返乡的受助人员实施分类护送返乡。创新寻亲模式，在平城区139个社区增设的流浪乞讨人员救助服务点全部挂牌，并定期在报纸、有线传媒等媒体刊登救助知识问答、倡议书、滞留人员寻亲公告。成立寻亲工作室，构建多元化寻亲模式。运用“互联网+”、人脸识别、DNA比对、抖音寻亲、志愿者合作、今日头条等多种寻亲手段，形成“传统寻亲模式、互联网科技寻亲模式、志愿者合作寻亲模式”三位一体的全方位寻亲机制并呈现多元化，对救助人员查询核实提供多种通道，通过购票、护送、接领等方式实施分类护送返乡，使429名受助人员回归家庭与亲人团聚。（刘 峰）

【残疾人补贴】 2019年，大同市有29377人享受困难残疾人生活补贴，发放标准是每人每月50元，发放1679.7万元；有29360人享受重度残疾人护理补贴，发放标准是每人每月50元，发放1725.7万元。（刘 峰）

【社会慈善捐助活动】 2019年，大同市民政局按照市委办公室、市政府办公室《关于开展“送温暖、献爱心”社会捐助活动的通知》要求，组织开展全市“送温暖、献爱心”社会捐助活动，全市有136家单位捐助资金93.47万元。9月5日是《中华人民共和国慈善法》宣传日，市民政局到大同市御锦源社区联合党支部举办《中华人民共和国慈善法》宣传活动，让更多居民了解慈善意义。完成中华慈善总会“一张纸献爱心行动”公开募捐活动备案工作。（刘 峰）

【社工救助及人才培养】 2019年，大同市民政局根据《山西省民政厅关于做好2019年边远贫困地区、革命老区社会工作专业人才支持计划有关工作的通知》要求，在广灵县启动大同市社工助力困境儿童精准救助项目，在南村镇香炉台小学开展“社工助力困境儿童精准救助项目”。确定一对一牵手帮扶机构对象4家：阳高县阳光社会工作服务中心、阳高县龙泉中心敬老院、云州区许堡乡敬老院、浑源县斐村乡中心敬老院，扶持发展社会工作服务机构、支持培养社会工作专业人才、支持实施社工作服务项目、支持建立社会工作服务制度。组织全国社会工作者职业水平考试报名工作，报名人数934人（其中助理社会工作师657人，社会工作师277人），全市取得证书的社会工作者、社会工作师618人（其中社会工作师150人、社会工作者468人）；10月，开展青少年事务社会工作专业人才培训，参训人员300人，提高全市社工在青少年服务领域的专业水平；孵化社工机构，成立大同市首家由专业社工组成的大同市社会工作联合会。（刘 峰）

【建设里社区残疾人康复中心启用】 2019年1月23日，大同市平城区建设里社区残疾人康复中心挂牌启用。建设里社区残疾人康复中心拥有踝关节矫正板、股四头肌训练椅、划船运动器等康复训练器材，能给轻度肢体残疾人免费提供康复与技能训练。康复中心设有盲人图书室，配有盲人象棋、黑白棋等娱乐设施。社区专门聘请残疾人协会会员到社区教授盲文，帮助辖区盲人提高学习能力、劳动能力和参与社会生活能力。

（鹤 梅）

【社工周主题宣传活动】 2019年3月20日，大同市救助管理站联合市平城区新华街街道、山西铸仁社工服务中心、大同市耘铧青少年社工服务中心开展主题为“追梦新征程，社工在行动”的社工周宣传活动。宣传活动中，社工通过设置宣传展板、发放宣传资料、接受现场咨询等多种形式，向过往市民和游客普及社工知识，展示社工服务。通过游戏互动方式，增进参与人员对社工日常工作和专业服务的了解。（鹤 梅）

【山橡社区开展助残日活动】 2019年5月19日第29个“全国助残日”，大同市平城区山橡社区携手爱无疆公益协会及大同京城皮肤病医院联合开展助残日活动。活动中，爱无疆公益协会给社区残疾人免费发放深海咸盐、蒜蓉辣酱，给他们提供“爱心价”生活用品，给残疾儿童提供急救包，并讲解夏季饮食、生活起居、心态调整等方面的保健知识。大同京城皮肤病医院的医护人员给残疾人提供皮肤方面的免费义诊。（鹤 梅）

【市政协携手顶新公益基金会助学贫困大学生】 2019年8月27日，大同市政协携手顶新公益基金会在阳高县举行“顶新明日朝阳奖学金”发放仪式，给来自阳高县、天镇县、浑源县、广灵县4县的20名要步入大学的贫困家庭子女每人发放助学金4000元。2017年，市政协携手顶新公益基金会设立“顶新明日朝阳奖学金”，帮助贫困学子实现大学梦，3年来有55名学生受助，发放奖学金22万元，还通过“扶贫超市”筹集38万元用于捐资助学，给全市85名贫困学子送去助学金。（鹤 梅）

【市救助站两个创新工作室（坊）启用】 2019年9月4日，大同市救助站千百度寻人寻亲工作室和街友庇护工作坊运行。千百度寻人寻亲工作室是该站整合数年的寻亲资源而建，通过“传统寻亲模式、互联网科技寻亲模式、志愿者合作寻亲模式”三位一体的多元化寻亲服务平台，推进救助寻亲专业化、提升寻亲效率，帮助滞留无信息受助人员尽快与家人团聚。该工作室面向社会，给公众提供公益寻人服务，探索寻人寻亲新渠道、路径、形式，吸纳更广泛公益资源，给受助人员和社会失联人士提供寻人寻亲服务。街友庇护工作坊主要是针对滞留受助人员为其提供社会融合、技能培训服务。采取社工与专业服务团队相结合运行机制，以作业训练活动为主，文（娱）体休闲活动为辅，依照个别差异，制定服务计划。通过训练，强化受助人员的身体支配能力、灵活度和平衡能力，提升其思维能力，对接寻亲需求，助其早日回归家庭；借此培养其生活自理、基本社会适应和尊严恢复、潜能苏醒及自我倡议能力等。（鹤 梅）

【市救助站与4家专业救援队签约服务项目】 2019年11月29日，大同市救助管理站以政府购买服务的方式，与大同4家具有专业救援经验的社会组织签约，启动街面巡查服务项目。4家社会组织服务的范围是平城区，分别以御河西路为南北线，以北都街为东西线划分成4块服务区域，配合救助站自有力量对生活无着流浪乞讨人员开展常态化的街面巡查和主动救助服务。11月1日至次年4月15日，每天开展3次，4月16日至10月底，每天开展2次，每天有一次夜间巡查。社会组织发现符合救助条件的受助人员后，把其护送到救助站；对无行为能力的精神疾患人员、危重病人等受助人员，拨打“110”“120”及救助站救助热线，维护流浪乞讨人员基本生存权益，保障其安全温暖过冬。（鹤 梅）

社会福利

【老年福利】 2019年，大同市有特困老人8930人，集中供养人数2342人；低保老人12.7万人，高龄低保老人2.4万人；失能低保老人2050人。发放36.3万元慰问经费慰问百岁老人。以全国第三批社区和居家养老服务改革试点工作为抓手，建立健全特殊困难老年人基本服务体系，把经济困难的高龄老年生活补贴从每人每月30元提高到每人每月50元，失能老年人护理补贴从每人每月60元提高到每人每月100元。落实65周岁以上老年人免费乘坐公交车的优待政策，全市受益老年人10.97万人。（沈文红 刘 峰）

【孤儿福利】 2019年1月1日起，大同市社会散居孤儿养育标准由每人每月600元提高到每人每月1000元，社会（儿童）福利机构供养孤儿养育标准由每人每月1000元提高到每人每月1500元。实施“福彩圆梦·孤儿助学工程”项目，对被认定为孤儿身份并纳入“全国儿童福利信息管理系统”、年满18周岁后在普通全日制本科学校、普通全日制专科学校、高等职业学校等高等院校及中等职业学校就读的中专、大专、本科学生和硕士研究生实施资助，资助标准是每人每学年1万元。（刘 峰）

【残疾人福利】 2019年，大同市各县（区）民政部门按照省残疾人联合会、省民政厅、省财政厅《关于调整重度残疾人护理补贴发放工作的通知》和省民政厅、省残疾人联合会印发《关于做好残疾人两项补贴有关工作的通知》要求，完成与残联的重度残疾人护理补贴交接工作。全年全市享受困难残疾人生活补贴有30854人，发放标准每人每月50元；享受重度残疾人护理补贴有29862人，发放标准每人每月50元。落实改善困重度残疾人生活质量，保障残疾人基本权益，促进困重度残疾人脱贫，在脱贫攻坚中抓重度残疾人照护服务工作。（刘 峰）

【未成年人关爱保护】 2019年，大同市民政局建立四级未成年人保护体系，健全未成年人保护网络和联合反应机制，给困境未成年人开展辅导服务，营造安全、洁净、向上的成长环境。探索对陷入生存和发展困境的未成年人的保护性救助，研究加强改进农村留守儿童关爱保护和困境儿童保障工作，推进“合力监护、相伴成长”关爱行动持续开展。加强农村留守儿童动态管理，全市有1907名农村留守儿童。在全市范围内开展对3类10种困境儿童的摸底排查工作，统计出符合条件的困境儿童1299名。开展全天候街面巡回救助，加大对未成年人搜救力度。（刘 峰）

【福彩公益金】 2019年，大同市筹集福彩公益金3.24亿元。拓展销售渠道，福彩中心通过发放奖励扩大“刮刮乐”品牌知名度和影响力，支持投注站开展刮刮乐营销宣传，促进刮刮乐销售。开展“金猪贺岁”“福彩刮刮乐，公益心连心”“建国70周年”等促销活动。开展假彩票专项治理，会同市公安治安管理支队兰和打击“假彩票”销售的互动联动，并利用省级划拨的打击私彩专项资金印制各类海报、宣传单5000余份分发至各投注站点，向彩民宣传“非法彩票”危害性，维护彩票市场正常秩序。（刘 峰）

住房保障

【概况】 2019年，大同市城镇棚户区住房改造开工2910套，开工率161.67%；建成4207套，完成率90.03%；投资27.6亿元，完成率190.21%；发放租赁补贴21440户，完成率105.88%。为化解征收安置房源不足矛盾，加快推进重点项目征收工作，平抑房地产市场价格，按照《中华人民共和国政府采购法》相关要求，采取公开招标方式，购买商品住房8598套，98.33万平方米，合同价45.9亿元。开展保障性住房专项督查，推进区县保障性安居工程工作。（乔晨曦）

【住房公积金管理】 2019年，大同市住房公积金管理中心新开户缴存单位236家，实缴单位3474家，净增单位33家；新开户职工2.32万人，实缴职工31.39万人，净增职工1.94万人；缴存额37.66亿元，同比增长12.60%。截至2019年底，缴存总额311.31亿元，同比增长13.77%；缴存余额98.51亿元，同比增长19.95%。

年内，提取额21.28亿元，同比增长6.41%，占当年缴存额56.50%，比上年减少3.29个百分点。截至2019年底，提取总额212.80亿元，同比增长11.12%。发放个人住房贷款6500笔30.21亿元，发放金额同比增长20.78%。其中，市中心发放个人住房贷款6000笔28.24亿元，同煤分中心发放个人住房贷款500笔1.97亿元。年内，回收个人住房贷款6.4亿元，其中市中心5.6亿元，同煤分中心0.8亿元。

截至2019年底，累计发放个人住房贷款4.04万笔117.94亿元，贷款余额91.31亿元，同比分别增长19.07%、34.43%、35.27%。个人住房贷款余额占缴存余额92.70%，比上年增长10.5个百分点。受委托办理住房公积金个人住房贷款业务的银行5家。2019年，住房公积金存款9.38亿元。其中，活期0.16亿元，1年（含）以下定期3.35亿元，1年以上定期4.4亿元，其他（协定、通知存款等）1.47亿元。截至2019年底，住房公积金个人住房贷款余额占缴存余额92.70%，比上年增长10.5个百分点。2019年公积金管理中心没有购买国债。

年内，大同市住房公积金管理中心业务收入28262.65万元，同比增长22.22%。其中，市住房公积金管理中心21754.21万元，同煤分中心6508.44万元；存款利息3815.10万元，委托贷款利息24447.55万元。市住房公积金管理中心业务支出14868.56万元，同比增长19.33%。其中，市住房公积金管理中心 11119.50 万元，同煤分中心 3749.06 万元；支付职工住房公积金利息 13518.84 万元，委托贷款手续费 1348.02 万元，其他 1.70 万元。增值收益 13394.09 万元，同比增长 25.60%。其中，市住房公积金管理中心 10634.71 万元，同煤分中心 2759.38 万元；增值收益率 1.50%，比上年增长 0.08 个百分点。增值收益分配情况：2019 年提取贷款风险准备金 517.96 万元，年末未分配增值收益 12876.13 万元，累计未分配增值收益 12876.13 万元。2019 年上缴财政城市廉租住房（公共租赁住房）建设补充资金 9125.04 万元。其中，市住房公积金管理中心上缴 6818.05 万元，同煤分中心上缴 2306.99 万元。2019 年末贷款风险准备金余额 9130.96 万元。累计提取城市廉租住房（公共租赁住房）建设补充资金 82447.54 万元。其中，市住房公积金管理中心提取 66140.55 万元，同煤分中心提取 16306.99 万元。全年管理费用支出 2288.78 万元，同比增长 15.05%。其中人员经费 920.21 万元，公用经费 36.96 万元，专项经费 1331.61 万元。市住房公积金管理中心管理费用支出 2008.60 万元，其中人员、公用、专项经费分别 650.12 万元、36.96 万元、1321.52 万元；同煤分中心管理费用支出 280.18 万元，其中人员、专项经费分别 270.09 万元、10.09 万元。

截至 2019 年底，个人住房贷款逾期额 624.63 万元，逾期率 0.68‰。其中，市住房公积金管理中心 0.80‰，同煤分中心 0‰。个人贷款风险准备金按贷款余额的 1 % 提取。2019 年提取个人贷款风险准备金 517.96 万元，未使用个人贷款风险准备金核销呆坏账。个人贷款风险准备金余额 9130.96 万元，占个人住房贷款余额 1 %，个人住房贷款逾期额与个人贷款风险准备金余额的比率 6.84%。

年内，大同市住房公积金管理中心实缴单位数、实缴职工人数和缴存额同比分别增长 0.96%、6.58% 和 12.60%。缴存单位中，国家机关和事业单位占 70.03%，国有企业占 12.32%，城镇集体企业占 0.14%，外商投资企业占 0.69 %，城镇私营企业及其他城镇企业占 6.65%，民办非企业单位和社会团体占 1.30%，其他占 8.87%。缴存职工中，国家机关和事业单位占 38.71%，国有企业占 49.55%，城镇集体企业占 0.37%，外商投资企业占 0.65%，城镇私营企业及其他城镇企业占 4.27%，民办非企业单位和社会团体占 0.17%，其他占 6.28%；中、低收入占 98.68%，高收入占 1.32%。新开户职工中，国家机关和事业单位占 23.72%，国有企业占 40.41%，城镇集体企业占 0.03%，外商投资企业占 0.63%，城镇私营企业及其他城镇企业占 26.34%，民办非企业单位和社会团体占 0.96%，其他占 7.91%；中、低收入占 99.38%，高收入占 0.62%。

全年给 7.91 万名缴存职工提取住房公积金 21.28 亿元。提取金额中，住房消费提取占 79.72%（购买、建造、翻建、大修自住住房占 34.01%，偿还购房贷款本息占 19.93%，租赁住房占 25.56%，其他占 0.22%）；非住房消费提取占 20.28%（离休和退休提取占 18.37%，完全丧失劳动能力并与单位终止劳动关系提取占 0.45%，出境定居占 0.61%，其他占 0.85 %）。提取职工中，中、低收入占 99.08%，高收入占 0.92%。

年内，职工购建房 78.01 万平方米，个人住房贷款市场占有率 38.69 %，比上年增长 2.97 个百分点。通过申请住房公积金个人住房贷款，节约职工购房利息支出 104163.56 万元。职工贷款笔数中，购房建筑面积 90（含）平方米以下占 7.46%，90 ~ 144（含）平方米占 80.05%，144 平方米以上占 12.49%。购买新房占 83.85%，购买二手房占 13.00%，建造、翻建、大修自住住房占 0%，其他占 3.15%。职工贷款笔数中，单缴存职工申请贷款占 68.47%，双缴存职工申请贷款占 31.42%，三人及以上缴存职工共同申请贷款占 0.11%。贷款职工中，30 岁（含）以下占 31.64 %，30 ~ 40 岁（含）占 40.14 %，40 ~ 50 岁（含）占 19.99 %，50 岁以上占 8.23%；首次申请贷款占 96.28%，二次及以上申请贷款占 3.72%；中、低收入占 98.24%，高收入占 1.76%。全年发放异地贷款 2621 笔 43539.3 万元。发放异地贷款总额 204781.8 万元，异地贷款余额 183800.83 万元。个人住房贷款发放额、住房消费提取额的总和与当年缴存额的比率 125.25%，比上年增长 3.89 个百分点。

年内，市住房公积金管理中心被山西省委、省政府在全省“五一”表彰中评为“模范单位”；被山西省住房城乡建设厅评为 2019 年度“优秀单位”。（市公积金管理中心）

【住房公积金政策调整执行】 2019 年，大同市住房公积金管理中心核定大同市 2019 年度职工住房公积金月缴存工资基数上限 15582 元，下限 1400 元。提取政策调整情况：缴存职工租住商品住房的，每年可提取一次，每户提取金额不超过 2 万元；物业费提取每年可提取一次，缴存职工及配偶双方提取金额不超过当年物业费实际支出；购建、建造、翻修、大修自住住房的，缴存职工本人及配偶可提取，同一套房屋可提取一次，提取额不超过购房总额；缴存职工偿还购房贷款本息的，本人及配偶可提取，职工申请住房公积金贷款或商业住房贷款后，每 12 个月可提取一次，夫妻双方提取额合计不超过提取日之前 12 个月还贷款本息合计，累计提取额不超过偿还住房贷款本息合计；缴存职工偿还住房贷款发生三期及以上逾期情况（12 个月内），当年不能提取本人及配偶住房公积金，正常偿还贷款一年后方可提取本人及配偶公积金，提取额不超过本年还贷款本息合计；取消房屋装修提取、患有重大疾病造成家庭生活严重困难提取、享受城镇最低生活保障提取及见义勇为造成人身伤害提取。贷款政策调整情况：住房公积金贷款最高额度由 100 万元调整为 80 万元；实行贷款额度与借款人缴存年限挂钩；单身缴存职工或夫妻双方只有一方连续正常缴存住房公积金的，贷款额度不超过 60 万元。

（市公积金管理中心）

【住房公积金管理中心改进服务】 2019 年，大同市住房公积金管理中心完成同煤集团分中心和开发区管理的数据移植，规范住房公积金业务标准和业务流程，对缴存单位培训网上缴存业务。设立同煤集团分中心和开发区管理部综合服务大厅，使同煤和开发区缴存职工享受到同市区缴存职工同等便民服务。落实全省“多证合一”工作要求，简化企业开户流程，各类企业在大同办理住房公积金开户手续，向中心提供统一社会代码证号办理，节约企业办事时间和成本，优化大同市营商环境。精简贷款业务材料，方便缴存职工办理贷款，取消住房公积金贷款所需的个人收入证明和收入流水两项业务资料，以住房公积金系统内的缴存基数作为收入认定依据。引入征信服务，在业务大厅设置个人征信报告自助查询机，群众办理贷款业务时无须再到人行打印征信报告。通过对贷款承办银行实施管理和考核，压缩贷款审批时限，受托银行审批时间不超过2个工作日，贷款发放时间不超过1个工作日。在开通租房、退休和本地公积金还贷提取网上办理基础上，把省内偿还异地公积金贷款提取、异地转移接续和网上申请公积金贷款办理三项功能实现在手机上办理，扩展该中心业务范围。针对大同市部分国有破产企业职工因单位早年报送的个人公积金信息不完善而无法提取公积金问题，协调相关单位建立国有破产企业统一报送和完善相关信息工作机制，保障国有破产企业职工办理公积金提取。

（市公积金管理中心）

【住房公积金管理信息化建设】 2019年，大同市住房公积金管理中心信息系统接入全国住房公积金数据平台，每日日终系统自动报送中心业务数据，实现住建部与税务总局总对总的数据交换，并向缴存职工提供数据查询服务。首批接入山西省住房公积金数据互联共享平台，实现与省内11家地市住房公积金中心业务数据、全省19家商业银行商业住房贷款数据互联共享，接入省市场监督管理局的全省工商企业注册信息。年内，市公积金管理中心完成住房公积金贷款历史档案数字化加工工作，档案整理和数字化加工164.3万页历史贷款档案，实现电子档案与业务数据关联，方便档案查询、变更担保人、贷款提前结清、逾期催收等业务快捷办理。完成住房公积金综合管理业务系统三级等保测评，强化和保障信息系统及数据安全。给全市3025家缴存单位提供免费使用网厅数字证书服务，保证住房公积金业务网上操作的安全性。（市公积金管理中心）

优抚安置

【概况】 2019年，大同市有退役军人服务中心（站）2404个，其中市、县（区）服务中心11个，乡镇（街道）服务站142个，村（社区）服务站2251个，建立起覆盖全员的退役军人服务保障体系。给重点优抚对象发放抚恤事业费、医疗费、新中国成立前入党的农村和城市未享受离休待遇的老党员生活补贴、烈士纪念设施维修补助资金等专项工作经费8000余万元，发放义务兵家属义务兵优待金6916.88万元，办理国家机关工作人员、离退休干部及军队离退休干部死亡一次性抚恤金；发放“两参人员”（参战和参核退伍军人）证件，组织“两参人员”健康体检。（郭文军）

【退役军人和其他优抚对象信息采集】 2019年，大同市退役军人事务局对信息采集的退役军人和其他优抚对象进行信息补充完善和审核，市级与县（区）建立网络信息联系和日报制度；定期分析、研判，每周向信息采集领导组汇报信息采集进度；加强督导检查信息采集工作进展，保质保量如期完成信息采集工作。全市采集退役军人和其他优抚对象信息，省级通过率100%。（郭文军）

【退役军人社保接续】 2019年，大同市退役军人事务局建立“党委政府主导、退役军人事务部门牵头、相关部门配合、符合政府安排工作条件退役士兵参与”工作机制。摸底排查和经费测算退役士兵的基本养老保险和医疗保险未参保、断缴情况。市本级和各县（区）均设置专门服务窗口和咨询电话，从申请受理、身份认定、军龄计算、参保查询、缴费测算、缴费办理等环节，建立业务流程和协同办理机制。在大同电视台、《大同日报》等媒体刊登《关于开展部分退役士兵社会保险接续工作的公告》，发放《工作指南》《政策解读》3300余册。截至2019年底，完成全市退役士兵社会保险接续补缴线上录入工作。

（郭文军）

【退役军人权益维护】 2019年，大同市退役军人事务局开展退役军人“矛盾攻坚化解年”活动，成立防范化解涉军重大风险攻坚战领导小组，定期研判分析、统筹调度、通报情况。组建以来，办结省退役军人事务厅督办信访事项582件，化解10余次群体集访事件，解决50件矛盾突出来访件，办结“12345”工单536件，办结率100%；推动网上信访服务，市、县退役军人事务局联通全国信访信息系统，处办网上信访件183件。落实中央、省市关于企业军转干部解困政策，调整企业军转干部生活困难标准，按时足额补发差额部分，给市属企业军转干部发放各类解困资金1370.7万元。走访慰问生活困难退役军人、军烈属等，发放各类慰问金（品）50.9万元；协调解决市交通局5名、市六医院1名、市民政局1名等多年遗留安置后未上岗的个案问题，给市国资委下属企业安置后存在未上岗的13名退役军人补发待岗期间生活费74.4万元；协商安置在供排水集团、热力公司等单位退役军人补缴社会保险约2614万元，给退役军人落实4399万元的一次性经济补助和待安置期间生活补助费。以市政府办公室名义制定《大同市关于发放市属关闭、破产改制解除劳动关系的企业和选择自谋职业转业志愿兵（士官）退休后军龄补助的意见》，以发放军龄补贴形式解决市属关闭、破产改制解除劳动关系的企业和选择自谋职业转业志愿兵（士官）待遇偏低、家庭生活困难问题。

（郭文军）

【退役军人就业创业】 2019年，大同市退役军人事务局坚持适应性培训和职业技能培训相结合，采取“互联网+”模式，培训自主择业军转干部和自主就业退役士兵。印发《大同市退役士兵职业教育和技能培训申请汇总表》，汇总自主就业退役士兵就业创业服务和技术技能培训需求。6月27日至7月22日，由大同市互立工程车辆职业培训学校，对上年度自主就业的退役士兵开展就业创业培训。鼓励并支持退役军人参加学历提升教育，部分退役军人报名参加全省第二阶段高职院校扩招。8月28日至30日，市退役军人事务局党组书记、局长张海风带领相关业务科室负责人到武警大同支队、驻大同某部队开展“送政策、送服务进军营”活动2场，宣传自主就业退役军人创业金融财政及税收方面的优惠政策，发放就业创业、移交安置、抚恤优待等各类宣传彩页1600份。

开发就业服务岗位。依托“春风行动”召开退役军人专场招聘会1场，30余家企业提供500余个工作岗位，达成就业意向160余人。市云冈区、平城区、天镇县等县（区）组织召开4场退役军人专场招聘会，提供就业岗位1000余个，达成就业意向300余人。按照公益性托底、保安公司安排等方式，落实退役人员再就业政策，解决部分下岗志愿兵就业、生活困难问题。组织8家企业参加“2019年山西省退役军人迎新春招聘行动”启动仪式暨太原现场招聘会。（郭文军）

【移交安置】 2019年，大同市接收军队转业干部若干。接收符合政府安置政策的退役士兵、军队离退休干部和士官。在军转干部安置方面，实行转业干部按考试考核综合分数排序选择单位与指令性安置相结合的办法，安置计划分配军转干部。在自主择业转业干部方面，10月14日至18日，组织自主择业转业干部举行适应性个性化培训，走进企业实地参观学习。在退役士兵安置方面，坚持量化评分和“阳光安置”原则，向三个方面重点倾斜，即重点向全额事业单位和有良好经济效益的国省市属企业倾斜，重点向退役军人服务中心（站）倾斜，重点向安置任务重的县区倾斜。全年市县两级配套提供事业单位岗位114个，其中市属事业单位20个，县（区）事业单位94个，事业单位安置比例60%。（郭文军）

【拥军优属】 2019年，大同市退役军人事务局安置5名随军、2名随调家属，帮助1名随军家属办理工作调动，安排1名随军家属到市属企业工作。落实军人子女入学入托优待政策，协调帮助军人子女择校就读或加分录取。市本级财政为178名随军未就业家属发放生活补助106.4万元，各县（区）为98名随军未就业家属发放生活补助58.8万元。（郭文军）

【官兵慰问活动】 2019年春节前夕，市四套班子领导走访慰问驻大同团以上部队，优抚单位，送去慰问金（品）105万元，并印制《慰问信》年画发到军人军属手中。7月30日至31日，省委常委、市委书记张吉福，市委副书记、市长武宏文，市委副书记刘振国等市领导到14家驻大同部队走访慰问，送去慰问金（品）96.2万元。8月5日，市委副书记、市双拥工作领导组副组长刘振国，市退役军人事务局局长张海风到大连，走访慰问海军“大同舰”官兵。市退役军人事务局联手部分民营企业慰问新中国成立前入伍的老战士，慰问郑加兰、李月花2名“拥军模范”。各县（区）开展“关爱功臣”活动，慰问辖区内的驻地部队及军队离退休干部。

（郭文军）

▲2019年8月28日，市退役军人事务局到武警大同支队开展“送政策、送服务进军营”活动 （郭文军 摄）

【军人家庭悬挂光荣牌】 2019年4月12日，大同市为烈（军）属和退役军人家庭悬挂光荣牌启动仪式暨平城区悬挂光荣牌仪式在和阳门广场举行。大同市副市长郝献民、大同军分区副司令员杨文斌参加启动仪式。仪式上，参会领导向各县（区）政府发放光荣牌，向光荣之家代表授牌，光荣之家代表在仪式上发言。随后，市、区领导入户为光荣之家挂光荣牌。

（郭文军）

【“我和共和国共成长”报告活动】 2019年9月17日起，大同市退役军人事务局联合市教育局、市委老干局、市关心下一代工作委员会举办4场“我和共和国共成长”主题进校园宣讲活动，4名模范退役军人到中小学讲述个人先进事迹、军营光荣岁月、军队辉煌军史。（郭文军）

【市退役军人事务局送政策服务进军营】 2019年9月，大同市退役军人事务局开展“送政策、送服务进军营”活动，到多个军营给即将退役的士兵讲政策解疑惑，帮助其更好融入社会。

市退役军人事务局组织人员分别到武警大同支队、驻大同某部队，宣传退役军人就业创业政策，通过7组数字介绍自主就业退役士兵适应性培训、职业技能培训、学历教育、金融税收创业优惠、公务员考录优先及就业服务等政策，使即将退出现役的士兵提前了解到地方应享受的相关政策待遇和具体办事流程；围绕退役前准备工作、退役后相关待遇、地方安置原则和“阳光安置”方式等方面作政策解读；从经济发展与产业构成、就业形势与市场需求、岗位需求与就业取向等方面作形势介绍及就业指导，鼓励他们退役不退志、就业再启航。“全国模范退役军人”高养利现身说法，介绍自己退役后返乡创业并带动父老乡亲脱贫致富经验，起到典型引领示范作用。活动设置现场互动环节，拟退役士兵就自身关心关切的热点、难点问题现场提问，并发放退役军人就业创业、移交安置、抚恤优待、银行卡及《给自主创业退役士兵的一封信》等宣传彩页1600份。（鹤 梅）

【大同市“最美退役军人”发布仪式】 2019年11月25日，大同市委宣传部、市退役军人事务局、大同军分区政治工作处联合举办的大同市“最美退役军人”发布仪式举行。市委副书记、市委退役军人事务工作领导小组组长刘振国，市委常委、大同军分区司令员、市委退役军人事务工作领导小组副组长穆国新，副市长、市委退役军人事务工作领导小组副组长郝献民参加发布仪式并接见代表。发布仪式邀请大同市全国模范军人惠建武、高养利及获山西“最美退役军人”称号的姜宝举、杨河芬出席，现场播放“最美退役军人”先进事迹视频短片，从不同侧面讲述他们的工作和生活。给为维护全市稳定和经济发展作出突出贡献的王龙江、王浩亮、白锦文、刘忠利、李永强、杨广春、杨财元、武毅强、郭世贤、崔保杰10名先进典型颁发“最美退役军人”证书和奖杯。（鹤 梅）

双拥工作

【概况】 2019年，市交通局投资4728.62万元，修建部队出入口公路23千米，改善部队训练和战备演练出入难题。市规划和自然资源局为驻地部队征用土地34.74公顷，保障部队用地需求。新荣区郭家窑乡杨家场村每年提供500亩土地供驻大同部队开展野外训练。阳高县财政每年拿出500万元，用于某部队驻训期间损毁群众农作物的损失赔偿。灵丘县采用三级公路标准建成全长24807米的固城至驿马岭国防公路工程，投资2847万元建成全长15.9千米的小彦村至凤凰山营区国防公路工程，解决驻地部队出行难题。大同市支持重点军事工程项目，建立各类社会拥军组织，规划部队生产生活用地，保障部队训练演习、科研试验和抢险救灾等军事任务，为部队提供技术支撑和服务保障。大同市在铁路、交通、邮电、商业等服务部门设立军人柜台、军人售票口，设置“军人依法优先”“优抚对象优先”标牌，在停车场设置军车免费标识。“八一”建军节召开全市军政座谈会，军地领导畅叙鱼水深情，共谋发展大计。市县两级党委政府走访驻地部队，通过各种慰问活动，与部队官兵互动交流，增进友谊。平城区各乡、街道都与部队建立共建联系，在新兵入营、参加演习、执行任务后，组织心理医务人员和“兵妈妈”等人员，入军营、进班排，与官兵面对面话得失、谈感想、表决心，激发部队官兵心系祖国、履行职责的使命意识和报国热情。（郭文军）

【双拥共建活动】 2019年，大同军地双方开展以“赞颂辉煌成就，军民同心筑梦”为主题的宣传教育及军民联欢、军地座谈、退役军人座谈等活动。5月15日，大同市双拥办携手预备役高炮团文艺演出队到灵丘县城西郊第一村——黑龙河村，举办“走进革命老区、倾情红色沃土”文艺慰问演出。6月27日，市双拥办携手预备役高炮文艺演出团到武警大同支队教导队，开展“我爱党旗红，书画进军营”活动。7月26日，大同市委统战部新的社会阶层人士联谊会为某旅野外驻训的官兵送去“文化盛宴”，市新联会为部队官兵捐赠洗衣机50台，樊登读书卡50张，军队法律汇编册子200本，总价值4.2万元。8月1日，市图书馆开展“庆八一 军民共叙鱼水情”主题系列活动。驻地部队响应市委、市政府号召，开展扶贫帮困活动，主动参与脱贫攻坚任务。大同军分区机关投入30万元，帮助广灵县加斗乡东留疃村建设村民文化广场和舞台。驻大同某部队一次性拿出100万元，在阳高县东小村镇西营村建设“屋顶分布式光伏发电站”，9月并网发电。驻大同某部队投入30万元用于驻地扶贫，其中20万元投资新荣区郭家窑乡杨家场村民营养殖企业。预备役高炮团确立云州区瓜园乡道西湾村为扶贫点，投入15万元扶持购置农用收割机械，改善该村生产条件。11月11日，海军大同舰官兵代表专程到浑源县开展捐资助学活动，资助3名贫困儿童9000元款物。某部队抽调330名官兵负责承办山西大学、山西财经大学、大同大学3所院校1.96万人军训任务。预备役高炮团组织现役官兵骨干到驻地乡镇、厂矿企业组织编组的预备役人员开展入队训练，累计军训8000人次。10月16日，在全省双拥模范城（县）命名暨双拥模范单位和个人表彰大会上，大同市被山西省委、山西省人民政府、山西省军区评为新一届“山西省双拥模范城”。（郭文军）

【双拥举措创新】 2019年4月9日，大同市退役军人事务局提请市政府召开落实规范部分拥军优属措施协调会，部署协调落实停车场军车免费停放，文物景区旅游景点现役军人免票，现役军人免费乘坐市内公交，医院、银行等公共场所设置军人依法优先窗口和标识等拥军优属政策。全市在铁路、交通邮电等服务部门设立军人柜台、军人售票口，在停车场设置军车免费标识；实行现役军人免费乘坐公交车、参观市内旅游景点政策。与建设银行、大同银行签订《拥军优抚合作协议》，为优抚对象制作专属银行卡，开通优先服务绿色通道。7月23日，召开庆祝建军92周年退役军人座谈会，省委常委、市委书记张吉福出席会议并讲话。8月14日，联手中国建行大同分行举行大同市退役军人服务卡启动仪式，服务卡面向全市退役军人发行，可享受免收工本费、免账户管理费、免小额账户管理费、免系统内异地存取现转账手续费、免跨行转账费等服务。10月16日，在全省双拥模范城（县）命名暨双拥模范单位和个人表彰大会上，大同市被山西省委、山西省人民政府、山西省军区评为新一届“山西省双拥模范城”。11月27日，“大同市双拥工作领导组扩大会暨创建全国双拥模范城”九连冠工作推进会召开。省委常委、市委书记、市双拥工作领导组组长张吉福出席会议并讲话。制定出台《中共大同市委大同市人民政府大同军分区关于进一步加强新形势下双拥模范城建设的意见》《市人社局、市双拥办和大同军分区政治工作处印发关于大同市随军家属专项招聘工作实施意见》，细化规定双拥工作。

（郭文军）

【纪念英雄烈士活动】 2019年4月1日至7日，大同市退役军人事务局在市革命烈士陵园组织开展“传承·2019清明祭英烈签名”活动，8万余名社会各界人士参与。9月30日，在市革命烈士陵园举行烈士纪念日公祭活动，市党政军领导与社会各界群众1000余人参加敬献花篮仪式，缅怀烈士功绩，表达崇高敬意与无限哀思。9月25日，大同市退役军人事务局联合市委网信办开展“我和我的祖国”网上为大同烈士献花活动，全市社会各界人士通过“我和我的祖国”H5小程序，向5321名大同英烈网上累计献花113万余束。（郭文军）

【双拥文艺慰问】 2019年5月15日，市双拥办携手预备役高炮文艺演出团在灵丘县城西郊第一村——黑龙河村举办“走进革命老区、倾情红色沃土”文艺慰问演出，丰富全体村民及部队退役老兵文化生活。

活动内容有：黑龙河村民健身队的扇舞《开心中国》、男声独唱《中华情》、女声小合唱《万泉河水》、男女二重唱《红红火火大中华》、村民手绢舞《最美的中国》、水兵舞《军港之夜》及灵丘县本土艺术家演唱的歌曲《桃花红杏花白》《咱们村的人》，退役老兵大合唱《打靶归来》。大同市青年书画家张日华向黑龙河村赠送书法作品。山西润洋翔宇公司、大同美程国旅向黑龙河村10名退役老兵赠送礼品。（郭文军）

【大同市被授予全省双拥模范城称号】 2019年10月16日，全省双拥模范城（县、区）命名暨双拥模范单位和个人表彰大会在太原召开。会议宣读命名表彰决定，命名58个

▲2019年9月30日，市党政军领导与社会各界代表到市革命烈士陵园，举行烈士纪念日公祭活动，向革命烈士敬献花篮（张燕伟 摄）

双拥模范城（县、区），表彰96个双拥模范单位和95名双拥模范个人。其中，大同市被命名为山西省双拥模范城，新荣区、灵丘县、浑源县、阳高县被命名为山西省双拥模范县（区）；北方通用动力集团有限公司六一六厂等6家单位被授予省爱国拥军模范单位称号，解放军某部队政治工作部保卫科等3家单位被授予省拥政爱民模范单位称号，市华兴房地产开发有限公司法律顾问赵银才等6人被授予省爱国拥军模范个人称号，解放军三二二医院消化内分泌科主任张民成等3人被授予省拥政爱民模范个人称号。（郭文军）

社会事务

殡葬管理

【概况】 2019年，大同市殡仪馆火化遗体3111具，接待服务治丧群众10余万人次，总减免费用89万余元。年内，出台《大同市民政局关于加快落实全市殡葬基础设施建设任务的通知》。全年出动殡改宣传执法车65余次，在各服务单位张贴公告150张，印制发放宣传资料5万余份，营造文明祭祀的祭奠环境。加大违规殡葬查处力度，市殡葬管理所出动执法人员1075人次，“12345”政府服务热线117单，执法车213车次，查处违殡事件189起。（刘 峰）

【清明祭扫】 2019年，大同市贯彻全国丧葬礼俗改革座谈会精神，利用清明节期间集中祭扫和集中安葬民俗习惯，倡导树立尊重生命、绿色文明的殡葬新风，推动丧葬礼俗改革，遏制大操大办、炫富攀比、厚葬薄养等陋习。推进文明、低碳、安全祭扫，推行节地生态安葬。利用爱国主义教育场所和生命文化教育基地，开展追思先贤、缅怀先烈、孝亲感恩等活动，把纪念逝者与弘扬家风家训、传承优秀文化有机结合，使清明节成为传递亲情、弘扬文化、保护环境的重要载体。（刘 峰）

【殡葬领域突出问题专项整治】 2019年，大同市汲取秦岭违建别墅事件教训，整治违法违规私建“住宅式”墓地问题，遏制违建乱象，出台《关于开展违法违规私建“住宅式”墓地专项整治方案》，成立由局长任组长的专项领导组。加强日常监督管理，改进创新治理方式，全年大同市未发现违法违规私建“住宅式”墓地。

（刘 峰）

婚姻登记

【概况】 2019年，大同市办理婚姻事宜40815件。办理全市各县（区）

婚姻事宜40796件，其中结婚登记21265件，离婚登记7012件，补发结婚证11934件，补发离婚证585件。办理涉外婚姻事宜19件，其中结婚登记18件，离婚登记1件。（刘　峰）

【婚姻登记管理】 2019年，大同市各县（区）婚姻登记机关按照省民政厅《关于印发婚姻登记个人信用风险告知书的通知》要求，启用《婚姻登记个人信用风险告知书》。印发《关于补发结婚证有关问题处理办法的通知》解决群众补证难问题。在庆祝新中国成立70周年之际，开辟绿色通道给85对新人办理结婚证。把市民政局机关1988年至2012年存的3064件婚姻登记历史档案全部移交市平城区档案局，移交大同市行政审批服务管理局涉港澳台、华侨外国人婚姻登记等工作。（刘　峰）

【结婚证办理】 2019年5月20日，大同市平城区婚姻登记处为满足这个特殊日子新人办理婚姻登记需求，提前安排部署岗位人员，抓婚姻信息系统安全检测等安全保障工作，当日通过中午不休息、下午下班延时等举措给新人们提供服务，全天接待300余对登记结婚的新人。8月7日是中国传统节日“七夕节”，为应对“择吉结婚”高峰，市平城区婚姻登记处工作人员延长工作时间，安排专人提前检修全部设备，给准新人办理结婚登记手续，当天市平城区婚姻登记处给160余对新人办理结婚登记手续。

（鹤　梅）

老龄事务

【全市老年人基本情况】 2019年，大同市总人口344.02万人，其中60岁以上老人62.29万人，占全市总人口18.1%；65岁以上老人42.1万人，占全市总人口12.2%；80岁以上高龄老人7.58万人，占全市总人口12.6%。百岁老人77人。（沈文红）

【老年人健康服务】 2019年，大同市老年人健康服务重点人群签约64万人，签约率84%，给65岁以上老年人每年提供一次健康管理服务，给65岁以上老年人建立电子健康档案29.24万份，健康管理率69%；9月，制定《大同市国有企业退休人员社会化管理健康服务办法》，指导县（区）开展做好国有企业退休人员社会化管理健康服务工作。全市有44家民办养老院探索开展社区老年人日间助餐服务。开展老年人心理健康服务。6月起，大同市卫健委开展老年人健康关爱活动，在德亨仁厚等养老机构、柳航里等10余个社区，开展20余场老年心理健康、口腔疾病咨询讲座，走访失独老人家庭，给1800余位老年人送上老年心理健康知识和生活帮扶服务。协助成立市老年心理专业委员会；9月启动老年人心理关爱项目，制定《实施方案》，成立市级工作组，举办培训班，培训市平城区、云冈区项目试点社区的相关服务人员50余名。（沈文红）

【老年健康知识宣传】 2019年6月，大同市卫健部门举行大同市老年健康宣传周活动，宣传“一法一办法”、老年健康政策和知识等，开展大型宣传活动11场，发放宣传资料6500份，义诊老年人2100名，走访老年人600余人次。6月至9月，市卫健委举办“美丽大同 美丽社区”法律进社区公益活动；9月底举办阿尔茨海默病预防和干预宣传活动，宣传“一法一办法”、老年健康知识和阿尔茨海默病预防知识等，发放宣传资料3000余份。（沈文红）

【大同百岁老人】 2019年，大同市有百岁老人77位。阳高县百岁老人最多，占23%。最长寿者是110岁的老人吕存梅，居住在天镇县米薪关镇谷大屯村。从性别来看，女性百岁老人61人，占近4/5。从分布来看，大同市各县（区）均有百岁老人，其中有“长寿之乡”称号的阳高县百岁老人最多，有18人；其次是平城区13人；浑源县12人；云冈区8人；天镇县、云州区和左云县均5人；广灵县和新荣区均4人；灵丘县3人。从年龄来看，年龄最大的是天镇县米薪关镇谷大屯村的老人吕存梅，出生于1909年1月，110周岁；出生于1910年8月的阳高县罗文皂镇管家堡村109岁老人倪二女和出生于1911年2月的浑源县裴村乡旧裴村108岁老人安大女分别是大同市第二、第三高龄老人。这些百岁老寿星都有各自的长寿秘诀，孝顺和睦的家庭氛围，及个人饮食、起居、运动、情志的“四合理”都是他们的共同之处。（鹤　梅）

【养老服务体系建设】 2019年，大同市建成各类养老机构51家，农村敬老院58所。农村老年人日间照料中心378个，城市社区老年人日间照料中心45个。市本级福彩用80%公益金支持养老体系建设。利用民政部、财政部、社区居家养老试点资金补贴1200万元，建设区域性中央厨房建设建设中央厨房项目，给居家和社区养老服务人群提供养老服务。建设农村日间照料中心25个，优选报送示范点38个，奖补市本级福利金列支38万元。安排72万元，给120个照料中心配置空调，实施冬暖工程。关闭整合10人以下条件简陋的乡镇敬老院26所，完成法人登记手续1个。市政府给每个县（区）补助资金9万元，给农村特困老人和高龄老人提供医疗、养老补助等服务。

（沈文红　刘　峰）

【养老服务信息化平台建设】 2019年，大同市民政局利用民政部、财政部、社区居家养老试点资金补贴800万元，加快推进养老服务信息化平台建设，采取政府购买服务方式，委托大同398公司建设全市智慧居家养老服务平台并投入使用。2018年5月，大同市被列为全国第三批社区和居家养老服务试点城市，2019年5月，民政部考核组考核大同市居家和社区养老服务改革工作，认可大同在医养结合、智慧养老服务平台的整体设计、建设等方面取得的经验做法。（刘　峰）

【养老服务重点项目建设】 2019年，大同市创新养老服务方式，以打造综合康养产业区为牵引，推进康养、医养重点项目建设，主要有5个项目：大同398博爱康养服务中心项目，投入使用；黄经世家康养小镇项目进行项目建设；大同市桑干河森林康养小镇项目，一期主体全部建成；大同世家小镇项目上年开工建设；全国“曜阳快助”助老项目，于9月25日启动实施，该项目是大同市开展第三批全国居家和社区养老服务改革试点的合作示范项目，在全省率先探索“可推广、可复制、可持续”的养老服务模式。8月，由省民政厅和市政府共同主办的2019“夏养山西”康养产业交流对接会在大同市举行，描绘养老服务业发展的前景，成立“夏养山西”外聘专家智库。第三季度专题组织养老服务从业人员业务能力提升培训，建立完善养老服务人才奖补政策。对取得不同级别职业资格证书的在岗人员，按每人400元、800元、1500元的标准给予一次性奖励。（刘　峰）

【医养结合】 2019年，大同市150张以上床位的养老机构有18家，其中有17家养老机构采取不同方式给入住老年人提供医疗服务。全市65%的养老机构能够提供医疗服务。构建“住、养、医、护、康”五位一体医养服务模式，推进医疗与养老融合发展。全市有魏都颐养康复中心等20家机构采用医养结合模式运营。左云县张家场乡纸方头村等3个省级试点村，采取内设卫生室，提供医养结合服务。全市100%的三级综合公立医院、80%的二级综合公立医院开设老年病科，87.5%的医疗机构开通老年人服务绿色通道。大同市3个医养结合的典型经验入选国家卫健委医养结合典型案例。在省卫健委2019年老龄工作培训会上，大同市作为国家级医养结合试点市作经验交流发言，《生活晨报》开设专版报道。（沈文红）

【“敬老月”活动】 2019年，大同市卫健委印发“敬老月”活动《通知》《实施方案》；印刷“一法一办法”（《中华人民共和国老年人权益保障法》和《山西省实施〈中华人民共和国老年人权益保障法〉办法》）合订本和《老年健康知识》宣传册各1万本，给县（区）发放两种宣传资料1万本；制作保健盒、毛巾、香皂、围裙、雨伞等活动宣传品。敬老月活动期间，发放“一法一办法”和老年健康知识等宣传资料1.5万份，并发放保健盒、毛巾、香皂、雨伞、围裙、抽纸等宣传保健用品。（沈文红）

【福安康康养服务平台启动】 2019年7月7日，由山西适老用品专业委员会、山西福安康健康管理有限公司、山西省康养集团有限公司、山西德乐文化有限公司、大同中港文化发展有限责任公司联合主办的福安康康养服务平台暨一直牛山西公益行活动启动仪式在太原举行。该次福安康康养服务平台的启动，把省内外健康管理、医药流通、适老用品等企业、运营团队引入山西，助推山西康养产业的融合升级发展。山西福安康健康管理有限公司借鉴当前国内外主要养老模式的优点和特色，开创兼具居家养老温馨、社区养老便捷、医养结合专业、旅游养老舒适的养老模式。该公司在太谷孟母养生健康城打造一条适老用品康养文化街，提供居家养老、社区养老、机构养老所需的护理家具及护理、康复和日常生活用品、专业养老服务、居家养老改造、养老机构人才培训等，给健康城的老人们设立茶室、花屋、娱乐室、义卖空间、老年课堂等。启动仪式上，山西福安康健康管理有限公司和四川一直牛健康管理有限公司向山西孟母健康养生城的老人们和山西阿米朵慈心特教中心的孩子们捐赠1万贴健康护眼产品。（鹤　梅）

【“重阳节”活动】 2019年“重阳节”期间，大同市举办“丹青绘盛世 翰墨书华章”庆贺中华人民共和国70华诞的书画展。组织市敬老车队免费搭载大同供电公司40余名离退休人员参观市体育中心。组织开展健康服务活动走进社区，普及老年心理健康知识。组织开源街社区卫生服务中心等单位在开源嘉苑社区开展义诊、老年法宣传咨询维权、老年健康知识宣传普及歌舞表演活动。在文博苑社区等6个社区开展7场口腔义诊宣讲活动。市卫健委在“重阳节”期间走访慰问全市77位百岁老人，发放慰问金17.71万元。（沈文红）

【助老服务卡发放试点工作】 2019年10月16日，大同市民政局以市平城区为试点组织全市助老服务卡发放工作。在市平城区先期试点发放助老服务卡期间，给户籍及现住址均在平城区范围内的80周岁以上高龄老年人；75周岁以上空巢、独居及低保家庭老年人；低保家庭60周岁以上失能老年人发放。符合条件的老年人或其委托人通过大同市智慧居家和社区养老服务中心微信公众号或网站填写助老卡申请表，有特殊困难的老年人可由各县（区）民政局指导社区工作人员协助申请。通过试点在全省探索“可推广、可复制、可持续”的养老服务模式。该卡由中国建设银行大同分行发放，与银行卡具有同等功能：开设专用账户，其中在平城区开展试点期间，依据第三批全国居家和社区养老服务试点安排，政府给80周岁及以上高龄老年人、60周岁及以上低保家庭失能老年人定期存入一定金额的助老补贴；记录接受服务的服务商、服务人员、服务对象、服务项目、服务时间、服务地点、收费等基本信息，做出服务质量评价，享受线上线下相关服务。（鹤　梅）

【大同市上榜“2019年中国康养城市排行榜50强”】 2019年12月，在北京举行的首届中国康养大会及高峰论坛上，标准排名城市研究院联合中国康养大会组委会发布“2019年中国康养城市排行榜50强”名单，大同位列44名，是山西省唯一上榜城市。

评选通过指标建立的完整体系来评估康养城市，经大数据处理，得出“2019年中国康养城市排行榜50强”。大同市依托康养资源优势，发展康养产业，初步建立起具有“山西特色、大同特点”的康养产业体系。在医疗、康复、养老、养生、旅游等传统健康产业发展同时，涌现相关业态融合发展，重点布局一批有利于发挥自身优势，符合产业发展和国家政策方向，具有市场竞争优势的支撑性项目作为示范，完成规划建设康养产业核心示范园区项目的前期筹备，启动项目招商引资工作。（鹤　梅）

城乡社区治理

【概况】 2019年，大同市有城市居民委员会358个，配备宽带网络社区311个，配备采暖设施社区325个，社区工作人员3846人，取得社会工作职业资格证书人员329人，大专以上学历1559人。全市社区社会组织数量235个。社区综合服务设施总面积171534.75平方米，其中社区用房面积大于等于1000平方米以上的社区数量22个；大于等于500平方米且小于1000平方米的社区数量144个；大于等于200平方米且小于500平方米的社区数量192个，全市社区有室外活动场地131789.3平方米。

（刘　峰）

【村规民约　社区公约修订】　2019年，大同市民政局指导各县（区）开展村规民约和居民公约"回头看"，摸清底数，建立台账，明确内容，及时修订。全年全市修订完善村规民约的村数1530个，修订完善居民公约的社区数315个。（刘　峰）

【村委会成员审查】　2019年，大同市民政局对村委会成员全部"过筛子"，配合乡镇党委政府终止、罢免不符合条件的村委会成员职务，并依法补齐配强村委会班子，建立村委会成员联审台账和联审统计表并按时报送。针对尚未完成清理和尚未补齐配强村委会主任、成员的村委会，建立工作台账，实行销号管理，清理一个、销号一个，补齐一个、销号一个。审查出不符合条件的村委干部62人，并全部清理。同步配齐村委会干部51人，其中村委会主任29人、村委会成员22人。（刘　峰）

【社区治理体系健全】　2019年，大同市围绕新时代城乡社区治理宗旨原则，以广大居民对美好生活需求为出发点，推动社区治理体系和治理能力现代化，健全体制机制，提升社区管理服务水平。推动社区、社会组织、社会工作"三社联动"机制，发展壮大社会组织。引进北京芯动力社会组织发展中心，探索成立平城区社会组织服务（孵化）中心，年内第二批社会组织孵化工作启动并陆续展开。加快社区综合服务设施建设，完善基础设施，提升社区服务能力，全年全市社区总面积超过15万平方米，500平方米以上的社区147个，占社区总数41%。（刘　峰）

【社会组织服务华北星社区】　2019年1月11日，大同三中平城区社会组织服务华北星社区启动仪式在平城区水泊寺乡华北星社区会议室召开，标志着4家社会组织"落户"华北星社区，为居民提供专业品质服务。该次4家社会组织进入华北星社区的服务是"上年首届政府向社会力量购买服务"项目，包括社区学堂、魅力女性课堂、太极走进社区颐养居民健康、弘扬中国文化让"筝情"走进社区。秋雨社会工作服务中心在社区开办社区学堂，教授书法、国画、古诗词欣赏与创作；大同杨澄甫太极拳中心开展10个月服务，每周两次培训，教授杨氏太极基本的理论、拳理和实战应用；高吉文化传媒有限公司让"筝情"走进千家万户，居民通过对民族乐器——古筝的学习，提升自我，陶冶情操；新火职业培训学校，开展3个月培训，专门针对女性开展生活妆容、美甲等课程学习。（鹤　梅）

【建设里社区推行"菜单式"服务】　2019年1月16日，大同市平城区建设里社区组织居民和社团组织召开座谈会，就2019年社会组织干点啥，怎么干征求居民意见，形成居民点单、社区下单、社会组织接单的服务模式。座谈会上，社区负责人向居民们了解情况，征求意见，建设里社区电建的退休职工多，退休后大多赋闲在家，居民的精神文化生活匮乏，建设里社区根据情况引进竹青艺术团、华卿画室、诗朗诵等社团组织，居民们可到社区唱歌、跳舞、画画。年内，建设里社区根据居民需求引进街舞、数来宝、相声、小品、琵琶等社团组织，满足居民们文化需求。（鹤　梅）

【"美丽大同　美丽社区"社区活动】　2019年6月28日至10月18日，由大同市平城区委区政府、大同日报传媒集团主办，平城区民政局、大同日报传媒集团文化活动项目部、平城区南街街道办事处承办的"美丽大同　美丽社区"大型社区活动在大同举行。该次活动主题为"争创美丽社区　争做文明居民"，举办6期，活动内容有法治惠民、服务惠民、文化惠民三大方面，各个服务惠民单位到全市6个大型社区，给居民们进行普法宣传、免费赠药、中医免费义诊、免费体检、教授生活知识、表演歌曲、舞蹈、旗袍秀、乐器、杂技等，让社区居民在家门口享受社区文化生活，促进社区文明建设。（鹤　梅）

【社会组织参与社区建设】　2019年7月10日，大同市平城区新建南路社会组织联合会面向社会各级各类社会组织征集的公益项目进入终极评审阶段。通过前期项目征集、项目初审，大同市北恒篆刻艺术研究所、大同市热橙清洁服务有限公司等28个公益项目进入终极评审阶段，内容涵盖纸塑、沙画、篆刻、法律咨询、心理咨询等多个门类。经过评审团集中讨论，对达标服务项目在新建南路街道微信公众号上公示。对优秀公益项目给予资金支持，对实施项目的社会组织长期进行跟踪指导。（鹤　梅）

社会组织管理

【概况】　2019年，大同市成立社会组织47家，社会团体27家，民办非企业20家；注销13家，社会团体8家，民办非企业5家；变更法人22家，社会团体10家，民办非企业12家；变更地址15家，社会团体2家，民办非企业13家；撤销28家，社会团体17家，民办非企业11家。开展社会组织年报工作，有221家社会团体和282家民办非企业单位落实年报工作制度，分别占社会团体和民办非企业单位总数的93%和95%。排查涉企行业协会商会的减免及收费行为，全市有34家免收会员会费、38家行业协会商会给会员减免会费500余万元。（刘　峰）

【社会组织审批程序简化】　2019年，大同市简化社会组织审批程序。社会组织登记时，从章程核准、从业人员资质、注册资金、会员签名等实行一次性告知、一站式集中受理，使社会组织的筹备及审批从法定60个工作日，明确到审批时间15个工作日，简化程序加快审批进度；在社会组织注销和法人变更时，不再要求申请人提供离任审计或清算报告，改由审批部门委托有关机构提供离任审计或清算报告，给社会组织在注销和变更时节省审计经费，提高审计的真实性和有效性。（刘　峰）

【行业协会商会与行政机关脱钩】　2019年，大同市有社会团体527家（市直245家、县区282家），其中行业协会商会有68家（市直60家、县区8家），68家行业协会商会涉及22个业务主管单位，会同业务主管单位经过清理规范工作，变更法人12家、变更办公场所6家，督促换届选举10家，清退党政领导干部在社团中兼职110人，经省委组织部审批6名省管干部在6个社团中兼职、市委组织部审批17名市管干部在10个社团中兼职，有副处以上干部23人在16个社团兼职。全年重点对剩余13家行业协会在人员、职能、财务、场所方面与行政机关分离，68家行业协会商会全部与行政机关在职能、办公场所、人员、财务实行分离。（刘　峰）

【行业协会商会收费检查】　2019年1月，大同市民政局联合市发改委、市财政局等部门在全市集中开展行业协会商会收费检查活动。该次活动重点检查规范行业协会商会会费情况，包括会费标准的制定程序、会费档次、停止重复收费、规范以产销量或企业规模等为基数收取会费等；规范行业协会商会经营服务性收费、纠正不合理和偏高收费情况；规范行业协会商会行政事业性收费情况；规范行业协会商会评比达标表彰活动情况；建立健全行业协会商会乱收费投诉举报制度情况；执法查处行业协会商会违规收费情况，重点是查办强制收费、强制培训、强制入会、妨碍退会和利用评比达标表彰、依托政府部门违规收费工作；巡视、督查、审计以及上级部门转办线索查办情况。全市有行业协会商会88家，其中市级71家，县（区）17家。除3家行业协会商会提出注销申请，4家行业协会商会拟撤销外，剩余81家行业协会商会通过自查自纠，未发现有涉企违规乱收费行为。（鹤　梅）

【大同市社会工作联合会成立】　2019年8月24日，大同市社会工作联合会成立大会暨第一次会员代表大会在市社会福利院召开。市社会工作联合会的成立标志着大同市本土社工有自己的“家”，对推动全市社会工作专业化、职业化建设，促进行业健康发展起到积极作用。

2019年，大同市有417名持证社会工作者，报名参加全国社会工作者职业水平考试的人数934人。大同市社会工作联合会应时而生，通过对社会工作力量的整合，开展扶贫济困、社区服务、灾害救助、扶老助残、婚姻家庭、矫治帮扶、禁毒戒毒、职工帮扶、医疗卫生等社会工作服务，发挥社会工作服务机构和社工的作用。成立大会上，大同市社会工作联合会有关负责人作表态发言，号召广大社工秉持“以人为本，助人自助”专业理念，弘扬社工精神，勇担时代使命，投身社会实践，用实际行动传播正能量，服务困境人群，为建设大美大同贡献青春和力量。（鹤　梅）

区划与地名管理

【地名管理】　2019年，大同市民政局按照《山西省民政厅关于整理上报山西省第二次全国地名普查档案的通知》等文件要求，督促各县（区）按照文件要求落实地名普查工作，开展地名普查档案整理，年内市云州区完成地名普查档案整理工作。清理整治地名中存在的不规范现象，主要包括居民区、大型建筑物、街巷、道路、桥梁等地名中存在的“大、洋、怪、重”等不规范地名。全市组织开展加强地名文化保护暨清理整顿不规范地名工作，报送“东方罗马城、伦敦街、巴黎广场”等不规范地名。全年经实地踏勘命名标准化地名名称43个，修理地名标志193个。加强地名文化课题研究，挖掘地名文化内涵价值。加大地名文化宣传，讲好地名故事。通过挖掘地名文化内涵，和地名学者沟通，给民政部举办的《中国地名大会》提供素材，弘扬大同市地名文化。（刘　峰）

【县界联检】　2019年，大同市民政局指导相关县（区）完成行政区域界线勘界工作，勘界协议以市政府文件报送至省政府，其余变更的行政区域界线协议重新签订，并报送至省政府。指导督促市平城区、云冈区等县（区）完成区划调整后界桩更换工作。6月初，大同市、朔州市对两市行政区域界线进行第四轮联合检查，两市民政局制定《朔州市与大同市行政区域界线第四轮联合检查工作实施方案》，联检工作涉及2市8县（市）区275.4千米。指导督促完成左云—云冈、新荣—阳高两条县界联检工作。年底，大同市行政区划图及市区标准地名图印制发行。（刘　峰）

【行政村撤并】　2019年，大同市为加强农村“三基建设”，构建乡村治理新体系，根据省委《关于深化“三基建设”进一步加强基层工作的若干意见》精神，省委“三基建设”领导小组办公室、省委组织部、省民政厅印发《关于加强行政村合并工作的指导意见》，加大合并行政村力度，减少人口规模小的行政村。全年大同市合并行政村100个，其中广灵县合并行政村23个，阳高县合并行政村56个，新荣区合并行政村21个。（刘　峰）

道德风尚

【大同9户家庭上榜三晋“最美家庭”】　2019年3月，上年度三晋“最美家庭”结果揭晓，大同市有9户家庭上榜，还有8户家庭被授予全省“五好家庭”称号。大同市获三晋“最美家庭”称号的分别是：市公安局巡特警支队综合大队姚雁阳家庭、广灵县西关村樊广亮家庭、浑源县驼峰乡梨园村温淑琴家庭、灵丘县上寨中心卫生院范金星家庭、云冈区委办信息化中心彭红霞家庭、天镇县玉泉镇光明里社区任恒花家庭、同煤集团四台矿机修厂赵红玉家庭、白洞煤业有限责任公司通勤车队工会胡文英家庭、云州区瓜园乡东坪村王美珍家庭。大同市有 8 户家庭被授予全省“五好家庭”称号，分别是：云冈区新河里小区王守宏家庭、广灵县壶泉镇商村张翠凤家庭、灵丘县红石塄乡下北泉村邓慧香家庭、天镇县东门外温安小区李文安家庭、云冈区西花园桃园社区岳艳芳家庭、新荣区上深涧乡刘安窑村李四女家庭、平城区北关街道北辰社区李月花家庭、平城区新旺乡新泉村冯素荣家庭。（鹤 梅）

【大同 4 名道德模范受表彰】 2019 年 4 月 16 日，“榜样山西”第七届山西道德模范颁奖典礼在山西省广播电视台演播厅举行，全省 25 名道德模范和 25 名道德模范提名奖获得者受到表彰。大同市 4 人位列其中，已故广灵县宜兴乡三间房村村民宋金被评为助人为乐道德模范，浑源县蔡村镇碾槽沟村村民王春芳被评为孝老爱亲道德模范，新荣区破鲁堡乡八墩村村民、同煤集团精通兴旺煤业公司临时工葛向栋和云州区法院职工吴德斌分别获诚实守信、见义勇为道德模范提名奖。（鹤 梅）

【全国自强模范米斌专场报告会】 2019 年 5 月 28 日，全国自强模范米斌专场报告会在大同市文瀛湖办公楼多功能 3 号会议室举行。专场报告会上，米斌讲述自己如何自强不息、艰苦创业的故事及成立合作社带领贫困残疾人一起致富增收的经历，分享自己的创业心得和打算。米斌，61 岁，是阳高县农泉大南滩奶牛养殖专业合作社法人代表，是一个小儿麻痹和听力障碍的双重残疾人。尽管身患残疾，但米斌不怨不弃，自强不息，发展壮大养牛产业，并成立合作社带领贫困残疾人一道致富增收，被省残联确定为全省农村残疾人扶贫基地，被市残联确定为全市优秀农村残疾人扶贫基地。（鹤 梅）

【大同 2 人被授予“全国模范退役军人”称号】 2019 年 7 月 26 日至 27 日，全国退役军人工作会议在北京召开，会上 401 名全国模范退役军人、91 个全国退役军人工作模范单位和 76 名全国退役军人工作模范个人受到表彰，大同市高养利、惠建武被授予“全国模范退役军人”称号，大同市光荣院被授予“全国退役军人工作模范单位”称号。

在该次表彰中，山西省有 11 人被授予“全国模范退役军人”称号，两家单位被授予“全国退役军人工作模范单位”称号。高养利是广灵县养丽食用菌种植专业合作社理事长，他 2008 年牵头创办的这家专业合作社发展成为一家集食用菌栽培、新技术研发推广、青年创业就业培训等为一体的综合性示范园区，通过创业就业培训、免费技术指导、菌种供应和产品回收的模式，带动农村青年实现脱贫致富，曾被授予“广灵县十佳青年标兵”“广灵县优秀共青团员”和“大同市十大杰出青年”等称号。惠建武是云冈区公安分局刑警大队副主任科员，从警 30 年来一直奋战在打击犯罪第一线，参与侦破各类刑事案件 1500 余起，打击处理各类犯罪嫌疑人 1000 余名，曾 6 次因公受伤，2017 年 5 月被公安部授予“全国优秀人民警察”称号。（鹤 梅）

【葛向栋获第七届全国道德模范提名奖】 2019 年 9 月 5 日，第七届全国道德模范名单公布，大同市新荣区破鲁堡乡八墩村村民葛向栋获全国道德模范提名奖。

葛向栋是新荣区破鲁堡乡八墩村农民、同煤集团精通兴旺煤业有限公司临时工，他以凡人善举传递着社会正能量。葛向栋的父亲葛义生前是一位乡村教师，临终前嘱咐葛向栋一定要帮助贫困学生完成学业。为实现父亲遗愿，他东奔西走积攒资金，在他带动下全家人都加入到捐资助教行列中。经过葛向栋努力，新荣区破鲁堡乡青泽学校成立“葛老师奖学金”。2013 年 4 月，青泽学校举行第一届“葛老师奖学金”颁奖仪式，25 位青泽学子分别获优秀奖、进步奖、励志奖等。截至 2018 年 5 月，葛家出资 12 万元，有 163 人次享受这一奖项。葛向栋生活并不富裕，自 1984 年参加工作以来，他一直是一个收入不高的零时工，他的妻子没有固定工作，靠打零工贴补家用，女儿上大学，每年的学费也是一项不小的开支。每年为准时把 2 万元捐款送到学生手中，他经常利用休息日去洗车场打工，早晚时间在街上摆地摊。葛向栋上年入选“10 月中国好人榜”、上年 12 月获第二届大同诚实守信道德模范提名奖、2019 年 4 月获第七届山西诚实守信道德模范提名奖。（鹤 梅）

【马六孩 李培斌被授予全国“最美奋斗者”称号】 2019 年 9 月 25 日，中央宣传部、中央组织部、中央统战部、中央和国家机关工委、中央党史和文献研究院、教育部、人力资源和社会保障部、国务院国资委、中央军委政治工作部组织开展的“最美奋斗者”评选活动，评选表彰新中国成立 70 年来各地区各行业各领域涌现出来的、来自生产一线、群众身边的先进模范。全国 278 名个人、22 个集体被授予“最美奋斗者”称号，大同市马六孩、李培斌位列其中。

马六孩生前系原大同煤矿同家梁矿掘进组组长。1916 年，马六孩出生于一个贫苦家庭，祖父、父亲都是煤矿工人。他 8 岁开始下煤窑，解放后立志报效祖国，在工作中边干边总结，创造许多先进经验和做法，并把这些经验介绍给其他工友，一同改进生产技术。马六孩及其掘进小组推广和创造 54 项先进经验，培养出大量技术工人。“马六孩多孔道循环掘进工作法”在华北区国营京西、阳泉、峰峰、焦作、井陉等煤矿推广成功，各煤矿掘进速度普遍在原来的基础上提高 2 ~ 3 倍，给国家节省大量资金。从 33 岁给新中国挖煤到 1998 年 12 月 15 日因病去世，马六孩当选过中共党的八大代表，第一、二届全国人大代表，第五、六届全国政协委员，被评为全国劳动模范。2009 年被评为“新中国成立以来最具影响力的劳动模范”。

李培斌生前系阳高县信访服务中心主任，中共党的十八大代表，中华全国人民调解员协会常务理事。2015 年 10 月 15 日，因连续工作，劳累过度，突发心肌梗塞不幸去世，年仅 50 岁。李培斌工作 30 余年来，成功调解矛盾纠纷数千起，化解群体性事件上百起，教育 60 余名刑释解教人员迷途知返，挽救 50 余个濒临破裂的家庭，被当地群众称为“李司法”。他对调

社会生活

解工作上心，对群众利益关心，对自己的地位、利益看得很淡，从未向组织提过个人要求，始终保持一身正气、清正廉洁。2016年，中央组织部追授李培斌“全国优秀共产党员”称号。 （鹤 梅）

【大同2人被授予“山西最美社区干部”称号】 2019年9月，由山西省委组织部、省委宣传部、省民政厅指导，山西日报报业集团主办，山西晚报社承办的2019年度“山西最美社区干部”评选揭晓，大同市平城区开源街道民和社区党支部书记、居委会主任沈媛被授予“山西最美社区干部”称号，阳高县光明路社区党支部书记、居委会主任朱爱霞获“山西最美社区干部”提名奖。

2019年度“山西最美社区干部”评选活动5月启动，通过组织推荐、群众推荐等方式，有57位社区干部入围初评。评委通过事迹材料投票选出20位“山西最美社区干部”候选人。各地对候选人进行公示，并征求纪检等有关部门意见。评委通过审阅20位候选人事迹材料，观看影像资料和评议讨论，现场评选出10位“山西最美社区干部”，其他10位候选人获“山西最美社区干部”提名奖。 （鹤 梅）

【魏官元入选“中国好人榜”】 2019年11月28日，中央文明办在四川省宜宾市举办全国道德模范与身边好人现场交流活动，并发布11月“中国好人榜”，全国103位身边好人入选，山西省有两人入选，大同市新荣区魏官元上榜。

魏官元是新荣区司法局西村司法所所长、西村乡人民调解委员会主任、山西省人民调解专家库成员。魏官元身残志坚、情系民调，23年来调解纠纷1480余件，其中制止因民间纠纷引发的自杀、自残案件16件，制止民转刑案件43件，调解成功率99.8%，近5年调解成功率100%，给基层治理和社会和谐稳定作出贡献。他所创建的“老魏+党员调解车”成为和谐法治西村的名片。在工作中思考总结出“三看三法”调解法，即看人、看事、看原因，释法析理法、以情动人法、技巧运用法被推广运用。 （鹤 梅）

【广东狮子会志愿者爱心助力新荣中学】 2019年12月11日，广东狮子会志愿者到大同市新荣中学开展“狮爱新荣助飞学子”爱心活动，给新荣中学50名贫困学生送去助学金，给该校添置教学设备1套、课桌椅60套，捐赠款物8.4万元。广东狮子会成立于2002年4月，截至2019年7月，在广州、韶关、珠海等地建立274支服务队，会员人数9735人，秉承“正己助人，服务社会”宗旨，弘扬人道主义精神，参与助残、助学、敬老、扶贫、医疗卫生、救援救灾和社区服务等各类社会公益事业，开展各项公益慈善志愿服务活动。 （鹤 梅）

民族宗教事务

民族事务

【概况】 2019年，大同市有少数民族37个，16210人，其中回族8720人，满族4237人，蒙古族1522人，其他少数民族1731人。有4个回族聚居村：平城区田村、云州区三条涧村、云州区马家会村、天镇县袁家皂村，有回族群众1145人，占聚居村总人口35%。全市有清真食品经营单位21家，无民族社会组织。（薛守亮）

【少数民族村经济社会发展】 2019年，大同市委统战部落实少数民族发展资金136万元。云州区76万元，其中40万元用于马家会村文化活动中心修缮工程，屋顶拆除翻修，内外装修庭院硬化，36万元用于三条涧村内河道石砌护坡工程，拆除村内河道部分护坡，垃圾清运，河道清淤，石砌护坡，上部砖防护墙砌筑。天镇县60万元，用于回族群众丁保林成立的喜宝专业合作社，其中购置拖拉机、杂粮收割机40.6万元，农机车库9.9万元，耕地犁1.6万元，建设围墙7.9万元。合作社耕作收割的收入作为村集体收入，用于村民分红。（薛守亮）

【少数民族社会事务】 2019年，大同市委统战部按照山西省扶持民族贸易和民族特需商品生产相关政策，抓“十三五”少数民族特需品定点生产企业摸底、培育、筛选工作，使相关企业能够享受国家政策扶持。元旦、春节、国庆、中秋期间，会同市平城区、市伊协和清真食品义务监督员2次检查全市较大规模的清真饭店、清真牛羊肉专卖店和清真食品店，检查过程中发放《山西省清真食品监督管理条例》200余册，全年未发生“清真不清”问题和案件。 （薛守亮）

【少数民族优惠政策落实】 2019年，大同市委统战部落实少数民族考生中、高考优惠政策，给全市137名少数民族考生出具中、高考加分证明。接受公民民族成分变更咨询40余次，变更公民民族成分8人次。（薛守亮）

宗教事务

【概况】 2019年，大同市有佛教协会、道教协会、伊斯兰教协会、天主教爱国会、基督教三自爱国运动委员会五大市级宗教团体。全市信教群众19.61万人，有正式登记、依法开放的宗教活动场所348处，其中佛教场所163处、道教场所28处、伊斯兰教场所3处、天主教场所11处、基督教场所143处。全市有宗教教职人员605人，其中佛教445人、道教52人、伊斯兰教8人、天主教24人、基督教76人。 （张立权）

【宗教工作机制健全完善】 2019年，大同市委统战部制定《全市宗教工作领导组成员单位责任分工》，明确各成员单位关于宗教工作的职责。根据机构改革后的人员变动情况调整充实宗教工作领导组成员单位。市委统一战线工作领导小组建议市委巡查工作领导组，把宗教工作纳入市巡视巡察工作重要内容，5月中旬至7月中旬，十五届市委第五轮巡查8个巡查组巡查36个被巡察单位党组织。全市宗教工作领导组召开成员单位会议6次，研究部署理顺华严寺等宗教活动场所管理体制、巩固中央宗教工作督查整改落实成效、依法查处韩国基督教渗透、基督教非法聚会、互联网宗教舆情应对等工作。统战、宗教工作领导小组在抓宗教领域各项工作上形成工作合力。 （张立权）

▲ 2019 年 7 月 8 日，"同心同行七十载，携手奋进新时代"全市统一战线迎国庆系列活动之书画摄影展在市和阳美术馆开幕　　（市委统战部）

【爱国宗教团体建设】 2019 年，大同市委统战部把市级五大宗教团体办公费用列入财政预算，用于解决各宗教团体经费不足；加强宗教团体联席例会制度，做到常沟通、常联系、常谈心，按时汇报情况、安排工作、总结经验，年度召开 5 次团体例会；把好宗教教职人员入口关，审核政审条件，把有能力、有潜力，潜心修行的宗教界人士团结起来。组织学习培训，落实习近平总书记关于宗教工作的一系列新思想新观点新要求。年内，五大宗教团体分别举办深化"四进"活动场所（国旗、宪法和法律法规、社会主义核心价值观、中华优秀传统文化进宗教活动场所）暨法律法规培训班，提升宗教团体综合素质。（张立权）

【宗教爱国教育活动】 2019 年，大同市委统战部重点以新中国成立 70 周年为主题，引导市五大宗教团体参加全市统战系统"同心同行七十载，携手奋进新时代"迎国庆系列活动，增强全市宗教界的爱国热情，坚定宗教界永远跟党走的信心，保持在思想上、组织上、行动上与党中央高度一致。在庆祝新中国成立 70 周年前夕，组织全市五大宗教团体分别举行升国旗仪式和相关祈福活动，以宗教界特有方式表达对伟大祖国的热爱，坚定他们坚持宗教中国化方向的信心和决心。开展国旗、宪法和法律法规、社会主义核心价值观、中华优秀传统文化"四进"宗教活动场所活动，实现全市寺观教堂"四进"全覆盖。（张立权）

【佛道教商业化治理】 2019 年，大同市委统战部开展佛、道教商业化专项治理工作。禁止在宗教活动场所烧高香、抽签卜卦、炒作售卖"头香"等行为，在全市佛教界倡议《"三支清香、一片诚心"文明敬香，保护"大同蓝"》，摸底、排查全市各县（区）露天宗教造像。治理平城区、云冈区露天宗教造像 3 处。（张立权）

【抵御非法宗教渗透】 2019 年，大同市委统战部联合市国安、公安等部门，打击韩国基督教组织"上帝的教会""佳息教会"在大同的非法传教活动，瓦解其组织架构，维护全市宗教领域安全稳定。通过牵头协调、配合，制止 1 起基督教非法聚会活动。结合宗教活动场所换发登记证工作，开展基督教私设聚会点和未登记场所专项治理工作，要求规范场所管理。（张立权）

【新春祈福大法会】 2019 年 2 月 16 日，由大同市佛教协会主办的新春祈福大法会在华严寺举行。该次新春祈福大法会主题是"祈福祖国国泰民安，祈福大同美丽富裕幸福。"祈福法会在华严寺普光明殿前举行，迎请 7 位主法法师到位，150 名僧人和 3000 名身穿海青色居士服的居士双手合十，虔诚诵读经文，共同祈福，祈福祖国国泰民安、祈福大同美丽富裕幸福。（鹤　梅）

▲ 2019 年 9 月 26 日，大同市道教协会举行庆祝中华人民共和国成立 70 周年祈福法会　　（张立权 摄）

人　物

新任市级领导

王铁梅　女，1971年3月出生，山西省孝义市，全日制大学文学学士，在职研究生法学博士，1993年7月参加工作，1991年11月加入中国共产党。

1989年9月至1993年7月，山西大学中文系汉语言文学专业学习；1993年7月至1996年5月，山西大学中文系分团委书记；1996年5月至2001年8月，山西大学党委组织部副主任科员、主任科员；2001年8月至2003年11月，山西大学团委副书记、党支部书记；2003年11月至2013年3月，山西大学团委书记、党支部书记（2002年9月至2005年7月，山西大学法学院民商法学专业研究生学习，获法学硕士学位）；2013年3月至2016年7月，山西大学党委宣传部部长；2016年7月至2017年9月，阳泉市委常委、统战部部长（2011年9月至2017年7月，山西大学政治与公共管理学院政治学理论专业研究生学习，获法学博士学位）；2017年9月至2018年1月，阳泉市委常委、统战部部长、宣传部部长；2018年1月至2019年12月，阳泉市委常委、宣传部部长；2019年12月，大同市委常委。

冯晓雷　1973年1月出生，山西省岢岚县，全日制大专学历，在职研究生，1994年8月参加工作，1993年6月加入中国共产党。

1991年9月至1994年7月，忻州师专中文系中文专业学习；1994年7月至1994年8月，待安排；1994年8月至1995年5月，岢岚县教育电视台编辑；1995年5月至1999年5月，岢岚县政府办秘书；1999年5月至2002年5月，岢岚县政府办副主任（1998年9月至2001年12月，在中央党校函授学院政法专业在职大学学习；1998年9月至2001年12月，在中央党校函授学院本科班政法专业学习）；2002年5月至2003年7月，岢岚县政府办主任科员；2003年7月至2006年6月，岢岚县政府党组成员、政府办主任（2002年7月至2005年7月，在山西省委党校在职研究生班经管专业在职研究生学习；2002年7月至2005年7月，在山西省委党校在职研究生班经管专业学习）；2006年6月至2007年10月，岢岚县委常委、宣传部部长；2007年10月至2011年5月，共青团忻州市委书记、党组书记（公开选拔，其间：2008年9月至2008年12月，在省委党校中青年干部培训班学习）；2011年5月至2011年6月，神池县委副书记、代县长；2011年6月至2015年5月，神池县委副书记、县长；2015年5月至2019年9月，阳高县委书记；2019年9月至2019年11月，阳高县委书记、一级调研员；2019年11月至2019年12月，阳高县委书记、二级巡视员；2019年12月，大同市委常委、阳高县委书记。

郝献民　1967年3月出生，山西省沁县，山西农业大学学历，农学学士学位，1988年9月参加工作，1993年6月加入中国共产党。

1984年9月至1988年7月，山西农业大学农业经济管理专业学习；1988年7月至1988年9月，待分配；1988年9月至1990年8月，沁县经济开发办干事；1990年8月至1993年7月，沁县政府办公室文秘干事；1993年7月至1995年2月，沁县人大办公室副主任；1995年2月至1998年7月，沁县县委办公室副主任；1998年7月至2001年2月，沁县城关镇党委书记；2001年2月至2003年6月，沁县定昌镇党委书记；2003年6月至2006年5月，沁县政府副县长；2006年5月至2011年4月，沁县县委常委、政法委书记；2011年4月至2011年5月，黎城县委副书记；2011年5月至2011年6月，黎城县委副书记、代县长；2011年6月至2015年5月，黎城县委副书记、县长；2015年5月至2018年12月，古县县委书记；2018年12月至2019年1月，大同市政府党组成员；2019年1月，大同市政府党组成员、副市长。

任建刚　1962年11月出生，山西省朔州市，大专学历，1991年7月加入中国共产党，1983年9月参加工作。

1983年7月，市第十四中学校教师；1988年7月，团市委青工部干事；1992年11月，团市委调研室副主任；1993年3月，团市委调研室主任（其间：1993年10月至1994年10月，挂职共青团中央办公厅调研处主任科员）；1994年10月，团市委调研室主任兼宣传部部长；1998年4月，市委办公室综合科科员（正科长级）；2000年11月，市委办公室综合一科科长；2002年2月，市委办公厅综合科科长；2003年11月，市委办公厅助理调研员；2004年7月，市委副秘书长；2009年12月，市委副秘书长、政策研究室主任；2014年3月，市委党校常务副校长，市委副秘书长、政策研究室主任；2014年5月至2018年9月，市委党校（市行政学院）常务副校长（常务副院长）；2019年2月26日在政协第十四届山西省大同市委员会第三次会议上当选为大同市政协副主席。（市委组织部）

先进人物

全国五一劳动奖章获得者（大同）

鲍永生 1971年4月出生，山西省应县，中共党员，中国矿业大学矿业工程硕士，高级工程师，同煤集团总工程师，分管采煤、技术、通风、辅助运输等业务。

2012年6月至2019年1月，他在先后担任同煤集团下属3座生产矿井负责人期间，所任职单位各项工作每年都走在同煤集团前列。在同煤国电同忻煤矿任总经理期间，参与建设、并见证同忻千万吨矿井发展的整个过程，获中国建设工程“鲁班奖”、煤炭行业工程质量“太阳杯”奖。在雁崖煤业公司任董事长期间，探索资源枯竭型矿井发展之路，转岗、分流和剥离企业富余人员500人，使企业由单一煤炭开采向多元创效转变，每年创收3000万元。在马脊梁矿任矿长期间，在保持安全稳定基础上，推动矿井产量、外运、利润等主要指标实现“一年一大步、三年上台阶”的跨越式增长，生产规模、综合实力、内生动力、发展后劲和员工幸福指数实现大提升。亲自主持并设计改造矿井主煤流系统，把该矿建设成为同煤集团第9座千万吨级矿井，打造老矿技改升级典范。自2019年1月，担任同煤集团总工程师以来，推进科技创新和技术攻坚，在综采临空巷道治理、上隅角气体治理和新技术引进等方面发挥作用，推动企业技术工作水平不断提升。

鲍永生参加工作以来，被评为“全国煤炭工业劳动模范”，获“山西省五一劳动奖章”，被命名2017年度山西省功勋企业家等。2019年获“全国五一劳动奖章”。（常学良）

山西省特等劳动模范（大同）

王来生 1969年5月出生，山西省阳高县，民进成员，本科学历，大同大张铁路客运专线管理有限公司总经理。

2014年起，他参与高铁项目筹建。他在大张高铁前置支撑性文件办理、项目报件、可研报批、初设审批、开工建设方面在国家“十二五”规划新建的80条铁路中夺得五个“全国第一”；在征地拆迁方面，他探索总结出“坚持一个标准”“强化两条主线”“把握三个原则”“发挥四大作用”工作方法，成为山西省指导地方主导高铁项目，实施征地拆迁的可复制模式，得到国家发改委和铁路总公司及省、市政府领导的肯定；2015年7月至10月受省发改委号令，到太原参加筹建太焦高铁项目，担任太焦高铁项目专家组组长，推进太焦高铁项目前期快速办理。按照省市政府安排构建大同“米”字形高铁枢纽规划设计，开始大同至雄安、乌兰察布、呼和浩特、鄂尔多斯等方向高铁规划，大乌、大雄列入“十三五”规划。推进晋北铁路物流园区项目建设，主导开行大同首列“中欧班列”。

王来生2016年获“山西省五一劳动奖章”，2017年被评为“大同市特级劳动模范”，2019年被评为“山西省特等劳动模范”。

刘雁民 1972年1月出生，山西省大同市，群众，本科学历，中学高级教师，中教八级，大同第一中学校高中班主任及英语教师。

刘雁民参加工作以来一直在教学一线任教。2013年至2016年担任一届高中普通班班主任。在这三年，他关注每一位学生的成长，发扬“匠心精神”，坚持任教以来从未放弃的信念——“不抛弃、不放弃”，即“永远不抛弃每一位学生，尽全力不使每一位学生自我放弃”。他所带的高中423班全体64位高考报名学生，63位达到二本以上成绩，其中47位学生超过一本分数线，大多都被985、211高校录取。未达线的那位学生距二本线11分，即427分。这位学生因为国家照顾军人子女政策，同时是山西省未达线军队子女中分数最高的，被国家一所一本B类大学录取。他所带的423班创造大同高中教育的一项新纪录——全部学生达本科线。他所带班级2名外省籍农民工子女在外省报名高考分别取得625和615分成绩。2018年，他所带的高478班学生王兆臻在他的建议下，高二时参加高考，争取考入中国科技大学少年班。他请来2015年考入中科大少年班的学生姚青松传授学习备考经验。在他的指导下，王兆臻制定高效学习方案，最终以684分的成绩取得2018年大同市高考理科状元。2013年3月刚开学，他腰椎间盘突出病症发作，无法下床，医生要求卧床2个月。当时正值高考在即，他坚持不让其他同事替他上课，担心学生们适应新老师而影响成绩。他强忍疼痛，戴着护腰走上讲台。课后躺在办公室的简易床上给学生们解答问题。当年高考，他所带的班级王浩宗、潘丽晨学生分别考上清华、北大，而且他俩的英语成绩是当年五位清华、北大达线生中最高的。他带的另一班的一位学生谷超明考入浙江大学，英语单科成绩145分，为当年大同学生英语单科状元。自从担任班主任工作以来，他坚持寒暑假家访制度，去成绩暂时落后的学生家里，与学生父母一起疏导学生心理，鼓励鞭策学生，免费为其补习英语，激发起学生学习的信心。

刘雁民2015年被评为“大同市优秀班主任”，2017年被评为“大同市劳动模范”，2019年被评为“山西省特等劳动模范”。

苏国新 1976年11月出生，山西省五台县，中共党员，本科学历，国电电力大同第二发电厂副总工程师兼运行管理部主任。

苏国新围绕运行标准化管理、节能降耗和配煤掺烧工作“提质增效”，主持的多个项目获中国电力信息化成果一等奖、国家能源集团（原中国国电集团）科学技术进步一等奖等。组织完成国内首台亚临界直接空冷汽轮机通流改造、锅炉低氮燃烧器改造、超低排放改造、低位能供热改造等节能环保技改项目。组织推广新技术，10台次机组先后获全国能效对标竞赛一、二等奖，机组能耗指标排行业先进水平。8号机供热改造后，降低供热耗能成本，供热能力净增500万平方米。超低排环保改造后，出口二氧化硫浓度、氮氧化物等环保指标全部达标。响应煤炭去产能政策，2018年实现掺配劣质煤126万吨、煤泥23万吨，节约燃料成本2.04亿元。主持开发智慧火电燃煤全流程智能管控系统，成为行业示范项目并推广。组织技术人员开发升压站激光导航智能巡检系统、智能在线水平衡监视指导系统、智能全负荷脱硝控制系统、全厂供热智能调度系统等智能管控系统。制定实施《用水优化管理办法》，全年发电水耗同比下降10%以上，节约水费近800万元。在不改造设备前提下，实现40%额定负荷深度调峰，提升机组灵活性调峰能力，减少电网2个细则考核近1000万元，提高电网消纳可再生能源的能力。

苏国新2017年被评为“大同市劳动模范”，并获“山西省五一劳动奖章”，2019年被评为“山西省特等劳动模范”。

杨继文 1964年5月出生，山西省大同市，群众，初中学历，大同市平城区环卫处清洁三公司副经理。

20余年来，他从一名普通清运公司司机，成长为该公司一名副经理，虽然身份在变化，但始终没有离开平凡的一线工作岗位，多次被评为先进个人和先进工作者。在杨继文有效治理下，原来脏乱差的市场街，整治得井井有条，他负责的大同市府南街和红旗南街在2016年被评为精品街和示范街。他身兼数职，白天监察道路卫生，同时负责所辖区域的夜间考核工作，每天晚上都是最后一个离开工作岗位。清洁工刘玉华因身患重病，不能工作，杨继文为其送去500元体恤金，并持续帮扶她，每逢时节送去慰问品，因其家境贫困，丈夫无工作，杨继文说服她的丈夫继续走在环卫一线工作岗位上。

2016年获“山西省五一劳动奖章”，2017年被评为“大同市特级劳模”，2019年被评为“山西省特等劳动模范”。

余　良 1987年7月出生，山西省阳高县，中共党员，本科学历，工程师职称，同煤集团煤峪口矿回收队副队长、余良创新工作室负责人。

近五年来完成技术革新并转化创新成果86项，获省部级奖项7项、同煤集团级奖项15项。连续三年参加山西省“五小竞赛”成果展，其中“新型卡缆修复器及其齿轮拌轮锁套筒的制作与应用”“全自动锚杆过扣机的制作与应用”项目在2016年、2017年分别获山西省“五小竞赛”一等奖。工作室在余良带领下，五年来取得经济效益800余万元，培养出大量专业人才。余良还作为同煤集团的劳模大讲堂讲师，在集团公司下属的20个矿巡回演讲，开设讲堂25次。2016年被选为同煤集团第五届职工代表大会代表，2019年被推选为同煤集团第六届职工代表的主席团成员。

余良2016年获山西省五一劳动奖章、被命名同煤集团文明员工标兵；2017年被评为同煤集团优秀人才；2018年记山西省个人二等功、被命名同煤集团青年员工标兵等，被聘为大同市劳模服务队煤炭分队成员。余良创新工作室被山西省命名为山西省职工创新工作室、被大同市命名为大同市优秀创新工作室、大同市工人先锋号；2019年被评为“山西省特等劳动模范”。

张　飞 1986年11月出生，山西省大同市云州区，群众，大专学历，山西大同变压器有限公司工人。

山西大同变压器有限公司机以制造隔爆型移动变电站产品为主导的企业，其核心技术就是产品隔爆端面的精细车铣加工，而干车铣工是一门精细活儿，有些复杂产品需经过20余道工序才能完成。张飞自从参加工作以来，跟着师傅从最基本的学起，学习车床、铣床的切削铣磨原理和加工工艺，在实践中一点一滴地积累经验，从一名普通的青年车铣工成长为生产技术骨干，技术创新能手。随着加工技术的日臻成熟，他成为企业在新产品开发、新技术引进、新设备运行中的头号“匠人”。随着企业新产品的开发，需要加工的零部件越来越复杂，面对新的挑战，他先钻研，再联系实际，反复推敲琢磨，在较短的时间内掌握加工技术。2017年企业在新产品KBSGZY1250–2500KVA/6–10KV大容量隔爆型移动变电站新产品的开发试制过程中，他从设备采购、工装设计制造、隔爆面加工等开发试制环节中都参与其中，为企业新产品开发作出贡献。他带领维修班加强重点设备巡查力度，发现一起设备隐患或故障就处理一起。企业的X2010C大型龙门镗铣床、4×100大型数控切割设备及32T双梁吊车等关键设备发生故障，都是由他组织工友去维修。他每月完成的工时都是全车间最高的。

张飞2017年被评为“大同市劳动模范”，2019年被评为“山西省特等劳动模范”。

赵　喜 1974年1月出生，山西省天镇县，群众，初中文化，大同市天镇县喜祥建材有限公司经理。

1996年，赵喜在天镇印刷厂工作，1998年因印刷厂效益不好，选择下岗干个体，2017年至2019年，他带动160户贫困户每年增加收入3000元，带动12名贫困户走上就业岗位。他获得国家发明专利2项，实用新型专利8项，研发的高强无机复合型材隔墙板和无机玻璃纤维高强油烟道材料，应用领域广泛，且成本低廉，安装运输方便，节能利废环保。2014年，他带领研发的项目被山西省科技厅认定为“山西省民营科技企业”，证书编号（201403005）。

赵喜2015年获山西省五一劳动奖章、山西省五小竞赛优秀成果一等奖；2016年被评选为天镇县第十六届人民代表、被命名大同市工人先锋号及赵喜创新工作室；2017年被命名为山西省职工创新工作室、被评为大同市劳动模范、山西省中小企业局授予赵喜带领的团队为“专精特新中小企业”称号；2019年被评为“山西省特等劳动模范”。

崔守武 1967年1月出生，山西省大同市云州区，中共党员，高中学历，大同市云州区守武黄花专业合作社负责人。

近年来，崔守武作为村里能人，立志回报家乡，为家乡发展作出贡献。（1）发挥本土作物优势，助力脱贫攻坚。他立足现实，多渠道为贫困户脱贫摘帽。他成立黄花专业合作社，拉动贫困户入股，2018年底全村黄花种植面积2000亩，实现全村贫困户人均1亩黄花，每人年增收2000元。（2）招商引资、发展乡村旅游。村两委利用该村1400余年的历史积淀和丰富的旅游资源，把发展休闲农业和乡村旅游当作农业转型、农村转变、农民转业的突破点来抓。崔守武发挥自己优势，通过土地流转、租赁等形式，引进并发展泰和春庄园等5家都市农业、旅游观光农业、休闲农业实体。形成“三大产业”园区，壮大村集体经济，为村民提供务工就业机会，全村有300名村民在村内企业务工，其中有70名贫困户，人均年收入1.5万元以上。（3）建设美丽宜居示范村庄。崔守武参与示范村庄建设，他因地制宜、突出特色，推进垃圾、污水治理、路面整治、建筑整治、公共空间整治等工程，推进“厕所革命”，在全区范围内最早实现村内巷道硬化、路灯亮化、村庄绿化、庭院美化的格局，集中解决路难行、污水流、院落破、垃圾乱突出问题，实现人居环境大提升。2015年邢庄村被评为“省级美丽宜居示范村”。

崔守武2013年被市委评为“优秀共产党员”；2017年被市委市政府授予“大同市特级劳动模范”称号；2018年获“山西省五一劳动奖章”；2019年被市委市政府授予“2018年度脱贫攻坚基层模范干部”称号、被评为“山西省特等劳动模范”。

韩飞宇 1982年5月出生，山西省盂县，群众，本科学历，山西威奇达光明制药有限公司技术总工。

多年来，韩飞宇工作技能和业务水平不断提升。由他带头承担的“硫酸氨基葡萄糖”工艺技术攻关取得重大突破（国内领先水平），2018年该品种实现产值2600万元，利润450万元。改进小儿布洛芬栓工艺，有关物质显著降低，2018年增加销售量70万枚，销售额增加126万元，利润增长20万元。由他牵头的“一种重组人促红素的无血清培养基，其应用以及重组人促红素制备方法”获国家发明专利。由他带头开发的国内独家渗透泵控释技术及2个控释产品取得进展，进入到产品工业放大试验和临床BE试验阶段。

韩飞宇2017年被评为“大同市特级劳动模范”，2018年获“山西省五一劳动奖章”，他所带领的团队创新工作室被命名“大同市劳模创新工作室”，2019年被评为“山西省特等劳动模范”。

潘　廷 1974年5月出生，山西省阳高县，中共党员，中专文化，大同市阳高县潘寺村党支部书记。

1993年潘廷高中毕业后，外出打工，先后在酒店任管理、宣化炮院、陕西搞水电安装。2014年返乡任村委会主任，2016年9月任党支部书记，任职后他多方协调，落实信用社贷款432万元，发动农民自筹资金129.6万元，建成108栋日光温室园区。该园区建成后，当年分到农户手中。全村三分之一农户种上日光温室蔬菜，并且掌握日光温室黄瓜、西红柿等栽培技术，每棚年纯收入3.5万元，全村增加纯收入378万元，人均增加可支配收入3240元。为增强村党支部和村委会吸引力，潘廷建设“农家书屋”“农村文化大院”。他筹集资金30万元，购置电脑2台，桌椅20套，图书柜5个，购置图书1500册，接入宽带，配备投影仪，卡拉OK点歌机，他发挥寓教于乐作用，帮助村民积累科学文化知识，更新思想观念。2017年，潘廷落实项目资金35万元，农民自筹91万元，新建钢架塑料大棚70栋，为农民增加纯收入56万元。2018年落实“一事一议”财政奖补资金、美丽宜居乡村资金和乡村提质资金650万元，建设健身广场、硬化街巷。在脱贫攻坚中，他给41户贫困户送去白面、大米各1袋，油5公斤；他牵头领办的农机专业合作社为贫困户免费机耕、机播、机收，2017年以来为贫困户发放资金2.42万元。

潘廷2017年被评为“大同市劳动模范”；2018年获“山西省五一劳动奖章”、获山西最美村干部提名奖；2019年被大同市委、市政府授予“2018年度脱贫攻坚基层模范干部”称号、同年被评为“山西省特等劳动模范”。

（常学良）

山西省劳动模范名单（大同）

马占元 1978年11月出生，山西省大同市，中共党员，大学本科，同煤集团塔山煤矿党委书记、董事长。2019年被评为“山西省劳动模范”。

马建华 1980年5月出生，山西省大同市平城区，中共党员，大学本科，大同市新城环境卫生工程有限公司项目部经理。2019年被评为“山西省劳动模范”。

马轶明 1967年3月出生，山西省应县，中共党员，山西医科大学普外专业硕士研究生导师，主任医师，大同市第二人民医院党委副书记、副院长（主持工作）。2019年被评为“山西省劳动模范”。

马洪山 1960年9月出生，河北省任丘市，中共党员，本科学历，医学硕士，主任医师、硕士研究生导师，大同市第三人民医院党委副书记、院长。2019年被评为“山西省劳动模范”。

王　亮 1959年5月出生，山西省左云县，中共党员，高中文化，大同市左云县欣源中学校董事长。2019年被评为“山西省劳动模范”。

王　慧 1982年11月出生，山西省浑源县，中共党员，高中文化，大同市浑源县东坊城乡东尾毛村村民。

2019年被评为“山西省劳动模范”。

王友文　1962年8月出生，山西省浑源县，群众，初中文化，大同市传统工艺美术与发展协会常务理事，大同市平城区新泉文博广场王铜匠工艺品店法人代表。2019年被评为“山西省劳动模范”。

王志强　1959年5月出生，山西省浑源县，中共党员，大专学历，大同市档案局信息科科长，2015年8月至2017年8月任驻灵丘县柳科乡柳科村第一书记，2017年8月后任扶贫工作队员、挂职乡副书记。2019年被评为“山西省劳动模范”。

王美珍　女，1977年3月出生，山西省大同市云州区，中共党员，高中学历，大同市云州区瓜园乡东坪村党支部书记、村委会主任。2019年被评为“山西省劳动模范”。

邓宗军　黎族，1968年12月生，山西省大同市云州区，中共党员，医药开放大学微生物制药专业毕业，大专学历，山西普德药业有限公司104车间主任，山西普德药业有限公司工会委员。2019年被评为“山西省劳动模范”。

左世娟　女，1963年7月出生，山西省繁峙县，中共党员，大学本科学历，山西省公路局大同分局副局长。2019年被评为“山西省劳动模范”。

卢永青　1977年11月出生，山西省灵丘县，中共党员，大专学历，大同市灵丘康馨苦荞科技有限公司总经理和灵丘汇鑫养殖有限公司董事长。2019年被评为“山西省劳动模范”。

叶建军　1977年9月出生，山西省阳高县，中共党员，大学专科学历，中国共产党阳高县纪律检查委员会科员，2015年8月派驻正峰涧村任第一书记。2019年被评为“山西省劳动模范”。

田　瑞　1969年12月出生，山西省大同市云冈区，中共党员，本科学历，高级技师，同煤集团雁崖煤业有限公司电气区区长田瑞创新工作室负责人。2019年被评为“山西省劳动模范”。

史　斌　1981年9月出生，山西省临猗县，中共党员，硕士，山西合创农业科技有限公司总经理。2019年被评为“山西省劳动模范”。

史海湘　1967年4月出生，山西省怀仁市，中共党员，大学学历，大同经济技术开发区非公党委书记、统战部长、总工会主席。2019年被评为“山西省劳动模范”。

匡铁军　1978年3月出生，四川省合江县，中共党员，硕士学历，高级工程师职称，同煤集团云岗矿矿长。2019年被评为“山西省劳动模范”。

朱爱霞　女，1985年10月出生，山西省阳高县，中共党员，本科文化，大同市阳高县光明路社区党支部书记兼主任。2019年被评为“山西省劳动模范”。

任旭红　女，1972年1月出生，山西省潞城县，中共党员，本科学历，国家注册一级建造师，高级工程师，中国建筑业协会质量管理分会专家委员、中国建筑业协会绿色施工分会专家、全国工程建设高级QC诊断师，大同泰瑞集团建设有限公司总裁助理兼技术中心主任，大同泰瑞集团建设有限公司的新技术、新材料创新研究带头人。2019年被评为“山西省劳动模范”。

刘　中　1977年7月出生，山西省天镇县，中共党员，大专学历，大同市天镇县南河堡乡顾家湾村永存种养专业合作社经理。2019年被评为“山西省劳动模范”。

刘　迁　1976年11月出生，辽宁省锦州市义县，中共党员，本科学历，毕业于河北工程大学矿山采矿工程专业，同煤集团同忻矿综采二队队长。2019年被评为“山西省劳动模范”。

刘　俊　1975年3月出生，山西省大同市，高中文化，大同公共交通有限责任公司一分公司28路队936号车驾驶员。2019年被评为“山西省劳动模范”。

刘文弟　1969年1月出生，江苏省常州武进县，中共党员，本科学历，大同供电公司检修公司输电运检室运检班副班长。2019年被评为“山西省劳动模范”。

刘世芳　1962年11月出生，河北省沧州市，群众，本科，大同市第五人民医院心血管内科主任，胸痛中心医疗总监。2019年被评为“山西省劳动模范”。

刘学慧　女，1968年12月出生，山西省大同市，群众，高中毕业，山西建泰输变电制造有限公司车间主任。2019年被评为“山西省劳动模范”。

刘静敏　女，1982年2月出生，山西省朔州市平鲁区，中共党员，大学本科，中国建设银行股份有限公司大同分行客户经理。2019年被评为“山西省劳动模范”。

闫　伟　1971年1月出生，山西省神池县，中共党员，本科学历，大同市平城区市容监察管理处处长。2019年被评为“山西省劳动模范”。

许丁丁　1989年11月出生，山西省洪洞县，中共党员，本科学历，采矿工程师，同煤集团马脊梁矿综采一队副队长。2019年被评为“山西省劳动模范”。

芮聿杰　1981年7月出生，山西省大同市平城区，中共党员，本科学历，工程师职称，大同华润燃气有限公司灵丘县分公司经理。2019年被评为“山西省劳动模范”。

李　瑛　女，1965年3月出生，山西省浑源县，中共党员，大学本科，大同银行股份有限公司营业部总经理。2019年被评为“山西省劳动模范”。

李　毅　1961年3月出生，山西省山阴县，中共党员，大专文化，大同市矿山建设工程总公司党委副书记、总经理。2019年被评为“山西省劳动模范”。

李自芳　1965年3月出生，山西省灵丘县，中共党员，高中学历，大同市灵丘县王品村支部书记。2019年被评为“山西省劳动模范”。

李怀东　1973年12月出生，山东省肥城市，群众，专科学历，大同恒泰热力有限公司董事长。2019年被评为“山西省劳动模范”。

李建生　1965年3月出生，山西省忻州市，中共党员，本科学历，大同市逸夫小学校校长。2019年被评为“山西省劳动模范”。

杨连武　1959年11月出生，山西省大同市云冈区，中共党员，高中学历，大同市平城区水泊寺乡寺儿村党支部书记、村委会主任。2019年被评为“山西省劳动模范”。

杨河芬　1976年8月出生，山西省山阴县，中共党员，大学本科学历，大同市人力资源和社会保障局主任科员，2015年8月任天镇县张西河乡许家窑村任第一书记。2019年被评为“山西省劳动模范”。

辛　亮　1973年9月出生，山西省大同市，中共党员，本科学历，国营第六一六厂机加一厂数控操作工，高级技师。2019年被评为“山西省劳动模范”。

宋鹏程　1967年4月出生，山西省阳高县，中共党员，大学本科，大同市总工会宣教部部长。2019年被评为“山西省劳动模范”。

张　凯　1987年7月出生，山东省菏泽市牡丹区，中共党员，本科学历，中级工程师职称，国电电力山西新能源开发有限公司大仁庄基建项目部经理。2019年被评为“山西省劳动模范”。

张　革　1968年1月出生，山西省大同市云冈区，群众，初中文化，大同市平城区烙画工作室经理，山西省传统工艺高级美术大师。2019年被评为“山西省劳动模范”。

张　剑　女，1963年4月出生，山西省繁峙县，中共党员，本科学历，大同市云冈区实验小学校长。2019年被评为“山西省劳动模范”。

张　桦　女，1984年4月出生，山西省大同市云州区，中共党员，大学本科学历，工商管理学士，山西仟源医药集团股份有限公司行政人事部经理，兼任团委书记。2019年被评为“山西省劳动模范”。

张　翔　女，1971年3月出生，河南省开封市，群众，大专学历，中级经济师，农业银行大同南郊支行大堂经理。2019年被评为“山西省劳动模范”。

张占福　1971年11月出生，山西省灵丘县，中共党员，大学学历，大同市灵丘县第三中学校长。2019年被评为“山西省劳动模范”。

张孝图　1965年4月出生，山西省大同市云州区，群众，大学本科，中学高级教师，中教六级，大同市第二中学校教师。2019年被评为“山西省劳动模范”。

张志和　1969年8月出生，山西省阳高县，九三学社社员，本科学历，教授级高级工程师，中车大同电力机车有限公司技术中心研究院技术总监、转向架室室主任，主要负责中车大同电力机车有限公司转向架产品的设计开发。2019年被评为“山西省劳动模范”。

张国恒　1977年3月出生，河北省石家庄市鹿泉区，中共党员，大学本科学历，大同市广灵金隅水泥有限公司部门经理，中级工程师。2019年被评为“山西省劳动模范”。

张爱莲　女，1970年12月出生，山西省浑源县，群众，大学本科，大同市浑源示范中学初二数学老师，初二数学学案组组长。2019年被评为“山西省劳动模范”。

张海兵　1969年12月出生，山西省天镇县，中共党员，大专学历，大同市吴官屯煤业有限责任公司综采一队队长。2019年被评为“山西省劳动模范”。

张海燕　1966年10月出生，山西省天镇县，中共党员，大专学历，大同市天镇县住房保障和城乡建设管理局局长。2019年被评为“山西省劳动模范”。

张雪珍　女，1985年12月出生，山西省天镇县，中共党员，研究生学历，硕士学位，中级工程师，大同大昶移动能源有限公司财务总监、兼同煤集团塔山光伏发电公司财务部部长、兼同曦新能源有限公司财务部部长。2019年被评为“山西省劳动模范”。

陈瑞叶　女，1973年4月出生，山西省怀仁市，中共党员，大专文化，大同市邮政公司城区分公司一分局武定营业所支局长。2019年被评为“山西省劳动模范”。

赵　军　1967年8月出生，山西省广灵县，中共党员，山西省委党校经济管理本科学历，大同市广灵县壶泉镇赵庄村来福农牧合作社经理。2019年被评为“山西省劳动模范”。

赵建功　1971年11月出生，内蒙古自治区丰镇市，中共党员，本科学历，山西中新唐山沟煤业有限责任公司副总工程师。2019年被评为“山西省劳动模范”。

胡清俊　1975年11月出生，山西省大同市云州区，中共党员，大学文化，山西移动大同分公司党委办公室主任，通信工程师，高级程序员。2019年被评为“山西省劳动模范”。

皇志刚　1972年2月出生，山西省原平市，中共党员，本科学历，大同市云冈区环境卫生管理处清扫队队长。2019年被评为“山西省劳动模范”。

侯　普　1970年5月出生，山西省大同市平城区，中共党员，本科学历，大同市嘉和众美商贸有限公司董事长。2019年被评为“山西省劳动模范”。

侯文生　1971年11月出生，山西省灵丘县，中共党员，大学本科，助理经济师，工行大同市灵丘支行党支部书记、行长。2019年被评为“山西省劳动模范”。

姚顺利　1968年1月出生，河南省伊川县，中共党员，本科学历，中级政工师职称，大同市供水排水集团有限责任公司南城营业处处长。2019年被评为“山西省劳动模范”。

贺守印　汉族，1967年11月出生，山西省大同市云冈区，群众，大专文化，高级工程师，山西华青活性炭集团有限公司总工程师、技术中心主任。2019年被评为“山西省劳动模范”。

秦　龙　1988年7月出生，辽宁省昌图县，中共党员，本科学历，中车大同电力机车有限公司机车大修车间电力机车钳工，高级工，秦龙劳模创新工作室带头人。2019年被评为“山西省劳动模范”。

徐学勤　1962年8月出生，山西省左云县，中共党员，大学本科学历，主任医师，大同市左云县医疗集团党委书记兼院长。2019年被评为“山西省劳动模范”。

高治华　女，1977年7月出生，山西省大同市，中共党员，中国药科大学药学专业毕业，本科学历，高级工程师，执业药师，山西振东泰盛制药有限公司。2019年被评为“山西省劳动模范”。

曹东亚　1973年2月出生，山东省滕州市，中共党员，本科学历，硕士学位，工程师，中煤大同能源公司党委书记、董事长。2019年被评为“山西省劳动模范”。

曹育中　1965年12月出生，山西省怀仁市，中共党员，研究生学历，大同鹊山精煤公司党委书记、董事长。2019年被评为“山西省劳动模范”。

曹振宇　1975年3月生，山西省应县，中共党员，大学本科学历，工程师，大同市建筑企业劳动保险费用统筹管理办公室副主任。2015年8月任大同县吉家庄乡下西河村第一书记。2019年被评为“山西省劳动模范”。

龚彩云　女，1965年11月出生，黑龙江省集贤县，群众，高中文化，大同市新荣区利国种鸡场总经理。2019年被评为“山西省劳动模范”。

梁　军　1977年5月出生，山西省浑源县，中共党员，初中学历，大同市浑源县西留村乡宝峰寨村村民。2019年被评为“山西省劳动模范”。

温　军　1989年9月出生，山西省天镇县，群众，专科学历，大同市天镇县博诚蔬菜有限责任公司经理。2019年被评为“山西省劳动模范”。

赫建光　1969年10月出生，山西省大同市云州区，中共党员，大学学历，副主任医师，大同市云州区人民医院骨科主任。2019年被评为“山西省劳动模范”。

魏丙先　女，1970年9月，山西省广灵县，中共党员，大专学历，大同市广灵县鸿棉制衣有限公司董事长兼总经理。2019年被评为“山西省劳动模范”。

魏官元　1971年3月出生，山西省大同市新荣区，中共党员，大学学历，大同市新荣区司法局西村司法所长、西村乡人民调解委员会主任、新荣区矛调中心专家组成员、山西省人民调解专家库成员。2019年被评为“山西省劳动模范”。　（常学良）

首届大同工匠获得者名单

王友文　大同市城区新泉文博广场王铜匠工艺品店经理，山西省工艺美术大师，山西省工艺美术协会常务理事。

张世海　大同市工艺美术大师，山西省传统工艺美术大师，大同市城区海艺金属丝编工作室负责人。

刘　奇　高级技师，中国重汽集团大同齿轮有限公司国家级技能大师工作室带头人。

刘艳响　铆工高级技师，中车公司铆工技能专家，中车大同公司车体车间底架一组组长，是公司铆焊创新工作室和祁卫东劳模创新工作室主要成员，是公司高技能人才。

王志辉　大同新成新材料股份有限公司副总经理。

盛向东　市级工艺美术大师，市级砖雕技艺非物质文化遗产传承人，“夕阳红”老年大学聘任传统技术 讲师，大同大学聘任古建技艺讲师，大同市巧工坊民间工艺文化有限公司经理。

刘锦林　灵丘县畜牧养殖专业合作社理事长。

李　宝　山西广灵精华化工集团有限公司生产技术部长，李宝创新工作室带头人。

李乃航　李乃航雕塑工作室创办人，山西省民间工艺美术大师，山西省优秀雕塑师。

李白云　大同市考古研究所及山西云冈彩绘泥塑文物保护修复有限公司工作，主要从事考古勘探、出土器物、彩塑、壁画揭取和文物修复。

杨俊平　山西同达药业有限公司杨俊平创新工作室带头人。

余　良　大同煤矿集团有限责任公司煤峪口矿回收队副队长，余良创新工作室负责人。

张多堂　广灵剪纸创始家族第四代传人，也是国家非物质文化遗产广灵剪纸的代表传承人。

姚建福　姚氏木雕工作室负责人。

董　友　大同市第五人民医院骨科主任。

谢丙友　高级技师，中国兵器集团616厂技术服务部维修服务科长。

（常学良）

先进退役军人名单

全国模范退役军人（大同）

高养利　大同市广灵县养丽食用菌种植合作社理事长。

惠建武　大同市公安局云冈区分局刑警大队副主任科员。

山西省最美退役军人（大同）

杨河芬　大同市人社局派驻天镇县张西河乡许家窑村第一书记。

姜宝举　大同市公安局刑事侦查支队支队长。

大同最美退役军人

王龙江　大同市革命烈士陵园党支部书记、主任。

王浩亮　大同市浑源县军队退役人员帮扶协会秘书长。

白锦文　大同市档案馆副馆长。

刘忠利　大同市人民政府办公室四级调研员。

李永强　大同市阳高县王官屯镇杨庄村党支部书记。

杨广春　原雁北工程公司企业退休干部。

杨财元　大同市扶贫开发办公室党建组副组长。

武毅强　大同市云冈区纪委监委副科纪检监察员。

郭世贤　大同市审计局退休干部。

崔保杰　大同市广灵县宜兴乡张家湾村党支部书记、主任。　（郭文军）

逝世人物

刘文君　（1932.7—2019.1）山西省繁峙县，1948年2月参加工作，1949年1月加入中国共产党。1948年2月由组织保送到浑源中学读书；1951年3月起先后任浑源县委宣传部干事、浑源县城关区委宣传委员、浑源县委宣传部副部长；1959年4月起先后任晋北文工团指导员、山西省委党校调干班学员；1961年9月起先后任浑源县委宣传部副部长、浑源县委办公室主任、灵丘县委副书记、灵丘县核心小组副组长；1970年11月起先后任雁北革委会平鲁班学员、雁北革委会文教服务站站长、朔县县委副书记、朔县革委会主任、朔县县委书记；1977年11月起先后任雁北地委副书记、西藏那曲地委书记、忻县地委副书记；1983年11月任大同市政府党组成员、副市长；1991年8月任大同市人大常委会副主任；1994年2月离休。　（申　辉）

县区概览

平城区

【概况】 大同市平城区位于北纬39°58'~40°10'，东经113°11'~113°24'。总面积246平方千米。2019年，全区下辖3个乡，12个街道办事处，139个社区居民委员会，60个村民委员会。年末全区常住人口941656人。全年全区出生人口8269人，出生率8.79‰，死亡人口5407人，死亡率5.75‰。自然增长率3.04‰。全年地区生产总值（GDP）414.07亿元，同比增长6.3%。其中，第三产业（服务业）增加值332.24亿元，同比增长8.3%。一、二、三产业比例为0.4∶19.4∶80.2。全年一般公共预算收入8.71亿元，同比增长39.6%。全年全区城镇居民人均可支配收入35366元，比上年增长8.5%；农村居民人均可支配收入17011元，比上年增长9.8%。

工业 建筑业　全年全区规模以上工业增加值37.92亿元，同比下降9.8%。工业企业累计总产值122.2亿元，同比下降11.6%。全年全区具有建筑业资质等级的总承包和专业承包建筑业企业完成建筑业总产值108.83亿元，比上年增长23.9%。

固定资产投资　全年全区固定资产投资185.1亿元，同比增长12.4%，12月投资15.4亿元。其中，工业投资6.8亿元，同比增长13.5%；基础设施投资32.6亿元，同比增长34.6%；工业企业技改投资6.8亿元，同比增长13.5%；民间投资10.4亿元，同比下降5.3%。全区固定资产投资在建项目192个，同比增长15.7%。其中，一产项目2个，投资3.2亿元，同比增长100%；二产项目22个，投资6.8亿元，同比增长13.5%；三产项目168个，投资175.1亿元，同比增长10.4%。其中，房地产开发项目79个，投资117.5亿元，占全区固定资产投资比重63.5%。全区房屋销售面积179.7万平方米，上年同期房屋销售面积196.7万平方米，同比下降8.6%。

贸易　全年全区社会消费品零售总额392.44亿元，同比增长7.78%，其中限上社会消费品零售额累计106.69亿元，同比下降1.8%。其中，限上批发和零售业零售额97.07亿元，同比下降2.2%，限上住宿和餐饮业零售额9.62亿元，同比增长3.21%。限下社会消费品零售额累计285.75亿元，同比增长11.83%。其中，限下批发和零售业零售额250.57亿元，同比增长12.77%，限下住宿和餐饮业零售额35.18亿元，同比增长5.58%。限上商品销售分类：石油及制品类企业11家，零售额36.06亿元，占限上零售额33.8%，同比下降7.7%；汽车类企业12家，零售额15.32亿元，占限上零售额14.4%，同比下降1.7%；金银珠宝类企业5家，零售额7.48亿元，占限上零售额7%，同比下降4.1%；中西药品类企业6家，零售额12.06亿元，占限上零售额11.3%，同比增长21.5%；其他类企业50家，零售额35.77亿元，占限上零售额33.5%，同比增长1.32%，

科学技术和教育　全年全区发明专利151件，实用新型专利529件，外观设计专利46件，合计726件。平城区有职业中学学校数1所，在校学生数41人，教职工数17人。小学学校数58所，在校学生数60723人，教职工数3786人。幼儿园学校数19所，在校学生数2010人，教职工数80人（其中在编14人，政府购买社会服务人员66人）。特殊教育学校数1所，在校学生数73人，教职工数20人。普通中学学校数2所，在校学生数316人，教职工数242人。

文化和卫生　全年全区有文化馆1个，图书馆1个，参加全市春节期间街头文艺活动，获优秀组织奖。全年组织100场全省万场大戏进社区活动演出，“百队百场”文化惠民直通车进社区文艺演出123场；群众活动队伍站队58个，人数1.2万余人，建成街道、乡文化中心16个，社区（村）文化活动室166个。公共图书馆图书藏量1.2万册。全年全区有社区卫生服务中心2所，床位50张，卫生技术人员213人，其中医师103人。有直属社区卫生服务站4所，妇幼保健计划生育服务中心1所，疾病预防控制中心1所，卫生监督所1所。

社会保障　全年全区城镇新增就业人数6801人；创业带动就业人数1789人，城镇失业人员实现再就业2983人；就业困难人员就业1032人。全年城镇登记失业率1.88%。全年全区国家抚恤、补助各类优抚对象1392人。全区有低保对象6720户，发放低保金6644.08万元。

项目建设　2019年，平城区开工29个项目，总投资233.38亿元。开展入企服务，畅通“96302”服务企业热线，召开政企联席会议，帮助企业解决困难。推进总投资2.4亿元供暖电替代项目建设，建设能源站11座，

提供清洁能源供热面积21万平方米。培育入库“小升规”企业6家，新上亿元产业项目6个。国新能源公司古店发煤站租赁改造签约。推进山橡公司厂办医院“三供一业”移交接收工作。

文旅振兴　年内，平城区成立古城复兴项目协调服务领导组，建立区级领导包联制度，督促指导项目建设、跟进项目进展、解决项目难题困境。助推总投资119亿元的20个古城项目建设。打造精品旅游公共空间，在10座公共空间投放LED屏、数字图书阅览器、旅游推介平台等。保护核查区内158处不可移动文物，原大同三中礼堂确定为区级文物保护单位。推出《太后巡游》《大明·锦绣鸿途》等历史文化情景剧，开展古都灯会、庆祝国庆等系列活动，旅游总收入244.87亿元。

乡村振兴　年内，平城现代农业产业示范区获批设立，农业嘉年华项目建成运营，成功报批省级现代农业产业园。推进农村人居环境整治，实施“六大专项”（指拆违治乱、垃圾治理、污水治理、厕所革命、卫生乡村、清洁能源）行动，总投资2.29亿元。提升农村基础设施建设和公共服务水平，推进西谷庄、田村、上皇庄、小石子等8个美丽乡村建设。推进农村集体产权制度改革工作，完成清产核资和农村集体经济组织成员身份确认2项阶段性任务。开展问题大棚整改工作，整改50栋、2.08公顷，全部恢复土地使用功能。安全排查辖区农村饮水工作，化验36处农村饮水地水质。提升12个村饮水工程，提高饮水供水率、保证率及方便程度。加大重大动物疫病防控知识宣传普及力度，指导做好消毒防控措施，消除隐患。

助企发展　年内，平城区新认定高新技术企业2家，重新认定高新技术企业3家。确定资助发明专利申请56件，发放资助资金16.8万元。开展“三晋英才”支持计划遴选，48名企业人才入选山西省上年度“三晋英才”支持计划。召开政银企对接会8次，为32个企业项目融资2.99亿元；通过线上平台对接项目92个，累计融资11.75亿元。（张琮敏）

2019年大同市平城区主要经济指标表

指　标	2019年
总人口（万人）	94.17
#城镇人口	90.77
城镇单位从业人员数（万人）	14.82
乡村劳动力（人）	8.02
土地面积（平方千米）	—
地区生产总值（万元）	4136028
第一产业	10152
第二产业	803479
#工业	421236
第三产业	3322397
人均生产总值（元）	43990
农林牧渔业总产值（万元）	—
粮食总产量（吨）	15022
肉类总产量（吨）	1102
工业企业数（个）	30
工业总产值（当年价，万元）	1490637
固定资产投资总额（万元）	1850704
社会消费品零售总额（万元）	3576258
一般公共预算收入（万元）	87107
一般公共预算支出（万元）	241816
城镇居民人均可支配收入（元）	35366
农村居民人均可支配收入（元）	17011
从业人员平均工资（元）	63741
在岗职工平均工资（元）	68438

【政务改革】2019年，平城区制定《平城区“营商环境提升年”实施方案》《优化营商环境——支持和服务民营企业发展的政策措施》等文件，建立健全区级领导联系民营企业制度；成立平城区企业家商会，壮大服务经济发展力量；协助企业和商会解决挡手问题，提供法律咨询20余次，组织专题政策法规宣讲5次。实施“接诉即办”党政领导包联责任制，“12345”受理市转办工单10万余件，办结工单82967件。推进相对集中行政许可权改革，制定《平城区行政审批事中事后监管办法》等8项制度，启动“一枚印章管审批”，划转108项行政审批事项，收回审批专用章9枚，截至2019年底，办理审批证照320余件；国家互联网监管系统中，按上级要求目录清单认领事项799项，检查实施清单录入671项；山西省政府服务事项动态管理系统中，六类行政审批事项同步238项。成立25个“税收减税降费政策咨询宣传辅导站”，组织24场减税降费政策宣传培训辅导，覆盖3.2万户。完成一般纳税人4763户、小规模纳税人9547户的铁账本“法人知税、算出红利”工作，个体工商户“减税降费明白卡”送发率94%。加强数据分析研判，提高减税降费政策落实精度准度，全年累计退税1921户、5013笔，退税金额2771万元；入库税收收入34.21亿元，减税降费减免税额3.31亿元。（张琮敏）

【党群服务中心建设】2019年，平城区财政投入500万元用于党群服务中心建设，新建社区党群服务中心7个，改建1个。全区125个社区、60个村全部建立党群服务中心。其中，75个社区党群服务中心平均面积超过500平方米，13个社区党群服务中心面积超过1000平方米。

在区振华南街和泰社区党群服务中心建设中，新建党员群众活动场所，并打造社会组织孵化基地，为社区开展党员服务提供新阵地。“党建+教育”，区振华南街云泉里社区党群服务中心建立“党员教育功能室”，以“主题党日”活动、远程教育平台为依托，组织党员学习政治理论、政策文件、重要讲话等内容，开启“综合性、一站式”党员教育。“党建+服务”，区向阳街柳港园社区党群服务中心结合地域特点、人口特性，以及居民长期共同的经济和社会生活反映，建立图书馆、老年大学、心灵驿站、“4点半课堂”等服务功能室，让党员居民把党群服务中心当成一个“家”。“党建+共享”，发挥村、社区党群服务中心在区域化党建中的作用，村、社区党群服务中心向所属基层党支部、驻区单位党组织等开放，实现党建阵地共用共享。

党群服务中心建设以“功能至上”为理念，按照“综合功能最优化、活动空间最大化、办公区域最小化”的原则，紧贴辖区内党员群众实际需求，科学设置政治功能区、便民服务区、党群活动区等功能区域，划分出党员活动室、入党宣誓室、组织生活室、阅读室、书画室、棋牌室、舞蹈室、日间照料室等功能室，把社区的服务功能做优做强，让社区有能力、有资源、有阵地为党员群众提供优质服务，增强社区党组织在党员群众中的凝聚力和战斗力。（张琮敏）

【省级文明城市创建】2019年，平城区以创建省级文明城市为契机，开展市容市貌和环境卫生百日攻坚整治行动，整治占道经营、清理乱停乱放共享单车、清除野广告。平城区政府与和家生活科技集团签订全域物业管理战略合作协议，综合治理102个无物业小区。平城区5300余名干部职工集中开展大清扫活动，清理垃圾近2000吨、野广告数万条；乡、街道、村、社区开展创建省级文明城市宣传活动，发放30余万份《致广大居民的一封信》。全区建设公共空间120座。开展“争创美丽社区、争做文明居民”活动、“八个一”（即开展一次创建文明城市的宣传活动；组织一次核心价值观宣讲宣传活动；组织一次大型签名活动；举办一场文艺会演；组织一次入户调查；组织一次以关爱关怀为主题的慰问活动；开展一次重温雷锋事迹，弘扬志愿服务精神的活动；开展一次小手拉大手，环保一起走环境整治活动）系列活动、文明餐桌活动；在沃尔玛超市举行以“品质消费、美好生活”为主题的“四品一械”（即食品、保健食品、药品、化妆品、医疗器械）安全及不良反应监测知识宣传活动，发放宣传资料2000余份、环保宣传袋700余个。开展爱国主义教育、诚信教育、孝老爱亲教育、勤劳节俭教育、廉政文化教育，环卫工孙秀兰、郭丽荣等凡人善举、“身边好人故事”浸润着大家心灵；“五老”（即老党员、老干部、老军人、老模范、老教师）先进模范走进中学幼儿园讲经历、说过去；利用道德讲堂加强公民思想道德建设，开展国学、身边人讲身边事、科普讲座、读书会等活动，引导人民群众明白自己在创建文明城市中“做什么、怎样做”，形成自觉遵守礼仪规范的风尚，让广大人民群众在参与创建中增强社会责任感、使命感和荣誉感。（张琮敏）

【社区建设】2019年，平城区下辖139个社区，社区活动场所面积6.4万平方米，一批1000平方米以上的规范化社区建成投入运行；分期分批轮训社区干部，加大社区工作者专业化建设，200余名社区工作者取得“社工师”资格；组织优秀社区工作者到北京、宜兴、厦门等地的社区治理先进单位挂职，学习取经、吸收营养；整顿与充实社区领导班子，重用年轻干部。开展“社区工作提标年”活动，多数社区设立“居民议事厅”，让每个居民“说、议、办、评”，考核社区工作成效。平城区先后涌现出86个先进社区和一大批社区优秀工作者，被省、市评为模范社区的有16个，开源街民和社区被评为全省“文明社区”和省级社会主义核心价值观“示范点”。民和社区党支部书记沈媛被评为山西省最美社区干部。老旧住宅小区治理，总投资2.3亿元，涉及住宅楼381栋，综合整治老旧小区5个、屋顶防水维修老旧小区55个、地下管网改造老旧小区43个，惠及居民近2万户。（张琮敏）

【残疾人互联网+居家托养服务】2019年，平城区推进残疾人互联网+居家托养服务，依靠智慧助残服务满足重度残疾人多方面需求，减轻残疾人家庭负担。

残疾人互联网+居家托养是依托

互联网 + 智慧助残信息平台开展的管理服务，创建“系统 + 服务 + 残疾人 + 终端”的智慧助残服务模式，监控残疾人身体状态、安全情况和日常活动，并满足困难残疾人个性化、多样化需求。

平城区针对 11979 名持证残疾人居住分散、区域复杂的客观情况，确立需求服务和配送服务相结合方式。有规律性服务项目，如理发、卫生保洁等，采取定期配送方式；非日常性服务项目，如水电维修、管道疏通等，采取一键呼叫方式预约。把传统的“填鸭式”服务模式和快捷的“互联网式”服务模式有机结合。平城区为残疾人提供居家照料类服务 14573 次，包括卫生保洁、擦玻璃、理发、辅助器具配送、管道疏通，水管维修、洗衣服、电路维修等，其间，接到主动呼叫电话 500 余次，帮助残疾人解决困难；为残疾人提供康复理疗按摩、健康指导、基本生命体征测量 3 项康复类服务 3000 余次；登门为 200 余户家庭上门免费发放法律援助手册及便民服务卡；为 140 余户托养人家进行家庭无障碍改造。（张琮敏）

【平城区人大代表民营企业联谊会】 2019 年 1 月 18 日，以“创新发展 协作共赢 责任民企 助力平城”为主题的平城区人大代表民营企业联谊会第一届一次会员会召开。市委常委、区委书记张韬，区委副书记、区长李继忠，区人大常委会主任王丽萍，区委常委、副区长郭雁明，区人大常委会副主任刘鹏飞出席会议，区直相关部门负责人，区人大代表民营企业联谊会会员等 170 余人参加会议。

平城区人大代表民营企业联谊会成立，旨在引导民营企业守法、诚信，做社会责任企业，推动民营企业健康快速发展，完成为民营企业提供服务，维护民营企业和企业家的合法权益“五大任务”，为民营企业搭建政策服务平台、法律服务平台、企业经营管理咨询平台、企业项目推介平台、企业融资咨询平台、创业创新服务平台、企业与产品展示展销平台、经验推广自主创新平台、对外经济技术项目交流与合作平台、服务企业社会信息平台“十大平台”，支持鼓励培育民营企业发展，为民营企业发展创优环境、提供便利。

会议通过《大同市平城区人大代表民营企业联谊会章程》，产生第一届委员会会长、常务副会长、副会长，以及秘书长、副秘书长人选。会议特邀北京京师税务学院执行院院长于江作题为《老板与税那些事儿——2018 年税改盘点》新税法知识专题讲座。（张琮敏）

【平城区医疗保险服务中心挂牌成立】 2019 年 5 月 10 日，平城区医疗保险服务中心挂牌成立。为做好医疗保险定点药店、定点医疗机构结算等医疗保险相关工作，更好地服务于民，平城区把医疗保险服务方面工作从社会保险中心剥离，单独成立平城区医疗保险服务中心。平城区医疗保险服务中心新址位于云中路 1066 号（万城华府西侧外围商铺），大厅设有 17 个服务窗口、等候区、叫号机、滚动显示屏等。（张琮敏）

【平城区首届中小学生田径运动会】 2019 年 5 月 29 日至 31 日，平城区首届中小学生田径运动会在市工人体育场举行。大同市政协副主席郭俊岗，大同大学副校长寇福明，市教育局局长高东森，大同卫校校长吴昊，市教育局副局长史建华，中国歌剧舞剧院国家一级演员高保利出席开幕式。区委书记、区长李继忠出席开幕式并宣布平城区首届中小学生田径运动会开幕。开幕式上，来自全区各中小学校的代表队、男女运动员、裁判员和教练员，依次进入会场。大同大学附属小学、区第 14 小学校、区第 43 小学校、机车厂第一小学校、区第 23 小学校、区第 47 小学校等学校的同学们表演《龙之梦》《中国少年强》《讲好大同故事》《武动校园》《魅力拉丁多彩校园》《梦想启航》等节目。

参加该届运动会的有来自全区各中、小学校的 42 支代表队、649 名运动员参加 12 个项目比赛。大同市平城区四十七校、平城区十四校、平城区十八校分别获男子团体前三名，平城区十八校、平城区二十三校、平城区四十六校分别获女子团体前三名。小南头中学、马军营二中、马军营中学分别获中学组团体前三名，并评选出十佳教练员，男子、女子优秀运动员各 5 名。（张琮敏）

【平城非物质文化遗产文创展】 2019 年 6 月 8 日至 17 日，由平城区政府、大同大学、大同日报传媒集团、市平城投资集团有限公司、市辽金文化艺术博物馆联合主办的“2019 平城非物质文化遗产文创展”举行。“非物质文化遗产 + 旅游，非物质文化遗产 + 文创，非物质文化遗产 + 生活”是非物质文化遗产文化的“三位一体”，是完善文化软实力的结合。该次非物质文化遗产文创展立足于“三位一体”文化传承，活动聚集黑陶、铜器、皮雕、刺绣、竹编、拓片、剪纸、扎染、蜡染等非物质文化遗产文创产品。平城区委、区政府通过与大同大学、多家企业合作，促进非物质文化遗产文化与创新深度融合，打造大同元素、平城特色的非物质文化遗产文创旅游商品，让更多市民和游客亲近大同文化。（张琮敏）

【大同农业嘉年华启幕】 2019 年 7 月 19 日，由大同市人民政府主办，平城区人民政府、大同市农业农村局、中国农业大学农业规划科学研究所承办的大同农业嘉年华在水泊寺乡马家小村启幕。省委常委、市委书记张吉福出席仪式并宣布大同农业嘉年华开园，市委副书记、市长武宏文出席仪式并讲话。北京农学院原校长、教授博导王有年，中国农业大学教授、中国农业大学农业规划科学研究所所长张天柱，中国农业大学原副校长、校务委员会副主任、中国农技协副理事长张建华，山西省农业厅原巡视员董希德等出席仪式。平城区委书记、区长李继忠及四套班子领导出席仪式。

大同市农业嘉年华融合农、旅、文、贸领域，汇集农业博览、科技展示、科普教育、休闲体验、餐饮购物、产业孵化等功能，是发展生态观光农业、推动三产融合发展的成果展示。农业嘉年华以“农业 + 文旅 + 科技 + 产城融合”为经营理念，围绕项目核心区配套有大同独有的北魏风情商业步行街、北魏鹿苑家庭农场、“北魏王朝 · 天下大同”大型实景体验剧、“北魏部落”特色美食、“九色光华”

特色住宿等休闲农业文旅项目，形成农业种植、休闲农业观光、特色餐饮、特色住宿、科普教育为一体的现代农业产业聚集地及休闲农业旅游目的地。园区包括农业嘉年华主题场馆、育苗温室、游客中心、生态温室、农产品展销馆等，主要满足市民科普教育、科技示范、休闲体验、餐饮购物需要。其中，主题创意场馆区围绕农业高新技术实现生态农业理念，分别以蔬菜、农耕文化、花卉、中草药、林果、沙漠植物、水科技为主题，把大同市主导特色产业与平城区历史文脉融为一体，用科技方式诠释大同特色农业产业、历史文化。（张琮敏）

【《北魏太后巡游》公演】 2019年8月30日，平城区本土特色系列历史文化情景剧之《北魏太后巡游》在华严寺广场举行公演。活动由平城区人民政府和市古城管理委员会主办，市平城投资集团有限公司协办。《北魏太后巡游》根据北魏王朝在大同的真实历史事件和真实礼仪制度改编，依次还原北魏西郊祭天敬祖仪式、“孝道治天下”国策、万国舞乐祝寿及太后巡游祈福4项环节，再现北魏平城时代的鲜卑族和汉族，经过冯太后改制后的民族融合、和睦相处的历史。（张琮敏）

【庆祝新中国成立70周年歌咏比赛】 2019年国庆之际，平城区举办庆祝中华人民共和国成立70周年歌咏比赛。这次比赛由区委、区政府主办，区委宣传部、平城区总工会、平城区文旅局承办。比赛在合唱《祖国不会忘记》中拉开序幕。经过评比，平城区法院获歌咏比赛一等奖；马军营乡、平城区教育局获二等奖；水泊寺乡、新旺乡、平城区财政局获三等奖；北关街道办事处、平城区环卫处等7家单位获优秀组织奖。（张琮敏）

【首届菊花节】 2019年9月30日至10月15日，由平城区主办、平城区园林管理处承办的古都大同首届菊花节在古城墙内云路坊至文庙正门区域开展。该届花展整体布局以菊花为主材，以大同古城文化为主线，以厚重的历史文化底蕴和盛放的秋菊庆祝新中国成立70周年。菊花节由16个品种菊花，9600盆盘龙等14个造型组成。菊花组成长600余米花带，以及各类艺术造型的菊花雕、花坛38组。（张琮敏）

▲2019年8月30日，平城区本土特色系列历史文化情景剧之《北魏太后巡游》在华严寺广场举行公演（于　宏　摄）

【环卫公寓启用】 2019年10月26日，平城区环卫公寓启用。该公寓由平城区政府投入300余万元在平城区第36小学校和第26小学校原址改建成大同市首家环卫公寓，并投入资金更新环卫车辆等设备，减轻环卫工人劳动强度。首批入住环卫一线的干部职工有42名。揭牌仪式上宣读《大同市平城区庆祝第23届环卫工人节表彰决定》，为11位环卫标兵颁发荣誉证书，为首批入住的环卫工人发放入住通知书和房间钥匙及生活用品。（张琮敏）

【首届新型职业农民培训班】 2019年11月8日，由平城区农业农村局主办、大同市农业嘉年华承办的2019平城区新型职业农民培训食用菌培育班开班。该次培训为平城区首届职业农民培训，培训形式为课堂授课、实践观摩2种，来自马军营乡、水泊寺乡的农民代表50人参加培训。培训班邀请20余名专业老师讲解国家强农惠农政策法规、农业相关保险知识、食用菌及蔬菜栽培技术、现代农业经营及“三品一标”（指无公害农产品、绿色食品、有机农产品和农产品地理标志）知识等，并组织学员分批次在农业嘉年华园区、广灵食用菌产业园区、阳高蔬菜种植园、杨家窑产业园区、广灵北野菌业等园区及企业开展现场参观实训。（张琮敏）

【平城区智能充电站投入使用】 2019年11月中旬起，位于平城区东城墙和西城墙附近的4座智能充电站投入使用，有110个智能充电桩满足电动汽车充电需求。该充电站由平城佳科新能源有限责任公司建设管理，智能充电站内都配套有一座“平城充电共享空间”，为电动汽车车主提供24小时免费服务，方便电动出租车车主充电。该公司运营的互联网交通属地智能化充电平台“大同充电”投入使用，提供预约充电、扫码支付、充电状态、充电位置引导等功能，实现智慧停车与智慧充电同步的便民服务。（张琮敏）

【平城区“爱心驿站”启用】 2019年12月9日，平城区建设的“东城墙1号”等6个各俱工会元素的试点“爱心驿站”启用，“爱心驿站”为环卫工人、外卖小哥等城市户外劳动者提供饮水、避暑取暖、餐食加热、手机充电、急救药品等服务，并被纳入职工服务体系，成为职工与工会互动的空间和延伸工会服务的有效载体。6个“爱心驿站”配备的服务设施相同，内部元素呈个性化特点：“东城墙1号”驿站把华严寺、民俗秧歌等展现大同文化美景的照片装饰在驿站走廊；“龙西”驿站以“强化工会建设职能，维护职工合法权益”为宣传主题，宣传一线环卫工、省特级劳模郭丽荣先进事迹；“九洲”驿站以宣传党的方针政策为主要内容，宣传全国劳模、环卫工孙秀兰事迹，旨在激发职工爱岗敬业精神；“武警1号”驿站以为职工维权为主题，设立调解室，并有律师为职工提供免费法律援助；“武警2号”驿站定期组织职工谈心，配有图书、报刊，让大家在劳逸结合中获取新知识；“南关南街”驿站宣传工会工作制度和会员的权利与义务，让城市户外劳动者融入工会大家庭。（张琮敏）

【平城区启动“一枚印章管审批”】 2019年12月23日，平城区颁发出首张加盖“大同市平城区行政审批服务管理局”公章的营业执照，标志平城区进入“一枚印章管审批”时代。

12月20日，平城区行政审批服务管理局启动“一枚印章管审批”工作，平城区把原分散于17个部门的108项行政审批和服务项目划入平城区行政审批服务管理局集中实施，未划转13个部门的85项行政审批和服务项目在服务大厅集中办理，涉及投资项目、市场服务、规划建设、公共服务等方面，改革后审批制度实现“一网通办、一门集中、一窗受理、一次办结”行政审批服务模式。实行“一事一码，一次性告知”工作方式，办理业务市民和企业，通过扫描相应二维码，可了解到自己要办业务的相应流程。办理营业执照的企业先在网上申报，通过网上审批后，在1个月的有效期内带着纸质资料随时到服务大厅办理营业执照。（张琮敏）

云冈区

【概况】 大同市云冈区位于北纬39°53'～40°17'，东经112°53'～113°24'，全区总面积737.81平方千米。2019年，全区下辖高山、云冈2个镇，平旺、口泉、西韩岭、鸦儿崖4个乡，28个街道办事处，120个村民委员会，138个社区居民委员会。常住人口743870人。其中，户籍人口645665人（城镇人口513849人，农业人口131816人），总户数245409户。出生率6‰，死亡率5‰，自然增长率1‰。

全年全区地区生产总值276.12亿元，同比增长8%；第三产业增加值95.33亿元，同比增长4.4%；规模以上工业增加值206.42亿元，同比增长11.1%；固定资产投资65.15亿元，同比增长20.1%；社会消费品零售总额107.11亿元，同比增长7.5%；一般公共财政预算收入11.6亿元；农村常住居民人均可支配收入9931元；城镇常住居民人均可支配收入25013元。

农业　年内，云冈区农作物播种面积175463亩。其中，粮食播种135922亩（玉米95406亩，杂粮40516亩）；经济作物播种28751亩（油料4041亩、蔬菜23800亩、瓜类910亩）；饲料作物播种10790亩。粮改饲种植面积5.5万亩（苜蓿种植1万亩，青贮玉米面积3.8万亩，青莜麦种植面积0.7万亩）。发展市级有机旱作农业项目2700亩。其中，建设市级1000亩的核心样板区1个，建设市级500亩的核心示范区1个，建设市级300亩的示范区4个。建设5个杂粮绿色增产攻关田建设项目，种植面1300亩。以农耕文化、休闲观光、都市旅游为特点，发展现代生态观光杏、李子、毛桃、西瓜、葡萄、草莓等瓜果类采摘园区，花卉休闲农业园区，传统农耕文化休闲园区，农耕文化园区。培育牧同乳业、四方高科、同生润洁、华建油脂、口泉米醋等龙头企业。引进恒宗黄芪生物科技科研生产中心，投资2.1亿元的黄芪深加工项目，推进总投资7412万元的卧龙牧业规模化肉牛养殖、总投资4500万元的曼园玉安生态休闲农业园、总投资3000万元的永成粪污无害化有机加工场等项目。农业农村部批复口泉乡产业强镇示范建设项目。全区农业机械总动力131775千瓦；全区拥有大中型机械1861台（其中拖拉机新增22台，总数达1883台，收获机新增15台，总数达195台）。农村饮水安全巩固提升项目实施工程7处，总投资759.8万元，受益户5857户（其中贫困户179户），受益人口13463人（其中贫困人口426人）。维修养护4处饮水安全工程，供水服务人口4943人。全区关闭地下水取水井18眼，压采地下水量581.2万立方米。

工业　年内，云冈区开工建设总投资5.9亿元同煤四盘区风井工业广场、总投资2.9亿元冀东水泥技改项目、总投资1.24亿元富乔垃圾发电厂扩容二期。盘活破产闲置十多年的原大同水泥厂，引进武汉东湖大同碳谷、石英砂加工、除雪剂、高瓦斯灰综合利用等10余个项目。推进能源革命，建成并网中电、中广核等11个新能源企业光伏发电厂。

项目建设　年内，云冈区投资各类项目115个，总投资332.86亿元。其中，新建项目102个，总投资138.5亿元；续建项目13个，总投资194.36亿元。亿元以上项目25个，总投资315.67亿元。转型项目53个，总投资173.94亿元，占全部建设项目总投资比重的52.26%。规模以上企业从年初的44个，增至52个。在115个项目中3个，总投资1.24亿元；第二产业67个，总投资165.3亿元；第三产业33个，总投资119.64亿元；民生项目12个，总投资46.68亿元。

第三产业　年内，云冈区引进华北地区最大的影视制作中心，开工建设投资30亿元的天下大同文创园项目，作为张艺谋导演拍摄的第一部抗战题材悬疑电影《悬崖之上》的外景基地；投资3.74亿元建成华北地区最大的水上乐园魏都水世界三期，并被省文旅厅评为国家AAAA级旅游景区；开工建设总投资2亿元的北魏云航直升机观光项目；引进世界500强的上海新城集团，开工建设投资50亿元的“吾悦广场”项目；杨家窑村、高山村被评为省级旅游示范村。

城乡建设　年内，云冈区“三供一业”（指供水、供电、供热和物业管理）改造工程总投资378796万元，改造住宅面积1140万平方米。总投资10037.93万元，实施10条街巷道路改造工程，改造道路长度13.77千米。总投资795万元，建设恒安新区居住区3个公园，建设规模2万平方米。危旧房改造5万平方米，实施兴云华庭住宅项目节能工程4.9万平方米。实施恒安新区和文瀛湖200万平方米的既有住宅建筑节能改造。农村

4类重点人员危房改造94户，户均17250元，合计资金162.1万元。老旧小区改造8个项目，投资6881.38万元，涉及10个小区、67栋、32.28万平方米、3431户。建成保障房2344套，其中城中村改造建成2144套。城市棚户区改造投资11645万元，占年度投资101%。

人居环境 年内，云冈区新建采煤沉陷区搬迁安置工程住宅8477套，开工建设马营城市棚户区连片改造项目。投入资金4082万元改造提升22个示范村。总投资1.6亿元，完成40.94千米“四好”（指建好、管好、护好、运营好）农村路及13.77千米的10条街巷道路改造工程。取缔107台燃煤锅炉，推进中煤大同能源有限公司投资6亿元的2×135兆瓦集中供热配套管网及热力站工程项目，环境空气二级以上天数324天，优良天数比例90.3%。

教育 年内，云冈区有各类学校75所。其中完全中学3所，高中2所，初中7所，九年制学校3所，小学58所，特教学校1所，进修校1所，职业学校2所，青少年校外活动中心1所。在校学生49310名。其中，小学生34186名，初中生8689名，高中生4892名，职中生1543名。在职教职工6301人。

卫生医疗 年内，云冈区卫生健康系统有行政事业单位7家，医疗集团1家，在职人员802人（含区医院、中医院外聘349人）。其中，区卫体局14人，区疾控中心44人，卫生监督所37人，妇幼计生中心56人，流动人口服务中心3人，区计划生育协会（参公群众团体）5人，区中医院178人（含外聘126人），区医疗集团所属区医院347人（含外聘223人），6家乡（镇）卫生院118人。全区有各类医疗机构416个。其中，三甲医院1个（同煤总院），二级医院9个（区医院、同煤二院、同煤三院、同煤肿瘤医院、同煤职防院，白洞医院、市六医院、晋柴医院、欣泰平安医院），中医医院1个（区中医院），12个民营医院（其中欣泰平安医院升为二级医院），乡（镇）卫生院6个，社区卫生服务中心22个、社区服务站32个。执业医师（助理医师）2716人、注册护士3217人（不含二级及以上医院），各级医疗机构拥有床位1820张（不含二级及以上医院）。120个村、153名乡村医生。有村（社区）计划生育服务员247人。

民生事务 年内，云冈区贫困人口新型农村合作医疗参合率100%。增加教育经费1.6亿元，完善学校基础工程。出资2880万元，发放班主任津贴、爱岗敬业津贴和校长基金，其中校长基金在全市率先实现小学全覆盖，重奖先进教育工作者695名。引进集幼儿园、小学、初中、高中教育为一体的山西省知名学校——太原现代双语学校。为计划生育家庭发放奖励金732万元，投入222万元为50所村卫生室统一购置配备设施、设备。为城市、农村低保对象17083户21890人累计发放低保金约1.3亿元。为退役军人发放优抚金862.3万元。开展各种招聘会12次，全区城镇新增就业人数7214人。接收同煤移交街道社区社会化管理退休人员8.7万余人。城市低保对象6286户10797人，发放低保金7822.54万元；农村低保对象8073户11093人，发放低保金5096.51万元；农村五保对象194户198人，发放救助金214.67万元；城市“三无”（指无生活来源、无劳动能力、无法定抚养义务人的公民）对象30户31人，发放救助金41.52万元。临时救助2050人次，发放救助金158.65万元。困难残疾人生活补贴4770人，发放生活补贴297.07万元；享受重度残疾人护理补贴5076人，发放护理补贴306.86万元。全年全区城乡居民养老保险的参保143519人，征缴保费2147.03万元，养老金累计发放6114.16万元，领取待遇人数50457人。企业养老保险参保人48574人。其中，自由职业者33539人，企业职工15035人。全区参加机关事业单位养老保险在职职工11271人，领取机关养老保险待遇6756人。征缴养老保险费19863万元；发放养老金30170万元。按规定标准为6288名退休人员调整养老保险待遇，人均增资176元。全区失业保险参保18027人，失业保险缴费人数10822人，征缴失业保险费422.71万元，发放失业金1070.42万元。（石有团）

2019年大同市云冈区主要经济指标表

指　标	2019年
总人口（万人）	74.39
#城镇人口	64.15
城镇单位从业人员数（万人）	13.87
乡村劳动力（人）	7.56
土地面积（平方千米）	—
地区生产总值（万元）	3858963
第一产业	54832
第二产业	1990450

续 表

指 标	2019 年
#工业	1809977
第三产业	1813681
人均生产总值（元）	51906
农林牧渔业总产值（万元）	—
粮食总产量（吨）	54522
肉类总产量（吨）	3795
工业企业数（个）	84
工业总产值（当年价，万元）	4201686
固定资产投资总额（万元）	758856
社会消费品零售总额（万元）	1363723
一般公共预算收入（万元）	115818
一般公共预算支出（万元）	278607
城镇居民人均可支配收入 （元）	34337
农村居民人均可支配收入（元）	17027
从业人员平均工资（元）	72640
在岗职工平均工资（元）	75263

【首届“最美云冈人”表彰活动】 2019 年 3 月 29 日，云冈区首届“最美云冈人”表彰活动在区政府举行，有 63 名来自全区各行各业的优秀代表受到表彰。该次活动，由云冈区委、区政府主办，区文明办承办。经过严格规范的评选程序，最终评选出“最美家庭”“最美婆婆”“最美媳妇”“最美教师”“美德少年”“道德模范”“最美志愿者” “最美基层干部”8 类 63 名先进典型。授予郭占君等 5 人“最美云冈人”特别提名奖，授予徐瑞卿等 33 人“最美云冈人”荣誉称号，授予刘彩青等 25 人“最美云冈人”提名奖。（石有团）

【“书香云冈 悦享经典”2019 大同阅读季活动】 2019 年 4 月 21 日，以“书香云冈 悦享经典”为主题的“世界读书日”2019 大同阅读季活动在市工人文化活动中心启动。活动由云冈区文化和旅游局主办，云冈区图书馆承办，云冈书城协办，市播音主持协会组织。活动现场，有儿童诵读《三字经》，歌曲《在水一方》，情景朗诵《木兰辞》《将进酒》，经典诗章《岳阳楼记》《明月几时有》《如梦令知否》《枉凝眉》《元曲广陵散》《郑振铎西行书简云冈》《李叔同送别》《幸福大同》等。活动现场，组委会向企业、学校赠送中华传统经典书籍。经组委会推荐，宋志强、闫桂花、吴天有、侯建忠、史龙跃、任翔宇、李中美、陈栋、刘立欣、赵一生 10 人当选该阅读季“大同阅读榜样”。（石有团）

【大同云冈现代双语学校签约】 2019 年 5 月 9 日，大同云冈现代双语学校举行签约仪式。大同云冈现代双语学校是由山西台基实业发展有限公司（山西现代双语学校总部）与大同市东山星晖湾置业有限公司合作创办的一所集幼儿、小学、初中、高中为一体的全日制寄宿制学校。项目预计投资 5 亿元，建设地点位于云冈区武装部东原时庄小学和回泉中学，占地 14.67 公顷，总建筑面积 15 万平方米，分教职工生活区、教学区、学生生活区和活动区，计划 2022 年 8 月底前完工。学校编制为小学 12 轨、初中 20 轨、高中 12 轨。山西台基实业发展有限公司成立管理团队，负责大同云冈现代双语学校建成后的教学管理、教师招聘、教师培训、招生等学校教学管理事务。签约仪式上，云冈区人民政府与大同市东山星晖湾置业有限公司、山西台基实业发展有限公司签署教育合作框架协议。（石有团）

【云冈区科普日系列活动】 2019 年 9 月 17 日，云冈区启动以“礼赞共和国，智慧新生活”为主题的全国科普日系列活动，普及宣传“创新、协调、绿色、开放、共享”发展理念，促进公众科学文化素养和精神文明水平双提升。该次活动由云冈区图书馆、科协、教育科技局、农业农村局等单位联合开展。启动仪式现场，展出“科普知识宣传” “书香云冈”等各类展板 40 余块，发放《防震减灾》《食品安全》《垃圾分类》《法制宣传》《交通安全》《科技专利》等科普图书3000余册，发放低碳生活、远离毒品、预防手机病、儿童用药等科普海报及宣传彩页2000余份。该区开展科普进校园、进社区、进乡村等系列活动，围绕人工智能、5G技术、信息互联网等科技热点及法制宣传、环境保护、卫生健康、食品安全、交通安全等民生领域焦点问题，以及涉及公众“衣、食、住、行”的智能信息新技术，举行系列科普活动。

（石有团）

【云冈区举办“中国农民丰收节”庆祝活动】 2019年9月20日，云冈区庆祝第二届中国农民丰收节活动暨农特产品展销会在口泉五一街举行。该次庆祝活动包括开幕式、文艺演出和农特产品展销会3部分，以“庆祝丰收、弘扬文化、振兴乡村”为宗旨，采取区乡联动、农民参与、全民联欢相结合的庆祝方式，设立1个主会场、3个分会场。农特产品展销会持续至9月28日，重点展示具有云冈区特色的“大同好粮”区域公用品牌产品。

（石有团）

【云冈经济技术开发区获批】 2019年10月中旬，山西省政府第46次常务会议研究决定设立云冈经济技术开发区。云冈经济技术开发区位于云冈区口泉乡和西韩岭乡南部，总规划面积33.94平方千米，是省重点开发区域，距大同市区30千米，距同煤集团20千米，交通便利、矿产资源丰富、经济发展状况良好、产业布局合理，具有良好的用地条件。云冈经济技术开发区由同煤集团与云冈区人民政府合作运营，以塔山工业园区为基础，采取“一区四园模式”，即塔山循环产业园、同忻循环产业园、清洁能源产业园和现代煤化工产业园，初步形成“煤炭—电力—建材”“煤炭—化工”循环经济产业链。（石有团）

【食品安全专项整治】 2019年11月下旬，云冈区市场监督管理局针对食品安全监管领域漠视群众利益的问题开展专项整治，打击食品生产经营环节违法违规行为，保障市民“舌尖上的安全”。整治行动重点围绕食品生产加工小作坊专项整治、农村地区销售过期食品专项整治、保健食品经营企业专项整治、食盐安全专项整治、酒类流通市场专项整治5个方面开展。为确保整治行动取得实效，该局开展基层监管人员监管业务专项培训，完善村级、街道社区食品安全协管员制度；组建云冈区食品生产企业交流群，建立区市场监管局、区公安局、区教育科技局、区农业农村局4部门联合工作机制。开展宣传，发放“打击农村地区销售过期食品”宣传画300余份；开展保健食品“五进”专项科普宣传活动87场次，发放宣传资料1500份；督促食品经营户签订食品安全承诺书近1500户。专项整治行动开展以来，该局出动执法人员2110人次、执法车辆460台次，检查各类市场主体917家，发现问题169起，立案查处35件。（石有团）

▲ 2019年9月20日，云冈区庆祝“中国农民丰收节”系列活动之一——云冈区首届农民趣味运动会在口泉乡杨家窑村小学操场上举行（于宏 摄）

新荣区

【概况】 大同市新荣区位于北纬40° 07' ～ 40° 24'，东经112° 52' ～ 113° 31'。全区总面积1102平方千米。2019年，全区下辖2镇6乡，即古店镇、新荣镇、郭家窑乡、破鲁堡乡、西村乡、上深涧乡、堡子湾乡、花园屯乡，5个社区居民委员会，123个村民委员会。全区户籍人口11.23万人，森林覆盖率28.9%，绿化率39.2%。

全年全区地区生产总值45.04亿元，比上年增长6.1%。其中，第一产业5.12亿元，比上年增长6.5%，第二产业18.87亿元，比上年增长4.8%，第三产业21.04亿元，比上年增长7.2%，一、二、三产业分别占地区生产总值11.4%、41.9%、46.7%。规模以上工业增加值6.46亿元，比上年下降8.2%；服务业增加值21.04亿元，比上年增长7.2%；公共财政预算收入2.38亿元，比上年增长8.0%；固定资产投资额33.04亿元，比上年增长12.2%；社会消费品零售总额15.50亿元，比上年增长8.0%；城镇常住居民人均可支配收入27062元，比上年增长7.8%；农村常住居民人均可支配收入10471元，比上年增长10.1%。

农业　年内，新荣区改善农村人居环境，推进拆除复垦、综合利用，全区有86个村庄实施拆除复垦工作，拆除废弃院落和残垣断壁2112处，拆除废弃房屋6480间，整治面积107万平方米，拆除违规乱搭滥建1390余处，清理杂草13万平方米。发展以西梅为主的特色经济林生态产业，种植规模916亩。引导花园屯乡、古店镇发展育苗产业，形成育苗留床地5万余亩。围绕猪、鸡、羊特色养殖，在8个乡（镇）各择优选取2个村，利用村边整治出的废弃宅基地，发展特色养殖产业，全区牛、猪、羊饲养量分别为3.7万头、9.5万头和48.55万只，蛋鸡存栏35.11万只，肉蛋奶总产量3.4万吨。因地制宜发展有机旱作农业，投资 174 万元，发展有机旱作农业示范区 3200 亩，建设省级封闭示范片 1 个、市级农业样板区 2 个、市级农业示范片 2 个。全区粮食播种面积 38.3 万亩。通过公司、土地流转、劳动用工、订单收购等模式，培育荣康粮油、永丰农副产品、亿农禾田农副产品有限公司等多个农产品加工龙头企业。实施乡村提质工程，投资 7179 万元，完成 15 个示范村规划编制，22 个村庄新建道路 22.6 千米；村庄亮化完成 15 个村，打造绿化村庄 48 个。实施农村垃圾治理，整治完成 17 处。推进“厕所革命”，完成农村改厕 510 座，规模养殖场粪污处理 5 座。

工业　年内，新荣区累计生产原煤 233.98 万吨，实现煤炭产业增加值 7.87 亿元。通扬碳素 2 万吨浸渍、焙烧品技改项目和 2.2 万吨 Φ600 毫米及以上超高功率石墨电极项目建成投产，以及建设完工腾扬科技 2 万吨超高功率石墨电极生产线建设项目等 4 个项目，全区碳素制品产量 10 万吨以上。新成欣荣活性炭 2 万吨脱硫脱硝活性炭项目建成，泰旺 1 万吨破碎活性炭项目开工。新康泽年维修 5000 台套矿用设备项目、中科唯实掘进机全生命周期技术与运营服务二期工程项目竣工，晶之兴充电桩研发制造项目、明星彩板 12 万平方米门窗建设 2 个项目开工。花园屯乡开工建设科达物流货物仓储配送和博和现代物流园区项目。续建的新成新材料年产 2 万吨 / 年汽车锂电池电解液项目建成投产，华润电力镇川堡 600 兆瓦风电项目完成总投资量 50%。开工建设山西国际能源堡子湾乡 100 兆瓦风电项目、协鑫智慧能源大同风电项目、大同新荣 500 千伏输变电工程。培育普奇瑞、同一铸石等 7 家中小微企业“小升规”。截至 2019 年底，全区民营和小微企业专利发明 694 项，其中年内申报专利 110 件。新成新材料、宇林德、中科唯实被省工信厅评为山西省优秀企业。

商贸　年内，新荣区同上海东方龙商务咨询公司签订委托招商协议，成功引入第三方招商，实现“招商主体由以政府为主转变为以中介招商、委托招商为主”的目标。到北京、河北、深圳、上海、江苏等地开展招商引资推荐活动，加强同南通扬子碳素有限公司等企业交流合作，实现招商方式由单一招商转变为以企招商、以商招商、精准招商、激励招商、全员招商、小分队招商、个性化招商、全产业链招商等招商方式转变。全年全区签订招商引资协议 31 个，签约 67.53 亿元。年内组织科蕾木耳、华进薯业、田源酿造参加乌大张（乌兰察布、大同、张家口）农产品展销活动。组织全区外贸企业参加中国第二届进口博览会，凯翔凯宇公司签订 1856.74 万元订购意向。

生态保护　年内，新荣区落实“决战 300 天，提升大同蓝”实施方案，1 台 40 吨、3 台 20 吨锅炉超低排放改造完成，实现集中供热方式替代散煤用户 6189 户。除尘改造同煤天建炼钢厂等无组织排放企业。取缔“散乱污”企业 18 家，处罚企业 9 家，罚款 493.1 万元。全区二级以上优良天数 321 天，优良天数占 87.9%。落实“清水攻坚行动”实施方案，加强辖区范围内御河河道内“清四乱”（即清理乱占、清理乱采、清理乱堆、清理乱建）力度，建设完工 5 个畜禽规模养殖场“三防”配套设施。落实上级环保问题整治。整改完成“百日清零行动”省指挥部移交该区 11 批反馈问题中 58 个问题和晋北 3 市大气污染防治专项检查移交该区的前 6 轮 179 个问题，以及生态环保部提出的水源地 18 个问题。核查中央环保督察交办的 19 件案件和中央环保督察“回头看”交办的 13 件案件，没有出现反弹。推进生态造林工程。人工造林 2000 亩、退化林分修复 4000 亩。

教育　年内，新荣区出台《新荣区 2019 年义务教育招生入学工作方案》，规范招生行为，促进教育公平。摸底、甄别、核实及经相关部门鉴定现有不同类别、等级的残疾儿童 66 人，安置符合条件入学 54 人，其余的提供送教上门服务，保障残疾儿童受教育权利。摸底、甄别全区农村户籍人口涉及的适龄儿童、少年入学情况，确保不发生 1 例因贫辍学。全年发放补助资金 76 万元，资助建档立卡贫困生 1492 人次；发放助学贷款 1045.67 万元，资助学生 1597 人；资助考取二本 B 类以上学生 17 名，发放助学金 8.5 万元；投资 148 万元，为全区公办义务教育阶段学生免费发放营养早餐奶，提升学生素质，服务学生 7563 人次；加强暑期校外培训机构监管工作，促进中小学生健康成长。

文化旅游　年内，新荣区推进长城保护利用试点区建设，开发以得胜堡为核心、以长城旅游为主板的全域旅游工作。启动《得胜文旅特色小镇总体规划》等编制工作，实施得胜堡堡墙、河东窑龙王庙保护修缮工程和助马堡南门抢险加固工程。得胜堡村被评为全省乡村旅游示范村；打造以“长城精神”为内核的得胜文化旅游品牌，举办第二届长城民俗文化节，组织原创“中国龙 得胜风”——“得胜记忆”长城实景演出，700 余名演员全部为就近农民；承办脱贫攻坚战星光行动——“古长城保护计划”论坛会。举办第二届长城古堡露营大会、第六届大同国际骑游大会暨 XCR 长城越野多日赛、“得胜杯”—庆祝新中国成立 70 周年书法展、首届得胜堡雅集文化活动等，举办助马堡第二届杏花节，全区旅游总收入比上年增长 22.05%。推荐旅游扶贫项目，发展生态休闲旅游，赵家窑村和破鲁堡村成功创建省级旅游扶贫示范村。发展以云特小镇、塞尚驿栈、饮马山庄为代表的乡村体验游和以饮马河、万泉河为代表的生态湿地游，完善相关配套旅游基础设施建设，提升文旅产业整体水平和发展质量。

脱贫攻坚　年内，新荣区统筹谋划投入脱贫攻坚资金 1.6 亿元。其中，区财政预算专项扶贫资金 3000 万元，比上年增长 1400%。推行“金融 + 扶贫”模式，发放小额贷款 364 笔 1814 万元，占市分配总任务量 145.12%。实施经济林、黑木耳、中药材种植等产业扶贫项目 13 个，惠及建档立卡贫困户 1023 户 1914 人。发展以西梅为主的特色经济林 916 亩，形成 7 个特色经济林发展示范村，带动 1200 余名农民增收。农村危房改造 5458 户，占年任务 4729 户的 115%。为 10635 人建档立卡贫困人口缴纳返贫责任保险。开展 4 次动态管理，新识别 140

户301人，家庭成员自然增加561人、自然减少867人、补录15人，整户清退15户22人。全年全区36个贫困村全部退出，脱贫11386人，贫困发生率降至0.38%。

社会保障　年内，新荣区城乡居民医疗保险人数88475人，职工医疗保险人数17125人。建档立卡贫困人口11791人，个人缴费金额财政部门拨款救助，参保率100%，城乡居民参保率97%。职工基金收入189.03万元，支出988.6万元；工伤保险基金收入513.92万元，支出466.75万元；城乡居民基金收入1607.37万元，支出1586.45万元。城镇新增就业3542人，农村劳动力转移就业1501人，创业带动就业576人，城镇登记失业率2.17%。　（贺雨顺）

2019年大同市新荣区主要经济指标表

指　标	2019年
总人口（万人）	12.85
#城镇人口	4.91
城镇单位从业人员数（万人）	0.96
乡村劳动力（人）	3.55
土地面积（平方千米）	—
地区生产总值（万元）	590971
第一产业	42365
第二产业	338203
#工业	336179
第三产业	210403
人均生产总值（元）	46024
农林牧渔业总产值（万元）	—
粮食总产量（吨）	74325
肉类总产量（吨）	4783
工业企业数（个）	27
工业总产值（当年价，万元）	650472
固定资产投资总额（万元）	330475
社会消费品零售总额（万元）	141236
一般公共预算收入（万元）	23823
一般公共预算支出（万元）	121538
城镇居民人均可支配收入（元）	—
农村居民人均可支配收入（元）	—
从业人员平均工资（元）	58404
在岗职工平均工资（元）	60339

【新荣经济技术开发区成立】 2019年1月19日，新荣经济技术开发区经省政府批准成立。规划总面积19.98平方千米，占全区面积1.83%。采用“一区四园”模式，设花园屯新材料产业园、得胜转型示范工业园、古店镇物流制造园、晋蒙新兴产业合作园4个产业园。入园企业有37家，主导产业为碳素、石油墨、新材料、新能源装备制造等。省级研发中心1家，市级研发中心3家。 （贺雨顺）

【首届妇女手工艺作品赛】 2019年3月初至4月下旬，新荣区举行首届妇女手工艺作品赛。这次手工艺作品赛展出130余件面塑、剪纸、刺绣、串珠编织、毛织、布艺等作品，其中一半作品出自农村妇女之手。在众多展品中，新荣区实验幼儿园老师用瓜子皮、瓜子仁、小辣椒等制作的手工艺品，表达其生态环境保护的创新立意及独特的创意灵感，吸引许多参观者。展览期间，观展人数有数千人。担任该次赛的评委有中国民间文艺家协会会员、高级工艺美术师李志正，中国剪纸学会会员、山西省民间艺术大师吴秀梅，大同结艺非物质文化遗产项目传承人、大同市工艺美术协会副会长杨雪飞。经过评委评选，评出一等奖1名、二等奖2名、三等奖3名、优秀组织奖9名。 （贺雨顺）

【《长城龙·得胜风》诗画歌舞】 2019年3月中旬，在新荣区第二届长城民俗文化活动上，大型情景诗画歌舞表演《长城龙·得胜风》首次亮相。《长城龙·得胜风》的创作把中华民族的精神象征长城、中华民族的图腾巧妙相融，通过物景互喻，展现长城文化博大厚重。全剧分四个篇章，分别是《龙与人·岁岁吉祥和龙舞》《龙与城·巍巍长城筑龙魂》《龙与地·亲亲山水闻龙曲》《龙与梦·欣欣向荣绘龙图》，展现长城儿女热爱生活、勤劳智慧、豁达乐观、积极向上的优良品性。主创人员在表演中加入当地民间文艺，再现新荣长城民俗。参加演出的演员有1100余人，全部来自新荣当地，有农民、学生、机关干部，年龄最大的82岁，最小的8岁。

（贺雨顺）

▲2019年3月7日，游客在得胜堡观看新荣区“巧娘”的手工艺作品（于 宏 摄）

【第二届长城古堡露营大会】 2019年7月20日至28日，新荣区第二届长城古堡露营大会在新荣区得胜堡、饮马河湿地举行。活动由新荣区委、区政府，中国长城学会、山西文旅集团长城旅游发展有限公司主办，新荣区文旅局、新荣区卫健体局、新荣区堡子湾乡、大同长城学会、大同荣胜文化旅游产业投资有限公司承办。大会以长城文化为主题、以成龙国际动作电影周为载体，提升人们对长城的保护意识，推动新荣区全域文化旅游发展，丰富新荣区旅游产品，促进农民增收。大会依托塞北古镇、古堡之乡的美誉，延伸长城文化、古堡文化，举办帐篷、房车露营、啤酒大赛、星空影院等活动，吸引长城爱好者、户外运动爱好者、摄影爱好者、影视文化爱好者等，扩大大同长城古堡文化影响力，塑造长城古堡旅游文化发展平台，塑造大同特色“长城古堡文化旅游”品牌。 （贺雨顺）

【第二届农民丰收节】 2019年9月23日，新荣区第二届农民丰收节暨农副产品展销会在区礼堂广场举行。该次活动以“庆丰收、展成果、增收入、促振兴”为主题，提高农民荣誉感、幸福感、获得感，呈现新荣区农业、农村、农民的新变化、新面貌、新成果。开幕式上，表彰获2019年度致富能手和农业领军人物。活动表演有歌曲《在希望的田野上》、碓臼沟秧歌《丁山打雁》、数来宝《夸新荣》等节目用表演展示农村变化，用歌调唱出农村田园风光和农村发展的前景。舞蹈《大丰收》表达农民喜悦之情，表现出全区打赢脱贫攻坚战的坚定决心；民歌《圪梁梁》、游戏《杂粮辨识比赛》、集体合唱《我和我的祖国》等节目抒发着农民的喜悦与幸福。展示会场，展出8个乡（镇）农产品120余种，有得胜韭菜、田园酱油、胡麻油、大窑山莜面、畅家岭大葱、马铃薯、黑木耳、小杂粮礼盒、黄芪、小米、莜面粉等。 （贺雨顺）

云州区

【概况】 大同市云州区位于北纬39°43'~40°16'，东经113°20'~113°55'。总面积1503平方千米。2019年，全区下辖3镇7乡，即西坪镇、倍加造镇、周士庄镇、许堡乡、吉家庄乡、党留庄乡、杜庄乡、峰峪乡、瓜园乡、聚乐乡，12个社区居民委员会，169个村民委员会。常住总人口194289人。其中，男性98224人，占总人口50.56%，女性96065人，占总人口49.44%。出生人口1502人，死亡人口1005人，出生率7.74‰，死亡率5.18‰，人口自然增长率2.56‰。

全年全区地区生产总值1245569万元（含大同市经济技术开发区），增长8.3%；第一产业增加值81119万元，下降7.1%；第二产业增加值598246万元（含大同市经济技术开发区），增长10.7%；第三产业增加值566204万元（含大同市经济技术开发区），增长8.8%；规模以上工业增加值388327万元（含大同市经济技术开发区），增长23.5%。第一、第二、第三产业对全区生产总值增长贡献率为2.7%、48.6%、48.7%。三次产业结构比6.5 ：48.0 ：45.5。公共财政预算收入24704万元，增长6.1%；公共预算支出157093万元（其中个人部分支出55568万元，上级专项款支出60367万元，公用支出41158万元），比上年减支25766万元，下降14.09%。社会消费品零售总额503099万元，增长8.2%；城镇居民人均可支配收入22430元，增长7.9%；农村居民人均可支配收入10682元，增长10.2%。

农业　年内，全区农作物播种面积41083公顷，比上年减少342.6公顷，下降0.83%。其中，粮食作物播种面积30391.8公顷，比上年减少1409.9公顷，下降4.4%。粮食总产量109169.1吨，比上年减少22531.6吨，下降17.1%。奶类产量29467吨，比上年增加1889吨，增长6.85%；禽蛋产量30910吨，比上年增加2877吨，增长10.26%；肉类产量22474.1吨，比上年增加1927.1吨，增长9.38%。全年牛存栏16273头，比上年增长66%，出栏12124头，比上年增长9.1%。猪存栏60322头，比上年增长68.35%，出栏81841头，比上年增长16.2%。羊存栏134107只，比上年增长10.47%，出栏137548只，比上年增长0.17%。家禽存栏2284229只，比上年增长18.86%，出栏1371016只，与上年持平。全区人工造林面积1814公顷，比上年增加100公顷，增长5.8%。农林牧渔业总产值15.36亿元，比上年增长1.32%。农村用电量3933.4万千瓦时，比上年增长18.08%；农用化肥施用量（实物量）24672.4吨，比上年增长19.2%；农用塑料薄膜使用量1059.8吨，比上年增长4.5%；地膜覆盖24408.2公顷，与上年持平；农药使用量94.6吨，比上年增长5.1%。全区农业机械总动力151096千瓦，拖拉机4011台，动力97652千瓦。其中，大中型拖拉机1175台，动力54793千瓦，小型拖拉机2836台，动力42857千瓦。配套农机具5872部。

工业与建筑业　年内，全区有规模以上工业企业24家，实现总产值658705万元，比上年增长70.87%。其中，水泥制品制造业47454万元，比上年增长103%，占全部产值7.2%；煤炭制品制造业18821万元，比上年增长133.8%，占全部产值2.86%；专用设备（采矿）制造业84589万元，比上年增长65.72%，占全部产值12.84%；酒类饮料制造业18313万元，比上年下降35.16%，占全部产值2.78%；新材料科技及纸制造业17301万元，占全部产值2.63%；电力热力生产业25331万元，比上年增长4.77%，占全部产值3.85%；汽车制造业384027万元，比上年增长20.6%，占全部产值58.3%。全年全区食用酒精产量3832.3万升，比上年下降31.5%；生产载重汽车14023辆，比上年增长53.8%；活性炭产量18355吨，比上年增长22%；商品混凝土产量177.86万立方米，比上年增长31.4%；矿山专用设备产量81903吨，比上年增长71.7%；生活用纸产量9339吨，比上年增长85.9%；铝型材产量1858吨，比上年下降27.6%；玄武岩人造纤维及制品产量1563吨，比上年下降51.5%；石墨电极产量9331吨，比上年下降83.5%。全区有资质以上建筑业企业7家，建筑业产值34329万元，比上年下降46.31%。

固定资产投资　年内，全区固定资产投资956889万元（含大同市经济技术开发区扩区后投资），比上年增长37.5%。其中，第一产业投资15207万元，占全部投资1.6%，比上年下降22.6%；第二产业投资514094万元，占全部投资53.7%，比上年增长21.5%。在工业投资中，电力热力生产与供应业投资55526万元，占工业投资10.8%；制造业投资458568万元，占工业投资89.2%，第三产业投资427588万元，占工业投资44.7%，比上年增长57.2%。全年投资固定资产项目132个，其中工业项目71个，投产46个，新增固定资产213746万元。

房地产业与服务业　年内，全区有资质以上房地产企业7家，主营业务收入2600万元，比上年增长169.43%，房地产投资43055万元，比上年下降39.31%。截至2019年底，全区有重点服务业单位5家，实现营业收入10389万元，比上年增长0.05%。

贸易、交通与通信　年内，全区社会消费品零售额204067.6万元，比上年增长9%。按销售地区分：城镇零售额95527万元，比上年增长10.2%，占全部零售额46.8%；农村零售额108540.6万元，比上年增长8%，占全部零售额53.2%。按消费形态分：餐饮业消费零售额11118万元，比上年增长23.3%，占全部零售额5.4%；商品消费零售额192949.6万元，比上年增长8.3%，占全部零售额94.6%。

截至2019年底，全区境内公路通车里程1532.66千米（不含高速路）。其中，国道通车里程36千米、省道73千米，区道291.69千米，乡道760.741千米，村道371.23千米。公路密度103.7千米/百平方千米。全区10个乡（镇）175个行政村全部通水泥（油）路。拥有货运车辆8241辆，吨位142078吨。全区拥有二级汽车站1座，四级汽车站10座，开通云州区至大同市、怀仁市、阳高县等主要线路13条，拥有市际、区际班线车50辆，总座位1458座。村村通客车9辆117座，出租车250辆。

截至2019年底，全区拥有固定电话用户1200户，比上年下降41%；拥有手机166855户，比上年下降12.6%；拥有手机4GD网97632户，比上年增长10.3%；拥有互联网宽带用户32554户，比上年增长12.6%。

金融　截至2019年底，全区金融机构存款余额931534万元，比年初增加109753万元，增长13.4%。其中，单位存款291136万元，比年初增加18856万元，增长6.9%，个人存款605544万元，比年初增加64348万元，增长11.9%，财政性存款34624万元，比年初增加26319万元，增长316.9%。各项贷款余额359512元，比年初增加42305万元，增长13.3%。其中，短期贷款152883万元，比年初增加35608万元，增长23.3%；中长期贷款91735万元，比年初增加5503万元，增长6.4%；票据融资115695万元，比年初增加1195万元，增长1%。

教育与文化　年内，全区有幼儿

园 40 所（不含无证园，含民办园），小学 24 所（其中镇区学校 6 所，乡村小学校 18 所），乡村教学点 30 个，初级中学 10 所（镇区中学 4 所，乡村中学 6 所），九年一贯制学校 2 所，完全中学 1 所，职业中学 1 所。小学教学班 387 个，在校学生 6662 人。其中，城区 4646 人，镇区 670 人，乡村 1346 人。初中教学班 89 个，在校学生 3054 人。其中，城区 1648 人，镇区 874 人，乡村 488 人。高中教学班 46 个，在校学生人数为 2150 人。职业中学教学班 6 个，在校学生人数 242 人。全区中小学有寄宿生 4119 人。其中，小学生 911 人，初中生 1958 人，高中生 1250 人。专任教师人数：幼儿园 261 人（含民办园），全区符设幼儿班教师 93 人。小学专任教师 819 人。中学专任教师 817 人。其中，初中专任教师 478 人，九年一贯制学校专任教师 99 人，高中专任教师 196 人，职业中学专任教师 44 人。

全区拥有数字影院 1 座，区级文化馆图书馆各 1 个，乡（镇）文化站 10 个，村级文化（图书）室 175 个，拥有各类图书 405369 册。年内各类文艺演出 150 场，送电影下乡村 2130 场。

卫生与体育　年内，全区拥有区级医疗卫生机构 5 个，乡（镇）卫生院 10 个，卫生院分院 6 个，农村村级卫生机构 159 个，个体诊所 23 个。全区注册全科医生 35 人。其中，乡（镇）卫生院 31 人，村卫生室 4 人。注册执业医师 223 人。其中，区级 119 人，乡（镇）卫生院 75 人，民办 29 人。执业助理医师 53 人。其中，区级 13 人，乡（镇）卫生院 35 人，民办 5 人。执业护师 93 人。其中，区级 66 人，乡（镇）卫生院 19 人，民办 8 人。执业护士 60 人。其中，区级 5 人，乡（镇）卫生院 21 人，民办 34 人。药师 10 人。其中，区级 6 人，乡（镇）卫生院 1 人，民办 3 人。注册乡村医生 141 人（村医中具有中级职称 3 人，初级职称 63 人）。床位 364 张。其中，区级 160 张，乡（镇）卫生院 204 张。

全区拥有篮球场 92 个，门球场 1 个，11 人足球场 3 个，标准体育馆 1 个，健身路径 256 套，乒乓球场 38 个，网球场 1 个，排球场 3 个，登山步道 2 条，体育场地人均面积 1.92 平方米。

脱贫攻坚　2019 年 4 月，山西省政府批准，云州区正式退出贫困县，云州区脱贫攻坚进入新阶段。在产业发展上，落实全市黄花 10 条帮扶政策，新发展黄花 2 万亩；按照 400 元 / 亩标准投资 712 万元扶持乡（村）社一体黄花合作社用于田间管理；投资 2600 万元建设 2 个黄花田间加工厂；投资 1500 万元建设 39 个黄花冷冻库；全区黄花保险投保面积 4.01 万亩；黄花病虫害统防面积 4.32 万亩；大同宜民产业发展公司 5 条日处理 100 吨鲜黄花深加工生产线、芸萱公司年产 3000 吨冰鲜黄花生产线、大连冰山黄花菜真空冻干项目全部投入生产，引进福建龙头企业方家铺子、山东惠发食品有限公司，促进产业品牌化、市场化。在搬迁后续工作上，坚持“以产促迁、以业带迁”，制定扶持计划，安排专项资金 450 万元，按照每个搬迁村 50 万元的规模扶持全区 9 个整村搬迁村村集体带资入股组建合作社，搬迁户以土地入股加入合作社，年底给予利润分红，让贫困户拿到每亩 400 元的保底收入，全区易地搬迁总体搬迁入住率 98.6%。在政策兜底上，全区贫困户医疗、养老等政策达到应保尽保；实施“雨露计划”，帮扶 821 名贫困学生 246.3 万元，扶持 77 名大学生 38.5 万元；落实 166 万元为全区所有贫困户办理人生意外伤害保险；落实 51 万元为 32349 贫困人口购买返贫险。在驻村帮扶工作上，连续三次召开第一书记、驻村工作队长会议，安排具体任务，强调工作纪律。全区 3000 余名帮扶责任人坚持靠前帮扶，讲解扶贫政策，谋划产业发展，让群众感受到脱贫不脱政策、不脱帮扶。在“回头看”上，6 类 42 个问题全部整改到位，开展四轮动态调整，全区贫困人口 14473 户 33079 人。其中，脱贫 14204 户 32541 人，未脱贫 269 户 538 人。

社会保障　年内，全区有特困供养人员 1321 户 1337 人，拥有农村敬老院 8 所，床位 473 张，集中供养 88 人，分散供养五保户 1251 人，全年发放农村特困人员救助资金 1067.07 万元；拥有光荣院 1 所，床位 30 张，供养 7 人，支出养老费 11 万元。对 882 名优抚对象发放各类抚恤金、优待金 1175 万元。为 633 户 1239 人城镇低保对象支付低保金 432.32 万元，为 8065 户 11911 人农村低保对象支付低保金 4057.78 万元。截至 2019 年底，全区拥有农村老年人日间照料中心 42 个，床位 672 张。为 1441 名困难残疾人发放补贴 88.14 万元，为 1649 名高龄老人发放补贴 101.09 万元，为 104 名失能老人发放补贴 14.29 万元，为 1538 名一、二级重度残疾人发放护理补贴 92.68 万元。全年企业职工养老保险参保人数 10534 人，征缴养老保险费 7525 万元，发放退休人员养老金 15798 万元。城乡居民养老保险参保人数 87048 人，累计为 2.8 万人发放养老金 3273.21 万元。工伤保险参保人数 10164 人，工伤保险基金征收 244 万元，基金支出 553.8 万元。企业职工失业保险征缴 438672.67 元，累计支出 1060613.63 元。其中，失业保险待遇支出 773840 元，医疗补助金支出 143535.63 元，取暖费补贴支出 133728 元，临时价格补贴支出 9510 元。城镇职工医疗保险参保 7990 人，征收城镇职工医疗保险 1086.45 万元。支付参保人员待遇 1489.9 万元。其中，统筹基金支出 786.5 万元，个人账户基金支出 703.40 万元。城乡居民医疗保险参保 139525 人，补缴参保 98 人。（吉广仁）

2019 年大同市云州区主要经济指标表

指　标	2019 年
总人口（万人）	19.43
#城镇人口	8.41

续　表

指　标	2019 年
城镇单位从业人员数（万人）	0.99
乡村劳动力（人）	6.63
土地面积（平方千米）	—
地区生产总值（万元）	1252023
第一产业	69729
第二产业	613940
#工业	510092
第三产业	568354
人均生产总值（元）	64524
农林牧渔业总产值（万元）	—
粮食总产量（吨）	105320
肉类总产量（吨）	9661
工业企业数（个）	29
工业总产值（当年价，万元）	677610
固定资产投资总额（万元）	956889
社会消费品零售总额（万元）	185980
一般公共预算收入（万元）	24704
一般公共预算支出（万元）	157093
城镇居民人均可支配收入（元）	22430
农村居民人均可支配收入（元）	10682
从业人员平均工资（元）	58474
在岗职工平均工资（元）	60279

【黄花产业发展论坛】 2019 年 2 月 14 日，云州区人大常委会举办“凝思聚识 助力发展”人大代表议黄花产业发展论坛。大同市人大常委会副主任雷雪峰、区委书记王凤瑞，区人大常委会主任杨近元，区委常委、副区长范晓强等出席会议会议。会上，省、市、区、乡四级人大代表围绕全区黄花产业发展分别作《抓住机遇做大做强黄花产业的思考》《黄花产业发展标准化建设的几点思考》《关于大同品牌营销拓展京津冀市场的建议》《黄花采摘用工难的建议》《以黄花为媒，打造云州旅游新模式》《创造一切条件，为黄花加工提供场地支持》《乡社、村社一体黄花合作社如何良性运行的思考》《激发内生动力、树立主动作为、咬定黄花产业发展不动摇不松劲》等发言，为全区黄花产业发展建言献策。（吉广仁）

【第二届大同黄花文化旅游月】 2019 年 6 月 28 日至 7 月 29 日，“2019 第二届大同黄花文化旅游月”在云州区举行。该届大同黄花文化旅游月以“忘忧花海、美在大同、产业富民”为主题。该届大同黄花文化旅游月活动有 10 项：分别为黄花文化旅游月开幕式、忘忧大道消夏晚会、“忘忧仙子”评选大赛、“忘忧花海”主题摄影书画大赛、“大同黄花上餐桌消费扶贫”启动仪式、黄花开摘仪式、黄花产业发展论坛、第二届“乌大张”乒乓球大奖赛、成龙星光扶贫行动大同黄花订货会，黄花文化旅游月闭幕式晚会。开幕式上，评选出“忘忧仙子——黄花文旅使者十佳”奖，并为在北京、上海、广东、福建设立的 4 家大同黄花销售中心授牌，现场发布餐桌消费扶贫冰鲜黄花先行·黄花菜品。成龙星光扶贫行动大同黄花订货会，成龙签约为大同黄花免费代言，现场签约冰鲜黄花交易额 9800 余万元。（吉广仁）

【大同黄花走进央视直播间】 2019

年7月23日，中央广播电视总台大型直播节目《壮丽70年奋斗新时代——共和国发展成就巡礼·山西》走进云州区唐家堡村，分别以《黄花丰收时 农民采摘忙》《丰产丰收黄花采摘正当时》《扶持政策来助力 小黄花做成大文章》为题，现场直播云州区黄花喜获丰收、农民忙碌采摘的生动场景，向全国观众展示了云州区大力发展黄花产业，助推群众脱贫致富的实践成果。并通过镜头展示、现场解说、实地采访，介绍了大同黄花的经济价值、大同市现代黄花产业的生产、加工等环节及大同市以黄花产业带动群众脱贫致富的经验和做法。（吉广仁）

【全国县级文化馆书画巡回展在云州区展出】 2019年9月6日，以"文化走亲，助力边疆"为主题的全国县级文化馆书画联谊交流巡回展在云州区展出。此次书画联谊交流巡回展由区委宣传部、区文化和旅游局主办，区文化馆及全国各地文化馆24家单位承办，展出全国各地书画作品111幅。其中，书法作品67幅，绘画作品44幅，云州区创作的作品有3幅。作品内容体现各位书画家对艺术的深刻认识和感悟，表达他们对美好生活的向往，流露出对祖国的热爱之情。（吉广仁）

【桑干河冰雪小镇启动运营】 2019年12月12日，云州区吉家庄乡吉家庄村的桑干河冰雪小镇启动运营。桑干河冰雪小镇位于吉家庄村的桑干河畔、大同睡佛脚下，由大同水上九龙旅游资产管理有限责任公司开发承建，该项目整合古人类遗址、大同睡佛、古堡、驿站、黑陶艺术基地，以及黄花、枸杞、黑米等原生态杂粮等元素。该项目旨在以冰雪娱乐为龙头，推广普及群众性冰雪运动，通过"冰雪+旅游""冰雪+扶贫""冰雪+乡村民俗文化"的发展模式，激活吉家庄丰富的文旅资源优势，促进资源转化，推进吉家庄乡村旅游、民宿、农家乐等产业发展，探索一条旅游扶贫新路，促进产业转型，助力脱贫攻坚。桑干河冰雪小镇分雪上运动和嬉雪乐园2个主题，主要包括雪地摩托车、儿童滑雪车、冬奥冰壶、马拉爬犁、打铁花等雪上娱乐项目，堆雪人、滑冰车、狗拉雪橇、冰上舞蹈各类亲子活动、冬季学生营、童趣主题情景互动项目，民宿体验、农家乐、高跷、垒旺火、划旱船、耍龙灯、福禄寿星拜大年等民俗表演及商业街情景浸入式体验游，开发大同地方传统饮食，策划举办食品节，让外地人品味独特的大同风味。（吉广仁）

▲2019年12月12日，云州区吉家庄村桑干河冰雪小镇启动运营。图为桑干河冰雪小镇启动仪式现场（吉广仁 摄）

左云县

【概况】 大同市左云县位于北纬39°44'~40°14'，东经112°32'~112°59'。全县总面积1314平方千米。2019年，左云县下辖3镇6乡，226个村民委员会，7个社区居民委员会。全县总人口136776人，比上年下降1.4%。其中，女性人口67564人，占总人口比重49.4%。年末城镇人口39670人，占总人口比重29%；乡村人口97106人，占全县人口比重71%。据全县1%人口抽样调查显示：全县人口出生率9.28‰，死亡率7.52‰，人口自然增长率1.76‰。全县城镇化率50.26%，抽样测算常住人口163086人，性别比103.99。全年城镇常住居民人均可支配收入29773元，增长8.1%；农村常住居民人均可支配收入13668元，增长10.0%。全年非私营单位从业人员平均工资70777元。

全年全县地区生产总值674540万元，比上年增长7.8%。其中，第一产业增加值29498万元，增长9.5%，占生产总值比重4.4%；第二产业增加值257960万元，增长7.9%，占生产总值比重38.2%；第三产业增加值387083万元，增长7.6%，占生产总值比重57.4%。人均地区生产总值41361元。全年全县城镇新增就业2717人。转移农村劳动力1609人。年末城镇登记失业率0.69%。

农业 全年全县农作物种植面积26021公顷。其中，粮食种植面积19995公顷，减少1547公顷；油料种植面积6026公顷，增加1859公顷。全年粮食产量38857.4吨，增长18.4%；油料产量5180.9吨，增长36.7%。全年造林面积3913公顷，四旁植树65万株，育苗540公顷。全年猪牛羊肉总产量7594吨，增长4.1%。其中，猪肉产量2452吨，增长28.9%；牛肉产量762吨，下降8.2%；羊肉产量4380吨，下降4%。年末生猪存栏22335头，出栏22241头；羊存栏121683只，出栏246521头。牛奶产量4457吨，增长11.8%。禽蛋产量1001吨，下降9.6%。全年农林牧渔业总产值59059.9万元，增长5.17%。农林牧渔业增加值30367.2万元，增长9.24%。其中，农业增加值9684.2万元，增长11.01%；林业增加值3481.6万元，增长4.17%；牧业增加值16332.1万元，增长2.20%，农林牧渔服务业增加值869.3万元，增长0.04%。年末全县农业机械总动力 7.9 万千瓦，增长 1.3%；使用化肥 5136.2 吨，下降 17.6%；地膜 125.6 吨，增长 62.5%。

工业 建筑业和固定资产投资 全年全县规模以上工业企业 21 家，全年规模以上工业增加值比上年增长 7.77%。全县规模以上煤矿共产原煤 106 亿吨，增长 1.63%；规上企业发电量 77042 万千瓦时。规模以上工业企业实现主营业务收入 439502 万元，下降 2.05%。其中，煤炭工业实现主营业务收入 378293 万元，下降 3.7%；电力工业实现主营业务收入 53095 万元，增长 1.87%。全年规模以上工业实现利润 56798 万元，下降 33.25%；实现利税 125152 万元，下降 15.7%。

全年建筑业总产值 6690 万元，增长 5.9%。

全年固定资产投资下降 18.5%。分产业看，第一产业投资下降 36.2%；第二产业投资增长 0.6%；第三产业投资下降 46%。

国内贸易 全年全县社会消费品零售总额 289523 万元，增长 8.4%。按经营地分，城镇消费品零售额 170809.7 万元，增长 7.8%；乡村消费品零售额 118713.3 万元，增长 9.2%。按消费形态分，餐饮收入 14800.1 万元，增长 13.7%；商品零售 274722.9 万元，增长 8.1%。

交通和邮电 年末全县公路通车里程 1351625 米，其中高速公路 30129 米，全县公路网密度 102.87 千米 / 百平方千米。年末全县拥有二级汽车站 1 座，四级乡镇客运站 4 座，客运企业 4 家。全县有省际线路 11 条，车辆 11 辆；市际线路 6 条，车辆 9 辆；县级线路 7 条，车辆 30 辆，有线路 24 条，车辆 50 辆，座位数 1555 座。村村通线路 9 条，车辆 23 辆，座位数 432 座。通车行政村数 228 个，全年客运量 72 万人次，旅客周转量 4176 万人千米；全县货运大型企业 1 家，登记在册货车 2503 辆，牵引车 1044 辆，挂车 1132 辆，货运量 228 万吨，货物周转量 43320 万吨千米。

全年全县邮电业务总量 6006 万元，下降 3.5%。其中，邮政业务总量 603 万元，下降 2.9%；电信业务总量 5403 万元，下降 3.6%。年末固定电话用户 1050 户，移动电话用户 105750 户。全县计算机互联网络用户 27040 户。全县邮政局所 10 个，邮路总长度 1504 千米。订销报纸 2703038 份，增长 7.54%；订销杂志 62970 份，增长 19.3%；国内函件 136 件，增长 23.64%。国内包裹 14873 件，下降 10.02%。

财政和金融 全年全县一般公共财政预算收入 103497 万元，增长 2.5%。税收收入 78746 万元，增长 19.4%。其中，增值税、企业所得税、个人所得税、资源税和城建税税收 72777 万元，增长 19.5%。一般公共财政预算支出 173557 万元，下降 5.7%。其中，教育、卫生健康、社会保障和就业、住房保障、交通运输、节能环保、城乡社区等民生支出 112945 万元，下降 8.6%。

年末全县金融机构各项存款余额 1097475 万元，比年初增加 42791 万元，增长 4.06%，年末各项贷款余额 355054 万元，比年初增加 8812 万元，增长 2.55%。全年保险公司发展至 13 家，保费收入 11131.7 万元，全年支付各类赔款及给付 2917.47 万元。

科教 文化和卫生 年末全县普通中小学校 21 所，专任教师 1506 人，在校学生数 10005 人。其中，小学生 5138 人，初中生 2644 人，普通高中生 2223 人。幼儿园（不包括附属幼儿园）8 所，在园幼儿 2475 人。

年末全县有文化馆 1 个，综合公共体育场 1 处，公共图书馆 1 个，分馆 71 个，藏书 15 万册，农村阅览室 71 个。全县有报社 1 家，出版报纸 39.6 万份。“送戏下乡”演出 80 场、农村电影“2131”惠民工程 2736 场。旅游总收入 212700 万元，同比增长 24%；接待人数 267.41 万人次，同比增长 24.4%。

全年全县有卫生机构（含诊所、村卫生室）224 个，床位 571 张。其中，医院 5 个；卫生院 11 个；疾病预防控制中心 1 个；妇幼保健院 1 个。年末全县卫生机构有卫生技术人员 797 人。其中，执业医师和执业助理医师 417 人；注册护士 327 人；疾病预防控制中心卫生技术人员 11 人；妇幼保健卫生技术人员 20 人。

社会事务 年末全县基本养老保险参保人数 81548 人。其中，职工基本养老保险参保人数 17138 人；城乡居民基本养老保险参保人数 64410 人。基本医疗保险参保人数 115291 人。其中，职工基本医疗保险参保人数 17578 人；城乡居民基本医疗保险参保人数 97713 人。失业保险参保人数 8695 人；工伤保险参保人数 20893 人。

全年全县纳入城市最低生活保障的居民 544 人，发放城市低保资金 2338841 元；纳入农村最低生活保障的居民 8929 人，发放农村低保资金 26951690 元。年末提供住宿的社会服务机构 5 个，床位 365 张，收养救助 102 人。全县建立各种社区服务设施 31 个。（邵明仁）

2019 年大同市左云县主要经济指标表

指　标	2019 年
总人口（万人）	16.31
#城镇人口	8.20
城镇单位从业人员数（万人）	2.04
乡村劳动力（人）	2.78

续　表

指　标	2019年
土地面积（平方千米）	—
地区生产总值（万元）	1007541
第一产业	27888
第二产业	591935
#工业	585245
第三产业	387718
人均生产总值（元）	61834
农林牧渔业总产值（万元）	—
粮食总产量（吨）	46771
肉类总产量（吨）	3730
工业企业数（个）	31
工业总产值（当年价，万元）	1211683
固定资产投资总额（万元）	303060
社会消费品零售总额（万元）	263864
一般公共预算收入（万元）	103497
一般公共预算支出（万元）	173557
城镇居民人均可支配收入（元）	29773
农村居民人均可支配收入（元）	13668
从业人员平均工资（元）	70777
在岗职工平均工资（元）	78215

【左云经济技术开发区能源项目建设】 2019年，左云经济技术开发区推进新能源项目建设，促进工业转型升级。左云经济技术开发区对接省“转型项目建设年活动”和全市工业振兴百项转型项目，突出新型材料、装备制造、生物科技、新能源等项目签约、落地、开工、投产，打造新兴产业“集聚区”。年内，推进仓储物流园区、大同煤制天然气项目、京同热电项目、程力专用汽车制造、杰伟讯新型保温装饰材料、江润新茂新材料左云生产基地、大唐小京庄风力发电等项目建设，初步形成现代物流、高端智能创造、新能源等新兴产业格局。左云经济技术开发区对接“大企、大校、大院、大所”，共建校企研发中心、左云成果转化中心等产学研基地，促进科研成果转化，推动当地经济健康发展。（邵明仁）

【左云县发展商会成立】 2019年3月27日，左云县发展商会成立。会议表决通过《左云县发展商会章程》，选举产生左云县发展商会会长、副会长、秘书长、理事等职。左云县小京庄煤炭运销有限公司总经理吴疆当选左云县发展商会首届会长。该商会成立主要为民营企业办事，乐于和民企业交友，敢于替民营企业维权，商会发挥“娘家人”作用，组织会员参与各地经贸洽谈、展览展销、投资考察等活动。（邵明仁）

【中国公路自行车联赛（左云站）开赛】 2019年6月13日至16日，2019中国公路自行车联赛（左云站）在左云县举行，来自全国63支专业自行车队的近600名专业运动员参加

▲ 2019 年 6 月 14 日，2019 中国公路自行车联赛（左云站）在左云县举行。图为男子组比赛现场　（张湛滨 摄）

比赛。该届赛事以“共享骑行快乐，尽赏边塞风光”为主题，13 日比赛分男子 100 千米团体计时赛和女子 50 千米团体计时赛 2 个项目。选手们在摩天岭省级风景名胜区赛道上，途经长城古堡、森林湿地、五路山火山遗址、月华池、八台子天主教堂、玄武岩石林等左云县重点景区景点。最终，在男子团体计时赛中，天津队夺得冠军，黑龙江队、甘肃队分列亚季军；女子团体计时赛中，黑龙江队、云南队、辽宁队分别获前三名。14 日比赛分男子 80 千米城市绕圈赛和女子 60 千米城市绕圈赛 2 个项目。最终，男子项目的前三名分别是山东队的王隽永、张政，北京队的薛超华；女子项目的前三名分别是河北队的赵茜沙、辽宁队的李九斤、山西队的朱静。16 日举行女子 118 千米大组个人赛，来自云南队的普译娴、黑龙江队的冯琳、甘肃队的周喜娥分获前三名。

（邵明仁）

【“二青会”公路自行车预赛在左云举行】 2019 年 6 月 17 日至 18 日，第二届全国青年运动会公路自行车预赛在左云县举行。这次比赛有来自全国 41 支专业自行车队 381 名专业运动员参赛，设有女子甲组 15 千米个人计时赛、男子甲组 30 千米个人计时赛、女子乙组 10 千米个人计时赛、男子乙组 20 千米个人计时赛、俱乐部组男子 15 千米个人计时赛、俱乐部组女子 10 千米个人计时赛、体校男子甲组 48 千米团体计时赛、俱乐部组男子 48 千米团体计时赛、体校女子甲组 26 千米团体计时赛、俱乐部组女子 26 千米团体计时赛等竞赛项目。赛事分别在环左云县城赛道和“长城一号”公路左云摩天岭赛道举行。

在俱乐部组男子 15 千米个人计时赛中，大同工人体育场青少年体育俱乐部队的王博超夺冠；俱乐部组女子 10 千米个人计时赛中，大同工人体育场青少年体育俱乐部队的安一帆、朱天凤分别获第一名和第二名；大同工人体育场青少年体育俱乐部队分别在俱乐部组男子 48 千米团体计时赛、俱乐部组女子 26 千米团体计时赛中获得冠军。　（邵明仁）

【2019 全国拔河新星系列赛（左云站）】 2019 年 8 月 28 日至 30 日，2019 全国拔河新星系列赛（左云站）暨山西省拔河争霸赛在左云县举行。这次比赛由中国拔河协会、省社会体育管理中心主办，市体育局、左云县人民政府承办，有来自辽宁、青海、北京、浙江及山西省的 26 支代表队参赛。经过比赛，辽宁省鞍山市春路运输有限公司代表队获冠军，吕梁市体育局代表队和太钢炼铁厂代表队分别获亚军和季军；在山西省拔河争霸赛混合组比赛中，吕梁市体育局代表队、太钢炼铁厂代表队和山西晋建集团有限公司代表队分别获冠军、亚军、季军。业余组前三名分别被灵丘县、广灵县、新荣区夺得。　（邵明仁）

【左云县启动“一枚印章管审批”】 2019 年 12 月 27 日，左云县举办“一枚印章管审批”启动仪式，左云县城乡经济建设投资有限责任公司负责人领到该县实施相对集中行政许可权改革后颁发出的首张营业执照。年内，该县首批划转 19 家单位 195 项行政许可事项和关联事项全部划转到位；按照“编随事走、人随编走”和“调齐、配强”要求，把业务理论精、专业能力强、综合素质高的优秀干部调整到需要的岗位上，首批划转人员 22 人；对原审批流程推行“只进一扇门、一窗全受理、一网可通办、最多跑一次”的“四一”模式，明确行政审批部门与原审批部门的职责定位，构建起审管分离、审管衔接、互通互联工作格局；按照“一枚印章管审批”要求，在事中事后监管、专用章管理、联合核查和勘验、重要事项会商等方面，建立和完善与相对集中行政许可权改革配套的制度体系。　（邵明仁）

阳高县

【概况】 大同市阳高县位于北纬 39°49'~40°31'，东经 113°28'~114°06'。全县总面积 1598.29 平方千米。2019 年，阳高县下辖 7 镇 5 乡，即龙泉镇、罗文皂镇、大白登镇、王官屯镇、古城镇、东小村镇、友宰镇、狮子屯乡、长城乡、北徐屯乡、下深井乡、鳌石乡，197 个村民委员会、15 个社区居民委员会。总人口 268682 人。其中，城镇人口 77565 人，乡村人口 191117 人；男性 136584 人，女性 132098 人，男女性别比 103.4∶100。

全年全县地区生产总值（GDP）39.85 亿元，同比上年增长 6%。第三产业增加值 18.58 亿元，同比上年增长 6%。规模以上工业增加值 6.27 亿元，同比上年增长 14.9%；固定资产投资 38.85 亿元，同比上年增长 17.7%；社会消费品零售总额 13.43 亿元，同比上年增长 9.0%；公共财政预算收入 1.47 亿元，同比上年增长 10.38%；城镇常住居民人均可支配收入23839元，同比上年增长7.5%，农村常住居民人均可支配收入8940元，同比上年增长12%。

农业　年内，阳高县粮食播种面积92.9万亩，粮食总产量5.6亿公斤，蔬菜产量52.5万吨。调减籽粒玉米种植面积14万亩，发展青贮玉米、蔬菜等种植面积19.6万亩，围绕“两岸两带”（即古长城旅游公路和桑干河沿岸；高铁沿线和神丰公路沿线）发展集观赏性和经济性为一体的农作物5万亩；遴选规划有机旱作农业片区12个，有机旱作农业26万亩；改造中低产果园4000亩；建成省级标准园1个，市级标准园5个。正大集团100万头生猪全产业链项目部分建成并投产，直接带动贫困户及其他群众6193户，启动惠及100个贫困村饮水安全、电网改造、农村道路、网络提升、环境治理5大工程134个项目，完成项目71个，完成投资2302万元。“三品一标”农产品认证无公害农产品6个、绿色农产品3个、国家地理标志1个，推进杂粮全产业链和功能食品开发，叫响“大同好粮”阳高品牌，注册“阳高红”“阳鲜生”“农伯汇”“老闫黄瓜”“凡谷归真”等蔬菜商标。引进北京新发地、海南佳伟、凡谷归真等营销企业9家，与贫困户建立利益联结机制，全年外销蔬菜45.35万吨、大吉杏2.5万吨，分别实现销售收入6.4亿元、1.46亿元，同比上年增长23%、81%。

工业　年内，阳高县实施工业振兴战略，招商引资签约项目19个，总投资92.9亿元；开工并统计入库项目15个，开工率78.94%。龙泉工业园区入驻企业36家，较上年同比增加64%。推进产业转型项目33个，总投资56.98亿元，同比增长20%。完成古城镇“能源小镇”长远发展规划，全县新能源装机容量42.6万千瓦时，发电量总量突破7.74亿千瓦时。综合投资200亿元的中联绿色大数据产业基地项目达成意向。

文化旅游　年内，阳高县推进文化馆、图书馆总分馆制建设，12个乡（镇）综合文化站挂牌运行。送戏下乡演出100场，行政村放映公益电影3200场。建成大泉山村旅游接待中心，大张高铁南站投入使用，大同长城1号农村旅游扶贫公路主线主体工程完工。举办2019杏花文化旅游节、电商杏果采摘节、长城花海季等活动，持续催生经济发展活力，推动文旅振兴。推进九龙温泉、玉安生态岛、杏泉峪、长城乡镇边堡村、龙泉镇守口堡村、大白登镇大泉山村A级景区（景点）申报工作。全年接待游客347.2万人次，同比增长21.67%，旅游收入27.06亿元，同比增长24.76%。

生态保护　年内，阳高县推进山水林田湖草系统治理，开展散乱污企业、工业企业无组织排放、锅炉、工业炉窑、重点行业挥发性有机物等治理工作，取缔“散乱污”企业2家、停产治理搅拌站3家、关闭燃煤锅炉4台、改造低氮燃烧天然气锅炉7家9台，拆除轮窑4座，完成山纳橡胶挥发性有机物治理。落实河长制，实施污水厂提标扩容和污泥处置、县城供水改扩建等9项工程，全县饮用水源地均达到或优于Ⅲ级水体，地表水（大白登断面和兰玉堡断面）达Ⅳ类标准。加强建设用地土壤环境管理，治理农村生活污水3处，整治露天矿山8家。加快环保督察问题整改，中央、省环保督察问题全部完成整改。加大植树造林力度，营造林5.6万亩。

城乡建设　建设完工阳和大道南延拓宽亮化工程、暄阳街东延道路硬化和同煤电厂县城供热主管网等工程。843套保障房分配、配租到户。持续云林寺周边棚户区改造项目拆迁征收工作，拆迁76户。

脱贫攻坚　年内，阳高县开展金融扶贫到期贷款清收工作，清收贷款215笔1053.8万元。围绕“4+N”（即设施蔬菜、规模养殖、优质杂粮、特色杏果+光伏产业、中药材种植等）扶贫产业，建蔬菜大棚1100栋，发展大吉杏、美国杏李2761亩、中药材4000亩、黄花5244亩，覆盖贫困户5781户。光伏电站到户金额2843.32万元，惠及贫困人口15321人。全县累计拆旧复垦1200亩，复垦率53%。雨露计划和教育扶贫项目发放补助351万元，惠及贫困学生1102名；健康扶贫“双签约”（即医生团队与农村贫困人口签约、乡村干部与农村贫困人口签约）签约率100%；发放金融小额贷款2565万元，占计划任务102.6%。以农村夜校、大喇叭为平台，开展常态化扶志教育和感恩教育，4300余名贫困人口获得自主脱贫奖补基金1020万元。

社会事业　年内，阳高县实施“全面改薄”项目中新建、维修学校48所并全部投入使用。保障房小区配套九年一贯制学校及幼儿园建设项目主体工程竣工。全县适龄儿童学前入园率、九年义务教育阶段适龄儿童少年入学率分别达96.2%、100%。落实基本公共卫生服务，居民健康档案建档209009人份，建档率78.42%。家庭医生累计签约14.32万人，签约率53.3%。加快“厕所革命”，新建改建厕所9545座。加强就业创业服务，城镇新增就业3455人，失业再就业2370人，失业登记率同比下降1.81%，全民技能提升工程培训5213人，占总任务108.6%。为1387名劳动者补缴社会保险费355.24万元，协调处理拖欠工资案件51起，为59名农民工追回工资124.5万元。全县城乡居民参保人数159677人，社保卡持有人数252056人。城乡居民养老保险按时足额发放。职工和城乡居民实现跨省异地就医直接结算。　（陆　飞）

2019年大同市阳高县主要经济指标表

指　标	2019年
总人口（万人）	26.77
#城镇人口	11.74

续 表

指 标	2019 年
城镇单位从业人员数（万人）	1.04
乡村劳动力（人）	9.73
土地面积（平方千米）	—
地区生产总值（万元）	510331
第一产业	122815
第二产业	122067
#工业	114576
第三产业	265449
人均生产总值（元）	19078
农林牧渔业总产值（万元）	—
粮食总产量（吨）	264237
肉类总产量（吨）	22337
工业企业数（个）	22
工业总产值（当年价，万元）	261490
固定资产投资总额（万元）	360022
社会消费品零售总额（万元）	123044
一般公共预算收入（万元）	14770
一般公共预算支出（万元）	211196
城镇居民人均可支配收入（元）	23861
农村居民人均可支配收入（元）	8803
从业人员平均工资（元）	66334
在岗职工平均工资（元）	66422

【阳高县被评为“山西省双拥模范县”称号】 2019年，阳高县被省委、省政府、省军区评为“山西省双拥模范县”称号。该县把“双拥”工作作为促进军民融合发展的重要抓手，支持驻军部队建设，推动全县双拥工作步入规范化、科学化发展轨道。四年来，累计投资1500万元用于驻军营防建设、办公条件改善和办公经费保障，规划部队生产生活用地3.2万亩，累计慰问驻军物品和现金50万元；开展国防和双拥主题教育活动、受众人群13万人；累计发放各类抚恤补助款2546万元，双拥工作经费及慰问经费79万元；为493名义务兵家属发放生活补助1233万元；建立各类社会拥军组织52个。（陆 飞）

【“阳高红”西红柿拓展外销】 2019年，阳高县“阳高红”蔬菜全产业链服务中心在引企业、拓市场、促劳务等方面发挥作用，引进北京新发地、海南佳伟等营销企业8家，采取“公司＋农户”模式在全县发展“阳高红”西红柿大棚2200栋，辐射带动农户种植塑料大棚1000余栋。“阳高红”西红柿含糖度高达12度，比普通西红柿高出5个点，全年全县外销“阳高红”西红柿等农副产品销售额超8000万元，直接或间接带动1

万余农民受益。（陆　飞）

【2019阳高杏花节】 2019年4月19日至25日，2019阳高杏花节在阳高县举行，该杏花节以阳高县守口堡旅游景区为主会场，推出以“幸福守望 杏韵花开”为主题的阳高杏花文化旅游系列活动，包括国家非物质文化遗产展演、“中国好声音”大同赛区选拔、《十月》阳高杏花诗会、露营地音乐篝火晚会、杏花季“发展阳高摄影展”，以及户外游乐、特色小吃、特产专卖、文艺表演等独具地域文化特色的活动。杏花节期间全县游客总量13万余人次，带动消费总额1286万元，其中主会场守口堡村直接收益68.6万元，户均增收4000余元。

（陆　飞）

【新中国成立70周年歌咏比赛】 2019年9月4日至5日，阳高县在全民活力广场举行“建功新时代，歌唱祖国美”庆祝新中国成立70周年歌咏比赛，参赛的24支代表队代表100家单位、12个乡（镇）参赛，县四套班领导25人全部参与比赛，上万名群众观看比赛演出。这次歌咏比赛县宣传系统获一等奖，县党群代表队和县教育系统获二等奖，县政府系统、社区办代表队和非公社会组织工委获三等奖。（陆　飞）

【阳高南站开通运营】 2019年12月30日10时38分，大张高铁阳高南站迎来首列高铁G2505次列车，标志着该县迈入高铁时代。12月24日，阳高南站通过静态验收、动态验收、消防验收、初步验收、安全评估等，具备开通运营各项工作。阳高南站规划总投资1.01亿元，站房总高度17.25米，总建筑面积4999.8平方米，雨棚覆盖面积7200平方米，站房中间候车厅为1层，两侧办公区、功能区为2层。（陆　飞）

天镇县

【概况】 大同市天镇县位于北纬40°09'~40°44'，东经113°53'~114°32'，全县总面积1716平方千米，耕地面积53680公顷。2019年，全县下辖新平堡、逯家湾、谷前堡、米薪关、玉泉5个镇和南高崖、南河堡、三十里铺、张西河、贾家屯、赵家沟、马家皂7个乡，227个村民委员会，12个社区居民委员会，总人口23.1万人。是全省10个国家级深度贫困县之一。

全年全县地区生产总值38.06亿元，比上年增长7.9%；社会消费品零售总额13.17亿元，增长8.6%；规模以上工业增加值3.57亿元，增长8.2%；公共财政预算收入2.45亿元，增长72.22%；第三产业增加值20.52亿元，增长9.1%；城镇居民人均可支配收入24089元，增长7.6%；农村居民人均可支配收入8752元，增长13.8%。

农业　年内，天镇县加快转变农业方式，调整农业种植结构，全县农作物播种面积4.46万公顷（其中粮食作物3.67万公顷，经济作物0.45万公顷，饲料作物0.34万公顷），全县粮食总产量20.6万吨。提升农业综合生产能力，加强农田水利建设，投资1840万元，实施坡耕地水土流失综合治理工程，修建水平梯田666.7公顷，修筑和改造生产道路12.10千米；投资2488.04万元，实施谷前堡镇等6乡（镇）19个村高标准农田建设1880公顷。加强农产品质量安全，抓无公害蔬菜标准化生产基地、绿色马铃薯标准化生产基地建设、农产品质量安全县建设，提升农产品质量，推广有机肥料，实施化肥农药减量增效工程，严格执行农药安全间隔期，确保农产品质量安全，全县“三品一标”认证面积20020公顷、36个品种。

工业　年内，天镇县推进华能天台山10万千瓦、闫家梁5万千瓦，首欣红土窑5万千瓦、双山5万千瓦，国华赵家沟8万千瓦，中船盛风环翠山7万千瓦6个风电项目发展；促进山西国际能源5万千瓦竞价、10万千瓦平价、晋能7万千瓦竞价3个光伏发电项目落地开工。培育高科技、新材料、新技术等新业态，推进科技创新等一批重点工业转型项目，抓天镇县产业园区、北辰装配式建筑产业园（PC构件工厂化生产线）二期项目、高铁站城一体化站前广场、天镇县“白羊口康养山庄”建设等一系列项目建设。

文化旅游　年内，天镇县投资1.8亿元，建成通车长城1号农村旅游扶贫公路50.07千米（其中主线17.5千米、支线6条32.57千米），沿线12个贫困村和5个行政村初步形成旅游产业发展架构。申报旅游扶贫示范村，李二口、塔儿村、瀑沱店3个贫困村入选山西省旅游扶贫示范村，年末完成村庄标志、道路改造、厕所新建、街道保洁、街面整治、绿化、亮化、美化等基础服务设施建设。李二口村被国家农业农村部确定为70个农民丰收节全媒体直播村。

生态保护　年内，天镇县完成京津风沙源治理二期工程人工造林0.4万公顷、封山育林0.14万公顷，退化

▲ 2019年12月24日，试运行的复兴号列车驶入阳高南站　（张湛滨 摄）

林修复333.33公顷，环京津生态屏障0.1万公顷，交通沿线荒山造林0.07万公顷，实施完工东要泉村等8个村村庄绿化及东要泉村至张家窑村通道绿化工程。推进0.19万公顷退耕还林。加强水污染防治，强化城镇生活污染治理，完成源洁污水处理厂提标改造工程和新建污水处理厂前期工作；抓工业污染防治，工业企业废水治理设施全部提标改造，出水要求达到地表水Ⅴ类标准；推进农业农村污染防治，完成11家畜禽养殖场粪污处理设施建设、5个村农村污水处理综合整治，全年宣家塔国考断面可达地表水Ⅳ类河长巡河。落实河长制，各级河长巡河6200余次，清理各类河道生活垃圾及河道淤积90430立方米。加强大气污染防治，通过实施煤改电、煤改气、集中供热、环保设施升级改造等方式，不断降低减少污染物排放，二氧化硫减排140.32吨，较2015年同期下降18.9%，氮氧化物减排28.25吨，较2015年同期下降12.8%。年内二级以上优良天数270天，$PM_{2.5}$年平均浓度25微克/立方米，同比下降28.6%；综合质量指数3.97，同比上升0.76%。

城乡建设　年内，天镇县投资1944万元，实施县城供水改扩建工程，日供水能力4800立方米。投资1.78亿元，实施慈云寺周边道路改造工程2.66千米；投资1.97亿元，实施高铁站站前广场和3.8千米道路改造工程。投资2300万元，实施滨河北街东段工程1.4千米；投资800万元，实施县城小东环至一中道路及管网改造工程0.85千米；投资450万元，实施东外环道路改造工程1.88千米。石桥北巷等6条县城小街小巷道路管网改造及沿线环境整治工程全部完工。启动县工人文化宫及文化室、图书馆建设项目建设，总建筑面积1.18万平方米，投资7080万元，完成基础浇筑工作，完成投资1062万元。交通路网建设，投资1.55亿元，实施36个贫困村村通硬化路项目166.2千米，全部完工，全县235个建制村全部实现通水泥（油）路、通客运班车“双通”目标。开工建设总投资7174万元、全长4.69千米的国道512线天镇县城过境段改线工程，年末路基清表、大桥桩基灌注完工，完成投资2600万元。大同市东纵脱贫攻坚路（天镇县高家店至康小屯县界段）完工。投资870万元实施安全生命防护工程29千米。人居环境改善，投资3881万元，实施12个乡（镇）、58个村庄、5.44万人饮水安全工程，巩固提升10.7万人饮水需求，涉及贫困群众1.17万人。投资18420万元，以小街小巷整治、新建文化广场为主要内容，实施103个村的乡村环境提质工程，改善农村人居环境。推进厕所革命，改造农村户用厕所5822座。

教育卫生　年内，天镇县投资3080万元，新建小学2所，幼儿园2所；投资3021万元，新建县一中教学楼1万平方米；义务教育阶段学生入学率100%，小学巩固率99.6%，初中巩固率99.2%以上；高考二本B类以上达线533人，比上年增加119人，600分以上6人，考入清华大学1名。基本公共卫生服务项目人均经费标准69元，服务项目17类64项，全县建立健康档案人数18.83万人、建档率88.57%，电子健康档案建档人数18.27万人、建档率85.94%，免费发放叶酸4542份，65岁以上老年人全部免费体检，体检11458人。

脱贫攻坚　年内，全县126个贫困村全部退出，19481户47313人实现稳脱贫，未脱贫359户799人，贫困发生率下降至0.42%。住房安全方面，重点向县城周边、中心村镇、公路沿线等基础条件好、交通便利地方迁移。投资5.62亿元，实施易地扶贫搬迁26个集中安置点和万家乐移民新区二期续建工程；实施农村危房改造6604户，涉及12个乡（镇）119个村，改造房屋11570间；拆旧复垦362.64公顷（含易地搬迁复垦144.48公顷），其他25个空闲宅基地、“空心村”复垦147.16公顷，废弃工矿用地复垦71.3公顷。特色产业方面，依托国家级出口小杂粮质量安全示范区品牌，集中红芸豆、黄花、中药材、设施蔬菜、高效饲草5个万亩级种植产业，带动1.34万户贫困群众稳定脱贫。规模养殖依托全县15个肉牛养殖场、9个奶牛园区、80个肉羊养殖场，带动700户贫困户稳定脱贫。引进北京大伟嘉“50万头生态循环金猪”扶贫项目，建成占地16.8公顷、存栏5000头种猪场基地，推行1对夫妻、经营1000头家庭猪场、带动20个贫困户脱贫的“1120”扶贫模式，一期发展35个千头规模“家庭猪场”，年末建成3个。与“京东商城”“苏宁易购”联手合作，把30余种农副产品上网销售，交易额1.3亿元，惠及贫困群众1500人。村级光伏扶贫电站累计发电8568.95万千瓦，到账收益7159.54万元，覆盖贫困户1.7万户4.4万人，直接受益1.87万人。实施龙头带动战略，培育博诚蔬菜、同煤宏丰、汇地农业等16家企业。依托通航粮贸等龙头企业，采取“企业+合作社+基地+农户+保险”模式，11个乡（镇）111个村发展红芸豆基地，销往欧美日韩，带动5623户贫困户增收。依托中地乳业等6家企业，采取“土地流转+劳务用工”模式，发展青贮玉米0.2万公顷、苜蓿0.1万公顷，带动3300户农民增收。落实教育扶贫政策，发放各类资助金免学费841.43万元，资助各学段学生7668人次，其中建档立卡学生5703人次。退耕还林奖补5个乡（镇）24个村，其中建档立卡贫困户192户，生态补偿金25.71万元。37家扶贫攻坚造林专业合作社实施0.33万公顷造林工程，带动650名贫困人口实现务工增收594.32万元，人均收入9000余元。生态管护脱贫，新增贫困人口生态护林员41人，全县贫困人口生态护林员602人，人均年收入6950元，实现稳定脱贫。最低保障应纳尽纳，全县有9776户1.5万贫困人口纳入农村低保和特困供养。其中，贫困低保8038户13267人，特困供养1738人，农村低保标准4710元，特困供养标准6132元。城乡养老应保尽保，全县建档立卡贫困人口参加居民基本养老保险38192人，参保率100%，按时足额发放居民养老保险基础养老金，由每人每月103元提高至108元，养老金领取率100%。重点对象应助尽助，建成39个老年人日间照料中心，敬老院全部维修升级，845名贫困人口享受精准康复服务，为1015名贫困残疾人发放护理补贴。

社会保障　年内，天镇县落实城

乡低保政策，纳入城乡低保2.06万户3.57万人，特困人员（五保户）2934人，临时救助1750人。企业基本养老保险参保1.74万人，机关事业单位基本养老保险参保8574人，城乡居民医疗保险参保17.92万人，城乡居民社会养老保险参保12.38万人，失业保险参保7468人，工伤保险参保8896人。新增城镇就业2929人，城镇失业人员再就业1844人，就业困难人员就业396人，转移农村劳动力3046人，城镇登记失业率0.052%。打造"天镇保姆"品牌，开展培训40期培训1668人，累计输出8300余人，"党建＋保姆"引领妇女就业入选中宣部《新时代农村思想政治工作创新案例选编》，"天镇保姆"脱贫致富案例入选人社部2019扶贫典型案例。（闫 芳）

2019年大同市天镇县主要经济指标表

指　标	2019年
总人口（万人）	23.05
#城镇人口	9.36
城镇单位从业人员数（万人）	0.65
乡村劳动力（人）	7.57
土地面积（平方千米）	—
地区生产总值（万元）	374746
第一产业	75170
第二产业	90921
#工业	73004
第三产业	208655
人均生产总值（元）	16284
农林牧渔业总产值（万元）	—
粮食总产量（吨）	204095
肉类总产量（吨）	10509
工业企业数（个）	14
工业总产值（当年价，万元）	136314
固定资产投资总额（万元）	231342
社会消费品零售总额（万元）	120064
一般公共预算收入（万元）	24543
一般公共预算支出（万元）	280291
城镇居民人均可支配收入（元）	24179
农村居民人均可支配收入（元）	8752
从业人员平均工资（元）	68151
在岗职工平均工资（元）	69573

【易地扶贫搬迁后续帮扶】 2019年，天镇县投资5.62亿元，实施26个集中安置点和万家乐移民新区二期续建工程。其中，26个集中安置点续建工程投资3.22亿元，万家乐移民新区二期续建工程投资2.4亿元，年底全部搬迁入住。围绕搬迁后续帮扶，投资1.2亿元，配套建设扶贫产业园标准化厂房，引进北京呼叫中心、天津服装加工、云南普洱制茶等15家劳动密集型企业，安排就业岗位5000余个，带动2500余贫困户稳定脱贫。易地扶贫搬迁实施方案，被国家发改委评为优秀方案全国推广。10月，天镇县易地扶贫搬迁后续扶持典型经验，入选国务院扶贫开发领导小组举办的全国扶贫日系列论坛。（闫 芳）

【"天镇保姆"】 截至2019年底，天镇县累计输出8300余名"天镇保姆"，人均年收入3.5万元，年创造劳务收入2亿余元，带动1万余名贫困人口稳定脱贫。年年，继续巩固提升"天镇保姆"品牌，举办育婴员、养老护理等家政服务技能培训班42期，培训城乡妇女2075名，其中就业的家政服务妇女1193名。成立"天镇保姆"北京基地，挂牌成立"天镇保姆家政服务中心""天镇保姆会员之家""天镇保姆党员之家"。

（闫 芳）

【红芸豆生产基地】 2019年，天镇县是国家级出口小杂粮质量安全示范县、国家无公害农产品基地县、北京市"场地挂钩"蔬菜基地县，所产小杂粮，特别是红芸豆远销亚洲的韩国、日本，欧洲的德国、法国、英国等国家。全县实施龙头带动战略，依托博信、通航粮贸、同心源、任启麻油等农业龙头企业在11个乡（镇）115个村发展红芸豆基地3246公顷，种植采取"公司+合作社+农户+保险"订单式形式。每个项目村确定1~2个农民专业合作社牵头组织农户种植，公司与合作社签订红芸豆收购合同。合作社再与种植农户签订种植收购合同，合作社是贫困户和公司之间的桥梁和中介，构建三方责、权、利，实现多方共赢。县政府补贴订单红芸豆种植户，非贫困户每亩补贴180元，贫困户每亩补贴200元，保险补贴21元，带动农户6955户，其中建档立卡贫困户5623户，非贫困户1332户。

（闫 芳）

【"农业认养"消费扶贫】 2019年4月，天镇县出台《关于创新开展"农业认养"消费扶贫助力精准脱贫的指导意见》，创新推出"农业认养"模式，是由消费者出资，以亲管、托管2种方式，协议认养1个消费扶贫产品（建档立卡贫困户种养的农田、经济林、畜牧、闲置民房均可），并按照协议收取享受产品收益的一种扶贫方式。其中，土地认养的最小单位为1分地，标准为不低于每年每分地220元，农户亩均收入在2200元以上；其他经济林、畜禽价格由供需双方根据当年市场价自行商定，并同步开通线上线下认养渠道。4月18日，"'天镇山泉粮'农业认养"消费扶贫首场签售会在新平堡镇保平堡村召开，首批签订50亩耕地的认养协议。3家企业设立认养有机农场。4个月后，累计超过300亩土地被认养，带动300户贫困户，户均增收2000元。9月，"农业认养"模式入选国家发改委全国消费扶贫典型案例。（闫 芳）

【李二口农民丰收节】 2019年9月23日，李二口农民丰收节庆祝活动入选农业农村部"全国70地庆丰收全媒体直播点"。李二口明长城遗址被列入首批国家级长城重要点段，50千米"长城一号"旅游扶贫公路建成通车。按照农业农村部全国统一安排，李二口长城民俗文化村举办以"欢乐大同迎华诞，五彩好粮庆丰收"为主题的中国农民丰收节庆祝活动。全市各县（区）农民以文艺演出、展览展示、电商促销、政策宣传等形式参与庆祝。（闫 芳）

【天镇高铁站开通运营】 2019年12月30日，大张高铁正式通车，首列高铁复兴号G2506从大同南站驶出，驶入天镇站，天镇县正式接轨"高铁时代"。天镇高铁站由中铁建设集团承建，建筑面积4997平方米，高度16.8米，设置基本站台1座、侧式站台1座和8米宽进出站地道1座，站台上设等长宽混凝土结构有柱雨棚。车站高速场设计最高聚集人数700人，车场设计规模为2台4线，其中到发线2条、正线2条。年内，天镇投资19741.48万元，实施天镇高铁站站前广场和道路改造工程，设计新建广场10700平方米，改造道路3.8千米，配套建设给排水管网、电力通讯管网和燃气供热管网。（闫 芳）

浑源县

【概况】 大同市浑源县位于北纬39°27'～39°52'，东经113°23'～113°58'。全县总面积1968.49平方千米。2019年，浑源县下辖6镇12乡，即永安镇、蔡村镇、沙圪坨镇、西坊城镇、大磁窑镇、王庄堡镇，东坊城乡、裴村乡、西留乡、驼峰乡、下韩乡、南榆林乡、吴城乡、青磁窑乡、官儿乡、千佛岭乡、黄花滩乡、大仁庄乡，301个村民委员会，11个社区居民委员会。户籍人口34.67万人，常住人口34.68万人。耕地面积4.13万公顷，粮食播种面积3.6万公顷，粮食产量17.6万吨。林地面积8.47万公顷。

全年全县地区生产总值48.8亿元；规上工业增加值1.99亿元；第三产业增加值29.7亿元；一般公共预算收入1.57亿元；固定资产投资44.3亿元；社会消费品零售总额40.6亿元；城镇居民人均可支配收入24929元，同比增7.2%；农村居民人均可支配收入9151元，同比增13.7%。

农业 年内，浑源县建设省、市级旱作农业封闭示范片2000亩；黄芪种植面积28万亩，发展黄花5000亩、柴胡1.3万亩、山桃0.6万亩；建设现代化食用菌产业园区，食用菌规模250万棒，产量突破190万公斤；推广杂粮渗水地膜穴播覆盖技术8.5万亩；全县牛、猪、羊、禽类饲养量分别达4.8万头、21.5万头、87.2万只、70.33万羽；14个农产品获得"三品一标"认证；全年农产品加工企业销售收入6.12亿元；实施238个行政村乡村环境提升工程。

工业 年内，浑源县项目管理库储备项目134个，总投资322.96亿元。其中，新建续建项目91个，投资41.84亿元；转型项目28个，投资9.36亿元。开展能源革命，推进新能源发展，发挥风能、太阳能资源优势，鼓励发展风电、水电等清洁能源，出台《浑源县能源革命行动方案》，风电项目建成并网发电50万千瓦，光电项目建成并网发电28.06万千瓦，抽水蓄能电站完成收口。全年招商引资签约项目15个，总投资34.1亿元，开工项目9个，开工率60%，推进投资3.5亿元的小分子肽制造业项目建设。培育规模以上工业企业5家；投资2600万元技术改造升级民营企业2家。

文旅振兴　年内，浑源县按照《全域旅游创建验收细则》，围绕全域形成的“3+9”（即：3大核心品牌项目：北岳恒山国家AAAAA级旅游景区提升、悬空寺世界文化遗产（名录）申报、浑源古城国家历史文化名城申报；9个重点支撑项目：神溪湿地景区、凌云口霞客十里峡谷景区、汤头温泉康养度假区、龙山森林公园旅游景区、茂源牧场度假区、莲花山景区、千佛岭景区、凤巢山田园综合体、五峰山景区）重点支撑项目，编制12大项目规划，推动旅游基础设施建设。拓展旅游项目延伸，贯穿恒山13个子景区和沿线乡村的探岳之旅浑源天路全线开通；投资800余万元，打造《神溪记忆》大型山水实景演出项目；推进恒山AAAAA景区创建，跻身山西省创建AAAAA景区名列；申报5个省级旅游扶贫示范村和2个省级旅游示范村；县州衙修复开放，二岭村、龙蓬峪等乡村客栈建成运营；举办第五届成龙国际动作电影周、二青会火炬传递、五岳年会等活动。全县旅游门票收入5807.5万元，旅游综合收入98亿元。组建县融媒体中心，县乡村三级公共文化服务网络全部建成；创制广播单本剧《恒山脚下扶贫人》，编辑制作《浑源》画册，拍摄纪录片《浑源》，编辑出版《影像浑源》、《微芒》诗刊、《北岳》刊物等文艺作品；围绕庆祝新中国成立70周年开展文艺活动46场次，送戏下乡惠民演出120场；获省级非物质文化遗产项目8项，市级项目2项，县级项目7项，烧酒制作技艺艺人于梓、正北芪加工技艺艺人康尧、北岳恒山祭祀活动传人张建德被确定为第五批省级非物质文化遗产代表性项目代表性传承人；浑源县入选“2019中国最美县域榜”，北岳恒山入选“2019中国百佳避暑名山榜”。

脱贫攻坚　年内，浑源县贫困村退出45个、贫困人口脱贫7550名。贫困县14项退出指标全部达到要求，贫困发生率降到0.4%，全县149个贫困村退出率100%，通过第三方评估验收，省政府批准退出贫困县序列。紧盯“两不愁”，打造中小药材、乡村旅游、杂粮、养殖、蔬菜、光伏“六大产业”，分别带领4300户、4600户、6410户、1.1万人、2685户、9054人贫困户（人）脱贫。紧盯“三保障”，18个易地搬迁安置点全部完工并入住，改造农村危房10775户；学龄前儿童入园率97.8%，义务教育无因贫辍学学生；村卫生室全部达标，贫困人口医疗保险参保率100%，因病致贫、返贫户“双签约”率100%。完成238个村的环境提质工程。

社会维稳　年内，浑源县扫黑除恶专项斗争打掉黑社会性质组织1个、恶势力集团5个、团伙1个，抓获嫌疑人31人，破获案件21起，累计冻结资产283余万元。收到各类线索71条，办结45条。完成农信社改制化险；全年发生安全生产事故6起，同比减少11起。社会综合治理方面。完成全国“两会”、新中国成立70周年大庆等时段维稳任务；发现、预防、处置到省进京非法集访104批次1909人，化解上访苗头140起，预防、制止各类群体性事件133批次3484人，调解较大矛盾332起；加强县乡村三级综治中心规范化建设，累计受理事件6122件，处置率92.16%。

污染防治　年内，浑源县推进矿山生态修复，出台《关于贯彻习近平生态文明思想加快推进全县采矿区自然生态修复的决定》，成立矿山生态修复总指挥部，组建生态文明建设投资有限公司，落实省市资金6.07亿元，整形矿区山体面积2693.33公顷，栽种各类树木172.75万株（丛），造地145.33公顷。新增集中供热面积35万平方米，实施“煤改电”500户，全年二级以上优良天数222天，比上年度增加47天。小辛庄断面退出劣V类水质。

基础设施建设　年内，浑源县建设“四好”（指建好、管好、护好、运营好）农村路491.7千米，通硬化路建制村15个，全县301个建制村全部实现通硬化路，通硬化路率100%。实施国道239东大线改建项目，县城新区新建5条主干道。投资1.1亿元，启动环县城16千米的河库连通工程。县城集中供热工程完成4个建设项目，推进云阁园、恒山小镇和云馨园3个公租房建设项目续建工程，棚改办实施的线材厂周边地段棚户区改造、交通局周边地段棚户区改造和永安镇城中村改造3个棚改项目。县城建成区累计完成地下管网132千米，道路111千米，城镇常住人口低收入家庭住房保障实现全覆盖；公共供水普及率89%，建成区绿地率38.56%；建筑业总产值5700万元。处理生活垃圾3万余吨，县城垃圾无害化处理率100%；投资364.3万元，实施无害化处理公司渗滤液升级改造工程；投资500余万元实施库区塌陷修复项目；严格管理337家餐饮企业的餐厨垃圾，统一收集、运输、处置；扩展保洁面积10.4万平方米；新建高标准水冲式公厕4座。

民生事务　年内，浑源县民生财政支出30.7亿元，占公共财政预算支出91%，较上年同比增支5.9亿元，增长24%。教育方面。布局调整全县乡镇初中19所，完成中小学校长竞聘上岗等改革；投资2789万元提升5所学校办学条件；中考全县600分以上考生392人，占18.06%；高考达二本B类以上461人，比上年增加135人，其中达一本线92人，比上年增加24人。医疗方面。为城乡怀孕妇女提供免费产前筛查与诊断服务1767人次；农村建档立卡贫困患者县域内住院实行“先诊疗、后付费”，享受“136”（即在县级、市级、省级医院住院，个人年度自付封顶额分别0.1万元、0.3万元、0.6万元，超过部分由人社部门医保基金兜底报销）政策待遇，贫困户县域内住院救治3486例，人均自付比例6.68%，门诊救治4613例，自付比6.01%，省内住院及门诊个人自付比7.61%；县乡医疗卫生机构一体化改革提速增效，建档立卡贫困人口、计划生育特殊家庭签约服务率和城乡居民医保参保率均达 100%。社会救助方面。把农村低保、分散供养五保标准提升至 4710 元 / 年、6132 元 / 年；为 34518 名农村低保人员发放低保金 9244.19 万元；为 3150 名特困供养人员发放特困供养金 2321.92 万元。就业方面。举办招聘会 35 场，接待服务对象 6800 余人次，进村入户“一对一”服务 1780 户，提供就业岗位 8000 余个。（李 桃）

2019 年大同市浑源县主要经济指标表

指　标	2019 年
总人口（万人）	35.74
#城镇人口	15.13
城镇单位从业人员数（万人）	1.11
乡村劳动力（人）	9.19
土地面积（平方千米）	—
地区生产总值（万元）	464205
第一产业	89297
第二产业	77160
#工业	72249
第三产业	297748
人均生产总值（元）	13003
农林牧渔业总产值（万元）	—
粮食总产量（吨）	175900
肉类总产量（吨）	13917
工业企业数（个）	14
工业总产值（当年价，万元）	68513
固定资产投资总额（万元）	443225
社会消费品零售总额（万元）	369993
一般公共预算收入（万元）	15658
一般公共预算支出（万元）	335608
城镇居民人均可支配收入（元）	24929
农村居民人均可支配收入（元）	9151
从业人员平均工资（元）	71933
在岗职工平均工资（元）	72212

【纪录片《浑源》首映暨《浑源画册》发行】 2019年1月18日，纪录片《浑源》首映式暨《浑源画册》新书发布会在该浑源县北岳文化传媒演播厅举行。纪录片《浑源》采取纪实手法，围绕地方人文、地理、历史文化拍摄，共5集，每集30分钟，由大同市都之道文化传媒公司历时500余天摄制完成。第一集《国山玄岳》，第二集《龟伏神川》，第三集《文心化境》，第四集《边风塞韵》，第五集《物焕工巧》，分别讲述浑源县人文地理历史，展现北岳恒山所在地、晋北名县浑源的山水人文。《浑源画册》由山西出版传媒集团山西人民出版社出版，包括三晋名县、国山玄岳、幽窟飞石、恒山仙境、悬空凌霄、钟灵毓秀、栗公佳城、凤鸣神溪、非物质文化遗产传承、大美浑源等内容。（李 桃）

【浑源县入列2019中国最美县域榜单】 2019年5月下旬，“2019中国最美县域榜单”公布，大同市浑源县入列其中。该榜单是在第十五届中国（深圳）国际文化产业博览交易会主题活动之第九届全国生态旅游文化产业发展高峰论坛上发布的，全国219个县（市、区）入榜“2019中国最美县域榜单”，山西省有阳城县、浑源县、平遥县、方山县、壶关县、吉县、右玉县上榜。浑源县是晋北重要的商品集散地之一，文化积淀深厚，仅历史遗存就有战国军事、宋朝彩陶、明代古长城、抗战文化等古文化遗址，县内有浑河、唐河两大水系，其中唐河是雄安新区水源地大清河的最上游，有野生植物350余种，其中黄芪、柴胡等中药材品质上乘，素有“中国黄芪之乡”的美誉。综合评价，浑源其丰厚的文化禀赋和精彩的自然风光入列其中。（李 桃）

【浑源片区碾槽沟光伏工程投产】 2019年6月中旬，大同二期光伏领跑基地浑源片区碾槽沟光伏220千伏送出工程投产。大同二期光伏领跑基地是国家能源局批准的全国第三批领跑基地之一。工程新建碾槽沟光伏升压站至平城变电站220千伏架空线路，单回路架设，线路长度16.2千米，新建铁塔49基，途经浑源县蔡村镇、吴城乡和云州区峰峪乡3个乡（镇）。（李 桃）

【2019悬空寺星空诵读经典会】 2019年7月6日，由浑源县人民政府、大同市文化和旅游局主办，山西省恒山风景名胜区管理委员会、浑源县文化和旅游局协办，同程旅游承办的“读自芬芳，诗与远方”2019悬空寺星空诵读经典大会在悬空寺举行。大会邀请100余位业内旅行商共同见证1500余年来悬空寺第一次被灯光点亮的夜景。诵读会文艺表演有晋北弦子腔——唢呐、浑源耍故事、浑源扇鼓、恒山道乐等非物质文化遗产表演。浑源古典诗文诵读有《浑源即事》《登浑源城楼》《告北岳文》等。诵读经典大会推出“星空对话”，国内嘉宾与当地学者为浑源文旅融合把脉。大同日报文化旅游周刊部主任冯桢，浑源县文化名人张富，同程旅游政府事务合作部副总经理谢晔，上海艾肯品牌策划有限公司副总经理朱婷围绕主题交流浑源文旅发展事宜。（李 桃）

【《北岳》综合刊物出版】 2019年7月初，由浑源县三晋文化研究会、县文联主办的综合性刊物《北岳》创刊号正式出版。《北岳》刊物旨在为全县的文史学者、文学艺术创作者和爱好者提供发表作品舞台，传承厚重恒山和浑源文化、助力文旅振兴。《北岳》刊物每期96页，有《国山论坛》《浑源今古》《恒岳儿女》《乐山乐水》《恒山文苑》《传说故事》《朝花夕拾》《五岳归来》《履岳名人》等栏目。该期创刊号，刊发30余位县内外作者的文章和作品。其中，《国山论坛》栏目刊发李尔山撰写的《且说恒山名、史、势》和侯涛撰写的《漫谈陈子固造碑的碑刻工艺及分工发展史价值》，《恒岳儿女》栏目刊发介绍于润沧、高春生、刘撝等文章，《恒岳今古》则刊发介绍浑源古方志、李峪青铜器、1939年水淹浑源城、清初浑源屠城等有关史实情况的文章。（李 桃）

【浑州署对外开放】 2019年7月21日，浑源县历史文化景点——浑州署对外开放。浑州署位于浑源县城永安西大街，始建于金代，现存建筑是明朝洪武七年州判张溥主持营造的，距今有645年的历史，占地3.25万平方米，有房舍310余间。浑州署历经各朝代修建扩建，到清朝乾隆时期，逐步形成布局严谨、规制齐全、规模宏大、深邃森严的高品位、全功能的官署衙门。浑州署建筑群是中国北方现存的古官署衙门中独具特色的明清风格州衙建筑，它在整体布局上严格按照《明史》《清会典》所载的地方官署规制，表现“坐北朝南、左文右武、前朝后寝、狱房居南”的传统礼制思想，整个建筑布局对称、合理。浑州署建筑群由五进院落组成，从南面往北面，沿南北中轴线依次排布，分别是州衙大门、一进院、二门仪门、二进院、衙门大堂、三进院、二堂、四进院、三堂（内署）、五进院、迎宾厅、“望云阁”等。五进院子外面的东、西两面，增补营建东西跨院。（李 桃）

【《神溪记忆》实景剧上演】 2019年8月21日，实景演出《神溪记忆》在浑源县神溪村上演。该剧导演为薛晋诞，参加演出的有350人，全部是浑源神溪村周边乡亲，节目时长60分钟。该剧融入非物质文化遗产表演“耍故事”、浑源扇鼓，把恒山文化与神溪传说及史料记载相组合。展现浑源神溪山水之美、再现律吕神祠前世今生、突出浑源非物质文化遗产铸钟久远历史、反映浑源神溪古村淳朴民风。该剧分五章:《序章·寻音》讲述一千五百余年前，皇宫定制律吕的礼乐官被派遣寻找凤凰之音铸造音律大钟，以正雅音。《第一章·喜凤》讲述百姓家的嫁娶之囍，让礼乐官感受到山村乡民对生活的美好憧憬。《第二章·祈雨》讲述神溪人日出而作，日落而息，凿井而饮，耕田而食，世代面对着恒山，守护着神德湖。《第三章·铸钟》讲述皇命难违，礼乐官求助少女，期望重开火炉，铸造大钟，神圣的祭炉仪式轮回般上演，令人绝望的闷钟声，铸钟失败，面对着天怒人怨，少女坚决不退让，奋而投身入湖，这时以正天下雅音的钟，响了。《尾章·神祠》讲述有人说少女变成水母娘娘在神祠里保佑着神溪村民，有人说少女化成一个声音，就是黄钟大吕之音，有人说看见少女与礼乐官同舟而去。（李 桃）

广灵县

【概况】 大同市广灵县位于北纬39°35'～39°55'，东经113°51'～114°24'。2019年，全县下辖2镇7乡，149个村民委员会，6个社区居民委员会。全县总面积1283平方千米。全县户籍总户数77680户，户籍总人口182070人。其中，城镇人口43739人，乡村人口138331人。全县耕地总面积34207.6公顷，粮食总产量182140.5吨，减产0.98%。广灵县是全省深度贫困县。

全年地区生产总值39.85亿元，同比增长8.8%；第三产业增加值20.6亿元，同比增长7.5%；规模以上工业增加值8.76亿元，同比增长26.2%；一般公共预算收入2.53亿元，同比增长69.7%；固定资产投资额32.98亿元，同比增长15.9%；社会消费品零售总额12.45亿元，同比增长8.7%；城镇居民人均可支配收入24055元，同比增长7.5%；农村居民人均可支配收入9185元，同比增长13.8%。

农业 年内，广灵县提质增效现代农业，推进农村改革，完成农村集体经济清产核资、土地承包确权颁证。实施“双十双百”产业扶贫示范工程（即建设30个产业扶贫示范村，培育20家扶贫龙头企业，建立100家“扶贫车间”，发展100名农村致富带头人），推进省级食用菌产业园、海高牧业、新大象等全产业链项目。深化“校地合作”，培育壮大龙头企业13家、专业合作社283家，新建标准化养殖小区12个、家庭牧场50个，发展优质杂粮19万亩，完成“三品一标”（即无公害农产品、绿色食品、有机农产品和农产品地理标志）认证15个，“大同好粮”“广灵香菇”“广灵小米”“广灵豆品”品牌更加响亮。

工业 年内，广灵县壮大新型工业，引进新兴产业项目22个，实施重点工业项目11个，推进亿晨环保、钕铁硼永磁、万吨钢结构、国昶风电、上墨家沟风电等项目建设，全年新增规上工业企业4家，申报“专精特新”项目企业10家，工业总产值21.48亿元，同比增长36.1%。

旅游业 年内，广灵县提速提效全域旅游，以打造辐射京津晋冀蒙的塞上颐养名县为目标，举办第三届湿地文化节和第二届湿地研讨及文旅招商推介会，全程取景拍摄电影《奔跑的鸭蛋》，央视1套、7套黄金时段播放广灵旅游宣传片，启动实施“山水白羊”乡村旅游项目，涧西村被评为全省AAA级乡村旅游示范村，“壶流文旅”品牌不断做大，全年旅游业总收入40.52亿元。

城乡建设 年内，广灵县实施路灯改建、地下管道修建、道路路面整修等市政建设工程，开展市容环境综合整治，提档优化县城主要街道牌匾8000米，整治美化街道5万平方米，清理陈年生活垃圾4000余吨，整治城中村老旧街道10条。推进碧桂园、丽景园、龙泉国际、龙泉湾等开发项目，棚户区安置房项目全部竣工，开展老城区改造。实施乡村提升工程，新建维修农村住房7878户，“清零”C、D级危房12865户，改造通村公路38条97.3千米，巩固提升饮水安全工程106个村，自来水入户163个村，新建客运班车候车亭106个，创建市级改善农村人居环境示范村3个、乡村环境提升示范村30个，涧西村被认定为全国乡村治理示范村。

生态建设 年内，广灵县开展环保督察及“回头看”反馈问题整改。落实“河（湖）长制”，开展小流域水环境综合治理和河道“清四乱”（即集中清理整治乱占、乱采、乱堆、乱建）集中整治行动，投资2590万元实施壶流河河道治理工程。巩固提升养殖业污染防治成果，国控、省控断面水质达标率100%。统筹实施林草9大重点工程，全年造林4460公顷，森林覆盖率24.5%。开展大气污染综合治理，取缔“散乱污”企业8家，治理无组织排放企业7家，投资2755万元实施矿山环境恢复治理工程，县城空气质量二级以上天数304天。

脱贫攻坚 年内，广灵县发展特色种植、规模养殖、手工编织、光伏电站等富民产业，推进易地扶贫搬迁、危房改造、乡村提升、安居工程等项目，实施道路提质、饮水安全、电网改造等工程，落实教育、健康、生态、金融、兜底保障等扶贫政策，14项贫困县退出指标全部达标，全年退出贫困村15个，脱贫4775人，贫困发生率降至0.49%，经省政府批准，广灵退出贫困县。坚持把上级巡视、第三方评估验收、省际交叉检查等反馈问题整改贯穿到工作全过程，边查边改边巩固，以问题整改落实的实际成效促进脱贫攻坚质量提升。落实726名存量贫困人口包乡包村包户包人包措施“五包”责任制，因村因户因人分析致贫原因，施策给措，挂牌督战，坚决攻克存量深度贫困堡垒，确保小康路上不漏一户、不落一人。

社会事务 年内，广灵县财政民生支出占88%以上，年初承诺的10件民生实事全部落实。坚持教育优先发展战略，深化集团化办学模式改革，开工建设全封闭高中项目，改扩建寄宿制学校4所、村级幼儿园6所，维修中小学校34所，配备校园安保人员117名，招录教师121名，高考二本达线643人，6名学子考入清华、北大。坚持发展普惠卫生事业，新建维修村级卫生室136个，开工建设中医院业务用房项目，医疗养老康复中心主体工程完工。坚持基本公共文化服务，新建维修农村文化活动室100个、文化广场49个、舞台戏台64个，推进建设工人文化宫项目进展；实施文化惠民工程，举办庆祝新中国成立70周年系列活动。坚持统筹发展各项社会事业，落实就业创业政策，新增城镇就业2985人，转移就业农村劳动力2863人；完善社会养老体系，提升医疗保障水平，落实优抚保障政策，规范最低生活保障制度。推进军民融合发展，退役军人服务保障工作开创新局。开展扫黑除恶专项斗争，打掉恶势力团伙1个，破获各类刑事案件96起。推广新时代“枫桥经验”，加强矛盾纠纷排查化解、公共法律服务体系建设。（姜成晋）

2019 年大同市广灵县主要经济指标表

指　标	2019 年
总人口（万人）	19.17
#城镇人口	6.26
城镇单位从业人员数（万人）	0.77
乡村劳动力（人）	6.95
土地面积（平方千米）	—
地区生产总值（万元）	407690
第一产业	75294
第二产业	126453
#工业	110136
第三产业	205943
人均生产总值（元）	21285
农林牧渔业总产值（万元）	—
粮食总产量（吨）	180770
肉类总产量（吨）	7462
工业企业数（个）	17
工业总产值（当年价，万元）	219011
固定资产投资总额（万元）	329768
社会消费品零售总额（万元）	113445
一般公共预算收入（万元）	25284
一般公共预算支出（万元）	256600
城镇居民人均可支配收入（元）	24055
农村居民人均可支配收入（元）	9185
从业人员平均工资（元）	72136
在岗职工平均工资（元）	73375

【羊肚菌技术在广灵推广示范成功】 2019年4月，大同大学炭材料研究所在广灵县养丽食用菌种植合作社大棚内人工种植的羊肚菌大面积破土而出，标志着这项技术在广灵推广示范种植成功。

大同大学炭材料研究所研与广灵县养丽食用菌种植合作社合作，在合作社园区内数十个大棚开展羊肚菌推广示范，羊肚菌种植面积3.33公顷。在大同大学科研人员指导下，羊肚菌于1月上旬播种，双方通力协作，并布设温湿度监控系统管理，种植70天后羊肚菌大面积萌出。经测算，羊肚菌鲜菇每亩产量300～400公斤，产值6万～8万元。（姜成晋）

【广灵县获国家支持借“光”致富】 2019年5月，山西“十三五”第二批光伏扶贫项目计划公布，山西14个县、143个村获国家扶持借“光”致富，其中大同市广灵县入列其中。

光伏扶贫电站是以扶贫为目的，在具备光伏扶贫实施条件的地区，利用政府性资金投资建设光伏电站，其产权归村集体所有，全部收益用于扶贫。国家能源局、国务院扶贫办下达15个省（区）、165个县光伏扶贫项目，共3961个村级光伏扶贫电站，总装机规模1673017.43千瓦，帮扶对象3859个建档立卡贫困村301773户建档立卡贫困户，其中包括广灵县等全省14个县、143个村。广灵县的扶贫光伏电站位于裴家洼村后的山地之上，隆基广灵30兆瓦光伏扶贫电站。（姜成晋）

【广灵多层剪纸作品《天下大同》】 2019年5月下旬，由广灵县多堂剪纸文化产业园区有限公司设计制作的广灵多层剪纸《天下大同》，在广灵剪纸艺术博物馆展出。广灵多层剪纸《天下大同》长3米、高1米，采用现代设计理念用电脑分层处理，使用广灵剪纸的传统技艺刻制装裱完成。整幅作品色彩基调沉稳大气，把云冈石窟、悬空寺、文庙、华严寺、古城墙等大同市具有代表性旅游景区的核心景观巧妙融合，浑然天成。该剪纸作品由广灵剪纸创始家族第四代传人、国家级非物质文化遗产广灵剪纸代表性传承人张多堂历经3个余月设计、制作完成，并放在国家AAA级旅游景区——广灵剪纸艺术博物馆长期展出。（姜成晋）

【广灵招商引资项目集中签约】 2019年5月31日，广灵县举行招商引资项目集中签约仪式。该次签约中，有150兆瓦风电、垃圾焚烧发电等7个项目现场签约，总投资24.7亿元，涉及工业、文化旅游、农副产品加工等领域。其中，文旅项目百工小镇综合体建设项目拟投资4.5亿元，签约公司为瑞图集团股份有限公司。（姜成晋）

【电影《奔跑的鸭蛋》在广灵县开机拍摄】 2019年6月6日，由瑞图集团、广灵县中馨文化旅游发展有限公司共同出品的电影《奔跑的鸭蛋》在广灵县水神堂景区举行开机仪式。电影《奔跑的鸭蛋》主要反映留守儿童的生活，呼吁全社会共同关心、关注留守儿童的生活。（姜成晋）

【“三区计划”精准救助项目落户广灵】 2019年7月初，“三区计划”社工助力困境儿童精准救助项目落户广灵县南村镇香炉台小学。“三区计划”是指边远贫困地区、边疆民族地区和革命老区社会工作专业人才支持计划。2019年“三区计划”社工助力困境儿童精准救助项目是由民政部和省民政厅提供支持，选派社会工作专业人才到边远贫困地区开展为期一年的社会工作专业服务。

南村镇香炉台小学是广灵县唯一一所公办寄宿制小学，有学生65人，覆盖附近20余个山区村庄。在一年的救助期内，社工通过专业的社会工作方法及技巧，有计划地开展生存救助、教育救助、心理成长救助及社区融入教育、家庭矛盾调解等，帮助这里的小学生建立自信心、培养良好品格，更好地管理情绪和适应生活，发展融洽的伙伴关系，逐步建立清晰的自我认知、自我探索能力及清晰的学业发展、人生规划等。暑假前，社工开展校园安全教育及暑期意外风险防范教育讲座，通过宣传页、PPT讲解、游戏互动等形式提高学生们防灾减灾安全意识。社工考虑到一部分孩子毕业离开学校，特意为他们现场拍摄毕业照，希望学生们带着伙伴友谊和师生情谊，珍惜今后学习时光，努力成为社会的有用之才。（姜成晋）

【广灵第三届湿地文化节】 2019年8月22日至27日，广灵县举行第三届湿地文化节暨第四届“聚焦域美广灵”脱贫攻坚摄影微视频大赛。该活动由广灵县委、县政府，人民摄影报社主办，以“突出颐养、欢庆华诞、提振精神、共筑梦想”为主旨，围绕“山水城、杂粮县，有机田、民俗乡，美食坊、颐养堂”地域特点，挖掘沟峪、湿地和广灵剪纸、大号、秧歌等文旅资源优势，推动广灵文化旅游业发展。

▲2019年8月22日，广灵县举行第三届湿地文化节暨第四届“聚焦域美广灵”脱贫攻坚摄影微视频大赛。图为参加嘉宾在围观广灵湿地（姜成晋 摄）

活动中，开展多场主题演出，开展多项主题活动，有第二届中国广灵湿地颐养论坛暨“壶流文旅”招商推介会、山地景区自行车挑战赛、湿地迷你马拉松比赛、非物质文化遗产展示、优质文旅产品展、“百味”民食展等活动，集中展示广灵优质旅游资源、非物质文化遗产文化。第四届“聚焦域美广灵”脱贫攻坚摄影微视频大赛暨媒体记者采风推介活动，主要包括脱贫攻坚摄影及微视频大赛、摄影记者“聚焦域美广灵”采风拍摄活动、摄影家四季采风行活动、大美广灵“抖”起来、华北地区新媒体论坛、微视频拍摄制作等活动。

（姜成晋）

【广灵农民庆丰收喜迎新中国70华诞】 2019年9月23日，广灵县庆祝“中国农民丰收节”暨“喜迎70华诞、致力脱贫攻坚”系列活动在该县农产品贸易园区举行。活动以“庆祝丰收、弘扬文化、振兴乡村”为主题，共设1个主会场和9个分会场，活动举办广灵优质农产品扶贫促销展示、电商暨线上营销培训及开幕式文艺演出等活动。同日，首届“广灵珍品·望狐土豆节”“广灵珍品·斗泉小米节”电商助农活动在广灵县电商服务中心举行。在电商助农活动中，北京佳仕百年电子商务公司等家收购企业分别与望狐乡、斗泉乡签订土豆、小米收购协议。

（姜成晋）

灵丘县

【概况】 大同市灵丘县位于北纬39°31'～39°38'，东经113°53'～114°33'。2019年，灵丘县下辖3镇9乡，249个村民委员会，13个社区居民委员会。土地面积2732平方千米，年末户籍人口24.61万人，常住人口24.44万人。全县农作物总播种面积3.47万公顷，粮食作物播种面积3.22万公顷，粮食总产量10.58万吨。林业用地面积14.82万公顷，占土地总面积54%，建有1个省级自然保护区，2个省级森林公园，森林覆盖率27.12%。

全年全县地区生产总值50.51亿元，增长8.4%；一般公共预算收入1.88亿元，增长27.1%；规模以上工业增加值6.91亿元，增长15.4%；固定资产投资50.46亿元，增长40.2%；第三产业增加值30.41亿元，增长9.2%；社会消费品零售总额38.39亿元，增长8.3%；城镇常住居民人均可支配收入29293元，增长7.4%；农村常住居民人均可支配收入8806元，增长10.5%。年内，灵丘县被中央农办、农业农村部评为全国村庄清洁行动先进县，确定为农村集体产权制度改革整县试点单位；被住建部确定为农村住房建设试点和设计师下乡试点县；入选全国乡村治理体系建设试点示范县；入选山西省有机旱作农业示范县创建名单；被评为“省级出口食品农产品质量安全示范区”；被命名为省级“双拥模范县”。

农业　年内，全县持续实施红石塄乡全域有机农业示范基地和其他乡（镇）“双千”（每个乡、镇实施1000亩有机种植和1000头有机养殖）有机种养示范项目；实施旱作农业区农牧绿色融合项目，建设有机旱作农业样板区1200公顷。创建中国农业大学有机旱作农业示范园，试验示范种植160余个农作物品种。培育特色农业产业。在武灵、东河南、落水河、史庄4乡（镇）新发展黄花666.67公顷，带动贫困户3895户。在南山区红石塄、下关、独峪、上寨、白崖台5乡（镇）发展食用菌150万棒，带动贫困户1773户。建设现代农业产业园。建设标准化种植示范、农副产品加工、农产品仓储物流、现代农业服务、特色杂粮产业农旅融合五大功能区，发展国春冰苦荞谷物饮料、大山苦荞晶茶，田师傅杂粮烧饼等农产品精深加工；发布县域公共品牌“灵秀灵丘”，打造面向京津冀的安全食品供给地。年内，灵丘县入选杂粮省级现代农业产业园创建名单。发展休闲农业与乡村旅游。推进平型关国家有机农业公园建设，车河“梦幽谷”“冰雪缘”项目投入运营。举办第六届车河国际有机农业论坛，首届有机社区·民宿论坛、首届有机农业·有机产品展览、首届芍药花节、塞上第四届插秧节。推进省级农产品质量安全县创建，与中民溯源农业科技有限公司合作推进农产品质量追溯体系建设，布局县级追溯中心，以车河、龙渠沟、月亮湾等7个智慧农业示范基地，上线运行农产品质量安全追溯系统，实现全县有机种养行为规范和追溯。加强“三品一标”认证，全年新认证有机产品19个，绿色产品3个，无公害产品7个，灵丘大青背山羊获农业农村部地理标志登记。农业农村改革，完成所有行政村清产核资，流转土地0.77万公顷，占耕地总面积22.6%。在第二轮土地承包的基础上，完成土地确权颁证。成功申报农村人居环境整治中央预算内投资项目县，创建全国设计师下乡和“美好环境与幸福生活共同缔造”试点村1个，创建省、市级改善农村人居环境示范村3个，市级乡村环境提升示范村25个。推进化肥农药减量增效，测土配方施肥推广面积45万亩，化肥使用总量11795.5吨，有机肥使用总量73万吨，实现零增长目标。推进电子商务进农村，网络交易3.81亿元，农特产品网络零售额351万元。

工业　年内，全县规模以上工业总产值15.16亿元，同比增长16.64%；规模以上工业增加值6.9亿元，同比增长15.4%；规模以上工业企业实现利税1.31亿元，同比增长37.9%。全年实施工业项目102个，总投资309.49亿元。其中，总投资200亿元的秦淮数据环首都·太行山能源信息技术产业基地项目一期、二期机房交付使用，三期机房主体结构完工，四期机房开工建设；总投资3.85亿元的建投凤凰山5万千瓦风电项目并网发电；总投资2.5亿元的国实电气机箱机柜、总投资1.3亿元的库邦生物医药中间体、总投资1.02亿元的喜越建材、总投资1亿元的旭燚化纤、总投资0.8亿元的启承纸塑包装等项目试产或投产；推进总投资35亿元的国电东方能源40万千瓦风电供暖、总投资10.38亿元的太原重工小王庄风电场、总投资6.5亿元的新北海金属构件、总投资1.2亿元的奇灵家具等项目建设；签约总投资25亿元的国电50万千瓦光伏发电、总投资10亿元的生物产业园、总投资5亿元的生物质能循环产业示范园等项目。6家工业企业“小升规”，荞之源、德威众创、康馨苦荞、东田矿业、豪洋矿业5家企业被评为山西省“专精特新”中小企业。

生态建设　年内，全县推进大气

污染防治行动，治理无组织排放企业7家、餐饮服务单位油烟净化器安装215家；取缔拆除“散乱污”企业9家，取缔县城控制区范围内露天烧烤点7家。推进水污染防治行动，开展全年两次6个城镇和全年一次11个乡（镇）集中式饮用水水源地水质监测工作；改造所有运营加油站双层罐工程，实施水污染防治重点工程15个；建成花塔村、王庄堡村2个自动水质监测站。2个出境断面水质达标，唐河出境水断面水质达Ⅲ类水质标准，三楼河出境水断面水质达Ⅱ类水质标准。土壤污染防治行动，排查整治涉固体废物企业48家、涉危企业37家、医疗卫生机构26家；实施2个农用地超标区域治理修复工程；清理唐河、沙河、大东河等主要河流和21条乡管河流河道160.7千米，清理沟渠23.9千米，清理外运各类垃圾和废弃物16086立方米。全年营造林0.25万公顷，恢复采矿区植被106.67公顷。县城空气质量二级以上天数259天，较上年增加34天。

基础设施建设　年内，全县投资10.75亿元，改善城乡面貌，创建全域旅游示范县。投资5.8亿元，综合治理“三河”（泽水河、沙河槽、塌涧河三河贯通工程）县城段；投资2.4亿元，改善城乡路网，实施青年路、马走线道路改造工程和富强大道建设工程；投资5850万元，建设规划馆，改造县城街道立面，建设旅游接待中心；投资7000万元，绿化整治天走线及县城干道，建设胡服骑射、御射台等标识点8个；投资1.26亿元，推进能源革命进乡村，“煤改电”3689户、“煤改气”322户、生物质取暖改造1790户，改厕4909户，实施东河南、上寨垃圾填埋场及南山区6个垃圾转运站建设工程。年内，投资7725万元，道路续建11个项目56.8千米。建成三大板块旅游公路漫山至赵北段17.45千米。全年县道好路率86.95%；乡道好路率76.59%；村道好路率76.74%。全年办理唐河绿洲三期、风和美苑二期、紫薇雅苑和赛欧馨园商品房预售许可证。房地产去库存1361套，15.03万平方米，存量房转移登记确认86件，1.02万平方米。

文旅业　年内，制作并播出灵丘旅游形象宣传片；举办“文旅融合 美好生活”中国旅游日宣传活动、第十三届平型关文化旅游节、灵丘首届民宿论坛、“灵山秀水——这就是灵丘”主题摄影展；开展传统非物质文化遗产民俗戏曲文化、红色文艺进景区、旅游宣传推介会等系列活动；推出国庆70周年《灵丘风景美如画》专题片。发挥各乡（镇）资源优势，推动创建“一乡（镇）一特色”文旅品牌。武灵镇黑龙河村举办首届乡村民俗文化旅游节，柳科乡举办首届芍药节，白崖台乡举办第二届乡土文化旅游节，赵北乡举办第三届农民运动会，下关乡举办第四届塞上插秧节。“乡村文化记忆工程”融入文旅振兴发展。结合乡村文化、农耕文化、有机农业等文化，生态元素，推动创建武灵镇黑龙河博物馆、赵北乡漫山村史馆；推广红石塄乡市级“乡村文化记忆工程”试点。支持剪纸、草编、铁艺、面塑、奇石、根雕、电商等行业乡土文化能人参与文化旅游产品创意研发；借助非物质文化遗产展览、文创会、电商等各种平台，拓展文化旅游创意作品销路；借助车河国际有机农业论坛等省内外高端研学、博览会活动，推广全县主要文创产品；组织20余家文创企业参加第六届（山西）民族民间工艺美术暨第二届（大同）文化产业博览会，推动全县文旅创意产业在美丽乡村建设、文旅振兴中融合发展。红石塄乡上北泉村、下车河村和独峪乡花塔村入选山西省首批100家AAA级乡村旅游示范村，下关乡杨庄村入选山西省第二批旅游扶贫示范村，红石塄乡上北泉村“森林人家”入选全省首批“太行人家”名录，灵丘城头会—觉山寺—车河—桃花溶洞—北泉—花塔民俗风情游线路入选全国150条“夏纳凉”系列休闲农业与乡村旅游精品景点线路。全年旅游总收入29.68亿元，同比增长22.39%；接待游客360.47万人次，同比增长16.87%。

脱贫攻坚　年内，脱贫332户768人，贫困发生率降至0.26%。“十三五”期间搬迁群众全部入住，危房改造1042户，发放教育扶贫资助金1114万元，“双签约”（由乡村干部签约团队和家庭医生签约团队共同与建档立卡贫困户签服务协议，给贫困户宣讲健康评估、健康咨询、上门随访、健康扶贫政策、医疗代办服务）服务25404人。投入1.1亿元，发展黄花666.67公顷、食用菌13.67公顷，实施中药材种植、杂粮加工、牛羊养殖等11个项目，建设有机旱作农业样板区1200公顷。投资1.96亿元，改建“四好农村路”（即农村公路建好、管好、护好、运营好）283千米，实施安防工程68.3千米，续建旅游公路2.45千米；投资2384万元，新建、改造9处农网工程；投资350万元，实施77个村网络覆盖提升工程；投资207万元，实施27个村饮水安全巩固工程。表彰“自主脱贫”先进模范12名，培训农村致富带头人107人，建立爱心超市22家，发放扶贫小额信贷5490万元。开展脱贫成色大核查“百日会战”活动，聚焦户脱贫5项指标，核查“两不愁、三保障”达标情况和群众满意度，防范化解脱贫攻坚工作中不足和风险。

社会事业　年内，全县民生支出20.4亿元，同比增长3.4%。农村劳动力转移就业2903人，城镇新增就业2948人，城镇登记失业率控制在3%。全民技能提升工程培训4801人，其中建档立卡贫困人口986人。大学生就业质量提升工程，办理就业困难高校毕业生就业见习87人，“互联网+就业服务”工程办理就业登记3966人次、失业登记601人次、求职登记4416人次、农村劳动力就业登记3233人次。城乡居民基本养老保险128020人，参保率100%。高龄城乡居民基础养老金达每人每月118元。发放1429户2557人城市低保金1059万元；发放15735户20892人农村低保金7362万元。坚持教育优先发展，建成灵丘二中食堂；城镇第九小学、第三幼儿园、第十幼儿园和落水河中心幼儿园、史庄中心幼儿园投入使用；东武庄小学和赵北中心幼儿园、红石塄中心幼儿园主体完工。高考二本以上达线865人，达线率38.75%。推进县乡医疗机构一体化改革，落实医保打包付费工作；建立居民健康档案21万份；免费产前筛查1101人、农村妇女免费“两癌”检查11792人。

扫黑除恶　年内，全县打掉黑社会性质组织1个、恶势力集团2个、恶势力犯罪团伙8个，抓获犯罪嫌疑人67名，破获、查处各类案件53起。

（张迎春　马秀梅）

2019年大同市灵丘县主要经济指标表

指　标	2019年
总人口（万人）	24.44
#城镇人口	8.32
城镇单位从业人员数（万人）	1.13
乡村劳动力（人）	13.06
土地面积（平方千米）	—
地区生产总值（万元）	506582
第一产业	48581
第二产业	152707
#工业	136389
第三产业	305294
人均生产总值（元）	20739
农林牧渔业总产值（万元）	—
粮食总产量（吨）	109257
肉类总产量（吨）	7145
工业企业数（个）	28
工业总产值（当年价，万元）	171858
固定资产投资总额（万元）	504627
社会消费品零售总额（万元）	349831
一般公共预算收入（万元）	18793
一般公共预算支出（万元）	232610
城镇居民人均可支配收入（元）	29293
农村居民人均可支配收入（元）	8806
从业人员平均工资（元）	56707
在岗职工平均工资（元）	59762

【秦淮数据环首都太行山能源信息技术产业基地项目】 截至2019年底，秦淮数据环首都太行山能源信息技术产业基地项目一期、二期机房交付使用，三期机房主体结构完工，四期机房开工建设。该项目位于灵丘县新材料产业园区，由秦淮数据投资建设。项目总投资200亿元，主要建设7栋数据中心楼，安装1.8万个高密度机柜，配置40万台服务器，配套相关设施设备，提供网络、云计算、金融和其他IT产业托管、设施运维、IT运维服务。（张迎春　马秀梅）

【新时代文明实践中心揭牌暨文明实践活动】 2019年3月21日，灵丘县新时代文明实践中心揭牌暨文明实践活动启动仪式在县政府广场举行。根据中共中央办公厅2018年8月印发的《关于建设新时代文明实践中心试点工作的指导意见》，灵丘县被列为全省3个县级建设新时代文明实践中心试点县（区）之一。灵丘县成立由县委书记任第一责任人的组织领导机构，统筹整合宣传、组织、教育、党校、工青妇各部门力量，推进县级文明实践体系建设。设立固定的新时代文明实践中心、乡（镇）新时代文明实践所、村新时代文明实践站，实现县内全覆盖，把活动场所建在群众身边，打造“家门口”实践阵地。新时代文明实践中心把党员干部、道德模范、先进人物、百姓宣讲员、新乡贤、专业人士、学生宣讲员、社会志愿者吸纳进队伍，以传承灵丘美德、弘扬新时代文明新风尚为宗旨，通过因地制宜开展经常性、面对面、农村群众喜闻乐见的文明实践活动，培育和践行社会主义核心价值观，提高农村群众思想觉悟、道德水准、文明素养、法制观念。（张迎春　马秀梅）

【觉山寺塔修缮项目入选全国优秀古迹遗址保护项目】 2019年4月18日，由中国古迹遗址保护协会、清华大学建筑学院和清华大学建筑设计研究院主办的“4·18”国际古迹遗址日主题活动在清华大学举行，公布全国优秀古迹遗址保护项目评选结果，全国有5个古迹遗迹保护项目入选，其中灵丘县觉山寺塔修缮项目入选其中。觉山寺塔修缮项目，由山西省古建筑集团承建，2014年9月8日开工，2015年12月竣工。修缮中遵循“不改变文物原状”“最小干预”原则，确定研究性保护、重点修复的策略。工程实施前，制定修缮方案，建立构件编号系统和资料档案体系，编号附属文物风铎、题记砖等并摘取入库保护。工程实施中，研究塔刹整体原貌，补充设计方案塔刹部分，重点修复，解决塔檐残短木构件椽飞、角梁接补技术难题。（张迎春　马秀梅）

【“二青会”火炬在灵丘传递】 2019年6月30日，中华人民共和国第二届青年运动会灵丘站火炬传递起跑仪式在灵丘县平型关大捷纪念馆将帅广场举行。灵丘站火炬传递由50名火炬手。传递路段全程5千米，分2个路段。第一段从平型关大捷纪念馆出发，途径老爷庙到平型关大捷主战场遗址（乔沟），路程3.5千米，35名火炬手传递。第二段从灵丘一中门前经新华东街、文兴南路、振华东街、武灵王主题公园南门到达灵丘县博物馆广场举行收火仪式，路程1.5千米，15名火炬手传递。

（张迎春　马秀梅）

【第十三届平型关文化旅游节】 2019年7月1日至12日，灵丘县举行第十三届平型关文化旅游节。该届文化旅游节由灵丘县委、县政府主办，县委宣传部、县文化和旅游局承办，依托传统“六月庙会”，以“文旅振兴助力脱贫攻坚，全域旅游促进经济发展”为活动主题，该届文化旅游节举办16项活动：“奋进新时代·永远跟党走”庆“七一”文艺演出暨第十三届平型关文化旅游节开幕式；“全国各地旅行社走进大美灵丘”旅游宣传推介活动；山水北泉营地篝火晚会；魅力史庄骑行活动；“喜迎新中国成立70周年”红色文艺走进平型关活动；山水北泉实景演出；新时代健康行全县职工健步走活动：唐河峡谷马拉松活动；“唐河风情”及“车河风韵”旗袍文化沙龙；黑龙河村草根大舞台群众文艺演出；非物质文化遗产传统武术及毽球展演；非物质文化遗产红石塄秧歌、非物质文化遗产大涧道情、非物质文化遗产腰站秧歌进景区活动；纪念县人大常委会成立40周年书画摄影展；“生态柳科、魅力草原”摄影暨“留住乡愁——磨石沟记忆”摄影绘画展；武灵王主题公园非物质文化遗产展示及戏曲演出；存孝社区南育英街北歌舞马戏杂技、文化娱乐活动。该届文化旅游节通过物资交流、旅游观光、文化演出、游戏娱乐、地方美食、招商引资等活动，把平型关红色旅游文化与传统文化交流相融，提升灵丘的知名度和美誉度。

（张迎春　马秀梅）

【灵丘规划展览馆开馆】 2019年7月14日，灵丘规划展览馆开馆。灵丘规划展览馆位于县城西部大转盘入城处，占地面积2354平方米。展厅分上下2层，由5个展区组成。第一展区：历史篇，古赵雄风，胜利摇篮，介绍灵丘基本概况、历史文化及建置沿革。第二展区：资源篇，秀美山水，物泽天华，介绍灵丘区位优势、交通优势及资源优势。第三展区：机遇篇，时代机遇，绿色崛起，介绍灵丘发展理念及产业发展。第四展区：规划篇，顶层设计，富裕灵丘，介绍灵丘城乡整体规划。第五展区：社会篇，生态宜居、醉美灵丘，介绍灵丘社会生态环境。二楼展厅的全景航拍视频和沙盘演示，直观展示灵丘发展变化及未来规划蓝图。（张迎春　马秀梅）

【灵丘县域公共品牌新闻发布会在北京举行】 2019年7月30日，由灵丘县委、县政府主办，县商务局、县电子商务协会、县电商公共服务中心、创客快建（天津）网络科技有限公司承办的“灵秀灵丘”县域公共品牌新闻发布会在北京举行。会议以“产销对接、精准扶贫、乡村振兴、品牌发布”为主要内容，展示“灵秀灵丘”系列产品，宣传推广以农产品为主的“灵秀灵丘”县域公共品牌。该项活动是灵丘县委、县政府结合脱贫攻坚、农业供给侧改革、绿色崛起等战略做出的促进农产品提档升级的决策，提升灵丘农产品整体附加值和产地品牌声誉形象，促进灵丘农业产业转型升级、贫困群众快速脱贫致富。光明日报新媒体、《经济日报》、《中国新闻周刊》、《人民政协报》、《中国文化报》、新华网、人民网、中国经济网、中国前沿资讯网、农业行业视察网、山西电视台、《山西日报》、《山西晚报》、《太原晚报》、山西新闻网等媒体参加新闻发布会。

（张迎春　马秀梅）

【全国毽球比赛及展演交流活动】 2019年8月24日至25日，全国毽球比赛及展演交流活动（山西省赛区）暨灵丘县第五届“长青银行”杯千人毽球展演活动在灵丘举行。该次活动由国家体育总局群体司指导，山西省社会体育管理中心、大同市体育局、灵丘县人民政府主办，灵丘县卫生健康和体育局、大同市体育总会、山西省毽球协会承办，灵丘县长青村镇银行有限责任公司冠名赞助。该活动以“强健体魄，阳光生活，共享青运”为主题，是贯彻落实《“健康中国”规划纲要》和《全民健身计划》的具体体现，来自全国各地16个省市109支代表队参加比赛。大同同煤女一队获女子平推比赛冠军，太原警健二队获男子平推比赛冠军，辽宁四海一队获竞技比赛冠军，灵丘县毽协毽舞飞扬一队获大白毽比赛冠军。省社会体育管理中心授予灵丘县卫生健康和体育局“山西省全民健身特殊贡献奖”。

（张迎春　马秀梅）

▲2019年9月8日，第六届中国（大同）车河国际有机农业主论坛在大同举行。图为论坛会场

（张迎春　摄）

【第六届中国（大同）车河国际有机农业论坛】 2019年9月7日至8日，以“有机农业与高质量发展”为主题的第六届中国（大同）车河国际有机农业论坛在大同举行。论坛由大同市人民政府、中国农业大学、太原理工大学、山西农业大学主办，国际有机农业亚洲联盟支持，上海嘉仕禾投资管理有限公司、上海万方投资管理有限公司、灵丘县御射台有机农业发展有限公司、灵丘县梨园文化体育发展有限公司协办，灵丘县人民政府、灵丘车河有机农业综合开发有限公司承办。省委常委、市委书记张吉福，市委副书记、市长武宏文，市委副书记刘振国，市人大常委会副主任、灵丘县委书记张强，副市长郝献民，中国农业大学副校长龚元石、太原理工大学党委书记吴玉程、山西农业大学副校长杨武德、国际有机农业运动联盟亚洲区主席周泽江及相关领域专家学者、企业负责人等300余人出席。武宏文致开幕辞。龚元石、吴玉程、杨武德、周泽江等分别从不同角度阐述发展有机旱作农业的意义与成果。灵丘县车河有机社区论坛专项活动分主论坛和3个分论坛专题报告。论坛坚持为产业服务的宗旨，围绕发展有机旱作农业带动农业高质量发展、有机农业集群产业、有机农业产业开发区、功能性有机农业和有机社区规划设计等主题展开讨论。“首届有机社区·民宿论坛”和“首届有机农业·有机产品展览会”2项活动与论坛同时举办，50余位民宿设计建设专家参加论坛，60家企业参加展览。

（张迎春　马秀梅）

【灵丘县举行新中国成立70周年“我和我的祖国”主题活动】 2019年国庆之际，灵丘县举行新中国成立70周年“我和我的祖国”主题活动。拍摄《我和我的祖国》主题MV视频，反映灵丘建设宜居、宜业、宜游山水特色城镇和打造“三区一地”取得的成就。举办“我和我的祖国”摄影展，反映新中国成立以来灵丘发展的辉煌历程。举办庆祝新中国成立70周年“我和我的祖国”大合唱活动，唱响伟大祖国好、社会主义好、各族人民好的时代主旋律。举办“我和我的祖国”诗文诵读活动，不忘初心，牢记使命，传承和发扬中华民族优秀文化。

（张迎春　马秀梅）

【灵丘县罗罗腔在山西大剧院演出】 2019年12月16日，2019中国非物质文化遗产传承人研培计划——灵丘罗罗腔研修培训汇报演出在山西大剧院举行。该次活动由太原师范学院音乐系主办，灵丘县罗罗腔剧种传习中心演出。罗罗腔是在说唱艺术的基础上，结合民间俚曲及古老曲牌形成的戏曲艺术形式。罗罗腔系曲牌体唱腔，原有“九腔十八调，七十二哈哈”，唱腔欢快、风趣、跳跃性较大，便于抒情。代表剧目有《描金柜》《小王打鸟》《小二姐做梦》《三进士》《崔子杀朝》《审土地》等。2006年5月，国务院批准罗罗腔为首批国家级非物质文化遗产。该次罗罗腔剧种传习中心演出罗罗腔《大家小家》《大路通天》《小二姐做梦》《唐河韵》等。

（张迎春　马秀梅）

附　录

机构设置和负责人名录

中国共产党大同市第十五届委员会

书　记　张吉福
副书记　武宏文　刘振国 *
常　委　张吉福　武宏文　刘振国 * 黄岑丽(女) * 张　韬 *
　　　　宋　涛　姚鸿波　王铁梅(女)薛明耀　尉连生
　　　　梁晓旭　穆国新　冯苏京 *
委　员（以姓氏笔画为序）
　　　　丁国华　丁振雄　于雅丽(女)马安全　王凤瑞
　　　　王东升　王丽萍(女)　王建江　王铁梅(女)王继武
　　　　王德成　方　旭　尹海斌　邓志蓉(女)白永旺
　　　　白雪峰　冯苏京 *　冯晓雷　任希杰　任建刚
　　　　刘川楠　刘振国 *　苏　智　李有清　李春平
　　　　李润军　李继忠　杨亚丁　宋　涛　张　强
　　　　张　韬 * 张吉福　张有喜 * 武宏文　尚建军
　　　　罗永山　周聚德　赵　宇　赵向东　郝献民
　　　　荆　虎　郜向华　段运生　姚鸿波　高淑霞(女)
　　　　唐　胜　黄岑丽(女)*梁晓旭　逯禾红 * 尉连生
　　　　董建中　雷雪峰　薛明耀　穆国新
候补委员（以姓氏笔画为序）
　　　　于雅丽(女)* 白雪峰 * 乔正南　刘国庆　李　霞(女)
　　　　张海风　高　莹　曹　旭　魏丽雯(女)
秘书长　尉连生

大同市第十五届人大常务委员会

主　任　赵向东
副主任　张翠萍(女)刘　美　雷雪峰　冯境城　张忠义
　　　　王淑琴(女)张　强
委　员（以姓氏笔画为序）
　　　　丁振雄 * 于化忠 * 马洪山　王　伟　王自润
　　　　王丽萍(女)王瑞霞(女)刘志忠　刘　欣 * 刘　敬
　　　　杜　福　李　桦　李　彬　杨亚丁　杨素卿(女)
　　　　杨　琳　吴瑞生　张明元　张建华(女)张　艳(女)
　　　　张海兵　张燕威　武正河　周　谋 * 周　灏
　　　　赵　军　赵建军　赵富义　柴　鑫 * 候　文
　　　　高淑霞(女)* 郭占君　薄锦花(女)穆福喜
秘书长　郭普跃

大同市人民政府

市　长　武宏文
副市长　薛明耀　冯苏京　尚建军　郭　蕾(女)马安全
　　　　荆　虎　郝献民
秘书长　董建中

政协第十四届大同市委员会

主　席　郜向华
副主席　武保洲 * 任建刚　许进娥(女)郭俊岗 * 杨硕平
　　　　王剑辉　王德成　李春平
秘书长　李安云
常委会组成人员（以姓氏笔画为序）
　　　　丁永胜　王月香(女)王玉娥(女)王肖倞　王迎宾
　　　　王国华　王宝林　王俊仁　王海玲(女)王雅丽(女)
　　　　任志强　刘　东　刘汉军　刘若亮　齐俊斌
　　　　孙　中　杜鹃华(女)李有清　李　建　李志红(女)
　　　　李怀东　李林文(女)李海鸣　李润新　杨　峰
　　　　杨法珍(回族)杨彩霞(女)吴　云　何文平　何永毅
　　　　辛永强　张　团　张　炜　张有苐　张宝成
　　　　张润田　张瑞林　张慧勇　陈广明　陈玉田
　　　　范振凯　郑祝伟　赵建国　段贵宏(女)侯　泽
　　　　洪维英(女)　姚建平　高　谦　高中元　郭　彪
　　　　曹　进　曹　晖(女)韩云平　释妙真　睢建伟
　　　　解　谦　蔡志荣　薄玉林

中国共产党大同市第十五届纪律检查委员会

书　记　梁晓旭

副书记　方　旭　白玉玲(女)姚　锦
常　委　梁晓旭　方　旭　白玉玲(女)姚　锦　赵存斌
　　　　项鹏飞　曹　辉　许　慧　陈建明
委　员（以姓氏笔画为序）
　　　　于　君　王利军　王建平　牛志刚　方　旭
　　　　白玉玲(女)刘怀民　许　慧　孙一青　李　霞(女)
　　　　李义明　李文清　李江涛　李春雨　杨志文
　　　　张　军　张　炜　张有苐　张建恒　陈建明
　　　　项鹏飞　赵存斌　赵建军　姚　锦　袁润德
　　　　高　飞　高　伟　曹　辉　梁晓旭　景　珍
　　　　魏宝成

大同市监察委员会

主　任　梁晓旭
常务副书记、副主任　方　旭
副书记、副主任　白玉玲(女)姚　锦
常委委员　赵存斌　项鹏飞　曹　辉
常　委　许　慧　陈建明
委　员　张丽珍(女)* 佘　儒　刘生斌

大同市中级人民法院

院　长　白永旺
常务副院长　王　发 *
副院长　苑春光　王永生(女)韩　毅　刘润玺
纪检监察组组长　孙一青 * 杨宝元
政治部主任　李长春

大同市人民检察院

检察长　段运生
常务副检察长　杨　波 * 常向前
副检察长　常向前 * 李　勇　韩　斌　姚　锦 *
　　　　王文萍(女)陈景杰
纪检监察组组长　赵建军 *　孙一青
政治部主任　王文萍(女)*

大同市委工作部门

市委办公厅 *　市委办公室
秘书长、办公厅主任 *　秘书长、办公室主任　尉连生
常务副秘书长　王　伟
副秘书长　董宪军 * 唐　胜 * 耿建举 * 来　彦　宋世义
　　　　刘利新　刘尚文
纪检监察组组长　张建同 * 李　鹏
市委组织部
部　长　宋　涛
常务副部长　周　灏
副部长　赵世亮　薛利云　曹　锋　梁　彪
纪检监察组组长　练志强
市委宣传部
部　长　黄岑丽(女)*
常务副部长　苏　珍 * 郭尚元
副部长　杨亚丁 * 赵建军　徐海滨　殷雪年　王　娟(女，挂职)
纪检监察组组长　王　坤
市委统一战线工作部
部　长　黄岑丽(女)*
常务副部长　杜　福
副部长　张　团　陈晓琳(女)段　军
纪检监察组组长　何永宏
市委政法委员会
书　记　姚鸿波
常务副书记　柴　鑫 * 刘中文
副书记　刘晋生　卫安运　王福明　张力平(女)
市委政策研究室
主　任　李志刚 * 刘利新
副主任　梁晓东(女)侯　忠　刘利新 * 高　泽　刘志财(挂职)*
市委网络安全和信息化委员会办公室
主　任　刘广军
副主任　黄姝琦(女)邓守明
市委机构编制委员会办公室
主　任　姚志强
副主任　李海亮　潘振岭 * 高鹏飞　林雁红(女)
市委直属机关工作委员会
书　记　王益民 * 赵耀国
副书记　张育新　钟建军
纪工委书记 * 市直纪检监察工委书记　张建恒 * 王　实
市委巡察工作领导小组办公室 *　市委巡察工作办公室
主　任　李春雨
副主任　周碧宇　闫海东
市委直属机关事务管理局
局　长　王建新
副局长　侯振春　韩建强　王西恩
市委老干部局
局　长　赵世亮 * 曹　锋
副局长　刘鸿举 * 和武杰
市委防范和处理邪教问题领导小组办公室（市防范和处理邪教问题办公室）*
主　任 * 王福明 *
副主任 * 贾爱国 *
市委台湾工作办公室（政府台湾事务办公室）*
主　任 * 来　彦 *
副主任 * 张平生 * 刘瑞星 *
市委社会管理综合治理委员会办公室 *
副主任 * 张力平(女)* 刘继兴 *

群众团体

市总工会
主　席　雷雪峰

附录

常务副主席　姚夏冬
副主席　王俊仁　张燕琴(女)苗晓勇(挂职)
共青团大同市委
书　记　申海军
副书记　徐殿海　耿力韫(女)高　晶　郭鹏飞(挂职)
郭　栋(挂职)
市妇女联合会
主　席　高淑霞(女)* 张丽珍(女)
副主席　章妙珍(女)* 王建平(女)张　丽(女)赵　娜(女,挂职)
市科学技术协会
书　记　任志强
主　席　周　谋 * 王正忠
副主席　王金成　李素玲(女)*　雷雪松(女)李成斌
市文学艺术界联合会
党组书记　樊　菁
主　席　张海波(女)
副主席　张新明　程文栋
市社会科学界联合会
主　席　赵建军
副主席　李晓红(女)*　张海东
中国国际贸易促进委员会大同市支会（中国国际商会大同商会）
会　长　刘红斌
副会长　张杰明　赵文君(女)*　陈庆奎
市残疾人联合会
理事长　幸学武
副理事长　武雁红(女)
市归国华侨联合会
党组书记　葛德军
市老龄工作委员会办公室 *
主　任 *　郇德民 *
副主任 *　白志勇 *

大同市人大及其常委会工作机构

市人大常委会办公厅
秘书长、办公厅主任 *　秘书长、办公室主任　郭普跃
副秘书长　张秋珍 * 王晓东　马淑玲(女)任雪峰
纪检监察组组长　薛　坤(女)
市人大常委会法制委员会（法制工作委员会）
主任委员（主任）　刘　欣 *
副主任委员（副主任）　王日春　任国鹰(女)
法工委副主任　刘志财(挂职)
市人大常委会内务司法委 * 市人大常委会监察和司法委
主任委员　吴瑞生
副主任委员　孔维盛
市人大常委会财政经济委员会
主任委员　于化忠 *
副主任委员　刘文飞
市人大常委会社会建设委员会
主任委员　张燕威
副主任委员　李莹山
市人大常委会研究室
主　任　赵　军
副主任　贾鸿铸 * 陈　力(女)
市人大常委会教育科学文化卫生工作委员会
主　任　赵富义
副主任　李莹山 * 李　强
市人大常委会农村工作委员会
主　任　李　彬
副主任　李宏伟　张玉蓉(女)
市人大常委会城乡建设环保工作委员会
主　任　杨　琳
副主任　付　莉(女)* 常志宏 *　支荣金
市人大常委会人事代表工作委员会
主　任　穆福喜
副主任　杨增武
市人大常委会民族宗教侨务外事工作委员会
主　任　张燕威
市人大常委会机关党委
专职副书记　马淑玲(女)* 吴生江
市人大常委会信访办公室
主　任　刘金锁

大同市政府工作部门

市政府办公厅 * 市政府办公室
秘书长、办公厅主任 *　秘书长、办公室主任　董建中
副秘书长　潘世君 * 李建贵 * 刘明君　曹　晖(女)张建军
苏　坡 * 郝　炜 * 谢　云 * 葛建义(挂职)
王　翼(挂职)杜瑛卓(挂职)
纪检监察组组长　段永明 * 马丽萍(女)
市发展和改革委员会
主　任　王明生
副主任　牛锐锦　鲁春江 * 李秉坤　刘少忠　胡桂森
陈　瑛　高　波　胡桂森　张　健(挂职)
张化为(挂职)路　加(挂职)
纪检监察组组长　张日斌 * 段永明
市教育局
局　长　范振凯
副局长　魏丽雯(女)王希术　刘世勇　孙　朝　史建华(挂职)
纪检监察组组长　李裕富 *　张建同
市科学技术局
局　长　王成舜
副局长　连满仓　张　咏 * 魏向军　赵　岷(挂职)肖　烊(挂职)
市经济和信息化委员会 * 市工业和信息化局
主 任 * 局 长　董宪军
副主任 *　副局长　韩雁春　丰志刚 * 苗泽峰　李元俊
刘建红(挂职)文煜城(挂职)
纪检监察组组长　赵雁平
市公安局
局　长　尚建军

常务副局长　宋世义＊
副局长　曹居兰＊王文成＊柴　鑫　王伟业　张文学
　　昝　斌　纪　青
纪检监察组组长　魏宝成
政治部主任　庞忠杰

市民政局
局　长　张海风＊王东升
副局长　高　山　曹葆春＊宿　权
纪检监察组组长　孙　团

市司法局
局　长　魏兴平
副局长　张延银＊刘建军　王　磊(女)张晨光　张培文
　　赵培荣
纪检监察组组长＊马丽萍(女)＊

市财政局
局　长　魏继平＊刘义深
副局长　刘怀民　闫绪文　姚　军　邓　敏
纪检监察组组长　李　军＊李金凉

市人力资源和社会保障局
局　长　王东升＊张　炜
副局长　王国明　刘晓雁＊李　坚＊谢守功＊
纪检监察组组长　胡向东

市规划和自然资源局
局　长　王学军
副局长　刘明君　赵全义　张书民　刘　武＊韩东新
　　张卫星　武俊胜　李生祥　魏永兴　秦　贵
　　张吉林　柴　柱　曹　晖

市环境保护局＊市生态环境局
局　长　赫　瑞
副局长　王亚良　郭建生　王玉明(挂职)

市住房和城乡建设委员会＊市住房和城乡建设局
主　任＊局　长　杨立新＊田培山
副主任＊副局长　王春生＊徐倬伟＊靳春光　杜文件
　　刘　顺　温子焕(挂职)
纪检监察组组长　王利军

市市政管理委员会＊市城市管理局
主　任＊局　长　田培山＊王　玺
副主任＊副局长　徐世平　赵　炳　张冬梅(女)杨琼圣＊
　　刘　鹏(挂职)
纪检监察组组长　王兴洲＊谢宏福

市交通运输局
局　长　梁翼龙
副局长　胡建业＊王　伟　赵志刚　李　旺　李光春(挂职)
纪检监察组组长　王立中＊张日斌

市水务局
局　长　文晓东
副局长　程建京　王一飞＊任　宇　陈　旺(挂职)吕建发(挂职)
纪检监察组组长　冯玉胜

市农业委员会（市委农村工作领导组办公室）＊市农业农村局
主　任＊局　长　张颖龙
副主任＊副局长　高　飞＊吴利生＊马　忠　何长青
　　周妙英(女)席志俊　邵英俊(挂职)
纪检监察组组长　王　坤＊李　军

市商务局
局　长　曹　旭＊高淑霞(女)
副局长　王　彦　张　君　张　嘉(女,挂职)
纪检监察组组长　赵晓东＊李　叔

市文化和旅游局
局　长　戴　陶
副局长　李　吉　常增宝　姜　文　郑建新　马雪峰
　　张俊杰(挂职)郑　元(挂职)牛翠珍(女,挂职)
纪检监察组组长　赵晓东

市卫生和计划生育委员会＊市卫生健康委员会
主　任　刘国庆＊
副主任　师　卫＊白志勇　王　荣　郭志清
纪检监察组组长　杜凤珍(女)

市退役军人事务局
局　长　张海风
副局长　曹葆春　李　坚

市安全生产监督管理局＊市应急管理局
局　长　梁全胜＊耿建举
副局长　王　江＊池忠慧　王爱全　刘松湃　康松涛(挂职)
纪检监察组组长　王立中

市审计局
局　长　于雅丽(女)
副局长　李毓智　李江涛　刘向东　徐利民　蒙继伟(挂职)

市政府外事侨务办公室＊市政府外事办公室
主　任　刘　锋
副主任　杨庆利(女)刘瑞星　张文涛

市政府国有资产监督管理委员会
主　任　王宏栓
副主任　关　昭　张生平　马永前＊孟建喜(挂职)
　　黄丹侠(女,挂职)
纪检监察组组长　孔凡明

市市场监督管理局
局　长　曹　旭
副局长　于喜云　管立江　王立坚　赵文武　黄　胜
　　吴　金　冯志伟
纪检监察组组长　王兴洲

市体育局
局　长　高东森
副局长　袁存杰　任　瑞　晋子顺

市统计局
局　长　刘义深＊靳文军
副局长　蔺林安　任广全＊吴　钧(女)薛希奇(挂职)

市医疗保障局
局　长　郝军生
副局长　戎力戎　赵根奎(挂职)

市行政审批服务管理局
局　长　魏智力
副局长　吕　忠＊

市信访局
局　长　唐　胜＊宋世义
副局长　张兴平　宋京来　齐　炜(挂职)
市政府金融工作办公室
主　任　王一明
副主任　王丽鸿(女)
市煤炭工业局＊市能源局
局　长　苏春枝
副局长　牛焕军＊丰志刚　宋　洋　刘松湃＊秦靖成
吴启云(挂职)赵海鸥(挂职)狄　洲(挂职)
市文物局
局　长　刘建勇
副局长　于向东　许新红　何建国(挂职)
市人民防空办公室（市民防局）
主　任（局长）　赵晓周
副主任（副局长）黄晓林　段凯瑞
市扶贫开发办公室
主　任　白雪峰
副主任　孟汉仲＊余天东　张进明　田海英(挂职)
郝福强(挂职)
市促进外来投资局
局　长　邹嘉荟
副局长　靳桂英(女)＊刘洪文　王振威
市林业局＊
局　长＊张宏东＊
副局长＊张书民＊张卫星＊武俊胜＊
市文化局（版权局）＊
局　长＊刘广军＊
副局长＊李　吉＊郑建新＊马雪峰＊张俊杰(挂职)＊
纪检监察组组长＊薛　坤(女)＊
市工商行政管理局＊
局　长＊武献民＊
副局长＊赵文武＊黄　胜＊冯志伟＊
纪检监察组组长＊谢宏福＊
市质量技术监督局＊
局　长＊张渊启＊
副局长＊管立江＊王立坚＊
市食品药品监督管理局＊
局　长＊郝军生＊
副局长＊于喜云＊周正国＊吴　金＊
市旅游发展委员会＊
主　任＊高　莹＊
副主任＊常增宝＊姜　文＊牛翠珍(女，挂职)＊
市民族宗教事务局＊
局　长＊杜　福＊
副局长＊王建中＊张建春＊
市粮食局＊
局　长＊王治军＊
副局长＊陈　瑛＊高　波＊
市政府法制办公室＊
主　任＊赵耀国＊
副主任＊张延银＊张晨光＊
市城乡规划局＊
局　长＊刘明君＊
副局长＊李生祥＊
市房产管理局＊
局　长＊张　炜＊
副局长＊韩　岗＊杜文件＊王喜才＊

大同市政协工作机构

市政协办公厅
秘书长、办公厅主任＊秘书长、办公室主任　李安云
副秘书长　陈玉田＊卢海军＊高彦东　李　烽　张　莉(女)
纪检监察组组长　王　伟
市政协提案委员会
主　任　何永毅＊卢海军
副主任　郭文军
市政协经济和人口资源环境委员会
主　任　姚建平＊李有清
副主任　邓守节　张宝元
市政协农村委员会＊市政协农业和农村委员会
主　任　李润新
副主任　弓静义
市政协教科文卫体委员会＊市政协科教卫体委员会
主　任　王海玲(女)
副主任　康存锦(女)
市政协社会法制委员会
主　任　丁永胜
副主任　马志华(女)＊郑　敏(女)
市政协学习文史委员会＊市政协文化文史和学习委员会
主　任　李有清
副主任　杜　平(女)
市政协研究室
主　任　陈玉田＊高　起

民主党派　工商联

中国国民党革命委员会大同市委员会
主　委　杨素卿(女)
专职副主委　杜慧娥(女)
副主委　高中元　杨小洁(女)李喜柱　朱壮彦(女)李　光
中国民主同盟大同市委员会
主　委　张海兵
专职副主委　张理华
副主委　杨彩霞(女)解　谦　马建军　赵建国　高　谦
中国民主建国会大同市委员会
主任委员　侯　文
专职副主任委员　张瑞林
副主任委员　刘　东　曾季宁　孟冰山
中国民主促进会大同市委员会
主任委员　周　谋＊

专职副主任委员 王肖倞
副主任委员 张宏斌 陈广明 王海平(女)段军山
吴巧云(女)
中国农工民主党大同市委员会
主任委员 郭俊岗
专职副主任委员 贾文骐
副主任委员 郭润利 王自润 崔志刚 张宝成*
赵鸿文*
九三学社大同市委员会
主任委员 杨硕平
专职副主任委员 刘志忠
副主任委员 郭 彪 王兴武 段贵宏(女)段爱旭(女)
市工商业联合会
党组书记 张 团
主 席 刘若亮
副主席 王建平 张 英 孟 伟

大同市直属事业单位

市委党校（市行政学院、市社会主义学院、共青团大同市委团校）
校 长（院长）宋 涛（市委常委、组织部长）
常务副校长（常务副院长） 雷忠厚
市社会主义学院院长 刘 美（市人大常委会副主任）
市社会主义学院党委书记 丁振雄*
副校长（副院长） 张宝人 王志军 胡日红
社会主义学院副院长 张庆祝*
市委党史办公室、市地方志办公室（市文史馆）*
市委党史研究室（市地方志研究室）
主 任 史 波
副主任 李 勇 陈利云(女)刘 功*贾保权
王荣国 金丽娟(女)曹力军 王 林
市委讲师团
团 长 文智军
副团长 白培枝(女)*王玉梅(女)
市委市政府新闻中心
主 任 白玉龙*刘月平
副主任 刘月平*任 军
市档案局（馆）*市档案馆
馆 长 曹 彬(女)
副馆长 王 悦(女)魏向东 白锦文
市地震局*市防震减灾中心
主 任 殷宝才
副主任 任建国 秦永霄 王爱全*
市城镇集体工业联合社
党组书记、主任 付日平
党组成员、副主任 董 军 郑 平 韩忠义
市农业机械化发展中心（市农机局）*市农业机械发展中心
主 任 李凤冉*
副主任 付建柏 李 飞 杜海峰

市园林管理局*市园林绿化中心
主 任 刘法明
副主任 杜雪松 赵璐玲(女)刘德日
市政府发展研究中心（市政府决策咨询委员会办公室）*
市政府发展研究中心（市政府决策咨询中心）
党组书记、主 任 王爱民
党组成员、副主任 解江平 刘建军 彭富强
市供销合作社联合社
党组书记、理事会主任 刘立新
党组副书记、监事会主任 刘 江
党组成员、理事会副主任 郑建华 张 统*葛 华(女)*
赵文杰
大同日报社
党委书记、社长，大同日报传媒集团有限公司董事长 牛志刚
党委副书记、总编辑 张 旭*程晓天
党委委员、副总编辑 程晓天*张素英(女)刘双英(女)
党委委员、副社长 江学仁
大同广播电视台
党委书记、台长 张 瑜
党委副书记、总编辑 韩生利
副台长 裴兴荣（挂职）常 将 王 瑶(女)
市文化艺术中心
主 任 李 民*
党组书记、主任 纪 勇
副主任 赫福强 陈建华
市治理非法超限超载车辆工作办公室*
市治理非法超限超载车辆事务中心
主 任 田 宏
副主任 靳玉华(女)
市节能监测监控中心
党支部书记、主任 赵立新
市农业综合开发办公室*市农业综合服务中心
主 任 李灵生
副主任 李 情 高文山*贾兴峰 孙利生
市投资担保中心
主 任 刘怀民(市财政局党组成员、副局长)
副主任 苏凯涛 张秉文
市就业指导中心*市就业和人才服务中心
主 任 纪 勇*孟玉香(女)
副主任 石文斌 吴建国 杨河芬
市建筑设计院
党委副书记、院长 李 建
副院长 周玉礼
市册田水库管理局*市册田水库管理中心（市桑干河册田灌区管理中心）
主 任 刘国兵
副主任 马文平 孟希平 任继宏 田生有
市长城山林场
场 长 张 雪
副场长 王世华 许 平 赵充胜

市恒山林场（恒山自然保护区管理处）
党支部书记　李　日
党支部副书记、场长　孙怀中
党支部副书记　陈学鹏
副场长　范德鑫　杨开胜
市绿化委员会办公室＊市自然遗产和风景名胜区事务中心
主　任
副主任　魏炳琦　苏莲英(女)
云冈石窟文物研究院（云冈旅游区管委会）
党支部书记　王雁翔
党支部副书记、院长（主任）　张　焯
副院长（副主任）　李立芬(女)卢继文
市房屋交易权属登记管理中心
党支部书记　康　智
党支部副书记、主任　马玉泉(市住房和城乡建设局党组成员)
副主任　张　令
市工人文化活动中心
党支部书记　苏志兴＊
主　任　丁淑君(女)＊苏志兴

驻外办事处

市政府驻北京联络处
副主任　刘清湖
市政府驻深圳联络处
主　任　苑晓东

本科院校

山西大同大学
党委书记　马存根＊弓永华
党委副书记、校长　冯　锋
党委副书记　孙　彦(女)刘　洪
党委常委、纪委书记、监察专员　张有茀
党委常委、副校长　张　策　寇福明　姚丽英(女)
翟大彤

高职高中专院校　正处级中学

山西电大大同分校
书　记　张志刚＊温月冬
校　长　张志刚
副校长　孙　义　赵　斌
市现代教育培训中心
主　任　李志红(女)
副主任　孙翠平(女)温月冬＊李永泽　牛有顺
山西大同大学大同师范分校＊大同师范高等专科学校
书　记　郝跃荣＊岳艺斌
校　长　皇甫世江＊裴忠泽
副校长　张乙界＊

大同幼儿师范学校
书　记　杨为民
校　长　张乙界
副校长　闫　平(女)
山西大同大学浑源师范分校
书记、校长　王聪生
副校长　徐文保
大同一中集团校
书记、校长　张晋平
副校长　安振邦　刘国锋　合玉文　曹晓春
大同二中
书　记　杨跃庭
副校长　王有才　贺永义　马　祥
大同三中集团校
书　记　马宝生
校　长　贾建国
副校长　张国春(女)姚　军
大同四中
书　记　赵继强＊仝小平
校　长　赵继强
副校长　吕雁民＊靳　栓　鲁建强　王　辉(女)
大同五中
书　记　陈建平
校　长　马　良
副校长　王　森　曹建明　赵丽萍(女)
市实验中学
书记、校长　薛志文
副校长　郭红英(女)
市北岳中学
书　记　杨占森
校　长　裴忠泽＊
纪检书记　杨宇光
副校长　王洪运　睢步成
大同外国语学校
书　记　黄振宇
校　长　常健民
副校长　张俊超　张　瑜　王建军
北师大大同附中
副校长　姚建华(女)田晟宇(女)刘文宏
同煤一中集团校
书记、校长　张建国
副校长　吴孟龙　任小明　落生贵
同煤二中集团校
书　记　刘晋峰
校　长　马昌兴
副校长　康建英　张大明＊马翠兵　于静宜
阳高中学
书记、校长　白志友
副校长　李培富　曹建明＊孙玉河
浑源中学
书　记　栗淑琴(女)

副校长　陈修文

市公安局人民警察培训学校（山西警校大同分校）

书　记　王　莉(女)

校　长　侯新民＊郭立东

副校长　杨红军　马立斌

市财会学校

书　记　李志权

校　长　岳艺斌＊

副校长　郭文一

市高级技工学校

书　记　郭建邦＊

校　长　辛朝阳

副校长　张润田　韩力军　苑存良

市文化艺术学校

校　长　王和平

副校长　罗学琨(女)张继云

市体育运动学校（山西省体育局大同奥运人才训练基地）

书　记　刘建忠

校　长　甄泽斌

副校长（副主任）魏继雄　兰　雷

市农业机械化学校

校　长　纪宇峰

市卫生学校

校　长　吴　昊

副校长　白　炜

大同市属医院

市第一人民医院

书　记　韩　柱

院　长　贺永春

纪检书记　叶小英(女)

副院长　沈树军　高艳萍(女)

市第二人民医院（市肿瘤医院）

书　记　赵忠东

院　长　马铁明

副院长　马铁明＊贾鸿飞　范文有　李　晋

市第三人民医院

书　记　王海英(女)

院　长　马洪山

纪检书记　王崇丽(女)

副院长　张宝成　闫　莉(女)

市第四人民医院

院　长　杨　波

副院长　张强世　冯金铭　王　萍(女)

市第五人民医院

书　记　臧天春

院　长　王迎宾

副院长　吕　宪　尉杰忠　孙元星　郭　平

市第六人民医院

院　长　曹　德

副院长　曹　德＊刘海云　代卫红(女)闫立新

市中医院

院　长　姜世瑞

副院长　姜世瑞＊刘春力　葛德英　董义敏

县　区

平城区

中共区委书记　张　韬＊李继忠

副书记　李继忠＊唐　胜　王　玺＊郭雁明

常　委　张　韬＊李继忠　唐　胜　王　玺＊郭雁明
　　　　郭云峰　梁　介　李文清　李志刚　高　宁
　　　　薛晓明＊李文瑞　徐文俊　刘树贵

区人大常委会主任　王丽萍(女)

副主任　张　晓　李培荣　刘鹏飞　李鹏飞

区　长　李继忠＊唐　胜

副区长　郭雁明＊李志刚　昝　斌＊王义萍(女)闫慧芬(女)
　　　　韩　杰　赵　波　欧阳宏海　韩朝炜(挂职)
　　　　耿力韫(女,挂职)

区政协主席　赵世彪

副主席　吴芳芳(女)马少杰＊田　夏(女)白志强

云冈区

中共区委书记　苏　智

副书记　李东升　戴　陶＊张学梅(女)

常　委　苏　智　李东升　戴　陶＊张学梅(女)杨志文
　　　　赵　雄　姚文章＊石　忠　马晓峰(女)
　　　　刘巨平　刘中文＊王富祥

区人大常委会主任　李　杰

副主任　裴启义　王永兴　佘天彪　赵志英　张　毅

区　长　李东升

副区长　刘巨平　王玉娥(女)王玉璟　李永胜　杨建中
　　　　李森林　董雄伟(挂职)陈建华(挂职)靳文祥(挂职)

区政协主席　睢占文

副主席　管民涛　王建明　李翠兰(女)许世明　赵跃宇

新荣区

中共区委书记　邓志蓉(女)

副书记　李　纬　靳文军

常　委　邓志蓉(女)李　纬　靳文军　姚夏冬＊秦尚松
　　　　袁润德　樊　菁＊郭尚元　王晓琳　王利军
　　　　杨卫海＊张军峰

区人大常委会主任　乔　成

副主任　梁日山　田永明　张志军　魏守宇

区　长　李　纬

副区长　秦尚松　何文平　尹　奇＊王晓媛(女)张建国
　　　　安绍阳　王志清　张　欣(挂职)任永亮(挂职)

区政协主席　胡永祥

副主席　袁　晏　张　斌　张桃枝(女)

云州区

中共区委书记　王凤瑞

副书记　周聚德　江　荣(挂职)＊谢　云

常　委　王凤瑞　周聚德　江　荣(挂职)＊谢　云

王成武　范晓强　乔来福　李　霞(女)* 张文娟(女)
徐彦君　余　儒　高计亮(挂职)
区人大常委会主任　杨近源
副主任　乔　焕(女)刘德选　周　发　薛彦斌
县　长　周聚德
副区长　范晓强　高计亮(挂职)冀昌海 * 夏静安(女)*
苗泽田　郝明利　王翔宇(挂职)谢　云(挂职)*
逯建军(挂职)* 高晋峰　徐　军
区政协主席　闫　军
副主席　刘德舜　张　翠(女)孙海生　龚德库
左云县
中共县委书记　尹海斌
副书记　罗士彬　李　霞(女)
常　委　尹海斌　罗士彬　李　霞(女)景　珍
孟玉香(女)* 任　帅　何战勇　李国魁
陈月祥　崔　发
县人大常委会主任　刘志强
副主任　李永红 * 刘　耀 * 龚　文　高　丽(女)
县　长　罗士彬
副县长　任　帅　冀昌海　胡世玲(女)王俊云　张　俊
马　杰　赵　波 * 车艳萍(女,挂职)刘首龙(挂职)
张德良(挂职)
县政协主席　张立波
副主席　彭　贤 * 宋　海　张　劲(女)
阳高县
中共县委书记　冯晓雷
副书记　丁国华　庞　君　杨宏伟(挂职)* 孙　彦(女,挂职)
常　委　冯晓雷　丁国华　庞　君　杨宏伟(挂职)*
孙　彦(女,挂职)姜　荣　王　吉　徐碧洋　兰学欣
李雁侠　蔡杰锋 * 武志勇　谢留强(挂职)
胡吉嵘(挂职)耿　强
县人大常委会主任　李晓红(女)
副主任　韩　旭　李培华 * 高桂德
县　长　丁国华
副县长　王　吉　谢留强(挂职)胡吉嵘(挂职)王爱党(女)张进才
郝贤颖　马　斌　李灵芝(女,挂职)* 贾春生(挂职)*
孟永泉
县政协主席　项征武
副主席　景瑞平(女)孟　明　解秀成　杨占英(女)
天镇县
中共县委书记　王建江
副书记　刘川楠　梁　军　蒋　煜(挂职)* 李克亮(挂职)
刘玉柱(挂职)
常　委　王建江　刘川楠　梁　军　蒋　煜(挂职)*
李克亮(挂职)刘玉柱(挂职)高　伟　谢日升　张建明
宋桂珍(女)王　兴　赵良斌　唐立波 * 张金海
县人大常委会主任　刘世清
副主任　王　耀　郝　君
县　长　刘川楠
副县长　张建明　田　炯　杨景利(女)郭立东 * 安洪涛
韩凤英(女)曹　毅(挂职)* 陈　洋(挂职)* 牛建强(挂职)
李清文(挂职)李宇宙

县政协主席　吕广权
副主席　王　义 * 李玠瑛(女)杨　智　张　凡(女)
浑源县
中共县委书记　赵　宇
副书记　王继武 * 高　莹　谢志海 * 杨　霄　赵昱清
李秀生(挂职)*
常　委　赵　宇　王继武 * 高　莹　谢志海 * 杨　霄
赵昱清　李秀生(挂职)* 张　军　白金义 * 于海滨
黄姝琦(女)* 乔正南　王晓峰 * 李启忠　王小军
张文陆
县人大常委会主任　王维平 * 谢志海
副主任　韩玉明　杨　庆　王兴中　翟宝龙
县　长　王继武 * 高　莹
副县长　于海滨　王　银 * 张海波(女)* 李跃新　杨琼圣
钟志刚 * 崔志全　席小莉(女,挂职)* 刘训军(挂职)*
赵开成(挂职)许从彬(挂职)赵永富
县政协主席　张振虎
副主席　李海枝　熊开明　李锦平(女)
灵丘县
中共县委书记　张　强
副书记　罗永山　张学梅(女)* 夏　祯(挂职)吴　斌(挂职)
郝　炜
常　委　张　强　罗永山　张学梅(女)* 夏　祯(挂职)
吴　斌(挂职)郝　炜　李大军　于　君　白　洁(女)
孙为军　李青春　阚宝奎(挂职)* 李少波　郝宝玉
严　石(挂职)
县人大常委会主任　索根生
副主任　郝建锋(女)张　文　董保林　王爱民
县　长　罗永山
副县长　李大军　阚宝奎(挂职)* 严　石(挂职)张　禄
王怀忠　张秀丽(女)陆辉山(挂职)* 左奇伟(挂职)*
高瑞龙　柴　芳(女,挂职)*
县政协主席　王瑞春
副主席　张永俊　燕　昱　刘文杰
广灵县
中共县委书记　李润军
副书记　王丽萍(女)孟德昌　秦爱民(挂职)郭乐平(挂职)
常　委　李润军　王丽萍(女)孟德昌　秦爱民(挂职)
郭乐平(挂职)王崇虎　曹　辉 * 李贵峰　赵昱清 *
刘玉清(女)杜红梅(女)王　军　王永峰
县人大常委会主任　苑在雨
副主任　周业贵　廉海义　李兴平　亢继军
县　长　王丽萍(女)
副县长　王崇虎　王正忠 * 金俊华　杨培宁
常佳宁(挂职)* 杨志勇(挂职)* 王爱举(挂职)*
安绍阳 * 阎熙福　师文睿(挂职)*
县政协主席　刘宝贵
副主席　苑在银　许翠叶(女)郭　元

说明：2019 年 1 月 1 日至 2019 年 12 月 31 日凡调离岗位人员在其姓名后右上角标注 *，更名撤并的原单位在其后右上角标注 *

统计资料

◎ 统计表中符号使用说明：“—”表示该项统计指标数据不详或无该项指标数据；“#”表示其中项。

综 合

2018—2019 年大同市国民经济主要比例关系表

单位：%

指 标	2019 年	2018 年
地区生产总值中三次产业比例		
第一产业	5.4	5.1
第二产业	37.2	36.5
第三产业	57.4	58.4
工业总产值中轻重工业比例		
轻工业	12.1	10.1
重工业	87.9	89.9
农林牧渔业总产值内部比例		
农业产值	44.6	40.5
林业产值	6.5	3.5
牧业产值	43.2	52.9
渔业产值	0.1	0.1
服务业产值	5.6	3.0
固定资产投资中三次产业投资比例		
第一产业	5.0	3.4
第二产业	34.8	37.1
第三产业	60.2	59.5

2019年大同市国民经济和社会发展主要指标表

指　标	单 位	2019年	2019年比2018年 ±%
年末总人口	万人	346.30	0.2
年末总户数	万户	128.36	0.2
自然增长率	‰	2.03	下降1.9个千分点
地区生产总值	亿元	1311.21	6.7
第一产业	亿元	61.91	3.0
第二产业	亿元	490.73	6.9
第三产业	亿元	758.56	6.9
人均地区生产总值	元	37902	6.4
财政			
公共财政预算收入	亿元	130.13	8.7
公共财政预算支出	亿元	363.36	8.8
固定资产投资	亿元	606.90	10.5
#第一产业	亿元	30.19	63.3
第二产业	亿元	211.27	3.7
第三产业	亿元	365.44	11.8
农林牧渔业总产值	亿元	118.14	—
工业总产值	亿元	1021.68	-5.6
工业增加值	亿元	352.20	6.0
工业企业利税总额	亿元	72.63	-55.4
主要工农业产品产量			
原煤	万吨	12250	9.7
发电量	亿千瓦时	440.94	-3.6
粗钢	万吨	110.79	59.0
粮食	万吨	123.19	15.5
社会消费品零售总额	亿元	688.00	-1.7
海关进出口总额	亿元	51.66	37.5
金融机构各项存款余额	亿元	3173.22	10.2
#住户储蓄存款	亿元	2226.20	10.3
金融机构各项贷款余额	亿元	1558.12	13.1
从业人员年平均工资	元	67181	7.8
城镇常住居民人均可支配收入	元	32252	7.8
农村常住居民人均可支配收入	元	10725	10.5
居民消费价格指数	上年=100	103	2.5
旅游总收入	亿元	762.1	22.7

2018—2019 年大同市社会经济主要指标人均水平表

指 标	单 位	2019 年	2018 年
地区生产总值	元	37902	35521
农林牧渔业总产值	元	3411	3521
主要产品产量			
原煤	吨	35.4	32.3
发电量	千瓦小时	12733	13241
钢	公斤	320	202
粮食	公斤	355.7	356.7
肉类总产量	公斤	24.4	42.2
社会消费品零售额	元	19867	20255
人民生活			
从业人员年平均工资	元	67181	62328
城镇常住居民人均可支配收入	元	32252	29911
农村常住居民人均可支配收入	元	10725	9710
城乡居民储蓄存款	元	64285	58376

2005—2019 年大同市地区生产总值表

（按当年价格计算）

年 份	地区生产总值（万元）				人均地区生产总值（元/人）
		第一产业	第二产业	第三产业	
2005	3620947	210959	1966093	1443895	11649
2006	4008837	209236	2116835	1682766	12808
2007	5047932	188303	2658767	2200862	16024
2008	5819358	287751	3037159	2494448	18363
2009	5667051	306069	2644252	2716730	17783
2010	6908180	345446	3274345	3288389	21204
2011	8281521	436377	4091019	3754125	24867
2012	8742661	465276	4295639	3981746	26110
2013	9192988	512396	4199715	4480877	27311
2014	9411394	539863	4212537	4658994	27816
2015	9849804	522733	4148401	5178670	28977
2016	9500724	544738	3581524	5374462	27828
2017	11020584	558504	4151724	6310356	32110
2018	12251695	574316	4533035	7144344	35521
2019	13112069	619112	4907315	7585642	37902

2005—2019 年大同市地区生产总值指数表

（上年为 100）

年　份	地区生产总值	第一产业	第二产业	第三产业
2005	114.4	121.4	116.0	111.8
2006	106.8	94.9	104.3	111.9
2007	114.3	71.5	115.3	118.4
2008	108.3	152.8	102.7	111.9
2009	102.3	104.2	94.0	111.6
2010	110.8	105.5	115.2	107.1
2011	109.2	109.0	111.7	106.6
2012	108.6	106.3	109.0	108.5
2013	108.3	105.4	109.0	108.0
2014	107.8	103.7	111.5	104.3
2015	109.1	101.2	108.0	111.1
2016	101.0	103.1	93.1	107.0
2017	106.4	103.3	103.3	108.8
2018	106.6	103.3	106.6	106.8
2019	106.7	103.0	106.9	106.9

2018—2019 年大同市地区生产总值表（一）

单位：亿元

指　标	2019 年	2018 年	2019 年比 2018 年 ±%
地区生产总值	1311.21	1225.17	6.7
第一产业	61.91	57.43	3.0
第二产业	490.73	453.30	6.9
# 工业	416.91	391.20	6.4
建筑业	73.82	62.10	10.4
第三产业	758.57	714.44	6.9
# 交通运输、仓储邮政业	121.34	118.30	7.3
批发和零售业	109.11	105.20	5.8
住宿和餐饮业	26.30	24.50	5.7
金融保险业	85.35	77.90	8.1
房地产业	99.40	98.81	–0.9
其他服务业	313.69	286.71	9.4
人均地区生产总值（元 / 人）	37902	35521	6.4

2018—2019 年大同市地区生产总值表（二）

单位：万元

县　区	2019 年	2018 年	2019 年比 2018 年 ±%
总　计	13112069	12251695	6.7
平城区	4136028	3945107	6.3
云冈区	3858963	3539928	6.3
新荣区	590971	619378	6.2
云州区	1252023	1173053	8.8
阳高县	510331	464198	6.2
天镇县	374746	334348	7.8
广灵县	407690	343799	8.7
灵丘县	506582	437285	8.4
浑源县	464205	479595	−1.4
左云县	1007541	888530	8.6
开发区	994517	870529	13.2

2018—2019 年大同市分县（区）第三产业增加值表

单位：万元

县　区	2019 年	2018 年	2019 年比 2018 年 ±%
总　计	7585642	7144344	6.9
平城区	3322397	3071186	8.3
云冈区	1813681	1771242	2.9
新荣区	210403	200928	7.3
云州区	568354	529482	8.9
阳高县	265449	254808	7.5
天镇县	208655	192144	9.1
广灵县	205943	191961	7.4
灵丘县	305294	280174	9.2
浑源县	297748	282923	6.9
左云县	387718	365989	7.5
开发区	294030	278772	6.2

2019年大同市国民经济主要指标占全省比重表

指标	单位	全省	全市	占全省%
年末总人口	万人	3729.2	346.3	9.3
城镇人口	万人	2220.8	227.2	10.2
地区生产总值（当年价格）	亿元	17026.7	1311.2	7.7
第一产业	亿元	824.7	61.9	7.5
第二产业	亿元	7453.1	490.7	6.6
第三产业	亿元	8748.9	758.6	8.7
农林牧渔业增加值	亿元	874.9	72.9	8.3
粮食总产量	万吨	1361.8	123.2	9.0
蔬菜总产量	万吨	827.8	58.2	7.0
肉类总产量	万吨	90.2	8.4	9.3
原煤产量	万吨	98795	12250	12.4
发电量	亿千瓦时	3229.0	440.9	13.7
钢产量	万吨	6039.1	110.8	1.8
水泥产量	万吨	4982.4	535.6	10.7
全社会固定资产投资	亿元	6612.6	606.9	9.2
社会消费品零售总额	亿元	7909.2	688.0	8.7
海关进出口总额	亿元	1446.9	51.7	3.6
旅游外汇收入	万美元	40995	5497	13.4
公共财政预算收入	亿元	2347.7	130.1	5.5
住户存款	亿元	22545.0	2226.2	9.9

2019 年大同市分县（区）总人口表

县 区	总人口（人）			性别比（女为 100）
	合 计	男	女	
总 计	3463020	1751311	1711709	102.31
平城区	941656	466111	475545	98.02
云冈区	743870	373274	370596	100.72
新荣区	128457	67270	61187	109.94
云州区	194289	98224	96065	102.25
阳高县	267675	137758	129917	106.04
天镇县	230461	117880	112581	104.71
广灵县	191730	101161	90569	111.69
灵丘县	244428	126422	118006	107.13
浑源县	357367	180072	177295	101.57
左云县	163087	83139	79948	103.99

注：全市人口出生率 8.31‰，死亡率 6.28‰，自然增长率 2.03‰

2019 年大同市分县（区）城乡人口表

县 区	总人口（人）			城镇人口比重（%）
	合 计	城 镇	乡 村	
总 计	3463020	2272342	1190678	65.62
平城区	941656	907662	33994	96.39
云冈区	743870	641482	102388	86.24
新荣区	128457	49125	79332	38.24
云州区	194289	84065	110224	43.27
阳高县	267675	117389	150286	43.86
天镇县	230461	93553	136908	40.59
广灵县	191730	62590	129140	32.64
灵丘县	244428	83209	161219	34.04
浑源县	357367	151296	206071	42.34
左云县	163087	81971	81116	50.26

注：全市总户数 128.36 万户（公安户籍）

农 业

2019年大同市农村基层组织情况表

单位：个、户、人

县 区	乡、镇政府	#镇政府	村民委员会	常住户数	劳动力资源	从业人员	#从事农业人员
总 计	99	33	1823	558597	756922	641728	366468
平城区	3	—	60	56530	80216	65077	11512
云冈区	6	2	120	60314	75559	60073	24403
新荣区	8	2	123	27492	35493	32711	24600
云州区	10	3	169	50558	66280	54426	34771
阳高县	12	7	197	78970	97287	80768	56274
天镇县	12	5	227	59184	75653	64368	47381
广灵县	9	2	149	54207	69482	54807	38650
灵丘县	12	3	249	84570	130572	116997	58395
浑源县	18	6	301	61707	91876	83592	50752
左云县	9	3	226	19843	27774	23399	18000
开发区	—	—	2	5222	6730	5510	1730

2019年大同市农林牧渔业总产值表

单位：万元

指 标	2019年
农林牧渔业总产值	1181366
农业产值	526841
林业产值	76915
牧业产值	509895
渔业产值	1111
服务业产值	66604
农林牧渔业总产值（内部比例）	
农业产值	44.6
林业产值	6.5
牧业产值	43.2
渔业产值	0.1
服务业产值	5.6

2019年大同市农业生产条件表

单位：万千瓦时、吨

县 区	农村用电量	农用化肥施用量	农用薄膜使用量	农药使用量
总 计	42303	239770	6749	707
平城区	6365	2000	74	9
云冈区	5962	6559	511	107
新荣区	2194	4071	218	7
云州区	3933	24672	1060	95
阳高县	4532	43269	2037	139
天镇县	3008	49098	889	80
广灵县	3199	25897	467	79
灵丘县	5588	39362	432	76
浑源县	6098	39601	925	105
左云县	1182	5136	129	8
开发区	243	105	8	2

2019年大同市农作物生产情况表（一）

单位：公顷

县 区	农作物总播面积	粮食作物播种面积
总 计	330100	283520
平城区	2620	2360
云冈区	12510	9850
新荣区	29370	24560
云州区	41470	31170
阳高县	55530	48670
天镇县	45550	41570
广灵县	33030	28760
灵丘县	36960	34620
浑源县	39150	35980
左云县	33670	25740
开发区	240	240

附录

2019年大同市农作物生产情况表（二）

单位：公顷

县　区	#秋粮面积	谷物面积	豆类面积	薯类面积	油料面积	蔬菜面积	玉米面积
总　计	283520	227900	33560	22070	16180	19640	139700
平城区	2360	2160	100	100	10	240	1580
云冈区	9850	9400	350	110	360	1260	6640
新荣区	24560	18430	3140	2990	2090	250	5330
云州区	31170	26360	4110	710	530	8610	18480
阳高县	48670	42060	4100	2500	1630	3960	26850
天镇县	41570	30660	6570	4340	1790	1450	23030
广灵县	28760	23700	2920	2140	810	2200	15280
灵丘县	34620	26760	4310	3550	1700	460	18770
浑源县	35980	28670	4320	2990	1230	1040	20000
左云县	25740	19470	3640	2630	6030	170	3510
开发区	240	230	—	10	—	—	230

附录

2019年大同市农作物生产情况表（三）

单位：吨

县　区	粮食总产量		谷物产量	豆类产量	薯类产量	油料产量	玉米产量	蔬菜产量
		#秋粮产量						
总　计	1231902	1231902	1114394	48631	68877	17955	927905	582311
平城区	15022	15022	14691	222	110	20	12931	9928
云冈区	54522	54522	53546	619	358	263	46604	77149
新荣区	74325	74325	60128	5721	8476	1973	30727	11059
云州区	105320	105320	99551	3959	1810	687	83596	84684
阳高县	264237	264237	248012	7095	9129	2502	201194	232331
天镇县	204095	204095	186820	7026	10249	2243	169108	41525
广灵县	180770	180770	167544	4916	8310	1066	148865	54697
灵丘县	109257	109257	94287	7512	7458	2233	78160	13389
浑源县	175900	175900	153956	6981	14962	1789	140284	48187
左云县	46771	46771	34191	4579	8002	5181	14769	9362
开发区	1682	1682	1669	—	14	—	1669	—

2019年大同市林业生产和水果产量表

县 区	当年造林面积（公顷）	水果产量（吨）
总 计	31509	56026
平城区	—	23
云冈区	667	5422
新荣区	734	199
云州区	1814	7922
阳高县	2133	24748
天镇县	10152	8364
广灵县	4460	738
灵丘县	2503	3487
浑源县	5133	5109
左云县	3913	15
开发区	—	—

2019年大同市畜牧业生产情况表（一）

单位：头、只

县 区	大牲畜年末头数	#牛	#猪	#羊
总 计	264616	212308	400024	1547608
平城区	4485	4413	9737	11887
云冈区	20210	19715	19674	31755
新荣区	23072	20275	14465	111462
云州区	17143	14533	36122	108913
阳高县	50227	41807	177144	229704
天镇县	40460	26577	41791	147591
广灵县	24318	16314	21756	170977
灵丘县	44745	34221	29276	372832
浑源县	32912	28530	36577	262841
左云县	6865	5744	13321	99124
开发区	179	179	161	522

2019 年大同市畜牧业生产情况表（二）

单位：吨

县　区	肉类总产量	#猪肉	奶类产量	禽蛋产量
总　计	84491	56129	237405	68365
平城区	1102	921	13221	3567
云冈区	3795	2416	8703	11432
新荣区	4783	2071	61806	2108
云州区	9661	5460	23400	26276
阳高县	22337	18587	43675	3785
天镇县	10509	7662	38629	4175
广灵县	7462	3540	18795	5188
灵丘县	7145	4053	4912	6114
浑源县	13917	9823	20617	4823
左云县	3730	1556	3612	870
开发区	50	40	34	28

2019 年大同市畜牧业生产情况表（三）

单位：头、只

县　区	当年出栏肉猪	当年出栏羊	家禽
总　计	732122	933359	2592973
平城区	10999	3085	50240
云冈区	28253	23507	201070
新荣区	23736	62502	171196
云州区	52815	60259	921105
阳高县	303779	129982	232591
天镇县	104845	93022	231287
广灵县	48076	133827	244009
灵丘县	53136	147769	213140
浑源县	91039	173038	288508
左云县	15110	106189	36383
开发区	334	179	3444

工　业

2018—2019年大同市工业企业单位数表

单位：个

指　标	2019年	2018年
总　计	334	266
#国有控股	103	66
按登记注册类型		
国有企业	4	2
集体企业	5	5
股份制合作企业	1	1
联营企业	—	—
有限责任公司	122	87
股份有限公司	11	11
私营企业	174	146
港澳台投资企业	10	8
外商投资企业	7	6
其他企业	—	—
按轻重工业		
轻工业	47	45
重工业	287	221
按企业规模分		
大型企业	15	8
中型企业	68	45
小型企业	203	169
微型企业	48	44
按隶属关系分		
中央企业	25	24
地方企业	57	26
其他企业	252	216

2018—2019年大同市工业企业利税总额表

单位：万元

指　标	2019年	2018年
总　计	726305	1627665
#国有控股	469627	1303665
按经济类型分		
国有企业	10596	5461
集体企业	-13301	-15961
股份合作企业	-116	-255
联营企业	—	—
有限责任公司	541981	1297478
股份有限公司	-39952	125625
私营企业	127934	123503
港澳台投资企业	60096	48545
外商投资企业	39068	43268
其他企业	—	—
按隶属关系分		
中央企业	198491	310712
地方企业	-82707	822709
其他企业	610521	494244
按轻重工业分		
轻工业	95855	124425
重工业	630450	1503241
按企业规模分		
大中型企业	593629	1396042
小微企业	132676	231624

附录

2019 年大同市分行业工业增加值表

单位：万元

指　标	2019 年	2019 年比 2018 年 ±%
总　计	3522022	6.0
采掘业	1869995	15.6
煤炭开采和洗选业	1743186	10.8
石油和天然气开采业	—	—
黑色金属矿采选业	51120	48.4
有色金属矿采选业	—	—
非金属矿采选业	2671	-50.7
开采专业及辅助性活动	73018	6450.5
其他采矿业	—	—
制造业	984782	3.9
农副食品加工业	14061	105.2
食品制造业	5877	55.4
酒、饮料和精制茶制造业	26257	1.6
烟草制品业	—	—
纺织业	—	—
纺织服装、服饰业	—	—
皮革、毛皮、羽毛及其制品和制鞋业	—	—
木材加工和木、竹、藤、棕、草制品业	—	—
家具制造业	—	—
造纸和纸制品业	753	75.9
印刷和记录媒介复制业	—	—
文教、工美、体育和娱乐用品制造业	—	—
石油、煤炭及其他燃料加工业	2199	19.0
化学原料和化学制品制造业	61678	-17.8
医药制造业	260809	3.7
化学纤维制造业	1220	19.4
橡胶和塑料制品业	23167	87.5
非金属矿物制品业	131324	-21.2
黑色金属冶炼和压延加工业	63733	33.7
有色金属冶炼和压延加工业	5814	-47.9
金属制品业	6276	14.2
通用设备制造业	11192	-8.5
专用设备制造业	70389	23.5
汽车制造业	64759	9.1
铁路、船舶、航空航天和其他运输设备制	111433	-24.0
电气机械和器材制造业	75757	57.7
计算机、通信和其他电子设备制造业	—	-100.0
仪器仪表制造业	—	—
其他制造业	224	-11.8
废弃资源综合利用业	30166	1876.7
金属制品、机械和设备修理业	17693	20.2
电力、燃气和水	667245	-12.5
电力、热力生产和供应业	593112	-12.2
燃气生产和供应业	—	-100.0
水的生产和供应业	74132	-15.1

附
录

2019 年大同市工业企业主要经济指标表（一）

单位：万元

指 标	资产合计	固定资产原价	负债合计	所有者权益
总 计	25325886	15705722	22896768	2417857
#国有控股	19414588	12551658	18208725	1196542
按登记注册类型				
国有企业	314647	151140	337711	–23064
集体企业	125296	26602	287207	–161911
股份制合作企业	7262	1569	5351	1911
联营企业	—	—	—	—
有限责任公司	19547894	12291836	17923991	1614583
股份有限公司	441894	525170	289803	152092
私营企业	3390423	1601943	3042348	346134
港澳台投资企业	950324	607520	533964	416359
外商投资企业	548146	499943	476393	71753
其他企业	—	—	—	—
中央企业	2664682	2850798	1924789	739893
地方企业	12886797	7170133	13594933	–717456
其他企业	9774407	5684790	7377046	2395420
轻工业	1930367	903200	1215326	713101
重工业	23395519	14802522	21681442	1704756
大型企业	10278295	5371950	8830062	1448232
中型企业	8364495	5366359	8415770	–51274
小型企业	4136874	2376329	2771985	1355568
微型企业	2546222	2591084	2878950	–334669

2019年大同市工业企业主要经济指标表（二）

单位：万元

指　标	营业收入	管理费用	利润总额	亏损企业亏损额
总　计	10198881	781823	35438	1250782
#国有控股	7380648	629727	-126934	1168845
按登记注册类型				
国有企业	51924	26815	2323	—
集体企业	54460	16231	-15883	17732
股份制合作企业	3048	7	-159	159
联营企业	—	—	—	—
有限责任公司	7620380	607056	-62967	1119769
股份有限公司	188547	16097	-49098	55984
私营企业	1834482	83365	75566	34733
港澳台投资企业	192406	9915	56491	—
外商投资企业	253635	22339	29165	22404
其他企业	—	—	—	—
中央企业	1313825	83403	124439	34741
地方企业	4489350	445123	-511589	1125244
其他企业	4395707	253297	422588	90797
轻工业	1080247	52595	52979	3156
重工业	9118634	729228	-17541	1247626
大型企业	4618457	367522	124707	558493
中型企业	3478291	312293	-159914	492355
小型企业	1436538	84064	102802	49259
微型企业	665595	17944	-32158	150674

2019年大同市工业企业主要经济指标表（三）

单位：万元

指标	利税总额	本年应付职工薪酬	本年应交增值税	从业人员年平均人数（人）
总　计	726305	1704162	383743	160914
#国有控股	469627	1434429	313300	118339
按登记注册类型				
国有企业	10596	51404	2987	7906
集体企业	-13301	22925	2159	9396
股份制合作企业	-116	133	11	46
联营企业	—	—	—	—
有限责任公司	541981	1373375	321131	111160
股份有限公司	-39952	57249	5207	6597
私营企业	127934	160182	41836	22607
港澳台投资企业	60096	9213	2580	1121
外商投资企业	39068	29681	7831	2081
其他企业	—	—	—	—
中央企业	198491	160669	46137	14021
地方企业	-82707	1159478	216830	96919
其他企业	610521	384016	120776	49974
轻工业	95855	70301	33824	11417
重工业	630450	1633861	349919	149497
大型企业	488496	933886	174744	70780
中型企业	105134	546913	162123	65873
小型企业	142109	98131	29662	17110
微型企业	-9433	125233	17214	7151

附录

2019 年大同市分县（区）工业主要指标表（一）

单位：万元

县　区	企业数（个）	工业总产值	工业增加值
总　计	334	10216843	3522022
平城区	30	1490637	379187
云冈区	84	4201686	2247919
新荣区	27	650472	64610
云州区	29	677610	93243
阳高县	22	261490	68864
天镇县	14	136314	35673
广灵县	17	219011	87603
灵丘县	28	171858	69055
浑源县	14	68513	19901
左云县	31	1211683	160884
开发区	38	1127569	295084

注：工业总产值和工业增加值云冈区和左云县含同煤

2019 年大同市分县（区）工业主要指标表（二）

单位：万元

县　区	资产总计	利税总额	利润总额	全部从业人员年平均人数
总　计	25325886	726305	35438	160914
平城区	2409934	175463	116620	18998
云冈区	10907032	-31370	-442560	98919
新荣区	1198377	67228	41021	9603
云州区	643589	19023	9750	4030
阳高县	1171297	258	-4683	3166
天镇县	527011	41138	36999	779
广灵县	638720	55446	43727	1602
灵丘县	755325	17733	8115	3596
浑源县	579585	6640	8788	576
左云县	4779644	294750	171901	10090
开发区	1715373	79998	45761	9555

注：工业总产值和工业增加值云冈区和左云县含同煤

能 源

2019年大同市分产业地区能源消耗增速情况表

单位：%

指　标	用电量2019年比2018年 ±%	地区能耗2019年比2018年 ±%
全　市	6.4	1.74
第一产业	8.8	3.47
第二产业	5.6	0.99
工业	5.8	1.06
建筑业	-1.5	-3.53
第三产业	8.5	3.40
居民生活	8.9	4.10
城镇居民	8.9	4.29
乡村居民	8.7	3.36

2019年大同市工业主要能源消费与库存表

指　标	单　位	消费量			年末库存量
		合　计	工业生产消费	非工业生产消费	
能源总计	万吨标准煤	6649	6624	25	—
煤炭	万吨	2533	2505	28	129
焦炭	万吨	63	63	—	5
汽油	吨	6868	986	5882	242
柴油	吨	46029	31834	14195	1439
热力	万百万千焦	250	250	—	—
电力	亿千瓦时	105	99	6	—

2014—2019年大同市分县（区）地区生产总值能耗指标完成情况表

单位：%

县　区	2014年	2015年	2016年	2017年	县　区	2018年	2019年
全　市	-3.51	-5.48	-3.54	-2.27	大同市	-0.01	-4.64
城　区	-3.68	-5.04	-3.80	-4.70	平城区	-3.59	-5.17
矿　区	-3.64	-5.76	-3.56	-3.69	云冈区	3.31	-4.06
南郊区	-3.76	-8.50	-3.43	-3.32	新荣区	-3.37	-4.83
新荣区	-3.69	-3.74	-4.09	-2.22	云州区	-3.33	-3.63
阳高县	-3.67	-6.60	-3.37	-2.49	阳高县	-3.22	-5.56
天镇县	-3.68	-6.82	-3.74	-4.33	天镇县	-4.01	-3.72
广灵县	-3.67	-7.06	-3.91	-4.57	广灵县	-3.27	-5.31
灵丘县	-3.66	-4.24	-4.26	-4.63	灵丘县	1.68	-3.82
浑源县	-3.62	-5.19	-3.46	-2.74	浑源县	-4.19	-4.46
左云县	-3.69	-4.35	-3.41	-4.77	左云县	-3.44	-4.68
大同县	-3.78	-4.65	-3.82	-4.17	开发区	-4.25	-3.67
开发区	-3.80	-4.08	-4.54	-4.85			

注：2014—2017年为大同市区划调整前分县（区）地区生产总值能耗指标，2018—2019为大同市区划调整后分县（区）地区生产总值能耗指标

交通运输

2018—2019 年大同市交通运输、邮电情况表

指 标	2019 年	2018 年
公路通车里程（千米）	12751	12715
高速路通车里程（千米）	562	560
货运总量（万吨）	—	—
公路 （万吨）	—	—
民航 （万吨）	—	0.16
客运总量（万人）	—	—
公路 （万人）	—	—
民航 （万人）	—	101.63
邮电业务总量 （亿元）	223.1	66.1
电信业务总量（亿元）	219.1	62.4
邮政业务总量（亿元）	4.0	3.7
邮路总长（千米）	4400	3754
邮政局所（个）	147	146
电话用户数（万户）	447.0	447.48
# 移动电话 （万户）	425	417.02

注：电信业务总量按 2015 年不变价计算

固定资产投资

2018—2019 年大同市全社会固定资产投资情况表

单位：万元、%

指　标	2019 年	2018 年	2019 年比 2018 年 ±%
固定资产投资完成额	6068968	5491958	10.5
其中：房地产投资	1474637	1554488	-5.1
民间投资	3048371	2900645	5.1
国有经济控股	2937922	2348740	25.1
住宅	1207929	1212379	-0.4
按产业分			
第一产业	301855	184873	63.3
第二产业	2112700	2037561	3.7
第三产业	3654413	3269524	11.8
在固定资产投资中			
工业行业	2122896	2037761	4.2
基础设施	1381527	934916	47.8
高技术产业	669696	35405	444
工业技改	783012	654409	14.2
施工项目个数（个）	957	837	14.3
本年新开工个数（个）	627	616	1.8
本年投产个数（个）	666	461	38.8
本年施工房屋面积（平方米）	17182137	14968704	14.8
其中：住宅	11091351	13954906	27
本年竣工房屋面积（平方米）	3958237	1391112	184.5
其中：住宅	2085974	518529	302.3
商品房销售面积（平方米）	2254301	2482734	-9.2

附录

2018—2019 年大同市固定资产投资分行业情况表

单位：万元

指 标	2019 年	2018 年
合 计	6068968	5491958
农、林、牧、渔业	321762	193030
采矿业	539747	375627
制造业	959698	911049
电力、热力、燃气及水的生产和供应业	623451	751085
建筑业	4300	—
批发和零售业	34535	30188
交通运输、仓储和邮政业	166257	202125
住宿和餐饮业	3460	6380
信息传输、软件和信息技术服务业	194722	10929
金融业	1618	—
房地产业	1703192	2080552
租赁和商务服务业	32141	43191
科学研究和技术服务业	240510	26971
水利、环境和公共设施管理业	1035848	732977
居民服务和其他服务业	2000	1995
教育	70395	59017
卫生和社会工作	32640	17245
文化、体育和娱乐业	96803	30853
公共管理、社会保障和社会组织	5889	18744

2019 年大同市分县（区）投资完成情况表

单位：万元

县 区	2019 年	
	总计	# 房地产开发
合 计	6068968	1474637
平城区	1850704	1175481
云冈区	758856	70053
新荣区	330475	307
云州区	956889	43055
阳高县	360022	—
天镇县	231342	—
广灵县	329768	49048
灵丘县	504627	12001
浑源县	443225	—
左云县	303060	9210
开发区	876328	115482

财政　金融

2019 年大同市分县（区）一般公共预算收入表

单位：万元

县　区	2019 年	2019 年比 2018 年 ±%
全　市	1301336	8.7
# 平城区	87107	39.6
云冈区	115818	24.6
新荣区	23823	8.0
云州区	24704	6.1
阳高县	14770	10.4
天镇县	24543	72.2
广灵县	25284	69.7
灵丘县	18793	27.1
浑源县	15658	–37.0
左云县	103497	2.5
开发区	63379	25.4

2019 年大同市分县（区）一般公共预算支出表

单位：万元

县　区	2019 年	2019 年比 2018 年 ±%
全　市	3633627	8.8
# 平城区	241816	43.6
云冈区	278607	–4.40
新荣区	121538	–2.30
云州区	157093	–14.4
阳高县	211196	–12.6
天镇县	280291	9.8
广灵县	256600	23.7
灵丘县	232610	3.9
浑源县	335608	20.5
左云县	173557	–10.6
开发区	78155	14.0

2019 年大同市金融机构信贷收支表

单位：万元

指　标	2019 年	比年初增减
各项存款余额	31732220	2915662
# 境内存款	31728593	2914391
# 住户存款	22262041	2065592
非金融企业存款	6440844	546042
广义政府存款	2931550	313386
各项贷款余额	15581189	1725420
# 境内贷款	15581189	1725420
# 住户贷款	3293611	388879
短期贷款	1063343	132731
中长期贷款	2230267	256148
非金融企业及机关团体贷款	12287578	1336541
# 短期贷款	4350394	751240
中长期贷款	5748108	129877
票据融资	2188087	455423

内外贸易

2018—2019 年大同市社会消费品零售额表

单位：万元

县　区	2019 年	2018 年	2019 年比 2018 年 ±%
总　计	6879978	6379128	7.9
平城区	3576258	3322550	—
云冈区	1363723	1262705	—
新荣区	141236	131042	—
云州区	185980	170625	—
阳高县	123044	113614	—
天镇县	120064	110556	—
广灵县	113445	104366	—
灵丘县	349831	323020	—
浑源县	369993	344179	—
左云县	263864	243417	—
开发区	272539	253054	—

2019 年大同市限额以上住宿和餐饮业经营状况表

单位：万元

指 标	法人企业（人）	从业人数（人）	营业额				
				客房收入	餐费收入	商品销售	其他收入
总 计	95	10799	153020.5	32913.6	114413.8	2185.3	3507.8
一、住宿业	25	2856	45473	15173	28389	321	1591
#国有及国有控股	1	21	641	432	146	—	64
1. 按登记注册类型分组							
内资企业	25	2856	45473	15173	28389	321	1591
国有企业	—	—	—	—	—	—	—
集体企业	—	—	—	—	—	—	—
股份合作企业	—	—	—	—	—	—	—
联营企业	—	—	—	—	—	—	—
有限责任公司	10	1499	26858	8747	17412	—	699
股份有限公司	—	—	—	—	—	—	—
私营企业	15	1357	18616	6426	10977	321	892
其他	7	1042	18578	5191	12835	—	551
港澳台商投资企业	—	—	—	—	—	—	—
外商投资企业	—	—	—	—	—	—	—
2. 按国民经济行业分组							
旅游饭店	14	2464	41093	12050	27822	162	1059
一般旅馆	11	392	4381	3123	566	159	533
其他住宿服务	7	304	2651	1635	402	150	465
二、餐饮业	70	7943	107547	17741	86025	1865	1917
#国有及国有控股	2	138	1240	232	945	64	—
1. 按登记注册类型分组							
内资企业	70	7943	107547	17741	86025	1865	1917
国有企业	2	138	1240	232	945	64	—
集体企业	1	31	296	—	296	—	—
股份合作企业	—	—	—	—	—	—	—
联营企业	—	—	—	—	—	—	—
有限责任公司	17	1671	24137	3205	20044	288	600
股份有限公司	1	56	479	197	282	—	—
私营企业	49	6047	81395	14106	64459	1513	1317
其他	—	—	—	—	—	—	—
港澳台商投资企业	—	—	—	—	—	—	—
外商投资企业	—	—	—	—	—	—	—
2. 按国民经济行业分组							
正餐服务业	70	7943	107547	17741	86025	1865	1917
快餐服务业	—	—	—	—	—	—	—
饮料及冷饮服务业	—	—	—	—	—	—	—
其他餐饮服务业	—	—	—	—	—	—	—

2019年大同市限额以上批发零售贸易业商品销售情况表

单位：万元

指　标	法人企业（个）	从业人员数（个）	销售总额		
				批发	零售
总　计	166	10576	12400362	10334951	2058136
一、批发业	38	2522	11205078	10226534	971269
#国有及国有控股	13	1628	10762685	9796021	966664
1. 按登记注册类型分组					
内资企业	38	2522	11205078	10226534	971269
国有企业	5	962	388562	386847	1715
集体企业	1	80	1773	1773	
股份合作企业	—	—	—	—	—
联营企业	—	—	—	—	—
有限责任公司	12	923	10631505	9664970	966535
股份有限公司					
私营企业	20	557	183238	172945	3018
其他企业	—	—	—	—	—
港澳台商投资企业	—	—	—	—	—
外商投资企业	—	—	—	—	—
2. 按国民经济行业分组					
农畜产品	4	114	12707	9837	2870
食品、饮料及烟草制品	4	751	378445	378418	26
医药及医疗器材	4	331	126546	126546	—
矿产品、建材及化工产品	22	1291	10673811	9705439	968372
机械设备、五金交电及电子产品	3	10	9586	2311	—
其他	1	25	3983	3983	—
二、零售业	128	8054	1195285	108417	1086868
#国有及国有控股	6	611	107372	59238	48135
1. 按登记注册类型分组					
内资企业	127	7829	1175845	108417	1067428
国有企业	1	5	542	—	542
集体企业	3	56	4905	—	4905
股份合作企业	—	—	—	—	—
联营企业	—	—	—	—	—
有限责任公司	25	3627	507648	22611	485037
股份有限公司	2	262	72260	36627	35634
私营企业	95	3864	589667	49179	540488
其他	1	15	823	—	823
港澳台商投资企业	1	225	19440	—	19440
外商投资企业	1	225	19440	—	19440
2. 按国民经济行业分组					
综合零售业	15	1483	90340	1728	88612
#百货	9	1216	84644	—	84644
超级市场	6	267	5696	1728	3968
其他综合	—	—	—	—	—
食品、饮料及烟草制品	8	142	17891	348	17543
纺织、服装及日用品	4	279	16952	269	16683
文化、体育用品及器材	7	656	66954	—	66954
医药及医疗器材	7	1091	70440	36290	34150
汽车、摩托车、燃料及零配件	66	3663	806580	39656	766924
家用电器及电子产品	11	509	88036	2500	85536
五金、家具及室内装修材料	6	57	6637	5015	1621
无店铺及其他	4	174	31455	22611	8844

2019 年大同市限额以上批发和零售业企业财务状况表（一）

单位：万元

指　标	流动资产小计	固定资产小计	资产总计	负债合计	主营业务收入
总　计	1282189	302223	1649657	1334382	10975519
一、批发业	825260	117757	958322	768651	9923223
#国有及国有控股	648206	63103	741148	511865	9524790
1. 按登记注册类型分组					
内资企业	825260	117757	958322	768651	9923223
国有企业	122248	33186	140201	32030	341990
集体企业	2440	1326	2884	2054	1665
股份合作企业	—	—	—	—	—
联营企业	—	—	—	—	—
有限责任公司	588808	46956	678298	575188	9413632
股份有限公司					
私营企业	111763	36289	136938	159379	165936
其他企业	—	—	—	—	—
港澳台商投资企业	—	—	—	—	—
外商投资企业	—	—	—	—	—
2. 按国民经济行业分组					
#农畜产品	3446	1825	5614	3787	12484
食品、饮料及烟草制品	124985	32748	142284	33933	332306
医药及医疗器材	46115	3155	48905	34221	114989
矿产品、建材及化工产品	645884	79843	756324	691862	9451903
机械设备、五金交电及电子产品	3909	80	4205	3870	8016
其他	921	106	991	978	3525
二、零售业	456929	184466	691335	565731	1052296
#国有及国有控股	14422	37832	64278	47240	103336
1. 按登记注册类型分组					
内资企业	456294	178927	687198	563497	1033076
国有企业	115	—	185	180	471
集体企业	1422	739	1895	683	4026
股份合作企业	—	—	—	—	—
联营企业	—	—	—	—	—
有限责任公司	173112	103187	300994	288133	424444
股份有限公司	653	18550	27566	27507	71548
私营企业	279476	56451	355041	246534	531765
其他企业	1517	—	1517	462	823
港、澳、台商投资企业	635	5539	4137	2234	19220
外商投资企业	—	—	—	—	—
2. 按国民经济行业分组					
#综合	73963	11840	100852	99069	55156
百货	67532	7864	89168	84348	49927
超级市场	6432	3976	11684	14721	5228
食品、饮料及烟草制品	9996	3022	12388	7751	16274
纺织、服装及日用品	2227	614	3840	2624	14899
文化、体育用品及器材	62562	11254	100254	37216	58954
医药及医疗器材	29100	1015	29960	25289	63615
汽车、摩托车、燃料及零配件	211027	132996	353138	324881	739762
家用电器及电子产品	45570	1308	47283	43198	68773
五金、家具及室内装修材料	11268	321	11398	9731	5877
无店铺及其他	11215	22098	32222	15972	28988

附录

2019年大同市限额以上批发和零售业企业财务状况表（二）

单位：万元

指 标	主营业务成本	利润总额	本年应付工资总额	本年应交增值税总额
总 计	10770271	-12878	41519	30601
一、批发业	9758529	35265	8883	20100
#国有及国有控股	9391197	39667	4807	13666
1. 按登记注册类型分组				
内资企业	9758529	35265	8883	20100
国有企业	244845	36305	1832	11466
集体企业	1044	36	—	63
股份合作企业	—	—	—	—
联营企业	—	—	—	—
有限责任公司	9355501	4227	4508	7582
股份有限公司	—	—	—	—
私营企业	157140	-5303	2543	988
其他企业	—	—	—	—
港澳台商投资企业	—	—	—	—
外商投资企业	—	—	—	—
2. 按国民经济行业分组				
#农畜产品	11512	263	124	-4
食品、饮料及烟草制品	235230	37140	1371	11450
医药及医疗器材	110778	436	1424	469
矿产品、建材及化工产品	9390024	-2561	5783	8184
机械设备、五金交电及电子产品	7845	-37	60	—
其他	3139	23	122	—
二、零售业	1011742	-48143	32636	10502
#国有及国有控股	97616	-2252	3085	591
1. 按登记注册类型分组				
内资企业	995458	-48730	32533	10124
国有企业	415	-7	6	5
集体企业	3469	25	195	96
股份合作企业	—	—	—	—
联营企业	—	—	—	—
有限责任公司	434849	-44473	13010	2915
股份有限公司	69103	-2738	2233	536
私营企业	486828	-1543	17060	6573
其他企业	794	5	28	—
港、澳、台商投资企业	16285	588	103	378
外商投资企业	—	—	—	—
2. 按国民经济行业分组				
#综合零售业	47899	-722	1446	484
百货	42673	750	939	470
超级市场	5226	-1472	508	14
食品、饮料及烟草制品	14850	294	477	501
纺织、服装及日用品	13286	387	566	138
文化、体育用品及器材	46628	419	3459	1203
医药及医疗器材	57170	281	4056	409
汽车、摩托车、燃料及零配件	741317	-47915	19964	6522
家用电器及电子产品	59686	-1137	1887	1070
五金、家具及室内装修材料	5230	-65	214	78
无店铺及其他	25677	316	567	97

劳动工资

2018—2019 年大同市分行业城镇单位数表

单位：个

指　标	2019 年	2018 年
总计	4205	4187
按企事业机关分		
企业	1285	1056
事业	1727	2011
机关	1059	1091
民间非盈利组织	130	—
其他	4	29
按国民经济行业分		
农林牧渔业	48	41
采矿业	64	48
制造业	140	154
电力燃气及水的生产和供应业	83	72
建筑业	69	76
批发和零售业	127	192
交通运输、仓储和邮政业	69	53
住宿和餐饮业	34	40
信息传输、软件和信息技术服务业	24	19
金融业	333	227
房地产业	78	66
租赁和商务服务业	192	128
科学研究、技术服务和地质勘查	164	178
水利、环境和公共设施管理业	113	109
居民服务和其他服务业	12	20
教育	785	784
卫生和社会工作	289	263
文化、体育和娱乐业	101	118
公共管理、社会保障和社会组织	1480	1599

2018—2019 年大同市分行业城镇单位从业人员数表

单位：人

指 标	2019 年	2018 年
总计	383258	394612
按企事业机关分		
企业	246798	273261
事业	91749	83033
机关	41693	37169
民间非盈利组织	2787	—
其他	231	1149
按国民经济行业分		
农林牧渔业	1127	1175
采矿业	96568	136169
制造业	37605	40915
电力燃气及水的生产和供应业	12682	10157
建筑业	20241	18518
批发和零售业	8964	21505
交通运输、仓储和邮政业	12051	11117
住宿和餐饮业	3577	3957
信息传输、软件和信息技术服务业	3744	2814
金融业	29514	9912
房地产业	5386	4070
租赁和商务服务业	11214	7299
科学研究、技术服务和地质勘查	4531	3943
水利、环境和公共设施管理业	11513	5082
居民服务和其他服务业	296	1463
教育	45837	43069
卫生和社会工作	22951	16363
文化、体育和娱乐业	3475	5253
公共管理、社会保障和社会组织	51982	51831

2018—2019年大同市分行业城镇单位从业人员工资总额表

单位：万元

指　标	2019年	2018年
总　计	2567491.3	2476745.2
按企事业机关分		
企业	1630016.0	1679385.8
事业	627816.3	547614.0
机关	298654.3	243848.9
民间非盈利组织	8730.6	—
其他	2274.1	5896.5
按国民经济行业分		
农林牧渔业	6404.9	5547.8
采矿业	795348.7	957249.5
制造业	202374.3	205692.9
电力燃气及水的生产和供应业	120910.5	91662.4
建筑业	110139.7	83248.3
批发和零售业	40612.6	108598.2
交通运输、仓储和邮政业	65822.8	53363.8
住宿和餐饮业	11941.6	12622.2
信息传输、软件和信息技术服务业	28316.6	20404.5
金融业	177905.9	76874.8
房地产业	23245.0	17356.3
租赁和商务服务业	38159.3	28627.3
科学研究、技术服务和地质勘查	31698.6	26715.3
水利、环境和公共设施管理业	34494.2	23263.8
居民服务和其他服务业	1257.7	5237.3
教育	323252.6	311826.2
卫生和社会工作	172797.8	103319.4
文化、体育和娱乐业	19018.6	28209.8
公共管理、社会保障和社会组织	363789.9	316925.4

2018—2019 年大同市分行业城镇单位从业人员平均工资表

单位：元

指　标	2019 年	2018 年
总计	67181	62328
按企事业机关分		
企业	66298	60928
事业	68573	65575
机关	71467	65763
民间非盈利组织	31852	—
其他	97601	51319
按国民经济行业分		
农林牧渔业	56882	46193
采矿业	82558	69885
制造业	53463	48669
电力燃气及水的生产和供应业	91516	87339
建筑业	55045	47118
批发和零售业	44063	50966
交通运输、仓储和邮政业	55133	42399
住宿和餐饮业	33061	31540
信息传输、软件和信息技术服务业	75250	72511
金融业	61123	79024
房地产业	47333	42855
租赁和商务服务业	35060	40751
科学研究、技术服务和地质勘查	70192	67651
水利、环境和公共设施管理业	30903	44816
居民服务和其他服务业	42779	35823
教育	70604	72145
卫生和社会工作	75978	63305
文化、体育和娱乐业	55642	52571
公共管理、社会保障和社会组织	69570	61248

附
录

2019 年大同市国有单位从业人员及工资表

指　标	年末人数（人）	工资总额（万元）	平均工资（元）
总计	154679	1056028.5	68188
按企事业机关分			
企业	21504	131335.7	60265
事业	91203	623556.0	68517
机关	41683	298615.5	71475
民间非盈利组织	80	326.3	40788
其他	209	2195.0	104028
按国民经济行业分			
农林牧渔业	1014	6136.4	60636
采矿业	7984	40412.4	50750
制造业	322	975.2	30192
电力燃气及水的生产和供应业	893	3243.1	36358
建筑业	1597	15737.8	85023
批发和零售业	1473	9725.9	65938
交通运输、仓储和邮政业	4384	27366.6	62042
住宿和餐饮业	233	643.7	27509
信息传输、计算机服务和软件业	286	1732.5	60789
金融业	3138	27645.3	87072
房地产业	983	5108.7	52236
租赁和商务服务业	1516	7788.2	52481
科学研究、技术服务和地质勘查	3861	27318.7	70120
水利、环境和公共设施管理业	10060	30442.7	31143
居民服务和其他服务业	193	1022.7	52990
教育	41258	307047.9	74403
卫生和社会工作	21417	166662.4	78326
文化、体育和娱乐业	2097	13275.4	63276
公共管理、社会保障和社会组织	51970	363742.9	69577

2019 年大同市集体单位从业人员及工资表

指　标	年末人数（人）	工资总额（万元）	平均工资（元）
总计	16933	68874.3	40034
按企事业机关分			
企业	16312	64335.4	38794
事业	546	4260.3	77885
其他	75	278.6	38164
按国民经济行业分			
农林牧渔业	34	56.1	16500
采矿业	1	1.4	14000
制造业	11076	44631.0	39647
电力燃气及水的生产和供应业	37	109.5	29595
建筑业	524	1647.7	31266
批发和零售业	1420	3133.9	21204
交通运输、仓储和邮政业	270	769.7	28507
住宿和餐饮业	42	119.6	28476
信息传输、计算机服务和软件业	29	53.1	18310
金融业	914	7623.1	82860
房地产业	249	547.5	22077
租赁和商务服务业	1577	5042.0	31572
科学研究、技术服务和地质勘查	66	365.2	54507
水利、环境和公共设施管理业	27	89.6	33185
居民服务和其他服务业	—	—	—
教育	508	3989.9	77776
卫生和社会工作	159	695.0	44268
文化、体育和娱乐业	—	—	—
公共管理、社会保障和社会组织	—	—	—

2019 年大同市其他单位从业人员及工资表

指　标	年末人数（人）	工资总额（万元）	平均工资（元）
总计	211646	1442588.5	68661
按企事业机关分			
企业	208982	1434344.9	69130
事业	—	—	—
机关	10	38.8	38800
民间非盈利	2632	8125.7	31398
其他	22	79.1	35955
按国民经济行业分			
农林牧渔业	79	212.4	26550
采矿业	88583	754934.9	85425
制造业	26207	156768.1	59669
电力燃气及水的生产和供应业	11752	117557.9	95708
建筑业	18120	92754.2	52609
批发和零售业	6071	27752.8	44305
交通运输、仓储和邮政业	7397	37686.5	51924
住宿和餐饮业	3302	11178.3	33508
信息传输、软件和信息技术服务业	3429	26531.0	76924
金融业	25462	142637.5	57030
房地产业	4154	17588.8	47731
租赁和商务服务业	8121	25329.1	32461
科学研究、技术服务和地质勘查	604	4014.7	72599
水利、环境和公共设施管理业	1426	3961.9	29132
居民服务和其他服务业	103	235.0	23267
教育	4071	12214.8	30514
卫生和社会工作	1375	5440.4	41593
文化、体育和娱乐业	1378	5743.2	43509
公共管理、社会保障和社会组织	12	47.0	39167

附录

2019年大同市分县（区）城镇单位从业人员及工资表

县 区	单位数（个）	年末人数（人）	工资总额（万元）	平均工资（元）
全 市	4205	383258	2567491.3	67181
平城区	1344	148227	936360.5	63741
云冈区	513	138739	1006206.4	72640
新荣区	236	9568	55741.0	58404
云州区	235	9923	56824.6	58474
阳高县	252	10407	70194.4	66334
天镇县	225	6501	44073.5	68151
广灵县	312	7674	55681.8	72136
灵丘县	476	11311	64226.7	56707
浑源县	287	11065	81945.8	71933
左云县	241	20419	146735.4	70777
开发区	84	9424	49501.2	53353

2019年大同市分县（区）国有单位从业人员及工资表

县 区	单位数（个）	年末人数（人）	工资总额（万元）	平均工资（元）
全 市	3021	154679	1056028.5	68188
平城区	763	64924	481008.3	74043
云冈区	296	31544	181761.9	57509
新荣区	193	5066	30661.7	60596
云州区	187	6805	42990.3	63258
阳高县	217	7394	50663.4	68483
天镇县	185	5764	39430.7	68361
广灵县	281	6392	48399.4	75471
灵丘县	425	8703	53219.6	61833
浑源县	258	9735	72105.8	74328
左云县	181	6786	43974.7	62875
开发区	35	1566	11812.7	75529

2019年大同市分县（区）集体单位从业人员及工资表

县 区	单位数（个）	年末人数（人）	工资总额（万元）	平均工资（元）
全 市	213	16933	68874.3	40034
平城区	64	3216	13474.2	41080
云冈区	53	11789	40684.4	33972
新荣区	10	381	3141.8	82031
云州区	5	48	249.3	51938
阳高县	5	12	45.6	21714
天镇县	21	190	1580.2	80213
广灵县	3	236	1794.7	75408
灵丘县	31	375	1935.0	52725
浑源县	4	350	3057.2	86606
左云县	7	59	175.6	29267
开发区	10	277	2736.3	97377

2019年大同市分县（区）其他单位从业人员及工资表

县 区	单位数（个）	年末人数（人）	工资总额（万元）	平均工资（元）
全 市	971	211646	1442588.5	68661
平城区	517	80087	441878.0	56178
云冈区	164	95406	783760.1	82555
新荣区	33	4121	21937.5	53493
云州区	43	3070	13585.0	47269
阳高县	30	3001	19485.4	61604
天镇县	19	547	3062.6	61008
广灵县	28	1046	5487.7	38572
灵丘县	20	2233	9072.1	38572
浑源县	25	980	6782.8	50694
左云县	53	13574	102585.1	75000
开发区	39	7581	34952.2	47023

2019年大同市城乡劳动力情况表

单位：万人

指　标	2019年
从业人员总计	151.25
按经济类型分	
国有经济	15.47
集体经济	65.86
私营经济	17.76
个体经济	31.05
联营经济	—
股份制经济	3.12
外商投资经济	0.29
港澳台投资经济	0.26
其他经济	17.44
按国民经济行业分组	
农、林、牧、渔业	64.27
采矿业	10.11
制造业	6.55
电力、热力、燃气及水生产和供应业	1.50
建筑业	4.42
批发和零售业	4.37
交通运输、仓储和邮政业	1.90
住宿和餐饮业	1.57
信息传输、软件和信息技术服务业	0.63
金融业	2.99
房地产业	2.13
租赁和商务服务业	3.13
科学研究和技术服务业	1.00
水利、环境和公共设施管理业	1.44
居民服务、修理和其他服务业	0.35
教育	5.15
卫生和社会工作	2.79
文化、体育和娱乐业	0.70
公共管理、社会保障和社会组织	5.20
其他行业	31.05
按三次产业分	
第一产业	64.27
第二产业	18.16
第三产业	68.82

卫生　科技

2019 年大同市卫生事业基本情况表（一）

卫生机构名称	机构数（个）	床位数（张）
总 计	3183	22850
医 院	132	18904
社区卫生服务中心（站）	124	1026
卫生院	145	2552
街道卫生院	39	424
乡镇卫生院	106	2128
门诊部	41	46
诊所、卫生所、医务室	907	—
急救中心（站）	1	—
采供血机构	2	—
妇幼保健院（所、站）	12	52
专科疾病防治院（所、站）	1	150
疾病预防控制中心（防疫站）	12	—
卫生监督所（中心）	11	—
医学科学研究机构	1	—
医学在职培训机构	—	—
健康教育所（站、中心）	—	—
其他卫生机构	4	—

2019 年大同市卫生事业基本情况表（二）

卫生机构名称	卫生技术人员数（个）		
	合 计	执业	
		（助理）医师	# 执业医师
总 计	23689	10150	8803
医 院	17382	6357	5933
社区卫生服务中心（站）	2005	940	820
卫生院	1322	787	465
街道卫生院	153	102	61
乡镇卫生院	1169	685	404
门诊部	298	154	126
诊所、卫生所、医务室	993	921	911
急救中心（站）	19	4	3
采供血机构	92	13	12
妇幼保健院（所、站）	283	155	130
专科疾病防治院（所、站）	143	70	69
疾病预防控制中心（防疫站）	304	171	146
卫生监督所（中心）	215	—	—
医学科学研究机构	—	—	—
医学在职培训机构	—	—	—
健康教育所（站、中心）	16	8	5
其他卫生机构	61	22	21

2018—2019 年大同市分县（区）规模以上工业企业研发情况表（一）

县 区	有 R&D 活动单位数（个）		R&D 人员（人）	
	2019 年	2018 年	2019 年	2018 年
总 计	41	30	2311	2997
平城区	4	3	349	1712
云冈区	7	6	763	66
新荣区	3	1	40	150
云州区	6	4	201	51
阳高县	—	1	—	39
天镇县	—	—	—	—
广灵县	3	2	47	17
灵丘县	—	1	—	6
浑源县	—	—	—	—
左云县	3	1	277	46
开发区	14	10	467	635

2018—2019 年大同市分县（区）规模以上工业企业研发情况表（二）

县 区	R&D 经费内部支出合计（万元）		R&D 经费外部支出合计（万元）	
	2019 年	2018 年	2019 年	2018 年
总 计	63497	99798	7860	8121
平城区	3742	30817	277	14
云冈区	28276	1590	2880	89
新荣区	1121	1379	22	—
云州区	2040	991	—	22
阳高县	—	2771	—	—
天镇县	—	—	—	—
广灵县	824	312	—	10
灵丘县	—	40	—	—
浑源县	—	—	—	—
左云县	9644	706	136	—
开发区	10361	8398	1474	2521

2018—2019 年大同市分县（区）规模以上工业企业研发情况表（三）

县　区	专利申请数（件）		有效发明专利数（件）	
	2019 年	2018 年	2019 年	2018 年
总　计	756	782	569	555
平城区	98	60	122	140
云冈区	143	44	148	87
新荣区	392	486	95	30
云州区	22	34	15	24
阳高县	2	2	48	46
天镇县	—	8	—	8
广灵县	19	6	3	48
灵丘县	—	—	—	—
浑源县	—	—	—	—
左云县	2	—	—	—
开发区	48	22	99	72

2018—2019 年大同市规模以上工业企业研发情况表（一）

指　标	有 R&D 活动单位数（个）		R&D 人员（人）	
	2019 年	2018 年	2019 年	2018 年
总计	41	30	2311	2997
按企业规模分				
大型	7	6	1583	2335
中型	13	13	465	511
小型	21	11	263	151
按行业分				
采矿业	5	4	955	328
煤炭开采和洗选业	5	3	955	322
黑色金属矿采选业	—	1	—	6
非金属矿采选业	—	—	—	—
制造业	36	25	1356	2663
酒、饮料和精制茶制造业	—	—	—	—
化学原料和化学制品制造业	—	1	—	39
医药制造业	7	9	434	627
非金属矿物制品业	5	2	85	181
有色金属冶炼和压延加工业	—	1	—	3
通用设备制造业	4	—	195	—
专用设备制造业	8	6	128	46
汽车制造业	2	1	183	137
铁路、船舶、航空航天和其他运输设备制造业	1	1	212	1569
电气机械和器材制造业	1	—	4	—

附录

2018—2019 年大同市规模以上工业企业研发情况表（二）

指　标	R&D 经费内部支出合计（万元）		R&D 经费外部支出合计（万元）	
	2019 年	2018 年	2019 年	2018 年
总计	63497	99798	7860	8121
按企业规模分				
大型	51378	89641	6043	5499
中型	6567	6529	1484	862
小型	5552	3628	334	1761
按行业分				
采矿业	37087	53540	2954	5466
煤炭开采和洗选业	37087	53500	2954	5466
黑色金属矿采选业	—	40	—	—
非金属矿采选业	—	—	—	—
制造业	26411	44904	4906	2655
酒、饮料和精制茶制造业	—	—	—	—
化学原料和化学制品制造业		2771		—
医药制造业	8378	8214	1474	2521
非金属矿物制品业	2043	1999	—	—
有色金属冶炼和压延加工业	—	200	—	—
通用设备制造业	8180	—	3073	—
专用设备制造业	2296	1854	83	88
汽车制造业	2735	4534	37	14
铁路、船舶、航空航天和其他运输设备制造业	1020	24930	240	—
电气机械和器材制造业	79	—	—	—

2018—2019 年大同市规模以上工业企业研发情况表（三）

指　标	专利申请数（件）		有效发明专利数（件）	
	2019 年	2018 年	2019 年	2018 年
总计	756	782	569	555
按企业规模分				
大型	232	194	252	293
中型	396	537	230	167
小型	128	51	87	95
按行业分				
采矿业	126	104	77	72
煤炭开采和洗选业	126	104	77	72
黑色金属矿采选业	—	—	—	—
非金属矿采选业	—	—	—	—
制造业	630	667	492	472
酒、饮料和精制茶制造业	—	—	—	—
化学原料和化学制品制造业	2	5	57	55
医药制造业	11	22	81	71
非金属矿物制品业	452	512	113	61
通用设备制造业	30	23	39	55
专用设备制造业	29	30	57	42
汽车制造业	21	22	35	37
铁路、船舶、航空航天和其他运输设备制造业	77	47	91	112

文献选登

政府工作报告（节选）

——在大同市第十五届人民代表大会第五次会议上

（2020年4月22日）

大同市人民政府市长 武宏文

一、2019年工作回顾

过去的一年，全市上下坚持以习近平新时代中国特色社会主义思想为指导，深入贯彻习近平总书记“三篇光辉文献”精神，全面贯彻党的十九大和十九届二中、三中、四中全会精神，不折不扣落实省委省政府重大决策部署，攻坚克难、砥砺奋进，推动市域经济高质量发展和社会各项事业取得重大进步，为全面建成小康社会打下了坚实的基础。

2019年，市域主要经济指标增长速度进入全省中上游位次，总体跃升第一方阵。地区生产总值完成1318.8亿元，增长6.7%，增幅全省第一；规模以上工业增加值完成352.2亿元，增长6.0%，增幅全省第三；固定资产投资完成606.9亿元，增长10.5%，增幅全省第三；社会消费品零售总额完成755亿元，增长7.9%，增幅全省第四；一般公共预算收入完成130.1亿元，增长8.7%，增幅全省第五；城镇常住居民人均可支配收入32252元，增长7.8%，增幅全省第二；农村常住居民人均可支配收入10725元，增长10.5%，增幅全省第二。上述7个主要指标，有5个居全省前3位次，GDP增速之所以取得第一位的名次，是持续强力实施工业大振兴战略、大力推进工业大振兴的结果，是工业发展的质量和速度决定了全市经济总量增幅名列前茅的发展水平。

一年来，我们主要做了以下工作：

1. 主动担当国家使命，能源革命综合改革持续深化。对标一流制定综改试点行动方案，坚持“点上突破”引领“面上铺开”，下大气力谋划实施能源革命重大突破行动，形成了“一园一城一院一所一委”“五个一”为支撑的能源革命工作格局，大同国际能源革命科创园和氢都新能源产业城两大牵引性工程成型见效，科创园A区未来能源馆、上海漕河泾国际双创园、同煤双创中心和重点实验室等四大项目建成运行，科创园B区启迪大同新能源产业创新中心、启迪未来能源加速器、启迪能源集团总部开园揭牌，C区能源经济总部基地规划启动，D区全省首个被动式超低能耗能源革命示范小区全面开工建设；氢都驰拓锂离子电池负极材料、深圳雄韬氢燃料汽车发动机总成、石墨烯+新能源储能产业园、新研氢能氢燃料电池电堆、中科院工程热物理所大同分所、华为大同智能创新中心等18个产业项目和开发区两大氢都产业城道路骨架项目首期建成投产，“一园一城”26个项目从去年5月8日开工到8月27日建成，时间最短的工程93天，最长的工程110天，全部实现了开工、成型、见效的目标。持续深化煤炭行业供给侧结构性改革，全年退出煤炭落后产能135万吨，煤炭先进产能比重占到71.5%。加速发展新能源和清洁能源，光伏领跑者基地发电规模居全省第一，晋北风电基地39万千瓦建成并网，光伏平价上网+生态恢复治理有效实施，清华启迪煤矿废弃巷道压缩空气储能100兆瓦电站示范项目开工建设，新能源装机规模占到全市电力总装机规模的36%。持续推进节能增效，不断优化用能结构。单位GDP综合能耗下降4.64%，全省第一。大同成功获批国家大宗固体废弃物综合利用基地，全国首座制氢加氢一体站、市区3条公交线路50辆氢燃料动能公交车投入示范运营，新增纯电动公交车180辆、纯电动出租车136辆，广灵县涧西村的生物质供暖、灵丘县存孝社区风电供暖和阳高县富园村光热供暖等多种清洁取暖方式在全市启动试行，能源革命成果惠及全市人民。加快推进能源领域改革开放，同煤大同矿区、开发区装备园区2个增量配电业务改革试点具备运营条件，为140个乡镇、街道办配备的能源革命专员全部上岗。全市中小学倡导清洁环保、低碳节能、绿色科技新风尚，创建能源革命校园25所，争当能源革命学生标兵1000余名。共同与全国新能源商会成功举办了“2019首届中国（大同）新能源国际高峰论坛”等重大活动。

2. 坚定实施创新驱动战略，科技创新载体建设基本成型。统筹推进创新平台打造、尖端人才引进、科技成果转化、政策机制制定，对标世界眼光、国际标准，按照“3+4+5”的园区建设规划，完善了大同国际能源革命科技创新园的建设标准，并全面开工建设。中科院全科盟大同新能源产业技术研究院、中科院洁净能源创新研究院大同转化基地、大同新能源产业战略咨询委员会、中科院工程热物理研究所大同分所、清华启迪未来科技能源集团总部、北大1898众创空间、中关村智造大街大同公共服务平台和大同企业离岸创新孵化基地北京工作站、上海漕河泾国际创新创业园、太赫兹（产业）国家研究院、二氧化碳捕集利用国家工程研究中心、华为（大同）人工智能创新中心、华东理工大学大同研究院等12大科技创新平台进驻园区，吸纳集聚了28名两院院士、77名专家组建了新能源战略咨询委员会，为大同能源革命重大政策和项目提供有价值的咨情报告92份。全科盟新能源产业技术研究院引进推介新能源领域科技成果95项，对接落地的煤制烯烃技术、零排放煤化工示范、石墨电极生产线技术升级改造、碳纤维供热技术产品、生物质分级生产新材料及液体燃料、无胶无醛环保型生物质板材6大科技成果正在推进转化应用。科创园启迪能源集团对全市煤矿废弃巷道进行了考察，并与同煤集团关闭矿井云冈矿共同开工建设了煤矿废弃巷道压缩空气储能项目，低温核能供暖等成果正在推进转化应用。应疫情防控需要，太赫兹（产业）国家研究院迅速与大同快安公司合作，将太赫兹技术应用转化到测温安检门产品的生产中，并实现了批量生产。组织全市260家规模工业企业分三批赴中关村智造大街，在大同企业离岸创新孵化基地北京工作站进行创新项目对接，就企业急需攻关的153项技术课题，与中关村智造大街创新研究院进行了点对点对接，形成一批有价值的解决方案，大幅提升了企业的科技创新能力。12家企业入驻大同企业离岸创新孵化基地北京工作站，全面打通了科技研发、中试转化、规模生产的链接通道。中科院工程热物理研究所大同分所获批“中国科学院煤炭清洁燃烧与气化工程实验室”。大同经济技术开发区成功获批省级双创示范基地，大同大学新型碳素功能材料工程、同达药业高端控释制剂工程“两大研究中心”成功认定省级工程研究中心。全市高新技术企业达到58家、省级以上众创空间16家，新培育“专精特新”小微企业20户、“小升规”企业65户，企业核心竞争力明显增强。

3. 持续加快产业转型升级，三大振兴成果明显。狠抓工业大振兴，全市规模企业由168家增加到260家。传统产业高端化、智能化、绿色化改造步伐明显加快，全市工业投资完成212.3亿元，占到全市固定资产投资的35%；工业技改投资78.3亿元、增长14.2%；高技术产业投资高度聚焦科技创新平台建设、大数据产业和现代医药行业，全年完成67亿元、增长444%。全年实施技改项目109个，获得省级奖励扶持资金1.5亿元，创历年最高。先进制造、通用航空、数字经济等战略性新兴产业加快培育，成功获批全省通用航空业发展示范市，大同医药产业联盟组建成立，全省首个工业互联网标识解析二级节点上线运行，比利时迪默透航空发动机制造、中德轻型飞机制造、北航小蜜蜂、中车电传动“巨无霸”矿用自卸车、尚镁科技高性能镁合金汽车轮毂、二氧化碳捕集及资源化利用、秦淮大数据、普云大数据等一大批转型项目建成试运行投产。全市高技术产业增加值增长3.4%，占规模工业比重达7.4%；战略性新兴产业增加值增长8.4%，占规模工业比重达16%，对工业增长的贡献率达21.3%。扎实推进古城文旅业态大培育、云冈景区大扩容、恒山景区大提升、长城1号景区大建设、火山景区大完善等五大景区提升改造工程，长城1号旅游公路工程建设全面提速，50千米“火山天路”建成通车，空中游古城览长城、古城府衙保护修复、九龙壁周边环境整治等项目进展顺利，古都灯会、成龙国际动作电影周等品牌效应进一步显现。左云县三屯村夏都等8家经营单位被评为“长城人家”，云州区、灵丘县创建国家旅游示范区通过省级验收。全市全年接待旅游人数8397万人次，同比增长21.3%，旅游总收入762亿元，同比增长22.7%，文旅产业呈现出蓬勃发展态势。投入12亿元推动乡村振兴，下大气力推进农产品精深加工十大产业集群，以黄芪、黄花为代表的农业规模以上龙头企业达到185户，农产品加工企业销售收入116亿元，同比增长8.3%。打造有机旱作农业示范区10万亩，雁门关农牧交错带标杆园区10个、标杆养殖场100个。“大同好粮”线上线下销售突破5000万元。投资27亿元开展农村人居环境整治，创建示范村200个、整治村791个、卫生示范乡村42个，新（改、扩）建污水管网131.28公里、处理设施21个，完成农村厕所改造7413座，灵丘县和广灵涧西、浑源宝峰寨分别入选全国乡村治理示范县、示范村，农业发展潜力、农村村容村貌、农民精神面貌实现质的提升，为脱贫攻坚、小康建成奠定了坚实基础。

4. 补足全面建成小康社会短板，脱贫攻坚实现决战决胜。紧盯全面建成小康社会9项存在差距的指标，下大气力强弱项补短板。聚焦“两不愁三保障”，用心用情用力推进精准扶贫，天镇、广灵、浑源3个贫困县脱贫摘帽，101个村全部退出，2.56万人口高质量脱贫。产业扶贫扎实推进，投资8.36亿元，大力发展黄花等特色种植养殖项目，积极支持扶贫车间建设等，有效带动5.5万户、12.5万名贫困人口增收。易地搬迁保障有力，“十三五”期间已完成94905人，完成率100%，入住率96.8%。2019年危房改造27714户，竣工率达100%。健康扶贫稳步实施，全面开展“健康扶贫村村行”“巡回医疗服务”系列活动，覆盖49个乡（镇）525个村，建档立卡贫困户“双签约”达到100%。基础设施、公共服务短板有效加强，“三县一区”完成公路建设任务265千米；贫困村电网升级改造覆盖率、易地扶贫搬迁新村电网建设配套率均达到100%；完成229个行政村4G网络全覆盖，268个行政村综合文化活动中心全部配套到位。小额信贷、光伏扶贫、就业扶贫、驻村帮扶等多项工作走在全省前列，为决胜脱贫攻坚任务目标打下了坚实的基础。

5. 坚决践行“两山”理论，生态文明建设有力推进。持续开展“巩固大同蓝、建设大同清、厚植大同绿”生态文明建设行动，坚决打赢打好污染防治攻坚战。新增城市集中供热面积365万平方米，取缔“散乱污”企业75家，空气质量综合指数、PM2.5平均浓度和优良天数比例三项指标均排名全省第一，实现“七连冠”。下大气力推进桑干河流域综合治理，完成63座矿山、5.73万亩生态环境整治修复，特别是举全市之力加大浑源矿山生态修复，实现了生态惠民、生态利民、生态为民。御河利仁皂和桑干河固定桥两个国考断面水质改善为Ⅳ类，全面完成省下达的水质考核目标，由2018年全国地级及以上城市国考断面倒数第二跃升改善至前14名。全市新增绿化面积124.59万平方米，市中心城区绿化覆盖率、绿地率、人均公园绿地面积分别达到43.73%、39.61%、16.3平方米/人，公园城市理念先行、标准更加精准。荣获“全国十佳生态文明城市”和“中国美丽城市”称号，美丽大同建设成绩斐然。

6. 矢志不移深化改革开放，发展动力活力显著增强。

国资国企改革深入推进，引进战略投资者北京京能集团，完成市热力公司重组。同煤集团晋北物流园、大昶移动能源等“8+1”项目稳步推进，恒安新区“三供一业”维修改造任务全面完成，11万退休人员稳妥实现社会化管理，为全省提供了可复制、可借鉴的成功经验。减税降费政策全面落实，企业减负61.2亿元，清理拖欠民营企业账款13.4亿元。开发区改革创新发展提速加力，市级层面累计向大同开发区集中赋权310项，医药产业园成为全省唯一的国家外贸转型升级基地，大同开发区全年签约项目37个、总投资302亿元，其中10亿元以上项目6个，招商引资的“洼地效应”进一步显现；云冈开发区、平城区现代农业产业示范区正式获批，全市省级开发区达到4家。对外开放的步伐持续加快，大同航空口岸正式开放，云冈机场国内国际航线达23条、通航城市达29个，旅客吞吐量突破130万人次，3列中欧中亚班列顺利开行。大同保税物流中心（B型）获批建设，建成了国家杂粮检疫检测重点实验室，为华阳食品、中安众果等企业搭建了海外市场加工平台。大同国际陆港先后引进各类外贸企业21家，为大同外向型经济发展注入新动力。大张客专开通，大西全线贯通，标志着高铁开进雁门关，国家级交通枢纽功能更加完善，结束了大同铁路枢纽城市无高铁的历史，从此大同人民真正走进了高铁发展新时代。

7. 始终坚持人民至上，各项社会事业全面进步。出台引导和鼓励高校毕业生回乡就业“八项措施”，全民技能培训覆盖5.6万人，城镇新增就业5.08万人，就业服务质量显著提升。建设普惠性幼儿园31所，学前教育普惠率达到88%，居全省首位。全市公办非寄宿制小学课后托管服务、农村寄宿制学校“留守儿童之家”、义务教育阶段学生营养改善计划实现“三个全覆盖”。以浑源县为试点，成功撤并农村初中学校6所，为农村义务教育实现规模化办学积累了经验。高中育人质量再创历史新高。全省首家航空类专业高职院校——山西通用航空职业技术学院建成。圆满完成“二青会”承办任务，喜获金牌37枚，全国同类城市排名第二；成功举办大同国际马拉松等一系列国际国内赛事，体育事业成绩喜人。城市医联体改革走在全省前列，成为全国118个试点城市之一。“1310”兴医工程高水平推进，成功引进宁光、邱贵兴等院博士团队，形成一批具有地区影响力的专科集群。基层医疗卫生服务“网底”不断加固，新改建完成88个贫困村卫生室。高起点构筑“互联网+”医疗管理“阵地”，全民健康信息、分级诊疗和医药改革综合监管平台建设走在全省前列。城乡居民实现参保全覆盖，异地就医结算实现“一卡通”，进入全省第一方阵。城乡低保实现应保尽保，社会保障体系更加完善。城镇棚户区改造4207套，农村又有2.8万户喜迁新居，城乡安居工程成效突出。永泰门广场、体育中心、大剧院等重大工程全面完工并投入使用。省级文明城市创建工程扎实推进，城市品质显著提升。退役军人组织管理和服务保障体系持续健全。安全生产形势持续好转，考核成绩全省第一。扫黑除恶专项斗争强力推进，信访维稳工作成效显著，平安大同建设不断深化。全省公安工作大考核50项重点工作中，我市有12项排名第一、23项全省前三。妥善解决国有土地上房屋权属登记历史遗留问题，116个小区、4.5万套房屋办理权属登记。全力防范化解重大风险，各类风险总体稳定可控。恒安新区专项治理取得重大成效，尽心尽力解决了泰昌园、振华街、物资园等一大批小区的公共设施问题，新建10公里智能健身步道、整治改造30条街巷等10件民生实事全部兑现。庆祝新中国成立70周年系列活动隆重举行，全市人民正在以更加昂扬的姿态向美好生活奋进。

8. 着力加强政府自身建设，履职能力不断提升。扎实开展“不忘初心、牢记使命”主题教育，严格落实政府系统全面从严治党主体责任，坚持不懈推进党风廉政建设和反腐败斗争。政府机构改革全面完成，法治政府建设深入推进，人大代表建议、政协委员提案全部办结。加大力度深化“放管服效”改革，数字政府建设正式启动，“一枚印章管审批”便企惠民。市本级行政许可事项平均办理时限由原来的8.76个工作日压缩为3.22个工作日，网上可办率达到81%。加快转变政府作风，积极倡导政府重点工作项目化，大力推行“挂图作战、跑表计时、到点验收”。建立完善“12345”政府服务热线问题办理、保障小区物业正常运行等16项工作制度，政府治理效能得到提升。与此同时，国防动员、双拥共建、审计统计、民族宗教、人民防空、气象地震、档案史志、妇女儿童、社会救助、老龄、残疾人等工作迈出新步伐。

在肯定成绩的同时，我们也清醒地看到，经济社会发展中还存在不少矛盾和问题：一是经济总量不大，产业发展质量不高，传统产业占比仍然较大，新兴产业增速较快但体量很小，构建多点支撑的产业体系还需加大力度，保持财政收支平衡难度增大，与重塑全省第二大城市的要求不相适应。二是改革力度不大，对外开放水平不高，民营经济发展面临不少困难，园区的集聚效应、引领作用没有充分发挥；自主创新能力不强，科技创新支撑产业发展驱动力不够，制约发展的结构性、体制性、素质性矛盾仍需大力破解。三是民生领域还有不少短板，城乡基础设施建设滞后，“三大攻坚战”尚需持续发力，公共服务供给能力和人居环境建设水平与群众需求还有较大差距。四是发展环境有待进一步优化，打造“六最”营商环境任务还很艰巨。五是政府治理能力和治理体系现代化水平还需进一步提高，运用法治思维和法治方式解决问题、推动工作的能力还不够强。对此，我们还需要下大气力解决。

二、2020年工作安排

2020年是全面建成小康社会和“十三五”规划的收官之年，是第一个百年奋斗目标的实现之年，做好今年政府工作，意义十分重大。总的要求是，以习近平新时代中国特色社会主义思想为指导，全面贯彻党的十九大和十九届二中、三中、四中全会精神，深入贯彻习近平总书记“三篇光辉文献”精神，坚决贯彻党的基本理论、基本路线、基本方略，增强“四个意识”、坚定“四个自信”、做到“两个维护”，紧扣全面建成小康社会目标任务，统筹推进疫情防控和经济社会发展工作，在疫情防控常态化前提下，坚持稳中求进工作总基调，坚持新发展理念，坚持以供给侧结构性改革为主线，全面落实省委“四为四高两同步”总体思路和要求，大力实施“136”发展战略，紧紧围绕省域副中心城市目标定位，持续推进“三大振兴”，坚决打好三大攻坚战，加大“六稳”工作力度，全面做好“六保”工作，统筹推进稳增长、促改革、调结构、惠民生、防风险、保稳定各项工作，保持经济运行在合理区间，确保全面建成小康社会与“十三五”规划圆满收官，得到人民认可、经得起历史检验。

今年经济社会发展的形势复杂，面临的挑战不容忽视，主要预期目标是：地区生产总值增长 6.3% 左右。规上工业增加值增长 6%。全社会固定资产投资增长 8%。社会消费品零售总额增长 7%。一般公共预算收入增长 2.5%。城镇居民人均可支配收入增长 6.5% 以上。农村居民人均可支配收入增长 7%。城镇新增就业完成省下达任务。城镇登记失业率控制在 4.5% 以内。居民消费价格涨幅控制在 3.5% 左右。各项约束性指标完成省下达任务。面对新冠疫情的影响，我们要坚决攻坚克难，拼搏进取，千方百计完成好今年的各项工作任务。

做好今年工作，重中之重是要坚持“四个必须”：一是必须坚定不移贯彻新发展理念。深刻把握“创新是第一动力、协调是内在要求、绿色是必要条件、开放是必由之路、共享是本质要求”，坚持以新发展理念管全局、管方向、管长远，引领干部思想思维大转变、作风纪律大转变、行为行动大转变，强力推动经济社会质量变革、效率变革、动力变革，奋力开拓高质量发展新境界。二是必须深刻领会和运用好“五论”重要原则。深刻把握过程论，既要规划长远转型干什么、更要明确今年首先干什么；深刻把握重点论，要紧紧盯住省域副中心城市建设、深度贫困攻坚、能源革命转型综改试点等重大历史使命，不断寻求新的更大突破；深刻把握系统论，一体贯彻五大理念，系统集成各项政策，协同推进重点改革；深刻把握主体论，激发各类社会群体的首创精神，让市场主体创造更多社会财富；深刻把握标准论，以实践为标准，以结果论英雄，以实干看担当，努力创造无愧于时代、无愧于人民、无愧于历史的发展业绩！三是必须高位对标省委“四为四高两同步”总体思路和要求。把“转型为纲、项目为王、改革为要、创新为上”贯穿于政府工作全过程。以高水平崛起为横向维度，打造省域副中心城市；以高质量发展为纵向主轴，打造富裕大同；以高标准保护为重要内涵，打造美丽大同；以高品质生活为根本目的，打造幸福大同。要按照省委推进转型综改“三个五年分步走”的总体设计，与全省全国同步基本实现社会主义现代化。四是必须始终坚持以人民为中心的发展思想。把实现好、维护好、发展好最广大人民根本利益作为出发点和落脚点，积极倾听群众声音，主动接受群众监督，推出更多民生工程、实施更多惠民举措、增进更多民生福祉，让改革发展成果更多更公平地惠及全市人民。只要是人民群众向往的，我们就要一年接着一年干，一件接着一件办，不断提升人民群众的获得感、幸福感、安全感。

今年，在统筹做好各项工作的基础上，重点抓好“十大工程”：

（一）转型综改项目建设工程

转型综改是走出资源型城市转型发展新路的关键一招，要牢牢把握大同资源禀赋，突出产业转型升级，重点抓好三大转型。（1）以十大产业引领转型。培育壮大战略性新兴产业，聚力打造 10 大标志性、引领性、带动性的产业集群。先进制造业要充分发挥基础优势，依托龙头企业，重点推进 10 个高端制造业“王中之王”项目，推动大同制造业由低端向高端、由传统向智能、由支撑向引领转变，推动装备制造业提档升级。一是重点推进中车大同电力机车厂大功率交流传动电力机车组装生产线智能化改造，助力中车大同公司及其产品走向国际化。二是重点推进中国兵器集团大同公司引进英国 GW 公司关键技术设备的铸造试制中心生产基地项目，要把项目建成引领国内铝合金铸造行业的先进生产基地。三是重点推进同煤集团塔山、同忻等智慧矿山建设，实现智能开采，加快提升先进产能。四是重点推进大同通航产业园项目，引进欧洲先进的轻型航空器生产技术，打造山西省首家轻型飞机整机生产基地，引领全省通航产业发展。五是重点推进轻型航空发动机军民融合制造项目，引进迪默透航空发动机先进技术，填补国内航空发动机领域空白。六是重点推进尚镁镁合金材料深加工产业化项目，要把尚镁镁合金轮毂建成国内最大的镁合金汽车轻量化构件制造产业基地。七是重点推进雄韬氢能大同产业园项目，打造成为全国一流氢能产业基地，成为华北地区最具代表的氢能产业集成地。八是重点推进隆基光伏电池组件项目，引进全球领先的研发与量产电池效率、组件光衰先进技术，延长补强产业链。九是重点推进恒岳重工挖掘机制造项目，自主研发生产不同吨位的挖掘机及其零部件，有效填补华北地区空白。十是重点推进新成电力机车受电弓碳滑条项目，发挥大同特种石墨优势，引进应用国际领先生产工艺，实现轨道交通装备动车组核心零部件的国产化，有效替代进口产品。通航产业重点推进大同轻型飞机制造项目 C42E 型飞机、大同航空动力轻型航空发动机项目达产达效，大同长鹰蜜蜂飞机制造项目试投产。积极引进北航 V2 微型涡喷发动机、CCAR-147 部维修基地、中型无人机及其他优质通航制造企业，逐步将大同建成全国重要的航空器及航材零部件研发制造中心。数字产业重点抓好秦淮数据环首都·燕山能源信息技术产业基地三期四期项目、普云大数据中心、新荣区秦淮大数据项目。抢抓国家重大政策机遇，及早布局以 5G、物联网、工业互联网、卫星互联网为代表的通信网络基础设施，以人工智能技术为特色的融合基础设施，以重大科研为牵引的创新基础设施项目，年内建设 1700 座 5G 基站，实现中心城区 5G 网络连续覆盖和商用，建设 2 ~ 3 个智慧工厂和无人车间示范样板，积极争取国际互联网数据点专用通道建设，引进国内百强电子软件、互联网公司，加快发展数据采集、存储、交易等产业，将大同建成辐射华北、影响全国的数据中心和信创产业聚集地。新能源产业要下大气力推进西安隆基光伏全产业链项目，继续推进 200 万千瓦晋北风电基地项目建设，力争年底前全部建成并网。新能源汽车产业重点推动城市动力电动汽车电池、电机、电控“三电总成”生产、陕汽集团天然气重卡制造、山西耀邦环卫专用新能源汽车制造、奥赛斯电动汽车组件及稀金属超级电容组件生产项目建设。新材料产业要重点推进石墨烯粉体生产项目，运用世界首创的物理法生产石墨烯粉体，开展添加石墨烯材料的应用、开发、研究，打造国内领先的石墨烯综合利用生产基地；重点推进大同锡纯半导体芯片材料生产项目，立足大同特碳资源优势，自主研发制造的高端热工炉设备，生产可以替代进口的半导体芯片材料；重点推进栋梁航空航天高铁汽车特种专用高精级硬质新材料加工和单元铁塔玄武岩纤维型材5G杆塔项目，推动传统产业技术改造升级，有效填补省内空白。节能环保产业重点建设国家大宗固废综合利用示范基地、冀东水泥循环经济绿色发展、碧水源生产研发基地等项目。大健康及现代医药产业要注重依托两个医药产业园区，抓住疫情影响下的新机遇，重点推进威奇达药业青霉素绿色产业链升级项目，丰富青霉素无菌原料药产品，推动产品生产线提档升级，提升我市医药行业影响力和品牌价值，为进入国际高端市场奠定基础；抓住中医药改革重要窗口期，重点推进广盛原黄芪中药制剂生产线升级改造项目，推动黄芪产业不断强链补链延链，增强我市制药行业整体竞争力；盯紧医药产业前沿技术，重点推进同药集团靶向性抗肿瘤抗体药物研发及成果转化项目，强化产品工艺、质量的稳定性研究，不断放大经济效益和社会效益。绿色建材产业要大力发展钢结构和装配式混凝土结构建筑，重点推进省经建投装配式建筑工厂、正方利民装配式建筑产业园三期、瑞城钢结构加工、宏鑫绿色装配式金属维护一体板建设、莱创新型钢模板厂区等项目建设。现代纺织产业要紧紧依托中银羊毛羊绒产业链生产基地项目，引进现代纺织产业技术和工艺，建设集洗毛、洗绒、制条、纺纱、织造、染整、定制为一体的世界顶级全产业链羊毛羊绒研发生产基地。（2）以五大开发区为载体支撑转型。开发区是转型发展的主战场、项目建设的主阵地，要把项目建设和招商引资工作摆在更加突出的位置，加快基础设施和体制机制完善，大力提升产业承载能力和项目吸附能力。大同开发区要做大做强氢都新能源产业城、装备制造园区、通航园区、医药园区、现代纺织园区等“一城四区”建设。左云、新荣、云冈、平城4个省级开发区要实施高质量发展行动计划，加快标准厂房建设，为加快转型、全面转型、深度转型培育更多发力点。市县两级要加大先行先试，围绕土地审批、人才引进、平台搭建、政策倾斜、管理体制，充分授权到位，一般工业项目审批“全承诺、无审批、拿地即可开工”。扎实开展云冈经济技术开发区管运分离改革试点，为全省国企运营开发区积累新的经验、作出新的示范。（3）以二十大技改项目助力转型。一方面要充分发挥技改资金的“杠杆效应”，积极帮助现有企业通过改进工艺、更新设备、智能应用等方式上马技改项目；另一方面要引导支持企业在扩大规模、做强主业同时，不断开发新的产业项目，实现建链、补链、延链、强链。突出抓好云冈纸业年产10万吨纸品、恒岳重工技改扩建、中国兵器、中国中车集团、中化集团、3528等总投资近百亿20个技改项目。

（二）能源革命综合改革试点突破工程

以能源革命综改方案70项任务为牵引，用绿色消费带动清洁供给、体制创新促进技术应用、开放合作提升能源结构，建设和建成一大批支撑能源革命的重大转型项目，开发和设计出一大批新能源产业市场化发展的新技术、新模式；电力体制机制、新能源可持续发展等一大批重点改革进入全省前列；绿色生产、绿色生活方式得以在全社会推广普及；2020年全市能源革命综合改革试点基本形成雏形。突出抓好四个突破。（1）绿色清洁能源供应体系基本形成。扎实推进中海油和同煤集团40亿方煤制天然气项目核准前各项准备工作，力争年内开工建设；以提升风光储新能源可持续开发能力为核心，重点推进大同3GW电池、1.5GW组件隆基光伏全产业链、山西城市动力1GW储能电池制造、国网新源浑源抽水蓄能150万千瓦等重大标杆项目；加速推动国网大同公司新荣500千伏送出项目建设、京能集团绿电送京通道、同煤集团“点对网”送京项目前期。（2）绿色环保能源消费市场基本形成。加大力度推进清洁能源替代煤炭消费，严格落实新改扩建用煤项目煤炭等量或减量替代要求；全力推进公交、出租、物流、公务用车等电动化进程，同步实施建成区多类型充换电基础设施全覆盖，打造光储充检一体化智慧能源示范区；科创园被动式超低能耗建筑能源革命小区年内主体完工；积极推进同煤集团马脊梁矿地热能供暖勘探进度，大力推进灵丘风电供暖项目进程，确保年内全面完工。（3）能源体制机制重点改革取得突破。联合隆基绿能、国家电网、宁德时代新能源、城市动力等“源网荷储”上下游企业，开展国家新能源+储能示范政策争取和项目申报，力争取得国家和省级政策支持；进一步加大电力体制改革步伐，不断促进电力投资建设主体多元化；积极推进风光分布式发电市场化交易，开展新能源绿证交易创新试点，不断激发市场活力；试点开展“新能源+大数据”改革示范，探索两大新兴产业的存量增量“双升级”。（4）能源革命对外开放合作取得新进展。围绕我市能源革命重点任务聚智聚力，深化与国内外大型能源组织和集团合作，积极争取世行等国际组织能源转型与绿色增长发展政策贷款和国内政策性资金；继续扩大政产学研开放式合作机制；依托未来能源馆，办好大同能源革命专业论坛和博览交易会，打造专业性能源高端对话和招商引资合作大平台。

（三）创新生态打造工程

创新生态打造事关科技创新根本、转型综改全局、大同未来发展，必须紧扣“一年架梁立柱、三年点上突破、五年基本成型”的目标要求，精准聚焦关键环节，分阶段务实推进。今年要突出抓好四大重点。

（1）建好创新平台。大同国际能源革命科创园要突出新能源技术研发、产业的孵化、成果转化“大脑”作用，科创园投资发展公司要加大市场化运营发展的水平，全面提升建设、发展、管理、运营的能力，加快推进A区西线中科院洁净能源创新研究院、中关村智造大街大同服务平台等项目建成投运，早日释放智慧创新集聚效应。大同全科盟新能源产业研究院突出技术攻关和成果转化，年内攻克10项左右新能源关键核心技术，落地转化一批科技成果。新能源战略咨询委员会突出高端专家智库集聚人才，再引进一大批科技创新高端人才。中科院工程热物理所大同分所突出中试转化，扩大承接全国范围内的科研项目或中试试验项目，推动 2 ~ 3 家龙头企业建立中试基地，为中小微企业开展中试熟化与产业化开发提供服务。同时，全面融入省级智创城建设工程，打造以新能源、通航、生物医药等为核心的创新生态升级版。（2）壮大创新主体。规模企业要通过自我革新，加快创建企业技术中心、工程技术中心等高水平创新平台，支持同药集团生物制药院士工作站、玄武岩新材料创新研究中心、泰瑞研发中心等“企业硬核”发展壮大。中小企业要通过与高校、科研院所、大企业携手合作，积极组建小型研发机构，完成“从无到有”的突破，形成科技和产业“种子”破土而出、“幼苗”茁壮成长、“小树”加快成材、“大树”集聚成林的生态系统。市财政要设立创新专项奖励资金，对企业研发投入占比高、创新成果转化多的加大奖励力度。持续推进“企业股改上市”，新认定“专精特新”中小企业 15 户以上、“小升规”企业 60 户以上，提升高新技术企业在规模工业企业总量的比重。今年全市规模工业研发方面的支出要确保增长 10%。（3）集聚创新人才。以人才洼地助推创新高地建设，大力实施“四个一批”创新人才集聚行动，依托中国工程院院士李灿、全科盟理事长霍国庆、清华大学启迪能源集团总裁王继武等科学家企业家在行业内的影响力带动一批；发挥北大 1898 众创空间、太赫兹（产业）国家研究院、清华启迪大同能源产业创新中心、华为（大同）人工智能创新中心等重点平台作用引进一批；出台创优环境引才政策 10 条，落实“高校毕业生回同就业八条”，继续用好科技创新券，为来同创业者尝试建立住房、子女上学、家属就业等绿色通道，拿出真金白银奖励吸纳一批；加强厅校共建，支持大同大学做大做强，加快大同启迪未来能源学院建设，整合全市职业教育资源，聚焦本土人才主力军培育一批。（4）培育创新文化。坚持把创新文化作为建设新时代大同的一项基础工程，摆上政府重要议事日程，利用电视、报纸、微信、融媒体、短视频等新兴媒体进行宣传报道，继续做好大同电视台新闻联播后半个小时、大同日报一个版面和能源一号每周两讲的全民能源素质提升行动，建立健全鼓励创新、宽容失败、合理容错机制，制定出台大同市知识产权保护实施细则，年底召开全市科技创新成果表彰大会，拿出专门资金奖励模范科技工作者、优秀企业家、杰出时代工匠，弘扬企业家精神、科学家精神、工匠精神，在全市形成崇尚知识、崇尚人才、崇尚创新的强大的氛围，在全社会大力营造尊重知识人才、尊崇创新精神，推动大同创新创业在现有基础上大大提升到一个新的发展水平。

（四）文旅产业壮大工程

文旅产业是经济增长的重要引擎。要按照“大产业、大融合、大建设”的发展路径，把文旅产业培育成支柱产业、富民产业。今年突出抓好五大重点工程。（1）加快建设长城 1 号国家风景道。大同是中国古长城历史文化资源的宝库，境内长城东起天镇李二口，西至左云摩天岭，全长 263 公里，途经 5 个县（区）。要全面加快工程建设力度，把大同内外长城和外长城风景打造成一道塞外靓丽的风景道。要统筹整合沿途自然风光、民俗文化、文物资源和人文景观，以“游大同长城、赏古堡风情、品边塞文化”为主题，推动文化旅游融合，讲好大同长城故事，形成一条地域特色浓厚、民族特色鲜明、旅游功能健全、产业效益突出的国家风景大道、长城文化观光带、休闲旅游经济带，要大力发展长城沿线古村落古堡游，沿线培育一批“长城人家”，让历经岁月的长城“雕塑”成为农民增收的“金饭碗”，让“中国大同・塞上长城”成为文旅大同的金字招牌。（2）加快大同古城保护修复。古城是大同人民的精神家园，是大同人民的根和魂，也是大同人民的乡愁。要坚定坚决把保护古城文物、延续古城文脉、传承古城文化作为大同经济建设的核心内容，有序启动和实施古城五个“十字大街”风貌修复、府衙保护修复、代王府东西两侧项目、九龙壁周边环境整治等一批建设项目，持续推进“博物馆之城”建设，加快培育云路街等文化旅游业态，努力让古城活起来、火起来，充分支持市场和各类企业家全面维护保护开发古城建设，全面提升“中国古都・天下大同”的知名度和美誉度。（3）提升北岳恒山国家森林公园。北岳恒山是中华地理四极之坐标，是中华民族精神永续的象征，现已被列入国家自然和文化双遗产预备名录。要坚持把浑源矿山生态修复治理作为创建 AAAAA 级景区的重要基础性工程，今年再绿化 2 万亩，增绿于山、还绿于民，推动北岳恒山、浑源加快生态与文化、旅游的有机结合，努力打造“人天北柱、绝塞名山”，成为大同发展新的标杆项目。

（4）建设桑干河康养产业集聚区。康养产业正在成为 21 世纪引领经济发展和社会进步的朝阳产业，成为新旧动能转化的重要产业，成为实现生态优先绿色发展的重要载体，成为推进高质量发展的重要动能。在项目建设上，要加快 398 博爱康养服务中心建设，支持世家小镇建设综合康养产业示范区，带动黄经世家康养小镇、桑干河冰雪小镇等转型项目建设步伐。县区以浑源汤头温泉、广灵涧西古村、灵丘花塔为代表，加快建设一大批康养小城、康养小镇、康养小区、休闲康养小村，着力打造康养型全域旅游示范区，让文化旅游的阳光照在桑干河上。（5）实施平城历史文化大型艺术作品创作工程。以传承北魏文化为主线，实施《天下大同》《北魏长歌》“两剧”创排工程，年内要力争完成脚本编制，着力打造两大文旅融合演艺剧、历史文化歌舞剧和交响音乐史诗，让大同历史文化真正活起来，彰显“文兴大同”的独特魅力，彰显大同作为中国 24 个历史文化名城的历史风貌。

（五）乡村振兴强农工程

乡村振兴战略，是新时代做好“三农”工作的总抓手，事关农民群众对美好生活的向往，决定全面小康社会的成色和社会主义现代化的质量。实施乡村振兴强农工程，要突出抓好三大重点。要突出抓好三大重点。（1）加快特色现代农业发展。聚焦发展有机旱作农业抓示范，重点推进 10 万亩桑干河流域核心示范区项目，确保打造成为全省标杆项目；在全市大力推广“车河模式”，吸引工商资本参与有机旱作农业发展，实现农村资源变资产、资金变股金、农民变股东；坚持把黄花产业纳入有机旱作农业规划整体打造，扩大标准化种植规模，延伸市场化加工销售链条，进一步做优做强黄花产业。聚焦打造全省“北肉”出口平台，持续推进雁门关农牧交错带建设，培育规模养殖场50个，全年生猪出栏120万头以上，加快推动大伟嘉、双胞胎等重点项目达产达效。推进与北京首农合作，全面提高畜产品发展深加工水平。（2）培育精深加工产业集群。紧扣打造面向首都北京的特色农产品、功能加工产品供应基地这一目标，坚持品牌引领、园区承载、项目为王、科技支撑，市级层面扶持壮大北京大同商会恒宗黄芪集团等10大农产品加工龙头企业，各县区重点盯住1家或几家市场前景广、品牌影响大、经营管理好的龙头企业集中精力、大力支持，特别是要加快农产品加工园区建设，突出抓好北方医药黄芪深加工、黄花系列功能产品开发等83大项目建设，不断提升“大同好粮”知名度、美誉度，加快培育形成以黄花、黄芪、乳品、肉品、有机杂粮为主导的农产品精深加工产业集群，推动农业从生产型向市场型转变，把农产品深加工业打造成全市转型发展的支柱产业。（3）提升农村人居环境。紧扣农村生活垃圾无害化处理、污水治理和清洁取暖三大重点，充分发挥能源革命乡镇专员的作用，加大力度补齐农村基础设施建设短板。各县都要具备农村生活垃圾无害化处理能力，每个乡镇都要具备生活垃圾转运能力，实现垃圾收运任务全覆盖。全面编制县级农村生活污水治理专项规划，重点治理沿河流村、城市近郊村、中心村、旅游村等，抓好村庄污水治理项目实施。以阳高、广灵为试点，完成农村生物质燃料清洁取暖改造4.65万户。打造乡村环境提升示范村300个，整治残垣断壁废弃院落村500个，完成农村改厕1万座，逐步实现行政村整治提升全覆盖，让更多农民群众住进美丽乡村，留住乡韵乡愁。

（六）省域副中心城市建设工程

建设省域副中心城市，是省委赋予新时代大同的重大使命。我们要紧紧抓住这一难得的历史机遇，站在新起点、瞄准新定位、谋划新规划、抓好新建设、促进新发展，把大同建设成全国综合交通枢纽和陆港型国家物流枢纽承载城市，打造成我省东向对接京津冀、融入环渤海的重要门户和晋冀蒙（乌大张）长城金三角合作区核心枢纽城市。

（1）高起点规划城市。按照省域副中心城市的目标定位，紧紧围绕“生态宜居、聚商宜业、魅力宜游、繁华宜购、温馨宜娱、开放宜创”“六宜”目标，全面加快产业重塑、功能重塑、空间重塑，加速提升资源聚合力、功能承载力、就业吸纳力、协同发展力，着力建设“三区三地”即国家能源革命综合改革示范区、资源型城市转型发展示范区、晋北及晋冀蒙长城金三角协同发展示范区和产业创新发展高地、环首都生态屏障和文化休闲康养旅游目的地、全国性综合交通枢纽基地，加快走出一条资源型城市转型升级新路。按照“一核六县多点”的城镇化布局，推动平城、云冈、云州、新荣四区凝聚成核；坚持功能互补、特色分明、城乡一体的要求，做优做精六大县城；每个县做专做特1～2个重点特色镇，形成要素集聚、高效协调、充分发展的城镇集群网络。要分阶段制定发展目标，今年年底省域副中心城市的规划、定位、编制完成，形成省域副中心城市的“十四五”和远景发展的雏形；到2025年转型出雏形之时，成功搭建高水平省域副中心城市框架；到2035年转型全面实现之时，高质量建成省域副中心城市，全市地区生产总值突破6000亿元，达到全省贡献率的10%以上。多元新兴支柱产业形成，非煤产业占比达到70%以上。常住人口城镇化率达到78%左右，市域人口规模达到400万人，中心城市人口规模达到220万人、用地规模达到220平方千米，成为融入京津冀、牵引乌大张、比肩环渤海，率先实现成功转型的重要副中心城市标准。（2）高水平发展城市。深化“五区联动”，加快产城融合，推进“八大组团”，聚力打造先进制造基地、通航产业高地、现代医药产地、数字经济重地、文化旅游胜地，形成非煤产业占主导的产业转型大格局，着力打造经济富市；坚持文艺创作、文化运营“两轮驱动”，深度挖掘北魏文化，全面加快古城修复，做大做强文化产业，擦亮国家历史文化名城金字招牌，着力打造文化强市；发挥“一湖三河”（文瀛湖、御河、十里河和甘河）生态效益，培育两岸生态文化，实现以河带城、品质提升，着力打造生态靓市，构筑华北生态大屏障、北京美丽后花园和山西绿色北大门。（3）高质量推进城乡融合。推进城乡基础设施、公共服务、城市管理“三个一体化”，加快同煤快线、平城街西跨桥、北环路、云州街东延等道路桥梁工程建设，确保今年按照6月30日、8月30日建成通车。启动纵贯南北城市快线的规划设计，新改建“四好农村路”818千米。深入开展“两下两进两拆”专项整治，持续改造城市消极空间，提高城市精细化管理水平，大力改善人居环境。全面加快大县城建设，推动乡村人口向中心县城集中、优势产业向工业园区集中、各类资本向资源富集区域集中，同步推进医疗资源协作互助、教育资源整合共享、社会保障接轨衔接、社会治理统筹联动，增强城镇对乡村的带动能力，加快农民变市民，缩小城乡统筹差别，提速城镇化水平。支持浑源、左云启动撤县设市工作。

（七）改革开放攻坚工程

要以开放促改革、以改革促转型、以转型促发展，重点要抓好三大突破。（1）持续深化重点改革。继续深化国资国企改革，对全市国有资产和国有企业进行整合重组，打造一批主业突出、竞争力强、支撑带动作用明显的国有企业集团。成立古城管委会，按股份制模式组建大同市古城发展集团有限责任公司，加快对古城国有资产整合、管理、运营。要鼓励社会资本参与国企混改，完成市供水公司与永定河流域治理公司增资工作，加快塔山第二发电公司与苏晋能源公司股权合作重组，完成全市国有企业退休人员社会化管理工作。完成2家“僵尸企业”出清任务。统筹推进平城、云冈、新荣、云州、经开区“乡镇改街道、农村改社区”工作，全面完成393个行政村撤并任务。深化出租车管理制度等交通领域重点改革。启动实施市县区党校运行模式改革，加快党校资源优化、整合、提升。落实好省支持民营经济30条，加快清理拖欠民营企业账款，切实增强民营经济发展后劲。强力推进财政体制、科技体制、土地管理制度、招商引资体制、农村集体产权制度等改革向纵深发展，确保改出活力、改出效益。（2）持续扩大对外开放。围绕外经、外资、外贸，积极申报建设自贸区。完善大同国际陆港功能，积极推动大同航空口岸、保税物流中心（B型）顺利通过验收、早日投入运营，发展跨境电商。主动融入“一带一路”，继续开行中欧（亚）班列，举办好第三届中蒙俄（大同）经济合作发展论坛暨国际商品博览会，年内培育2家进出口额10亿元以上的外贸龙头企业，全面提升大同外向型经济水平。加快云冈机场三期扩建，抓住国家债券加大的力度机遇，开工建设集大原高铁，完善“米字型”高速公路网，构筑“快进快出、大进大出”的综合交通骨架网络。（3）持续扩大招商引资。坚持精深挖掘项目、精准对接项目、精彩落地项目，自上而下建立招商指挥机构，搭建数字化指挥平台，制定完善招商考核工作方案，实行分层分级分类分队分度“五大措施”，建立健全领导包联、审批联动、协调调度、监督考核等“六大机制”，灵活运用以商招商、亲情招商、委托招商、驻外招商、股权招商、基金招商、论坛招商、展会招商、产业链招商、小分队招商等“十大招商办法”，着力打造大项目好项目滚动上马、梯次建设、成批投产发展的工作格局。今年从6月起，每个月都要有竣工投产项目，每个月都要有招商引资新开工项目，把招商引资今天的项目变成明天转型升级强大生产力。

（八）“三大攻坚战”决胜工程

“三大攻坚战”决胜工程，事关大同全面小康社会的“成色”，事关高质量发展的进度，事关社会主义现代化的开局，必须举全市之力打赢打好。（1）决战完胜精准脱贫攻坚战。全市剩余4734名贫困人口要如期实现脱贫，必须保持攻坚态势，实行挂牌督战，补齐脱贫短板，巩固脱贫成果。要严格落实“四个不摘”要求，完善返贫预警和动态帮扶机制，加强对不稳定脱贫户和边缘户的动态监测，筑牢返贫底线。坚持排查、督查、普查“三查”并进，重点针对贫困县退出14项指标，针对考核、巡视、审计、督导、评估、自查等10个方面以及疫情影响共“10+1”类问题，全部按照“十大清零行动”动态清零，6月底前全面完成。系统总结大同扶贫经验，讲好大同扶贫故事。探索建立解决相对贫困长效机制，推进脱贫攻坚与乡村振兴有机衔接，确保高质量建成全面小康社会。（2）扎实打好污染防治攻坚战。深入贯彻全省“两山七河一流域”治理重大决策，全方位、全地域、全过程加强生态环境保护，强力推进“散乱污”企业综合整治，加强工业企业污染治理升级改造，继续推进清洁取暖工作，市县两级建成区达到100%，农村地区达到60%以上，确保“大同蓝”持续巩固提升。强力实行“五水共治”，圆满完成“十三五”地表水断面水质达标任务；加强桑干河、大清河生态治理，通过“河长制”实现“河长治”；强化生态调水，确保首都北京用水丰足。强力推进净土持久战，确保土壤详查治理取得明显成效。持续加大国土绿化和造林绿化工作，浑源矿山生态修复要在全省形成示范，打造景区绿化品牌，树立中华北岳良好生态形象。强力推进产业结构调整，加快生态产业化和产业生态化，坚决遏制高污染高耗能企业准入，去掉黑色的、低端的GDP，让经济拥有更强壮的“绿色肌体”，让全市人民享有更多的绿水青山。

（3）全面打赢防范化解重大风险攻坚战。加强政府债务管理，用足用好置换债券政策，多渠道多方式积极化解存量债务。要完善金融风险防控体系，做好农信社改制化险、地方金融机构监管等工作。同时，紧盯经济科技、安全生产、食品药品、自然灾害等领域，以务实举措攻坚克难，确保各类风险总体可控、新闻舆情平稳可控、信访维稳基本可控。

（九）营商环境优化工程

优化营商环境就是解放生产力、就是提升竞争力。我们要以更加务实的作风、更加有力的举措、更加担当的精神，推动全市营商环境实现“直道冲刺、弯道超车、换道领跑”，确保进入全省第一方阵。（1）加快政务平台数字化。启动实施大数据中心建设工程，加快建设“一朵云、一张网、一平台、一系统、一城墙”，全市各级各部门政务信息化经费一律统筹使用。要运用云计算、大数据、区块链、人工智能等技术，加快完善“互联网+政务服务”“互联网+监管”“领导驾驶舱”“三晋通”APP终端等硬件设施和平台，推进政务信息数据资源共享，尽可能让数据多跑路、让群众少跑腿。要坚持线上平台服务和线下人工服务相结合，制定“极简流程一图清”，保证每一个服务对象“看图会办”“一网通办”“窗口快办”“一次妥办”，让不找人就能“快办事、办成事”成为大同的一张响亮品牌。（2）加快政务服务便民化。落细落实“三对”“六最”要求，大力开展“五减”专项行动，努力做到审批最少；加快推进“一网通办”，努力做到效率最高；全面巩固“一枚印章管审批”，努力做到体制最顺；强力推行投资项目承诺制，努力做到机制最活；全程开展企业跟踪化保姆式服务，努力做到流程最优；务实开展“五送”行动，努力做到服务最好。（3）加快政务管理制度化。坚持企业和群众说了算，邀请“两代表一委员”参加，对所有政府职能部门实行每半年一次、每年至少两次公开评议和量化打分，奖优罚劣，以此倒逼审批部门自我净化、自我完善、自我革新、自我提高，加快政务服务线上线下标准化建设，完善各级政府“好差评”系统。全面改进12345便民服务热线办理机制，确保人民群众诉求即接即办。

（十）民生福祉改善工程

人民群众对美好生活的向往就是我们的奋斗目标，我们必须始终坚持以人民为中心，在发展中保障和改善民生，既持续增进民生福祉，又注重促进人的全面发展，以更高的站位、更高的标准、更高的质量创造高品质生活。今年抓好三大重点工作。（1）加快社会事业发展。建设43所普惠性幼儿园，推动教育建设PPP项目，启动实施大同六中五州帝景校区、大同市实验小学永和分校、平城区18校和阳校区、平城区47校武定校区建设项目。坚持就近就便服从就优原则，再建设31所乡镇寄宿制学校。选择4至8所学校建设冰雪运动场馆，推动山西通用航空职业技术学院挂牌招生。办好能源革命大讲堂和能源进修学院社会讲习所，再打造20所能源革命校园。全力推进普通高中育人质量实现新提升。推进县管校聘和学区制管理改革实现全市所有县区全覆盖。坚持“人人持证、技能社会”，对全市劳动力建档立卡、摸清底数，实行滚动培训、梯次提升，打造数以千万计的实用人才和一大批中高端技能人才。推进“健康大同”建设，深化医疗卫生体制改革，强化城市医疗集团建设，稳步推进中心血站建设，完善重大疫情防控体制机制，新建市传染病医院，创新市中医院运行机制，推动与京津地区大型中医院合作办院，全方位提升医疗卫生水平。提高城市居民素质水平，开展“清洁家园”行动，加快创建国家级精神文明城市。承办好2020大同国际马拉松等国际国内赛事，积极推进文瀛湖和御河、十里河园林建设和体育建设一体化工程。（2）提升社会保障水平。坚持应扶尽扶、应保尽保，完善社会保障体系，统筹抓好城乡基本医疗保险、大病救助、低保五保工作落实。推进全国居家和社区养老服务改革试点，抓好中央厨房项目建设，完成市未成年人保护中心项目建设，加大对孤儿、农村留守老人、残疾人等特殊群体的关爱和保护力度。持续抓好保障性安居工程建设，老城区、棚户区改造建设，发放租赁补贴数1.71万套，强化水电气暖保障能力建设，做好农村危房改造动态保障工作。（3）增强社会治理能力。全面提高网络治理能力，营造清朗的网络空间。强化安全生产责任制，建立公共安全隐患排查和安全预防控制体系，确保安全生产形势持续稳定。完善立体化、信息化社会治安防控体系，持续深化扫黑除恶专项斗争，建设平安大同。扎实推进信访维稳工作，健全社会矛盾纠纷多元预防调处化解综合机制。着力完善四大应急体系，提升防灾减灾救灾能力。健全自治、法治、德治相结合的城乡基层治理体系。做好第七次全国人口普查工作。强化国防动员、“双拥”创建、人民防空等工作，加强退役军人服务保障体系规范化建设。规范宗教事务管理，支持群团组织更好发挥作用。

三、全面加强政府自身建设

我们将认真贯彻党的十九届四中全会精神，严格落实不忘初心、牢记使命制度，切实把制度优势转化为治理效能，推进政府治理体系和治理能力现代化。一要加强政治建设。始终把政治建设摆在首位，牢固树立“四个意识”，不断增强“四个自信”，坚决做到“两个维护”，把政治能力建设放在重中之重的位置。时时处处把维护习近平总书记的核心地位作为第一位的政治要求，始终突出党中央的权威，在政治立场、政治方向、政治原则、政治道路上同党中央保持高度一致，确保习近平总书记“三篇光辉文献”在大同深深扎根、开花结果。高位对表省委“四为四高两同步”总体思路和要求，确保经济社会发展始终在党的领导下奋力前行！二要提升治理效能。推进法治政府建设，坚持运用法治思维和法治方式开展工作，提高依法行政水平。主动接受人大依法监督、政协民主监督，用心尽责办好每一件代表建议、每一项委员提案；继续深化和完善行政执法体制改革，全面推行行政执法“三项制度”；认真落实《中华人民共和国监察法》，严格落实“三重一大”制度，有效约束公职人员依法行使权力；支持法检两院公正司法，守护公平正义，确保法治惠民；坚持立足当前、着眼长远，精心编制“十四五”发展规划，绘就未来可期的宏伟蓝图；突出数字政府建设，用好大数据，让便民服务更加人性化，政府治理更加“接地气”。三要弘扬实干作风。自加压力，实行考核、工作两套目标体系，压紧压实市县两级责任，勇当突破连，敢当尖刀班，滚石上山啃骨头，样样工作争一流。细化量化实化政府工作，推行项目化、清单化、销号制管理，确保做到事事建账、时时理账、定期对账、年底交账。积极倡导干在一线，在经济运行和重大项目建设中，落实“五图作战”“六个精准”“四个超常规”，确保每一名干部知责思为、担责敢为、尽责有为。大兴调研之风，回应群众关切，尽心尽力解决人民群众的操心事、烦心事、揪心事，让人民群众的日子过得更加舒心！四要保持清正廉洁。坚定扛起“两个责任”，全面压实“一岗双责”，持之以恒抓好政府系统党风廉政建设和反腐败工作。加强审计监督，做好常态化的“经济体检”工作。建立健全内部审计工作机制，规范权力运行和责任落实，充分发挥审计在推进治理体系和治理能力现代化的作用。大力度压缩行政运行支出，把有限的钱用在刀刃上。模范践行中央八项规定，力戒形式主义、官僚主义，确保干部清正、政府清廉、政治清明！

名词解释

三篇光辉文献：习近平总书记视察山西重要讲话、在推动中部地区崛起工作座谈会重要讲话、在黄河流域生态保护和高质量发展座谈会重要讲话。

四为四高两同步：“四为”，转型为纲、项目为王、改革为要、创新为上；“四高”，高质量发展、高水平崛起、高标准保护、高品质生活；“两同步”，到2020年我省与全国同步全面建成小康社会，到2035年与全国同步基本实现社会主义现代化。

六稳：稳就业、稳金融、稳外贸、稳外资、稳投资、稳预期。

六保：保居民就业、保基本民生、保市场主体、保粮食能源安全、保产业链供应链稳定、保基层运转。

三个五年分步走：到2025年转型要出雏形，到2030年基本实现转型，到2035年转型全面实现。

两山七河一流域：“两山”，太行山、吕梁山；“七河”，汾河、桑干河、滹沱河、漳河、沁河、涑水河、大清河七大河流；“一流域”，黄河流域。

四个不摘：摘帽不摘责任、摘帽不摘政策、摘帽不摘帮扶、摘帽不摘监管。

十大清零专项行动：剩余任务要清零、失学辍学要清零、基本医疗保障问题要清零、危房改造问题要清零、安全饮水问题要清零、产业扶贫问题要清零、就业扶贫问题要清零、易地扶贫搬迁问题要清零、兜底保障问题要清零、账实不符问题要清零。

五水同治：统筹推进饮用水源、黑臭水体、工业废水、城镇污水、农村排水治理。

一园一城一院一所一委：“一园”，大同国际能源革命科技创新园；“一城”，氢都新能源产业城；“一院”，大同全科盟新能源产业技术研究院；“一所”，中科院热物理研究所大同分所；“一委”，新能源产业战略咨询委员会。

3+4+5：园区采用“3+4+5”顶层规划模式，“三全”即全系统、全过程、全参与，“四园”即零碳园区、绿色园区、海绵园区、智慧园区，“五零”即零碳排放、雨水零外排、垃圾零废弃、交通零换乘、灵活智慧办公。

六个精准、四个超常规：“六个精准”，精准监测、精准调度、精准帮扶、精准运行、精准入库、精准统计；“四个超常规”，超常规思路、超常规措施、超常规机制、超常规努力。

五图作战：一产、二产、三产、固定资产投资、开发区挂图作战。

三供一业：供水、供电、供暖和物业管理。

“1310”兴医工程：以全面提升医疗水平这一主线，紧紧围绕推进兴医提质、推进领军临床专科、推进卓越医学团队建设三个方面，重点完成建设十项重点任务。

两下两进两拆：“两下”，管线下地和广告下墙；“两进”，停车进库进位；“两拆”，拆除违建和围墙。

地方性法规选登

大同市燃煤污染防治条例

（2018 年 12 月 28 日大同市第十五届人民代表大会常务委员会第十九次会议通过
2019 年 3 月 22 日山西省第十三届人民代表大会常务委员会第九次会议通过）

第一条　为了防治燃煤污染，改善大气环境质量，根据《中华人民共和国大气污染防治法》《山西省大气污染防治条例》等法律法规的规定，结合本市实际，制定本条例。

第二条　本行政区域内煤炭生产、加工、储运、销售、使用，以及燃煤污染防治活动，适用本条例。

第三条　燃煤污染防治，应当坚持生态优先、保障民生、预防为主、规划先行、综合治理、公众参与的原则。

第四条　市、县（区）人民政府应当加强燃煤污染防治工作的领导，列入经济和社会发展规划，增加投入，协调解决燃煤污染防治工作中的重大问题。

第五条　市、县（区）人民政府生态环境主管部门负责本行政区域内燃煤污染防治的统一监督管理。

发展和改革、工业和信息化、财政、城市管理、住房和城乡建设、能源、市场监管、公安等管理部门，按照各自职责，做好燃煤污染防治的相关工作。

第六条　市、县（区）人民政府应当加强环境保护宣传和普及工作，营造保护环境的良好风气。

教育主管部门、学校以及新闻媒体应当加大环境保护知识公益性教育和宣传，增强公众的生态环境保护意识。

第七条　煤炭生产、加工、储运、销售、使用单位和个人，应当依法履行燃煤污染防治义务，采取有效措施，防止、减少大气污染，共同保护大气环境质量。

第八条　市、县（区）人民政府应当调整能源结构，根据燃煤总量控制目标，制定燃煤削减和总量控制计划，逐步降低燃煤在一次能源消费中的比重，减少煤炭在生产、加工、储运、销售、使用过程中大气污染物的排放。

第九条　煤炭开采企业应当在规定时间内建设配套的煤炭洗选设施，使煤炭的硫分、灰分含量达到规定标准。

禁止开采放射性和砷等有毒有害物质超过规定标准的煤炭。

第十条　市、县（区）人民政府应当严格限制高耗煤行业准入，严格控制燃煤火电、钢铁、水泥等高能耗重污染新增产能项目。

禁止在城市中心城区、风景名胜区和其他环境敏感区新建燃煤项目。

第十一条　在市、县（区）人民政府规定的期限内，在用燃煤项目应当完成除尘、脱硫、脱硝等治理改造，达到规定的污染物排放标准。

新建、改建、扩建燃煤项目应当配套建设除尘、脱硫、脱硝等设施并保持正常使用。

第十二条　市、县（区）人民政府应当根据空气质量改善需要和经济承受能力划设高污染燃料禁燃区。高污染燃料禁燃区内，可以划设禁煤区。禁燃区和禁煤区的范围可以逐步扩大。

划设禁燃区和禁煤区，应当充分论证，听取专家、学者的意见，并通过新闻媒体广泛征集社会公众的意见。

第十三条　禁燃区内符合保留条件的燃煤锅炉，应当实施污染防治设施改造，达到规定的大气污染物超低排放限值要求。

禁燃区内禁止使用硫分、灰分高于规定标准的煤炭；禁煤区内不得储存、销售、使用煤炭。

第十四条　市、县（区）人民政府应当组织有关部门编制集中供热专项规划，纳入城市总体规划，推进热电联产和集中供热。

在集中供热管网覆盖的区域，禁止新建、扩建分散燃煤供热锅炉；已建成但不能达标排放的燃煤供热锅炉，应当在市、县（区）人民政府规定的期限内拆除。

第十五条　市、县（区）人民政府应当建立完善的民用优质煤炭采购、储存、供应机制，保障优质煤炭和洁净型煤供应。

鼓励居民燃用优质煤炭和洁净型煤，推广节能环保型炉灶。

禁止销售、使用不符合规定标准的煤炭。

第十六条　市、县（区）人民政府应当科学制定煤改气、煤改电规划，加强城乡配套管网建设，做好气源电源供应，推进天然气和电等清洁能源的使用。

第十七条　煤炭及煤炭制品运输车辆应当采取密闭措施，防止扬尘、沿路抛洒。

煤炭及煤炭制品运输车辆禁止进入禁煤区。

第十八条　存放煤炭、煤矸石、煤渣、煤灰等物料，应当采取防燃和密闭防尘措施。

第十九条　市人民政府应当依据重污染天气预警预报，及时发布预警信息，根据应急需要，可以采取责令有关燃煤企业停止生产或者限制生产等应急措施。

第二十条　违反本条例规定，在禁燃区、禁煤区未按照规定停止燃用高污染燃料的，由市、县（区）人民政府生态环境主管部门责令改正，对单位处二万元以上二十万元以下的罚款；对个人处二百元以下的罚款。

第二十一条　市、县（区）人民政府及有关职能部门工作人员在燃煤污染防治工作中滥用职权、玩忽职守、徇私舞弊的，依法给予行政处分；构成犯罪的，依法追究刑事责任。

第二十二条　本条例自 2019 年 6 月 1 日起实施。

大同市水土保持条例

（2019 年 8 月 30 日大同市第十五届人民代表大会常务委员会第二十五次会议通过
2019 年 11 月 29 日山西省第十三届人民代表大会常务委员会第十四次会议批准）

第一条　为了预防和治理水土流失，保护和合理利用水土资源，减轻水、旱、风沙危害，改善生态环境，促进生态文明，保障经济社会可持续发展，依据《中华人民共和国水土保持法》和《山西省实施〈中华人民共和国水土保持法〉办法》等法律、法规，结合本市实际，制定本条例。

第二条　本市行政区域内保护水土资源，防止水土流失，适用本条例。

第三条　水土保持工作实行预防为主、保护优先、全面规划、综合治理、因地制宜、突出重点、科学管理、注重效益的方针。

第四条　市、县（区）人民政府应当建立水土保持目标责任制，将水土保持规划纳入本级国民经济和社会发展计划。

市、县（区）人民政府应当对水土流失防治实行扶持的政策，鼓励公民、法人和其他组织对水土流失的防治增加投入，对在水土保持工作中做出突出贡献的单位和个人给予表彰奖励。

第五条　市、县（区）人民政府水行政主管部门负责本行政区域内水土保持工作。

市、县（区）人民政府发展改革、工业和信息化、财政、规划和自然资源、生态环境、农业农村、能源、交通运输、住房和城乡建设等部门，按照各自职责做好相关的水土保持工作。

第六条　市、县（区）人民政府鼓励和支持水土保持科学技术研究，安排专项资金，用于水土保持科学研究和试验，培养水土保持科技人才。

第七条　市、县（区）人民政府应当依据水土流失调查结果和上级水土流失重点预防区、重点治理区划定情况，划定本级水土流失重点预防区和重点治理区，并依法公告，设立标志。

第八条　市、县（区）人民政府水行政主管部门应当会同同级人民政府有关部门，编制本行政区域的水土保持规划。水土保持规划应当与土地利用总体规划、水资源规划、城乡规划、环境保护规划、农业生产发展规划和地质灾害防治规划等相协调。

水土保持规划的内容应当包括水土流失状况、水土流失类型区划分、水土流失防治目标、任务、措施、投资估算和效益分析等。

第九条　水土保持规划报同级人民政府批准后，由水行政主管部门组织实施。水土保持规划实施情况应当向同级人民政府报告。

经批准的水土保持规划不得擅自变更，确需修改的应当按照规划编制程序报原批准机关批准。

第十条　市、县（区）人民政府应当根据水土保持规划，制定年度水土流失治理计划，确定治理目标和任务，采取自然修复和人工治理相结合的方式，进行综合治理，预防和减少水土流失。

第十一条　严禁毁林开荒、烧山开荒或者在陡坡地铲草皮等破坏水土保持的行为。

第十二条　禁止在二十五度以上陡坡地开垦种植农作物。已经开垦种植的，应当按照国家有关规定逐步退耕还林还草。

县（区）人民政府负责划定并公告禁止开垦的陡坡地范围。

在二十五度以下、五度以上的坡地，种植农作物和中草药的，应当采取修建水平梯田、加固田埂护坡和蓄水保土耕作等措施，有效预防水土流失。

第十三条　对水源涵养林、水土保持林、防风固沙林等公益防护林只能进行抚育和更新性质的采伐；在林区采伐林木的，采伐方案中应当有水土保持措施。

采伐方案经林业主管部门批准后，由林业主管部门和水行政主管部门监督实施。

附录

第十四条　在山区、丘陵区、河谷川道区以及水土保持规划确定的容易发生水土流失的区域开办生产建设项目，应当编制水土保持方案。

水土保持设施，应当与主体工程同时设计、同时施工、同时投产使用；生产建设单位应当按照有关规定开展水土保持设施验收。

第十五条　公路、铁路、风力发电等生产建设项目，生产建设单位应当合理安排施工工序，加强施工管理，控制施工扬尘，减少地表扰动范围、裸露时间和土石方挖填量，保护地貌植被。

大型堆积体应当采取防止滑坡和溃塌措施。

第十六条　开采矿产资源，应当采取有效措施，防止地裂、沉陷；因采矿造成地面塌陷、植被破坏的，责任人应当限期治理，恢复水土保持功能。

在采煤沉陷区，禁止修建谷坊、淤地坝等水土保持工程。

第十七条　基本建设和生产过程中产生的水、土、石、废渣和尾矿、尾渣，应当堆放在水土保持方案确定的或者经依法批准的专门存放地，并采取拦挡、坡面防护、防洪排导和植树种草等水土保持措施。

第十八条　城市建成区的新建道路、广场、公园绿地、河道整治等公共项目，应当采取集雨式绿地等降水蓄渗设施，增加雨水蓄渗和利用，拦截泥沙，防止水土流失。

鼓励在已建成的住宅小区、道路、广场、公园绿地、下凹式立交桥及其他人口密集、地势低洼场所，建设雨水控制与利用工程。

第十九条　在山区、塬区、丘陵区、风沙区、河谷川道区以及水土保持规划确定的容易发生水土流失的区域开办生产建设项目，扰动地表、损坏地貌植被，不能恢复原有水土保持功能的，应当按照规定缴纳水土保持补偿费，专项用于水土流失预防和治理。

第二十条　市、县（区）人民政府水行政主管部门应当加强水土保持监测工作，健全水土保持监测网络，定期检查督促生产建设单位开展水土保持监测工作，对全市水土流失情况进行动态监测。

第二十一条　市、县（区）人民政府水行政主管部门应当按照属地管理原则对本辖区内生产建设项目开展水土保持监督检查工作。发现生产建设单位或者个人对水土流失未采取有效预防和治理措施的，应当限期整改，并将检查结果和整改情况报告同级人民政府。

第二十二条　违反本条例，有下列行为之一的，由市、县（区）人民政府水行政主管部门责令停止违法行为，采取补救措施，并处以罚款：

（一）在禁止开垦坡度以上陡坡地开垦种植农作物的，按照开垦面积，可以对个人处以每平方米二元以下的罚款、对单位处以每平方米十元以下的罚款。

（二）在水土流失重点预防区和重点治理区铲草皮的，没收违法所得，并处违法所得一倍以上五倍以下的罚款；没有违法所得的，可以处以五万元以下的罚款。

第二十三条　违反本条例，生产建设单位未开展水土保持监测工作的，由市、县（区）人民政府水行政主管部门责令限期整改；逾期不改的，处以三万元以上五万元以下的罚款。

第二十四条　违反本条例，有下列行为之一的，由市、县（区）人民政府水行政主管部门责令停止违法行为，限期补办手续；逾期不补办手续的，处以五万元以上五十万元以下的罚款；对生产建设单位直接负责的主管人员和其他直接责任人员依法给予处分：

（一）依法应当编制水土保持方案的生产建设项目，未编制水土保持方案或者编制的水土保持方案未经批准而开工建设的；

（二）生产建设项目的地点、规模发生重大变化，未补充、修改水土保持方案或者补充、修改后水土保持方案未经原审批机关批准的；

（三）水土保持方案实施过程中，未经原审批机关批准，对水土保持措施作出重大变更的。

第二十五条　水土保持监督管理人员滥用职权、玩忽职守、徇私舞弊，给公共财产、国家和人民利益造成损失的，由其所在单位或者上级主管机关给予处分；构成犯罪的，依法追究刑事责任。

第二十六条　本条例自2020年1月1日起施行。《大同市水土保持管理办法》同时废止。

索　引

说　明 ●索引采用主题分析方法，标目按汉语拼音音序排列，汉字打头的标目按首字的音序音调依次排列，首字相同时，则以第二字排序，依此类推；以阿拉伯数字打头的标目，排在最前面；以英文字母打头的标目，列于推后。

●索引标目之后的阿拉伯数字表示该标目所在正文中的页码，其后的小写英文字母（a、b、c）表示正文中的栏别（即版面的 1、2、3 栏），标目后未标小写英文字母（a、b、c）的为文中类目。

●文中的类目、分目、次分目用棕色标明，其余用书宋字排印。

●针对一些标目在多个页码出现或标目本身专指性较差的情况，为避免读者盲目检索，该索引特在部分标目后面设置限定词，表示该标目所在语义环境或所指对象，利于读者有针对性的检索。如“参政议政（民革）”则表示该标目是属于民革方面的资料。

●特载、大事记、附录、图表不在索引范围内。

索引

E

F

G

H

索引

M

N

P

Q

R

S

T

W

索引

Z

索引